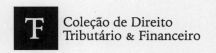
Coleção de Direito Tributário & Financeiro

organização
Fernando Facury Scaff
Misabel de Abreu Machado Derzi
Onofre Alves Batista Júnior
Heleno Taveira Torres

REFORMAS OU DEFORMAS TRIBUTÁRIAS E FINANCEIRAS

por que, para que, para quem e como?

Copyright © 2020 by Editora Letramento

DIRETOR EDITORIAL | Gustavo Abreu
DIRETOR ADMINISTRATIVO | Júnior Gaudereto
DIRETOR FINANCEIRO | Cláudio Macedo
LOGÍSTICA | Vinícius Santiago
COMUNICAÇÃO E MARKETING | Giulia Staar
EDITORA | Laura Brand
ASSISTENTE EDITORIAL | Carolina Fonseca
DESIGNER EDITORIAL | Gustavo Zeferino & Luís Otávio Ferreira

COORDENADORES DA COLEÇÃO
Misabel de Abreu Machado Derzi
Onofre Alves Batista Júnior

ORGANIZAÇÃO DO LIVRO
Fernando Facury Scaff
Misabel de Abreu Machado Derzi
Onofre Alves Batista Júnior
Heleno Taveira Torres

CONSELHO EDITORIAL
André Parmo Folloni
André Mendes Moreira
Élida Graziane Pinto
Elival da Silva Ramos
Fernando Facury Scaff
Heleno Taveira Torres
Hugo de Brito Machado Segundo
Humberto Bergmann Ávila
João Félix Pinto Nogueira
José Maurício Conti
Ludmila Mara Monteiro de Oliveira
Luís Eduardo Schoueri
Marciano Buffon
Mary Elbe Queiroz
Pasquale Pistone
Paulo Rosenblatt
Ricardo Lodi Ribeiro
Sacha Calmon Navarro Coêlho
Tarcísio Diniz Magalhães
Thomas da Rosa de Bustamante
Ulisses Schwarz Viana
Valter de Souza Lobato

Todos os direitos reservados.
Não é permitida a reprodução desta obra sem
aprovação do Grupo Editorial Letramento.

Dados Internacionais de Catalogação na Publicação (CIP) de acordo com ISBD

R332	Reformas ou deformas tributárias e financeiras: por que, para que, para quem e como? / organizado por Fernando Facury Scaff; Misabel de Abreu Machado Derzi; Onofre Alves Batista Júnior; Heleno Taveira Torres. - Belo Horizonte : Letramento ; Casa do Direito ; Coleção de Direito Tributário & Financeiro, 2020. 1104 p. : il. ; 15,5cm x 22,5cm. – (Coleção de Direito Tributário & Financeiro) Inclui bibliografia. ISBN: 978-65-86025-20-0 1. Direito. 2. Direito tributário e financeiro. I. Scaff, Fernando Facury. II. Derzi, Misabel de Abreu Machado. III. Batista Júnior, Onofre Alves. IV. Torres, Heleno Taveira. V. Título. VI. Série.
2020-934	CDD 341.39 CDU 34:336.2

Elaborado por Vagner Rodolfo da Silva - CRB-8/9410

Índice para catálogo sistemático:
1. Direito tributário e financeiro 341.39
2. Direito tributário e financeiro 34:336.2

Belo Horizonte - MG
Rua Magnólia, 1086
Bairro Caiçara
CEP 30770-020
Fone 31 3327-5771
contato@editoraletramento.com.br
editoraletramento.com.br
casadodireito.com

Casa do Direito é o selo jurídico do
Grupo Editorial Letramento

SOBRE OS COORDENADORES

FERNANDO FACURY SCAFF

Graduado em Direito pela Universidade Federal do Pará (UFPA). Professor Titular Aposentado de Direito Financeiro da Universidade de São Paulo (USP). Professor de Direito Financeiro e Tributário da Universidade Federal do Pará (UFPA). Livre Docente e Doutor pela Faculdade de Direito da Universidade de São Paulo (USP). Estágio pós-doutoral nas Universidades de Pisa e Firenze, Itália. Advogado, sócio de Silveira, Athias, Soriano de Mello, Guimarães, Pinheiro & Scaff – Advogados.

HELENO TAVEIRA TORRES

Professor Titular de Direito Financeiro da Faculdade de Direito da Universidade de São Paulo (USP). Professor e Livre-docente de Direito Tributário na mesma instituição, desde 2003. Doutor (PUC-SP), Mestre (UFPE) e Especialista (Università di Roma – La Sapienza) em Direito Tributário. Foi Vice-Presidente Mundial da Internacional Fiscal Association – IFA, com sede em Amsterdã – Holanda, de janeiro de 2008 a dezembro de 2013. Diretor Vice-Presidente da Associação Brasileira de Direito Financeiro – ABDF. Membro do Conselho Executivo do Instituto Latino Americano de Derecho Tributario – ILADT, além de outras importantes associações no Brasil e no exterior, como ABRADT, IAB, IASP. É conselheiro do Conselho Superior de Assuntos Jurídicos e Legislativos (Conjur), Conselheiro e Membro da Câmara de Arbitragem da Federação das Indústrias do Estado de São Paulo – FIESP, Conselheiro e Membro da Câmara de Arbitragem da Federação do Comércio do Estado de São Paulo – FECOMERCIO.

MISABEL DE ABREU MACHADO DERZI

Graduada em Direito pela Faculdade de Direito da Universidade Federal de Minas Gerais (UFMG). Especialista e doutora em Direito pela UFMG. Atualmente é Professora Titular em Direito Financeiro e Tributário das Faculdades Milton Campos e da Faculdade de Direito da UFMG. Ex-coordenadora dos cursos de pós-graduação e ex-chefe do Departamento de Direito Público da Faculdade de Direito da UFMG. Ex-Procuradora Geral do Estado de Minas Gerais e ex-Procuradora Geral do Município de Belo Horizonte. Advogada. Sócia Conselheira do Sacha Calmon – Misabel Derzi Consultores e Advogados. Já publicou mais de 450 trabalhos entre artigos, capítulos de livros, livros e comunicações em congressos. Já participou de mais de 600 Congressos como palestrante ou conferencista. Atualmente mantém projeto de pesquisa em desenvolvimento na pós-graduação da Faculdade de Direito da UFMG. Tem experiência na área de Direito, com ênfase em Direito Tributário e Financeiro, atuando principalmente nos seguintes temas: direito tributário, tributação, constituição, reforma tributária e tributo. Membra da Comissão Especial da Ordem dos Advogados do Brasil (OAB Federal) para defesa do Federalismo.

ONOFRE ALVES BATISTA JÚNIOR

Graduado em Direito, Administração e Engenharia Civil. Mestre em Ciências Jurídico-Políticas pela Faculdade de Direito da Universidade de Lisboa. Doutor em Direito pela Universidade Federal de Minas Gerais (UFMG). Pós-Doutoramento em Democracia e Direitos Humanos pela Faculdade de Direito da Universidade de Coimbra. É Professor Associado de Direito Público da Graduação, Mestrado e Doutorado na Universidade Federal de Minas Gerais (UFMG). Foi Professor de Direito Tributário da PUC/ Minas, da UNA e das Faculdades Pitágoras, bem como da Pós-Graduação de Direito Tributário das Faculdades Milton Campos e IEC/PUC/Minas. É autor/ organizador de mais de 25 livros e já escreveu mais de 80 artigos em livros e revistas especializadas. Atualmente é Sócio Conselheiro do Coimbra & Chaves Advogados. Foi Advogado-Geral do Estado (AGE) de Minas Gerais, havendo sido Procurador Chefe da Dívida Ativa; Procurador-Regional do Estado; Diretor do Centro de Estudos da AGE; membro do Conselho Consultivo do Colégio de Procuradores-Gerais dos Estados e do Distrito Federal – CONPEG e do Conselho Curador da

Fundação de Amparo à Pesquisa do Estado de MG – FAPEMIG. É Diretor Científico da Associação Brasileira de Direito Tributário – ABRADT e foi também Superintendente e Auditor Fiscal do Estado de Minas Gerais. Membro da Comissão Especial da Ordem dos Advogados do Brasil (OAB Federal) para defesa do Federalismo.

AUTORES

ALEXANDRE ANTÔNIO NOGUEIRA DE SOUZA

ALEXANDRE FELIX GROSS

AMANDA FLÁVIO DE OLIVEIRA

ANDRÉ HORTA MELO

ARIANE SHERMAM

BERNARD APPY

BETINA TREIGER GRUPENMACHER

BRUNO MAURÍCIO MACEDO CURI

BRUNO SARTORI DE CARVALHO BARBOSA

CLOVIS TORRES JUNIOR

DANIEL FRAIHA PEGADO

ÉLIDA GRAZIANE PINTO

EVANILDA NASCIMENTO DE GODOI BUSTAMANTE

FABIANA DEL PADRE TOMÉ

FERNANDO ALBERTO DE ALMEIDA CAMPOS

FERNANDO DANIEL DE MOURA FONSECA

FERNANDO FACURY SCAFF

FERNANDO REZENDE

FRANCISCO GASSEN

FRANCISCO SECAF ALVES SILVEIRA

FRANCISCO SÉRGIO SILVA ROCHA

FRANCISCO WILKIE REBOUÇAS C. JÚNIOR

FREDERICO MENEZES BREYNER

GABRIEL BUISSA RIBEIRO DE FREITAS

GILBERTO PINTO MONTEIRO DINIZ

GUILHERME CAMARGOS QUINTELA

GUSTAVO BRIGAGÃO

GUSTAVO DA GAMA VITAL DE OLIVEIRA

HELENO TAVEIRA TORRES

HUGO DE BRITO MACHADO SEGUNDO

IACI PELAES DOS REIS

JEFERSON TEODOROVICZ

JOÃO PAULO MENDES NETO

JOSÉ ADÉRCIO LEITE SAMPAIO

JOSÉ EVANDRO LACERDA ZARANZA FILHO

JOSÉ LEVI MELLO DO AMARAL JÚNIOR

JOSÉ ROBERTO AFONSO

JUSELDER CORDEIRO DA MATA

LAIS KHALED PORTO

LARISSA LUZIA LONGO

LEONARDO BUISSA FREITAS

LEONARDO RESENDE ALVIM MACHADO

LICURGO JOSEPH MOURÃO DE OLIVEIRA

LISE TUPIASSU

LUCAS BEVILACQUA

LUCIANA GRASSANO DE GOUVÊA MÉLO

LUDMILA MARA MONTEIRO DE OLIVEIRA

LUIZ F. DO VALE DE ALMEIDA GUILHERME

LUIZ HENRIQUE MIGUEL PAVAN

LUIZ SÁVIO DE SOUZA CRUZ

LUMA CAVALEIRO DE MACÊDO SCAFF

MARCELO KOKKE

MARCUS ABRAHAM

MARIA STELA CAMPOS DA SILVA

MARIANA BAETA DE ALMEIDA

MARIANNE DOLHER S. BAKER RODRIGUES

MARINA SOARES MARINHO

MARISA BATISTA DOS REIS

MARY ELBE QUEIROZ

MATHEUS SCHWERTNER ZICCARELLI R.

MISABEL ABREU MACHADO DERZI

NATÁLIA DE CÁSSIA GOMES SILVA

NATERCIA SAMPAIO SIQUEIRA

NAYARA ATAYDE GONÇALVES

ONOFRE ALVES BATISTA JÚNIOR

PAULO CALIENDO

PAULO HONÓRIO DE CASTRO JÚNIOR

PAULO ROBERTO COIMBRA SILVA

PAULO ROSENBLATT

PEDRO JÚLIO SALES D'ARAÚJO

PEDRO LUCAS DEBELLI MARQUES

RAFAEL CAMPOS SOARES DA FONSECA

RAQUEL DE OLIVEIRA MIRANDA SIMÕES

RÉGIS FERNANDES DE OLIVEIRA

RENATA RAMOS DE CASTRO

RENATO RAMALHO

ROBERTO SALLES LOPES

RODRIGO FROTA DA SILVEIRA

RODRIGO KEIDEL SPADA

RODRIGO NASCIMENTO RODRIGUES

RONAN ALVES MARTINS DE CARVALHO

SARAH CAMPOS

SEBASTIÃO HELVÉCIO RAMOS DE CASTRO

SIMONE CRUZ NOBRE

TADEU PURETZ IGLESIAS

TARCÍSIO DINIZ MAGALHÃES

VALCIR GASSEN

VALTER DE SOUZA LOBATO

VANESSA RAHAL CANADO

VÍTOR PIMENTEL PEREIRA

17 LAUDO TÉCNICO ABRADT
Valter de Souza Lobato

19 PREFÁCIO
Gilmar Ferreira Mendes

23 APRESENTAÇÃO – A ETERNA REFORMA FINANCEIRA E
TRIBUTÁRIA BRASILEIRA E SUAS DEFORMAÇÕES
Os Organizadores

1 **27** O IMPOSTO DE RENDA MÍNIMO E REFLEXÕES SOBRE
A ISENÇÃO DE LUCROS E DIVIDENDOS DISTRIBUÍDOS
EM UM CONTEXTO DE REFORMA TRIBUTÁRIA
Misabel Abreu Machado Derzi
Fernando Daniel de Moura Fonseca

2 **56** POR UMA REFORMA TRIBUTÁRIA DA SEGURANÇA JURÍDICA
Heleno Taveira Torres

3 **66** DEFORMAS OU REFORMAS TRIBUTÁRIAS?
Onofre Alves Batista Júnior

4 **137** AS ETERNAS REFORMAS CONSTITUCIONAIS NO BRASIL E
AS PECS 186, 187 E 188 DO GOVERNO BOLSONARO
Fernando Facury Scaff

5 **170** O IRRF SOBRE O PAGAMENTO DE DIVIDENDOS AO EXTERIOR COMO
MEDIDA NECESSÁRIA AO DESENVOLVIMENTO NACIONAL
Luiz Sávio de Souza Cruz
Onofre Alves Batista Júnior
Pedro Lucas Debelli Marques

6 **176** A REFORMA DAS PROMESSAS
Onofre Alves Batista Júnior
Paulo Roberto Coimbra Silva
Marianne Dolher Souza Baker Rodrigues

7 **193** A FUNÇÃO REDISTRIBUTIVA DA ATIVIDADE FINANCEIRA DO
ESTADO E O (SUB)FINANCIAMENTO DO SISTEMA DE SAÚDE
Alexandre Felix Gross

8 **215** REFORMA TRIBUTÁRIA NO BRASIL: ENTRE NECESSIDADE, LIMITES
E A CAPACIDADE DE ATINGIR OBJETIVOS PRETENDIDOS
Amanda Flávio de Oliveira
Alexandre Antônio Nogueira de Souza

9 230 **OS DEMAIS ASSUNTOS DA REFORMA**
André Horta Melo

10 241 **A PEC 45 E A FEDERAÇÃO**
Bernard Appy
Larissa Luzia Longo

11 254 **A REFORMA TRIBUTÁRIA - BREVES CONSIDERAÇÕES**
Betina Treiger Grupenmacher
Matheus Schwertner Ziccarelli Rodrigues

12 263 **A METODOLOGIA DA REFORMA TRIBUTÁRIA**
Bruno Maurício Macedo Curi

13 282 **O PACTO FEDERATIVO E A COMPLEXIDADE DO SISTEMA TRIBUTÁRIO NACIONAL À LUZ DA(S) IMINENTE(S) REFORMA(S) TRIBUTÁRIA(S)**
Clovis Torres Junior
Bruno Sartori de Carvalho Barbosa

14 299 **PLANO "MAIS BRASIL": AJUSTE FISCAL POR MEIO DA CONVALIDAÇÃO DE RETROCESSOS FEDERATIVOS EM SAÚDE E EDUCAÇÃO**
Élida Graziane Pinto

15 318 **JUSTIÇA DISTRIBUTIVA E OS FUNDAMENTOS DO SISTEMA TRIBUTÁRIO BRASILEIRO: UMA BREVE CRÍTICA ÀS PROPOSTAS DE REFORMA TRIBUTÁRIA**
Evanilda Nascimento de Godoi Bustamante

16 333 **INSEGURANÇAS DA REFORMA TRIBUTÁRIA: ENTRE AS PROPOSIÇÕES NORMATIVAS E SUA CONCRETIZAÇÃO**
Fabiana Del Padre Tomé

17 345 **MESCS – MEIOS EXTRAJUDICIAIS DE SOLUÇÃO DE CONFLITO NO DIREITO TRIBUTÁRIO: UMA REFORMA TRIBUTÁRIA?**
Fernando Alberto de Almeida Campos
Luiz Fernando do Vale de Almeida Guilherme
Maria Stela Campos da Silva

18 361 **REFORMA TRIBUTÁRIA TRÊS DÉCADAS DE FRACASSOS. NÃO PODEMOS PERDER UMA NOVA OPORTUNIDADE.**
Fernando Rezende

19 370 **O ORÇAMENTO IMPOSITIVO É NOVIDADE?**
Francisco Sérgio Silva Rocha

20   382   A URGÊNCIA DO REALISMO FISCAL E A PACIÊNCIA DA PROMESSAS CONSTITUCIONAIS DE UM DIREITO FINANCEIRO EM TRANSFORMAÇÃO
Francisco Secaf Alves Silveira

21   401   EM BUSCA DO TEMPO E DA AUTONOMIA PERDIDOS. UMA ANÁLISE CRÍTICA E IMPARCIAL DAS PECS 49 E 110 E SUA REPERCUSSÃO NO PACTO FEDERATIVO.
Francisco Wilkie Rebouças C. Júnior
José Evandro Lacerda Zaranza Filho

22   419   COMPETÊNCIA TRIBUTÁRIA E NÃO-CUMULATIVIDADE NO IMPOSTO SOBRE BENS E SERVIÇOS NAS PROPOSTAS DE EMENDA À CONSTITUIÇÃO Nº 45/2019 E Nº 110/2019: UMA ANÁLISE REDACIONAL.
Frederico Menezes Breyner

23   433   A QUEM INTERESSA REFORMA CONSTITUCIONAL FINANCEIRA NO BRASIL? A HORA E A VEZ DE UM FEDERALISMO FISCAL ESTRATÉGICO
Gilberto Pinto Monteiro Diniz

24   452   POSSÍVEIS IMPLICAÇÕES DA PROPOSTA DE REFORMA DOS FUNDOS PÚBLICOS PARA O SETOR DE TELECOMUNICAÇÕES: A SITUAÇÃO DO FUST E DA CONTRIBUIÇÃO DE INTERVENÇÃO NO DOMÍNIO ECONÔMICO A ELE DESTINADA
Guilherme Camargos Quintela
Mariana Baeta de Almeida

25   473   REFORMA TRIBUTÁRIA
Gustavo Brigagão

26   491   REFORMA TRIBUTÁRIA, IBS E A CLÁUSULA PÉTREA DA FORMA FEDERATIVA DE ESTADO
Gustavo da Gama Vital de Oliveira
Rodrigo Nascimento Rodrigues
Tadeu Puretz Iglesias

27   506   REFLEXÕES SOBRE A CONSTANTE PRETENSÃO DE SE PROCEDER A UMA "REFORMA TRIBUTÁRIA"
Hugo de Brito Machado Segundo

28   515   A PEC DO PACTO FEDERATIVO E A ESCALADA PARA REDUÇÃO DO FINANCIAMENTO DOS DIREITOS SOCIAIS NO BRASIL: QUAL O RUMO DA EDUCAÇÃO E DA SAÚDE PÓS PEC 188?
Iaci Pelaes dos Reis

29 533 O CRÉDITO TRIBUTÁRIO: UM DILEMA ENTRE A SUA EFETIVIDADE E A GARANTIA DOS DIREITOS FUNDAMENTAIS COM AS INOVAÇÕES DE COBRANÇAS FISCAIS. TEMOS UMA SOLUÇÃO COM AS REFORMAS CONSTITUCIONAIS DO SISTEMA TRIBUTÁRIO?
João Paulo Mendes Neto

30 555 TRIBUTAÇÃO ECOLÓGICA E SISTEMA TRIBUTÁRIO
José Adércio Leite Sampaio
Marcelo Kokke

31 573 TRIBUTAÇÃO SOBRE O CONSUMO: EXPERIÊNCIA BRASILEIRA E DESAFIOS PARA O ADVENTO DE UM IVA
José Roberto Afonso
Lais Khaled Porto

32 588 DIRETRIZES PARA UMA REFORMA TRIBUTÁRIA VIÁVEL
José Levi Mello do Amaral Júnior

33 597 A GARANTIA DO FEDERALISMO NO SISTEMA CONSTITUCIONAL BRASILEIRO E A PRESERVAÇÃO DOS MUNICÍPIOS FRENTE ÀS INCESSANTES REFORMAS ESTRUTURAIS NO SISTEMA TRIBUTÁRIO E FINANCEIRO NACIONAL
Juselder Cordeiro da Mata
Ronan Alves Martins de Carvalho

34 616 REFORMA TRIBUTÁRIA E FINANCEIRA: PERSPECTIVAS E PROPOSTAS
Leonardo Resende Alvim Machado

35 630 TRIBUTAÇÃO SOBRE O CONSUMO E FEDERALISMO FISCAL: ANÁLISE CRÍTICA DA EVOLUÇÃO HISTÓRICA COMO CONTRIBUIÇÃO PARA FUTURAS REFORMAS FISCAL E TRIBUTÁRIA
Leonardo Buissa Freitas
Gabriel Buissa Ribeiro de Freitas

36 648 CRISE FINANCEIRA DO ESTADO E A RESPONSABILIDADE FISCAL SOLAPADA
Licurgo Joseph Mourão de Oliveira
Ariane Shermam

37 664 A AMAZÔNIA NO CENÁRIO DAS (DE)(RE) FORMAS DO FEDERALISMO FISCAL
Lise Tupiassu
Simone Cruz Nobre
Daniel Fraiha Pegado

38 684 A JUSTIÇA FISCAL ENTRE O "DEVER-SER" CONSTITUCIONAL E O "SER" INSTITUCIONAL
Luciana Grassano de Gouvêa Mélo

39 699 INFLUÊNCIAS EXTERNAS NAS REFORMAS TRIBUTÁRIAS DO BRASIL AO LONGO DA HISTÓRIA
Ludmila Mara Monteiro de Oliveira
Tarcísio Diniz Magalhães

40 720 DO PROCESSO DE ESVAZIAMENTO DOS FUNDOS PÚBLICOS E DE SEU FUTURO NO BRASIL
Luiz Henrique Miguel Pavan

41 735 (DES)VENTURAS PARA A CONSTANTE REFORMA CONSTITUCIONAL FINANCEIRA
Luma Cavaleiro de Macêdo Scaff

42 747 ALGUNS ASPECTOS DAS RECENTES REFORMAS TRIBUTÁRIA E FINANCEIRA
Marcus Abraham
Vítor Pimentel Pereira

43 764 AS PREMISSAS PARA UMA REFORMA TRIBUTÁRIA E AS IMPRESSÕES INICIAIS ACERCA DA PEC 45/2019
Onofre Alves Batista Júnior
Marina Soares Marinho

44 793 REFORMA TRIBUTÁRIA, O QUE É E PARA QUÊ? O MITO
Mary Elbe Queiroz

45 806 A REFORMA TRIBUTÁRIA E SUAS REFORMULAÇÕES
Natália de Cássia Gomes Silva
Marisa Batista dos Reis

46 817 TRIBUTO, CRISE E REFORMA: QUE NÃO SE FECHEM OS OLHOS AO PACTO DEMOCRÁTICO
Natercia Sampaio Siqueira

47 831 REFORMA TRIBUTÁRIA E A NECESSÁRIA EQUAÇÃO DA TRIBUTAÇÃO DA RENDA, DO PATRIMÔNIO E DO CONSUMO
Paulo Caliendo

48 858 A TRIBUTAÇÃO DAS EXPORTAÇÕES NO CONTEXTO
DAS PROPOSTAS DE REFORMA TRIBUTÁRIA
Paulo Honório de Castro Júnior

49 875 UM MANIFESTO SOBRE A REFORMA DOS TRIBUTOS SOBRE O CONSUMO
NO BRASIL: ENTRE DESIGUALDADE E TRANSPARÊNCIA TRIBUTÁRIAS
Paulo Rosenblatt
Jeferson Teodorovicz

50 893 CONSELHO FISCAL DA REPÚBLICA: UM EXAME
CRÍTICO A PARTIR DE TRÊS OLHARES
Rafael Campos Soares da Fonseca
Lucas Bevilacqua

51 911 PEC Nº 188/2019: A INCONSTITUCIONALIDADE DA VINCULAÇÃO
DOS TRIBUNAIS DE CONTAS LOCAIS ÀS DECISÕES DO TCU
Renato Ramalho

52 932 O FUNDO DE COMBATE À POBREZA
Régis Fernandes de Oliveira

53 947 A NECESSIDADE DE EQUILIBRAR OS POSSÍVEIS EFEITOS REGRESSIVOS
DO IBS COM MAIS PROGRESSIVIDADE NO SISTEMA TRIBUTÁRIO
Roberto Salles Lopes

54 976 EM BUSCA DE DIAS MELHORES: REFORMAR PARA MELHORAR
O AMBIENTE ECONÔMICO, JURÍDICO E SOCIAL DO BRASIL
Rodrigo Frota da Silveira
Rodrigo Keidel Spada

55 991 ESTADO SOCIAL CONSTITUCIONAL, (DE)FORMAS
E NEOCOLONIZAÇÃO FINANCEIRA
Sarah Campos

56 1015 RECEITAS PÚBLICAS E FEDERALISMO TRINO: O
PROTAGONISMO DOS ÓRGÃOS DE CONTROLE EXTERNO
Sebastião Helvécio Ramos de Castro
Raquel de Oliveira Miranda Simões
Renata Ramos de Castro

57 1032 REFORMA TRIBUTÁRIA: O ESFORÇO EM MANTER A
MATRIZ TRIBUTÁRIA EM SEU (IN) DEVIDO LUGAR
Valcir Gassen
Pedro Júlio Sales D'Araújo
Francisco Gassen

58 1057 REFORMA TRIBUTÁRIA NO BRASIL: BREVES CONSIDERAÇÕES
Valter de Souza Lobato
Nayara Atayde Gonçalves

59 1085 O PAPEL DA SELETIVIDADE NO SISTEMA TRIBUTÁRIO: UMA PROPOSTA DE
REVISÃO DE SUA FUNÇÃO A PARTIR DE UMA LEITURA INTERDISCIPLINAR
Vanessa Rahal Canado
Larissa Luzia Longo

60 1095 ENTREVISTA COM FERNANDO FACURY SCAFF JORNAL FOLHA
DE S. PAULO, 18 DE JANEIRO DE 2020 PECS DE GUEDES
CONCENTRAM PODER EM BRASÍLIA E REDUZEM GASTO SOCIAL

61 1100 ENTREVISTA COM HELENO TAVEIRA TORRES JORNAL O ESTADO DE
SÃO PAULO, 21 DE FEVEREIRO DE 2020 'PROPOSTAS DE REFORMA
TRIBUTÁRIA SÃO RUINS', DIZ HELENO TAVEIRA TORRES

LAUDO TÉCNICO ABRADT

A ABRADT, entre outras atribuições, tem como função institucional apoiar e fomentar a pesquisa científica. Por isso, a Entidade criou o selo de qualidade para atestar a importância de determinadas obras para o estudo do Direito Tributário.

Nesse sentido, o livro submetido a nossa avaliação, "Deformas ou Reformas Tributárias e Financeiras: por que, para que, para quem e como?", coordenada pelos renomados professores Fernando Facury Scaff, Heleno Taveira Torres, Misabel de Abreu Machado Derzi e Onofre Alves Batista Júnior, trata de excelente estudo do nosso sistema tributário brasileiro, considerado um dos mais complexos do mundo.

Somente pelos coordenadores e o papel importantíssimo que exercem na doutrina brasileira já seriam motivos mais do que suficientes para aprovar o *selo* na presente obra. Mas os estudos aqui retratados – como não poderia deixar de ser – ultrapassam em muito tais motivos. A obra promove a pluralidade e a liberdade acadêmica diante da exibição crítica das vertentes tão presentes e necessárias, que espelham profundidade ímpar para a escolástica pátria.

Ainda sob perspectiva analítica, os artigos se estruturam de forma objetiva, didática e de clara compreensão, a evidenciar sobeja contribuição para a evolução dos estudos em torno de uma possível reforma no Sistema Tributário e no Sistema Financeiro. A par disso, os autores nos revelam o porquê de suas competências como pesquisadores devem ser reverenciadas e celebradas pela doutrina jurídica brasileira.

Mais do que isso, muito se tem dito e discutido sobre as propostas apresentadas e a obra não se furta a analisa-las, pautando os pontos positivos e negativos, mas é preciso ir além na dogmática. É preciso verificar – antes de tudo – nas reformas que se pretende, quais são os limites e condições para tais reformas. A Constituição Federal de 1988 traçou diretrizes exaustivas para a preservação do Estado Democrático de Direito e concretização de direitos individuais e sociais. As mudanças são saudáveis, face às constantes mutações dos fatos sociais, mas não podem ultrapassar as fronteiras que o Texto Constitucional estabelece aos eleitos; tais fronteiras são fixadas não somente para determinar onde as mudanças podem ocorrer, mas também e principalmente onde elas não podem avançar. Por isso, ao nosso sentir, a obra responde bravamente aos questionamentos de um juízo crítico sobre as propostas existentes e, mais do que tudo, responde sobre quais são os limites e diretrizes de eventuais reformas constitucionais. Não se deve reformar apenas para esquecer os erros do passado, mas para corrigir eventuais erros. Não é apenas reformar, mas o que é possível reformar sem abalar as estruturas fundantes do Estado Democrático de Direito.

Por conseguinte, a ABRADT apoia e recomenda a obra selecionada, pois – em suas nuances, ponderações e exposições - poderá ela contribuir ainda mais para os debates sobre a reforma tributária na sociedade brasileira e pelos estudiosos de Direito Tributário.

Belo Horizonte, 20 de maio de 2020

ASSOCIAÇÃO BRASILEIRA DE DIREITO TRIBUTÁRIO
ABRADT

VALTER DE SOUZA LOBATO

PREFÁCIO

É com imensa alegria que apresento esta importante contribuição para o estudo dos direitos tributário e financeiro. Mais uma vez sob a coordenação de brilhantes referências nos temas, em continuidade aos trabalhos iniciados em *"Federalismo (s)em juízo"*, esta obra propõe, em bom momento, outro necessário debate: as reformas tributárias e financeiras.

As discussões acerca do redesenho do sistema constitucional tributário brasileiro têm ganhado muita força no Executivo e no Legislativo, o que se atesta pelo expressivo número de iniciativas que tramitam no Congresso Nacional. Atualmente, há uma grande diversidade de propostas, que, em diferentes sentidos, sugerem soluções para problemas como: burocracia excessiva do sistema tributário, guerra fiscal, excessiva litigiosidade relacionada a controvérsias tributárias, sonegação, entre outros.

Outrossim, também se discute a reformulação do sistema constitucional financeiro. Com base na arrecadação, partilha, gastos e endividamentos públicos, busca-se dar mais efetividade aos ditames constitucionais dos direitos sociais e do federalismo fiscal. Especialmente em momentos de crise, como o ora vivido, demanda-se um detido estudo sobre as contas públicas.

Certo é que, seja para arrecadar ou para gastar, deve-se refletir sobre aquilo que está posto à mesa como uma possível solução. Isso porque, muitas vezes, esses recorrentes processos de reformas constitucionais trazem questionamentos sobre os seus resultados, em especial às consequências dessas mudanças aos diferentes entes federativos.

De fato, um dos temas caros ao Federalismo é a autonomia financeira e a partilha dos recursos tributários entre Estados, Municípios e a União. Essa questão, inclusive, já foi longamente debatida pelo Supremo Tribunal Federal em diversas oportunidades, a exemplo da Ação Direta de Inconstitucionalidade por Omissão nº 25. No caso, discutia-se a omissão do Congresso Nacional em editar Lei Complementar que compensaria os Estados-membros pela desoneração das exportações concedidas pela União. Como pano de fundo, tinham-se os grandes prejuízos experimentados pelos Estados em razão de tal política pública e da mora legislativa.

Como relator, proferi voto – acompanhado à unanimidade – no qual se debatia um dos temas centrais à questão do Federalismo: o risco de as competências constitucionais acabarem por se esvaziarem sem as condições materiais para o seu exercício. Afinal, de nada adianta o zelo na partilha de competências constitucionais, entre os diferentes entes federativos, se essa repartição não é acompanhada da divisão de recursos próprios e suficientes para fazer frente às diversas tarefas que lhe foram conferidas pelo Poder Constituinte.

Nesse sentido, como analisado na ADO nº 25, o rearranjo político promovido pela Constituinte, que tinha como um dos seus pilares a luta pela descentralização política e a garantia de autonomia aos entes subnacionais, buscou ampliar as competências tributárias dos Estados e a divisão do produto da arrecadação dos impostos federais. Entretanto, é cediço que, apesar dos esforços constitucionais, no sentido de promover descentralização de receitas na redação originária da Constituição Federal de 1988, nos anos seguintes, a União, por meio das contribuições – cuja receita não é partilhada com os demais entes –, conseguiu reverter o quadro constitucional de partilha de receitas, concentrando em seu poder a maior parte dos recursos tributários arrecadados.

Assim, as duas décadas que sucederam à promulgação da Carta de 1988 caracterizaram-se pela inversão do quadro de partilha de receitas traçado na Constituinte. Refiro-me, é claro, ao uso cada vez mais frequente das contribuições do art. 149 da Constituição Federal, sobretudo as federais, para o financiamento do Estado brasileiro, cada vez mais pressionado pelo custo dos direitos sociais.

Tal contexto foi fundamental, no Supremo Tribunal Federal, para se adotar um posicionamento muitas vezes desafiador ao julgador em casos de omissão legislativa, ao propor uma solução provisória à edição da norma. O caso, certamente, representou uma resposta do Poder Judiciário a uma disfuncionalidade do sistema, mas que, infelizmente, representa apenas um de uma série de questões que devem ser discutidas no âmbito dos Poderes Executivo e Legislativo.

Este livro compila mais de cinquenta trabalhos, com uma notável riqueza estudos sobre esses temas. Os autores desenvolveram artigos sobre interessantes tópicos no âmbito das reformas financeiras, a exemplo do financiamento do Sistema de Saúde, orçamento impositivo, repercussões das reformas no pacto federativo, fundos públicos para o setor de telecomunicações, financiamento de direitos sociais, responsabilidade fiscal, fundo de combate à pobreza, receitas públicas etc. Ademais, são abordados temas caros ao direito tributário, tais como tributação de renda, repercussões e desafios da reforma, justiça distributiva, meios extrajudiciais de resolução de conflitos tributários, tributação sobre o consumo.

Trata-se, portanto, de valorosa iniciativa, que em muito colaborará para o debate acadêmico sobre essas matérias.

Desejo a todos uma proveitosa leitura!

GILMAR FERREIRA MENDES
Ministro do Supremo Tribunal de Justiça.
Doutor pela Universidade de Müster, na Alemanha.

APRESENTAÇÃO –
A ETERNA REFORMA FINANCEIRA E TRIBUTÁRIA BRASILEIRA E SUAS DEFORMAÇÕES

Este livro surge um ano após o *Federalismo (s)em Juízo*, organizado pelo mesmo grupo e lançado pela editora Noeses, com o apoio da Fundação de Amparo à Pesquisa de Minas Gerais (FAPEMIG) e da Fundação de Desenvolvimento da Pesquisa (FUNDEP). O foco central das preocupações era o âmbito da litigiosidade interfederativa brasileira, através da análise das lides em curso nos tribunais, em especial no STF.

Agora, *Reformas ou Deformas Tributárias e Financeiras: por que, para que, para quem e como?* é exposto ao público lançado pela editora Letramento; neste, o ponto central são as eternas reformas financeiras e tributárias que assolam o país, *reformando* ou *deformando* a Constituição de 1988, a depender da ótica de cada autor.

Nas últimas três décadas o Brasil se deparou com a incessante busca por reformar seu Sistema Constitucional Tributário e Financeiro, mesmo período de vigência da atual Constituição. Parece mesmo que ela surge sob o signo da eterna mudança, ou da perene insatisfação dos grupos que assumem o poder com a governabilidade do país, no âmbito da *arrecadação* e do *gasto público*.

Sem descer aos mínimos detalhes, identifica-se as principais tentativas de *reforma tributária* nos seguintes períodos presidenciais, sem êxitos substanciais:

- Itamar: Comissão Ariosvaldo Mattos Filho;
- FHC 1 e 2: PEC 175/95;
- Lula 1: PEC 41/03 (transformadas em PEC 42 e PEC 44/03);
- Lula 2: PEC 223/08.

Pontualmente algumas alterações foram aprovadas, como na EC 75 (imunidade de fonogramas) e EC 87 (ICMS no destino nas operações diretas ao consumidor final), sem contar a aprovação e a extinção da CPMF.

No *âmbito financeiro* o índice de aprovação é maior, como se vê, dentre outras:

- Na criação e sucessivas reedições da DRU (ECs 42, 56, 68 e 93);
- Na aprovação do Orçamento Impositivo (ECs 86, 100 e 105);
- Na ampla modificação do sistema de precatórios (ECs 59, 94 e 99);
- Na aprovação do Teto de Gastos (EC 95);
- Para tratar de forma diferenciada os gastos com Ciência e Tecnologia (EC 85);
- Modificações nos Fundos de Participação (ECs 55 e 84);
- Referente aos gastos sociais (EC 51 e 53);
- Na criação e prorrogação por tempo indeterminado do Fundo de Combate à Pobreza (ECs 31 e 67).

O que faz com que as reformas *financeiras* avancem enquanto as *tributárias* jazem adormecidas, ou, se tanto, são aprovadas de forma pontual? Trata-se de uma pergunta em busca de respostas.

Pode-se cogitar do fato de que as *financeiras* dizem respeito à divisão intestina dos recursos arrecadados, enquanto as *tributárias* envolvem diretamente as pessoas físicas e jurídicas levadas a *contribuir impositivamente* para arcar com o custo da máquina estatal.

De outra banda, verifica-se que, mesmo sem grandes alterações constitucionais no âmbito *tributário*, a carga impositiva passou de 22% do PIB em 1988 para quase 34% do PIB em 2019.

Nesse sentido, pode-se inferir que os grupos de pressão são muito mais articulados para evitar mudanças no *sistema* de arrecadação e na busca de vantagens em sua *repartição*, embora a majoração das alíquotas e da base de cálculo dos tributos existentes esteja sendo aceita de modo mais condescendente pela opinião pública.

Um grupo de Propostas de Emendas Constitucionais se constitui o aspecto central deste livro.

Por um lado as PECs 186, 187 e 188, propostas pelo Poder Executivo e encampadas pelo Legislativo, que visam alterar fortemente a *sistemática financeira e orçamentária brasileira*; por outro, a PEC 110, cuja tramitação iniciou no Senado, e a PEC 45, em trâmite na Câmara dos

Deputados, que visam alterar substancialmente a sistemática da *tributação sobre o consumo*, e também buscam redesenhar alguns outros *tributos*.

Este grupo de autores esquadrinhou este conjunto de propostas de mudança constitucional, apresentando críticas e elogios a diversos aspectos, buscando contribuir para o debate em curso, cuja arena central hoje está no Congresso Nacional, mas que poderá seguir para a judicialização, caso sejam aprovadas com infringência à atual Constituição. Diversos temas estão sob análise, desde aspectos federativos, atacados pelas PECs tributárias, até a modificação de critérios de financiamento dos direitos sociais, atacados pelas PECs financeiras, todos temas envolvendo *cláusulas pétreas*.

Há muito material de indubitável qualidade para análise por parte de nossos parlamentares federais e juízes dos diversos níveis de jurisdição, inclusive em seu ápice, no STF.

O momento atual se revela oportuno para a exposição crítica acerca desse processo intermitente de reformas constitucionais, que muitas vezes acarretam mudanças estruturais no país.

Será que o sistema tributário e financeiro surgido com a Constituição de 1988 se revelou um insucesso, tanto que têm sido necessárias reformas constitucionais incessantes, ao longo dessas mais de três décadas?

Este é o ponto central em discussão nesta obra, escrita a muitas mãos e sob a égide da pluralidade e da liberdade acadêmica.

Esperamos que o leitor goste da obra tanto quanto nós gostamos de organizá-la e a apresentar para o debate.

São Paulo, março de 2020.

OS ORGANIZADORES

O IMPOSTO DE RENDA MÍNIMO E REFLEXÕES SOBRE A ISENÇÃO DE LUCROS E DIVIDENDOS DISTRIBUÍDOS EM UM CONTEXTO DE REFORMA TRIBUTÁRIA

MISABEL ABREU MACHADO DERZI[1]

FERNANDO DANIEL DE MOURA FONSECA[2]

SUMÁRIO: 1. Introdução; 2. As tendências transformadoras do Imposto sobre a Renda (das pessoas jurídicas ou corporações) em imposto sobre o consumo; 2.1. Brevíssimo resumo das recentes reformas do Imposto de Renda das corporações ou sociedades. O Imposto de renda mínimo; 2.2. O imposto de renda mínimo no Brasil. A aproximação aos tributos incidentes sobre o consumo; 2.3. Questão de fundo, primeira ou prévia: o aspecto temporal da RENDA; 3. A tributação dos lucros e dividendos; 3.1. Breves apontamentos sobre o regime atual; 3.2. Uma visão mais crítica sobre a questão; 3.3. O espaço existente para mudanças; 3.3.1. Pontos de atenção; 3.3.2. A criação de um regime de transparência e a manutenção de um sistema integrado de tributação da renda advinda do trabalho; 3.3.3. A imposição de dois níveis de incidência; 4. Conclusões; Referências Bibliográficas

---

1 Doutora em Direito Tributário pela Universidade Federal de Minas Gerais (UFMG). Professora Titular de Direito Tributário e Financeiro da Universidade Federal de Minas Gerais (UFMG) e da Faculdade de Direito Milton Campos (FDMC). Presidente Honorária da Associação Brasileira de Direito Tributário (Abradt). Membro da Fondation des Finances Plubiques (Fondafip).

2 Residência Pós-Doutoral em Direito Tributário na Universidade Federal de Minas Gerais (UFMG). Mestre e Doutor em Direito Tributário pela Universidade de São Paulo (USP). *Master of Laws* (LL.M.) pela *New York University* (NYU). Especialista em Direito Tributário pela Fundação Getúlio Vargas (FGV). Foi pesquisador visitante na *Università Degli Studi di Genova*. Advogado e Contador. Professor da Faculdade de Direito Milton Campos.

1. INTRODUÇÃO

É preciso ressaltar. Nosso problema maior, a considerar em uma reforma tributária, é exatamente o mais negligenciado: a grave desigualdade entre pessoas e entre grupos e regiões do País, que subsiste e nos desafia através dos tempos.[3] O IDH-M oficial (índice de desenvolvimento humano médio) sofre uma severa oscilação entre os Estados Federados. O Distrito Federal, por exemplo, tem o mais alto IDH, o mesmo que Portugal ou Chile, estando na posição 40. Já o Estado de Alagoas, ao contrário, tem o mais baixo IDH, comparado àquele do Vietnam ou do Iraque, na posição 120. Variamos, pois, entre 40 e 120, o que é excessivo.

A grave desigualdade em questão não é considerada, de forma efetiva, nos projetos de reforma abrigados na Câmara (PEC 45) ou no Senado (PEC110). Ambos fazem um recorte (a PEC 45 mais do que a PEC 110) no sistema tributário nacional, considerando prioritariamente os tributos sobre o "consumo", na sua acepção clássica, ou seja, pressupondo como problemas mais graves, a redução da base tributária do ICMS a ser recuperada, como ainda a arrecadação na origem a beneficiar os Estados produtores líquidos, em detrimento da maioria dos demais, consumidores líquidos. De fato, tais questões configuram fatores de relevância (o princípio do destino é norma internacional sancionada pela OCDE e pela OMC), mas tais questões não devem ser tratadas isoladamente. Na verdade, a redução da base de cálculo do ICMS, advinda dos benefícios fiscais, concedidos legítima ou ilegitimamente, também reduzem a base de cálculo do Imposto sobre a Renda das pessoas jurídicas, já que os lucros ou investimentos incentivados são intributáveis – se não forem distribuídos aos sócios, ou seja, uma

---

3 Um dos indicadores da profunda desigualdade regional no Brasil é o IDH-M (índice de desenvolvimento humano médio), que sofre severa variação entre os Estados Federados. O Distrito Federal, por exemplo, possui o IDH-M mais alto do Brasil, no montante de 0,824, enquanto o Estado de Alagoas, que aparece em último lugar, tem IDH-M de 0,631. Para se ter uma noção, o IDH-M do Distrito Federal está acima do de países como Portugal (0,822 – 41ª posição), Chile (0,822 – 41ª posição) e Emirados Árabes Unidos (0,827 – 40ª posição), enquanto o de Alagoas está abaixo do de países como Iraque (0,642 – 120ª posição), Vietnã (0,642 – 120ª posição) e Guiana (0,638 – 121ª posição). Fonte para o IDH-M nos Estados Brasileiros: http://www.pnud.org.br/atlas/ranking/Ranking-IDHM-UF-2010.aspx; para o ranking global: http://noticias.uol.com.br/infograficos/2014/07/22/brasil-fica-em-79-no-ranking-mundial-de-idh-veja-resultado-de-todos-os-paises.htm.

vez que não sejam desviados dos programas de desenvolvimento a que estão vinculados.

Tais projetos negligenciam, em decorrência: (i) o caráter regressivo do sistema tributário como um todo, inclusive o imposto sobre a renda das pessoas jurídicas, nos moldes atuais; (ii) os efeitos possíveis da Lei Complementar 160, que ainda não se fizeram sentir; e (iii) as opções provavelmente benéficas de redução das desigualdades – isenções e outros benefícios – na correção das injustiças desencadeadas pela regressividade, sem a construção de um federalismo de política conjunta entre os Estados e a União.

Para falarmos algo em torno da tributação da distribuição de lucros e dividendos, seria necessário fazer, em primeiro lugar, tais considerações em um quadro geral, em que a luta pelo capital, no âmbito internacional, desencadeia uma aproximação entre o imposto de renda das pessoas jurídicas (das corporações) aos tributos sobre o consumo, por meio da criação recente, em vários países, de um imposto sobre a renda mínimo, que independe da existência de resultados positivos da atividade.

2. AS TENDÊNCIAS TRANSFORMADORAS DO IMPOSTO SOBRE A RENDA (DAS PESSOAS JURÍDICAS OU CORPORAÇÕES) EM IMPOSTO SOBRE O CONSUMO

O caráter regressivo do sistema tributário brasileiro como um todo ficou esquecido nos projetos de reforma tributária no Brasil. É que eles partem da concepção clássica, hoje em questão, pois também o imposto de renda, graças à volatilidade do capital, tende a se voltar para a base de tributação do consumo, mais estável em relação à renda e aos próprios salários. Segundo aquela concepção tradicional, os impostos que incidem sobre as atividades econômicas independentemente de seu resultado – sendo indiferentes ao resultado positivo/lucrativo ou não – configuram custo ou despesa, a serem necessariamente transferidos, pelo mecanismo dos preços das mercadorias e serviços, ao consumidor final. Daí serem designados como tributos incidentes sobre o consumo (ou indiretos), uma designação econômica e não jurídica (neles se incluindo o IPI, o ICMS, o ISS, as contribuições para o PIS e a COFINS, além daquelas sobre salários e folha de pagamentos. Análises recentes do IPEA negligenciam tais efeitos recessivos totais, do sistema em geral[4].

---

4 Cf. ORAIR, Rodrigo Otávio e GOBETTI, Sérgio Wulff. Texto para Discussão 2530. Reforma Tributária e Federalismo fiscal: uma análise das Propostas de Criação de um novo Imposto sobre o Valor Adicionado Para o Brasil. IPEA. 2019.

Tanto o IVA europeu, como o IPI e o ICMS foram pensados dentro dessa lógica. Devem, em termos ideais, tributar o consumo, jamais onerar a produção ou o comércio. Garante-se que, em cada fase de incidência, o contribuinte de direito (produtor, comerciante ou industrial), se credite do imposto que suportou nas aquisições feitas e, ao mesmo tempo, transfira ao adquirente o tributo que deva adiantar aos cofres públicos. Somente o consumidor se torna o contribuinte de fato, porque não tendo direito de crédito, suporta finalmente a carga tributária. Em decorrência, devem ser **neutros**, como impostos ideais de mercado, indiferentes na formação dos preços e na competitividade, onerando apenas o **consumo final e a formação do capital fixo das famílias e das administrações públicas.**

Em contrapartida, dentro da classe dos chamados tributos diretos, em geral se incluem o imposto sobre a renda e a contribuição social sobre o lucro líquido, que oneram somente os resultados positivos (no sentido de lucro) da atividade. As análises econômicas se dividem entre aqueles que entendem que a incidência do IRPJ e a CSLL apenas reduzem o lucro a ser distribuído entre os sócios, não impactando os preços, em contraste com aqueles que entendem que tais tributos, embora ditos diretos, acabam repercutindo no mercado de preços dos produtos vendidos. Não obstante, os estudos da OCDE e os técnicos em geral continuam a prestigiar a diferenciação clássica e a denominar de tributos diretos, os tributos que têm como base de incidência os lucros, que pertencem aos investidores como resultado da exploração econômica.

Tal discussão mais profunda não será abordada neste curto estudo, pois ela poderia levar mesmo à questão da geração de riqueza pelo trabalho e da apropriação da mais valia no sistema capitalista (nas ponderações marxistas e seguidores). Ou mesmo, por outro ângulo, chegaríamos à unificação das incidências – na renda – que estariam diversificadas somente do ponto de vista jurídico-formal (imposto sobre a disponibilidade da RENDA; imposto sobre o consumo da RENDA – IVA e seletivos; impostos e contribuições sobre o patrimônio – RENDA POUPADA). Ou seja, uma realidade econômica única, **a renda**, desdobrar-se-ia em várias hipóteses de tributos formalmente diferentes. Tal questão é tão interessante que a Corte Constitucional alemã considera como tributos sobre o consumo aqueles que oneram a renda privada do consumidor final (já que a carga dos impostos ditos sobre o consumo lhe é transferida pelo mecanismo dos preços).[5] Tal fator é altamente relevante, pois, com base nessas distinções tradicionais, jurídico/formais, **constitucionalizadas,** assentam-se o federalismo e a autonomia tributária/financeira dos Entes Federados no Brasil.

Estamos considerando tão somente a questão formal. Nos sistemas jurídico-tributários, os legisladores em geral fazem diferenciação entre a tributação do consumo em oposição à tributação dos lucros/renda e patrimônio. Mas tal distinção tem acolhida também em textos e estudos internacionais, da OCDE, do FMI e da OMC. Em alguns casos, tal diferenciação é de alta relevância como nos países de forma federativa, em que a rigidez das regras de competência advém da própria Constituição, como ocorre no Brasil. Nossas regras de competência tributária, delimitadas na Constituição, precisam ser levadas a sério, pois elas pautam o volume da receita de cada Ente federado, a qualidade dos serviços públicos pertinentes e o índice de desenvolvimento médio em cada grupo ou região.

Deu-se que, em face da volatilidade do capital em uma economia mundializada, há uma recente aproximação generalizada e formal, feita pelos legisladores domésticos, em tais tributos diretos, incidentes sobre o lucro das sociedades e corporações, aos indiretos. A aproximação aos impostos indiretos ou sobre o consumo dá-se por meio de um imposto de renda mínimo, haja lucro a ser distribuído ou não, ou a criação de um imposto sobre a renda "fictícia". **Dentro de tais parâmetros, não devem ser esquecidas a concorrência tributária internacional e a chamada crise dos Estados do "bem-estar social".**

Tradicionalmente, como acabamos de anotar, poderíamos dividir os modelos de sistemas tributários em dois grandes grupos. No primeiro deles, próprio dos países desenvolvidos, exportadores de capital e, em geral, ostentando uma relativa descentralização da renda marcada por uma grande classe média, como ocorre na Europa e nos EEUU, a receita tributária dos Estados sempre resultou mais da arrecadação de impostos incidentes sobre a renda e o capital do que de tributos incidentes sobre o consumo/trabalho. No segundo modelo, próprio dos

---

5 Cf. BVerfG, Order of Second Senate of 13 April 2017 – 2 BvL 6/13 –, para. [1-162], http://www.bverfg.de/e/ls20170413_2bvl000613.html- BVerfG, Beschluss des Zweiten Senats vom 13. April 2017- 2 BvL 6/13 -, Rn. [1-45], http://www. bverfg.de/e/ls20170413_2bvl000613.html- BVerfG, Decisão do Segundo Senado de 13 de abril de 2017 – 2 BvL 6/13 –, para. [1-162], http://www.bverfg.de/e/ls20170413_2bvl000613.html

países em desenvolvimento, entre os quais se inclui o Brasil, países importadores de capital, com fraca poupança interna e grande concentração de renda, os cofres públicos se alimentaram e ainda se alimentam principalmente de impostos sobre o consumo e sobre os salários (inclusive renda proveniente dos salários), sendo mais fraca a participação de tributos incidentes sobre a renda proveniente do capital ou do patrimônio.

Na contemporaneidade, não obstante, essa separação entre os dois modelos clássicos não se apresenta mais com a mesma nitidez. A globalização evidenciou a mobilidade extrema do capital (renda e lucros), muito mais ágil do que os salários e, sobretudo, do que o consumo, e propiciou uma evidente guerra competitiva, no plano internacional, pelo capital, quer como investimento direto em carteira de títulos, quer como investimento indireto. Os diversificados estudos constantes do Projeto BEPS (*Base Erosion and Profit Shifting*),[6] desenvolvidos pela Organização para a Cooperação e Desenvolvimento Econômico (OCDE), com apoio do G20, dão notícia dessa preocupação quase universalizada.

Não são raros os países que reduziram substancialmente suas alíquotas em favor dos investimentos feitos por estrangeiros. É o caso dos EUA que tradicionalmente procuram beneficiar os investimentos estrangeiros em seu território ou repatriados para seu território. Ainda recentemente, a Lei de Cortes de Impostos e de Empregos de 2017 reduziu a alíquota do imposto de renda das empresas de 35% para 21%, sendo que os lucros auferidos no exterior por multinacionais, residentes nos EUA, agora estão isentos, em um sistema "territorial".[7] Outros se especializaram em tributação nula ou quase isso, forte atrativo para os lucros e o capital alojados em verdadeiros paraísos fiscais e protegidos pelo sigilo bancário. Além disso, em muitos países desenvolvidos, cresceu significativamente a receita pública proveniente de impostos incidentes sobre o consumo, como se pode exemplificar com o IVA dos europeus.

É evidente que o tratamento tributário, dado pelo legislador, pode capitalizar as empresas ou, ao contrário, tornar os investimentos inseguros ou de difícil recuperação. No Brasil, por exemplo, as Leis nº 8.981/1995 e nº 9.065/1995 trouxeram a limitação da compensação

---

6 Em livre tradução: "erosão da base e transferência de lucros."

7 Cf. https://www.taxpolicycenter.org/briefing-p.2

dos prejuízos acumulados em exercícios anteriores a 30% do lucro dos exercícios subsequentes. (Observe-se que as metas nacionais, à época, não eram as de combater a erosão da base de incidência do imposto sobre a renda, como fruto de evasão em uma economia mundializada. As metas concentravam-se na luta contra a sonegação doméstica e, sobretudo, no fito de trazer à luz a economia informal.) O que espanta é o fato de que o limite é baixo demais. Prejuízos correspondem a perdas ocorridas em exercícios anteriores e a restrição parcial à compensação representa tributação de "renda fictícia. Esses objetivos "fiscais", com vistas à manutenção de certos níveis de arrecadação, podem ter sido parcialmente adotados em alguns países, com atenuantes é verdade, mas aqui esbarram em sérios empecilhos constitucionais. A limitação da dedução dos prejuízos acumulados ofende o conceito constitucional de renda, em razão das características de nosso modelo e agride a igualdade e a equidade, pois quanto maior o prejuízo e menor a renda, mais tempo se levará para compensá-los.

Além disso, entre nós, o legislador não previu as técnicas que outros países introduziram ao autorizarem certa limitação da dedução e que configuram grandes atenuantes respectivas. Como se sabe, a partir do Relatório Ruding, muitos países europeus (inclusive a Alemanha) adotaram a dedução retroativa dos prejuízos acumulados. A dedução retroativa não inibe ou impede a dedução dos referidos prejuízos, para a frente, em exercícios subsequentes (EUA, Inglaterra, França e outros), se houver saldo a abater. Antes de serem deduzidos do lucro do exercício subsequente, os prejuízos de determinado exercício devem ser imputados, de forma retroativa, em relação a exercícios anteriores àquele em que foram registrados os prejuízos. Nessa hipótese, é refeito o balanço passado e o contribuinte – que tinha recolhido o imposto incidente sobre os lucros – adquire um crédito a ser apresentado contra o Fisco, capitalizando-se. Esse crédito pode ser pago pelo Estado em dinheiro ou abatido do imposto a pagar em exercícios subsequentes (como permite a França).

A dedução retroativa, que o Brasil desconhece, representa um incentivo, provoca a absorção dos prejuízos para trás e incentiva a capitalização, significando um ponto de atração para os investidores e para o mercado. Credores, sócios e investidores institucionais têm, assim, em uma apuração fiscal mais fidedigna apenas um primeiro passo no longo caminho a percorrer, no exercício do seu direito de planejar e decidir. As normas brasileiras sobre a limitação da compensação dos prejuízos acumulados (e, como se sabe, segundo nossas leis comerciais, o lucro do exercício não pode ser distribuído aos sócios, enquanto não forem compensados os prejuízos anteriores) convertem o imposto sobre a renda em um imposto sobre o consumo, porque as empresas, impedidas de deduzirem os seus prejuízos, tenderão, na medida do possível, a projetar, nos preços das mercadorias e serviços, o peso do imposto.

O Brasil arrecada tributos como um país desenvolvido, cerca de 34% de seu próprio PIB. Mas o seu sistema tributário é regressivo porque onera mais o consumo/trabalho do que o capital. Com o aumento da competição tributária, as receitas do Estado para pagar os benefícios da previdência social, da saúde e da assistência social, também se reduzem. Em face da alta mobilidade do capital e necessitando desesperadamente de investimentos, as reações entre nós têm sido as mesmas, presentes nos demais países: (a) procura-se não fazer incidir o imposto sobre a renda e os lucros provenientes do capital (ou pelo menos fazer incidir mais suavemente), de tal forma que a carga fiscal sobre o trabalho/consumo tende a se acentuar mais ainda; (b) no afã de se aumentar a arrecadação, o Brasil introduziu a limitação dos prejuízos acumulados a 30% dos lucros dos exercícios subsequentes, medida que converte o imposto sobre a renda em imposto sobre o consumo, porque a tributação da renda fictícia, independentemente dos resultados reais (lucratividade), transforma o imposto sobre a renda em custo e desencadeia a transferência da carga para os preços das mercadorias e serviços; (c) com isso, o imposto sobre a renda, sendo mero custo da atividade econômica, converte-se também em imposto sobre o consumo, aumentando-se a regressividade do já regressivo sistema tributário brasileiro; (d) há certa tendência de redução dos benefícios previdenciários, o que se apresenta em movimentos repetitivos. E, embora a sociedade brasileira já tenha feito as suas opções, de forma irreversível, em sua Constituição, em favor de um Estado Democrático de Direito, a redução dos benefícios previdenciários é movimento que se concretiza em contínuas reformas.

Vejamos em que circunstâncias e, com que atenuantes, os países desenvolvidos criam barreiras à compensação integral dos prejuízos acumulados em exercícios anteriores, posicionando melhor do que nós os mecanismos de atração do capital para seus territórios.

2.1. BREVÍSSIMO RESUMO DAS RECENTES REFORMAS DO IMPOSTO DE RENDA DAS CORPORAÇÕES OU SOCIEDADES. O IMPOSTO DE RENDA MÍNIMO

Antes é interessante lembrar o contexto em que se dão tais reformas que supõem a erosão da base de incidência do imposto de renda, decorrente da evasão e da volatilidade do capital.

Na Alemanha, por exemplo, o imposto de renda das pessoas jurídicas pode incidir sobre a organização como um conjunto, formado pela empresa-mãe/controladora e suas subsidiárias, em lugar de incidir sobre o resultado de cada entidade isoladamente. Em tais circunstâncias, o resultado anual se apura por meio de compensações com as perdas das subsidiárias, ao nível da empresa-mãe. Para isso determinadas condições devem ser preenchidas como: (i) a subsidiária deve ser financeiramente integrada e a controladora deve deter mais de 50% das ações com direito a voto; (ii) o investimento na subsidiária deve ser atribuído à parte da controladora e ser submetida à lei alemã; (iii) a subsidiária deve estar sediada na Alemanha; e (iv) as empresas envolvidas devem ter concluído um acordo sobre lucros e perdas integrados pelo período mínimo de 5 anos. A subsidiária submete toda a sua renda à controladora e, ao mesmo tempo, a empresa-mãe é obrigada a compensar as perdas incorridas pela subsidiária, conforme acordo firmado.[8]

Acresce ainda que, na Alemanha, os prejuízos acumulados pelo grupo (ou para empresas em geral) podem ser deduzidos em exercícios futuros sem limite temporal. Para o imposto incidente sobre o lucro das corporações, há ainda uma dedução retroativa opcional relativa ao último ano anterior, até o limite de 1 milhão de euros. Em relação às perdas excedentes, se houver, poderá haver uma compensação em futuros exercícios no limite de um milhão de euros mais 60% da renda excedente de tal montante. Sobre os 40% remanescentes da renda, acima de um milhão de euros, haverá a incidência do imposto das corporações a alíquotas correntes. Isso é chamado de "tributação mínima".[9]

Também no Reino Unido[10], ou nos EUA, as perdas das controladas podem estar submetidas às empresas do mesmo grupo (no caso das perdas existentes antes de abril de 2017, elas podem ser utilizadas no próprio ano no qual surgiram).

---

8 Cf. pwc Worldwide Tax Summaries. Germany, last reviewed, 27/june/2019.

9 Cf. pwc Worldwide Tax Summaries. Germany, last reviewed, 27/june/2019.

10 Cf. https://www.dlapiperintelligence.com/goingglobal/tax/index.html

Mas, além da consideração dos ganhos e perdas dentro de uma organização empresarial, que reúne uma controladora e suas controladas; e a par da redução do imposto incidente sobre a renda das empresas, como ocorreu nos EUA (além de um tratamento benéfico para os lucros auferidos no exterior, pelas multinacionais sediadas naquele País), houve uma atenuação da pureza do conceito de renda, de tal modo que lá se pode falar também da incidência de um imposto de renda mínimo.

Vejamos: - nos EUA, após as mudanças realizadas pelo governo Trump, com a redução substancial do Imposto de Renda das empresas (cuja alíquota máxima passou de 35% para 21%), para a maioria dos contribuintes, após 2018, os prejuízos acumulados não podem mais ser deduzidos retroativamente, como ocorria antes, com algumas exceções pontuais. A dedução dos mesmos prejuízos líquidos acumulados em exercícios anteriores somente será permitida em exercícios futuros até o limite de 80% do lucro tributável. Restará ao contribuinte pagar o IR sobre os restantes 20% da renda que não podem ser alcançados pela compensação. Pagar-se-á então um IR mínimo.[11]

No Reino Unido, igualmente, apesar de se poder compensar os prejuízos indefinidamente para a frente, somente se pode levá-los retroativamente por um ano e, em casos excepcionais, até 3 anos. Mas o saldo restante dos prejuízos, uma vez abatido de exercício anterior (com o que o contribuinte adquire um crédito contra o Estado) somente pode ser compensado em exercícios futuros no limite dos primeiros 5 milhões de libras dos lucros tributáveis (por grupo de empresas) mais 50% dos lucros excedentes àqueles 5 milhões de libras.[12] Estamos a falar de um imposto de renda mínimo.

Também na França, houve uma consolidação das regras do imposto, valendo a partir de 1º de janeiro de 2019. As perdas do grupo empresarial podem ser compensadas para frente, até o primeiro milhão de euros e mais 50% dos lucros tributáveis excedentes a tal valor. As perdas podem também ser compensadas retroativamente com os lucros do exercício imediatamente anterior, até o limite máximo de 1 milhão de euros. Dá-se então, igualmente, a existência de um imposto de renda mínimo, por grupo.[13]

---

11 Cf. IRS, publication 536 (2018), net operations losses (NOLS) for individuals, Estates and Trusts.

12 Cf. https://www.dlapiperintelligence.com/goingglobal/tax/index.html

13 Cf. pwc Worldwide Tax Summaries. France, last reviewed, 16/September/2019.

2.2. O IMPOSTO DE RENDA MÍNIMO NO BRASIL. A APROXIMAÇÃO AOS TRIBUTOS INCIDENTES SOBRE O CONSUMO

O Brasil não adotou o imposto de renda mínimo, como reação à erosão da base de incidência da renda das pessoas jurídicas em um contexto de economia mundializada. Nem tampouco a isenção na distribuição dos lucros e dividendos resultou de tal contexto. Nosso legislador preferiu adotar uma integração completa entre pessoas físicas e jurídicas, cujo fundamento teria origem na simplificação dos controles e no combate à evasão fiscal.[14] Uma medida contrária à evasão fiscal doméstica e à economia informal. Essas as metas, como veremos.

As Leis nº 8.981/1995 e nº 9.065/1995 trouxeram a limitação da compensação dos prejuízos acumulados em exercícios anteriores a 30% do lucro dos exercícios subsequentes. O limite é baixo demais. Inexiste também a compensação retroativa. E a trava de 30% atinge a todas as empresas de uma mesma organização empresarial, em sua vida corrente. Como mencionado, a indedutibilidade parcial dos prejuízos acumulados, relativamente à renda a que correspondem (embora de exercício anterior) representa tributação de "renda fictícia. E mais, a incidência do imposto sobre a renda – se os 70% excedentes tiverem valor inferior aos prejuízos acumulados – não poderão ser distribuídos aos sócios, segundo a lei comercial. É o que diz a LSA (Lei 6.404/76), em seu art. 189: *"Do resultado do exercício serão deduzidos, antes de qualquer participação, os prejuízos acumulados e a provisão para o Imposto sobre a Renda."*

Corretíssima, nossa lei comercial busca preservar a vida da empresa. Se prejuízos (do exercício corrente ou cumulados em exercícios anteriores) são redução patrimonial, inexistem lucros efetivos a distribuir. A distribuição de lucros é, por si só, quando os lucros são reais, um fator de redução patrimonial, mas nesse caso a decisão pela não distribuição, com vistas à capitalização, deverá ser livre opção dos sócios.

Assim sendo, com a trava legal de 30% para a compensação dos prejuízos, embora o investidor não possa receber o resultado de seus investimentos, que é negativo (pois, em realidade, os lucros inexistem já que

---

14 Lei 9.2949/95. Exposição de Motivos. "12. Com relação à tributação dos lucros e dividendos, estabelece-se a completa integração entre a pessoa física e a pessoa jurídica, tributando-se esses rendimentos exclusivamente na empresa e isentando-se quando do recebimento pelos beneficiários. Além de simplificar os controles e inibir a evasão, esse procedimento estimula, em razão da equiparação de tratamento e das alíquotas aplicáveis, o investimento nas atividades produtivas".

os prejuízos acumulados se fossem compensados, anulariam os "lucros" do exercício), surge um lucro fictício, meramente fiscal, sobre o qual incidirá o imposto sobre a renda e a contribuição social sobre o lucro líquido. Isso configura o imposto sobre a renda mínimo, no Brasil, com o qual convivemos há mais de vinte anos. As agravantes, se comparado o nosso sistema àqueles dos países desenvolvidos, são as seguintes:

a. inexiste a possibilidade de prévia consolidação por grupo empresarial, como nos países citados. Em nosso País, o legislador não abre exceções e impõe a incidência sobre o montante de 70% do resultado, entidade por entidade da mesma organização empresarial, ainda que tal montante seja correspondente apenas a prejuízos;

b. em face dos princípios da equidade e da isonomia, em geral, tais países citados concedem pelo menos um valor mínimo à compensação dos prejuízos, tanto para compensação retroativa, quanto para a futura, impondo a trava apenas acima da renda excedente àquele valor. Tal valor destina-se a atender minimamente àquelas empresas que auferiram renda menor ao longo dos anos, embora cumulem prejuízos consideráveis;

c. a fundamentação dos legisladores reside no princípio da continuidade da vida empresarial. A rigor, o exercício financeiro e fiscal de um ano é somente uma convenção artificial – princípio válido e consistente a direcionar as normas comerciais e contábeis. Daí a necessidade de o legislador determinar a compensação dos prejuízos acumulados em exercícios anteriores, exatamente porque tais exercícios são artifícios a serem derrotados. Mas então, como corolário de tal princípio, as fazendas públicas argumentam que, prosseguindo a vida empresarial sem solução de continuidade, a dedução integral dos prejuízos acumulados teria sido apenas diferida pelo legislador, para exercícios posteriores. Ao fim e ao cabo de determinados exercícios, haveria dedução integral de tais prejuízos. Enquanto isso, os contribuintes recolheriam um imposto de renda mínimo, decorrente do artifício meramente "fiscal" da existência de lucro;

d. na interpretação equivocada e contraditória da Fazenda Pública, no caso do Brasil, a trava elevada deve vigorar mesmo nos casos de incorporação ou extinção de uma empresa, o que contradiz visceralmente a noção de continuidade da vida empresarial. Ora, havendo a extinção da empresa, o último balanço deve contemplar a possibilidade de compensação integral dos prejuízos pois, inexistindo futuro, o adiamento perdeu sentido. Todo o imposto de renda recolhido sobre os prejuízos transforma-se em "calote", sem devolução do excedente recolhido aos cofres públicos;

e. finalmente, o que é o mais relevante, temos uma Constituição minuciosa, que diferencia os conceitos de renda, dos conceitos de faturamento e receita; de operações mercantis de circulação, produção e serviços; de patrimônio imobiliário, transmissões e seus acréscimos. Tal diferenciação é extremamente rígida e relevante, pois dela depende o exercício da competência de cada Ente político da Federação; a qualidade dos serviços públicos atribuídos a cada um deles, em especial, educação, saúde e segurança; a alocação de recursos e a distribuição da receita pública dentro do território nacional, portanto o padrão de vida dos cidadãos, não importa a região a que pertença;

f. finalmente, é evidente a aproximação entre o imposto sobre a renda no Brasil e os tributos incidentes sobre o consumo. As consequências dessa aproximação ainda não foram mensuradas por organismos especializados como o IPEA, cujos estudos limitam-se às considerações e classificações tradicionais dos tributos, em um sistema já tão regressivo como o de nosso País.[15] Os resultados, então, não são realísticos.

Esses objetivos "fiscais", com vistas à manutenção de certos níveis de arrecadação, podem ter sido parcialmente adotados em alguns países, com atenuantes é verdade, mas como sabemos, aqui esbarram em sé-

---

15 Ver ORAIR, Rodrigo Otávio e GOBETTI, Sérgio Wulff. Texto para discussão 2530. Reforma Tributária e Federalismo: uma análise das propostas de criação de um novo imposto sobre o valor adicionado para o Brasil. IPEA. Rio de Janeiro, dezembro de 2019. http//www.ipea.gov.br/ouvidoria Além disso, o Poder Legislativo da União já fez um gesto pacificador. Aprovou a Lei Complementar 160, que prevê a remissão e a anistia em relação a todos aqueles atos normativos dos Estados transgressores das normas constitucionais, atos inerentes à guerra fiscal. O perdão para o passado. Para o futuro, a regularização, com a ratificação de tais atos, acompanhada da proibição de novos benefícios, que forem aprovados sem o consentimento unânime dos demais Estados da Federação. Estranhamente, os novos projetos de reforma tributária, mesmo os mais relevantes, que correm no Congresso Nacional, ignoram os possíveis efeitos benéficos da citada Lei Complementar 160, embora ela possa recuperar a base tributária do ICMS, no momento perdida e exaurida em razão da renúncia que provoca, alimentando a guerra fiscal entre os Estados. Tal questão, entretanto, é desconsiderada nos estudos do IPEA.

rios empecilhos constitucionais. A limitação da dedução dos prejuízos acumulados ofende o conceito constitucional de renda, em razão das características de nosso modelo e, conforme já observamos, agride a igualdade e a equidade, pois quanto maior o prejuízo e menor a renda, mais tempo se levará para compensá-los.

2.3. QUESTÃO DE FUNDO, PRIMEIRA OU PRÉVIA: O ASPECTO TEMPORAL DA RENDA

O raciocínio fazendário de que a renda seria contínua, pois a vida empresarial não cessaria no encerramento do balanço e a dedução dos prejuízos estaria meramente diferida no tempo, abala a concepção lógica da regra matriz do imposto e torna ilimitado o conceito de renda. Em que momento surge o dever de pagar o imposto? Qual a lei aplicável? Como resolver os conflitos de lei no tempo e a contagem dos prazos decadenciais e prescricionais?

É evidente, e sobre o assunto já escrevemos longamente, que o legislador coloca um limite temporal e artificial (anual), como aspecto da hipótese de incidência, para apuração da renda, que é um fato contínuo. A periodização da renda, que não pode ser inferior a um ano, é opção do legislador, necessária como marco das demonstrações financeiras, de interesse dos sócios, dos credores e das fazendas públicas. Embora o fracasso ou o êxito de uma atividade econômica somente se possa apurar ao encerramento da vida empresarial, não seria razoável esperar tal termo e podemos dizer que o modelo temporal é universal, acompanhando o desenrolar das estações, dos fluxos comerciais e dos orçamentos públicos. O princípio da anterioridade das leis tributárias, em suas origens, conecta-se a tal fenômeno. Assim sendo, as arrecadações anteriores, como o imposto de renda retido na fonte, ou o recolhimento por estimativa, são meras antecipações da obrigação do contribuinte, que surge tão somente ao findar o exercício. Outras hipóteses de exercícios mais curtos, trimestrais, por isso mesmo, são opcionais para os contribuintes.

Não obstante, e simultaneamente, o legislador em todo o planeta sabe que a periodização é uma escolha artificial, uma convenção, que pode configurar uma violação da capacidade econômica, e do próprio conceito de **renda**, como se dá com o fenômeno dos prejuízos acumulados, que se revelam em um exercício mas persistem além dele, se os lucros supervenientes são insuficientes para cobri-los. Em decorrência, o legislador sempre consagra, nos mais diversificados sistemas de diferentes países, quer por alguns exercícios futuros, ou de modo ilimitado no tempo, o direito de o contribuinte compensar aqueles prejuízos acumulados em exercícios anteriores. Por razões superiores de capacidade econômica, o legislador **supera sempre aquele limite temporal anual, por ele mesmo posto. Ele tem o dever de fazê-lo.**

Não discutiremos a inconstitucionalidade, entre nós, de um imposto de renda mínimo, criado pela União, para isso incompetente. Mas à vista da atual posição da Corte Suprema, não abordaremos tal aspecto neste trabalho.

O imposto de renda mínimo brasileiro não nos parece mínimo, mas bastante elevado, sempre que incidir (com a força de 34%) sobre 70% da renda, fictícia, correspondente a prejuízos acumulados, tornados indedutíveis. Além disso, entre nós, inexiste prévia dedução de prejuízos dentro da organização empresarial, como ocorre em diversos países; tal imposto de renda não corresponde a lucros não distribuídos, pois tais lucros inexistem, são prejuízos. Assim sendo, converte-se o imposto de renda mínimo em custo da atividade empresarial.

Somente dentro desse quadro é que deveríamos analisar a proposta de incidência do imposto de renda sobre a distribuição de lucros e dividendos. O imposto de renda mínimo (que pode ser bem elevado entre nós) representa um custo alto para as empresas aqui radicadas, quer seja ele considerado como antecipação de um tributo devido (no futuro); quer seja ele visto como mero diferimento do lucro a demandar um acerto. Convertido em espécie nova, *sui generis,* de tributo sobre o consumo, por sua repercussão em preços de mercadorias e serviços, o imposto de renda mínimo poderia ser: (i) deduzido na formação da base de incidência, todas as vezes e na medida em que corresponder a prejuízos indedutíveis; (ii) e sofrer redução, por meio de alíquotas menores, como foi o regime adotado nos EUA, já que ele é antecipação ou imposto de renda **sem existência de renda**, concentrando-se a tributação na renda das pessoas físicas, com as adaptações que haveremos de considerar.

3. A TRIBUTAÇÃO DOS LUCROS E DIVIDENDOS

A discussão sobre a necessidade de revisão da regra brasileira relativa à isenção de lucros e dividendos, comumente tida por excessivamente abrangente, sobretudo quando comparada às existentes em outras importantes nações, esteve presente nas pautas de todos os candidatos à Presidência da República nas eleições de 2018. Talvez, um certo incômodo com o regime vigente tenha sido um dos poucos pontos de consenso entre os postulantes ao cargo máximo do Poder Executivo, embora o debate não tenha evoluído a ponto de permitir identificar quais eram efetivamente as críticas apontadas e as possíveis alternativas para cada uma delas. Para além disso, trata-se de pauta frequente em discussões que envolvem reforma tributária, especialmente porque o regime pode ser modificado por lei ordinária, o que simplifica o caminho.

Dado esse contexto, o que se almeja neste pequeno artigo, é contribuir com o debate, tentando demonstrar que a complexidade do assunto exige profunda reflexão. Não seria prudente que eventual mudança legislativa nascesse ultrapassada e já carente de nova alteração, o que representaria um inegável retrocesso. E o ponto de partida da análise passa pela constatação de que os modelos adotados em diferentes países estão diretamente ligados a questões domésticas. Elas dizem respeito não apenas à composição da legislação tributária, como também à sua relação com o direito privado, além de aspectos econômicos da mais alta relevância.

Por essas razões, confere-se importância apenas relativa aos diversos quadros comparativos que colocam o Brasil como sendo exemplo de uma aparente posição isolada sobre a matéria. Em que pese o respeito que se tem por trabalhos dessa natureza, eles revelam (quando muito) o retrato de uma posição atual, sendo incapazes de oferecer dados relacionados às possíveis mudanças que estejam em vias de acontecer. Diz-se quando muito, porque tais estudos tendem a ignorar questões internas e específicas de cada jurisdição, especialmente as atinentes à estrutura do sistema tributário. Ainda nesse contexto, qualquer análise comparativa deve pressupor a realização de juízos de compatibilidade entre o modelo adotado por um determinado país e a sua pertinência para o Brasil. São diversas as especificidades – não apenas jurídicas – que dirigem a construção de um sistema relacionado à tributação da renda e que não podem ser subestimadas. De um lado, portanto, o contexto internacional se apresenta como importante referencial. De outro lado, contudo, deve ser utilizado com as cautelas necessárias.

3.1. BREVES APONTAMENTOS SOBRE O REGIME ATUAL

Quando a Lei n. 9.249/95 foi concebida, optou o legislador brasileiro por um modelo de incidência única, concentrado nas pessoas jurídicas. Por essa razão, a passagem do lucro para os sócios foi objeto de uma isenção. A Exposição de Motivos do referido diploma legal declinou as suas razões. Afirmou-se que, por meio daquela exclusão, seria promovida uma integração completa entre pessoas físicas e jurídicas, cujo fundamento teria origem na simplificação dos controles e no combate à evasão fiscal.[16] E não se tratava de um modismo tupiniquim. A opção por regimes sustentados na isenção dos resultados distribuídos (mesmo que parcial) vinha se mostrando a tendência em jurisdições importantes. Àquela altura era grande a preocupação com os efeitos de uma dupla tributação da renda.[17]

O momento atual sugere novas preocupações. O mundo vem lidando com as consequências de uma concorrência tributária ferrenha, em que países lutam para atrair contribuintes para o seu território, ainda que à custa de uma obscena redução da carga tributária ou da concessão de benefícios fiscais questionáveis. Isso pode ser constatado por meio de uma rápida incursão sobre detalhes genéricos do Projeto BEPS. Diversas das questões endereçadas têm origem justamente nos efeitos tributários de uma competição por mercados cada vez mais globalizada. Discussões como territorialidade e universalidade da tributação, concorrência tributária prejudicial e transparência fiscal estão em evidente ebulição. Como reação a tudo isso, o mundo parece caminhar no sentido da redução das alíquotas do imposto de renda das pessoas jurídicas, com a transferência de parte desse ônus para as pessoas físicas.

Não era essa a preocupação do legislador brasileiro em 1995. Naquele momento, não se cogitava da mobilidade contemporânea do capital, tampouco da erosão das bases tributáveis. O país se encontrava em outro estágio do ponto de vista de desenvolvimento econômico, as instituições estavam menos consolidadas, a legislação carecia de melhoramentos básicos, o Fisco ainda não tinha obtido o grau de desenvolvimento atual, etc. Por todas essas razões, avaliar a opção de outrora com os olhos de hoje, para concluir que a isenção representa a concessão de um benefício odioso aos titulares do capital, é temerário. O debate precisa se apresentar em outro patamar, deixando de se vincular apenas a argumentos de justiça em abstrato, para promover

---

16 Lei 9.2949/95. Exposição de Motivos. "12. Com relação à tributação dos lucros e dividendos, estabelece-se a completa integração entre a pessoa física e a pessoa jurídica, tributando-se esses rendimentos exclusivamente na empresa e isentando-se quando do recebimento pelos beneficiários. Além de simplificar os controles e inibir a evasão, esse procedimento estimula, em razão da equiparação de tratamento e das alíquotas aplicáveis, o investimento nas atividades produtivas".

17 POLIZELLI, Victor. *Tributação de Dividendos no Brasil: propostas e questões para sua implementação*. p. 421.

uma discussão técnica sobre o modelo mais adequado de tributação da renda no Brasil (buscando uma justiça mais eficaz).

Dito isso, questiona-se: é possível repensar a regra atual? Claro que sim. Mas é preciso fazer a importante ressalva de que a sua mera revogação levará ao estabelecimento de dois níveis de tributação de toda a renda gerada na economia, o que é absolutamente incompatível com a separação existente entre pessoas físicas e jurídicas no direito brasileiro. Os únicos efeitos reais serão o estrangulamento da atividade produtiva e a ameaça à existência de regimes como o lucro presumido, representativos da opção manifestada por boa parte das empresas nacionais. Caso seja essa a decisão do Poder Legislativo, aí sim o Brasil estará caminhando na contramão do mundo e passará a ser exemplo de um sistema singular.

Ademais, não se deve pensar em tributação apenas por meio da análise de alíquotas (nominais e efetivas) e bases de cálculo. A existência de pessoas jurídicas atrai uma série de obrigações legais cujos custos não podem ser deixados de lado. Como medir a repercussão econômica da complexidade do sistema tributário brasileiro para as pessoas jurídicas? E da litigiosidade exagerada? Quanto efetivamente se paga para pagar tributos? E a impossibilidade de se corrigir monetariamente os balanços? Será mesmo verdade que o Brasil tributa muito o consumo e pouco a renda? Como inserir as contribuições ao PIS e a Cofins nesse debate?

A ausência de respostas para cada uma das perguntas acima apenas revela que o sistema tributário brasileiro reclama uma mudança em sua estrutura, o que impõe ainda mais cautela nas modificações de questões pontuais, a despeito de sua inegável relevância. Enquanto isso não for realizado, o país continuará a apresentar uma estrutura pouco coesa, irracional, desestimulante e onerosa, que pode ser do interesse de alguns, mas que gera malefícios para a imensa maioria, especialmente para aqueles mais pobres, que veem uma máquina estatal ineficiente e sem recursos para investir e distribuir renda.

Em síntese, a questão passa por uma reforma que deve levar em conta as particularidades da realidade brasileira, ainda que isso imponha alguma espécie de distanciamento em relação ao praticado por outros países. Não se trata de uma defesa do isolacionismo, mas de parcimônia na consideração de estrangeirismos, para que a complexidade da realidade brasileira não acabe negligenciada. Isso impõe certa deferência às razões que inspiraram a alternativa atualmente em vigor (mesmo que para verificar se elas não estariam mais presentes) e uma análise da forma pela qual o Brasil deveria reagir às mudanças decorrentes de uma economia cada vez mais integrada.

3.2. UMA VISÃO MAIS CRÍTICA SOBRE A QUESTÃO

A definição dos critérios para a tributação de lucros e dividendos pressupõe a definição das hipóteses em que seria razoável cogitar-se de duas incidências do imposto de renda. Essa possibilidade de dupla oneração decorre da óbvia necessidade de se identificar quando se está diante de distintas manifestações de capacidade contributiva, o que não ocorrerá pelo simples fato de que lucros foram transferidos aos sócios. Dito de outro modo, a presença de uma sociedade não induz à necessária conclusão acerca da existência de riquezas que possam ser consideradas desvinculadas da atuação das pessoas físicas dos acionistas.[18]

Esse raciocínio pressupõe um rompimento com a ideia de que a capacidade contributiva das pessoas jurídicas seria uma decorrência do fato de que a legislação reconhece a autonomia do seu patrimônio e de sua responsabilidade, pelo menos como regra geral. O ponto é que essa noção não precisa encontrar necessária ressonância no direito tributário. É forçoso reconhecer que algumas sociedades existem apenas como forma de permitir que riquezas sejam geradas pelas pessoas físicas e a elas imediatamente repassadas, não tendo o lucro apurado status de uma riqueza considerada de forma autônoma.[19] Nesse cenário, cabe à legislação tributária tratar essas pessoas jurídicas como entidades transparentes, no sentido de não submetê-las ao imposto de renda corporativo.[20]

Sob esse prisma, pouco importa que, para o direito privado, exista um lucro societário atribuído a uma pessoa jurídica. Tampouco que ele precise ser juridicamente transferido ao sócio. A distribuição de lucros torna-se uma figura irrelevante para o direito tributário, pois se rompe o véu que encobre a pessoa jurídica, exclusivamente para esse fim. A decisão dos contribuintes de exercerem a sua atividade econômica por

---

18 McNULTY, John K. *Corporate Income Tax Reform in the United States: Proposals for integration of the Corporate and Individual Income Taxes, and International Aspects.* p. 13.

19 FALSITTA, Gaspare. *Manuale di Diritto Tributario: Parte Speciale.* 12. ed. Padova: CEDAM, 2018, p. 286.

20 AVI-YONAH, Reuven S. *Corporations, Society, and the State: A Defense of the Corporate Tax.* p. 1201.

meio de uma sociedade não obriga que o resultado apurado precise estar submetido às regras do imposto de renda das empresas. O direito tributário enxergará apenas uma manifestação de capacidade contributiva, diretamente atribuível às pessoas físicas.[21]

Ainda nessa linha, fica sem sentido a distinção entre rendimentos do capital e do trabalho, muitas vezes invocada como fundamento para a defesa de um sistema de dupla imposição. É que a renda obtida por meio de sociedades de pessoas será sempre rendimento do trabalho, dada a pessoalidade do vínculo existente entre o sócio e a atividade assim exercida pela pessoa jurídica. Essa conclusão apenas reforça a impossibilidade de que tais rendimentos sejam tributados duplamente, na medida em que se estabeleceria uma discriminação injustificada. É dizer, determinados rendimentos do trabalho seriam onerados em dois momentos distintos apenas porque a decisão das pessoas físicas foi no sentido de exploração de uma atividade econômica por meio de uma entidade autônoma sob a ótica do direito privado.

Apesar de ser essa uma questão trivial em outras jurisdições, a legislação brasileira se comporta de forma particular. Prevalece no direito civil doméstico uma distinção rígida entre pessoas físicas e jurídicas.[22] E essa separação repercute no âmbito tributário, na medida em que a legislação não permite que determinadas sociedades escapem à tributação pelo IRPJ. A propósito, mesmo as sociedades simples prestadoras de serviços de natureza personalíssima obedecem a essa regra, tendo o legislador, inclusive, se valido da expressão *tão-somente* para designar o regime tributário a elas aplicável.[23] Não há opção. A existência de uma pessoa jurídica atrai a incidência do imposto de renda corporativo.

---

21 FALSITTA, Gaspare. *Manuale di Diritto Tributario: Parte Speciale*. 12. ed. Padova: CEDAM, 2018, p. 99.

22 Código Civil. Art. 49-A. A pessoa jurídica não se confunde com os seus sócios, associados, instituidores ou administradores.

Parágrafo único. A autonomia patrimonial das pessoas jurídicas é um instrumento lícito de alocação e segregação de riscos, estabelecido pela lei com a finalidade de estimular empreendimentos, para a geração de empregos, tributo, renda e inovação em benefício de todos.

23 Lei n. 11.196/05. Art. 129. Para fins fiscais e previdenciários, a prestação de serviços intelectuais, inclusive os de natureza científica, artística ou cultural, em caráter personalíssimo ou não, com ou sem a designação de quaisquer obrigações a sócios ou empregados da sociedade prestadora de serviços, quando por esta realizada, se sujeita tão-somente à legislação aplicável às pessoas jurídicas, sem prejuízo da observância do disposto no art. 50 da Lei nº 10.406, de 10 de janeiro de 2002 - Código Civil.

Conjugando novamente as regras civis e tributárias, chega-se a mais um efeito. Até que seja deliberada a distribuição, os lucros pertencem à sociedade e não aos sócios, de tal sorte que o efetivo pagamento dos dividendos representa alteração na titularidade jurídica do rendimento. Somente a partir desse momento é que a riqueza gerada no âmbito da sociedade se incorpora ao patrimônio jurídico do sócio. Por uma questão de lógica, entende-se que a aquisição da disponibilidade dessa renda – que antes pertencia à pessoa jurídica – representa nova manifestação de riqueza, que poderia ser submetida ao imposto de renda das pessoas físicas.

Veja-se que a dinâmica da legislação brasileira conduz a quatro diferentes conclusões: (i) pessoas físicas e jurídicas são entidades distintas e plenamente capazes de gerar riqueza; (ii) a opção pela constituição de uma pessoa jurídica, seja ela simples ou empresária, reclama a submissão de seu resultado à tributação pelo IRPJ; (iii) o lucro pertence à sociedade até que haja deliberação no sentido de sua distribuição; (iv) o pagamento de dividendos aos sócios sugere nova e distinta manifestação de capacidade contributiva, fruto da aquisição de disponibilidade jurídica ou econômica de uma renda que deriva da titularidade de uma participação societária.

Diante desse contexto, é possível levantar-se a possibilidade de que o legislador brasileiro se viu desprovido de maiores alternativas. Em linha com o declarado na Exposição de Motivos da Lei n. 9.249/95 – integração e combate à evasão fiscal –, a exclusão dos lucros e dividendos da tributação no nível das pessoas físicas era a única alternativa possível. Do contrário, duas seriam as consequências imediatas. A incidência do IRPF sobre lucros e dividendos levaria a dois níveis de tributação, o que contrariaria a integração. E o combate à evasão restaria dificultado pela necessidade de fiscalização de todo um universo de pessoas físicas. Dito de outro modo, sob a bandeira da integração no panorama normativo brasileiro impunha-se a exclusão dos dividendos recebidos da base de cálculo do imposto de renda das pessoas físicas.

Não se pode negar que a isenção prevista causa situações de sobre-inclusão.[24] O ponto é que a correção demandaria uma reforma mais ampla da legislação, que reconhecesse a impossibilidade de que determinados resultados apurados por pessoas jurídicas fossem tributados pelo IRPJ. Como decorrência disso, algumas sociedades teriam

---

24 SCHAUER, Frederick. *Playing by the rules. A philosophical examination of rule-based decision-making in law and in life.* New York: Oxford University Press, 1991.

os seus lucros atribuídos diretamente aos sócios, o que continuaria a gerar apenas um nível de tributação, só que no âmbito das pessoas físicas, em conjunto com os demais e por meio de aplicação de alíquotas progressivas.

Nota-se que a discussão sobre a possibilidade de tributação de lucros e dividendos passaria a ter viés completamente distinto, uma vez que se romperia com a ideia, de certa forma induzida pelo legislador, de que toda e qualquer sociedade possui capacidade contributiva. De igual modo, restaria afastada a ideia de que o recebimento de lucros invariavelmente denota a aquisição de riqueza nova, desvinculada de sua origem nas pessoas jurídicas. Com isso, ficaria mais clara a ideia de que tributar os lucros distribuídos por sociedades de pessoas é tributar a mesmíssima riqueza duas vezes. E mais, onerar duplamente rendimentos do trabalho apenas em razão de sua origem.

3.3. O ESPAÇO EXISTENTE PARA MUDANÇAS

3.3.1. PONTOS DE ATENÇÃO

Há, inegavelmente, espaço para mudanças a serem implementadas em relação ao modelo brasileiro. Quaisquer modificações, contudo, não podem passar por uma decisão irrefletida de dupla oneração de todas as riquezas geradas. O momento vivido pelo Brasil reclama a elaboração de um projeto de reforma tributária pensando em seus mínimos pormenores, sobretudo sob a perspectiva dos impactos que uma mudança pode causar sobre situações não pensadas pelo legislador, cujos efeitos podem ser prejudiciais ao desenvolvimento do país.

E as razões são diversas. Em primeiro lugar, porque a dupla tributação da renda não é uma tendência mundial. Não mais. Em segundo lugar, porque a atual estrutura normativa brasileira, de rigorosa separação entre pessoas físicas e jurídicas, não permite identificar quais situações revelam a existência de duas capacidades contributivas distintas. Em terceiro lugar, porque o sistema tributário nacional carece de uma reforma abrangente, cujos objetivos não serão atingidos por meio de alterações pontuais. Em quarto lugar, porque o restabelecimento de um tributo sobre lucros e dividendos pode simplesmente não ter o efeito arrecadatório esperado, especialmente quando são levados em conta as possíveis consequências sobre regimes simplificados de tributação.

Para além disso, sabe-se que a maior parte das pessoas jurídicas brasileiras é optante por regimes simplificados de tributação, com especial destaque para o lucro presumido. O cenário atual, de duradoura crise econômica, parece pouco compatível com mais um ônus imposto sobre a receita, que é efetivamente a base de incidência dos referidos regimes. Dito de outro modo, a cominação de um gravame sobre os resultados distribuídos tende a gerar um efeito perigoso de desestímulo aos principais regimes existentes.

Talvez, mais oportuna do que uma tentativa de aumento de arrecadação pela via da tributação dos lucros e dividendos seja um estudo sério a respeito da plausibilidade dos modelos atuais. Ainda que os autores não disponham dos elementos necessários para manifestar a sua opinião a respeito do tema, devem ser admitidas como válidas as discussões sobre os limites de ingresso no Simples Nacional e no lucro presumido, especialmente em comparação com regimes semelhantes em outras jurisdições. De toda forma, se esse é um problema real, não será por meio da tributação dos resultados distribuídos por essas sociedades que ele será resolvido.

3.3.2. A CRIAÇÃO DE UM REGIME DE TRANSPARÊNCIA E A MANUTENÇÃO DE UM SISTEMA INTEGRADO DE TRIBUTAÇÃO DA RENDA ADVINDA DO TRABALHO

Do ponto de vista conceitual, o Brasil poderia adotar um regime de transparência, por vezes chamado de *shareholder allocation prototype*, em que as pessoas jurídicas são vistas apenas como um veículo para que a riqueza chegue aos seus reais titulares.[25]

Como se sabe, em diversos países, muitas empresas não estão sujeitas ao imposto de renda corporativo, como é o caso das sociedades de pessoas (modelo europeu em geral). Nos EUA, elas são vistas como entidades de "passagem" (*pass-through business*), não enfrentando um imposto sobre sociedade e outro imposto sobre o lucro distribuído na pessoa física. Entidades de passagem incluem empresas de proprietário único; parcerias ou corporações profissionais que optam por serem tributadas apenas nas pessoas físicas do sócio ou sócios[26]. Nesse cenário, os rendimentos auferidos por meio de sociedades de pessoas seriam imputados diretamente aos sócios. Trata-se de posição alinhada com as ideias lançadas por Cristiane Botelho em sua tese de doutorado.[27]

---

25 McNULTY, John K. *Corporate Income Tax Reform in the United States: Proposals for integration of the Corporate and Individual Income Taxes, and International Aspects*. p. 13.

26 Cf. Tax Policy Center, https://www.taxpolicycenter.org/briefing-book

27 BOTELHO, Cristiane Miranda. *Tributação da Renda e Justiça Distributiva. O imposto de renda da pessoa física. Cf. Tese de Doutorado publicada nos Cursos de Pós-Graduação da FD-UFMG, 2019.*

Eventual incidência do imposto de renda das pessoas jurídicas poderia servir como uma espécie de antecipação, a despeito do método escolhido. Com essa medida, os lucros e dividendos recebidos dessas pessoas jurídicas, por ostentarem natureza de rendimentos do trabalho, seriam tributados da mesma forma que outros de perfil idêntico, como seria o exemplo dos rendimentos do trabalho assalariado. Em síntese, o imposto de renda passaria a incidir sobre os reais titulares da capacidade contributiva.

De forma alguma lucros e dividendos recebidos de sociedades de pessoas podem ser onerados duplamente. Caso contrário, o legislador criaria uma intolerável discriminação baseada na forma de organização da atividade econômica, uma vez que apenas os rendimentos do trabalho cuja origem fosse uma sociedade seriam objeto de dois níveis de tributação. A correção de uma suposta desigualdade iria criar outra ainda maior. Na essência, ter-se-iam duas incidências do imposto de renda para idênticas manifestações de capacidade contributiva. Para além disso, regimes como o lucro presumido restariam prejudicados, dado o relevante incremento da carga tributária sobre eles incidente. Diante da inexistência de um regime de transparência a isenção acaba sendo a medida mais adequada para assegurar a integração.

Discutir seriamente a questão passa ainda por quantificar os efeitos da opção atual e confrontá-los com os que se espera de um novo regime. Para tanto, a mera comparação entre alíquotas nominais se revela insuficiente. Em se tratando de pessoas jurídicas, é preciso levar-se em conta os custos inerentes à sua própria existência. O custo de ser uma pessoa jurídica no Brasil é elevado, especialmente em razão da complexidade inerente ao sistema tributário nacional. Não bastasse isso, a falta de segurança jurídica e a litigiosidade que permeiam a relação Fisco-contribuinte também geram ônus relevantes. A título de exemplo, podem ser citadas as inúmeras autuações que vêm sendo lavrados contra pessoas jurídicas de natureza personalíssima, ao arrepio da legislação, em razão do mero inconformismo da autoridade administrativa com a existência do art. 129, da Lei n. 11.196/05.

A análise também deve considerar qual será a reação dos contribuintes diante de uma mudança. Trata-se de algo inerente a qualquer alteração de legislação tributária, já que o efeito indutor de comportamentos não é algo restrito às normas denominadas de extrafiscais. De forma mais específica, não é crível considerar apenas o que seria arrecadado caso a isenção atual fosse revogada. Esse raciocínio pressupõe que a situação fática será mantida como está, com a mera submissão dos lucros distribuídos à tributação nas pessoas físicas, o que certamente não será o caso.

3.3.3. A IMPOSIÇÃO DE DOIS NÍVEIS DE INCIDÊNCIA

Superada a questão dos regimes de transparência, que pressupõem a inexistência de uma manifestação de capacidade contributiva autônoma para sociedades de pessoas, é preciso discutir eventuais mudanças sobre a regra de isenção aplicável às sociedades de capital. Antes disso, porém, é necessário refletir sobre uma modificação que vem sendo implementada em jurisdições diversas, que consiste na redução do imposto de renda devido pelas jurídicas com a sua transferência para os beneficiários dos rendimentos, por meio de ônus incidente sobre a distribuição de lucros.

O Brasil precisa estar atento a isso para que eventuais alterações legislativas não nasçam carregadas de anacronismo. A discussão precisa ir além de debates sobre a (in)justiça na isenção dos resultados distribuídos e como a sua tributação poderia, de uma só vez, aumentar a arrecadação e reduzir problemas de desigualdade. Sem entrar no mérito de cada uma delas, pode-se afirmar que a decisão de simplesmente optar pelo sistema de dupla incidência não se mostrará alinhada à tendência mundial, muito mais vinculada aos efeitos concretos da concorrência tributária global. A questão precisa ser vista de forma abrangente, com a real consideração de que alíquotas do imposto de renda das pessoas jurídicas destoantes das praticadas em outras jurisdições podem desestimular investimentos.

A razão está com POLIZELLI, para quem a reforma da legislação brasileira dos próximos anos deveria vir alinhada a movimentos internacionais, cujos reflexos já são observados em países latino-americanos, como é o caso da Argentina. O país vizinho recentemente reduziu as alíquotas do imposto de renda das pessoas jurídicas, substituindo esse efeito por meio da imposição de uma tributação sobre dividendos. O modelo argentino anterior, assim como o brasileiro, previa a isenção sobre os resultados distribuídos e foi substituído pela previsão de retenção na fonte, que será de 13% a partir de 2020. Ou seja, as mudanças não tiveram por objetivo aumentar a carga tributária, mas assegurar uma incidência mais eficiente e sobre base menos móvel. Trata-se de uma postura de alinhamento com os países membros da OCDE e uma forma de fomentar a entrada de recursos voltados ao investimento produtivo.[28]

---

28 POLIZELLI, Victor. *Tributação de Dividendos no Brasil: propostas e questões para sua implementação*. p. 421-423.

Ainda de acordo com POLIZELLI,[29] as alíquotas do imposto de renda das pessoas jurídicas brasileiras poderiam ser reduzidas para algo em torno de 20-25%, patamar significativamente inferior aos atuais 34%. Como decorrência dessa redução, os resultados distribuídos deveriam passar a ser tributados nessa mesma medida. Na oportunidade, poder-se-ia repensar a tabela progressiva aplicável às pessoas físicas, reformular as regras de preços de transferência e aprimorar a legislação brasileira em matéria de tributação internacional. Pode representar um fator de pressão nesse sentido o objetivo brasileiro de ingressar na OCDE.

É justamente esse o ponto. O legislador brasileiro precisa aproveitar a janela de discussão aberta em torno de uma pretensa necessidade de tributação dos lucros e dividendos para colocar a questão em seus devidos termos. Não basta que seja revogado o art. 10 da Lei n. 9.249/95. É necessária uma tomada urgente de posição sobre a relação entre tributação dos resultados distribuídos e os regimes simplificados de tributação da renda, sobre a natureza dos lucros advindos de sociedade de pessoas, sobre mecanismos para se evitar a erosão da base de cálculo do imposto das pessoas jurídicas, sobre o comportamento da legislação brasileira diante de investimentos internacionais, entre tantas outras questões que precisam ser tratadas conjuntamente.

Como visto, a alteração mencionada acima não representa uma redução da carga tributária, mas uma política que busca onerar uma base menos móvel, hoje representada pelas pessoas físicas. Além disso, tem-se observado uma erosão da base de cálculo do imposto de renda das pessoas jurídicas, fazendo com que um imposto de tamanha importância venha perdendo sucessivo espaço em termos de representatividade na arrecadação.

O deslocamento para as pessoas físicas seria uma espécie de garantia de maior respeito à alíquota nominal. Assim, é de se cogitar que o imposto de renda das pessoas jurídicas não passe de 20%, máximo 25%, sendo a redução compensada por uma incidência sobre lucros e dividendos. Para além disso, levar à tributação nos beneficiários finais de pelo menos parte dos lucros apurados pelas pessoas jurídicas estaria na direção dos critérios da generalidade e da progressividade, objetos de expressa previsão constitucional.

---

29 POLIZELLI, Victor. *Tributação de Dividendos no Brasil: propostas e questões para sua implementação.* p. 413-423.

4. CONCLUSÕES

Em suma, há bastante espaço para que aprimoramentos sejam sugeridos, discutidos e implementados. Algumas questões, porém, não podem deixar de ser consideradas.

A primeira delas parte da tributação adequada e isonômica da renda do trabalho, quer essa renda advenha do trabalho independente, que se tenha organizado em sociedade de pessoas, quer seja proveniente de salários ou proventos. A progressividade inerente à tributação das pessoas físicas deve se comunicar sem qualquer preconceito. Por meio do **sistema de transparência das sociedades de pessoas**, com incidência única do imposto na pessoa física dos sócios; ou considerando-se os tributos pagos na pessoa jurídica como adiantamento daquilo que será pago na pessoa física. Seja qual for a opção adotada, deve-se equiparar a tributação da renda do trabalho independente ao assalariado.

Nas sociedades de capital, persistindo o atual e inconstitucional imposto de renda mínimo do Brasil (que, em alguns casos, representa um custo muito elevado para as empresas), deve-se consentir na sua dedução integral na formação da base de incidência. O imposto de renda mínimo – que onera a "renda fictícia" correspondente a prejuízo, em nada se distingue dos demais tributos sobre o consumo, a repercutirem no preço das mercadorias e serviços. Sendo assim, o imposto de renda mínimo não configura, realmente, imposto sobre a renda e tem o caráter de **custo**. Como tal, deve ser dedutível, pois é encargo inerente ao exercício da atividade, independentemente de seu resultado, quer positivo ou negativo. Desse modo, em países, como o Brasil, em que a carga tributária sobre o consumo já é muito elevada, o imposto de renda mínimo causa mais estragos, tornando mais regressivo um sistema já tão regressivo.

Ainda nas sociedades de capital, a tributação dos dividendos em geral, ou dos lucros distribuídos deve vir com uma necessária redução dos tributos incidentes sobre a renda para patamares em torno de 20%, como têm feito diversos países. Os possíveis e diversificados métodos de integração devem levar em conta a consolidação das contas por grupo de empresas; o contexto internacional de alta competitividade; e os efeitos na manutenção e atração de investimentos.

Por fim, necessário analisar com cautela o tema relativo à atual regra brasileira de isenção dos resultados. É preciso evitar a adoção da ideia pré-concebida de que o legislador brasileiro simplesmente abriu mão de fazer incidir o imposto de renda sobre uma importante base (o resultado distribuído por pessoas jurídicas), com o intuito de privilegiar os rendimentos do capital, usualmente detidos pela parcela mais favorecida da população. O que a Lei n. 9.249/95 fez foi adotar um modelo de integração centrado na figura das pessoas jurídicas.

Mas isso não torna o modelo brasileiro atual imune a críticas, na medida em que:

a. a isenção é concedida ao resultado societário, sem a exigência de que ele tenha sido previamente onerado pelo imposto de renda da pessoa jurídica;

b. alcança também beneficiários não residentes, que provavelmente se verão obrigados a oferecer esses mesmos rendimentos à tributação em suas respectivas jurisdições;

c. igualmente não realiza qualquer distinção fundada na relação entre o resultado auferido e a efetiva contribuição ao capital do beneficiário para a sua ocorrência, dentre outras questões igualmente importantes.

Ainda assim, é possível afirmar a impossibilidade de revogação da regra de isenção de lucros e dividendos distribuídos nas hipóteses de sociedades de pessoas. Os seus lucros representam rendimentos do trabalho, que não podem ser tributados duplamente apenas em razão de sua origem. A isenção, nesses casos, é a única solução possível diante de um conjunto normativo que exige uma intransigente separação entre pessoas físicas e jurídicas, não havendo qualquer exceção para fins tributários. Em termos concretos, deve o Poder Legislativo pensar em mudanças que passem pela criação de um modelo de transparência.

Como proclama o grande filósofo norte-americano, JOSEPH RAZ, a liberdade moralmente aceitável pressupõe a possibilidade de escolha entre alternativas viáveis de uma vida digna. E o Estado tem o dever de assegurar os meios adequados e tais opções. Se em uma sociedade, como na nossa, a maioria somente pode sobreviver, sem opções possíveis para uma vida digna, então as pessoas não podem exercer a liberdade. Ela não existe.

E a implementação de uma reforma tributária efetiva, que retire do Brasil a pecha de pior sistema do mundo e nos coloque em posição condizente com a importância de nossa economia em termos globais, depende efetivamente da consideração da desigualdade e da regressividade do sistema.

REFERÊNCIAS BIBLIOGRÁFICAS

AVI-YONAH, Reuven S. *Corporations, Society, and the State: A Defense of the Corporate Tax.*

BOTELHO, Cristiane Miranda. *Tributação da Renda e Justiça Distributiva. O imposto de renda da pessoa física. Cf. Tese de Doutorado publicada nos Cursos de Pós-Graduação da FD-UFMG, 2019.*

FALSITTA, Gaspare. *Manuale di Diritto Tributario: Parte Speciale.* 12. ed. Padova: CEDAM, 2018.

IRS, publication 536 (2018), net operations losses (NOLS) for individuals, Estates and Trusts.

McNULTY, John K. *Corporate Income Tax Reform in the United States: Proposals for integration of the Corporate and Individual Income Taxes, and International Aspects.*

ORAIR, Rodrigo Otávio e GOBETTI, Sérgio Wulff. Texto para discussão 2530. Reforma Tributária e Federalismo: uma análise das propostas de criação de um novo imposto sobre o valor adicionado para o Brasil. IPEA. Rio de Janeiro, dezembro de 2019. http//www.ipea.gov.br/ouvidoria

ORAIR, Rodrigo Otávio e GOBETTI, Sérgio Wulff. Texto para Discussão 2530. Reforma Tributária e Federalismo fiscal: uma análise das Propostas de Criação de um novo Imposto sobre o Valor Adicionado Para o Brasil. IPEA. 2019.

POLIZELLI, Victor. *Tributação de Dividendos no Brasil: propostas e questões para sua implementação.*

SCHAUER, Frederick. *Playing by the rules. A philosophical examination of rule-based decision-making in law and in life.* New York: Oxford University Press, 1991

Tax Policy Center, https://www.taxpolicycenter.org/briefing-book

POR UMA REFORMA TRIBUTÁRIA DA SEGURANÇA JURÍDICA

HELENO TAVEIRA TORRES[1]

SUMÁRIO: 1. A reforma tributária deve limitar-se às mudanças infraconstitucionais; 2. A reforma tributária depende da legalidade com ou sem reforma constitucional; 3. A demanda por simplificação fortalece a urgência de reforma tributária; 4. Conclusões: a reforma tributária possível

1. A REFORMA TRIBUTÁRIA DEVE LIMITAR-SE ÀS MUDANÇAS INFRACONSTITUCIONAIS

O Brasil não pode mais adiar o início de uma *reforma tributária*, que poderá ser feita por leis ordinárias ou complementares, sem precisar de intervenções constitucionais, fundada sobre os pilares da simplificação, da previsibilidade, da justiça tributária e da segurança jurídica. Só isso já permitiria grandes avanços nas relações entre Fisco e contribuintes, na melhoria do ambiente de negócios e na capacidade de arrecadação.

Não obstante a enorme expectativa por uma urgente reforma do sistema tributário que gere maior segurança jurídica, reduza a complexidade e induza mais confiança no ambiente de negócios, busca-se agora achar uma "mediana" entre duas minutas de PEC (a de nº 45/2019, em tramitação na Câmara dos Deputados; e a de nº 110/2019, do Senado Federal), com a criação de mais um novo imposto sobre consumo, o Imposto sobre Bens e Serviços (IBS), que se somará a todos os demais existentes (IPI, ICMS, ISS e PIS/COFINS), ao longo dos próximos 10 anos, sem qualquer garantia de que o novo modelo verdadeiramente

---

1 Professor Titular de Direito Financeiro e Livre-Docente em Direito Tributário da Faculdade de Direito da USP. Foi vice Presidente da International Fiscal Association – IFA. Advogado e parecerista.

substituirá o vigente. Apenas uma certeza: o atual continuará com todos os seus problemas e desalinhos.

Quem confiar na retórica do paraíso prometido de extinção do atual sistema dos tributos indiretos ao final dos próximos 10 anos, precisa lembrar apenas de três coisas: não haverá "garantia" de que esta extinção de fato ocorrerá em 2029, pois sempre haverá o risco de "prorrogação" por nova PEC; ter a certeza de que poderá haver uma avalanche de ações judiciais que culminarão em grandes dos conflitos tributários e embates federativos no âmbito do Supremo Tribunal Federal; mas, principalmente, de que o novo imposto (IBS somado ao IPI, ao ICMS, ao ISS e ao PIS/COFINS) trará uma explosão de alíquotas que serão aplicadas à indústria e aos serviços (a serem definidas pelos estados dentro de um limite superior a 20%), sem falar do fim de todos os incentivos fiscais que estimulam o desenvolvimento regional, a tributação na origem para estados produtores e que será quase que extinto o SIMPLES, ao menos na forma que conhecemos hoje.

A razão de dúvidas está fundada na experiência corrente da nossa República. Basta lembrar nossos tributos "provisórios" (CPMF) ou as quantas emendas à Constituição foram feitas com sucessivos aumentos de desvinculação de receitas da previdência, a DRU, atualmente em 30%. Ora, o mesmo Congresso Nacional que introduzirá uma PEC que cria mais um imposto (IBS) com a "promessa" de que o atual sistema de IPI, ICMS, ISS, PIS e COFINS será extinto em 2029, logicamente, detém poderes para apresentar quantas emendas (PEC) queira ao texto constitucional, que pode ser, inclusive, para ampliar o prazo ou, até mesmo, para manter, de modo definitivo, o convívio "fraterno" com ambos os sistemas de impostos indiretos: o novo (IBS) e o velho, que bem conhecemos, permeado de injustiças, sem nenhuma reforma.

O curioso é perceber que o PIS/COFINS tem uma base de incidência sobre faturamento ou receita bruta. Logo, alcança, indistintamente, indústria, comércio e serviços. Sobre cada um destes, tem-se os impostos correspondentes: IPI, ICMS e ISS. São impostos que alcançam uma base de "produtos", "mercadorias" e "serviços" selecionados pelo legislador. Difícil imaginar como a União possa perder um tributo com tão expressiva capacidade de arrecadação. Contudo, ao somar-se todos numa base única, surge o desafio: manter ou eliminar regimes especiais? Qual base será mantida: a de receitas ou aquela dos bens e serviços determinados? Como falar em tributação da "receita" no "destino"? As respostas não parecem esclarecedoras.

Orçamento público exige previsibilidade de receitas estimadas para que as despesas possam ser realizadas, o que deve ser garantido principalmente por impostos pagos com elevado grau de espontaneidade. Somente quem desconhece o fenômeno da atividade financeira do Estado imagina que mudanças abruptas no sistema tributário possam ser feitas sem os cuidados de proteção do orçamento na sua totalidade.

No ICMS, por exemplo, impõe-se uma reforma e ampliação da Lei Complementar nº 87/1996. Urge a redução dos incentivos fiscais (não sua extinção), a limitação da substituição tributária a poucos setores e a aplicação do regime de créditos financeiros, para tudo o que seja adquirido pela empresa. Sabe-se que a chamada "guerra fiscal" gera impacto negativo nas finanças estaduais que, ao final, pode comprometer a execução dos serviços públicos e causar externalidades que afetam outros Estados da Federação e prejudicam o país como um todo. Essa prática não cessará enquanto não for revogada ou revista a Lei Complementar n. 24/75, notadamente quanto: à forma de aprovação dos convênios por maioria, e não mais por unanimidade (i); indicação dos limites e requisitos formais e materiais a serem atendidos, objetivamente, para concessão de incentivos fiscais (ii); a obrigação do Estado de destino de aceitar o crédito integral escriturado pelo contribuinte (iii); a criação de um fundo de compensação para as desigualdades regionais (iv); além da determinação de sanções céleres e efetivas para o caso de eventuais descumprimentos (v).

Estas mudanças podem servir à aproximação dos modelos dos impostos existentes, em tal harmonização que, com seu amadurecimento, possamos vislumbrar, tão natural quanto factível, a unificação de todos em projeto equivalente ou até no mesmo sugerido pela Câmara dos Deputados, em um futuro próximo. Pode-se até mesmo estabelecer um prazo para unificação dos tributos sobre o consumo.

2. A REFORMA TRIBUTÁRIA DEPENDE DA LEGALIDADE COM OU SEM REFORMA CONSTITUCIONAL

O princípio da tripartição de poderes não está em crise, mas reclama cautelosa atenção de todos. O momento é de vigília permanente, pois o máxime princípio da democracia, quando integrado de modo inexorável ao Estado Constitucional, postula que a igualdade e a liberdade dos cidadãos sejam preservadas nas suas máximas possibilidades, restringidas unicamente pela legalidade, como medida e limite de atuação dos órgãos de estado, quando atendido o devido processo legal.

A crise do modelo tributário brasileiro não decorre da distribuição constitucional de competências. Por isso, a reforma do sistema tributário sobre o consumo não é a solução dos seus problemas. Mesmo que se tenha a aprovação das novas competências, inúmeras leis ordinárias e complementares, além dos atos infralegais, deverão ser utilizadas para sua regulamentação. Ocorre que toda a sensação de baixa qualidade do modelo tributário nacional encontra-se justamente nestas leis ultrapassadas, complexas, ambíguas e que estão a merecer reforma urgente em toda a sua extensão.

Em matéria tributária, a legalidade domina todo o espaço de determinação dos seus conteúdos. Daí ser impossível uma reforma tributária sem intensa atuação e colaboração entre executivo e legislativo. Em qualquer República, o Parlamento titulariza o poder do povo, e em seu nome vê-se exercido por seus representantes eleitos.

Nenhuma reforma tributária pode ser feita sem amplo apoio legislativo, o que exige longo processo de aprofundamento nos consensos em torno das distintas matérias objeto das reformas.

Portanto, desvela-se praticamente impossível atingir-se alguma reforma tributária de qualidade e suficiência em meio às relações precárias e conflituosas que temos vivenciado no Brasil entre Executivo e Legislativo. Na Constituição brasileira, somente este último tem a titularidade da legalidade, único meio para promover mudanças no ordenamento das obrigações tributárias.

3. A DEMANDA POR SIMPLIFICAÇÃO FORTALECE A URGÊNCIA DE REFORMA TRIBUTÁRIA

O contribuinte espera uma reforma da segurança jurídica. Mudanças que tragam simplificação, certeza jurídica, previsibilidade e garantias nas relações com o Fisco. Ao mesmo tempo, os entes federativos não podem abrir mão de aumento de receita, para atender às suas demandas e necessidades sempre crescentes.

Cumpre-me arriscar que a "simplificação" para o contribuinte brasileiro não seria bem uma "reforma", mas verdadeira *revolução* do modelo atual de relacionamento entre Fisco e contribuintes, na aplicação e cobrança das obrigações tributárias.

A crise de finanças públicas pelas quais a União e entes federativos têm passado não podem servir de escusas para rupturas ou para justificar "medidas de exceção" tributárias. Crise econômica, financeira e orçamentária combate-se com rigor de responsabilidade fiscal, com criatividade responsável e com estímulos ao investimento.

Não se pode esperar do STF soluções para crises fiscais ou medidas de política tributária. Até hoje o julgamento da "guerra fiscal" do ICMS encontra-se à espera de solução definitiva. A modulação de efeitos da ADIN sobre precatórios tampouco chega a alguma conclusão definitiva. O julgamento do ICMS na base de cálculo do PIS/COFINS segue inconcluso. E todos os intermináveis pedidos de "vista" que se acumulam, sem prazo para devolução, o que é inaceitável sob qualquer argumento.

Como expedientes oportunistas, surgiram panaceias e conceitos esdrúxulos de toda ordem, como "estado de calamidade financeira", tentativas de criar impostos estaduais incidentes sobre benefícios fiscais concedidos (FETHAB, FEEF etc), sem falar de todo tipo de pressão fiscal sobre os contribuintes. O direito tributário não se pode converter em instrumento de exceção. Mesmo nos tempos de crise, afirmar a Constituição deve ser postulado como um "direito de resistência".

Crise, desordem e insegurança são decorrências da *complexidade*. E nunca a complexidade foi tão expressiva no nosso ordenamento jurídico. Antes, porém, que isso nos leve a uma constatação derrotista, deve ser motivo para fomentar um exame responsável e decidido para postular mudanças necessárias.

A perda de receitas, e, tanto mais, a invisível perda de investimentos novos, pelo péssimo *sistema tributário* em vigor, dificulta enormemente a melhoria da capacidade de financiamento do Estado, a exigir alguma *reforma tributária*.

Não precisa muito para que se possa alcançar uma mudança significativa nas relações entre Fisco e contribuinte em nosso País.

Comecemos pela redução da *burocracia tributária*, geradora dos entraves mais perversos para a segurança jurídica, com suas redundâncias de documentos, excessos de obrigações acessórias, interferências na esfera privada dos particulares e tantos outros. Reclama-se aqui por um conjunto de normas gerais de *desburocratização* dos deveres formais da obrigação tributária.

Vale lembrar que há quatro projetos no Congresso Nacional que tratam da criação de um "Código de Defesa dos Contribuintes". Ainda que o título não goze de unanimidade, as funções pretendidas são virtuosas e suas propostas são oportunas. Nestas, comparecem diversas disposições que poderiam atualizar o Código Tributário Nacional - CTN, bem como aprimorar as relações tributárias no âmbito dos procedimentos de aplicação dos tributos, de cobrança e do processo tributário.

Ao lado destas, poderiam somar-se regras de reforço à *integridade tributária*, para melhor controle do devedor contumaz e outras práticas ilícitas que inibem a capacidade de arrecadação de tributos.

Nenhuma reforma do sistema tributário pode deixar de enfrentar o modelo formal de solução de conflitos tributários, um dos mais complexos que existem no mundo. Enquanto não chega, expedientes gravosos são testados, em medidas de desespero, para tentar obter, pelo medo ou pela força, o resultado da prestação tributária, que se deveria estimular pela espontaneidade do pagamento e pela facilidade na solução de litígios.

A revogação e substituição da Lei nº 6.830/80 faz-se inadiável, bem como a redução e racionalização dos procedimentos do processo administrativo fiscal. Enquanto não se resolve com uma legislação mais adequada, porém, são feitos os "remendos" ou adotadas medidas de alta coercibilidade ou de quebra de isonomia, de duvidosa compatibilidade com direitos e liberdades fundamentais, como o protesto de CDA, securitização de dívidas, novo REFIS (esta "erva daninha" que se reproduz de tempos em tempos) e outros, sem cautelas de melhor sistematização.

Temos proposto, para verdadeira simplificação do ordenamento tributário, as seguintes medidas: 1) redução de litígios em varas de execuções fiscais, para manter nestas apenas aquelas de matéria (especializada) exclusivamente "tributária"; 2) ampliação de medidas preventivas de conflito na fase de lançamento tributário; 3) reforma da legislação de execução fiscal e do processo administrativo; 4) emprego da *conciliação* em todos os processos tributários; 5) uso da "arbitragem tributária" (a exemplo da experiência de Portugal); 6) simplificação e eficiência das consultas tributárias, 8) reforma do modelo de sanções tributárias e outros.

O sistema de consultas é mais um exemplo de mudança de procedimento embasado e ancorado na segurança jurídica. Em síntese, é a ferramenta do contribuinte para esclarecer dúvidas ou questões da legislação tributária. Pela lei, o prazo máximo de resposta para a consulta é de 360 dias. O prazo é muito longo e nem mesmo este vê-se atendido adequadamente em toda a federação.

A segurança jurídica para os *planejamentos tributários* lícitos é outro desafio fundamental a ser enfretado, juntamente com uma lei que regulamente a norma do parágrafo único do art. 116 do CTN. A Medida Provisória 685/2015 instituiu, no artigo 7º, a obrigação acessória de informar, anualmente, à administração tributária as operações e atos ou negócios jurídicos que acarretem supressão, redução ou diferimento de tributo. Devido ao excesso das multas, não houve sua conversão em lei. Contudo, sua importância é inconteste. Baseia-se no *dever de transparência* e nos esforços de implementação do Programa *Base Erosion and Profit Shifting* – BEPS, da OCDE, quanto ao Plano de Ação 12 (*Mandatory Disclosure Rules* – obrigação para que os contribuintes revelem seus esquemas de planejamento tributário agressivo). Sua finalidade está no propósito de conferir segurança jurídica ao setor privado, com previsibilidade das atuações do Fisco, redução dos custos com litígios por parte das administrações tributárias e melhoria do ambiente de competitividade e de concorrência entre empresas nacionais e estrangeiras. Logicamente, aquele texto inicial da MP 685/2015 careceria de profunda revisão e aprimoramentos, para atingir o efeito de simplificação, ao invés de servir como indutora de novos conflitos tributários.

Outro tema que não pode deixar de ser discutido é o da *substituição tributária* e toda a complexidade que suas regras assumiram. É inexplicável, em qualquer outro canto do mundo, como possam conviver, juntos, dois regimes excepcionais, a criar as mais variadas disfunções: o maior e mais extenso programa de tributação de bases presumidas, o SIMPLES, e a "substituição tributária", como medida de tributação não cumulativa de antecipação, os quais geraram enormes perdas de arrecadação e, ao mesmo tempo, causam profundas confusões e ampliam o caos da tributação vigente. Ambos, entraram pela porta da *simplificação*, mas hoje respondem pelos maiores problemas que estados, municípios e a própria União se debatem para resolver.

É fundamental que seja renovado o regime da chamada "lei do bem", para ampliar para outros setores um regime favorável à *inovação tecnológica*. É fundamental estimular a inovação e formação de um parque de tecnologia, segundo métodos atuais e em conformidade com as melhores práticas internacionais.

A tributação da renda e a *fiscalidade internacional* brasileira integram ainda um capítulo de extrema relevância para a simplificação. A pretensão de ingresso do Brasil na OCDE exige a convergência das regras sobre *preços de transferência*, entre a legislação do Brasil e os métodos propostos pela OCDE. Afora estes métodos, sem dúvidas, diversas outras medidas precisarão ser revistas ou modificadas. Juros sobre capital próprio, subcapitalização, tributação de remessas de dividendos ao exterior, tratamento de intangíveis, pagamentos de *royalties*, regime de controladas no exterior, controles sobre trocas de informações, utilização de países com tributação favorecida, uso de fundos fechados, e tantos outros.

Recentemente, nos Estados Unidos, foi aprovada a chamada "Reforma Trump". Com as novas medidas, os EUA procuram estimular as companhias americanas a voltarem a produzir no País, para assegurar a manutenção do emprego e do lucro dessa atividade no seu território. De todas, a mais sensível foi a redução da tributação dos lucros de pessoas jurídicas de 35% para 21%, o que pode baixar ainda mais em alguns casos, pela dedutibilidade imediata do custo dos investimentos para uma ampla lista de bens, abatimento maior para os rendimentos derivados da utilização de bens imateriais (*patent box*), como marcas e *copyright*, novo regime dos dividendos distribuídos pelas empresas controladas no exterior, quando pagos no exterior; dentre outros. Pacotes de bondades jamais vistos que impulsionam a competição fiscal entre os países. As dúvidas ainda são muitas. Abre-se, porém, uma ampla guerra comercial para proteção das bases tributáveis.

Neste particular, seria recomendável que fossem retomadas, com urgência, as negociações entre Brasil e Estados Unidos de uma *Convenção para evitar dupla tributação*, para mitigar os impactos da reforma americana. Mas só isto não basta. A legislação brasileira da tributação da renda precisa ser revista amplamente, mormente no que concerne às pessoas físicas.

Portanto, o Brasil não pode mais adiar o início de uma *reforma tributária*, que poderá ser feita por leis ordinárias ou complementares, em amplas possibilidades de alcance, sem precisar de intervenções constitucionais. Só isso já permitiria grandes avanços nas relações entre Fisco e contribuintes, na melhoria do ambiente de negócios e na capacidade de arrecadação para financiamento do federalismo.

4. CONCLUSÕES: A REFORMA TRIBUTÁRIA POSSÍVEL

Para aprimorar o financiamento do Estado, não há, no horizonte próximo, a menor possibilidade de se atingir alguma *reforma tributária* mínima. Reforma tributária exige capacidade de formação de consensos, negociações sob o amparo de uma mentalidade reformista de duração continuada, pelas sucessivas leis e regulamentações exigidas. Construção de técnica coerente com as demandas de receitas publicas que não repercutam com aumentos de carga tributária. E, o mais importante: dada a prevalência constitucional do princípio de legalidade em matéria tributária, capacidade de diálogo com o poder legislativo para rápida aprovação das medidas exigidas em cada caso.

O sistema político, capturado pelas dificuldades de legislar em ambiente de tensão máxima, deveras, vê-se impossibilitado de dar respostas às demandas de reformas. Daí a relevância de se buscar uma reforma tributária possível, no espaço da legalidade.

Não se pode extrair da reforma da previdência qualquer lição para orientar a reforma tributária. Nesta, não se tem redução de gasto público, mas aumento da cobrança de tributo, expansão da capacidade arrecadatória dos tributos na sociedade. Portanto, trata-se de reforma que exigirá um amplo espaço de diálogo democrático com a sociedade, com as forças produtivas, mercado financeiro e com o sistema político.

Como sabido, para assegurar os direitos à liberdade e à propriedade, o texto constitucional brasileiro discriminou exaustivamente as competências tributárias, ordenando o poder de tributar em angustos limites, sob a égide do princípio do *federalismo fiscal cooperativo*, o qual pressupõe a discriminação de rendas não somente baseada na *fonte* (entabulada pela repartição de competências), mas também na *distribuição do produto arrecadado* (diretamente ou por meio de fundos de participação).

O direito de ter um sistema tributário próprio implica, porém, o dever de observância a uma série de limitações, especialmente aquelas decorrentes do estatuto constitucional de direitos e garantias dos contribuintes. Princípios como os de segurança jurídica, legalidade, isonomia e generalidade, indelegalidade das competências, irretroatividade das leis, não confisco, capacidade contributiva, tutela jurisdicional, dentre outros, devem ser atendidos em todos os seus termos. Outrossim, o respeito às autonomias das entidades federadas também contempla idêntico efeito, pois, do mesmo modo, consistem em delimitação e racionalização do poder estatal.

Da revisão da legislação do PIS-COFINS ou da extinção da "guerra fiscal", da redução da burocracia tributária ou de outras mudanças, nada há de animador. Ora fala-se na volta da CPMF, ora debate-se tributação de dividendos ou tributar grandes fortunas, ora cogita-se da extinção do IPI. Nada, porém, vê-se considerado à luz dos direitos e liberdades fundamentais dos contribuintes.

Com relação à tributação do consumo, deve-se perseguir um regime de não cumulatividade eficiente, com incidência tributária que permita a tomada de créditos financeiros em todas as operações – um mandamento constitucional nunca cumprido, de fato. Um tributo com não cumulatividade real é aquele em que não tem acúmulo de imposto nas etapas seguintes. Nesta categoria, o crédito será devolvido ou compensado pelo contribuinte (pessoa física ou jurídica) o mais rápido possível. A efetividade do princípio de não cumulatividade só pode ser atingida com o chamado "crédito financeiro", ou seja, com reconhecimento de todos os créditos apurados pelo contribuinte na sua atividade. O que se tem hoje é uma ficção jurídica, pois nem mesmo os "créditos físicos" são respeitados, pelas severas restrições da burocracia.

Outras questões prementes são a tributação dos serviços e das empresas de tecnologia. Neste, deveria haver compartilhamento de competências entre municípios e estados, já que o debate da economia digital se dá entre eles. Discordo da proposta de quase extinção do imposto sobre serviços dos municípios para atribuir aos estados o direito de ter uma alíquota única ou comum em relação a outros estados e uma tributação baseada no destino. Isso acarretará um aumento brutal de carga tributária, que passaria de 5% para 25%, sem qualquer exame econométrico das repercussões sobre a arrecadação.

Nada impede que tenhamos uma lei complementar que disponha unicamente sobre serviços digitais, plataformas compartilhadas, *marketplaces*, nas suas múltiplas possibilidades da chamada economia disruptiva, serviços com mercadorias, *internet* das coisas, jogos *online*, *cloud computing* ou *bitcoins*, para definir as soluções de conflitos de competência (art. 146 da Constituição) entre estados e municípios, inclusive quanto à distribuição do produto arrecadado. O fato de se ter esta novidade não é escusa para justificar reforma constitucional de qualquer espécie, para aumento da tributação sobre serviços e retirada do ISS dos municípios.

Afora estes, temos vários exemplos de contribuições ao aperfeiçoamento do ordenamento tributário, a serem implementadas exclusivamente por meio de legislação infraconstitucional. Conclui-se, assim, que a melhor e mais eficiente reforma tributária, sem dúvidas, será aquela que se possa operar mediante leis complementares e ordinárias ou mesmo com adoção de atos infralegais, que não tolha direitos dos contribuintes e garanta a continuidade das competências tributárias dos estados e municípios, ao mesmo tempo que contribua para a superação da crise, estimule a volta dos investimentos e garanta melhores horizontes fiscais para as gerações futuras.

DEFORMAS OU REFORMAS TRIBUTÁRIAS?

ONOFRE ALVES BATISTA JÚNIOR[1]

SUMÁRIO: 1. A carga tributária brasileira; 2. O federalismo cooperativo; 3. O federalismo fiscal na CRFB/1988; 4. O federalismo (s)em juízo e o desequilíbrio federativo; 5. Uma outra questão não enfrentada devidamente: a questão municipal; 6. As críticas ao sistema tributário em vigor; 7. Entre a eficiência tributária e a justiça fiscal; 8. Para a aprovação de uma reforma tributária; 9. As principais tentativas de reforma anteriores; 10. Algumas propostas de reforma em andamento; 11. A tributação de lucros e dividendos; 12. Proposta Appy: PEC 45; 13. Proposta da Receita Federal; 14. Proposta Hauly; 15. Conclusão; Referências Bibliográficas

1. A CARGA TRIBUTÁRIA BRASILEIRA

De forma recorrente, a CARGA TRIBUTÁRIA NO BRASIL é apontada como elevada. Obviamente, não se pode dizer que se trata de uma carga singela, entretanto, a própria rejeição aos impostos e a resistência às imposições estatais levam o senso comum a apontá-la como mais elevada do que na realidade ela é.

Em 2015, a arrecadação tributária bruta nacional correspondeu a **32,66% do PIB**. Desse percentual, 68,26% correspondeu à arrecadação da União; 25,37% se referiu à arrecadação estadual e 6,37% à arrecadação municipal. Com relação à arrecadação por tributo, o ICMS respondeu por 6,72% do PIB brasileiro e o PIS/COFINS a 4,28% do PIB. Detalhe importante é que a arrecadação total dos Estados foi de 8,28% do PIB,

---

1 Professor Associado de Direito Público do Quadro Permanente da Graduação e Pós-Graduação da Faculdade de Direito da UFMG. Pós-Doutoramento em Democracia e Direitos Humanos pela Universidade de Coimbra. Doutor em Direito pela UFMG. Mestre em Ciências Jurídico-Políticas pela Universidade de Lisboa. Ex Advogado-Geral do Estado de Minas Gerais. Advogado, conferencista e parecerista

o que demonstra a sua enorme dependência da tributação do ICMS.[2] Vale conferir o gráfico abaixo:

Gráfico 01 – Evolução da Carga Tributária no Brasil – 2002 a 2017 (%PIB)

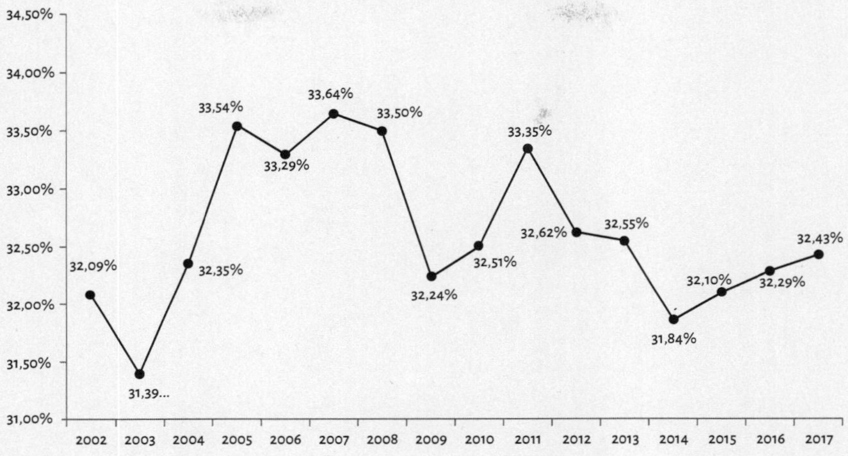

Fonte: Receita Federal.

Se comparada com a carga tributária de outras democracias, pode-se facilmente verificar que a CARGA TRIBUTÁRIA NO BRASIL não é assim tão elevada. A propósito, fica significativamente **abaixo da carga tributária média dos países que compõe a** OCDE **(34,3%)**. Verdadeiramente, a carga tributária das democracias tende mesmo a ser mais elevada. Isso porque, as democracias são desenhadas em uma modelagem de "Estado Democrático de Direito" e formatadas como **"Estados Tributários"**.

Para que a afirmativa fique mais clara, vale conferir o gráfico abaixo (Fonte Receita Federal - 2016):

---

2 Cf. BRASIL. *Diário da Câmara dos Deputados*. Ano LI. Brasília: Imprensa Oficial, 28 ago. 1996.

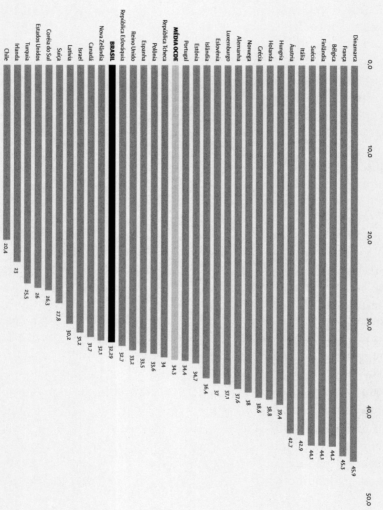

Gráfico 2 – Carga Tributária no Brasil e nos Países da OCDE (2016)

Fonte: Receita Federal.

O Estado Absoluto foi, fundamentalmente, um "Estado não tributário", da mesma forma que os Estados socialistas, que assentam sua base financeira essencialmente nos rendimentos da atividade econômica monopolizada.[3] O Estado Socialista é um Estado neopatrimonialista, que vive precipuamente do rendimento das empresas estatais, representando o imposto papel subalterno,[4] embora hoje se possa observar uma tendência de retorno à economia de mercado e à atividade financeira lastreada nos impostos.

O Estado moderno deixou de se apoiar fundamentalmente nos ingressos originários do patrimônio do príncipe; deu-se a separação entre fazenda pública e fazenda do príncipe, entre política e economia. No que diz respeito à fazenda pública, os Estados ocidentais democráticos modernos apresentam uma faceta que é dada pela sua atividade financeira e tributária, sendo que o governo arrecada dinheiro (receita pública), fundamentalmente, por meio de empréstimos (autorizados e garantidos pelo Legislativo); de receitas de loterias e de jogos; de receitas originárias (aluguéis, royalties do petróleo ou da exploração dos recursos minerais), e, principalmente, dos tributos (ingressos derivados do trabalho e do patrimônio do contribuinte).

O Estado Tributário é a projeção financeira do Estado de Direito fundamentalmente democrático que tenha optado por um sistema capitalista; é aquele cujas necessidades financeiras são essencialmente cobertas por tributos.

A existência do Estado Democrático moderno e o cumprimento de suas funções poderiam ser financiados por meio dos rendimentos das atividades econômicas do próprio Estado, ou, transitoriamente, pelo crédito público ou pela própria emissão de dinheiro, bem como, da maneira de outrora, por meio de "tributos de guerra" ou de prestações pessoais dos súditos. Entretanto, se o Estado (democrático) capitalista garante ao indivíduo a liberdade para sua esfera profissional e a propriedade privada, tolerando as bases e os meios para o enriquecimento (privado), não há como o sistema financeiro se basear na economia estatal, na planificação econômica, na expropriação, ou na emissão de

---

3 Nesse sentido, NABAIS, Casalta. *O dever fundamental de pagar impostos* – Contributo para a compreensão constitucional do estado fiscal contemporâneo. Coimbra: Almedina, 1998, p. 191-221.

4 Nesse sentido, TORRES, Ricardo Lobo. *Curso de direito financeiro e tributário*. 15. ed. Rio de Janeiro: Renovar, 2008, p. 9-10.

moeda.[5] Em outras palavras, embora seja possível, pelo menos em tese, a existência de Estados democráticos não tributários, como Mônaco (que retira boa parte de suas receitas da exploração do jogo), ou alguns outros que retiram significativa porção de suas receitas da exploração de petróleo, pode-se afirmar que as modernas democracias capitalistas ocidentais, em regra, são Estados tributários.

No caso brasileiro, por exemplo, o Estado modelado pela analítica Constituição da República Federativa do Brasil de 1988 (CRFB/1988), agradando ou não, optou pelo regime de **economia de mercado**. A opção constitucional pelo regime capitalista é evidente: consagra-se a **propriedade privada** (art. 5°, XXII e art. 170, II), a não intervenção e autodeterminação dos povos (art. 4°); proclama-se a **livre iniciativa econômica** (art. 170, parágrafo único). A CRFB/1988, por sobre uma **base econômica capitalista**, modela um Estado que tem suas necessidades financeiras supridas essencialmente pela tributação (**Estado Tributário**) e que deve zelar pela **justiça social** e pela **eliminação das desigualdades sociais** (Estado de desiderato social) e regionais (consagrando o **princípio do federalismo cooperativo**). Basta verificar que, a CRFB/1988 projeta um sistema tributário minucioso (artigos 145 a 161); afasta, em regra, a exploração direta da atividade econômica pelo Estado (art. 173); firma um Estado que não é senhor dos bens; estabelece uma base financeira para o Estado calcada, sobretudo, em receitas derivadas (e não originárias); etc. Enfim, o Estado Democrático de Direito modelado pela CRFB/1988 é um Estado capitalista e tributário (não patrimonial; não proprietário dos meios de produção) e que, para cumprir seu desiderato social, necessita tributar.

O Estado Tributário de base capitalista não pode depender de um amplo ou total controle por sobre os meios de produção, nem da imposição de obrigações cívicas a seus cidadãos, nem tampouco de sua própria atividade econômica. Ao contrário, precisamente devido à legitimação constitucional da intervenção tributária, é possível ao Estado garantir a propriedade privada, a liberdade profissional e de indústria, assim como as demais liberdades que integram a atividade

---

5 Nesse sentido, KIRCHHOF, Paul. *La influencia de la Constitución Alemana en su Legislación Tributaria*. In: Garantías Constitucionales del contribuyente. 2. ed. Valencia: Tyrant lo Blanch, 1998. p. 26.

econômica privada.[6] Em uma economia capitalista, os impostos não são tão somente um método de pagamento pelos serviços públicos e governamentais, mas o instrumento fundamental pelo qual o Estado Tributário coloca em prática sua política pública e faz efetiva, sobretudo, sua concepção de justiça.[7]

De forma direta, no Estado Tributário, a questão da justiça emerge dos debates acerca do modelo de tributação que se pretende adotar, a partir do momento que é no desenho do sistema tributário que se definem questões como a de "quanto cada contribuinte deve pagar"; "quais as desigualdades de renda e riqueza admissíveis"; "para que deve ser usado o dinheiro"; "quem deve ser isento de tributos" etc.[8] Nesse compasso, uma questão elementar baliza fundamentalmente as decisões acerca do sistema tributário e tem relação direta com a concepção de justiça abraçada pelo Estado Tributário: afinal, "o que deve o governo prestar com o dinheiro dos impostos"? Todas essas questões estão inequivocamente relacionadas e não se pode responder a uma delas sem se ter respostas para as outras.

Em síntese, da <u>concepção de justiça</u> que o Estado (capitalista e democrático) pretende adotar depende, fundamentalmente, a **definição do sistema tributário do Estado**, uma vez que os tributos representam, essencialmente, a contraface da atuação prestacional do Estado Tributário e, fundamentalmente, é por meio deles que se pode viabilizar a efetivação das políticas públicas.

Os Estados Tributários não são donos dos meios, mas auferem as receitas (derivadas) necessárias, sobretudo, por meio da tributação. Obviamente que **Estados que são donos dos meios produtivos podem ter cargas tributárias muito menores**, entretanto, como firmado de forma indiscutível, essa é a opção da CRFB/1988 e, da mesma forma, a escolha usual das democracias liberais.

Da mesma forma, o <u>Estado Democrático</u> permite que as demandas populares e os anseios do povo fluam de forma mais rápida e intensa

---

6 Nesse sentido, PAPIER, H. J. *Ley Fundamental y Orden Económico. In*: Manual de Derecho Constitucional. Trad. Esp. de *Handbuch des Verfassungsrechts der Bundesrepublik Deutschland*. Org. Konrad Hesse, Madrid: Marcial Pons, 1996. p. 561-612.

7 Nesse sentido, MURPHY, Liam; NAGEL, Thomas. *O mito da propriedade. Os impostos e a justiça*. São Paulo: Martins Fontes, 2005, p. 5.

8 Nessa mesma direção, MURPHY, Liam; NAGEL, Thomas. *O mito da propriedade...*, *cit.* p. 5.

para a esfera estatal. Em outras palavras, é óbvio que as **democracias** tendem a ter um rol mais extenso de direitos fundamentais que precisam ser atendidos, portanto, tendem a reclamar um **volume de tributos mais significativo**.

Enfim, as comparações que usualmente se fazem com países neopatrimonialista ou mesmo com regimes ditatoriais são imprestáveis e servem apenas para expressar rejeição aos tributos, quando não significam oposição aos objetivos fulcrais da República de eliminação da pobreza e de combate à desigualdade social.

2. O FEDERALISMO COOPERATIVO

Embora a CRFB/1988 tenha o nítido intuito de romper com a histórica tendência centralizadora dos poderes na República, a realidade das relações institucionais no país não deixa dúvidas quanto ao desequilíbrio de forças entre a União e os demais entes da federação. Em outras palavras, pouco a pouco, **a União Federal vem promovendo uma centralização de poderes**, em flagrante ofensa aos mandamentos fulcrais da CRFB/1988.

Visando modelar uma verdadeira democracia, a CRFB/1988 separou e descentralizou poderes, ampliando consideravelmente a autonomia dos governadores e prefeitos. Nesse compasso, para assegurar a autonomia financeira de cada ente, a CRFB/1988 dotou a União, os Estados, o Distrito Federal (DF) e os Municípios de competência para instituir tributos próprios. Da mesma forma, para possibilitar o cumprimento da missão constitucional estabelecida para cada ente, além dos tributos próprios, a CRFB/1988 previu transferências intergovernamentais para reforçar os orçamentos estaduais, distrital e municipais.

O aumento da **capacidade financeira dos Estados**, DF e **Municípios** está diretamente relacionado com o princípio federativo. Em uma federação, o poder não fica centralizado no ente central, distante dos clamores e das necessidades do povo, mas o poder estatal se reparte pelos entes menores (separação vertical dos poderes), possibilitando uma **maior participação democrática** do povo no processo decisório (princípio democrático). O poder sai dos castelos e das fortalezas e, transpondo muros, vai para perto da população. Apenas assim, o poder que emana do povo é exercido pelo povo e para o povo. Para garantir a descentralização dos poderes e propiciar a prestação dos serviços públicos essenciais, as unidades subnacionais devem possuir recursos suficientes e orçamento próprio para traçar seus próprios planos de governo.

Entretanto, o federalismo constitucionalmente esboçado não reclama uma ação independente e desarticulada dos entes federados. Ao contrário, o "federalismo cooperativo" firmado pela CRFB/1988 pressupõe o **papel articulador da União Federal** e, sobretudo, que os **objetivos fundamentais da República** (art. 3°) sejam alcançados por meio de uma ação cooperativa e solidária dos entes federados.

Rico em simbolismo, o primeiro artigo do texto constitucional estabelece que a República Federativa do Brasil é "formada pela união indissolúvel dos Estados e Municípios e do Distrito Federal". Vale ressaltar, portanto, que a República é constituída pela "união" (em letra minúscula) dos entes federados espalhados geograficamente pelo território nacional. O desenvolvimento da união (conjunto de Estados e Municípios) é o desenvolvimento de todas as unidades federadas brasileiras; a missão da "união" é cumprida pelos entes federados atuando de forma articulada e cooperativa.

É por isso que se pode afirmar que, na "**modernidade líquida**", para usar a expressão de Bauman, se a União tem a competência para dirimir conflitos de competência entre os entes federados (art. 146, I, da CRFB/1988), as **guerras fiscais** ocorrem, em larga razão, em virtude da **omissão do ente federado maior**. É consabido que os órgãos burocráticos fiscais e financeiros da União se voltam quase que exclusivamente para seus tributos e para suas questões, em uma **visão autorreferente** e contrária à ideia de federalismo cooperativo. As propostas de reforma tributária que vem sendo apresentadas, em alguma medida, vêm desafinadas com relação ao princípio federativo, na medida que tendem a favorecer a centralização do poder tributário e financeiro na União, portando soluções de duvidosa constitucionalidade.

A CRFB/1988 firmou a missão que cabe a cada um dos entes federados desenhando o rol de competências dos Estados e Municípios e, de forma responsável, para fazer frente a essa missão, dotou os entes federados dos recursos necessários para o cumprimento do papel constitucional atribuído. Ao contrário, a ideia foi exatamente a de dotar os Estados e Municípios de autonomia financeira, possibilitando que eles funcionassem sem depender dos favores do ente maior.

Cada um dos entes federados, assim, deveria ter os recursos que lhes coubessem sem ter de se submeter aos favores ou aos caprichos da tecnoburocracia da União. A CRFB/1988, nessa toada, garante o "equilíbrio federativo", evitando a submissão dos entes federados ao poder central pelo viés financeiro. Até mesmo para as despesas adicionais necessárias ao desenvolvimento do Estado a CRFB/1988 estabeleceu os mecanismos próprios, em absoluta sintonia com o princípio federativo (cláusula pétrea), determinando que os impostos residuais sejam também partilhados com os Estados.

Os Estados e os Municípios vêm percebendo um certo ressentimento da tecnoburocracia financeira da União quanto à descentralização política e financeira e a perda relativa de poder sobre os demais entes. Desde a CRFB/1988, nota-se um intenso movimento de *recentralização*. Nesse período, a União fez crescer a arrecadação federal valendo-se de contribuições, que, como consabido, não são compartilhadas com os Estados e Municípios. Em 1994, a União criou o Fundo Social de Emergência (FSE), que permitiu a desvinculação de parcela do produto da arrecadação para utilização em seu orçamento fiscal. Enfim, recursos passaram a fluir para o orçamento da União sem serem compartilhados com os Estados.[9]

Sem o intuito de se levantar possíveis inconstitucionalidades, dúvidas não restam de que a instituição de contribuições seguida da desvinculação de receitas traduz um claro intuito de **fraudar a norma constitucional de partilha de receitas entre os entes da federação**, em flagrante ofensa ao princípio federativo. A União Federal cria um verdadeiro **sistema paralelo de arrecadação e destinação de recursos tributários**, contornando os mecanismos constitucionais estabelecidos, promovendo certa desorganização do sistema tributário.

Além dos prejuízos causados ao modelo, a União desequilibra o pacto federativo promovendo uma centralização de recursos no ente central, em flagrante ofensa ao princípio federativo. A União, em dissonância com o princípio federativo (cláusula pétrea), para elidir a aplicação de norma constitucional específica destinada a fazer frente ao incremento necessário de receitas (impostos residuais), lança mão de um instituto previsto constitucionalmente para cumprir finalidade distinta (contribuições).

---

9 Cumpre registrar que, salvo os impostos regulatórios, todos os tributos desvinculados são compartilhados com os entes subnacionais. A parcela das contribuições desvinculada pela DRU, portanto, também deveria ser. Essa, a propósito, é a discussão travada na ADPF 523, no STF. O mais difícil para os Governadores será vencer o avassalador *lobby* feito pelos órgãos federais, sobretudo junto ao Congresso Nacional e ao STF.

Passados 30 (trinta) anos da promulgação da CRFB/1988, cumpre verificar essas feridas deixadas, que merecem serem curadas. Se a União centraliza receitas, as despesas dos entes federados menores aumentam de forma incessante, sobretudo para fazer face ao direito fundamental à educação, à saúde e à segurança do cidadão brasileiro. O equilíbrio federativo precisa ser restaurado e o mandamento de se edificar uma federação cooperativa estampado em nossa norma constitucional precisa ser observado.

Uma reforma tributária séria e plena, obviamente, deveria descentralizar recursos da União para os Estados e Municípios, buscando reequilibrar o equilíbrio federativo abalado. Está óbvio que, realmente, existe um desequilíbrio entre as despesas inarredáveis dos Estados e Municípios e a receita disponível, razão pela qual é **absolutamente necessário descentralizar recursos da União**.

3. O FEDERALISMO FISCAL NA CRFB/1988

A forma federativa do Estado é cláusula pétrea das Constituições brasileiras desde o fim do Império.[10] A Constituição da República dos Estados Unidos do Brasil de 1891 já previa, em seu art. 90, §4°, que não poderiam ser objeto de deliberação do Congresso os projetos tendentes a abolir a forma republicano-federativa de Estado. As Constituições que se seguiram, exceto a de 1937,[11] mantiveram a cláusula pétrea, inclusive a EC n. 1/1969.[12] Atualmente, o art. 60, §4°, I, da CRFB/1988 firma o princípio federativo como vetor constitucional fundamental e o mantém como cláusula pétrea, portanto, inarredável até mesmo por emendas constitucionais.

---

10 Como chama a atenção Raul Machado Horta, o Decreto n. 1, de 15 de novembro de 1989, editado pelo governo provisório de Marechal Manuel Deodoro da Fonseca para proclamar provisoriamente a República Federativa como forma de governo da nação brasileira, é expresso em considerar como soberano cada um dos Estados que a formavam. (HORTA, Raul Machado. Problemas do federalismo brasileiro. *Revista da Faculdade de Direito da UFMG*, v. 19, n. 9, p. 68–88, 1957. p. 68.)

11 A Constituição dos Estados Unidos do Brasil de 1937 não continha nenhuma cláusula pétrea. Não obstante, destaca-se que ela manteve nominalmente o federalismo como forma de Estado.

12 Vale conferir os seguintes dispositivos: art. 178, §5°, da Constituição de 1934; art. 217, §6°, da Constituição de 1946; art. 50, §1°, da Constituição de 1967; e art. 47, §1°, da Emenda Constitucional n. 1 de 1969.

Em sua origem, o federalismo veio em atenção ao descontentamento das províncias com a centralização política e financeira do império. Durante o período monárquico, a escolha dos presidentes das províncias era atribuição do Poder Central, o que foi modificado pelas elites locais com o advento da república. A partir de então, surge a "política dos governadores", modulada por Campos Sales e segundo a qual os Poderes Executivos estaduais eram os atores mais importantes do sistema político. Em 1939, com a instauração da ditadura varguista, o governo central retomou o poder e passou a subjugar as lideranças estaduais. As relações entre a União Federal e as demais unidades federadas, ao longo dos anos, sempre foi conflituosa e o poder central ora era fortalecido, ora suavizado. As Constituições brasileiras espelham bem as circunstâncias de centralização ou descentralização do poder no Estado, em determinado momento histórico.[13]

A CRFB/1988 foi editada logo após o fim do período militar, coroando o processo de redemocratização do Brasil. A crise econômica pela qual passou o regime e a insatisfação das lideranças locais e regionais com o governo federal impulsionaram o movimento descentralizador que caracterizou o modelo federativo da atual Constituição. As eleições diretas para governadores em 1982 marcaram o ganho de autonomia política dos Estados na transição do governo militar para o democrático.

---

13 A Constituição de 1934 manteve o federalismo como forma de Estado, embora rompesse em certa medida com o federalismo dual da Carta de 1891, por meio da ampliação da competência legislativa da União. A Constituição de 1937, surgida na Ditadura Varguista, manteve formalmente a estrutura da federação, mas representou a instituição de um Estado unitário descentralizado. Havia permanente supervisão, controle e fiscalização dos entes subnacionais pelo Presidente da República, consoante dispunha o Decreto-lei federal n. 1.202/1939. Posteriormente, em 1946, a redemocratização do pós-guerra trouxe novamente o federalismo para a redação constitucional, sem, contudo, resgatar o grau de descentralização empreendido pela Constituição de 1891. Os constituintes herdaram do Estado Novo "a estrutura administrativa do Estado unitário descentralizado de 1937 e muitos de seus hábitos e práticas" (HORTA, Raul Machado. Problemas do..., *cit.* p. 72). A Constituição da República Federativa de 1967 também preservou o federalismo, mas foi marcada pelo comando central do Presidente da República no processo legislativo e pelas regras de aceleração da deliberação congressual, que preparavam o cenário para o regime autoritário que se estabeleceria definitivamente após a Emenda Constitucional nº 1, de 1969.

Como ensina Paulo Bonavides[14], o federalismo é caraterizado por duas ideias centrais: **participação e autonomia**. A participação significa que cada um dos entes subnacionais deve necessariamente participar do processo político decisório que envolva toda a federação. Autonomia quer dizer que os membros da federação têm o poder de legislar; de estatuir ordens constitucionais próprias e de exercer os poderes que habitualmente modelam o Estado (executivo, legislativo e judiciário), em harmonia com a Constituição Federal.

No desenho da federação brasileira, a participação é exercida, sobretudo, no Congresso Nacional. Como ressabido, a Câmara dos Deputados congrega os representantes do povo, lideranças locais que devem zelar pelo interesse da população; por outro giro, no Senado Federal, estão os representantes dos Estados e do DF, os quais devem decidir tomando em consideração os interesses dos Estados e DF. Para que exista autonomia política, sobretudo para que ela seja materialmente exercida, como menciona Bonavides, é essencial que exista autonomia financeira. Em outras palavras, o princípio federativo exige autonomia política e financeira do ente federado.[15]

Por isso, a CRFB/1988 modificou a estrutura do sistema tributário nacional e ampliou os repasses constitucionais da receita de tributos instituídos pelo ente maior para entes menores. O relator da Comissão do Sistema Tributário, Orçamento e Finanças, José Serra, deixou claro

---

14 Cf. BONAVIDES, Paulo. *Ciência Política*. 17. ed. São Paulo, Malheiros, 2010, p. 195.

15 Apenas é possível se falar em autogoverno, auto-organização e autoadministração se houver recursos disponíveis para exercê-los. Como explica Abner Youssif Mota: "o orçamento dos entes federados e a aplicação das receitas que lhes competem são questões diretamente ligadas ao desempenho da autonomia de cada um deles e de suas prerrogativas atribuídas pelo regime federativo. Pode-se dizer, portanto, que a definição dos bens e receitas públicos, bem como as questões financeiro-orçamentárias a ela vinculadas, constitui traço fundamental à realização e concretização de uma federação como a brasileira." ARABI, Abhner Youssif Mota. Desdobramentos Financeiros do Federalismo Fiscal: participação no resultado da exploração de petróleo e o bônus de assinatura. *In:* GOMES, Marcus Lívio; ALVES, Raquel de Andrade Vieira; ARABI, Abhner Youssif Mota. *Direito Financeiro e Jurisdição Constitucional*. Curitiba: Juruá, 2016, p. 13,14.

como a organização financeira constitucional pretendeu fortalecer a descentralização da federação:[16]

> O esforço para a <u>descentralização e o fortalecimento dos Estados e Municípios</u> evidencia-se principalmente pela **ampliação da base do ICM e pela maior liberdade na fixação de suas alíquotas**; [...], ao mesmo tempo em que **se ampliam, significativamente, o FPE e o FPM**. No mesmo sentido, embora com menor significado, situam-se a partilha da fração do IPI com estados e municípios [...]. Veda-se a vinculação dos recursos transferidos a aplicações pré-determinadas e criam-se **mecanismos de participação de representantes dos estados e dos municípios, para fins de acompanhamento dos cálculos e das liberações dos recursos transferidos**, e do processo de descentralização de funções e de atividades. Elimina-se a faculdade de a União conceder isenções de impostos estaduais e municipais. Cria-se um fundo de descentralização, cuja principal fonte é o FINSOCIAL. Desnecessário dizer que essa descentralização é essencial para viabilizar o <u>equilíbrio financeiro básico</u> que deve existir entre as três esferas do governo na federação.[17] (g.n.)

O alargamento da base tributável pelo ICMS e a absorção de 5 (cinco) impostos que anteriormente eram da competência exclusiva da União Federal promoveram uma significativa <u>descentralização financeira no Brasil</u> (foram absorvidos os impostos sobre combustíveis e lubrificantes; energia elétrica; mineração; comunicações e transportes). Nesse mesmo compasso, foram ampliadas as transferências de receita de tributos instituídos pelo ente maior para os entes menores. Tudo isso, em conformidade com o princípio federativo, visou a dotar Estados, DF e Municípios de autonomia. Assim foi firmado o **pacto federativo** e, nesses termos, foi estabelecido o **equilíbrio federativo**.

---

16 BRASIL. Assembleia Nacional Constituinte. Comissão do Sistema Tributário, Orçamento e Finanças. Relatório e Anteprojeto da Comissão. Brasília: Centro Gráfico do Senado Federal, 1988, p. 3.

17 Em outro trecho do relatório, o Constituinte apresenta as suas percepções a respeito dos trabalhos realizados: "[c]omo é amplamente reconhecido, entre a segunda metade dos anos sessenta e meados da década passada houve uma excessiva centralização de recursos e competências tributários em mãos da União, em detrimento dos Estados e Municípios, criando-se um forte desequilíbrio da Federação. A nova Constituição deve reverter esse processo - e é essencial que o faça – mas seria um equívoco reproduzir o desequilíbrio com sinal trocado." (BRASIL. Assembleia Nacional Constituinte..., *cit*. p. 4).

Além das mencionadas ideias basilares do princípio federativo (participação e autonomia),[18] o núcleo central do vetor constitucional é também densificado pelo subprincípio da subsidiariedade.[19] O subprincípio requer que todas as tarefas públicas sejam cumpridas pelas esferas locais de governo, devendo a unidade central atuar tão somente subsidiariamente, quando necessário.[20] Nesse compasso, é patente que

---

18 O subprincípio da participação, similar ao que expõe Paulo Bonavides, impõe que os entes menores participem das decisões e da administração em âmbito nacional e regional; está relacionado com a promoção da democracia e a aproximação dos cidadãos de seus governantes. Nesse sentido, vale consultar DERZI, Misabel de Abreu Machado; BUSTAMANTE, Thomas da Rosa de. O princípio federativo e a igualdade: Uma perspectiva crítica para o sistema jurídico brasileiro a partir da análise do modelo alemão. *In:* DERZI, Misabel de Abreu Machado; et al. (Org.). Estado Federal e Guerra Fiscal no Direito Comparado. (Coleção federalismo e tributação, v. 2). Belo Horizonte: Arraes Editores, 2015. p. 467-495.

19 Cf. José Alfredo de Oliveira Baracho: "A definição da subsidiariedade tem apresentado diversos alcances e conteúdo. Conceitua-se subsidiariedade como princípio, pelo qual as decisões, legislativas ou administrativas devem ser tomadas no nível político mais baixo possível, isto é, por aquelas que estão o mais próximo possível das decisões que são definidas, efetuadas e executadas. Está assim o princípio de subsidiariedade relacionado com a situação constitucional definida nas competências dos entes que compõem o tipo de Estado consagrado (Unitário, Autonômico, Regional ou Federal) e o processo de descentralização política e administrativa. Em decorrência dessas circunstâncias a aplicação do princípio de subsidiariedade assume certas particularidades." BARACHO, José Alfredo de Oliveira. O Princípio de Subsidiariedade: conceito e revolução. *Revista de Direito Administrativo*, n. 200, p. 21–54, 1995, p. 52.

20 Não se pode afastar, entretanto, que a utilização de um instrumento como as transferências intergovernamentais ainda mantém o ente menor sob o julgo do ente maior, já que não há autonomia sobre a determinação dos critérios de apuração, de repasse das verbas e, muitas vezes, nem mesmo sobre a forma de utilizar os recursos. Cf. Clèmerson Merlin Clève e Marcela Moraes Peixoto: "**Os insuficientes recursos financeiros deixados aos Estados pelo Constituinte serão compensados por um sistema de transferência constitucional de rendas**, que a pretexto de subsidiar um federalismo cooperativo através do qual as regiões mais ricas financiam o crescimento das regiões mais pobres, acaba por institucionalizar de vez, como na Carta revogada, a supremacia política do Governo federal sobre os governadores estaduais. A autonomia financeira dos Estados se vê restringida por dois fatores: (i) **insuficiência dos tributos** de sua competência impositiva; (ii) **subordinação desta capacidade impositiva à legislação federal**. Não há dúvida, porém, que a nova Constituição ampliou as possibilidades financeiras das coletividades locais." CLÈVE, Clèmerson Merlin; PEIXOTO, Marcela Moraes. O Estado brasileiro: algumas linhas sobre a divisão de poderes na federação brasileira à luz

o princípio federativo é arranhado quando recursos são concentrados na União Federal, em especial porque <u>as tarefas essenciais (educação, saúde e segurança) são desempenhadas pelos Estados e Municípios</u>. Quando os entes federados menores são privados dos recursos necessários para fazer frente à missão constitucional de cada um porque esses recursos foram centralizados na União ocorre ofensa cabal ao princípio federativo.

A <u>concentração de recursos financeiros no ente central</u> **atenta contra o princípio democrático**, uma vez que repasses financeiros passam a ocorrer por meio de "**transferências voluntárias**", promovendo a conhecida "**política dos pires nas mãos**". Por meio desse artifício, os Governadores são subjugados e precisam se submeter aos desmandos do Executivo central para terem acesso aos recursos necessários para que seu Estado realize obras, investimentos ou mesmo para que possa cumprir sua missão constitucionalmente posta.

Enfim, a CRFB/1988 modelou o sistema tributário em sintonia com os mandamentos do federalismo, para evitar o desequilíbrio no pacto federativo. Entretanto, seja se omitindo em seu <u>dever fundamental de dirimir conflitos de competência dos entes menores</u>, seja <u>fraudando o princípio federativo</u> (Desvinculação das Receitas da União - DRU), seja deturpando o sistema constitucional tributário tornando-o disfuncional, complexo e ineficiente, a União Federal, ao longo dos anos, subverteu o modelo previsto na CRFB/1988.

4. O FEDERALISMO (S)EM JUÍZO E O DESEQUILÍBRIO FEDERATIVO

Recentemente, o Supremo Tribunal Federal (STF) já convocou duas audiências (o Ministro Luiz Fux, em 25 de junho de 2019 - ACO 3233; o Ministro Gilmar Mendes, em 05 de agosto de 2019 – ADO 25) para discutir e tentar dirimir conflitos federativos entre os Estados e a União. Os Estados lutam por recursos financeiros devidos pela União (ADO 25; ADPF 523 etc.) e enfrenta frequentes bloqueios de recursos praticados pela União.

Antes de tudo, vale firmar que <u>os bloqueios são de duvidosa constitucionalidade, na medida em que se traduzem em mecanismo autoexecutório de cobrança da "união" contra um de seus entes federados</u>, o que redunda em **flagrante ofensa ao princípio federativo**. A propósito, essa é a opinião de Celso Antônio Bandeira de Mello; Menelick

---

da Constituição de 1988. *Revista de Informação Legislativa: RIL*, v. 104, n. out./dez., p. 21–42, 1989, p. 38.

de Carvalho Netto; Fábio Konder Comparato; Misabel Derzi; Eros Roberto Grau; Dalmo de Abreu Dallari; Américo Masset Lacombe; José Alfredo Baracho; Lúcia Valle Figueiredo e vários outros.[21] Como afirmam os Autores, <u>a possibilidade de garantia e contragarantia veiculada pelo art. 167, § 4º da CRFB/1988 não autoriza a penhorabilidade direta de bens públicos, mas tão somente a possibilidade de, no orçamento, se vincular receita de impostos para prestação de garantia e para pagamentos de débitos para com a União</u>. A propósito, a norma foi introduzida pela Emenda Constitucional n. 3/1993, que não poderia modificar a Constituição naquilo que é imutável, ou seja, não poderia portar ofensa ao princípio federativo, que é cláusula pétrea.

Como já afirmado, a tendência centralizadora das instituições federais é antiga e foi para romper com essa tradição que a CRFB/1988 buscou formatar uma verdadeira federação; foi para garantir o constitucional <u>ideal democrático-descentralizador</u> que o pacto federativo foi firmado. É ressabido que é impossível gerir democraticamente um país de mais de 200 milhões de habitantes e com dimensões continentais do **"painel de controles da Esplanada"**. Entretanto, sabe-se que, tão logo se deu a promulgação da Constituição, o pacto federativo começou a ser atacado, por um movimento contínuo de centralização de receitas e de descentralização de despesas. Vale repetir que a arrecadação tributária nacional corresponde a cerca de 32,66% do PIB (68,26% da União; 25,37% dos Estados e DF e 6,37% dos Municípios).

<u>O governo federal, enclausurado em Brasília, optou por se manter inerte diante da guerra fiscal travada pelos Estados</u>, que já deteriorou mais da metade de sua base tributária, mesmo tendo o **dever constitucional de evitar conflitos de competência em matéria tributária**, como determina o art. 146, I, da CRFB/1988. A União, assim, criou relações de dependência e subordinação, garantindo sua posição de supremacia. É que <u>a centralização das receitas traduz centralização de poder</u>.

Os desequilíbrios federativos provocados diretamente pela União são frequentes. Basta verificar alguns *cases* julgados recentemente pelo STF, como a tentativa da União de se apropriar dos recursos da multa de regularização da lei de repatriação; os índices exorbitantes de correção da dívida dos Estados com a União (SELIC capitalizada); diversas renúncias a tributos cuja arrecadação deve ser compartilhada com os

---

21 Nesse sentido vale conferir a posição de todos esses autores na obra: *Direito Público: Revista da Procuradoria-Geral do Estado de Minas Gerais*, Belo Horizonte: Del Rey, v. I, n. I, jan./jun. 1999.

Estados e Municípios (exonerações do IPI e deduções no IR) ou mesmo a inconstitucional mora na compensação dos Estados pelo *déficit* gerado pelas exonerações concedidas ao ICMS no que tange à exportação de produtos semielaborados (defasagens da lei Kandir).

No que diz respeito às desonerações das exportações (<u>Lei Kandir</u>), o STF, no julgamento da <u>ADO 25</u>, no dia 30 de novembro de 2016, declarou a mora da União quanto à edição da lei complementar de que trata o art. 91 do ADCT/CRFB/1988, fixando o prazo de 12 meses para que fosse sanada a omissão. Acontece que, até hoje, nada foi compensado e lei alguma foi publicada, apesar de a Comissão Mista Especial constituída exatamente para dar cumprimento à decisão do STF haver aprovado projeto de Lei (PLP 511/2018) por unanimidade (a matéria nunca foi pautada).

O TCU, que deveria tão somente apurar as perdas, para a surpresa dos Estados, chegou a anunciar que os repasses deveriam ser interrompidos afirmando que, nos termos do art. 91, § 2º, do ADCT da CRFB/1988, o ICMS já seria destinado em proporção superior a 80% ao Estado onde ocorre o consumo das mercadorias. Acontece que, como demonstrado pelo Comitê Nacional dos **Secretários** de Fazenda dos Estados e do Distrito Federal (COMSEFAZ), seja lá pela metodologia que se quiser adotar, o ICMS jamais alcançou esse percentual! O dispositivo constitucional firma que a entrega de recursos deve perdurar, conforme definido em lei complementar, até que o imposto a que se refere o art. 155, II, tenha o produto de sua arrecadação destinado predominantemente, em proporção não inferior a 80% (oitenta por cento), ao Estado onde ocorrer o consumo das mercadorias, bens ou serviços. O art. 91 do ADCT nunca foi regulamentado. Além disso, o §2º prevê que as compensações devem perdurar, até que o ICMS tenha o produto de sua arrecadação destinado predominantemente, "em proporção não inferior a oitenta por cento", ao Estado consumidor, portanto, o dispositivo não é autoaplicável, até porque a locução "não inferior a oitenta por cento" remete à um limite maior que 80%, sem, todavia, defini-lo. Pode a lei complementar fixar até 100%. A lei que se reclama é a mesma que a ADO 25 determinou que fosse feita e que vem sendo boicotada. O lobby da tecnoburocracia da União é assustador. A todo momento, assiste-se verdadeiras campanhas para desmoralização dos governos estaduais promovidas pelos técnicos da burocracia financeira da União, ocultando a verdade. Tudo isso para centralizar poder.

Apenas em <u>Minas Gerais</u>, as defasagens de compensação da chamada Lei Kandir, mesmo segundo as estimativas mais pessimistas, ultrapassam a cifra dos 135 bilhões de reais. Mesmo assim, os técnicos da União insistem em cobrar uma pretensa dívida do Estado de cerca de 90 bilhões de reais e, para coagir, chega a ameaçar reter repasses constitucionais. O Governo mineiro vem pleiteando um "<u>encontro de contas</u>" entre os créditos relativos às perdas da Lei Kandir e os débitos referente à dívida com a União, mas não foi sequer ouvido. A questão, que mereceu os encômios do empresariado e da classe política, vem enfrentando severa resistência da tecnoburocracia federal.

A Lei Kandir buscou incentivar as exportações, entretanto, provocou uma grave "desindustrialização" nos Estados exportadores de *commodities* (como MG). A principal fonte de recursos dos Estados exportadores foi desmontada; as compensações jamais vieram e, assim, foram eles que pagaram sozinhos a conta do Plano Real. <u>O governo federal, ao contrário, aproveitando-se da degradação da base tributária dos Estados, alargou a incidência dos impostos sobre o consumo quando aumentou a incidência das contribuições não compartilhadas e instituiu um verdadeiro ICMS federal (PIS e COFINS)</u>. Se não compensou os Estados, por outro giro, <u>avançou sobre os impostos sobre o consumo</u> (da competência estadual).

Uma proposta de Reforma Tributária séria e sintonizada com os mandamentos da CRFB/1988 <u>exige que se compensem os Estados exportadores de *commodities*</u>. Um Estado como Minas Gerais, que tem como atividade principal a exportação de minérios, café ou outras *commodities* trabalha para o bem do Brasil, favorece a balança comercial, mas fica sem tributos! Se aquilo que é produzido fica desonerado do seu principal tributo na exportação, com que receita podem contar os mineiros? Minas Gerais, bem como os Estados exportadores de *commodities*, precisam ser compensados. Ao contrário, foi lesada por décadas pelo "tombo federativo" causado pelas compensações deficientes da Lei Kandir. As propostas de reforma tributária que tramitam no Congresso Nacional deixam a absurda questão intocada.

Ao longo dos anos, a União direcionou seus esforços arrecadatórios para as <u>contribuições</u>. Entre 1994 e 2002, a carga tributária brasileira subiu de 24% para 33% do PIB e, nesse mesmo período, a parcela das contribuições na receita total cresceu de 11% para 48%. Atualmente, cerca de **dois terços de todo valor arrecadado pela Receita Federal do Brasil** vêm das contribuições. A não afetação do produto da arrecadação das contribuições (pela DRU) foi um dos principais fatores motivadores para que a União priorizasse essa espécie tributária, porque a CRFB/1988 não previu a partilha dos recursos arrecadados com as contribuições em razão de sua vinculação. Entretanto, em um movimento de fraude à Constituição, a DRU se encarrega de jogar no Caixa Único da União 30% desse montante. Foi por isso que os entes federados foram ao STF, por meio da ADPF 523, exigir que a parcela devida aos Estados do valor das contribuições sociais desvinculadas pela DRU fosse compartilhada (20% dos 30%).

É preciso deixar gizado que esse montante de trilhões e trilhões de reais foi desviado pela DRU, por décadas, para o Caixa Único da União e gasto. Esses recursos não serviram para que se constituíssem fundos para absorver, no futuro, os gastos com aposentadorias de servidores públicos. Não é por outra razão que hoje, de forma ofensiva ao princípio constitucional da confiança legítima, com a Reforma da Previdência, **os servidores são coagidos a cobrir um rombo que não causaram**.

No que diz respeito às consequências nefastas da chamada "Lei Kandir", Minas Gerais é um exemplo clássico do processo de **desindustrialização** provocado pela malfadada política macroeconômica brasileira. Na década de 1970, todo o investimento feito para implantação de um parque guseiro que pudesse dar suporte à indústria siderúrgica e lastreasse a almejada implantação de indústria automobilística foi desperdiçado. O minério passou a ser exportado e, hoje, o aço chinês chega em condições competitivas à MG, feito com minério das Alterosas. O "parque guseiro" e a indústria siderúrgica estão hoje em ruínas. A política de desenvolvimento mineira foi fulminada pela política da União de incentivo às exportações de *commodities*.

Se Minas Gerais vive esse desmonte, se recebe lama tóxica de barragens rompidas que mata sua gente e destrói suas cidades, rios e fazendas, a União, por outro lado, não socorre os mineiros. O Governo Federal pretende renovar antecipadamente a concessão de ferrovias mineiras possibilitando investimentos cruzados. Em outras palavras: a União editou a Lei 13.448/2017 para lastrear sua intenção de prorrogar antecipadamente o contrato da Estrada de Ferro Vitória Minas e, em troca, determinar a construção de um trecho de 377 km, entre Campinorte/GO e Água Boa/MT, estimado em 2,62 bilhões, na FICO – Ferrovia de Integração Centro-Oeste. Trocando em miúdos: a União quer prorrogar a concessão de linha férrea a concessionária que prestou por anos serviços deficientes aos mineiros e deseja, como contrapartida, investir o valor da outorga e das multas que recebeu em outro Estado. Mesmo sendo Minas Gerais um Estado central, sem saída para o mar, não pretende garantir a melhoria da malha ferroviária mineira que se encontra em situação de abandono, mas pretende usar o dinheiro em outro Estado. Foi essa possibilidade de prorrogação com investimentos cruzados em outras malhas que deu razão a diversos questionamentos judiciais (ADI 5684 da FERROFRENTE; ADI 5991 da PGR; ACP do ES de julho/2018). Minas Gerais vem assistindo seu presente ser destruído e seu futuro corroído.

A guerra federativa não para. As <u>ACO 3150 e 3151</u> foram propostas pelos Estados para impor à União maior transparência com relação à apuração dos <u>montantes transferidos em razão do Fundo de Participação dos Estados (FPE</u>). Na ACO 3150, requereram os Estados o acesso aos sistemas informatizados que tratassem do controle do FPE, bem como solicitaram a reclassificação das receitas decorrentes de parcelamentos especiais, para em seguida ver feita sua transferência. A União não só atrasa a efetivação dos repasses, como nega o acesso dos Estados aos dados informatizados que permitam aos entes federados conferir o montante que lhes cabe. Foi por isso que, na ACO 3151, houve exitoso <u>pedido para que a União prestasse contas dos valores repassados aos Estados</u> (autores) de todas as receitas provenientes de IR e IPI que foram arrecadadas em todos os parcelamentos.

O quadro de crise dos Estados se agrava quando consideramos que <u>os serviços mais essenciais à população e que também são os mais dispendiosos (saúde, segurança e educação) ficam, em grande parte, a cargo dos Estados e Municípios,</u> cujos servidores auferem remunerações sensivelmente inferiores àquelas pagas ao funcionalismo federal. É ressabido que a União aportava inicialmente ao SUS 80% dos valores; hoje, esse percentual não chega a 40%. No que diz respeito à educação, é consabido que os Estados gastam mais de 80% do montante total, enquanto a União não investe nem 12 %. Se os gastos com segurança pública (polícia militar; polícia civil; sistema prisional) são essencialmente dos Estados, pode-se verificar que o desmonte do Estado Democrático de Direito de desiderato social se explica pelo **sufoco financeiro imposto aos Estados**.

No atual cenário de turbulência econômico-financeira que atinge o país, a recessão, a estagnação e o crescimento baixo acabam de derrubar definitivamente os Estados. Tudo isso explica por que os entes menores passaram a experimentar um declínio vertiginoso em seus ingressos, notadamente naquilo que é repassado através dos FPE. Os Estados possuem reduzido poder de tributar, já que não podem fazer como a União, que, simplesmente, institui novas exações, por meio do exercício de sua competência tributária residual (art. 154, I; art. 195, § 4º). A emissão de moedas não está disponível aos governos estaduais e municipais (art. 21, VII) e a obtenção de empréstimos claramente não se mostra adequada, nem é legalmente possível, à luz das restrições postas pela Lei de Responsabilidade Fiscal. O somatório geral revela que os entes subnacionais se encontram imobilizados pelos efeitos de um cenário que não causaram, sequer podendo fazer algo a respeito, a não ser cortar despesas fundamentais, sacrificando sua própria capacidade operacional.

Foi exatamente o que tiveram de fazer muitas unidades, reféns das políticas econômicas da União. Esse, porém, não é o caso do Espírito Santo, por exemplo, que recebeu, em 2018, cerca de **2 bilhões de reais em royalties do petróleo**, mesmo sendo este explorado no mar territorial brasileiro (que pertence à União) e mesmo tendo uma população de cerca de um quinto da população mineira. Esse também não é o caso do Rio de Janeiro, que recebeu mais de **13 bilhões de reais** apenas em 2018 em royalties do petróleo. Minas Gerais, que sofre com a destruição de suas estradas, que pena com a poluição, que sofre com desastres, que assiste seu território ser explorado impedindo outras atividades econômicas, recebeu R$ **0,26 bilhões** em royalties do minério.

Por tudo isso, Minas Gerais está em inelutável "situação de calamidade financeira", reconhecida, inclusive, por sua Assembleia Legislativa. É patente a situação de penúria enfrentada pelas unidades federadas, que, por um lado, encontram-se obrigadas a obedecer a limites fiscais rígidos e a prestar serviços fulcrais à comunidade e, por outro, estão impossibilitadas de gerar novas fontes de receita, tendo suas verbas constantemente diminuídas por comportamentos da União.

Recentemente, o Colegiado de Governadores lançou, mesmo sem unanimidade, a proposta de oneração tributária da mineração como compensação pelas perdas da Lei Kandir. Essa é uma saída que não parece fazer justiça, nem atender ao interesse dos mineiros. Em primeiro lugar, por décadas, Minas Gerais sofreu com a perda de suas receitas tributárias e não foi devidamente compensada pela União, como determina a CRFB/1988. Por isso, a dívida da União para com Minas Gerais em repasses ultrapassa a centena de bilhões de reais. Pode-se mesmo afirmar que Minas Gerais pagou a conta do Plano Real e sustentou em seus ombros, quase sozinha, o crescimento econômico do país. Isso porque, São Paulo, por exemplo, tem valores a receber em razão das compensações deficientes da Lei Kandir, mas não é essencialmente um exportador de *commodities*. As várias centenas de bilhões de reais que tem de crédito com a União se referem a compensação pela entrada de ativo permanente. Por isso a desindustrialização mineira é mais acentuada; por isso Minas Gerais é o Estado que mais perdeu. Dificilmente a oneração futura das exportações fará justiça aos mineiros.

Por outro giro, é ressabido que a exploração do minério de ferro mineiro não é hoje tão competitiva, quando se compara a rentabilidade da exploração em Estados como o Pará. Nesse compasso, a oneração pode impactar a indústria extrativa minerária em Minas Gerais e favorecer a de outros Estados, levando Minas Gerais ao imobilismo.

Minas Gerais tem, por isso, de ser ressarcida pelas perdas enfrentadas em seu passado e precisa ver a União, em homenagem ao federalismo cooperativo, recompor suas finanças sem promover o desmonte de seus serviços essenciais. É abjeta a pressão para que Minas Gerais aceite um acordo pífio nas negociações travadas com os demais Estados e com a União para compensar as perdas proporcionadas pela Lei Kandir.

Enfim, como se pode verificar, o desequilíbrio federativo é enorme. Se alguns tecnocratas federais fazem, de forma criticável, estudos sobre "estratégias de jogo" da União com os Estados, no que diz respeito ao endividamento,[22] propondo medidas que arrasam a estrutura prestacional do Estado, o ajuste necessário não parece estar contemplado em nenhuma das propostas de reforma tributária. É evidente que não é verdade que os mais variados Governadores do Estado foram ruins e desastrados. É claro que a guerra fiscal exagerada da "modernidade líquida" foi provocada por fatores diversos daqueles alegados por alguns desavisados pesquisadores que acham, ainda, que ela se deve a

---

22 Veja-se, por exemplo, o estudo *O Supremo Federal como árbitro ou jogador? As crises fiscais dos Estados brasileiros e o jogo do resgate,* veiculado pela Revista de Estudos Institucionais, v. 4, n. 2, p. 642-671, 2018. Vale também pesquisar estudos publicados em jornais de grande circulação por tecnoburocratas federais prestigiados, mas que insistem no absurdo de tentar, de forma errante e caótica, demonstrar que a receita tributária não é centralizada na União! Obviamente tentam comparar o incomparável e fazem um malabarismo para estudar o Brasil por meio das lentes de outras federações da OCDE, desconsiderando o modelo posto pela CRFB/88 e as peculiaridades brasileiras.

caprichos dos governos estaduais.[23] Obviamente, da mesma forma, o Poder Central foi omisso e tem enorme responsabilidade na questão.

Na realidade, a avaliação míope de que tudo se resolve com a contenção de despesas e com cortes não é capaz de resolver um problema muito mais amplo. É evidente que existe um <u>patente desequilíbrio entre as receitas possíveis e as despesas necessárias dos governos estaduais</u>. Nesse compasso, uma reforma tributária adequada deveria, inarredavelmente, acertar e rever a questão da autonomia financeira dos Estados. Entretanto, nada disso passou sequer perto dos olhares dos reformistas. Apenas os reparos feitos pelos secretários estaduais de fazenda e pelo GT-47 do COMSEFAZ na Proposta Appy parecem tocar no desequilíbrio financeiro dos Estados e preveem uma revisão na partilha de recursos.

Em linhas gerais, portanto, pode-se afirmar que as propostas veiculadas não enfrentam devidamente a questão de <u>justiça fiscal</u> nem sequer buscam resolver o <u>desequilíbrio federativo</u>. Ao contrário, algumas delas portam tributos cumulativos e regressivos, e outras minimizam o poder de tributar dos Estados.

5.   UMA OUTRA QUESTÃO NÃO ENFRENTADA DEVIDAMENTE: A QUESTÃO MUNICIPAL

A <u>União</u>, vale frisar mais uma vez, é responsável pela maior parcela da carga tributária, representando 68,02% do total da arrecadação nacional de R$2.127.369,88; os <u>Estados</u> respondem por 25,72% e os <u>Municípios</u> por 6,26%. Os <u>tributos federais</u> respondem por 22,06% do PIB; os <u>estaduais</u> por 8,34% e os <u>municipais</u> por 2,03% do PIB. Com relação aos tributos municipais, o <u>IPTU</u> representa 0,59% do PIB (ou 1,81% do total da arrecadação tributária); o <u>ISS</u>, 0,86% do PIB (ou 2,65% do total da arrecadação tributária); o <u>ITBI</u> e <u>outros tributos</u> alimentam os cofres municipais com 0,58% do PIB (ou 1,8% do total da arrecadação tributária).

Por outro giro, as receitas municipais são complementadas por <u>transferências de recursos federais e estaduais</u>. Nesse sentido, são transferidos ou pertencem aos Municípios: (1) arrecadação do Imposto de

---

23 Nesse sentido, recomenda-se a leitura de BATISTA JÚNIOR, Onofre Alves. Por que a "guerra fiscal"? Os desafios na modernidade líquida. *Revista Brasileira de Estudos Políticos*. Belo Horizonte, n. 102, jan./jun. de 2011, p. 305-341. Disponível em: <https://pos.direito.ufmg.br/rbep/index.php/rbep/article/view/135>. Acesso em: 01 Ago. 2019.

Renda da Pessoa Física (IRPF) incidente sobre rendimentos pagos pelos Municípios; (2) 50% ITR ou 100% se optar por fiscalizar e cobrar (o tributo tem *baixa rentabilidade* e é bastante complexo devido a competitividade de produtos agrícolas no mercado internacional segundo as regras da OMC); (3) 50% IPVA; (4) 25% ICMS; (5) 22,5% da receita do IR e do IPI ao Fundo de Participação dos Municípios (FPM) e mais 1% ao FPM que será entregue no primeiro decêndio do mês de dezembro de cada ano; (6) 25% dos 10% (2,5%) do produto da arrecadação do IPI arrecadado nos Estados proporcionalmente ao valor das respectivas exportações de produtos industrializados (que também é parcialmente destinado ao FPM).

Com relação aos tributos compartilhados com os Municípios: (1) o ITR representa 0,06% do total da receita tributária; (2) o ICMS representa 20,73% do total da receita tributária (compartilha-se com os Municípios, então, 5,18% do total da receita tributária); (3) o IPVA representa 1,9 % do total da receita tributária (compartilha-se, então, 0,95% do total da receita tributária); (4) o IR (18,22%) e IPI (2,21%), ou seja, compartilha-se 4,8 % do total da receita tributária.

Em síntese, o <u>conjunto dos Municípios</u> arrecadam com <u>tributos próprios</u> **6,26%** da arrecadação tributária total e recebem em <u>transferências</u> cerca de **11%** da arrecadação tributária total.

É sabido que o Brasil tem mais de 24% dos Municípios com <u>população inferior a 5.000 habitantes</u>; mais de 48% dos Município tem <u>menos de 10.000 habitantes</u>; apenas 4% dos Municípios tem <u>população superior a 100.000 habitantes</u>; <u>17 municípios brasileiros</u> têm <u>população superior a 1 milhão de pessoas</u> e concentram 45,5 milhões de habitantes (21,9% da população do país) e que mais de 68% dos Municípios tem <u>até 20.000 habitantes</u> e apenas 15,4% da população brasileira.

Os Municípios menores, como notório, têm <u>dificuldade enorme de cobrar impostos Municipais próprios</u> em razão dos seguintes fatores, dentre outros: (1) captura facilitada do poder político por contribuintes locais; (2) embaraço técnico (exemplo: enorme dificuldade de se firmar o valor venal de imóveis, sempre defasado e enfrentando resistências locais); (3) máquina política e burocrática exagerada e sem condições técnicas de atuar etc.

Mais de 5.000 Municípios brasileiros, portanto, tem prefeitos, vice-prefeitos, vereadores, secretários municipais e, para exercer seu poder de tributar, são obrigados a contar com servidores (fiscais) especializados. O somatório dos gastos com essas estruturas, muitas vezes precárias, provoca um custo administrativo para o país monumental.

Salvo nas grandes cidades, portanto, a cobrança de tributos municipais próprios ofende as máximas de economicidade.

Diversos economistas entendem que o IPTU municipal tem espaço para incremento de receita. Entretanto, as avaliações imobiliárias são sempre muito politizadas e o valor venal lançado, quase sempre, é muito inferior ao real. Um esboço de solução para essa questão não aparece em nenhuma das propostas. Por outro giro, o promissor ISS, é estudado em pelo menos duas propostas (Haully e Appy).

Em conclusão, pode-se afirmar que um estudo adequado e um enfrentamento sério desse grave problema, também não foi levado a cabo, entretanto, algumas das propostas podem ser úteis, embora, em linhas gerais, os desajustes tributários municipais não foram tratados devidamente. Mais uma vez, os ajustes da proposta COMSEFAZ, embora de forma ainda singela, toca, em alguma medida nessa questão, abrindo assento para os Municípios (proporcionalmente à receita) no Comitê Gestor do IBS, que engloba o ICMS e o ISS.

6. AS CRÍTICAS AO SISTEMA TRIBUTÁRIO EM VIGOR

Em linhas gerais, o Sistema Tributário Nacional sofre algumas críticas essenciais: (1) **carga tributária elevada** (sobretudo consumo e folha); (2) **regressividade** ("o Brasil cobra mais impostos dos mais pobres"); (3) **complexidade** da legislação tributária e "Custo Brasil"; (4) **Conflitos de Competência/Guerra Fiscal**; (5) **Anacronismo -** Revolução Digital (Uber, Netflix, WhatsApp etc.).

Com relação a carga tributária elevada, já foi possível deixar registradas algumas impressões que permitem o afastamento da premissa. É consabido que, mesmo assim, diversos contribuintes têm a firme expectativa de redução da carga tributária. Independentemente de uma avaliação do mérito dessa questão, essa possibilidade, porém, diante do quadro financeiro da União, dos Estados e dos Municípios brasileiros, pode mesmo ser afastada.

No que diz respeito a regressividade do modelo, salvo algumas questões pontuais, a **questão de justiça fiscal**, com toda certeza, **não norteou os debates que serviram de base para as propostas**.

Quanto à complexidade da legislação tributária e ao "Custo Brasil", verifica-se que a **base consumo** está fragmentada em **cinco tributos**: 3 federais (IPI, PIS/PASEP e COFINS); 1 estadual (ICMS) e 1 municipal (ISS). Da mesma forma, diversas desonerações e regimes especiais proporcionam insegurança jurídica e aumentam significativamente o

"Custo Brasil". Como senão bastasse, sistematicamente, os contribuintes acusam o Fisco de proliferar os mecanismos de controle, de forma por vezes inútil e desnecessária, impondo obrigações acessórias exageradas, agravando, mais uma vez, o "Custo Brasil", proporcionando elevados custos de conformidade.[24] O Brasil conta, ainda, com mais de **5 mil legislações diferentes (federal, estaduais e municipais)**. Tudo isso, de forma evidente, provoca inquestionável **insegurança jurídica** e cria um **contencioso administrativo e judicial** agigantado.

Com relação a guerra fiscal e aos conflitos de competência, o país assiste a um verdadeiro *Law Shopping* (concorrência fiscal predatória para atração de investimentos – *race to the bottom*), capaz de reduzir drasticamente as receitas públicas.[25] Por certo, os mecanismos utilizados para atração de investimentos em um cenário de guerra fiscal proporcionam ineficiência alocativa, na medida em que os tributos são o mecanismo de atração e não a infraestrutura existente, a qualidade da mão de obra, a proximidade dos insumos etc. O tributo, assim, renuncia a qualquer pretensão de neutralidade. A **renúncia de receita do ICMS**, por exemplo, é estimada em **metade da base**, e só se manteve relativamente estável em razão da tributação exagerada da energia elétrica, da telefonia e dos combustíveis, o que agrava a regressividade do sistema tributário.

O problema da guerra fiscal, obviamente, poderia ter sido enfrentado pela União com a elaboração de **lei nacional**, o que a propósito é seu **dever constitucional**. Bastaria, por exemplo, a **inclusão de um artigo na Lei de Responsabilidade Fiscal** punindo os governantes que a praticassem para se estancar a sangria de recursos. Obviamente, à luz do federalismo cooperativo, **fundos de compensação** para os Estados mais pobres deveriam ser instituídos, sob pena de condená-los à miséria, em ofensa ao que determina o art. 3º da CRFB/1988, que firma

---

24 Como noticia a revista Exame (*Por que Maia apelou ao "patriotismo" dos empresários na reforma tributária*. Disponível em: https://exame.abril.com.br/economia/por-que-maia-apelou-ao-patriotismo-dos-empresarios-na-reforma-tributaria/. Acesso em: 10 ago. 2019), "de acordo com o ranking de competitividade do Banco Mundial, **o Brasil é líder global em tempo gasto por uma empresa apenas para cumprir com obrigações tributárias**. São **2 mil horas por ano**, o dobro do segundo colocado e 10 vezes mais do que a média mundial – e isso sem falar no tamanho da carga.

25 Para uma melhor elucidação do problema, recomenda-se a leitura de BATISTA JÚNIOR, Onofre Alves. *O outro Leviatã e a corrida ao fundo do poço*. São Paulo: Almedina, 2014, *passim*.

que constitui objetivo fundamental da República "reduzir as desigualdades sociais e regionais". <u>Pela faceta financeira é que a questão da desigualdade regional deveria ser resolvida</u>. A proposta Appy, mais elaborada nesse aspecto, tende a eliminar a guerra fiscal ao direcionar o produto da tributação para o destino. Os ajustes feitos pelo COMSEFAZ à Proposta Appy criam um fundo de partição e compensação de recursos, buscando, em sintonia máxima com a ideia de federalismo cooperativo, resolver o problema.

Quanto ao apontado <u>anacronismo</u>, critica-se o sistema tributário vigente por se entender que ele não acompanhou a **Revolução Digital**. Diversas bases tributárias com expressão significativa de capacidade econômica escapam atualmente da tributação ou sofrem tributação reduzida (UBER; WhatsApp; Amazon; Netflix etc.). Essa controversa questão, por certo, se desdobra em considerações sobre a tributação da renda ou de serviços, que merecem estudos mais aprofundados. Entretanto, a proposta Cintra, como se poderá verificar, tenta, s.m.j., de forma atabalhoada, resolver o problema. A Proposta Appy, sobretudo, após os ajustes do COMSEFAZ (que explicita bem as hipóteses de incidência: locação e direitos) alarga a hipótese de incidência do IBS, que deve incidir sobre <u>bens, serviços e direitos</u>, buscando resolver o anacronismo que se detecta.

A <u>tributação da prestação de serviços</u>, que a propósito conta com a base que mais cresce, é acusada de ser anacrônica, deixando de fora uma série de serviços, além de ser muito baixa. A doutrina aponta que prestadores autônomos de serviço (como advogados, psicólogos etc.), apesar de terem capacidade contributiva, pagam muito pouco tributo, deixando o fardo nas costas, sobretudo, da indústria e do comércio. A proposta Appy, sobretudo, enfrenta a questão. O problema está com a oneração súbita que a adoção de uma alíquota única, como proposto, pode causar a serviços como educação e saúde, trazendo incrementos significativos para o custo desses serviços.

Críticas de anacronismo, da mesma forma, recaem sobre a <u>volatilidade dos capitais e baixa tributação do mercado financeiro</u>. Essa questão já rendeu longos debates na doutrina, sobretudo após as considerações e propostas de Keynes e de Tobin. Recentemente, o debate ressurgiu, sobretudo na Europa, mas os resultados ainda são muito controversos.

A fraca proposta Cintra, bem como a proposta mais acanhada e sem maiores aprofundamentos do Grupo Brasil 200 tentam resolver a questão com a criação de uma espécie de CPMF alargada. As propostas, porém, parecem desastrosas.

7.   ENTRE A EFICIÊNCIA TRIBUTÁRIA E A JUSTIÇA FISCAL

As reformas tributárias são, em geral, reformas constitucionais, que enfrentam dois dilemas fundamentais: "eficiência tributária" e "justiça fiscal". "**Eficiência tributária**" (simplificação; redução do número dos tributos; diminuição de obrigações acessórias; neutralidade) X "**justiça fiscal**" (redistribuição da carga tributária; progressividade efetiva do IRPF; tributação de lucros e dividendos; aumento da tributação do patrimônio e das heranças; tributação sobre grandes fortunas).

Existem Projetos de Lei em tramitação tratando de questões atinentes à justiça fiscal, entretanto, as principais propostas até aqui apresentadas não buscam corrigir os graves problemas de injustiça e desigualdade social que afligem o país, mas são propostas mais singelas de **simplificação do modelo tributário**. Da mesma forma, como já afirmado, **as propostas não pretendem corrigir as distorções do modelo federativo**. Apenas os ajustes do COMSEFAZ à Proposta Appy tocam na questão e buscam aumentar a parcela tributária que cabe aos Estados e Municípios.

Muito tem se discutido sobre as imperfeições do sistema capitalista e o papel a ser desempenhado pelo Estado para contornar as deficiências sociais resultantes da economia de livre mercado, predominantemente marcada pela propriedade privada e pela mobilidade do capital financeiro. A dinâmica capitalista vem despertando a atenção de economistas para o problema da desigualdade, considerando que a excessiva concentração de riqueza nas mãos de uma minoria, além de prejudicar o crescimento econômico, pode representar uma verdadeira ameaça às instituições democráticas. A experiência mostra que o sistema capitalista, por si só, é incapaz de produzir resultados mais justos, o que demanda o estudo de estratégias políticas e econômicas de caráter redistributivo. Segundo Ladislau Dowbor, "um sistema que sabe produzir, mas que não sabe distribuir é tão funcional quanto a metade de uma roda".[26]

O sistema capitalista da modernidade líquida, pelo menos para quem controla o sistema, parece perfeitamente funcional, mas, para o quem vivencia condições de extrema pobreza, existem severas dúvidas sobre

---

26 Nesse mesmo sentido, DOWBOR, Ladislau. Entender a desigualdade: reflexões sobre o capital no século XXI. *In*: BAVA, Silvio Caccia (Org.). *Thomas Piketty e o segredo dos ricos*. São Paulo: Veneta - Le Monde Diplomatique Brasil, 2014, p. 9-18.

essa funcionalidade.[27] Como afirma Domenico de Masi,[28] o comunismo demonstrou saber distribuir a riqueza, mas não sabia como produzi-la, enquanto o capitalismo demonstrou bem saber produzi-la, mas enfrenta dificuldades em distribuí-la com justiça. A verdade é que, no mundo de hoje, a desigualdade econômica resultante do processo de acumulação capitalista é muito grande, tanto na Europa e nos Estados Unidos da América (EUA), como nos países em desenvolvimento, que enfrentam problemas sociais ainda mais sérios em decorrência da lógica capitalista predominante no cenário internacional.

Como reconhece Milton Friedman, <u>o capitalismo é o sistema econômico mais dinâmico e compatível com a liberdade do ser humano</u>, mas que, inevitavelmente, gera diferenças significativas de renda e riqueza.[29] Desde que se tornou dominante, o sistema se assenta, fundamentalmente, na ideia de que a <u>competição</u> é boa, permitindo ao consumidor a escolha daquilo que mais lhe satisfaz pelo menor preço e, ao mesmo tempo, faz com que (de forma quase darwinista) o melhor vença.[30] Entretanto, por certo, em diversas ocasiões, o capitalismo causa perversos efeitos sociais, em especial se considerada a situação daqueles que perdem a estimulada disputa.

O processo capitalista de acumulação de vantagens e desvantagens explica, dentre outras causas, porque o capitalismo produz desigualdades crescentes, propiciando uma verdadeira polarização entre ganhadores e perdedores. Os ganhadores acumulam capital, galgam posições, avançam na carreira, enquanto os perdedores acumulam dívidas pelas quais devem pagar juros cada vez mais altos, são despe-

---

27 Cf. DOWBOR, Ladislau. Entender..., cit., p. 9.

28 Cf. DE MASI, Domenico. *O futuro do trabalho: fadiga e ócio na sociedade pós-industrial*. 10. ed. Rio de Janeiro: José Olympio, 2010, p. 15.

29 Cf. FRIEDMAN, Milton. *Capitalism and freedom*. Chicago: Chicago Press, 1982, p. 190-195. Por isso o Economista liberal entendia que, para que se pudesse resolver o problema da pobreza, o melhor instrumento seria a criação de um **imposto de renda negativo**, que deveria atuar de maneira a não prejudicar o funcionamento do mercado, ao mesmo tempo em que garantiria uma renda (mínima) a todas as pessoas.

30 Nesse sentido, SINGER, Paul. *Introdução à economia solidária*. São Paulo: Fundação Perseu Abramo, 2002, p. 7. Como afirma Guy Standing (*O precariado*: a nova classe perigosa. Belo Horizonte: Autêntica, 2013. p. 201), "o mercado é a personificação da metáfora darwinista: a sobrevivência do mais forte".

didos ou ficam desempregados até se tornarem "inempregáveis".[31] A situação se agrava porque as "vantagens e desvantagens são legadas de pais para filhos e para netos", o que dá ensejo a sociedades profundamente desiguais ("armadilha da pobreza"). Por óbvio, os descendentes daqueles que acumularam capital (ou prestígio profissional, artístico etc.) ingressam na competição com vantagens adicionais significativas em relação aos descendentes daqueles que empobreceram ou foram socialmente excluídos.[32] Por esta razão é que se pode afirmar que o destino dos indivíduos está inevitavelmente atrelado à sorte ou azar na distribuição de talentos naturais e recursos patrimoniais por ocasião do nascimento.[33]

É sabido que <u>os mais ricos conseguem proteger suas posições "jogando com o sistema"</u>. Para tanto, adotam estratégias para concentrar ainda mais a riqueza acumulada, seja transferindo dinheiro para o exterior para evitar a tributação, seja transmitindo vantagens a seus filhos, que, além de herdarem riquezas, têm acesso favorecido a universidades caras e a outras instituições de elite. A mobilidade social, assim, se congela. Não raro, para fugir da carga de tributos mais elevada (sobretudo sobre a renda), não é incomum plutocratas estabelecerem residência em "paraísos fiscais", ao mesmo tempo em que usufruem da infraestrutura e das condições de vida das metrópoles urbanas, numa espécie de "efeito Depardieu".[34]

---

31 Nesse sentido, SINGER, Paul. *Introdução...*, *cit.* p. 8.

32 Nesse sentido, SINGER, Paul. *Introdução...*, *cit.* p. 8.

33 Como afirmam Liam Murphy e Thomas Nagel (*O mito da propriedade*: *os impostos e a justiça*. São Paulo: Martins Fontes, 2005, p. 194), em 1997, 1% da população norte-americana recebeu cerca de 17% da renda do país. Com relação à distribuição da riqueza, a distorção é ainda maior, uma vez que, em 1998, 1% da população possuía cerca de 38% da riqueza (e os 20% mais ricos detinham cerca de 83% do total). Mesmo os EUA, dominado por elites e grupos de interesses poderosos, já sente os efeitos da crescente desigualdade de renda e riqueza, em especial a partir da década de 1970. Nesse sentido, FUKUYAMA, Francis. *As origens da ordem política*: dos tempos pré-humanos até a Revolução Francesa. Rio de Janeiro: Rocco, 2013, p. 23; JUDT, Tony. *Um tratado sobre os nossos actuais descontentamentos*. Lisboa: Edições 70, 2012, p. 27.

34 O ator Gérard Xavier Depardieu, para fugir da tributação francesa, abriu mão de sua cidadania e carregou seu patrimônio para a Bélgica; posteriormente, voltou a transferir seu domicílio fiscal para a Rússia. A propósito vale conferir: GÉRARD Depardieu recebe cidadania russa em apenas duas semanas. *Público*, Porto, 3 jan.

No caso do Brasil o problema é ainda mais grave. Parcela de sua população mais rica opera e leva a cabo seus negócios no país, mas remetem, sem tributação, seus lucros e dividendos para o exterior. Famílias abastadas já vivem em condomínios em Orlando ou em outros países mais desenvolvidos; os filhos dos brasileiros mais ricos já vivem no exterior. Entretanto, a riqueza do Brasil é remetida para os países mais ricos por meio desses abastados. Ganham dinheiro no Brasil; acumulam riquezas no país; remetem o dinheiro para o exterior; acusam o país de ser inseguro. O Brasil fica assim cada vez mais pobre e, esse círculo vicioso sem fim parece naufragar todas as esperanças por um Brasil melhor. Pessoas jurídicas, por outro giro, remetem sem fim seus lucros para a Holanda, para os Estados Unidos, para a Suíça, onde mantém suas sedes. Estima-se que mais de 50 bilhões de reais brasileiros sangram anualmente assim para os países mais ricos. Uma Reforma Tributária patriótica e honesta precisa fechar essa torneira e evitar a sangria diária de recursos nacionais. O Brasil sangra e muitos reformistas de plantão fingem que esse problema tem importância reduzida.

Por outro lado, o poder político dos mais poderosos permite a aprovação de leis que desregulamentam a especulação financeira e o direito do trabalho, bem como que reduzem os impostos sobre a herança e sobre as grandes fortunas, deixando abertas as feridas estruturais do sistema. O necessário desafio está em como preservar a liberdade, a democracia e o próprio capitalismo, embora se entenda que alguns reparos urgentes em benefício dos mais carentes precisam ser feitos, sobretudo no que diz respeito ao sistema tributário.

A tributação das heranças, portanto, é justa e proporciona um sistema tributário mais progressivo. Nada disso, porém, foi enfrentado pelas principais propostas reformistas. É sabido que os Estados contam com a possibilidade de tributação das heranças (ITCD), cujas alíquotas são limitadas por Resolução do Senado Federal (art. 155, § 1º, IV, da CRFB/1988). Entretanto, embora as dificuldades para se conseguir aprovações nas Assembleias Legislativas sejam enormes, razão pela qual sequer o teto permitido Senado Federal vem sendo tributado por diversos Estados (nos termos da Resolução 9/1992 do Senado Federal, a alíquota máxima é estabelecida em 8%). Talvez, por isso, o Brasil é um dos países

---

2013. Disponível em: <http://www.publico.pt/mundo/noticia/gerard-depardieu-tornase-cidadao-russo-em-apenas-duas-semanas-1579339>. Acesso em: 2 dez. 2013.

que menos tributa a herança. Como ressabido, as potências europeias e os EUA taxam as heranças, em regra, com valores superiores a 40%![35]

No Brasil, a divisão dos tributos é inversa e a receita se assenta por sobre os impostos indiretos, que incidem sobre o consumo de bens e serviços (49,7% da arrecadação total do país). Já os impostos diretos são responsáveis por apenas 17,8% do total levantando pelo Fisco e as taxas sobre propriedade, 3,8%, o que onera bastante as classes mais baixas.

O Conselho Nacional de Política Fazendária (CONFAZ) já encaminhou ao Senado Federal projeto que reclama o aumento da alíquota máxima do ITCMD para 20%. A PEC 60/2015, de autoria do Deputado Paulo Teixeira (PT/SP), na mesma direção, firmava a competência do Senado Federal para fixar alíquotas máximas e mínimas (que se esperava chegar a alíquotas de 20%) e tornava o tributo mais progressivo, com alíquotas variáveis com o tamanho do patrimônio, entretanto, o projeto já foi arquivado, em 31 de janeiro de 2019. Por outro giro, o PL n. 5205/2016, apensado ao PL n. 6094/2013, pretende tributar heranças e doações pelo imposto de renda, em um movimento de **invasão da base estadual**, em ofensa ao princípio federativo.[36] Um absurdo! Da mesma forma, a União vem tentando, inconstitucionalmente, instituir um adicional sobre o ITCMD (PEC 96/2015) com a finalidade de tributar grandes heranças e doações. Em que pese a proposta tornar o sistema mais progressivo, é evidente a invasão da base tributária dos Estados, que veriam as possibilidades de tributação sobre a herança reduzida.

Até o momento não se tem notícia de qualquer movimentação no Senado Federal com a finalidade de atender ao pleito dos representantes das fazendas estaduais, efetuado em 2015. Ao contrário, como já demonstrado anteriormente, o Senado propôs e avalia a PEC 96/2015, que outorga à União a instituição do adicional ao ITCMD, em movimento contrário ao interesse dos Estados e em confronto com as regras e princípios constitucionais. Estaria o legislador nacional tão somente atendendo as ordens do Executivo federal?

---

35 Para uma verificação mais aprofundada acerca da questão sugere-se a leitura de DOMINGUES, Natália Daniel. *Tributação da herança*. Belo Horizonte: Arraes, 2017, *passim*.

36 A propósito, vale consultar BATISTA JÚNIOR, Onofre Alves; CUNHA, Marize Maria Gabriel de Almeida Pereira da. *Avanço da União sobre as bases tributárias estaduais é inaceitável*. Disponível em: https://www.conjur.com.br/2017-jul-07/opiniao-avanco-bases-tributarias-estaduais-inaceitavel. Acesso em: 01 ago. 2019.

De fato, no Brasil, a carga tributária sobre heranças é bastante baixa se comparada com outros países, pois temos uma alíquota máxima de 8% fixada pelo Senado. Estudo feito pela consultoria Ernest Young em 2014 revelou que o Brasil é um dos países com a menor tributação sobre a herança. A alíquota média cobrada pelos Fiscos estaduais no país é de 3,86% sobre o valor herdado. É patente que essa é uma base a ser mais bem explorada, no Brasil, contribuindo-se, assim, para uma distribuição mais justa do capital no momento da transmissão intergeracional.

No que diz respeito aos <u>tributos sobre as grandes fortunas</u>, a CRFB/1988 estabelece, em seu art. 153, VII, a competência da União para instituir o Imposto sobre Grandes Fortunas, nos termos de lei complementar, com a finalidade de promover a justiça tributária e social. Até o momento, este imposto não foi criado pelo Congresso Nacional.

A primeira tributação específica sobre grandes fortunas ocorreu com a instituição do tributo francês *Impôt sur les Grandes Fortunes* em 1981, após campanha presidencial de François Mitterrand (a lei entrou em vigor em 1º de janeiro de 1982). Em 1987, o imposto foi suprimido e, posteriormente, em 1º de janeiro de 1989, foi instituído o *"Impôt de Solidarité sur la Fortune"*. Em 2012, François Hollande aprovou a alíquota de 75% sobre os altos rendimentos (causando grande reação contrária e indignação pública do ator milionário Gerard Depardieu, que renunciou à cidadania francesa). O tributo foi suprimido, recentemente, pelo atual presidente, Emmanuel Macron, em 2017 (com uma renúncia de receita de 4 bilhões de euros), entretanto, existe ainda um gravame que incide, exclusivamente, sobre ativos imobiliários. A experiência francesa foi imitada pela Índia e por quase todos os países da Europa Ocidental, com a exceção de Bélgica, Portugal e Reino Unido. Tal como em França, o imposto foi sendo abolido em vários países que o adotaram: na Itália (em 1995); na Alemanha (em 1997); na Holanda (em 2001); na Suécia (em 2007) etc.

Vários são os projetos de lei no Congresso Nacional com o propósito de regulamentar o IGF: PLP nº 162/1989; PLP nº 277/2008; PLS nº 534/2011; PLP nº 130/2012. Calcula-se que existam 23 projetos de lei em tramitação na Câmara dos Deputados. A mais avançada é proposta de lei complementar (PLP) 277/2008, de autoria dos Deputados Luciana Genro, Chico Alencar e Ivan Valente (PSOL) que consolida 13 PLC e que se encontra pronto para análise no plenário desde 20/09/2012. A estrutura e o conteúdo dos projetos são bastante similares.

Os defensores do IGF, afirmam que essa seria uma forma de tributar o patrimônio dos mais ricos, com a utilização de seus recursos para melhor redistribuição de renda. Os detratores entendem que a arrecadação do imposto seria baixa e o tributo incentivaria a expatriação (fuga de capitais, redução do investimento e da poupança etc.).

O PLC Senado 534/2011, em julho de 2016, estava pronto para ser votada pela Comissão de Assuntos Sociais (CAS). A proposta do Senador Antônio Carlos Valadares (PSB-SE) tem, na CAS, como relator, o Senador Benedito de Lira (PP-AL). A matéria ainda deve ser analisada pela Comissão de Assuntos Econômicos (CAE). Apenas a título de ilustração, a proposta prevê que um patrimônio de até R$ 2,5 milhões de reais deve ficar isento, sendo que, a partir desse montante, incide uma alíquota de 0,5%. Quatro faixas patrimoniais: mais de R$ 5 milhões até R$ 10 milhões — alíquota de 1%; mais de 10 milhões até R$ 20 milhões — alíquota de 1,5%; mais de R$ 20 milhões até R$ 40 milhões — alíquota de 2%; mais de R$ 40 milhões — alíquota de 2,5%. O tributo incidiria sobre bens no país e no exterior de pessoas físicas de naturalidade brasileira e espólio e bens no país de estrangeiros domiciliados no Brasil. Em caso de contribuintes casados, cada cônjuge será tributado em relação aos bens e direitos particulares e à metade do valor do patrimônio comum. Os filhos menores também teriam seu patrimônio tributado juntamente com o de seus pais. Alguns bens estarão isentos, como o imóvel de residência de até R$ 1 milhão.

A Senadora Vanessa Grazziotin (PCdoB-AM) apresentou o Projeto de Lei (do Senado) n. 139/2017 para patrimônios líquidos superiores a oito mil vezes o limite mensal de isenção do IRPF (em 2017, das pessoas que têm mais de 15,2 milhões de reais). Três faixas de tributação, com três alíquotas diferentes: patrimônio líquido entre oito mil a 25 mil vezes o limite mensal de isenção do IRPF (cerca de 47,6 milhões) - alíquota de 0,5% do valor do patrimônio; de 25 mil a 75 mil vezes (cerca de 142,8 milhões)- alíquota de 0,75%; mais de 75 mil vezes - 1%. O PL estabelece critérios para o cálculo do patrimônio líquido, excluindo alguns bens (imóvel de residência; instrumentos de trabalho e direitos de propriedade intelectual). Admite o abatimento no imposto devido dos valores pagos a título de outros tributos referentes a bens (como o IPTU). Os valores arrecadados devem ser aplicados prioritariamente em saúde e educação.

A ADO 31 proposta pelo Governador do Maranhão, Flávio Dino, que questionava a omissão na criação do IGF, foi extinta sem resolução de mérito por falta de legitimidade ativa (STF, abril de 2018).[37]

A tributação de grandes fortunas e heranças (IGF) é apontado por Gabriel Arbex,[38] como uma medida incontornável para que se possa reduzir a desigualdade que vem se aprofundando. Para o Autor, ela deve atingir os mais ricos, entretanto, não pode onerar ainda mais a classe média. A PEC 96/2015 busca instituir o imposto sobre grandes heranças. **As propostas** consideram, em geral, grandes fortunas ou heranças aquelas superiores a R$ 2,5 milhões, contando todos os bens.

As propostas mais importantes (Appy, Haully, Cintra), entretanto, pelo menos até agora, não tratam dos impostos sobre herança e não avaliam a possibilidade de criação de um imposto sobre grandes fortunas. Apenas a Proposta da Reforma Tributária Solidária aborda o tema. Nada impede, porém, que, ao adotar a sugestões veiculada pela Proposta Appy, por exemplo, que os tributos sejam criados e a receita sirva para reduzir a alíquota incidente sobre o imposto sobre o consumo. Essa seria uma solução de justiça compatível com a busca pela eficiência do modelo tributário.

8.   PARA A APROVAÇÃO DE UMA REFORMA TRIBUTÁRIA

O Direito Tributário provoca uma **conflitualidade máxima** e gera um profundo **choque de interesses**. Não é por outra razão que, muitas vezes, propostas de reforma tributária são aprovadas em períodos de recessão democrática). O modelo tributário brasileiro atual foi desenhado, na década de 1960, pelo corpo técnico do Ministério da Fazenda, capitaneado pela Fundação Getúlio Vargas.

Para que se possa viabilizar a aprovação de uma reforma tributária que não provoque mudanças estruturais, ou seja, que apenas atue no horizonte da "eficiência tributária", reclama-se: (1) que **não se aumente nem diminua a carga tributária global incidente** (tão somente

---

37 Vale verificar, porém, que o art. 11 da LRF estabelece: "Constituem requisitos essenciais da responsabilidade na gestão fiscal, a instituição, previsão, e efetiva arrecadação de todos os tributos da competência constitucional do ente da Federação". Porém, há entendimento na doutrina que ampara a facultatividade da instituição de tributos (interpretação literal do art. 145 da CRFB/88: "A União, os Estados, o Distrito Federal e os Municípios poderão instituir os seguintes tributos [...]".

38 VALLE, Gabriel Arbex. *Imposto sobre grandes fortunas*. Belo Horizonte: Letramento, 2019, *passim*.

que se rearranje e atualize o modelo tributário); (2) que **não se fira o equilíbrio federativo** (nesse caso, só se admite que o ente maior abra mão de receita para entes menores); (3) que se atualize o modelo em razão das **inovações tecnológicas** (que favoreça a incidência sobre outros indícios de capacidade contributiva não tributados); (4) que se **simplifique** o modelo tributário mais complexo e a maximize da transparência (sobretudo, que se reduza o Custo Brasil); (5) que reformas mais complexas, mais amplas e que envolvam uma gama conflituosa de interesses dependam de intensa **publicidade**, debate público e convencimento dos principais atores afetados.

Os receios de perda de competências e de poderes, bem como os riscos de aumento ou redução da carga tributária acabam sendo mais decisivos do que os próprios aspectos técnicos das propostas. Por isso, a Proposta Appy, por exemplo, se esforça em um modelo que não incrementa nem reduz a carga total incidente.

9. AS PRINCIPAIS TENTATIVAS DE REFORMA ANTERIORES

Podemos apontar três principais tentativas de reformas tributárias no Brasil, após a CRFB/1988.

A primeira tentativa digna de nota foi levada a cabo na PEC 175/1995 (com o Substitutivo Mussa Demes), no Governo Fernando Henrique Cardoso. A PEC trazia a proposta de um IVA dual (federal e estadual), que substituísse o IPI, o ICMS e o ISS, tendo como critério de destinação de receita o princípio do destino.

A PEC 41/2003, do primeiro Governo Lula, sugeria: (1) ICMS regulamentado em lei federal e (2) CPMF permanente; contribuição sobre folha/faturamento.

A PEC 31/2007 e PEC 233/2008 com Substitutivo Sandro Mabel, do segundo Governo Lula, propunha a unificação e a nacionalização do ICMS; um IVA Federal substituindo PIS/PASEP, COFINS e Salário-Educação; a incorporação da CSLL ao IRPJ; o Fundo Nacional de Desenvolvimento Regional (FNDR) e Fundo de Equalização de Receitas (FER).

10. ALGUMAS PROPOSTAS DE REFORMA EM ANDAMENTO

Em primeiro lugar, temos a reforma proposta pelo IPEA. Trata-se de uma proposta de implementação gradual de um modelo similar ao canadense de IVA Dual.[39] Em um primeiro módulo, a União criaria uma Contribuição Federal sobre o Consumo – CFC (não cumulativa; crédito financeiro; alíquota única), que englobaria o PIS/PASEP e a COFINS. Da mesma forma, o IPI e CIDE-combustíveis seriam substituídos por um "imposto seletivo sobre veículos, combustíveis e externalidades negativas".

Em um segundo módulo, seria criado um IVA estadual em substituição ao ICMS e ISS (alíquota destino; princípio do destino) e o Impostos sobre Vendas a Varejo – IVV (um estadual e outro municipal), com a possibilidade de instituição de benefícios fiscais. Em um terceiro módulo, a proposta prevê a unificação do IVV com o IVA (alíquota única e sem benefícios) e, em uma fase posterior e final, a ideia seria a de harmonizar o CFC com o IVA, com a adesão dos Estados.

A proposta, da mesma forma que as já tentadas, centra seu **foco nos tributos sobre o consumo, deixando de lado os graves problemas de justiça fiscal** do modelo brasileiro, não tocando na questão dos impostos sobre heranças ou mesmo dos impostos sobre a renda ou sobre grandes fortunas.

A proposta chamada "Reforma Tributária Solidária", apresentada pela Associação Nacional dos Auditores Fiscais da Receita Federal do Brasil (ANFIP) e pela Federação Nacional do Fisco Estadual e Distrital (FENAFISCO), é bem mais ampla e ataca os problemas de "eficiência tributária" e de "justiça fiscal". A proposta, veiculada em um rico estudo,[40] prevê a simplificação tributária do IVA, com a redução da receita decorrente da tributação do consumo e aumento da tributação da renda e do patrimônio; novas alíquotas para o IRPF; tributação dos lucros e dividendos; aumento da tributação das heranças; criação do Imposto sobre Grandes Fortunas; combate intenso da elisão fiscal e criminalização da sonegação; substituição dos tributos que tomam a folha de salários como base por tributos sobre transações financeiras.

Como se pode verificar, não se trata tão somente de uma proposta que pretende trabalhar a faceta "eficiência tributária" (simplificação), mas de um conjunto de medidas que pretendem tornar o sistema tributário brasileiro mais progressivo e justo. Nesse mesmo compasso, a

---

39 Para um estudo mais detalhado da proposta vale conferir SACHSIDA, Adolfo; SIMAS, Erich Endrillo Santos (Org.). *Reforma tributária*. Rio de Janeiro: IPEA - OAB/DF, 2018.

40 Cf. ANFIP; FENAFISCO. *A reforma tributária necessária: diagnóstico e premissas*. São Paulo: Plataforma Política Social, 2018.

proposta ANFIP/FENAFISCO, prevê a criação de tributos ambientais e a ampliação do ITR, tudo isso em sintonia com a necessária reverência que se deve prestar ao meio ambiente. Da mesma forma, a proposta prevê uma revisão da partilha de tributos, em razão da crise financeira e situação de calamidade dos Estados.

Independentemente das opções que o Congresso Nacional venha a fazer, no que diz respeito as principais propostas trazidas a estudo, <u>é indubitável que diversos apontamentos feitos pela ANFIP/FENAFISCO precisam ser contemplados, sob pena de se fazer apenas um arremedo de reforma tributária</u>. O receio que se tem é esse: o das propostas trazidas, algumas úteis e adequadas, se tornarem o "bode na sala", que atraia a atenção, mas que deixe de lado necessária mudança que precisa ser operada.

11. A TRIBUTAÇÃO DE LUCROS E DIVIDENDOS

Lançado em 25 de abril de 2018, na Câmara dos Deputados, o manifesto "<u>Reforma Tributária Solidária</u>", projeto de autoria da **ANFIP e da FENAFISCO**, propõe uma reforma tributária para aumentar a arrecadação sobre a renda e reduzir a do consumo, a fim de diminuir a desigualdade social e a regressividade do sistema tributário brasileiro. Um dos relevantes aspectos tratados na proposta é o retorno da <u>tributação sobre lucros e os dividendos</u> distribuídos a quotistas e acionistas de empresas.

A Lei 9.249, de 26 de dezembro de 1995, estabelece que os lucros e dividendos calculados com base nos resultados apurados a partir de janeiro de 1996, pagos ou creditados pelas pessoas jurídicas tributadas com base no lucro real, presumido ou arbitrado, não ficam sujeitos à incidência do IR na fonte, nem integram a base de cálculo do imposto de renda do beneficiário. Assim, os rendimentos são tributados exclusivamente na pessoa jurídica e serão isentos por ocasião do recebimento pelos investidores, seja pessoa física ou jurídica, nacional ou estrangeira.

Como consabido, com a tributação de lucros e dividendos, em vez de tributar apenas as empresas, taxam também seus sócios quando recebem os lucros do negócio. O modelo é amplamente utilizado pelos países da OCDE, mas, no Brasil, os impostos recaem sobre as empresas, deixando a pessoa física completamente isenta.

Os argumentos favoráveis a tributação dos lucros e dividendos podem sinteticamente ser resumidos da seguinte forma: (1) possibilidade de **redução da carga tributária sobre o lucro das empresas**, que é alta se comparada à tributação da pessoa física (em média 34% para empresas sob regime do lucro real, podendo chegar a 40% para as instituições financeiras); (2) **estímulo econômico para a fonte produtora** e um **desincentivo à retirada de lucros da empresa** (reinvestimento) se a carga tributária final for a mesma (tributação sobre lucro da empresa + tributação sobre lucros e dividendos); (3) aumento da **arrecadação** e ajuste das contas públicas; (4) maior **facilidade de instituição**, sobretudo porque envolve apenas tributos de competência federal (diferente das propostas que afetam a tributação sobre o consumo); (5) é a proposta de maior **convergência política** e se trata de alteração legislativa que pode ser feita por meio de lei ordinária; (6) desencoraja a prática do mercado de trabalho de "**pejotização**", na medida que eleva a carga tributária do "pejotizado" (comumente sujeito a regimes fiscais incentivados do *lucro presumido* ou *simples nacional* - em média 16%) quando comparado ao empregado celetista, estimulando, assim, a contratação de trabalhadores formais com Carteira de Trabalho assinada;[41] (7) promove **justiça fiscal**, uma vez que quem paga IRPF no Brasil são essencialmente os assalariados e os servidores públicos; (8) faz incidir IRPF para empresas brasileiras surgidas de capital evadido e situadas no **exterior** e em **paraísos fiscais**; (9) respeitada a carga tributária atual como o limite máximo, empresas com prejuízos acumulados de anos anteriores poderiam se recuperar mais rapidamente, ao se submeterem a menor carga tributária sobre o lucro da instituição; (10) **favorece a capitalização das empresas**, porque, como aponta a Associação dos Investidores do Mercado de Capitais (AMEC), o modelo brasileiro incentiva a descapitalização das companhias, ao isentar a distribuição dos lucros e tributar o ganho de capital com alíquotas progressivas, a partir de 15%.

Argui-se no sentido contrário, afirmando que: (1) a tributação **não atingiria diretamente a real distorção existente entre a tributação sobre consumo e renda**; (2) a norma isentiva **simplifica os controles** e **inibe a evasão**, estimulando o **investimento nas atividades produtivas** (sobretudo o proveniente do exterior); (3) a norma isentiva **simplifica a complexa e burocrática rotina** dos contribuintes brasileiros, trazen-

---

41 Como sabido, com a "pejotização", evita-se tributos e encargos trabalhistas e previdenciários, além de o contratante sob lucro real aproveitar créditos de PIS e COFINS, ao terceirizar a atividade-fim (viabilizada pela *Reforma Trabalhista*).

do para a **formalidade** aqueles que se mantinham à margem dela;[42] (4) a norma isentiva **evita planejamentos fiscais abusivos** (distribuição disfarçada de lucros, por exemplo) promovidos com o objetivo de escapar da tributação dos dividendos; (5) a norma isentiva **estimula novos investimentos** por meio da desobstrução de lucros que eram retidos pelas empresas (em decorrência da tributação que a sua distribuição sofria); (6) problemas relacionados ao **mercado financeiro**; (7) **desconfiança** de que esta medida leve efetivamente a uma maior carga tributária; (8) risco de **fuga do capital** para o exterior; (9) tira o poder de escolha do investidor, já que **reduziria a distribuição dos dividendos** e o **retorno sobre os investimentos** dos acionistas; (10) a tributação provocaria um **represamento do capital nas pessoas jurídicas** em lugar de favorecer o reinvestimento desses recursos em empreendimentos considerados menos rentáveis; (11) a tributação favoreceria a **contração de dívidas pelas empresas controladas com suas controladoras** (ao invés de distribuírem lucros, serão incentivadas a tomar empréstimos das controladoras).

Para tributaristas como Gustavo Brigagão, economicamente, trata-se da circulação de valor da mesma natureza (lucro), que tem o início da sua formação na empresa e o seu término no momento em que os respectivos dividendos chegam às mãos dos sócios. Para Brigagão, trata-se do mesmo valor que circula em um mesmo ciclo, dividido em duas etapas.[43] A norma isentiva, assim, evitaria a bitributação de valores que pertencem ao mesmo ciclo. Para Brigagão, para médicos, dentistas, advogados, engenheiros etc., a revogação da isenção sobre a distribuição de dividendos propicia a tributação do resultado da sociedade profissional e, depois, dos valores distribuídos aos sócios. O autor entende que, assim, o governo estaria tributando duplamente a mesma atividade profissional e a mesma renda.

Para Everardo Maciel, a isenção na distribuição dos resultados, com tributação exclusiva no lucro, é mais simples, tanto para o contribuinte quanto para o Fisco, justamente porque é uma tributação exclusiva na fonte e é neutra em relação aos regimes de tributação das empresas

---

42 Argui-se que a dupla oneração do lucro, na pessoa jurídica e na pessoa dos seus acionistas prejudica a simplificação dos regimes tributários aplicáveis a quem pretenda sair da informalidade (ou manter-se formal).

43 Cf. BRIGAGÃO, Gustavo. *A proposta de retorno à tributação de dividendos não pode prosperar.* Disponível em: https://www.conjur.com.br/2018-out-24/proposta-retorno-tributacao-dividendos-nao-prosperar. Acesso em: 20 jul. 2019.

(lucro real, lucro presumido e simples). Para ele, cabe indagar qual a razão para adotar tal medida se dela resultar maior complexidade e aumento da carga tributária para 10 milhões de sócios das 4 milhões de empresas optantes do Simples e 850 mil do Lucro presumido.[44]

Para o Professor Fernando Scaff,[45] antes de 1994, discutia-se a existência de dupla incidência do IR, pois tanto a empresa, quanto os acionistas, eram tributados sobre a mesma base, considerando apenas que, em um caso era fruto da operação empresarial (que poderia ou não gerar lucros) e, no caso dos acionistas, tributava-se pelo IR o lucro auferido que era distribuído. Para o Autor, portanto, "será necessário reduzir a carga tributária sobre as empresas brasileiras para se reintroduzir a tributação sobre os dividendos".

Para Gustavo Brigagão,[46] a tributação do lucro na sua formação e a isenção na distribuição tornam desnecessária a retenção ou o adiamento do pagamento de dividendos pelas pessoas jurídicas (*lock-in effect*). Os acionistas passam a ter maior discricionariedade e disponibilidade de recursos para fazer reinvestimentos ou investimentos em novos negócios. Para o Autor, a manutenção da tributação do lucro na sua formação (34%, para as empresas que sejam tributadas com base no lucro real) e da isenção na distribuição assegura a arrecadação nos níveis desejados pela Fazenda. Da mesma forma, entende que a norma isentiva possibilitou a criação do Regime de JCP (dedutibilidade dos juros sobre capital próprio) que evita vantagens tributárias decorrentes da dedutibilidade dos juros pagos em empréstimos contraídos com terceiros (endividamento maléfico). A contração de empréstimos era mais vantajosa quando comparada com investimentos em capital realizados por acionistas, porque os valores pagos àquele título eram dedutíveis, enquanto os relativos a dividendos distribuídos, não.

---

44 Cf. MACIEL, Everardo. *Impostos em tempos de eleição*. Disponível em: http://www.fundacaoastrojildo.com.br/2015/2018/09/06/everardo-maciel-impostos-em-tempos-de-eleicao/. Acesso em: 20 jul. 2019; MACIEL, Everardo. *Tributação de dividendos, Wolf e Lagarde*. Disponível em: https://www.institutomillenium.org.br/artigos/tributacao-de-dividendos-wolf-e-lagarde/. Acesso em: 20 jul. 2019.

45 Cf. SCAFF, Fernando Facury. *A miopia na tributação dos dividendos*. Disponível em: https://tributoedireito.blogspot.com/2018/08/a-miopia-na-tributacao-dos-dividendos.html. Acesso em: 20 jul. 2019.

46 Cf. BRIGAGÃO, Gustavo. *A proposta de retorno à tributação de dividendos não pode prosperar*. Disponível em: https://www.conjur.com.br/2018-out-24/proposta-retorno-tributacao-dividendos-nao-prosperar. Acesso em: 20 jul. 2019.

Entende Brigagão[47] que o lucro distribuído ao sócio ou ao acionista é antecipado e pesadamente tributado na pessoa jurídica que o aufere e, diversamente do que ocorre com a remuneração paga a empregados, não gera qualquer valor a ser deduzido na apuração dos resultados tributáveis da empresa. O montante integral da receita derivada do trabalho é tributado na fonte pelas alíquotas progressivas de 7,5% a 27,5% sobre a base de cálculo apurada mediante a concessão de abatimentos e deduções relativos aos gastos incorridos pelo contribuinte.

Para Fernando Scaff,[48] ao longo dos anos, ocorreu majoração da carga tributária sobre as empresas. A carga fiscal brasileira em 1994 era de 25% do PIB, sendo que hoje se encontra em 33%. Em 1994, a União arrecadava 19% do PIB em tributos; hoje, esse montante chega a 24%. A majoração da carga tributária federal ocorreu fortemente por meio do PIS e da COFINS, que incidem sobre a receita bruta das empresas (tributa-se antes de saber se haverá ou não lucro). Havendo lucro, ainda incide o IRPJ e a contribuição social sobre o lucro líquido das pessoas jurídicas. PIS e COFINS, na forma não cumulativa, incidem à alíquota de 1,65% e 7,6% sobre o faturamento da empresa (independentemente de haver lucro). Se houver lucro, a pessoa jurídica ainda se sujeita à incidência do IRPJ mediante a aplicação de duas alíquotas progressivas (que variam de 15% a 25%) e, ainda, à incidência da CSL à alíquota de 9%.

Sabidamente, o Brasil é o único país em que os lucros e os dividendos distribuídos a quotistas e acionistas estão isentos do IR. Nos países da OCDE, a alíquota nominal média da tributação sobre lucros e dividendos distribuídos à pessoa física cresceu de 18,7% para 28,9% entre 2009 e 2018. No mesmo período, a alíquota nominal da tributação sobre lucro das companhias recuou de 30,9% para 26,1%. Essa evolução contribuiu para aumentar a participação da pessoa física na tributação global sobre o lucro de 27,5% para 44,5%.

---

47 Cf. BRIGAGÃO, Gustavo. *A proposta de retorno à tributação de dividendos não pode prosperar.* Disponível em: https://www.conjur.com.br/2018-out-24/proposta-retorno-tributacao-dividendos-nao-prosperar. Acesso em: 20 jul. 2019.

48 Cf. SCAFF, Fernando Facury. *A miopia na tributação dos dividendos.* Disponível em: https://tributoedireito.blogspot.com/2018/08/a-miopia-na-tributacao-dos-dividendos.html. Acesso em: 20 jul. 2019.

Por certo, vale a advertência de Fernando Scaff[49] no sentido de que o risco seria retornar à situação de dupla incidência com o agravante de que hoje a carga tributária total é sensivelmente maior. Seria, assim, necessário reduzir a carga tributária sobre as empresas para que seja reintroduzida a tributação sobre os dividendos. Portanto, apenas tributar os dividendos sem a harmonização do sistema seria prejudicial para a economia nacional. Entretanto, é necessário deslocar, em reverência aos mandamentos de justiça tributária, a tributação para as pessoas físicas, retirando-as do foco nas empresas. A propósito, esse é o mandamento constitucional já estampado no art. 145, § 1º, da CRFB/1988, que determina que os impostos, sempre que possível, devem ter **caráter pessoal** e serem graduados segundo a capacidade econômica do contribuinte.

Uma série de projetos de lei tramitam no Congresso Nacional (588/15, 616/15, 639/15, 9.636/18 dentre outros). O **PL 9636/2018**, apresentado à Câmara dos Deputados, em 27 de fevereiro de 2018, pretende alterar a Lei 9.249 e traz uma estimativa de arrecadação de R$ 40 bilhões por ano (cerca de 0,7% do PIB).

Na sequência, trazemos três propostas que consideramos principais, não pela sua profundidade ou qualidade, mas por já estarem em debate no Governo Federal, no Senado Federal e na Câmara dos Deputados. Por certo, uma dessas, ou uma combinação dessas, deve ser a proposta base a ser apreciada pelo constituinte derivado. Os Estados (Proposta COMSEFAZ) não apresentam uma proposta própria específica, mas adotam a Proposta Appy, fazendo nela, porém, alguns retoques, de forma a ajustá-la melhor aos mandamentos do princípio federativo.

12. PROPOSTA APPY: PEC 45

Essa é a **principal proposta em tramitação**, que foi esboçada pelo economista Bernard Appy (Centro de Cidadania Fiscal - CCIF). A Emenda Substitutiva Global à PEC 293-A/2004, apresentada pelo Deputado Mendes Thame (projeto de Bernard Appy), em 14/08/2018, foi rejeitada pelo Relator Hauly, em dezembro de 2018. Diferentemente da Proposta Hauly, a Proposta Appy contempla apenas a tributação sobre o consumo.

A PEC 45 foi apresentada pelo Deputado Baleia Rossi (PMDB/SP), em abril de 2019, com a aprovação do Presidente Rodrigo Maia.

---

49 Cf. SCAFF, Fernando Facury. *A miopia na tributação dos dividendos*. Disponível em: https://tributoedireito.blogspot.com/2018/08/a-miopia-na-tributacao-dos-dividendos.html. Acesso em: 20 jul. 2019.

Mais recentemente foi instalada Comissão Especial para a Reforma Tributária e o Deputado Federal Hildo Rocha (MDB/MA) apontado como Presidente, tendo como Relator, o Deputado Aguinaldo Ribeiro (PP/PB).

A Proposta Appy tem como premissa a **manutenção da carga tributária global** e da **participação dos entes subnacionais** na arrecadação tributária. Não tenta, portanto, resolver os desequilíbrios federativos (daí, a necessidade dos retoques da Proposta COMSEFAZ), mas, ao contrário, os mantém congelados.

A proposta cria o Imposto sobre Bens e Serviços (IBS), resultante da unificação dos tributos incidentes sobre o consumo (ISS, ICMS, IPI, PIS e COFINS), do **tipo IVA** (imposto sobre valor agregado), veiculada por lei complementar (de caráter nacional e legislação uniforme, veiculada por lei complementar nacional), preservando-se, porém, a **possibilidade de fixação das alíquotas pelo ente federado**.

O IBS deve incidir sobre uma **base ampla de bens**, serviços e **direitos**, tangíveis e intangíveis (todas as utilidades destinadas ao consumo), **proibindo a concessão de exceções, benefícios fiscais e regimes especiais**.[50] O IBS, assim, afirma-se como imposto para fins arrecadatórios exclusivos, não podendo assumir fins extrafiscais. A extrafiscalidade só pode ser buscada financeiramente pelo gasto (com uma proposta apenas rapidamente mencionada e não detalhada ou desenvolvida de **renda social**).[51]

---

50 Para Bernard Appy (GAZETA DO POVO. Pai da reforma tributária explica por que imposto único é crucial para o Brasil voltar a crescer. Disponível em: https://www.gazetadopovo.com.br/republica/reforma-tributaria-bernard-appy-entrevista/. Acesso em: 12 ago. 2019), "na verdade, o objetivo é ter instrumentos mais eficientes de desenvolvimento regional ou política pública. Hoje, você tem incentivo de ICMS para atração de investimentos. Só que esse modelo que temos hoje é extremamente ineficiente do ponto de vista de desenvolvimento regional. Normalmente, um estado dá um benefício [fiscal] para roubar uma empresa que iria para outro Estado. Ou seja, ele não explora a sua vocação regional, atraindo empresas que façam sentido para seu Estado". A proposta veiculada pretende acabar com os incentivos fiscais, que, na visão de Appy, "são uma forma ineficiente de se fazer política pública, e substituir por alocação de recursos orçamentários que serão utilizados numa política de desenvolvimento regional que busque fortalecer as vocações regionais."

51 A ideia inicial é criar uma renda social destinada a todos os idosos, beneficiando, sobretudo, aos mais pobres. Bernard Appy cita, como exemplo, o pagamento mensal de R$ 1 mil a todos que completarem 65 anos de idade.

A **profusão de alíquotas** e a absurda quantidade de exceções, benefícios fiscais e regimes especiais favoreceram, como se sabe, a captura pelo poder econômico, a guerra fiscal e a complexidade do modelo. Isso, de forma acertada, a proposta pretende corrigir.

O IBS deve ser cobrado em todas as etapas de produção e comercialização e pretende ser totalmente **não-cumulativo (crédito financeiro)**, salvo quando o bem for destinado a consumo pessoal. Para os optantes pelo Simples Nacional, o IBS é de adoção opcional. **Não deve onerar as exportações** e pretende contar com um mecanismo para devolução ágil dos créditos acumulados (em 60 dias). Não deve onerar **investimentos** (crédito instantâneo para imposto pago na aquisição de bens de capital). Segundo a proposta, o IBS deve incidir em qualquer operação de **importação** (para consumo final ou insumo).

A <u>alíquota final</u> deve ser formada pela <u>soma das alíquotas federal, estadual e municipal</u>. A **lei ordinária do ente federado** altera tão somente a **alíquota específica** relativa à pessoa política. A alíquota total do imposto, formada pela soma das alíquotas definidas em âmbito federal, estadual e municipal, é única para o consumidor.[52] A alíquota, assim, será uniforme para todos os bens ou serviços no território do ente federado. As <u>alíquotas singulares</u> do IBS (cuja soma corresponde à alíquota total) podem ser fixadas pelo ente federado acima ou abaixo da <u>alíquota de referência</u> (que é usada para o cálculo de recomposição da receita perdida de ICMS/ISS).

Nas operações interestaduais e intermunicipais, o tributo deve pertencer ao **Estado** e ao **Município de destino**. No caso de vendas não presenciais à consumidor final, aplica-se, igualmente as alíquotas dos Estados ou dos Municípios de destino (tanto a contribuintes quanto a não contribuintes). Como ressabido, a "tributação na origem" gera guerra fiscal e tem um viés *antiexportação*.

Existe hoje uma dificuldade em se tributar serviços da chamada "<u>nova economia</u>" (Uber; Netflix etc.). É sabido que o sistema atual separa mercadoria de serviço, criando uma zona gris entre aquilo que não é nem mercadoria nem serviço (**bens intangíveis**). Nessa zona gris, os Estados e os Municípios se digladiam pela incidência do ICMS

---

52 Havendo variação de alíquota pelos entes federados, o percentual deve ser único e uniforme para os consumidores de um determinado Municípios e de um determinado Estado. Naturalmente, em razão da possibilidade de variação das alíquotas pelos entes federados, o percentual final que alcança o consumidor pode variar de um Município para outro, ou mesmo de um Estado para outro.

ou do ISS, entretanto, alguns empreendimentos querem fugir da tributação, dizendo que o bem comercializado não se trata nem de mercadoria nem de serviço, portanto, não deve sofrer a tributação. No IBS, a base é ampla e inclui os **intangíveis**.[53]

Além do IBS, a Proposta APPY pretende criar um <u>imposto seletivo federal</u> adicional (IS), que deve incidir sobre bens e serviços geradores de **externalidades negativas** (como cigarros e bebidas alcoólicas: uma espécie de "imposto sobre o pecado"). A incidência do IS seria **monofásica**, sendo a tributação realizada apenas em uma etapa do processo de produção e distribuição (saída da fábrica) e nas importações.

A <u>cobrança, fiscalização e arrecadação</u> do IBS deve se dar de forma coordenada pela União e pelos Estados. A arrecadação deve ser centralizada e a distribuição de receita para os entes federados deve ocorrer sob o controle de um comitê especialmente constituído para esse fim. A arrecadação é gerida pelo COMITÊ GESTOR NACIONAL, composto por representantes das três esferas de governo, que devem exercer de forma paritária a gestão. A <u>cobrança e fiscalização</u>, nessa mesma toada, é coordenada e uniformizada entre União, Estados e Municípios. A <u>interpretação e a consulta</u> aos órgãos fazendários devem ser direcionadas ao Comitê Gestor Nacional, a quem cabe organizar unidades específicas para tanto. O <u>contencioso administrativo</u> é específico para o IBS e deve ser tratado em regulamento (nacional). O <u>contencioso judicial</u> é, na proposta, federal.

Os mecanismos de <u>partilha e vinculação</u> substituem os atuais critérios de vinculação e partilha da receita, possibilitando um sistema

---

53 Como aponta Appy (GAZETA DO POVO. Pai da reforma tributária explica por que imposto único é crucial para o Brasil voltar a crescer. Disponível em: https://www.gazetadopovo.com.br/republica/reforma-tributaria-bernard-appy-entrevista/. Acesso em: 12 ago. 2019), o problema existe apenas na importação de intangíveis por pessoas físicas. Se o consumidor compra um intangível, como um serviço ou software distribuído via internet dentro do próprio país, o vendedor do software tem que se registrar como contribuinte e recolher o imposto. Quando o consumidor compra um software produzido fora do país, é mais difícil conseguir tributar essa operação. Esse é um problema localizado do IBS. A OCDE recomenda que vendedores de serviços intangíveis se registrem como contribuintes no país que está o consumidor. Grandes vendedores como Apple, Amazon devem se registrar, entretanto, vendedores menos sérios talvez não se registrem. Nesse ponto de vista, cumpre trabalhar em uma proposta de acompanhar a própria operação de pagamento para aquisição desses intangíveis produzidos no exterior, como sendo um indicativo de operação tributável.

mais flexível na gestão do orçamento. As alíquotas são especificamente estabelecidas para cada uma das finalidades (saúde, educação, por exemplo), ficando apenas uma parcela livre. O mecanismo pensado na Proposta Appy permite que se varie apenas o percentual vinculado a determinada finalidade, sem se alterar o montante afetado a outras.

Tendo em vistas as mudanças promovidas no imposto sobre o consumo, da origem para o destino, bem como nos mecanismos de distribuição de receitas, a proposta traz detalhados e longos <u>regimes de transição</u>, para se evitar maiores impactos com as mudanças. A proposta prevê <u>dois mecanismos básicos de transição</u>: (1) um relativo à <u>substituição dos tributos</u> pelo IBS; (2) outro relativo à <u>distribuição da receita</u> do IBS entre Estados e Municípios.

As **normas de transição** são importantes **para as empresas** para que elas possam se adaptar ao novo regime e não tenham seus investimentos prejudicados. Da mesma forma, a transição é importante **para os entes federados**, para eles possam se ajustar aos efeitos da migração para a cobrança no destino.

No que diz respeito às <u>mudanças na partilha de receitas</u> entre os entes federados (tendo em vista, sobretudo, a mudança no modelo de tributação para o destino), a transação estabelecida é alongada e dura **50 anos**, para que assim se possa minimizar os efeitos das mudanças sobre as finanças subnacionais. A proposta, ainda, garante a **preservação do valor real da receita de cada ente federado** pelo período de **20 anos**. Nesse compasso, apenas depois de 50 anos é que a tributação do consumo estará inteiramente direcionada para o ente federado de destino.

A transição de 50 anos para distribuição da receita do IBS para Estados e Municípios, na visão de Appy, só é possível por causa do modelo adotado, que é um modelo de arrecadação em uma <u>conta centralizadora</u> que distribui a receita para os entes federados. Para o autor da proposta, "com esse modelo, o impacto nas finanças dos Estados e Municípios é extremamente diluído no tempo e, muito provavelmente, não vai ter nenhum ente federativo que será prejudicado pela reforma tributária.[54]

---

54 Cf. GAZETA DO POVO. Pai da reforma tributária explica por que imposto único é crucial para o Brasil voltar a crescer. Disponível em: https://www.gazetadopovo.com.br/republica/reforma-tributaria-bernard-appy-entrevista/. Acesso em: 12 ago. 2019.

No que diz respeito a transição dos atuais impostos sobre o consumo para o IBS, a mudança deve se dar em **10 anos**. Após a publicação da reforma, o "**período de edição**" deve durar pelo menos **um ano**, devendo se iniciar no início do exercício subsequente. O segundo ano deve ser um "**período de testes**" e de ajustes. **A partir do terceiro ano**, gradativamente, até o décimo ano (1/8 por ano), as alíquotas dos antigos impostos sobre o consumo são proporcionalmente reduzidas e as do IBS na mesma proporção aumentadas. No segundo ano, assim, o IBS vigoraria com uma alíquota de apenas 1%, inicialmente substituindo uma redução na cobrança da COFINS. Esse período serviria como teste para que se possa verificar o potencial de arrecadação do novo tributo. Gradativamente, o IBS seria calibrado para repor as receitas dos outros tributos que forem sendo extintos. No fim do processo, o IBS deve ter alíquota (estimada) de 25%.

Se a norma regente do IBS é lei nacional, editada pelo Congresso Nacional, a regulamentação da matéria também é **nacional**.

Estima-se para o IBS, à primeira vista, uma alíquota total de **25%**. Desse montante, **9,2%** deve ser gerido pela União ("Parcela Gerenciável pela União"), embora apenas uma parte dos recursos seja destinada ao ente maior (**parcela federal**) e outra parte destinada a Estados e Municípios (**parcela estadual** e **parcela municipal**). Estima-se que a "Parcela Gerenciável pelos Estados" será de **13,8%** e a "Parcela Gerenciável pelos Municípios" será de **2%**.

Como se pode observar no quadro abaixo, tão somente **2,9%** da alíquota total é **livre** para receber destinação pela União, ou seja, não é vinculada. A seguridade social, por exemplo, recebe os recursos correspondentes a uma alíquota de 4,63%, correspondente aos valores antes tributados pela COFINS. No que diz respeito a "parcela estadual", 0,26% corresponde ao montante do IPI destinado ao Fundo de Participação dos Estados (FPE), nos termos do art. 159, I, "a", da CRFB/1988, e 0,12% aos valores destinados ao FPEx (nos termos do art. 159, II, da CRFB/1988). Vale verificar as alíquotas singulares no quadro abaixo:[55]

---

55 Extraído de apresentação gentilmente disponibilizada pelo próprio economista Bernard Appy.

	Alíquota Singular	Tributo Atual
ALÍQUOTA TOTAL	25%	
GERENCIÁVEL PELA UNIÃO	9,2%	
Parcela Federal		
Livre	2,90%	PIS/Cofins e IPI
Seguridade Social	4,63%	Cofins
FAT - Seg. Des. e Abono	0,58%	PIS
FAT - BNDES	0,39%	
Fundos Regionais	0,04%	
Parcela Estadual		
FPE	0,26%	IPI
FPEx	0,12%	
Parcela Municipal		
FPM	0,30%	

No que diz respeito à "Parcela Gerenciável pelos Estados" (13,8%), tão somente 6,51% é livre e direcionada de forma desvinculada para o Orçamento do Estado. O montante correspondente a uma alíquota de 3,44% é direcionado ao Fundo de Participação dos Municípios (FPM), em substituição aos valores que atualmente são direcionados ao fundo, nos termos do art. 158, IV, da CRFB/1988. O montante correspondente ao percentual de 2,58% tem a destinação vinculada à educação, em sintonia com o que atualmente dispõe o art. 212, da CRFB/1988. Os valores e percentuais podem ser vislumbrados no gráfico abaixo:[56]

	Alíquota Singular	Tributo Atual
GERENCIÁVEL PELOS ESTADOS	13,8%	
Parcela Estadual		
Educação	2,58%	ICMS
Saúde	1,24%	
Livre	6,51%	
Parcela Municipal		
Cota Parte	3,44%	

---

56 Extraído de apresentação gentilmente disponibilizada pelo próprio economista Bernard Appy.

GERENCIÁVEL PELOS MUNICÍPIOS	2,0%	
Parcela Municipal		
Educação	0,50%	ISS
Saúde	0,30%	
Livre	1,21%	

A Proposta Appy vem recebendo inúmeros elogios, mas também várias críticas. A primeira é exatamente a de que não trabalha os horizontes da "justiça fiscal", mas tão somente a ideia de "eficiência tributária", além de ser estrita e **somente se referir aos impostos sobre o consumo**, sem alterar a matriz regressiva dos tributos brasileiros.

Talvez a crítica mais incisiva e quem vem atraindo a manifestação dos Governadores de Estado é a de que **suprime da competência estadual para instituir** ICMS e da municipal para instituir o ISS, portanto, a proposta é atacada sob o argumento de que implica uma **agressão ao pacto federativo** e padece, por isso, de inconstitucionalidade. Alternativas já apareceram em uma série de ocasiões visando sanar essa questão e, usualmente, apontam duas saídas: ou bem o IBS se torna um tributo estadual unificado (englobando todos os tributos sobre o consumo – ICMS, ISS, IPI, COFINS, PIS, com repasses ascendentes para a União no que diz respeito a sua parcela), ou criam-se dois IVA (um federal; outro englobando a receita do ICMS e do ISS).

Nos termos esboçados na Proposta Appy, o IBS seria um tributo da União, pois (A) a competência para instituí-lo seria da União (lei complementar federal);[57] (B) o processo administrativo seria regulado por lei complementar federal; (C) o julgamento em grau de recurso seria em órgão federal; (D) a competência jurisdicional seria da Justiça Federal. Isso os Estados, definitivamente, não aceitam. O poder tributário nacional, estaria, assim, absolutamente centralizado na União e sob forte influência da tecnoburocracia federal. Acredita-se que, a proposta, não vem em boa sintonia com os mandamentos federativos.

Outra crítica que se aponta é a de que a Proposta Appy não prevê a extinção da CIDE-Combustíveis, que é regressiva e cumulativa. Da

---

57 Pelo menos em tese, na PEC 45, o Comitê Gestor não tem competência ativa tributária, visto que essa continua sendo da União, Estados, Distrito Federal e Municípios. Na realidade, o Comitê tem capacidade ativa, delegável, nos termos do art. 7º, do Código Tributário Nacional.

mesma forma, a proposta é atacada por trazer regras de transição consideradas por alguns demasiadamente longas.

Os Governadores contestam a centralização do poder tributário na União que a proposta Appy apresenta, embora seja uma boa proposta sob o ponto de vista técnico, e, em homenagem ao princípio democrático, defendem a redução da autonomia da União no controle do bolo tributário. Os Estados, em homenagem ao princípio federativo, pretendem liderar a discussão em torno de um novo pacto federativo e já elaboraram uma proposta própria, que vem sendo produzida e gerada pelo COMSEFAZ.

A questão, porém, indubitavelmente, vem enfrentando a oposição da tecnoburocracia federal, acostumada a centralizar o poder e controlar o país do "painel de controles do Planalto". O cerne do debate está em se compreender, afinal, o que é a República FEDERATIVA do Brasil que, na dicção constitucional (art. 1º), é formada pela "união" (com letras minúsculas) dos Estados e Municípios. Em outras palavras, a União não pode ser vista (ou se ver) como um ente autorreferente, mas ela é tão somente o "organismo" formado pelos entes subnacionais, ou seja, sua existência apenas se justifica pela existência dos entes federados.

O subprincípio da subsidiariedade,[58] ideia central do federalismo, pressupõe que o ente maior apenas pode interferir ou atuar quando

---

58 Como afirma Rui de Brito Álvares Affonso (Descentralização e reforma do Estado: a Federação brasileira na encruzilhada. *Economia e Sociedade*, v. 14, n. 1, p. 127–152, 2000, p. 9), nos domínios das Ciências Políticas, a federação pode ser entendida como "[a] difusão dos poderes em vários centros, cuja autoridade resulta não de uma delegação feita pelo poder central, e sim daquela conferida pelo sufrágio universal". Na federação, portanto, da mesma forma que o ente central, os demais entes são pessoas políticas autônomas (política e financeiramente) que recebem poderes diretamente da Constituição, não havendo nenhuma relação de subordinação entre eles. Nesse compasso, o federalismo está intrinsecamente relacionado a um movimento de descentralização (maior ou menor). O Direito, por outro giro, combate a concepção de federalismo como conceito fechado e como mera forma de governo. Misabel de Abreu Machado Derzi e Thomas da Rosa de Bustamante [O princípio federativo e a igualdade: Uma perspectiva crítica para o sistema jurídico brasileiro a partir da análise do modelo alemão. In: c] oferecem a visão do federalismo como **princípio de organização política** que se conecta diretamente com um amálgama de valores políticos e princípios constitucionais dotados de conteúdo normativo mais específico (os quais se relacionam com as ideias de autonomia política e autodeterminação do indivíduo). Nesse sentido, a ideia de federação reclama o atendimento das exigências normativas do "princípio federativo", tais como a conformação ao "(sub)princípio da subsidiariedade" e ao "(sub)princípio da maior

o ente subnacional não puder ou não dever participar. Uma ideia de centralização ofende, assim, o princípio federativo. Curiosamente, no Brasil, assiste-se a modelagem de estruturas de governança, como o Consórcio de Estados do Nordeste, afastando a influência do poder central, em clara demonstração que existe uma resistência forte ao modelo centralizado. No caso da Proposta Appy, o <u>Comitê Gestor Nacional</u>, que conta com a participação da União e que pretensamente pretende ser gerido de forma compartilhada, não mereceu os aplausos dos Governadores e Secretários de Fazenda, que não acreditam no modelo até hoje experimentado em órgãos como o CONFAZ (Conselho de Política Fazendária). Enfim, os Estados não aceitam a tecnoburocracia federal no comitê gestor e não acreditam nas promessas de incremento de receita feitas pelos burocratas federais, em especial após os problemas ocorridos com as promessas de compensação decorrentes da Lei Kandir.

A <u>União Europeia</u>, no que diz respeito ao Direito Tributário, **disciplina seus tributos próprios** (montante de receita pequeno e destinado a suprir, sobretudo, o pagamento de sua mínima burocracia) e atua em prol da **harmonização tributária** entre os Estados-Membros, que detém a competência para instituir os tributos. Os Estado-Membros que detém a competência tributária e que ficam com o volume maior da receita tributária. <u>A União se volta para atender aos Estados e não o inverso</u>. Isso traduz a ideia de federalismo e subsidiariedade. No caso brasileiro, a tecnoburocracia da União, "autorreferenciada" e distante do cidadão, atua buscando centralizar o poder, receitas e competências, deixando de lado sua função precípua em matéria tributária, que é a de promover a harmonização e eliminar conflitos de competência e as eventuais e impensáveis guerras fiscais.

---

participação possível". O "princípio da subsidiariedade", forjado sobretudo pela Igreja Católica, pressupõe uma atuação apenas subsidiária do ente maior (quando necessário) e, da mesma forma, prescreve que uma entidade de ordem superior não pode intervir em assuntos de uma esfera inferior; ao contrário, deve apoiá-la na persecução do bem comum (DERZI; BUSTAMANTE, 2015, p. 472). O "<u>princípio da maior participação possível</u>" está relacionado com a **promoção da democracia** e a **aproximação dos cidadãos de seus governantes**. Nesse compasso, enquanto princípio de organização política, o princípio federativo (em sua forma juridicizada) mantém vínculos insuperáveis com a ideia de descentralização, sendo a autonomia dos governos menores condição para a aproximação pretendida entre governantes e governados, bem como característica fundamental da subsidiariedade.

Fosse outra a postura da burocracia federal, possivelmente, a Proposta Appy estaria sendo defendida de forma ardorosa pelos Estados. Entretanto, as mazelas do federalismo brasileiro, possivelmente, estão a recomendar paciência e a adoção, nesse momento, de um IVA federal e de um IVA estadual e municipal (ou mesmo de um IVA estadual com transferências ascendentes para a União: melhor proposta). A exagerada simplificação pode ser nociva ao Brasil, em especial ao Estado Democrático de Direito, por promover medidas que não se sintonizam adequadamente às máximas do federalismo.

Por isso, parece acertada e se adere à proposta alternativa em elaboração pelos Secretários de Fazenda (COMSEFAZ) e pelos Governadores, retificando algumas questões criticadas na Proposta Appy. Cumpre ressaltar, ainda, que os Estados pretendem discutir a **redistribuição dos recursos arrecadados**, necessária para corrigir as distorções do equilíbrio federativo.[59]

Na Proposta ajustada pelo COMSEFAZ, o imposto seletivo (IS), com finalidade extrafiscal, deve ser destinado a desestimular o consumo de cigarros, bebidas alcoólicas, armas e munições. Do produto da arrecadação, cinquenta por cento deve ser destinado aos fundos que a proposta pretende instituir: um Fundo de Desenvolvimento Regional (destinado a minimizar as desigualdades regionais, favorecendo as condições de competitividade dos Estados mais pobres) e um Fundo de Compensação da Desoneração das Exportações (tendo em vistas as perdas que sofrem os Estados exportadores de *commodities*). A incidência do IS, por certo, não deve excluir a cobrança do IBS sobre os mesmos produtos.

A regulamentação do IBS, na Proposta COMSEFAZ, cabe aos Estados, DF e Municípios, por meio de Comitê Gestor Nacional, que **não conta com a participação da União**. Lei complementar nacional criará o Comitê Gestor Nacional, composto por representantes de administrações tributárias municipais, de todas as administrações tributárias estaduais e distrital, a quem caberá editar o regulamento do imposto (que será uniforme em todo o território nacional); gerir a arrecadação centralizada do imposto e a operacionalização da distribuição da receita por ente federado (sem qualquer retenção ou condicionamen-

---

59 Cf. O GLOBO. Com reforma tributária, estados vão buscar nova partilha da arrecadação. Disponível em: https://oglobo.globo.com/economia/com-reforma-tributaria-estados-vao-buscar-nova-partilha-da-arrecadacao-23869488. Acesso em: 11 ago. 2019.

to); representar, judicial e extrajudicialmente, os Estados, o DF e os Municípios nas matérias relativas ao IBS, de forma coordenada pelos Procuradores dos Estados, do DF e dos Municípios; disciplinar o processo administrativo.

A participação relativa dos Estados e DF e Municípios na composição do Comitê Gestor Nacional deve ser proporcional à receita dos impostos substituídos. As deliberações do Comitê Gestor Nacional serão aprovadas por, no mínimo, quatro quintos dos seus membros.

O IBS, tal como na Proposta Appy, incide sobre bens (tangíveis e intangíveis), serviços e direitos, devendo, assim, recair também sobre a cessão e o licenciamento de direitos; sobre a locação de bens (inclusive quando o locador estiver no exterior) e sobre as importações de bens (tangíveis e intangíveis), serviços e direitos.

Os débitos e créditos devem ser escriturados por estabelecimento e o IBS deve ser apurado e pago de forma centralizada nacionalmente, tal como na Proposta Appy. Da mesma forma, deve ter alíquota única, por Estado e DF e por Município, fixada em lei estadual ou distrital de iniciativa do Governador, e lei municipal de iniciativa do Prefeito. Porém, a fixação das alíquotas pelos Estados, DF e Municípios, não pode, na Proposta COMSEFAZ, ser inferior às alíquotas mínimas estabelecidas em Resolução do Senado Federal (quórum de votação de quatro quintos), que, por sua vez, não poderão ser inferiores às calculadas pelo Comitê Gestor Nacional.

Quanto aos mecanismos de distribuição de renda, a Proposta COMSEFAZ detalha melhor a questão. Prevê a devolução parcial do tributo, mediante mecanismos de transferência de renda, promovidos pelos entes tributantes, do imposto incidente nas aquisições realizadas pelos consumidores de baixa renda, nos termos da lei complementar nacional.

Com relação à parcela a ser transferida para a União, a Proposta COMSEFAZ cria um "adicional às alíquotas do IBS" estabelecido pelos Estados, DF e Municípios, destinado a prover recursos para seguridade social e para o financiamento do programa do seguro-desemprego e do abono de que trata o § 3º do art. 239 da CRFB/1988. Os valores correspondentes à parcela não partilhada do IPI servem para ajustar o desequilíbrio federativo e para recompor as finanças dos entes subnacionais. Parcela do "adicional", da mesma forma, deve ser destinado aos fundos já mencionados.

O "adicional de alíquotas" deve ser calculado pelo Comitê Gestor Nacional, de modo a compensar parcialmente a arrecadação dos tributos federais substituídos. Do montante arrecadado com o "adicional de alíquotas", um mínimo de quarenta por cento deve ser direcionado para os fundos (dois terços para o Fundo de Desenvolvimento Regional e um terço para o Fundo de Compensação da Desoneração das Exportações).

A Resolução do Senado Federal, de iniciativa de um quinto, deve ser aprovada por quatro quintos de seus membros. A Proposta COMSEFAZ prevê, ainda, que projeto de lei complementar nacional, de iniciativa exclusiva de três quintos dos Governadores dos Estados e DF, deverá ser enviado ao Congresso Nacional, no prazo de até noventa dias, contado da publicação da emenda constitucional de reforma, e terá sua discussão e votação iniciadas no Senado Federal.

O Ministro Paulo Guedes se manifestou favoravelmente à aprovação da Proposta Appy, mas prepara uma Proposta do Governo Federal caso ela não seja aprovada. Entretanto, pelo que se pode extrair de suas observações, o Ministério da Economia não se opõe à proposta que vem sendo desenhada pelo COMSEFAZ (mais sintonizada com a arquitetura constitucional brasileira e mais conforme ao ideal democrático-descentralizador da CRFB/1988).

13. PROPOSTA DA RECEITA FEDERAL

Em realidade, não existe, ainda, uma proposta formal do Governo Bolsonaro para Reforma Tributária. Entretanto, pode-se extrair uma ideia mais consolidada dos diversos pronunciamentos direcionados à imprensa. O Ministro Paulo Guedes, recentemente, afirmou que "é preciso uma reforma tributária brutal, uma **simplificação** dramática. A gente não manda tudo junto para não congestionar". Nesse compasso, a ideia do governo é reduzir o número de impostos para facilitar o ambiente de negócios.

Em que pese a Proposta Marcos Cintra (ex-Secretário da Receita Federal) caminhar na direção de sua tese acerca do imposto único, o Ministro da Economia afirmou que "é claro que não vai ter imposto único. Mas se cair de 54 para seis, sete ou oito impostos, está bom. Imposto de renda, IPTU, o imposto único federal... Não pode ter essa quantidade atual, é uma barbárie".

Cabe, porém, um breve estudo da proposta que foi apresentada pelo ex-Secretário Marcos Cintra em diversos pronunciamentos a jornais e periódicos, e que pode ser esboçada a partir de relatos jornalísticos. Embora tecnicamente fraca e mesmo recebendo críticas ácidas dos legisladores, insistentemente, a proposta parece ressurgir a cada oportunidade.

A PROPOSTA MARCOS CINTRA pretende acabar com a tributação sobre a folha salarial (20% cobrados por meio da Contribuição Previdenciária sobre Salários). Em seu lugar propõe uma contribuição eletrônica sobre pagamentos (Contribuição Previdenciária – CP).

O Secretário aponta que o objetivo de sua proposta é estimular o emprego (em um país que já conta com 13,1 milhões desempregados).[60] O financiamento da Previdência, como ressabido, tem como base os tributos que incidem sobre a folha de salários e a proposta quer acabar com a contribuição de 20% das empresas e extinguir as alíquotas dos empregados (8 a 11%).

A alíquota inicial é imaginada em 0,9%, a ser rateada entre as duas pontas da operação, ou seja, entre quem paga e quem recebe (0,45% para cada). Se for incluída a Contribuição Social sobre o Lucro Líquido (CSLL) na CP, a alíquota deve se elevar para 1%. Segundo alguns economistas os números de Cintra estão subestimados e a alíquota deve atingir, se implementada, o patamar de 2,5%.

A CP em tudo se assemelha à antiga CPMF, com uma **base mais ampla**, na medida em que abrange qualquer fluxo de pagamentos. A CP deve tributar as entradas e saídas de dinheiro da conta; trocas de produtos (uma troca de veículos, por exemplo); quitação de dívidas; operações de câmbio etc. Para o ex-Secretário Marcos Cintra, "a ideia é fazer a economia informal pagar impostos". O proponente quer evitar perdas de arrecadação nas compras que as pessoas fazem pela *internet* (aplicativos; jogos eletrônicos etc.) e alargar o universo dos "pagadores de tributos".

Na realidade, aponta-se que a substituição pretendida é extremamente difícil na prática, uma vez que a arrecadação sobre a folha somou, em 2017, R$555 bilhões - 38% do total da arrecadação da União) e representou 8,47% do PIB.[61] Além dessa apontada dificuldade, a CP,

---

60 No Chile, pelo que sabe e é notório, a desoneração da folha teve impacto perto de zero no nível de emprego.

61 Cf. O GLOBO. *Reforma tributária: Proposta do governo prevê imposto eletrônico sobre pagamentos*. Disponível em : https://g1.globo.com/economia/noticia/2019/04/04/reforma-tributaria-proposta-do-governo-preve-imposto-eletronico-sobre-pagamentos.ghtml. Acesso em: 4 abr. 2019.

assim como a CPMF, é um **tributo em cascata** e **cumulativo**, que incide em toda a cadeia da produção, contando, por isso, com a rejeição por parte do setor produtivo.

Marcos Cintra propõe, ainda, a <u>junção de tributos federais</u> (PIS, COFINS, parte não regulatória do IOF e IPI). A parte não regulatória do IOF (cerca de 30 bilhões por ano) é a correspondente à parcela criada sobre operação de crédito quando acabaram com a CPMF. Fica mantido, por exemplo, o IOF sobre compras no exterior, que é regulatório (para desestimular compras em dólar). Ficam mantidos a CIDE e o Imposto sobre Importação.

Marcos Cintra pretende extinguir todos os regimes especiais (à exceção dos Regimes para Zona Franca de Manaus, para o setor financeiro, para a construção civil e para o Simples Nacional). O ex-Secretário manifestou, ainda, a vontade de fazer incidir o <u>IRPF sobre dividendos</u> auferidos (lucro distribuído aos acionistas), com a consequente redução do IRPJ das empresas. O Ministro Paulo Guedes já manifestou o desejo de reduzir o IRPJ e simultaneamente retomar a tributação sobre os lucros e os dividendos. Marcos Cintra espera, com a inclusão da CSLL na CP, tornar possível a redução da tributação da renda das pessoas jurídicas de 34% para 25%.

O Presidente Bolsonaro já se manifestou acerca da Reforma Tributária: "Já falei que CPMF não"![62] Essa declaração foi feita na saída do Palácio da Alvorada e, pelo menos aparentemente, está em contraste com o Projeto Marcos Cintra, na medida que as ideias do ex-Secretário se apoiam em um tripé formado pela reforma do Imposto de Renda, do imposto único sobre consumo e serviços e pela criação da contribuição previdenciária sobre movimentações financeiras. O Presidente, porém, parece sinalizar no sentido de que a CP não é "análoga" à CPMF. Nas palavras do Presidente Bolsonaro, o que se quer é "facilitar o Imposto de Renda", aumentando sua base e acabando com algumas deduções, de forma a se permitir diminuir o imposto máximo de 27,5%. O Presidente defende o fim das deduções de gastos com saúde e educação como contrapartida para redução da alíquota.

No que diz respeito à reforma do Imposto de Renda, as mudanças na tabela passam, também, por uma correção pela inflação da faixa de

---

62 Cf. Cf. GAUCHAZH. *Já falei que CPMF não, diz Bolsonaro sobre reforma tributária*. Disponível em: https://gauchazh.clicrbs.com.br/economia/noticia/2019/08/ja-falei-que-cpmf-nao-diz-bolsonaro-sobre-reforma-tributaria-cjz4qn3td00f501od06lhij6g.html. Acesso em: 09 ago. 2019.

isenção. O problema é que os estudos preliminares indicam que não há recursos para a isenção prometida na campanha presidencial (para pessoas que ganham até cinco salários mínimos) e apontam que essa faixa já é superior à média de países equiparáveis. A reforma do IRPF, como indica a Receita Federal do Brasil, inclui a correção da tabela, mas de forma "muito lenta e gradual".

O segundo suporte do tripé, inclui a desoneração da folha de pagamento e a criação de um tributo sobre movimentações financeiras, enquanto o terceiro suporte trata da criação de IVA federal para unificar alguns tributos (como PIS, COFINS, IPI, e a parte do IOF não regulatória). O IVA federal deveria ter assim, uma alíquota próxima a 15%.

Seja na Proposta Marcos Cintra, seja na proposta mais simplista veiculada pelo empresário Flávio Rocha,[63] existe o desejo de voltar com **um imposto sobre transações financeiras mais amplo**, esboçado nos mesmos moldes da antiga CPMF. Essas propostas foram rechaçadas pelos mais renomados economistas brasileiros, como Marcos Lisboa, Armínio Fraga (que afirmou que "qualquer imposto na linha do CPMF é um lixo"), Bernardo Appy (que a classificou como "desastrosa"), Affonso Pastore (que a chamou de "esparrela simplista"), Maílson da Nóbrega (que o qualifica como "tributo disfuncional").[64]

É sabido que o Brasil já teve um dos maiores exemplos de tributação sobre movimentação financeira do mundo. Trata-se do IPMF (Imposto Provisório sobre Movimentação Financeira), que vigeu de 1993 a 1994, e da CPMF (Contribuição Provisória sobre Movimentação Financeira), que existiu de 1997 a 2007. A CPMF incidia sobre qualquer movimentação feita em instituições bancárias (tais como saques, pagamentos, transferências etc.) a uma alíquota que variava entre 0,25% e 0,38%. As importações, negociações na bolsa de valores, cari-

---

63 Flávio Rocha, fundador do Grupo Brasil 200, entende que as reformas apresentadas são tímidas, e propõe um tributo único e mais amplo chamado *e-tax*, incidente sobre todas movimentações financeiras (para ele a CPMF incidiria apenas sobre contas correntes). Nesse sentido, vale conferir FOLHA DE SÃO PAULO. Para Flávio Rocha reforma do governo é tímida. Disponível em: https://www1.folha.uol.com.br/colunas/painelsa/2019/08/para-flavio-rocha-proposta-de-reforma-tributaria-do-governo-e-timida.shtml. Acesso em: 10 ago. 2019.

64 Cf. ELLERY, Roberto. Uma contribuição à causa contra a volta de um imposto sobre transações. Disponível em: https://rgellery.blogspot.com/2019/08/uma-contribuicao-causa-contra-volta-de.html?spref=fb&fbclid=IwAR0VTlSRyo0eVz-M3Hwk-4KeZNWBUeSA61ZJ97cl17Aa97jio7WfjDJGGsR4&m=1. Acesso em: 10 ago. 2019.

dade, saques de aposentadorias, seguro-desemprego, salários e transferências entre contas-correntes da mesma titularidade eram isentas.

Inicialmente, a CPMF era uma contribuição destinada inicialmente ao custeio da Saúde Pública, e, posteriormente, também para o financiamento da Previdência Social e do Fundo de Combate e Erradicação da Pobreza. A arrecadação da CPMF, no último ano (2007), foi de 3,8% da arrecadação tributária total (a arrecadação federal sob a base consumo era dez vezes maior).[65]

Como bem aponta o Professor português Nuno Barroso,[66] a introdução de impostos sobre depósitos bancários pode aumentar a quantidade de dinheiro fora dos bancos e estimular a abertura de contas bancárias em outros países. Da mesma forma, a instituição desses tributos pode dar ensejo à criação de novos tipos de operações para driblar o imposto (como passar o mesmo cheque várias vezes antes de descontá-lo).

A tributação sobre movimentação financeira por ser **cumulativa**, provoca um "**efeito cascata**" que acaba afetando as exportações. Os produtos exportados são tributados em todas as etapas produtivas e os importados apenas sofrem a incidência nas etapas finais (distribuição e venda). Por isso, os produtos importados passam a ter preços mais competitivos do que os produzidos em território nacional.[67]

Como aponta Nuno Barroso, esse tipo de imposto pode **desestabilizar o setor financeiro**, aumentando os **custos de transação**, reduzindo o volume de negócios, diminuindo a liquidez e os preços dos ativos. Na Suécia, por exemplo, quando um imposto similar foi introduzido,

---

65 Nesse sentido, vale a leitura de ENDEAVOR BRASIL. Tributo sobre Movimentações Financeiras - Nota técnica n.1, 2019/02. Equipe técnica Juan Perroni Bruno Carpeggiani Marina Thiago Renata Mendes. Revisão de Vanessa Rahal Canado e Isaías Coelho. Disponível em: file:///C:/Users/o.batista/AppData/Local/Microsoft/Windows/INetCache/Content.Outlook/H7KYIQF9/Nota%20técnica%20-%20CPMF.pdf. Acesso em: 01 ago. 2019.

66 Cf. BARROSO, Nuno. *A taxa sobre transações financeiras na UE – Taxa Robin Hood: Um bom imposto*. Porto: Vida Econômica, 2016.

67 Nesse mesmo sentido, ENDEAVOR BRASIL. Tributo sobre Movimentações Financeiras - Nota técnica n.1, 2019/02. Equipe técnica Juan Perroni Bruno Carpeggiani Marina Thiago Renata Mendes. Revisão de Vanessa Rahal Canado e Isaías Coelho. Disponível em: file:///C:/Users/o.batista/AppData/Local/Microsoft/Windows/INetCache/Content.Outlook/H7KYIQF9/Nota%20técnica%20-%20CPMF.pdf. Acesso em: 01 ago. 2019.

houve sensível redução no volume de transações, sobretudo em razão da "deslocalização das negociações (fuga de capitais). Na Itália e na França, da mesma forma, detectou-se uma diminuição da liquidez e aumento do *spread* bancário. No Reino Unido, como aponta o Autor, houve um sentido aumento nos custos do capital, com a redução do preço de ações mais frequentemente negociadas, aumentando o custo de capital para as empresas, repercutindo nos investimentos.[68]

Como também noticiou Nuno Barroso,[69] a criação de novas figuras financeiras fora do escopo da tributação, demonstrou que o tributo é vulnerável à evasão fiscal.[70] Entretanto, quando implementada de forma gradual, ela pode evitar a *subtributação* de alguns segmentos econômicos, mas apenas é viável quando aplicada a <u>alíquotas muito reduzidas</u>. Esses cuidados, definitivamente, não são tomados pela Proposta Marcos Cintra e muito menos pela proposta trazida pelo Brasil 200.

As altas taxas de juros praticadas na época da CPMF amenizaram os efeitos perversos do tributo. De forma certeira, afirma-se que com as taxas de juros atuais os estragos da nova CPMF (CP) seriam muito maiores.[71]

---

68 Cf. BARROSO, Nuno. *A taxa sobre transações financeiras na UE – Taxa Robin Hood: Um bom imposto*. Porto: Vida Econômica, 2016, p. 109-111.

69 Cf. BARROSO, Nuno. *A taxa sobre transações financeiras na UE – Taxa Robin Hood: Um bom imposto*. Porto: Vida Econômica, 2016, p. 112-114.

70 Como bem noticiado pela Folha de São Paulo (*Imposto sobre transações financeiras reduz crescimento, apontam estudos Trabalhos também mostram que a base de arrecadação de tributo como CPMF cai ao longo do tempo*. Edição de 13 Ago. 2019), "em análise dos seis países sul-americanos que implantaram o 'imposto do cheque' a partir dos anos 1990, os economistas Andrei Kirilenko, do FMI (Fundo Monetário Internacional), Luiz de Mello, da OCDE (grupo de países desenvolvidos), e Jorge Baca-Campodónico, ex-diretor do banco central do Peru, concluíram que não apenas os valores arrecadados se reduzem com o tempo como também a elevação da alíquota é uma solução ineficaz: quanto mais ela sobe, menor a efetividade da arrecadação, agravando a perda de receita." <u>O tributo corrói sua própria base de incidência</u>. Ainda vale ressaltar que "aplicando a alíquota de 0,38% do então 'tributo do cheque' sobre o volume de pagamentos de 2007, a arrecadação esperada deveria ser de R$ 63,39 bilhões. O resultado, no entanto, foi de R$ 36,32 bilhões, ou seja, 57% do esperado".

71 Como bem afirma ELLERY, Roberto. Uma contribuição à causa contra a volta de um imposto sobre transações. Disponível em: https://rgellery.blogspot.com/2019/08/uma-contribuicao-causa-contra-volta-de.html?spref=fb&fbclid=I-

A CP, por certo, possibilita um montante maior de arrecadação, por algum tempo, mas não se presta para reorganizar o sistema tributário. Evidentemente, os custos proporcionados pelo tributo serão repassados para os tomadores de dinheiro, onerando aqueles que buscam socorro dos bancos, promovendo desinvestimento e desincentivo ao empreendedorismo.

Maílson da Nóbrega lembra que essa proposta foi lançada no Brasil em 1989, pelo ex-Secretário Especial da Receita Federal, Marcos Cintra, que, até hoje, é um fervoroso defensor da "disfuncional tributação das transações financeiras". Em suas palavras, "a renascida CPMF não deixará de causar, caso implementada, graves consequências na economia brasileira". O economista tem razão ao afirmar que a "nova CPMF aumentará a taxa de juros, mudará a forma de organização da atividade econômica e prejudicará a eficiência e a produtividade da economia". Para Maílson da Nóbrega, a nova CPMF (da Proposta Marcos Cintra), porém, é menos danosa do que a ideia do imposto único sobre transações (como imaginado por Flávio Rocha).[72]

A CP pode provocar o aumento do *spread* bancário brasileiro (um dos maiores do mundo e uma das causas das altas taxas de juros pagas pelos tomadores de empréstimos no sistema financeiro) e elevar o peso dos juros é conspirar contra a produtividade, a eficiência e o potencial de crescimento do país. O tributo proposto, ainda, deve influenciar a organização da produção, com empresas buscando livrar-se de sua incidência mediante a integração vertical de suas atividades, transformando-se em uma "fonte permanente de perda de competitividade".[73]

O governo federal não detalhou ainda um projeto, mas já se cogitou um imposto único cobrado sobre créditos e débitos, com alíquota total de 5% sobre cada pagamento (2,5% sobre crédito e sobre débito). Entretanto, avalia-se que, para manter uma carga tributária equivalente à atual, torna-se necessária uma alíquota de 7,8% (3,89% sobre o crédito

---

wAR0VTlSRyo0eVz-M3Hwk4KeZNWBUeSA61ZJ97cl17Aa97jio7WfjDJGGsR4&m=1. Acesso em: 10 ago. 2019.

72 Cf. VEJA. Disponível em: https://veja.abril.com.br/blog/mailson-da-nobrega/governo-cogita-ressuscitar-um-tributo-disfuncional/. Acesso em 9 ago. 2019.

73 Nesse sentido a opinião de Maílson da Nobrega (Cf. VEJA. Disponível em: https://veja.abril.com.br/blog/mailson-da-nobrega/governo-cogita-ressuscitar-um-tributo-disfuncional/. Acesso em 9 ago. 2019).

e o débito).[74] Uma alíquota de 2,5%, pode-se afirmar com tranquilidade, por certo, já inviabiliza totalmente sua imposição, como já demonstrado em diversos países da Europa, que adotaram tributos similares.[75]

A economia informal, que hoje já gira em torno de 16% do PIB, trabalha frequentemente com dinheiro em espécie; da mesma forma, a economia subterrânea se vale de criptomoedas e de outros mecanismos internacionais de difícil rastreamento.[76] Quando se adota um imposto sobre transações financeiras é de se esperar que o setor formal passe a usar menos os bancos e que se favoreça a fuga de capitais. Por outro giro, pode-se, fatalmente, esperar um **encarecimento das operações de crédito**, na medida que o tributo, mesmo incidindo nas duas pontas da operação, repercute para o tomador do dinheiro. Da mesma forma, muito provavelmente, haverá contração no crédito para o setor produtivo, ocasionando um menor crescimento econômico.

Enfim, a Proposta Marcos Cintra e, sobretudo, a Proposta Flávio Rocha, a toda evidência, merecem mesmo as críticas que vêm sofrendo.

14. PROPOSTA HAULY

A PROPOSTA HAULY, anteriormente esboçada, foi apresentada, em 09 de julho de 2019, como proposta do Senado Federal. A proposta, embora tenha sofrido, no passado, a influência significativa das próprias ideias do economista Appy, tem algumas diferenças.

O IBS (Imposto sobre Bens e Serviços), na proposta, deve ser um imposto sobre valor agregado incidente sobre o consumo (bens e serviços). Deve ser **não-cumulativo** pleno (crédito financeiro) e deve contar com uma **alíquota única para todo o país** (salvo alguns produtos excepcionais). A arrecadação seria integralmente alocada para o **Estado de destino**.

Os sujeitos ativos do IBS seriam os Estados, mas União e Municípios participariam das receitas. Estados e Municípios, porém, não teriam

---

74 Cf. FOLHA DE SÃO PAULO. *Imposto sobre transações financeiras reduz crescimento, apontam estudos Trabalhos também mostram que a base de arrecadação de tributo como CPMF cai ao longo do tempo.* Edição de 13 ago. 2019.

75 Vale conferir BARROSO, Nuno. *A taxa sobre transações financeiras na UE – Taxa Robin Hood: Um bom imposto.* Porto: Vida Econômica, 2016.

76 Nesse sentido, bem afirma o economista Eduardo Fleury (Cf. FOLHA DE SÃO PAULO. *Imposto sobre transações financeiras reduz crescimento, apontam estudos Trabalhos também mostram que a base de arrecadação de tributo como CPMF cai ao longo do tempo.* Edição de 13 ago. 2019).

autonomia para fixar suas próprias alíquotas, que viriam estabelecidas em **legislação nacional**. O tributo, portanto, deve ser regulamentado em âmbito nacional. A competência tributária dos Municípios, assim, restaria esvaziada, entretanto, como já mencionado, as dificuldades dos Municípios nessa seara são sensíveis.

A fiscalização deve ficar centralizada em um "**Super-Fisco**" composto por representantes de todas as administrações tributárias estaduais. As dificuldades operacionais para unificação de carreiras dos auditores fiscais estaduais são evidentes, em especial porque parcela da Administração Tributária deve permanecer sob a gestão dos Estados e outra deve ser compartilhada por meio desse "Super-Fisco".

A proposta prevê, também, a instituição de um Imposto Seletivo (IS), de competência federal, monofásico e extrafiscal, incidente sobre produtos e serviços específicos (cigarro, bebidas, combustíveis, energia e telecomunicações). Por certo, a manutenção do IS pode atrair a possibilidade de se aumentar a regressividade e cumulatividade do modelo tributário.

A proposta altera, também, a competência do ITCMD dos Estados para a União, com destinação de toda a arrecadação aos Municípios. Os tributos que incidem sobre a propriedade (ITCMD, IPVA, IPTU e ITBI) teriam suas receitas destinadas aos Municípios. A proposta prevê, ainda, a inclusão de aeronaves e embarcações à hipótese de incidência do IPVA.

A Proposta Hauly tem um **prazo para entrar em vigor** de **1 ano** após sua aprovação no Congresso Nacional (prazo que pode ser muito curto). Quando a **distribuição das receitas entre os entes federados**, o prazo de transição seria de **15 anos**.

15. CONCLUSÃO

A Proposta Appy, com discussão mais avançada, pretende unificar em um só imposto cinco tributos que, apenas em 2018, arrecadaram, juntos, mais de R$ 885,7 bilhões. Desse total, os Estados ficam com 41% (25% é ainda repassado para os Municípios), enquanto a União Federal fica com 37%.[77]

---

[77] Conforme já levantada pelo jornal O GLOBO (Com reforma tributária, estados vão buscar nova partilha da arrecadação. Disponível em: https://oglobo.globo.com/economia/com-reforma-tributaria-estados-vao-buscar-nova-partilha-da-arrecadacao-23869488. Acesso em: 11 ago. 2019).

De fato, a "bola da vez" parece mesmo ser os tributos sobre o consumo. As correções que se fazem nesses tributos atendem os anseios do empresariado nacional, que realmente sofre com a complexidade das mais diversas imposições e, por isso, perdem competitividade. É evidente que a reforma da tributação sobre o consumo precisa ser feita, em homenagem à "eficiência tributária", entretanto, é patente que, com esse movimento reformista, não se estará atacando de frente a questão da "justiça fiscal" e da desigualdade social.

Em que pese os sempre usuais argumentos no sentido de que a reforma da tributação sobre o consumo favorece o desenvolvimento nacional, propiciando um maior montante de recursos a ser repartido, é evidente que essa não pode ser a reforma tributária essencial da tributação brasileira. O Estado Democrático de Direito de desiderato social demanda muito mais. O Brasil reclama um sistema tributário mais justo. Nenhuma das principais propostas, salvo a veiculada pela ANFIP/FENAFISCO trata da questão.

As guerras fiscais, que deveriam ter sido evitadas por outros mecanismos, sobretudo por leis nacionais, deterioram o ICMS. Da mesma forma, a PIS, COFINS e IPI se tornaram tributos caricaturais, verdadeiramente cumulativos e igualmente complexos. É evidente que a União, ao longo dos anos e dos mais diversos governos federais, em vez de aprimorar a tributação direta sobre as rendas, como acontece no mundo desenvolvido, tornando-a mais rentável e progressiva, optou por invadir a base-consumo deixada constitucionalmente para os Estados e Municípios, alargando seus tributos sobre o consumo (não partilhados). O caos se tornou inevitável nessa toada.

A tônica das principais propostas apresentadas, da mesma forma, está em "consertar" a tributação sobre o consumo, sacramentando a invasão da União por sobre as bases dos Estados. O tributo sobre o consumo, além de ter dificuldades em promover justiça social, de forma óbvia, é rentável e mais fácil de ser instituído, na medida em que repercute para o consumidor final a carga tributária, favorecendo o efeito da "tributação disfarçada".

A Proposta APPY deverá enfrentar severa resistência do **setor de serviços**, que passará a ser mais fortemente onerado. Da mesma forma, encontra dificuldades com a **questão federativa**. Sendo certo que o bom muitas vezes é inimigo do ótimo, e outras vezes ofende o justo e democrático, pode-se dizer que as sugestões trazidas pelo COMSEFAZ promovem ajustes adequados a Proposta APPY.

Entretanto, é possível afirmar que <u>as propostas trazidas não resolvem muitos dos graves problemas do sistema tributário brasileiro</u>. Apenas portam sugestões teóricas acerca da "eficiência tributária". Por certo, uma reforma mais aguda e justa reclama mais política e menos tecnocracia (sobretudo, federal).

Dúvidas não restam no sentido de que o rol de propostas trazidas pela ANFIP/FENAFISCO precisa ser introduzido. Não se está aqui propondo incremento ou aumento da carga tributária, mas verificando que os tributos mais justos, como a <u>tributação sobre heranças</u>, devem incidir com maior intensidade, para aliviar o peso de tributos mais regressivos.

Para a redução da alíquota de incidência do IBS, caso venha a ser implementado, acredita-se que as Proposta da Reforma Tributária Solidária podem ser de muita utilidade. Em outras palavras, a incidência de uma tributação sobre a herança em alíquotas de até 40%, pode gerar uma receita que possibilite a compensação ocasionada por uma redução da alíquota dos impostos sobre o consumo.

<u>Até se admite a criação de uma CP nos moldes propostos por Marcos Cintra</u>, entretanto, como bem aponta Nuno Barroso, <u>o percentual de incidência não deve superar 0,1%</u>. Nesse formato, o tributo pode, inclusive, trazer os efeitos benéficos já apontados por Keynes e por Tobin. Mas jamais a alíquota pode ultrapassar esse percentual e a receita gerada deve servir para amenizar a tributação que incide sobre a folha de pagamentos.

Existe, por certo, uma margem de possibilidade de majoração da receita com um <u>leve incremento das alíquotas e ajustes na base de cálculo dos tributos sobre a propriedade</u> (IPTU e IPVA), entretanto, esse montante deve, da mesma forma, servir para a redução das alíquotas do IBS.

Seja qual for o caminho que se tomar, acredita-se ter razão o economista Appy, que entende que as propostas devem ser estendidas para o SIMPLES e para o regime de lucro presumido. Como afirma o economista, a "agenda de mudanças do sistema tributário brasileiro é ampla" e deve passar pela reforma dos tributos sobre bens e serviços, sobre a renda, sobre a folha de salários e sobre a propriedade, além de uma <u>necessária e profunda revisão dos regimes simplificados de tributação</u> (como o <u>lucro presumido</u> e o <u>Simples</u>). Tudo indica, assim, que o SIMPLES, na visão dominante, parece ter ido longe demais e tem um espectro e limite superior de receita muito alto e aparenta estar anacrônico com as propostas que estão sendo encaminhadas.

Uma proposta de Reforma Tributária ampla e revolucionária, que pretenda transformar de uma vez o país, por certo, parece mesmo encantar os menos afetos ao estudo do Direito Tributário, mas é uma ideia simplista e perigosa. As consequências podem ser catastróficas. Acredita-se que, sem desconstruir a CRFB/1988, mudanças graduais, passíveis de serem levadas a cabo por leis ordinárias e complementares, seriam mais ajuizadas. Como dizem os mais antigos, "cautela e canja de galinha nunca fizeram mal a ninguém". No caso em debate, o que se recomenda são mudanças graduais e que se evitem ataques à CRFB/1988, que deve ser preservada e não alterada conforme a linha ideológica e o humor do Governo.

Entretanto, mudar o sistema tributário sem rever a questão de justiça fiscal significa trair e escravizar o povo brasileiro. Da mesma forma, concentrar ainda mais recursos na União, em desacordo com as máximas do federalismo, é ofender ao ideal democrático.

REFERÊNCIAS BIBLIOGRÁFICAS

AFFONSO, Rui de Brito Álvares. Descentralização e reforma do Estado: a Federação brasileira na encruzilhada. *Economia e Sociedade*, v. 14, n. 1, p. 127–152, 2000.

ALVES, Raquel de Andrade Vieira; ARABI, Abhner Youssif Mota; GOMES, Marcus Lívio. Desdobramentos Financeiros do Federalismo Fiscal: participação no resultado da exploração de petróleo e o bônus de assinatura. *In:* GOMES, Marcus Lívio; ALVES, Raquel de Andrade Vieira; ARABI, Abhner Youssif Mota. *Direito Financeiro e Jurisdição Constitucional*. Curitiba: Juruá, 2016.

ANFIP; FENAFISCO. *A reforma tributária necessária: diagnóstico e premissas*. São Paulo: Plataforma Política Social, 2018.

BARACHO, José Alfredo de Oliveira. O Princípio de Subsidiariedade: conceito e revolução. *Revista de Direito Administrativo*, n. 200, p. 21–54, 1995.

BARROSO, Nuno. *A taxa sobre transações financeiras na UE – Taxa Robin Hood: Um bom imposto*. Porto: Vida Econômica, 2016.

BARROSO, Nuno. *A taxa sobre transações financeiras na UE – Taxa Robin Hood: Um bom imposto*. Porto: Vida Econômica, 2016.

BATISTA JÚNIOR, Onofre Alves. *O outro Leviatã e a corrida ao fundo do poço*. São Paulo: Almedina, 2014.

BATISTA JÚNIOR, Onofre Alves. *Por que a "guerra fiscal"? Os desafios na modernidade líquida*. Revista Brasileira de Estudos Políticos, Belo Horizonte, n. 102, jan./jun. de 2011, pp. 305-341. Disponível em: <https://pos.direito.ufmg.br/rbep/index.php/rbep/article/view/135>. Acesso em: 01 Ago. 2019.

BATISTA JÚNIOR, Onofre Alves; CUNHA, Marize Maria Gabriel de Almeida Pereira da. *Avanço da União sobre as bases tributárias estaduais é inaceitável*. Disponível em: https://www.conjur.com.br/2017-jul-07/opiniao-avanco-bases-tributarias-estaduais--inaceitavel. Acesso em: 01 ago. 2019.

BONAVIDES, Paulo. *Ciência Política*. 17. ed. São Paulo: Malheiros, 2010.

BRASIL. Assembleia Nacional Constituinte. Comissão do Sistema Tributário, Orçamento e Finanças. Relatório e Anteprojeto da Comissão. Brasília: Centro Gráfico do Senado Federal, 1988.

BRASIL. Constituição da República dos Estados Unidos do Brasil de 1934. Nós, os representantes do povo brasileiro, pondo a nossa confiança em Deus, [...]. *Diário Oficial da União*, Seção 1, Suplemento de 16 jul. 1934, Rio de Janeiro - RJ, 16 nov. 1934.

BRASIL. Constituição da República Federativa do Brasil de 1967. O Congresso Nacional, invocando a proteção de Deus, decreta e promulga a seguinte [...]. *Diário Oficial da União*, Seção 1, 24 jan. 1967, p. 953, Brasília – DF, 24 jan. 1967.

BRASIL. Constituição da República Federativa do Brasil de 1988. Nós, representantes do povo brasileiro, reunidos em Assembleia Nacional Constituinte para instituir um Estado Democrático, destinado a assegurar o exercício dos direitos sociais [...]. *Diário Oficial da União*, nº 191-A, ano 126, seção 1, p. 1, Brasília – DF, 5 out. 1988.

BRASIL. Constituição dos Estados Unidos do Brasil de 1937. O Presidente da República dos Estados Unidos do Brasil, atendendo às legitimas aspirações do povo brasileiro [..]. *Diário Oficial da União*, Seção 1, p. 22359, Rio de Janeiro - RJ, 10 nov. 1937.

BRASIL. Constituição dos Estados Unidos do Brasil de 1946. A Mesa da Assembléia Constituinte promulga a Constituição dos Estados Unidos do Brasil [...]. *Diário Oficial da União*, Seção 1 – 19 set. 1946, p. 13059, Rio de Janeiro – RJ, 18 set. 1946.

BRASIL. Decreto nº 1, de 15 de novembro de 1889. Proclama provisoriamente e decreta como fórma de governo da Nação Brazileira a Republica Federativa, e estabelece as normas pelas quaes se devem reger os Estados Federaes. *Coleção de Leis do Brasil*, 15 nov. 1889, p. 1.

BRASIL. *Diário da Câmara dos Deputados*. Ano LI. Brasília: Imprensa Oficial, 28 ago. 1996.

BRASIL. Emenda Constitucional nº 1, de 17 de outubro de 1969. Edita o novo texto da Constituição Federal de 24 de janeiro de 1967. *Diário Oficial da União*, Seção 1, 20 out. 1969, p. 8865, Brasília – DF, 17 out. 1969.

BRASIL. Lei Complementar nº 101, de 4 de maio de 2000. Estabelece normas de finanças públicas voltadas para a responsabilidade na gestão fiscal e dá outras providências. *Diário Oficial da União*, Seção 1, 5 maio 2000, p. 1, Brasília -DF.

BRASIL. Lei nº 9.249, de 26 de dezembro de 1995. Altera a legislação do imposto de renda das pessoas jurídicas, bem como da contribuição social sobre o lucro líquido, e dá outras providências. *Diário Oficial da União de 27 dez. 1995*, Brasília – DF.

BRASIL. Proposta de Emenda à Constituição nº 175, de 1995. *Diário Oficial da União*, Seção 1, p. 18857, 18 ago. 1995, Brasília – DF.

BRIGAGÃO, Gustavo. *A proposta de retorno à tributação de dividendos não pode prosperar.* Disponível em: https://www.conjur.com.br/2018-out-24/proposta-retorno-tributacao-dividendos-nao-prosperar. Acesso em: 20 jul. 2019.

CARVALHO NETTO, Menelick de; COMPARATO, Fábio Konder; DALLARI, Dalmo de Abreu; DERZI, Misabel de Abreu Machado; GRAU, Eros Roberto; MELLO, Celso Antônio Bandeira de; et al. *Direito Público: Revista da Procuradoria-Geral do Estado de Minas Gerais,* Belo Horizonte: Del Rey, v. I, n. I, Jan./Jun. 1999.

CLÈVE, Clèmerson Merlin; PEIXOTO, Marcela Moraes. O Estado brasileiro: algumas linhas sobre a divisão de poderes na federação brasileira à luz da Constituição de 1988. *Revista de Informação Legislativa: RIL,* v. 104, n. out./dez., p. 21–42, 1989.

DE MASI, Domenico. *O futuro do trabalho: fadiga e ócio na sociedade pós-industrial.* 10. ed. Rio de Janeiro: José Olympio, 2010.

DERZI, Misabel de Abreu Machado; BUSTAMANTE, Thomas da Rosa de. O princípio federativo e a igualdade: Uma perspectiva crítica para o sistema jurídico brasileiro a partir da análise do modelo alemão. *In:* DERZI et al. (Org.). *Estado Federal e Guerra Fiscal no Direito Comparado.* (Coleção federalismo e tributação, v. 2). Belo Horizonte: Arraes Editores, 2015.

DOMINGUES, Natália Daniel. *Tributação da herança.* Belo Horizonte: Arraes, 2017,

DOWBOR, Ladislau. Entender a desigualdade: reflexões sobre o capital no século XXI. *In:* BAVA, Silvio Caccia (Org.). *Thomas Piketty e o segredo dos ricos.* São Paulo: Veneta - Le Monde Diplomatique Brasil, 2014, p. 9-18.

ELLERY, Roberto. Uma contribuição à causa contra a volta de um imposto sobre transações. Disponível em: <https://rgellery.blogspot.com/2019/08/uma-contribuicao-causa-contra-volta-de.html?>. Acesso em: 10 ago. 2019.

ENDEAVOR BRASIL. *Tributo sobre Movimentações Financeiras - Nota técnica n.1, 2019/02.* Equipe técnica Juan Perroni Bruno Carpeggiani Marina Thiago Renata Mendes. Revisão de Vanessa Rahal Canado e Isaías Coelho. Disponível em: file:///C:/Users/o.batista/AppData/Local/Microsoft/Windows/INetCache/Content.Outlook/H7KYIQF9/Nota%20técnica%20-%20CPMF.pdf. Acesso em: 01 ago. 2019.

FOLHA DE SÃO PAULO. *Imposto sobre transações financeiras reduz crescimento, apontam estudos. Trabalhos também mostram que a base de arrecadação de tributo como CPMF cai ao longo do tempo.* Edição de 13 ago. 2019.

FOLHA DE SÃO PAULO. *Para Flávio Rocha reforma do governo é tímida.* Disponível em: <https://www1.folha.uol.com.br/colunas/painelsa/2019/08/para-flavio-rocha-proposta-de-reforma-tributaria-do-governo-e-timida.shtml>. Acesso em: 10 ago. 2019.

FRIEDMAN, Milton. *Capitalism and freedom.* Chicago: Chicago Press, 1982.

FUKUYAMA, Francis. *As origens da ordem política*: dos tempos pré-humanos até a Revolução Francesa. Rio de Janeiro: Rocco, 2013.

GAUCHAZH. *Já falei que CPMF não, diz Bolsonaro sobre reforma tributária.* Disponível em: <https://gauchazh.clicrbs.com.br/economia/noticia/2019/08/ja-falei-que-cpmf-nao-diz-bolsonaro-sobre-reforma-tributaria-cjz4qn3td00f501od06lhij6g.html>. Acesso em: 09 ago. 2019.

GAZETA DO POVO. Pai da reforma tributária explica por que imposto único é crucial para o Brasil voltar a crescer. Disponível em: https://www.gazetadopovo.com.br/republica/reforma-tributaria-bernard-appy-entrevista/. Acesso em: 12 ago. 2019.

GÉRARD Depardieu recebe cidadania russa em apenas duas semanas. *Público*, Porto, 3 jan. 2013. Disponível em: <http://www.publico.pt/mundo/noticia/gerard-depardieu-tornase-cidadao-russo-em-apenas-duas-semanas-1579339>. Acesso em: 2 dez. 2013.

HORTA, Raul Machado. Problemas do federalismo brasileiro. *Revista da Faculdade de Direito da UFMG*, v. 19, n. 9, p. 68–88, 1957.

JUDT, Tony. *Um tratado sobre os nossos actuais descontentamentos*. Lisboa: Edições 70, 2012.

KIRCHHOF, Paul. *La influencia de la Constitución Alemana en su Legislación Tributaria*. *In* Garantías Constitucionales del contribuyente, 2. ed. Valencia: Tyrant lo Blanch, 1998.

MACIEL, Everardo. *Impostos em tempos de eleição*. Disponível em: http://www.fundacaoastrojildo.com.br/2015/2018/09/06/everardo-maciel-impostos-em-tempos-de-eleicao/. Acesso em: 20 jul. 2019.

MACIEL, Everardo. *Tributação de dividendos, Wolf e Lagarde*. Disponível em: https://www.institutomillenium.org.br/artigos/tributacao-de-dividendos-wolf-e-lagarde/. Acesso em: 20 jul. 2019.

MURPHY, Liam; NAGEL, Thomas. *O mito da propriedade. Os impostos e a justiça*. São Paulo: Martins Fontes, 2005.

NABAIS, Casalta. *O dever fundamental de pagar impostos – Contributo para a compreensão constitucional do estado fiscal contemporâneo*. Coimbra: Almedina, 1998.

NOBREGA, Mailson. Governo cogita ressuscitar um tributo disfuncional. *Veja*. Disponível em: https://veja.abril.com.br/blog/mailson-da-nobrega/governo-cogita-ressuscitar-um-tributo-disfuncional/. Acesso em: 9 ago. 2019.

O GLOBO. *Com reforma tributária, estados vão buscar nova partilha da arrecadação*. Disponível em: https://oglobo.globo.com/economia/com-reforma-tributaria-estados-vao-buscar-nova-partilha-da-arrecadacao-23869488. Acesso em: 11 ago. 2019.

O GLOBO. *Reforma tributária: Proposta do governo prevê imposto eletrônico sobre pagamentos*. Disponível em : https://g1.globo.com/economia/noticia/2019/04/04/reforma-tributaria-proposta-do-governo-preve-imposto-eletronico-sobre-pagamentos.ghtml. Acesso em: 4 abr. 2019.

O Supremo Federal como árbitro ou jogador? As crises fiscais dos Estados brasileiros e o jogo do resgate. *In: Revista de Estudos Institucionais*, v. 4, n. 2, p. 642-671, 2018.

PAPIER, H. J. *Ley Fundamental y Orden Económico. In: Manual de Derecho Constitucional*. Trad. Esp. de *Handbuch des Verfassungsrechts der Bundesrepublik Deutschland*. Konrad Hesse (Org.). Madrid: Marcial Pons, 1996, p. 561-612.

Por que Maia apelou ao "patriotismo" dos empresários na reforma tributária. Disponível em: <https://exame.abril.com.br/economia/por-que-maia-apelou-ao-patriotismo--dos-empresarios-na-reforma-tributaria/>. Acesso em: 10 ago. 2019.

Projeto de Lei do Senado n° 139, de 2017 (Complementar). Disponível em: < https://www25.senado.leg.br/web/atividade/materias/-/materia/129136>. Acesso em: 10 ago. 2019.

Projeto de Lei do Senado n° 534, de 2011 (Complementar). Disponível em: < https://www25.senado.leg.br/web/atividade/materias/-/materia/101942>. Acesso em: 11 ago. 2019.

Projeto de Lei n° 5205 de 2016. Disponível em: <https://www.camara.leg.br/proposicoesWeb/fichadetramitacao?idProposicao=2083686>. Acesso em: 10 ago. 2019.

Projeto de Lei n° 9636 de 2018. Disponível em: < https://www.camara.leg.br/proposicoesWeb/fichadetramitacao?idProposicao=2168476>. Acesso em: 10 ago. 2019.

Proposta de Emenda à Constituição n° 96 de 2015. Disponível em: < https://www25.senado.leg.br/web/atividade/materias/-/materia/122230>. Acesso em: 10 ago. 2019.

Proposta de Emenda à Constituição n° 233/2008. Altera o Sistema Tributário Nacional e dá outras providências. Disponível em: <https://www.camara.leg.br/proposicoesWeb/fichadetramitacao?idProposicao=384954>. Acesso em: 10 ago. 2019.

Proposta de Emenda à Constituição n° 31/2007. Disponível em: < https://www.camara.leg.br/proposicoesWeb/fichadetramitacao?idProposicao=347421>. Acesso em: 10 ago. 2019.

Proposta de Emenda à Constituição n° 41/2003. Disponível em: < https://www.camara.leg.br/proposicoesWeb/fichadetramitacao?idProposicao=113717>. Acesso em: 10 ago. 2019.

Proposta de Emenda à Constituição n° 45/2019. Disponível em: < https://www.camara.leg.br/proposicoesWeb/fichadetramitacao?idProposicao=2196833>. Acesso em: 10 ago. 2019.

Proposta de Emenda à Constituição n° 60/2015. Disponível em: < https://www.camara.leg.br/proposicoesWeb/fichadetramitacao?idProposicao=1299828>. Acesso em: 10 ago. 2019.

SACHSIDA, Adolfo; SIMAS, Erich Endrillo Santos (Org.). *Reforma tributária*. Rio de Janeiro: IPEA - OAB/DF, 2018.

SCAFF, Fernando Facury. *A miopia na tributação dos dividendos*. Disponível em: https://tributoedireito.blogspot.com/2018/08/a-miopia-na-tributacao-dos-dividendos.html. Acesso em: 20 jul. 2019.

SINGER, Paul. *Introdução à economia solidária*. São Paulo: Fundação Perseu Abramo, 2002.

STANDING, Guy. *O precariado: a nova classe perigosa*. Belo Horizonte: Autêntica, 2013.

SUPREMO TRIBUNAL FEDERAL. *Consulta Processual da Ação Direta de Inconstitucionalidade por Omissão n° 31*. Origem: DF - Distrito Federal. Relator: Min.

Alexandre De Moraes. Relator do último incidente: Min. Alexandre de Moraes (ADO-AgR). Disponível em: <http://portal.stf.jus.br/processos/detalhe.asp?incidente=4733958>. Acesso em: 10 ago. 2020.

SUPREMO TRIBUNAL FEDERAL. Consulta Processual da Arguição de Descumprimento de Preceito Fundamental nº 523. Origem: DF - Distrito Federal. Relator: Min. Rosa Weber. Disponível em: <http://portal.stf.jus.br/processos/detalhe.asp?incidente=5485462>. Acesso em: 10 ago. 2020.

TORRES, Ricardo Lobo. *Curso de direito financeiro e tributário*. 15. ed. Rio de Janeiro: Renovar, 2008.

VALLE, Gabriel Arbex. *Imposto sobre grandes fortunas*. Belo Horizonte: Letramento, 2019.

VEJA. Disponível em: https://veja.abril.com.br/blog/mailson-da-nobrega/governo--cogita-ressuscitar-um-tributo-disfuncional/. Acesso em: 9 ago. 2019.

AS ETERNAS REFORMAS CONSTITUCIONAIS NO BRASIL E AS PECS 186, 187 E 188 DO GOVERNO BOLSONARO

FERNANDO FACURY SCAFF[1]

SUMÁRIO: 1. Reformas desde sempre; 2. As propostas de Emenda Constitucional apresentadas no primeiro ano de governo de Jair Bolsonaro; 3. Sobre a extinção de Municípios na PEC 188; 4. O significado de *equilíbrio fiscal intergeracional* na PEC 188; 5. A PEC 187 e a extinção dos fundos brasileiros; 6. A proposta de transação federativa da PEC 188 envolvendo a Lei Kandir e os royalties; 7. A limitação dos incentivos fiscais da SUDAM e SUDENE entre as PECS 186 e 188 e o TCU; 8. Conclusões; Referências Bibliográficas

1.   REFORMAS DESDE SEMPRE

01. Penso existir no Brasil, de forma contraditória, baixo apreço pelo constitucionalismo *substancial* e alto apreço pelo constitucionalismo *formal*.

Considere-se, para fins desta análise, constitucionalismo *substancial* aquelas normas que tratam da estruturação do Estado, dos direitos fundamentais, e as que estabelecem as finalidades pelas quais a sociedade se organiza. E constitucionalismo *formal* a inserção de normas no corpo da Constituição, mesmo fora daquele escopo *substancial*, muitas vezes visando apenas dar estabilidade e segurança às regras inseridas naquele documento jurídico. Neste segundo aspecto, podem ser incluídas normas que não refletem *matéria constitucional*, bem como normas que buscam manter *formalmente* a ordem constitucional.

---

[1] Professor Titular de Direito Financeiro da Universidade de São Paulo. Professor Titular de Direito Financeiro e Tributário da Universidade Federal do Pará (aposentado). Livre docente e Doutor em Direito pela USP. Advogado sócio do escritório Silveira, Athias, Soriano de Mello, Guimarães, Pinheiro e Scaff – Advogados.

Apenas para homenagear nossa história constitucional, registra-se a alternativa adotada pela Constituição imperial brasileira de 1824 para distinguir o que seria matéria constitucional *substancial* daquela meramente *formal*: art. 178: "É só constitucional o que diz respeito aos limites e atribuições dos poderes políticos, e aos direitos políticos e individuais dos cidadãos; tudo o que não é constitucional pode ser alterado, sem as formalidades referidas, pelas legislaturas ordinárias".

Por outro lado, constata-se também um movimento de *reformas permanentes*, como se o que estivesse disposto na Constituição fosse objeto de uma disputa perene, como se as disposições nela estabelecidas fossem sempre insatisfatórias para uma parte da sociedade que não se conforma em ter *perdido a disputa política* e tentasse sempre alterar o que ficou disposto. Isso depõe fortemente contra a segurança e a estabilidade do ordenamento jurídico.

A conjugação entre estes dois movimentos gera um efeito bastante pernicioso no seio das relações socioeconômicas, pois, de um lado, ao se pretender constitucionalizar *formalmente* diversas matérias que não possuem escopo *substancialmente* constitucional, ou que buscam *tornar formalmente constitucional certas situações de força*, torna mais acirrada a disputa pelas alterações pretendidas, incrementando as pressões dirigidas ao Congresso para mudanças na Carta; isto é, quando o Congresso permanece em regular funcionamento.

Desconheço o motivo, mas constato essa incessante busca por *reformas constitucionais permanentes* no Brasil.

Neste trabalho, se fossemos fazer uma análise histórica, poderíamos identificar alguns movimentos nesse sentido. Como não é esse o escopo principal, usa-se desse introito apenas para apontar uma trilha a ser melhor pesquisada.

02. Na época em que as Constituições brasileiras apenas estruturavam o Estado, como na de 1891, Arthur Bernardes (1922-1926) governou por quatro anos sob estado de sítio, tendo encomendado ao deputado paulista Herculano de Freitas[2] um anteprojeto de emenda constitucional visando endurecer o regime, de modo a permitir a decretação automática de intervenção nos Estados em caso de guerra

---

2 Catedrático da Faculdade de Direito de São Paulo, posteriormente unificada à Universidade de São Paulo.

civil ou de insolvência financeira[3]. Vê-se que tal alteração chegou a ser incorporada à Constituição de 1891 pela Emenda Constitucional de 03 de setembro de 1926, única durante a vigência daquela Carta, e foi bastante utilizada também de forma discursiva para fins do jogo político.

03. Seu sucessor, Washington Luís (1926-1930) travou durante seu governo uma disputa feroz acerca de reformas econômicas, infraconstitucionais, rompendo o pacto do *café com leite*, que existia durante a República Velha, de alternância de poder entre mineiros e paulistas. O Presidente da República Washington Luís (politicamente paulista, embora nascido no Rio de Janeiro) temia transferir o poder para o sucessor natural Antonio Carlos, então Presidente (governador) do Estado de Minas Gerais, pois receava que as reformas econômicas pretendidas não fossem por ele adotadas. Daí, entre outros fatores, seu apoio a Júlio Prestes, Presidente do Estado de São Paulo, que havia se comprometido com a adoção daquelas reformas[4].

04. O rompimento do pacto que dava sustentabilidade à República Velha ocasionou o golpe de 1930, com a ascensão de Getúlio Vargas, Presidente do Estado do Rio Grande do Sul, que, enquanto candidato, havia perdido as eleições naquele ano, alegadamente fraudadas. Em seus discursos Vargas pregava reformas, como a eleitoral e a do sistema tributário[5].

Vargas, em momento posterior de seus governos (que podem ser divididos em 03 diferentes períodos: 1930-1937; 1937-1945 e 1950-1954) também se viu acossado pela adoção de reformas constitucionais.

Tendo assumido o governo do Brasil em 1930, fruto de um golpe, foi fortemente pressionado pela reconstitucionalização do país, tendo por ápice a Revolução Constitucionalista de 1932, baseada em São Paulo[6]. A despeito do movimento paulista ter sido vencido, as pressões surtiram efeito, tendo sido convocada uma Assembleia Constituinte exclusiva (única na história brasileira), surgindo daí a Constituição

---

3 NETO, Lira. *Getúlio – 1882-1930*: Os anos de formação à conquista do poder. São Paulo: Companhia das Letras, 2002. p. 233, 234 e 237.

4 NETO, Lira. *Getúlio – 1882-1930*: Os anos de formação à conquista do poder. São Paulo: Companhia das Letras, 2002. P. 245-248 et. seq.

5 Ibid., p. 515.

6 Id., *Getúlio - 1930-1945*: Do governo provisório à ditadura do Estado Novo. São Paulo: Companhia das Letras, 2013, p. 58 et. seq.

de 1934[7]. Vargas, então Presidente da República em razão do Golpe de 1930, foi eleito indiretamente para um mandato constitucional (1934-1938), tendo escrito em seu diário que possivelmente "seria o primeiro revisar dessa Constituição", cujo texto classificou de "monstruoso"[8]. Consta ser de sua autoria a declaração de que "as constituições são como virgens, nasceram para ser violadas".[9]

Ocorre que Vargas, acostumado às fraudes eleitorais da República Velha (pelas quais foi eleito deputado estadual, deputado federal e Presidente do Estado do Rio Grande do Sul), e com nítido perfil caudilhista, não se sentia confortável com as regras constitucionais impostas em 1934, e quase ao final de seu mandato, conspirou para o (auto) golpe de 1937 que fundou o Estado Novo, outorgando uma nova Constituição ao país naquele ano[10], elaborada por Francisco Campos[11]. A Constituição de 1937, na verdade, nunca foi aplicada, pois Vargas governava de modo ditatorial, através de decretos-lei. Só quando deposto, em 1945, é que ocorreu a reconstitucionalização e a aprovação de uma nova Constituição em 1946.

Mesmo eleito democraticamente em 1950, Vargas não se sentiu confortável com o figurino constitucional de 1946, buscando *reformas de base*, com nítido viés trabalhista, inspiradas por seu Ministro do Trabalho, João Goulart[12]. A pressão política contra tais reformas foi intensa, e dentre outros fatores culminou em seu suicídio dentro do Palácio presidencial em 1954.

05. O período entre 1954-1964 foi de intenso debate sobre reformas, muitas delas implementadas em nosso país.

Jânio Quadros foi eleito em 1960 para um mandato de quatro anos (1961-1964), porém renunciou em 1961. Seu Vice-Presidente, João Goulart, assumiu a Presidência. Por pressão político-militar foi in-

---

7 Ibid., p. 139 et seq.

8 Ibid., p. 189-190.

9 Ibid., p. 191.

10 NETO, Lira. *Getúlio - 1930-1945*: Do governo provisório à ditadura do Estado Novo. São Paulo: Companhia das Letras, 2013, p. 300-310.

11 Professor da Faculdade Livre de Direito de Belo Horizonte, posteriormente unificada à Universidade Federal de Minas Gerais.

12 NETO, Lira. *Getúlio – 1945-1954*: Da volta pela consagração popular ao suicídio. São Paulo: Companhia das Letras, 2014. p. 214 et. seq.; 225-233; 250-255 e 271-277

troduzido em 1961 o parlamentarismo no Brasil através de Emenda Constitucional, a fim de que Goulart assumisse de forma *tutelada* pelo Congresso. Em janeiro de 1963, em decorrência de plebiscito, o presidencialismo foi reintroduzido no país e Goulart tinha seu *saldo de mandato* para governar.[13]

Buscando *recuperar o tempo perdido*, Goulart acelerou a pressão em busca de *reformas de base*, mais amplas do que as pretendidas por Vargas em 1954, pois, além de aspectos trabalhistas, pleiteava uma *reforma agrária*, modificações na sistemática de *remessa de lucros ao exterior* e uma *ampla nacionalização dos meios de produção*. Foi deposto pelo Golpe militar de 1964.[14]

06. É pleno de reformas o período dos governos militares, iniciado em 1964 e findo em 1985, com a redemocratização, que culminou com a convocação de uma constituinte congressual eleita em 1986 e a Constituição de 1988.

Sem liberdades democráticas e com *formal* e *retórico* amparo constitucional, governaram o país: Castelo Branco (1964-1967), Costa e Silva (1968-1969), uma junta militar após o impedimento do Presidente Costa e Silva por problemas de saúde (1969), Emílio Garrastazu Médici (1970-1974), Ernesto Geisel (1974-1978) e João Batista Figueiredo (1979-1985).

Sem liberdades democráticas foi fácil fazer as reformas que o grupo dominante pretendia impor ao país. Foram aprovados diversos Atos Institucionais que macularam a Constituição de 1946 – o primeiro deles redigido por Francisco Campos, o mesmo jurista da Constituição de 1937 -, e adotados planos econômicos de forte arrocho[15]. Foi formalmente promulgada a Constituição de 1967, votada por um Congresso Nacional já emasculado pelos expurgos políticos e sob a pressão das botinas e do relógio[16].

Em 1968 surge o Ato Institucional n. 5 (AI-5), que marcou o endurecimento do regime político e a extinção definitiva das liberdades democráticas criadas pós-Estado Novo. Algo como *um golpe dentro do*

---

13 SKIDMORE, Thomas. *Brasil de Castelo a Tancredo*. Rio de Janeiro: Paz e Terra, 1988, p. 29-30.

14 Ibid., p. 41-44.

15 NETO, Lira. *Castelo*: A marcha para a ditadura. 2. ed. São Paulo: Companhia das Letras, 2019, p. 314-320.

16 Ibid. p. 407.

golpe. Sua redação original, da lavra de Luís Antonio Gama e Silva[17], era ainda mais dura do que a aprovada, pois foi amenizada pelos militares[18]. Em 1969 foi editada a Emenda Constitucional n. 1 que alterou substancialmente a Constituição de 1967, endurecendo ainda mais o regime.

É curioso notar durante o período militar a preocupação com a constitucionalização *formal* do país, pois incontáveis atos de força foram praticados sob um *verniz* constitucional – a manutenção da lei e da ordem foi sempre amparada em atos que eram *retoricamente* justificados com base em teoria constitucional[19]. É sintomática a análise de Thomas Skidmore: "Por que essa mania por mais uma Constituição? É que nela refletia-se o desejo contínuo dos revolucionários, até dos militares da linha dura, de estarem munidos de uma justificativa legal para a afirmação de sua autoridade arbitrária." Porém, *Constituição não era*; estava mais próxima de um *Manual de Instruções*.

É ainda Skidmore que aponta acerca das reformas eleitorais elaboradas durante o governo Médici, período em que o Congresso Nacional permaneceu fechado por bom tempo, para as eleições de 1974: "Por que toda essa tentativa de remendar o sistema eleitoral? Dada a sua posição e seus poderes, por que o governo não abolia as eleições? Ou por que não recorria a mais eleições indiretas (como já fizera para governadores e presidente)? A resposta é que os militares (e seus colaboradores civis) ainda viam as eleições como um importante processo de legitimação. Elas tinham que ser mantidas, e manipuladas se necessário."[20]

07. Em 1985, já no ocaso do regime militar e em transição para a redemocratização, foi eleito Presidente por via indireta Tancredo Neves, que faleceu dias antes de tomar posse, assumindo a Presidência o Vice-Presidente José Sarney (1985-1990).

Foi instalada uma constituinte congressual sob a presidência de Ulysses Guimarães, durante a qual também ocorreram algumas reformas no curso do processo constituinte.

---

17 Professor catedrático da Faculdade de Direito da Universidade de São Paulo.

18 SKIDMORE, Thomas. *Brasil de Castelo a Tancredo*. Rio de Janeiro: Paz e Terra, 1988. p. 166-167.

19 Ibid., p. 170.

20 SKIDMORE, Thomas. *Brasil de Castelo a Tancredo*. Rio de Janeiro: Paz e Terra, 1988, p. 227.

Havia um Regimento Interno a regular o processamento das propostas apresentadas nas Subcomissões e Comissões nas quais se dividiu os trabalhos constituintes. Esse método fracionado de trabalho ocasionou a ampliação da constitucionalização *formal*, pois todos os assuntos que, de alguma forma, impactavam a sociedade naquele período foram introduzidos na Constituição, ocasionando um verdadeiro *inchaço* de temas e no seu nível de detalhamento. Um bom exemplo se verifica no capítulo tributário, onde constam detalhes que seriam muito adequados para regulação *infralegal*, mas que acabaram se tornando normas constitucionais.

Em determinada fase dos trabalhos o resultado apresentado, fruto do método fracionário adotado, não agradou grande parcela dos constituintes, o que ocasionou uma forte modificação regimental, permitindo que matérias já decididas fossem reapreciadas em plenário. Assim, com a mudança das regras, o que já estava votado e assentado, poderia ser novamente reaberto e reapreciado, ocasionando alterações substanciais nas normas em construção. O grupo que gerou essa importante modificação regimental foi autodenominado de *Centrão*, e era contrário ao que já havia sido aprovado – repete-se: aprovado de acordo com as regras regimentais existentes, as quais, por sua vez, haviam sido aprovadas por todos os constituintes no início dos trabalhos – o que ocasionou diversas alterações no texto.

08. Foi promulgada a Constituição de 1988 com um interessante artigo que estabelecia uma revisão constitucional *após cinco anos de sua promulgação* (art. 3º, ADCT). Ocorre que, *antes mesmo dos cinco anos estabelecidos para* o processo de *revisão* foi iniciado o processo de *emendas* visando *reformar* a Constituição. Foi desenvolvida uma teoria no sentido de que uma coisa era o processo de *revisão* e outra o de *reforma*, o que, de certa forma tinha fundamento, em face da diferença de quórum e de método estabelecidos para cada processo.

A primeira das Emendas Constitucionais surgiu em 31 de março de *1992*, cerca de três anos e meio após a promulgação da Carta de 1988, tratando da remuneração de deputados estaduais e vereadores. Cumprindo o interregno temporal estabelecido, a primeira Emenda Constitucional *de Revisão* ocorreu em 1º de março de *1994* e dispunha sobre o Fundo Social de Emergência, que receberia posteriormente diversos nomes e prorrogações, vigorando até os dias atuais sob a denominação de DRU – Desvinculação de Receitas da União.

Para tornar curta uma história que já se faz longa, até janeiro de 2020 foram aprovadas seis Emendas Constitucionais *de Revisão* e 105 Emendas Constitucionais, sendo a mais recente de 12 de dezembro de 2019, que trata de transferência direta e obrigatória de recursos orçamentários a Estados e Municípios, decorrentes de emendas parlamentares.

09. É dentro deste contexto, meramente esboçado, que se inserem as PECs - Propostas de Emenda Constitucional apresentadas pelo novo governo da República, sob a Presidência de Jair Bolsonaro (2019-2022). Eleito em outubro de 2018 no segundo turno de votação, com 55% dos votos válidos[21], propõe-se a reformar integralmente o país, sob a alegação de que, após diversos anos de governos alegadamente esquerdistas (FHC: 1995-2003, Lula: 2003-2011; Dilma Rousseff: 2011-2016 e Michel Temer: 2016-2018), havia chegado a hora da (extrema) direita governar.

10. A que se deve este processo contínuo de reformas constitucionais que se vê no Brasil? Insatisfação de parcelas da sociedade que perdem a disputa política e buscam incessantemente *virar o jogo*, por meios constitucionais ou de força? Haverá uma luta fratricida no país, sendo impossível haver consenso de médio e longo prazo sobre regras do jogo democrático? Isso teria por base a extrema desigualdade econômica que gera uma diferença substancial na necessária *paridade de armas* do jogo eleitoral, distorcendo a lógica da democracia representativa, a qual estabelece que "*a cada pessoa corresponde um voto*"? Existirão grupos que possuem *mais poder de voto do que outros*, e que buscam sempre se manter no poder ganhando o jogo?

11. Marcelo Neves dissertou a respeito da *constitucionalização simbólica brasileira*, com os olhos voltados à Constituição de 1988, e suas normas inaplicáveis *em* concreto, distinguindo o papel dos ideais nelas constantes com a realidade social. Como diz Neves, com base em Luhmann: "o problema não se restringe à 'constitucionalidade do Direito', mas antes à 'juridicidade da Constituição"[22]. É uma boa e pertinente análise, mas com enfoque na função retórica ou simbólica que nutrem as normas constitucionalizadas que não possuem efetividade jurídica.

O que se aponta para debate neste introito é para a busca das *causas* das constantes mudanças no texto constitucional brasileiro. O que

---

21 45% foram dados ao candidato Fernando Hadad, devendo ser excluídos 21% de abstenções, 2% de votos nulos e 7% de votos em branco. Disponível em: https://g1.globo.com/jornal-nacional/noticia/2018/10/29/tse-conclui-votacao-jair-bolsonaro-teve-pouco-mais-de-55-dos-votos.ghtml

22 NEVES, Marcelo. *A constitucionalização simbólica*. São Paulo: Acadêmica, 1994. p. 153 et. seq.

move a sociedade (ou *frações da sociedade*) nesse rumo, seja no âmbito de Constituições criadas sob o prisma mais liberal (como a de 1891), ou as posteriores, fruto do modelo social-democrático do pós-Guerra (como a de 1946 e a de 1988)?

Penso que existe aqui um campo enorme de pesquisas que precisa ser explorado, congregando um perfil multidisciplinar no âmbito das ciências sociais.

De minha parte, sem aprofundar a análise, penso ser central a questão distributiva financeira. Não se trata apenas da questão tributária – ou seja, quem paga a conta dos gastos governamentais. O ponto é a conjugação sobre *como se reparte esse custo* (aspectos tributários) e *com quem se gasta* (aspectos financeiros). Em síntese, é saber como se opera aquilo que denominei de *orçamento republicano*, que se circunscreve entre as capacidades financeiras: a contributiva e a receptiva[23]. Tenho um *palpite* de que aí se encontra a gênese das eternas reformas constitucionais brasileiras, inclusive as que se referem ao controle do poder político. Trata-se de uma luta pela redistribuição financeira entre *quem paga a conta das promessas governamentais* e quem *recebe (ou não) as prestações civilizatórias decorrentes desse modelo.*

Surge a crise quando os recursos se tornam insuficientes para distribuir benesses (gasto público) aos grupos econômicos privilegiados em nosso país; ou mesmo quando eles se encontram ameaçados de serem sobre onerados (receita pública) no âmbito econômico. A crise e a busca por alterações constitucionais passam por esta luta intestina à sociedade brasileira, fraturada por desigualdades socioeconômicas e com difícil mobilidade social, como aponta relatório divulgado pelo Fórum Econômico Mundial em 21 de janeiro de 2020. Segundo o documento, um brasileiro nascido no patamar mais baixo de renda levaria nove gerações para chegar à renda média do país. Na Dinamarca, que lidera o ranking, essa ascensão social demoraria só duas gerações.[24]

---

23 SCAFF, Fernando Facury. *Orçamento republicano e liberdade igual.* Belo Horizonte: Editora Fórum, 2018.

24 FOLHA DE PERNAMBUCO. Brasileiro mais pobre levaria nove gerações para atingir renda média do país, diz estudo. Folha de Pernambuco, Recife, 22 jan. 2020. Disponível em: https://www.folhape.com.br/economia/economia/brasil/2020/01/22/ NWS,128446,10,1103,ECONOMIA,2373-BRASILEIRO-MAIS-POBRE-LEVARIA-NOVE -GERACOES-PARA-ATINGIR-RENDA-MEDIA-PAIS-DIZ-ESTUDO.aspx. Acesso em: 03 fev. 2020.

A incessante e inclemente luta política ocorre em razão desse pano de fundo financeiro. A parcela mais pobre possui poder *de voto* "per capita", porém a parcela mais rica da sociedade brasileira possui poder *de veto* em razão de "pecúnia" e de "influência". Isso gera promessas eleitorais e normativas nunca cumpridas, e gestão macroeconômica para a manutenção do *status quo*, ou apenas para mudanças periféricas.

O tema merece melhor análise sob este prisma, o que escapa ao objeto deste trabalho, porém é dentro deste contexto que se inserem as PECs - Propostas de Emenda Constitucional apresentadas no primeiro ano de governo de Jair Bolsonaro.

2. AS PROPOSTAS DE EMENDA CONSTITUCIONAL APRESENTADAS NO PRIMEIRO ANO DE GOVERNO DE JAIR BOLSONARO

10. Depois de aprovar a PEC – Proposta de Emenda Constitucional referente à Reforma da Previdência, apresentada no início de 2019 e aprovada como a Emenda Constitucional 103, em novembro do mesmo ano, o governo se sentiu fortalecido para propor outras frentes de reforma.

No âmbito tributário, aproveitou duas PECs que tramitavam no Congresso (a PEC 45, que tramitava na Câmara dos Deputados e a PEC 110, no Senado) e desistiu de apresentar uma proposta própria. De comum acordo com os Presidentes de cada qual das Casas Legislativas, foi constituída em dezembro de 2019 uma Comissão Mista para análise dos projetos, tendo a Presidência da República decidido atuar diretamente no âmbito da Comissão, que até o presente momento ainda não foi instalada.

Propostas *próprias* de Emenda Constitucional foram apresentadas pelo Ministro da Economia, Paulo Guedes, em novembro de 2019, consubstanciadas em 03 textos, que se constituíram nas PECs 186, 187 e 188. Trata-se de textos longos e com múltiplas propostas de modificação constitucional, que, caso venham a ser aprovados tal como propostos – o que é improvável -, alterarão fortemente a atual sistemática financeira brasileira e o projeto constitucional de 1988, tornando-o economicamente mais *liberal*[25]. Pretende-se diminuir os gastos

---

25 Para Gilberto Bercovici a Constituição de 88 não é um projeto liberal: "A Constituição, de 1988, para desespero ou fúria de nossos autointitulados "liberais" (estariam melhor classificados como conservadores ou até reacionários), não é liberal, por maiores exercícios hermenêuticos que eles façam". BERCOVICI, Gilberto. Constituição Econômica e dignidade da pessoa humana. *Revista da Faculdade de Direito da Universidade de São Paulo*, v. 102, jan./dez. 2007, p. 460-461.

do Estado brasileiro, reduzindo a massa de recursos antes vinculados a determinadas finalidades, várias delas para a *seguridade social*, liberando-os para livre deliberação parlamentar. Também visa estabelecer novas relações federativas no Brasil, sob o argumento de *menos Brasília e mais Brasil*, porém, em concreto, centraliza decisões e recursos nas mãos do governo central.

É impossível neste trabalho tratar em detalhes de todos os aspectos das PECs apresentadas, porém serão destacados os pontos centrais mais discutíveis dos projetos.

3. SOBRE A EXTINÇÃO DE MUNICÍPIOS NA PEC 188

11. No âmbito da PEC 188, batizada de PEC do Pacto Federativo, surgiu uma novidade que destaco para análise: a incorporação *compulsória* de Municípios, constante do seu art. 6º, que propõe incluir o art. 115 no ADCT, com a seguinte redação:

> Art. 115. Os Municípios de até cinco mil habitantes deverão comprovar, até o dia 30 de junho de 2023, sua sustentabilidade financeira.
>
> §1º A sustentabilidade financeira do Município é atestada mediante a comprovação de que o respectivo produto da arrecadação dos impostos a que se refere o art. 156 da Constituição Federal corresponde a, no mínimo, dez por cento da sua receita.
>
> §2º O Município que não comprovar sua sustentabilidade financeira deverá ser incorporado a algum dos Municípios limítrofes, a partir de 1º de janeiro de 2025.
>
> §3º O Município com melhor índice de sustentabilidade financeira será o incorporador.
>
> §4º Poderão ser incorporados até três Municípios por um único Município incorporador.
>
> §5º Não se aplica à incorporação de que trata este artigo o disposto no § 4º do art. 18 da Constituição Federal.
>
> §6º Para efeito de apuração da quantidade de habitantes de que trata o caput, serão considerados exclusivamente os dados do censo populacional do ano de 2020.

Informes da imprensa dão conta que 1.254 Municípios podem ser extintos caso esta norma seja aprovada[26], ou seja, praticamen-

---

26 TEMÓTEO, A., MAZIEIRO, G., ANDRADE, H. de. Governo propõe fundir municípios; regra atingiria quase 1 em cada 4 cidades. *UOL*, Brasília, 5 nov. 2019. Disponível em: https://economia.uol.com.br/noticias/redacao/2019/11/05/pacote-governo-municipios-fusao.htm. Acesso em: 29 jan. 2020.

te um em cada quatro Municípios brasileiros seria incorporado pelo Município vizinho.

Os economistas, por força de sua profissão, têm os olhos voltados para a *eficiência* e a *eficácia* dos sistemas que gerenciam; mas os bacharéis em Direito possuem os olhos voltados para outros parâmetros, que dizem respeito ao *ordenamento jurídico*, iniciando sua análise pela Constituição.

Será constitucional tal proposta?

Observa-se que a norma proposta, em seu §5º, afasta a oitiva das populações locais, como se elas não existissem e não tivessem o direito de opinar sobre seus destinos. Sua opinião será solenemente ignorada em todo esse processo, pois a proposta de norma afasta a exigência hoje vigente de *consulta prévia, mediante plebiscito*, para a incorporação de Municípios (art. 18, §4º, CF). Por si só este texto já apontaria para violação ao art. 14, CF, que indica o plebiscito como uma forma de exercício da soberania popular. Trata-se de uma medida de força, autoritária, que prevê incorporação *compulsória*, que certamente não condiz com nossa Constituição.

12. Por outro lado, existe uma *equação financeira imprecisa*, que faz com que os indicadores estejam descalibrados. O §1º da norma proposta sugere que sejam *receitas próprias* apenas aquelas que os entes federados arrecadem diretamente, o que é um erro palmar. No caso dos Municípios, sugere-se que sejam receitas próprias apenas aquelas decorrentes de IPTU e de ISS (art. 156, CF), descartando as receitas *transferidas*, sendo translúcido que estas *também são receitas próprias*, por força da equação financeira do *federalismo cooperativo*.

Nesse sentido, é parte da receita *própria* dos Municípios, dentre outras: (1º) a quota parte do FPM – Fundo de Participação dos Municípios 23,5% de tudo que é arrecadado pela União a título de IR e IPI (art. 159, I, "b" e "d", CF); (2º) pelo menos 50% do que é arrecadado pela União a título de ITR em seu território (art. 158, II, CF); (3º) metade do que é arrecadado pelos Estados a título de IPVA (art. 158, III, CF); (4º) a *quota-parte* do ICMS, que corresponde a 25% de tudo que é arrecadado pelos Estados, a título desse imposto (art. 158, IV, CF); (5º) os Municípios recebem também 25% do Fundo do IPI-Exportação (art. 158, §3º, CF) e (6º) 25% do montante de CIDE destinado aos Estados (art. 159, §4º, CF). Isso tudo além de (7º) 60% dos *royalties* decorrentes da exploração de petróleo, (8º) 75% dos *royalties* decorrentes da exploração de recursos minerais e (9º) 65% dos *royalties* decorrentes da exploração de hidroenergia (art. 20, §1º, CF).

Logo, o *pressuposto* financeiro da norma proposta está simplesmente descalibrado para fins da análise pretendida, pois *a composição da receita própria dos Municípios não decorre apenas de sua arrecadação tributária direta*, mas por um *conjunto solidário de transferências obrigatórias dentre a arrecadação de todos os entes federados*. Não são *esmolas* que a União e os Estados concedem aos Municípios, mas direitos destes em decorrência de normas constitucionais. Desse modo, centrar a atenção em apenas uma parte da arrecadação municipal como pressuposto de que tais entes federados não podem se sustentar é desviar a atenção do principal problema, que está na *qualidade* de suas *despesas*.

13. Existem outros aspectos a serem considerados, que se encontram sob análise no STF, aguardando julgamento das ADIs 4.917, 4.916, 4.918, 5.038 e 4.920. Relembrando: esse conjunto de ADIs trata do rateio dos *royalties* do petróleo. A Ministra Cármen Lúcia em março de 2013 concedeu monocraticamente uma liminar suspendendo os efeitos da Lei 12.734/12[27] e até hoje não levou sua decisão ao Plenário da Corte, o que está previsto para ocorrer em abril de 2020. A petição inicial da ADI 4.917, interposta pelo Estado do Rio de Janeiro, teve por subscritor o então Procurador daquele Estado Luiz Roberto Barroso, hoje Ministro do STF. Nela foram apresentados dois argumentos, dentre outros: (1) que existiria uma espécie de *direito adquirido dos entes federativos* ao repasse de recursos da forma da legislação então revogada, e também que (2) a nova norma estava infringindo o *Princípio da Confiança Recíproca* que deve presidir as relações entre os entes federados[28].

Pois bem, se for reconhecido o *direito adquirido dos Estados* naquele julgamento, constatar-se-á, de forma muito mais clara e central, sua infringência nesta situação, pois aqui os Municípios serão absorvidos, *desaparecidos do mapa* (tal qual se vê no filme *Bacurau*), sem nenhuma consulta aos seus habitantes. Serão incorporados à cidade vizinha, da qual se apartaram anos antes, *cumprindo todos os requisitos constitucionais e legais então existentes*. Se existe alguma espécie de direito

---

27 SCAFF, Fernando Facury. Os royalties do petróleo, o STF e a Federação. *Consultor Jurídico*, São Paulo, 26 mar. 2013. Disponível em: https://www.conjur. com.br/2013-mar-26/contas-vista-questao-royalties-leva-debate-federalismo-stf. Acesso em: 29 jan. 2020.

28 Ao raro leitor que se interessar sobre a matéria sugiro a leitura do capítulo 4 de meu livro Royalties do Petróleo, Minério e Energia - Aspectos Constitucionais, Financeiros e Tributários. São Paulo: Editora Revista dos Tribunais, 2014.

adquirido para os entes públicos, o núcleo central do conceito estará aqui expressado.

O mesmo sentido se verifica na questão do *Princípio da Confiança Legítima*, que deve presidir as relações entre os entes federados, consoante decisão do Tribunal Constitucional alemão[29]. No caso, haverá mais um motivo para a *desconfiança legítima* entre os entes da Federação brasileira. Será uma verdadeira traição aos ideais federativos que presidem nosso pacto, já tão violado. O federalismo deve permitir que as pessoas tenham qualidade de vida em qualquer lugar do país em que decidam habitar. A extinção dos Municípios, tal qual proposto, acarretará a necessidade de deslocamento dos habitantes da periferia para o centro, toda vez que for necessário adotar qualquer procedimento referente aos serviços públicos, que certamente serão mais negligenciados pela novel sede municipal. Já imaginaram como isso ocorrerá nas distâncias amazônicas?

14. Em concreto, os habitantes desses *Municípios desaparecidos* se tornarão *cidadãos de segunda categoria*, engolfados pela nova sede municipal, da qual se apartaram anos atrás. Isso diz respeito a aspectos do *narcisismo das pequenas diferenças*, estudados por Freud, que envolvem identificação de um grupo social em comparação com outros, presumidamente diferentes, como se vê entre "comunidades vizinhas, e também próximas em outros aspectos, (ao) andarem às turras e zombarem uma da outra, como os espanhóis e os portugueses, os alemães do norte e do sul, os ingleses e os escoceses etc. Dei a isso o nome de 'narcisismo das pequenas diferenças', que não chega a contribuir muito para o seu esclarecimento. Percebe-se nele uma cômoda e relativamente inócua satisfação da agressividade, através da qual é facilitada a coesão entre os membros da comunidade" (Sigmund Freud, Mal-Estar na Civilização, 1930, p. 81). Quem não conhece uma piada acerca da comunidade vizinha, como ocorre, por exemplo, na caracterização que os paulistas fazem dos cariocas e vice-versa? Projete isso entre comunidades vizinhas, hoje autônomas, que serão obrigadas a viver em conjunto, como ocorreu no passado, e da qual se apartaram obedecendo as normas legais então vigentes. Seguramente as *comunidades engolidas* serão discriminadas, e seus habitantes se tornarão *cidadãos de segunda*

---

29 SCAFF, Fernando Facury. A desconfiança legítima no federalismo fiscal e a ADPF 523. *Consultor Jurídico*, São Paulo, 10 jul. 2018. Disponível em: https://www.conjur.com.br/2018-jul-10/contas-vista-desconfianca-legitima-federalismo-fiscal-adpf-523. Acesso em: 29 jan. 2020.

categoria defronte aos seus novos dirigentes municipais e à população do Município predominante. Lastimável.

15. Ousando adentrar na economia, penso que, neste assunto, deve-se ler mais Amartya Sen e menos Friedrich Hayek. Menos *financeirização* e mais *humanidade*.

Não tratarei dos aspectos políticos dessa decisão, pois refogem à análise jurídica. Deixo-os aos critérios de conveniência e oportunidade do Congresso, a quem cabe decidir a matéria.

Enfim, a *incorporação* de Municípios só pode ocorrer na forma do art. 18, §4º, da atual Carta Republicana. A proposta encaminhada, neste aspecto, viola a cláusula pétrea do federalismo, inscrita no art. 60, §4º, I da Constituição.

Sugiro não aguardar o ano de 2023 para discutir esse assunto no STF, caso esta disposição da PEC 188 seja aprovada no Congresso tal qual proposta.

4. O SIGNIFICADO DE *EQUILÍBRIO FISCAL INTERGERACIONAL* NA PEC 188

16. Todos sabemos que as palavras importam, pois é através delas que primordialmente expressamos nossas ideias. Isso se torna ainda mais relevante em algumas áreas do conhecimento que usam palavras da linguagem usual para definir seus conceitos, tal como no Direito. A palavra *tradição*, por exemplo, tem um significado na linguagem comum (respeito aos valores consolidados de uma sociedade) e outro na linguagem do direito civil (transferência da propriedade de coisa móvel). Os exemplos poderiam se multiplicar, mas isso nos desviaria do ponto central de análise, que é o significado da expressão *equilíbrio fiscal intergeracional*, que consta da PEC 188.

Hoje vigora o seguinte texto no *caput* do art. 6º da Constituição:

> Art. 6º. São direitos sociais a educação, a saúde, a alimentação, o trabalho, a moradia, o transporte, o lazer, a segurança, a previdência social, a proteção à maternidade e à infância, a assistência aos desamparados, na forma desta Constituição.

O que busca a PEC 188 é acrescer o seguinte parágrafo único ao art. 6º: Parágrafo único. Será observado, na promoção dos direitos sociais, o direito ao equilíbrio fiscal intergeracional.

Aqui está o ponto central a ser analisado: qual o significado de "equilíbrio fiscal intergeracional"? Observe-se que, se aprovado este texto, será criado um "direito" a tal equilíbrio, o que é relevante e trará impacto no planejamento das políticas públicas que vierem a ser estabe-lecidas e implantadas nos próximos anos.

17. *Equilíbrio* leva à ideia de uma balança, de estabilização, de algo que tenha *sustentabilidade*. Tem a ver com a ideia de isonomia, relativo ao princípio da igualdade, de tratar as pessoas desigualmente na medi-da de suas desigualdades.

Fiscal é um conceito central ao Direito Financeiro, que tem corre-lação com dinheiros públicos, seja no âmbito da receita, da despe-sa ou do crédito. O *orçamento fiscal* é um dos três âmbitos que a Lei Orçamentária Anual deve compreender (art. 165, par. 5º, CF).

Casar as duas primeiras expressões (*equilíbrio + fiscal*) nos leva a acreditar na necessidade de que exista uma espécie de sustentabilida-de financeira, envolvendo *receita, despesa e crédito*, de tal modo que a *balança* (ou *os balanços*) se torne equilibrada, sustentável. Duas das PECs do Ministro Paulo Guedes se referem à *sustentabilidade* financeira em diversos artigos (PEC 186: art. 163, VIII; art. 164-A e seu parágrafo único; e em diversas passagens de sua justificativa; PEC 188: art. 163, VIII; art. 165, §2º; art. 164-A, parágrafo único; art. 135-A e seu §2º, I; art. 115, §§ 1º, 2º e 3º; além de diversas partes de sua justificativa).

Porém há uma terceira palavra nesse contexto, que é *intergeracional*, cujo significado implica em um olhar de uma geração à outra, de modo diferido no tempo. Nossos filhos e netos fazem parte da futura geração, a depender de já terem nascido ou não (desconheço a situação familiar do caro leitor), do mesmo modo como fizemos parte das futuras gerações a partir da ótica de nossos antepassados. É nesse *iter* entre diferentes gerações ao longo do tempo que se insere a expressão *intergeracional*.

Acrescendo este último termo ao conceito, composto de três palavras (*equilíbrio + fiscal + intergeracional*) pode-se ter uma visão mais níti-da do seu significado. A ideia central é que receita, despesa e crédito devam ser utilizados não apenas no interesse da atual geração, mas também no das futuras. Ou seja, não basta olhar o *aqui* e *agora*, mas também o *amanhã*, à luz da *sustentabilidade financeira*. Não basta em-patar a receita e a despesa em um exercício fiscal. É necessário que as finanças públicas tenham *sustentabilidade* a médio e longo prazos, com os olhos voltados em especial às *pessoas*, pois o Direito deve servir ao *homem*, e *não às finanças*.

Observando o comando normativo do *caput* do art. 6º, ao qual se pretende subordinar este parágrafo único, que introduz o conceito de *equilíbrio fiscal intergeracional*, identifica-se que ele trata dos *direitos sociais*, de forma nominativa: educação, saúde, alimentação, trabalho etc. Logo, o *equilíbrio fiscal intergeracional* deve obrigatoriamente se referir a esse grupo de direitos, definidos como *sociais*. Ou seja, o *equilíbrio fiscal* buscado deve se subordinar à *intergeracionalidade* dos direitos sociais, que devem ser assegurados não apenas à atual geração, mas também às futuras. Assim, é necessário investir nas *pessoas* (na linguagem atual: *no capital humano*) não somente para lhes garantir esses direitos hoje, mas também para as futuras gerações.

18. Para John Rawls um sistema econômico não é apenas um dispositivo institucional para satisfazer desejos e necessidades existentes, mas um modo de criar e modelar necessidades futuras. Diz o filósofo:

> Cada geração deve não apenas preservar os ganhos de cultura e civilização, e manter intactas aquelas instituições justas que foram estabelecidas, mas também poupar a cada período de tempo o valor adequado para a acumulação efetiva de capital real. Essa poupança pode assumir várias formas, que vão do investimento líquido em maquinário e outros meios de produção ao investimento na escolarização e na educação[30].

Rawls pensava nas vantagens civilizatórias existentes na sociedade, que poderiam ser transferidas e acumuladas de uma para outra geração. Como as gerações se sucedem no tempo de maneira unidirecional, por qual motivo os contemporâneos deverão poupar para as gerações futuras? Por que não usam ou dissipam tudo na sua (atual, presente) geração? Para comprovar a existência dessa preocupação intergeracional, devem se pressupor dois aspectos: (1) As partes interessadas (as pessoas em sociedade) representam linhagens familiares, assim, as famílias presentes normalmente se preocupam (pelo menos) com seus descendentes mais próximos; e (2) o sistema de poupança que vier a ser desenvolvido deve ser aplicado de tal forma que a atual geração desejaria que a geração predecessora o tivesse seguido.

Quanto deve ser poupado pela geração atual para que essas trocas intergeracionais ocorram de forma justa é variável de acordo com o desenvolvimento de cada pessoa ou sociedade. Diz John Rawls que: "Quando as pessoas são pobres e poupar é difícil, deve-se exigir uma taxa mais baixa; ao passo que, em uma sociedade mais rica, maiores poupanças devem ser racionalmente esperadas, já que o ônus real da poupança é menor".[31] Observe-se que o raciocínio de Rawls parte de

---

30 RAWLS, John. *Uma Teoria da Justiça*. São Paulo: Martins Fontes, 1997. p. 286.

31 RAWLS, John. *Uma teoria da Justiça*. São Paulo: Martins Fontes, 1997. p. 319.

uma "lógica individual" (pessoas pobres, difícil poupança) para uma "lógica social" (sociedade rica, maior poupança).

É impossível ser específico acerca dos percentuais de poupança – prossegue Rawls –, embora se possa partir de algumas cogitações, tais como perguntar aos membros da atual geração o que se deve esperar das futuras gerações a cada nível de desenvolvimento. Nesse sentido,

> imaginando-se no papel de pais, devem definir o quanto deveriam poupar para seus filhos e netos, com referência ao que se acreditam no direito de reivindicar de seus pais e avós. Quando atingirem o que pareça justo da perspectiva dos dois lados, e que inclua uma margem para melhorias circunstanciais, então a taxa justa (ou o limite de variação de taxas justas) para esse estágio está especificada.[32]

Mas, poupar para quê? É Rawls quem dá a resposta:

> A justiça não exige que as gerações anteriores economizem para que as posteriores sejam meramente ricas. A poupança é exigida como uma condição para que se promova a plena realização das instituições justas e das liberdades iguais. (...) É um erro acreditar que uma sociedade boa e justa deve aguardar a vinda de um alto padrão de vida material.[33]

Não se deve usar a poupança pública que vier a ser feita visando enriquecer as futuras gerações, mas para fortalecer as instituições que permitam exercer a liberdade com maior igualdade[34]. Claro que essas considerações vão muito além dos direitos sociais previstos no art. 6º, incluindo, dentre outros, o direito ao meio ambiente, inserido no art. 225 da Constituição.

19. Isso aponta para duas observações: (1) Os direitos sociais devem ser assegurados *hoje*, de forma *contínua* e *permanente*, sem os quais não haverá futuro, como se exemplifica com os *direitos à educação, à saúde, ao trabalho,* à *alimentação*, à *maternidade* etc. Sem eles o *desinvestimento social* terá o mesmo efeito de uma *bomba de nêutrons* para grande parcela da população, pois exterminará as pessoas, mantendo o patrimônio[35]; e (2) É importantíssimo ter os olhos voltados para a

---

32 Ibid., p. 385 et. seq.

33 Ibid., p. 322.

34 Para esse tema, ver: SCAFF, Fernando Facury. *Orçamento Republicano e liberdade igual.* Belo Horizonte: Fórum, 2018.

35 "A bomba de nêutrons tem ação destrutiva apenas sobre organismos vivos, mantendo, por exemplo, a estrutura de uma cidade intacta", conforme a Wikipedia: https://pt.wikipedia.org/wiki/Bomba_de_n%C3%AAutrons

questão do crédito público, pois seu mau uso pode ocasionar o esgotamento das fontes que devem amparar esses investimentos em *capital humano*, transformando o orçamento em um instrumento de reprodução do capital, amparando primordialmente o pagamento dos juros e a repactuação do serviço da dívida. Em primeiro lugar, deve vir a pessoa humana, e o Direito Financeiro tem importante papel a desempenhar na análise e implementação desses direitos, seja para a presente, seja para as futuras gerações.

Nesse sentido – enfatizo: *apenas nesse exato sentido* – é que se deve aplaudir a proposta apresentada pela PEC 188.

Não sei se foi isso que quiseram dizer quando propuseram o texto, sendo possível surgirem interpretações divergentes, em especial de pessoas pouco afeitas ao manuseio dos termos jurídicos. Registro, contudo, que mantida a atual redação proposta, não há espaço na hermenêutica jusfinanceira para outros sentidos no texto, pois as palavras empregadas necessariamente nos levam às conclusões expostas.

5. A PEC 187 E A EXTINÇÃO DOS FUNDOS BRASILEIROS

20. Sempre tive a convicção de que nós, brasileiros, adoramos um fundo. Temos fundos para tudo – Defesa dos Direitos Difusos, Participação de Estados e de Municípios, Criança e Adolescente, Idoso, Exportações, e por aí vai. Nem mesmo o Governo Federal sabe ao certo quantos são. Lê-se na Justificativa da PEC 187 que o mecanismo nela previsto possibilitará a extinção de "*cerca de*" 248 fundos. Se aprovada, a PEC permitirá "a desvinculação imediata de um volume apurado como superávit financeiro da ordem de R$ 219 bilhões, que poderão ser utilizados na amortização da dívida pública da União".

Fundos são regulados pelos arts. 71 a 74 da Lei 4.320/64 e se configuram como instrumentos *importantes* e *úteis* de direito financeiro que, a depender de seu uso, podem ser bons ou maus. São *importantes* porque se caracterizam como a agregação de determinado valor para ser usado em uma finalidade específica, ou seja, tornam a gestão orçamentária mais fácil, vinculando certa quantidade de dinheiro para ser usada nos objetivos traçados por lei. E são *úteis* porque, como regra geral, se o montante não tiver sido gasto integralmente em um ano, o saldo positivo deverá ser transferido para o exercício seguinte, a crédito do mesmo fundo – simplificando: não precisa gastar tudo em um único exercício, sob pena de perder o dinheiro, o que ocorre com muitos outros recursos orçamentários (conforme expus em outro texto[36]). Só para se ter uma ideia da *importância* e *utilidade* desse mecanismo financeiro denominado *fundo*: ao mesmo tempo em que é apresentada uma PEC para extinção de todos os fundos, é sancionado um aporte de recursos no valor de R$ 2 bilhões para o fundo eleitoral, para ser gasto nas eleições de 2020[37].

Se tais fundos são *importantes* e *úteis*, por qual motivo o Poder Executivo federal propôs a PEC 187 para acabar com eles? Para responder a esta questão central deve-se compreender alguns aspectos sobre a dinâmica a eles aplicada.

21. A fantástica quantia de R$ 219 bilhões acumulados nestes fundos decorre de: 1) Em face da vinculação entre uma receita e o fundo, toda vez que aquela receita ocorrer, aumentará a grana do fundo; 2) O Poder Executivo federal (os anteriores e o atual) não deixa o gestor do fundo gastar, mesmo havendo dinheiro, pois o *contingencia*, isto é, efetua "limitação de empenho e movimentação financeira" (art. 9º, da LRF), tendo por foco o pagamento da dívida pública[38]; 3) A consequência *econômica* é que numericamente o dinheiro se acumula; a consequência *política* é que o gestor é carimbado como *incompetente*, pois alegadamente não consegue gastar, embora, *juridicamente*, esteja impedido de fazê-lo. Caso aprovada a extinção dos fundos, o montante acumulado vai virar pó, revertido para o pagamento da dívida – o que já ocorreu. Logo, a consequência *contábil* será a de *zerar* os saldos e começar *vida nova*, desvinculando a receita às finalidades estabelecidas.

Logo, se o Poder Executivo (de ontem e de hoje) tivesse permitido o gasto, o montante acumulado seria bastante menor, ou talvez sequer existisse; porém a dívida pública seria maior. Trata-se de uma *escolha*

---

36 SCAFF, Fernando Facury. Gaste tudo, não devolva um centavo ao governo e a terceira lei de Newton. *Consultor Jurídico*, São Paulo, 9 jul. 2019. Disponível em: https://www.conjur.com.br/2019-jul-09/contas-vista-gaste-tudo-nao-devolva-na-da-governo-terceira-lei-newton. Acesso em: 29 jan. 2020.

37 CONSULTOR JURÍDICO. Bolsonaro sanciona Orçamento com fundo eleitoral de R$ 2 bilhões. Consultor Jurídico, São Paulo, 18 jan. 2020. Disponível em: https://www.conjur.com.br/2020-jan-18/bolsonaro-sanciona-orcamento-fundo-eleitoral-bi. Acesso em: 29 jan. 2020.

38 SCAFF, Fernando Facury. O que vale mais: a Constituição ou o Anexo de Metas Fiscais da LRF? *Consultor Jurídico*, São Paulo, 29 nov. 2016. Disponível em: https://www.conjur.com.br/2016-nov-29/contas-vista-vale-constituicao-ou-anexo-me-tas-fiscais-lrf. Acesso em: 29 jan. 2020.

orçamentária que cabe ao Poder Executivo, que, embora amparada em lei, frustra as deliberações do Poder Legislativo.

22. Exatamente em razão das características acima apontadas, é que existe *uma busca desenfreada por um fundo para chamar "de seu"*. Foi o que ocorreu com o Ministério Público Federal do Paraná que, capitaneado pelo procurador Deltan Dallagnol, tentou criar um fundo para chamar "de seu" no montante de R$ 2,5 bilhões, o que foi combatido pela então Procuradora Geral da República, Raquel Dodge, com o que concordou o plenário do STF, sob a relatoria do Ministro Alexandre de Morais (ADPF 568). O fato é que este caso se destacou, porém muitos outros podem ser identificados. Diversos membros do Poder Judiciário ou do Ministério Público já dirigiram as verbas de algum fundo para atividades específicas, todas meritórias, porém realizadas à margem do legislador orçamentário – isto é, do conjunto do Poder Legislativo e do Poder Executivo, de qualquer nível federativo.

Se os alegados liberais do atual governo estivessem realmente atentos, teriam argumentado que o debate está inserido na *liberdade do legislador orçamentário*, isto é, na liberdade que cada governo eleito possui em estabelecer as prioridades políticas em face das convicções pelas quais foi eleito (embora isso seja estupidamente difícil de identificar em concreto), e a quantidade de recursos disponíveis para fazer frente a tais prioridades. Logo, *teoricamente*, os recursos devem estar *livres* para que o governo eleito determine no que deve gastar os recursos arrecadados. Esta é a *ratio* da primeira parte do art. 167, IV, CF.

Porém, essa consideração *teórica* foi bloqueada pela Constituição de 1988, que estabeleceu algumas prioridades com recursos *carimbados*, isto é, *vinculados*. E isso, aparentemente, está sendo respeitado pela PEC 187, pois em sua Justificativa afastou da extinção os fundos que possuem amparo constitucional, como os Fundos de Participação dos Estados e Municípios, bem como o FUNDEB (que tem prazo certo de vigência até o final de 2020) e o Fundo Nacional de Saúde. Para *dourar a pílula da PEC*, e ver se ela passa mais fácil pela análise do Congresso e da sociedade, afirma-se que o montante que deixar de ser vinculado aos fundos poderá ser usado para a erradicação da pobreza, finalidade que, por si só já é objeto de um fundo constitucional (arts. 79 a 83, ADCT). Ora, usar o verbo de forma condicional (*poderá*) ao invés de no imperativo afirmativo (*deverá*) já aponta para o esvaziamento da pretensão normativa. Trata-se de uma *promessa para inglês ver*.

23. O fato é que existem problemas na gestão desses fundos. Excelente reportagem de Marcos de Vasconcellos indica diversos problemas na gestão do Fundo de Defesa dos Direitos Difusos[39], o que poderia ser projetado para vários outros. Porém, ao invés de propor *consertos ou melhorias*, o governo atual propôs a extinção de todos os fundos, o que é um erro, sob meu ponto de vista. Afinal, devemos aperfeiçoar o que está errado, mas não destruir um modelo que deu bons resultados nestes 30 anos da Constituição de 1988 – embora 165 fundos sejam anteriores a 1988, conforme exposto na Justificativa da PEC 187.

Este problema pode ser identificado através do método que foi adotado. Propõe a PEC 187 a extinção de todos os fundos que não forem confirmados por lei complementar, no prazo de dois anos após sua aprovação. Ou seja, a inércia dos Legislativos de cada nível federativo, acabará por liberar todos esses recursos para uso pelos Poderes titulares de cada fundo (art. 3°, §2°, PEC 187). A tentação do *toma-lá-dá-cá* será enorme. Recursos hoje alocados ao Ministério Público do Estado "X" poderão ser confirmados por lei complementar estadual, em face do poder de convencimento desse órgão (ou Poder) em face do Legislativo; porém no Estado "Y" isso pode não acontecer, e os recursos serem liberados para pagamento da dívida pública estadual. Seguramente, quem tiver maior poder de pressão conseguirá mais vantagens – e tudo isso sem a regulamentação da profissão de *lobista* (ou, para usar a expressão *da moda*, do *agente de relações governamentais*). O campo estará aberto para os mais diferentes tipos de pressão, legítimos e ilegítimos – a conferir.

O fato é que mesmo nos Ministérios haverá uma encarniçada disputa por verbas orçamentárias, conforme aponta Floriano de Azevedo Marques[40].

---

39 VASCONCELLOS, Marcos de. Governo usa bilhões do Fundo de Defesa dos Direitos Difusos para inflar o caixa. *Consultor Jurídico*, São Paulo, 31 mar. 2017. Disponível em: https://www.conjur.com.br/2017-mar-31/governo-usa-dinheiro-fundo-direitos-difusos-caixa. Acesso em: 29 jan. 2020.

40 BOLDRIN, Fernanda. 'Fundos engessam orçamento, mas dão previsibilidade', diz diretor da Faculdade de Direito da USP. *O Estado de São Paulo*, São Paulo, 15 jan. 2020. Disponível em: https://politica.estadao.com.br/noticias/geral,fundos-engessam-orcamento-mas-dao-previsibilidade-diz-diretor-do-largo-sao-francisco,70003160111. Acesso em: 29 jan. 2020.

O ideal seria uma revisão individualizada de cada fundo, e a adoção de medidas para seu aperfeiçoamento, descartando seu uso para o pagamento da dívida pública. Tal pagamento deve ocorrer, mas através de expressa previsão orçamentária, e não pelo mecanismo de *superávit financeiro*, que esconde a previsão exata de quanto deve ser pago, operando através de *contingenciamento* para chegar ao montante anual a ser desembolsado (que é estabelecido pela LDO, e se torna obrigatório por força do famigerado art. 9° da LRF).

Desconheço o motivo pelo qual o governo não adota tal procedimento, mas tenho uma suspeita: adotar o método *reformista* seria uma medida *gradualista*, o que não traz impacto midiático, e vai contra a ideia de *refundação da república*, que está presente nos atos, palavras, gestos e documentos do atual governo. Só *extinguindo* o que existe, mesmo que esteja funcionando bem, ou de modo razoável, é que se *refunda* algo, e não o *consertando*.

6. A PROPOSTA DE TRANSAÇÃO FEDERATIVA DA PEC 188 ENVOLVENDO A LEI KANDIR E OS ROYALTIES

24. É sabido que desde a promulgação da Constituição em 1988: (1°) a União é "dona" do petróleo, minério e potenciais de energia hidrelétrica, conforme o art. 20, incisos I, V, VIII e IX; (2°) toda receita obtida pela União com a venda desse "patrimônio" deve ser repartida com Estados, Distrito Federal e Municípios, na forma da lei, por força do §1° do art. 20; e (3°) obedecendo a tal norma constitucional, diversas leis foram elaboradas pelo Congresso Nacional regulando o que denomino de *federalismo patrimonial*, sendo que, uma delas, a que trata da divisão dos *royalties do petróleo marítimo,* está pautada para ser julgada em abril de 2020, sob relatoria da Ministra Cármen Lúcia (ADI 4.917)[41].

A denominada PEC do Pacto Republicano (PEC 188) propõe alterar o art. 20, introduzindo um §3°, que não muda nada do que acima descrevi[42].

---

41 COELHO, Gabriela. STF adia para abril de 2020 julgamento das ADIs dos royalties do petróleo. *Consultor Jurídico*, São Paulo, 7 nov. 2019. Disponível em: https://www.conjur.com.br/2019-nov-07/stf-adia-abril-2020-julgamento-adis-royalties. Acesso em: 29 jan. 2020.

42 Texto da proposta de §3° do art. 20: "Para assegurar o fortalecimento da Federação, a União transferirá parte dos recursos de que trata o §1° que sejam de sua titularidade a todos (os) Estados, Municípios e ao Distrito Federal, cabendo à lei estabelecer percentuais, base de cálculo e condições, bem como disciplinar critérios de distribuição que contemplem, entre outros indicadores de resultado" (parêntesis acrescido).

Prosseguindo na leitura do quebra-cabeças que são as PECs, me deparei com o art. 6º da PEC 188, que busca alterar o ADCT, introduzindo, dentre outros, o art. 91-A, assim redigido:

> A transferência obrigatória de que trata o §3º do art. 20 da Constituição Federal, somente será implementada em favor dos entes federativos que *renunciem a quaisquer alegações de direito sobre as quais se fundem ações judiciais, inclusive coletivas, ou recursos que tenham por objeto tema relacionado ao art. 91 deste ADCT...*[43]

Ora, desde 1988 este rateio federativo é uma *transferência* que a União *é obrigada* a fazer aos Estados, Municípios e DF – observe-se que isso é reconhecido na primeira frase da proposta de art. 91-A.

Todavia, a proposta de art. 91-A *condiciona* a realização de tal *transferência obrigatória* à *renúncia de quaisquer alegações de direito sobre as quais se fundem ações judiciais* movidas pelos Estados contra a União sobre os repasses da Lei Kandir (art. 91, ADCT), cuja decisão terminativa já foi proferida pelo STF em favor dos Estados (ADO 25), relatada pelo Ministro Gilmar Mendes.

25. Aqui surge minha estupefação, pois *a União está propondo que os Estados renunciem os créditos* que possuem por decisão do STF, estabelecendo reposição das perdas com os repasses da Lei Kandir, a fim de que possam *receber o que já é seu desde 1988*, que são as transferências *obrigatórias* dos royalties de petróleo, minérios e hidro energia.

Minha *primeira* surpresa é que a União não pode estabelecer condições para transferência *obrigatórias* – pode até o fazer para transferências *voluntárias*, mas *não* para as *obrigatórias*.

A *segunda* surpresa é que, segundo consegui entender, a União quer transacionar sua *obrigação de pagar* (transferir a receita de *royalties*) estabelecida pela Constituição, com sua *obrigação de pagar*, estabelecida por decisão do STF na ADO 25 (reposição de perdas nos repasses da Lei Kandir).

Será que entendi bem? Usualmente *transação* envolve *compensação*, que se faz entre *créditos* e *débitos*, e não entre *débitos* e *débitos*. A União deve aos Estados nas duas situações!

---

43 A estrutura do texto desta proposta de norma me recorda o da MP 899 (art. 3º, IV, art. 14, §2º, I e III), que criou a transação tributária no âmbito da União, que é aplicável para situações muito distintas, envolvendo a *credora* União e *devedores privados* (ou assemelhados).

É verdade que ainda são *ilíquidos* os valores que os Estados têm a receber fruto da ADO 25, pois dependem da "liquidação da sentença", que não foi feito pelo TCU, em face da omissão do Congresso, desobedecendo o que havia sido determinado pelo STF naquela ação. A liquidação dos valores prossegue no bojo da ADO 25, ainda em trâmite no STF.

Ocorre que, se bem entendi, a transação proposta inapelavelmente contém uma *compensação de créditos* dos Estados contra a União, *nas duas situações*. Onde estarão os *débitos* dos Estados a serem *compensados* neste caso?

26. Ou não se trata de transação, mas de uma *declaração* na qual a União diz, alto e em bom som, que não pagará nada aos Estados, que devem se contentar em receber aquilo que já é seu? Talvez esse trecho da Exposição de Motivos que acompanha a PEC 188 dê uma pista para melhor entender a questão:

> A lógica das contrapartidas segue o fato de que os recursos transferidos pela União precisam substituir pleitos de Estados e Municípios por mais recursos, uma vez que esses novos recursos já estão sendo transferidos dentro do novo pacto federativo. *Não há recursos para fazer a transferência mais de uma vez.*

Pode até ser que os Estados aceitem essa situação, pois estão com o *pires na mão*, tantos são os desvios de receita federativa que foram feitos desde 1988, descumprindo o pacto federativo. Quem se interessar sobre o tema, sugiro a leitura do livro que coordenei em conjunto com os professores Misabel Derzi, Heleno Taveira Torres e Onofre Batista denominado *Federalismo (s)em Juízo*, no qual são debatidas diversas lides perante o Poder Judiciário entre os entes da federação brasileira. Porém, *sob a ótica jurídica*, a proposta não parece fazer sentido.

7. A LIMITAÇÃO DOS INCENTIVOS FISCAIS DA SUDAM E SUDENE ENTRE AS PECS 186 E 188 E O TCU

27. Um dos problemas centrais apontados pelos economistas e demais reformistas de plantão diz respeito ao excesso de *renúncias fiscais* no Brasil atual. Embora seja sabido que uma renúncia fiscal equivale a uma receita que deixa de ingressar nos cofres públicos, trata-se de um dos temas de mais difícil delimitação conceitual *em concreto*, sendo que o Governo Federal (os anteriores e o atual) *patinam* no assunto, incluindo como renúncias fiscais em um documento oficial denominado de DGT - Demonstrativo de Gastos Tributários um conjunto de

situações que tecnicamente não possuem identidade entre si. Já tratei do tema anteriormente[44], bem como José Maria Arruda de Andrade[45], dentre diversos outros.

O assunto não ficou de fora da mira do atual Governo Federal. Duas das PECs do Ministro Guedes tratam da limitação das *renúncias fiscais* (*incentivos fiscais*) no Brasil: a PEC 186 (art. 1º, que busca alterar o art. 167, e art. 6º) e a PEC 188 (art. 1º, que busca alterar o art.167, §10 e incluir o art. 167-A, inciso IX; e art. 9º).

Trata-se de um lídimo desejo de política econômica, afinal o governo foi eleito e, dentro do jogo de forças políticas, respeitados os trâmites constitucionais, pode vir a se transformar em norma constitucional.

O problema é, mais uma vez, o método que se pretende implantar. Eis o objeto a ser analisado, sob a dicotomia entre o micro e o macro-jurídico, tema sobre o qual venho tentando esboçar algumas linhas ainda desordenadas. Analisemos a proposta para melhor compreender o problema.

A proposta é *vedar* "a criação, ampliação ou renovação de benefício ou incentivo de natureza tributária pela União, se o montante anual correspondente aos benefícios ou incentivos de natureza tributária superar dois pontos percentuais do PIB". Escrevendo de forma mais simples: *a ideia é limitar o montante de incentivos federais ao PIB*. Aqui mora a dúvida. Alcançado esse percentual, como será feito o corte?

Imaginemos a seguinte situação: uma empresa localizada em área incentivada pela SUDAM ou pela SUDENE, e que tenha obtido incentivos fiscais regionais para deixar de pagar Imposto sobre a Renda em razão do lucro da exploração de determinada atividade econômica. Quanto maior for o êxito desta empresa, maior será a renúncia fiscal – e o objetivo da norma será alcançado, que é desenvolver aquelas regiões. Ou seja: o êxito do projeto, conforme as determinações legais, poderá implicar na revogação do incentivo. Não lhes parece haver algo estranho na construção jurídica das PECs?

---

44 SCAFF, Fernando Facury. Os contribuintes e seus dois maridos: a incidência e a renúncia fiscal. *Consultor Jurídico*, São Paulo, 22 jan. 2019. Disponível em: https://www.conjur.com.br/2019-jan-22/contas-vista-contribuintes-dois-maridos-incidencia-renuncia-fiscal. Acesso em: 03 fev. 2020.

45 ANDRADE, José Maria Arruda de. Ano mostrou necessidade de discutir seriamente a política fiscal do país. *Consultor Jurídico*, São Paulo, 24 dez. 2017. Disponível em: https://www.conjur.com.br/2017-dez-24/retrospectiva-2017-ano-mostrou-necessidade-discutir-politica-fiscal. Acesso em: 03 fev. 2020.

Um leitor mais crítico poderá dizer que tudo tem limite, e que não se pode obter incentivos fiscais eternos. Concordarei com tal análise, mas, prosseguindo no exemplo, imagine-se que todas as empresas incentivadas, situadas nessas regiões, tenham êxito no mesmo período, e sua produção seja fortemente alavancada. De qual empresa será cortado o benefício e qual o manterá?

As PECs propõem que tais benefícios sejam reavaliados, no máximo, a cada quatro anos, "observadas as seguintes diretrizes: I - análise da efetividade, proporcionalidade e focalização; II - combate às desigualdades regionais; e lII - publicidade do resultado das análises." À luz desses critérios, a hipótese levantada não será esclarecida, pois não permite a criação de um *discrímen* entre as empresas bem sucedidas e que combatem as desigualdades regionais.

É bem verdade que as PECs propõem que tais incentivos somente sejam cancelados em 2026, tendo o Congresso Nacional "tempo mais do que suficiente para reavaliar, um a um, todos os benefícios ou incentivos de natureza tributária federais", conforme consta da pág. 16 da Justificativa da PEC 188, que, inclusive, afirma que atualmente tais incentivos alcançam 4% do PIB.

28. Enquanto essas PECs tramitam no Congresso Nacional, o Plenário do TCU lavrou o acórdão TC 000.605/2019-0, em 22/01/20, tendo por Relator o Ministro Bruno Dantas. O foco do debate pode ser visto a partir desse trecho da ementa: "1. Medida legislativa instituidora de mecanismos de renúncias de receitas aprovada sem a devida adequação orçamentária e financeira e em inobservância ao que determina a legislação vigente de finanças públicas é inexequível, porquanto embora se trate de norma que, após a sua promulgação, entra no plano da *existência* e no plano da *validade, não entra, ainda, no plano da eficácia*, por não atender ao disposto no art. 14 da Lei de Responsabilidade Fiscal, na Lei de Diretrizes Orçamentárias do exercício e no art. 113 do Ato das Disposições Constitucionais Transitórias".[46] Esta decisão é *dinamite pura.*

Vamos ao caso. Nos primeiros dias do governo Bolsonaro (03/01/19) foi sancionada a Lei 13.799, prorrogando até 31/12/23 o prazo para protocolização e aprovação de novos projetos que venham a ser con-

---

46 BRASIL. Tribunal de Contas da União. Acórdão 62/2020 – Plenário. Secretaria do Tesouro Nacional. Relator: Bruno Dantas. 22 jan. 2020. Disponível em: https://pesquisa.apps.tcu.gov.br/#/documento/acordao-completo/60520190.PROC/%2520/DTRELEVANCIA%2520desc%252C%2520NUMACORDAOINT%2520desc/0/%2520?uuid=af105dc0-455a-11ea-800e-894e270965a7. Acesso em: 03 fev. 2020.

siderados prioritários para o desenvolvimento regional, nas áreas de atuação da Sudene e da Sudam, podendo ser beneficiados (1) com a redução de 75% do imposto de renda para instalação, ampliação, modernização ou diversificação, bem como (2) pela aplicação do percentual de 30% do imposto de renda devido para reinvestimento nos empreendimentos. Ocorre que a renovação desse incentivo fiscal teria impactos fiscais relevantes em 2019, sem que a perda de arrecadação estimada em R$ 7 bilhões tenha sido prevista na Lei Orçamentária Anual (LOA) de 2019.

No dia seguinte foi editado o Decreto 9.682/19, regulamentando aquela Lei e delimitando que tais incentivos deveriam observar os limites estabelecidos no DGT - Demonstrativo de Gastos Tributários, incluídos na estimativa da receita da LOA, sendo que, para o ano de 2019, a renúncia fiscal que tivesse sido concedida, e que ultrapassasse os limites nela determinados "somente entrarão em vigor quando implementadas as medidas de compensação" de que trata o inciso II do art. 14 da Lei de Responsabilidade Fiscal. *Em português*: o Decreto tentou *dar um drible* na Lei, adiando sua efetividade para um momento futuro e incerto, quando as *medidas de compensação* da isenção fossem implementadas.

Posteriormente, uma atenta unidade técnica do TCU, denominada SEMAG – Secretaria de Macroavaliação Governamental, formulou a Representação que gerou o acórdão sob comento, pois considerou que "a aprovação e sanção da matéria atinente à Lei 13.799/2019 não observou a legislação de regência de concessão dos benefícios tributários, quanto aos arts. 113 do ADCT, 14 da LRF e 114 e 116 da LDO/2019". Instaurado o processo, diversos órgãos foram instados a se manifestar.

Destaca-se a lúcida informação da Receita Federal ao declarar que não tem condições de acompanhar em tempo real os efeitos da norma isentiva, de modo a cumprir os requisitos estabelecidos no Decreto, "uma vez que o benefício tem característica de auto fruição, de modo que se o contribuinte protocoliza o projeto e atende aos requisitos da lei, a Sudam e a Sudene não têm como negar o benefício, sob a alegação de já ter atingido a cota prevista. Nessa linha, não seria possível conhecer o valor da renúncia *a priori*, pois o lucro sob o qual incidiria o benefício só será conhecido ao término do exercício". Bingo. Ponto para a Receita Federal que cometeu esse *sincericídio* (= sinceridade suicida) contra o Decreto presidencial.

O fato é que, ao final do julgamento, o TCU determinou à Sudam e à Sudene que somente implementem as renúncias fiscais previstas na Lei 13.799/2019 quando sobrevier a implantação de todas as condições de *eficácia* previstas no art. 14 da Lei de Responsabilidade Fiscal, no art. 114 da Lei 13.707/2018 (Lei de Diretrizes Orçamentárias para 2019) e no art. 113 do Ato das Disposições Constitucionais Transitórias. E determinou ao Poder Executivo que, no prazo de 180 dias, adote medidas com vistas a atender os requisitos estabelecidos naquelas normas, para que os benefícios previstos na Lei 13.799/2019 possam ter eficácia.

E mais, declarou "que houve exorbitância do poder regulamentar do Decreto, notadamente quanto aos seus arts. 2º e 3º, ensejando um conflito de ilegalidade entre o ato e a legislação que trata da matéria".

28. Eis o ponto em que os dois assuntos se encontram. Como apontei anteriormente acerca das PECs: "outro ponto importante é a tentativa de regular as renúncias fiscais, porém como o fazer de forma macroeconômica, tal como proposto no art. 167, XIV, da PEC 188? Um incentivo fiscal concedido gera um direito individual de gozo àquela empresa por prazo certo, então, como se pode reduzir tal benefício no curso da concessão? Isso foi esboçado pelo Planalto no art. 2º, do Decreto 9.682/19, regulamentando a Lei 13.799/19, que prorrogou os incentivos fiscais para as áreas da SUDAM e SUDENE nos primeiros dias do ano. Penso que haverá alguma dificuldade em sua concretização entre o macro e o microjurídico."[47]

Ou seja, *o modelo constitucional de limitação dos incentivos fiscais defendido pelo Ministro Guedes nas PECs foi implodido pelo acórdão do TCU.* É bem verdade que existe enorme diferença entre uma norma *constitucional* e uma norma *regulamentar*, mas é necessário ter muita atenção ao modelo que está sendo proposto, que *atenta violentamente contra a segurança jurídica individual de quem obteve o incentivo.*

O voto do Revisor, Ministro Raimundo Carrero, traz uma pista sobre a conjugação entre estas duas perspectivas. É mencionado que "trata-se de típica concorrência de interesses, pois de um lado há o interesse privado do contribuinte que se vale do benefício tributário e de outro o interesse público concernente à higidez das finanças públicas. É bem verdade que

---

47 SCAFF, Fernando Facury. O Direito Financeiro em 2019: o Brasil em transe. *Consultor Jurídico*, São Paulo, 24 dez. 2019. Disponível em: https://www.conjur. com.br/2019-dez-24/contas-vista-direito-financeiro-2019-brasil-transe. Acesso em: 03 fev. 2020.

renúncias fiscais também são do interesse público, pois se trata de instrumento público para o atingimento de finalidades públicas, tais como o desenvolvimento de uma região, ainda que isso implique também atendimento a interesses privados". No caso, *entendeu o Ministro Revisor que a modulação dos efeitos da decisão não ofenderia a segurança jurídica*, seja sob a perspectiva pública ou privada, pois a atuação do TCU impõe "a necessidade de atuação primariamente na perspectiva da higidez das contas públicas", *embora o TCU não deva virar as costas "para eventuais consequências que suas decisões possam produzir na esfera privada e que atentem contra a segurança jurídica"*. A modulação dos efeitos da Lei 13.799/19 foi aprovada pelo Tribunal, como se vê.

29. Tenho receio dos impactos financeiros dessa decisão do TCU nos beneficiários da Lei 13.799/19, empresários que investem no Norte e no Nordeste, que não poderão gozar dos benefícios que lhes foram concedidos em 2019 pela Sudam e Sudene, em face de problemas na norma, que não previu as medidas compensatórias impostas pelas diversas outras normas mencionadas.

Ocorre que a Lei 13.799/19 juridicamente permanece em pleno vigor, pois não foi considerada inconstitucional pelo Poder Judiciário, seja em controle difuso ou concentrado. O TCU é que faz o alerta para sua *ineficácia*, embora a considere *existente* e *válida*. Como o poder do TCU é enorme internamente à estrutura governamental federal, tudo indica que a Receita Federal, Sudam e Sudene não reconhecerão os incentivos que, a despeito de tudo, *microjuridicamente* foram regularmente concedidos e se incorporaram ao patrimônio jurídico desses beneficiários, concedidos com base em uma Lei que permanece plenamente vigente.

Isso seguramente ainda vai dar muita confusão. Fica o alerta às empresas incentivadas, em face do acórdão do TCU, e ao Congresso, em face do modelo desenhado pelas PECs para o controle dos incentivos fiscais.

8. CONCLUSÕES

30. A ênfase jurídico-reformista constitucional ainda não está bem estudada em nosso país. Tudo indica que decorra de uma fissura do tecido socioeconômico, que necessita estabelecer regras finalísticas e detalhadas na Constituição, mas, logo após, surge uma *reação* ao que foi aprovado, e, por diversos meios, buscam-se alterações pontuais do modelo aprovado, em uma guerra política infinda.

Como referido, as causas não parecem muito claras ainda e o tema necessita de maior aprofundamento analítico.

Dentro desse contexto é que se insere a ânsia reformista identificada no 1º ano do Governo Bolsonaro, através da aprovação da Reforma da Previdência (Emenda Constitucional 103), de seu ingresso no debate sobre a Reforma Tributária no âmbito da Comissão Mista para análise das PECs 45 e 110, e as propostas de modificação do sistema financeiro e orçamentário brasileiro, também envolvendo questões federativas (PECs 186, 187 e 188).

Constata-se que todo esse movimento busca alterar fortemente a Constituição, para que adote um perfil mais liberal e descentralizador, embora sejam constatados diversos pontos em que o discurso oficial não se coaduna com as propostas apresentadas, conforme exposto ao longo do trabalho. Tudo indica que as capacidades financeiras, contributiva e receptiva, permanecerão descasadas com um dos principais objetivos da República brasileira: a de redução das desigualdades sociais e regionais (art. 3º, III, CF).

Nesse sentido, vislumbra-se um período de forte litigância no Poder Judiciário, através do controle concentrado e difuso, a fim de buscar prevalecer o conteúdo pró-social e federativo da Constituição de 1988, que está sob confronto.

Será que nosso país está mesmo precisando dessa *overdose* de *reconstrução nacional* ou haverá muita coisa aproveitável no que já foi feito nos 520 anos de ocidentalização, quase 200 anos de independência formal e 130 anos de república proclamada? Afinal, até aqui chegamos a ter alguma relevância econômica mundial ao lado da China, Índia, Rússia e África do Sul, mirando níveis mais altos de qualidade de vida, como o dos países desenvolvidos. Será mesmo necessário *refundar a república* como vem sendo proposto? Ou serão suficientes alguns ajustes, que seguramente se fazem necessários?

REFERÊNCIAS BIBLIOGRÁFICAS

ANDRADE, José Maria Arruda de. Ano mostrou necessidade de discutir seriamente a política fiscal do país. *Consultor Jurídico*, São Paulo, 24 dez. 2017. Disponível em: https://www.conjur.com.br/2017-dez-24/retrospectiva-2017-ano-mostrou-necessidade-discutir-politica-fiscal. Acesso em: 03 fev. 2020.

BERCOVICI, Gilberto. Constituição Econômica e dignidade da pessoa humana. *Revista da Faculdade de Direito da Universidade de São Paulo*, v. 102, jan./dez. 2007, p. 460-461.

BOLDRIN, Fernanda. 'Fundos engessam orçamento, mas dão previsibilidade', diz diretor da Faculdade de Direito da USP. *O Estado de São Paulo*, São Paulo, 15 jan. 2020. Disponível em: https://politica.estadao.com.br/noticias/geral,fundos-engessam-orcamento-mas-dao-previsibilidade-diz-diretor-do-largo-sao-francisco,70003160111. Acesso em: 29 jan. 2020.

BOMBA de nêutrons. *In:* WIKIPEDIA: a enciclopédia livre. Disponível em: https://pt.wikipedia.org/wiki/Bomba_de_n%C3%AAutrons . Acesso em: 04 fev. 2020.

BRASIL. Tribunal de Contas da União. Acórdão 62/2020 – Plenário. Secretaria do Tesouro Nacional. Relator: Bruno Dantas. 22 jan. 2020. Disponível em: https://pesquisa.apps.tcu.gov.br/#/documento/acordao-completo/60520190.PROC/%2520/DTRELEVANCIA%2520desc%252C%2520NUMACORDAOINT%2520desc/0/%2520?uuid=af105dc0-455a-11ea-800e-894e270965a7. Acesso em: 03 fev. 2020.

COELHO, Gabriela. STF adia para abril de 2020 julgamento das ADIs dos royalties do petróleo. *Consultor Jurídico*, São Paulo, 7 nov. 2019. Disponível em: https://www.conjur.com.br/2019-nov-07/stf-adia-abril-2020-julgamento-adis-royalties. Acesso em: 29 jan. 2020.

CONSULTOR JURÍDICO. Bolsonaro sanciona Orçamento com fundo eleitoral de R$ 2 bilhões. *Consultor Jurídico*, São Paulo, 18 jan. 2020. Disponível em: https://www.conjur.com.br/2020-jan-18/bolsonaro-sanciona-orcamento-fundo-eleitoral-bi. Acesso em: 29 jan. 2020.

FOLHA DE PERNAMBUCO. Brasileiro mais pobre levaria nove gerações para atingir renda média do país, diz estudo. *Folha de Pernambuco*, Recife, 22 jan. 2020. Disponível em: https://www.folhape.com.br/economia/economia/brasil/2020/01/22/NWS,128446,10,1103,ECONOMIA,2373-BRASILEIRO-MAIS-POBRE-LEVARIA-NOVE-GERACOES-PARA-ATINGIR-RENDA-MEDIA-PAIS-DIZ-ESTUDO.aspx. Acesso em: 03 fev. 2020.

JORNAL NACIONAL. TSE conclui votação: Jair Bolsonaro teve pouco mais de 55% dos votos. *G1*, [S.l.], 29 out. 2018. Disponível em: https://g1.globo.com/jornal-nacional/noticia/2018/10/29/tse-conclui-votacao-jair-bolsonaro-teve-pouco-mais-de-55-dos-votos.ghtml. Acesso em: 04 fev. 2020.

NETO, Lira. *Castelo*: A marcha para a ditadura. 2. ed. São Paulo: Companhia das Letras, 2019, p. 314-320 e 407.

―――. *Getúlio – 1882-1930*: Os anos de formação à conquista do poder. São Paulo: Companhia das Letras, 2002.

―――. *Getúlio - 1930-1945*: Do governo provisório à ditadura do Estado Novo. São Paulo: Companhia das Letras, 2013.

―――. *Getúlio – 1945-1954*: Da volta pela consagração popular ao suicídio. São Paulo: Companhia das Letras, 2014.

NEVES, Marcelo. *A constitucionalização simbólica*. São Paulo: Acadêmica, 1994. p. 153 et. seq.

RAWLS, John. *Uma Teoria da Justiça*. São Paulo: Martins Fontes, 1997.

SCAFF, Fernando Facury. A desconfiança legítima no federalismo fiscal e a ADPF 523. *Consultor Jurídico*, São Paulo, 10 jul. 2018. Disponível em: https://www.conjur.

com.br/2018-jul-10/contas-vista-desconfianca-legitima-federalismo-fiscal-adpf-523. Acesso em: 29 jan. 2020.

————. Gaste tudo, não devolva um centavo ao governo e a terceira lei de Newton. *Consultor Jurídico*, São Paulo, 9 jul. 2019. Disponível em: https://www.conjur.com.br/2019-jul-09/contas-vista-gaste-tudo-nao-devolva-nada-governo-terceira-lei-newton. Acesso em: 29 jan. 2020.

————. O Direito Financeiro em 2019: o Brasil em transe. *Consultor Jurídico*, São Paulo, 24 dez. 2019. Disponível em: https://www.conjur.com.br/2019-dez-24/contas-vista-direito-financeiro-2019-brasil-transe. Acesso em: 03 fev. 2020.

————. O que vale mais: a Constituição ou o Anexo de Metas Fiscais da LRF? *Consultor Jurídico*, São Paulo, 29 nov. 2016. Disponível em: https://www.conjur.com.br/2016-nov-29/contas-vista-vale-constituicao-ou-anexo-metas-fiscais-lrf. Acesso em: 29 jan. 2020.

————. *Orçamento republicano e liberdade igual*. Belo Horizonte: Editora Fórum, 2018.

————. Os contribuintes e seus dois maridos: a incidência e a renúncia fiscal. *Consultor Jurídico*, São Paulo, 22 jan. 2019. Disponível em: https://www.conjur.com.br/2019-jan-22/contas-vista-contribuintes-dois-maridos-incidencia-renuncia-fiscal. Acesso em: 03 fev. 2020.

————. Os royalties do petróleo, o STF e a Federação. *Consultor Jurídico*, São Paulo, 26 mar. 2013. Disponível em: https://www.conjur.com.br/2013-mar-26/contas-vista-questao-royalties-leva-debate-federalismo-stf. Acesso em: 29 jan. 2020.

SKIDMORE, Thomas. *Brasil de Castelo a Tancredo*. Rio de Janeiro: Paz e Terra, 1988.

TEMÓTEO, A., MAZIEIRO, G., ANDRADE, H. de. Governo propõe fundir municípios; regra atingiria quase 1 em cada 4 cidades. *UOL*, Brasília, 5 nov. 2019. Disponível em: https://economia.uol.com.br/noticias/redacao/2019/11/05/pacote-governo-municipios-fusao.htm . Acesso em: 29 jan. 2020.

VASCONCELLOS, Marcos de. Governo usa bilhões do Fundo de Defesa dos Direitos Difusos para inflar o caixa. *Consultor Jurídico*, São Paulo, 31 mar. 2017. Disponível em: https://www.conjur.com.br/2017-mar-31/governo-usa-dinheiro-fundo-direitos-difusos-caixa. Acesso em: 29 jan. 2020.

O IRRF SOBRE O PAGAMENTO DE DIVIDENDOS AO EXTERIOR COMO MEDIDA NECESSÁRIA AO DESENVOLVIMENTO NACIONAL

LUIZ SÁVIO DE SOUZA CRUZ[1]

ONOFRE ALVES BATISTA JÚNIOR[2]

PEDRO LUCAS DEBELLI MARQUES[3]

SUMÁRIO: 1. A isenção do IRRF sobre os pagamentos de dividendos ao exterior introduzida pela Lei n° 9.249/95; 2. As consequências provocadas pela isenção do IRRF; 3. Por que um tributo retido na fonte sobre o pagamento de dividendos?

1. A ISENÇÃO DO IRRF SOBRE OS PAGAMENTOS DE DIVIDENDOS AO EXTERIOR INTRODUZIDA PELA LEI Nº 9.249/95

Este trabalho tem o objetivo de demonstrar a necessidade de que seja (re)estabelecido um Imposto sobre a Renda Retido na Fonte – IRRF quando do pagamento de dividendos ao exterior. Atualmente, a remessa desses valores a sócios/acionistas estrangeiros de pessoas jurídicas é isenta, por força do art. 10 da Lei n. 9.249/95:

---

1 Diplomado em Engenharia Metalúrgica e especialista em Engenharia Ambiental pela UFMG. Atuou como secretário de Estado de Recursos Humanos e Administração, foi vereador por dois mandatos e presidente da Câmara Municipal de Belo Horizonte. É professor licenciado de Engenharia Ambiental da PUC Minas e de Física e de Química do colégio Santo Antônio.

2 Professor Associado de Direito Público do Quadro Permanente da Graduação e Pós-Graduação da Faculdade de Direito da UFMG. Pós-Doutoramento em Democracia e Direitos Humanos pela Universidade de Coimbra. Doutor em Direito pela UFMG. Mestre em Ciências Jurídico-Políticas pela Universidade de Lisboa. Ex Advogado-Geral do Estado de Minas Gerais. Advogado, conferencista e parecerista.

3 Advogado tributarista do Botelho, Carvalho, Horta, Ibraim, Spagnol Advogados. Mestrando em Direito Tributário na UFMG.

Art. 10. Os lucros ou dividendos calculados com base nos resultados apurados a partir do mês de janeiro de 1996, pagos ou creditados pelas pessoas jurídicas tributadas com base no lucro real, presumido ou arbitrado, não ficarão sujeitos à incidência do imposto de renda na fonte, nem integrarão a base de cálculo do imposto de renda do beneficiário, pessoa física ou jurídica, domiciliado no País ou no exterior.[4]

Até a edição deste dispositivo, os dividendos remetidos ao exterior estavam sujeitos a um IRRF sobre uma alíquota de 15%, nos termos do art. 77 da Lei n. 8.383/91.[5]

O objetivo da isenção foi atrair investimentos estrangeiros, em um momento de abertura comercial do Brasil e de privatização de empresas estatais. Sem esse montante, cobrado no momento do envio dos dividendos ao exterior, fica facilitada a saída do lucro obtido pelas pessoas jurídicas da economia nacional. Merece o registro que este tipo de medida é própria do *mainstream* econômico neoliberal, que ditou os rumos da política econômico-fiscal brasileira da década de 1990, ideologia que prega a livre circulação de capital e demanda a retirada de qualquer "amarra" que possa existir sobre os investidores em nome do "livre mercado".

Mas, passados quase 25 anos da introdução da isenção, talvez seja o momento de rever essa benesse. E a principal razão para isso é que os principais destinos dos dividendos pagos pelas sociedades brasileiras é a Holanda e os Estados Unidos, países em que esses valores não são tributados, com o objetivo de se tornarem mais atrativos às sedes das multinacionais.

Não menos importante é o caso das empresas brasileiras que constituem *holdings* nesses lugares, onde concentram seus lucros e, de lá, procuram novas oportunidades de investimento em outros lugares do globo, e, também, dos brasileiros que emigram e passam a receber os dividendos dos quais são intitulados nessas jurisdições.

Essas três situações têm em comum que o lucro obtido no Brasil deixa de ser reinvestido aqui e é direcionado ao exterior, se integrando a uma "outra economia". Esse é um pedaço do Brasil que vai para o exterior: o país fica mais pobre exatamente nesse montante, que enriquece os países mais ricos.

---

4 BRASIL, Lei n. 9.249/95.

5 "Art. 77. A partir de 1º de janeiro de 1993, a alíquota do imposto de renda incidente na fonte sobre lucros e dividendos de que trata o art. 97 do Decreto-Lei nº 5.844, de 23 de setembro de 1943, com as modificações posteriormente introduzidas, passará a ser de quinze por cento."

2. AS CONSEQUÊNCIAS PROVOCADAS PELA ISENÇÃO DO IRRF

Como antecipado, na ausência de um IRRF sobre o pagamento de dividendos ao exterior, fica facilitada a saída de divisas do Brasil. Esses valores poderiam ter sido reinvestidos nas atividades produtivas das empresas que o obtiveram, ou então, pagos como Participação nos Lucros e Resultados a seus empregados, apenas para citar duas situações em que o lucro teria melhor uso aos brasileiros do que o seu envio a um investidor estrangeiro.

Nesse sentido, dados do Banco Central dão conta de que no ano de 2008, quando os Estados Unidos viviam o auge da crise financeira que se iniciou com o rompimento da bolha de crédito imobiliário *subprime* e o PIB do Brasil cresceu 5,1%, as remessas de dividendos com destino a empresas estadunidenses mais que dobraram em relação ao ano anterior, totalizando pouco mais de US$ 6,5 bilhões.

Além disso, cada vez mais, brasileiros de renda média-alta e alta se mudam para os Estados Unidos em busca de novas oportunidades de investimentos, para obterem visto de residência ou a própria cidadania norte-americana.[6] Também existe a possibilidade à disposição de alguns indivíduos de receberem parcela de seus rendimentos na forma de direito de imagem por meio de uma pessoa jurídica, sujeitando-se a uma carga tributária inferior àquela que seria devida caso houvesse a incidência do IRPF. Basta, portanto, criar uma *holding* em Miami (ou Nova Iorque, por que não?) para que esses valores "subtributados" no Brasil sejam injetados em uma outra economia. Não é de se espantar, a esse turno, o número de personalidades brasileiras que têm seu domicílio nesses locais, apesar de serem contratados por empresas nacionais.

Parcela de sua população mais rica opera e leva a cabo seus negócios no país, mas remetem, sem tributação, seus lucros e dividendos para o exterior.

Diversos brasileiros mais ricos já vivem na Europa ou nos Estados Unidos, criando seus filhos e usufruindo as rendas amealhadas no Brasil. Conduzem seus negócios no Brasil; fazem dinheiro no Brasil, muitas vezes trabalhando em *home office*, mas remetem o dinheiro para o exterior. Assim, o Brasil fica assim cada vez mais miserável. Isso deve ser sanado por uma Reforma Tributária séria.

---

6 LEMOS, Vinicius. *O crescente número de brasileiros que investem mais de R$ 2 milhões para morar nos EUA.* Reportagem da BBC, publicada em 18/01/2019 (disponível em https://www.bbc.com/portuguese/brasil-46870225, acessada em 22/10/2019).

É preciso verificar que programas tão atacados como o bolsa-família, geram riqueza e fazem girar as engrenagens do capitalismo dentro do Brasil, sem causar remessas de verbas para o exterior. O Brasil não fica mais pobre com programas de renda social, mas a economia é incentivada e azeitada. Os menos abastados que recebem recursos do programa, compram alimentos nos armazéns, que, por sua vez, fazem compras no atacado; estes compram produtos das indústrias alimentícias que, por sua vez, compram de produtores rurais. Todos os elos da cadeia geram empregos e tributos. Todos ganham e a economia renasce.

A Holanda, ao lado dos Estados Unidos e a Suíça, tem se tornado um destino cada vez mais comum para a constituição de *holdings* de empresas brasileiras. Isso sem mencionar os tradicionais paraísos fiscais caribenhos, como Bermuda e Ilhas Cayman, que também são destino recorrente dos dividendos pagos por sociedades brasileiras. Empresários nacionais promovem mecanismos para deixarem de pagar tributos no sofrido Brasil, que tem tantos miseráveis e carentes.

Em todos esses casos, os valores remetidos deixam o Brasil, local da exploração da atividade econômica que os originou, e vão movimentar uma outra economia, onde gerarão empregos, renda e arrecadação tributária. Seria essa uma das novas faces do colonialismo do século XXI?

3. POR QUE UM TRIBUTO RETIDO NA FONTE SOBRE O PAGAMENTO DE DIVIDENDOS?

Chama atenção o fato de que Holanda e Estados Unidos, países comentados anteriormente, por serem o principal destino das remessas brasileiras, impõem uma retenção na fonte quando empresas lá estabelecidas remetem dividendos a outras jurisdições. Em relação aos EUA, na hipótese de uma empresa pagar dividendos a controladora brasileira, haverá a incidência de uma retenção na fonte de 30%. Já no caso da Holanda, como existe tratado para evitar a dupla tributação firmado com o Brasil, é cobrado um imposto retido na fonte de 15%.[7]

Ou seja, enquanto as empresas brasileiras enfrentam um "pedágio" considerável quando recebem dividendos desses países, as subsidiárias de empresas norte-americanas e holandesas podem remeter seus resultados às suas matrizes livremente. Aliás, chama atenção que, no

---

7 Deloitte: *International tax – Withholding Tax Rates 2019* (disponível em https://www2.deloitte.com/content/dam/Deloitte/global/Documents/Tax/dttl-tax-withholding-tax-rates.pdf, acessado em 02/12/2019)

caso dos Estados Unidos, o *IRS* coleta, quase, um terço do lucro que retorna ao Brasil.

Assim, não é exagero afirmar que a relação fiscal estabelecida entre o Brasil e esses países é de subserviência. Enquanto é facilitada a remessa das riquezas produzidas em território nacional ao exterior, esses países desincentivam a saída do lucro produzido em seus territórios ou, quando isso ocorre, se apropriam de parcela do resultado que se destinaria ao Brasil.

O que se verifica, além disso, é que essas nações desenvolvidas são defensoras do livre mercado apenas naquilo que lhes convém: para que suas multinacionais possam gozar, com mais facilidade, do lucro que obtêm com a exploração, principalmente, dos mercados subdesenvolvidos. Por outro lado, não são tão "liberais" quando empresas localizadas no exterior pretendem repatriar o lucro que obtiveram em seus territórios.

Dessa forma, a política tributária prevista pela Lei n. 9.249/95 reforça o papel de país importador de capital ostentado pelo Brasil: nos garante a posição de colonizados.

É importante observar que os fluxos de capital entre países desenvolvidos e em desenvolvimento não são simétricos em razão das disparidades econômicas, de recursos materiais, e de poderio político existente entre eles.[8] E a isenção atualmente prevista em nossa legislação reforça essa assimetria, especialmente diante do poder de atração que a economia norte-americana é capaz de exercer.

Neste momento da exposição, cabe uma reflexão acerca de um número assustador: entre 2008 e 2018 foram remetidos, pelo Brasil, US$ 251 bilhões para o exterior, aproximadamente. Em um mundo globalizado como o atual é inviável pressupor que esses valores poderiam ser "acorrentados", em definitivo, ao Brasil. Mas, será que deveria existir uma política tributária que favorecesse a saída dessas divisas? Será que um modelo que favoreça a sangria de recursos do país está de acordo com os ideais da Constituição da República de 1988 de construção de uma sociedade justa e do desenvolvimento nacional?

Nessa ordem de ideias, é evidente a importância do reestabelecimento do IRRF sobre o pagamento de dividendos ao exterior. Deve haver uma política tributária que seja adequada aos interesses nacionais e a

---

8 MAGALHÃES, Tarcísio Diniz. *Teoria crítica do direito tributário internacional. Tese de Doutorado. UFMG. Orientadora: Misabel de Abreu Machado Derzi. 2018.* p. 160.

manutenção do lucro obtido pelas pessoas jurídicas na economia brasileira é parte integrante disso.

Assim, mesmo que nos próximos anos sejam remetidos outros US$ 250 bilhões ao exterior, parcela disso poderá ser aproveitada pelo Estado brasileiro para fazer frente aos custos inerentes a investimentos em infraestrutura, em educação, segurança e ao combate a pobreza, tão necessários ao desenvolvimento nacional.

A REFORMA DAS PROMESSAS

ONOFRE ALVES BATISTA JÚNIOR[1]
PAULO ROBERTO COIMBRA SILVA[2]
MARIANNE DOLHER SOUZA BAKER RODRIGUES[3]

SUMÁRIO: 1. Introdução; 2. A reforma das promessas (para o contribuinte) e do compromisso (junto aos entes políticos); 2.1. Promessas para o contribuinte; 2.1.1. 1ª promessa: simplificação; 2.1.2. 2ª promessa: um imposto incidente sobre base ampla de bens, serviços e direitos; 2.1.3. 3ª promessa: a não-cumulatividade plena; 2.1.4. 4ª promessa: ausência de aumento da carga tributária; 2.2. Compromisso junto aos entes políticos: a ausência de redução da carga tributária; 3. A (des) credibilidade estatal; 4. Conclusões; Referências Bibliográficas

1. INTRODUÇÃO

Viceja no meio jurídico-tributário a atual discussão sobre a reforma do Sistema Tributário Nacional. Trata-se de tema sobremaneira relevante, por dizer respeito diretamente à principal forma de custeio dos entes federados e, *ipso facto*, da obtenção de receita para a realização das ta-

---

1 Professor Associado de Direito Público do Quadro Efetivo da Graduação e Pós-Graduação da Universidade Federal de Minas Gerais (UFMG). Pós-Doutoramento em Direito (Democracia e Direitos Humanos) pela Universidade de Coimbra. Doutor em Direito pela UFMG. Mestre em Ciências Jurídico-Políticas pela Universidade de Lisboa. Ex-Advogado-Geral do Estado de Minas Gerais. Advogado e Sócio Consultor do Coimbra & Chaves Advogados.

2 Professor Associado de Direito Tributário e Financeiro da UFMG. Professor convidado da Faculté de Droit de L'Université Panthéon-Sorbonne (2011) e da Facultat de Dret da Universidade de Barcelona (2009). Doutor e Mestre em Direito Tributário pela UFMG. Pós-graduação pela Harvard Law School. Advogado e Sócio-Fundador do Coimbra & Chaves Advogados.

3 Graduada em Direito pela UFMG. Mestranda em Direito Tributário pela UFMG. Advogada e Sócia do Coimbra & Chaves Advogados.

refas a eles constitucionalmente estabelecidas. Por esta razão, qualquer proposta de reforma tributária deve ser analisada de forma acurada, a evitar conclusões apriorísticas, pois que, admitindo-se premissas não submetidas a juízos contraditórios, seu resultado pode ser catastrófico.

A propósito, registre-se a instalação, em 19/02/2020, da Comissão Mista da Reforma Tributária, composta por 50 membros do Congresso Nacional, entre deputados e senadores, a fim de impulsionar as discussões acerca do tema.[4] A comissão irá debater, no prazo de 45 dias, os textos que tramitam na Câmara e no Senado, bem como outras propostas ainda pendentes de envio oficial, como a do atual Governo Federal.

O objetivo é de que se busque uma conciliação entre as diversas propostas, angariando apoio substancial dos entes federados e propiciando a celeridade do trâmite legislativo. Algumas fontes mencionam a pretensão de aprovação da Reforma Tributária ainda no primeiro semestre de 2020.[5]

A previsão de que o debate no Congresso Nacional ocorra de forma intensa e em um curto lapso de tempo demonstra a relevância de que o tema seja tratado de forma contundente, indicando ser o momento oportuno à análise pormenorizada das propostas em trâmite.

Dessa forma, o objetivo do presente trabalho é questionar algumas das principais premissas orientadoras da PEC 45/19, que, sob relatoria do Deputado Baleia Rossi (MDB/SP) na Câmara dos Deputados, consiste no principal projeto de reforma tributária em andamento no Congresso Nacional.[6][7][8]

---

4 Disponível em: https://www12.senado.leg.br/noticias/materias/2020/02/19/davi-anuncia-para-esta-quarta-instalacao-da-comissao-mista-da-reforma-tributaria?utm_medium=share-button&utm_source=whatsapp. Acesso em 21/02/2020.

5 Disponível em: https://valor.globo.com/politica/noticia/2020/02/20/comissao-podera-unificar-reforma-tributaria-em-45-dias.ghtml. Acesso em: 21/02/2020.

6 Disponível em: https://www.camara.leg.br/proposicoesWeb/fichadetramitacao?idProposicao=2196833. Acesso em: 09/10/2019.

7 Não se descura da tramitação da PEC 110/19 no Senado Federal (Proposta Hauly), sob a relatoria do Senador Roberto Rocha (PSDB/MA). Disponível em: https://www25.senado.leg.br/web/atividade/materias/-/materia/137699. Acesso em: 09/10/2019.

8 Há também propostas de Reforma Tributária elaboradas por outras entidades, quais sejam a do IPEA, cf. SACHSIDA, Adolfo; SIMAS, Erich Endrillo Santos [orgs.]. Reforma tributária. Rio de Janeiro: IPEA – OAB/DF, 2018 e a "Reforma Tributária Solidária", da Associação Nacional dos Auditores Fiscais da Receita Federal do Brasil e Federação

Este projeto tem por base os estudos do economista Bernard Appy e do jurista Eurico Di Santi, diretores do Centro de Cidadania Fiscal (CCiF).[9] Na nota técnica que subsidiou a proposta de emenda ao texto constitucional, afirma-se que a necessidade da reforma se dá em razão da falência do modelo atual de tributação nacional. Para os estudiosos, eis as causas motivadoras do ímpeto reformista da tributação sobre o consumo no Brasil:

- base de incidência altamente fragmentada setorialmente;
- legislação extremamente complexa, caracterizada por uma profusão de alíquotas, ajustes de base de cálculo, benefícios fiscais e regimes especiais;
- sérios problemas de cumulatividade, que resultam da existência de tributos puramente cumulativos (ISS e parte do PIS/COFINS) e de restrições ao aproveitamento de créditos nos tributos não-cumulativos (ICMS, IPI e parte do PIS/COFINS);
- fortes restrições ao ressarcimento de créditos tributários acumulados pelas empresas;
- cobrança do ICMS no Estado de origem nas transações interestaduais, o que abre espaço para a guerra fiscal entre os estados e prejudica as empresas exportadoras.[10]

Desde já, faz-se necessário empreender corte epistemológico afastando os temas do federalismo e da justiça fiscal, que, em virtude de sua magna relevância, extravasariam os limites e objetivos deste estudo. No presente trabalho, pretende-se analisar as seguintes promessas para os contribuintes constantes da PEC 45/19: (i) simplificação; (ii) imposto único sobre ampla base de consumo; (iii) não-cumulatividade plena; (iv) não aumento da carga tributária global. Ademais, intenta-se compreender o compromisso assumido pelo referido projeto junto aos entes políticos, a saber: a ausência de redução da carga tributária.

Nacional do Fisco Estadual e Distrital, cf. ANFIP; FENAFISCO. A reforma tributária necessária: diagnóstico e premissas. São Paulo: Plataforma Política Social, 2018.

9 A influência é abertamente reconhecida na justificativa apresentada pelo Deputado Baleia Rossi: "As mudanças sugeridas no texto constitucional têm como referência a proposta de reforma tributária desenvolvida pelo Centro de Cidadania Fiscal (CCiF), instituição independente constituída para pensar melhorias do sistema tributário brasileiro com base nos princípios da simplicidade, neutralidade, equidade e transparência."

10 CCiF. Centro de Cidadania Fiscal. Reforma do Modelo Brasileiro de Tributação de Bens e Serviços. Nota técnica nº 1. Agosto de 2017. Disponível em: http://ccif.com.br/wp-content/uploads/2017/08/NT-IBS-v1.1.pdf., p.ii. Acesso em: 09/10/2019.

2. A REFORMA DAS PROMESSAS (PARA O CONTRIBUINTE) E DO COMPROMISSO (JUNTO AOS ENTES POLÍTICOS)

Tanto no estudo promovido pelo CCiF quanto na justificativa da PEC 45/19 pode-se perceber uma série de promessas dirigidas aos contribuintes. Com efeito, todo o discurso é construído no sentido de que a aprovação da proposta trará inúmeras vantagens na tributação sobre o consumo no país, confira-se abaixo.

2.1. PROMESSAS PARA O CONTRIBUINTE

2.1.1. 1ª PROMESSA: SIMPLIFICAÇÃO

Em verdade, a mais patente das promessas é a da suposta simplificação tributária. Sustentam os estudiosos que a reunião de vários tributos em um único – o Imposto Sobre Bens e Serviços (IBS) teria como consequências (i) um maior crescimento econômico do país, (ii) redução do contencioso tributário e (iii) aumento da segurança jurídica dos agentes econômicos, sobretudo das empresas, *verbis*:

> Os benefícios esperados das mudanças propostas são muitos. Por um lado, a grande simplificação do modelo de tributação de bens e serviços contribuiria para redução expressiva do custo de conformidade tributária (custo de *compliance*), bem como do litígio sobre matéria tributária. Em particular, a simplificação poderia até permitir o lançamento de ofício do imposto para os contribuintes de menor porte, que teriam como obrigação apenas o registro de compras e vendas através do sistema de nota fiscal eletrônica. No agregado, a mudança representaria uma expressiva melhora do ambiente de negócios do país.
>
> Por outro lado, as mudanças propostas tendem a contribuir para a ampliação da taxa de investimento de duas formas: pela redução do custo dos bens de capital (resultado da eliminação da cumulatividade); e pelo aumento da segurança jurídica das empresas, consequência da grande simplificação do sistema tributário.
>
> Por fim, e principalmente, as mudanças propostas tendem a tornar o sistema tributário brasileiro muito mais neutro, eliminando distorções alocativas que afetam negativamente a produtividade. Embora um cálculo preciso do impacto das mudanças seja quase impossível de ser feito – pois dependeria da análise de cada uma das distorções setoriais existentes –, é possível estimar que o impacto positivo sobre a produtividade seria significativo. Uma mudança no sistema tributário na linha proposta seria, provavelmente, a medida da agenda de reformas microeconômicas com maior impacto sobre a produtividade e o PIB potencial do país em um horizonte de dez a vinte anos.[11]

---

11 CCiF, op.cit., p.22.

A sugerida simplificação seria advinda da instituição do IBS em substituição a cinco tributos: IPI, PIS e COFINS (receita, faturamento e importação), ICMS e ISS. Entretanto, entende-se que o regime não seria tão simplificado quanto se cogita. Para além do IBS, a PEC 45/19 também prevê a criação de impostos seletivos federais, que, por sua vez, possuiriam índole extrafiscal, com a finalidade de "desestimular o consumo de determinados bens, serviços ou direitos".[12] Some-se a estes dois a CIDE-Combustíveis, cuja revogação não é prevista no projeto.[13]

Ademais, considerando-se o regime de transição proposto pela PEC 45/19, os tributos substituendos apenas seriam extintos após o período de 10 anos. Ou seja: por 10 anos, conviveriam, estima-se, 8 tributos[14] (ou mais, a depender da quantidade de Impostos Seletivos a serem instituídos), a saber: IPI, PIS, COFINS, ICMS, ISS, IBS, Imposto(s) Seletivo(s) e CIDE-Combustíveis. Nesse sentido, não há que se falar em simplificação, mas sim em um agravamento do deficiente sistema, transformando-o no verdadeiro "manicômio jurídico-tributário" de Alfredo Augusto Becker. É como se um deficiente mental tivesse de chegar às raias da absoluta loucura para um dia, quem sabe, vislumbrar a promessa de cura! É como se obrigasse os que residem no purgatório a fazerem um estágio de dez anos no inferno antes de chegarem à terra prometida. Os agentes econômicos, em verdade, estariam submetidos a uma década de tributação mais complexa, confusa e pe-

---

12 Sem se desprezar abusos, distorções no perfil constitucional de alguns tributos, violações à isonomia, publicidade e legalidade, além de, pior, eventuais acordos não republicanos em torno de benefícios fiscais outrora concedidos, lamenta-se restringir a função indutora dos tributos a inibições de condutas indesejáveis mediante agravamento de incidências.

13 "Art. 6º. Ficam revogados, a partir do décimo ano subsequente ao ano de referência, os seguintes dispositivos:

I – da Constituição Federal: art. 153, IV e § 3º; art. 155, II e §§ 2º a 5º; art. 156, III e § 3º; art. 158, IV e parágrafo único; art. 159, II e §§ 2º e 3º; art. 161, I; e art. 195, I, "b", IV e §§ 12 e 13; e

II – do Ato das Disposições Constitucionais Transitórias: art. 91."

14 Ou 7, se PIS/COFINS forem considerados um só, em virtude das notórias semelhanças entre as incidências, modelagens e regimes jurídicos de ambos. Ou mais, em atenção a quantos ISs (impostos seletivos), sobre externalidades negativas, vierem a ser instituídos.

nosa.[15] A ilustração do período de teste e transição foi elaborado pelo próprio CCiF:[16]

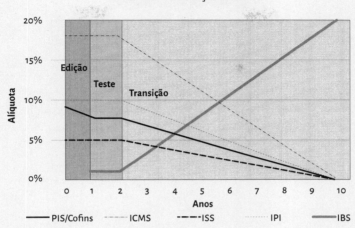

Gráfico 01 – Transição do IBS

Nesse sentido, não se pode afirmar uma pronta simplificação mediante aprovação da PEC 45/19. *A contrario sensu*, o período de transição infirma o que tem sido sustentado pelos apoiadores do projeto.

2.1.2. 2ª PROMESSA: UM IMPOSTO INCIDENTE SOBRE BASE AMPLA DE BENS, SERVIÇOS E DIREITOS

Se aprovada a PEC 45/19, a competência para a instituição do IBS deve vir prevista no art. 152-A da Constituição da República Federativa do Brasil de 1988 (CRFB/1988), cujo *caput* passaria a dispor que "lei complementar instituirá imposto sobre bens e serviços, que será uni-

---

15 No mesmo sentido é o entendimento recentíssimo (07/10/2019) de Fernando Facury Scaff, para quem "A tendência é que, *em muito longo prazo* ocorra *simplificação*, uma vez que existirão menos tributos. Todavia, *a longo (10 anos), médio e curto prazo a vida das empresas se tornará um inferno*, pois terão que conviver com o sistema atual e o que estiver em implantação gradual. Isto sem falar no risco sempre presente de a nova sistemática, durante sua implantação, se tornar *mais um tributo no sistema*, sem a extinção dos atuais. Logo, é necessário estabelecer salvaguardas contrárias a esse aspecto nos textos normativos em debate." (SCAFF, Fernando Facury. Algumas sugestões para aprimorar a Reforma Constitucional Tributária. 2019. Disponível em: <https://www.conjur.com.br/2019-out-07/justica-tributaria-algumas-sugestoes-aprimorar-reforma-constitucional-tributaria>. Acesso em: 09/10/2019).

16 CCiF. op.cit. p. 14.

forme em todo o território nacional, cabendo à União, aos Estados, ao Distrito Federal e aos Municípios exercer sua competência exclusivamente por meio da alteração de suas alíquotas".

Neste ponto, reside um dos maiores entraves e ameaças da PEC/45: não há parâmetro minimamente seguro para identificação do possível aspecto material da hipótese de incidência do IBS. Isso porque limita-se a utilizar a expressão "imposto sobre bens e serviços". Ora, a regra matriz de incidência, contida na norma constitucional de competência, define a extensão e os limites do fato a ser descrito, pelo legislador, na hipótese de incidência da norma tributária, como apto a fazer nascer a obrigação tributária. Sobre o aspecto material da hipótese de incidência tributária, um dos autores do presente trabalho teve a oportunidade de expor que:

O aspecto material da regra matriz (e, *ipso jure*, da hipótese de incidência juridicamente possível) descreve a substância tributável, consistindo na descrição de um fato (ato ou situação) de conteúdo econômico, cuja ocorrência atrai a incidência dos efeitos prescritos no comando normativo (recorde-se, a obrigação tributária).

Nele é posta em evidência a essência e relevância econômica subjacente ao fato gerador, cuja riqueza inerente foi tomada como signo presuntivo de riqueza alvejado pela tributação.

Sua descrição sempre pressupõe a utilização de um verbo, usualmente acompanhado de seu complemento. O verbo será (i) um verbo de estado (ser), sempre que o fato gerador for uma situação que perdura ao longo do tempo, ou (ii) um verbo de ação, sempre que o fato gerador consistir em um ato ou evento ocorrido em determinado instante. Confira-se, na seguinte tabela exemplificativa:

Imposto	Verbo	Complemento
IPTU	ser...	... proprietário de bem imóvel, por natureza ou acessão física, localizado em zona urbana
ITR	ser...	... proprietário de terras rurais
IPVA	ser...	... proprietário de veículo automotor
IR	auferir...	... renda ou proventos de qualquer natureza
IPI	promover...	... operação de industrialização
ITBI	transmitir...	... por ato inter vivos e oneroso, bens imóveis, por natureza ou acessão física, ou direitos reais sobre eles incidentes, exceto de garantia
ISS	prestar...	... serviços de qualquer natureza, descritos na lista anexa à LC 116

Interessante observar que o aspecto material da regra matriz de alguns impostos pode ter um núcleo composto, com a descrição de mais de uma possibilidade/materialidade de incidência, como se ilustra adiante:

Imposto	Verbo	Complemento
ICMS	promover...	... operação de circulação de mercadorias
	prestar...	... serviços de comunicação ou serviços de transporte interestadual ou intermunicipal
ITCMD	transmitir...	... quaisquer bens ou direitos causa mortis, seja por herança ou legado
	transmitir...	... quaisquer bens ou direitos por ato inter vivos e gratuito (doação)
IOF	promover...	... operação de crédito
	promover...	... operação de câmbio
	promover...	... operação de seguro
	promover...	... operação transmissão de títulos ou valores mobiliários

No aspecto material da HI aloja-se, pois, a designação dos elementos de ordem objetiva e que, a um só tempo, identificam e delimitam a(s) realidade(s) alvejada(s) pela tributação como apta(s) e suficiente(s) para fazer nascer a obrigação tributária principal.[17]

Da leitura da PEC 45/19, somente pode-se depreender que o IBS será imposto sobre circulação de riqueza (consumo). Entretanto, a denúncia da ausência do verbo denota um "cheque em branco" para o legislador nacional tributar as mais distintas manifestações de riqueza,[18] o que abre ensanchas para um intolerável e desmedido exercício do *ius tributandi* em um Estado Democrático de Direito.

Verdadeiramente, a possibilidade de incidência se torna ampla, podendo afetar todas as manifestações de capacidade econômica relativas a bens, serviços e direitos, podendo-se facilmente distorcer um tributo

---

17 SILVA, Paulo Roberto Coimbra. Obrigação tributária: Regra matriz, Hipótese de Incidência e os Limites da Confiança Outorgada aos Legisladores e Aplicadores da Lei – Coleção Paulo Coimbra – Belo Horizonte: Editora D'Plácido, 2018, p.43-45.

18 Essa conclusão é admitida na própria justificativa da PEC 45/19: "A incidência sobre uma base ampla de bens, serviços, intangíveis e direitos é importante, porque o objetivo do imposto é tributar o consumo em todas as suas formas. Com a nova economia, a fronteira entre bens, serviços e direitos torna-se cada vez mais difusa, sendo essencial que o imposto alcance todas as formas assumidas pela atividade econômica no processo de agregação de valor até o consumo final."

dito sobre o consumo, fazendo-o alcançar a posse, propriedade, cessão de quaisquer bens e direitos. Assim, tudo o que for atinente à chamada "nova economia" pode ser convocado a pagar o IBS. Entretanto, ressentindo-se fortemente da ausência de um verbo, o lastro constitucional para a definição da hipótese de incidência desaparece e o legislador infraconstitucional pode fazer incidir o tributo sobre as realidades mais dispares, transformando o tributo em uma espécie de "imposto residual" no que diz respeito à manifestação de riqueza. Em outras palavras, o tributo pode incidir sobre tudo e qualquer coisa. Esvazia-se, assim, a segurança jurídica que a CRFB/1988 deve garantir aos contribuintes. A mesma que a proposta *sub examine*, paradoxalmente, almeja resgatar.

2.1.3. 3ª PROMESSA: A NÃO-CUMULATIVIDADE PLENA

Difunde-se que o IBS seria um imposto plenamente não-cumulativo, em virtude (i) do reconhecimento ao direito de créditos financeiros[19] e (ii) da desoneração da exportação,[20] mediante a devolução dos créditos acumulados.

Quanto aos créditos financeiros, não se verifica previsão expressa nesse sentido. O art.152-A, §1º, III do projeto de emenda constitucional apenas dispõe que o IBS "será não-cumulativo, compensando-se o imposto devido em cada operação com aquele incidente nas etapas anteriores". Tal redação, exatamente idêntica à atualmente prevista na CR/88, v. g., para o IPI, deixa ao alvedrio do legislador complementar instituidor do imposto a opção entre a adoção de regime não cumulativo de créditos físicos (mais restritivo) ou financeiros (mais adequados à almejada neutralidade).

---

19 Conforme consta da justificativa da PEC 45/19, "A incidência em todas as etapas do processo produtivo e a não cumulatividade plena (também conhecida como "crédito financeiro") são essenciais para que todo imposto pago nas etapas anteriores da cadeia de produção e comercialização seja recuperado. Na prática isso é equivalente a dizer que o imposto pago pelo consumidor final corresponde exatamente à soma do imposto que foi recolhido em cada uma das etapas de produção e comercialização do bem ou do serviço adquirido".

20 Conforme consta da justificativa da PEC 45/19 "O modelo de tributação no destino – caracterizado pela desoneração das exportações e tributação das importações – tem duas características importantes. A primeira é que este modelo não distorce o comércio exterior, ou seja, a tributação é a mesma para o bem ou serviço produzido internamente ou importado. A segunda é que o imposto pertence ao país de destino, o que é essencial em um tributo cujo objetivo é tributar o consumo, e não a produção".

Como de sabença geral, a Lei Kandir (Lei Complementar 87/96) após sua alteração pela LC 102/00, optou pela concessão de créditos físicos, o *minimum minimorum* da não-cumulatividade, para nos valermos da expressão de André Mendes Moreira.[21] Com efeito, a concessão de créditos financeiros é premissa à desejável plenitude da não cumulatividade, uma vez que, para além de abranger os créditos físicos, dizem respeito também a bens do ativo permanente e bens destinados ao consumo dos estabelecimentos. Entretanto, mormente ao se considerar as sucessivas e infindáveis postergações ao direito de créditos decorrentes de bens de uso e consumo perpetrados pelo legislador complementar, crê-se ser imperativo que a concessão de créditos financeiros seja expressamente referida no texto da reforma, o que, lamente-se, não ocorre.

Nesse particular, importante resgatar a memória o histórico que não é favorável a outorga de confiança ao legislador complementar. Especificamente, *e. g.*, sobre o há muito prometido direito de crédito decorrente de mercadorias destinadas ao uso e consumo (art. 33, I, da Lei Kandir - Lei 87/1996), que vigoraria a partir de 1 de janeiro de 1998, tem sido adiado, repetidas vezes,[22] ao longo de mais de vinte anos. Para se ter uma não cumulatividade mais aprimorada, ao menos em relação ao ICMS, não se faz necessária uma reforma constitucional tributária, mas bastaria o legislador complementar não mais adiar o direito atualmente postergado para 1º de janeiro de 2033[23] (que, indubitavelmente, será adiado novamente).

O art.152-A, §1º, V, em caso de aprovação da PEC 45/19, dispõe que o IBS "não incidirá sobre as exportações, assegurada a manutenção dos créditos". Quanto a este ponto também o projeto não prevê quando e como se dará a devolução dos respectivos créditos.

Consta da justificativa da proposta que o prazo para a devolução dos créditos acumulados "seja muito curto (em princípio apenas 60 dias, prazo suficiente para identificar se há indícios de fraude na originação dos créditos cujo ressarcimento está sendo demandado)".

---

21 MOREIRA, André Mendes. A não-cumulatividade dos tributos. – 2ª ed. rev. e atual. – São Paulo: Noeses, 2012, p.201.

22 Vide adiamentos promovidos pela LC 92/97, LC 99/03, LC 114/00, LC 122/06, LC 138/10, LC 171/2019.

23 Registre-se que o recente adiamento ocorreu por meio da Lei Complementar 171/2019 publicada em 30/12/2019, dois dias antes do prazo anteriormente previsto para o início da fruição do direito.

Desconhece-se a origem desta previsão. Para além de sua ausência no art. 152-A, veja-se a proposta de redação do art. 115 do ADCT:

> "Art. 115. O Presidente da República enviará ao Congresso Nacional, no prazo de cento e oitenta dias contados da publicação desta emenda constitucional, projeto de lei relativo à lei complementar a que se refere o art. 152-A da Constituição.
>
> § 1º A lei complementar a que se refere o art. 152-A da Constituição estabelecerá prazos para:
>
> I – a indicação dos representantes da União, dos Estados e do Distrito Federal e dos Municípios que integrarão o comitê gestor nacional a que ser refere o parágrafo 6º do art. 152-A da Constituição Federal;
>
> II – a publicação, pelo comitê gestor nacional, do regulamento do imposto a que se refere o art. 152-A da Constituição Federal.
>
> § 2º Na hipótese de os Estados ou os Municípios não indicarem seus respectivos representantes no prazo previsto no inciso I do parágrafo anterior, caberá ao Presidente da República fazer a indicação, no prazo de trinta dias.
>
> § 3º Na hipótese de o Comitê Gestor Nacional não publicar, no prazo previsto no inciso II do parágrafo 1º, o regulamento do imposto a que se refere o art. 152-A da Constituição Federal, caberá ao Presidente da República publicar o regulamento, no prazo de 90 dias."

Não há, pois, expressa previsão para a devolução dos créditos. A proposta faz referência somente a prazos para a instituição da lei complementar e sua regulamentação.

2.1.4. 4ª PROMESSA: AUSÊNCIA DE AUMENTO DA CARGA TRIBUTÁRIA

Outra promessa da reforma tributária é a manutenção da carga global da tributação sobre o consumo, ao argumento de que "após o período de teste, a transição dos cinco tributos atuais para o IBS seria feita ao longo de mais oito anos, através da elevação progressiva e linear da alíquota do IBS e da simultânea redução das alíquotas dos tributos atuais,"[24][25] conforme exposto supra no gráfico que ilustra o período de transição.

---

24 CCiF, *op. cit.*, p. ii.

25 Tal argumento é reiterado na justificativa da proposta da emenda: "Outro objetivo do período de teste é o de conhecer o potencial de arrecadação do IBS, pois isso permite fazer a transição mantendo-se a carga tributária constante. Como a receita dos cinco tributos atuais é conhecida, sabe-se que a perda de receita destes tributos no primeiro ano da transição será de 1/8 desta receita. Como a receita do IBS com uma alíquota de 1% é conhecida, sabe-se quanto terá de ser elevada a alíquota de referência do IBS (ou, mais precisamente, a soma das alíquotas de referência federal, estadual e municipal) para repor a perda de receita dos cinco tributos atuais no

Ocorre que, *venia concessa*, o argumento não merece prosperar. Isso porque a alíquota uniforme do IBS, aliada à sua incidência sobre ampla base de consumo, necessariamente acarretaria aumento da carga tributária para um número considerável de contribuintes, seja porque (i) alguns deles submetidos a uma alíquota menor sujeitar-se-iam à alíquota do IBS, (ii) seja porque outros que anteriormente não tributados passariam a sê-lo, em virtude do alargamento da incidência da tributação sobre consumo. Tal como exposto por Everardo Maciel, Hamilton Dias de Souza, Humberto Ávila, Ives Gandra da Silva Martins, Kiyoshi Harada e Roque Antônio Carrazza,

> A primeira perplexidade é a PEC 45/19 implicará aumento de impostos. De fato, o IBS seria "uniforme para todos os bens e serviços" e englobaria o ICMS, IPI, ISS e PIS/COFINS. Assim, quase todos os setores sofreriam alguma elevação tributária. Produtos agrícolas que atualmente não se sujeitam ao IPI passariam a absorvê-lo parcialmente. Serviços tradicionais, como advocacia, contabilidade etc., hoje submetidos ao ISS com alíquota média de 4,38%, teriam sua tributação acrescida de porcentuais equivalentes ao IPI e ao ICMS. Se o IBS tiver alíquota de 25%, como se noticia, estima-se que haveria majoração de mais de 300% para serviços prestados por pessoas jurídicas optantes pelo lucro presumido. Para os autônomos o impacto seria ainda maior, podendo chegar a quase 700%, pois seria adicionado não só o equivalente ao IPI e ao ICMS, mas também ao PIS/COFINS, que hoje não alcança tais pessoas físicas.
>
> Mas não é só.
>
> A PEC 45/19 também tenta criar um Imposto Seletivo para "desestimular o consumo" de bens e serviços que gerem externalidades negativas. Todavia não há quaisquer limites a serem observados pela figura, nem critérios que definam os produtos e setores atingidos. Essa carta branca pode resultar na instituição de um imposto de amplo espectro, incidente em duplicidade sobre os mesmos itens objeto do IBS. Nesse sentido, por exemplo, veículos movidos a combustíveis fósseis poderiam ser alvo desse tributo, pois são poluidores e podem ser substituídos por carros a álcool ou elétricos. Em suma, a pretexto de suposta extrafiscalidade, o Imposto Seletivo poderia incidir sobre vasta gama de itens.[26]

---

período. Ou seja, o modelo proposto permite fazer a transição mantendo-se a carga tributária constante, sem gerar riscos de aumento da carga para os contribuintes, mas também sem gerar riscos de perda de receita para os entes federativos".

26 MACIEL, Everardo et al. Onerar mais não é o caminho. Estado de São Paulo. São Paulo, 26/07/2019. Economia. Disponível em: <https://opiniao.estadao.com.br/noticias/espaco-aberto,onerar-mais-nao-e-o-caminho,70002939251>. Acesso em: 10/10/2019.

Indesviável a conclusão a que chegaram os tributaristas, a qual enfaticamente se adere. As promessas feitas aos contribuintes, pelo que se restou demonstrado, não parecem condizer a com a realidade fático-jurídica em caso de aprovação do texto atual da PEC 45/19, por meio da instituição do IBS e dos impostos seletivos.

A carga tributária global desses tributos pode não ser afetada – isso está claro, mas haverá aqueles que terão a carga tributária fortemente majorada para que outros paguem menos. Evidentemente, as distorções introduzidas na economia podem ser exageradas e podem ocasionar graves consequências. Imagine, por exemplo, que os serviços escolares e de saúde poderão ser sensivelmente onerados, aumentando muito o custo da educação e assistência médico hospitalares no país, deixando outros produtos ou setores menos agravados. O cidadão pode ter de pagar com educação e saúde mais cara o custo da redução de venda de motocicletas de luxo, por exemplo.

A cesta básica pode se tornar muito mais cara, da mesma forma. Para possibilitar a compensação do encarecimento dos produtos destinados a alimentar os mais pobres e a efetivação de políticas sociais, de forma vazia e rasteira, a proposta tão somente menciona a possibilidade de criação pelo legislador infraconstitucional de programas de renda social, no art. 156-A, § 9º ("Excetua-se do disposto no inciso IV do § 1º a devolução parcial, através de mecanismos de transferência de renda, do imposto recolhido pelos contribuintes de baixa renda, nos termos da lei complementar referida no *caput*"). Afasta-se, assim, o subprincípio constitucional da seletividade e, por consequência, os mecanismos de realização do princípio da capacidade econômica, em prol da mera possibilidade de o legislador complementar estabelecer um programa de "transferência de renda", pelo viés financeiro (promessa).

2.2. COMPROMISSO JUNTO AOS ENTES POLÍTICOS: A AUSÊNCIA DE REDUÇÃO DA CARGA TRIBUTÁRIA

Na justificativa da PEC 45/19, salienta-se que a reforma tributária proposta não reduziria a carga tributária em favor dos entes federados seja (i) no período de transição dos tributos substituendos para o IBS, seja (ii) após o término da transição.[27] Em ambas as situações, o

---

27 "Operacionalmente, o modelo funcionará da seguinte forma. Haverá três alíquotas de referência do IBS – uma federal, uma estadual e uma municipal – que serão calibradas de forma a repor a perda de receita dos tributos que estão sendo substituídos pelo IBS. Pela proposta, as alíquotas de referência serão calculadas pelo Tribunal de Contas da União e aprovadas pelo Senado Federal. Para a União, a

compromisso é assumido e operacionalmente possível no momento da fixação da alíquota do IBS de cada ente federado.

O raciocínio utilizado alhures para justificar a falsa promessa de manutenção da carga tributária para os contribuintes é plenamente aplicável para o compromisso assumido junto aos entes políticos. Nesse sentido, não haverá redução nem aumento de arrecadação dos entes federados, mas sim manutenção da receita.

Entretanto, ainda que assim ocorra (o que se duvida irá acontecer na realidade), o mero compromisso de ausência de redução da carga tributária nos parece aspecto severamente criticável. Milita contra a eficiência ter-se um limitador que garanta à Administração Pública uma arrecadação mínima. A regra que impede a queda de arrecadação para Estados e Municípios tende a corresponder a tentativa de conciliação de interesses políticos, com vistas a angariar apoio dos entes federados à reforma proposta.

Com efeito, trata-se zona de conforto que inibe a Administração Pública em buscar melhores gestão e otimização de custos. Sequer o Fisco necessitaria ser eficiente em sua tarefa de fiscalizar, o que pode onerar aqueles bons contribuintes que bem cumprem suas obrigações. Ademais, em caso de aprovação da PEC 45/19, a CRFB/1988 tornar-se-ia figura juridicamente anômala, em virtude de ser a única Constituição no mundo a estampar genuína regra de não redução de carga tributária, ao passo que o clamor existente na sociedade é justamente no sentido contrário, isto é, de um princípio do não aumento (para alguns, decorrente do próprio princípio constitucional do não confisco). Em outro giro, quanto maior a qualidade dos serviços públicos maior a tolerância quanto à tributação. Ao fim e ao cabo, a tentativa de não redução da receita tributária pode induzir o gestor público à comodidade de não ser econômico e nem buscar o melhor resultado na gestão dos gastos públicos.

3. A (DES)CREDIBILIDADE ESTATAL

Outro fator que conduz às dúvidas quanto a aceitação da reforma tributária diz respeito à ausência de credibilidade do Estado para o cumprimento e efetivação de promessas que ele próprio faz junto aos con-

---

alíquota de referência do IBS será aquela que repõe a perda de receita com o PIS, a COFINS e o IPI, descontado o ganho de receita decorrente da criação do imposto seletivo; para os Estados será aquela que repõe a receita do ICMS do conjunto dos Estados; e para os Municípios será a que repõe a receita de ISS do conjunto dos municípios do país".

tribuintes. À guisa exemplificativa, passa-se a enumeração de alguns deles, uma vez que uma enumeração exaustiva desses exemplos ultrapassaria não somente as lindes do presente trabalho, como poderia servir de objeto de teses de doutoramento dignas dos maiores encômios.

Como já mencionado, a Lei Kandir, em sua redação original, estipulou, em seu art. 33, que a concessão do direito de crédito da entrada de bens destinado ao uso e consumo do estabelecimento teria início a partir de 1º de janeiro de 1998. A LC 92/1997 prorrogou o prazo para 1º de janeiro de 2000. Sucessivamente, a LC 99/1999 adiou o prazo para 1º de janeiro de 2003. Em seguida, a LC 114/2002 adiou o prazo para 1º de janeiro de 2007. Ato contínuo, a LC 122/2006 prolongou o adiamento para 1º de janeiro de 2011, mais uma vez adiado, pela LC 138/2010, para 1º de janeiro de 2020. Por fim, a LC 171/2019 adiou novamente o prazo para 1º de janeiro de 2033. De se ver que desde a promulgação de tão importante norma do Direito Tributário nacional, os contribuintes nunca puderam usufruir do mencionado direito de crédito, a revelar a completa falta de credibilidade estatal (especificamente do legislador complementar), que promete sucessivamente e jamais cumpre as expectativas que gerou.

Outro exemplo, ainda pior, de que vale a cita é a Desvinculação de Receitas da União (DRU), que permite a desvinculação de 30% de tributos federais cujo produto da arrecadação é previamente destinado. O art. 76 do ADCT/CRFB/1988, incluído pela EC 27/2000, estabeleceu que a vigência da DRU seria no período de 2000 a 2003. Sobreveio a EC 42/2003, que alterou o período de vigência de 2003 a 2007. Em seguida, a EC 56/2007 estabeleceu que o período se encerraria em 31 de dezembro de 2011, prorrogado, pela EC 68/2011, para até 31 de dezembro de 2015. Atualmente está em vigor a redação dada pela EC 93/2016, que prorrogou o prazo para até 31 de dezembro de 2023.

No mesmo sentido se deu a polêmica Contribuição Provisória sobre Movimentação Financeira (CPMF), instituída em 1996 (Lei 9.311/1996) em substituição ao Imposto Provisório sobre Movimentação Financeira (IPMF), com fulcro no art.74 do ADCT, incluído pela EC 12/1996. No § 4º do art. 74 do ADCT/CRFB/1988, determinou-se que a referida contribuição não poderia "ser cobrada por prazo superior a dois anos", a evidenciar, portanto, seu caráter provisório.

Pela EC 21/1999, foi incluído o art. 75 do ADCT/CRFB/1988, que prorrogou, por trinta e seis meses, a cobrança da CPMF e da vigência da Lei 9.311/1996. Sucessivamente, a EC 37/2002, incluindo o art. 84

do ADCT/CRFB/1988 prorrogou a exigência da CPMF para até 31 de dezembro de 2004. No mesmo sentido, a CPMF existiu até 31 de dezembro de 2007, por meio da inclusão do art. 90 no ADCT/CRFB/1988, através da EC 42/2003.

Os exemplos supratranscritos, em apertada síntese, descrevem a falta de credibilidade estatal no cumprimento de suas promessas. Nesse sentido, é tarefa árdua de seus elaboradores, teóricos ou políticos, no convencimento, seja do meio jurídico, seja da sociedade brasileira, de que a todas as promessas aventadas no projeto sejam cumpridas após uma eventual aprovação da PEC 45/19, uma vez que o histórico milita em desfavor de um voto de confiança no Estado.

4. CONCLUSÕES

Ante o exposto, pretendeu-se demonstrar que muitas das promessas para o contribuinte constantes da PEC 45/19, quais sejam (i) a simplificação do sistema tributário, (ii) um imposto sobre ampla base de consumo, (iii) a não-cumulatividade plena do IBS e (iv) o não aumento da carga tributária no Brasil restam inviáveis ou nebulosas, da forma como constam do texto do projeto. Ademais, o compromisso de não redução da receita tributária junto aos entes políticos milita contra os princípios da eficiência da Administração Pública e da economicidade. Efeitos positivos da reforma e da efetivação das promessas são pouco críveis, em razão do histórico de falta de credibilidade do Estado exator. Acredita-se que é necessário um aprimoramento do texto para que nele se incorporem as promessas que buscam amparar sua justificativa, e que se limite a confiança outorgada ao legislador complementar, que, nas últimas décadas, não vem honrando as expectativas e promessas que gerou.

REFERÊNCIAS BIBLIOGRÁFICAS

ANFIP; FENAFISCO. *A reforma tributária necessária: diagnóstico e premissas.* São Paulo: Plataforma Política Social, 2018.

CCiF. Centro de Cidadania Fiscal. *Reforma do Modelo Brasileiro de Tributação de Bens e Serviços.* Nota técnica nº 1. Agosto de 2017. Disponível em: http://ccif.com.br/wpcontent/uploads/2017/08/NT-IBS-v1.1.pdf. Acesso em: 29/09/2019.

MACIEL, Everardo et al. *Onerar mais não é o caminho.* Estado de São Paulo. São Paulo, 26/07/2019. Economia. Disponível em: <https://opiniao.estadao.com.br/noticias/espaco-aberto,onerar-mais-nao-e-o-caminho,70002939251>. Acesso em: 10/10/2019.

MOREIRA, André Mendes. *A não-cumulatividade dos tributos*. 2. ed. rev. e atual. São Paulo: Noeses, 2012.

SACHSIDA, Adolfo; SIMAS, Erich Endrillo Santos [orgs.]. *Reforma tributária*. Rio de Janeiro: IPEA – OAB/DF, 2018.

SCAFF, Fernando Facury. *Algumas sugestões para aprimorar a Reforma Constitucional Tributária*. 2019. Disponível em: <https://www.conjur.com.br/2019-out-07/justica--tributaria-algumas-sugestoes-aprimorar-reforma-constitucional-tributaria>. Acesso em: 09/10/2019.

SILVA, Paulo Roberto Coimbra. *Obrigação tributária: Regra matriz, Hipótese de Incidência e os Limites da Confiança Outorgada aos Legisladores e Aplicadores da Lei*. Coleção Paulo Coimbra. Belo Horizonte: Editora D'Plácido, 2018.0020

A FUNÇÃO REDISTRIBUTIVA DA ATIVIDADE FINANCEIRA DO ESTADO E O (SUB) FINANCIAMENTO DO SISTEMA DE SAÚDE

ALEXANDRE FELIX GROSS[1]

SUMÁRIO: 1. Introdução; 2. O financiamento dos serviços de
saúde: Escolhas da matriz tributária brasileira; 3. O gasto público
em saúde e seu papel redistributivo; 4. Reformas financeiras e o
subfinanciamento do SUS; 5. Conclusão; Referências Bibliográficas

1. INTRODUÇÃO

O reconhecimento normativo-constitucional dos direitos sociais constitui uma das respostas político-jurídicas às desigualdades socioeconômicas que, na vigência da matriz do Estado Liberal de Direito, não eram objeto da Constituição. A insuficiência dos direitos liberais clássicos para fazer frente a uma crescente demanda por igualdade material e justiça social exigiu do Estado uma presença mais robusta no campo social, capaz de redistribuir parcela do produto da cooperação social – obtida pela via da tributação – por meio de prestações materiais.[2]

---

1 Graduado em Direito pela Universidade Federal Fluminense. Mestre em Direito, Estado e Constituição pela Universidade de Brasília. Procurador do Estado de Goiás.

2 Com a consagração dos direitos sociais, a limitação da atuação estatal à proteção das liberdades individuais deu lugar a uma maior legitimação da presença do Estado no campo social, presença esta que, em regra, se concretiza por programas e políticas governamentais voltados a garantir determinadas prestações materiais. À atuação mais robusta do Estado no campo social é inerente um incremento do gasto público. O Estado absorve parte do produto da cooperação social pela via da tributação e redistribui os recursos em forma de prestações positivas concretizadoras de direitos fundamentais. Ingo Sarlet aponta que "justamente pelo fato de os direitos sociais prestacionais terem por objeto prestações do Estado diretamente vinculadas à destinação, distribuição (e redistribuição), bem como à criação de bens mate-

Contudo, embora amplamente reconhecidos, no Brasil, pela ordem constitucional inaugurada em 1988, direitos sociais sofrem com uma inefetividade[3] crônica que posterga sua concretização a um futuro longínquo e incerto. Em um país marcado pela intensa clivagem social, onde o fortalecimento da função redistributiva dos direitos sociais é urgente, ocorre, como resultado das recorrentes crises econômicas, um esvaziamento do financiamento dos programas e políticas públicas da área, que submete sua efetividade às contingências orçamentárias.

Diante de crises fiscais que tornam ainda mais escassos os recursos, direitos sociais são os primeiros a serem sacrificados. As instâncias políticas insistem em tentar solucionar a asfixia financeira apenas com o redimensionamento do Estado Social e de seu orçamento. Justamente no momento em que os cidadãos, atingidos pelo desemprego e pela miserabilidade, mais precisam do "colchão de proteção" estatal, opera-se um corte no financiamento de programas e políticas públicas. Assim ocorreu com a E.C. n.º 95/16, que instituiu o *novo regime fiscal*, estabelecendo um limite constitucional à evolução do gasto público, desvinculando-o, especificamente no caso do gasto com ações e serviços de saúde, do crescimento da Receita Corrente Líquida-RCL a partir de 2018.

---

riais, aponta-se, com propriedade, para sua dimensão economicamente relevante (SARLET, Ingo Wolfgang. *A Eficácia dos Direitos Fundamentais*. 2. ed. Porto Alegre: Livraria do Advogado Editora, 2001, p. 263).

3 O conceito de efetividade ou eficácia social refere-se à observância da norma no mundo real, ou seja, preocupa-se com a aplicabilidade empírica da norma e não meramente com sua eficácia normativa. Sobre o tema, é valiosa a lição de Marcelo Neves: "Distingue-se tradicionalmente a eficácia no sentido jurídico-dogmático da eficácia em sentido 'sociológico'. A primeira refere-se à possibilidade jurídica de aplicação da norma, ou melhor, à sua aplicabilidade, exigibilidade ou executoriedade. A pergunta que se põe é, nesse caso, se a norma preencheu as condições intra-sistêmicas para produzir os seus efeitos jurídicos específicos. No sentido 'empírico', 'real' ou 'sociológico' – acolhido, no entanto, na 'Teoria Pura do Direito'-, a eficácia diz respeito à conformidade das condutas dos destinatários à norma. A pergunta que se coloca é, então, se norma foi realmente 'observada', 'aplicada', 'executada' (imposta) ou 'usada'. É essa questão que interessa aqui, ou seja, o problema da eficácia em sentido 'empírico" (NEVES, Marcelo. *Constitucionalização Simbólica*. 3. ed. São Paulo: Editora WMF Martins Fontes, 2011, p. 43)

À inefetividade da Constituição relaciona-se a sua função hipertroficamente simbólica.[4] De um lado, sobressai a incapacidade da norma constitucional em regular e dirigir condutas e assegurar expectativas normativas generalizantes; de outro, para a maioria da população, os direitos sociais sobrevivem apenas na retórica constitucional que encontra na categoria das normas programáticas, realizáveis em um futuro improvável, seu lugar na dogmática constitucional e no discurso político. Para a massa de subintegrados, assumem o lugar de eternas promessas, que só serão realizadas acaso um dia se reúnam as condições econômicas ideais.[5] Aos direitos sociais não são oportunizadas as condições jurídicas e políticas imprescindíveis à sua concretização igualitária, de modo que o que condiciona a fruição desses direitos é, em regra, o excludente código econômico determinado pela capacidade de cada indivíduo de adquirir suas prestações no mercado.

O direito à saúde é, infelizmente, um exemplo evidente dessa realidade. Previsto desde o advento da Constituição de 1988 como um direito de acesso universal e igualitário (CR, art. 196), carece de efetivação entre as camadas mais pobres da população. Para as classes mais ricas, há a opção pela saúde complementar privada – opção inclusive incentivada pelo Estado através de incentivos fiscais[6] -, que experimenta condições em regra superiores às do Sistema Único de Saúde-SUS, este a única opção para os estratos inferiores do tecido social.

Desta forma, é mais que necessário uma compreensão analítica da relação entre o (sub)financiamento do Sistema Único de Saúde e a inefetividade deste direito social. Faz-se crucial entender o fenômeno tributário a partir de suas relações com o escopo do Estado Social brasileiro, compreendendo as escolhas realizadas no campo do gasto

---

4 NEVES, Marcelo. *Constitucionalização Simbólica*. 3ª edição. São Paulo: Editora WMF Martins Fontes, 2011.

5 NEVES, Marcelo. *Constitucionalização...*, cit. p. 161.

6 As políticas públicas de saúde no Brasil abrangem não só a prestação direta de serviços, mas também o financiamento da saúde complementar privada pelo gasto tributário. Em 2013, a transferência de recursos públicos, via renúncia fiscal, superou a quantia de vinte e cinco bilhões de reais, correspondendo a 20% do gasto total em saúde no Brasil (INSTITUTO DE PESQUISA ECONÔMICA APLICADA – IPEA. *Radiografia do Gasto Tributário em Saúde*: 2003-2013. Brasília: IPEA, 2016.). Apesar de a Constituição estabelecer que a saúde é um direto de todos e que o acesso aos serviços de saúde deve ser universal, apenas uma parcela privilegiada da população tem acesso ao financiamento pela via do gasto tributário.

público – notadamente do gasto com saúde - como parte integrante da matriz tributária brasileira.[7]

A adoção do primado da justiça social pela Constituição da República (arts. 3º, 170, *caput* e inciso VII e 193), exige que a atividade financeira do Estado, da qual são partes integrantes a tributação e o gasto público, seja estudada a partir de suas relações com as iniquidades sociais. Portanto, o foco deste artigo recairá sobre a função redistributiva da tributação,[8] analisando-a a partir do financiamento e do gasto com ações e serviços de saúde. Adotar-se-á um enfoque que busca suplantar os limites do formalismo e do dogmatismo jurídicos para tentar compreender o orçamento e o gasto público como elementos indissociáveis do estudo da tributação, relacionando-os com as questões políticas, econômicas e sociais que, no campo da saúde, associam-se para perpetuar a inefetividade deste direito social e excluir as camadas mais pobres do exercício da cidadania.

Apesar da conhecida regressividade que marca a matriz tributária brasileira – baseada na tributação indireta sobre o consumo - sabe-se que o gasto social, especialmente o gasto em saúde, realiza uma diminuição significativa das iniquidades sociais. Contudo, as reformas que em nível constitucional e legal impactaram nos últimos anos as fontes de financiamento e atingiram o piso de gastos com o sistema de saúde parecem ter ignorado essa importante função redistributiva. De fato, como será visto, não foram capazes de solucionar o subfinanciamento do SUS. Ao contrário, a mais recente delas (EC n.º 95/16) agravou o

---

7 GASSEN, Valcir. Matriz Tributária: uma perspectiva para pensar o Estado, a Constituição e o Brasil. *In:* GASSEN, Valcir (Org.). *Equidade e Eficiência da Matriz Tributária Brasileira.* Belo Horizonte: Arraes Editores, 2016.

8 O estudo da função redistributiva da tributação pressupõe a compreensão de que os tributos exercem um papel que vai além da mera finalidade fiscal, de arrecadação de receitas para o Estado. A tributação pode - e deve – servir como um instrumento de justiça social, que arrecada mais dos mais ricos (progressividade) e distribui para os que mais necessitam pela via dos serviços públicos, diminuindo as desigualdades interindividuais. Segundo classificação de Theodore Lowi, apresentada por Celina Souza, o sistema tributário insere-se na categoria de políticas públicas redistributivas, que são as que atingem "o maior número de pessoas e impõe(m) perdas concretas e no curto prazo para certos grupos sociais, e ganhos incertos e futuros para outros" (SOUZA, Celina. Políticas Públicas: uma revisão da literatura. *Revista Sociologias.* Porto Alegre, ano 8, n.º 6, p. 20-45, 2006, p. 28).

problema e as que estão no horizonte político (PEC n.º 188/2019)[9] podem significar o completa desmantelamento do sistema universal idealizado pelo constituinte originário.

2. O FINANCIAMENTO DOS SERVIÇOS DE SAÚDE: ESCOLHAS DA MATRIZ TRIBUTÁRIA BRASILEIRA

A saúde pública no Brasil é estruturada em um sistema único (SUS) organizado de forma regionalizada e hierarquizada, e que concentra as ações e serviços de saúde de todos os Entes Federados. De acordo com a Constituição, a saúde é um direito subjetivo público que, ao contrário do que ocorre na maioria dos países, independe da participação do indivíduo em um sistema – ainda que público – de seguro de saúde.

As despesas do SUS são financiadas pelos fundos de saúde de cada um desses Entes (Lei Complementar n.º 141/12, arts. 2º e 3º), que, por sua vez, são alimentados por recursos próprios e transferências obrigatórias e voluntárias. Sendo o Estado brasileiro um Estado Fiscal,[10] isto é, que obtém suas receitas primordialmente por meio da tributação, tem-se que os impostos e contribuições são os instrumentos pelos quais se obtém, junto ao corpo social, o financiamento das ações e serviços de saúde.[11] É o exercício da competência tributária que assegura aos Entes Federados a autonomia financeira necessária ao cumprimento da obrigação, constitucionalmente imposta, de prestar o serviço de saúde pública (CR, art. 23, II).

O dispêndio público em saúde deve ser avaliado sob o ponto de vista da equidade fiscal, que deve ser compreendida a partir da análise da tributação (financiamento) e do gasto público. A justiça na tributação é, portanto, um elemento essencial para a avaliação da equidade no sistema de saúde. A tributação deve ser enxergada não apenas como

---

9 A PEC n.º 188/2019 foi apresentada pelo governo federal em novembro de 2019. Capitaneada pelo Ministro Paulo Guedes, submete a eficácia dos direitos sociais ao que chama de "direito ao equilíbrio fiscal intergeracional" e estabelece uma odiosa competição por recursos entre as áreas da educação e da saúde ao permitir que eventual excesso de gasto em relação ao piso de uma área seja descontado do percentual de gasto mínimo da outra.

10 O exercício da atividade empresarial pelo Estado é excepcional, possível apenas nos casos em que necessária aos imperativos de segurança nacional ou de relevante interesse coletivo (CR, art. 173).

11 O orçamento da saúde integra o orçamento da seguridade social, cujas fontes de receita estão previstas no art. 195, da Constituição.

um meio de obtenção de receitas, mas também como um eficaz instrumento de realização do escopo do Estado Social. Uma política fiscal pautada no princípio da capacidade contributiva e na progressividade intervém positivamente sobre a redistribuição da riqueza e funciona como "incentivo ao desenvolvimento de uma atividade econômica amparada pelo interesse público."[12] A análise sob a perspectiva extrafiscal da tributação pressupõe avaliar a finalidade redistributiva dos tributos, sobretudo o impacto do fenômeno tributário sobre as desigualdades interindividuais. A tributação progressiva, voltada a combater as desigualdades socioeconômicas pela maior oneração dos mais ricos em relação aos mais pobres, promove justiça social e contribui para a realização de uma sociedade mais igualitária.

A ideia de que a tributação é um instrumento eficaz para atenuar a desigualdade de renda é nuclear na obra do economista Thomas Piketty:

> O imposto não é uma questão apenas técnica, mas eminentemente política e filosófica, e sem dúvida a mais importante de todas. Sem impostos, a sociedade não pode ter um destino comum e a ação coletiva é impossível. Sempre foi assim.
> (...) seria equivocado concluir que a progressividade fiscal desempenha apenas um papel limitado na redistribuição moderna. Antes de tudo, mesmo se arrecadação mundial for próxima da proporcionalidade para a maioria da população, o fato de a taxa se elevar bastante – ou, ao contrário, diminuir nitidamente – para as rendas ou os patrimônios mais elevados pode ter um impacto dinâmico considerável para a estrutura agregada da desigualdade."[13]

Na mesma linha de pensamento, Joseph Stiglitz ressalta que a iniquidade não é apenas moldada pela escassez e pelas leis do mercado, mas também pelo Estado, cuja função é definir as regras do jogo. O Estado redefine a distribuição da renda que advém do mercado através da tributação e do gasto social, de modo que a tributação progressiva é capaz de limitar a extensão da desigualdade.[14] Portanto, a avaliação do financiamento do sistema público de saúde não pode se dissociar do

---

12 GASSEN, Valcir; BICALHO, Guilherme Pereira Dolabella. Estado, Ideologias e Tributação: a construção do Estado Brasileiro e finalidade o poder de tributar. *In*: GASSEN, Valcir (Org.). *Equidade e Eficiência da Matriz Tributária Brasileira*. Belo Horizonte: Arraes Editores, 2016, pp. 50-53.

13 PIKETTY, Thomas. *O Capital no Século XXI*. Tradução de Monica de Bolle. Rio de Janeiro: Editora Intrínseca, 2014, pp. 480-482.

14 STIGLITZ, Joseph E. *The Price of Inequality*: how today's divided society endangers our future. New York-London: W.W Norton & Company, 2013, p. 38-39.

estudo do impacto da tributação sobre as desigualdades socioeconômicas, o que justifica a abordagem proposta, de maior atenção sobre as relações entre o fenômeno tributário e a realidade social, econômica e política. Essa posição torna natural a reflexão sobre aqueles que financiam o Estado Brasileiro, especificamente, considerando o objeto de estudo, as ações e serviços de saúde.

Embora o art. 195 da CR/88 institua, como principal fonte de financiamento da seguridade social, contribuições que recaem sobre o lucro e a receita das pessoas jurídicas, não é correto afirmar que são essas as principais fontes de financiamento da saúde no Brasil.[15,16,17] Em primeiro lugar, mesmo em relação ao orçamento federal da seguridade social, tem-se que as contribuições sociais são responsáveis por valores que variam em torno de 80%, sendo o restante financiado por outras receitas derivadas, principalmente as obtidas com a arrecadação de impostos. Em segundo lugar, a partir da promulgação da E.C. 29/00 ocorreu um aumento significativo da participação dos Estados e Municípios no financiamento da saúde pública, de modo que de 2005 em diante os Entes Subnacionais passaram a responder pela maior par-

---

15 Segundo o art. 198, §1º da Constituição, o SUS é mantido com recursos do orçamento da seguridade social dos três níveis da federação. A seguridade social é financiada por recursos dos orçamentos da União, Estados, Distrito Federal e Municípios, e pelas contribuições sociais, de competência da União: i) sobre a receita ou faturamento (PIS e COFINS); ii) sobre o lucro (CSLL); iii) sobre a receita de concursos de prognósticos e; iv) do importador de bens ou serviços do exterior (CR, art. 195).

16 A seguridade social engloba a assistência social, a previdência social e a saúde (CR, art. 194).

17 Excluiu-se do rol as contribuições previstas no art. 195, I, "a" e II, uma vez que se destinam exclusivamente ao custeio dos benefícios do regime geral de previdência social (CR, art. 167, XI).

te (IPEA, 2013, pp. 11-14).[18,19] Sendo os impostos sobre o consumo de bens e serviços (ICMS e ISS) a maior fonte de receita desses Entes, é de se concluir ser essa uma das principais fontes de financiamento da saúde pública no Brasil.

Sabe-se, contudo, que a matriz tributária que tem no consumo a sua principal base de incidência vai de encontro ao ideal de justiça social estabelecido pela Constituição (CR, art. 3º, I, art. 170, *caput* e art. 193).

A regressividade e, portanto, a injustiça redistributiva por trás de uma matriz tributária baseada na tributação sobre o consumo, não é difícil de ser enxergada. Os tributos que incidem sobre o consumo caracterizam-se por serem indiretos, seu ônus econômico-financeiro, incorporado no preço dos bens e serviços colocados no mercado, recai sobre os consumidores (contribuintes de fato) e não sobre os agentes econômicos responsáveis pelo recolhimento ao fisco (contribuintes de direito). Por sua vez, a renda das famílias mais pobres se destina, quase que exclusivamente, ao consumo de bens e serviços básicos, essenciais à sua sobrevivência, cujos preços absorvem o custo dos tributos sobre o consumo.[20] Ao contrário, as famílias mais ricas destinam par-

---

18 Agrava esse cenário a desvinculação de receitas realizada pelo art. 76, do ADCT (E.C. n.º 93/16), que permite a desvinculação de até 30% da arrecadação da União relativa às contribuições sociais, liberando esses recursos para aplicação em outras áreas. Essa escolha revela, segundo Ricart dos Santos, *"uma primazia ao pagamento da dívida pública em nosso ordenamento jurídico, inclusive na elaboração do texto constitucional"* (SANTOS, Ricart César Coelho dos. *Financiamento da Saúde Pública no Brasil*. Belo Horizonte: Editora Fórum, 2016, p. 109). Apenas no período compreendido entre 2005 e 2015 a desvinculação representou uma retirada de quase 190 bilhões de reais da seguridade social (ASSOCIAÇÃO NACIONAL DOS AUDITORES-FISCAIS DA RECEITA FEDERAL DO BRASIL – ANFIP. Fundação ANFIP de Estudos da Seguridade Social e Tributário. *Análise da Seguridade Social 2015*. Brasília: ANFIP, 2016, p. 37).

19 Também merece destaque o fato de que as ações e serviços de saúde disputam espaço dentro do orçamento da seguridade social com os benefícios previdenciários e com a assistência social. Os benefícios previdenciários, estipulados por lei e protegidos pela garantia do direito adquirido, consomem a maior parte do orçamento setorial (ANFIP, 2016, p. 29).

20 Em média, 13,1% da composição dos preços dos itens da cesta básica são tributos (HIGGINS, SEAN; PEREIRA, Claudiney. The Effects of Brazil's High Taxation and Social Spending on the Distribution of Household Income. In: *Commitment to Equity (CEQ) Working Paper n.º 7*, Tulane University, Department Economics, jan. 2013, p. 8). Mas os mais pobres também arcam com os tributos incidentes sobre os serviços de energia elétrica, comunicação e informação, transporte coletivo etc.

cela significativa de sua renda à aquisição de patrimônio imobiliário e investimentos financeiros, que são tributados com alíquotas comparativamente mais baixas ou sequer são tributados, como é o caso da distribuição de lucros e dividendos das pessoas jurídicas. A isenção da distribuição de lucros e dividendos foi fruto de uma escolha política adotada em 1996 pelo governo FHC como parte de um modelo concebido por acadêmicos e *policymakers* dos Estados Unidos e da Europa, que traduzia "um certo clamor teórico e ideológico por menor oneração do capital e dos mais ricos, baseados na suposta ineficiência econômica da tributação sobre esta elite."[21] À época, a agenda de reformas fiscais do governo baseava-se na ideia de que não caberia à política tributária os objetivos redistributivos. O gasto público, voltado à transferência de renda e à prestação de serviços públicos aos mais pobres, seria o único responsável por intervir na desigualdade econômica. Após três décadas em que a concentração de renda aumentou significativamente no Brasil e no mundo, e em que apenas três países – periféricos e mais suscetíveis, portanto, ao ideário neoliberal - apostaram na desoneração do capital (Brasil, Estônia e Romênia), a reflexão acadêmica avançou e passou a questionar a menor progressividade fiscal e a desoneração da renda do capital. De acordo com o IPEA:

> Tanto economistas da nova geração, como Piketty e Emmanuel Saez, quanto da velha guarda, como Peter Diamond, têm se dedicado a demonstrar, por meio de um arcabouço estritamente neoclássico, mas baseado em hipóteses e pressupostos mais realistas, que uma política tributária ótima (no sentido de maximizar o bem-estar social) pode passar por um desenho no qual não só haja espaço para a progressividade tributária e a tributação do capital, como em doses superiores a que temos na atualidade. Pode-se discordar ou não desses modelos, apontar falhas ou lacunas, mas o debate está novamente aberto e produzindo reposicionamentos significativos.[22]

Soma-se ao cenário de desoneração das rendas do capital o fato de que os tributos sobre o consumo, na maioria dos casos, não possuem alíquotas progressivas. Isto é, independentemente da classe social, todos arcam com as mesmas alíquotas. O valor do imposto sobre a circulação de mercadorias e serviços (ICMS) pago por uma família de baixa renda ao adquirir gêneros alimentícios básicos é o mesmo pago por uma família de milionários, por exemplo.

---

21 INSTITUTO DE PESQUISA ECONÔMICA APLICADA – IPEA. *Tributação do Capital no Brasil e no Mundo*. Brasília: IPEA, 2018, pp. 7-8

22 *Ibidem*, p. 9.

A carga tributária brasileira gira em torno de 33% do PIB, número próximo a média dos países membros da Organização para a Cooperação e Desenvolvimento Econômico - OCDE. A composição dessa carga é de 8,1% de tributos sobre a renda e propriedade, 9,6% de tributos sobre a folha de pagamentos (incluindo as contribuições sociais) e 15,7% de impostos sobre o consumo de bens e serviços.[23] Como consequência de uma incidência tributária baseada no consumo, tem-se que as famílias com renda de até dois salários mínimos assumem uma carga que corresponde a 53,9% de seus rendimentos, enquanto nas famílias com renda superior a trinta salários mínimos esse percentual é de 29%.[24, 25, 26]

---

23 INSTITUTO DE PESQUISA ECONÔMICA APLICADA – IPEA. *Progressividade Tributária*: a agenda negligenciada. Brasília: Rio de Janeiro: IPEA, 2016, p. 7.

24 INSTITUTO DE PESQUISA ECONÔMICA APLICADA – IPEA. *Receita Pública*: quem paga e como se gasta no Brasil. Comunicado da Presidência. Brasília: IPEA, 2009, p. 4

25 Mesmo entre os tributos diretos, como é o caso do Imposto sobre a Renda das Pessoas Físicas, a progressividade é limitada. Conforme ressaltam Sérgio Gobetti e Rodrigo Orair: "Outro dado que chama a atenção, embora seja consequência direta do tratamento tributário dado às rendas do capital no Brasil, que, à exceção dos aluguéis, não integram a base de cálculo do imposto de renda das pessoas físicas (por serem isentos ou tributados exclusivamente na fonte), é que o volume de imposto devido pelos ricos em proporção de suas rendas decai à medida em que subimos os degraus da pirâmide. Nas faixas de renda mais baixas, até cinco salários mínimos, a proporção da renda devida em imposto é próxima de zero, mas nas faixas de renda seguintes ela cresce progressivamente e atinge seu pico entre 20 e 40 salários mínimos, quando volta a cair progressivamente. Revelando um caráter truncado da progressividade do nosso imposto de renda. O imposto é progressivo até a faixa de renda entre 20 e 40 salários-mínimos e a partir daí passa a ser claramente regressivo e contribui com o elevado grau de desigualdade da distribuição" (GOBETTI, Sérgio Wulff; ORAIR, Rodrigo Octávio. Distribuição e Tributação da Renda no Brasil: novas evidências a partir das declarações fiscais das pessoas físicas. In: Centro Internacional de Políticas para o Crescimento Inclusivo (Programa das Nações Unidas para o Desenvolvimento). *Working Paper n.º 136*. Brasília: 2016, p. 15).

26 Além de injusta, a tributação focalizada em impostos indiretos é mais sensível a crises econômicas, que diminuem, pelo atraso, evasão ou redução no recolhimento, as receitas estatais e, por conseguinte, o gasto social, penalizando ainda mais os mais pobres (OXFAM BRASIL. *País Estagnado*: um retrato das desigualdades brasileiras – 2018. São Paulo: OXFAM, 2018, p. 37).

A matriz tributária brasileira é excessivamente regressiva, penaliza os mais pobres e favorece os mais ricos. Ao recair mais intensamente sobre os que menos podem contribuir com a mantença do Estado, faz tábula rasa do princípio da capacidade contributiva e dos valores de justiça social e solidariedade (CR, art. 145, §1º, art. 3º, I, art. 170, *caput* e art. 193). A regressividade do financiamento do Estado Social e, portanto, da saúde pública, torna ainda mais importante a reflexão acerca da função redistributiva do gasto público, que será abordada a seguir. Afinal, espera-se que o gasto social atenue a injustiça causada pela regressividade da matriz tributária. Em outras palavras, se a camada mais pobre da população é responsável pela maior parte do financiamento do SUS, espera-se, em contrapartida, que seja também a maior beneficiada por suas ações e serviços.

3. O GASTO PÚBLICO EM SAÚDE E SEU PAPEL REDISTRIBUTIVO

Há um consenso entre aqueles que se dedicam a estudar o SUS: a saúde pública no Brasil é subfinanciada. Dos 33,4% do PIB que são recolhidos a título de tributos, apenas 3,9% são destinados ao seu financiamento,[27] o que resulta em um gasto *per capita* de R$ 1.131,94,[28] o equivalente a US$ 270,00.[29] O número é bem inferior aos de países com sistemas públicos universais de saúde e é considerado inadequado pela Organização Mundial da Saúde. Também é inferior ao gasto *per capita* de outros países da América Latina que sequer possuem sistemas públicos universais e gratuitos, como Uruguai, Chile, Panamá e Argentina.[30]

Dentre os países com sistema universal de saúde, o Brasil é o com menor relação de gasto público/PIB e mais baixo gasto público *per capita* anual. No Canadá o percentual de gasto público/PIB é de 8%, e o gasto público *per capita* é de US$ 3.274,00; na França 10% e US$ 3.534,00;

---

27 Disponível em: https://agenciadenoticias.ibge.gov.br/agencia-sala-de-imprensa/2013-agencia-de-noticias/releases/18915-conta-satelite-de-saude-release e http://apps.who.int/nha/database/ViewData/Indicators/en. Acesso em: 04 dez. 2019.

28 Disponível em: https://agenciadenoticias.ibge.gov.br/agencia-sala-de-imprensa/2013-agencia-de-noticias/releases/18915-conta-satelite-de-saude-release. Acesso em: 04 dez. 2019.

29 Conforme cotação do dia 05/12/2019.

30 Disponível em http://apps.who.int/nha/database/Select/Indicators/en. Acesso em 04/12/2019.

na Suécia 9% e US$ 4.769,00; no Reino Unido 8% e US$ 3.175,00; na Austrália 6% e US$ 3.417,00 e; em Cuba 11% e US$ 870,00.[31]

Outro dado que evidencia o subfinanciamento da saúde pública é a sua relação com o gasto privado, este comparativamente maior: corresponde a 5,2% do PIB[32] e atinge apenas 23% da população.[33,34] Significa dizer, um volume de recursos significativamente maior é destinado ao custeio de um sistema privado que beneficia um número bem menor de pessoas. Essa opção contrasta com a de outros países com sistemas universais, como Reino Unido, Suécia e França, onde o gasto público é pelo menos quatro vezes maior que o privado.[35, 36]

---

31 Disponível em http://apps.who.int/nha/database/Select/Indicators/en. Acesso em: 04 dez. 2019.

32 Disponível em: https://agenciadenoticias.ibge.gov.br/agencia-sala-de-imprensa/2013-agencia-de-noticias/releases/18915-conta-satelite-de-saude-release. Acesso em: 04 dez. 2019.

33 SALDIVA, Paulo Hilário Nascimento; VERAS, Mariana. Gastos públicos com saúde: breve histórico, situação atual e perspectivas futuras. *Estudos Avançados*. São Paulo, v. 32, n. 92, p. 47-61, abr. 2018, p. 51.

34 O SUS, por sua vez, atinge a totalidade da população brasileira, uma vez que todos, inclusive os usuários de planos de saúde, se beneficiam de ações e serviços como os de vigilância sanitária, transplantes de órgãos, vacinação, resgate e atendimento de urgência em casos de acidentes, cobertura farmacológica e, ainda, são atendidos por profissionais médicos cuja formação é realizada, na maioria dos casos, em instituições públicas de ensino e em programas de residência de hospitais públicos.

35 Paradoxalmente, o desembolso direto, modalidade mais iníqua e excludente de financiamento, é mais comum nos países mais pobres e em desenvolvimento. Nos países de renda alta prepondera o financiamento público (PIOLA, Sérgio Francisco (et al.). Estruturas de Financiamento e Gasto do Sistema Público de Saúde. In: FUNDAÇÃO OSWALDO CRUZ (et al.). *A saúde no Brasil em 2030*: prospecção estratégica do sistema de saúde brasileiro: estrutura do financiamento e do gasto setorial. Volume 4. Rio de Janeiro: Fiocruz/Ipea/Ministério da Saúde/Secretaria de Assuntos Estratégicos da Presidência da República, 2013, p. 20).

36 Boa parte dos Entes Federados chega ao extremo de financiar serviços de saúde exclusivos para seus servidores e que costumam apresentar melhores condições de acesso e tratamento que o SUS. A incompatibilidade com a opção do constituinte originário por um sistema de saúde universal e público é evidente, na medida em que se destina considerável parcela do orçamento público para custear tratamentos a uma parcela já privilegiada da população, enquanto a massa de contribuintes tem que se resignar com um sistema público condenado pelo subfinanciamento.

O subfinanciamento e a opção governamental pelo incentivo ao mercado privado de saúde fazem com que o Brasil seja o único país do mundo com um sistema de acesso universal em que o gasto privado é superior ao público. A criação do SUS, sabe-se, foi inspirada no êxito do sistema de saúde britânico, o *National Health Service (NHS)*, também norteado pelos princípios da universalidade, integralidade, equidade e gratuidade, e financiado, fundamentalmente, pela receita de tributos. O NHS foi criado em 1948 e mesmo após as reformas de cunho liberal realizadas no início dos anos 1990, manteve suas características nucleares ao longo dos últimos setenta anos. No Reino Unido o mercado privado de saúde é residual, sendo que a proporção do gasto público/privado é de 80%/20%,[37] ante uma proporção média de 70%/30% nos países da OCDE. No Brasil essa proporção é de 43%/57%.[38, 39]

Há uma forte contradição, portanto, entre a imposição constitucional por um sistema universal, integral, gratuito e de acesso igualitário, e as sucessivas opções político-governamentais por incentivar, inclusive pela via dos subsídios fiscais, o mercado privado. Isso indica que uma correção de rumo deve ser realizada para aproximar as políticas de assistência à saúde do modelo imaginado pelo constituinte originário.

A preponderância do gasto privado é identificada pelo Banco Mundial como um dos desafios ao adequado financiamento da saúde pública no Brasil. A organização aponta que é considerável o fluxo de recursos dos cofres públicos para o sistema privado, o que coloca o Brasil entre os países com mais alto índice de desembolso privado na América Latina[40 41]. Esse fluxo de recursos é em parte financiado pelas

---

37 Disponível em http://apps.who.int/nha/database/ViewData/Indicators/en. Acesso em: 04 dez. 2019.

38 PIOLA, Sérgio Francisco (et al.). Estruturas de Financiamento e Gasto do Sistema Público de Saúde. *In:* FUNDAÇÃO OSWALDO CRUZ (et al.). *A saúde no Brasil em 2030*: prospecção estratégica do sistema de saúde brasileiro: estrutura do financiamento e do gasto setorial. Volume 4. Rio de Janeiro: Fiocruz/Ipea/Ministério da Saúde/Secretaria de Assuntos Estratégicos da Presidência da República, 2013, p. 21.

39 WORLD HEALTH ORGANIZATION – WHO. *New Perspectives on Global Health Spending for Universal Health Coverage.* Geneva: WHO, 2018, p. 13.

40 Disponível em: http://documents.worldbank.org/curated/pt/638281468226148870/pdf/883440BRI0P1230l0final0January02014.pdf. Acesso em: 04 dez. 2019.

41 Entre os países de renda alta a proporção do gasto público/privado é de 70%/30%, entre os países de renda média é de 51%/49% e nos países de renda

renúncias tributárias. Do volume de recursos destinados à saúde, 20% são pela via de subsídios ao setor privado, destacando-se as isenções de imposto de renda por despesas com assistência médica.[42, 43, 44]

Embora subfinanciado, no entanto, o SUS exerce importante papel redistributivo. Pesquisas apontam que o gasto social é responsável por atenuar a regressividade fiscal, retornando àqueles que assumem um peso significativamente maior no financiamento do Estado em forma de serviços públicos – especialmente de saúde e educação – e benefícios assistenciais e previdenciários. Como já afirmado, a equidade fiscal deve ser analisada sob dois aspectos: o do perfil da tributação (financiamento) e o do perfil do gasto público. Se, de um lado, a matriz tributária é marcada pela regressividade; de outro, o gasto público nas áreas sociais, em razão de seu perfil progressivo, cumpre importante função redistributiva.

O Brasil possui um modelo de política tributária regressivo, portanto agravador da concentração de renda, mas que é atenuado por um gasto

---

baixa é de 22%/78%. No Brasil a proporção é de 43%/57% (WHO, 2018, p. 13).

42 INSTITUTO DE PESQUISA ECONÔMICA APLICADA – IPEA. *Radiografia do Gasto Tributário em Saúde*: 2003-2013. Brasília: IPEA, 2016.

43 Esse tipo de gasto é marcado por intensa regressividade, pois os subsídios se destinam apenas às famílias que podem arcar com o custo da saúde privada, ou seja, aquelas que se situam nos estratos mais elevados da renda. O subsídio, aliás, abarca gastos com hospitais, clínicas e profissionais de saúde situados até no exterior.

44 Embora a Organização Mundial da Saúde e os principais estudos da área utilizem como parâmetro comparativo o percentual do PIB gasto em saúde, esses números escondem graves iniquidades, tendo em vista as diferenças demográficas e de renda entre os países. Alguns dados são capazes de revelar com maior clareza a dimensão do subfinanciamento nos países mais pobres: os países mais ricos, onde vive apenas 16% da população mundial, são responsáveis por 80% do gasto global em saúde; a média global de gasto *per capita* por ano em saúde é de US$ 1.011,00 (mil, cento e onze dólares); contudo, há uma variação abissal entre países que gastam até US$ 9.000,00 (nove mil dólares) *per capita* e outros em que o gasto é de US$ 20,00 (vinte dólares), sendo que em quase 50 países, habitados por 2,7 bilhões de pessoas, o gasto *per capita* não ultrapassa a barreira dos US$ 100,00 (cem dólares) (WHO, 2018, p. 15). Ou seja, ainda que se melhore a relação gasto/PIB em países pobres e em desenvolvimento, como é o caso do Brasil, o gasto nominal *per capita* continuará muito inferior ao de países com sistemas de saúde considerados exitosos.

social progressivo, que tem nos mais pobres os principais destinatários dos serviços de educação e saúde.[45]

O *Center for Global Development*, que se dedicou a investigar os impactos do gasto social sobre a pobreza e a iniquidade na Argentina, no Brasil, na Bolívia, no México e no Peru, identificou que a tributação direta tem um impacto pequeno sobre a redução das desigualdades, especialmente se comparado ao impacto negativo da tributação indireta, que é significativamente maior no Brasil. Em contrapartida, os gastos públicos com saúde e educação foram identificados como progressivos na maioria dos países pesquisados, especialmente no Brasil e na Argentina.[46]

Os resultados também são compatíveis com aqueles encontrados por Claudiney Pereira e Sean Higgins em estudo que investiga os efeitos da tributação e do gasto social sobre a redistribuição de renda no Brasil. Segundo os pesquisadores, a tributação (direta e indireta) e o gasto social (transferências diretas e serviços de saúde e educação) reduzem em apenas 6% a iniquidade de renda inicial determinada pelo mercado. Isso indica uma baixa efetividade da política fiscal, especialmente em razão da magnitude da carga tributária, que chega perto de 35% do PIB. Mais uma vez a matriz tributária regressiva, marcada pelo predomínio da tributação indireta, é apontada como causa determinante[47]. O gasto em saúde, por outro lado, mostrou-se satisfatoriamente progressivo, contribuindo para uma queda final de 19% no coeficiente de Gini.[48]

---

45 INSTITUTO DE PESQUISA ECONÔMICA APLICADA – IPEA. *Equidade Fiscal no Brasil*: impactos distributivos da tributação e do gasto social. Brasília: IPEA, 2011.

46 CENTER FOR GLOBAL DEVELOPMENT – CGD. *The Impact of Taxes and Social Spending on Inequality and Poverty in Argentina, Bolivia, Brazil, Mexico, and Peru*: a synthesis of results. CGD Working Paper 311. Washington, DC: Center for Global Development, 2012, pp. 8-13.

47 Dentre os dados apresentados pelo estudo, chama atenção aquele que demonstra que com o impacto dos programas de transferência direta de renda (bolsa família, benefício de prestação continuada etc.) a "ultra pobreza" cai 55%, a "extrema pobreza" 28% e a "pobreza moderada" 14%. Contudo, quando se contabiliza a tributação indireta, a redução da "ultra pobreza" é significativamente reduzida, a da "extrema pobreza" quase que desaparece e a "pobreza moderada" chega a aumentar.

48 HIGGINS, SEAN; PEREIRA, Claudiney. The Effects of Brazil's High Taxation and Social Spending on the Distribution of Household Income. In: *Commitment to Equity (CEQ) Working Paper n.º 7*, Tulane University, Department Economics, jan. 2013, pp. 11-15.

Mostra-se relevante, portanto, a intervenção redistributiva realizada pelo gasto em saúde. As ações e serviços públicos de saúde, por serem majoritariamente usufruídas pelos mais pobres, atenuam as desigualdades socioeconômicas que são agravadas pela matriz tributária regressiva. Portanto, apesar do seu incontestável subfinanciamento, é possível afirmar que o SUS cumpre um importante papel no Estado Social instituído pela Constituição de 1988. O sistema de proteção à saúde faz parte da ação institucionalizada pelo Estado destinada a promover arranjos sociais materialmente mais igualitários, incluindo setores marginalizados da sociedade na esfera de exercício da cidadania.

4. REFORMAS FINANCEIRAS E O SUBFINANCIAMENTO DO SUS

Segundo a OXFAM Brasil, o pacote de medidas criado para conter a crise fiscal (cujo elemento principal foi a malfadada n.º E.C 95/16) veio desconectado da missão, imposta pela Constituição, de corrigir as desigualdades e promover a inclusão dos excluídos.[49] Discussões sobre a progressividade da tributação e do gasto social não têm avançado em face da sucessão de crises políticas e econômicas que impedem que esforços sejam concentrados sobre o persistente problema da injustiça social. O esforço para conter a crise fiscal se concentra unicamente sobre o gasto público e, consequentemente, sobre o gasto social.

Ao desvincular o gasto em saúde do crescimento da RCL a partir de 2018, estabelecendo o congelamento do gasto real, o *novo regime fiscal* instituído pela E.C. n.º 95/16 reverteu uma trajetória de aumento real do financiamento público da saúde iniciada com a E.C. n.º 29/00. Segundo estimativas publicadas pelo Instituto de Pesquisa Econômica Aplicada -IPEA, o SUS pode perder, a depender do crescimento médio do PIB, de 168 a 738 bilhões de reais no período de vinte anos de vigência do *novo regime fiscal*, com o percentual do PIB gasto pela União em saúde podendo cair de 1,72% para 0,99% e o gasto *per capita* de R$ 519,00 para R$ 478,00[5051]. O cenário é dramático, principalmente se conside-

---

49 OXFAM BRASIL. *País Estagnado*: um retrato das desigualdade brasileiras – 2018 . São Paulo: OXFAM, 2018, p. 6.

50 INSTITUTO DE PESQUISA ECONÔMICA APLICADA – IPEA. *Políticas Sociais*: acompanhamento e análise. Saúde. Brasília: IPEA, 2018, xi.

51 A E.C. n.º 86/15 previa um escalonamento do gasto da União em ações e serviços públicos de saúde, que deveria chegar a 15% da receita corrente líquida em 2020. Isto é, havia previsão de crescimento do gasto proporcional à evolução da arrecadação e, portanto, do PIB. A E.C. n.º 95/16, que institui o *novo regime fiscal*,

rarmos a expectativa de crescimento populacional para o período, a mudança da estrutura demográfica (aumento da expectativa de vida e queda da natalidade), as possíveis transformações epidemiológicas e a pressão do desenvolvimento tecnológico sobre o gasto em saúde.[52]

Mesmo na parcela da dogmática constitucional menos progressista no reconhecimento da aplicabilidade e eficácia jurídica dos direitos sociais, que os enxerga como normas de cunho meramente programático, prepondera que têm o condão de gerar, "no mínimo, direito subjetivo no sentido negativo, já que sempre possibilitam ao indivíduo que exija do Estado que este se abstenha de atuar de forma contrária ao conteúdo da norma."[53] Significa dizer, mesmo para os que não reconhecem nos direitos fundamentais a aplicabilidade direta e imediata, a possibilidade de conferir direito subjetivo a prestações independentemente de intermediação legislativa, a consagração do direito à saúde

---

revogou o escalonamento para instituir a regra do art. 110, do ADCT, que estabelece que os gastos deverão alcançar 15% da receita corrente líquida em 2017 e serem reajustados, a partir daí, de acordo com o IPCA. Assim, embora a alteração represente um ganho para o exercício de 2017, congela os gastos até 2036, período em que serão reajustados de acordo com a inflação, portanto sem crescimento real. Como resultado, tem-se uma inevitável diminuição do gasto público *per capita* em saúde, e, a depender do crescimento do PIB no período, uma diminuição significativa da relação gasto/PIB da União. Considerando o já mencionado insuficiente financiamento do SUS, o cenário previsto, de diminuição do gasto *per capita*, tende a ser perverso para o sistema.

52 Sobre crise fiscal, reforma do estado e enfraquecimento das políticas sociais cf. CARINHATO, Pedro Henrique. Neoliberalismo, Reforma do Estado e Políticas Sociais nas Últimas Décadas do Século XX no Brasil. In: Revista Aurora, São Paulo, ano II, n.º 3, dez. 2008; BRESSER PEREIRA, Luis Carlos. A Reforma do Estado nos anos 90: Lógica e Mecanismos de Controle. In: Revista Lua Nova, São Paulo n.º 45, 1998. Nos anos 1980, a crise econômica que atingiu em maior grau as chamadas "economias em desenvolvimento", levou a adoção de uma política governamental que buscou redefinir o tamanho do Estado brasileiro, culminando na realização de reformas para conceber uma Administração Pública gerencial, menor e mais barata, em substituição ao paradigma da Administração burocrática. Assim como naquele momento, a promulgação de uma Emenda Constitucional instituindo um teto de gastos tem por objetivo atenuar a crise fiscal pelo lado dos serviços públicos, operando um redimensionamento do Estado Social.

53 SARLET, Ingo Wolfgang. *A Eficácia dos Direitos Fundamentais*. 2ª Edição. Porto Alegre: Livraria do Advogado Editora, 2001, p. 274.

nos arts. 6º e 196, da CR ao menos obstaculizaria o esvaziamento do financiamento perpetrado pela E.C. n.º 95/16.[54, 55]

Em relação ao gasto mínimo da União com ações e serviços de saúde, com o advento da E.C. n.º 95/16, estipulou-se que devem corresponder a 15% da receita corrente líquida em 2017 para, a partir daí, serem reajustados pelo IPCA (ADCT, art. 110).

Para os Estados, estabelece a Lei Complementar n.º 141/12 que deverão ser aplicados pelo menos 12%, deduzidas as parcelas que forem transferidas aos respectivos Municípios, (i) da arrecadação dos impostos de sua competência, (ii) da arrecadação do imposto de renda sobre rendimentos pagos por eles, suas autarquias e fundações; (iii) da parcela da arrecadação do imposto que a União instituir com base na competência atribuída pelo art. 154, I, da Constituição e; (iv) das parcelas da arrecadação do imposto de renda e do imposto sobre produtos industrializados que lhes são destinadas pelo art. 159, I, "a" e II, da Constituição (CR, art. 198, §2º, II e LC n.º 141/12, art. 6º). Já para os Municípios é determinada a aplicação mínima de 15% das receitas (i) de seus impostos, (ii) do imposto de renda sobre rendimentos pagos por eles, suas autarquias e fundações; (iii) da parcela do imposto sobre a propriedade territorial rural que lhes é destinada na forma do art. 158, II, da Constituição (iv) das parcelas da arrecadação do imposto de renda e do imposto sobre produtos industrializados que lhes são destinadas pelo art. 159, I, "b" e §3º, da Constituição (CR, art. 198, §2º, III e LC n.º 141/12, art. 7º).

---

54 Sobre o tema da (in)constitucionalidade da E.C. n. 95/16, cf.: NOCE, Umberto Abreu; CLARK, Giovani. A Emenda Constitucional Nº 95/2016 e a Violação da Ideologia Constitucionalmente Adotada. In: *REI – Revista Estudos Institucionais*, [S.l.], v. 3, n. 2, p. 1216-1244, fev. 2018.

55 Foram impetradas as seguintes ações diretas de inconstitucionalidade no Supremo Tribunal Federal: ADI n.º 5633 (de autoria de associações de magistrados), ADI n.º 5643 (de autoria da Federação Nacional dos Servidores e Empregados Público Estaduais e do Distrito Federal), ADI n.º 5658 (de autoria do Partido Democrático Trabalhista), ADI n.º 5680 (de autoria do Partido Socialismo e Liberdade), ADI n.º 5715 (de autoria do Partido dos Trabalhadores) e ADI n.º 5734 (de autoria da Confederação Nacional do Trabalhadores em Educação). Segundo pesquisa realizada no sítio eletrônico do STF, nenhuma dessas ações teve o pedido de medida cautelar (suspensão da eficácia) apreciado até o momento (disponível em http://www.stf.jus.br/portal/processo/pesquisarProcesso.asp). Acesso em: 17 jul. 2019.

Os pisos mínimos de gasto estabelecidos para os Entes Federados não foram capazes de garantir recursos adequados para o SUS. Como já afirmado, o gasto público *per capita* com saúde no Brasil está muito abaixo do que é considerado minimamente aceitável a partir da comparação com outros países.

Mas o horizonte político parece guardar notícias ainda piores. A recém apresentada PEC n.º 188/19 submete a promoção dos direitos sociais – portanto sua eficácia – ao direito "ao equilíbrio fiscal intergeracional".[56] Se considerarmos que todos os direitos, sociais ou individuais, negativos ou positivos, possuem custos,[57] é no mínimo "curioso" que apenas os direitos sociais sejam expressa e constitucionalmente submetidos ao chamado "equilíbrio fiscal intergeracional". A mesma PEC ainda estabelece uma unificação dos pisos de gastos da educação e da saúde, permitindo que as propostas orçamentárias compensem um gasto superior ao piso em uma área com um gasto inferior ao piso na outra. Não é difícil imaginar que essa medida instaurará uma competição de recursos entre áreas que deveriam ser prioridade máxima para o Estado brasileiro.

5. CONCLUSÃO

Thomas Piketty nos relembra que a pesquisa na área das ciências sociais, embora deva ser sistemática e metódica, não se iguala às ciências exatas, pois estas atendem a outros paradigmas. No entanto, afirma, "ao procurar com cuidado fatos e regularidades e ao analisar de modo sóbrio os mecanismos econômicos, sociais e políticos que os expli-

---

56 Art. 2º. Os arts. 6º, 18, 20, 29-A,37, 39, 48, 62,68, 71 , 74, 84,163,165, 166, 167, 168, 169, 184, 198,208, 212, 213 e 239 da Constituição Federal passam a vigorar com a seguinte redação:

"Art. 6º [...] Parágrafo único. Será observado, na promoção dos direitos sociais, o direito ao equilíbrio fiscal intergeracional." (NR)

57 De acordo com Stephen Holmes e Cass Sunstein, direitos de liberdade também dependem de um aparato estatal de proteção e, portanto, da alocação de recursos orçamentários, de modo que não há sentido em distinguir direitos fundamentais em duas categorias arbitrárias (negativos e positivos). Direitos custam porque os remédios destinados a sua proteção custam, e, sob esse aspecto, não há diferenças entre o direito à propriedade privada e o direito à saúde ou entre o direito à liberdade de expressão e o direito à moradia. A própria existência de um direito depende do aparato estatal de proteção e, portanto, da destinação de recursos orçamentários (HOLMES, Stephen; SUNSTEIN, Cass R. The Cost of Rights. *Why Liberty Depends on Taxes*. Nova Iorque-Londres: Norton, 1999, pp. 9- 44).

quem, ela pode tornar o debate democrático mais bem informado e dirigir a atenção para as questões corretas."[58] Dirigir a atenção para as perguntas corretas em um país tão desigual quanto o Brasil significa se dedicar a compreender as causas do sofrimento daqueles que estão à margem da cidadania, e que, por esse motivo, são rotineiramente olvidados nos espaços decisórios, sejam eles políticos ou jurídicos.

A desigualdade no Brasil é intensa e perversa. A depender da metodologia empregada, nosso país pode figurar no topo do ranking global da concentração de renda, inclusive à frente de países governados por regimes autoritários, como as monarquias árabes. O *World Inequality Lab – WIL* concluiu que os níveis de desigualdade de renda no Brasil têm se mantido estáveis em níveis muito elevados. Com 55,6% da renda nacional concentrada nos 10% mais ricos da população, o Brasil se situa no grupo da "fronteira da desigualdade", ao lado dos países do Oriente Médio e da África Subsaariana.[59] Segundo o *World Inequality Database*,[60] os 1% e 10% mais ricos detém 28,3% e 55,6% da renda, o maior nível de concentração dentre os países pesquisados.[61]

A magnitude das desigualdades que marcam nossa sociedade exige dos pesquisadores que se dedicam ao estudo da atividade financeira do Estado uma especial atenção à sua função redistributiva. No caso

---

58 PIKETTY, Thomas. *O Capital no Século XXI*. Tradução de Monica de Bolle. Rio de Janeiro: Editora Intrínseca, 2014, p. 11.

59 WORLD INEQUALITY LAB-WIL. ALVAREDO, Facundo (et al.) (orgs.). *World Inequality Report 2018*. Executive Summary. Berlin: WIL, 2018, pp. 5-6.

60 O *World Inequality Lab* reúne pesquisadores e projetos baseados na *École d'économie de Paris*, supervisionados por Thomas Piketty, Facundo Alvaredo, Lucas Chancel, Emmanuel Saez e Gabriel Zucman. O laboratório coordena uma equipe de mais de cem pesquisadores que recolhem dados de mais de setenta países. Seu objetivo é promover pesquisas sobre a dinâmica da desigualdade global e seu principal projeto é o *World Inequality Database*, base que reúne dados sobre a evolução da desigualdade de renda no mundo. Disponível em https://wid.world/world-inequality-lab/. Acesso em 19/05/2019.

61 Segundo o *World Inequality Database*, quando analisada a concentração da renda dos 1% mais ricos, o Brasil (28,3%) é o 1º colocado dentre os países analisados, figurando à frente da Arábia Saudita (19,7%), Irã (16,3%), Turquia (23,4%), Zâmbia (23,2%), Iraque (22%), Estados Unidos (20,2%), Índia (21,3%) e Rússia (20,2%), por exemplo. Disponível em: https://wid.world/world/#sptinc_p99p100_z/ US;FR;DE;CN;ZA;GB;WO;BR/last/eu/k/p/yearly/s/false/4.5255/40/curve/false/country. Acesso em: 19 maio 2019.

deste artigo, procurou-se avaliar a questão a partir do financiamento e do gasto público com o sistema de saúde.

Infelizmente, contudo, o que se percebe é que as sucessivas reformas financeiras tiveram pouca ou nenhuma preocupação com a criação de fontes sustentáveis e duradouras de financiamento que fossem capazes de contribuir para uma melhora nos graus de efetividade e fruição dos direitos fundamentais sociais. Ao contrário, costumam ser concebidas como instrumentos de ajuste fiscal, meramente direcionados a obter um redimensionamento do Estado social. De outro lado, as propostas de reformas tributárias visam apenas a simplificação do sistema tributário, deixando de lado medidas voltadas a obter a tão desejada – e constitucionalmente imposta – justiça fiscal. Como resultado, para os estratos mais pobres da população os direitos sociais assumem o status de meras promessas cuja concretização fica eternamente postergada para o futuro.

REFERÊNCIAS BIBLIOGRÁFICAS

ASSOCIAÇÃO NACIONAL DOS AUDITORES-FISCAIS DA RECEITA FEDERAL DO BRASIL – ANFIP. Fundação ANFIP de Estudos da Seguridade Social e Tributário. *Análise da Seguridade Social 2015*. Brasília: ANFIP, 2016.

BRESSER PEREIRA, Luis Carlos. A Reforma do Estado nos anos 90: Lógica e Mecanismos de Controle. In: Revista Lua Nova, São Paulo n.º 45, 1998.

CARINHATO, Pedro Henrique. Neoliberalismo, Reforma do Estado e Políticas Sociais nas Últimas Décadas do Século XX no Brasil. In: Revista Aurora, São Paulo, ano II, n.º 3, dez. 2008.

CENTER FOR GLOBAL DEVELOPMENT – CGD. *The Impact of Taxes and Social Spending on Inequality and Poverty in Argentina, Bolivia, Brazil, Mexico, and Peru*: a synthesis of results. CGD Working Paper 311. Washington, DC: Center for Global Development, 2012.

GASSEN, Valcir. Matriz Tributária: uma perspectiva para pensar o Estado, a Constituição e o Brasil. In: GASSEN, Valcir (Org.). *Equidade e Eficiência da Matriz Tributária Brasileira*. Belo Horizonte: Arraes Editores, 2016.

GASSEN, Valcir; BICALHO, Guilherme Pereira Dolabella. Estado, Ideologias e Tributação: a construção do Estado Brasileiro e finalidade o poder de tributar. In: GASSEN, Valcir (Org.). *Equidade e Eficiência da Matriz Tributária Brasileira*. Belo Horizonte: Arraes Editores, 2016.

GOBETTI, Sérgio Wulff; ORAIR, Rodrigo Octávio. Distribuição e Tributação da Renda no Brasil: novas evidências a partir das declarações fiscais das pessoas físicas. In: Centro Internacional de Políticas para o Crescimento Inclusivo (Programa das Nações Unidas para o Desenvolvimento). *Working Paper n.º 136*. Brasília: 2016.

HIGGINS, SEAN; PEREIRA, Claudiney. The Effects of Brazil's High Taxation and Social Spending on the Distribution of Household Income. In: *Commitment to Equity (CEQ) Working Paper n.º 7*, Tulane University, Department Economics, jan. 2013.

HOLMES, Stephen; SUNSTEIN, Cass R. The Cost of Rights. *Why Liberty Depends on Taxes*. Nova Iorque-Londres: Norton, 1999.

INSTITUTO DE PESQUISA ECONÔMICA APLICADA – IPEA. *Receita Pública*: quem paga e como se gasta no Brasil. Comunicado da Presidência. Brasília: IPEA, 2009.

INSTITUTO DE PESQUISA ECONÔMICA APLICADA – IPEA. *Equidade Fiscal no Brasil*: impactos distributivos da tributação e do gasto social. Brasília: IPEA, 2011.

INSTITUTO DE PESQUISA ECONÔMICA APLICADA – IPEA. *Radiografia do Gasto Tributário em Saúde*: 2003-2013. Brasília: IPEA, 2016.

INSTITUTO DE PESQUISA ECONÔMICA APLICADA – IPEA. *Progressividade Tributária*: a agenda negligenciada. Brasília: Rio de Janeiro: IPEA, 2016.

INSTITUTO DE PESQUISA ECONÔMICA APLICADA – IPEA. *Tributação do Capital no Brasil e no Mundo*. Brasília: IPEA, 2018.

INSTITUTO DE PESQUISA ECONÔMICA APLICADA – IPEA. *Políticas Sociais*: acompanhamento e análise. Saúde. Brasília: IPEA, 2018.

NEVES, Marcelo. *Constitucionalização Simbólica*. 3ª edição. São Paulo: Editora WMF Martins Fontes, 2011.

NOCE, Umberto Abreu; CLARK, Giovani. A Emenda Constitucional N° 95/2016 e a Violação da Ideologia Constitucionalmente Adotada. In: *REI – Revista Estudos Institucionais*, [S.l.], v. 3, n. 2, p. 1216-1244, fev. 2018.

OXFAM BRASIL. *País Estagnado*: um retrato das desigualdade brasileiras – 2018 . São Paulo: OXFAM, 2018.

PIKETTY, Thomas. *O Capital no Século XXI*. Tradução de Monica de Bolle. Rio de Janeiro: Editora Intrínseca, 2014.

PIOLA, Sérgio Francisco (et al.). Estruturas de Financiamento e Gasto do Sistema Público de Saúde. In: FUNDAÇÃO OSWALDO CRUZ (et al.). *A saúde no Brasil em 2030*: prospecção estratégica do sistema de saúde brasileiro: estrutura do financiamento e do gasto setorial. Volume 4. Rio de Janeiro: Fiocruz/Ipea/Ministério da Saúde/Secretaria de Assuntos Estratégicos da Presidência da República, 2013.

SALDIVA, Paulo Hilário Nascimento; VERAS, Mariana. Gastos públicos com saúde: breve histórico, situação atual e perspectivas futuras. *Estudos Avançados*, São Paulo, v. 32, n. 92, p. 47-61, abr. 2018

SANTOS, Ricart César Coelho dos. *Financiamento da Saúde Pública no Brasil*. Belo Horizonte: Editora Fórum, 2016.

SARLET, Ingo Wolfgang. *A Eficácia dos Direitos Fundamentais*. 2ª Edição. Porto Alegre: Livraria do Advogado Editora, 2001.

SOUZA, Celina. Políticas Públicas: uma revisão da literatura. *Revista Sociologias*, Porto Alegre, ano 8, n.º 6, pp. 20-45, 2006.

STIGLITZ, Joseph E. *The Price of Inequality*: how today's divided society endangers our future. New York-London: W.W Norton & Company, 2013.

WORLD HEALTH ORGANIZATION – WHO. *New Perspectives on Global Health Spending for Universal Health Coverage*. Geneva: WHO, 2018.

WORLD INEQUALITY LAB-WIL. ALVAREDO, Facundo (et al.) (orgs.). *World Inequality Report 2018*. Executive Summary. Berlin: WIL, 2018.

REFORMA TRIBUTÁRIA NO BRASIL: ENTRE NECESSIDADE, LIMITES E A CAPACIDADE DE ATINGIR OBJETIVOS PRETENDIDOS

AMANDA FLÁVIO DE OLIVEIRA[1]

ALEXANDRE ANTÔNIO NOGUEIRA DE SOUZA[2]

SUMÁRIO: 1. Considerações Iniciais: O Diagnóstico; 2. Finalidade do Direito Tributário conforme a Constituição de 1988; 3. Sistema Tributário como meio redistributivo de renda: paradoxo; 4. Análise econômica do direito: possíveis contribuições à reforma tributária; 5. Considerações Finais; Referências Bibliográficas

1. CONSIDERAÇÕES INICIAIS: O DIAGNÓSTICO

No início da década de 1960, Alfredo Augusto Becker referiu-se a um "manicômio jurídico tributário" existente no país. Ele apontava, já naquela ocasião, para as inconsistências metodológicas, doutrinárias, legislativas e práticas que contaminavam e obstaculizavam a devida e necessária evolução e o aperfeiçoamento do Direito Tributário no Brasil.

Becker identificava o sistema tributário brasileiro com um organismo doente, e para tanto, utilizou em sua obra termos de cunho médico -

---

1 Amanda Flávio de Oliveira é advogada, sócia fundadora da Advocacia Amanda Flávio de Oliveira. É Professora associada de Direito Econômico da Universidade de Brasília (UnB). Doutora, Mestre e Especialista em Direito Econômico pela UFMG. É membro do Conselho de Desenvolvimento Econômico e Social do governo do Estado de Minas Gerais. E-mail: amanda@afdeoliveira.com.br .

2 Alexandre Antônio Nogueira de Souza. Advogado e sócio do escritório Nogueira & Drumond Sociedade de Advogados. Especialista em Direito Tributário pela Pontifícia Universidade Católica de Minas Gerais - PUC/MG. Mestre em Direito Tributário pela Universidade Federal de Minas Gerais - UFMG. Membro do Conselho de Ética Pública do Governo de Minas - CONSET. E-mail: alexandre@nogueiradrumond.com.br.

tais como manicômio, demência, terapêutica, caducidade, dentre outros - no intuito de alertar para o *diagnóstico* grave que detectava.

Passados mais de cinquenta anos da publicação da primeira edição da obra de Becker, o paciente segue enfermo. São muitas as evidências dessa circunstância.

Considerando-se o perfil da tributação praticado no Brasil, verifica-se que a carga tributária, que era de 13,5% (treze vírgula cinco por cento) do PIB em 1947[3], atingiu o percentual de 33,58% no ano de 2018, conforme dados do Tesouro Nacional.[4]

Por sua vez, estudo recente realizado pelo Instituto Brasileiro de Planejamento Tributário - IBPT[5], designado *"Índice de retorno de bem-estar à sociedade"*, informa que, dentre 30 (trinta) países analisados com a maior carga tributária, o Brasil continua sendo pelo sexto ano consecutivo aquele que proporciona o pior retorno dos valores arrecadados em prol do bem-estar da sociedade. A Austrália, seguida pela Coreia do Sul, Estados Unidos, Suíça e Irlanda são os países que melhor fazem aplicação dos tributos arrecadados, em termos de melhoria da qualidade de vida de seus habitantes.

Destaca-se ainda que, desde 05 de outubro de 1988 (data da promulgação da atual Constituição), até 30 de setembro de 2018, foram editadas 5.876.143 (cinco milhões, oitocentos e setenta e seis mil, cento e quarenta e três) normas que regem a vida dos brasileiros[6]. Delas, cerca de 6,65% (seis vírgula sessenta e cinco) possuem natureza tributária, o que representa um total de 390.726 (trezentos e noventa mil, setecentos e vinte e seis) novas normas em trinta anos de Constituição, sendo 31.937 (trinta e um mil, novecentos e trinta e sete) normas tributárias *federais*, 123.620 (cento e vinte e três mil, seiscentos e vinte) normas tributárias *estaduais*, e 235.169 (duzentos e trinta e cinco mil, cento

---

3 AMARAL, Paulo Adyr Dias do. *Finanças Públicas e Sustentabilidade* – v. I. 1. ed. Rio de Janeiro: Lumen Juris, 2013, pág. 46.

4 Tesouro Nacional - Carga tributária brasileira em 2017. Disponível em: <http://www.tesouro.fazenda.gov.br/documents/10180/476865/Boletim_CTB_2018.pdf/dfb14303-a1de-4510-9c28-077d7af6ab27>. Acesso em: 05 dez. 2019.

5 Instituto Brasileiro de Planejamento Tributário - IBPT. *Índice de retorno de bem-estar à sociedade*. Disponível em: <ibpt.impostometro.s3.amazonaws.com/Arquivos/06%2BIRBES%2B2015.pdf>. Acesso em: 05 dez. 2019.

6 Instituto Brasileiro de Planejamento Tributário - IBPT. *Quantidade de Normas editadas no Brasil: 30 anos da Constituição Federal de 1988*. Disponível em: https://materiais.ibpt.com.br/bacb489d5b230028e0cc. Acesso em: 05 dez. 2019.

e sessenta e nove) normas tributárias *municipais*. Em média, tais números correspondem à edição de 31 (trinta e uma) normas tributárias por dia, ou 1,29 (um vírgula vinte e nove) normas tributárias por hora.

É intuitivo o custo decorrente desse caos legislativo, que a todos atinge.

Não à toa, relatório[7] divulgado pelo Banco Mundial, denominado "*Doing Business 2020*", identifica o Brasil no 184º lugar (dentre 190 países) em relação à complexidade das obrigações tributárias (acessórias e principais) atribuídas aos contribuintes.

Não bastasse o cenário peculiar, é de se lembrar que o Fisco constitui o único credor, nos quadrantes do Direito, a quem compete simultaneamente criar, executar e julgar relação obrigacional, revelando uma considerável assimetria de forças entre as partes da relação jurídica.[8]

Há tempos urge uma reforma tributária que promova maior descentralização de competências e receitas, assim como o devido ajuste fiscal no setor público, desonere investimentos e tributos que incidem sobre a geração de emprego, minimize danos sobre a eficiência e competitividade, harmonize o mercado interno, e, sobretudo, simplifique o sistema tributário (incluindo-se nesta temática tanto as obrigações principais quanto as acessórias). Há aparente consenso no diagnóstico. Nem tanto consenso revela-se, contudo, no remédio a ser ministrado ao paciente.

2. FINALIDADE DO DIREITO TRIBUTÁRIO CONFORME A CONSTITUIÇÃO DE 1988

Uma revisão do Sistema Tributário Nacional resgata necessariamente a importância de se compreender a sua finalidade, nos precisos limites autorizados pela Constituição de 1988.

O Texto Constitucional em vigor instituiu um modelo de Estado que, para fins de realização dos objetivos que lhe foram delineados no artigo 3º, e atendimento das necessidades sociais previstas no artigo

---

7 Banco Mundial. *Doing Business - https://endeavor.org.br/ambiente/doing-business-2020/*. Acesso em 05 dez. 2018.

8 Adverte James Marins: "*Quase totalidade dos projetos de leis fiscais são gestados inteiramente no ventre fazendário e apresentados às câmaras legislativas por iniciativa dos governos, sejam da esfera federal, estadual, municipal ou distrital. Isso significa invariavelmente que o conteúdo das leis tributárias é obra dos técnicos da Receita, altamente treinados, preparados, e especializados - focados no cumprimento de metas - e, por isso, dotados de visão estritamente arrecadatória.*" MARINS, James. *Defesa e vulnerabilidade do contribuinte*. 1. ed., São Paulo: Dialética, 2009, pág. 27.

6º, tributa o patrimônio do particular. A seu turno, a atuação direta do Estado na economia restou limitada, excepcionalizada, conforme dicção do artigo 173.

A história de embates entre fisco e contribuintes no país e a recorrente prática de violação de direitos individuais por meio do ímpeto arrecadatório justificam o fato de, no Brasil, ter-se incluído, no Texto Constitucional, princípios e regras atinentes ao Direito Tributário.[9]

Entretanto, é de se ver que, embora a Constituição em vigor tenha sido generosa em assegurar direitos fundamentais oponíveis ao Estado, os quais demandam recursos financeiros para sua realização (os chamados direitos sociais), o foco das normas de Direito Tributário nela dispostas não reside na *arrecadação*. Ao contrário, o Texto constitucional delineia, sobretudo, os limites ao poder de tributar do Estado[10].

Em que pese a diretriz clara, diversos são os excessos cometidos nesse campo, por parte dos Três Poderes, nas esferas federal, estadual e municipal.

No âmbito do Poder Executivo, merecem destaque os inúmeros casos de sanções políticas praticadas a título de coação para pagamento

---

9 Conforme pondera Humberto Ávila, apesar da Constituição alemã não possuir dispositivos referentes a um sistema constitucional tributário, as limitações ao poder de tributar são mais investigadas pela doutrina alemã do que no Brasil. ÁVILA, Humberto. *Sistema Constitucional Tributário*. 5ª Ed., São Paulo: Editora Saraiva, 2012, pág.60.

10 Ao discorrer sobre a finalidade e objetivos do Direito Tributário, Hugo de Brito Machado assim se expressa: *"E por que é um sistema de limites? Porque o Direito só existe para limitar! Não existe para mais nada, só para limitar. E por quê? Porque as relações entre os seres vivos desembocam ou no instinto, na força física, na sagacidade. Entre os seres humanos é que nós tentamos resolver os nossos conflitos racionalmente através do Direito. É esta a razão essencial de ser do Direito. E isso é muito importante quando nós estudamos Direito Tributário – e não venha ninguém repetir a acusação, pela milionésima vez, de que eu sou antifazendário. Pelo amor de Deus, eu não sou antifazendário! É só que, como eu concebo o Direito como um sistema de limites, e como concebo uma distinção muito forte, muito importante entre o tributo e o Direito Tributário... Em Pernambuco, eu lecionava no Curso de Pós-Graduação da Universidade Federal e perguntava: para que o Direito Tributário? Aí diziam: "o Direito Tributário é para regulamentar as receitas do Estado, viabilizar a arrecadação de meios financeiros...". Nada disso. O Direito Tributário é para limitar o exercício do poder estatal de arrecadar tributo – só serve para isso. Não serve para mais nada."* (MACHADO, Hugo de Brito. *O ISS e as inovações da Lei Complementar n. 116/2003*. Conferência proferida no VIII Congresso da Associação Brasileira de Direito Tributário – ABRADT. *In* Revista Internacional de Direito Tributário. Vol. II. Belo Horizonte: Del Rey, 2004, págs. 138-139.

de tributo. As chamadas "sanções políticas" nada mais são do que o uso de vias oblíquas e reconhecidamente autoritárias para recebimento do tributo, uma vez existentes meios institucionalizados e pré-definidos de reivindicá-lo, se efetivamente devido. São exemplos dessa prática a negativa de impressão de novos blocos de notas fiscais, a apreensão de mercadorias, entre outras.

Por vezes, essa prática encontra guarida no Judiciário. Foi o que ocorreu, por exemplo, na decisão que julgou improcedente a Ação Direta de Inconstitucionalidade (ADI) n. 5.135, em que a Confederação Nacional da Indústria (CNI) questionou norma que incluiu, no rol dos títulos sujeitos a protesto, as Certidões de Dívida Ativa (CDA) da União, dos estados, do Distrito Federal, dos municípios e das respectivas autarquias e fundações públicas. Por maioria, o Plenário do Supremo Tribunal Federal entendeu que a utilização do protesto pela Fazenda Pública para promover a cobrança extrajudicial de CDAs e acelerar a recuperação de créditos tributários é constitucional[11]. Observe-se, a propósito, o fato de que a farta jurisprudência em sentido contrário à utilização de meios coercitivos excessivos e desproporcionais para a cobrança de tributo restou destacada nos votos vencidos dos Ministros Edson Facchin, Marco Aurélio Mello e Ricardo Lewandowski.

Na seara do Legislativo destaca-se, a título de exemplo, os artigos 2º e 3º da Lei 9.718/98, que tentaram conceder novo entendimento ao significado de faturamento, alargando-se assim a base de cálculo de contribuições como PIS e COFINS, para nelas incluir o ICMS. Os dispositivos tiveram sua inconstitucionalidade reconhecida pelo Supremo Tribunal Federal (STF).[12]

---

11 O Supremo Tribunal Federal (STF) já decidiu por diversas vezes que sanções políticas em matéria tributária são ilegais. Nesse sentido: "SÚMULA Nº 70: É INADMISSÍVEL A INTERDIÇÃO DE ESTABELECIMENTO COMO MEIO COERCITIVO PARA COBRANÇA DE TRIBUTO"; "SÚMULA Nº 323: É INADMISSÍVEL A APREENSÃO DE MERCADORIAS COMO MEIO COERCITIVO PARA PAGAMENTO DE TRIBUTOS" e "SÚMULA Nº 547: NÃO É LÍCITO À AUTORIDADE PROIBIR QUE O CONTRIBUINTE EM DÉBITO ADQUIRA ESTAMPILHAS, DESPACHE MERCADORIAS NAS ALFÂNDEGAS E EXERÇA SUAS ATIVIDADES PROFISSIONAIS."

12 Confira, a respeito, o teor da decisão proferida no Recurso Extraordinário nº 240.785-2/MG.

É de sublinhar a incompatibilidade de tais iniciativas frente às diretrizes consagradas na Constituição de 1988 para o Sistema Tributário Nacional, especialmente constantes dos arts. 150 a 152.

Pode-se compreender por sistema jurídico um conjunto de elementos normativos orientado segundo princípios gerais comuns. Descobrir quais são os seus elementos, a estrutura, os princípios informadores, suas funções e comportamento, tem como efeito o surgimento de uma série diversificada de estudos e doutrinas jurídicas.[13]

As teorias jurídicas sofrem contingência de ter como objeto de estudo um produto cultural, que é determinado por circunstâncias históricas e espaciais, razão pela qual torna-se necessária a separação, em qualquer construção teórica sobre o Direito, dos conceitos que servem de compreensão ao fenômeno jurídico.

Além da extensão e do nível de detalhamento constante da parte destinada ao Sistema Tributário Nacional pela Constituição de 1988, pode-se inferir, de seu conteúdo, três circunstâncias: a) os fundamentos do Direito Tributário brasileiro estão enraizados na Constituição, de onde se projetam sobre as ordens jurídicas parciais da União, dos Estados e dos Municípios; b) o Direito Tributário posto na Constituição deve, antes de tudo, merecer as primícias dos juristas e dos operadores do Direito, porquanto é o texto fundante da ordem jurídico-tributária; e c) as doutrinas de outros países devem ser recebidas com cautela, tendo-se em vista as diversidades constitucionais.[14]

Trinta anos de prática constitucional, todavia, no país, evidenciou desrespeitos, desvirtuamentos, mas também limitações do modelo. Contudo, conforme afirmado, se há consenso quanto à necessidade de se reformar o sistema tributário nacional, não necessariamente convergem as soluções apresentadas para aprimoramento do modelo. Entre as propostas com chances de viabilização, destacam-se:

a. a PEC n. 45/2019, que teve como referência estudo elaborado pelo economista Bernardo Appy, em que se pretende unificar cinco tributos (IPI, PIS, COFINS, ICMS e ISS) e substituí-lo por um único Imposto sobre Bens e Serviços (IBS). Se, por um lado,

---

13 DERZI, Misabel Abreu Machado. *Modificações na Jurisprudência do Direito Tributário: proteção da confiança, boa-fé objetiva e irretroatividade como limitações constitucionais ao poder judicial de tributar.* 1ª ed. São Paulo: Noeses, 2009, pág. 17.

14 COELHO, Sacha Calmon Navarro. *Curso de Direito Tributário Brasileiro.* 11ª ed. Rio de Janeiro: Forense, 2011, pág. 45.

referida proposta tem como ponto positivo a unificação e simplificação de tributos federais, por outro, gera preocupação no sentido da concentração na União de tributos de competência estadual (ICMS) e municipal (ISS), o que poderia agravar ainda mais as ineficiências do modelo federalista brasileiro. Talvez o principal ponto de preocupação identificado na proposta resida precisamente na possível excessiva concentração de recursos e de poderes em âmbito federal, o que poderia comprometer ainda mais a autonomia de Estados e Municípios;

b. a PEC n. 110/2019 propõe a unificação de nove tributos (IPI, PIS, COFINS, ICMS, ISS, IOF, Pasep, Salário-Educação e CIDE-Combustíveis) em um único tributo de competência estadual também denominado IBS - Imposto sobre Operações com Bens e Serviços. Ela ainda propõe a exclusão da CSLL, algo considerado positivo, tendo em vista a circunstância de se tratar de um imposto disfarçado de contribuição. A perda de receita disso decorrente seria compensada por alíquotas mais amplas de IRPJ. A PEC também prevê a incorporação do ITCMD pela União, cuja receita será, em tese, destinada aos Municípios, bem como mudanças do IPVA, que passaria a incidir expressamente sobre aeronaves e embarcações, mas excluiria de sua incidência veículos comerciais destinados à pesca e ao transporte público. Em que pese a PEC 110/2019 contemplar alguma descentralização de recursos para os Estados, preocupa-se se ela não poderia agravar o problema de dependência dos Municípios em relação aos Estados e União.

c. Por sua vez, o Governo Federal tem informado pretender apresentar uma proposta que: 1) crie uma espécie de IVA federal, mediante a unificação do PIS e COFINS, sem alterar tributos de competência estadual como ICMS e ISS; 2) realize mudanças na tributação do Imposto sobre a Renda (pessoa física e jurídica), tais como a correção da tabela, bem como revendo limites de deduções com saúde e educação e; 3) desonere a folha de pagamento das empresas, compensando com a retomada da tributação de lucros e dividendos. Também se pretende rever a concessão de inúmeros subsídios fiscais concedidos por força de lobby empresarial.

Alguns pontos de relevo para os contribuintes seguem pouco enfrentados pelo debate. Refere-se à possibilidade de compensação de débitos e créditos dos contribuintes com o fisco sem restrições, à exclusão do ordenamento jurídico de base de cálculos de tributos com fatos geradores diversos embutidos (ex.: inclusão de ICMS, ISS, IPI na base de cálculo do PIS e COFINS; inclusão de CSLL na base de cálculo do IRPJ; inclusão do IPI na base de cálculo do ICMS), à desnecessidade de exigência de certidões negativas, ou positivas com efeito de negativas, para a prática de atos de registros, por exemplo.

São iniciativas prementes e que promoveriam maior segurança jurídica, transparência, simplificação e neutralidade, imperativos estes que não foram devidamente satisfeitos pelas iniciativas mencionadas. Além do mais, para manter a coerência, as propostas devem se alinhar à diretriz essencial contida no Texto de 1988. Trata-se, no ponto, exatamente, de identificar se elas contemplam o direito tributário como sistema de limites ao poder de tributar do Estado.

3. SISTEMA TRIBUTÁRIO COMO MEIO REDISTRIBUTIVO DE RENDA: PARADOXO

Em uma sociedade fundada na tutela dos direitos individuais (essencialmente *vida*, *propriedade* e *liberdade*), o bem-estar individual depende, em essência, dos próprios esforços e decisões individuais. É inquestionável, a esse respeito, o fato de constituir poderosa motivação a percepção de que a consecução das metas pessoais dependerá sobremaneira das próprias ações individuais.

A concepção que defende a utilização da tributação como meio de redistribuição de riqueza (por exemplo, para permitir o atendimento a crescentes necessidades e anseios sociais, decorrentes de interpretações expansivas dos direitos sociais) destoa, contudo, de um tal modelo de Estado. Defender o ponto de vista de que o catálogo de direitos sociais possa ser ampliado pela interpretação constitucional e de que o conteúdo mesmo de cada um deles também mereça ampla compreensão revela-se incongruente com um sistema tributário constitucional pautado pela diretriz de autocontenção.

De fato, se a Constituição de 1988 incluiu direitos sociais, de forma inédita, em seu Texto, ela, por outro lado, estabeleceu demarcações importantes ao afã arrecadatório e igualmente consagrou direitos individuais. Compatibilizar os dois cenários é tarefa do intérprete e aplicador da Lei[15].

---

15 Bastiat, dois séculos atrás, advertia para a dificuldade de compatibilizar liberdade e a intenção de utilizar a lei com propósitos filantrópicos. BASTIAT, Claude Frédéric. *A lei*. LVM Editora. Edição do Kindle.

Por outro lado, é de se sublinhar que, em conformidade com economistas neoclássicos, os tributos distorcem o sistema de preços de um mercado, ao diminuírem os excedentes do produtor (que vende menos) e do consumidor (que compra menos). Essa advertência realça a característica de que a tributação produz claras externalidades no mercado – e que devem ser sopesadas pelo legislador e pelo intérprete e aplicador da lei. Relembre-se, a título exemplificativo, o efeito que o imposto sobre heranças produz sobre a dispersão das grandes fortunas.[16]

De fato, a busca sistemática por justiça social[17] é correntemente baseada na ideia de que cabe ao poder político determinar a posição material dos diferentes grupos e indivíduos. Essa concepção é defendida sob a alegação de que caberia aos planejadores centrais a transferência de bens e poderes de uma suposta minoria privilegiada, para uma maioria desprovida de atributos econômicos.

Por mais que uma pretensa busca pela justiça social possa parecer um propósito nobre e de boa vontade com os menos afortunados, a utilização do Direito Tributário para fins de expropriação de distribuição de renda tem como efeito racional desincentivar o empreendimento privado. Ademais, essa perspectiva assenta-se sob a crença na capacidade estatal de realizá-la a contento, em outras palavras, de forma eficaz e eficiente.[18]

A experiência aponta para fragilidades de um tal ideal, que embora bem-intencionado, pode produzir resultados frustrantes. São descritas situações em que tentativas estatais de intervenção no patrimônio particular produzem efeitos contrários às metas inicialmente desejadas pelos defensores do modelo redistributivista[19].

---

16 ARON, Raymond. *O Ópio dos Intelectuais.* 1ª Ed., São Paulo: Editora Três Estrelas, 2016, págs. 33 e 34.

17 HAYEK, Friedrich A. *Direito, Legislação, e Liberdade - Volume II.* 1ª Ed., São Paulo: Editora Visão, 1985, pág. 122.

18 Bastiat aponta para uma contradição intrínseca, presente na lógica de pretender fazer justiça social por meio da lei: um tal modelo pressuporia que o ser humano, se deixado livre, tenderia para o mal e a degeneração, mas confia no legislador – ele próprio um ser humano – para tira-lo de desse caminho ruim e promover justiça. BASTIAT, Claude Frédéric. *A lei.* LVM Editora. Edição do Kindle.

19 A título de exemplo, cita-se os exemplos de Irlanda, Luxemburgo, e Japão que, no intuito de promover uma maior distribuição de riquezas, instituíram impostos sobre grandes fortunas. Pouco tempo depois esses países o aboliram, pelo fato de

Fato é que qualquer movimento estatal na economia gera externalidades e representa um sistema de incentivos. Um sistema jurídico que não assegure adequadamente proteção aos direitos de propriedade ou em que se identifique custo elevado para pleno atendimento a um complexo sistema tributário produz, necessariamente, um ambiente desfavorável à atração de investimentos, inclusive estrangeiros, e, por consequência, dificulta a geração de empregos, desestimula a inovação e, paradoxalmente, impacta a arrecadação.

4. ANÁLISE ECONÔMICA DO DIREITO: POSSÍVEIS CONTRIBUIÇÕES À REFORMA TRIBUTÁRIA

Qualquer iniciativa estatal que represente intervenção no sentido de regulamentar o comportamento humano pressupõe *evidências* da capacidade da proposta de atingir o objetivo visado, o que requer necessário estudo prévio que a justifique. Em suma, políticas públicas sérias deveriam ser sempre guiadas por evidências, não meras intuições.

Neste sentido, tem-se expandido mundo afora a utilização do instrumental desenvolvido pelos estudos de *Law & Economics*, e que se aplica a áreas variadas do Direito. No campo do Direito Tributário, seus estudos podem ser hábeis a perscrutar como os contribuintes poderão responder às potenciais alterações nas estruturas dos incentivos legislativos atualmente vigentes. Se pessoas respondem a incentivos, então, do ponto de vista de uma perspectiva consequencialista, deve-se avaliar o impacto das normas tributárias sobre o comportamento dos contribuintes, bem como efeitos (in) desejáveis dessa nova conduta.[20]

Um exemplo de proposição tributária desprovida de uma análise de reação comportamental dos administrados foi observado recentemente na França. Sabe-se da grande influência que o economista francês Thomas Piketty, autor de *Capital no Século XXI*[21], tem produzido não apenas em seu país, mas mundo afora. Em sua obra, Piketty preocupa-se com o fomento, via tributação, de uma maior distribuição de riqueza, com consequente diminuição da desigualdade e da pobreza,

---

ter provocado fuga maciça de investidores. ARANHA, Luiz Ricardo Gomes e outros. *O Imposto sobre Fortunas*. 1.ed., Belo Horizonte: Editora Arraes, 2013, pág. 20.

20 GICO Jr., Ivo T. *Metodologia e Epistemologia da Análise Econômica do Direito. Analysis Economic of Law Review*. Universidade Católica de Brasília - UCB. V.1, Jan-Jun 2010, págs. 7 a 33.

21 PIKETTY, Thomas. *O Capital no século XXI*. 1ª Edição, Rio de Janeiro: Intrínseca, 2014.

notadamente por meio de medidas expropriatórias, tais como a criação de tributos globais, assim como a criação de tributos incidentes sobre heranças e grandes fortunas com alíquotas de até 80%. Entre seus objetivos, encontra-se assegurar que a taxa de remuneração do capital não exceda a taxa de crescimento da economia, visando garantir que o poder público obtenha maiores recursos para garantir um mínimo de direitos básicos a todos.[22]

O governo francês adotou iniciativas na linha de seu trabalho, entre elas, implementando uma previsão de imposto de até 75% (setenta e cinco por cento) sobre rendas. A iniciativa provocou um efeito psicológico negativo e devastador na atratividade de investidores, que ficou conhecido como "Efeito Depardieu". Gerard Depardieu, famoso ator francês, ao mudar sua cidadania francesa pela russa, acabou por emprestar nome ao movimento. Acuado por esse "fenômeno", assim como por investidores que ameaçaram deixar o país, o governo francês precisou recuar em seu intento.[23]

Entre os instrumentos próprios da Análise Econômica do Direito, a AIR (Avaliação de Impacto Regulatório), tem sido identificado como um caminho a se lidar com *evidências* e não *intuições*, quando se trata de intervir no curso da economia e à capacidade das normas de gerar os resultados desejados.

Nesse sentido, destaca-se a entrada em vigor em nosso ordenamento jurídico da Lei 13.874/2019 – conhecida como "Lei da Liberdade Econômica" – que consagra, em seu artigo 2º, a intervenção subsidiária e excepcional do Estado sobre o exercício das atividades econômicas. Ela também estabeleceu, em seu artigo 5º, que as atividades regulatórias deverão ser precedidas da realização de análise de impacto regulatório, que deverá fornecer informações e dados sobre os possíveis efeitos do ato normativo para verificar a razoabilidade do seu impacto econômico.

---

22 Em considerações críticas sobre a criação de Imposto sobre Grandes Fortunas, o jurista Sacha Calmon afirma que: *"Claro, claríssimo, o imposto sobre ser nefasto, é subproduto ideológico de um socialismo que nem existe mais em que pese os muitos espirros dados na Constituição de 1988, acometendo-a de enfermidades jurídicas"*. ARANHA, Luiz Ricardo Gomes e outros. *O Imposto sobre Fortunas*. 1ª Ed., Belo Horizonte: Editora Arraes, 2013, pág. 13.

23 Fonte: http://oglobo.globo.com/economia/negocios/franca-abandona-proj eto-de-imposto-sobre-fortunas-14944744

Em relação aos impactos da Lei da Liberdade Econômica sobre o Direito Tributário, pode-se afirmar que, sendo ela uma lei ordinária, não é apta a modificar as normas jurídicas oriundas de Lei Complementar, a exemplo das normas jurídicas que integram o Código Tributário Nacional.

Além do mais, pelo fato de a Lei n. 13.874/2019 ser de natureza geral (uma "norma geral de Direito Econômico" como ela própria se define[24]), ela não revoga automaticamente normas anteriores, conforme determina o art. 2º da Lei de Introdução às Normas do Direito Brasileiro.[25]

Contudo, considera-se pertinente que a Lei da Liberdade Econômica seja invocada sempre que uma norma jurídica tributária (que não esteja prevista na Constituição ou em Lei Complementar) viole seus direitos e garantias. Ademais, sendo a Lei de Liberdade Econômica uma norma que confere conteúdo material ao princípio constitucional da liberdade de iniciativa, admite-se a possibilidade de se questionar a validade jurídica de qualquer lei – inclusive tributária - mediante sua confrontação com a Constituição da República de 1988.

Ressalta-se, ainda, a importância da nova Lei das Agências Reguladores (Lei n. 13.848/2019) que, em seu artigo 6º, afirma a necessidade de que qualquer iniciativa regulatória que altere ou crie novos atos normativos também seja precedida da realização de análise de impacto regulatório. Seu objetivo seria o de prover informações e dados sobre os possíveis efeitos do ato normativo a ser proposto.

Por fim, sublinhe-se, por oportuno, o comando disposto no artigo 20, da Lei de Introdução às normas do Direito Brasileiro (Decreto-Lei n. 4.657/1942), que frisa a necessidade de que, nas esferas administrativa, controladora e judicial, as decisões não sejam tomadas apenas com base em valores jurídicos abstratos sem que sejam consideradas as consequências práticas de tais decisões. Seu parágrafo único de-

---

24 OLIVEIRA, Amanda Flávio de. *Declaração de Direitos de Liberdade Econômica*. Disponível em: <https://www.jota.info/paywall?redirect_to=//www.jota.info/opiniao-e-analise/colunas/livre-mercado/declaracao-de-direitos-de-liberdade-economica-09052019>. Acesso em: 21 dez. 2019.

25 Art. 2º - Não se destinando à vigência temporária, a lei terá vigor até que outra a modifique ou revogue.

(…)

§ 2º - A lei nova, que estabeleça disposições gerais ou especiais a par das já existentes, não revoga nem modifica a lei anterior.

termina a obrigatoriedade de que a motivação das decisões a serem tomadas demonstre "*a necessidade e a adequação da medida imposta ou da invalidação de ato, contrato, ajuste, processo ou norma administrativa, inclusive em face das possíveis alternativas*".

Ante a realidade que se impõe, e que evidencia a necessidade de revisão do modelo tributário nacional, resta saber se as principais propostas em debate foram valoradas quanto à capacidade real de propiciar o objetivo visado, seja lá qual ele for. Em outras palavras, resta saber se há evidências da capacidade do remédio de conduzir à cura ou à melhor qualidade de vida do paciente... caso não haja, corre-se o risco de que os efeitos colaterais prevaleçam sobre os benefícios, o que representa mais custo a ser suportado pela já sobrecarregada sociedade brasileira.

5. CONSIDERAÇÕES FINAIS

Ao longo desse breve ensaio, pode-se reafirmar a notória complexidade do ordenamento jurídico tributário brasileiro, bem como evidenciar a necessidade de realização de reformas que resgatem a finalidade primordial do Direito Tributário constitucionalizado em 1988, que é a de ser um sistema de limites ao poder de tributar do Estado. Acredita-se que apenas um modelo que assegure aos contribuintes um mínimo de segurança jurídica e o atendimento de suas obrigações ao menor custo possível alinha-se a um tal modelo.

Se o constituinte de 1988 optou por um Texto minudente, desde o regime anterior o país já possuía uma das mais ricas Constituições do mundo em matéria tributária. Entretanto, tem sido comum a indevida relativização, no âmbito dos três poderes (Executivo, Legislativo e Judiciário), das garantias constitucionais tributárias estabelecidas para proteção do contribuinte.

Sabe-se que iniciativas legislativas de se regulamentar o comportamento humano, ou de se intervir na economia, quando promovidas sem nenhum critério ou estudo prévio que as justifique, mesmo bem-intencionadas, podem produzir um custo social elevado e indesejado.

Normas recentes, contudo, podem ser hábeis a modificar esse cenário no Brasil. É o caso das alterações realizadas na Lei de Introdução às normas do Direito Brasileiro (Decreto-Lei n. 4.657/1942), da nova Lei das Agências Reguladores (Lei n. 13.848/2019) e da Lei da Liberdade Econômica (Lei n. 13.874/2019): nelas, aspectos consequencialistas e exigências de estudos de impacto regulatório prévio à regulamentação acenam para caminhos que podem contribuir – e muito – ao aprimoramento do Direito nacional, especialmente o Direito Tributário, em conjunto e independentemente de uma reforma específica.

Por fim, nunca é demais observar exemplos históricos e experiências de outros países no campo econômico. Uma análise de diversos países que apresentam um elevado índice de desenvolvimento humano indica a importância capital da presença de alguns elementos para a prosperidade de uma nação. Esses elementos, como não poderia ser diferente, sempre envolvem uma combinação de múltiplas variáveis. Entre elas, destacam-se um cenário de garantia e proteção de liberdades econômicas e individuais, instituições públicas inclusivas, sólidas e eficientes, um ordenamento jurídico edificado com o propósito de garantir aos cidadãos um mínimo de segurança jurídica, responsabilidade com o gasto público, o fornecimento de condições de competitividade aos empreendedores pátrios, entre outros.[26] Considerando-se que limitar a utilização do sistema tributário como um instrumento de distribuição de renda pode sair caro para sociedade como um todo, oportuno que se avalie previamente o valor dessa conta antes de qualquer ação, sobretudo, para que o remédio a ser ministrado não apresente efeitos colaterais semelhantes ao de um veneno.

REFERÊNCIAS BIBLIOGRÁFICAS

ACEMOGLU, Daron e ROBINSON, James. *Por que as nações fracassam*. Rio de Janeiro: Elsevier, 2012.

AMARAL, Paulo Adyr Dias do. *Finanças Públicas e Sustentabilidade – v. I.* 1. ed. Rio de Janeiro: Lumen Juris, 2013.

ARANHA, Luiz Ricardo Gomes e outros. *O Imposto sobre Fortunas.* 1. ed. Belo Horizonte: Editora Arraes, 2013.

ARON, Raymond. *O Ópio dos Intelectuais.* 1. ed. São Paulo: Editora Três Estrelas, 2016.

ÁVILA, Humberto. *Sistema Constitucional Tributário.* 5. ed., São Paulo: Editora Saraiva, 2012.

BANCO MUNDIAL. *Doing Business - https://endeavor.org.br/ambiente/doing-business-2020/.* Acesso em: 05 dez. 2018.

BASTIAT, Claude Frédéric. *A lei.* LVM Editora. Edição do Kindle.

COELHO, Sacha Calmon Navarro. *Curso de Direito Tributário Brasileiro.* 11ª ed. Rio de Janeiro: Forense, 2011.

---

26 Sugere-se a propósito do tema: ACEMOGLU, Daron e ROBINSON, James. *Por que as nações fracassam*. Rio de Janeiro: Elsevier, 2012.

DERZI, Misabel Abreu Machado. *Modificações na Jurisprudência do Direito Tributário: proteção da confiança, boa-fé objetiva e irretroatividade como limitações constitucionais ao poder judicial de tributar.* 1ª ed. São Paulo: Noeses, 2009.

GICO Jr., Ivo T. *Metodologia e Epistemologia da Análise Econômica do Direito. Analysis Economic of Law Review.* Universidade Católica de Brasília - UCB. V.1, Jan-Jun 2010.

HAYEK, Friedrich A. *Direito, Legislação, e Liberdade - Volume II.* 1ª Ed., São Paulo: Editora Visão, 1985.

Instituto Brasileiro de Planejamento Tributário - IBPT. *Índice de retorno de bem--estar à sociedade.* Disponível em: ibpt.impostometro.s3.amazonaws.com/Arquivos/06%2BIRBES%2B2015.pdf Acesso em: 05 de dez. 2019.

Instituto Brasileiro de Planejamento Tributário - IBPT. *Quantidade de Normas editadas no Brasil: 30 anos da Constituição Federal de 1988.* Disponível em:

https://materiais.ibpt.com.br/bacb489d5b230028e0cc. Acesso em: 05 de dez. 2019.

MACHADO, Hugo de Brito. *O ISS e as inovações da Lei Complementar n. 116/2003.* Conferência proferida no VIII Congresso da Associação Brasileira de Direito Tributário – ABRADT. *In* Revista Internacional de Direito Tributário. Vol. II. Belo Horizonte: Del Rey, 2004.

MARINS, James. *Defesa e vulnerabilidade do contribuinte.* 1ª Ed., São Paulo: Dialética, 2009.

OLIVEIRA, Amanda Flávio de. *Declaração de Direitos de Liberdade Econômica.* Disponível em: https://www.jota.info/paywall?redirect_to=//www.jota.info/opiniao--e-analise/colunas/livre-mercado/declaracao-de-direitos-de-liberdade-economica-09052019. Acesso em: 21 dez. 2019.

PIKETTY, Thomas. *O Capital no século XXI.* 1ª Edição, Rio de Janeiro: Intrínseca, 2014.

OS DEMAIS ASSUNTOS DA REFORMA

ANDRÉ HORTA MELO[1]

As desigualdades econômicas e sociais brasileiras são relutantes. A percepção geral de redução de desigualdades no país entre 2001 e 2015 não resistiu a um exame mais apurado dos números. De fato, os 50% mais pobres aumentaram sua participação na renda nacional, mas os 10% mais ricos tiveram avanço mais significativo sobre ela. Para a conta fechar, houve o sacrifício do quinhão dos 40% intermediários – segundo encontraram os estudos publicados no Banco de Dados da Desigualdade no Mundo[2], coordenado pelo economista Thomas Piketty, aglutinando dados da Receita Federal e da Pnad (Pesquisa Nacional de Amostra de Domicílios) realizada pelo IBGE.

Nossa desigualdade reivindica a urgência de seu enfrentamento o que, no campo tributário, significa eleger uma das agendas mais espontâneas e incontroversas da nossa conjuntura arrecadatória de receitas públicas que é o combate à crônica regressividade do sistema brasileiro.

Por outro lado, o obstinado declínio das finanças dos estados brasileiros que se avizinhou do colapso geral na grande crise de 2015-2016, principalmente pela grave redução de suas receitas disponíveis – embora com concorrência do aumento de obrigações. Crise que em 2019 continua a lançar quatro estados à decretação de estado de calamidade financeira, status que se perpetrará enquanto nova repactuação fede-

---

1 Filósofo, autor de "Desigualdades, Degeneração Assimétrica do Federalismo e a Obstaculização do Crescimento Econômico" (*In*: Federalismo (S)em Juízo, Ed. Noeses, 2019), "Imposto é Coisa de Pobre" (*In*: Resgatar o Brasil. Ed. Contracorrente & Boitempo Editorial, 2018) e "Os Estados na Crise do Federalismo Fiscal Brasileiro" (*In*: Reforma Tributária Solidária. Ed. Fenafisco, Anfip & Plataforma Política Social, 2018). Atualmente é Diretor do Comitê Nacional dos Secretários de Fazenda dos Estados (Comsefaz). Foi Secretário de Tributação do Estado do Rio Grande do Norte, Presidente do Comsefaz e Coordenador dos Secretários de Fazenda no Conselho Nacional de Política Fazendária (Confaz).

2 World Inequality Database. Disponível em: https://wid.world/country/brazil/.

rativa não seja engendrada, prejudicando a cidadania brasileira com a precarização dos serviços e institutos estaduais.

Dois assuntos de larga importância e conexão quando se aborda a reformulação das principais receitas públicas derivadas, os quais já tive a honra de modestamente visitar os respectivos conteúdos em outros esforços[3] e sobre os quais tantos pesquisadores de muitas luzes se debruçaram em tempos recentes. É para esses tantos trabalhos que aponto a atenção de quem nutra interesse tão legítimo.

Nesse artigo, entretanto, nos deterão três outras proposições que apelam para o escrutínio analítico que, a despeito de não participar da mesma centralidade material das precedentes comprometem direta ou transversalmente a evolução de propostas de aprimoramento desse sistema, assim como podem comprometer a eficiência e os resultados administrativos e econômicos do aperfeiçoamento legislativo que se venha a empreender.

Em primeiro lugar, trafega pelos arrabaldes das discussões congressuais uma matéria que é determinante para a política tributária, que é uma conhecida obliquidade penal que lesiona gravemente a eficiência de segmentos inteiros das administrações tributárias e das procuradorias de fazendas públicas. Trata-se da insidiosa norma de extinção de punibilidade, pelo pagamento, nos crimes contra a ordem tributária.

O artigo 34, da lei nº 9.249/1995 que originalmente regrava esse estímulo à iniquidade até o recebimento da denúncia, em crimes de resultado, foi revogado (e renovado) pelo § 2º, do art. 9º, da lei nº 10.684/2003, que hoje regulamenta a extinção de punibilidade em casos de pagamento direto, amplificando o instituto, pois permitindo o alívio de pena com a quitação a qualquer tempo[4]. A partir de 2011, com o advento da lei nº 12.382, também em caso de parcelamento de débitos é possível o afastamento da punição.

Não se está aqui a engrossar a corrente punitivista ou a decrepitude da prática da inflação de penas para contenção dos ilícitos. O problema de estímulo comportamental é obviamente por mecânica reversa. Trata-se da extensão da leniência dos poderes públicos para com o

---

3 Vide trabalhos indicados no resumo curricular na primeira folha do artigo.

4 STF. HC 81929 RJ, Relator: Min. Sepúlveda Pertence, Data do Julgamento: 16/12/2003, Primeira Turma, Data de Publicação: *DJ 27/02/2004* PP-00027, Ement Vol-02141-04 PP-000780.

objeto, que é, nada menos, que o principal pilar econômico de sustentação das ações estatais: a arrecadação dos tributos.

Pelo alcance e generalidade, esse equívoco político do legislador que urge reparação é inacreditável mesmo para os padrões de treva hodiernos. As diversas iniciativas parlamentares de reversão dessa temeridade legislativa até aqui ainda não lograram êxito. A oportunidade de reparar tal desacerto no escopo da reforma tributária é primaz.

Empresta contraste à discrepância dos esforços das esferas de poderes, quando se assiste em 2019 o Supremo Tribunal Federal retraçar a cartografia dos ilícitos administrativo e criminal entendendo o ICMS declarado e não pago dolosa e reiteradamente como apropriação indébita[5].

Até então o que temos assistido é uma incongruência de ações populistas que causam perplexidade menos pela ignorância na eleição dos problemas socioeconômicos para serem guerreados, uma vez que são coincidentes com interesses denunciados por óbvia seletividade, que pela tibieza da repercussão pública de copiosas denúncias dessas pautas.

A exemplo, em 2015, mobiliza-se relevantes segmentos da sociedade para uma dezena de medidas contra a corrupção. A terapêutica compreende inclusive o afastamento de garantias constitucionais históricas a muito custo conquistadas.

É o mesmo ano em que circularam dois rankings de corrupção cujos números são didáticos sobre o descompasso entre problemas e mobilização para resolvê-los. O Índice de Percepção da Corrupção reflete pesquisas de instituições independentes da área de governança que medem a percepção da corrupção no setor público em 180 países. Publicado pela ONG Transparência Internacional, no ranking o Brasil ostenta, então, a 69ª posição[6] (no ranking da corrupção - assim entendida em sentido restrito como "abuso de autoridade para ganhos privados"[7]). O Departamento de Competitividade e Tecnologia da

---

5 A tese fixada por maioria foi a de que "O contribuinte que, de forma contumaz e com dolo de apropriação, deixa de recolher o ICMS cobrado do adquirente da mercadoria ou serviço incide no tipo penal do art. 2º, II, da Lei nº 8.137/1990". STF. *RHC 163334 SC*, Relator: Min. Roberto Barroso, Data de Julgamento: 11/02/2019, Data da Publicação: DJ-e 029 13/02/2019.

6 Os dados de 2015 estão contidos na página do *Corruption Perception Index 2018*. Disponível em: <https://www.transparency.org/cpi2018>. Acesso em: 10 jan. 2020.

7 Tradução livre de *"the abuse of entrusted power for private gain"*. In: *What is Corruption*. Transparency International. Disponível em: <https://www.transparency.org/what-is-corruption#define>.

Federação das Indústrias do estado de São Paulo – FIESP estimou que o custo médio anual da corrupção no Brasil perfaz o montante de 67 bilhões anuais[8].

De outra feita, uma análise promovida pelo Sindicato dos Procuradores da Fazenda Nacional – Sinprofaz, que se utiliza do cruzamento e ponderação dos dados da arrecadação dos tributos brasileiros com os indicadores de evasão encontrados em outros estudos[9] estimou em 500 bilhões de reais a sonegação fiscal do Brasil em 2015. Em 2011, a ONG Rede de Justiça Fiscal (Tax Justice Network) indicara que o país era o segundo lugar do mundo nessa supressão criminosa, sendo superado apenas pela Rússia[10].

Com uma estimativa da corrupção pela via sonegatória superar em sete vezes aquela que é tratada estritamente como tal, vê-se caracterizada a desproporção entre as disposições de enfrentamento de cada crime: por um lado a leniência para quando o crime é de origem primordialmente privada e de maiores proporções econômicas, caso da sonegação; e, de outro, a postulação do agravamento de penas até a relativização de garantias constitucionais quando se trata de corrupção estrita, envolvendo agora parcialmente agentes públicos, mas em valores de menor monta, os quais por natureza, por origem econômica, são, em tese, o mesmo crime de supressão de impostos (que apenas se encontram em momento mais adiantado do *iter* de arrecadação das receitas públicas derivadas, já recolhidos ou aderidos ao patrimônio público).

---

8 O montante é, na ocasião, o último disponibilizado, para o ano de 2013. *In*: Sonegação de Impostos é Sete Vezes Maior que a Corrupção. Carta Capital. 30 mar. 2015. Disponível em: <https://www.cartacapital.com.br/economia/sonegacao-de-impostos-e-sete-vezes-maior-que-a-corrupcao-9109/>. Acesso em: 10 jan. 2020.

9 Sonegação no Brasil – Uma Estimativa do Desvio da Arrecadação do Exercício de 2018. Sindicato Nacional dos Procuradores da Fazenda Nacional - SINPROFAZ. *Quanto Custa o Brasil*. Brasília, jun. 2019. Disponível em: <http://www.quantocustaobrasil.com.br/artigos/sonegacao-no-brasil-uma-estimativa-do-desvio-da-arrecadacao-do-exercicio-de-2018#capitulo4-1>. Acesso em: 10 jan. 2020.

10 Ver *average percentage of shadow economy*. *In*: *The Cost of Tax Abuse*: a Briefing Paper on the Cost of Tax Evasion Worldwide. The Tax Justice Network. Nov. 2011. p.3. Disponível em: <https://www.taxjustice.net/wp-content/uploads/2014/04/Cost-of-Tax-Abuse-TJN-2011.pdf>. Acesso em: 10 jan. 2020.

Um segundo acidente do entorno da reforma reside no atual comprometimento dos resultados econômicos de todo o esforço para realizá-la, no que tange a destinação dos recursos. Faz-se reforma tributária, entre tantos propósitos, para se estabelecer uma justiça fiscal que promova o desenvolvimento do país e atenda ao interesse público. É para tanto que se persegue a progressividade tributária, porquanto deslocando a imposição da renda e riqueza dos mais pobres para a dos mais aquinhoados, estimula-se a demanda interna e a economia real (da indústria comércio e serviços). Da mesma forma, a calibragem vertical das competências tributárias de cada esfera federativa, para que cada ente entregue congruentemente os serviços que lhe estejam confiados. Valoriza-se a simplificação fiscal, para que a competitividade dos negócios não se ressinta da burocracia e assim tal por diante. Proporciona-se eficiência à exação pelo Estado para se transferir à sociedade uma maior quantidade e melhor qualidade de serviços.

Mas e se a destinação de todo esse aperfeiçoamento contributivo é a de ser *extraviada* pelo "financismo"?

A pesquisadora Maria Lúcia Fatorelli, coordenadora nacional da Auditoria Cidadã da Dívida, a exemplo, explica que o Banco Central para o propósito declarado de estabilizar a economia e conter a inflação, articula primordialmente sua política monetária arrimando-se em dois pilares: o da elevação dos juros elevados e da redução da base monetária, enxugando o volume de moeda em circulação. Nesse segundo caso, uma das formas de redução da base monetária se dá por meio do expediente das "operações compromissadas" que assim opera[11]:

> (...) os bancos entregam sua sobra de caixa ao Banco Central e este entrega títulos da dívida pública aos bancos. Na medida em que os bancos detêm os títulos, eles passam a ter o direito de receber remuneração por isso. Essa montanha de recursos equivalente a quase 20% do PIB fica esterilizada no Banco Central, gera "dívida pública" e despesa diária com a sua remuneração aos bancos!

O que salta aos olhos nesse movimento é o tamanho das cifras: o valor acumulado superou a marca do trilhão em 2016 e, somente entre 2014 e 2017, perfez 449 bilhões de reais.

---

11 Sistema da Dívida Pública: Entenda Como Você é Roubado. *In*: SOUZA, Jessé; VALIM, Rafael; et al.(coords.) *Resgatar o Brasil*. São Paulo: Contracorrente / Boitempo Editorial, 2018. p.70.

Os pagamentos da nossa dívida pública consomem cerca de metade do orçamento federal em ambiente obnubilado por desde a intangibilidade das razões que inspiram as regulamentações aplicáveis até a identificação dos beneficiados (credores) protegidos pela legislação de sigilo.

Como lembra o economista João Sicsú, embora não tenha havido desequilíbrio fiscal estrutural entre 2003 e 2013, ou seja, embora tenha havido repetidos resultados primários positivos (média de superávit de 2,89% do Produto Interno Bruto do país), a bem dizer: que os recursos advindos principalmente dos tributos superaram os gastos com saúde, educação, assistência social, cultura, defesa nacional etc., - em todos esses anos houve, no entanto, repetidos déficits orçamentários (de natureza nominal, ou seja, incididos a partir de despesas com o pagamento de juros da dívida pública) redundando na média de -3,02% do PIB[12].

Não se ignora que a financialização da economia reclame atualmente intervenções em todo o mundo, mas o caso brasileiro, que sempre ostentou peculiaridades como os maiores juros do planeta (com a queda da taxa Selic a seu menor patamar histórico, o Brasil ainda ostentava a posição de 11º maior juro real do mundo em dezembro de 2019[13]) requer uma intervenção direta na reformulação de seu sistema financeiro, que, apesar dos prejuízos recordistas sobre qualquer perspectiva de avaliação, não se consubstancia em qualquer projeto de reforma protocolado no Legislativo ou agenda inscrita sistematicamente no debate público. Ao contrário, seus déficits nominais catastróficos se tornam pretexto para justificar medidas tortuosas de restrição de serviços públicos via austeridade para com os gastos primários. O que refreia o crescimento econômico e alimenta um ciclo vicioso de estagnação[14].

---

12 A PEC 241 não é para Equilibrar as Contas Públicas. *Revista Carta Capital*. 11 out. 2016. *In*: <https://www.cartacapital.com.br/opiniao/a-pec-241-nao-e-para-e-quilibrar-as-contas-publicas/>. Acesso em: 10 jan. 2020.

13 SORIMA NETO, João. Brasil alcança posição inédita no ranking de juros global com novo corte da Selic. *O Globo*. 11 dez 2019. Disponível em: <https://oglobo. globo.com/economia/brasil-alcanca-posicao-inedita-no-ranking-de-juros-glo-bal-com-novo-corte-da-selic-24132921>. Acesso em: 10 jan. 2020.

14 HALL, David. *Austerity, Economic Growth and Multipliers*. Public Services International Research Unit. University of Greenwich, UK. Out. 2012. Disponível em: <https://www.epsu.org/sites/default/files/article/files/2012-10-Crisis-mults-2. pdf>. Acesso em: 10 jan. 2020.

Por fim, uma pauta que, a despeito de alvejar enviesadamente as discussões sobre o sistema tributário, estorva visceralmente a sua emancipação.

A Organização para a Cooperação para o Desenvolvimento Econômico - OCDE possui agenda de enfrentamento dos chamados paraísos fiscais que envolve, entre outras medidas, a dissuasão de expedientes jurídicos que propiciam a sonegação, como a criação de fundações e empresas sem atividade operativa, empresas de fachada, as chamadas *shell companies*. Essas empresas são a principal ferramenta de lavagem de dinheiro e de outras práticas criminais, segundo Lanny A. Breuer, advogado-geral assistente da divisão criminal do Departamento de Justiça americano[15]. O estado de Delaware nos Estados Unidos, abriga, na cidade de Wilmington, o mais famoso endereço de *shell companies* do mundo: o North Orange street, 1209. O prédio de tamanho modesto é o domicílio legal de nada menos que 285.000 empreendimentos de cariz bastante heterogêneo. Já serviu tanto à lavagem de dinheiro de criminosos envolvidos em terrorismo internacional, como à elisão fiscal de pequenos e grandes negócios regulares, neste caso, ordinariamente, dentro da legalidade, sublinhamos, sem fugir à regulamentação local, algo rarefeita. Quando o ex-presidente Barack Obama declarou, diante do escândalo dos *Panama Papers* que era preciso uma mobilização internacional para se evitar a elisão fiscal global[16], Shruti Shah, vice-presidenta de programas e operações do Transparência Internacional, uma organização de combate a corrupção, lembrou, que não era preciso ir a pequenos países exóticos para tanto, que no próprio território americano era possível fazê-lo[17]. E o caso de Delaware era tão simbólico que já estampou uma campanha intitulada "Desmascarando a Corrupção", realizada pela organização.

---

15 WAYNE, Leslie. How Delaware Thrives as a Corporate Tax Haven. *The New York Times*. 30 jun. 2012. Disponível em: <https://www.nytimes.com/2012/07/01/business/how-delaware-thrives-as-a-corporate-tax-haven.html>. Acesso em: 10 jan. 2020.

16 Panama Papers: 'we need to make global tax avoidance illegal,' says Obama – vídeo. *The Guardian*. 5 abr. 2016. Disponível em: <https://www.theguardian.com/us-news/video/2016/apr/05/us-tax-avoidance-panama-papers-video>. Acesso em: 10 jan. 2020.

17 KASPERKEVIC, Jana. Forget Panama: it's easier to hide your money in the US than almost anywhere. *The Guardian*. 6 abr. 2016. Disponível em: <https://www.theguardian.com/us-news/2016/apr/06/panama-papers-us-tax-havens-delaware>. Acesso em: 10 jan. 2020.

A regulamentação dissoluta e suscetível opera como impostura da desburocratização, instrumentalizando o discurso interessado. A exemplo, a Lei nº 13.874 de 20 de setembro de 2019, que se atribui instituir a declaração de direitos de *liberdade econômica* e estabelecer garantias de livre mercado estabelece que:

> Art. 3º São direitos de toda pessoa, natural ou jurídica, essenciais para o desenvolvimento e o crescimento econômicos do País, observado o disposto no parágrafo único do art. 170 da Constituição Federal:
> (...)
> VIII – ter a garantia de que os negócios jurídicos empresariais paritários serão objeto de livre estipulação das partes pactuantes, de forma a aplicar todas as regras de direito empresarial apenas de maneira subsidiária ao avençado, exceto normas de ordem pública;

A Medida Provisória 881, de 2019, que inaugurou o processo legislativo dessa norma, justificou que o dispositivo[18]:

> Garante que os negócios jurídicos empresariais serão objeto de livre estipulação das partes pactuantes, aplicando-se as regras de direito empresarial apenas de maneira subsidiária ao avençado. Mais de 60% das 500 maiores empresas do mundo estão registradas especificamente no Estado de Delaware, EUA. Isso se dá em razão de aquela jurisdição constituir um dos melhores ambientes para o desenvolvimento e preservação do direito empresarial.

Deixando de lado as razões de atratividade de empresas por Delaware, que obviamente são mais largas e controversas que o pretendido, é sintomático que a vantagem agitada ao direito empresarial concretiza-se tanto por sua escassez quanto pela supremacia da ordem privada sobre a pública.

E, de fato, além de prefigurar um paraíso fiscal no varejo, os Estados Unidos são o segundo lugar no mundo no Índice de Sigilo Financeiro [19], medição que oferece ótica bastante próxima para a análise da corrupção e decomposição do financiamento do interesse público.

A questão de fundo da liberdade econômica aduzida emerge a partir da profunda desvalorização epistêmica do conceito (de liberda-

---

18 Medida Provisória nº 881, de 30 de abril de 2019. Senado Federal. Disponível em: <https://legis.senado.leg.br/sdleg-getter/documento?dm=7946806&ts=1575039771992&disposition=inline>. Acesso em: 10 jan. 2020.

19 2018 *Secrecy Ranking*. Para a Rede de Justiça Fiscal, o sigilo é uma forma alternativa e complementar de abordar o problema dos paraísos fiscais. *In*: Financial Secrecy Index. Tax Justice Network. Disponível em: <https://financialsecrecyindex.com/en/>. Acesso em: 10 jan. 2020.

de econômica) em *desregulamentação*, agora num pareamento mais transtornado do que aquele que dissemos pretender se equivaler à desburocratização.

Embora tenha sido articulado em letras rústicas na aludida justificativa, trata-se de um velho cacoete de desvirtuamento da ideia de liberdade para promover a dominação e trituração dos mais fracos. É desmantelar o conceito e pretender que sua fração semântica negativa lhe ocupe o lugar. Liberdade desvalorizada a *laissez-faire* e, mais genericamente, a ausência de restrição.

Um corolário frequente desse desentendimento está na antessala das reformas tributárias onde e quando "liberdade econômica" é oposta ao aperfeiçoamento do sistema tributário e ao financiamento dos serviços públicos. A defesa de inovações legislativas que promovam a progressividade tributária ou, mais amplamente, do princípio constitucional da capacidade contributiva, é paralisado pelo discurso de que "ninguém aguenta mais pagar imposto", como se as condições de pagamento fossem igualmente colocadas atualmente, independentemente da posição social do contribuinte. Como se a degeneração da base tributária nacional na tributação da renda não devesse ser mais revertida, para o Estado poder novamente equalizar a arrecadação nas rendas maiores e aliviar a tributação indireta nos inquilinos do andar de baixo da economia. Independente dessa incongruência desleixada obstada à Constituição e à boa prática econômica, a assunção de fundo da ideia é que essas medidas de redução de desigualdade conspiram contra a liberdade pretensamente sufocada pelo Estado. Rebaixando o seu sentido descritivo (da liberdade) a uma concepção amesquinhada aos meros limites do direito de propriedade. Mesmo quando se sabe que "a definição, a atribuição, a interpretação dos direitos de propriedade é um serviço que o governo presta aos atuais detentores de propriedade, financiado pela renda recolhida junto ao público em geral"[20].

Os tributos e o Estado são os fiadores da liberdade enquanto valor, tanto no sentido positivo, o mais importante, quanto na acepção negativa que também compõe o conceito. Mesmo neste sentido negativo, sublinhamos, a liberdade pessoal, esse campo de não interferência nas orientações subjetivas, pressupõe ações positivas do Estado na manu-

---

20 HOLMES, Stephen; SUNSTEIN, Cass R.. *O Custo dos Direitos*: por que a liberdade depende dos impostos. São Paulo: WMF Martins Fontes, 2019. p. 17.

tenção da ordem e da segurança que a possibilite. Nessa extensão o dizer de Holmes & Sunstein que "todos os direitos são positivos"[21].

A relação entre os valores da igualdade e da liberdade é tão intrincada que já se houve por propor tratá-los amalgamados como *libégalité*. A liberdade advém, dentre outras fontes, da igualdade de poder, da igualdade de possibilidades e a própria democracia pode ser definida como uma forma de governo onde todos são livres porque são iguais[22]. E é o seio democrático que desejamos que inspire e nutra as reformas de nossos institutos, inclusive os tributários.

REFERÊNCIAS BIBLIOGRÁFICAS

2018 Secrecy Ranking. Para a Rede de Justiça Fiscal, o sigilo é uma forma alternativa e complementar de abordar o problema dos paraísos fiscais. *In: Financial Secrecy Index*. Tax Justice Network. Disponível em: https://financialsecrecyindex.com/en/.

A PEC 241 não é para equilibrar as Contas Públicas. Revista Carta Capital. 11 out. 2016. Disponível em: <https://www.cartacapital.com.br/opiniao/a-pec-241-nao-e--para-equilibrar-as-contas-publicas/>. Acesso em: 10 jan. 2020.

BOBBIO, Norberto. *As Ideologias e o Poder em Crise*. Brasília: UNB, 1982.

Corruption Perception Index 2018. Disponível em: <https://www.transparency.org/cpi2018>. Acesso em: 10 jan. 2020.

HALL, David. *Austerity, Economic Growth and Multipliers. Public Services International Research Unit*. University of Greenwich, UK. Out. 2012. Disponível em: <https://www.epsu.org/sites/default/files/article/files/2012-10-Crisis-mults-2.pdf>. Acesso em: 10 jan. 2020.

HOLMES, Stephen; SUNSTEIN, Cass R. *O Custo dos Direitos: por que a liberdade depende dos impostos*. São Paulo: WMF Martins Fontes, 2019.

KASPERKEVIC, Jana. *Forget Panama: it's easier to hide your money in the US than almost anywhere*. The Guardian. 6 abr. 2016. Disponível em: <https://www.theguardian.com/us-news/2016/apr/06/panama-papers-us-tax-havens-delaware>. Acesso em: 10 jan. 2020.

MEDIDA PROVISÓRIA Nº 881, DE 30 DE ABRIL DE 2019. Senado Federal. Disponível em: <https://legis.senado.leg.br/sdleggetter/documento?dm=7946806&t-s=1575039771992&disposition=inline>. Acesso em: 10 jan. 2020.

Panama Papers: 'we need to make global tax avoidance illegal,' says Obama – video. The Guardian. 5 abr. 2016. Disponível em: <https://www.theguardian.com/us-news/video/2016/apr/05/us-tax-avoidance-panama-papers-video>. Acesso em: 10 jan. 2020.

---

21 Ibidem, p.35.

22 BOBBIO, Norberto. *As Ideologias e o Poder em Crise*. Brasília: UNB, 1982. p. 41-43.

Sistema da Dívida Pública: Entenda Como Você é Roubado. *In*: SOUZA, Jessé; VALIM, Rafael et al (coords.). *Resgatar o Brasil*. São Paulo: Contracorrente / Boitempo Editorial, 2018. p.70.

Sonegação de Impostos é Sete Vezes Maior que a Corrupção. Carta Capital. 30 mar. 2015. Disponível em: <https://www.cartacapital.com.br/economia/sonegacao-de--impostos-e-sete-vezes-maior-que-a-corrupcao-9109/>. Acesso em: 10 jan. 2020.

Sonegação no Brasil – Uma Estimativa do Desvio da Arrecadação do Exercício de 2018. Sindicato Nacional dos Procuradores da Fazenda Nacional - SINPROFAZ. *Quanto Custa o Brasil*. Brasília, jun. 2019. Disponível em: <http://www.quantocustaobrasil.com.br/artigos/sonegacao-no-brasil-uma-estimativa-do-desvio-da-arrecadacao-do-exercicio-de-2018#capitulo4-1>. Acesso em: 10 jan. 2020.

SORIMA NETO, João. *Brasil alcança posição inédita no ranking de juros global com novo corte da Selic*. O Globo. 11 dez 2019. Disponível em: <https://oglobo.globo.com/economia/brasil-alcanca-posicao-inedita-no-ranking-de-juros-global-com-novo-corte-da-selic-24132921>. Acesso em: 10 jan. 2020.

STF. *HC 81929 RJ*, Relator: Min. Sepúlveda Pertence, Data do Julgamento: 16/12/2003, Primeira Turma, Data de Publicação: DJ 27/02/2004 PP-00027, Ement Vol-02141-04 PP-000780.

STF. *RHC 163334 SC*, Relator: Min. Roberto Barroso, Data de Julgamento: 11/02/2019, Data da Publicação: DJ-e 029 13/02/2019.

Ver average percentage of shadow economy. *In*: The Cost of Tax Abuse: a Briefing Paper on the Cost of Tax Evasion Worldwide. *The Tax Justice Network*. Nov. 2011. p.3. Disponível em: <https://www.taxjustice.net/wp-content/uploads/2014/04/Cost-of-Tax-Abuse-TJN-2011.pdf>. Acesso em: 10 jan. 2020.

WAYNE, Leslie. *How Delaware Thrives as a Corporate Tax Haven*. The New York Times. 30 jun. 2012. Disponível em: <https://www.nytimes.com/2012/07/01/business/how-delaware-thrives-as-a-corporate-tax-haven.html>. Acesso em: 10 jan. 2020.

World Inequality Database. Disponível em: <https://wid.world/country/brazil/>. Acesso em: 10 jan. 2020.

A PEC 45 E A FEDERAÇÃO

BERNARD APPY[1]

LARISSA LUZIA LONGO[2]

SUMÁRIO: 1. Introdução; 2. O Estado Federativo Brasileiro; 3. A PEC 45/2019; 4. Razões para o modelo proposto; 5. Autonomia financeira dos entes federados; 6. Considerações finais; Referências Bibliográficas

1. INTRODUÇÃO

São defendidas propostas de aprimoramento do sistema tributário brasileiro desde a promulgação da Constituição Federal de 1988 (CF/88), principalmente no que concerne à tributação sobre o consumo de bens e serviços.

Além da complexidade resultante da sobreposição de impostos federais, estaduais e municipais incidentes sobre bens e serviços, o modelo brasileiro de tributação caracteriza-se por uma participação crescente de contribuições sociais federais incidentes sobre a receita. Ricardo Varsano[3] explica que isso ocorreu porque a CF/88 descentralizou as competências e receitas tributárias da União, mas não proveu os ins-

---

1 Formado em economia pela USP, é diretor do Centro de Cidadania Fiscal (CCiF). Foi Secretário Executivo e Secretário de Política Econômica do Ministério da Fazenda (2003 – 2009), sócio-diretor da LCA Consultores (1995 – 2002 e 2012 – 2014) e Diretor de Estratégia e Planejamento da BM&FBovespa (2009 – 2011). Também presidiu o Conselho de Administração do Banco do Brasil e o Conselho Nacional de Política Fazendária (CONFAZ).

2 Formada em direito pela PUC/SP, é advogada tributarista e pesquisadora do Centro de Cidadania Fiscal (CCiF) e do Insper.

3 VARSANO, Ricardo. *Evolução do sistema tributário brasileiro ao longo do século: anotações e reflexões para futuras reformas.* TD0405. IPEA: Rio de Janeiro, 1996. Disponível em: <http://www.ipea.gov.br/portal/index.php?option=com_content&view=article&id=3564>. Acesso em: jan. 2020.

trumentos legais e financeiros para que houvesse também a descentralização de encargos. Restou, então, ao Governo Federal a busca por meios alternativos para ampliar a arrecadação e suprir sua insuficiência de recursos. Por essa razão, foram criadas contribuições sociais que, além de aumentarem a carga tributária sobre bens e serviços, invadiram a base de incidência atribuída aos Estados e Municípios.

Como resultado, o Brasil possui hoje um dos mais complexos sistemas tributários do mundo[4], com cinco tributos de caráter geral sobre bens e serviços: a Contribuição para os Programas de Integração Social e de Formação do Patrimônio do Servidor Público (PIS/Pasep), a Contribuição para o Financiamento da Seguridade Social (Cofins) e o Imposto sobre Produtos Industrializados (IPI) de competência federal; o Imposto sobre Circulação de Mercadorias e Serviços (ICMS) de competência estadual; e o Imposto sobre Serviços (ISS) de competência municipal.

As problemáticas de cada um desses tributos e do sistema como um todo são amplamente conhecidas, tanto que praticamente todos os governos posteriores à CF/88 tentaram realizar alterações substanciais no modelo de tributação do consumo.[5]

Nos diversos projetos apresentados, é possível notar alguns temas recorrentes, como a substituição – de alguns ou de todos os tributos sobre bens e serviços – por um Imposto sobre Valor Adicionado (IVA) desenhado com base nas melhores práticas internacionais. Mudanças neste sentido são defendidas desde a Proposta de Emenda Constitucional (PEC) 175/1995 até a PEC 45 e a PEC 110, ambas de 2019, que propõem a substituição dos atuais tributos por um Imposto sobre Bens e Serviços (IBS) cobrado pela sistemática do valor adicionado.

---

4 O *Tax Complexity Index* (índice de Complexidade Tributária), desenvolvido pelas universidades alemãs *LMU* Munich e *University of Paderborn*, classifica o Brasil como o país com sistema tributário mais complexo, dentre 100 países analisados, em 2016. (LMU MUNICH; UNIVERSITY OF PADERBORN. *Tax Complexity Index.* [S. l.], 2016. Disponível em: <https://www.taxcomplexity.org/>. Acesso em: jan. 2020.

5 ARAUJO, José Evande Carvalho; SILVA, Jules Michelet Pereira Queiroz e. A Constituição tributária: passado, presente e futuro, p. 164-203. In: SILVA, Rafael Silveira e. *30 anos da Constituição: evolução, desafios e perspectivas.* V. I. Brasília: Senado Federal, 2018. Disponível em: <https://www12.senado.leg.br/publicacoes/estudos-legislativos/tipos-de-estudos/outras-publicacoes/30-anos-da-constituicao-e-volucao-desafios-e-perspectivas-para-o-futuro-vol.-i/30-anos-da-constituicao-vol.--i>. Acesso em: jan. 2020.

Muito embora o cenário político atual seja possivelmente o mais favorável para a aprovação de uma reforma tributária, alguns juristas questionam a constitucionalidade da substituição de tributos federais, estaduais e municipais por um único IBS, pois tal mudança supostamente ameaçaria a forma federativa esculpida para o Estado brasileiro.

Nesse cenário, o presente artigo tem como objetivo explorar especificamente as características da PEC 45/2019, em trâmite na Câmara dos Deputados, ante os contornos federativos delimitados pela CF/88.

2. O ESTADO FEDERATIVO BRASILEIRO

O artigo 60, §4º, inciso I, da CF/88 determina que a forma federativa de Estado é cláusula pétrea e, portanto, não são admissíveis propostas de emendas constitucionais tendentes a aboli-la.

Para que se possa definir se uma mudança no texto da Constituição tende ou não a abolir o pacto federativo, é necessário buscar compreender primeiro no que ele consiste.

Embora cada Estado Federal seja único, Ingo Wolfgang Sarlet[6] pontua alguns elementos que são considerados essenciais a todos: (i) o Estado Federal é soberano em seu conjunto, enquanto as unidades da Federação dispõem apenas de autonomia; (ii) todo Estado Federal possui uma Constituição Federal responsável por determinar quais são os entes federativos e qual sua respectiva autonomia; (iii) o Estado Federal é composto pela União e por Estados-membros, com convivência harmônica de ordens parciais unidas por uma Constituição Federal; (iv) as unidades federadas são sempre dotadas de autonomia, a qual é fundamentada e limitada na Constituição Federal e implica capacidade de auto-organização, autogoverno e autoadministração; (v) a autonomia e seus elementos essenciais são assegurados por uma repartição de competências legislativas e administrativas; (vi) os Estados-membros participam da formação e exercício da vontade federal; e (vi) a proibição de dissolução da Federação por parte dos entes federativos.

Nota-se que a autonomia é o atributo mais recorrente dentre os elementos listados. E não é por acaso. Sem a autonomia dos entes federados não há federação.

---

6 SARLET, Ingo Wolfgang. A organização do Estado. P. 771 – 802. In: SARLET, Ingo Wolfgang; MARINONI, Luiz Guilherme; MITIDIERO, Daniel. *Curso de Direito Constitucional*. 3. ed., rev., atual. e ampl. São Paulo: Editora Revista dos Tribunais, 2014.

A autonomia, como bem explica José Maurício Conti[7], abrange três categorias: a autonomia política, a autonomia administrativa e a autonomia financeira. A autonomia política se materializa pela demarcação dos poderes dos entes na federação, incluindo a delimitação, na Constituição, da competência para legislar sobre determinados assuntos. Por sua vez, a autonomia administrativa se faz presente pela capacidade de os entes federados se auto organizarem para cumprirem suas funções constitucionais. Enfim, a autonomia financeira assegura que os entes tenham recursos para realizar as obrigações que lhe são atribuídas pela Constituição.

É justamente com relação à autonomia que surgem as discussões sobre a possibilidade ou não da substituição dos atuais tributos incidentes sobre bens e serviços por um único Imposto sobre Bens e Serviços.

3.   A PEC 45/2019

A PEC 45/2019, em discussão na Câmara dos Deputados, baseada em proposta do Centro de Cidadania Fiscal, propõe a implementação de um Imposto sobre Bens e Serviços (IBS) de competência nacional, cujas características têm como referência as melhores experiências internacionais com o IVA.

Tais características – reforçadas pela literatura sobre o tema[8] – são bastante claras: a) incidência sobre uma base ampla de bens e serviços; b) crédito amplo (também conhecido como crédito financeiro); c) tributação no destino; d) ressarcimento tempestivo de créditos acumulados; e e) legislação homogênea, com idealmente apenas uma alíquota, nenhum benefício fiscal e o mínimo possível de regimes especiais. Dentre essas características, a mais relevante para a discussão feita a seguir é a tributação no destino, ou seja, a destinação à jurisdição de destino, do imposto incidente em operações entre países ou entre entes da federação, no caso de IVAs subnacionais.[9] Geralmente, nas operações entre países, o princípio do destino é implementado através da

---

7 CONTI, José Maurício. *Federalismo Fiscal e Fundos de Participação*. São Paulo: Editora Juarez de Oliveira, 2001.

8 OECD (2017), International VAT/GST Guidelines, OECD Publishing, Paris. Disponível em: <http://dx.doi.org/10.1787/9789264271401-en>. Acesso em: jan. 2020.

9 Geralmente, nas operações entre países, o princípio do destino é implementado através da desoneração das exportações e da tributação das importações de forma semelhante à produção nacional. Mas existem outras formas de implementar a tri-

desoneração das exportações e da tributação das importações de forma semelhante à produção nacional.

Apesar de potencialmente resolver todos os problemas da tributação sobre o consumo de bens e serviços brasileira, a substituição dos atuais PIS, Cofins, IPI, ICMS e ISS por um imposto nacional com as características descritas acima pressupõe uma mudança na percepção jurídica da autonomia dos entes federados.

Isso porque, no IBS, o exercício da competência tributária dos entes federados se dará de modo diferente: eles não poderão mais, isoladamente, legislar sobre a regra-matriz de incidência tributária do imposto, que a todos pertence. Tampouco poderão conceder benefícios fiscais – que inevitavelmente geram distorções competitivas e alocativas.

O IBS será instituído e regulamentado pelo conjunto dos entes, por intermédio de lei complementar nacional.

Cada ente terá autonomia para, por lei ordinária, fixar sua própria alíquota, aplicável a todos os bens e serviços destinados a seu território, de modo a garantir sua autonomia financeira.[10] Adicionalmente a gestão do imposto será feita de forma compartilhada e harmônica por todos os entes da federação, através de um Comitê Gestor (Agência Tributária Nacional). Embora a PEC 45 não detalhe esse ponto, a proposta é que instância máxima de governança da Agência Tributária Nacional seja paritária, com representação isonômica das três esferas da federação.

Apresentadas as características básicas do modelo federativo da PEC 45, resta explicar as razões – de ordem essencialmente econômica – para a substituição de tributos federais estaduais e municipais por um único imposto nacional sobre bens e serviços, o que é feito no próximo item. Em seguida são expostos os argumentos de ordem jurídica que explicam porque – de nosso ponto de vista – tal modelo respeita integralmente o pacto federativo, na forma prevista na Constituição Federal.

---

butação no destino, sendo necessário apenas que o imposto incidente na operação transfronteiriça pertença à jurisdição de destino.

10 Propõe-se que o IBS possua apenas uma alíquota única positiva, sem distinção entre bens e serviços, assim como a maioria dos IVAs criados nos últimos 25 anos (EBRILL, Liam; KEEN, Michael; BODIN, Jean-Paul; SUMMERS, Victoria. *The Modern VAT*. Washington, D.C.: International Monetary Fund, 2001).

4. RAZÕES PARA O MODELO PROPOSTO

As principais razões para o modelo proposto na PEC 45 – baseado na unificação em um único imposto dos tributos sobre bens e serviços das três esferas da federação – são de natureza operacional. Como se detalha a seguir, a arrecadação do IBS de forma centralizada gera uma série de benefícios para os contribuintes e até mesmo contribui para reduzir a insegurança jurídica na relação entre os entes da federação.

Este ponto fica mais claro quando se consideram as alternativas existentes para a cobrança de impostos sobre o valor adicionado pelos entes subnacionais, em uma federação. Em princípio, seria possível que cada ente subnacional instituísse um IVA com as características necessárias para a correção das distorções do sistema atual: base ampla, cobrança no destino, incidência uniforme, crédito financeiro e ressarcimento tempestivo de créditos acumulados. Os problemas dessa alternativa – para os contribuintes e para os próprios entes da federação – são essencialmente de natureza operacional, como se explica a seguir.

De forma simplificada, existem três formas de implementar o princípio do destino para IVAs subnacionais, mantendo a competência de arrecadação dos Estados.

A primeira alternativa seria zerar a alíquota do IVA nas transações interestaduais. Essa alternativa, tem, contudo, uma série de implicações indesejáveis. De um lado, a cobrança de alíquota zero nas transações interestaduais abre a possibilidade para muitas formas de evasão – como a "fraude carrossel", comum na União Europeia.

De outro lado, empresas com elevado volume de vendas interestaduais passariam a acumular elevados saldos credores de IVA, ficando dependentes do ressarcimento dos créditos por parte dos Estados. A experiência do ICMS demonstra, no entanto, que os Estados tendem a dificultar muito o ressarcimento de créditos acumulados pelos contribuintes, contrariando um dos princípios que deve nortear o desenho de um bom IVA.

Uma segunda forma de implementação do princípio do destino em transações interestaduais seria a cobrança, pelo Estado de origem, do imposto devido ao Estado de destino e sua posterior transferência ao destinatário. Este modelo funciona melhor se houver uma câmara de compensação (*clearing*), através da qual o ajuste entre os entes federados seria feito apenas pelo valor líquido a transferir ou receber.[11]

Por fim, uma terceira alternativa seria a adoção de um sistema em que, nas transações interestaduais, a incidência do imposto estadual seria substituída pela incidência do imposto federal, gerando crédito no Estado de destino.[12] Neste modelo, conhecido como "barquinho", o governo central acaba assumindo o papel de câmara de compensação nas transações entre Estados.

Os modelos de câmara de compensação e do "barquinho" têm a vantagem de dificultar as fraudes relacionadas à incidência de alíquota zero nas transações interestaduais. Também têm a vantagem de limitar o acúmulo de créditos por parte de empresas com grande volume de vendas para outros Estados.

No entanto, tais modelos ainda possuem características indesejadas para os entes da federação e para os contribuintes. Em primeiro lugar porque, em ambos os casos, a implementação do princípio do destino pressupõe a transferência de recursos entre entes da federação – seja entre Estados, no modelo de câmara de compensação, ou entre os Estados e a União, no modelo do "barquinho". Isto significa que a eventual inadimplência de um Estado (ou da União) tenderia a prejudicar outros entes da federação. Esse é um risco relevante no Brasil, pois o Supremo Tribunal Federal tem considerado justificável a inadimplência entre entes da federação, quando o devedor se encontra em situação de dificuldade financeira.

Em segundo lugar, ainda que os modelos de câmara de compensação e "barquinho" reduzam o risco de acumulação de créditos em operações interestaduais, em outras situações de acúmulo de créditos pelos contribuintes – especialmente no caso de exportadores – o ressarcimento dos saldos credores segue dependendo da boa vontade dos Estados. Isto significa que um dos principais problemas do atual sistema – que é a dificuldade de recuperação de créditos pelos exportadores – seguiria existindo no caso da adoção de IVAs cobrados por cada um dos Estados.

---

11 Um sistema com essas características é adotado na União Europeia para vendas – especialmente de serviços – feitas pela internet, através de um regime conhecido como "Mini One Stop Shop" (MOSS). Há propostas de ampliar o alcance desse modelo para mais operações.

12 Um sistema semelhante a esse foi adotado na recente reforma tributária promovida pela Índia.

Em terceiro lugar, é importante destacar que todos os problemas apontados acima para o IVA estadual seriam amplificados na hipótese de introdução de um IVA municipal. Nesse caso, além de todos os problemas identificados, haveria um grande aumento da complexidade operacional decorrente da existência de mais de cinco mil Municípios. Para além da incapacidade técnica de pequenos Municípios em gerir mecanismos complexos como a câmara de compensação, seria quase impossível administrar um sistema em que cada Município teria saldos a pagar ou a receber dos demais Municípios e em que as empresas acumulariam saldos credores de tributos municipais. Na prática, isso significa que é virtualmente impossível implantar um IVA municipal, cobrado no destino, mantendo a autonomia dos municípios na cobrança do imposto.

Tais argumentos ajudam a entender a clara vantagem operacional do modelo proposto na PEC 45, de unificação dos tributos federais, estaduais e municipais sobre o consumo em um único Imposto sobre Bens e Serviços.

Por um lado, o modelo proposto viabiliza a adoção do princípio do destino não apenas para a União e para os Estados, mas também para os Municípios, pois a arrecadação do imposto seria feita de forma centralizada, sendo a receita distribuída de forma automática, a partir do processamento de informações obtidas da base de notas fiscais eletrônicas. Na prática, tal modelo é equivalente à existência de três impostos sobre o valor adicionado – um federal, um estadual e um municipal – que são arrecadados de forma consolidada.

Por outro lado, o modelo da PEC 45 evita qualquer risco de inadimplemento de obrigações entre entes da federação, pois a receita é arrecadada de forma centralizada, sendo posteriormente distribuída para todos os entes da federação com base no princípio do destino.

Por fim, o modelo proposto também tem muitas vantagens para os contribuintes. Uma vantagem mais evidente é o próprio regime de arrecadação centralizada do IBS, que permite que o contribuinte consolide os saldos de débitos e créditos de todos seus estabelecimentos – compensando eventuais saldos credores com saldos devedores de outros estabelecimentos. Qualquer outro modelo de cobrança do IVA exige a apuração por estabelecimento (ou, na melhor das hipóteses, para o conjunto de estabelecimentos de cada ente da federação), tornando a operação do imposto mais complexa.

Outra vantagem – extremamente importante para os exportadores – é que o ressarcimento de créditos acumulados deixa de depender da disponibilidade orçamentária dos entes da federação. De fato, no regime de arrecadação centralizada com distribuição da receita pelo princípio do destino, o montante correspondente aos saldos credores acumulados pelos contribuintes remanesce na conta centralizadora do IBS – não sendo distribuído para nenhum ente da federação – o que facilita enormemente sua devolução.

Todos esses argumentos demonstram a clara superioridade do modelo da PEC 45 relativamente a alternativas de instituição de IVAs subnacionais, tanto em termos de simplicidade operacional, quanto em termos de redução da insegurança jurídica para os contribuintes e para os entes da federação.

Resta avaliar se a consistência econômica do modelo da PEC 45 também se reflete em consistência jurídica, ou, mais especificamente, se a cláusula pétrea que exige a manutenção do regime federativo está sendo respeitada, o que é feito a seguir.

5. AUTONOMIA FINANCEIRA DOS ENTES FEDERADOS

Do ponto de vista jurídico, o cerne da discussão sobre a compatibilidade da PEC 45/2019 com a CF/88 encontra-se na compreensão do que é essencial ao Estado Federado: a autonomia financeira ou a competência legislativa em matéria tributária.

Partilhamos da compreensão de José Maurício Conti. A autonomia financeira é o atributo responsável por garantir a sobrevivência da federação:

> Sem recursos para se manter, as entidades federadas estão fadadas ao fracasso. Não poderão exercer as funções que lhe competem, e passarão a depender do poder central para financiar suas atividades, circunstância, que aniquila todo e qualquer poder autônomo que se lhes atribua.[13]

Isso porque é ela que possibilita aos entes federativos a aquisição dos recursos necessários para a promoção das demais autonomias (política e administrativa).[14]

---

13 CONTI, José Maurício. *Federalismo Fiscal e Fundos de Participação*. São Paulo: Editora Juarez de Oliveira, 2001, p. 14.

14 GAMA, Tácio Lacerda. Federação, autonomia financeira e competência tributária: é possível uma federação sem repartição de competências tributárias? In: MOREIRA, André Mendes [et. al.]. *Sistema Tributário Brasileiro e as Relações Internacionais - X Congresso Nacional de Estudos Tributários*. São Paulo: Noeses, 2013, p. 1143 – 1160.

E a autonomia financeira de um ente federado não é conquistada necessariamente por meio do exercício da competência tributária. Isto é, o poder de instituir e arrecadar tributos não torna, por si só, um ente financeiramente autônomo. Um exemplo prático é revelado por estudo recente, o qual demonstra que, mesmo instituindo impostos, ao menos um terço dos Municípios brasileiros não é capaz de arrecadar recursos suficientes nem para financiar sua estrutura administrativa.[15]

Nesse caso, é evidente que, para cumprir suas obrigações constitucionais, tais Municípios dependem dos repasses de recursos que recebem da União e dos Estados aos quais pertencem. Desse modo, a autonomia financeira deles é obtida mediante a transferência de recursos provenientes de outros entes e, somente assim, são capazes de serem plenamente autônomos. Ora, se podemos hoje entender que um ente é autônomo mesmo que ele dependa majoritariamente de recursos dos outros entes para financiar suas atividades estatais, é lógica a conclusão de que a competência tributária não é o elemento responsável por assegurar a manutenção do pacto federativo.

A competência tributária é apenas um dos caminhos demarcados pelo texto constitucional para que seja alcançada a autonomia financeira dos entes[16]; esta sim é a finalidade pretendida, responsável por alicerçar a federação.

E a PEC 45/2019 objetiva apenas reformular o modelo de exercício da competência legislativa no âmbito da tributação sobre o consumo brasileira. Mesmo com a aprovação da proposta, continuarão existindo mais de cinco mil entes políticos competentes para instituir, regular e arrecadar impostos no país.

Portanto, não há que se falar em ameaça ou ofensa ao pacto federativo. O núcleo essencial do federalismo é a autonomia financeira, a qual se manterá preservada. Inclusive, é nessa linha que entende a jurisprudência do Supremo Tribunal Federal ao disciplinar que as limitações materiais ao poder constituinte derivado, tratadas no artigo 60, § 4º, da CF/88, "não significam a intangibilidade literal da respectiva

---

15 *Índice Firjan de Gestão Fiscal 2019*. Rio de Janeiro: Firjan, 2019. Disponível em: <https://www.firjan.com.br/data/files/8F/50/19/81/B2E1E610B71B21E6A8A809C2/IFGF-2019_estudo-completo.pdf>. Acesso em: jan. 2020.

16 Antônio Roberto de Sampaio Dória já lecionava que a discriminação de receitas tributárias pode se concretizar tanto pela fonte (instituição e arrecadação de tributos) quanto pelo produto (repartição de receitas tributárias (DÓRIA, Antônio Roberto Sampaio. *Discriminação de Rendas Tributárias*. São Paulo: José Bushatsky, 1972).

disciplina na Constituição originária, mas *apenas a proteção do núcleo essencial dos princípios e institutos cuja preservação nelas se protege*".[17]

Além de preservar, a PEC 45/2019 pretende expandir a autonomia financeira dos Estados e Municípios, pois eles poderão fixar a alíquota necessária para arrecadar o IBS e, assim, fazer frente a suas necessidades de receita – o que, atualmente, nem sempre ocorre, já que os Municípios possuem restrições para a fixação de sua alíquota de ISS, que hoje só pode variar entre 2% e 5%.

De fato, o respeito à autonomia federativa se dá não apenas pela autonomia dos entes na fixação da alíquota de sua parcela do IBS, mas também pelo regime de gestão compartilhada do imposto pelas três esferas da federação. Quanto a esse ponto, é importante deixar claro que, ao contrário do entendimento de alguns analistas, o modelo da PEC 45 não é de um tributo federal cuja receita é partilhada com Estados e Municípios, mas sim de um tributo nacional que é simultaneamente federal, estadual e municipal e gerido conjuntamente pela União, pelos Estados e pelos Municípios.

O modelo de arrecadação centralizada proposto na PEC 45/2019 também promete aprimorar as transferências de recursos intergovernamentais, evitando problemas de retenção de repasses a outros entes ao permitir que as destinações aos Estados e Municípios da parcela federal do imposto e a destinação aos Municípios da parcela estadual do imposto sejam feitas diretamente da conta centralizadora.

Ainda, a proposta amplia a autonomia dos entes da federação, pois hoje os Estados só podem tributar os bens e os Municípios só podem tributar os serviços. Com o IBS, ambos poderão tributar tanto os bens quanto os serviços.

Por fim, no que concerne à vedação da concessão de benefícios fiscais, embora se tente alegar a retirada de um instrumento de política pública e desenvolvimento econômico dos entes federados, de acordo com as regras atuais, Estados e Municípios já não têm, na prática, autonomia para concessão de benefícios.

No caso dos Municípios a limitação é absoluta, pois, conforme dispõe o § 1º do artigo 8º-A da Lei Complementar nº 116/2003 (que regula o ISS):

---

17 ADI 2024, Relator Min. SEPÚLVEDA PERTENCE, Tribunal Pleno, julgado em 03.05.2007, DJ 22.06.2007.

> O imposto não será objeto de concessão de isenções, incentivos ou benefícios tributários ou financeiros, inclusive de redução de base de cálculo ou de crédito presumido ou outorgado, ou sob qualquer outra forma que resulte, direta ou indiretamente, em carga tributária menor que a decorrente da aplicação da alíquota mínima estabelecida no **caput**, exceto para os serviços a que se referem os subitens 7.02, 7.05 e 16.01 da lista anexa a esta Lei Complementar.

Essa disposição, inclusive, repete o que já constava da Constituição, no artigo 88, II, do Ato das Disposições Constitucionais Transitórias.

No caso dos Estados, a legislação em vigor (Lei Complementar nº 24/1975, com fundamento no artigo. 155, §2º, XII, "g", da Constituição), dispõe que a concessão de benefícios no âmbito do ICMS depende de aprovação unânime do CONFAZ. Ou seja, os Estados tampouco têm autonomia para conceder benefícios fiscais (exceto, por prazo determinado, os benefícios convalidados nos termos da Lei Complementar nº 160/2017).

Na prática, apenas a União tem de fato autonomia para conceder benefícios fiscais. E, ao fazê-lo, no caso de tributos partilhados com Estados e Municípios, acaba reduzindo a receita disponível dos demais entes da federação.

6. CONSIDERAÇÕES FINAIS

Pelo exposto, a PEC 45/2019 não apenas respeita a federação. Ao colocar a União, os Estados e os Municípios em absoluto pé de igualdade na gestão do IBS, a PEC 45 de fato reforça a federação. Transita-se, isso sim, de um modelo de federalismo fraticida, que caracteriza o sistema atual, para um federalismo cooperativo, no qual os entes federativos atuam de forma harmônica na gestão, cobrança e fiscalização do imposto, mantendo sua autonomia financeira.

REFERÊNCIAS BIBLIOGRÁFICAS

ADI 2024, Relator Min. SEPÚLVEDA PERTENCE, Tribunal Pleno, julgado em 03.05.2007, DJ 22.06.2007.

ARAUJO, José Evande Carvalho; SILVA, Jules Michelet Pereira Queiroz e. A Constituição tributária: passado, presente e futuro, p. 164-203. In: SILVA, Rafael Silveira e. *30 anos da Constituição: evolução, desafios e perspectivas*. Vol. I. Brasília: Senado Federal, 2018. Disponível em: <https://www12.senado.leg.br/publicacoes/estudos-legislativos/tipos-de-estudos/outras-publicacoes/30-anos-da-constituicao-e-volucao-desafios-e-perspectivas-para-o-futuro-vol.-i/30-anos-da-constituicao-vol.--i>. Acesso em: jan. 2020.

CONTI, José Maurício. *Federalismo Fiscal e Fundos de Participação*. São Paulo: Editora Juarez de Oliveira, 2001.

DÓRIA, Antônio Roberto Sampaio. *Discriminação de Rendas Tributárias*. São Paulo: José Bushatsky, 1972.

EBRILL, Liam; KEEN, Michael; BODIN, Jean-Paul; SUMMERS, Victoria. *The Modern VAT*. Washington, D.C.: International Monetary Fund, 2001.

GAMA, Tácio Lacerda. Federação, autonomia financeira e competência tributária: é possível uma federação sem repartição de competências tributárias? *In:* MOREIRA, André Mendes [et. al.]. *Sistema Tributário Brasileiro e as Relações Internacionais - X Congresso Nacional de Estudos Tributários*. São Paulo: Noeses, 2013.

Índice Firjan de Gestão Fiscal 2019. Rio de Janeiro: Firjan, 2019. Disponível em: <https://www.firjan.com.br/data/files/8F/50/19/81/B2E1E610B71B21E6A8A809C2/IFGF-2019_estudo-completo.pdf>. Acesso em: jan. 2020.

O *Tax Complexity Index* (índice de Complexidade Tributária), desenvolvido pelas universidades alemãs *LMU* Munich e *University of Paderborn*, classifica o Brasil como o país com sistema tributário mais complexo, dentre 100 países analisados, em 2016. (LMU MUNICH; UNIVERSITY OF PADERBORN. *Tax Complexity Index*. [S. l.], 2016. Disponível em: <https://www.taxcomplexity.org/>. Acesso em: jan. 2020.

OECD (2017), International VAT/GST Guidelines, OECD Publishing, Paris. <http://dx.doi.org/10.1787/9789264271401-en>. Acesso em: jan. 2020.

SARLET, Ingo Wolfgang. A organização do Estado. P. 771 – 802. In: SARLET, Ingo Wolfgang; MARINONI, Luiz Guilherme; MITIDIERO, Daniel. *Curso de Direito Constitucional*. 3. ed., rev., atual. e ampl. São Paulo: Editora Revista dos Tribunais, 2014

VARSANO, Ricardo. *Evolução do sistema tributário brasileiro ao longo do século*: anotações e reflexões para futuras reformas. TD0405. IPEA: Rio de Janeiro, 1996. Disponível em: <http://www.ipea.gov.br/portal/index.php?option=com_content&view=article&id=3564>. Acesso em: jan. 2020.

A REFORMA TRIBUTÁRIA – BREVES CONSIDERAÇÕES

BETINA TREIGER GRUPENMACHER[1]

MATHEUS SCHWERTNER ZICCARELLI RODRIGUES[2]

SUMÁRIO: 1. Introdução; 2. Incentivos e benefícios fiscais; 3. Competências; 4. Conclusão; Referências Bibliográficas

1. INTRODUÇÃO

As atuais propostas de reforma tributária, sobretudo as PECs 110 e 45, têm como principal escopo a simplificação e a racionalização do Sistema Tributário, com a unificação de impostos incidentes, sobretudo, sobre o consumo. Também, entre outras medidas, ambas as propostas criam regras de mitigação ou eliminação de benefícios fiscais.

O primeiro projeto reproduz a emenda substitutiva apresentada pelo então Deputado Luiz. C. Hauly (PEC 293/2004) e o segundo é fruto de estudos do Centro de Cidadania Fiscal, que foram encampados pelo Deputado Baleia Rossi. Apesar de ambos trazerem o IBS como tributo principal, possuem diferenças significativas em relação a vários pontos.

Pela proposta da PEC 110, o imposto único seria instituído por intermédio do Congresso Nacional, com poder de iniciativa reservado, basicamente, a representantes dos Estados e Municípios, que substituiria nove tributos (o IPI, IOF, PIS, Pasep, COFINS, CIDE-Combustíveis, Salário-Educação, ICMS e ISS).

---

1 Advogada. Parecerista. Professora de Direito Tributário da UFPR. Pós-Doutora pela Universidade de Lisboa. Doutora em Direito Tributário pela UFPR. E-mail: betina@grupenmacher.com.br.

2 Advogado. Mestrando em Direito Tributário pela Universidade Federal do Paraná. E-mail: matheus@grupenmacher.com.br

Por outro lado, conforme a PEC 45, o IBS seria um tributo, instituído por meio de lei complementar federal, que substituiria cinco tributos, (o IPI, PIS, COFINS, ICMS e ISS) e as alíquotas seriam fixadas por lei ordinária de cada um dos entes federados.

Além das PECs 110 e 45, o Governo Federal apresentará o seu próprio projeto de reforma tributária, que, segundo noticia-se, será fatiado em quatro partes. Primeiramente, estuda-se a criação da Contribuição sobre Bens e Serviços – CBS, que substituiria o PIS e a COFINS. Na segunda fase, seriam realizadas mudanças na legislação do IPI, que deverá se tornar um tributo seletivo aplicado a produtos como cigarros, bebidas e veículos. A terceira fase será concentrada no Imposto sobre a Renda de pessoas jurídicas e físicas, incluindo o aumento da faixa de isenção e a criação de nova alíquota para atingir rendas mais elevadas. Por fim, focar-se-á na desoneração da folha de salários das empresas.

Em face de tal cenário, o que se questiona é, se, de fato, precisamos de uma reforma constitucional e se as propostas em questão agridem ou não a Constituição Federal.

Na esteira da lição do mestre alemão Otto Bachof, as normas que decorrem do exercício do poder constituinte derivado reformador podem ser inconstitucionais[3], e, para muitos, este é o caso das PECs 110 e 45.

A despeito de termos um Sistema Constitucional bem arquitetado, harmônico e consentâneo com os fundamentos intrínsecos de um Estado Democrático e de Direito, ninguém ignora que a sua aplicação sempre foi severamente distorcida e distanciada do modelo idealizado pelo constituinte originário, o que incrementou a sua complexidade, injustiça e onerosidade.

É certo que as alterações poderiam ocorrer em nível infraconstitucional, já que os problemas, que geram as referidas complexidade, onerosidade e injustiça fiscal, concentram-se, segundo pensamos, no ICMS, nas Contribuições Especiais, no IRPJ e no IRPF.

De fato, a unificação de tributos depende de reforma do texto constitucional, mas as mudanças em relação ao IRPJ e ao IRPF poderiam, seguramente, ser feitas apenas com a alteração das respectivas leis, conforme nos manifestamos anteriormente.[4]

---

3 BACHOF, Otto. Normas Constitucionais Inconstitucionais?, Coimbra: Atlântida, 1951.

4 https://www.gazetadopovo.com.br/opiniao/artigos/um-roteiro-para-obter-a-justic a-tributaria-2jhwt5nrw92n3hibpn3jpz0hg/

Fato é que, a reforma do Sistema Constitucional Tributário permanece em pauta e em rota de aprovação pelo Congresso Nacional e, conforme indicam as projeções técnicas, as mudanças, se implementadas, lamentavelmente, não mitigarão a onerosidade da tributação, pelo contrário, haverá um aumento da carga tributária.

2. INCENTIVOS E BENEFÍCIOS FISCAIS

No que concerne à função regulatória e extrafiscal da tributação, a PEC 110 estabelece que o IBS não poderá ser objeto de desonerações, à exceção das relativas à medicamentos, alimentos, transporte público, saneamento básico, ensino em todos os níveis, e bens do ativo imobilizado, cuja disciplina deverá ocorrer por lei complementar. Já a PEC 45, veda a concessão de todo e qualquer benefício fiscal relativo ao referido imposto. Quanto à proposta a ser enviada pelo Governo Federal, não se conhece ainda o seu texto, mas segundo tem sido antecipado pela equipe econômica, será eliminada a possibilidade de abatimento das despesas com saúde.

Não discordamos de que as desonerações tributárias podem ser nocivas à arrecadação e à justiça fiscal, na medida em que transferem o ônus financeiro para contribuintes não alcançados por elas, mas incentivos e benefícios fiscais são necessários para a promoção do desenvolvimento econômico e para a eliminação das desigualdades regionais. As desonerações são, assim, necessárias, desde que sejam provisórias e os seus resultados sejam aferidos em avaliações periódicas. Quanto aos benefícios fiscais que preservam a dignidade da pessoa humana, não são "favores", mas a materialização de direitos e garantias fundamentais e assim sua vedação seria seguramente inconstitucional.

Ainda a tributação permanecerá fortemente concentrada no consumo, e o que é pior, ressalvando-se o Imposto Seletivo, que já vem com sua incidência pré-determinada, não está prevista a observância do princípio da seletividade, o que, entre outros motivos, demonstra que a prioridade dos relatores e também a do Governo não é a promoção da justiça social por meio da justiça fiscal.

É fato que a legislação contempla benefícios fiscais em excesso, os quais podem agredir o princípio da isonomia e resultar na redução significativa da arrecadação, comprometendo o equilíbrio econômico-orçamentário dos entes federativos; ainda os benefícios fiscais aumentam os níveis de regressividade da tributação e desencadeiam a Guerra Fiscal.

Por outro lado, a redução da carga tributária é essencial ao desenvolvimento econômico e à realização da justiça social, pois torna produtos e serviços essenciais à sobrevivência com dignidade acessíveis à população de baixo poder aquisitivo.

Não se pode ignorar que o Brasil ostenta elevados índices de pobreza e miserabilidade e que, a par de financiar as instituições democráticas, a tributação é um eficiente instrumento de realização da justiça social. Também é certo que, se por um lado a tributação pode incrementar o desenvolvimento, por outro, quando excessiva, desestimula o empreendedorismo e elimina importantes agentes da atividade econômica.

Considerando que o imposto que passará a incidir sobre bens e serviços será um imposto indireto, suportado por consumidores finais, a eliminação absoluta dos incentivos e benefícios fiscais, tal como proposto pela PEC 45, poderá gerar efeitos perversos para as famílias de baixo poder aquisitivo, as quais suportarão uma carga tributária maior do que aquela à qual estão sujeitas hoje, especialmente quanto aos produtos essenciais à sua sobrevivência digna.

A previsão do § 9º do art. 152-A da PEC 45, apenas aparentemente, cria uma exceção à vedação da concessão de benefícios fiscais, ao estabelecer que: "Excetua-se do disposto no inciso IV do § 1º a devolução parcial, através de mecanismos de transferência de renda, do imposto recolhido pelos contribuintes de baixa renda, nos termos da lei complementar referida no *caput*".

Tal regra, certamente, não excepciona a vedação em questão, como induz a crer a sua redação, apenas prevê que o imposto efetivamente pago pelo contribuinte de baixo pode aquisitivo seja devolvido por meio de mecanismos de transferência de renda.

Acreditamos que a proposta de instituição do imposto negativo, cuja implementação ocorrerá com a devolução de tributos incidentes sobre o consumo para famílias de baixa renda ou com mecanismos de transferência de renda – isoladamente não tem a aptidão para a realização da justiça fiscal, pois é medida dependente de disponibilidade orçamentária e, portanto, sujeita às decisões politicas dos gestores públicos e à viabilidade orçamentária e, portanto, a proposta não neutraliza os efeitos da oneração dos produtos essenciais.

Por outro lado, os benefícios fiscais relativos aos produtos e serviços essenciais devem ser mantidos para que a tributação esteja harmônica com o catálogo de direitos e garantias individuais. Quanto aos demais, aqueles não relacionados às necessidades básicas do contribuinte, a sua manutenção é essencial para a readequação da carga tributária e como estímulo à atividade econômica, desde que, reiteramos, sejam concedidos por prazo certo e sujeitos à avaliações periódicas quanto à sua efetividade.

É certo que embora elevada, a arrecadação não é bastante em si mesma para fazer frente ao custo da máquina estatal e ao financiamento dos direitos e garantias individuais, no entanto, certamente, a eliminação de benefícios fiscais não garantirá o equilíbrio financeiro-contábil, ("equilíbrio *aritmético ou quantitativo* entre a receita, de um lado, e a despesa de outro"[5]), bem como o equilíbrio econômico-social do orçamento público, ou seja, o equilíbrio *qualitativo* entre, de um lado: a despesa *mais* a receita, e do outro lado: a realidade econômico-social.[6]

Evidencia-se assim a relevância das desonerações tributárias com o "emprego de fórmulas jurídico-tributárias para a obtenção de metas que prevalecem sobre os fins simplesmente arrecadatórios de recursos monetários"[7], o que poderá reduzir o desequilíbrio econômico e social.[8]

Neste cenário, é certo que o Direito Tributário não tem objetivo (imperativo econômico-social) próprio, mas é instrumento que atua em favor de determinada política, a qual tem os seus próprios e específicos objetivos econômico-sociais.[9]

Os incentivos e benefícios fiscais são costumeiramente empregados pela doutrina de forma sinonímica como normas que revelam redução na carga tributária ou mesmo a desoneração do dever de pagar determinado tributo.[10]

---

5 BECKER, Alfredo Augusto. Teoria Geral do Direito Tributário. 5.ed. – São Paulo: Noeses, 2010. p.235

6 Idem. p.235

7 CARVALHO, Paulo de Barros, Curso de Direito Tributário. 24.ed. – São Paulo: Saraiva,2012. p.291

8 Ibidem. p.238

9 Ibidem. p.638

10 GRUPENMACHER, Betina Treiger. Das Exonerações Tributárias. Incentivos e Benefícios fiscais. In Novos Horizontes da Tributação: Um diálogo luso-brasileiro. Betina Treiger Grupenmacher, Denise Lucena Cavalcante, Maria de Fátima Ribeiro e Mary Elbe Queiroz, Coimbra, Editora Edições Almedina S.A., 2012, p.14

Assim como nós[11], Pedro Herrera Molina distingue incentivos e benefícios fiscais:

> El beneficio fiscal es aquella exención fundada en principios ajenos a la capacidad contributiva: con él se busca otorgar una ventaja económica (...) Incentivos tributarios, son aquellas exenciones configuradas de tal modo que estimulan la realización de determinada conducta.[12]

Corroborando tal entendimento, Geraldo Ataliba e José Artur Lima Gonçalves Neto lecionam que o fim último dos incentivos fiscais é sempre o de:

> (...) impulsionar ou atrair os particulares para a prática das atividades que o Estado elege como prioritárias, tornando, por assim dizer, os particulares em participantes e colaboradores das metas postas como desejáveis ao desenvolvimento econômico e social por meio da adoção de comportamento ao qual são condicionados.[13]

Em face de tal distinção, pensamos que os referidos institutos deveriam ter tratamento distinto pelas propostas de reforma constitucional.

Incentivos e benefícios fiscais podem atuar como instrumentos de reequilíbrio econômico do orçamento público. De qualquer sorte não são suficientes por si só para solucionar o déficit orçamentário, mas agregados a um conjunto de outras medidas têm a aptidão de alterar o cenário econômico-social.

Nas palavras de Marcos André Vinhas Catão, o Estado difere "a tributação para o momento em que a captação de riquezas (imposição fis-

---

11 Assim, os incentivos fiscais veiculam exonerações tributárias totais ou parciais, vinculadas ao atendimento de uma contrapartida, pelo sujeito passivo da obrigação tributária. Quanto aos benefícios fiscais, sua concessão independe de uma contraprestação do beneficiado. São permeados por razões de política fiscal ou mesmo com o propósito de atenção ao princípio da capacidade contributiva, sendo hipóteses de favorecimento extraordinário de alguns contribuintes, com propósitos extrafiscais, preponderantemente. GRUPENMACHER, Betina Treiger. Das Exonerações Tributárias. Incentivos e Benefícios fiscais. In Novos Horizontes da Tributação: Um diálogo luso-brasileiro. Betina Treiger Grupenmacher, Denise Lucena Cavalcante, Maria de Fátima Ribeiro e Mary Elbe Queiroz, Coimbra, Editora Edições Almedina S.A., 2012, p.17

12 MOLINA, Pedro Herrera. La Exención Tributaria. Madrid: Colex, 1990, p.57.

13 Crédito-prêmio de IPI – direito adquirido – recebimento em dinheiro. Revista de Direito Tributário n. 55, pg. 167

cal) possa ser efetuada de maneira mais efetiva, eficiente e justa."[14] Isto porque, o desenvolvimento socioeconômico tem como consequência, justamente, o aumento da capacidade contributiva global, bem como, o aumento do número de contribuintes com capacidade contributiva, o que, além de representar um aumento da arrecadação tributária estatal a médio-longo prazo, permite a diminuição da carga tributária individual, em razão do aumento do universo de contribuintes.

3. COMPETÊNCIAS

No que concerne à preservação das competências tributárias, a despeito dos plausíveis argumentos que vêm sendo opostos em relação à questão federativa, o modelo proposto pela PEC 45, que estabelece a fixação, pelas pessoas políticas, das alíquotas dos impostos de sua competência, além da instituição do IBS por lei complementar – que é lei nacional e não lei federal –, resguarda a competência tributária e a autonomia financeira dos Estados e da União, no entanto, quanto aos Municípios, embora não haja demonstração de que sua capacidade financeira não será comprometida, as simulações que têm sido realizadas por suas entidades representativas, demonstram que haverá significativa perda de receita, sobretudo para as Capitais, que praticam alíquotas superiores à 2%, o que implicaria na necessidade de elevação do seu percentual de participação no Imposto sobre o Consumo para que se mantivesse hígida sua autonomia financeira.

Isto porque, atualmente, o ISS representa cerca de 40% da arrecadação das cidades brasileiras, bem como, apresenta o melhor desempenho arrecadatório em relação aos demais tributos. Desta forma, é inegável que o fato de tal tributo ser englobado por um imposto único representa invariavelmente uma queda no desempenho arrecadatório dos municípios, uma vez que, em tal sistemática, ou o contribuinte paga o imposto devido a todos os entes da federação ou não paga a nenhum. Assim, diante do alto nível de inadimplência no país e da parcial perda de autonomia dos municípios decorrente da instituição de imposto único, as reformas tributárias propostas devem levar em consideração o impacto financeiro de tais alterações, para o fim de manter e garantir a eficiência e efetividade das gestões fiscais municipais.

---

14 CATÃO, Marcos André Vinhas. Regime jurídico dos incentivos fiscais. Rio de Janeiro: Renovar, 2004, p.13.

Não discordamos de que as propostas precisam ser aperfeiçoadas. Não podemos perder a oportunidade de resolver as questões relativas à tributação dos intangíveis, por exemplo, inserindo claramente as materialidades relativas às novas tecnologias no rol de competências impositivas, de forma que se incremente o nível de segurança jurídica dos respectivos contribuintes.

Nesse tema, no entanto, as propostas introduzem regras que poderão, em boa parte, resolver questões atinentes à tributação das novas tecnologias.

A PEC 110 prevê no seu artigo 155, inciso III, alíneas "b" e "c", que o IBS incidirá também nas locações e cessões de bens e direitos e nas demais operações com bens intangíveis e no inciso IV que o imposto em questão terá uma alíquota padrão, assim entendida a aplicável a todas as hipóteses não sujeitas a outro enquadramento. Já a PEC 45 prevê em seu artigo 152-A que Lei complementar instituirá imposto sobre bens e serviços, que será uniforme em todo o território nacional, cabendo à União, aos Estados, ao Distrito Federal e aos Municípios exercer sua competência exclusivamente por meio da alteração de suas alíquotas, estabelecendo no §1º, inciso I, alíneas "a", "b", "c" e "d", que o imposto incidirá também sobre os intangíveis; a cessão e o licenciamento de direitos; c) a locação de bens; d) as importações de bens, tangíveis e intangíveis, serviços e direitos e terá alíquota uniforme para todos os bens, tangíveis e intangíveis, serviços e direitos, podendo variar entre Estados, Distrito Federal e Municípios. Quanto à referida alíquota, estabelece no § 2º que aquela aplicável a cada operação será formada pela soma das alíquotas fixadas pela União, pelos Estados ou Distrito Federal e pelos Municípios.

Observa-se que, se as propostas forem aprovadas, o texto constitucional passará a adotar o conceito econômico de serviços que envolve a possibilidade de tributação da venda de bens imateriais, tais como a locação e a cessão de direito de uso, em substituição ao conceito jurídico hoje adotado, de que o imposto sobre serviços incide apenas sobre obrigações de fazer.

De qualquer forma a inovação introduzida em relação à tributação de novas tecnologias é positiva, já que as materialidades previstas no atual texto constitucional não acomodam as operações com bens intangíveis e serviços digitais. No entanto, não está claro ainda de qual dos entes federativos será a competência para estabelecer a respectiva alíquota, portanto, este também é um ponto que merece aperfeiçoamento.

4. CONCLUSÃO

A reforma tributária que o Brasil precisa é aquela que, além de incrementar o desenvolvimento econômico e a empregabilidade, implemente uma tributação justa e promotora da justiça social, reduzindo a pobreza e gerando igualdade de oportunidades.

Ainda, a reforma ideal seria a "reforma cultural", aquela em que o Estado tivesse mais apego aos ideais democráticos e às suas funções constitucionais e republicanas, ao legislar, fiscalizar e arrecadar tributos, e o contribuinte, de sua parte, maior consciência de cidadania fiscal, mas, certamente, esta "reforma" não ocorreria em menos de 50 anos, como proposto pela PEC 45, e, portanto, estamos convictos de que mudanças formais são necessárias.

REFERÊNCIAS BIBLIOGRÁFICAS

ATALIBA, GERALDO; GONÇALVES NETO, José Artur Lima. Crédito-prêmio de IPI – direito adquirido – recebimento em dinheiro. *Revista de Direito Tributário*. n. 55.

BACHOF, Otto. *Normas Constitucionais Inconstitucionais?* Coimbra: Atlântida, 1951

BECKER, Alfredo Augusto. *Teoria Geral do Direito Tributário*. 5. ed. São Paulo: Noeses, 2010.

CARVALHO, Paulo de Barros. *Curso de Direito Tributário*. 24. ed. São Paulo: Saraiva, 2012.

CATÃO, Marcos André Vinhas. *Regime jurídico dos incentivos fiscais*. Rio de Janeiro: Renovar, 2004

GRUPENMACHER, Betina Treiger. Das Exonerações Tributárias. Incentivos e Benefícios fiscais. *In: Novos Horizontes da Tributação: Um diálogo luso-brasileiro*. Betina Treiger Grupenmacher, Denise Lucena Cavalcante, Maria de Fátima Ribeiro e Mary Elbe Queiroz, Coimbra, Editora Edições Almedina S.A., 2012

MOLINA, Pedro Herrera. *La Exención Tributaria*. Madrid: Colex, 1990.

A METODOLOGIA DA REFORMA TRIBUTÁRIA

BRUNO MAURÍCIO MACEDO CURI[1]

SUMÁRIO: 1. O problema inicial; 2. O sistema tributário da EC nº 1/1969; 3. O modelo tributário da Constituição originária de 1988: características. Comparação ao modelo tributário anterior; 4. Os gastos públicos carreados pela Constituição de 1988, a partir do exemplo da saúde, e a "solução de Alice" do constituinte derivado; 5. Alice e a política fiscal da rainha de Copas; 6. A constatação e o resgate à realidade

1. O PROBLEMA INICIAL

Reforma tributária, em qualquer época ou lugar do mundo, sempre provoca discussões acaloradas e expõe tensões entre diversos setores da sociedade e o Estado.

No Brasil, os últimos anos foram permeados por debates acerca da reforma tributária, os quais possuem, dentre os poucos pontos de consenso, o reconhecimento de que o atual sistema (que tem como base a Constituição de 1988) precisa ser repensado.

Para evitar a repetição com outras análises do tema, não vamos adentrar na discussão do tipo ideal de tributo a ser desenvolvido (a qual, nada obstante atravessar décadas, guarda muitas semelhanças ao longo do tempo[2]), tampouco nas regras-matrizes de cada um. Nosso foco é na metodologia da reforma tributária – mais precisamente, na neces-

---

1 Doutorando em Teorias Jurídicas Contemporâneas pela Universidade Federal do Rio de Janeiro. Mestre em Ciências Jurídicas e Sociais pela Universidade Federal Fluminense. Professor de direito tributário da FND/UFRJ. Advogado.

2 Sobre o assunto, recomendamos o seguinte estudo do IPEA: VARSANO, Ricardo. Estudos para a reforma tributária – tomo 3 – "tributação de mercadorias e serviços", de março de 1987, disponível em <http://www.portalfederativo.gov.br/biblioteca-federativa/estudos/td_0106.pdf>. Último acesso em 23/12/2019.

sidade de se atribuir *alguma* metodologia a qualquer propositura de reforma que se venha a fazer.

Na obra de Lewis Carroll "Alice no país das maravilhas", a resposta do Gato de Cheshire ao pedido de orientação da protagonista se popularizou ao evidenciar a inadequação de agir sem um objetivo claro.

Alice não fazia ideia quanto aonde ir. Em dado momento encontrou um gato que, nada obstante o máximo absurdo, falava e compreendia a linguagem humana.

A personagem perguntou-lhe a direção a ser tomada, ao que o interlocutor lhe apresenta um ponto preliminar: "isso depende muito de para onde você quer ir".

A menina, em réplica, externa que não sabe para onde ir, provocando a resposta que se tornou jargão: "se você não sabe para onde ir, qualquer caminho serve"[3].

Lamentavelmente, no que tange a definição e posterior revisão do sistema tributário, o Brasil tem se revelado muito próximo do conto britânico, porquanto nosso Parlamento se comporta, reiteradas vezes, como Alice.

Ricardo Lobo Torres é um dos poucos a alertar que o tributo não deve ser concebido como um fim em si mesmo, mas sim sob seu prisma finalístico imediato: o orçamento[4].

A necessidade de se analisar o tributo (e, por consequência, todo o sistema tributário) a partir do orçamento, revela-se de fácil compreensão: trata-se da principal fonte de receita pública, aquela que permite

---

3 CARROLL, Lewis. "Alice no país das maravilhas". Tradução de Clélia Regina Ramos. 2002: São Paulo, Ed. Arara Azul, p. 59.

4 "O direito tributário, sendo parte do direito financeiro, é meramente instrumental ou processual. Não tem objetivo em si próprio, eis que dispor sobre tributos não constitui finalidade autônoma. O direito tributário vai buscar fora de si o seu objetivo, eis que visa a permitir a implementação de políticas públicas e a atualização dos programas e do planejamento governamental. O direito tributário, embora instrumental, não é insensível aos valores nem cego para com os princípios jurídicos. Apesar de não serem fundantes de valores, o orçamento e a tributação se movem no ambiente axiológico, eis que profundamente marcados pelos valores éticos e jurídicos que impregnam as próprias políticas públicas. A lei financeira serve de instrumento para a afirmação da liberdade, para a consecução da justiça e para a garantia e segurança dos direitos fundamentais". – TORRES, Ricardo Lobo. *Tratado de Direito Constitucional Financeiro e Tributário*. Vol. II. Rio de Janeiro: Renovar, 2005, p. 42.

a cada entidade da Federação se desincumbir do seu mister constitucionalmente definido.

Ora, a Constituição de 1988 assegura aos brasileiros diversos direitos individuais e coletivos. A maior parte desses direitos depende, direta ou indiretamente, de serviços públicos, ou, ao menos, de alguma estrutura estatal que os resguarde.

Todavia, disso exsurgem importantes questões, e suas respostas, à época da Assembleia Nacional Constituinte, eram fundamentais para se vislumbrar as necessidades orçamentárias decorrentes do texto constitucional – as quais, por dependerem do sistema tributário, permitiriam moldá-lo. Qual o custo desses serviços? Ou, dito de outra forma, qual o custo para que esses serviços sejam prestados a contento pela União, por cada Estado, pelo Distrito Federal e pelos municípios?

Para além dos previsíveis reflexos da nova Carta nos orçamentos futuros, a Constituinte era contemporânea ao endividamento de todos os entes públicos, e estava ciente de que esses débitos deveriam ser pagos em algum momento[5].

Objetivamente é possível afirmar que, sob o paradigma orçamentário, o sistema tributário de 1988 deveria ter sido concebido para (i) atender às políticas públicas que suprissem os direitos e garantias determinados pela Constituição; e (ii) zerar a dívida pública. Ao cumprir a missão (ii), a arrecadação naturalmente induziria a um leve superávit, o qual permitiria aos entes da Federação suportar períodos de instabilidade econômica e investir em expansão dos serviços, de modo planejado e sustentável, conforme a população brasileira crescesse.

No entanto, esse não foi o modo de pensar o sistema tributário nacional.

Nas linhas a seguir serão apresentadas algumas considerações sobre a concepção do sistema tributário da Constituição originária de 1988, desde o arcabouço de 1967/1969, acrescidas de alterações importantes nos anos seguintes ao da promulgação.

As ponderações permitirão vislumbrar como o debate atual em torno das possibilidades de reforma tributária encontram-se na iminência de repetir erros graves que levaram ao fracasso da estrutura atual.

Veja-se.

---

5 É digno de nota, nesse

2. O SISTEMA TRIBUTÁRIO DA EC Nº 1/1969

De forma semelhante à Carta Política de 1988, a Constituição de 1967 (com a redação da Emenda Constitucional n° 1/1969) organizava o sistema tributário sobre dois pilares: repartição rígida de competências tributárias e divisão centrífuga da arrecadação de impostos.

Quanto às competências em matéria de impostos, o art. 21 da Lei Maior, com a redação dada pela EC n° 1/1969, outorgava à União instituí-los sobre: importação (II); exportação (IE); propriedade territorial rural (ITR); renda e proventos de qualquer natureza (IR); produtos industrializados (IPI); operações de crédito, câmbio, seguros ou relativas a títulos e valores mobiliários (IOF); serviços de transporte e comunicações, salvo os de natureza estritamente municipal (ISTC); produção, importação, circulação, distribuição ou consumo de lubrificantes e combustíveis líquidos ou gasosos e de energia elétrica (IULCLGE); extração, circulação, distribuição ou consumo dos minerais do País (IUM).

O art. 23, ao seu turno, outorgava aos estados e Distrito Federal a instituição de impostos sobre: transmissão, a qualquer título, de bens imóveis por natureza e acessão física e de direitos reais sobre imóveis (ITBI); operações relativas à circulação de mercadorias (ICM); propriedade de veículos automotores (IPVA)[6].

Por fim, o art. 24 outorgava aos municípios a instituição de impostos sobre: propriedade predial e territorial urbana (IPTU); e serviços de qualquer natureza (ISS).

No que tange à divisão da arrecadação de impostos, a ANC encontrou o seguinte ordenamento na Constituição de 1967/1969, com a redação dada por duas emendas constitucionais (n° 23/1983 e 27/1985): a União repartia 33% de IR e IPI[7]; 60% dos impostos sobre energia

---

6 Introduzido no ordenamento pela EC n° 27/1985.

7 "Do produto da arrecadação dos impostos mencionados nos itens IV e V do art. 21, a União distribuirá 33% (trinta e três por cento) na forma seguinte: I - 14% (quatorze por cento) ao Fundo de Participação dos Estados, do Distrito Federal e dos Territórios; II - 17% (dezessete por cento) ao Fundo de Participação dos Municípios; III - 2,0% (dois por cento) ao Fundo Especial, que terá sua aplicação regulada em lei."

elétrica[8] e lubrificantes e combustíveis líquidos e gasosos[9]; 70% do imposto sobre transportes[10]; e 90% do imposto sobre minerais[11] (sendo que, não por coincidência, o § 2° do art. 26 da Constituição neutralizava esse repasse, ante a autorização de crédito do IUM na apuração do ICM[12]).

Os estados, ao seu turno, repartiam 20% do ICM[13] com seus municípios e 50% do IPVA[14].

Do ponto de vista puramente arrecadatório, portanto, assim encerrou o sistema tributário da EC n° 1/1969:

- União: 100% de II, IE, ITR, IOF e ISC; 67% de IR e IPI; 40% dos impostos sobre energia elétrica e lubrificantes combustíveis líquidos e gasosos; 30% do imposto sobre transportes; 10% do imposto sobre minerais;

---

8 "Art. 26. (...) II - sessenta por cento do produto da arrecadação do impôsto sôbre energia elétrica mencionado no item VIII do artigo 21; e"

9 "(...) sessenta por cento do produto da arrecadação do imposto sobre lubrificantes e combustíveis líquidos ou gasosos, mencionado no item VIII do art. 21, bem como dos adicionais e demais gravames federais incidentes sobre os referidos produtos;", sendo que "(...) Aos Estados, Distrito Federal e Territórios serão atribuídos dois terços da transferência (...); aos Municípios um terço".

10 "(...) 70% (setenta por cento) do imposto sobre transportes, mencionado no item X do art. 21, sendo 50% (cinqüenta por cento) para os Estados, Distrito Federal e Territórios e 20% (vinte por cento) para os Municípios."

11 "Art. 26. (...) III - noventa por cento por cento do produto da arrecadação do impôsto sôbre minerais do País mencionado no item IX do artigo 21."

12 "Art. 26. (...) § 2°. As indústrias consumidoras de minerais do País poderão abater o impôsto a que se refere o item IX do artigo 21 do impôsto sôbre a circulação de mercadorias e do impôsto sôbre produtos industrializados, na proporção de noventa por cento e dez por cento, respectivamente."

13 "Art. 23. (...) § 8° Do produto da arrecadação do impôsto mencionado no item II, oitenta por cento constituirão receita dos Estados e vinte por cento, dos municípios. As parcelas pertencentes aos municípios serão creditadas em contas especiais, abertas em estabelecimentos oficiais de crédito, na forma e nos prazos fixados em lei federal."

14 "Art. 23. (...) § 8° Do produto da arrecadação do imposto mencionado no item III, 50% (cinqüenta por cento), constituirá receita do Estado e 50% (cinqüenta por cento), do Município onde estiver licenciado o veículo; as parcelas pertencentes aos Municípios serão creditadas em contas especiais, abertas em estabelecimentos oficiais de crédito, na forma e nos prazos estabelecidos em lei federal."

- Estados e Distrito Federal: 80% do ICM; 50% do IPVA; 50% do imposto sobre transmissões de bens imóveis; 50% do imposto sobre transportes; 40% dos impostos sobre energia elétrica e lubrificantes combustíveis líquidos e gasosos[15]; 16% de IR e IPI; e, para as UF produtoras de minerais, 70% do imposto sobre esse produto[16];

- Municípios: 100% de IPTU e ISS (incluindo serviços de comunicação estritamente municipais); 50% do IPVA; 50% do imposto sobre transmissões de bens imóveis; 20% dos impostos sobre energia elétrica e lubrificantes combustíveis líquidos e gasosos, e sobre transportes; 20% do ICM; 17% de IR e IPI; e, para os municípios produtores de minerais, 20% do imposto sobre esse produto.

Considerando que em 1987 a arrecadação somou U$ 73.156 milhões[17], o total recebido pelos entes da Federação naquele exercício financeiro[18] foi: pela União, U$ 20.319,74 milhões; pelos estados, U$ 17.670,25 milhões; pelos municípios, U$ 8.885,46 milhões.

Vale analisar, a partir dessa informação, o total de receitas próprias arrecadadas, distribuídas e recebidas em função do repasse.

A União arrecadou, em milhões, U$ 27.839,52 e repassou U$ 7.519,78, o que equivale a 27% de toda a arrecadação de impostos naquele exercício financeiro. Os estados, ao seu turno, arrecadaram U$ 17.645,24 em receitas próprias, das quais foram repassados U$ 3.748,52 aos seus municípios (21,24% do total arrecadado) e receberam da União, diretamente ou mediante fundos, U$ 3.773,53 (algo muito próximo do que verteu em favor dos municípios: 21,39%). Os municípios, em contrapartida, auferiram U$ 1.360,70 mediante recei-

---

15 § 3° do art. 26 da Constituição de 1967 (com a redação da EC n° 1/1969), com a redação da EC n° 23/83.

16 Cf. art. 13 do Decreto-lei n° 1.038/69.

17 HAULY, Luiz Carlos. Apresentação "tributação e desenvolvimento" à Comissão de Finanças e Tributação da Câmara dos Deputados. Disponível em <https://www2.camara.leg.br/atividade-legislativa/comissoes/comissoes-permanentes/cft/eventos/seminarios/seminario-juros-e/seminario-micro-e-pequena-empresa/apresentacao-dep.-luiz-carlos-hauly>. Último acesso em 23/12/2019.

18 Percentuais apresentados em VARSANO, Ricardo. Tributação de mercadorias e serviços. Estudos para a reforma tributária. Textos para discussão interna n° 106. 1987: Rio de Janeiro, IPEA, p. 41.

tas próprias e receberam dos entes mais centrais o total de U$ 7.494,76 (ou seja, cinco vezes e meia o montante de receitas próprias).

O retrato de 1987 mostra algumas circunstâncias importantes e que não poderiam ser menosprezadas: a União, embora centralizasse diversas atribuições, perdia mais de um quarto do arrecadado com todos os seus impostos; estados praticamente neutralizados entre créditos e débitos de transferências obrigatórias; e municípios dependendo de participação na receita de impostos federais e estaduais, sem se sustentar por si sós.

De certa forma, o desbalanceamento do produto da arrecadação de impostos federais permite entender que a instituição do Finsocial em 1982[19], sobre a receita bruta das empresas, atenuou a forte distribuição de receitas federais com estados e municípios e a necessidade de gastos públicos com serviços básicos à população[20]. E nunca é demais lembrar que, à época, a saúde pública era assegurada apenas aos participantes da Previdência[21], a qual, por sua vez, não era informada pelo mecanismo de solidariedade que viria a ser previsto futuramente na Constituição-cidadã.

O Finsocial, à alíquota de 0,5% sobre a receita bruta das empresas, criou o hábito à União de se sobrepor, via contribuição social, à incidência de impostos de sua competência ou de terceiros.

3. O MODELO TRIBUTÁRIO DA CONSTITUIÇÃO ORIGINÁRIA DE 1988: CARACTERÍSTICAS. COMPARAÇÃO AO MODELO TRIBUTÁRIO ANTERIOR

O ordenamento tributário de 1988, como sucedâneo da Carta de 1967/1969, trouxe algumas alterações ao modelo anterior. Tais mudanças merecem ser analisadas lado a lado, de modo a permitir a avaliação do que foi feito para adaptar a base de arrecadação das receitas públicas ao novo espectro de instituições, e respectivos deveres,

---

19 Decreto-lei nº 1.94/1982. À guisa de ilustração, no ano de 1987 a receita do Finsocial equivaleu à do Imposto sobre Serviços de Comunicação. *Id. Ibid.*, p. 41.

20 "Art. 1º: É instituída, na forma prevista neste Decreto-lei, contribuição social, destinada a custear investimentos de caráter assistencial em alimentação, habitação popular, saúde, educação, e amparo ao pequeno agricultor", com redação alterada pela Lei nº 7.611/87 para abranger também os gastos com administração da justiça.

21 CASTRO, Kleber Pacheco; AFONSO, José Roberto. Gasto social no Brasil pós 1988: uma análise sob a óptica da descentralização fiscal. *In* Revista de Política, Planejamento e Gestão da Saúde da ABRASCO. Vol. I, nº 1, jul-set/2009, p. 50.

atribuídos aos entes públicos em decorrência dos direitos e garantias conferidos ao cidadão brasileiro.

Nesse sentido, os trabalhos da Assembleia Nacional Constituinte partiram dos seguintes dados orçamentários concretos: (i) forte dívida pública, interna e externa, nos três níveis da Federação; (ii) União cedendo mais de um quarto da arrecadação dos seus impostos; (iii) estados que aritmeticamente agiam como "entrepostos" das transferências de receitas de impostos federais, pois o montante que recebiam pela participação nos impostos da União era muito próximo do que entregavam aos municípios em razão da repartição da receita dos seus próprios impostos; e (iv) municípios que não possuíam condições de sobreviver sem repasse de receitas tributárias.

Os dados das finanças públicas somavam-se aos anseios de ruptura institucional – sendo certo que, como já afirmado, cada alteração nas instituições corresponde a pelo menos uma nova peça no quebra-cabeça orçamentário (carreando obras e concursos públicos que aumentarão as futuras despesas correntes).

O modelo tributário deliberado pelo constituinte para a Nova República trouxe desenho cujas características e tendências seguem objetivamente apresentadas abaixo.

Quanto a impostos, o art. 153 da Constituição outorgou à União instituir os seguintes: importação (II); exportação (IE); renda e proventos de qualquer natureza (IR); produtos industrializados (IPI); operações de crédito, câmbio e seguro, ou relativas a títulos ou valores mobiliários (IOF); propriedade territorial rural (ITR); e o novo Imposto sobre Grandes Fortunas (IGF)[22].

O art. 155, por sua vez, outorgou aos estados e ao Distrito Federal: transmissão causa mortis e doação, de quaisquer bens ou direitos (ITMCD, com o fracionamento do antigo ITBI com os municípios e alargamento da incidência sobre doações e herança); o novo Adicional de Imposto de Renda, de pessoas físicas e jurídicas (AIRE)[23]; operações relativas à circulação de mercadorias e sobre prestações de serviços de transporte interestadual e intermunicipal e de comunicação (ICMS, que

---

22 "Art. 153. Compete à União instituir impostos sobre: (...) VII – grandes fortunas, nos termos de lei complementar".

23 "Art. 155. Compete aos Estados e ao Distrito Federal instituir impostos sobre: (...) II – adicional de até cinco por cento do que for pago à União por pessoas físicas ou jurídicas domiciliadas nos respectivos territórios, a título do imposto previsto no art. 153, III, incidente sobre lucros, ganhos e rendimentos de capital."

passou a aglutinar os antigos impostos federais sobre energia elétrica, lubrificantes e combustíveis líquidos e gasosos, transportes, comunicação e minerais); e propriedade de veículos automotores (IPVA).

A Constituição outorgou ainda aos municípios, pelo seu art. 156: propriedade predial e territorial urbana (IPTU); transmissão inter vivos, a qualquer título, por ato oneroso, de bens imóveis, por natureza ou acessão física, e de direitos reais sobre imóveis (ITBI, basicamente o antigo imposto estadual, porém limitando-se às cessões onerosas de bens imóveis); o novo Imposto sobre Vendas a Varejo de Combustíveis Líquidos e Gasosos, exceto óleo diesel (IVVC)[24]; e serviços de qualquer natureza (ISS, o qual difere do ordenamento anterior por não mais recair sobre os serviços de comunicação estritamente municipal).

Já no que tange à participação na arrecadação da receita de impostos, a redação original da Constituição de 1988 impôs à União repartir 47% do total de IR e IPI[25], e uma novidade: mais 10% do IPI passaram a ser cedidos às Unidades da Federação em que se encontrem exportadores de produtos industrializados[26].

Além dessas perdas, a União também deixou de contar com a fatia remanescente de todos os antigos impostos federais sobre energia elétrica, lubrificantes e combustíveis líquidos e gasosos, transportes, comunicação e minerais – cuja competência foi deslocada para o ICMS dos estados.

No novo ordenamento constitucional, os estados passaram a repartir 25% do ICMS e mantiveram a perda de 50% do IPVA.

---

24 "Art. 156. Compete aos Municípios instituir impostos sobre: (iii) III – vendas a varejo de combustíveis líquidos e gasosos, exceto óleo diesel;"

25 "Art. 159. A União entregará: I - do produto da arrecadação dos impostos sobre renda e proventos de qualquer natureza e sobre produtos industrializados, quarenta e sete por cento na seguinte forma: a) vinte e um inteiros e cinco décimos por cento ao Fundo de Participação dos Estados e do Distrito Federal; b) vinte e dois inteiros e cinco décimos por cento ao Fundo de Participação dos Municípios; c) três por cento, para aplicação em programas de financiamento ao setor produtivo das Regiões Norte, Nordeste e Centro-Oeste, através de suas instituições financeiras de caráter regional, de acordo com os planos regionais de desenvolvimento, ficando assegurada ao semi-árido do Nordeste a metade dos recursos destinados à região, na forma que a lei estabelecer;"

26 "Art. 159. (...) II - do produto da arrecadação do imposto sobre produtos industrializados, dez por cento aos Estados e ao Distrito Federal, proporcionalmente ao valor das respectivas exportações de produtos industrializados."

Para vislumbrar o retrato finalizado pela ANC em 1988 para o exercício de 1989, valemo-nos do resultado da arrecadação no exercício de 1987 (o exercício financeiro mais próximo das deliberações finais que resultaram na Constituição, publicada no Diário Oficial da União em 05 de outubro daquele ano).

A União arrecadaria, em milhões, U$ 25.499,99 e repassaria U$ 9.769,18, equivalente a 38,31% de toda a arrecadação de impostos naquele exercício financeiro. Os estados, ao seu turno, arrecadariam U$ 19.779,19 em receitas próprias, das quais seriam repassados U$ 4.797,20 aos seus municípios (24,25% do total arrecadado) e receberiam da União, diretamente ou mediante fundos, U$ 4.773,50 (algo muito próximo do potencialmente vertido em favor dos municípios: 24,13%). Os municípios, em contrapartida, auferiam U$ 1.648,94 mediante receitas próprias e receberiam dos entes mais centrais o total de U$ 9.792,88 (ou seja, 5,94 vezes o montante de receitas próprias).

Expurgando os novos AIRE e IVVC, a diferença seria sutil.

A União arrecadaria, em milhões, U$ 25.499,99 e repassaria U$ 9.769,18, equivalente a 38,31% de toda a arrecadação de impostos naquele exercício financeiro. Os estados, ao seu turno, arrecadariam U$ 19.115,66 em receitas próprias, das quais seriam repassados U$ 4.797,20 aos seus municípios (24,97% do total arrecadado) e receberiam da União, diretamente ou mediante fundos, U$ 4.773,50 (algo muito próximo do potencialmente vertido em favor dos municípios: 24,13%). Os municípios, em contrapartida, auferiam U$ 1.580,17 mediante receitas próprias e receberiam dos entes mais centrais o total de U$ 9.792,88 (ou seja, 6,2 vezes o montante de receitas próprias).

Isso permite estabelecer, para o exercício financeiro de 1987, comparação objetiva entre os dois ordenamentos: o de 1969 e o de 1988.

A União teria, ao mesmo tempo, perda de arrecadação em 8,4% e aumento do repasse dos seus impostos em 29,91%.

Os estados teriam aumento das receitas próprias em 8,33% (se for incluir o AIRE, o aumento atinge 12,09%) e, por perceberem aumento tanto na participação de receitas tributárias federais quanto na divisão da receita dos seus impostos com os municípios, manter-se-iam praticamente neutros na diferença: aumento total de 8,05% sem o AIRE e 11,80% com o AIRE.

Os municípios, ao cabo, perceberiam forte aumento nas receitas próprias (16,13% sem o IVVC e 21,18% com o IVVC) e também na participação nos impostos federais e estaduais (30,66%).

Como resultado geral, na "conta" do constituinte originário de 1988 a União perdeu 22,58% do que tinha; os estados ganharam 8,05% (11,8% considerando o novo AIRE); e os municípios ganharam 28,43% (29,21% considerando o novo IVVC).

Outro aspecto crucial decorrente da Constituição de 1988, comparativamente ao modelo de 1969: a relação entre os repasses de terceiros e a receita própria.

No âmbito estadual, enquanto no ordenamento de 1969 os repasses federais correspondiam a 21,39%, segundo o modelo de 1988 esse percentual subiu para 24,97% (ou 24,13% considerando a receita do AIRE).

No âmbito dos municípios, pelo desenho de 1969 os repasses federais eram equivalentes a 550,8% das receitas próprias. Já no modelo de 1988, a proporção sobe ainda mais: espantosos 619,74% (ou 593,89% com a receita do IVVC).

Antes mesmo de qualquer outro elemento ser considerado, alguns dados preocupantes emergem de plano.

Em primeiro lugar, o agravamento das contas públicas federais: com a dupla perda decorrente de receita nominal menor e repasse maior, a União seguramente encontraria o seu caminho para contornar a previsível crise orçamentária.

Ora, o sucesso da lógica do Finsocial foi apenas um sinal do que veio a se concretizar em um futuro nada distante ao da promulgação da Constituição: proliferaram contribuições sociais sobre as mesmas bases econômicas de impostos – o que tornou o sistema tributário extremamente complexo e aumentou ainda mais a carga tributária sobre produção e circulação.

Em segundo, o aumento da dependência que estados e municípios passaram a ter da União: quanto maior a influência das receitas tributárias federais nos orçamentos, menor a autonomia política desses entes.

Em terceiro lugar, o aumento do repasse de receitas tributárias é mola propulsora para a cisão de diversos municípios, e a própria Constituição de 1988 já trouxe mais estados-membros do que os existentes no ordenamento anterior.

Logo, apenas do ponto de vista da receita pública já era relativamente previsível que o ordenamento de 1988 encontraria dificuldades para se manter como tal.

Nada obstante a turbulência típica do ambiente de formulação de nova Constituição, deveria ter existido alguma métrica com critérios objetivos, transparentes e explicação científica para se estruturar o sistema tributário – e os dados acima deixam às claras a sua ausência. Caso contrário, o país corre o risco de ser cobaia de si mesmo.

Não faremos qualquer proposta objetiva de arcabouço tributário, regras-matrizes próprias de cada tributo em si considerado etc. A finalidade precípua do presente material é alertar para o grave risco de se pensar os tributos sem minimamente (i) justificá-los e (ii) testá-los *a partir do orçamento*, antes de instituí-los em concreto.

Nessa seara, limitamo-nos a propor que a concepção da estrutura de competências tributárias e repartição de receitas, seja engendrada a partir do último elemento que compõe o tripé do federalismo fiscal: as atribuições impostas pela Constituição a cada um dos entes públicos.

4. OS GASTOS PÚBLICOS CARREADOS PELA CONSTITUIÇÃO DE 1988, A PARTIR DO EXEMPLO DA SAÚDE, E A "SOLUÇÃO DE ALICE" DO CONSTITUINTE DERIVADO

Como já afirmado nas linhas acima, os direitos e garantias assegurados pela Constituição dependem, em grande medida, da prestação de serviços públicos – os quais decerto implicam gastos orçamentários.

Para fins ilustrativos, veja-se a saúde pública.

No ordenamento constitucional prévio, o direito à saúde era assegurado apenas aos participantes do regime previdenciário[27]. Não havia a garantia de que todo cidadão – mesmo não contribuinte da Previdência – era beneficiário da saúde pública.

Ao assegurar a todos os cidadãos o acesso à saúde pública, a Assembleia Nacional Constituinte deveria ter a cautela de calcular projeções do aumento de gastos com a saúde pública nos anos vindouros, em cada região brasileira (inclusive considerando os diferentes "brasis" encontrados ao longo do território nacional), considerando diversos cenários – do mais otimista ao mais pessimista. Caberia então à ANC deliberar como custear as despesas que, com prudência e margem de segurança, provavelmente seriam incorridas nessa nova configuração.

---

27 CASTRO, Kleber Pacheco; AFONSO, José Roberto. Gasto social no Brasil pós 1988: uma análise sob a óptica da descentralização fiscal. *In* Revista de Política, Planejamento e Gestão da Saúde da ABRASCO. Vol. I, nº 1, jul-set/2009, p. 50.

Ora, para que a saúde seja *concretamente* conferida aos cidadãos, a Constituição tributária deve atentar para o custo da prestação de serviços de saúde com qualidade.

Outrossim, a Constituição de 1988 trouxe outra alteração capital na gestão da saúde pública, com a criação do Sistema Único de Saúde (SUS) – que descentralizou a prestação de serviços de saúde à população, esvaziando o poder decisório e o inchaço do INAMPS[28], porém sem concentrá-la em uma única entidade da Federação.

Trata-se, portanto, de uma segunda alteração na estrutura da saúde pública, que com toda certeza afetaria pesadamente os orçamentos estaduais e municipais. Mais uma vez, vale relembrar as enormes diferenças regionais do Brasil, que trazem componente extra no que diz respeito às necessidades orçamentárias próprias de certas localidades.

O resultado do novo ordenamento constitucional foi percebido rapidamente. Em 1997 (ou seja, menos de dez anos após a promulgação da Constituição) as administrações regionais e locais absorveram grande parte das despesas com saúde que outrora seriam incorridas pela União[29].

---

28 DRAIBE, Sonia Miriam. Brasil: o sistema de proteção social no Brasil e suas transformações recentes. Apresentação para a Comissão Econômica da Organização das Nações Unidas para a América Latina e Caribe (CEPAL) no Seminário Regional sobre Reformas de Política Pública realizado em Santiago do Chile em 03 de agosto de 1992, pp. 20-21.

29 "Em 1997 [...] 58% dos municípios brasileiros estavam enquadrados em alguma das condições de gestão previstas pelo SUS, o que significa que estes assumiram funções de gestão da oferta local de serviços de saúde até então desempenhadas pela União; 69% das consultas médicas eram realizadas através de prestadores estaduais ou municipais, sendo que, destas, 54% eram prestadas pelos municípios, o que significa que mais da metade das consultas médicas passaram a ser oferecidas por prestadores municipais, os quais eram, até o final dos anos 80 — respeitadas as exceções —, o nível de governo menos envolvido na oferta de serviços de saúde" – ARRETCHE, Marta Teresa da Silva. Políticas Sociais no Brasil: Descentralização em um Estado Federativo. Revista Brasileira de Ciências Sociais, 1999, vol. 14, nº 40, p. 115. Além disso, "As avaliações atuais do sistema de saúde, no início dos anos 90, têm insistido na sua desagregação e falência, ressalvadas algumas exceções regionais. A acelerada deterioração da rede pública, as exageradas demoras de atendimento e o reduzido papel dos programas preventivos têm sido insistentemente apontados pela opinião pública. A maior parte dos problemas tem sido atribuída às questões de financiamento do setor (...)" – DRAIBE, Sonia Miriam. Brasil: o sistema de proteção social no Brasil e suas transformações recentes. Apresentação para a Comissão Econômica da Organização das Nações Unidas para a América Latina e Caribe (CEPAL) no Seminário Regional sobre Reformas de Política Pública realizado em Santiago do Chile em 03 de agosto de 1992, p. 23.

Ante as visíveis dificuldades, a urgência e a importância do tema, o Congresso Nacional se viu como Alice vagando pela floresta, numa realidade em que coelhos não falam e as maravilhas se limitam ao papel e suas promessas de garantias postas no texto constitucional. Em sua tarefa, agiu por duas frentes: como legislador, o Parlamento fez promulgar contribuições federais que serviriam para custear a saúde; como constituintes derivados, promulgou a Emenda Constitucional nº 29/2000, que passou a vincular parcialmente a receita de impostos a despesas com saúde pública, nas três esferas da Federação.

Cada um dos remédios acima gerou mais dores do que alívios.

O Finsocial (anterior à Constituição de 1988) foi substituído pela COFINS, destinada "exclusivamente às despesas com atividades-fins das áreas de saúde, previdência e assistência social" nos termos do art. 1º da Lei Complementar nº 70/91.

A COFINS, ao seu turno, cuja alíquota inicial era de 2% (em lugar do 0,5% do Finsocial), foi paulatinamente tornada mais complexa e ainda mais onerosa: dez anos após a promulgação da "Constituição-cidadã", a alíquota da COFINS foi majorada a 3% pela lei 9.718/98.

Revela-se digno de nota o aumento da carga tributária em menos de uma década: de 0,5% do Finsocial cobrado até o final de 1991 aos 3% da COFINS cobrada no início de 1999, a exação saltou em 600%.

Trata-se de inconteste atestado de erro de cálculo do constituinte de 1988.

Mas a questão não se restringiu a isso.

Em 1996 a saúde pública se viu custeada também por uma exação que se tornou opróbrio: a Contribuição Provisória sobre Movimentação ou Transmissões de Valores e de Créditos e Direitos de Natureza Financeira (CPMF).

Como tentativa de ampla reforma tributária, o Congresso Nacional, seduzido pela ideia de "imposto único", deliberadamente o testou como "experimento tributário" na sociedade brasileira pelo cognominado "imposto sobre movimentações financeiras" (IPMF), inserido na Constituição pela Emenda nº 03/1993 (a mesma que ceifou o AIRE dos estados e o IVVC dos municípios). Caso o Brasil absorvesse bem o impacto, o imposto seria desenvolvido de modo a eliminar todos os demais e se tornar o único da espécie na nossa tão diversificada Constituição tributária.

A experiência começou pesada. A Lei Complementar n° 77/93 atribuiu a alíquota de 0,25% sobre o valor de quase todas as operações de saques, retiradas e resgates em contas bancárias do país (inclusive para pagamento de tributos), de forma cumulativa. Resultado: em 1994 o IPMF respondeu por 3,56% de toda a arrecadação tributária brasileira, praticamente a mesma da COFINS no mesmo ano (3,6%)[30].

Ocorre que o laboratório foi encerrado por um "agente exógeno": o IPMF foi julgado inconstitucional pelo STF nos autos da ADI 939.

Ora, a arrecadação do IPMF se revelou promissora. Foi então que, por força da Lei n° 9.311/96, surgiu a CPMF sobre praticamente as mesmas bases do antigo IPMF, como promessa de redenção para o custeio da saúde pública, com a alíquota de 0,2% (majorada a 0,24% em 1999, 0,36% em 2001 e, a partir de 2002, 0,38%).

A arrecadação da CPMF em 1997 (primeiro ano de cobrança) equivaleu a 3,06% de toda a arrecadação tributária nacional, parcela que subiu a 4,25% em 2002, primeiro ano da maior alíquota histórica[31], até sua extinção em 2007.

Paralelamente, a COFINS foi objeto de sucessivas modificações. No ano 2000 a Lei n° 10.147 instituiu regime monofásico de apuração para alguns produtos, com diversas alíquotas, pelo qual a COFINS deixou de ser uma simples contribuição e se tornou um notável caso de xifopagia tributária.

Sem embargo, nos anos que se seguiram (mais precisamente em 2003 e 2004) a COFINS, de xifópaga, assumiu ares mitológicos como Hidra, ante a instituição do regime de não-cumulatividade pela Lei n° 10.833/2003 para alguns produtos e serviços, e da incidência na importação pela Lei n° 10.865/2004 (com alíquotas que também não são uniformes e a presença de adicional que, diferente da sua regra geral, não gera direito a crédito com a COFINS não-cumulativa doméstica).

---

30 VARSANO, Ricardo; PESSOA, Elisa de Paula; SILVA, Napoleão Luiz Costa da; AFONSO, José Roberto Rodrigues; ARAÚJO, Erika Amorim. RAMUNDO, Júlio César Maciel. Uma análise da carga tributária do Brasil. Texto para discussão n° 583. 1998: Rio de Janeiro, IPEA, p. 48.

31 Valores de arrecadação da CPMF disponíveis na apresentação "Por que a CPMF é um problema para o Brasil?" disponível no portal eletrônico do Senado Federal na internet, endereço <https://www2.senado.leg.br/bdsf/bitstream/handle/id/178322/Por%20que%20a%20CPMF%20%C3%A9%20um%20problema.pdf?sequence=7&isAllowed=y>. Último acesso em 02/01/2020. Valores de arrecadação total disponíveis em VARSANO, Ricardo *et al.*, *Op. Cit.*, p. 48.

Para além da COFINS, no ano 2000 (o mesmo que viu nascer a vertente monofásica dessa contribuição) o Congresso Nacional, na sua acepção de constituinte derivado, trouxe mais uma "solução de Alice": ao promulgar a Emenda Constitucional nº 29, determinou a vinculação parcial da receita dos impostos federais, estaduais e municipais a saúde.

Atualmente, por força da Emenda Constitucional nº 86/2015, a União deve vincular pelo menos 15% da sua receita corrente líquida (RCL) com despesas de saúde. Os estados e o Distrito Federal têm o dever de vincular ao menos 12% dos seus impostos e os municípios 15%, percentuais que consideram também as receitas decorrentes de participação na arrecadação tributária.

Considerando que, nos últimos dez anos, a arrecadação tributária corresponde a um terço da RCL federal[32], concretamente a União dispõe de uma média aproximada de 5% da receita dos seus impostos para as despesas de saúde, além das transferências a serem feitas para os demais entes (que são abatidas para os fins de cômputo da RCL).

Assim é que, ao longo de trinta anos de Constituição, a saúde pública foi submetida a desenhos distintos, todos caóticos e, principalmente, insatisfatórios.

O diagnóstico é simples: o Brasil padece do trabalho mal feito do legislador. E não o afirmamos com foco na mera técnica legislativa em torno das regras-matrizes da COFINS: o trabalho foi mal feito porque, reiteradamente, o legislador tentou resolver o custeio da saúde pública sem o menor zelo do ponto de vista orçamentário – tudo se resumiu à tentativa de conter crises.

5. ALICE E A POLÍTICA FISCAL DA RAINHA DE COPAS

No clássico da literatura a que nos referimos diversas vezes, em um dado momento Alice se vê surpreendida pela chegada de um cortejo real, ocasião em que conhece a Rainha de Copas.

A déspota, intolerante e imediatista, não se conformava em ser contrariada, e a todo momento ordenava a seus soldados que "cortem as cabeças" de quem lhe aprouvesse.

---

32 BRASIL. Tesouro Nacional. Relatório contábil de 2018 disponível em <http://www.tesourotransparente.gov.br/publicacoes/relatorio-contabil-do-tesouro-nacional-rctn/2018/114>, p. 73. Último acesso em 02/01/2020.

Àquela altura, Alice já manifestava sua vontade e expressava suas opiniões sem atentar para as consequências que pudessem advir; apenas buscava, impulsivamente, atenuar todos os absurdos que encontrava.

Na realidade brasileira, o roteiro da história é semelhante, ainda que com reveses peculiares.

A Constituição tributária de 1988, como já era previsível, não produziu bons resultados.

Os três Poderes da "nova República" cresceram para atender às demandas de uma população exponencialmente mais numerosa e (afortunadamente) mais exigente. Contratações, concursos públicos, obras e bens de consumo precisaram ser adquiridos em quantidades muito superiores às de antes.

As despesas públicas naturalmente acompanharam a escalada e explodiram.

Ora, os fiscos precisavam sobreviver. E no darwinismo institucional assumiram-se Rainhas de Copas em reinos coexistentes.

Foi então que a política fiscal brasileira se tornou a do "corte de cabeças". Tudo se resume ao pressuposto: onde houver receita, haverá tributo.

O Brasil, em termos institucionais, tornou-se intolerante ao empreendedor. Especialmente porque, se é certo que mais faturamento (ou receita bruta) não significa ter mais lucro, também é certo que significará haver mais tributo.

Não há política fiscal desenvolvimentista, que encoraje e estimule o brasileiro, preparando-o para a concorrência global. A preocupação dos fiscos é mais imediata: administrar contas que todos sabem que não se pagam.

A saúde, que abordamos exemplificativamente, soma-se a previdência (cuja universalidade baseada na solidariedade surgiu na Constituição de 1988 também sem o menor planejamento ou cálculo), educação, assistência social e outras atividades públicas básicas[33], mas que se tornaram impagáveis ante o sistema tributário desenhado.

Para suprir toda a deficiência orçamentária, múltiplas exações recaem sobre setores de grande faturamento, indiferentes à essencialidade dos bens e serviços, ou mesmo ao inevitável aumento do custo de

---

33 Como exemplo citamos a Contribuição para o Custeio do Serviço de Iluminação Pública, surgida no ordenamento por força da EC nº 42/2003.

vida para a massa da população – que deveria ser elemento central das políticas econômica e tributária.

Energia elétrica, combustíveis e telecomunicações figuram entre as maiores alíquotas do ICMS. Medicamentos em geral e demais itens da cesta básica são pesadamente tributados.

O fisco passou então a ser sócio do empreendedor, com muito mais prerrogativas do que qualquer acionista. Tenha lucro ou prejuízo, invista ou não, contrate ou demita, o mandamento é um só: pague (cada vez mais) tributos. "Cortem-lhe as cabeças", diria a Rainha.

No desespero para preservar o país do caos, os fiscos praticamente tomaram as rédeas do Legislativo na condução dos tributos. A ignorância de Alice e a exasperação da Rainha de Copas se fundiram em um personagem assustador.

A fiscalidade brasileira é tão perversa que a União, detentora de meros 49% da arrecadação do imposto de renda, não se preocupa em reformá-lo. Percebeu ser mais interessante tributar a receita bruta via PIS e COFINS – pois, diferente do lucro, a receita bruta é certa. E se houver lucro, a CSLL fará as vezes de adicional do IRPJ sem precisar dividir com ninguém.

É de amplo conhecimento público que as empresas brasileiras colecionam estoques de prejuízos fiscais – resultado da alta carga de consumo. Isso afasta o novo empreendedor. Impede o país de crescer. Aumenta a estratificação social[34].

E, de forma tão incrível quanto previsível, a cultura da alta carga tributária sobre o consumo se tornou algoz do orçamento. Na vida real é vantajoso para fins eleitorais atrair empresas, e a concessão de benefícios fiscais dos tributos que recaem sobre o consumo se tornou moeda de troca e instrumento de barganha dos ocupantes de cargos eletivos.

A política fiscal pode ser declarada então clinicamente morta: o sistema tributário brasileiro se consolidou regressivo, voltando-se contra os hipossuficientes a que a Constituição jura proteger.

---

34 Em matéria de IRPF, a ausência de política fiscal cria situações espantosas: na mesma empresa, os *dividendos* são objeto de isenção (como forma de compensar o desestímulo ao empreendimento), mas a *participação nos lucros* auferida pelos empregados é tributada.

6. A CONSTATAÇÃO E O RESGATE À REALIDADE

No clássico da literatura, o desfecho pode ser dividido em dois momentos: o primeiro, em que Alice acusa a toda a Corte de ser "um bando de cartas" e se percebe atacada pelos seus integrantes; e o segundo, em que desperta do sonho ao chamado de sua irmã e sente seu rosto coberto não por cartas, mas por folhas que caíram enquanto adormecera.

Da mesma forma o presente artigo pode ser dividido.

Em primeiro lugar, mais do que críticas aos tributos em espécie, é crucial reconhecer a falha estrutural no sistema tributário. Essa falha, para além da questão normativa, é epistemológica: o modo de se pensar os tributos precisa ser reconsiderado.

No paralelo com Alice, os tributos por si "não passam de um bando de cartas". São ferramentas para o desenvolvimento de políticas públicas importantes. Encará-los como solução ensimesmada para a crise orçamentária, ou mesmo para o desenvolvimento nacional, é tomar o sonho como realidade e viver na ficção, tratando-os como seres animados.

Em segundo lugar, ao pensar os tributos a partir do prisma orçamentário, a realidade brasileira precisa ser encarada de frente, a fim de se definir (i) *o que* o sistema tributário deve propiciar, (ii) *como* fazê-lo e, só então, (iii) *quais* tributos, com suas regras-matrizes próprias, devem compor o sistema.

Seguramente dessa constatação surgirão conflitos. Quais são as políticas públicas prioritárias? Qual(is) ente(s) da Federação as deve(m) desempenhar? Quais os custos para que cada uma seja prestada com qualidade e eficiência? Como arrecadar esse montante de forma equilibrada para contribuintes de direito e de fato?

Todos esses pontos deveriam permear o fórum público de discussão em torno da reforma tributária. Trata-se de debates profundos, complexos e que, como visto, transcendem a órbita puramente tributária, atingindo o pacto federativo como um todo. Ainda assim, são cruciais para que se possa vislumbrar o uso de alguma metodologia à reforma.

O PACTO FEDERATIVO E A COMPLEXIDADE DO SISTEMA TRIBUTÁRIO NACIONAL À LUZ DA(S) IMINENTE(S) REFORMA(S) TRIBUTÁRIA(S)

CLOVIS TORRES JUNIOR[1]

BRUNO SARTORI DE CARVALHO BARBOSA[2]

SUMÁRIO: 1. O Pacto Federativo à luz da Constituição Federal de 1988: Uma visão sistêmica; 2. A Complexidade do Sistema Tributário Brasileiro; 3. Os Projetos de Reforma Tributária; 3.1. A PEC nº 45/2019, da Câmara dos Deputados; 3.2. A PEC nº 110/2019, do Senado Federal; 4. Conclusões

1. O PACTO FEDERATIVO À LUZ DA CONSTITUIÇÃO FEDERAL DE 1988: UMA VISÃO SISTÊMICA

O art. 1º da Constituição Federal estatui que o Brasil é uma República Federativa "formada pela união indissolúvel dos Estados e Municípios e do Distrito Federal".

A Federação é uma união institucional de Estados que, muito embora mantenham personalidade jurídica e autonomia nas relações internas, despem-se de algumas prerrogativas; entre elas a soberania. Deste modo, na República Federativa do Brasil, as ordens jurídicas globais (Estado Brasileiro) convivem com ordens jurídicas centrais (União), parciais e periféricas (Estados-membros), uma vez que, por meio da distribuição rígida de competências, atribuiu-se o poder tributário a diferentes ordens de governo.

---

1 Bacharel em Direito pela Pontifícia Universidade Católica de Salvador (PUC/BA). Mestre em Direito pela Universidade de Tulane, em Nova Orleans (LLM, Tulane Law School). Sócio fundador do escritório Souza, Mello e Torres Advogados.

2 Bacharel em Direito pela Faculdade de Direito Milton Campos. Pós-Graduado em Direito Tributário e Mestre em Direito Empresarial pelas Faculdades Milton Campos. Professor Universitário. Sócio fundador do escritório Souza, Mello e Torres Advogados.

Neste contexto, a coexistência da autonomia federal com as autonomias estaduais e municipais é ínsita ao princípio do federativo, que, nas palavras de MANOEL GONÇALVES FERREIRA FILHO, "impõe uma unidade dentro da diversidade"[3].

O federalismo, em contraposição ao modelo de Estado unitário, tem como característica fundamental a autonomia do Estado-Membro, e se manifesta como forma de organização de Estado – e não mera forma de governo – ; e, por este motivo, constitui cláusula pétrea, na forma do art. 60, § 4º da Carta Constitucional[4].

O federalismo, fortemente orientado pelas ideias iluministas, caracteriza-se pela descentralização funcional do exercício do poder político, conferindo autonomia às ordens de governo para o exercício de suas funções. A federação, nas palavras de AFFONSO[5], pode ser entendida como *a difusão dos poderes em vários centros, cuja autoridade resulta não de uma delegação feita pelo poder central, e sim daquela conferida pelo sufrágio universal.*

Nessa ordem de ideias, BATISTA JUNIOR[6] anota que, na federação, os demais entes *são pessoas políticas autônomas (política e financeiramente) que recebem poderes diretamente da CRFB, não havendo relação de subordinação alguma entre eles*, reafirmando um movimento – em diferentes graus – de descentralização.

A autonomia política autoriza os Estados-Membros a legislar e a exercerem o poder político, em suas diversas facetas, dentro dos contornos traçados pela Constituição Federal, sob pena de serem reputadas invalidas formal ou materialmente. A autonomia financeira, a seu

---

3 FERREIRA FILHO apud CARRAZZA, Roque Antonio. *Curso de Direito Constitucional Tributário.* 25 ed. São Paulo: Malheiros Editores, 2009, p. 161

4 "Art. 60. A Constituição poderá ser emendada mediante proposta: (…)

§ 4º Não será objeto de deliberação a proposta de emenda tendente a abolir:

I - a forma federativa de Estado;"

5 AFFONSO, Rui de Britto Álvares *apud* BATISTA JUNIOR, Onofre Alves. MARINHO, Marina Soares. Do federalismo de cooperação ao federalismo canibal: a Lei Kandir e o desequilíbrio do pacto federativo. Revista de Informação Legislativa: RIL, v. 55, n. 217, p. 157-180, jan/mar. 2018, p. 159

6 BATISTA JUNIOR, Onofre Alves. *Op. cit.*, p. 159.

turno, assegura o exercício do poder de tributar e o exercício da competência impositiva. Nas palavras de SACHA CALMON[7]:

> Todos recebem diretamente da Constituição, expressão da vontade geral, as suas respectivas parcelas de competência e, exercendo-as, obtêm as receitas necessárias à consecução dos fins institucionais em função dos quais existem (discriminação de rendas tributárias). O poder de tributar originalmente *uno* por vontade do povo (Estado Democrático de Direito) é dividido entre as pessoas políticas que formam a Federação.

A repartição de competências tributárias, de sorte a realizar o pacto federativo, foi materializada na forma do art. 145 da Carta Constitucional[8], que assim dispõe:

> Art. 145. A União, os Estados, o Distrito Federal e os Municípios poderão instituir os seguintes tributos:
> I - impostos;
> II - taxas, em razão do exercício do poder de polícia ou pela utilização, efetiva ou potencial, de serviços públicos específicos e divisíveis, prestados ao contribuinte ou postos a sua disposição;
> III - contribuição de melhoria, decorrente de obras públicas.

Assim, a demarcação do campo de atuação dos três níveis de governo é imperiosa, na medida em que os limites da competência tributária de cada ordem jurídica realizam a unidade, afastando imposições dúplices sobre determinadas materialidades.

A competência tributária, nas palavras de SOUTO MAIOR BORGES[9], consiste numa autorização e limitação constitucional para o exercício do poder tributário. É a atribuição constitucional da aptidão para criar tributos.

A seu turno, a repartição da competência tributária consiste na outorga, à determinada pessoa política, da aptidão arrecadatória sobre

---

7 COÊLHO, Sacha Calmon Navarro. Curso de Direito Tributário Brasileiro. Rio de Janeiro: Forense, 2009, p.65.

8 Art. 145. A União, os Estados, o Distrito Federal e os Municípios poderão instituir os seguintes tributos:

I - impostos;

II - taxas, em razão do exercício do poder de polícia ou pela utilização, efetiva ou potencial, de serviços públicos específicos e divisíveis, prestados ao contribuinte ou postos a sua disposição;

III - contribuição de melhoria, decorrente de obras públicas.

9 BORGES, José Souto Maior. *Teoria Geral da Isenção Tributária*. 3 ed. São Paulo: Malheiros Editores, 2001, p. 30.

determinado tributo, na medida em que o seu titular *não pode nem substancialmente modificá-la, nem delegá-la, nem renunciá-la. Admite-se, porém, que deixe de exercitá-la ou que a exercite apenas em parte*[10].

Sob este prisma, o pacto federativo busca uma atuação cooperativa, na qual as ordens de governo pudessem atuam em conjunto, realizando a autonomia que lhes foram conferidas e exercendo as suas prerrogativas dentro dos limites traçados pela Constituição, como ordem suprema que se situa na cúspide da pirâmide normativa.

Esta estrutura parece-nos, em princípio, absolutamente salutar, na medida em que a descentralização favorece e catalisa uma representatividade popular mais acurada, levando em consideração as necessidades locais e regionais de forma mais cristalina. Nesse sentido, as ponderações de MISABEL DERZI e SACHA CALMON[11]:

> Em um país de grande extensão territorial e elevado número de habitantes como no nosso, restabelecer o equilíbrio federativo, através da concessão de maior autonomia aos entes regionais e locais, é fazer crescer a representação legislativa do cidadão, o qual passa a interferir na formação de ordens jurídicas que têm base territorial menor. Crescer a liberdade de Estados e Municípios é, sem dúvida, fazer crescer o nível de participação política de cada um em particular.
>
> Portanto, a decisão por um Estado federal é uma decisão pela liberdade e não deixa de ser uma decisão pela igualdade, na medida em que se respeitam as diferenças e peculiaridades locais e regionais. Tal respeito, ao mesmo tempo, torna essas disparidades menos relevantes ou menos radicais.

A partir de um modelo federativo coeso, conferir-se-ia autonomia política e financeira ao Estados-Membros e encurtando as distâncias políticas e sociais em um país de dimensões continentais – todavia, na prática, há desafios estruturais para a concretização destes desideratos, sobretudo no que tange à conformidade, unicidade e harmonia do sistema tributário.

Desta feita, a realização do pacto federativo, sob uma perspectiva prática, ganha maior concretude a partir das disposições do art. 146 da Constituição Federal, que atribui à legislação complementar o dever

---

10 CARRAZZA, Roque Antonio. ICMS. 14 ed. São Paulo: Malheiros Editores, 2009, p. 31

11 CALMON, Sacha e DERZI, Misabel. "A Competência do Senado Federal e a Emissão de Letras Financeiras do Tesouro do Estado de Pernambuco" – *Parecer in Direito Administrativo, Contabilidade e Administração Pública,* cap. 4, São Paulo, IOB, abril/97.

de complementação da Constituição *quer ajuntando-lhe normatividade, quer operacionalizando-lhe os comandos*[12]. Veja-se:

> Art. 146. Cabe à lei complementar:
> I - dispor sobre conflitos de competência, em matéria tributária, entre a União, os Estados, o Distrito Federal e os Municípios;
> II - regular as limitações constitucionais ao poder de tributar;
> III - estabelecer normas gerais em matéria de legislação tributária, especialmente sobre:
> a) definição de tributos e de suas espécies, bem como, em relação aos impostos discriminados nesta Constituição, a dos respectivos fatos geradores, bases de cálculo e contribuintes;
> b) obrigação, lançamento, crédito, prescrição e decadência tributários;
> c) adequado tratamento tributário ao ato cooperativo praticado pelas sociedades cooperativas.

As Leis Complementares, portanto, são fundamentais à realização do pacto federativo, na medida em que dão suporte à coexistência harmônica de ordens jurídicas parciais, atuando em serviço da Constituição – e não da União Federal.

Neste particular, de sorte a cumprir a sua função de harmonização sistêmica, as Lei Complementares devem ser observadas por todas as ordens de Governo, na medida em que possui caráter nacional, conforme leciona SACHA CALMON[13]:

> No Brasil, v.g., existem três ordens jurídicas parciais que, subordinadas pela ordem jurídica constitucional formam a ordem jurídica nacional. As ordens jurídicas parciais são: (a) a federal, (b) a estadual e (c) a municipal, pois tanto a União, como os estados e os municípios possuem autogoverno e produzem normas jurídicas. Juntas, estas ordens jurídicas formam a *ordem jurídica total*, sob o império da Constituição, fundamento do *Estado* e do *Direito*. A lei complementar é *nacional* e, pois, subordina as ordens jurídicas parciais (...).

Com efeito, o âmbito de validade espacial das Lei Complementares se estende por todo o território nacional, e é de observância imperativa por parte das ordens jurídicas parciais, sob pena de não realizar as finalidades pelas quais foram concebidas.

A despeito dos louváveis intentos do legislador constitucional no sentido de atribuir à legislação complementar esta função integrativa, não nos parece que as normas complementares lograram êxito em trazer

---

12 COÊLHO, Sacha Calmon Navarro. *Op. cit.,* p. 81.

13 COÊLHO, Sacha Calmon Navarro. *Op. cit.,* p. 82.

harmonia, coesão e segurança jurídica para o sistema tributário brasileiro, que constituem elementos essenciais à realização do pacto federativo.

Reportando-nos às lições de BATISTA JUNIOR[14], embora a Constituição *consagre o ideal democrático-descentralizador e afirme o princípio federativo,* a União, historicamente, *atuou no sentido de concentrar poderes e retirar autonomia dos entes subnacionais*, ocasionando perdas arrecadatórias substanciais:

> As reformas empreendidas nos anos 1990 alteraram o equilíbrio do federalismo fiscal firmado pela CRFB: centralizou recursos financeiros e fragilizou a autonomia dos Estados e dos Municípios.
>
> É nesse contexto que se insere a aprovação da Lei Kandir, formatada para atender aos objetivos macroeconômicos da União, em detrimento da autonomia de Estados e Municípios. Os prejuízos decorrentes da supressão da competência tributária constitucionalmente estabelecida eram esperados e, da mesma forma, a prometida compensação financeira pela União. Por mais de vinte anos, a União beneficiou-se da realização de repasses inferiores aos que seriam devidos.

Noutra oportunidade, o festejado autor mineiro afirmou[15]:

> A tecnocracia da União nunca absorveu os mandamentos democrático-descentralizadores da CRFB/88 e se ressentiu da lógica federalista. Nunca se conformou, o ente maior, com a descentralização do poder. Muitos são os exemplos de atitudes antifederalistas praticadas pela União, a começar pelo cálculo agravado da dívida pública dos Estados; a criação de contribuições sociais para alcançar a tributação sobre o consumo etc. No caso do PIS/COFINS, para exemplificar, a União conseguiu ampliar a base de cálculo do imposto estadual deixando para si o produto da nova arrecadação; entretanto, desvincula parcela dessa arrecadação para que tenha margem de governabilidade (art. 76 do ADCT).

Há, portanto, fartos exemplos do desequilíbrio e das máculas impostas ao pacto federativo, que operam contra os princípios traçados pela constituição, ceifando a autonomia política e financeira dos Estados-Membros.

---

14 BATISTA JUNIOR, Onofre Alves. *Op. cit.*, p. 175 *et seq.*

15 BATISTA JUNIOR, Onofre Alves. A Lei Kandir e a Ofensa ao Equilíbrio Federativo *in Rev. Fac. Direito UFMG, Belo Horizonte, n. 72, jan/jun 2018,* p. 454.

2. A COMPLEXIDADE DO SISTEMA TRIBUTÁRIO BRASILEIRO

Assentada a premissa de que a autonomia política e financeira constitui elemento essencial à realização do pacto federativo, cumpre, em contrapartida, examinar alguns dos efeitos decorrentes da descentralização do exercício do poder impositivo.

Sabe-se que o modelo de repartição de competências adotado pelo legislador constitucional tem sido alvo de duras críticas por parte da doutrina especializada, na medida em que, ao atribuir poderes à União, aos Estados e aos Municípios – sobretudo em relação à tributação do consumo –, dá ensejo a uma série de conflitos de competência, adiciona complexidade, custos massivos de *compliance* e dissemina insegurança jurídica.

Os tributos incidentes sobre o consumo[16], a saber, IPI, ICMS, ISS concentram o maior grau de complexidade e, por conseguinte, o maior volume de disputas tributárias, que se multiplicam de forma incessante. Com o advento da tecnologia e, com a evolução dos meios de exploração das atividades econômicas, a tributação sobre o consumo ganha contornos bastante específicos, sendo inviável, em determinadas hipóteses, vislumbrar subsunção dos fatos às normas tributárias. São inúmeras as situações em que não se pode precisar, no caso concreto, a realização do aspecto material da hipótese de incidência das normas jurídico-tributárias destinadas à tributação do consumo, tal como concebidas pela Constituição Federal.

Em adição às questões de cunho estrutural, de viés material, a complexidade tributária decorrência do volume acachapante de obrigações acessórias impostas pelas três ordens de governo, todos com sistemas eletrônicos, formulários, guias, processos e procedimentos próprios.

O estudo anual "Paying Taxes"[17], elaborando em conjunto pela PwC (PricewhaterhouseCoopers) e pelo Branco Mundial (World Bank Group) traça, com acuidade, o grau de complexidade de 190 (cento e noventa) nações.

---

16 Valendo-se da concepção clássica, embora perfilhemos do entendimento de que, com as devidas ressalvas estruturais, o PIS/COFINS atua como verdadeiro "ICMS Federal".

17 A publicação Paying Taxes é o resultado de um estudo anual da empresa de consultoria PwC em conjunto com o Banco Mundial (World Bank Group), voltado à compreensão do sistema tributário de 190 economias mundiais. O estudo pode ser acessado em: https://www.pwc.com/gx/en/services/tax/publications/paying-taxes-2020.html

Na versão mais atualizada, "Paying Taxes 2020", o Brasil permanece como um dos sistemas tributários mais complexos, levando em consideração diversos critérios, dentre os quais se destacam: (i) carga tributária total (*total tax and contribution rate*); (ii) tempo necessário para cumprimento das obrigações acessórias (*time to comply*); (iii) volume de pagamentos (*number of payments*); e (iv) retificações acessórias (*post-filing index*).

Dentro das premissas fixadas pelo anuário, a pessoa jurídica que opera no Brasil despende, em média, 1.501 (mil quinhentas e uma) horas para cumprir as obrigações acessórias relacionadas ao pagamento de tributos devidos à União Federal, Estados e Municípios. Confira-se:

País	Ranking Geral	Carga Tributária Total (%)	Tempo para Cumprimento (horas)	Número de Pagamentos
Venezuela	189	73.3	920	99.0
Chade	188	63.5	834	54.0
República Centro-Africana	187	73.3	483	56
Bolívia	186	83.7	1.025	42.0
Congo	185	54.3	602	50
Brasil	**184**	**65.1**	**1.501**	**9.6**
India	115	49.7	251.88	10.9
China	105	59.2	138	7.0
Russia	58	46.2	159	9.0
África do Sul	54	29.2	210	7.0
Alemanha	46	48.8	218	9.0
Reino Unido	27	30.6	114	9.0
Estados Unidos	25	36.6	175	10.6
Bahrain	1	13.8	22.5	3.0
Hong Kong	2	21.9	34.5	3.0
Catar	3	11.3	41	4.0
Irlanda	4	26.1	81.5	9.0
Ilhaus Maurício	5	22.2	140	8.0

Vale observar que, das 1.501 (mil quinhentas e uma) horas consumidas para o pagamento de tributos, 361 (trezentas e sessenta e uma) horas são consumidas para fazer frente às obrigações acessórias relacionadas à tributação da renda, 255 (duzentas e cinquenta e cinco) horas relacionadas às contribuições de natureza trabalhista e previdenciária e nada menos do que 855 (oitocentas e cinquenta e cinco) horas relacionadas à tributos que oneram o consumo.

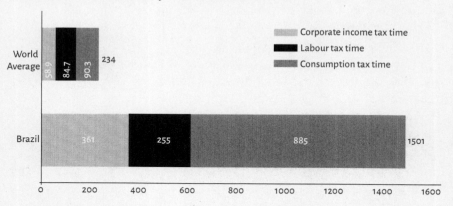

Como se não bastasse, além de ocupar a 184ª posição no Ranking Geral (entre 190 países), o Brasil é o último colocado no quesito *time to comply*, ou seja, nenhuma nação demanda mais horas para o cumprimento das obrigações acessórias – o que evidencia a complexidade e a difícil intelecção das volumosas normas tributárias do país.

A própria estrutura de fiscalização contribui para este efeito, na medida em que as Autoridades Fiscais que impõem um volume absolutamente elevado de obrigações acessórias aos jurisdicionados. Acerca dos deveres secundários dos contribuintes sediados em solo nacional, as considerações de MISABEL DERZI[18]:

> (...) avultam, de forma gigantesca, jamais vista em período anterior, o rol dos deveres de colaboração do contribuinte. Informações de toda natureza, escriturações cada vez mais pormenorizadas, documentação fiscal exigente, declarações contínuas, tolerância a repetidas exibições, solicitações e exigências fiscais sem fim... e de Fazendas Públicas diversas. O custo das obrigações acessórias e das laterais é elevadíssimo. A dependência dos cidadãos contribuintes em relação ao Estado é máxima e as obrigações de alta complexidade. A peculiaridade que, aqui, se deve registrar de plano resulta do fato de que todos esses deveres, 'laterais' ou acessórios, não podem ser presumidos, ou deduzidos implicitamente; são decorrentes de lei, assim como as sanções, que lhes são consequentes.

---

[18] DERZI, Misabel Abreu Machado. *Modificações da Jurisprudência no Direito Tributário*. São Paulo: Noeses, 2009, p. 458 *et seq.*

Registre-se, por oportuno, que o modelo federativo brasileiro e a pulverização dos tributos incidentes sobre o consumo não são as únicas causas da complexidade do sistema tributário, que, na lição de ROCHA[19], podem ser classificadas em seis diferentes grupos:

Causas decorrentes do desenho do sistema;

i. modelo federativo brasileiro

ii. pulverização excessiva de tributos;

Causas decorrentes de induções legislativas

i. criação de regimes benéficos diferenciados

ii. indução ao lobby

iii. planejamento tributário;

Causas decorrentes da maneira como se dá a relação entre Fisco e contribuintes

i. reação à carga tributária, à corrupção e à má-administração de recursos públicos

ii. estímulo ao antagonismo e à criação de posições divergentes;

Causas decorrentes da interpretação da Constituição e da legislação tributária

i. o papel do lançamento por homologação

ii. a indeterminação da linguagem

iii. a omissão e o tempo do Poder Judiciário;

Causas decorrentes dos deveres instrumentais impostos aos contribuintes;

A complexidade tributária decorrente da complexidade dos fatos econômicos e sociais.

Neste contexto, em razão da crescente repercussão – política e social – dos malefícios causados pela complexidade tributária, em toda a sua extensão, duas Propostas de Emenda à Constituição, quais sejam, a PEC nº 45/2019 e a PEC nº 110/2019, ganharam corpo junto ao Congresso Nacional e tem sido amplamente debatidos por estudiosos de diversas áreas do conhecimento.

Atendo-nos ao objeto do presente estudo e, sem a pretensão de exaurir o tema, perscrutar-se-á, na sequência, se as Propostas de Emenda à Constituição logram êxito em atingir a simplificação tributária sem ferir o pacto federativo.

---

19 ROCHA, Sérgio Andre. *In* https://www.conjur.com.br/2019-ago-16/sergio-rocha-reduzir-numero-tributos-nao-garante-simplificacao - acesso em 12 de dezembro de 2019.

3. OS PROJETOS DE REFORMA TRIBUTÁRIA

3.1. A PEC Nº 45/2019, DA CÂMARA DOS DEPUTADOS

A PEC nº 45/2019 propõe a criação do Imposto sobre Bens e Serviços (IBS), em contrapartida à extinção de 05 (cinco) tributos, quais sejam, a Contribuição para o Programa de Integração Social (PIS); a Contribuição para o Financiamento da Seguridade Social (COFINS); o Imposto sobre Produtos Industrializados (IPI); o Imposto sobre Circulação de Mercadorias e sobre Prestações de Serviços de Transporte Interestadual, Intermunicipal e de Comunicação (ICMS); e o Imposto sobre Serviços de Qualquer Natureza (ISS).

Neste particular, parece-nos intuitivo que a substituição de 05 (cinco) tributos por um só teria o condão de reduzir, de forma significativa, a complexidade do sistema tributário, reduzindo o emaranhado de normas relacionadas às obrigações principais e unificando as obrigações acessórias.

A PEC nº 45/2019 prevê um período total de transição de 10 (dez) anos, e vigência concomitante do IBS com a estrutura de tributação atual, por meio de uma contribuição "teste" de 1% com a mesma base de incidência (do IBS) nos primeiros 02 (dois) anos e, posteriormente, uma transição paulatina, com a substituição dos tributos à razão de um oitavo ao ano.

A despeito da efetiva redução de complexidade ao cabo do período de transição, nos primeiros 10 (dez) anos, parece ser possível afirmar que, em princípio, ter-se-á um aumento brutal de burocracia, complexidade e custos de *compliance*.

No que diz respeito às alíquotas, caberá a cada entre federativo fixar uma parcela da alíquota total do imposto por meio de lei ordinária, federal, estadual, distrital ou municipal (uma espécie de "sub-alíquota"); uma vez fixado o conjunto das "sub-alíquotas" federal, estadual e municipal (ou distrital), forma-se a alíquota única aplicável a todos os bens e serviços consumidos em ou destinados a cada um dos Municípios/Estados brasileiros; é criada a figura da "alíquota de referência", assim entendida aquela que, aplicada sobre a base de cálculo do IBS, substitui a arrecadação dos tributos federais (IPI, PIS, Cofins) excluída a arrecadação do novo Imposto Seletivo, do ICMS estadual e do ISS municipal; assim, todos os bens e serviços destinados a determinado Município/Estado são taxados por uma mesma alíquota, mas a tributação não é uniforme em todo território nacional, pois cada Município/Estado pode fixar sua alíquota[20].

No que tange à partilha de recursos, a transição será de 50 (cinquenta) anos; durante 20 (vinte) anos a partir da criação dos novos impostos, os Estados, o Distrito Federal e os Municípios receberão (i) valor equivalente à redução de receitas do ICMS ou ISS, em virtude da extinção desses tributos; (ii) valor do aumento/diminuição da arrecadação em virtude de alterações das alíquotas de competência de cada ente federado e (iii) superávit/déficit de arrecadação após consideradas as duas parcelas anteriores, que será distribuído proporcionalmente pelas regras de partilha do novo IBS (princípio do destino mediante apuração do saldo de débitos e créditos); a partir do 21º (vigésimo primeiro) ano, a parcela equivalente à redução do ICMS e do ISS (parcela "i", acima) será reduzida em um trinta avos ao ano, passando a receita a ser distribuída segundo o princípio do destino.

Ademais, a aprovação da PEC nº 45/2019 passa, invariavelmente, pela possibilidade de retirar a competência tributária dos Estados, do Distrito Federal e dos Municípios, a par da extinção do ICMS e do ISS e da criação de um tributo de competência Federal, à luz do pacto federativo.

Isto porque, como bem recorda ROCHA[21], *além de estar alinhada aos objetivos fundamentais do Estado brasileiro, a PEC 45 deve observar as cláusulas pétreas em matéria financeira e tributária;* que se resumem à manutenção à forma federativa de Estado e à manutenção dos direitos e garantias fundamentais dos contribuintes, na forma do art. 60, §4º, I e IV da Constituição Federal.

Deve-se, portanto, perquirir se a PEC nº 45/2019 tem como efeito abolir a forma federativa de Estado, em concreto ou em abstrato. Neste particular, cumpre trazer à colação, pela clareza da apresentação da controvérsia, as ponderações de ROCHA[22]:

---

20 BRASIL. Câmara dos Deputados. Reforma Tributária: Comparativo da PEC 45/2019 (Câmara) e da PEC 110/2019. Disponível em: www2.camara. leg.br/atividade-legislativa/estudos-e-notas-tecnicas/publicacoes-da-consultoria-legislativa/fiquePorDentro/temas/sistema-tributario-nacional-jun-2019/ reforma-tributaria-comparativo-das-pecs-em-tramitacao-2019

21 ROCHA, Sérgio André. Questão federativa é central na análise da constitucionalidade do IBS, *in* https://www.conjur.com.br/2019-ago-06/sergio-rocha-questao-federativa-central-analise-ibs - acessado em 12 de dezembro de 2019.

22 ROCHA, Sérgio André. *Ibidem.*

> Neste estágio do debate sobre a PEC 45, há duas correntes principais a respeito de sua inter-relação com o pacto federativo: uma que defende que o federalismo fiscal brasileiro requer apenas que cada ente subnacional tenha receitas suficientes para fazer face às suas atribuições definidas na Constituição; e outra que vai sustentar que não basta que os entes subnacionais tenham recursos financeiros.
>
> Seria necessária a existência de competências que lhes possibilitem utilizar a tributação como instrumento de política econômica, o que dependeria de terem tributos próprios, sobre os quais exerçam uma competência legislativa ampla. Assim sendo, para quem sustenta esta posição, a limitação da competência dos entes subnacionais à fixação de alíquotas (artigo 152-A, parágrafo 2°), a uniformidade da alíquota para todos os bens, tangíveis e intangíveis, serviços e direitos (artigo 152-A, parágrafo 1°, VI) e a vedação à concessão de benefícios fiscais em geral (artigo 152-A, parágrafo 1°, IV) resultariam na inconstitucionalidade da PEC 45.
>
> (...)
>
> Essa análise constitucional deve ser feita em abstrato e em concreto. Uma coisa é examinar abstratamente se a extinção do ICMS e do ISS — sem a substituição por equivalentes competências estaduais, distritais e municipais — seria inconstitucional. Outra abordagem é questionar se, embora abstratamente possível a extinção do ICMS e do ISS, o desenho institucional proposto pela PEC 45 seria constitucional.

Prima facie, não nos parece que a PEC n° 45/2019 tenha como consequência a abolição da forma federativa de Estado, ainda que retire, dos Estados e dos Municípios a atribuição de competência tributária levada a efeito pelo art. 145 da Constituição Federal. Ou seja, ainda que a PEC n° 45/2019 não confira maior concretude ao pacto federativo, reforçando a descentralização e a autonomia política e financeira, não teria o condão de abolir a forma federativa.

Todavia, essa premissa somente se sustenta se o modelo proposto possa garantir, de forma concreta, a manutenção dos recursos para fazer frente às suas despesas, sem subordinar os Estados e Municípios às decisões e repasses por parte da União Federal – o que, conforme alertado por BATISTA JÚNIOR[23], ocorreu por diversas vezes na história recente do país.

Neste contexto, há de se concordar com aqueles que reconhecem a constitucionalidade, em abstrato, da PEC n° 45/2016, mas temem por sua inconstitucionalidade, em concreto, na medida em que ainda não se pode afirmar se a estrutura proposta pode, ou não, garantir o equilíbrio fiscal e a autonomia financeira.

---

23 BATISTA JUNIOR, Onofre Alves. *Op. cit.*, p. 175 *et seq.*

Enfrentando a questão de forma pragmática, sob a ótica política, parece-nos improvável a aprovação da PEC n° 45/2019 sem concordância dos Estados, do Distrito Federal e dos Municípios, na medida em que, tal como apresentada, a proposta teria o condão de concentrar a arrecadação e a gestão dos recursos no nível da União Federal.

Por este motivo, os Estados-Membros condicionaram o apoio ao modelo proposto pela PEC n° 45/2019 à exclusão da União Federal do Comitê Gestor do IBS; o que representa um grande e – aparentemente insolúvel – desafio à aprovação da Proposta, como bem observado por ROCHA[24]:

> Os estados e o Distrito Federal, em manifestação não usual de uniformidade de posicionamento, sustentam que aceitam o modelo proposto na PEC, mas com algumas alterações, dentre as quais a exclusão da União do Comitê Gestor do IBS. Improvável que a União aceite entregar a receita atualmente gerada por PIS, Cofins e IPI para a gestão por um comitê do qual não faça parte. Assim, se os estados e o Distrito Federal não aceitam o desenho institucional do IBS conforme apresentado na PEC 45, e parece improvável que a União concorde com a ideia de não participar do comitê gestor, ao que tudo indica a PEC 45 chegou a uma encruzilhada que dificilmente será superada.

Neste contexto, considerando que a estrutura do Comitê Gestor ainda não foi definida, delineando, de forma clara e assertiva, questões atinentes à governança, parece-nos prematuro concluir pela constitucionalidade – ou inconstitucionalidade (em concreto) – do IBS, nos moldes da PEC n° 45/2019, no estado em que se encontra.

3.2. A PEC Nº 110/2019, DO SENADO FEDERAL

A PEC n° 110/2019 propõe a criação do Imposto sobre Bens e Serviços (IBS) em contrapartida à extinção de 09 (nove) tributos, quais sejam, a Contribuição para o Programa de Integração Social (PIS); a Contribuição para o Programa de Formação do Patrimônio do Servidor Público (Pasep); a Contribuição para o Financiamento da Seguridade Social (COFINS); o Imposto sobre Produtos Industrializados (IPI); o Imposto sobre Operações Financeiras (IOF); a Contribuição de Intervenção no Domínio Econômico incidente sobre as operações realizadas com combustíveis (CIDE-Combustíveis); Salário-Educação, o Imposto sobre Circulação de Mercadorias e sobre Prestações de Serviços de Transporte Interestadual, Intermunicipal

---

24 ROCHA, Sérgio André. *Ibidem.*

e de Comunicação (ICMS); e o Imposto sobre Serviços de Qualquer Natureza (ISS).

Neste particular, parece-nos igualmente intuitivo que a substituição de 09 (nove) tributos por um só teria o condão de reduzir, de forma significativa, a complexidade do sistema tributário, reduzindo o emaranhado de normas relacionadas às obrigações principais e unificando as obrigações acessórias.

A PEC nº 110/2019 prevê a instituição de contribuição "teste" de 1% com a mesma base de incidência do IBS, durante 1 (um) ano, e posteriormente, a transição dura cinco anos, sendo os atuais tributos substituídos pelos novos tributos à razão de um quinto ao ano.

No que diz respeito às alíquotas, caberá à legislação complementar fixá-las, havendo uma alíquota padrão; poderão ser fixadas alíquotas diferenciadas em relação à determinados bens ou serviços; portanto, a alíquota pode diferir, dependendo do bem ou serviço, mas é aplicada de maneira uniforme em todo o território nacional[25].

No que tange à partilha de recursos, no total, a transição será de 15 (quinze) anos; a partir da criação dos novos impostos, cada ente federativo (União, cada Estado, Distrito Federal e cada Município) receberá parcela das receitas dos impostos novos de acordo com a participação que cada um teve na arrecadação dos tributos que estão sendo substituídos; após a implementação definitiva do novo sistema de cobrança, prevista para durar 5 (cinco) anos, a regra retro descrita é progressivamente substituída pelo princípio do destino, à razão de um décimo ao ano.

Neste particular, convém recordar que a PEC nº 110/2019 prevê que o produto da arrecadação do IBS será partilhado entre a União, Estados e Municípios segundo o método previsto nas regras constitucionais descritas no novo texto constitucional proposto na Emenda; ou seja, mediante entrega de recursos a cada ente federativo conforme aplicação de percentuais previstos na Constituição sobre a receita bruta do IBS (repasse de cota-parte);

---

25 BRASIL. Câmara dos Deputados. Reforma Tributária: Comparativo da PEC 45/2019 (Câmara) e da PEC 110/2019. Disponível em: www2.camara.leg. br/atividade-legislativa/estudos-e-notas-tecnicas/publicacoes-da-consultoria-legislativa/fiquePorDentro/temas/sistema-tributario-nacional-jun-2019/reforma-tributaria-comparativo-das-pecs-em-tramitacao-2019

Ao contrário do que ocorre com a PEC nº 45/2019, a PEC nº 110/2019 prevê a criação de um IBS de competência estadual, instituído por intermédio do Congresso Nacional, com poder de iniciativa reservado, basicamente, a representantes dos Estados e Municípios (exceto por uma comissão mista de Senadores e Deputados Federais criada especificamente para esse fim ou por bancada estadual);

Enfrentando a questão de forma pragmática, sob a ótica política, parece-nos que, diante da maior representatividade dos Estados e dos Municípios no manejo do IBS, a PEC nº 110/2019 teria maior aceitação por parte do Congresso Nacional.

Desta feita, parece-nos que, a despeito da extinção do ICMS e do ISS, a PEC nº 110/2019 não teria o condão de vulnerar o pacto federativo, na medida em que, tal como concebido, asseguraria a representatividade dos Estados e Municípios, de sorte a assegurar o repasse de receitas suficientes para fazer face às suas atribuições constitucionais, sem criar uma relação de dependência e subordinação com a União Federal.

E, ainda que se pudesse argumentar que o IBS previsto pela PEC nº 110/2019 poderia ferir o pacto federativo, em razão da extinção de tributos federais, por tributo de competência do Estado – gerido, essencialmente por representantes dos Estados e Municípios –, fato é que, sob uma perspectiva arrecadatória, os interesses da União Federal permaneceriam resguardados, uma vez que o repasse de recursos obedeceria aos percentuais determinados pela Constituição Federal, sem representar, portanto, qualquer ofensa à autonomia financeira.

4. CONCLUSÕES

Conforme deduzido na precedência, é possível concluir que as duas Propostas de Emenda à Constituição – PEC nº 45/2019 e PEC nº 110/2019 – teriam como consequência da redução da complexidade do Sistema Tributário Nacional, a partir da unificação de uma vasta gama de tributos.

Não obstante, a despeito da simplificação tributária no longo prazo, é preciso advertir que, durante o prazo de transição, no qual vigorarão dois modelos totalmente distintos, haverá ainda mais insegurança jurídica e complexidade, afora o incremento considerável dos custos de *compliance*.

No que diz respeito aos limites impostos pelo pacto federativo às Propostas de Emenda à Constituição, temos que:

i. Conquanto importe na extinção de tributos de competência dos Estados e Municípios, a partir da criação de um tributo federal (IBS-Federal), a PEC nº 45/2019, em princípio, parece não macular o pacto federativo, na medida em que não pode ser considerada como uma medida abstrata tendente à abolição da forma federativa de Estado;

Não obstante, no estado em que se encontra, não é possível afirmar, de forma categórica, que a PEC nº 45/2019 não teria o condão de afetar o pacto federativo, em concreto, posto que o funcionamento do IBS e a governança do Comitê Gestor ainda são desconhecidos;

Caso os Estados e Municípios não tenham participação consistente no Comitê Gestor e não disponham de receitas suficientes para fazer frente às suas despesas, dependendo de repasses e transferências da União, ter-se-á, *in casu*, uma violação ao pacto federativo (por tolhimento da autonomia financeira e política);

ii. Conquanto importe na extinção de tributos de competência Federal, Estadual e Municipal, a partir da criação de um tributo estadual (IBS-Estadual) a PEC nº 110/2019, parece não macular o pacto federativo, na medida em que não pode ser considerada como medida abstrata ou concreta tendente à abolição da forma federativa do Estado;

A estrutura de repasses prevista pela PEC nº 110/2019, no sentido de que o produto da arrecadação do IBS será partilhado entre a União, Estados e Municípios segundo percentuais previamente indicados na Constituição, traz previsibilidade para as ordens de governo, não cria potencial relação de dependência política e financeira.

PLANO "MAIS BRASIL": AJUSTE FISCAL POR MEIO DA CONVALIDAÇÃO DE RETROCESSOS FEDERATIVOS EM SAÚDE E EDUCAÇÃO

ÉLIDA GRAZIANE PINTO[1]

SUMÁRIO: 1. Introdução; 2. Uma trajetória de desconstrução constitucional do custeio dos direitos sociais; 3. Considerações finais: PEC 188/2019 busca convalidar histórico inadimplemento do pacto federativo responsável pela promoção dos direitos fundamentais; Referências Bibliográficas

1.   INTRODUÇÃO

O presente artigo explora a recente agenda de reforma do pacto federativo inscrita no Plano "Mais Brasil", como um desfecho consciente e coerente para o trintenário esvaziamento dos arranjos normativos que fixaram a distribuição de responsabilidades e recursos entre os entes da federação na consecução dos direitos à saúde e à educação.

A hipótese que esperamos testar é a de que a Proposta de Emenda à Constituição 188/2019 visa primordialmente convalidar uma longa e falseada trajetória de descumprimento da Constituição de 1988 em relação às garantias orgânicas e financeiras que amparam federativamente tais direitos sociais.

Sustentamos, pois, haver uma espécie de culminância na PEC 188/2019 que consolida e pretende atribuir validade constitucional aos descumprimentos/ falseamentos cumulativos dos seguintes pilares constitucionais:

---

1 Professora de Finanças Públicas da EAESP-FGV. Procuradora do Ministério Público de Contas do Estado de São Paulo, Pós-Doutora em Administração pela Escola Brasileira de Administração Pública e de Empresas da Fundação Getúlio Vargas (FGV/RJ) e doutora em Direito Administrativo pela UFMG.

(1) o arranjo organizacional das políticas públicas que resguardam os direitos à saúde e à educação na forma de sistemas de colaboração federativa [Sistema Único de Saúde (SUS) e Sistema Nacional de Educação (SNE), respectivamente arts. 198 e 214 da Constituição] e

(2) dever de gasto mínimo em ações e serviços públicos de saúde (ASPS), no bojo do Orçamento da Seguridade Social (art. 55 do Ato das Disposições Constitucionais Transitórias e art. 198, §§2º e 3º da CF/1988) e dever de gasto mínimo em manutenção e desenvolvimento do ensino (MDE), bem como Fundo de Manutenção e Desenvolvimento da Educação Básica e de Valorização dos Profissionais da Educação (FUNDEB), na forma, respectivamente, do art. 212 da CF e do art. 60 do ADCT.

Ainda que o discurso de justificação do Plano "Mais Brasil", dentro do qual está inserida a PEC 188/2019, seja o de uma mudança estrutural na relação entre a União e os entes subnacionais (pretensamente em prol de uma maior descentralização de recursos[2]), não nos parece haver até aqui qualquer divergência de rota. Há tão somente o desvendamento e a aceleração dos esforços tanto de redução na participação federal de custeio dos serviços públicos essenciais em ASPS e MDE, quanto de desvinculação que vinham sendo empreendidos de forma paulatina e tergiversadora desde 1989.

Com a apresentação da Proposta de Emenda à Constituição 188/2019, a União assume – em alto e bom som – sua pretensão de redução da ação governamental e, em especial, impõe praticamente uma vedação à expansão da atuação federal no que concerne ao SUS, ao SNE e aos pisos de custeio em saúde e educação, além das restrições ao pleno funcionamento do Orçamento da Seguridade Social e ao FUNDEB.

Para testar aludida hipótese é que o artigo foi divido em três capítulos, incluída esta introdução, de modo que a evolução histórica será

---

2 Como se pode ler no portal do Senado (https://www12.senado.leg.br/noticias/materias/2019/11/05/senado-recebe-novo-pacote-de-reformas-do-governo), "o conjunto de medidas (Plano Mais Brasil), que serão detalhadas pela equipe econômica, é a prioridade do governo após a aprovação da reforma da Previdência (PEC 6/2019). Um dos objetivos é pôr em prática o princípio do "mais Brasil, menos Brasília". Ou seja: descentralizar o dinheiro que fica com a União, aumentando a autonomia de estados e municípios, uma das bandeiras de campanha de Bolsonaro durante as eleições. [...] — *Sempre ouvi nesta Casa que gostaríamos de continuar recebendo visitas de prefeitos e governadores a título de visita apenas, mas não para nos pedir algo orçamentário. Isso estando garantindo nesta emenda, eles decidirão o que fazer melhor porque eles vivem isso no dia a dia* — disse o presidente." (grifo nosso)

analisada no próximo tópico. Assim, esperamos promover, em sede de considerações finais, o contraste da trajetória de omissões e falseamentos com as disposições centrais da PEC 188/2019 (como o são a unificação dos pisos em saúde e educação, a ideia de equilíbrio intergeracional, a revisão do art. 167, IV e a vedação de qualquer vinculação feita pelo planejamento setorial).

Em evidente contradição com os ditames da redação originária da Constituição de 1988, o que se quer, agora, é fixar – em última instância – o tamanho máximo dos arranjos federativos que amparam a organização e o financiamento da saúde e da educação, ainda que a arrecadação tributária e a economia brasileira cresçam e ainda que as demandas da população se avolumem sem cobertura estatal adequada.

Quebra-se, com isso, não só a progressividade dos pisos em saúde e educação, que – até a Emenda 95/2016 – tinham correlação proporcional com a arrecadação estatal. A bem da verdade, o que a PEC 188/2019 propõe é a revisão da própria identidade constitucional que ancorava a prioridade de custeio dos direitos sociais em uma sofisticada teia federativa de distribuição de responsabilidades administrativas e financeiras, em busca da máxima destinação possível de recursos para a garantia de saúde e educação públicas.

2. UMA TRAJETÓRIA DE DESCONSTRUÇÃO CONSTITUCIONAL DO CUSTEIO DOS DIREITOS SOCIAIS

A mirada para quem observa o federalismo e sua relação indissociável com o financiamento dos direitos fundamentais, no Brasil do pós-Constituição de 1988, denota um horizonte de sucessivas emendas constitucionais, omissões regulamentares e restrições interpretativas.

Diversamente do almejado pelo constituinte originário, desenrolou-se um processo paulatino de esvaziamento fiscal tanto do caráter solidário-cooperativo no federalismo brasileiro, quanto do dever de progressividade no financiamento dos direitos fundamentais amparados por fonte vinculada de receitas ou por dever de gasto mínimo constitucionalmente fixado.

A esse respeito, é deveras contundente a síntese feita por Delgado e Castro (2004, p. 146-151, grifos nossos) para o período de 1988 a 2004:

> A partir da Constituição de 1988, as políticas sociais brasileiras teriam como uma de suas finalidades mais importantes dar cumprimento aos objetivos fundamentais da República, previsto no artigo 3º. [...] Para tanto,

a Constituição combinou medidas que garantem uma série de direitos sociais, ampliando o acesso da população a determinados bens e serviços públicos e garantindo a regularidade do valor dos benefícios. [...] Na parte de financiamento, reconhece a importância da área de Educação (artigo 212), ao aumentar a vinculação de recursos federais para esta área e, principalmente, ao criar o Orçamento da Seguridade Social. Este deveria primar pela diversidade das bases de financiamento, principalmente porque conta com uma série de Contribuições Sociais. Além disso, reflete o espírito descentralizador do período, mediante o fortalecimento fiscal e financeiro de estados e municípios, com a ampliação de sua autonomia na responsabilidade de gastos em determinadas áreas.

[...] As reações a esses avanços logo se fizeram notar, principalmente no campo dos argumentos e da retórica. Por exemplo: havia aqueles que viam nesse movimento um aumento do grau de rigidez orçamentária, uma vez que foram definidos: maiores vinculações de receitas, incremento das despesas de caráter obrigatório e maiores transferências constitucionais a estados e municípios. Com isso, grande parte da receita do governo federal iria ficar comprometida, e a alocação de recursos para atender a outras e/ou novas prioridades do governo ficaria restringida. Argumentava-se, ainda, que qualquer ampliação do esforço para aumentar a arrecadação não necessariamente ajudaria no equilíbrio orçamentário e no controle do déficit público, uma vez que a maior parte desses recursos adicionais já teria destinação definida – salvo o caso de recursos adicionais oriundos da criação de novos impostos.

A reação aos avanços poderia ir além do discurso, considerando que a implementação e a transformação dos direitos em políticas públicas sociais não ocorreriam de forma automática, devendo ser regulamentadas em legislação específica e complementar, que determina a forma de implementação do direito, fixando princípios, estabelecendo o formato da ação pública – ações e gestão –, as fontes de financiamento e os mecanismos de acompanhamento e controle, assim como as formas de participação social. Essa reação vai ocorrer no momento seguinte à promulgação da Constituição, com a rearticulação do bloco conservador que vai se tornar ainda mais forte no começo dos anos 1990, quando ganham impulso no Brasil as propostas neoliberais e conservadoras restauradas com a vitória de Collor de Mello, em 1990. As manobras políticas que foram efetuadas tinham como principal objetivo a obstrução à consumação dos novos direitos sociais que haviam sido inscritos na Constituição de 1988, e o governo aproveitou-se, para isso, do momento da tramitação da legislação complementar, quando então se consolidariam as regras constitucionais.

[...] Outro alvo privilegiado de ataque conservador [além da previdência social dentro da Seguridade Social] foi o Sistema Único de Saúde (SUS), que teve sua estrutura de financiamento atingida seriamente com o veto presidencial a 25 itens da Lei Orgânica de Saúde, a maior parte concentrada nos dispositivos de financiamento (ver Fagnani, 1997). No entanto, o *impeachment* de Collor truncou temporariamente esse processo de desconstrução.

No fim de 1992, Itamar Franco assumiu o governo em delicado contexto político-institucional, decorrente do *impeachment* do então presidente Fernando Collor de Mello. Nesse momento, apesar do curto mandato, consegue-se retornar ao processo de reformas que até então esteve interditado. Foi neste governo que se começou a aplicar e a montar a legislação complementar à Constituição Federal, que é formada por um conjunto de Leis Orgânicas – da Previdência Social, da Assistência Social, da Função Social da Propriedade Fundiária –, além das discussões e dos compromissos assumidos em torno da área de educação básica. Esse conjunto constitui o núcleo central da política social brasileira, fundamentada em direitos de cidadania.

[...] No entanto, esse mesmo governo segue, no campo econômico, a tendência das políticas macroeconômicas da década de 1990, e compreende as vinculações como um obstáculo significativo à busca do equilíbrio orçamentário e do ajuste fiscal, indo buscar uma forma de as receitas públicas ganharem flexibilidade no momento da sua alocação, a fim de redirecionar e/ou fazer adaptações nas políticas públicas. Nesse sentido, o governo Itamar propõe, em 1994, já com a coordenação econômica nas mãos de Fernando Henrique Cardoso, entre as medidas que conformaram a estratégia de estabilização da economia brasileira adotada com o Plano Real, a instituição do Fundo Social de Emergência (FSE), que procurou, em parte, aliviar o alto grau de vinculação, objetivando conter despesas e permitir maior flexibilidade operacional.

O período do governo Fernando Henrique compreende dois mandatos, sendo a primeira gestão de 1995 a 1998 e a segunda de 1999 até 2002. A primeira gestão corresponde ao período da implementação do real e vai até o momento de sua crise. A etapa seguinte refere-se ao momento de administração da crise. No primeiro período, quanto às políticas sociais, o governo FHC caracterizou-se, sobretudo, pela tentativa de conciliação a qualquer custo dos objetivos macroeconômicos da estabilização com as metas de reformas sociais, voltadas para a melhoria da eficiência das políticas sociais. [...] Com o início do segundo mandato, advém a crise externa do balanço de pagamentos, para a qual a resposta, no plano interno, é um profundo "ajuste fiscal" monitorado pelo Fundo Monetário Internacional (FMI). Todavia, **as salvaguardas jurídicas do sistema de Seguridade Social, da vinculação de impostos à Educação e, depois de 2000, da vinculação da Saúde protegem o gasto público vinculado a direitos sociais, impedindo que ele sucumbisse ao ajustamento recessivo**. A queda nos gastos poderia ter sido muito mais intensa, diga-se de passagem, se não fosse o formato das principais políticas sociais – Regime Geral da Previdência Social (RGPS), Sistema Único de Saúde (SUS), Seguro-Desemprego, Ensino Fundamental, Benefícios de Prestação Continuada (BPC) da Lei Orgânica da Assistência Social (Loas) etc. – que gozam da proteção e da segurança jurídica contra cortes orçamentários. Essas políticas contam com recursos vinculados de impostos e das Contribuições Sociais e têm no princípio do salário mínimo como piso dos benefícios uma barreira protetora contra a tesoura dos cortes de gastos, para gerar o superávit fiscal acertado com o FMI. Mediante o ataque dos defensores da política econômica de "ajuste fiscal", esses sistemas da política social sofreram perdas e não puderam avançar em qualidade e ampliação do escopo de benefícios, mas não se sacrificaram tanto quanto outros programas de iniciativa do governo – como a Reforma Agrária, os investimentos em infra-estrutura social (saneamento básico, rede hospitalar, universidades etc.) que foram fortemente atingidos no segundo mandato.

No começo do governo Lula, no campo das políticas sociais, observa-se um inesperado acanhamento, em razão principalmente de restrições orçamentárias, com a manutenção da estratégia de geração de superávit fiscal, assim como de uma certa falta de sincronismo da ação governamental em seu conjunto. Além disso, o novo governo encampa proposta de Reformas da Previdência e Tributária oriundas da agenda anterior. Nas discussões em torno da Reforma Tributária, foi aventada a adoção de mecanismos que poderiam reduzir a base de cálculo sobre a qual incidem as vinculações constitucionais para Educação e Saúde – algo como uma Desvinculação de Recursos para os Estados (DRE), de cerca de 20% de suas receitas. No entanto, o governo federal conseguiu manter o que efetivamente mais lhe interessava na Reforma Tributária que era a desvinculação de recursos na esfera federal, prorrogando a DRU até 2007.

[...] Os principais dispositivos constitucionais a serem atingidos mediante desvinculação seriam: vinculação do salário mínimo dos benefícios permanentes da Previdência e da Assistência Social e vinculação das Contribuições Sociais do Orçamento da Seguridade Social. Foi também mencionada a proposta de retirada das Contribuições Sociais da Constituição Federal. **Esse conjunto de propostas, se implementado, poderia quebrar uma das peças-chave da estrutura que garante as políticas sociais brasileiras, pois elimina a segurança jurídica que poderia haver sobre o financiamento aos direitos sociais, deixando a área exposta às manipulações orçamentárias, sem garantia de continuidade e suficiência de recursos.**

[...] Além disso, atinge diretamente a área social uma série de iniciativas no campo da política tributária, as quais concedem isenções das Contribuições Sociais aos bancos, sob o argumento da redução dos *spreads* bancários, o que conspira para a redução de receitas destinadas à política social calcada em direitos – que se adicionam aos efeitos negativos do FSE, do FEF e, posteriormente, da DRU, no custeio das ações da área social. Os resultados para a política social foram de perda de recursos em quase todas as áreas sociais. E, também, o FSE prejudicou bastante, em seu primeiro momento, os estados e os municípios, jogando-os cada vez mais para a dependência político-financeira do governo federal por meio de repasses voluntários de recursos. Apesar desses efeitos colaterais, os FSEs não conseguiram resolver o problema que, em última análise, justificou sua criação: eliminar o déficit público. Contudo, o problema do crescimento do déficit público não está associado, simplesmente, ao aumento do nível das despesas de custeio da administração federal. Ele é também, e principalmente, resultado direto da política econômica praticada pelo governo. Esses movimentos em torno da política social, do período pós-Constituição até o presente, destacam a institucionalidade de dois tipos de políticas: as de Estado e as de governo. As evidências históricas têm demonstrado que ambas possuem tratamento diferenciado por ocasião da crise ou do chamado ajuste econômico. Enquanto o primeiro tipo tem caráter anticíclico e uma blindagem jurídico-institucional que tende a preservá-lo dos cortes, apesar da "criatividade" daqueles que comandam o "ajuste", o segundo é inteiramente dependente do governo e normalmente é manipulado de acordo com os interesses de quem "comanda a tesouraria".

Em suma, chama-se **a atenção para o fato de que, se os direitos sociais têm a blindagem das vinculações, isso ocorre em decorrência da desconfiança dos legisladores brasileiros quanto aos possíveis desvios de recursos de áreas fundamentais da política social para atender a outros interesses políticos e econômicos**. Teme-se a desconstrução que poderia acontecer com a política social brasileira, caso a segurança jurídica/institucional contra cortes orçamentários e a vinculada do salário mínimo fiquem apenas amparadas em leis ordinárias, que a qualquer momento poderiam ser substituídas por uma Medida Provisória.

Já no balanço das três décadas de vigência da Constituição Federal, é preciso realizar um esforço sistêmico de observar, em perspectiva finalístico-comparativa, a desconstrução feita pela desvinculação de receitas da União (DRU) no Orçamento da Seguridade Social (de que trata o art. 165, §5º, III da CR/1988), os falseamentos e retrocessos empreendidos pela União nos gastos mínimos em saúde e educação e, por fim, a instituição de um teto global de despesas primárias, que congelou, em valores reais referidos ao ano-base de 2016, o patamar das despesas primárias federais até o exercício financeiro de 2036 (Novo Regime Fiscal dado pela Emenda 95/2016).

É preciso promover, pois, a leitura coordenada dos seguintes fenômenos normativos:

(1) a desvinculação de receitas da União (DRU), perenizada ao longo de oito emendas constitucionais via Ato das Disposições Constitucionais Transitórias (ADCT).

A vigência temporalmente dilatada da desvinculação de receitas da União (DRU) se verifica com a sua instituição por meio da Emenda Constitucional de Revisão nº 1, de 1º de março de 1994, e suas sucessivas prorrogações meio de 7 (sete) emendas ao ADCT para estender a sua vigência até 31 de dezembro de 2023 (Emendas Constitucionais n.º 10, de 04 de março de 1996; n.º 17, de 22 de novembro de 1997; n.º 27, de 31 de março de 2000; n.º 42, de 19 de dezembro de 2003; n.º 56, de 20 de dezembro de 2007, n.º 68, de 21 de dezembro de 2011 e nº 93, de 8 de setembro de 2016).

Desde 1994 e assim será até 2023, a União desvincula[3] parcialmente fontes de receitas vinculadas à seguridade social para custear – direta ou indiretamente – despesas com o seu regime próprio de previdência (arts. 40 e 42 da CF), que obviamente não estão inseridos na sistemática dos arts. 194 a 204 da Constituição de 1988.

Ao longo dos 29 anos de vigência da DRU, está mitigado o escopo da garantia de haver orçamento específico – com fonte de custeio própria – para a seguridade social, no que se incluem as contribuições sociais como espécie tributária autônoma e não suscetível de repartição federativa (art. 165, §5º, III, c/c art. 195, ambos da CR/1988).

A perpetuação da DRU via ADCT lesa os arts. 167, IV, 195, 196 e 198 da CR/1988, ao faticamente dar causa à insuficiência de recursos para o custeio constitucionalmente adequado dos direitos sociais (aqui, em especial, o direito à saúde) amparados por diversas formas de vinculação de receita e/ou despesa, em rota de lesão aos princípios da vedação de retrocesso e vedação de proteção insuficiente.

Some-se a isso o fato de que a DRU nega aos entes subnacionais a possibilidade de repartição tributária, em uma rota de tergiversação sobre a tredestinação das contribuições sociais para a seguridade social para outros fins alheios aos determinados pelo texto permanente da Constituição de 1988. A esse respeito, aliás, foi proposta a Ação de Descumprimento de Preceito Fundamental 523, em 11 de junho de 2018. Isso porque a DRU lesa também o dever de repartição federativa a que se referem os arts. 157 a 159, o que – por via transversa – mitiga

---

3 A esse respeito, ver GENTIL, Denise Lobato. *A política fiscal e a falsa crise da seguridade social brasileira – análise financeira do período 1990-2005*. Tese de Doutorado. Instituto de Economia da UFRJ. 2005. Disponível em http://www.ie.ufrj.br/images/pesquisa/publicacoes/teses/2006/a_politica_fiscal_e_a_falsa_crise_da_segurarida-de_social_brasileira_analise_financeira_do_periodo_1990_2005.pdf e PINTO, Élida Graziane. Seis vezes DRU: flexibilidade orçamentária ou esvaziamento de direitos sociais? *De jure: revista jurídica do Ministério Público do Estado de Minas Gerais*, n.11, p.511-537, jul./dez., 2008, disponível em https://aplicacao.mpmg.mp.br/xmlui/bitstream/handle/123456789/120/Seis%20vezes%20DRU_Pinto.pdf?sequence=1.

o dever de financiamento federativamente solidário dos direitos fundamentais (haja vista, por exemplo, o teor do art. 30, VI e VII, art. 198, §3°, II e art. 211, §1°, todos da Constituição).

A pretexto de ajuste fiscal longevo e nada transitório, tampouco excepcional, a desvinculação de receitas, objetivamente, mitiga, ainda que parcialmente, a natureza jurídica das contribuições sociais, além de reduzir as disponibilidades orçamentário-financeiras que capacitam o Estado a garantir direitos sociais. Aqui cumpre reiterar que são afetados notadamente direitos que, por sua relevância, tiveram garantia constitucional de financiamento seja pela via da receita vinculada, seja pela via do patamar mínimo de gasto, seja ainda por meio de fundos e outras sistemáticas de custeio apartado da ampla discricionariedade orçamentária.

Impugnar a DRU como inconstitucional é algo que pode ser extraído da constatação fática de que a regra de excepcionalidade e aventada transição a um regime econômico de estabilidade monetária (em transição desde 1994?) não pode permanecer indefinidamente, até porque a flexibilidade orçamentária trazida "transitoriamente" por tal instituto e pelos seus antecedentes congêneres (Fundo Social de Emergência – FSE e Fundo de Estabilização Fiscal – FEF) não pode implicar o esvaziamento normativo da garantia de custeio adequado para os direitos sociais, tampouco do pacto federativo.

O decurso do tempo e a sucessão de emendas meramente tendentes à prorrogação de prazo de vigência nos trazem a comprovação fática da perda dos pressupostos de norma transitória e excepcional ao longo das 8 (oito) emendas acima arroladas. Desse modo é que a perpetuação da desvinculação de receitas da União via ADCT tem se revelado como desvio de finalidade das regras de competência para instituição de contribuições sociais e das demais formas de vinculação orçamentária previstas constitucionalmente.

(2) a falta de regulamentação do Sistema Nacional de Educação (SNE) previsto no art. 214 da Constituição e no art. 13 da Lei n° 13.005, de 25 de junho de 2014 (Plano Nacional de Educação – PNE). Trata-se de omissão em regulamentar o sistema que deveria articular os sistemas de ensino de todos os entes da federação, em regime de colaboração, para efetivação das diretrizes, metas e estratégias do planejamento setorial da educação.

A União nega-se a assumir sua cota de responsabilidade pela educação básica obrigatória, não só por meio do esvaziamento do SNE, como também falseia o dever federal de complementação referido ao valor mínimo anual por aluno, de que trata o art. 211, §1º da Constituição de 1988.

Tal falseamento ocorreu no cálculo da complementação devida ao Fundo de Manutenção e Desenvolvimento do Ensino Fundamental e de Valorização do Magistério (Fundef) e foi levado ao debate Supremo Tribunal Federal no julgamento conjunto[4] das Ações Cíveis Originárias 648/BA, 660/AM, 669/SE e 700/RN, quando foi determinado o ressarcimento da complementação feita aquém do parâmetro constitucional no período de 1998 a 2007.

Há ainda esvaziamento análogo no que diz respeito à complementação federal ao FUNDEB, sobretudo no que concerne à omissão de regulamentação do Custo Aluno-Qualidade Inicial (CAQi) e do Custo Aluno-Qualidade (CAQ), como parâmetros definidos nas estratégias 7.21, 20.6, 20.7, 20.8 e 20.10 do PNE.

Vale lembrar, do ponto de vista da cooperação federativa, que a omissão da União e dos Estados em assegurar assistência técnica e financeira, no exercício das suas funções redistributiva e supletiva para fins de equalização das oportunidades educacionais e padrão mínimo de qualidade de que trata o art. 211, §1º da Constituição Federal, en-

---

4 Segundo noticiado em 06/09/2017 no seguinte endereço http://stf.jus.br/portal/cms/verNoticiaDetalhe.asp?idConteudo=354959,

"Por maioria de votos, o Plenário do Supremo Tribunal Federal (STF), em sessão nesta quarta-feira (6), condenou a União ao pagamento de diferenças relacionadas à complementação do Fundo de Manutenção e de Desenvolvimento do Ensino Fundamental e de Valorização do Magistério (Fundef). De acordo com a decisão, o valor mínimo repassado por aluno em cada unidade da federação não pode ser inferior à média nacional apurada, e a complementação ao fundo, fixada em desacordo com a média nacional, impõe à União o dever de suplementação desses recursos. Também ficou estabelecido que os recursos recebidos retroativamente deverão ser destinados exclusivamente à educação.

[...] O Fundef foi instituído, por meio da Lei 9.424/1996, como fundo financeiro de natureza contábil e sem personalidade jurídica, gerido pela União e composto por 15% do ICMS e do IPI-exportação arrecadados, e do mesmo percentual para fundos de participação obrigatórios (FPE e FPM) e ressarcimento da União pela desoneração de exportações. Não atingido o piso com a aplicação apenas dos recursos estaduais e municipais, a lei determinava o aporte da União para efetuar a complementação.

No entendimento dos estados, a União descumpriu a determinação constitucional, pois efetuou a complementação com base em coeficientes regionais, e não no Valor Médio Anual por Aluno (VMAA). A União, por sua vez, alegou que os fundos seriam de natureza meramente contábil e independentes entre si, devendo ser calculados conforme critérios unicamente regionais."

seja responsabilidade solidária pelos sistemas de ensino demandados, para além do dever formal de colaboração entre eles, sob pena de lesão ao direito à educação pública de qualidade e ao pacto federativo, bem como de afronta aos artigos 23, V; 30, VI e 212, §3º, todos da Constituição de 1988, aos artigos 74 a 76 da LDB e ao art. 7º do PNE.

A recalcitrância do governo federal em regulamentar o padrão mínimo de qualidade do ensino tem correlação direta com o seu dever de complementar os recursos vertidos pelos entes subnacionais ao ciclo da educação básica obrigatória, o que foi diagnosticado – direta ou indiretamente – nos Acórdãos n.º 618/2014, 906/2015, 1897/2017, 717/2019 e 1656/2019 (proferidos pelo Plenário do Tribunal de Contas da União).

Ora, a União tem se esquivado da sua responsabilidade federativa de atuar redistributiva e supletivamente em matéria educacional, o que esvazia a perspectiva do constituinte originário de que fosse garantida a equalização das oportunidades educacionais e o padrão mínimo de qualidade do ensino. Interessante notar que tal cenário se repete com a manifesta rejeição do Ministério da Economia à proposta de renovação do FUNDEB, em bases mais equitativas e com maior complementação federal, tal como feita no âmbito da PEC 15/2015[5].

É nesse contexto que seria cabível a responsabilização da União pela sua omissão na regulamentação do padrão mínimo de qualidade do ensino a que se referem o art. 74 da LDB e o art. 206, VII da Carta de 1988, bem como determinam as citadas estratégias 20.6, 20.7, 20.8 e 20.10 do PNE.

(3) a regressividade proporcional da participação federal no volume global de aplicação de todos os entes da federação em ações e serviços públicos de saúde (ASPS). O marco inicial – a partir de onde se desenrola a trajetória errática e tendente à regressividade do dever federal de gasto mínimo em saúde – remonta ao art. 55 do ADCT, que previa a alocação mínima de 30% (trinta por cento) do orçamento da seguridade social para o "setor de saúde". O texto originário da Constituição de 1988 buscou garantir sustentabilidade financeira às ações da seguridade social, por meio da fixação de um justo equilíbrio entre a saúde e as demais áreas (previdência e assistência social) na divisão de seu orçamento na mesma proporção da população atendida.

---

5 Como se pode ler https://www.terra.com.br/noticias/educacao/governo-se-diz-contra-pec-que-aumenta-recursos-para-educacao,90e07c08b8274a2ee-6b9f6bde34987dfozry3uyx.html

Ocorre que tal regime protetivo da Constituição Federal jamais foi cumprido. Isso porque, nos seus trinta anos de vigência, sucederam-se regras seletivas e tendentes à regressividade de regime jurídico definidas exclusivamente em favor do governo federal nas seguintes Emendas:

(3.i) Emenda Constitucional nº 29, de 13 de setembro de 2000 (já que a União era o único a ente que não tinha piso fixado em proporção da sua arrecadação de impostos);

(3.ii) Emenda nº 86, de 17 de março de 2015 (que estabeleceu os subpisos impugnados pela ADI 5595/DF e retirou o caráter de fonte adicional de custeio dos recursos do pré-sal) e

(3.iii) Emenda nº 95, de 15 de dezembro de 2016 (que assegurou mera correção monetária ao piso federal em saúde até 2036, tomando como base de cálculo inicial o gasto realizado em 2017).

(4) o "Novo Regime Fiscal" foi estabelecido pela citada Emenda 95, com o intuito de fixar teto de despesas primárias federais de 2017 a 2036, conforme o patamar de aplicação verificado em 2016, a partir do qual somente seria assegurada a correção monetária nos anos subsequentes. Cabe, em especial, destacar o fato de que o art. 110 do ADCT, trazido pela EC 95/2016, retirou a relação de proporcionalidade entre a arrecadação federal e os deveres de gasto mínimo em saúde e educação.

A despeito de não ter promovido revogação ou alteração expressa dos arts. 198 e 212 do texto permanente da Constituição, o citado dispositivo "transitório" afastou – durante o lapso temporal de 2018 a 2036 – o dever de aplicação mínima de recursos em saúde e educação de forma automaticamente vinculada a determinados porcentuais da arrecadação federal (respectivamente 15% da receita corrente líquida e 18% da receita de impostos).

De 2018 em diante, a União obrigou-se a resguardar tão somente o quanto aplicou no ano anterior, corrigido pela variação do Índice Nacional de Preços ao Consumidor Amplo – IPCA, publicado pelo Instituto Brasileiro de Geografia e Estatística. Tecnicamente foi alterada não só a base de cálculo do piso, como também o indexador que anualmente lhe quantifica o montante devido. Daí é que decorre a perspectiva de que a mera correção monetária, a partir da base de cálculo fixada inicialmente em 2017, desconstruiu a relação de proporcionalidade entre receitas federais e seu dever de gasto mínimo em saúde e educação.

Sem garantia de proporcionalidade com o comportamento da arrecadação, resta pragmaticamente distante a possibilidade de progressividade real de custeio para tais áreas em face do teto imposto pela Emenda 95 e do conflito distributivo no orçamento geral da União.

As quatro grandes iniciativas acima arroladas, assim lidas e interpretadas conjugadamente, apontam para uma tendência histórica consistente de redução teleológica e fiscal do pacto civilizatório celebrado em 1988. O que está em xeque, como visto ao longo do artigo, é o eixo estrutural concebido na Constituição Federal de os orçamentos públicos serem orientados primordialmente pelo dever de financiamento constitucionalmente adequado dos direitos fundamentais em uma federação equilibrada.

3. CONSIDERAÇÕES FINAIS: PEC 188/2019 BUSCA CONVALIDAR HISTÓRICO INADIMPLEMENTO DO PACTO FEDERATIVO RESPONSÁVEL PELA PROMOÇÃO DOS DIREITOS FUNDAMENTAIS

Diante do diagnóstico de crise fiscal e federativa, uma agenda ousada de reformas constitucionais foi apresentada ao Congresso no dia 05/11/2019 com o nome de "Plano Mais Brasil"[6]. Nuclearmente, as Propostas de Emenda à Constituição nº 186, 187 e 188/2019 trazem consigo a pretensão de reequilíbrio federativo nas contas públicas.

O lema "Mais Brasil" contrasta com o quase total descumprimento do parágrafo único do art. 23 da nossa Constituição: *"Leis complementares fixarão normas para a cooperação entre a União e os Estados, o Distrito Federal e os Municípios, tendo em vista o equilíbrio do desenvolvimento e do bem-estar em âmbito nacional."*

Se quiséssemos efetivamente equilíbrio federativo, estaríamos, desde 1988, a cumprir a Constituição quanto à edição das leis complementares reclamadas pelo art. 23 para assegurar densidade e concretude às competências comuns ali inscritas. Não houve a edição coordenada dessas leis, tampouco há registro histórico de que tenha sido pautado seriamente o debate sobre a cooperação necessária ao "equilíbrio do desenvolvimento e do bem-estar em âmbito nacional".

A disputa fratricida na federação tem sido regra, do que dão exemplos a Ação Direta de Inconstitucionalidade por Omissão nº 25 (compensação dos efeitos da Lei Kandir prevista no art. 91 do ADCT) e a

---

6 Conforme noticiado em https://www12.senado.leg.br/noticias/materias/2019/11/05/paulo-guedes-plano-mais-brasil-pretende-transformar-o-estado-brasileiro

Arguição de Descumprimento de Preceito Fundamental nº 523 (efeitos da DRU sobre o sistema de repartição federativa de receitas).

Obviamente, não haverá equilíbrio federativo real com as aludidas PEC's, se se acelerar o paulatino, mas contínuo e deliberado processo de desconstrução da cooperação federativa no custeio dos serviços públicos essenciais e na consecução dos direitos sociais. A esse respeito, o rol de revogações do art. 8º da PEC 188/2019 talvez seja a expressão mais clara e contundente da guerra fiscal em que nos encontramos: a tendência ali é de consolidar a ausência da União já sentida em várias áreas e situações concretas.

Ora, revogar as hipóteses de intervenção federativa em prol do saneamento das contas públicas dos entes subnacionais é sustentar – direta ou indiretamente – que Estados e Municípios possam vir a deixar de prestar serviços públicos essenciais aos cidadãos por "falência fiscal". As sucessivas moratórias constitucionalizadas ao regime jurídico dos precatórios atestam que essa não é uma resposta válida, tampouco suficiente à altura do problema. Deixar descontinuar serviços públicos, com risco de dano a direitos fundamentais, não afastará o dever de ressarcimento a que se refere o art. 37, §6º da Constituição, porque a União não pode se furtar à sua responsabilidade solidária em áreas sensíveis, como as ações e serviços públicos de saúde e a educação básica obrigatória.

Vale lembrar, por oportuno, que as ausências e insuficiências do custeio federal em direitos sociais têm sido reiteradamente impugnadas em âmbito judicial, como vimos no capítulo anterior. Mas a resposta na PEC do Pacto Federativo parece ser diametralmente oposta, já que a União pretende revogar seu piso em saúde e o fundo social do pré-sal (respectivamente incisos X, XI, XII e XIII do art. 8º da PEC 188/2019), assim como pretende se ausentar do custeio de programas suplementares de atendimento ao educando (material didático escolar, transporte, alimentação e assistência à saúde), por supor bastar a transferência da contribuição social do salário-educação.

Por falar em redistribuição de recursos e arranjo estrutural de políticas públicas na federação, é deveras interessante destacar o quão incoerente e contraditório é o discurso em face da prática sobre "Mais Brasil, menos Brasília". Aqui reiterar o registro da manifesta rejeição[7]

---

7 Como se pode ler em https://g1.globo.com/educacao/noticia/2019/09/19/mec-retira-apoio-de-proposta-que-preve-fundeb-permanente-com-40percent-de-recursos-da-uniao.ghtml

do Executivo federal à proposta de renovação do FUNDEB, tal como suscitada na PEC 15/2015; bem como denunciar novamente sua omissão inconstitucional quanto à falta de regulamentação do custo aluno-qualidade inicial e do custo aluno-qualidade, conceitos reclamados pelas estratégias 7.21 e 20.6 a 20.8 do Plano Nacional de Educação.

O contexto acima parece ser o de fuga às responsabilidades federativas no custeio juridicamente estável e fiscalmente progressivo dos direitos fundamentais. A tal quadro soma-se a nova dicção do art. 167, IV que retira sorrateiramente o lastro fiscal da vinculação proporcional da arrecadação de impostos ao custeio mínimo das ações e serviços públicos de saúde (art. 198) e da manutenção e desenvolvimento do ensino (art. 212), além de admitir – fraudulentamente[8] – que os pisos sejam reciprocamente dedutíveis um no cômputo do outro.

O pacto federativo não funciona bem em nosso país, porque há fortes incentivos racionais para que os entes políticos se lancem uns contra os outros. Assim, o curto prazo eleitoral dos mandatários políticos tende a prejudicar o exame intertemporal e solidário das responsabilidades comuns da federação. Mas, para fazer face ao patrimonialismo fiscal e ao curto prazo eleitoral, deveríamos debater o aperfeiçoamento e o fortalecimento do planejamento orçamentário, por meio de pisos em saúde e educação qualitativamente vinculados a metas e estratégias dos seus respectivos planos setoriais. Ao invés disso, contudo, a PEC 188/2019 propõe simplesmente a revogação do plano plurianual e a unificação dos pisos em saúde e educação, como se não houvesse uma franca tendência ao jogo de soma zero entre ambas as políticas públicas nucleares.

Muda-se tudo isso em nome dos propósitos de reformar o Estado brasileiro e buscar o "equilíbrio fiscal intergeracional" (parágrafo único do art. 6º), para, em última instância, destinar o excesso de arrecadação e o superávit financeiro à amortização da dívida pública (art. 3º, §1º, II da PEC 186/2019, art. 5º da PEC 187/2019 e art. 7º da PEC 188/2019). Porém, até mesmo essa agenda revela-se potencialmente falaciosa do ponto de vista fiscal, se a amortização da dívida vier acompanhada concomitantemente da sua pura e simples substituição por operações compromissadas. As variáveis em jogo apontam para a

---

8 Algo que enfrentamos em https://gauchazh.clicrbs.com.br/opiniao/noticia/2019/11/unificacao-dos-pisos-e-inconstitucional-ck2qhy4bj00km01o0dx-z2gr0e.html

necessidade de equacionamento fiscal, de forma coordenada com as dimensões cambial, creditícia e monetária.

Em meio a tantas propostas de mudanças, fato é que o conceito de equilíbrio está em disputa até mesmo contra a identidade protetiva do texto permanente da Constituição de 1988. É claro que há de haver equilíbrio fiscal como meio de realização dos direitos fundamentais, jamais como impeditivo absoluto ou cláusula de suspensão da sua eficácia imediata, prevista no art. 5º, §1º. É com esse filtro qualitativo que devemos ler e interpretar o alcance dos seguintes dispositivos que a PEC 189/2019 pretende acrescentar no art. 6º e no art. 167:

> *Art. 6º [...] Parágrafo único. Será observado, na promoção dos direitos sociais, o direito ao equilíbrio fiscal intergeracional.*
> *Art. 167 [....]*
> *§ 8º Lei ou ato que implique despesa somente produzirá efeitos enquanto houver a respectiva e suficiente dotação orçamentária, não gerando obrigação de pagamento futuro por parte do erário.*
> *§ 9º Decisões judiciais que impliquem despesa em decorrência de obrigação de fazer, não fazer ou entregar coisa somente serão cumpridas quando houver a respectiva e suficiente dotação orçamentária.*

Interessante notar que o comando do art. 165, §10 da Constituição, trazido pela Emenda 100/2019, dialoga com o dever de implementação progressiva dos direitos econômicos, sociais e culturais até o máximo dos recursos estatais disponíveis. Tal dever é exigido em nosso ordenamento por força de tratados dos quais o Brasil é signatário:

> Art. 165, § 10 da Constituição de 1988:
> *"A administração tem o **dever de executar as programações orçamentárias**, adotando **os meios e as medidas necessários, com o propósito de garantir a efetiva entrega de bens e serviços à sociedade."***
> Artigo 2º, item 1 do Pacto Internacional sobre Direitos Econômicos, Sociais e Culturais (promulgado pelo Decreto 591/1992),
> *"Cada um dos Estados Partes no presente Pacto **compromete-se a agir**, quer com o seu próprio esforço, quer com a assistência e cooperação internacionais, especialmente nos planos econômico e técnico, **no máximo dos seus recursos disponíveis, de modo a assegurar progressivamente o pleno exercício dos direitos** reconhecidos no presente Pacto por todos os **meios apropriados**, incluindo em particular por meio de medidas legislativas"*
> Artigo 1º do Protocolo Adicional à Convenção Americana sobre Direitos Humanos em matéria de Direitos Econômicos, Sociais e Culturais, também conhecido como Protocolo de São Salvador (promulgado pelo Decreto 3.321/1999),
> *"os Estados Partes neste Protocolo Adicional à Convenção Americana sobre Direitos Humanos **comprometem-se a adotar as medidas necessárias**, tanto*

*de ordem interna como por meio da cooperação entre os Estados, especialmente econômica e técnica, **até o máximo dos recursos disponíveis e levando em conta seu grau de desenvolvimento, a fim de conseguir, progressivamente e de acordo com a legislação interna, a plena efetividade dos direitos** reconhecidos neste Protocolo".* (grifos nossos)

Falar em meios e medidas necessários para garantir a efetiva entrega de bens e serviços à população significa buscar alocar o máximo de recursos disponíveis para a consecução progressiva de direitos fundamentais. Tal desiderato é o núcleo de identidade do federalismo fiscal brasileiro inscrito em nossa Constituição, à luz do citado parágrafo único do art. 23.

Reescreve nosso ordenamento quem elege – com primazia absoluta – a formação de excedente financeiro para abatimento da dívida pública como outro núcleo de identidade paralelo da CF/1988. Ainda mais porque tal intuito tem sido pretendido, sem balizar claramente os próprios limites e ônus argumentativos das escolhas cambiais e monetárias que também nos trouxeram ao agravamento da dívida (como, por exemplo, saldo desarrazoado de reservas internacionais, estoque desproporcional de operações compromissadas, taxa de juros que entrega inflação despregada do centro da meta inscrita no sistema de metas de inflação por três anos consecutivos etc).

É preciso que saiamos em defesa do pacto federativo, assim como que busquemos equilíbrio fiscal em prol dos direitos fundamentais. Esse é o eixo em torno do qual todos os ditames constitucionais devem girar, até porque não cabe esperar sustentabilidade de longo prazo dos orçamentos públicos e da própria dívida pública, se a tal esforço de consolidação fiscal corresponder passivo correspondente de operações compromissadas e de demandas judiciais de ressarcimento por lesões omissivas a direitos fundamentais.

Não dá para esperar o bolo crescer para depois dividi-lo, porque, no meio do caminho, cidadãos nascem, crescem ignorantes, adoecem e morrem sem dignidade, enquanto a dívida pública não necessariamente diminui e tende a ser capturada como meio tergiversador de reprodução da nossa intergeracional desigualdade.

Infelizmente, a PEC 188/2019 não só reafirma a trajetória histórica de esvaziamento das garantias orgânicas e financeiras dos direitos fundamentais à saúde e à educação, como também convalida o trintenário descumprimento das pactuações federativas que deveriam assegurar consecução a esses nucleares direitos sociais.

Vale, contudo, lembrar que nulidades absolutas não são convalidáveis, assim como emendas que atentam contra cláusulas pétreas persistem inconstitucionais, ainda que venham a ser reiteradas por outras sucessivas emendas. Afinal, a Constituição de 1988 ainda subsiste enquanto nós não abdicarmos de defendê-la.

REFERÊNCIAS BIBLIOGRÁFICAS

BERCOVICI, Gilberto; MASSONETTO, Fernando. A Constituição dirigente invertida: a blindagem da Constituição financeira e a agonia da Constituição econômica. *Boletim de Ciências Econômicas XLIX*, p. 2/23, Coimbra: Universidade de Coimbra, 2006.

CONFEDERAÇÃO NACIONAL DOS MUNICÍPIOS. *Subfinanciamento da Educação e da Saúde*. Brasília: CNM, 2016. Disponível em https://www.cnm.org.br/cms/biblioteca_antiga/Subfinanciamento%20da%20Educa%c3%a7%c3%a3o%20e%20da%20Sa%c3%bade%20(2016).pdf

DELGADO, Guilherme Costa; CASTRO, Jorge Abrahão de. Direitos sociais no Brasil sob risco de desconstrução. *Políticas Sociais - Acompanhamento e Análise*. 9. Brasília: IPEA, nov. 2004, p. 146-151

GENTIL, Denise Lobato. *A política fiscal e a falsa crise da seguridade social brasileira – análise financeira do período 1990-2005*. Tese de Doutorado. Instituto de Economia da UFRJ. 2005. Disponível em http://www.ie.ufrj.br/images/pesquisa/publicacoes/teses/2006/a_politica_fiscal_e_a_falsa_crise_da_seguraridade_social_brasileira_analise_financeira_do_periodo_1990_2005.pdf

GOBETTI, SW; ORAIR, RO. *Progressividade tributária: a agenda negligenciada* [Internet]. Brasília: IPEA; 2016 (Texto para Discussão n° 2190). Disponível em: http://www.ipea.gov.br/portal/index.php?option=com_content&view=article&id=27549 e http://www.ipea.gov.br/portal/images/stories/PDFs/TDs/td_2190.pdf

MAGALHÃES, LCG; COSTA, CR. *Arranjos institucionais, custo da dívida pública e equilíbrio fiscal: a despesa "ausente" e os limites do ajuste estrutural* [Internet]. Brasília: IPEA; 2018 (Texto para Discussão n° 2403). Disponível em: http://www.ipea.gov.br/portal/index.php?option=com_content&view=article&id=34019&Itemid=433 e http://www.ipea.gov.br/portal/images/stories/PDFs/TDs/td_2403jjj.pdf

PINTO, Élida Graziane. Seis vezes DRU: flexibilidade orçamentária ou esvaziamento de direitos sociais? *De jure: revista jurídica do Ministério Público do Estado de Minas Gerais*, n.11, p.511-537, jul./dez., 2008, disponível em https://aplicacao.mpmg.mp.br/xmlui/bitstream/handle/123456789/120/Seis%20vezes%20DRU_Pinto.pdf?sequence=1

———. Erosão orçamentário-financeira dos direitos sociais na Constituição de 1988. *Ciência & Saúde Coletiva*, Rio de Janeiro, v. 24, n. 12, p. 4473-4478, dez. 2019. Disponível em <http://www.scielo.br/scielo.php?script=sci_arttext&pid=S1413-81232019001204473&lng=pt&nrm=iso>. acessos em 04 dez. 2019. Epub 25-Nov-2019. http://dx.doi.org/10.1590/1413-812320182412.25092019.

————. *Estado de Coisas Inconstitucional na política pública de saúde brasileira* [artigo na Internet]. Rio de Janeiro: CEE-Fiocruz; 2017 (Futuros do Brasil: Ideias para ação). Disponível em: http://www.cee.fiocruz.br/sites/default/files/Artigo_Elida_Graziane.pdf

————. *Financiamento dos direitos à saúde e à educação: uma perspectiva constitucional*. Belo Horizonte: Fórum, 2015.

PINTO, Élida Graziane; XIMENES, Salomão Barros. Financiamento dos direitos sociais na Constituição de 1988: do "Pacto Assimétrico" ao "Estado de Sítio Fiscal". *Educação e Sociedade*, Campinas , v. 39, n. 145, p. 980-1003, Dec. 2018 . Available from http://www.scielo.br/scielo.php?script=sci_arttext&pid=S0101-73302018000400980&lng=en&nrm=iso. access on 04 Nov. 2019. http://dx.doi.org/10.1590/es0101-73302018209544.

ROSSI, P.; DWECK, E. Impactos do novo regime fiscal na saúde e educação. *Cadernos de Saúde Pública,* RJ, v. 32, n. 12, 2016. Disponível em http://www.scielo.br/scielo.php?script=sci_arttext&pid=S0102-311X2016001200501&lng=en&nrm=iso.

SALVADOR, Evilásio. Os limites do orçamento público para consolidar e expandir direitos. *Nota Técnica INESC Nº 165*. Brasília: INESC, maio de 2010.

SARLET, IW. *A eficácia dos direitos fundamentais: uma teoria geral dos direitos fundamentais na perspectiva constitucional 10ª ed. Porto Alegre: Livraria do Advogado; 2009.*

SCAFF, Fernando Facury. *Orçamento republicano e liberdade igual: ensaio sobre Direito Financeiro, República e Direitos Fundamentais no Brasil*. Belo Horizonte: Fórum, 2018.

STREECK, Wolfgang. *Tempo Comprado: a crise adiada do capitalismo democrático*. Coimbra: Actual, 2013.

TORRES, Heleno. *Direito constitucional financeiro*. São Paulo: RT, 2014.

JUSTIÇA DISTRIBUTIVA E OS FUNDAMENTOS DO SISTEMA TRIBUTÁRIO BRASILEIRO: UMA BREVE CRÍTICA ÀS PROPOSTAS DE REFORMA TRIBUTÁRIA

EVANILDA NASCIMENTO DE GODOI BUSTAMANTE[1]

SUMÁRIO: Introdução; 1. Justiça distributiva e tributação;
2. As propostas de reforma tributária e seus fundamentos;
3. As funções da tributação e a justiça do sistema tributário;
4. As políticas de renúncia fiscal e seus impactos na realização
dos bens sociais; Conclusão; Referências Bibliográficas

INTRODUÇÃO

Tendo a meta de recuperação da economia como pano de fundo, as propostas de reformas constitucionais avançam rapidamente no Congresso Nacional, em especial as relacionadas às questões sociais. Junto à polêmica Reforma da Previdência recentemente aprovada, o país caminha para mais uma reforma na Constituição, agora na seara tributária. Além da PEC 45/2019 e da PEC 110/2019, o Poder Executivo também pretende alterar pontos do sistema tributário brasileiro.

As Propostas de Emenda à Constituição em análise na Câmara dos Deputados e no Senado Federal seguem uma mesma linha argumentativa: a simplificação do sistema tributário. Ambas as Propostas pretendem reformular o sistema tributário no que concerne aos impostos incidentes sobre bens e serviços. Em linhas gerais e muito resumidamente, a PEC 45/2019 prevê a fusão do IPI, ICMS, ISS, PIS e COFINS para a criação do chamado IBS – Imposto sobre Bens e Serviços. Na mesma linha, a PEC 110/2019 sugere a fusão de nove tributos, sen-

---

1 Professora Adjunta de Direito Tributário da Universidade Federal de Viçosa. Doutora e Pós-Doutora em Direito pela Universidade Federal de Minas Gerais. Mestre em Direito pela Universidade de Castilla-La Mancha (Espanha). E-mail: evanildagodoi@ufv.br.

do sete de competência da União (IPI, PIS, COFINS, IOF, PASEP, CIDE-Combustíveis e Salário-Educação), um de competência dos Estados (ICMS) e um de competência dos Municípios (ISS) para a criação, também, de um imposto único.

A unificação dos impostos, especialmente os incidentes sobre o consumo, é demanda antiga da comunidade empresarial, o que simplificaria, ao menos em tese, a administração fiscal destes tributos. Não se nega que a simplificação seja parte importante em uma reforma tributária; no entanto, as propostas não apresentam qualquer preocupação com a equidade do sistema tributário ou com a busca pela progressividade desse sistema, que hoje possui natureza regressiva e tem alta concentração da tributação sobre o consumo. Outras questões problemáticas também podem ser vislumbradas nos modelos propostos, em especial no que concerne a uma considerável concentração de competência na União. Também não resta claro como se dará a repartição do produto da arrecadação para os membros da Federação.

A atual distribuição da carga tributária brasileira vai de encontro aos fundamentos de uma justiça distributiva. A alta regressividade do sistema tributário brasileiro afronta, em última instância, os próprios objetivos fundamentais da República Federativa do Brasil, elencados no art. 3º da Constituição Federal de 1988.

A par da concentração da arrecadação no consumo, que configura um desrespeito também ao princípio da capacidade contributiva dos indivíduos e que contribui para ampliar a desigualdade no Brasil, causam preocupação as políticas de renúncia fiscal adotadas pelos governos. A princípio, não se consegue vislumbrar uma fundamentação moral para a maioria das renúncias fiscais. A fundamentação fática é a promessa de geração de novos empregos e aquecimento da economia. Mas será que esse objetivo tem sido atingido? As renúncias fiscais realizadas sem um controle mais próximo de seus resultados são fatores que contribuem para a ineficácia da implementação ou manutenção de políticas públicas, impactando diretamente na realização dos bens sociais.

A partir da revisão bibliográfica da filosofia política presente nas obras de John Rawls[2], Thomas Nagel e Liam Murphy[3] e dos estudos

---

2 RAWLS, John. *A Theory of Justice*. Revised Edition. Cambridge, MA: Belknap, 1999.

3 MURPHY, Liam; NAGEL, Thomas. *The Myth of Ownership: Taxes and Justice*. Oxford: Oxford University Press, 2002.

econômicos de Thomas Piketty[4], utilizar-se-á o método hipotético-dedutivo para se realizar uma crítica das decisões políticas relacionadas à tributação no Brasil, confirmando-se a hipótese de que há um grave déficit de justiça distributiva no sistema tributário brasileiro.

1. JUSTIÇA DISTRIBUTIVA E TRIBUTAÇÃO

Falar em justiça distributiva implica falar em alocação de recursos. E nesse ensaio, especificamente, em alocação de recursos que se pretende ver aplicada à sociedade a partir da justa distribuição da carga tributária, ou seja, da escolha da base tributária.

A concepção moderna de justiça distributiva está diretamente conectada a uma distribuição de recursos pensada em um contexto institucional de sociedade que se preocupa com a forma como os direitos de propriedade serão alocados e como o grau de satisfação das necessidades será garantido a todos. Essa concepção se distancia da clássica concepção aristotélica, de forte matriz meritocrática, na qual acreditava-se que os princípios deveriam assegurar que "as pessoas fossem recompensadas de acordo com os seus méritos, tomando em consideração especialmente a sua posição política"[5].

Para Rawls[6], a distribuição de bens sociais, aqui entendidos como bens necessários para a realização da justiça social, é uma questão coletiva, uma questão central da moralidade política, e não uma forma de recompensar indivíduos por seus méritos ou talentos.

Nessa mesma linha argumentativa, Murphy e Nagel, identificam na tributação duas funções essenciais, que serão explicadas mais à frente: 1) a repartição entre quais bens ficarão sob o domínio privado e quais ficarão sob o domínio público, e 2) a distribuição dos serviços públicos e governamentais. Segundo os autores:

> Numa economia capitalista, os impostos não são um simples método de pagamento pelos serviços públicos e governamentais: são também o instrumento mais importante por meio do qual o sistema político põe em prática uma determinada concepção de justiça econômica ou distributiva.[7]

---

4 PICKETTY, Thomas. *Capital in the Twenty-First Century*. Trad. Arthur Goldhammer. Cambridge, MA: Belknap, 2013.

5 FLEISCHACKER, Samuel. *A short history of distributive justice*. Cambridge, MA: Harvard University Press, 2004, p. 2.

6 RAWLS, John. *A Theory of Justice...*, cit.

7 MURPHY, Liam; NAGEL, Thomas. *The Myth of Ownership...*, cit. p. 5.

A justiça distributiva no seu sentido moderno reivindica, portanto, "que o Estado garanta que a propriedade seja distribuída em meio à sociedade de tal modo que todos sejam supridos com certo nível de recursos materiais"[8]. Uma das implicações desta concepção é a mudança de paradigmas a partir da desnaturalização do direito de propriedade, pois a tarefa de alocar e distribuir bens, direitos e recursos é uma tarefa da comunidade política.

2. AS PROPOSTAS DE REFORMA TRIBUTÁRIA E SEUS FUNDAMENTOS

Quando se pensa em uma reforma tributária, três aspectos devem ser levados em consideração: a justiça fiscal, a manutenção do pacto federativo e a simplificação do sistema. Devem ser debatidos o que será mudado, quem será afetado pelas mudanças e como as mudanças serão implementadas.

As propostas de reformas constitucionais em análise têm claro propósito de simplificação do sistema tributário nacional, não apresentando qualquer sinalização para os outros dois aspectos destacados (manutenção do pacto federativo e a justiça fiscal)[9], o que causa preocupação, em especial com relação à justiça fiscal, é dizer, com a justa tributação.

---

8 FLEISCHACKER, Samuel. *A short history of distributive justice…*, cit. p. 4.

9 Apesar de a criação de um IVA gerar a expectativa de que a guerra fiscal entre os Estados acabe, causa preocupação a concentração de competência na União, fato que poderia desequilibrar o pacto federativo. Os Estados sentem ainda os reflexos da Lei Kandir, que ao isentar do ICMS as exportações de produtos primários e produtos industrializados semielaborados (LC 87/96, art. 3º, II), sob a promessa de compensação financeira para os Estados-membros, acabou gerando um passivo financeiro sem precedentes. (Ver, sobre o tema, RIBEIRO, Ricardo Lodi. Reforma tributária simplifica, mas tem efeitos regressivos e centralizadores. Consultor Jurídico, 08.04.2019. Disponível em <https://www.conjur.com.br/2019-abr-08/ricardo-lodi-reforma-tributaria-simplifica-efeitos-regressivos. Acesso em: 01 dez. 2019; SCAFF, Fernando Facury. Reforma tributária, a cláusula pétrea do federalismo e o STF. Consultor Jurídico, 16.04.2019. Disponível em <https://www.conjur.com.br/2019-abr-16/contas-vista-reforma-tributaria-clausula-petrea-federalismo-stf>, Acesso em: 16 maio 2019. Ver ainda os estudos compilados em BATISTA JÚNIOR, Onofre Alves; SOUZA CRUZ, Luiz Sávio de (Orgs.), *Desonerações de ICMS, Lei Kandir o Pacto Federativo*. Belo Horizonte: Assembleia Legislativa do Estado de Minas Gerais, 2019).

O Brasil é o nono país mais desigual numa amostra de 140 países, segundo estudos publicados pela OXFAM[10]. O chamado coeficiente de Gini, um indicador da medida de desigualdade, foi de 0,549 quando analisada a renda mensal média domiciliar per capita[11].

Um fator que corrobora para a manutenção dessa desigualdade na concentração da renda dos brasileiros é a alta carga tributária concentrada no consumo. Quando se analisa a distribuição da carga tributária sobre a renda e o patrimônio, verifica-se que o Brasil está muito aquém da média da OCDE (Organização para a Cooperação e Desenvolvimento Econômico)[12], ao mesmo tempo em que quase 50% da carga tributária está concentrada exclusivamente no consumo. Essa distribuição da carga tributária fomenta ainda mais a desigualdade no Brasil e afronta diretamente o Princípio da Capacidade Contributiva no Direito Tributário, consagrado constitucionalmente.

De acordo com os estudos coordenados pelo economista francês Thomas Piketty[13], os níveis de concentração de renda mundial são preocupantes. Os dados coletados sobre a distribuição de riqueza e a relação entre riqueza e renda demonstraram que 10% da população das sociedades conhecidas detém algo entre 60% e 90% da riqueza total daquela sociedade, 40% detém entre 5% e 35% da riqueza e a metade da população das sociedades analisadas detém até 5% da riqueza total. É dizer 50% da população dessas sociedades detém até cinco por cento da riqueza.

No entanto, quando analisados, os níveis de desigualdade no Brasil ultrapassam todos os limites considerados toleráveis para as socie-

---

10 OXFAM; País Estagnado: Um Retrato das Desigualdades Brasileiras, 2018. Disponível em: https://oxfam.org.br/projetos/pais-estagnado/. Acesso em: 29 nov. 2019.

11 O indicador Gini varia de zero a um, quanto mais próximo de zero, mais perto de uma situação ideal de absoluta igualdade.

12 Segundo levantamentos recentes, a carga tributária sobre a renda e patrimônio no Brasil é de 25,4% da arrecadação, enquanto a média da OCDE é de 39,6%. A carga tributária concentrada no consumo, por sua vez, alcança no Brasil o patamar de 49,7%, enquanto a média da OCDE é 32,4% (dados de 2015). ANFIP e FENAFISCO. *Manifesto Reforma Tributária Solidária: A Reforma Necessária*, 2018. Disponível em <https://www.anfip.org.br/doc/publicacoes/Documentos_25_04_2018_10_37_34. pdf> p. 15-47. Acesso em: 01 Jul. 2018.

13 PICKETTY, Thomas. *Capital in the Twenty-First Century*. Trad. Arthur Goldhammer. Cambridge, MA: Belknap, 2013.

dades democráticas[14]. Da análise de dados disponibilizados pela Secretaria da Receita Federal (SRF) a partir de 2015, os pesquisadores do Instituto de Pesquisa Econômica Aplicada (IPEA) Sérgio Gobetti e Rodrigo Orair, puderam constatar que "a concentração de renda brasileira supera qualquer outro país com informações disponíveis"[15].

Segundo os pesquisadores:

> O décimo mais rico apropria-se de metade da renda das famílias brasileiras (52 por cento), o centésimo mais rico algo próximo a um quarto (23,2 por cento) e o milésimo mais rico chega a um décimo (10,6 por cento), índices que ultrapassam os limites considerados toleráveis para as sociedades democráticas, segundo Piketty (2014). 2 Mas o que realmente chama a atenção é que o meio milésimo mais rico concentra 8,5 por cento da renda, nível superior ao da Colômbia (5,4 por cento), que é um país extremamente desigual, quase três vezes maior que o do Uruguai (3,3 por cento) e o do Reino Unido (3,4 por cento) e cinco vezes maior que o da Noruega (1,7 por cento).[16]

Se comparada à média da OCDE, a composição da carga tributária no Brasil encontra-se abaixo da média, uma vez que o Brasil teria uma carga tributária de 32,8% do seu PIB enquanto a média da OCDE seria de 34% do PIB, o que, analisado apenas sob esse aspecto, indicaria que é falaciosa a afirmação de que o Brasil possui uma elevada carga tributária. Por sua vez, no entanto, quando analisada a distribuição da carga tributária sobre a renda e o patrimônio, verifica-se que o Brasil está muito aquém da média da OCDE. Segundo dados divulgados pela ANFIP e pela FENAFISCO[17], o Brasil apresenta um percentual de 21% de tributação sobre a renda e 4,4% de tributação sobre o patrimônio (ao mesmo tempo em que se verifica quase 50% da carga tributária concentrada exclusivamente sobre o consumo), ao passo que a média da OCDE é de 35,1% de tributação sobre a renda e 5,5% sobre o patri-

---

14 GOBETTI, Sérgio Wulff; ORAIR, Rodrigo Octávio. Tributação e distribuição da renda no Brasil: novas evidências a partir das declarações tributárias das pessoas físicas. *IPC-IG Working Paper.* Brasília: International Policy Centre for Inclusive Growth, 2015.

15 GOBETTI; Sérgio Wulff; ORAIR, Rodrigo Octávio. Tributação e distribuição..., *cit.* p. 1.

16 GOBETTI; Sérgio Wulff; ORAIR, Rodrigo Octávio. Tributação e distribuição..., *cit.* p. 1.

17 ANFIP e FENAFISCO. Manifesto Reforma Tributária Solidária: A Reforma Necessária, 2018. Disponível em <https://www.anfip.org.br/doc/publicacoes/Documentos_25_04_2018_10_37_34.pdf> p. 24. Acesso em: 01 Jul. 2018.

mônio. Um vez analisada a distribuição da base tributária brasileira sob esse prisma, verifica-se que o Brasil possui, sim, uma alta carga tributária, na medida em que quase 50% da tributação está concentrada no consumo, sem qualquer discriminação dos contribuintes pela sua capacidade contributiva, ou seja, quase metade da tributação no Brasil é suportada por consumidores indistintamente.

Não obstante essa alta concentração da carga tributária sobre o consumo e, por conseguinte, sobre os mais pobres também, os estudos de Gobetti e Orair apontaram ainda que "os brasileiros super-ricos pagam menos impostos, em proporção da sua renda, que um cidadão típico da classe média alta, sobretudo o assalariado"[18].

Os pesquisadores detalham que:

> Cerca de dois terços da renda dos super-ricos (meio milésimo da população) está isenta de qualquer incidência tributária, proporção superior a qualquer outra faixa de rendimentos. O resultado é que a alíquota efetiva média paga pelos super-ricos chega a apenas 7 por cento, enquanto a média nos estratos intermediários dos declarantes do imposto de renda chega a 12 por cento[19].

Esse privilégio dos super-ricos se dá em grande medida em razão de uma isenção dos lucros e dividendos distribuídos pelas empresas a seus sócios e acionistas. Esse é um tipo de isenção que apenas é adotado apenas no Brasil e na Estônia. A tributação sobre a renda e o patrimônio no Brasil é ínfima se comparada a países como Dinamarca (67,2%); Japão (39,4%); Estados Unidos da América (59,4%), dentre outros[20].

No mesmo sentido, as chamadas grandes fortunas não são tributadas no Brasil, não obstante a previsão constitucional do art. 153, VII, da Constituição da República Federativa do Brasil.

Esses dois impostos, por si só, poderiam ser alterado, no caso da isenção da taxação sobre lucros e dividendos, e implementado, no caso do Imposto sobre grandes fortunas (IGF), sem qualquer alteração constitucional.

---

18 GOBETTI; Sérgio Wulff; ORAIR, Rodrigo Octávio. Tributação e distribuição..., *cit.* p. 2.

19 GOBETTI; Sérgio Wulff; ORAIR, Rodrigo Octávio. Tributação e distribuição..., *cit.* p. 2.

20 ANFIP e FENAFISCO. Manifesto Reforma Tributária Solidária..., *cit.* p. 24

Como argumenta Piketty, o objetivo da tributação não deve ser reduzir a riqueza acumulada, mas modificar a estrutura da distribuição da riqueza a longo prazo, mediante um imposto progressivo sobre o capital e a renda. E a propostas de reforma tributária em análise em nada se aproximam desse ideário, pois não têm em sua essência o condão, tampouco a intenção de alterar o quadro da carga tributária brasileira, objetivando operar tão somente na simplificação da tributação ao extinguir determinados tributos e criar o IBS, uma espécie de IVA (Imposto sobre Valor Agregado) brasileiro.

Não se nega que a simplificação seja parte importante em uma proposta de reforma tributária. Contudo, os outros aspectos que devem ser observados quando os atores políticos se propõem a debater uma reforma tributária também precisam ser tomados em conta.

Numa inspiração profundamente igualitária, uma reforma tributária deveria buscar reverter essa concentração de renda por meio de readequação da sua base tributária. Como o próprio Piketty[21] sustenta, o objetivo da tributação não deve ser reduzir a riqueza acumulada, mas modificar a estrutura da distribuição da riqueza a longo prazo, mediante um imposto progressivo sobre o capital e a renda.

E as Propostas de reformas constitucionais tributárias em análise em nada se aproximam desse ideário.

3. AS FUNÇÕES DA TRIBUTAÇÃO E A JUSTIÇA DO SISTEMA TRIBUTÁRIO

Prevalece em nossa sociedade uma ideia equivocada acerca da natureza da propriedade: a de que a propriedade é um direito natural da pessoa ou conquistado legitimamente, razões pelas quais não pode o Estado intervir nesse direito de propriedade por meio da tributação. A propriedade privada, uma vez superado o mito de que ela seria um direito especial e natural, deve ser vista como uma convenção política; como um produto das instituições de governo, de uma decisão da própria comunidade, ou como um artefato cuja configuração concreta depende de um regime jurídico, que inclui não apenas uma regulamentação legal das formas de aquisição e transmissão da propriedade, mas também a forma de distribuição dos impostos.

---

21 PICKETTY, Thomas. *Capital in the Twenty-First Century*. Trad. Arthur Goldhammer. Cambridge, MA: Belknap, 2013.

Nesse sentido, Murphy e Nagel sustentam que os tributos "devem ser avaliados como parte de um sistema geral de direitos de propriedade que eles ajudam a criar"[22]. (2002, p. 8), afastando, assim, a ideia de que a tributação seria uma intromissão na propriedade privada. "A justiça ou a injustiça da tributação", prosseguem os autores, "somente pode significar a justiça ou a injustiça no sistema de direitos de propriedade e alocações que resultam de um regime tributário particular"[23].

A proposta de Murphy e Nagel, portanto, é considerar o regime da propriedade como em parte definido pela própria tributação. A tributação deixa de ser vista como uma interferência em um direito natural e especial preexistente e passa a ser concebida como um elemento que define o próprio sentido e o alcance desse direito. O direito de propriedade sobre um imóvel, por exemplo, não é visto como independente da tributação que sobre ele recai. Pagar os impostos incidentes sobre esse bem é uma das condições que qualquer pessoa deve cumprir para ter essa propriedade. Se a propriedade privada é vista como uma convenção, fruto de uma decisão política da comunidade, esta comunidade tem por consequência o direito de estabelecer cuidadosamente os requisitos e condições que alguém tem que satisfazer para ter esse seu direito de propriedade protegido.

Murphy e Nagel sustentam que a tributação, de um modo geral, teria duas funções básicas, que nada têm a ver com a classificação entre função "fiscal" ou "extrafiscal", tal como definidas pela doutrina clássica brasileira. Essas funções seriam a função de divisão entre o público e o privado e a função de distribuição dos bens sociais. Mais especificamente, a primeira função – função de "divisão entre o público e o privado[24]" – determina qual parte dos recursos de uma sociedade devem estar sob o controle do governo, para gasto de acordo com um processo de decisão coletivo, e quanto deve ser deixado sob o controle discricionário de indivíduos privados, como sua propriedade pessoal. Por sua vez, a segunda função desempenha o papel central de determinar como o produto social é dividido entre diferentes indivíduos, tanto sob a forma de propriedade privada como sob a forma de benefícios publicamente providos. Essa seria a função de "distribuição"[25].

---

22 MURPHY, Liam; NAGEL, Thomas. *The Myth of Ownership...*, *cit.* p. 8.

23 MURPHY, Liam; NAGEL, Thomas. *The Myth of Ownership...*, *cit.* p. 8.

24 MURPHY, Liam; NAGEL, Thomas. *The Myth of Ownership...*, *cit.* p. 76.

25 MURPHY, Liam; NAGEL, Thomas. *The Myth of Ownership...*, *cit.* p. 76

Desse modo, a justiça ou injustiça do sistema tributário deve ser analisada sob três aspectos. Ela deve considerar:

1. o conjunto de tributos e o quanto cada cidadão tem que contribuir para o funcionamento do Estado;

2. o conjunto de benefícios que a comunidade oferece a cada cidadão; e

3. o resultado final dessa distribuição, ou seja, quanto cada um recebeu em resultado desse complexo sistema de regras.

Por essa ótica, uma reforma tributária deveria considerar esses três fatores. O primeiro vai ao encontro da crítica feita linhas atrás quanto à distribuição de nossa carga tributária. Há que se considerar, no conjunto de tributos que compõem a base tributária, quanto cada cidadão deve contribuir para o funcionamento do Estado, de acordo com sua capacidade contributiva. Mas, não só isso, há que se considerar, ainda, o conjunto de bens sociais ou benefícios que essa comunidade oferecerá a cada cidadão. E, nesse ponto, especificamente, as renúncias fiscais, se não bem programadas ou acompanhadas, podem refletir negativamente na oferta dos serviços públicos.

Se esse raciocínio está correto, faz-se urgente que o Congresso Nacional se ocupe de debater políticas que visem a reduzir os inúmeros benefícios fiscais indevidamente concedidos aos grandes contribuintes e incentivadores da sonegação fiscal.

4. AS POLÍTICAS DE RENÚNCIA FISCAL E SEUS IMPACTOS NA REALIZAÇÃO DOS BENS SOCIAIS

Ao analisar as desonerações tributárias dos governos Lula e Dilma, Laura Carvalho chega à conclusão de que elas não foram capazes de proporcionar o tão almejado aumento da oferta de postos de trabalho, tampouco auxiliar no crescimento da economia. Suas pesquisas levaram-na a verificar que "quando as empresas buscam reduzir seu grau de endividamento, desonerações tributárias servem apenas para a recomposição de uma parte dos lucros perdidos, não sendo capaz de estimular novos investimentos"[26]. As renúncias fiscais que foram concedidas sob a expectativa de que estimulassem as empresas a realizar investimentos ou novos postos de trabalho, concretizou-se numa gran-

---

26 CARVALHO, Laura. *Valsa Brasileira: Do boom ao caos econômico*. São Paulo: Todavia, 2018, p. 73.

de "transferência de renda para os mais ricos"[27], porque os empresários utilizaram-se da política de desonerações para aumentar suas margens de lucro e não para realizar os investimentos que se esperavam deles.

Segundo Laura Carvalho, "de fato, a maior parte das desonerações fiscais concedidas parece ter servido como política de transferência de renda para os mais ricos, contribuindo também para deteriorar sobremaneira as contas públicas"[28].

Em um país onde as seis pessoas mais ricas (ligadas às empresas AB Inbev, Banco Safra, Facebook e Grupo Votorantim) concentraram juntas, em 2017, a mesma riqueza que os 100 milhões mais pobres do país (quase metade da população brasileira)[29], falar em desonerações, isenções, perdão fiscal etc, pode ser visto como uma tomada de decisão política irresponsável, em especial em relação àquela parte da população que necessita dos serviços públicos negligenciados por falta de verba pública.

Na área da saúde, uma estimativa do Tribunal de Contas da União (TCU) apontou que cinco hospitais privados receberam, desde 2009, cerca de 4 bilhões de reais em programas de isenções fiscais. O total de impostos que deixou de ser arrecadado deixou de ser repassado para o SUS. Na prática, o programa de isenções fiscais está retirando recursos do SUS[30].

A pesquisa de Carvalho vem demonstrar que ao contrário do que vinha sendo sustentado pelos simpatizantes da 'análise econômica do direito', os estudos mais sofisticados da economia política contemporânea demonstram que a distribuição natural de riqueza realizada pelo mercado é ineficiente para aumentar a riqueza social.

A teoria clássica entendia, no entanto, que a concentração de riquezas beneficiaria os mais pobres, na medida em que geraria crescimento

---

27 CARVALHO, Laura. *Valsa Brasileira: Do boom ao caos econômico...*, cit. p. 73.

28 CARVALHO, Laura. *Valsa Brasileira: Do boom ao caos econômico...*, cit. p. 73-74.

29 ROSSI, Marina. Seis brasileiros concentram a mesma riqueza que a metade da população mais pobre. *El País,* São Paulo, 25 set. 2017. Disponível em https://brasil.elpais.com/brasil/2017/09/22/politica/1506096531_079176.html. Acesso em 16 de maio de 2019.

30 SOUZA, Bárbara, "Programa de isenções fiscais já tirou mais de R$ 4 bilhões do SUS". CBN/Globo, 08 de maio de 2019. Disponível em http://cbn.globoradio.globo.com/media/audio/259152/programa-de-isencoes-fiscais-ja-tirou-mais-de-r-4-.htm. Acesso em: 16 maio 2019.

econômico, com aumento de investimento, de modo que a prosperidade geral acabaria 'gotejando' nos mais pobres. Como explicam Onofre Batista, Ludmila Monteiro e Tarcísio Magalhães,[31]

> cabia aos capitalistas investir e aos trabalhadores consumir, de modo que, se estes obtivessem uma maior parcela da renda nacional, o investimento e o crescimento econômico necessariamente diminuiriam. Dessa forma, o superávit deveria se concentrar nas mãos da classe capitalista, para a maximização do crescimento econômico de longo prazo, que acabaria "respingando" nos mais pobres.

Essa teoria, no entanto, é desmentida pelos estudos econômicos e históricos mais sofisticados do nosso tempo, que demonstram que é falsa a ideia de que a concentração de riquezas pode trazer qualquer tipo de benefício para os mais pobres (já que não se confirma a premissa de que a riqueza "gotejaria" (*trickle down*) naturalmente para os mais pobres). O argumento mais convincente apresentado sobre a política tributária nos últimos anos, por exemplo, foi construído nessa perspectiva por Piketty. Ele sustenta, em sua obra "O Capital no Século XXI", que a taxa de retorno do capital (r) tende a ser, nas economias capitalistas contemporâneas, superior à taxa de crescimento econômico (g), de modo que os sistemas econômicos em nível local e global, quando deixados à própria sorte, tendem à expansão da concentração de riqueza e à instabilidade social. O capital, portanto, tende a se concentrar indefinidamente, sem efeitos redistributivos, e sem gerar crescimento para toda a comunidade. Portanto, a desigualdade estrutural que o capitalismo naturalmente produz precisa ser combatida – ao invés de estimulada – pelo sistema jurídico tanto por razões de justiça social e de uma adequada distribuição de bens sociais, como por razões de eficiência e estabilidade dos sistemas econômicos, político e jurídico. Sustenta, também, com base em dados empíricos rigorosamente compilados, que esse mecanismo só pode ser eficientemente combatido por meio da tributação, preferencialmente de uma tributação global sobre o capital[32].

---

31 BATISTA JÚNIOR, Onofre Alves; OLIVEIRA, Ludmila Mara Monteiro de; MAGALHÃES, Tarcísio Diniz. Liberalismo, desigualdade e direito tributário. *In: Id.* (orgs.). *Estudos Críticos do Direito Tributário.* Belo Horizonte: Arraes, 2018, p. 1-31, esp. p. 10.

32 PICKETTY, Thomas. *Capital in the Twenty-First Century.* Trad. Arthur Goldhammer. Cambridge, MA: Belknap, 2013. p. 515.

A tese de que uma tributação neutra em relação a questões distributivas é mais eficiente está longe de ser verdadeira.

Nesse sentido, ao analisar qualquer proposta de reforma tributária, os atores políticos devem procurar responder às perguntas: "Quanto cada contribuinte deve pagar?"; "Para o que deve ser usado o dinheiro?"; "Quais produtos ou serviços devem ser isentos de impostos ou dedutíveis da base tributária?"[33]; Quais são as discriminações tributárias legítimas?

CONCLUSÃO

As reformas constitucionais estão dentre os temas de maior relevância no cenário político e jurídico contemporâneo, e as propostas de reforma do sistema tributário brasileiro incluem-se nesse cenário, tendo em vista a existência no Brasil de algo muito próximo a um consenso quanto à injustiça e a ineficiência do sistema tributário nacional em vigor. É difícil encontrar, porém, tema sobre o qual haja mais desacordo, na medida em que diferentes atores sociais acreditam que a injustiça ou ineficiência do sistema tributário se deve a diferentes razões.

Enquanto determinados grupos pretendem reformar o sistema tributário para extinguir certos impostos e contribuições, diminuir a carga tributária, simplificar o sistema tributário ou diminuir a competição entre os Estados, outros sustentam que a razão para reformar o sistema tributário é a sua regressividade, sua vocação para a concentração de riqueza, sua voracidade em relação ao consumo e docilidade em relação ao grande capital.

No entanto, qualquer reforma tributária que busque apenas a simplificação do sistema buscando atender ao mercado não é uma reforma propriamente dita. A troca de nomes dos tributos, sem qualquer alteração em suas bases tributárias ou fundamentos, que não possibilite um redesenho da riqueza concentrada (deslocando um pouco da carga tributária focada no consumo para renda e patrimônio) não será efetiva para fins de justifica distributiva.

As propostas de reforma tributárias em trâmite deixam de lado, por exemplo, uma possível progressividade de alíquotas de tributos sobre heranças e doações, cuja média nacional é de 3,8% (três vírgula oito por cento), bem como o grau de progressividade do imposto so-

---

33 MURPHY, Liam; NAGEL, Thomas. *The Myth of Ownership: Taxes and Justice*. Oxford: Oxford University Press, 2002. p. 5.

bre a renda. Não se discute a revogação da DRU (Desvinculação das Receitas da União) que retira 30% dos recursos arrecadados para a Seguridade Social. As propostas não preveem mudanças infraconstitucionais, como por exemplo, mudanças na lei do Imposto de Renda, de modo a implementar uma tabela mais progressiva, com mais faixas de tributação.

De um modo geral, as reformas propostas não se preocupam com a regressividade do atual sistema tributário brasileiro, não foram pensados programas de redistribuição ou transferência de renda de modo a mitigar os danos causados por essa regressividade.

De um modo mais específico, faz-se necessário revisar e reduzir os benefícios fiscais indevidamente concedidos aos grandes contribuintes, eis que o impacto das desonerações para a camada mais pobre da sociedade é incontestável. Também, de modo mais específico, é duvidoso que a implementação de um "imposto único de consumo", como pretendem as propostas de reforma tributária, contribuirá para simplificar o sistema tributário (que não negamos ser um sistema, tanto de arrecadação como de gestão, com alto grau de complexidade) e, por conseguinte, aumentar a arrecadação tributária e a consequente distribuição dos bens sociais.

As propostas de reforma tributária apresentadas até o momento, e defendidas pela classe política e pelos empresários, parecem não resolver os problemas fundamentais do sistema tributário brasileiro.

REFERÊNCIAS BIBLIOGRÁFICAS

ANFIP e FENAFISCO. *Manifesto Reforma Tributária Solidária: A Reforma Necessária*, 2018. Disponível em https://www.anfip.org.br/doc/publicacoes/Documentos_25_04_2018_10_37_34.pdf. Acesso em: 29 nov. 2019.

BATISTA JÚNIOR, Onofre Alves; SOUZA CRUZ, Luiz Sávio de (Orgs.), *Desonerações de ICMS, Lei Kandir o Pacto Federativo*. Belo Horizonte: Assembleia Legislativa do Estado de Minas Gerais, 2019.

BATISTA JÚNIOR, Onofre Alves; OLIVEIRA, Ludmila Mara Monteiro de; MAGALHÃES, Tarcísio Diniz. Liberalismo, desigualdade e direito tributário. *In: Id.* (orgs.). *Estudos Críticos do Direito Tributário*. Belo Horizonte: Arraes, 2018, p. 1-31.

CARVALHO, Laura. *Valsa Brasileira: Do boom ao caos econômico*. São Paulo: Todavia, 1ª ed. 2018.

FLEISCHACKER, Samuel. *A short history of distributive justice*. Cambridge, MA: Harvard University Press, 2004.

GOBETTI, Sérgio Wulff; ORAIR, Rodrigo Octávio. Tributação e distribuição da renda no Brasil: novas evidências a partir das declarações tributárias das pessoas físicas.

IPC-IG Working Paper. Brasília: International Policy Centre for Inclusive Growth, 2015.

MURPHY, Liam; NAGEL, Thomas. *The Myth of Ownership: Taxes and Justice.* Oxford: Oxford University Press, 2002.

OECD. Revenue Statistics: Comparative tables. Disponível em: https://stats.oecd.org/Index.aspx?DataSetCode=REV. Acesso em: 29 nov. 2019.

OXFAM; País Estagnado: *Um Retrato das Desigualdades Brasileiras,* 2018. Disponível em: https://oxfam.org.br/projetos/pais-estagnado/. Acesso em: 29 nov. 2019.

PIKETTY, Thomas. *Capital in the Twenty-First Century.* Trad. Arthur Goldhammer. Cambridge, MA: Belknap, 2013.

RAWLS, John. *A Theory of Justice.* Revised Edition. Cambridge, MA: Belknap, 1999.

RIBEIRO, Ricardo Lodi. Reforma tributária simplifica, mas tem efeitos regressivos e centralizadores. Consultor Jurídico, 08.04.2019. Disponível em <https://www.conjur.com.br/2019-abr-08/ricardo-lodi-reforma-tributaria-simplifica-efeitos-regressivos. Acesso em: 01 dez. 2019.

ROSSI, Marina. Seis brasileiros concentram a mesma riqueza que a metade da população mais pobre. *El País,* São Paulo, 25 de set. de 2017. Disponível em https://brasil.elpais.com/brasil/2017/09/22/politica/1506096531_079176.html. Acesso em: 16 maio 2019.

SCAFF, Fernando Facury. Reforma tributária, a cláusula pétrea do federalismo e o STF. *Consultor Jurídico,* 16.04.2019. Disponível em <https://www.conjur.com.br/2019-abr-16/contas-vista-reforma-tributaria-clausula-petrea-federalismo-stf>, Acesso em: 16 maio 2019.

SOUZA, Bárbara. Programa de isenções fiscais já tirou mais de R$ 4 bilhões do SUS. CBN/Globo, 08 maio 2019. Disponível em http://cbn.globoradio.globo.com/media/audio/259152/programa-de-isencoes-fiscais-ja-tirou-mais-de-r-4-.htm. Acesso em: 16 maio 2019.

INSEGURANÇAS DA REFORMA TRIBUTÁRIA: ENTRE AS PROPOSIÇÕES NORMATIVAS E SUA CONCRETIZAÇÃO

FABIANA DEL PADRE TOMÉ[1]

SUMÁRIO: 1. Considerações introdutórias; 2. Segurança jurídica: entre a previsão normativa e sua concretização; 3. Abusos de direito perpetrados pela União no exercício de sua competência tributária; 4. A quebra da confiança legítima quando o assunto é não-cumulatividade tributária; 5. Conclusões

1. CONSIDERAÇÕES INTRODUTÓRIAS

Vivenciamos um momento muito importante na experiência brasileira, com diversas propostas de emenda constitucional objetivando implementar a reforma tributária. Nesse contexto, são bem-vindas as atitudes, como a concretizada nesta obra coletiva, de fomentar o debate a respeito do tema.

Dentre as propostas em trâmite, têm se destacado a PEC 45, na Câmara, e a PEC 110, no Senado. Ambas as PECs objetivam a simplificação e racionalização do sistema tributário, mediante unificação de base tributável que atualmente é repartida entre União, Estados, Distrito Federal e Municípios. Em apertada síntese, propõem a extinção de vários tributos[2], que seriam substituídos por um imposto sobre bens e serviços, de caráter não-cumulativo (nos moldes dos impostos

---

1 Doutora em Direito Tributário pela PUC/SP. Professora nos cursos de pós-graduação *lato sensu* e *stricto sensu* da PUC/SP e do IBET. Vice coordenadora do curso de especialização em Direito Tributário da PUC/SP. Advogada.

2 Segundo a PEC 110, o novo imposto substituiria o IPI, IOF, PIS, Pasep, Cofins, CIDE-Combustíveis, Salário-Educação, ICMS, ISS. A PEC 45 propõe que o IBS substitua o IPI, PIS, Cofins, ICMS, ISS.

sobre valor agregado), cujo produto da arrecadação seria repartido entre os entes federativos.

Embora o ideal de simplificação e racionalização da ordem tributária seja almejado por todos, existem problemas cruciais não abrangidos por quaisquer das propostas, o que traz incertezas quanto à sua capacidade de efetivamente atingir os objetivos traçados.

Diante desse cenário, pretendemos, com o presente texto, expor alguns dos fatores que geram insegurança nas relações tributárias, não apenas entre fisco e contribuinte, mas entre os próprios entes tributantes, sugerindo especificações voltadas a minimizar a potencialidade de desvirtuamento na interpretação e na aplicação das normas tributárias, o que colocaria em risco o bom êxito de qualquer proposta de simplificação e de racionalização do sistema tributário.

2. SEGURANÇA JURÍDICA: ENTRE A PREVISÃO NORMATIVA E SUA CONCRETIZAÇÃO

A segurança jurídica apresenta-se como a razão de ser dos ordenamentos, assim entendidos os conjuntos de normas jurídicas voltados a regular condutas intersubjetivas. Mediante esse tipo particular de enunciados prescritivos, o direito procura garantir expectativas de comportamentos[3]. Uma das funções do sistema jurídico consiste na *estabilização das expectativas normativas*[4], expectativas essas que decorrem das prescrições do direito posto, objetivando interferir nas condutas humanas, determinando como estas "devem ser".

O sistema jurídico diferencia-se funcionalmente dos demais subsistemas sociais exatamente por estar incumbido de garantir a manutenção de expectativas normativas, ainda que estas venham a ser frustradas em virtude da adoção de comportamentos divergentes daqueles normativamente previstos (ineficácia social). Embora seja inevitável a ocorrência de frustração das expectativas normativas, tais ocorrências hão de ser contingentes, de modo que não desvirtuem o sistema em si. No entanto, a recorrente inobservância dos preceitos jurídicos e sua aceitação pelos seus destinatários acaba por aniquilar a certeza no direito.

---

3 CAMPILONGO, Celso Fernandes. *O direito na sociedade complexa*, São Paulo: Max Limonad, 2000, p. 162.

4 Niklas Luhmann *O direito da sociedade*. Tradução de Javier Torres Nafarrate. [s.l., s.e., s.d.]

Segurança jurídica, conforme definido por Heleno Torres[5], consiste no princípio constitucional que tem por finalidade "proteger direitos decorrentes das expectativas de confiança legítima na criação ou aplicação das normas jurídicas, mediante certeza jurídica, estabilidade do ordenamento ou efetividade de direitos e liberdades fundamentais". Surge o estado de insegurança, inevitavelmente, quando adotadas posturas que, embora legitimadas pelos órgãos do sistema (Legislativo e Judiciário, por exemplo), implicam frustação das referidas expectativas[6].

Essa ordem de considerações evidencia a necessidade de mecanismos que assegurem a concretização dos preceitos normativos.

A reforma tributária não surtirá os efeitos almejados, de simplificação e racionalização, se mantida a tolerância quanto ao uso abusivo e indevido, pela União, da competência para instituir contribuições.

Do mesmo modo, restarão frustrados os ideais propostos sem a determinação, clara e expressa, de mecanismos que assegurem uma não-cumulatividade ampla e irrestrita para o novo tributo que se pretende implementar.

3. ABUSOS DE DIREITO PERPETRADOS PELA UNIÃO NO EXERCÍCIO DE SUA COMPETÊNCIA TRIBUTÁRIA

A adoção, no Brasil, da forma federativa de Estado, implica a atribuição de funções a cada um dos entes federativos (arts. 21 a 24 da CRFB), de modo que União, Estados, Municípios e Distrito Federal atuem para a concreção do Estado Democrático de Direito e dos direitos fundamentais[7]. Nesse contexto, o constituinte conferiu-lhes competências tributárias próprias, possibilitando a obtenção de recursos financeiros necessários ao custeio do desempenho de suas funções estatais.

---

5 TORRES, Heleno Taveira. *Direito constitucional tributário e segurança jurídica*. 3. ed. São Paulo: Revista dos Tribunais, 2019, p. 31.

6 Em tais situações, embora preservada a vertente estrutural da segurança jurídica, baseada no código binário "lícito/ilícito", o aspecto funcional, inerente à previsibilidade, resta comprometido (TOMÉ, Fabiana Del Padre. *A prova no direito tributário*, 4. ed. São Paulo: Noeses, 2016, p. 76).

7 DERZI, Misabel Abreu Machado. "Proteção da confiança e incentivos fiscais para o desenvolvimento. (Os problemas centrais que os projetos de reforma tributária propostos não resolvem)". In: *Constructivismo lógico-semântico e os diálogos entre teoria e prática*. CARVALHO, Paulo de Barros (Coord.). São Paulo: Noeses, 2019, p. 961.

Como visto, as recentes propostas de reforma tributária, pautadas pela simplificação do sistema tributário, sustentam a substituição de tributos de competência da União, dos Estados e dos Municípios por um só imposto, que incidiria sobre base tributável ampla (bens e serviços) e sendo o produto da arrecadação distribuído aos entes tributantes. Nesse contexto, surgem questões inerentes à "confiança" dos entes federativos em relação uns aos outros, quer no que concerne à forma de regulamentação do novo imposto, quer quanto à repartição dos valores arrecadados.

A insegurança assim instaurada decorre de fatos verificados na experiência brasileira, onde, além das inúmeras guerras fiscais entre Estados e entre Municípios, observamos a adoção, pela União, de medidas voltadas ao aumento de sua arrecadação, em detrimento dos demais entes federativos.

A mais escandalosa das providências nesse sentido é evidenciada na instituição de contribuição de intervenção no domínio econômico destinada a financiar o Programa de Estímulo à Interação Universidade-Empresa para o Apoio à Inovação[8]. Referida Lei estabeleceu a incidência da contribuição sobre os valores pagos, creditados, entregues, empregados ou remetidos, a cada mês, a residentes ou domiciliados no exterior, a título de remuneração de licença de uso ou aquisição de conhecimentos tecnológicos, à alíquota de 10%. Em contrapartida, ficou reduzida para 15% a alíquota do imposto de renda na fonte incidente sobre as importâncias pagas, creditadas, entregues, empregadas ou remetidas ao exterior a título de remuneração de serviços de assistência administrativa e semelhantes.

Desse modo, a União criou uma contribuição de 10%, reduzindo o imposto sobre a renda em igual percentual. Assim, manteve a carga tributária nominal, mas aumentou a receita de sua titularidade, já que os valores recolhidos a título de contribuição, diferentemente do imposto sobre a renda, não se sujeitam à repartição constitucional das receitas.

A respeito do assunto, é curioso – e decepcionante – observar o aumento da arrecadação de contribuições, em detrimento dos impostos. E o desvirtuamento dessa espécie tributária não para por aí: como as receitas das contribuições devem ser destinadas a finalidade específica, promoveu-se, por meio de Emendas Constitucionais, a desvinculação

---

8 Lei nº 10.168/2000 e suas alterações.

de receitas da União (DRU)[9]. Por tal mecanismo, operou-se verdadeira fraude à repartição de receitas prescrita pelos arts. 157 a 159 da Constituição.

Com efeito, a União passou a fazer uso de contribuições com fins meramente arrecadatórios, como se impostos fossem, sem precisar aplicá-los integralmente em finalidades específicas e sem repartir o produto arrecadado com os Estados, Distrito Federal e Municípios. Postura dessa natureza configura manifesta afronta à já mencionada repartição constitucional de receitas, a qual, como bem registrado por Gilmar Ferreira Mendes e Paulo Gustavo Gonet Branco[10], "vivifica a autonomia" dos Estados e Municípios:

> Para garantir a realidade da autonomia dos Estados – e o mesmo vale para o Distrito Federal e para os Municípios – a Constituição regula, no capítulo sobre o sistema tributário nacional, a capacidade tributária das pessoas políticas e descreve um modelo de repartição de receitas entre elas. Estados e Municípios participam das receitas tributárias por meio de fundos (art. 159, I, da CF) e de participação direta no produto da arrecadação de outras pessoas políticas (arts. 157, 158 e 159, II, da CF). Dessa forma, propicia-se que Estados e Municípios com menor arrecadação possam, preservando a sua autonomia, enfrentar as demandas sociais que superam as receitas obtidas por meio dos tributos da sua própria competência. Trata-se, também, de meio de proporcionar melhor equilíbrio socioeconômico regional, atendendo-se ao propugnado pelo art. 3º, III, da Constituição.

A despeito da relevância da repartição constitucional de receitas, como instrumento para concretização da autonomia dos Estados e dos Municípios, tem-se verificado considerável aumento de contribuições, em detrimento dos impostos.

---

9 "Primeiro, pela Emenda Constitucional n. 01/1994 foram desvinculados 20% da arrecadação das contribuições sociais, sendo destinados para o Fundo Social de Emergência (FSE). As Emendas Constitucionais n. 10/1996 e n. 17/1997 destinaram esse valor para o Fundo de Estabilização Fiscal (FEF). Já a EC n. 27/2000 criou, efetivamente, a Desvinculação das Receitas da União (DRU), ficando o governo livre para utilizar esses recursos em quaisquer despesas necessárias.

A partir da EC n. 42/2003, a desvinculação de 20% da receita atingiu também as contribuições de intervenção no domínio econômico. Em 2016, foi editada a Emenda Constitucional n. 93, que aumentou a desvinculação para 30% de toda a arrecadação da União com contribuições, adicionando também as taxas." (LARA, Daniela Silveira. *Contribuições de intervenção no domínio econômico (CIDE)*. São Paulo: Almedina, 2019, p. 39).

10 MENDES, Gilmar Ferreira; BRANCO, Paulo Gustavo Gonet. *Curso de direito constitucional*. 8. ed., São Paulo: Saraiva, 2013.

Em alentado estudo sobre o tema e partindo de dados publicados pela Receita Federal do Brasil, Daniela Silveira Lara[11] constatou que, ao longo dos últimos 20 anos, o montante arrecadado a título de contribuições foi elevado de tal modo que passou a superar a dos impostos:

Espécie de tributo federal	Arrecadação em 1995	Arrecadação em 2017
Impostos	R$ 47,5 bilhões (41,5%)	R$ 502,9 bilhões (36%)
Contribuições previdenciárias	R$ 35 bilhões (30%)	R$ 354 bilhões (25%)
Outras contribuições	R$ 32,8 bilhões (28%)	R$ 535,7 bilhões (38,5%)

De posse de tais dados, o clima de insegurança, pela perspectiva dos Estados e Municípios, já se encontra instaurado e tende a crescer, caso mantida essa propensão de aumento das contribuições, pela União, relegando-se os impostos a plano secundário.

É notório o uso desmedido e imotivado de contribuições pelo ente federal. Como já tivemos a oportunidade de registrar em estudo anterior[12], as contribuições são *instrumentos* tributários, previstos na Constituição de 1988, que têm por escopo o financiamento de atividades da União nos setores ali indicados: social, de intervenção no domínio econômico e de interesse das categorias profissionais ou econômicas. O constituinte utilizou como critério distintivo das contribuições a sua *finalidade*, implementada por meio da *destinação do produto arrecadado*, devendo esta ser rigorosamente observada pelo legislador infraconstitucional no momento da instituição das indigitadas contribuições e, também, pela Administração Pública, quando da sua efetiva aplicação[13].

---

11 LARA, Daniela Silveira. *Contribuições de intervenção no domínio econômico (CIDE)*. São Paulo: Almedina, 2019, p. 40.

12 Cf. TOMÉ, Fabiana Del Padre." O destino do produto da arrecadação como requisito constitucional para a instituição de contribuições". In: CARVALHO, Paulo de Barros (Coord.). *Direito tributário, linguagem e método: as grandes disputas entre jurisprudência e dogmática na experiência brasileira atual*. São Paulo: Noeses, 2008, p. 301-316.

13 No mesmo sentido, conclui José Eduardo Soares de Melo que "o art. 149 exige o exercício da atividade do Poder Legislativo, que ao instituir a contribuição deve estipular o seu destino, demandando, ainda, a atuação do Executivo, consistente na aplicação daqueles recursos" (*Contribuições sociais no sistema tributário*. 7. ed. São Paulo: Malheiros, 2018.

No entanto, a experiência revela que, para além da desvinculação autorizada por emendas constitucionais (DRU), os valores arrecadados a título de contribuições ficam alheios a controles e não se prestam, na maior parte, para cumprir os fins que teriam justificado sua instituição. Desse modo, o sistema tributário é completamente desvirtuado, pois, como como anota Paulo Ayres Barreto[14], sem a possibilidade desse controle, "estaríamos diante de uma condicionante que, verdadeiramente, nada condicionaria; de um pretenso limite jurídico que não serviria a nenhum propósito; de um controle de legalidade que nada controlaria".

Pois bem. Feitas essas considerações, observa-se que os recentes projetos de reforma tributária envolvem uma tributação unificada, propondo-se que União, Estados, Distrito Federal e Municípios sejam titulares de um mesmo imposto, regulado por lei complementar (ou seja, pela União), cabendo-lhes apenas dispor sobre o percentual da alíquota. Por outro lado, essa mesma União permanecerá detentora de contribuições, escolhendo livremente as bases de tributação para implementar sua arrecadação, sem qualquer repartição das receitas correspondentes, que, além de serem parcialmente desvinculadas (DRU), não se sujeitam, na atualidade, ao efetivo controle de sua aplicação nas finalidades que teriam justificado sua instituição.

Caso mantida essa sistemática, qual a garantia dos Estados, dos Municípios e dos contribuintes, de que o imposto unificado, incidente sobre bens e serviços, se prestará para simplificar e racionalizar o sistema tributário, diminuindo suas distorções?

Considerado esse cenário, acreditamos ser imprescindível, para atingir os fins almejados por qualquer reforma tributária que se pretenda fazer, que seja resgatada a concepção das contribuições como tributos que se justificam em razão de específicos motivos ensejadores de sua instituição, vedando-se, de modo expresso, que estas sejam utilizadas como fontes de receitas substitutivas dos impostos e, portanto, como mecanismo de burla da repartição constitucional de receitas.

Para tanto, hão de se revogadas as disposições constitucionais autorizativas de desvinculação das receitas das União arrecadas mediante contribuições (DRU).

---

14 BARRETO, Paulo Ayres. *Contribuições: regime jurídico, destinação e controle*. São Paulo: Noeses, 2006, p. 167.

Ainda, para a redução de complexidades e aumento na segurança jurídica tributária, seria bem-vinda alteração constitucional para delimitar, de modo explícito, os requisitos para instituição de contribuições, dentre elas as CIDEs, evitando, assim, a proliferação desses tributos (por exemplo, FUST e FUNTTEL no setor de telecomunicações), sem a efetiva demonstração de sua necessidade e da aplicação dos recursos nos fins que motivaram sua instituição.

Caso contrário, se por ocasião da reforma tributária esses pontos não forem abordados, mantendo-se a sistemática atual, continuaremos vivenciando um *carnaval tributário*[15], em que o único folião a se divertir será a União.

4. A QUEBRA DA CONFIANÇA LEGÍTIMA QUANDO O ASSUNTO É NÃO-CUMULATIVIDADE TRIBUTÁRIA

A não-cumulatividade é princípio constitucional de aplicação obrigatória ao IPI (art. 153, II), ICMS (art. 155, II, § 2º, I), impostos residuais (art. 154, I) e contribuições residuais (art. 195, § 4º), sendo facultativa a submissão, a esse princípio, das contribuições para a seguridade social incidentes sobre o faturamento ou receita e sobre a importação. Relativamente ao IPI e ICMS, o constituinte houve por bem elucidar o conteúdo da não-cumulatividade, prescrevendo a compensação do que for devido em cada operação com o montante incidente nas anteriores.

No que concerne à não-cumulatividade inerente à instituição de impostos e contribuições residuais, assim como quanto às contribuições para a seguridade social incidentes sobre o faturamento ou receita e importação, silenciou o legislador constitucional acerca do seu significado e abrangência. Mas, como já manifestado em outra oportunidade[16], concluímos que o conceito de "não-cumulatividade" utilizado pela Constituição da República é uniforme. Trata-se de um princípio constitucional erigido com a finalidade de evitar a superposição de cargas tributárias, impedindo a incidência de um mesmo tributo mais de uma vez sobre valor que já serviu de base à sua cobrança em fase anterior do processo econômico.

Entendemos que todas as vezes que o constituinte empregou o termo "não-cumulativo", fê-lo para referir-se àquela sistemática em que

---

15 BECKER, Alfredo Augusto. *Carnaval tributário*. 2. ed. São Paulo: Noeses, 2004.

16 TOMÉ, Fabiana Del Padre. *Contribuições para a seguridade social à luz da Constituição Federal*. 2. Ed. Curitiba: Juruá, 2013, p. 174 e seguintes.

cada etapa do ciclo de operações ou prestações sofra apenas uma incidência tributária[17]. Para atingir tal desiderato, diversas técnicas podem ser empregadas, desde que, como já registravam Geraldo Ataliba e Cléber Giardino[18], em cada operação seja garantida uma dedução, um abatimento, a fim de que se evite superposição de cargas tributárias.

No que concerne ao IPI e ao ICMS, o método a ser adotado para evitar a cumulatividade está expresso na Constituição. O Texto Supremo impõe a técnica da compensação, determinando seja compensado o imposto devido em cada operação com o montante incidente nas anteriores. Relativamente ao IPI, o constituinte não estabeleceu nenhum tipo de restrição ao aproveitamento de créditos. Quanto ao ICMS, só excepcionou as hipóteses de isenção e não-incidência, as quais, mesmo assim, não podem ser levadas ao extremo, devendo ser aplicadas apenas quando a manutenção do crédito provoque "cumulatividade às avessas", em desfavor do Estado[19].

A despeito disso, a interpretação do Fisco vem sendo limitadora. No IPI, embora a constituição determine a compensação do que for devido em cada operação com o montante cobrado nas anteriores, a legislação infraconstitucional, corroborada pela interpretação do Judiciário a respeito do assunto, veda o aproveitamento de créditos de insumos que não integrem, fisicamente, o produto final.

Essa noção restritiva e limitadora da não-cumulatividade vem sendo adotada, também, no âmbito do ICMS. Embora a Lei Complementar nº

---

17 Paulo de Barros Carvalho, ao discorrer sobre o princípio da não-cumulatividade, anota tratar-se de limite objetivo que se preordena *"à concretização de valores como o da justiça da tributação, respeito à capacidade contributiva e uniformidade na distribuição da carga tributária"*. (*Curso de direito tributário*. 30. ed. São Paulo: Saraiva, 2019, p. 218).

18 ATALIBA, Geraldo; GIARDINO, Cleber. "ICMS e IPI – Direito de crédito, produção e mercadorias isentas ou sujeitas à alíquota zero". *Revista de Direito Tributário* nº 46, p. 75.

19 São nesse sentido os ensinamentos de Tércio Sampaio Ferraz Júnior, para quem a restrição constitucional ao crédito de ICMS deve ser tratada pelo critério de *lex specialis*, só sendo aplicável *"àquelas situações em que o crédito de um imposto que não incidiu em operação anterior conduzisse a um efeito oposto ao da acumulação, levando a uma incidência final inferior à que resultaria da aplicação da alíquota nominal do tributo ao preço do varejo"*, pois nesses casos a manutenção do crédito criaria para o órgão arrecadador uma situação desigual em que, por causa da não-cumulatividade, ele seria prejudicado. (FERRAZ JR. Tércio Sampaio. "Não-cumulatividade e suas exceções constitucionais". *Revista de Direito Tributário* nº 48, p. 20.

87/96 tenha assegurado ao sujeito passivo o direito de creditar-se do imposto nas hipóteses de aquisição de bens para uso ou consumo, por exemplo, tal direito vem sendo reiteradamente postergado (art. 33, I, da LCP 87/96)[20], em manifesto e inconcebível engodo.

Vide, também, o que vem ocorrendo com a não-cumulatividade da contribuição ao PIS e da COFINS. Sobre essa temática, vale recordar que as medidas provisórias nº 66/2002 e nº 135/2003, convertidas nas Leis nº 10.637/2002 e nº 10.833/2003, respectivamente, propunham tornar essas contribuições não-cumulativas para, introduzindo um *regime de valor agregado* e com *manutenção da carga tributária* relativa a esses tributos[21], *corrigir distorções* decorrentes da cobrança cumulativa, num contexto de medidas voltadas para a *simplificação das obrigações e o aumento da eficiência econômica*[22].

---

20 O art. 33, I, da LCP 87/96 estipulou os bens de uso ou consumo confeririam direito ao crédito a partir de 1º de janeiro de 1998. Referido termo inicial foi prorrogado para 1º/01/2000 (LCP 92/97), depois para 1º/01/2003 (LCP 99/99), para 1º/01/97 (LCP 114/2002), para 1º/01/2011 (LCP 122/2006) e para 1º/01/2020 (LCP 138/2010). Até o momento em que concluímos a redação deste estudo, ainda não foi publicada nova prorrogação. Estamos no aguardo...

21 Exposição de Motivos da Medida Provisória nº 66/2002, convertida na Lei 10.637/02:

"2. A proposta, de plano, dá curso a uma ampla reestruturação na cobrança das contribuições sociais incidentes sobre o faturamento. Após a instituição da cobrança monofásica em vários setores da economia, o que se pretende, na forma desta Medida Provisória, é, gradualmente, **proceder-se à introdução da cobrança em regime de valor agregado** – inicialmente com o PIS/Pasep para, posteriormente, alcançar a Contribuição para o Financiamento da Seguridade Social (Cofins).

O modelo ora proposto traduz demanda pela modernização do sistema tributário brasileiro sem, entretanto, pôr em risco o equilíbrio das contas públicas, na estrita observância da Lei de Responsabilidade Fiscal. Com efeito, constitui premissa básica do modelo a **manutenção da carga tributária correspondente ao que hoje se arrecada** em virtude da cobrança do PIS/Pasep." (destacamos)

22 Exposição de Motivos da Medida Provisória nº 135/2003, convertida na Lei 10.833/2003:

"1.1. O principal objetivo das medidas ora propostas é o de estimular a eficiência econômica, gerando condições para um crescimento mais acelerado da economia brasileira nos próximos anos. Neste sentido, **a instituição da Cofins não-cumulativa visa corrigir distorções relevantes decorrentes da cobrança cumulativa do tributo**, como por exemplo a indução a uma verticalização artificial das empresas, em detrimento da distribuição da produção por um número maior de empresas

A despeito de tais "promessas", o que se verificou foi uma legislação complexa, implicando interpretações restritivas quando ao aproveitamento de créditos, com consequente aumento de carga tributária e do contencioso tributário.

A vivência brasileira revela que, para que se implemente efetiva não-cumulatividade, não é suficiente a alusão singela de que o imposto "será não-cumulativo, compensando-se o imposto devido em cada operação com aquele incidente nas etapas anteriores", deixando-se a cargo do legislador complementar regular o assunto. A redação do texto constitucional deve ser minuciosa e precisa, assegurando, desde logo, de modo amplo e irrestrito, o direito ao aproveitamento de créditos.

5. CONCLUSÕES

Nenhuma reforma tributária alcançará sua finalidade de simplificação e melhoria do sistema tributário sem conferir, a todos os envolvidos, a confiança e segurança de que a concretização das proposições normativas será feita com lealdade aos fins utilizados como justificativas para as alterações constitucionais. Por isso, é necessário que o texto seja explícito quanto aos limites competenciais dos entes tributantes, não deixando brechas ao desvirtuamento por meio de legislação infraconstitucional.

Dentre tais delimitações, urge corrigir as deturpações perpetradas pela União, com uso descabido e abusivo de contribuições, impedindo que tal espécie tributária, de caráter excepcional, seja utilizado genericamente, como se fosse imposto e em substituição a este. Tal postura, além de violar norma de competência – visto que a União só está autorizada a instituir contribuições para finalidades específicas – con-

---

mais eficientes – em particular empresas de pequeno e médio porte, que usualmente são mais intensivas em mão de obra. [...]

As mudanças ora propostas, detalhadas a seguir, inserem-se num conjunto mais amplo de **medidas voltadas para a simplificação das obrigações e o aumento da eficiência econômica**, que englobam, entre outros, a proposta de reforma tributária atualmente em análise pelo Congresso Nacional, além de medidas a serem anunciadas nas próximas semanas – como a redução progressiva do IPI incidente sobre bens de capital e a instituição da conta investimento, que irá facilitar a transição entre aplicações e estimular a concorrência entre instituições financeiras. Como já explicitado, o objetivo destas medidas é de, através da correção de distorções, criar condições para um crescimento mais acelerado da economia brasileira nos próximos anos." (destacamos)

figura burla à repartição de receitas assegurada constitucionalmente, afetando, em consequência, as garantias de autonomia financeira dos Estados, Distrito Federal e Municípios.

Ainda, quanto à não cumulatividade, qualquer preceito constitucional a respeito do assunto deve, desde logo, explicitar minuciosamente seus termos, assegurando-se, no altiplano constitucional, o direito ao creditamento do tributo relativo a todos os dispêndios relacionados à atividade empresarial. Isso porque, como visto, a experiência brasileira revela a completa falta de comprometimento do legislador infraconstitucional com o sentido e razão de ser da não-cumulatividade.

Em suma, uma reforma tributária eficaz exige que o olhar seja dirigido para o ordenamento como um todo, considerando-se sua dimensão dinâmica e pragmática, a fim de que, tomado o sistema tributário em sua íntegra, sejam corrigidas distorções no exercício das competências tributárias e na indevida limitação de direitos constitucionalmente assegurados.

MESCS – MEIOS EXTRAJUDICIAIS DE SOLUÇÃO DE CONFLITO NO DIREITO TRIBUTÁRIO: UMA REFORMA TRIBUTÁRIA?

FERNANDO ALBERTO DE ALMEIDA CAMPOS[1]

LUIZ FERNANDO DO VALE DE ALMEIDA GUILHERME[2]

MARIA STELA CAMPOS DA SILVA[3]

SUMÁRIO: 1. Introdução; 2. Mediação; 3. A transação como extinção do crédito tributário; 4. Conclusão: a transação como forma de solução de conflitos via MESCS

1. INTRODUÇÃO

Receber o convite para a produção de artigo sobre a reforma tributária em um momento em que nossas pesquisas se debruçam desde 2016 sobre os meios extrajudiciais de solução de conflitos em matéria tributária não poderia ser mais oportuno. Isso porque as discussões políticas brasileiras de uma forma geral tendem a se restringir à unificação de tributos para redução da quantidade e burocracia para o segundo e terceiro setor da economia.

Contudo, os problemas que o sistema tributário brasileiro impõem ao incremento da economia no Brasil vão muito além do número de

---

1 Advogado. Especialista em Direito Internacional pela PUC/SP. Mestre em Direito pela EPD.

2 Advogado. Especialista em Mediação pela Faculdade de Direito de Salamanca (Espanha) e pela Universidade Portucalense (Portugal). Mestre e Doutor pela PUC/SP. Pós-Doutor em Direito Mercantil pela Universidade de Salamanca (Espanha).

3 Advogada. Especialista e Mestre em Direito Tributário pela Universidade Federal de Pernambuco. Doutora em Direito pela Universidade Federal do Pará - UFPA. Professora de Direito Financeiro e Tributário da Faculdade de Direito da UFPA e do Programa de Pós-Graduação em Direito (mestrado e doutorado) da UFPA.

tributos, e perpassam necessariamente pela grande dificuldade do Fisco em obter efetividade nas ações de execuções fiscais.

A demora excessiva na "recuperação" dos créditos tributários ao mesmo tempo em que aumenta as despesas públicas por atravancar o Poder Judiciário com uma grande quantidade de ações inexequíveis, importa em não percebimento das receitas tributárias necessárias à manutenção da estrutura de funcionamento estatal e desenvolvimento das políticas públicas imprescindíveis ao cumprimento dos deveres do Estado em propiciar os direitos dos cidadãos previstos na Constituição Federal.

Daí a urgência da busca por maior discussão e estudos sobre a possibilidade de utilização de soluções alternativas de conflito em matéria tributária. Ainda que como uma possibilidade vista com receio, diante de alguns fatores característicos do Brasil, outros meios de solução de litígios devem ser considerados e analisados ante sobretudo à nova sistemática processual civil

Como fatores diretamente ligados à necessidade de alternativas, verifica-se o sucateamento do Poder Judiciário, bem como a cultura litigiosa do brasileiro, com demandas crescentes e demoradas, deixando o jurisdicionado suscetível a decisões falhas em razão do grande volume de processos sob responsabilidade de um único magistrado.

Dentro da realidade do Judiciário, ainda é possível verificar que a grande maioria dos processos em andamento na Justiça brasileira envolvem o Estado, com uma alta incidência de ações tributárias, não sendo possível ignorar o fato de que alternativas a esses litígios fazem-se imperiosas às finanças públicas brasileiras que vivem um momento de grande instabilidade, com todos os entes que compõem a Federação em estado grave de déficit público, demonstrando que a simples utilização de ações judiciais para recuperação de créditos fiscais não têm sido suficientes para melhoria da arrecadação.

Misabel Derzi há muito já denuncia que a "insegurança e a imprevisibilidade quanto às decisões judiciais desencadeiam perdas altamente nocivas ao País, não penas políticas, jurídicas e econômicas", abalando a "credibilidade nas instituições oficiais, no Estado e na palavra oficial de governo."[4]

---

4 DERZI, Misabel Abreu Machado. A imprevisibilidade das decisões judiciais e suas consequências. *In* PIRES, Adilson Rodrigues; TÔRRES, Heleno Taveira (org.) Princípios de direito financeiro e tributário. Rio de Janeiro: Renovar, 2006. P. 961/992.

O portal do Conselho Nacional de Justiça brasileiro, que vem trabalhando fortemente ao longo dos últimos anos em busca de melhorias e respeito ao princípio da celeridade processual, apresenta Relatório Analítico tomando como ano base 2017, ainda mostra dados alarmantes quanto a andamento processual e situação atual do cenário judicial brasileiro, sobretudo quando tratando de matéria tributária.[5]

Essa problemática precisa ser enfrentada e o Judiciário necessita de alternativas, uma vez que os dados demonstram a incapacidade crescente de lidar com a demanda existente. A evolução normativa do Brasil passou a permitir essas alternativas com as soluções diferenciadas de litígio, porém, ainda é necessário buscar meios de efetivar essas garantias legais e de fato aplicá-las para um melhor desempenho do Judiciário com consequente satisfação dos jurisdicionados (particulares e públicos).

Esse artigo é construído na tentativa de identificar os meios já existentes no ordenamento jurídico nacional que facilitem o diálogo do Fisco com o contribuinte, em prol de uma arrecadação justa para o Brasil. Nesse sentido está dividido em três partes. A primeira identifica o problema; a segunda lista as alternativas já existentes no sistema jurídico e a terceira busca responder a seguinte questão: os atuais meios jurídicos previstos no ordenamento pátrio são suficientes à implementação de meio arrecadatório mais ágil e menos burocratizado, ou mesmo com as mudanças legislativas, segue o Brasil no caminho que sempre trilhou? É possível com as novas normas sobre transação, afirmar que se está iniciando uma reforma tributária?

2. MEDIAÇÃO

Em se tratando de evolução normativa e a busca por alternativas aos problemas vividos pelo judiciário brasileiro, é importante destacar o salto dado no direito brasileiro com a edição da Lei n. 13.140/2015, que homenageia e solidificar o instituto da mediação no Brasil.

---

5 Os dados disponibilizados pelo CNJ em seu Relatório Analítico "Justiça em Números", demonstra, em tratando-se especificamente de execuções fiscais, que estas são "39% do total de casos pendentes e 74% das execuções pendentes no Poder Judiciário, com taxa de congestionamento de 91,7%. Ou seja, de cada cem processos de execução fiscal que tramitaram no ano de 2017, apenas 8 foram baixados. Desconsiderando esses processos, a taxa de congestionamento do Poder Judiciário cairia 9 pontos percentuais, passando de 72% para 63% em 2017"

Para conceituar a Mediação, vale o destaque aos comentários de Juan Carlos Vezzula:

> (…) mediação é a técnica privada de solução de conflitos que vem demonstrando, no mundo, sua grande eficiência nos conflitos interpessoais, pois com ela, são as próprias partes que acham as soluções. O mediador somente as ajuda a procurá-las, introduzindo, com suas técnicas, os critérios e os raciocínios que lhes permitirão um entendimento melhor.[6]

Ainda na mesma temática, Fernanda Tartuce considera que: "A mediação consiste no meio consensual de abordagem de controvérsias em que um terceiro imparcial atua para facilitar a comunicação entre os envolvidos e propiciar que eles possam, a partir da percepção ampliada dos meandros da situação controvertida, protagonizar saídas produtivas para os impasses que os envolvem."[7]

O instituto da mediação é caracterizado como um meio consensual e voluntário das partes, as quais elegem um terceiro imparcial que não irá determinar o fim dado ao litígio, mas com a incumbência de ser um facilitador na comunicação, com sua contribuição visando que as próprias partes consigam determinar os rumos do conflito.

Diante da atual ineficiência do Poder Judiciário brasileiro, a mediação e demais soluções extrajudiciais de conflitos vêm ganhando cada vez mais espaço e apreço pelos operadores do direito, uma vez que, utilizando-se dos meios disponíveis, é possível buscar resolução aos conflitos e necessidades empresariais de forma mais célere e menos onerosa.

Quanto à necessidade de maior eficiência e a aplicação da mediação nessa realidade, vale menção aos comentários de Augusto César Ramos, que defende as qualidades da mediação: "Rapidez e eficácia de resultados, redução do desgaste emocional e do custo financeiro; garantia de privacidade e sigilo; redução da duração e reincidência de sigilos; facilitação da comunicação etc."[8]

Não há dúvida quanto a necessidade de melhorias no sistema judiciário brasileiro. Esse tema é corriqueiro na doutrina nacional e de-

---

6 VEZZULLA, Juan Carlos. Teoria e Prática da Mediação. Paraná: Instituto de Mediação e Arbitragem do Brasil, 1998, p.15 e 16.

7 TARTUCE, Fernanda. Mediação nos conflitos civis. 3. Ed., rev., atual. e ampl. – Rio de Janeiro: Forense; São Paulo: MÉTODO, 2016. p. 176

8 RAMOS, Augusto Cesar. Mediação e arbitragem na Justiça do Trabalho. Revista Jus Navigandi, ISSN 1518-4862, Teresina, ano 7, n. 54, 1 fev. 2002.

manda atenção aos operadores do direito, uma vez que alternativas aos conflitos existentes caracterizam caminhos interessantes a serem seguidos pelo Poder Judiciário nacional.

Como bem destaca Fernanda Tartuce: "A adoção de caminhos extrajudiciais para a condução dos conflitos é justificada, em grande medida, pela intensa dificuldade do Poder Judiciário de administrar o sistema de justiça, que conta com um número cada vez maior de causas em trâmite."

Ada Pellegrini Grinover pondera sobre fatores como burocratização na gestão dos processos, mentalidade do juiz (que nem sempre lança mão dos poderes que os códigos lhe atribuem) e falta de informação para os detentores dos interesses em conflito tendem a levar "à obstrução das vias de acesso à justiça e ao distanciamento do Judiciário e seus usuários"; isso acarreta não só o descrédito na magistratura e nos demais operadores do Direito, "mas tem como preocupante consequência a de incentivar a litigiosidade latente, que frequentemente explode em conflitos sociais, ou de buscar vias alternativas violentas ou de qualquer modo adequadas (desde a justiça de mão própria, passando por intermediações arbitrárias e de prepotência, para chegar até os 'justiceiros')."[9]

Sob a ótica do Direito Tributário, com a vigência da Lei 13.140/2015, passou-se a ser defendida a possibilidade de aplicação da Mediação também em matéria tributária, em razão dos inúmeros benefícios do instituto, o que seria de grande valia para o sistema tributário brasileiro tão complexo e ainda muito carente de soluções efetivas para os entraves burocráticos e judiciais que enfrenta.

O artigo 3º da Lei de Mediação estabelece a possibilidade de ser objeto da mediação conflitos que versem sore direitos disponíveis ou indisponíveis, desde que estes admitam transação. Pois bem, o próprio Código Tributário Nacional (CTN), admite transação em matéria tributária, uma vez que considera como uma das possibilidades de extinção do crédito tributário a transação, em seu art. 156, III.

Como se não bastasse, a transação está presente no CTN, em seu artigo 171, o que demonstra de forma clara a possibilidade de utilização de institutos alternativos em busca de uma solução mais eficaz ao litígio tributário, sendo certo que após a vigência da Lei de Mediação,

---

9 TARTUCE, Fernanda. Mediação nos conflitos civis. 3. Ed., rev., atual. e ampl. – Rio de Janeiro: Forense; São Paulo: MÉTODO, 2016. p. 160.

a mediação entrou no rol de possibilidades de solução de controvérsias nessa matéria, juntamente com a transação.

Diante do atual cenário brasileiro, e também da importância do instituto, deve-se realizar uma breve análise da Mediação e suas características, além do conceito destacado anteriormente, pois, em que pese a permissiva legal para sua utilização, seria ela o mais indicado para os conflitos empresariais tributários?

Um dos problemas principais da mediação em matéria tributária está na eleição pelas partes litigantes, nesse caso o Estado Fiscal e o Contribuinte da figura do mediador. Adicionado a esse está ainda um dos princípios da mediação que é a autonomia da vontade. Esses são os alguns dos maiores entraves à utilização dessa modalidade extrajudicial de resolução de conflito.

Atualmente, a única iniciativa que se aproxima desse instituto é o Projeto de Lei 4.257/2019 de iniciativa do Senador Antonio Anastasia que visa alterar a Lei de Execuções Fiscais (Lei 6.830/1980) para incluir o instituto da arbitragem:

> Permite ao executado optar pela adoção de juízo arbitral, caso a execução esteja garantida por depósito em dinheiro, fiança bancária ou seguro garantia, bem como permite à Fazenda Pública optar pela execução extrajudicial da dívida ativa de tributos e taxas que especifica, mediante notificação administrativa do devedor.

Pela exposição de motivos do Projeto de lei citado:

> O Poder Judiciário contava com um acervo de 80,1 milhões de processos pendentes de baixa, sendo que mais da metade desses processos (53%) estava em fase de execução.
>
> Segundo o informativo Justiça em números – CNJ/2018: As execuções fiscais representavam 74% desse estoque, correspondendo a aproximadamente 31.4 milhões de processos ou 39% dos casos pendentes. A taxa de congestionamento das execuções fiscais foi de 92% em 2017, a maior taxa entre os tipos de processos. Significa que, em média, de cada 100 processos de execução fiscal que iniciaram o ano tramitando, apenas 8 tinham sido extintos ao final do ano.
>
> O custo unitário médio total de uma ação de execução fiscal promovida pela Procuradoria-Geral da Fazenda Nacional junto à Justiça Federal é de R$ 5.606,67. O tempo médio total de tramitação é de 9 anos, 9 meses e 16 dias, e a probabilidade de obter- se a recuperação integral do crédito é de apenas 25,8%, segundo pesquisa do IPEA/2011.[10]

---

10 Informações extraídas do sítio da rede mundial de computadores: https://legis. senado.leg.br/sdleg-getter/documento?dm=7984784&ts=1575927194872&disposition=inline. Acesso em 14/12/2019.

Certamente que esse projeto de lei ainda precisará passar por grandes discussões políticas, sobretudo pela necessidade de sopesamento de um lado do princípio da indisponibilidade dos bens e receitas públicas e de outro dos princípios da razoável duração do processo, economicidade e eficiência.

3. A TRANSAÇÃO COMO EXTINÇÃO DO CRÉDITO TRIBUTÁRIO

Observando que os entes públicos podem conseguir se utilizar mais facilmente da conciliação e do que da mediação para transacionar os créditos tributários, dentro da seara direta da transação, é necessário questionar se há uma possibilidade real de transacionar tributos via conciliação.

Afinal, poderia o ente público extinguir um crédito tributário se na literatura tributária não se entende este crédito conforme dispõe o artigo 841 do Código Civil? Neste caso, destacar-se-á jurisprudência do eminente Tribunal de Justiça do Estado de São Paulo para responder tal posicionamento:

> Embargos de declaração. Acordo firmado pelas partes juntado aos autos após o julgamento das apelações. *Quod non est in actis non est in mundo.* Inexistência de omissão. O ato das partes consistentes em declaração bilateral de vontades, prevalece sobre a decisão judicial, quando se cuidar, como no caso, de direito disponível, em relação ao qual se admite a transação (art. 841 do CC), produzindo imediatamente a constituição, a modificação ou extinção de direitos processuais (art. 158 do CPC). Recurso rejeitado com observação.[11]

Neste diapasão, os artigos 156, inciso III e 171 do Código Tributário Nacional possibilitam a transação desde que haja a modificação ou extinção de direitos processuais via conciliatória.

Em comparação ao direito português, por exemplo, quando alisada a situação do direito alienígena, pode-se entender que a Constituição da República do país europeu não só deixa de proibir, como exige a existência de meios alternativos de solução de litígios em matéria tributária, por força do artigo 267, n. 1 da Constituição da República

---

11 TJSP, Bem. Decl. N. 4013587-33.2013.8.26.0562/Santos, 1ª Câm. de Dir. Priv., rel. Alcides Leopoldo e Silva Júnior, *Dje* 13.03.2015, p. 1718

Portuguesa e sua defesa pela desburocratização e aproximação dos serviços e participação da população[12].

Segundo Hugo de Brito Machado, no Brasil:

> Para que seja possível a transação no Direito Tributário, impõe-se tenha sido já instaurado o litígio, embora não se há de exigir que este se caracterize pela propositura de ação judicial. Basta que tenha sido impugnado, pelo sujeito passivo da obrigação tributária, um auto de infração contra o mesmo lavrado. Ou por outra forma se tenha estabelecido uma pendência, dando lugar à instauração de um procedimento administrativo a ser julgado pelo órgão administrativo competente. Realmente, o que se impõe é que esteja configurado um litígio, a ser dirimido pelo órgão julgador administrativo, nos termos do procedimento próprio. Litígio atual, já instaurado, e não apenas anunciado por um dos sujeitos da relação, geralmente o Fisco. A pretensão do Fisco há de ter sido formalmente manifestada. Só assim estará caracterizado o litígio que faz possível a transação destinada a sua terminação.[13]

Em que pese a explanação acima, o presente trabalho defende a aplicabilidade do instituto da transação, inclusive com possibilidade de ser utilizado junto a mediação, apesar de não ser este o instituto mais adequado às características do conflito, independentemente da existência ou não de demanda contenciosa em curso. Por óbvio, o litígio, discussão, controvérsia é necessário até mesmo para garantir a aplicabilidade do conceito de transação, com cessões das partes envolvidas em busca de um patamar comum em vistas a interromper a discussão judicial existente, ou até mesmo evitar que o judicialização ocorra.

É natural, à evolução histórica do direito brasileiro, a grande dificuldade que matérias atinentes ao direito público, tenham pouca conversa com institutos concebidos originariamente no âmbito do direito privado.

---

12 Artigo 267. 1. A Administração Pública será estruturada de modo a evitar a burocratização, a aproximar os serviços das populações e a assegurar a participação dos interessados na sua gestão efetiva, designadamente por intermédio de associações públicas, organizações de moradores e outras formas de representação democrática. – Constituição da República Portuguesa

13 MACHADO, Hugo de Brito. Transação e Arbitragem no âmbito tributário. *In* Revista Fórum de Direito Tributário – RFDT. Ano 5, n. 28, jul./ago. 2007. Belo Horizonte: Fórum. p. 56.

Essa distinção entre direito público e direito privado é comentada por Mario Losano[14] que ao enfocar o direito administrativo atual como tão expandido em razão do aumento das tarefas assumidas pelo Estado que "une o direito financeiro (que arrecada o dinheiro privado e o torna público) ao direito constitucional (que regula os órgãos que decidem como distribuí-lo), colocando-se como instrumento técnico para a privatização do dinheiro público", assevera que essa distinção de tratamento resulta de razões históricas e práticas pelas peculiaridades do direito tributário, mas tudo o que versam envolve matéria administrativa.

Daí porque estudar direito público e direito privado perpasse pela análise do direito administrativo também.

Logo, para se debruçar sobre o instituto da transação em matéria tributária, também cumpre revisitá-lo, na órbita administrativa.

Romeu Felipe Bacellar Filho em obra na qual relaciona o Direito Administrativo com o Código Civil de 2002, ao tratar do instituto da transação esclarece:

> O predomínio da autoridade, no Direito Administrativo, fez com que a própria palavra "negócio" (para Zanobini designava o ato voluntário da Administração em analogia ao negócio privatístico) fosse expulsa do vocabulário administrativo. A imperatividade do ato administrativo correspondeu a uma "sacralização do poder estatal", que dificultada, e ainda dificulta a compreensão de uma Administração inserida num panorama sob a bilateralidade e o consenso.
>
> Daí a recusa, da doutrina administrativista, em aceitar a possibilidade da Administração utilizar-se do instituto da transação, previsto expressamente no Código Civil em seu artigo 840 – "É lícito aos interessados prevenirem ou terminarem o litígio mediante concessões mútuas" – diante de uma interpretação mecanicista e, apartada da realidade, do princípio da indisponibilidade do interesse público. Esta visão respalda-se num conceito monolítico de Administração Pública, oráculo de um "interesse público" absoluto e homogêneo, que recusa interpretações dissidentes.[15]

Para além da problemática trazida por autores e precedentes nas cortes brasileiras que ainda não reconhecem a transação como viável no âmbito tributário, por tratar-se de direito indisponível, o STJ sempre seguiu a mesma linha:

---

14 LOSANO, Mario G. Os grandes sistemas jurídicos: introdução aos sistemas jurídicos europeus e extra-europeus. Trad. Marcela Varejão. São Paulo: Martins Fontes, 2007. P. 94/95.

15 BACELLAR FILHO, Romeu Felipe. Direito Administrativo e o novo Código Civil. Belo Horizonte, Fórum, 2007.

TRIBUTÁRIO. TRANSAÇÃO. BENEFÍCIO FISCAL. EXTENSÃO A HIPÓTESE NÃO ALCANÇADA PELA NORMA TRIBUTÁRIA. IMPOSSIBILIDADE.

1. Cinge-se a controvérsia a definir se é possível incluir na transação prevista na Lei Estadual 12.218/2011 crédito tributário não alcançado pelo aspecto temporal da norma que a instituiu.

2. A concessão de benefício fiscal é função atribuída pela Constituição Federal ao legislador, que deve editar lei específica, nos termos do art. 150, § 6º. A mesma ratio permeia o art. 111 do CTN, o qual impede que se confira interpretação extensiva em matéria de exoneração fiscal.

3. A propósito, o art. 171 do CTN permite que a transação tributária seja realizada como meio de extinção do crédito tributário, nas condições estabelecidas por lei.

4. A jurisprudência do STJ é firme quanto à impossibilidade de o intérprete estender benefício fiscal a hipótese não alcançada pela norma legal (cf. AgRg no REsp 1.226.371/RS, Rel. Ministro Humberto Martins, Segunda Turma, DJe 10.5.2011; REsp 1.116.620/BA, Rel. Ministro Luiz Fux, Primeira Seção, DJe 25.8.2010; REsp 1.140.723/RS, Rel. Ministra Eliana Calmon, Segunda Turma, DJe 22.9.2010).

5. Na mesma linha encontra-se a jurisprudência do STF, para quem o Poder Judiciário não pode atuar como legislador positivo a fim de estender benefício fiscal (cf. RE 596.862 AgR, Relator Min. Ricardo Lewandowski, Primeira Turma, julgado em 7.6.2011; ADI 1851 MC, Relator Min. Ilmar Galvão, Tribunal Pleno, julgado em 3.9.1998).

6. Recurso Ordinário não provido.[16]

(RMS 40.536/BA, Rel. Ministro HERMAN BENJAMIN, SEGUNDA TURMA, julgado em 05/11/2013, DJe 09/12/2013)

No caso acima, verifica-se o reconhecimento do instituto da transação, no entanto, sempre vinculado a uma necessária normativa que a autorize, o que foi provisoriamente resolvido apenas em 2019 com a edição da Medida Provisória 899, de 16/10/2019, que estabelece requisitos e condições para que a União transacione, com base no art. 171 do CTN.

Essa Medida Provisória denominada popularmente de "MP do Contribuinte legal" foi regulamentada pela Portaria PGFN 11.956, de 27/11/2019, publicada no Diário Oficial da União em 29/11/2019 e prevê duas modalidades distintas de de transação: a transação por adesão destinada a contribuintes com dívidas de até R$15.000.000,00 (quinze milhões de reais) notificados por edital; e a transação individual proposta pela PGFN ou pelo devedor, destinada aos contribuintes com débitos acima desse valor.

---

16 RMS 40.536/BA, Rel. Ministro HERMAN BENJAMIN, SEGUNDA TURMA, julgado em 05/11/2013, DJe 09/12/2013

O Edital a que se refere a Portaria seria publicado em dezembro de 2019 e o contribuinte que desejar aderir estará apto a fazê-lo por meio do sítio da rede mundial de computadores da Fazenda Nacional, denominado "REGULARIZE".

As maiores críticas até agora dessa Medida Provisória residem no fato de que mais uma vez não se trata de conciliação sobre o valor do débito, mas exclusivamente importa em desconto da penalidade aplicada pelo não adimplemento da dívida e ainda a obrigatoriedade de o contribuinte precisar renunciar ao seu direito constitucional de livre acesso ao Poder Judiciário, tendo que renunciar a todas as ações judiciais que porventura esteja movendo contra o Ente Exacional.

Nesse caso, está-se-ía diante de mais uma modalidade de Programa de Recuperação Fiscal, nos moldes de todos os anteriores, tais como:

Lei 9.964/00
PAES
Lei 10.684/03
PAEX
MP303/06
REFIS DA CRISE
Lei 11.941/09
REFIS DA COPA/REFIS DAS ELEIÇÕES

Ainda que haja a controvérsia na matéria vigente e carente de solução, sobressai a esperança em uma tributação participativa entre fisco e contribuinte, visando não só a aproximação do ente federativo com a população, mas também com o objetivo de diminuir o litigio e aumentar a receita.

Nas palavras de Priscila Faricelli de Mendonça:

Ademais, a transação colabora para a consecução de um processo fiscal equitativo, o qual, no entender de Ricardo Lobo Torres, "mediante o diálogo entre fisco e contribuinte, busca a solução justa do caso concreto", além de ser determinante para a prevenção de litígios.

A abertura de diálogo entre fisco e contribuinte, ademais, tende a priorizar a consecução do interesse público na medida que permite ao administrador que busque a forma de solução que melhor atenderá o interesse envolvido. Por exemplo, por certo não vale a pena manter interminável questionamento judicial de crédito tributário sabidamente não devido pelo contribuinte, quer em razão das evidências que tenham sido apuradas em análise técnica, quer por força da incidência de determinação legal ou entendimento jurisprudencial consolidado que afasta o lançamento tal como realizado pela autoridade fiscal.[17]

Apesar de agora já existir alguma norma regulamentando a transação tributária, outrora apenas prevista no art. 171 do Código Tributário Nacional, ainda há um longo caminho a ser percorrido para que o diálogo entre fisco e contribuinte seja efetivo e resulte em uma prática colaborativa para a diminuição de litígios, no entanto, alguns pequenos avanços ao longo dos anos demonstram que o necessário caminho do judiciário e legislativo brasileiros em busca de soluções viáveis aos problemas existentes no âmbito tributário está sendo trilhado.

A título de exemplo, ainda que de forma modesta, a transação também aparece de maneira esparsa e de maneira localizada no Brasil.

Além dos planos de governo para incentivo de receita, que ocorre em todos os estados, em Pernambuco o legislativo foi um pouco além. Em dezembro de 2007, com a lei complementar (LC) n.º 105 já houve o reconhecimento da possibilidade de transação, inclusive com determinação de procedimento e autoridades responsáveis a analisar cada caso.

Importante se faz destacar que o tema objeto dessa dissertação tem capilaridade a outros entes federativos brasileiros, como se denota na LC n.º 105 de Pernambuco as transações em matéria tributária devem respeitar o disposto no art. 8º:

> Art. 8º As transações referentes a ações judiciais que versem sobre matéria tributária não acarretarão dispensa de tributo devido nem de multa, juros e demais acréscimos porventura cobrados, exceto se cumulativamente atenderem às seguintes condições, observado o disposto no artigo 3º:
> I – o litígio envolver matéria em confronto com súmula ou jurisprudência dominante do Supremo Tribunal Federal, ou de Tribunal Superior, e desfavorável à Fazenda Pública;
> II – houver renúncia, por parte do sujeito passivo da obrigação tributária, a eventual direito a verbas de sucumbência, compreendendo os honorários advocatícios, que deve ser formalizada pelo advogado titular da verba, bem como às custas e demais ônus processuais.

---

17 MENDONÇA, Priscila Faricelli de. Transação e arbitragem nas controvérsias tributárias. Dissertação (Mestrado em Direito Processual) - Faculdade de Direito, Universidade de São Paulo, São Paulo, 2013. doi:10.11606/D.2.2013. tde-12022014-135619. p. 133; indicado em material de palestra proferida pelo Professor Luiz Fernando do Vale de Almeida Guilherme na Universidade Federal do Pará no dia 13/11/2017 p. 148

Outro exemplo estadual foi a promulgação pelo Estado do Pará da Lei Complementar 121, de 10/06/2019 que cria a Câmara de Negociação, Conciliação, Mediação e Arbitragem da Administração Pública Estadual, contudo, essa também em matéria tributária ainda é bastante tímida, tendo em vista que para a matéria tributária ela assim restringe:

> desde que não acarrete dispensa de tributo, multa, atualização monetária e demais acréscimos legais, salvo: 1. autorização em lei específica; ou 2. se o litígio envolver matéria tratada em enunciado de súmula, jurisprudência dominante, precedente obrigatório ou decisão em recurso repetitivo, do Supremo Tribunal Federal e/ou dos Tribunais Superiores.[18]

4. CONCLUSÃO: A TRANSAÇÃO COMO FORMA DE SOLUÇÃO DE CONFLITOS VIA MESCS

Os críticos à transação, conforme já visto em capítulo anterior, defendem a impossibilidade de discricionariedade no direito tributário, vez que qualquer providência na matéria deverá respeitar os princípios da legalidade e impessoalidade, o que iria de encontro à discricionariedade característica da transação.

As práticas colaborativas e soluções alternativas de conflitos pressupõem a contribuição dos litigantes e o anseio pela resolução da problemática, bem como pressupõem a boa-fé, esta sim, presumida. A presunção de má-fé só servirá como entrave a todo e qualquer instrumento que sugerirá colaboração e finalidade conciliatória. Se alguma das partes não tiver interesse em composição/cooperação, o instituto não se materializa, razão pela qual não é possível dar continuidade a discursos negativos pelo receio nos resultados e trâmites escusos pelo caminho. Esses poderão acontecer, afinal as histórias antiga e recente nos mostram a capacidade dos meliantes que assumem cadeiras de respeito no plano nacional, porém, as instituições brasileiras possuem meios de coerção e solução desses problemas. Em matéria tributária, a Lei de Responsabilidade Fiscal permanecerá em vigor e deverá ser respeitada, toda vez que houver renúncia de receita pelo fisco

O presente trabalho teve como foco trazer à discussão e análise as possibilidades de conciliação em matéria tributária e se a mediação poderia também influenciar nos próximos passos a serem dados pelos poderes legislativo, judiciário e executivo brasileiros, uma vez que não seria a mediação o método mais indicado para a solução de contro-

---

18 https://www.sistemas.pa.gov.br/sisleis/legislacao/4881. Acesso em 14/12/2019.

vérsia empresarial tributária. E por que não se utilizar da liberdade contratual para extinguir conflitos de matéria tributária?

Em que pese haver divergências maiores por tratar-se de matéria tributária entendida como necessariamente burocrática para que haja maior proteção e seja mitigada a possibilidade de benefícios indevidos aos a apenas parte dos indivíduos, a legislação brasileira não impede que as soluções extrajudiciais de controvérsia sejam respeitadas e aplicadas também em matéria tributária. Pelo contrário, o que finalmente parece agora passar a ter mais simpatia dos criadores das normas e estudiosos da matéria.

A evolução normativa do Brasil, até pela necessidade atual, em razão de tempos de crise econômica e, ainda, aquela instalada crise instalada no Poder Judiciário, sugere mudanças necessárias e amplas em vistas a desburocratizar o sistema tributário nacional tão complexo, o que fatalmente resultará em benefícios indiretos e diretos ao Poder Judiciário brasileiro.

A vigência do Novo Código de Processo Civil, aliado à Lei de Mediação (número da lei), demonstram a guinada dos sistemas Legislativo e Judiciário brasileiros à cooperação e conciliação de litígios, preferencialmente previamente à judicialização. Os avanços devem continuar e avançar ainda mais para buscar a reciclagem do poder judiciário que sofre com números absurdos de tramitação. Muitos processos parados, especialmente em matéria tributária. O fisco não recebe, enquanto o contribuinte vê valores aumentarem substancialmente com o passar do tempo.

A transação tributária ainda não é realidade na vivência do direito tributário nacional da forma ampla como poderia ser, embora seu nascimento de forma mais clara em 2019 acene para um futuro de maior sucesso para a matéria.

Cumpre registrar que apesar da nova sistemática do CPC/2015 enaltecer os métodos extrajudiciais de solução de conflitos, apesar da promulgação da Medida Provisória 899/2019, na prática há ainda que se fazer um enorme esforço em esclarecer a todos Poderes a necessidade de se operacionalizar cada vez mais a prática da transação.

Essa necessidade de conscientização, resta evidente ante algumas decisões políticas e/ou judicias em sentido contrário à possibilidade de efetivação de uma conciliação ou transação em âmbito tributário.

Dois exemplos de decisões que vão de encontro à política da transação são:

No dia 15/11/2018 foi publicada a Portaria RFB 1.750 dispondo sobre representação fiscal para fins penais (RFPFP) relativamente a diversos crimes associados à ordem tributária, previdência social, evasão de divisas, "lavagem ou ocultação de bens", em ato que agora permite inclusive a divulgação pela rede mundial de computadores de dados dos contribuintes que sofrerem essa modalidade de representação, como mais um instrumento para forçar um adimplemento do crédito tributário, em detrimento de regras que facilitem a mediação, ainda que em plena vigência a Súmula Vinculante 24 que assevera a inexistência de crime contra a ordem tributária antes de exaurida a esfera administrativa fiscal, declarando a existência do tributo.

Na mesma linha da consideração de criminalizar mero inadimplemento de tributo, o Supremo Tribunal Federal fez maioria no julgamento do RHC163334 no dia 12/12/2019, relativamente a não recolhimento de ICMS regularmente declarado pelo contribuinte admitindo dever ele ser enquadrado penalmente como apropriação indébita (delito previsto no artigo 2º, inciso II, da Lei 8.137/1990)[19]

Ao tomar essas decisões, seja o Poder Executivo, seja o Poder Judiciário, afasta, cada vez mais a possibilidade de se desenvolver uma teoria em prol da mediação em matéria tributária.

Aqui não se defende a possibilidade de uma mediação, pois a mediação, em que pese trazer muitos benefícios às soluções extrajudiciais de controvérsias não é o método adequado a esse tipo de conflito. A conciliação sim, quando estudada e aplicada em conjunto com a transação, serviria para auxiliar na efetivação desta última, operacionalizando-a.

A nomenclatura correta e o instituto correto a ser utilizado é a conciliação, já que se entende pela transação do crédito tributário em prol da função social da empresa e da manutenção do Estado Brasileiro.

Para tanto, é necessário que a Medida Provisória de transação volte a ser discutida, alterada para se adequar corretamente ao instituto que servirá de ponte à transação e que o Poder Legislativo volte os olhos à necessidade imperiosa de alteração no sistema tributário nacional e como este é administrado. Certamente o fisco tem perdido grandes oportunidades de solução de conflitos intermináveis que atolam

---

19 https://portal.stf.jus.br/noticias/verNoticiaDetalhe.asp?idConteudo=432563&ori=1. Acesso em 14/12/2019.

o Judiciário nacional e não representam efetividade nas cobranças dos créditos tributários.

Ademais, é imprescindível que ao ser dado tratamento mais robusto para esse instituto, seja identificada a possibilidade da conciliação se dar também na órbita administrativa, passando pela discricionariedade de eleição de políticas públicas, de forma a evitar que após a toma de decisões governamentais, uma infinidade de ações judiciais atolem novamente o Poder Judiciário.

Assim, respondendo às questões objeto do presente trabalho: os atuais meios jurídicos previstos no ordenamento pátrio ainda não são suficientes à implementação de meio arrecadatório mais ágil e menos burocratizado, seguindo o Brasil no caminho que sempre trilhou mesmo com as novas normas sobre transação que tenta implementar, inviabilizando desse modo uma real reforma tributária!

Já está passando o tempo de contribuinte e Estado sentarem em mesas de negociação em igualdade de condições, respeitando-se os primados constitucionais que norteiam os interesses públicos e privados, e para isso, faz-se imperiosa a edição de norma geral norteadora dessa relação, a fim de assegurar mais segurança jurídica às decisões dela resultantes, bem como a mudança de comportamento dos três Poderes relativamente à forma como concebem a relação havida entre Fisco e Contribuinte, que precisa deixar de ser sempre a de que o contribuinte inadimplente é o criminoso que fere os cofres públicos para entender que é imperioso se criar a cultura do bom contribuinte, aquele cidadão que esteja disposto a negociar para adimplir os cofres públicos e contribuir efetivamente para o desenvolvimento de políticas públicas garantidoras dos direitos fundamentais, cultura essa que certamente não será fomentada com a criminalização da relação tributária.

REFORMA TRIBUTÁRIA TRÊS DÉCADAS DE FRACASSOS. NÃO PODEMOS PERDER UMA NOVA OPORTUNIDADE.

FERNANDO REZENDE[1]

SUMÁRIO: Introdução; 1. Por que chegamos a esse ponto e quais as dificuldades para rever essa posição?; 2. O impasse: onde chegamos e o que precisa ser feito. Medidas emergenciais são necessárias, mas não suficientes para promover a consolidação fiscal; 3. O que precisa ser feito. e como? – não começar pelo fim; Referências Bibliográficas

INTRODUÇÃO

Nos últimos trinta anos, o debate fiscal ficou aprisionado num modelo de gestão das contas públicas que se assentou num único objetivo: cumprir a meta anualmente estabelecida para o resultado primário a ser alcançado no final do exercício financeiro. Esse modelo, adotado após a redemocratização do país em meados da década de 1980, para eliminar a multiplicidade de orçamentos então existente, foi reforçado após a reforma constitucional de 1988. No novo texto constitucional, as responsabilidades do Estado foram substancialmente ampliadas, sem que tivesse sido feito uma cuidadosa avaliação das limitações para o seu financiamento.

Duas outras medidas adotadas em 1988 criaram maiores problemas para o controle das contas públicas. Uma, foi a criação de um regime exclusivo de financiamento para a seguridade social, inaugurando uma dualidade de regimes tributários que só existe no Brasil. As razões para isso foram intensamente discutidas à época e se apoiavam no argumento de que era necessário por fim à utilização de recursos

---

[1] Economista, professor, Escola Brasileira de Administração Pública e de Empresas - EBAPE, Fundação Getúlio Vargas e Consultor. Ex-Presidente do Instituto de Pesquisa Econômica Aplicada- IPEA.

da previdência para atender a outros propósitos, O que teria acontecido quando ela ainda gerava superávits, a exemplo da construção da hidrelétrica de Itaipu e da cidade de Brasília. Dessa forma, a adoção do regime de seguridade social buscava garantir o financiamento da universalização do acesso de todos os cidadãos brasileiros aos benefícios que o antigo regime previdenciário prestava apenas aos trabalhadores formalmente empregados: previdência, saúde e assistência.

Outra foi a descentralização das receitas tributárias da União para atender ás demandas de estados e municípios por maiores recursos. As duas principais medidas adotadas com essa finalidade foram a incorporação dos antigos impostos únicos sobre combustíveis, telecomunicações e energia elétrica à base do imposto estadual, transformando o ICM no ICMS; e o aumento dos percentuais das receitas dos principais impostos de competência da União - o IPI e o IR -, à base dos fundos constitucionais que operam as transferências intergovernamentais de receitas- O FPE e o FPM -, dando continuidade ao que já vinha ocorrendo durante o período de transição do regime militar para a democracia.

Juntas, as duas medidas permitiam antever o que ocorreria no futuro. No plano federal o chamado orçamento fiscal foi duplamente afetado, ficando sem condições para financiar os demais direitos sociais elencados no capítulo sexto da Constituição, ademais de comprometer a execução de investimentos na modernização da infraestrutura econômica necessários para o futuro do Brasil. De outra parte, o orçamento da seguridade social se expandiu à medida que suas receitas passaram a ser demandadas para administrar a gestão das contas públicas, criando espaço para a expansão dos gastos nessa área, ao mesmo tempo em que comprometia a qualidade da tributação.

Como ensina a história, boas intenções nem sempre conduzem a bons resultados. De acordo com o texto constitucional, o Brasil tem dois orçamentos regimes próprios de financiamento para cada um deles. Mas a gestão fiscal ignorou esse fato e adotou uma maneira simplista de lidar com essa novidade. As receitas foram reunidas em dois grupos: primárias e extraordinárias; e as despesas em obrigatórias e discricionárias. As consequências dessa opção são amplamente conhecidas, mas a compreensão das implicações desse fato não são devidamente exploradas.

O objeto deste texto é iluminar esse fato.

1. POR QUE CHEGAMOS A ESSE PONTO E QUAIS AS DIFICULDADES PARA REVER ESSA POSIÇÃO?

No início as coisas pareciam caminhar bem. Com as mudanças no campo tributário, as receitas de estados e municípios cresceram e as despesas com a seguridade social ainda aguardavam a aprovação das leis complementares que tratavam de regulamentar os dispositivos constitucionais. Em conjunto, estados e municípios aumentaram sua participação na carga tributária nacional, mas isso não se sustentou, principalmente no caso dos estados[2].

Com o advento do Plano Real, uma medida importante foi adotada. Tendo em vista que os desequilíbrios das contas públicas constituíam uma ameaça ao sucesso do programa de estabilização monetária, já no lançamento desse plano foi lançada a âncora fiscal que tratava de evitar mais um fracasso das políticas de combate à inflação, intentadas desde o fim do regime militar. Essa âncora, inicialmente batizada de Fundo Social de Emergência, consistia na desvinculação de receitas das contribuições para a seguridade social, por meio de uma emenda constitucional que cuidasse de evitar o descontrole na expansão da divida pública.

A adoção dessa iniciativa foi muito importante para o sucesso do Plano Real, que derrubou as taxas de inflação trazendo grandes benefícios para a população de baixa renda, que não dispunha de condições para se proteger da deterioração do poder aquisitivo dos salários nos momentos que antecederam essa mudança.

A intenção era que essa medida fosse transitória, mas a crise econômica que teve origem no leste asiático e chegou ao Brasil nos últimos anos da década de 1990 gerou grande apreensão. As dificuldades de manter a situação fiscal sob controle ameaçavam a ocorrência de mais um fracasso das políticas de estabilização monetária e demandavam medidas enérgicas para evitar que isso ocorresse. Sem alternativa, o governo federal teve que recorrer ao Fundo Monetário Internacional que, em troca dos recursos repassados ao governo brasileiro, exigiu as

---

2 Entre 1990 e 1993 a participação das receitas de estados e municípios na carga tributária nacional subiu para 40%, resultando numa queda de cinco pontos percentuais na participação da União em relação aos índices registrados no biênio imediatamente posterior à aprovação da reforma constitucional. Nesse mesmo período os ganhos em termos de receitas disponíveis, que incluem as transferências, foram ainda maiores. Juntos estados e municípios amealharam cerca de 45% desse total. Para detalhes consultar Rezende, Oliveira e Araújo, 2007 capitulo 1.

autoridades econômicas gerassem um superávit primário equivalente a mais de três pontos percentuais do PIB.

Não havia alternativa. A única forma de atender a essa exigência era reforçar o modelo adotado logo após o lançamento do real, por meio da prorrogação da desvinculação das receitas da seguridade social, para bancar o acordo com o FMI. Mas a contrapartida dessa medida foi ampliar o espaço para a expansão dos gastos com a seguridade social, especialmente os benefícios previdenciários e assistenciais, que cresceram em linha com o aumento das contribuições vinculadas a esse regime, gerando um efeito que eu denominei de "efeito cremalheira", que está na raiz do engessamento da despesa, mantendo a gestão fiscal refém da sucessiva renovação da DRU, para ajudar a cumprir a meta do resultado primário (Gráfico 1).

À medida que crescia a soma os gastos com os programas amparados pelo regime de seguridade social, e também as despesas com o atendimento dos direitos individuais assegurados ao funcionalismo dos três poderes da União, a parcela das receitas públicas absorvidas por esses gastos contribuía para a rigidez do orçamento, acarretando sérios problemas para o atendimento das prioridades do país e de sua população. Expedientes adotados pera lidar com essa situação só serviram para esconder a real gravidade da situação. Já em 2001 o índice de rigidez da despesa, apurado com base numa metodologia mais abrangente do que a oficial, já estava na casa dos 100%, daí não se afastando desde então, (Gráfico 2)[3]

---

3 No conceito oficialmente adotado, a rigidez é apurada tendo em conta os direitos individuais assegurados na Constituição e em legislação infraconstitucional, não incluindo outras obrigações decorrentes de direitos coletivos, a exemplo dos mínimos constitucionais para aplicação de recursos em educação e saúde, cujo cumprimento se dá pelo empenho da despesa, e de compromissos assumidos em contratos e convênios..O gráfico resula de um trabalho que fiz para a STN..

Gráfico 1- Evolução da Arrecadação de Contribuições Sociais e dos Gastos com Seguridade Social e Seguro-Desemprego: 1995 – 2010 – Índice calculado com base em valores corrigidos pelo DI do PIB (1995 =100)

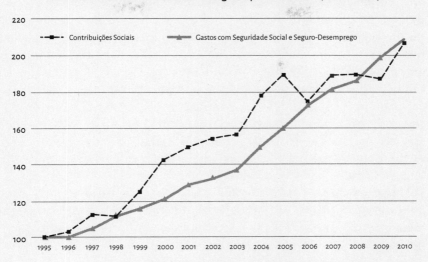

Fonte. Fernando Rezende As Reformas Gêmeas. Apresentação no Conselho de Altos estudos em Finanças e Tributação. Associação Comercial de São Paulo, Julho de 2018;

Gráfico 2- Índice de rigidez das despesas primárias, segundo as principais categorias

Observação - O nível 5 refere-se a despesas com previdência, o funcionalismo e os benefícios amparados na LOAS. O nível 4 inclui despesas de custeio e investimentos em educação e saúde. Programas assistenciais não abrangidos pela LOAS estão no 3 e no 2 obrigações decorrentes de contratos e convênios. O 1 inclui investimentos não passíveis de contingenciamento pela LDO.

Nesse contexto, as várias iniciativas de promover a reforma tributária intentadas nos últimos trinta anos enfrentaram a limitação imposta pela imposição de que nenhuma reforma poderia reduzir a carga tributária global, gerando reações contrárias de setores da economia que seriam prejudicados. Ademais, ao não propor soluções para o agravamento dos conflitos federativos, que cresceram com o encolhimento das bases das transferências constitucionais de receita a estados e municípios e as dificuldades encontradas para por fim à guerra fiscal.

À medida que as sucessivas renovações da DRU deixavam de ser suficientes para manter o quadro fiscal sob controle, o governo passou a depender da obtenção de receitas extraordinárias, mediante o recurso a privações e concessões, que não são suficientes para reverter a situação, apenas para evitar o colapso. O clima se tornou menos favorável ainda para qualquer iniciativa no campo tributário, concorrendo para explicar porque reformas financeiras foram se tornando cada vez mais necessárias, em detrimento das reformas que precisam ser feitas na tributação.

2. O IMPASSE: ONDE CHEGAMOS E O QUE PRECISA SER FEITO. MEDIDAS EMERGENCIAIS SÃO NECESSÁRIAS, MAS NÃO SUFICIENTES PARA PROMOVER A CONSOLIDAÇÃO FISCAL

Um fato, que não tem merecido a devida atenção. é que o efeito da DRU já se esgotou há algum tempo, como revelou um importante estudo realizado pela Secretaria do Orçamento Federal em 2018[4]. Nesse estudo, a SOF mostra que o. orçamento da seguridade social responde por cerca de três quartos da rigidez, pois as receitas já não cobrem as respectivas despesas. Mesmo desconsiderando a existência da DRU, esse orçamento é deficitário desde 2003 tendo crescido expressivamente a partir de 2011, para alcançar a cifra de a cifra de 192 bilhões de reais, em 2017, correspondente a 3,5% do PIB.

Há muito tempo, portanto que as receitas extraordinárias assumiram o papel principal nas medidas adotadas para sustentar ao meta estabelecida para o resultado primário das contas públicas , mas isso não é suficiente para lidar com a natureza do problema, principalmente num situação onde as receitas tributárias do governo federal não acompanham o crescimento das despesas, visto que o coeficiente de

---

4 George Soares, Secretário da SOF. *Balanço da Seguridade Social*, março 2018.

elasticidade das receitas em relação ao PIB se situa um pouco abaixo da unidade, segundo cálculos de especialistas (Gráfico 3)[5].

Gráfico 3 – Carga Tributária Federal – em %do PIB

Ano	% do PIB
2000	20.4
2001	21.4
2002	21.6
2003	21.9
2004	22.7
2005	23.8
2006	23.4
2007	23.8
2008	23.8
2009	22.4
2010	22.4
2011	23.2
2012	23.1
2013	22.7
2014	21.9
2015	21.7
2016	21.4

Fonte: Afonso e Castro. Publicado em José Roberto Afonso e Vilma pinto, IBRE maio de 2017.

Nota: Dados para 2016 considera projeção preliminar.

A crise econômica de 2008 acendeu o sinal de alerta, mas as autoridades de então preferiram ignorar a realidade e fingir que tudo poderia ser resolvido por meio da expansão de medidas para estimular o crescimento econômico, via ampliação dos gastos públicos e incentivos tributários. O efeito, como era de se esperar, não durou muito. Em 2011 os sinais de esgotamento dessa iniciativa já eram claros, mas o governo achava que ainda não era hora de tomar providências. As coisas foram piorando e a insistência em vender uma ilusão contribuiu para agravar ainda mais a situação.

A partir de 2014, as receitas recorrentes deixaram de ser suficientes para cobrir a mesma espécie de despesas, e a diferença entre elas foi crescendo, com o saldo negativo alcançando a cifra de 3,7 pontos percentuais do PIB em meados de 2017[6]r

Uma iniciativa importante para chamar atenção para a gravidade do problema e estimular um debate sobre o que precisaria ser feito, só veio foi adotada em 2017, com a aprovação da Emenda Constitucional

---

5 Bráulio Borges, pesquisador associado do IBRE, estima em 0,92 o coeficiente de elasticidade da arrecadação tributária (o número consta da apresentação feita por ele em palestra no IBRE sobre o desequilíbrio estrutural das contas públicas, em 20/07/1017)

6 Vilma Pinto. Acompanhamento fiscal no contexto do controle dos gastos primários. *FGV/IBRE*, agosto de 2017.

95, que impôs um teto para as despesas públicas e estabeleceu gatilhos a serem acionados para conter o crescimento das despesas obrigatórias, de modo a evitar que o teto fosse rompido.

No entanto, como as previsões feitas à época indicavam que risco de rompimento do teto de gastos não era imediato, nada de relevante foi feito para conter o crescimento das despesas obrigatórias, que cresceram 130 bilhões de reais na comparação com os valores de 2016.[7] Em decorrência o quadro foi se agravando. No relatório de novembro de 2019 a IFI indica que o teto dos gastos poderá ser rompido em 2021, isto é em plena campanha para as eleições nacionais de 2022.

Frente a essa realidade, o atual governo busca novas medidas para lidar com o problema fiscal e abrir espaço para a condução da reforma tributária. O problema não se limita ao governo federal, pois a situação dos estados, e dos municípios mais populosos é igualmente séria. Sob o risco de não cumprimento do teto dos gastos, a prioridade neste momento é aprovar mudanças constitucionais que concorram para reduzir o crescimento das despesas obrigatórias e abrir espaço para novas investidas no campo tributário.

A aprovação da reforma previdenciária foi muito importante, mas seus efeitos no curto prazo não são suficientes para evitar que a barreira erguida para conter o crescimento das despesas obrigatórias se rompa. Sinais de alarme chamam atenção para a necessidade de adotar medidas para evitar que isso ocorra, fazendo com que as prioridades do momento se voltem para a adoção de novas alterações no texto constitucional que atendam a este objetivo. Mais uma vez, a crise fiscal atropelou a reforma tributária

Dessa vez, o foco das propostas de emenda constitucional enviadas ao Congresso dirige-se para a contenção do segundo componente mais importante das despesas obrigatórias da União e o mais importante para estados e municípios. São medidas necessárias e importantes, embora ainda não seja possível aferir a contribuição que dariam para atenuar a crise fiscal, visto que para isso é necessário aguardar a tramitação dessas propostas para conhecer o texto final que emergirá desse processo.

---

7 Os dados referem-se ao período janeiro-setembro de 2019, quando comparados com igual período de 2016. *Relatório IFI* de novembro 2019.

3. O QUE PRECISA SER FEITO. E COMO? – NÃO COMEÇAR PELO FIM

A esta altura, está claro que as propostas de reforma tributária irão aguardar, o andamento das novas propostas de reforma financeira, o que pode contribuir para não assistirmos a mais um fracasso no campo tributário. Mas esse tempo não deve ser desperdiçado. Ele deve ser aproveitado para dar início a um diálogo federativo que explore as várias questões que precisam ser consideradas atualmente, como as implicações do impacto das mudanças provocadas pelo avanço da economia digital, para a reforma tributária e para a federação

O caminho traçado pelo governo federal para abordar a reforma tributária, no qual o passo inicial consiste em abordar a reforma do PIS/COFINS, também oferece uma oportunidade para promover esse diálogo, cujo objetivo é envolver os entes federados em um exame profundo das causa da deterioração da qualidade de nosso regime tributário e do agravamento dos desequilíbrios e conflitos federativos. Isso é importante para identificar as principais questões que têm impedido a aprovação de propostas de reforma nessa área e buscar os elos que poderiam contribuir para a reforma do federalismo fiscal.

O encaminhamento de uma proposta de reforma do PIS/COFINS deveria ser acompanhado da instauração desse diálogo, dada sua importância para abordar os dois elementos centrais a serem nele abordados: a qualidade da tributação e o conflito federativo. Convém lembrar que a falta de entendimento sobre as medidas a serem adotadas para tratar dos problemas federativos teve um papel importante para o fracasso dos últimos trinta anos, em face da não disposição do governo federal em liderar uma discussão a esse respeito. A promoção desse diálogo também é importante para evitar outro equívoco que não deve ser repetido, que consiste em começar a reforma tributária pelo fim, isto é por meio de uma detalhada proposta de emenda constitucional.

Urge adotar um caminho diferente para não desperdiçar essa nova oportunidade.

REFERÊNCIAS BIBLIOGRÁFICAS

Rezende, Oliveira e Araújo. O Dilema Fiscal. FGV, 2007

José Roberto Afonso e Vilma Pinto, FGV/IBRE, maio de 2017.

George Soares, Balanço da Seguridade Social, março 2018.

Instituição Fiscal Independente, II Relatório novembro de 2019

Vilma Pinto. Acompanhamento fiscal no contexto do controle dos gastos primários. FGV/IBRE, agosto de 2017.

O ORÇAMENTO IMPOSITIVO É NOVIDADE?

FRANCISCO SÉRGIO SILVA ROCHA[1]

A noção de orçamento, como atividade do governante, controlado por um corpo de representantes, nasce na Inglaterra e se desenvolve a partir do modelo de constitucionalismo decorrente do ciclo de revoluções burguesas. Parece claro que a existência de um orçamento público, com a distinção entre o caixa público estatal e o caixa privado do soberano, está ligada à ideia de controle da atividade do Executivo pelo Parlamento, como meio de impor limites ao poder, em respeito ao direito dos cidadãos. Sua vinculação ao liberalismo como doutrina política está bem evidenciada pela imposição de limites à atuação estatal e pelo respeito à separação de poderes.

Vale destacar dois movimentos. O primeiro acontece na Inglaterra. A declaração de direitos de 1689 estabeleceu que o poder de legislar e de criar tributos[2] não mais pertencia ao monarca, mas ao Parlamento, que passou a gozar de proteção especial contra atos que pudessem cercear as eleições ou o exercício das suas funções. No mesmo ano foi instituída a prática de fixar o período de validade dos impostos em um ano, ocasionando a sucessiva necessidade de convocação do Parlamento para deliberar sobre as receitas. Posteriormente, esta disposição foi alterada para reconhecer a validade dos impostos pelo período de duração do reinado, com a obrigatoriedade da convocação anual do Parlamento para conhecer e aprovar os gastos, procedimento este que é identificado como equivalente à origem do orçamento.

---

[1] Doutor em Direito pela UFPa. Professor de Direito da UFPa. Desembargador do Trabalho.

[2] A Revolução Gloriosa marca o destronamento de Jaime II (1689), e a consolidação da supremacia parlamentar ocorre com a assunção ao trono de Guilherme de Orange que se compromete, com o juramento dos monarcas ingleses a respeitar as leis do Parlamento e os costumes do País. Veja-se um trecho pertinente da Declaração de Direitos de 1689: "That levying money for or to the use of the Crowne by pretence of Prerogative without Grant of Parliament for longer time or in other manner than the same is or shall be granted is illegall"

O segundo movimento acontece na França. A Declaração de Direitos do Homem e do Cidadão foi o documento que fixou os princípios que inspiraram a formação da noção de orçamento na França, consoante a disposição de seus artigos 13 e 14[3]. Estes dispositivos delimitam a necessidade da arrecadação de valores para o custeio da força pública e das despesas da administração, além de estabelecer o direito dos cidadãos de verificar a necessidade da despesa e acompanhar seu emprego. Nítida é a noção do orçamento como elemento para efetuar o controle das despesas da administração pelos cidadãos ou pelos órgãos representativos, ou seja, o controle da atividade estatal pelos representantes do povo, enquanto titular extremos dos poderes de soberania[4].

Consideramos que esta noção de orçamento possui um alcance liberal. Prevê a necessidade do estabelecimento de mecanismo de controle da atividade executiva, tendo sido implementada como uma conquista em relação ao monarca absolutista, afirmando o poder dos corpos representativos. Este é o DNA do orçamento público, surgiu e se desenvolveu como mecanismo de controle do Poder Executivo pelo Parlamento.

No atual sistema constitucional brasileiro está prevista a existência necessária de um orçamento anual para União, Estados-Membros, Distrito Federal e Municípios decorre da disposição do artigo 165 da Constituição Federal. O texto constitucional introduziu uma série de mudanças significativas no campo do orçamento público. A principal destas mudanças é a criação de um sistema articulado de normas dotadas de imperatividade, de sorte a permitir um planejamento e ação orientada em função dos objetivos descritos na Constituição Federal.

Neste ponto é nítida a distinção entre o atual modelo constitucional do orçamento e os anteriores. São estas as principais diferenças: obrigatoriedade do planejamento de médio prazo, afirmando a imperativi-

---

3 Declaração dos Direitos do Homem e do Cidadão. Votada definitivamente em 2 de outubro de 1789. XIII - Para o sustento da força pública e para as despesas da administração, uma contribuição comum é indispensável. Ela deve ser igualmente repartida entre todos os cidadãos em razão das suas faculdades. XIV - Cada cidadão tem o direito de constatar pôr ele mesmo ou pôr seus representantes a necessidade de contribuição pública, de consenti-la livremente, de acompanhar o seu emprego, de determinar a cota, a estabilidade, a cobrança e o tempo,

4 Para tanto ver: BUJANDA, Fernando Sainz de. Hacienda y derecho. Madri: Instituto de Estudios Politicos, 1962. v.1. e também HOBSBAWM, Eric. A era das revoluções. 9.ed. São Paulo: Paz e Terra, 1994.

dade da norma que aprova o Plano Plurianual -- PPA; o envolvimento do Legislativo na fixação de metas e prioridades para a administração pública e na formulação das políticas públicas de arrecadação e de alocação de recursos, observando as disposições constitucionais que informam a criação da Lei de Diretrizes Orçamentárias - LDO); e o desdobramento da Lei Orçamentária Anual (LOA) em três orçamentos distintos: Orçamento Fiscal, Orçamento de Investimentos das Empresas Estatais e Orçamento da Seguridade Social, dentro da mesma lei orçamentária.

Cada uma das normas constantes do sistema do orçamento têm uma função a cumprir e possuem uma articulação em níveis sucessivos de vinculação. O plano plurianual constitui o instrumento de planejamento da atuação governamental de médio prazo, definindo prioridades, e atuando como ordenador da elaboração do orçamento. A Lei de Diretrizes Orçamentárias possui um caráter articulador entre o PPA, que possui a função de planejamento do período de quatro anos[5], e a LDO, com prazo de execução relativamente curto, correspondendo a um exercício financeiro, estabelecendo regras e condições para a elaboração da norma orçamentária anual, fixando as prioridades para o gasto público[6] que, ao final serão especificados na Lei Orçamentária Anual – LOA.

A previsão da existência do Plano Plurianual como um subsistema do orçamento na Constituição tem por objetivo a definição de uma política, com a previsão do estabelecimento de programas e metas governamentais de longo prazo. É a viabilização da proposta constitucional de um desenvolvimento ordenado e estruturado, com ênfase para a solução dos desníveis sociais e regionais, permitindo a concretização da previsão constitucional de ordenamento vinculante para o setor público e indicativo para o setor privado[7]. Neste sentido é a necessidade de sua harmonia com os planos e programas nacionais, regionais e setoriais e outros mencionados no texto constitucional[8].

---

5 Ver artigos 166, caput e §§ 3º e 4º; 167, § 1º da CF e 35, § 2º, I do ADCT da CF.

6 Vale destacar a norma que determina a inclusão na LDO de receitas para investimentos previstos na lei orçamentária, seja em relação ao exercício em curso, seja para os dois exercícios subsequentes, nos termos do artigo 165, § 12º da CF.

7 Artigo 174, caput e § 1º da CF

8 Artigos 165, § 4º; 174, § 1º; 180 e 214 da CF

A norma do plano plurianual deverá estabelecer, de forma regionalizada, as diretrizes, objetivos e metas da administração pública federal para as despesas de capital e outras, delas decorrentes, além das relativas aos programas de duração continuada.

O Plano Plurianual deve ser aprovado pelo Poder Legislativo e deve se integrar, em cada ano, na estrutura do orçamento anual, de sorte que a composição do plano plurianual predetermina a lei orçamentária anual, observada sua condição de elemento do orçamento-programa. Neste sentido, não é possível concordar com a afirmativa de que o plano plurianual é lei apenas em sentido formal, sem a característica de exigibilidade, a não ser a partir da inclusão do programa na lei do orçamento.

A Constituição[9] prevê a necessidade da integração e compatibilidade da lei orçamentária anual, constituída pelo orçamento fiscal e pelo orçamento de investimento, com o plano, para sua perfeita execução. Este dispositivo possui dois diferentes regramentos: a) o primeiro implica a submissão do plano plurianual e da lei orçamentária à função de reduzir as desigualdades intrarregionais, o que seria desnecessário ante o comando existente no artigo 3°, III da CF que emana para todo o conjunto normativo: constitucional ou infraconstitucional; b) o segundo que afirma a necessidade da compatibilização da lei do orçamento com o plano plurianual. Para além desta exigência, não é possível a inclusão de verba ou programa cuja execução ultrapasse o exercício financeiro sem sua prévia inclusão no plano plurianual. Mesmo as emendas que possam ser apresentadas à Lei Orçamentária Anual (LOA) possuem como requisito para deliberação a compatibilidade como o citado plano[10].

A lei que aprova o plano plurianual possui estrutura capaz de criar direito e obrigações que devem ser observadas tanto aquando da elaboração do orçamento, quanto durante sua execução, pela possibilidade e condições de modificação da LOA após sua regular aprovação. O sistema que se inicia pela elaboração e aprovação do Plano Plurianual – PPA, possui uma integração interna, permitindo que a ação da Administração Pública seja organizada a partir de uma integração estruturada, considerando os programas orientados para a realização dos objetivos estratégicos definidos para o período do Plano Plurianual – PPA.

---

9 Artigo 165, § 5°, I e II e § 7° da CF

10 Artigo 166, §3° da CF

Nossa ordem jurídica estabelece, como vimos, uma correia de transmissão entre as opções materializadas pelo planejamento, Lei de Diretrizes Orçamentárias e o orçamento anual, de sorte a manter uma correspondência entre o que restar deliberado como linha de atuação do Estado a partir da formulação do Plano Plurianual até o detalhamento da execução na feitura do Orçamento Anual. Assim, temos que tanto as propostas do Poder Executivo, quanto as propostas advindas de iniciativa parlamentar, finalmente aprovadas pelo Poder Legislativo, não poderiam contrariar o disposto no Plano Plurianual, sob pena de declaração de sua inconstitucionalidade pelo Poder Judiciário.

Não é sem razão a afirmativa de Eros Grau a respeito do estabelecimento de um "ordenamento jurídico do planejamento", que se materializa em um conjunto de atos normativos que regulam e vinculam a ação estatal, que deve sempre definir previamente as metas e os meios de sua intervenção. Este procedimento atrai a incidência do princípio da legalidade no comando da atuação do Estado na elaboração da peça orçamentária, devendo considerá-la como etapa de um conjunto de atos que guardam compatibilidade e harmonia interna no sentido de sua produção[11].

A Lei Orçamentária Anual é produzida pelo Congresso Nacional, sendo elaborada a partir da Comissão Mista de Planos, Orçamentos Públicos e Fiscalização (CMO) do Congresso Nacional. A esta comissão cabe examinar e emitir parecer sobre os projetos de lei relativos ao plano plurianual (PPA), às diretrizes orçamentárias (LDO), ao orçamento anual (LOA) e aos créditos adicionais.

O conteúdo específico da Lei Orçamentária Anual está previsto constitucionalmente como pertinente a previsão de receita e fixação da despesa, sendo vedada a inclusão estranho a estas matérias[12].

Apresentado o projeto e aprovado o parecer preliminar[13], abre-se prazo para a oferta de emendas ao PLO, as quais devem ser apreciadas pelos relatores setoriais. Constitui requisito para a tramitação válida da emenda a adequação com o Plano Plurianual e a Lei de Diretrizes Orçamentárias, de sorte que nenhuma emenda pode ser admitida à tramitação, se não guardar compatibilidade com estas normas jurídicas.

---

11 Eros Roberto Grau in Planejamento econômico e regra jurídica. São Paulo: Revista dos Tribunais, 1978.

12 Artigo 166, § 8º da CF

13 Resolução nº 01/2006 do Congresso Nacional

Vale destacar que nossa atual Constituição, ao contrário da Constituição de 1967/69, possui uma disciplina aberta à possibilidade da apresentação de emenda parlamentar aos textos encaminhados pelo Executivo para deliberação pelo Congresso Nacional. Aos parlamentares é perfeitamente possível a apresentação de emendas ao projeto de lei orçamentária, devendo ser observado o equilíbrio orçamentário ao determinarem a indicação dos recursos necessários, admitidos apenas os provenientes de anulação de despesa. Esta limitação na elaboração do orçamento é mitigada pela possibilidade da apresentação de emendas decorrentes de erros ou omissões no projeto apresentado pelo Presidente da República. Desta forma, é possível a apresentação de emenda ao fundamento da existência de erro na avaliação de receita ou omissão dela[14].

Possibilitada a apresentação de emendas, exclusivamente pelos parlamentares, estas assumem a forma individual ou coletiva, sendo que estas também podem ser: de bancada estadual, de comissão do Congresso Nacional e de Mesa Diretora das duas Casas parlamentares.

A disciplina constitucional a respeito da possibilidade da emenda ao PLO determina sua apresentação na CMO, restringindo seu alcance de sorte que apenas as emendas compatíveis com o plano plurianual e a lei de diretrizes orçamentárias podem ser apresentadas, sendo necessária a indicação dos recursos bastantes para sua implementação. A indicação destes recursos deve advir da anulação de despesa prevista na proposta encaminhada pelo Executivo[15].

Aprovado o projeto de lei orçamentária, é submetido ao Presidente da República para a manifestação de concordância com o texto, sancionando-o, ou para a discordância, com o veto. Na hipótese da ocorrência de veto parcial (não é crível o veto total), a apreciação será realizada pelo Congresso Nacional, nos moldes do que dispõe a Constituição Federal[16].

Um problema recorrente, quando se discute a natureza do orçamento público, trata da execução orçamentária. Não existe uma defini-

---

14 Artigo 166, § 3º, III, "a" da CF

15 Sem afetar as despesas pertinentes a: 1) dotações para pessoal e seus encargos; 2) serviço da dívida; 3) transferências tributárias constitucionais para Estados, Municípios e Distrito Federal. Estas despesas são intangíveis na proposta do Executivo e não podem ser objeto de alteração pelo Parlamento, consoante o artigo 166, § 3º, II. "a', "b" e "c" da CF

16 Artigo 66, § 4º da CF

ção legal a respeito da natureza do preceito que fixa a realização de despesa na lei orçamentária anual. Os recursos postos no orçamentos configuram uma autorização de despesa ao administrador público para atender à finalidade de executar os programas e projetos previstos na legislação orçamentária? Ou, ao revés, a existência da definição dos projetos na lei do orçamento implica uma vinculação ao gestor, no sentido de determinar sua atuação para que efetivamente implemente as despesas relacionadas aos programas eleitos? A inexistência de definição legal não excluiu a comum opinião no sentido do caráter meramente autorizativo para a realização das despesas, pelo que não haveria qualquer obrigação legal para sua efetivação.

Existe uma imensa distinção entre a previsão orçamentária como condição para a realização da despesa e a sua implementação. Por expressa disposição legal e constitucional , a despesa deve estar prevista na legislação orçamentária. Discrepar deste entendimento é negar a primeira função da lei orçamentária, consubstanciada na possibilidade de controle dos governos pelos corpos representativos, especialmente limitando a atividade estatal pelo controle dos recursos disponibilizados para a satisfação das necessidades. Não se pode olvidar que a separação do caixa privado do Rei do Tesouro do Estado constituiu o passo primeiro para a fixação da receita e despesa pública. Desta forma, a própria natureza da legislação orçamentária obriga que a despesa esteja prevista e alocados recursos necessários à sua satisfação, sendo impossível esta sem a prévia previsão na Lei Orçamentária Anual (LOA).

Todavia, a necessidade de previsão orçamentária para a realização da despesa não significa a existência de uma obrigação legal para a sua realização. É perfeitamente possível a existência da obrigação legal de orçar sem a correspondente obrigação de executar integralmente a despesa orçada. Nesta situação, os recursos existem no orçamento, porém o administrador/gestor executa-os parcialmente, deixando de realizar o desembolso dos valores com os quais irá satisfazer a execução das ações do orçamento. Esta possibilidade existe e é reconhecida como válida por julgamento do STF, consoante se verificou na apreciação da ADI 2925-8[17]. Em resumo, a obrigação constitucional ou legal de orçar não implica o dever jurídico de executar o orçamento, realizando a despesa prevista em sua integralidade.

---

17 Veja-se trecho do voto do Ministro Cezar Peluso: "Ele pode não aplicar, mas apenas se por ato político não o queira fazer. Essa é a minha interpretação e, com o devido respeito, julgo procedente a ação."

Esta distinção é importante para distinguir entre os movimentos de elaboração e execução do orçamento. A existência de uma vinculação na origem não implica a necessidade da execução dos valores. Claro que esta situação possui uma possibilidade fática bem definida. A existência de recursos em determinado programa ou elemento de despesa não implica seu exaurimento, pois é possível que não ocorra a necessidade da utilização dos recursos previstos para aquela finalidade.

Esta situação ocorre, na generalidade dos casos, pelas simples observação de que as despesas futuras devem ser meramente previstas e, na hipótese da inocorrência dos fatos determinantes de sua aplicação, irão sobejar recursos que não necessitam ser executados, em procedimento completamente regular. Tal procedimento não significa recusa na aplicação do orçamento, mas pode significar a impossibilidade material de dispêndio, observado o específico programa ou atividade em que estes recursos estão alocados. A inexistência de esgotamento dos recursos disponíveis ocorre pela sua desnecessidade material, remanescendo ao final do exercício valores orçamentários não executados.

O conceito de boa administração abrange a necessidade da atuação previdente e cuidadosa do gestor público, sendo certo que existência de recursos em sobejo em programa diz respeito ao planejamento na elaboração do orçamento, cabendo aos órgãos técnicos dos Poderes realizarem uma previsão, mais próxima da realidade quanto possível, para a realização das despesas futuras, observados os índices próprios para esta avaliação. Este procedimento adequadamente realizado minimiza o problema da sobra de recursos e responde aos princípios da eficiência e do planejamento na elaboração orçamentária.

Outra hipótese, diametralmente oposta, diz respeito à inexecução orçamentária, mesmo presente a situação de fato ensejadora da implementação de recursos para atendimento da finalidade estipulada na legislação do orçamento, mercê de consideração diversa da impossibilidade material da execução desta parte do orçamento. Ou seja, mesmo havendo a necessidade da implementação da ação prevista ela não é executada por deliberação do administrador público, mediante critérios estranhos à legislação do orçamento.

Assim, caso consideremos a norma orçamentária uma mera autorização, sem a correspondente obrigação legal, é perfeitamente possível ao aplicador da norma a decisão acerca da realização ou não da despesa, consoante critérios não previstos na legislação que alocou recursos para esta implementação/satisfação, em ação administrativa isenta de controle de responsabilidade política e judicial.

Com o manifesto objetivo de dar efetividade a atuação parlamentar de alocação de valores na peça orçamentária para sua fiel execução foi editada a Emenda Constitucional nº 86 de 2015. Esta norma jurídica pretendeu, então, tornar obrigatória a execução das emendas parlamentares individuais, constitucionalizando os dispositivos da lei de diretrizes orçamentária para 2014, relativas a obrigatoriedade de execução das emenda individuais. A Emenda, que ficou conhecida como a Emenda do Orçamento Impositivo, alterou os arts. 165, 166 e 167 da Constituição Federal de 1988, delimitando em 1,2% da Receita Corrente Líquida (RCL) o limite para proposição de emendas individuais, devendo metade desse valor ser destinado a ações e serviços públicos de saúde, além de tornar obrigatória a execução orçamentária e financeira dessas emendas, à exceção de impedimentos técnicos.

Em 26 de junho de2019 foi editada a Emenda Constitucional nº 100. Esta emenda completa a modificação pretendida com a EC nº 86/20015 tornando obrigatória a execução da programação orçamentária proveniente de emendas de bancada. Desta forma, as emendas parlamentares, individuais e de bancada, devem ser obrigatoriamente executadas pelo Administrador Público. A alteração das normas constitucionais relativas ao orçamento se completam com a previsão de que "A administração tem o dever de executar as programações orçamentárias, adotando os meios e as medidas necessários, com o propósito de garantir a efetiva entrega de bens e serviços à sociedade".[18]

A manifesta intenção da modificação constitucional é afirmar a obrigatoriedade da execução da programação orçamentária, tornando todo o orçamento de implementação obrigatória para o gestor público. Destaco que norma semelhante já constava da LDO desde 2014 e caracteriza movimento importante para afastar a atuação do Administrador Público que se negue ao cumprimento da norma orçamentária.

A emenda constitucional não prevê expressamente a hipótese de sanção, porém a previsão não se afigura relevante, ante a existência de norma jurídica que apena o descumprimento da lei orçamentária[19]. O que mudou é a compreensão que a inexecução do orçamento equivale a atentar contra a lei orçamentária.

---

18 Artigo 165, § 10 da CF, acrescido pela EC nº 100/2019

19 Artigo 85, VI da CF e artigo 11, II da Lei nº 8.429/92

Parece reforçar esta compreensão a alteração realizada pela EC nº 100/2019, em relação ao texto aprovado na EC nº 86/2015. Esta emenda previa que cassava a obrigatoriedade de execução orçamentária quando ocorresse motivo de ordem técnica, entendido este como aquele que impede a realização do emprenho da despesa[20]. Na elaboração da EC nº 100/2019 os dispositivos foram suprimidos (§12) e modificados (§14), retirando a possibilidade de legítima inexecução orçamentária anteriormente prevista.

Todavia, não é possível deixar de reconhecer como corretas as críticas realizada por Fernando Veiga Barros e Silva e Fernando Moutinho Ramalho Bittencourt[21], quando afirmam que:

"... é autoevidente que a Administração tem "o dever de executar o orçamento", pois se não o fizesse não poderia executar qualquer coisa; a questão que se coloca na discussão da impositividade do orçamento é em que proporções, em que grau, o orçamento servirá como programa de trabalho ou simples "cardápio" de despesas oferecidas à discricionariedade do Executivo; segundo os preconceitos do orçamento autorizativo, o "dever de executar" pode ser exercido em cem por cento das dotações de interesse desse Poder, e em zero nas programações que discricionariamente resolver ignorar. Por fim, se tal dispositivo desse ao orçamento um caráter verdadeiramente impositivo, todos os demais parágrafos relativos a emendas individuais e de bancada tornar-se-iam redundantes e desnecessários, pois tais objetos de gasto estariam automaticamente incluídos no "dever de executar".

Em suma, a própria existência de um tratamento específico sobre a exigibilidade da execução das emendas demonstra que esse parágrafo específico representa norma programática, mera declaração de intenções, a qual é negada peremptoriamente pela própria Constituição ao especificar a "execução obrigatória" das emendas parlamentares."

Suas conclusões são no sentido que, quando as Emendas Constitucionais nº 86 e 100, tornam obrigatória a execução das emendas parlamentares, explicitam que o orçamento não é impositivo. Assim, ao dispor no sentido da obrigatoriedade de parte das despesas discricionárias, legitimam a compreensão que o restante destas des-

---

20 Artigo 166, §§ 12 e 14

21 "Entre o mar do "autorizativo" e a pedra do "impositivo das emendas": sobre a possibilidade de resgate institucional do orçamento brasileiro". Orçamento em discussão nº 44. ISSN 2525-4898. Senado Federal. Brasília/DF

pesas são mera autorização ao Poder Executivo, neste sentido abrem mão de prerrogativa parlamentar de deliberar sobro todo o programa de trabalho do governo[22].

Contudo, acreditamos que o sistema orçamentário desenvolvido a partir da Constituição de 1988 não deixa espaço para esta consideração. Já vimos que a resultante do processo constituinte de 1988 direciona a concepção do orçamento em dois sentidos paralelos e complementares: A necessidade da implementação de mecanismos de planejamento, com a finalidade de proceder à superação das desigualdades sociais e regionais e a ampliação das atribuições e responsabilidades do Parlamento. Tendo em consideração tais marcos, não mais é possível considerar o orçamento mera peça limitadora dos gastos do Executivo. Sua função passa a ser agente no sentido de expressar a vontade do Poder Público, na satisfação ou atendimento de determinada necessidade considerada relevante. A discussão sobre sua natureza continua, porém, sob nova roupagem, afastando a mera alternativa entre os adjetivos impositivo ou autorizativo, afigurando-se, para além deles, a possibilidade de sua controlabilidade.

Já vimos que uma importante alteração trazida pela Constituição de 1988 em relação à sistemática anterior da elaboração do orçamento foi a ampla possibilidade de atuação do parlamento na conformação da peça orçamentária. O legislador constituinte desejou tornar o Parlamento um agente do processo de criação do orçamento e, ao montar o sistema orçamental brasileiro, destinou importante papel para a manifestação da vontade do Congresso nacional na conformação dos destinos de nossa Nação. Editada a norma orçamentária, com a alocação de recursos para a execução de programas e despesas definidos, compete ao administrador público dar cumprimento a esta opção, realizando a despesa e satisfazendo o direito nos termos da legislação aprovada. Não lhe é lícito omitir a execução ou dar-se sentido diverso, por discordar do alcance aprovado. Nestes termos, sua atividade se vincula à norma do orçamento, escusada a hipótese de impossibilidade material, cabendo ao Poder Judiciário o controle da legalidade do ato praticado, seja no sentido de preservar o orçamento de aplicação de recursos em sentido diverso do que determina a norma infraconstitucional, seja no sentido de compelir o administrador a cumprir os ditames

---

[22] Fernando Veiga Barros e Silva e Fernando Moutinho Ramalho Bittencourt. Op cit pg. 20

do orçamento procedendo às despesas nele previstas em função dos direitos que a norma visa a resguardar e/ou a implementar.

Possibilitar o controle da formação e da execução do orçamento nestes parâmetros significa fortalecer o processo democrático de preservação das escolhas políticas, realizadas pelos órgãos legitimados para a tomada destas, na defesa da expressão da vontade popular, conformada por meio da periódica opção eleitoral, entre meios e maneiras de apropriadamente cumprir os ditames da Constituição Federal, preservando o sistema político que foi avalizado pelo processo constituinte.

Neste sentido, convém destacar a lição de Sainz de Bujanda[23], quando afirma não ser possível esquecer a doutrina que fixa a visão constitucionalmente necessária a respeito do orçamento e de sua posição em relação aos demais ramos do direito. O direito orçamentário, considerado como uma parte do direito financeiro do Estado abrange as regras jurídicas segundo as quais devem ser formado, aprovados e fiscalizados os atos dos poderes públicos destinados a fixar, para cada exercício, o valor dos gastos, a origem e o montante da receita que podem dispor para este fim. Desta feita, este ramo do direito também deve compreender as leis de programa que fixa o montante global destinado a custear os gastos que viabilizem a realização de obras que demandem a execução compreendendo vários exercícios financeiros. O orçamento e os impostos devem ser regulamentados juridicamente tendo em consideração, de modo primário, a função que cumprem dentro da vida financeira do estado em função dos objetivos econômicos e sociais eleitos. Neste sentido é desejável que se realize um esforço para estabelecer uma ligação entre os princípios e as regras fundamentais que devem orientar a atuação da Administração Pública, no campo orçamentário, para satisfazer os postulados de justiça social, que constitui o fundamento da política econômica.

---

23 Op cit. p.108

A URGÊNCIA DO REALISMO FISCAL E A PACIÊNCIA DA PROMESSAS CONSTITUCIONAIS DE UM DIREITO FINANCEIRO EM TRANSFORMAÇÃO

FRANCISCO SECAF ALVES SILVEIRA[1]

SUMÁRIO: 1. Introdução; 2. Breves considerações sobre o Direito Constitucional Financeiro delineado em 1988; 3. Desvinculação de Receitas, Novo Regime Fiscal e Plano mais Brasil: a desconstrução do financiamento dos direitos sociais e suas justificativas; 4. A cisão entre credores e cidadãos no Estado endividado; 5. Considerações finais

1. INTRODUÇÃO

A Constituição Federal de 1988 já conta com mais de cem emendas, o que obviamente indica uma profunda modificação do seu texto original. Poder-se-ia justificar a quantidade de emendas na complexidade e extensão da Carta constitucional brasileira, o que em parte é verdadeiro. Há, porém, que se refletir como as alterações no texto constitucional mudaram os rumos delineados pelo constituinte de 1988. Com tantas mudanças, preservaram-se os objetivos fundamentais do artigo 3º[2]? A resposta a tal questionamento é por óbvio complexa. Há uma

---

1 Doutor e Mestre em Direito Econômico e Financeiro pela Faculdade de Direito da USP. Especialista em Direito Tributário pela USP. Advogado no Rivitti e Dias advogados. Professor universitário.

2 Constituição Federal - Art. 3º Constituem objetivos fundamentais da República Federativa do Brasil:

I - construir uma sociedade livre, justa e solidária;

II - garantir o desenvolvimento nacional;

III - erradicar a pobreza e a marginalização e reduzir as desigualdades sociais e regionais;

IV - promover o bem de todos, sem preconceitos de origem, raça, sexo, cor, idade e quaisquer outras formas de discriminação.

diversidade de nuances a serem consideradas, que ultrapassam a mera análise do texto constitucional. Da mesma forma, não seria possível avaliar o impacto de todas as modificações do texto em um breve artigo. Pode-se, por outro lado, refletir sobre como parte das emendas constitucionais modificou profundamente capítulos específicos.

No presente estudo, avalia-se como as modificações feitas (e ainda em curso) no âmbito do gasto público distanciam o novo texto constitucional dos objetivos fundamentais de construção de uma sociedade justa e solidária, de erradicação da pobreza e de redução das desigualdades. Nesse sentido, destacam-se as modificações que promoveram uma paulatina desconstrução do modelo de financiamento: as emendas de desvinculação de receitas, a emenda do teto de gastos e as recentes propostas de emenda de restrição do gasto.

A análise de tais temas não é exatamente nova, mas tem a sua relevância renovada à medida em que se aprofundam as propostas de transformação do direito financeiro sob as justificas muito semelhantes. Desde a primeira emenda que instituiu desvinculação de receitas (em 1994) até as propostas de emenda de 2019, há uma grande similitude nas razões formalmente apresentadas.

Desta forma, além de compreender quais foram as mudanças mencionadas, é fundamental observar as justificativas apresentadas para introduzir tais mudanças e como isso progressivamente representou a adoção de um novo paradigma no âmbito do Direito Financeiro e do financiamento de direitos fundamentais. Avaliar as justificativas das propostas das emendas constitucionais se monstra relevante não apenas por revelar um dado histórico ou sociológico, mas porque elas têm sido fundamentais para a própria aceitação jurídica e social das mudanças.

Feitas essas considerações, parte-se de uma breve caracterização do direito constitucional financeiro delineado a partir da Constituição de 1988 (primeira seção). Em segundo lugar, analisam-se as modificações e respectivas justificativas em relação às Emendas Constitucionais que instituíra a DRU (e suas derivações) e pelo teto de gastos (novo regime fiscal), bem como das transformações pretendidas pelo novo pacote econômico (plano *Mais Brasil*) (segunda seção). Ao final, pretende-se conjugar as reflexões feitas sobre as mudanças brasileiras com a tese proposta pelo sociólogo alemão Wolfgang Streeck sobre a evolução de um *Estado Fiscal* para um *Estado endividado* e a consequente segregação entre cidadãos e credores (terceira seção).

2. BREVES CONSIDERAÇÕES SOBRE O DIREITO CONSTITUCIONAL FINANCEIRO DELINEADO EM 1988

O direito financeiro está em constante transformação, influenciado por diferentes paradigmas e distintos modelos de Estado. Dentre as diferentes perspectivas sobre o direito financeiro e suas transformações, é frequente se destacar a transição de um paradigma formal para um paradigma material[3]. O direito financeiro dentro de um paradigma formal tem relação com a própria origem do orçamento, como um mecanismo de controle do legislativo sobre o executivo (ou do parlamento sobre o monarca). Nesse sentido, o estudo jurídico das finanças públicas era focado especialmente nas regras de aprovação, execução e fiscalização orçamentária e não raro prevalecia uma perspectiva de orçamento como peça contábil e como mera lei formal[4].

A partir século XX, influenciado especialmente pela adoção de Constituições sociais, pelos direitos fundamentais de segunda e terceira geração e pelo keynesianismo, o direito financeiro adquire uma perspectiva substancial. Abandona-se a ideia de orçamento como lei formal. A visão de que o orçamento **é um mero instrumento de** controle do legislativo sobre o executivo passa a ser insuficiente diante das novas configurações sociais e políticas. O orçamento adquire funções alocativas e distributivas cada vez mais relevantes, num cenário de crescente exigência por garantia de direitos, não apenas civis e políticos, mas também sociais, econômicos e culturais[5].

Não se pretende neste breve artigo adentrar nas discussões sobre as mudanças de paradigma. É importante considerar que o direito financeiro brasileiro foi também influenciado por essa transição, especialmente a partir de sua constitucionalização em 1988. Nesse sentido, passa a prevalecer também no Brasil, a pretensão de um direito constitucional financeiro voltado para dar efetividade aos princípios, direitos

---

3 Vide CORTI, Horacio. Derechos fundamentales y presupuesto público. In CONTI, José Maurício; SCAFF, Fernando Facury (coord.). *Orçamentos Públicos e Direito Financeiro*. São Paulo: Editora Revista dos Tribunais, 2011.

4 Vide LABAND, Paul. *Derecho presupuestario*. Madrid: Instituto de Estudios Fiscales, 1979.

5 Vide SILVEIRA, Francisco Secaf Alves. *O estado econômico de emergência e as transformações do Direito Financeiro Brasileiro*. Belo Horizonte: Editora D'Plácido, 2019.

e institutos da própria Constituição, como instrumento de implementação de um Estado Social e Democrático de Direito[6].

O extenso rol de direitos sociais, as vinculações de receitas e a própria expectativa gerada a partir da Constituição de 1988 fazem parte dessa configuração. É justamente essa configuração que é seguidamente tensionada pelas infindáveis crises das décadas de 90, 2000 e 2010, ameaçando as pretensões do direito constitucional financeiro.

Na seção seguinte, passa-se a avaliar como paulatinamente houve não apenas uma obstrução à concretização do direito constitucional financeiro, mas sua própria desconstrução. Essa desconstrução pode ser vista de diversas perspectivas. No presente texto, analisam-se as mudanças constitucionais a partir das justificativas formais constantes das propostas de emenda constitucional (e respectivos debates no Congresso).

3. DESVINCULAÇÃO DE RECEITAS, NOVO REGIME FISCAL E PLANO MAIS BRASIL: A DESCONSTRUÇÃO DO FINANCIAMENTO DOS DIREITOS SOCIAIS E SUAS JUSTIFICATIVAS

A Constituição Federal de 1988 previu, para além de um extenso rol de direitos e garantias, inclusive sociais, mecanismos para o seu financiamento, a exemplo de tributos cuja arrecadação deve necessariamente ser destinada a áreas específicas (como as Contribuições para financiamento da Seguridade Social) e de percentuais de gastos mínimos obrigatórios para financiamento de determinados direitos (a exemplo da saúde e da educação). Tais mecanismos pretenderam garantir um orçamento social mínimo, vinculando as opções do legislador orçamentário. Embora estivessem em harmonia com os objetivos constitucionais fundamentais e com o paradigma orçamentário-financeiro pretendido em 1988, houve resistência do Executivo à manutenção desses instrumentos desde os primeiros anos da vigência

---

6 SCAFF, Fernando Facury. *Orçamento Republicano e Liberdade Igual – Ensaio sobre Direito Financeiro, República e Direitos Fundamentais no Brasil*. Belo Horizonte: Forum, 2018; TORRES, Heleno Taveira. *Direito Constitucional Financeiro: Teoria da Constituição Financeira*. São Paulo: Editora Revista dos Tribunais, 2014; MENDONÇA, Eduardo Bastos Furtado de. *Constitucionalização das Finanças Públicas no Brasil*. Rio de Janeiro: Renovar, 2010.

da Constituição. Sob a alegação de excesso de rigidez orçamentária[7], necessidade de sanear as contas públicas, urgência na busca por equilíbrio fiscal, o modelo foi sendo paulatinamente modificado.

O ponto de partida dessas modificações foi a introdução na Constituição de uma norma "transitória" que desvinculasse as receitas. A Desvinculação das Receitas da União – DRU foi a principal solução proposta para o alegado excesso de rigidez orçamentária e para o objetivo de saneamento das contas nos anos 1990. Prevista no Ato das Disposições Constitucionais Transitórias (ADCT), está em vigor ininterruptamente desde 1994 (e seguirá ao menos até 2023). À medida em que as crises se renovaram, a alegação de rigidez do gasto se transformou em excesso de gasto, o que motivou a introdução no texto constitucional de um rígido teto para o crescimento das despesas (ou Novo Regime Fiscal). A crise econômica e fiscal continua motivando novas medidas de restrição orçamentária, que incluem um aprofundamento da desvinculação de receitas e da limitação de gastos (PECs da emergência fiscal, dos fundos e do federalismo, que integram o Plano Mais Brasil).

Há um movimento contínuo de desconstrução do modelo orçamentário-financeiro pensado na Constituição de 1988 e submetido a reformas desde os primeiros anos de sua vigência. Pretende-se compreender esse movimento a partir das justificativas apresentadas nas Propostas de Emenda Constitucional (PECs). Serão analisadas as PECs que deram origem às desvinculações de receita, a PEC que deu origem ao teto de gastos (novo regime fiscal) e as PECs da emergência fiscal, dos fundos e do federalismo (estas ainda em trâmite até a conclusão deste artigo). A tabela abaixo resume as propostas e respectivas emendas, o instituto e o período de produção de efeitos.

---

7 Sobre a rigidez orçamentária, há que se ponderar dois aspectos: de um lado, as vinculações e gastos obrigatórios de fato configuram uma pretensão de se garantir um orçamento social mínimo e privilegiar o financiamento dos direitos; de outro lado, o aumento das vinculações é também resultado de uma política tributária conduzida pelo Executivo federal (durante os anos 90 e 2000) de aumento da carga tributária via Contribuições, e não de impostos. Lembra-se que impostos como o Imposto de Renda e o Imposto sobre Produtos Industrializados tem arrecadação repartida com Estados e Municípios, enquanto contribuições como PIS, COFINS, CPMF, CSLL, dentre outras, não tem arrecadação repartida, permanecendo integralmente com a União.

Tabela 01. Alterações constitucionais relacionadas ao direito constitucional financeiro.

Proposta de origem	Emenda Constitucional	Instituto	Efeitos
PEC de Revisão nº 02-A/1994	EC nº 01/94	Fundo Social de Emergência	1994-1995
PEC 163/1995	EC nº 10/96	Fundo de Estabilização Fiscal	1996-1997
PEC 449/1997	EC nº 17/97	Fundo de Estabilização Fiscal	1997-1999
PEC 85/1999	EC nº 27/2000	DRU	2000-2003
PEC 41/2003	EC nº 42/2003	DRU	2003-2007
PEC 50/2007	EC nº 56/2007	DRU	2008-2011
PEC 61/2011	EC nº 68/2011	DRU	2011-2015
PEC 04/2015	EC nº 93/2016	DRU, DRE e DRM	2016-2023
PEC 241/2016	EC nº 95/2016	Novo Regime Fiscal (teto de gastos)	2017-2036
PEC 187/2019	Em trâmite	Revisão dos fundos públicos	Mudanças permanentes
PEC 186/2019	Em trâmite	Instrumentos de emergência fiscal, inclusive para descumprimento de flexibilização da regra de ouro	Mudanças permanentes
PEC 188/2019	Em trâmite	PEC do Pacto Fiscal: redução de despesas com pessoal, alterações nos orçamentos mínimos da saúde e educação, restrição aos benefícios tributários, constitucionalização do equilíbrio fiscal intergeracional.	Mudanças permanentes

Elaborado pelo autor.

Em 1994, com o objetivo de "sanear financeiramente a Fazenda Pública Federal e manter a estabilidade econômica", foi instituído o Fundo Social de Emergência (FSE). Incluído no Ato das Disposições Constitucionais Transitórias (ADCT) pela Emenda Constitucional de Revisão nº 01/1994, o FSE teve vigência prevista para os exercícios financeiros de 1994 e 1995. Dentre outras fontes, o Fundo contaria com "vinte por cento do produto da arrecadação de todos os impostos e contribuições da União", com o intuito de "custear ações dos sistemas de saúde e educação, benefícios previdenciários e auxílios assistenciais de prestação continuada, inclusive liquidação de passivo previdenciário, e outros programas de relevante interesse econômico e social" (artigo 71 do ADCT, conforme redação dada pela EC nº 01/94).

Interessante notar que o Fundo, com nome de social e voltado para o custeio da saúde, da educação e da previdência, tinha ao mesmo tempo objetivo de estabilização econômica. Os debates ocorridos à época deixam claro a contradição na própria redação da norma. O objetivo do fundo, que representava verdadeira desvinculação de receitas, não era utilizar os recursos para áreas sociais, mas reduzir o déficit público a partir da diminuição (e não aumento) do gasto social. Durante a tramitação da proposta foram feitas uma série de emendas para excluir receitas vinculadas do fundo, todas elas rejeitadas a partir do Parecer nº 24-B/1994[8]. Há uma evidente contrariedade entre o custeio previsto pelo Fundo e o seu real objetivo. Segundo o citado Parecer, "o maior número de emendas pretende continuar mantendo as vinculações constitucionais de receitas à Educação, *à Habitação,* ao Seguro-Desemprego". Tais emendas foram rejeitadas pois representariam um "esvaziamento do Fundo Social de Emergência". O Parecer afirma que nas "negociações entre Governo e Congresso Nacional", foi mantida "incólume a premissa básica do Programa de Estabilização Econômica: a eliminação completa do déficit operacional"[9].

A paradoxal redação da norma que instituiu o FSE e as conclusões do Parecer deixam claro o conflito entre a política econômica e a política social. Ao final, concluiu o Parecer a função do Congresso é "arbitrar esse grande conflito de interesses e, democraticamente, produzir *a priori* uma decisão que, respeitando o equilíbrio operacional entre receitas e despesas, seja mais apropriada às circunstâncias presentes".

O conflito também fica evidente nas diversas manifestações de congressistas à época da votação da proposta. De um lado, manifestações críticas ao fundo, qualificando-o como cheque em branco ao Executivo ou ataque aos mais pobres sem rediscutir privilégios:

> O Fundo Social de Emergência poderá representar um cheque em branco ao Executivo, da ordem de 16 bilhões de dólares (...) em nenhum momento sequer o plano propõe medidas que atenuam o chamado conflito distributivo. (Manifestação do Deputado Clóvis Assis, PSDB-BA)
>
> Somente os salários estão ameaçados. No mais, a economia continua como dantes. E o Governo nos envia a medida provisória relativa ao Fundo Social de Emergência, enquanto mantem todos os privilégios dos grandes grupos econômicos, que significam um valor muito maior do que aquele que compõe o citado Fundo (Manifestação do Deputado João Paulo, PT-MG)

---

8 BRASIL. Congresso Nacional. Diário do Congresso Nacional - Diário dos Trabalhos Revisionais nº 25 (Ano II), de 23 de fevereiro de 1994. Parecer nº 24-B/94 sobre as Emendas oferecidas à PEC de Revisão nº 02-A, de 1994.

9 Ibidem.

O FSE não respeita vinculações constitucionais, no momento em que não destina percentuais já fixados na Constituição para a Educação e para a Saúde. (Manifestação do Deputado Paulo Duarte PPR-SC)[10]

De outro lado, as manifestações favoráveis à desvinculação apontam a proposta como essencial à estabilização econômica e ao combate da hiperinflação:

As histórias da inflação no mundo mostram que dos países que enfrentaram a hiperinflação - e foram 15 ao longo do último século - 8 deles só conseguiram enfrentá-la através de revoluções. Democracia convive muito pouco com hiperinflação. (...) Sr. Presidente e Srs. Congressistas, tenho impressão de que votado - como o será amanhã - o Fundo Social de Emergência teremos novos horizontes, novas perspectivas com relação a Revisão Constitucional e ao problema político (Manifestação do Deputado Israel Pinheiro - PTB-MG)[11]

A provisoriedade do Fundo certamente contribuiu para a sua aprovação, inclusive porque justificado na ameaça de agravamento da crise econômica. O próprio Parecer legislativo acima citado faz referência à sua transitoriedade: "sendo o Fundo Social de Emergência um instrumento de atuação governamental transitório, transitórias devem ser suas fontes de recursos". Nestes termos, o FSE foi aprovado com uma vigência de apenas 2 anos (1994 e 1995). No entanto, a promessa de provisoriedade durou pouco: em 1995, foi proposta a prorrogação do fundo. A proposta inicial e o desejo do Executivo era prorrogá-lo até 1999, o que gerou incômodo em parte do Congresso e chegou a ser apontada como "chicana do Executivo" e tentativa de institucionalizar "uma norma travestida de transitória, mas de caráter permanente, posto se tratar de uma transitoriedade de quase uma década (94- 99)"[12].

---

10 BRASIL. Congresso Nacional. Diário do Congresso Nacional - Diário dos Trabalhos Revisionais nº 25 (Ano II), de 23 de fevereiro de 1994. Ata da 2ª sessão, em 22 de fevereiro de 1994.

11 Ibidem.

12 Conforme voto em separado dos deputados Hélio Bicudo e Milton Mendes. Em sentido semelhante, o voto do Deputado Nilson Gibson: "não há mais emergência, pois, o País está vivendo um período de normalidade". E também o voto do Deputado Prisco Viana, que aponta que a prorrogação do fundo "dá a impressão de que a emergência invocada (...) é permanente", mas por outro lado, uma vez que "os recursos arrecadados foram aplicados em todo tipo de despesa", a impressão é a de que "não existe emergência a ser atendida". Conforme debates da PEC nº 163/1995 (BRASIL. Câmara dos Deputados. PEC nº 163/1995. Disponível em https://www.camara.leg.br/propostas-legislativas/169491. Acesso em 14.12.2019)

A aplicação dos recursos do Fundo também foi motivo de debate, já que o Fundo Social de Emergência, trazia no nome a promessa de destinar recursos para a área social, como constava de sua redação. A frustração desta determinação motivou uma série de críticas dos Congressistas:

> (...) criado sob o biombo de ser instrumento de política social do governo, com o objetivo de saneamento financeiro da Fazenda Pública e de estabilização econômica, cujos recursos sejam aplicados no custeio da saúde e previdência em especial, o FSE tem servido a interesse de livre manobra orçamentária do Governo Federal, sendo certo que a imprensa não se cansa de noticiar seu uso irregular, com quantias vultosas dispendidas em bobagens, como a compra de presentes e chicletes (voto em separado dos deputados Hélio Bicudo e Milton Mendes)[13].

A despeito das críticas, prevaleceu a emergência econômica e o Congresso decidiu aprovar a prorrogação, limitando, entretanto, sua vigência a mais dois anos (1996 e 1997). A mesma desvinculação de 20% foi aprovada, com o nome de Fundo de Estabilização Fiscal (FEF), conforme Emenda Constitucional nº 10, de 04 de março de 1996, não mais fazendo referência à falsa promessa de destinação social dos recursos. As justificativas constantes da proposta encaminhada ao Congresso foram semelhantes ao fundo original, a despeito de descrever um cenário mais otimista e focar na exigência de equilíbrio fiscal:

> (...) com o estabelecimento de condições estruturais que permitam o equilíbrio efetivo das finanças da União, mister se faz assegurar condições para que o Estado não seja causa de desestabilização da economia. Nesse contexto, o Fundo Social de Emergência ainda se apresenta como instrumento de fundamental importância para o equilíbrio das contas do Governo Federal[14].

As justificativas da proposta mencionam o contexto do programa de estabilização, que, além de medidas para reduzir a "excessiva vinculação das receitas" e para "racionalização do gasto públicos", incluem reformas constitucionais diversas, dentre as quais "o estabelecimento de uma adequada divisão de atribuição entre os diferentes níveis de governo dentro da Federação, a reforma do sistema tributário, a reforma do Estado e da administração pública, a reforma da previdência social

---

13 BRASIL. Câmara dos Deputados. PEC nº 163/1995. Disponível em https://www.camara.leg.br/propostas-legislativas/169491. Acesso em 14.12.2019.

14 Ibidem.

e a modernização da ordem econômica"[15]. Aliás, em larga medida, são propostas muito semelhantes àquelas que ainda hoje estão em debate.

Em 1997, findo o prazo do FEF, foi enviada nova proposta (PEC nº 449/1997), com objetivo de prorrogação do Fundo até 1999. As justificativas novamente se repetem e fazem referência à não aprovação das "indispensáveis" medidas de reestruturação da ordem econômica e do gasto público:

> (...) ainda agora se encontram em tramitação no Congresso Nacional as emendas constitucionais indispensáveis à reestruturação dos gastos públicos. Persiste, pois, o quadro de restrições que exigiu a criação do Fundo Social de Emergência, como única forma de avançar no processo de estabilização, enquanto não se aprovassem as emendas constitucionais referidas[16].

Referida proposta se transformou na Emenda Constitucional nº 17/1997. Em 1999, encerrado o prazo de vigência, foi enviada ao Congresso a PEC nº 85/1999, que não mais pretendia a prorrogação do FSE ou do FEF, mas simplesmente desvinculava 20% da arrecadação tributária da União. A Emenda Constitucional nº 27, de 21 de março de 2000 foi a primeira a instituir a desvinculação com o nome conhecido hoje: DRU (Desvinculação das Receitas da União). Manteve-se o mesmo patamar de 20% e, dessa vez, um prazo um pouco mais longo: as desvinculações vigeriam pelo período de 2000 a 2003. Embora tenha mudado o nome e o programa de estabilidade fiscal no qual estava inserida a medida, as justificativas permaneceram semelhantes, perseguindo-se os mesmos objetivos e as mesmas reformas:

> A proposta de emenda constitucional que ora apresentamos a Vossa Excelência insere-se num contexto mais amplo de mudança no regime fiscal do país. O Programa de Estabilidade Fiscal, lançado em outubro de 1998 para fazer frente às mudanças ocorridas no cenário internacional, compreende dois conjuntos de medidas: o primeiro, de natureza estrutural e institucional, ataca na raiz as causas do desequilíbrio das contas públicas; o segundo destina-se a preparar programa fiscal de curto e médio prazos, visando a obtenção de superávit primários crescentes e suficientes para estabilizar, em três anos, a relação entre a dívida líquida consolidada do setor público e o Produto Interno Bruto. Dentre as medidas estruturais que dia continuidade ao compromisso assumido por Vossa Excelência de

---

15 Ibidem.

16 BRASIL. Câmara dos Deputados. PEC nº 449/1997. Disponível em https://www.camara.leg.br/proposicoesWeb/fichadetramitacao?idProposicao=169651. Acesso em 20.12.2019.

promover o equilíbrio definitivo das contas públicas na velocidade necessária para assegurar o crescimento econômico sustentado e a consolidação estabilidade monetária incluem-se a regulamentação da Reforma Administrativa, a aprovação e regulamentação da Reforma da Previdência Social, a instituição de Lei Geral da Previdência Pública, as reformas tributárias e trabalhistas e a Lei de Responsabilidade Fiscal[17].

Na última década, a DRU foi prorrogada pelas Emendas Constitucionais nº 42, de 19 de dezembro de 2003 (vigência da DRU de 2003 a 2007), pela Emenda Constitucional nº 56, de 20 de dezembro de 2007 (vigência de 2008 a 2011) e, posteriormente, pela Emenda Constitucional nº 68, de 21 de dezembro de 2011, que prorrogou sua vigência até 2015. Algumas peculiaridades chamam a atenção.

A Emenda Constitucional nº 42/2003 tem origem na PEC nº 41/2003, que propunha alterações no Sistema tributário Nacional, e incluiu ao final a prorrogação da DRU de 2003 a 2007. Embora a proposta se preocupe em justificar as diversas mudanças tributárias, há um parágrafo (comparativamente menos razões do que nas PECs anteriores) tratando da prorrogação da DRU, qualificando-a como "norma relevante na condução da política econômica do Governo Brasileiro". O governo e o partido já são outros, as condições econômicas são reconhecidamente melhores, mas até que haja o "desaparecimento das incertezas do cenário internacional" e as condições macroeconômicas sejam melhores, deve-se manter a desvinculação[18].

Na PEC que se seguiu, nº 50/2007, pouco se fala em crise econômica. As justificativas da proposta destacam a evolução positiva da situação fiscal brasileira devido a, dentre outros fatores, a própria DRU, "instrumento de racionalização da gestão orçamentária"[19]. Na PEC nº 61/2011 também não se menciona mais a crise, mas repetem-se os reclamos sobre a estrutura do gasto público, com "elevado volume de despesas obrigatórias", sendo necessário a flexibilização para "implementar

---

17 BRASIL. Câmara dos Deputados. PEC nº 85/1999. Disponível em https://www.camara.leg.br/proposicoesWeb/fichadetramitacao?idProposicao=24971. Acesso em 20.12.2019.

18 BRASIL. Câmara dos Deputados. PEC nº 41/2003. Disponível em https://www.camara.leg.br/proposicoesWeb/fichadetramitacao?idProposicao=113717. Acesso em 20.12.2019.

19 BRASIL. Câmara dos Deputados. PEC nº 50/2007. Disponível em https://www.camara.leg.br/proposicoesWeb/fichadetramitacao?idProposicao=348999. Acesso em 20.12.2019.

projetos governamentais prioritários" e "formação de poupança para promover a redução da dívida pública". Dentre os projetos prioritários, além da própria redução da dívida pública, estão os investimentos necessários para adequar "a infraestrutura do País às exigências internacionais correlatas à Copa do Mundo de 2014 e às Olimpíadas de 2016"[20].

Por fim, na PEC nº 04/2015, diferentemente de parte de suas antecessoras, não se qualificou a desvinculação como mecanismo essencial também para as áreas sociais. Ao contrário, a proposta original (que veio de um parlamentar e não do Executivo) reconhece os prejuízos ao financiamento dos serviços públicos:

> Estamos, pois, convivendo já há algum tempo com uma medida que os conservadores teimam em elogiar sob o ângulo meramente fiscal, mas que tem sido, na realidade, bastante prejudicial no que concerne ao financiamento das ações e serviços públicos essenciais à população, nas áreas de educação, de saúde, de previdência e de assistência social[21].

A justificativa da PEC destaca ainda que os congressistas "se empenharam em mitigar os efeitos perversos sobre as áreas sociais de governo", excluíram as transferências obrigatórias para Estados e Municípios e reduziram os efeitos provocados nos gastos com educação (conforme Emenda Constitucional nº 59/2009). A proposta original mantinha o percentual de 20% e dispunha sobre a redução de seus efeitos sobre a seguridade social, até que fosse nulo o efeito em 2018. No entanto, durante a tramitação, alterou-se a redação da proposta inicial a pedido do Executivo (conforme PEC nº 87/2015, apensada à proposta original), aumentando o percentual de desvinculação para 30%. A justificativa se restringiu a apontar o "elevado volume de despesas obrigatórias" e a necessidade de "racionalização da gestão orçamentária"[22].

---

20 BRASIL. Câmara dos Deputados. PEC nº 61/2011. Disponível em https://www.camara.leg.br/proposicoesWeb/fichadetramitacao?idProposicao=513496. Acesso em 20.12.2019.

21 BRASIL. Câmara dos Deputados. PEC nº 04/2015. Disponível em https://www.camara.leg.br/proposicoesWeb/fichadetramitacao?idProposicao=946734. Acesso em 20.12.2019.

22 BRASIL. Câmara dos Deputados. PEC nº 87/2015. Disponível em https://www.camara.leg.br/proposicoesWeb/fichadetramitacao?idProposicao=1567815. Acesso em 20.12.2019.

Em setembro de 2016, com efeitos retroativos a janeiro, foi publicada a Emenda Constitucional nº 93, de 08 de setembro de 2016, que aprofundou sobremaneira a desvinculação e seus efeitos, dando nova redação ao artigo 76 do ADCT. A desvinculação passa a valer até 2023, abrangendo não mais 4 ou 5 anos (como nas últimas prorrogações), mas 8 anos. A desvinculação contou também com um aumento significativo e passou a ser de 30% (e não mais de 20%) da arrecadação. Houve também a eliminação das ressalvas contidas nos parágrafos 1º e 3º do artigo 76 do ADCT[23]. A nova emenda constitucional incluiu os inéditos artigos 76-A e 76-B ao ADCT, prevendo a Desvinculação de Receitas dos Estados (DRE) e a Desvinculação de Receitas dos Municípios (DRM), ambas também no montante de 30% das receitas de impostos, taxas e multas dos referidos entes. Para a DRE e DRM, há uma ressalva para os gastos mínimos obrigatórios com saúde e educação, além das transferências obrigatórias e das voluntárias com previsão de destino específico. A desvinculação, que já se indicava permanente desde a década de 90, aprofunda seus efeitos, abandonando definitivamente a premissa inicial de provisoriedade.

A renovação e o aumento da desvinculação, entretanto, não foram suficientes para superar as também renovadas crises fiscais e econômicas. Nesse sentido, ainda em 2016, foi lançada a PEC nº 241/2016, instituindo, também no ADCT, o Novo Regime Fiscal ou o denominado "teto de gastos". Em suas justificativas, mais uma vez há referência à "necessária mudança de rumos nas contas públicas, para que o País consiga, com a maior brevidade possível, restabelecer a confiança na sustentabilidade dos gastos e da dívida pública". A proposta aponta que o problema central não é somente a rigidez das despesas, mas a própria despesa: "raiz do problema fiscal do Governo Federal está no crescimento acelerado da despesa pública primária". Em especial, o problema estaria no aumento de despesas dos últimos anos, "em diversas políticas públicas, sem levar em conta as restrições naturais impostas pela capacidade de crescimento da economia"[24].

Em menos de seis meses, foi aprovada a Emenda Constitucional nº 95/2016, que estabelecia um limite ao crescimento das despesas pri-

---

23 A única ressalva mantida diz respeito à contribuição social do salário-educação, destinado à educação básica (§ 2º do artigo 76 do ADCT).

24 BRASIL. Câmara dos Deputados. PEC nº 241/2016. Disponível em https://www.camara.leg.br/proposicoesWeb/fichadetramitacao?idProposicao=2088351. Acesso em 20.12.2019.

márias de todos os Poderes com base na inflação (artigos 106 a 114 do ADCT). Vale ressaltar que foram afetadas diretamente as aplicações mínimas em serviços de saúde e na manutenção e desenvolvimento do ensino. Desde 2018, o gasto com saúde e educação passou a ter o mesmo tratamento das demais despesas, crescimento limitado à inflação, representando uma verdadeira revogação (ou suspensão por 20 anos) dos orçamentos mínimos da saúde e da educação. É relevante destacar que medidas de restrição de despesas foram adotadas em diversos países. Entretanto, a forma de variação da despesa diferencia o Brasil de outros países (a exemplo dos países da União Europeia). O novo regime fiscal brasileiro estabelece um limite em relação à inflação, enquanto na Europa, por exemplo, há uma permissão de crescimento atrelada ao PIB. Ou seja, no Brasil, em momentos de crescimento econômico e, portanto, provável crescimento da arrecadação, a despesa primária continuará limitada. Persegue-se, assim, um aumento do superávit primário durante a vigência de 20 anos do Novo Regime Fiscal, conforme, aliás, consta da própria exposição de motivos[25].

A despeito das profundas alterações promovidas, a reformulação do Estado brasileiro promete prosseguir. No início do mês de novembro de 2019, foram enviadas ao Congresso Nacional um novo pacote de medidas econômicas, integrantes do *Plano Mais Brasil*. Estão incluídas a PEC nº 187/2019, denominada de *PEC dos Fundos Públicos;* a PEC nº 186/2019, batizada de *PEC da emergência fiscal*; e a PEC nº 188/2019, chamada de *PEC do Pacto Federativo*, todas com o declarado objetivo de *transformar o Estado brasileiro.*

As alterações constitucionais propostas aprofundam o movimento de desconstrução do modelo de Estado social e financiamento dos direitos. Se a DRU previa uma desvinculação de 20%, e depois 30%, a *PEC dos Fundos* pretende uma desvinculação mais ampla, com extinção dos fundos públicos que não forem ratificados (e exigência de lei complementar para criação de novos). A justificativa é, entretanto, semelhante às desvinculações, ou seja, "dar mais racionalidade na alocação dos

---

25 Segundo o texto da exposição de motivos, "a gravíssima situação fiscal e o risco não desprezível de perda de controle sobre a dívida pública nos obriga a continuar perseguindo, nos próximos anos, o maior resultado primário possível. Assim, trabalharemos conciliando o limite de despesa aqui instituído com o já existente arcabouço institucional de fixação e perseguição de metas de resultado primário, como previsto no § 1º do art. 4º da Lei de Responsabilidade Fiscal" (Ibidem).

sempre escassos recursos públicos", recuperando a capacidade de definir a prioridade dos gastos"[26].

Do mesmo modo, as PECs da *emergência fiscal* e do *pacto federativo* também promovem aprofundamento de medidas anteriores. Enquanto o novo regime fiscal previu limitação ao crescimento de despesas, as novas propostas dispõem sobre a própria redução nas despesas, a exemplo das despesas com pessoal[27]. Propõe-se também a extinção de Municípios de até cinco mil habitantes que não comprovem sustentabilidade financeira. Há previsão de limitações à possibilidade de endividamento dos entes subnacionais com apoio da União. Ademais, os já suspensos orçamentos mínimos de saúde e educação podem sofrer ainda mais reduções, autorizando-se que entes considerem o excedente ao mínimo da educação para fins do atendimento do gasto mínimo da saúde, e vice-versa.

Destaca-se, ainda, previsão de submissão do cumprimento de decisões judiciais que impliquem despesa à previsão de dotação orçamentária suficiente; a previsão na Constituição do contingenciamento de despesas, quando houver risco ao cumprimento das metas fiscais (em redação semelhante à Lei de Responsabilidade Fiscal), constitucionalizando o objetivo de bloquear a execução orçamentária para gerar superávit primário; a inclusão no artigo 6º da Constituição Federal de que a promoção dos direitos sociais deverá observar o equilíbrio fiscal intergeracional, possivelmente constitucionalizando a reserva do possível.

Por fim, dadas as consequências da limitação de despesas no âmbito do investimento e, portanto, os impactos na regra de ouro, inclui-se na Constituição uma autorização de descumprimento temporário da regra de ouro. Como contrapartida, obriga a adoção de uma série de mecanismos de estabilização e ajuste fiscal, dentre os quais, vedação a medidas de aumento de despesas com pessoal, seja por concessão de vantagem, aumento ou reajuste de salários, seja por criação de cargos, novas contratações, seja por criação ou majoração de auxílios, aumento de benefícios; vedação à criação de despesa obrigatória ou reajuste de despesa obrigatória; vedação à concessão ou ampliação de incentivo

---

26 BRASIL. Senado Federal. PEC nº 187/2019. Disponível em https://www25.senado.leg.br/web/atividade/materias/-/materia/139703. Acesso em 20.12.2019.

27 Possibilidade de redução temporária da jornada de trabalho dos servidores, com alteração proporcional dos subsídios e vencimentos, suspensões da progressão e promoção funcional e de outros atos que impliquem aumento de despesas ou benefício de natureza tributária; vedação à própria possibilidade de correção de despesas pela inflação (permitida pelo "teto de gastos").

Todas as recentes propostas merecem aprofundamento e podem sofrer diversas modificações. De qualquer forma, para fins do presente artigo, é interessante notar que a *PEC da emergência* segue com o mesmo velho objetivo de "ajuste gradual dos equilíbrios das contas públicas". Ademais, em suas justificativas, faz-se referência às reformas realizadas (como o teto de gastos), essenciais para se chegar ao "realismo fiscal". A nova PEC coloca as novas mudanças como o "sopro da confiança da classe produtiva dos investidores para acionar as engrenagens do crescimento econômico". A proposta representaria assim "o passo fundamental para tornar o Brasil de novo um país 'Investment Grade', consequentemente, polo de atração de investimentos estrangeiros"[28].

Diante de justificativas muito semelhantes às propostas anteriores, as novas PECs representam um novo passo no processo de desconstrução do modelo orçamentário-financeiro delineado na Constituição de 1988 e a eterna e urgente busca pela alegada racionalização das despesas públicas.

4. A CISÃO ENTRE CREDORES E CIDADÃOS NO ESTADO ENDIVIDADO

As justificativas dadas pelas propostas de emenda constitucional, aprovadas e ainda não aprovadas, apontam para a busca de um equilíbrio fiscal, um alegado realismo fiscal. Não se pode esquecer que o realismo fiscal não se descola da paciente realidade material. Em quais condições se deve buscar tal realismo?

As transformações pelas quais passa a Constituição brasileira se enquadram bem na mudança do modelo descrito pelo sociólogo alemão Wolfgang Streeck. Em seu livro *tempo comprado*, dentre outras questões, o autor avalia se a crise financeira decorreu de um fracasso na democracia. A resposta (comumente) positiva a esta questão parte de uma visão na qual as "finanças públicas são vistas como um *common pool* e a democracia como licença para os cidadãos a explorarem livremente"[29]. Em outras palavras, a pressão democraticamente feita pela população levaria ao Estado a gastar mais do que arrecada, com

---

28 BRASIL. Senado Federal. PEC nº 186/2019. Disponível em https://www25.senado.leg.br/web/atividade/materias/-/materia/139702. Acesso em 20.12.2019.

29 STREECK, Wolfgang. *Tempo comprado: a crise adiada do capitalismo democrático*. Lisboa: Actual, 2013, p. 86.

a ilusão de que os recursos são inesgotáveis. Os políticos, por sua vez, na luta por votos e por reeleição, satisfazem essas exigências. Em resposta a este movimento de "alargamento dos direitos democráticos", seria necessário proteger as finanças públicas contra exigências geradas num processo democrático, adotando-se medidas de austeridade e regras de controle. As medidas descritas ao longo do texto, e suas respectivas justificativas, relacionam-se a este movimento de proteção das finanças públicas, no caso específico brasileiro, em face do alargamento de direitos promovido a partir de 1988.

Analisando os países desenvolvidos, Streeck busca demonstrar que não há uma vinculação entre crise fiscal e aumento da democracia. Os dados levantados pelo autor apontam que houve uma contínua redução da participação democrática desde o pós-guerra, mas as crises se seguiram. O Estado não necessariamente interveio democraticamente em favor dos mais necessitados, mas usualmente serviu para "travar exigências sociais" em nome de políticas neoliberais. Desta forma, sugere o autor, a crise, e especificamente o endividamento público, "não se deve a despesas demasiado elevadas, mas sim a receias demasiado baixas, resultantes do fato de a economia e sociedade restringirem sua tributabilidade, ao mesmo tempo que exigem cada vez mais do Estado"[30]. Nesse sentido, o alegado fracasso do Estado democrático não se deve ao excesso de demandas sociais, mas a diversos outros fatores, tais como a "não regulamentação do setor financeiro", a não tributação adequada dos beneficiários do crescimento econômica e a tolerância da desigualdade crescente[31].

Esse conjunto de fatores e de crises conduziu um processo de transformação do *Estado fiscal* em um *Estado endividado*, no qual as despesas são cada vez mais financiadas não por tributos, mas por empréstimos; consequentemente, acumula-se mais dívida, para cujo

---

30 Ibidem, p. 106. A título de conclusão, afirma o autor: "a crise financeira do Estado não se deve ao fato de a massa da população, induzida por um excesso de democracia, ter retirado demasiado para si dos cofres públicos; pelo contrário, os maiores beneficiários da economia capitalista pagaram demasiadamente pouco, aliás, cada vez menos, aos cofres públicos. Se houve uma inflação de reivindicações que levou a um défice estrutural nas finanças públicas, esta registrou-se nas classes altas, cujos rendimentos e patrimônio aumentaram rapidamente nos últimos vinte anos, sobretudo também devido às descidas de impostos a seu favor, enquanto os salários e as prestações sociais nos extratos mais baixos da sociedade estagnavam (...)" (Ibidem, p. 120).

31 Ibidem, p. 121.

financiamento é necessário utilizar uma parte cada vez maior de suas receitas[32]. No âmbito do *Estado endividado*, fica evidente a disputa entre duas classes distintas de destinatários: a dos *cidadãos*, que buscam fazer valer seus direitos cívicos, amparados em uma *justiça social*; e a dos *credores*, que buscam garantir que a cada crise haverá prioridade sobre seus interesses (em detrimento dos direitos dos cidadãos), por exemplo, a partir da prioridade do serviço da dívida em relação à prestação de serviços de interesse geral, a partir da busca por estabelecer confiança aos mercados (ou seja, uma *justiça de mercado*)[33].

Embora haja diferenças relevantes entre a crise dos países analisados por Streeck e o Brasil, o movimento de transformação do Estado é, em grande medida, também verificado aqui. As medidas descritas nas seções anteriores, e suas justificativas, bem demonstram o conflito distributivo dentro de um Estado endividado e a disputa entre cidadãos e credores.

5. CONSIDERAÇÕES FINAIS

O presente artigo analisou não apenas relevantes mudanças constitucionais no direito financeiro brasileiro, mas também suas justificativas. A análise das justificativas das propostas de emenda constitucional se mostra importante do ponta de vista histórico e jurídico, pois demonstram um processo de mudança contínuo, a partir de fundamentos de grande semelhança.

Ao longo de 25 anos de mudanças analisadas, termos muito próximos foram usados para justificar as distintas PECs que alteraram significativamente o direito constitucional financeiro: estabilidade ou (processo de) estabilização econômica; equilíbrio entre receitas e despesas ou equilíbrio fiscal ou equilíbrio das contas do Governo Federal; racionalização do gasto públicos ou racionalização da gestão orçamentária ou racionalidade na alocação dos sempre escassos recursos públicos; rigidez orçamentária ou elevado volume de despesas obrigatórias; obtenção de superávit primários crescentes ou redução da dívida pública ou restabelecer a confiança na sustentabilidade dos gastos e da dívida pública.

As justificativas, ademais, parecem transcender a persuasão do momento de aprovação da emenda e se transformam em uma armadura protetiva das novas normas, juridicamente pouco questionadas, ainda

---

32 Ibidem, p. 118.

33 Ibidem.

que indiquem um bloqueio ou a própria desconstrução do modelo constitucional original.

Pela exposição de motivos de cada proposta e pelos respectivos debates no congresso, é possível verificar o conflito distributivo dentro do *Estado endividado* e a disputa entre cidadãos e credores. Ao longo das renovações da desvinculação de receitas, abandonou-se progressivamente o nexo positivo estabelecido entre desvinculação e áreas sociais. A desvinculação foi originalmente introduzida como Fundo Social, pouco a pouco desmascarada. Na última renovação, a justificativa da proposta não mais esconde, mas ressalta o conflito distributivo entre política fiscal e política social relacionado a DRU, bem como os seus aspectos negativos no financiamento dos direitos sociais. Já as justificativas da PEC do teto de gastos e das recentes propostas do *plano mais Brasil* fazem expressa referência à "confiança na sustentabilidade" ou "sopro de confiança" e ao "*investment* grade", revelando a centralidade dos credores (e não dos cidadãos) nessas alterações constitucionais.

Retomando as perguntas sugeridas pelo título deste livro – *reformas financeiras, por que, para quem e como...* – o caminho percorrido pelas justificativas formais das PECs parece não deixar muito espaço para dúvida. As promessas originais do direito constitucional financeiro, voltadas ao cidadão, à igualdade, à garantia dos direitos fundamentais, ao cumprimento dos objetivos de erradicação da pobreza e de redução das desigualdades sociais vai sendo substituído por um *direito conjuntural financeiro*, voltado à urgência da crise, aos credores, e à confiabilidade dos mercadores.

EM BUSCA DO TEMPO E DA AUTONOMIA PERDIDOS. UMA ANÁLISE CRÍTICA E IMPARCIAL DAS PECS 49 E 110 E SUA REPERCUSSÃO NO PACTO FEDERATIVO

FRANCISCO WILKIE REBOUÇAS C. JÚNIOR[1]

JOSÉ EVANDRO LACERDA ZARANZA FILHO[2]

SUMÁRIO: 1. Breve apontamento sobre a dimensão histórica do Estado Federal; 2. Caracterização do Estado Federal; 3. Perspectiva do Estado Federal do futuro; 4. Retrato do Federalismo Fiscal brasileiro; 5. As Propostas de Reformas Tributárias objeto da PEC 45 e 110 e Pacto Federativo; 6. À guisa de conclusão; Referências Bibliográficas

1. BREVE APONTAMENTO SOBRE A DIMENSÃO HISTÓRICA DO ESTADO FEDERAL

De forma convencional, a doutrina reconhece no federalismo o ambiente propício ao desenvolvimento da democracia. Sustenta José Alfredo Baracho:[3]

---

1 Advogado especializado em Direito Administrativo, Direito Penal e Contencioso. Graduação em Direito pela Universidade Federal do Rio Grande do Norte (UFRN, 1991). Doutorando em Direito Constitucional na Universidade de Buenos Aires (UBA). Foi Professor da Universidade Federal do Rio Grande do Norte (UFRN), da Universidade Potiguar (UNP) e da Escola da Magistratura Trabalhista do Rio Grande do Norte. (ESMAT).

2 Graduado em Curso de Direito pela Universidade Potiguar (2000) e mestrado em Direito pela Universidade Federal do Rio Grande do Norte (2009). Foi Presidente da Comissão de Direito Tributário da Ordem dos Advogados do Brasil - Secção do Rio Grande do Norte de 2010 a 2018. Professor concursado do Centro Universitário do Rio Grande do Norte (UNIRN).

3 BARACHO, José Alfredo de Oliveira. Teoria geral do Constitucionalismo. In: *Revista de Informação Legislativa*, Brasília, Senado Federal, nº 91, jul./set. 1986. p. 53.

o federalismo é considerado como forma de distribuição de poder, havendo muitos adeptos do federalismo que demonstram a tendência em aproximar federalismo e democracia, sendo que a consideram como a forma mais progressiva de Estado.

Há que se considerar, como faz de forma unânime a doutrina, que não há um conceito único e universal para o Estado Federal.[4] Apenas podemos traçar elementos comuns próprios da evolução histórica do federalismo como meio para sua identificação.

Celso Ribeiro Bastos identifica a Federação Americana como a primeira experiência de federalismo da história, tendo sua origem a partir de uma experiência confederativa que durou de 1781 a 1787, momento em que foi tomada a decisão pelo modelo federativo, a partir da necessidade de um poder central forte, sem, contudo, haver a perda da soberania por parte dos Estados confederados. Tal opção foi fruto de uma forte coesão e unidade entre os Estados, que se associaram atribuindo ao Estado Federal apenas os poderes enunciados na Constituição (elaborada por constituintes na Filadélfia), mantendo-se as autonomias locais.[5] Trata-se, portanto, de uma união voluntária de Estados soberanos que deram vida a uma Constituição,[6] sendo tal pacto perpétuo e indissolúvel.[7]

Já o modelo federativo brasileiro, segundo Celso Bastos, é precário e fundamenta-se em critérios históricos justificadores da pouca autonomia que os Estados-membros no Brasil têm em relação à União. Aqui, os Estados-membros brasileiros são fruto do período colonial e refletem a divisão territorial do Brasil em províncias pelo Império Brasileiro, marcadas estas províncias pela ausência de soberania. Meirelles Teixeira observa que a forma republicana de Estado federalista de governo nos acompanha desde a Constituição de 1891, primeira Constituição Republicana, e as origens dos Estados brasileiros têm

---

4 Nesse sentido escreve Hugo de Brito Machado Segundo para quem não existe um modelo "pronto" de federação citando Pontes de Miranda que observa que "o conceito de federalismo não é de conteúdo certo." (SEGUNDO, Hugo de Brito Machado. *Contribuições e Federalismo*. São Paulo: Dialética, 2005. p. 23)

5 BASTOS, Celso Ribeiro. Tít. III. Cap. I. A Federação. In___. *Curso de Direito Constitucional*. São Paulo: Celso Bastos Editora, 2002. p.479.

6 Cita o autor que um juiz americano chegou afirmar que a Constituição é um pacto de soberanias. Celso Ribeiro Bastos, *Curso de Direito Constitucional*, op. cit., p. 482.

7 Tanto é assim que Celso Bastos cita a guerra de Secessão em que após a elaboração da Constituição as antigas colônias do Sul quiseram se separar dos Estados Unidos.

fundamento nas antigas províncias do regime imperial, assim declaradas pelo Decreto n° 1, de 15 de novembro de 1889.

Na evolução histórica do federalismo brasileiro, principalmente com a Revolução de 30, observou-se a privação da autonomia dos Estados-membros em face da instituição dos interventores e, posteriormente, com o Golpe de 37 e a instituição da forma unitária de Estado.

Adverte Meirelles Teixeira[8] que, sob o aspecto da soberania do Estado Federal, há uma variedade de teorias, principalmente norte-americanas, que buscam explicar o fenômeno. Noticia uma primeira teoria que defende uma divisão da soberania entre o Estado federal e os membros; outra teoria defende que a soberania pertence aos Estados-membros que se comportam propriamente como Estados reunidos para a concreção de fins comuns. Escreve ainda que Duguit propõe outra ideia em que se nega a soberania e se reconhece no sistema apenas duas ordens de governantes (central e regional(is)), ou, ainda, a posição de Kelsen, que vê três ordens de governo: as duas primeiras formadas pela ordem do Estado-Federal, e a terceira formada pelo(s) Estado(s)-membro(s), sendo que esta última seria resultante da reunião das duas anteriores, identificada pelo positivista, conforme adverte o autor, como sendo a Constituição Total que representa a comunidade total.

2. CARACTERIZAÇÃO DO ESTADO FEDERAL

Não há unanimidade quanto à identificação dos elementos caracterizadores do Estado Federal.[9] Meirelles Teixeira assim os identifica: 1) soberania do Estado Federal com subordinação dos Estados-membros; 2) autonomia (direito de auto-organização); 3) distribuição de poderes entre o Estado Federal e os membros; 4) participação dos Estados-membros na formação da vontade do Estado Federal; 5) supremacia da Constituição; e, 6) utilização de um órgão estatal como instrumento para solução de conflitos de interesses entre os Estados-membros e entre estes e o Estados Federal.[10]

---

8 TEIXEIRA, José Horário Meirelles. *Curso de Direito Constitucional*. Organizado e atualizado por Maria Garcia. Rio de Janeiro: Forense Universitária, 1991.

9 André Elali registra que: "Uma Federação, vale lembrar, não tem um único modelo para ser caracterizada, pois sempre estará vinculada a circunstâncias do Estado." Cf. ELALI, André. *O federalismo fiscal brasileiro e o sistema tributário nacional*. São Paulo: MP Editora, 2005. p. 62.

10 Hugo de Brito Machado Segundo também analisando os elementos caracterizadores do Estado Federal cita o Raul Machado Horta que identifica: I-dualidade de

A partir deste raciocínio, Meirelles Teixeira reconhece certas consequências: os Estados-membros não são verdadeiros Estados, mas apenas uma terminologia que se emprega; como não são soberanos , não podem pôr fim ao sistema federativo , nem muito menos retirar-se dele; somente o Estado Federal, por ser soberano, é reconhecido internacionalmente; há supremacia política do Estado Federal sobre os Estados-membros.

Celso Bastos faz distinção jurídica entre soberania e autonomia, onde a primeira "é o atributo que se confere ao poder do Estado em virtude de ser ele juridicamente ilimitado", enquanto que a segunda, "é a margem de discrição de que uma pessoa goza para decidir sobre os seus negócios, mas sempre delimitada essa margem pelo próprio direito".[11],[12] A soberania é própria daqueles que não se submetem ou sofrem limitações jurídicas de outros, seja do ponto de vista interno, seja

---

ordens governamentais e sua coexistência, cada uma dotada de órgãos próprios de expressão. II-repartição constitucional de competência, a ser feita de acordo com o método preferido pelo constituinte federal. No Brasil, a forma mais freqüente de repartição é a que enumera a competência da União e reserva aos Estados os poderes não delegados, isto é, poderes que implicitamente ou explicitamente não lhe sejam proibidos pela Constituição Federal. III- autonomia constitucional do Estado-membro, com maior ou menor limitação ao poder de auto-organização, segundo critério do constituinte federal. IV- organização peculiar do Poder Legislativo Federal, permitindo participação destacada do Estado-membro na formação de órgão daquele poder. V- existência de técnica específica, a intervenção federal, destinada a manter, em caso de violação, a integridade territorial, política e constitucional do Estado Federal. Cita ainda Hugo de Brito Segundo a posição de Sampaio Dória que elenca três elementos característico: 1°- A existência de províncias, com órgãos de governo que cada uma eleja. 2°- Descentralização política e administrativo, de modo que se atribua aos estados federados o máximo de poder possível das funções de soberania, e à União as que, segundo as condições peculiares de cada povo, forem necessários à manutenção da integridade nacional, e promoção do bem comum. 3°-Supremacia jurídica e política da nação, nas relações exteriores, e exercida, dentro do país quase só pelos órgãos centrais, para sustentação das instituições, para amparo dos direitos fundamentais dos indivíduos, e para promoção dos interesses nacionais, a que as unidades federativas não derem, ou não puderem dar provimento. (Hugo de Brito Machado Segundo. Contribuições e Federalismo. São Paulo: Dialética, 2005. p. 30-32).

11 BASTOS, Celso Ribeiro. Tít. III. Cap. I. A Federação. In___. Curso de Direito Constitucional. São Paulo: Celso Bastos Editora, 2002. p. 473-474.

12 Para Raul Machado Horta: "a autonomia é, portanto, a revelação de capacidade para expedir as normas que organizam, preenchem e desenvolvem o ordenamento jurídico dos entes públicos." (HORTA, Raul Machado. Direito Constitucional. Belo Horizonte: Del Rey, 1999. p. 371-374.)

do ponto de vista externo, ou seja, da ordem internacional. É interessante tal distinção, que nos leva a entender a diferença entre República Federativa do Brasil e União, em que somente a primeira é soberana.[13]

A discussão em torno da autonomia está relacionada à discussão em torno da descentralização política, entendida esta não como mera descentralização administrativa, mas sim como o reconhecimento de uma ordem jurídica local vigente paralelamente à ordem jurídica federal. No Estado Federal é reconhecido ao ente local o direito de auto-organização e de autogoverno, de governo próprio que atua dentro de sua competência segundo os parâmetros traçados pelo Poder Superior, definido na Constituição.[14]

Jorge Miranda, ao tratar sobre o tema da descentralização, explica que o termo é utilizado para explicar o fenômeno da concessão de poderes ou atribuições públicas a entidades infraestatais, como sinônimo de autonomia, autarquia, autogovernos, autoadministração, chamadas a participar do atingimento de objetivos públicos com status de autoridade. Diferencia, assim, da desconcentração, pois não se trata apenas de uma pluralidade de órgãos em uma unicidade jurídica; "existem vários órgãos do Estado por que se dividem funções e competências, a diferente nível hierárquico ou não, e de âmbito central ou local".[15] Diferencia então a descentralização administrativa[16] da política, onde nesta há "descentra-

---

13 No Brasil o Governo Federal tem sua soberania reconhecida, por exemplo, nas hipóteses de intervenção do Governo Federal no Governo dos Estados (art. 21, inciso V), principalmente, na divisão de poderes onde é atribuída a União (Governo central em nosso sistema) a preservação dos interesses fundamentais da Nação.

14 O art. 18 da Constituição brasileira possibilita aos Estados-membros o direito de se auto-organizar, criando assembleia legislativa para legislar sobre assuntos locais, elegendo seus governadores, organizando sua justiça e funcionalismo, instituindo e arrecadando tributos através de sua competência tributária constitucional, enfim, instituindo sua própria Constituição Estadual.

15 Jorge Miranda. *Teoria do Estado e da Constituição*. Rio de Janeiro: Forense, 2005. p.227.

16 Na descentralização administrativa Jorge Miranda adverte tratar-se de atribuir poderes ou funções de natureza administrativa para o atingimento de necessidade quotidianas da sociedade e os modos podem ser: "a) atribuição de personalidade jurídica de direito público; b) personalidade com autonomia administrativa (isto é, capacidade de praticar actos administrativos definitivos e executórios); c) personalidade com autonomia administrativa e autonomia financeira (isto é, capacidade de afectar receitas próprias às despesas próprias); d) personalidade com plena autono-

lização de poderes e de funções políticas",[17] justificada pelo princípio da primariedade, o qual identifica como o "princípio segundo o qual o Estado só deve assumir as atribuições, as tarefas ou as incumbências que outras entidades existentes no seu âmbito e mais próximas das pessoas e dos seus problemas concretos – como os municípios ou as regiões – não possam assumir e exercer melhor ou mais eficazmente."[18]

A descentralização política[19] é essencial para a caracterização do Estado Federal, consubstanciando-se na atribuição de autonomia a órgão político local, de modo que estes, cuja formação se dá a nível local, possam melhor compreender os interesse locais, imediatos e diretos, sem o que se torna inviável a propositura de soluções condizentes com a realidade local, soluções aceitas pelos subordinados locais.

No Brasil, verifica-se uma descentralização ainda maior, ou seja, a presença do ente federativo local, no caso dos Municípios (poder local), ao lado do Poder central e dos Poderes regionais. Muito embora os Municípios componham o denominado federalismo fiscal e recebam da Constituição aptidão para criar tributos, há que se reconhecer que esta autonomia local não é plena, uma vez que os Municípios não têm participação na formação da vontade política central.[20]

---

mia e faculdade regulamentares."(Jorge Miranda. *Teoria do Estado e da Constituição*. Rio de Janeiro: Forense, 2005. p. 227.)

17 Jorge Miranda. op. cit. p. 227.

18 Jorge Miranda. op. cit. p. 228.

19 Impõe-se distinguir a descentralização política da centralização política e da descentralização meramente administrativa, pois nestas duas últimas verifica-se no poder central a concentração de funções estatais, como a legislativa e judiciária, vigorando apenas um único ordenamento, não há dualidade de governos, apenas delegação de funções através de agentes instituídos pelo poder central, respeitando a vontade estatal central. Ver TEIXEIRA, José Horário Meirelles. *Curso de Direito Constitucional*. Organizado e atualizado por Maria Garcia. Rio de Janeiro: Forense Universitária, 1991. p. 611.

20 Veja que o Senado é composto por representantes dos Estados-membros e não há representantes dos Municípios. Celso Antônio escreve nesse sentido, contudo, situa a referida ausência com um argumento excessivamente formal dando a entender pela possibilidade de representação da vontade Municipal por outros mecanismos: "O fato de os municípios não se fazerem representar na União e, portanto, não comporem de certa forma o suposto pacto federativo, nos parece ser um argumento de ordem excessivamente formal, que deve ceder diante da realidade mais substancial como aqueles que acima apontamos. (BASTOS, Celso Ribeiro. Tít. III. Cap. I. A Federação. In___. Curso de Direito Constitucional. São Paulo: Celso Bastos Editora, 2002. p.488)"

Quanto à técnica de definição da competência[21] ou repartição do poder, a doutrina enumera o modelo em que cabe à Constituição definir exaustivamente os poderes a que estão afetos o Estado Central; aos Estados-membros, os poderes remanescentes ou aqueles que Constituição não os proíbe expressamente de exercer (tal modelo é tido como mais descentralizado); e o modelo reservado, que é justamente o inverso, e que, portanto, é tido como um modelo mais centralizado. Tais técnicas perdem espaço diante do conteúdo que é atribuído constitucionalmente a cada ente federal, este sim, é um critério válido para se aferir o grau de descentralização política,[22] considerando-se ainda a teoria dos poderes implícitos[23]

> "segundo a qual na outorga, ou na concessão de um poder, compreender-se a dos meios e poderes para torná-lo efetivo salvo restrições explícitas ou implícitas no próprio texto constitucional."[24]

---

21 As competências são ainda definidas em: a) a) privativa: aquele que exclui a de outro poder ou governo; b) complementar (supletiva): que é exercida de forma complementar a competência principal de outro poder de modo a preencher possíveis lacunas, não podendo dispor contrariamente, respeitando os atos praticados pela competência principal; c) concorrente: é exercida, quanto a determinadas matérias, ao mesmo tempo pelo Governo central e os Estados-membros. Registre-se que nesta hipótese podem os Estados-membros utilizarem da competência na hipótese de omissão do Estado central (União). A matéria objeto da competência concorrente necessariamente não será de interesse nacional; d) paralela: é exercida tanto pelo Estado central quanto pelos Estados-membros, sem prejudicar um a ação do outro; seu exercício, portanto, é facultativo, cumulativo e coexistentes. Não há nesta hipótese supremacia ou superioridade entre o ato fruto da competência paralela do Estado central e dos Estados-membros.

22 Nesse sentido Meirelles Teixeira escreve: "A questão de maior ou menor centralização, portanto, não é de adoção deste ou daquele sistema de distribuição de poderes, mas do próprio conteúdo, como princípio orientador de interpretação constitucional, em caso de dúvida.". cf. TEIXEIRA, op. cit., p. 633.

23 Analisa Celso Bastos a teoria dos poderes implícitos, ou seja, os poderes de que dispõe a União e que são instrumentais ao atingimento das finalidades expressamente enunciadas no texto constitucional, ou seja, das finalidades previstas como poderes enunciados (teoria dos poderes enunciados). Tal teoria, afirma Celso, acabou por permitir o desenvolvimento do governo central e é fruto da interpretação jurisprudencial da Suprema Corte (no texto o autor faz referência expressa ao caso estadunidense).(BASTOS, Celso Ribeiro. Tít. III. Cap. I. A Federação. In___. Curso de Direito Constitucional. São Paulo: Celso Bastos Editora, 2002. p. 482-484.)

24 Op. cit., p. 633.

A supremacia da Constituição reina justamente na sua rigidez, ou seja, na possibilidade ou não de ser modificada, e, sendo rígida, qualquer ato que lhe contrarie, é nulo e inconstitucional, necessitando o Estado Federal de um órgão que justamente exerça o papel de proteger a Constituição identificando os limites de atuação do Estado Central e dos Estados-membros.[25]

3. PERSPECTIVA DO ESTADO FEDERAL DO FUTURO

O Estado Federal sofre, como tudo o mais, as mudanças do mundo, o que lhe impõe adequações para o atingimento das necessidades exigidas pelo cidadão em relação ao Estado.[26]

Michael Reagan[27] decreta a morte do velho estilo do federalismo ao afirmar que o novo federalismo está vivo no EUA e se chama relações intergovernamentais – *intergovernmental relations*. Informa que o velho federalismo é uma noção estática, retrata a relação entre o governo nacional e os locais como alguma coisa fixa por todo o tempo. Desde os seus idealizadores em 1787, constituía-se em um conceito legal que enfatizava a divisão constitucional de autoridade e funções entre o governo nacional e governo dos Estados com diferentes níveis de poderes independentes entre cada ente dados pelo povo. Já o novo federalismo constitui-se em um conceito político e pragmático enfatizando a atual interdependência e troca de funções entre o governo central e os Estados, centrado na mútua influência que cada nível é hábil de em-

---

25 De regra identifica-se dois sistemas de proteção: um primeiro consubstanciando-se em um órgão político de caráter eletivo; o segundo, um órgão jurisdicional que é justamente o caso brasileiro e estadunidense, respectivamente com o Supremo Tribunal Federal e a Suprema Corte Norte-americana.

26 Quanto ao Estado há autores como Kenichi Ohmae que decretam o seu fim, ou pelo menos o fim do Estado-nação, ou seja, a faceta do Estado como o provedor de todas as necessidades e isso se deve a insuficiência de recursos e ao próprio reposicionamento do Estado que deixa de ser o provedor para assumir o papel de regulador e orientador da economia. Escreve: "Porém, no mundo mais competitivo da atualidade, os Estados-nações já não dispõem da fonte de recursos aparentemente inesgotável da qual costumavam sacar impunemente para financiar suas ambições. Atualmente, mesmo eles têm se de procurar auxílio na economia global e implementar as mudanças domésticas necessárias para atraí-lo."(Kenichi Ohmae, O fim do Estado-não. Trad. Ivo Korytowski. Rio de Janeiro: Campus; São Paulo: Publifolha, 1999. p. XVII-XVIII)

27 REAGAN, Michael D. Cap. I __.The New Federalism. . New York: Oxford University Press, 1972. p. 3– 28

pregar em relação ao outro.[28] O moderno federalismo é mais próximo da realidade das análises políticas atuais, é dinâmico, representa um relação de constante mudança nas relações intergovernamentais em resposta às forças ou fatores sociais e econômicos, bem como significativas mudanças de fatores políticos como de partidos e sistemas eleitorais.

Nessa toada, o federalismo não deve ser pensado como uma estrutura de governo, mas sim em seu cotidiano, nas operações e atividade concretas do governo, no impacto recíproco do alargamento das atividades no que concerne ao relacionamento entre os diferentes níveis do poder. Michael Reagan escreve que o governo americano sempre sagrou-se pela separação de poderes, federalismo e revisão judicial, e que a ciência política tem desmistificado alguns desses supostos dogmas, tudo em face da atividade construtiva da jurisprudência da Suprema Corte, o que se verifica pela abundância de casos julgado e pela posição da Suprema Corte de fazer Direito.

Meirelles Teixeira registra uma tendência do federalismo contemporâneo de centralização dos poderes no governo central,[29] resultando numa ampliação de sua competência, situação que se acentuou após a Primeira Guerra Mundial, em especial nos Estados Unidos, face a fatores como a industrialização crescente, a grande quantidade de massa salarial e problemas de carência habitacional, saúde, transporte, alimentação, e demais problemas acarretados pelo industrialismo.[30]

4. RETRATO DO FEDERALISMO FISCAL BRASILEIRO

O federalismo fiscal implica distribuição de competências constitucionais fiscais entre os diferentes níveis de governo, para que cada um, de modo autônomo, e na medida de suas competências e capacidade de financiamento, possa construir desenhos institucionais capazes de

---

28 "[...] New federalism is a political and pragmatic concept, stressing the actual interdependence and sharing of functions between leverage that each level is able to exert on the other." (Michael D. Reagan. op. cit. p.3)

29 "[...] o crescente aumento da complexidade social, com suas inevitáveis repercussões nas tarefas do poder central, de forma alguma comprometem ou infirmam, entretanto, o futuro da organização federal, nem as grandes possibilidades de que ela preste ainda uma contribuição substancial e decisiva para a solução dos angustiados problemas sociais e políticos da nossa época." (José Horário Meirelles Teixeira. Curso de Direito Constitucional. Organizado e atualizado por Maria Garcia. Rio de Janeiro: Forense Universitária, 1991. p.660)

30 José Horário Meirelles Teixeira. op. cit. p. 659.

disciplinar os procedimentos de contribuição e gestão tributária, transferências fiscais, composição e dimensão da despesa. José Maurício Conti entende que federalismo fiscal seria "o estudo da maneira pela qual as esferas de Governo se relacionam do ponto de vista financeiro, que podemos denominar de federalismo fiscal. Engloba a análise da maneira pela qual está organizado o Estado, qual é o tipo de federação adotado, qual é o grau de autonomia de seus membros, as incumbências que lhe são atribuídas e, fundamentalmente, a forma pela qual serão financiadas".[31]

O desequilíbrio ou a não equalização fiscal gera efeitos diretos no federalismo ao ponto de diminuí-lo, conforme adverte Hugo de Brito Machado Segundo, que entende que o princípio federativo e a tributação mantêm relação direta juntamente com a partilha de rendas tributárias, a ponto de abolir o sistema. O autor parece sustentar que o a atribuição de competências constitucionais tributárias é fator *sine qua non* ao federalismo.[32]

José Marcos Domingues identifica a relação entre direito e garantias fundamentais e as cláusulas pétreas do art. 60 da Constituição Federal. Ali resta consignada a relação de importância entre o princípio federativo e os direitos e garantias individuais, como partes imodificáveis da Constituição, como instrumentos de nosso Estado garantidores da cidadania.[33]

---

31 CONTI, José Maurício. Federalismo Fiscal e Fundos de Participação. São Paulo: Juarez de Oliveira, 2001. p. 25.

32 "Um dos meios utilizados para embaçar, e até mesmo abolir completamente, o princípio federativo é a tributação, ou mais propriamente, a modificação na partilha de rendas tributárias, ou seja, no conjunto formado pelas regras que cuidam da atribuição de competência e da distribuição de receitas em matéria tributária. Isso porque, sem recursos como que desempenhar as faculdades políticas outorgadas pela Constituição Federal, os entes periféricos têm sua autonomia reduzida a nada e, com isso, a nada fica também reduzido o princípio federativo, porquanto a autonomia dos governos periféricos é intrínseca e essencial a qualquer forma federativa de Estado." CF. MACHADO SEGUNDO, Hugo de Brito. *Contribuições e Federalismo*. São Paulo: Dialética, 2005. p. 9.

33 "A soberania do povo se exerce pela cidadania que se exprime primordialmente, embora não exclusivamente, no voto direito, secreto, universal e periódico – cláusula pétrea, como pétrea também é a forma federativa que enseja diversas instâncias de pleitos e de providências para o exercício e atendimento à cidadania. Situa-se aqui o federalismo fiscal e, nele, um dos maiores dilemas enfrentados pelo Constituinte – que é o financiamento por meios equânimes e razoáveis das tarefas

Percebeu-se, ao longo do tempo, a distorção do sistema tributário brasileiro, notadamente, no âmbito das contribuições, que vêm sendo utilizadas para incrementar o orçamento da União. Evidencia-se, pois, uma proliferação de novas contribuições, denunciadas por Helenilson Cunha Pontes em ensaio denominado "A Farra das Contribuições",[34] isso com o beneplácito do Supremo Tribunal Federal, que "por diversas ocasiões reconheceu que o Texto Maior permite por si mesmo determinados bis in idem",[35] conforme registra Marciano Seabra de Godoi e Raquel Rios de Oliveira, que indica os precedentes relativo ao RE 138.284 e RE 146.733.

Em estudo sobre a arrecadação tributária no 1o trimestre de 2006 o UNAFISCO conclui que "No período de 1996 a 2005, enquanto o montante de tributos administrados pela Secretaria da Receita Federal cresceu, em termos reais, 101,62%, a arrecadação da Cofins evoluiu 162,09% e as receitas de CPMF cresceram 141,7% no período de 1997 (início do recolhimento) a 2005."[36]

Dados atuais disponibilizados pela Receita Federal do Brasil reiteram a política de concentração da arrecadação em tributos da espécie contribuição, uma vez que as receitas não são repartidas com os demais entes federativos. Relatório da Receita Federal de janeiro a setembro de 2019, registra a arrecadação das contribuições sociais para o PIS e a Cofins no montante de R$ 240.108 milhões, ao passo que a arrecadação com Imposto de Renda da Pessoa Jurídica e Contribuição

---

finalisticamente assinadas aos Entes da Federação nos três respectivos níveis de governo."Cf. DOMINGUES, José Marcos. Direito fundamentais, federalismo fiscal e emendas constitucionais tributárias. *Direito, Estado e Sociedade*. v.9. n. 29. jul/dez 2006. p. 223.

34 "Tal farra arrecadatória ocorreu porque a Constituição Federal de 1988, ao contrário do que procedeu com os impostos, não delimitou objetivamente o campo de incidência das contribuições, permitido que a União possa, mediante simples Medida Provisória, criar ou majorar esses tributos. Com esta abertura constitucional, a União Federal vem abusando da criação e/ou majoração de contribuições, utilizando, quase sempre, a mesma base de cálculo de outros impostos já existentes". Cf. PONTES, Helenilson Cunha. *Ensaios de Direito Tributário*. São Paulo: MP Editora, 2005. p. 121.

35 GODOI, Marciano Seabra de (coord). *Sistema Tributário Nacional na Jurisprudência do STF*. São Paulo: Dialética, 2002. p. 15.

36 http://www.unafisco.org.br/estudos_tecnicos/2006/aarre132006.pdf. Acessado em 20/11/2007.

Social sobre o Lucro Líquido, resultou em uma arrecadação de R$ 197.345 milhões.[37]

A série histórica de arrecadação dos entes federativos divulgada pela Receita Federal, demonstra um domínio arrecadatório em favor da União, muito embora Estados e Municípios tenham recebido maiores atribuições no texto Constitucional de 1988. Em 2017, da arrecadação total, 68,02% centrou-se na União ao passo que Estados ficaram com 25,72% e Municípios com 6,26%. Em anos anteriores percentuais são até maiores em favor da União.[38]

O histórico de arrecadação tributária parece demonstrar essa tendência do federalismo contemporâneo de convergência para o governo central, corroborando também com a concentração de poder. Deveria funcionar como mecanismo que serve como sistema de barganha, uma troca dialética de influências, na divisão de decisão entre o governo central e os regionais. Entretanto, a experiência do caso brasileiro não tem sido nada justa ou ao menos razoável com Estados e Municípios, que se encontram em situação aguda de crise financeira.

5. AS PROPOSTAS DE REFORMAS TRIBUTÁRIAS OBJETO DA PEC 45 E 110 E PACTO FEDERATIVO

A PEC nº 45 (Appy) como também a PEC nº 110 (Alcolumbre/Hauly) apresentam um aspecto em comum: a supressão de competências constitucionais tributárias e o surgimento de novas.

A PEC nº 45 pretende a substituição de 5 (cinco) competências tributárias: o Imposto sobre Produtos Industrializado (IPI), Contribuição Social para o Financiamento da Seguridade Social (Cofins), como também a Cofins , que incide nas importações de bens do exterior, a Contribuição Social para o Programa de Integração Social (PIS), todos 3 (três) de competência da União; o Imposto sobre Circulação de Mercadorias e Serviços (ICMS) de competência dos Estados e do Distrito Federal, e o Imposto sobre Serviços (ISS) de competência dos Municípios e do Distrito Federal.

---

37 http://receita.economia.gov.br/dados/receitadata/arrecadacao/relatorios-do-resultado-da-arrecadacao/arrecadacao-2019/setembro2019/analise-mensal-set-2019.pdf. Acessado em 01/11/2019.

38 http://receita.economia.gov.br/dados/receitadata/arrecadacao/relatorios-do-resultado-da-arrecadacao/arrecadacao-2019/setembro2019/analise-mensal-set-2019.pdf. Acessado em 01/11/2019.

A PEC nº 45 pretende a criação do Imposto sobre Bens e Serviços (IBS) e o Imposto Seletivo (IS), com característica de imposto sobre valor adicionado, aparentemente, o texto da PEC denota a criação de apenas dois impostos, entretanto, observa-se da materialidade do IS, descrita no dispositivo, permissividade para a criação de inúmeros imposto seletivos visando o desestímulo do consumo de bens e serviços, bem como direitos que gerem externalidade negativa. Neste aspecto, a previsão permite a escolha a esmo de certas atividades que se pretenda desestimular, conforme crítica válida de Humberto Ávila e Everardo Maciel.[39]

Observa-se que a instituição do IBS será por Lei Complementar e não será permitida a "concessão de isenções, incentivos ou benefícios tributários ou financeiros, inclusive de redução de base de cálculo ou de crédito presumido ou outorgado, ou sob qualquer outra forma que resulte, direta ou indiretamente, em carga tributária menor que a decorrente da aplicação das alíquotas nominais". Ainda terá alíquota uniforme em todo o território retirando a possibilidade de os entes federativos desenvolverem políticas fiscal por meio da gestão de alíquotas.

A PEC nº 110[40] visa a extinção de 9 (nove) competências tributárias: o Imposto sobre Produtos Industrializado (IPI), Imposto sobre Operações Financeiras (IOF), Contribuição Social para o Financiamento da Seguridade Social (Cofins), a Contribuição Social para o Programa de Integração Social (PIS), Contribuição para a Formação do Patrimônio do Servidor Público (PASEP), Contribuição para o Salário-Educação, Contribuição de Intervenção do Domínio Econômica sobre Combustíveis (CIDE- Combustíveis), todos 7 (sete) de competência da União; o Imposto sobre Circulação de Mercadorias e Serviços (ICMS) de competência dos Estados e do Distrito Federal, e o Imposto sobre Serviços (ISS) de competência dos Municípios e do Distrito Federal.

Na PEC nº 110 pretende-se criar o Imposto sobre Bens e Serviço (IBS) de competência dos Estados, bem como um Imposto Seletivo (IS) de competência da União para determinadas materialidades expressivas no cenário econômico. A Contribuição Social sobre o Lucro Líquido (CSLL) passará a ser incorporado ao Imposto de Renda. O Imposto

---

39 MACIEL, Everardo. Onerar não é o caminho. *Diário do Comércio*, São Paulo, Opinião, 26 de jul. 2019. Disponível em: https://dcomercio.com.br/categoria/opiniao/onerar-mais-nao-e-o-caminho. Acesso em 06/11/2019.

40 https://legis.senado.leg.br/sdleg-getter/documento?dm=7977850&t-s=1573053988313&disposition=inline. Acesso em 06/11/2019.

sobre Transmissão Causa Mortis e Doações (ITCMD) passar a ser de competência da União, entretanto, o produto da arrecadação será destinado aos Municípios, assim como também a receita com o Imposto sobre Veículos Automotores (IPVA). Prevê ainda a possibilidade de instituição, por Lei Complementar, de limites à concessão de incentivos fiscais.

A análise das duas PECs suscita a discussão de temas da Constituição envolvendo o pacto federativo (art. 1º), que, por sua vez , pode consubstanciar hipótese de ofensa a cláusula pétrea (art. 60, § 4º, inciso I) e a autonomia (art. 18) dos entes federativo quanto às escolhas de intervenção local por estes.

Relatório de Acompanhamento do Tribunal de Contas da União registra que Estados e Municípios, no período de 2008 a 2012, sofreram com 58% do total da desoneração praticada pela União no período, ao passo que, para a União, o percentual foi menor, de 42%. O relatório ainda denuncia que o "Nordeste é a região com o maior impacto negativo originado da redução dos repasses aos fundos constitucionais e de participação em decorrência da desoneração do IR e IPI, [...]".[41]

A dimensão financeira é condição *sine qua non* da autonomia federativa. [42]

Daniel K. Goldberg, laborando crítica acerca do federalismo brasileiro, reconhece que o nosso sistema é rígido, marcado por atribuições de competências tributárias razoavelmente bem delimitadas. Contudo, critica certas atribuições de competência tributária sob o aspecto da eficiência, como é o caso do ISS de competência dos Municípios, mas que não provoca o resultado econômico esperado, já que o local de incidência pode ser manipulado pelo contribuinte. Já os impostos sobre a pro-

---

41 Tribunal de Contas da União. Acórdão no 713/2014 – Plenário, Relator Raimundo Carreiro, número da Ata 9/2014 – Plenário, Sessão 26/03/2014. Disponível em: https://pesquisa.apps.tcu.gov.br/#/redireciona/acordao-completo/ACORDAO-COMPLETO-1305349. Acessado em 07/11/2019.

42 "Por outro lado, como Bird ressalta (1999:145), o feralismo fiscal também depende de um certo grau de autonomia efetiva para Estados e Municípios, sob pena de que, na prática, este acabem por implementar políticas que relitam os interesses e prioridades da União Federal. E a automonia efetiva, claro, significa não só a capacidade de fixar o perfil de seus gastos (autonomia orçamentária), mas sobretudo a de custeá-los. [...]" Cf. GOLDBERG, Daniel K. Entendendo o Federalismo fiscal: uma moldura teórica multidiciplinar. In: CONTI, José Maurício (org.). Federalismo Fiscal: São Paulo: Manole, 2004. p. 23.

priedade (IPTU e ITR) figuram como típicas competências municipais. A partir desse tirocínio, defende a necessidade de reestruturação das competências tributárias em troca de transferências fiscais suficientes que reflitam as atribuições que devem ser exercitadas pelos entes federativos. Assim, pode-se concluir que o autor entende que a alteração de competências tributárias definidas pela Constituição não ofende o princípio federativo, desde que garantida a autonomia financeira.[43]

Nos mesmo moldes posiciona-se Evandro Costa Gama que, ao analisar o limite material contido no art. 60, § 4º, inciso I, da Constituição, a forma federativa de governo, entende que o princípio federativo não deve ser utilizado para impedir o aperfeiçoamento do sistema tributário, e o fundamental é que sejam assegurados os valores que alicerçam o Estado Democrático de Direito, a soberania popular, também vinculando-se à ideia de que o fundamento do pacto federativo é a autonomia financeira.[44]

Inolvidável a posição de Luís Eduardo Schoueri "[...] autonomia financeira implica discriminação de rendas, o que não se confunde com discriminação de competências."[45] É possível concluir que para o autor, as PECs, quando pretendem suprimir ou alterar competências tributárias, não se incompatibilizam com a Constituição e o pacto federativo.

Entretanto, registra Luís Eduardo Schoueri[46] que a doutrina é corrente em lecionar que a competência é limite material constitucional, portanto, taxativa e imutável.

---

43 GOLDBERG, Daniel K. Entendendo o Federalismo fiscal: uma moldura teórica multidiciplinar. In: CONTI, José Maurício (org.). Federalismo Fiscal: São Paulo: Manole, 2004. p. 23-29.

44 GAMA, Evandro Costa. A Reforma Tributária e a Autonomia. In: CONTI, José Maurício (org.). Federalismo Fiscal: São Paulo: Manole, 2004. p. 156-160.

45 O autor defende a ideia desde a primeira edição do manual de direito tributário: "Numa primeira aproximação, não haveria razão para o constituinte ter repartido as competências tributárias. A discriminação de competências tributárias não é requisito de um sistema federal. Este exige que se assegure às pessoas jurídicas de direito público autonomia financeira." Cf. SCHOUERI, Luís Eduardo. Direito Tributário. 7 ed. São Paulo: Saraiva, 2017. p. 266.

46 SCHOUERI, Luís Eduardo. Direito Tributário. 7 ed. São Paulo: Saraiva, 2017. p. 265.

Humberto Ávila,[47] Fernando Facury Scaff,[48] Hamilton Dias de Souza[49] dentre outros pensam de forma contrária e defendem a inconstitucionalidade de reformas tributárias que suprimem competências tributárias de Estados, Municípios e Distrito Federal por incompatibilidade com o art. 60, § 4º, inciso I, da Constituição. Enfim, entendem que ocorrerá supressão da autonomia do ente federativo (art. 18).

6. À GUISA DE CONCLUSÃO

O modelo federal brasileiro difere radicalmente do estadunidense. A autonomia, em que pese ser da essência do Estado Federal, em nosso país, ao longo do tempo, pelas mais diversas vias e por razões históricas e "vícios de origem", vem sofrendo ataques tão severos e ininterruptos que não seria exagero afirmar que, na prática, vivemos num Estado Unitário, numa pseudofederação. A concentração de recursos e poder nas mãos do Governo Federal nos leva a essa inarredável conclusão. Observa-se que essa tendência de redução da autonomia é refletida sobretudo no incremento da arrecadação federal em tributos que não participam da repartição de receitas tributárias (notadamente contribuições). Parece surreal, mas sempre que o governo federal pretende realizar políticas de intervenção na economia, utiliza-se de tri-

---

47 ÁVILA, Humberto. IVA, uma proposta inconstitucional. Portal Exame, 18/10/2018. Disponível em: https://exame.abril.com.br/blog/opiniao/iva-uma-proposta-inconstitucional/. Acessado em 07/11/2019.

48 "De minha parte, penso que é imprescindível haver recursos suficientes para que os estados e municípios sejam autônomos e que os possam receber e gerenciar sem ter que cumprir condições impostas pelo governo central, o qual também não pode ter a possibilidade de sua manipulação, o que tornaria os entes subnacionais subservientes ao poder central — existem diversas ações promovidas pelos estados contra a União acerca desse aspecto." Cf. SCAFF, Fernando Facury. Reforma tributária, a cláusula pétrea do federalismo e o STF. Consultor Jurídico, 16.04.2019. Disponível em https://www.conjur.com.br/2019-abr-16/contas-vista-reforma-tributaria-clausula-petrea-federalismo-stf. Acessado em 07/11/2019.

49 "Não se está a afirmar que nada sobra à competência dos entes periféricos nesta matéria. O que se sustenta é que há uma substancial restrição à sua autonomia em comparação com o que é atualmente previsto na Constituição Federal. Essa diminuição das autonomias locais implica tendência ao amesquinhamento da federação, o que não é possível em face do já citado artigo 60, parágrafo 4º." Cf. SOUZA, Hamilton Dias de. Emenda substitutiva à PEC 293-A/2004 agride o pacto federativo. Portal Consultor Jurídico, 03/11/2018. Disponível em: https://www.conjur.com.br/2018-nov-03/dias-souza-substitutivo-pec-293-a2004-agride-pacto-federativo. Acessado em 07/11/2019.

butos (impostos) que participam da repartição das receitas tributárias entre os demais entes federativos.

Identifica-se preocupação com as propostas de reforma tributária, PECs nºs 45 e 110, na medida em que tais PECS não apenas suprimem competências tributárias, mas também a possibilidade de os Estados, Municípios e Distrito Federal poderem manipular os tributos que lhes cabem segundo o interesse local.

As competências tributárias definidas constitucionalmente, mesmo que predomine a posição de não figurarem como hipótese de cláusula pétrea, uma vez suprimidas ou reduzidas, podem tornar intangível o princípio do pacto federativo, caso seja mantida a situação atual do federalismo fiscal com a concentração da arrecadação no governo federal, impedindo a autonomia, sem o que não há falar em Federação.

REFERÊNCIAS BIBLIOGRÁFICAS

ÁVILA, Humberto. IVA, uma proposta inconstitucional. *Portal Exame,* 18/10/2018. Disponível em: https://exame.abril.com.br/blog/opiniao/iva-uma-proposta-inconstitucional/. Acessado em 07/11/2019.

BARACHO, José Alfredo de Oliveira. *Teoria geral do Constitucionalismo.* In Revista de Informação Legislativa, Brasília, Senado Federal, nº 91, jul./set. 1986.

BASTOS, Celso Ribeiro. Tít. III. Cap. I. A Federação. In___. *Curso de Direito Constitucional.* São Paulo: Celso Bastos Editora, 2002.

CONTI, José Maurício. *Federalismo Fiscal e Fundos de Participação.* São Paulo: Juarez de Oliveira, 2001.

DOMINGUES, José Marcos. Direito fundamentais, federalismo fiscal e emendas constitucionais tributárias. *Direito, Estado e Sociedade.* v. 9. n. 29. jul/dez 2006.

ELALI, André. O federalismo fiscal brasileiro e o sistema tributário nacional. São Paulo: MP Editora, 2005.

GAMA, Evandro Costa. A Reforma Tributária e a Autonomia. *In:* CONTI, José Maurício (org.). *Federalismo Fiscal.* São Paulo: Manole, 2004.

GODOI, Marciano Seabra de (coord). *Sistema Tributário Nacional na Jurisprudência do STF.* São Paulo: Dialética, 2002.

GOLDBERG, Daniel K. Entendendo o Federalismo fiscal: uma moldura teórica multidiciplinar. *In:* CONTI, José Maurício (org.). *Federalismo Fiscal.* São Paulo: Manole, 2004.

HORTA, Raul Machado. *Direito Constitucional.* Belo Horizonte: Del Rey, 1999.

http://receita.economia.gov.br/dados/receitadata/arrecadacao/relatorios-do-resultado-da-arrecadacao/arrecadacao-2019/setembro2019/analise-mensal-set-2019.pdf. Acessado em 01/11/2019.

http://www.unafisco.org.br/estudos_tecnicos/2006/aarre132006.pdf. Acessado em 20/11/2007.

https://legis.senado.leg.br/sdleg-getter/documento?dm=7977850&t-s=1573053988313&disposition=inline. Acesso em 06/11/2019.

Kenichi Ohmae. *O fim do Estado-não*. Trad. Ivo Korytowski. Rio de Janeiro: Campus; São Paulo: Publifolha, 1999.

MACIEL, Everardo. Onerar não é o caminho. *Diário do Comércio*, São Paulo, Opinião, 26 de jul. 2019. Disponível em: https://dcomercio.com.br/categoria/opiniao/onerar--mais-nao-e-o-caminho. Acesso em 06/11/2019.

MIRANDA, Jorge. *Teoria do Estado e da Constituição*. Rio de Janeiro: Forense, 2005.

PONTES, Helenilson Cunha. *Ensaios de Direito Tributário*. São Paulo: MP Editora, 2005.

REAGAN, Michael D. Cap. I __. *The New Federalism*. New York: Oxford University Press, 1972.

SCAFF, Fernando Facury. *Reforma tributária, a cláusula pétrea do federalismo e o STF*. Consultor Jurídico, 16.04.2019. Disponível em https://www.conjur.com.br/2019-abr-16/contas-vista-reforma-tributaria-clausula-petrea-federalismo-stf. Acessado em 07/11/2019.

SCHOUERI, Luís Eduardo. *Direito Tributário*. 7. ed. São Paulo: Saraiva, 2017.

SEGUNDO, Hugo de Brito Machado. *Contribuições e Federalismo*. São Paulo: Dialética, 2005.

SOUZA, Hamilton Dias de. Emenda substitutiva à PEC 293-A/2004 agride o pacto federativo. Portal Consultor Jurídico, 03/11/2018. Disponível em: https://www.conjur.com.br/2018-nov-03/dias-souza-substitutivo-pec-293-a2004-agride-pacto-federativo. Acessado em 07/11/2019.

TEIXEIRA, José Horário Meirelles. *Curso de Direito Constitucional*. Organizado e atualizado por Maria Garcia. Rio de Janeiro: Forense Universitária, 1991.

TEIXEIRA, José Horário Meirelles. *Curso de Direito Constitucional*. Organizado e atualizado por Maria Garcia. Rio de Janeiro: Forense Universitária, 1991.

Tribunal de Contas da União. Acórdão no 713/2014 – Plenário, Relator Raimundo Carreiro, número da Ata 9/2014 – *Plenário*, Sessão 26/03/2014. Disponível em: https://pesquisa.apps.tcu.gov.br/#/redireciona/acordao-completo/ACORDAO-COMPLETO-1305349. Acessado em 07/11/2019.

COMPETÊNCIA TRIBUTÁRIA E NÃO-CUMULATIVIDADE NO IMPOSTO SOBRE BENS E SERVIÇOS NAS PROPOSTAS DE EMENDA À CONSTITUIÇÃO Nº 45/2019 E Nº 110/2019: UMA ANÁLISE REDACIONAL.

FREDERICO MENEZES BREYNER[1]

SUMÁRIO: 1. Introdução; 2. Regras de competência tributária e não-cumulatividade: o caso do IPI na importação para consumo final; 3. As restrições à não-cumulatividade no ICMS e o problema da ausência de uniformidade com a regra de competência tributária; 4. A competência tributária para instituir o IBS nas propostas de reforma tributária e sua não-cumulatividade; 5. Conclusão

1. INTRODUÇÃO

O aspecto jurídico da reforma da chamada tributação indireta sobre o consumo passa necessariamente pela alteração das regras de competência tributária. A doutrina aponta, com certa uniformidade, que a opção da Constituição de 1988 foi a de repartir essa modalidade de tributação entre a União e os Estados e o Distrito Federal, com a respectiva competência para instituir o IPI e o ICMS.

O caráter indireto dessa tributação é construído por uma compreensão teleológica[2] da não-cumulatividade e pela diferença de regime

---

1 Mestre, Doutor e Residente Pós-Doutoral em Direito Tributário pela UFMG. Professor de Direito Tributário e Coordenador da Área de Direito Público da Faculdade de Direito Milton Campos. Advogado.

2 ENGLISCH se refere que a caracterização de um tributo como indireto se dá por considerações acerca do "propósito" e da "intenção legislativa", dada a ausência de certeza e de determinação jurídica de que o ônus do imposto seja repassado ao consumidor (ENGLISCH, Joachim. *VAT/GST and direct taxes: different purposes*. In Value

jurídico entre as partes da operação. Esses impostos incidem sobre operações com bens e mercadorias e sobre prestações de serviços, apresentando vocação e propósito para que o ônus do imposto seja repercutido ao longo de uma cadeia concatenada dessas operações e prestações.

Aos contribuintes desses impostos, que se encontram inseridos nessa cadeia, garante-se o direito de crédito do imposto incidente na etapa anterior, eliminando-se assim a possibilidade[3] de que o ônus do imposto eventualmente repercutido no valor da operação ou no preço do serviço, venha a integrar a base de cálculo da incidência na etapa posterior desse ciclo. O adquirente ou tomador que não realiza posterior operação ou prestação, não se enquadrando na definição de contribuinte, não tem créditos a compensar, apresentando-se assim como a pessoa que possivelmente assumirá o ônus tributário[4]. Daí a diferença de regime jurídico entre as partes da operação ou prestação: o adquirente ou prestador inserido na cadeia tem o direito ao crédito das operações e prestações anteriores, enquanto o adquirente ou tomador situado no final da cadeia é excluído de qualquer relação jurídica tributária.

A jurisprudência do STJ ainda considera como indireto o imposto municipal sobre serviços de qualquer natureza quando tenha como elementos quantitativos da obrigação tributária uma alíquota *ad valo-*

Added Tax and direct taxation: similarities and diferences. LANG, Michael; MELZ, Peter e KRISTOFFEERSSON, Eleonor (Editores). IBFD: Amsterdã, 2009, p. 2)

3 A adoção de termos probabilísticos na exposição aqui empreendida se dá porque, como bem apontado por SCHOUERI (SCHOUERI, Luís Eduardo. A restituição de impostos indiretos no sistema jurídico-tributário brasileiro. *RAE-Revista de Administração de Empresas*. [S.l.], v. 27, n. 1, p. 39-48, jan. 1987), a efetiva repercussão do ônus do tributo no preço de bens e serviços é matéria que depende de fatores de mercado, e não de prescrição jurídica. É ver inclusive que, no caso do ICMS, a LC nº 87/96 é expressa em atribuir ao imposto destacado no documento fiscal o caráter de mecanismo de controle da cadeia de débitos e créditos (art. 13, §1º, I), não constituindo assim um mandamento e nem uma permissão para que o fornecedor ou prestador inclua o imposto no preço praticado.

4 Nesse sentido: "se o consumidor é o único que não tem direito de crédito, correspondente ao imposto suportado em suas aquisições, então a ordem jurídica supõe que sofra a repercussão (jurídica) do tributo" (DERZI, Misabel Abreu Machado. Distorções do Princípio da Não-Cumulatividade no ICMS – Comparação com o IVA Europeu. In: COELHO, Sacha Calmon Navarro; et. al. (coords.). *Temas de Direito Tributário: I Congresso Nacional da Associação Brasileira de Direito Tributário*, Belo Horizonte: Livraria Del Rey, 1998. p. 116).

rem e por base de cálculo o preço do serviço[5]. Dispensou-se a não-cumulatividade como elemento essencial à caracterização da tributação indireta, contentando-se com incidência do imposto sobre um negócio jurídico oneroso firmado entre partes identificáveis, de onde se pode presumir a repercussão de seu ônus.

Deve ser considerado, contudo, que não há mecanismo jurídico que elimine a possibilidade de que o prestador suporte eventual ônus do imposto incidente em etapa anterior. Nessa perspectiva, prestador e tomador não se diferenciam juridicamente, pois nenhum deles tem direito ao crédito do imposto incidente em etapas anteriores[6]. A repercussão do ônus do imposto e, consequentemente, seu caráter indireto, é determinada apenas por fatores de mercado, e não pelo direito.

Mas se analisada a questão sob a ótica reformista esses dados puramente jurídicos não são determinantes. Uma visão econômica da potencialidade que esses impostos apresentam para serem repercutidos sobre o consumidor final pode ser um efeito econômico suficiente para englobá-los, conjuntamente, em uma proposta de reforma tributária.

Nesse contexto é que os tributos sobre receita bruta ou faturamento também são considerados como alvos de alteração nas propostas de reforma tributária, notadamente o PIS e a COFINS. Não há dado jurídico que permita enquadrá-los como tributos indiretos. Em primeiro lugar porque não incidem sobre negócios jurídicos, mas sobre a receita ou faturamento. Além disso, mesmo quando não-cumulativos o caráter indireto não se apresenta, pois nesse caso nem todos os contribuintes situados no interior de um ciclo de operações ou prestações dispõem de um mecanismo para eliminar o possível ônus da etapa anterior[7].

---

5 STJ, REsp 1.131.476/RS, Rel. Ministro Luiz Fux, Primeira Seção, julgado em 09/12/2009, DJe 01/02/2010.

6 A afirmação de que o ISS não é plurifásico é contingencial, e não característica perene do imposto, pois isso demandaria que a lei limitasse sua incidência quando da prestação ao consumidor final, o que não ocorre. Como exemplo, tenha-se em conta uma situação em que um prestador de serviço de transporte, contratado para realizar transporte dentro do município, subcontrate o serviço. Tanto o contratante quanto o subcontratante serão submetidos ao ISS, sem que nenhum deles tenha direito ao crédito ou outro mecanismo de eliminação do possível ônus do imposto repercutido no preço, no que não se diferenciam em nada do consumidor final tomador do serviço.

7 No PIS e na COFINS não há vinculação entre o crédito da etapa posterior e o tributo da etapa anterior, pois o crédito é calculado pela aplicação das alíquotas a que submetido o contribuinte. Assim um contribuinte sujeito ao regime não-cumulativo

Partindo da leitura econômica desses tributos, tem-se que, em maior ou menor extensão, tanto a PEC nº 45/2009 quanto a PEC nº 110/2019, pretendem introduzir uma nova regra de competência tributária para a instituição do IBS, acompanhada da revogação das regras de competência tributária pertinente a outros tributos, dentre eles aqueles que, na visão dos seus proponentes, oneram indiretamente o consumo. A PEC nº 45/2009 propõe a revogação das regras de competência tributária para instituir o IPI, ICMS, ISS, PIS e Cofins, enquanto a revogação proposta pela PEC nº 110/2019 alcança as regras pertinentes ao IPI, IOF, PIS, Pasep, Cofins, CIDE-Combustíveis, Salário-Educação, ICMS, ISS. E ambas também consagram a não-cumulatividade para o novo imposto.

O presente artigo não abordará a motivação dessa alteração, que passa pelos argumentos de simplificação, racionalidade, transparência, e nem as razões dos seus opositores, a exemplo da quebra do pacto federativo e do anunciado aumento da carga tributária sobre o consumo.

O objeto do artigo é analisar a competência tributária e a não-cumulatividade do IBS tais como redigidas nas duas propostas. A análise é relevante porque, apesar do propósito de se instituir um imposto plurifásico e não-cumulativo de base e creditamento amplos, sabe-se que a intenção do legislador tem papel controverso na tarefa de interpretação jurídica. Uma compilação de razões contra seu uso pode ser encontrada resumidamente na obra de ALEXY[8] ao discutir o argumento genético de interpretação e, detalhadamente, em DWORKIN[9], ao discorrer sobre a intenção legislativa, embora este último autor as utilize como trampolim para reafirmar sua teoria interpretativa do direito e o papel da intenção na interpretação das leis.

---

que adquira insumos ou mercadorias para revenda de um contribuinte sujeito ao regime cumulativo ou ao Simples Nacional aplicará sobre o valor gasto as alíquotas do regime não-cumulativo para calcular seu crédito. Além disso, a existência de contribuintes no meio da cadeia submetidos ao Simples ou ao regime cumulativo fazem com que não haja distinção jurídica entre eles e o consumidor final relativamente à (in)existência de direito ao crédito para eliminar o ônus tributário das etapas anteriores.

8 ALEXY, Robert. *Teoria da argumentação jurídica*. Tradução Zilda Hutchinson Schild Silva. São Paulo: Landy, 2001, p. 231.

9 DWORKIN, Ronald. *O império do direito*. Tradução Jefferson Luiz Camargo. São Paulo: Martins Fontes, 1999, p. 317 et seq.

ALEXY[10] afirma que objetivos expostos no processo legislativo, quer de maneira formal no seu trâmite ou mediante opiniões seriamente manifestadas em público, podem ser utilizados pelo intérprete sem caráter determinante, mas apenas como um dos argumentos para suportar a interpretação. Contudo, o argumento literal e textual terá sempre prevalência na interpretação, não podendo ser superado ou corrigido pelo intérprete com base em na intenção, propósito ou finalidade que não sejam mediadas pelo texto legal. O intérprete está sempre vinculado ao texto normativo[11], que é o instrumento utilizado pelo Direito para impor expectativas normativas e parâmetros de soluções de conflito[12], sob pena de corrupção do sistema jurídico[13].

O presente artigo, portanto, aborda a redação das regras propostas pela PEC nº 45/2019 e pela PEC nº 110/2019 e explora, a partir da atual jurisprudência sobre esses temas, os impactos que a formulação do texto proposto pode ter na compreensão das características do IBS.

2. REGRAS DE COMPETÊNCIA TRIBUTÁRIA E NÃO-CUMULATIVIDADE: O CASO DO IPI NA IMPORTAÇÃO PARA CONSUMO FINAL

O sistema constitucional tributário brasileiro é caracterizado por uma rígida repartição de competências tributárias na qual, em razão do regime federativo adotado, cada ente tributante teve a faculdade de instituir tributos determinada por regras que veiculam conceitos de fatos jurídicos passíveis de tributação, cuja instituição pode ser exercida

---

10 Nesse sentido Alexy afirma que: "[...] a intenção do legislador é apenas uma razão para a interpretação. Isso possibilita a apresentação de razões contrárias." (ALEXY, Robert. *Teoria da argumentação jurídica*. Tradução Zilda Hutchinson Schild Silva. São Paulo: Landy, 2001, p. 230) o que significa que as afirmações dela extraídas devem passar pela "exigência de saturação" e serem justificadas pela argumentação racional.

11 ÁVILA, Humberto. *Teoria da igualdade tributária*. São Paulo: Malheiros, 2008, p. 183.

12 O que não significa a adoção de um literalismo nominalista, da tese da única resposta correta, da desnecessidade de interpretação diante de uma redação clara e outras ideias correlatas.

13 NEVES, Marcel. *Concretização constitucional e controle dos atos municipais*. In: GRAU, Eros Roberto Grau e CUNHA, Sérgio Sérvulo da (Coord.). Estudos de Direito Constitucional em homenagem a José Afonso da Silva. São Paulo: Malheiros, 2003, p. 572-3.

exclusivamente[14] pelo Poder Legislativo (CF; art. 150, I) de cada uma das pessoas políticas. Noticia-se, embora em caráter não determinante para o presente texto, que duas correntes disputam a compreensão desses conceitos, uma afirmando que se tratam de conceitos classificatórias e outra de conceitos de tipo.

Para a primeira vertente, os fatos tributáveis previstos nas regras de competência tiveram suas características rigidamente fixadas pela Constituição, que não podem ser flexibilizadas ou renunciadas pela lei[15]. A lei deve, portanto, especificar fatos geradores que se guardem exata correspondência com o conceito constitucional.

Já a segunda corrente preconiza que a Constituição descreveu fatos tributáveis que guardam uma essência típica, mas cujas características não foram rigidamente fixadas, fixação que caberia à lei complementar de normas gerais ao definir o fato gerador dos impostos discriminados na Constituição (art. 146, III, 'a' da Constituição). Portanto, apenas seria possível saber o conceito rígido do fato gerador do imposto após sua definição por meio da lei complementar de normas gerais[16], que poderia adaptar os tipos tributários previstos nas regras de competência à evolução das relações sociais e econômicas, incorporando novas características a serem ordenadas sob as regras de competência tributária, respeitando-se, contudo, o limite do atípico.

De qualquer forma, para ambas as correntes, a materialidade descrita nas regras de competência tributária expressam fatos tributáveis[17], ou

---

14 Há exceções constitucionais para a definição de alíquotas de alguns impostos, de caráter preponderantemente extrafiscais, que podem ser feitas por ato do Poder Executivo nos limites e condições postos em lei. Cite-se, a título exemplificativo, o art. 150, §1º da Constituição.

15 Essa a posição, por exemplo, de Humberto Ávila (ÁVILA, Humberto. *Competências tributárias*. São Paulo: Malheiros, 2018). O tema relativo aos tipos e conceitos e a posição pela prevalência dos conceitos no direito tributário foram pioneiramente explorados por Derzi (DERZI, Misabel Abreu Machado. *Direito Tributário, direito penal e tipo*. São Paulo: Editora Revista dos Tribunais, 1988), que também justifica o método conceitual classificatório para a abordagem das regras de competência tributária.

16 SCHOUERI, Luís Eduardo. *Discriminação de competências e competência residual*. In: SCHOUERI, Luís Eduardo; ZILVETI, Fernando Aurélio (coordenadores). Direito tributário: estudos em homenagem a Brandão Machado. São Paulo: Dialética, 1998.

17 Como a Constituição não institui o tributo, não é adequado mencionar hipótese de incidência, fato gerador, fato imponível ou outras expressões construídas no plano legal da incidência tributária. Adotam a terminologia aqui utilizada: AMARO,

seja, fatos aos quais pode o legislador ligar a consequência jurídica consistente no dever de pagar tributos. A Constituição, portanto, não institui o tributo, mas apenas regula os limites dentro dos quais este pode ser introduzido no ordenamento jurídico por meio de lei[18].

A Constituição, contudo, não previu uniformemente os mesmos aspectos do fato tributável para todos os tributos, e nem mesmo o aspecto material foi estabelecido com os mesmos aspectos em todas as regras de competência tributária. No que interessa ao presente artigo, para alguns tributos foram ressaltados o verbo e seu complemento que compõem o aspecto material do fato tributável[19], enquanto para outros o verbo não foi explicitado[20].

Como exemplos de tributos nos quais o verbo foi explicitado cite-se os impostos sobre importação de produtos de estrangeiros; exportação de produtos nacionais; prestação de serviços de comunicação; prestação de serviços de transporte interestadual e intermunicipal (arts. 153, I e II e art. 155, II). Pelo contrário, prevê a Constituição a competência federal para instituir imposto sobre produtos industrializados e municipal sobre serviços de qualquer natureza (art. 153, IV e art. 156, III). Nesses dois últimos casos, não há indicação de qual verbo compõe o aspecto material do fato tributável, mas apenas do seu objeto (produtos industrializados e serviços de qualquer natureza).

Luciano. *Direito tributário brasileiro*. São Paulo: Saraiva, 2008, p. 260 e BARRETO, Aires F. *ISS na Constituição e na lei*. 2ª. ed. São Paulo: Dialética, 2005, p. 33.

18 CARRAZZA, Roque Antonio. *Curso de direito constitucional tributário*. 22ª. ed. São Paulo: Malheiros, 2006, p. 478-481. ATALIBA, Geraldo. *Hipótese de incidência tributária*. 6ª. Ed. São Paulo: Malheiros, 2006, p. 66.

19 Sobre a construção do aspecto material da regra-matriz de incidência tributária ou da hipótese de incidência tributária vide, respectivamente, CARVALHO, Paulo de Barros. *Direito tributário linguagem e método*. 5ª ed. São Paulo: Noeses, 2013, p. 389 e ATALIBA, Geraldo. *Hipótese de incidência tributária*. 6ª ed. São Paulo: Malheiros, 2012, p. 82.

20 Essa constatação não implica a escolha por tipos ou conceitos, pois a divergência entre as respectivas correntes se dá quanto à subsunção ou ordenação de fatos às regras de competência, mas nenhuma delas permite que o legislador estabeleça tributos contrariando os aspectos do fato tributável expressamente indicados nas regras de competência. Mesmo a doutrina dos tipos exige esse respeito à regra constitucional, admitindo apenas uma variabilidade e uma interseção entre as regras de competência à qual sejam ordenadas as hipóteses de incidência, e não uma separação rígida e fixa entre elas que imponha uma correspondência por subsunção.

Essa opção constitucional tem implicações diretas sobre a liberdade do legislador para estabelecer a hipótese de incidência do imposto. Como a regra de competência tributária aponta as possíveis hipóteses de incidência dos tributos discriminados[21], quanto a menor a quantidade de características do fato tributável indicada pela regra de competência, maior a gama de situações que podem ser por ela abrangidas[22].

Para demonstrar essa situação, veja-se o caso do IPI. Na ausência do verbo, o CTN (arts. 46 e 51) estabeleceu a incidência do imposto sobre múltiplas condutas realizadas com produtos industrializados. Dentre elas utilizaremos como exemplo para analisar as propostas de reforma tributária a incidência do IPI na importação de produto industrializado por consumidor final.

No caso da importação de produtos industrializados para consumo final, dois dos argumentos para afastar a incidência do IPI podem ser assim resumidos: **a)** o imposto incidiria sobre operações, o que demandaria a natureza mercantil da importação, inexistente no caso da importação por consumidor final e; **b)** o pagamento do imposto não geraria nenhum crédito a ser compensado, o que implicaria ofensa à não-cumulatividade. Os argumentos chegaram a ser acatados, respectivamente, pelo STJ[23] e pelo STF[24].

Em ambos os casos parece ser necessário invocar o dispositivo constitucional que estabelece a não-cumulatividade do imposto (art. 153, §3º, II) como suporte da conclusão. Nele são referidas as sucessivas operações tributadas que, encadeadas, devem ensejar a cadeia de crédito e débito que instrumentaliza a não-cumulatividade. Isso demandaria que o fato tributável do IPI sempre fosse caracterizado no contexto da realização de operações.

---

21 CARRAZZA, Roque Antonio. *Curso de direito constitucional tributário.* 22ª. ed. São Paulo: Malheiros, 2006, p. 482.

22 DERZI, Misabel Abreu Machado. *Direito tributário, direito penal e tipo.* 3ª ed. revisada, ampliada e atualizada. Belo Horizonte: Fórum, 2018, p. 49.

23 STJ, REsp 1.396.488/SC, Rel. Ministro Humberto Martins, Primeira Seção, julgado em 25/02/2015, DJe 17/03/2015

24 STF, RE 550.170-AgR, Relator(a): Min. Ricardo Lewandowski, Primeira Turma, julgado em 07/06/2011, publicado no DJe de 04/08/2011 e RE 501.773-AgR, Relator(a): Min. Eros Grau, Segunda Turma, julgado em 24/06/2008, publicado no DJe de 15/08/2008.

Ocorre que o entendimento ao final consolidado pelo STF, em repercussão geral, foi o de que é constitucional a determinação de incidência do IPI na importação por consumidor final[25]. Logo, se a regra de competência não traz como elemento do fato tributável a realização de operações, é possível a instituição de um imposto monofásico sobre o objeto nela indicado (produtos industrializados), como ocorre no caso da importação de produtos industrializados por consumidor final, onde não haverá inserção do produto industrializado importado em uma cadeia de atos empresariais, incidindo o imposto uma única vez e sem direito a crédito.

É possível concluir, portanto, que a visão do STF é a de que o dispositivo que estabelece não-cumulatividade para o IPI não determina necessariamente a incidência plurifásica, e nem exige do legislador que tribute apenas operações inseridas em uma cadeia mercantil. Logo, se a regra de competência se refere a um objeto sem indicar a atividade sobre ele ou com ele exercida, é dado ao legislador escolher com maior margem de liberdade o verbo que indica essa atividade, não ficando ainda obrigado a disciplinar o creditamento do imposto pago se não houver a realização de uma operação posterior tributada.

3. AS RESTRIÇÕES À NÃO-CUMULATIVIDADE NO ICMS E O PROBLEMA DA AUSÊNCIA DE UNIFORMIDADE COM A REGRA DE COMPETÊNCIA TRIBUTÁRIA

Ao disciplinar a competência tributária para instituição do ICMS, o art. 155, II da Constituição se refere à realização de "operações" e à "prestação" de serviços. Contudo, ao disciplinar a não-cumulatividade o imposto, a Constituição não adotou linguagem consistente com a regra de competência tributária.

No art. 155, §2º, I da Constituição, a não-cumulatividade do imposto é prevista de forma a abranger tanto as operações quanto as prestações. Sendo assim, uma prestação anterior tributada vinculada a uma operação posterior tributada[26] gera créditos do imposto para a viabilizar a compensação decorrente da não-cumulatividade.

---

25 STF, RE 723.651, Relator Min. Marco Aurélio, Tribunal Pleno, julgado em 04/02/2016, Repercussão Geral - Mérito DJe-164 Divulg 04-08-2016 Public 05-08-2016.

26 Por exemplo, o serviço de transporte tomado pelo contribuinte para entrega de um insumo por ele adquirido para utilização na produção de produtos que serão objeto de operações tributadas

Contudo, ao estabelecer restrições ao direito de crédito, a Constituição não abrange uniformemente as operações e prestações e assim dispõe:

> Art. 155, §2º (...) II - a isenção ou não-incidência, salvo determinação em contrário da legislação:
> a) não implicará crédito para compensação com o montante devido nas operações ou prestações seguintes;
> b) acarretará a anulação do crédito relativo às operações anteriores;

Quando a isenção ou não-incidência se verificam na etapa anterior, o art. 155, §2º, II, 'a' não garante o respectivo crédito para a compensação com o imposto devido nas operações ou prestações posteriores. Mas quando a isenção ou não-incidência são previstas na etapa posterior, o art, 155, §2º, I, 'b' afasta o direito de crédito apenas para as operações anteriores, não se referindo expressamente às prestações anteriores. A LC 87/96, por sua vez, afasta o direito ao crédito também quanto às prestações anteriores (art. 21, I).   Essa inconsistência normativa foi noticiada por MOREIRA[27] que, apesar de entender pelo direito de crédito quanto às prestações anteriores tributadas, dada a ausência de restrição expressa no art. 155, §2º, II, 'b', identifica decisões do STF sobre casos análogos que podem tanto legitimar quanto afastar o direito ao crédito.

É possível concluir, no mínimo, que a ausência de parametrização entre os dispositivos que regulam a competência tributária e os que regulam a não-cumulatividade do imposto podem ensejar controvérsia. O objeto da divergência é a extensão ou restrição do direito ao crédito quando as atividades referidas na regra de competência tributária não são reproduzidas nos dispositivos que regulam a não-cumulatividade.

4. A COMPETÊNCIA TRIBUTÁRIA PARA INSTITUIR O IBS NAS PROPOSTAS DE REFORMA TRIBUTÁRIA E SUA NÃO-CUMULATIVIDADE

Na PEC 45/2019, a redação original pertinente à competência tributária e à não-cumulatividade do IBS constam do art.152-A, a ser adicionado ao texto constitucional:

> Art. 152-A. Lei complementar instituirá imposto sobre bens e serviços, que será uniforme em todo o território nacional, cabendo à União, aos Estados, ao Distrito Federal e aos Municípios exercer sua competência exclusivamente por meio da alteração de suas alíquotas.

---

27 MOREIRA, André Mendes. *A não-cumulatividade dos tributos*. São Paulo: Noeses, 2010. p. 139-142.

§1º. O imposto sobre bens e serviços:

I – incidirá também sobre:

a) os intangíveis;

b) a cessão e o licenciamento de direitos;

c) a locação de bens;

d) as importações de bens, tangíveis e intangíveis, serviços e direitos;

(...)

III – será não-cumulativo, compensando-se o imposto de- vido em cada operação com aquele incidente nas etapas anteriores;

Do texto proposto, percebe-se que a atividade a ser realizada pelo sujeito passivo somente é referida nas alíneas "b", "c" e "d" do inciso I do §1º do art. 152-A. Já a alínea "a" e o caput do dispositivo não contam com menção a nenhuma atividade, sendo nelas referida apenas os objetos: bens, serviços e intangíveis.

Essa redação pode ensejar divergências que parecem não se adequar à pretensão de instituir o IBS como um imposto único de mercado, plurifásico e não-cumulativo. Na ausência da especificação da atividade (o verbo do aspecto material), a redação da emenda poderia justificar uma tributação sobre o "desenvolvimento" de um ativo intangível, a exemplo da criação de sistemas, licenças, propriedade intelectual, conhecimento mercadológico, nome, reputação, imagem e marcas registradas[28]. Como é ostensivo o caráter intelectual desse desenvolvimento, ele pode ser realizado diretamente pelos sócios, diretores e empregados de uma pessoa jurídica com grande parte do investimento se referindo a remunerações não tributadas pelo IBS e, portanto, sem créditos do imposto. Um ativo intangível pode, portanto, ser criado internamente e com pequena participação de investimentos tributados pelo IBS (o que significa pouco volume de créditos), para posteriormente ser empregado em uma outra atividade ou ser cedido ou alienado a outra pessoa que dele fará uso. Isso ensejaria a tributação de uma atividade na qual a pessoa jurídica não trava nenhuma relação com terceiros e nada recebe, mas sim investe para aumentar seu ativo.

Contra essa possível tributação, algumas objeções poderiam ser levantadas. A primeira delas é de que o inciso III, prevendo a não-cumulatividade entre operações tributadas, não autorizaria uma tributação antes da realização de uma operação junto a outros agentes econômicos. Contudo, como visto, esse argumento não foi ao final vence-

---

28 Esses exemplos de ativos intangíveis são expressamente mencionados no *CPC 04 – Ativos Intangíveis*.

dor na análise da incidência do IPI na importação para consumo final pelo STF.

Em segundo lugar, é inegável que essa tributação, na fase de desenvolvimento de ativos intangíveis e antes de sua inserção no mercado como objeto de transações significaria grande desincentivo à inovação. Como o IBS é concebido à nos termos dos impostos plurifásicos e não-cumulativos, ele deve ser neutro e se amoldar ao mercado[29], e não atuar como desestímulo ao desenvolvimento tecnológico.

Por último, poderia se argumentar pela ausência de capacidade econômica, dada a inexistência de valor reconhecido pelo mercado enquanto referido ativo não seja objeto de negociação (cessão ou alienação) a terceiros. Mas essa compreensão da capacidade econômica como indicadora de valor líquido reconhecido pelo mercado também é controversa. Cite-se por exemplo a formulação de GALLO[30], para quem manifestações de vantagem social e econômica, desde que mensuráveis, indicam capacidade contributiva e a viabilidade de se impor a repartição do encargo tributário ao sujeito que mobiliza fatores econômicos em seu interesse. Admite-se assim maior liberdade estatal para escolher a riqueza a ser tributada, não ficando a lei restrita a executar regras de mercado que reconhecem como riqueza disponível à tributação apenas aquela valorada com certo patamar de liquidez.

Aproveitando a análise da disposição relativa à não-cumulatividade, pode-se verificar que a redação se mantém próxima à atual redação prevista para o ICMS e para o IPI, referindo-se às operações anteriores e posteriores. Ocorre que nem no *caput* e nem no §1º do art. 152-A é mencionado o termo "operações". Para evitar segregações do imposto, bem como eventual prejuízo macroeconômico por quebras na não-cumulatividade, é recomendável uma uniformização na linguagem do texto constitucional. A mencionada inconsistência atual na restrição ao crédito do ICMS acima noticiada é exemplo a ser evitado, dada a controvérsia ensejada.

Já o texto inicial da PEC nº 110/2019 apresenta uma redação um pouco mais detalhada, fazendo referência a uma atividade (operações, importações e locações) em todos os dispositivos que definem a com-

---

29 DERZI, Misabel Abreu Machado. *Aspectos Essenciais do ICMS, como imposto de mercado*. *In* Direito tributário: estudos em homenagem a Brandão Machado. SCHOUERI, Luís Eduardo e ZILVETI, Fernando Aurélio (Coordenadores). São Paulo: Dialética, 1998, p. 122

30 GALLO, Franco. *Le ragioni del fisco*. 2ª ed. Bolonha: Mulino, 2011, p. 85-90.

petência tributária. Não há, como na PEC nº 45/2019 uma referência exclusiva a objetos, com omissão da conduta a eles relativa (indicativa do verbo componente do aspecto material). Essa a redação inicial proposta das regras de competência e da não-cumulatividade do imposto:

> Art. 155. Compete aos Estados e ao Distrito Federal instituir:
> (...)
> IV -por intermédio do Congresso Nacional, imposto sobre operações com bens e serviços, ainda que se iniciem no exterior.
> § 7º O imposto de que trata o inciso IV do caput deste artigo será instituído por lei complementar, apresentada nos termos do disposto no art. 61 , §§ 3º e 4º, e atenderá ao seguinte:
> (...)
> II - será não cumulativo, compensando-se o que for devido em cada operação com o montante cobrado nas anteriores, sendo assegurado:
> a) o crédito relativo às operações com bens e serviços empregados, usados ou consumidos na atividade econômica, ressalvadas as exceções relativas a bens ou serviços caracterizados como de uso ou consumo pessoal;
> III - incidirá também:
> a) nas importações, a qualquer título;
> b) nas locações e cessões de bens e direitos;
> c) nas demais operações com bens intangíveis e direitos;

Uma crítica que pode ser endereçada também a essa redação é a falta de uniformidade entre os dispositivos que estabelecem a competência e não-cumulatividade. Isso porque este se refere exclusivamente às "operações", enquanto aqueles se referem, além das "operações", também às "importações" e às "locações", sem equipará-las à operações. A uniformização das expressões também seria desejável, para afastar qualquer interpretação que pretenda se utilizar da distinta redação dos dispositivos que regram a competência para fraturar a não-cumulatividade do imposto.

O mesmo problema pode ser visualizado na complementação de voto do Senador Relator da PEC nº 110/2019, no qual foram analisadas e acolhidas em parte as emendas propostas pelos demais senadores. Eis a redação dos dispositivos pertinentes como constam da referida complementação de voto:

> Art. 155-A. Lei complementar, apresentada nos termos do art. 61, §§ 3º e 4º, instituirá imposto sobre operações com bens e serviços, cuja competência será compartilhada pelos Estados, pelo Distrito Federal e pelos Municípios.
> § 1º O imposto de que trata o caput atenderá ao seguinte:
> (...)

II - será não cumulativo, compensando-se o que for devido em cada operação com o montante efetivamente pago nas etapas anteriores ou concomitantes da cadeia de circulação dos bens, serviços e direitos, sendo assegurado:

a) o crédito físico e financeiro, integral e imediato relativo a todas e quaisquer aquisições realizadas, independentemente de os bens ou serviços adquiridos serem caracterizados como de uso ou consumo, ou integrados ao ativo imobilizado, exceto nas operações com bens ou serviços caracterizados como de uso ou consumo pessoal;

III – incidirá também:

a) nas importações a qualquer título;

b) nas locações e cessões de bens e direitos, exceto de bens imóveis;

c) nas operações de seguro, cosseguro, previdência complementar e capitalização;

d) nas demais operações com bens intangíveis e direitos.

Apesar de não haver referência a objetos sem a indicação das atividades com ou sobre eles exercida (o verbo do aspecto material do fato tributável), nota-se que não há consistência entre os dispositivos que atribuem a competência tributária e os que instituem a não-cumulatividade. Como exemplo, verifica-se que o art. 155-A, §1º, III, 'b' se refere a um fato que não necessariamente implica aquisição de bens ou serviços (cessão de bens e direitos), enquanto o art. 155-A§2º, II, 'a' ao explicitar a amplitude da não-cumulatividade se refere a "aquisições" de bens e serviços, não mencionando a "cessão" de bens e direitos.

5. CONCLUSÃO

O presente artigo se ocupou da redação dos dispositivos que regulam a competência tributária e a não-cumulatividade do IBS na PEC nº 45/2019 e na PEC nº 110/2019. Com base na jurisprudência sobre temas correlatos em matéria de IPI e ICMS, conclui-se que o texto das propostas de alteração pode ser aperfeiçoado.

Quanto à competência tributária, a falta de explicitação da atividade (o verbo do aspecto material) pode dar ensejo a uma tributação que não se coaduna com a ideia do IBS como um imposto de mercado, plurifásico e neutro, a exemplo da possível abrangência do desenvolvimento de ativo intangível dentro de uma pessoa jurídica. Já quanto à não-cumulatividade, nota-se um descompasso entre os fatos tributáveis segundo a regra de competência e a descrição dos fatos que geram direito ao crédito a ser compensado com o tributo devido, em uma situação que gera controvérsia sobre o alcance e extensão do direito ao crédito inerente à não-cumulatividade.

A QUEM INTERESSA REFORMA CONSTITUCIONAL FINANCEIRA NO BRASIL? A HORA E A VEZ DE UM FEDERALISMO FISCAL ESTRATÉGICO

GILBERTO PINTO MONTEIRO DINIZ[1]

SUMÁRIO: 1. Introdução; 2. Estado federal e autonomia dos entes federados; 3. Poder constituinte reformador e seus limites; 4. Emendas Constitucionais e medidas da União que afetam a autonomia dos demais entes federados; 4.1. Desvinculação de Receitas da União - DRU; 4.2. Compensação insuficiente das perdas de arrecadação decorrentes da Lei Kandir; 4.3. Aumento da instituição de contribuições; 4.4. Desoneração do Imposto de Renda e do Imposto sobre Produtos Industrializados; 5. Federalismo fiscal estratégico

1. INTRODUÇÃO

O Estado brasileiro passa por momento de efervescência no plano das reformas estruturantes. Em 12 de novembro de 2019, foi promulgada a Emenda Constitucional nº 103, que modifica o sistema de previdência social pátrio. No início de novembro de 2019, o presidente do Senado Federal recebeu três propostas de Emenda à Constituição (PEC) que compõem o Plano Mais Brasil – a PEC do Pacto Federativo, a PEC Emergencial e a PEC dos Fundos Públicos, as quais têm como pano de fundo assuntos de ordem financeira, o que traz certa apreensão, em virtude do tratamento dado às questões de natureza fiscal nos últimos anos.

É que, como sói acontecer, mesmo diante do real significado da Constituição escrita para a federação e das limitações existentes para alterá-la, fundamentos do Estado federal, de modo especial a auto-

---

1 Conselheiro do Tribunal de Contas do Estado de Minas Gerais, mestre e doutorando em Direito pela Faculdade de Direito da Universidade Federal de Minas Gerais - UFMG.

nomia inerente aos entes subnacionais (Estados-membros, Distrito Federal e Municípios), e normas constitucionais têm sido solenemente ignorados, no afã de resolver interesses conjunturais vislumbrados pelas equipes de governo de plantão.

Prova disso são emendas constitucionais aprovadas pelo Congresso Nacional e outros arranjos de natureza fiscal decorrentes de atos normativos editados pelo governo federal que trouxeram a lume normas que se afiguram antifederalistas, por concentrarem poder e a maior parte do produto da arrecadação tributária no âmbito da União, o que sobrecarrega as já combalidas finanças dos demais entes da Federação brasileira, práticas que se mostram inadmissíveis em um Estado soberano, conformado como federal.

Então, nestes tempos em que fundamentos do Estado federal e normas da Constituição costumam ser relegados, não se pode ignorar que a Constituição não é ato de governo, e que governo sem ou fora da Constituição é poder sem direito[2].

O objetivo deste ensaio é, pois, submeter à reflexão do leitor a ideia de que, pelo fato de interessar a toda nação brasileira, possível reforma constitucional que envolva matéria de natureza financeira deve ser idealizada sob o influxo de federalismo fiscal estratégico, à luz dos fundamentos do Estado federal, notadamente da autonomia dos entes federados, como verdadeira política de Estado, e não como mais uma mera política de governo.

2. ESTADO FEDERAL E AUTONOMIA DOS ENTES FEDERADOS

O Estado federal, segundo se depreende das reflexões de Raul Machado Horta[3], correspondeu, desde a sua gênese, "a uma modalidade diversa de descentralização", porquanto sua organização político-administrativa tem como fundamento a divisão ou separação do poder político no âmbito do território estatal. Equivale a dizer, o Estado federal, por erigir a descentralização normativa de natureza constitucional como pedra angular de sua conformação jurídica, suplanta, em rigor, a descentralização verificada no Estado unitário.

---

2 PAINE, Thomas. *Los derechos del hombre*. Traducción de J. A. Fontanilla. Prólogo de Eloy Terrón. Barcelona: Ediciones Orbis, 1985, p. 148.

3 HORTA, Raul Machado. *Direito constitucional*. 5. ed. revisada e atualizada por Juliana Campos Horta. Belo Horizonte: Del Rey, 2010, p. 434.

O Estado federal consubstancia, pois, a descentralização política, territorial, administrativa e normativa[4]. Isso também conduz à ideia de que, no Estado federal, há tendência à unidade e à diversidade, existindo, simultaneamente, um Estado e uma federação de Estados[5].

Pode-se dizer que, no Estado federal, o processo de harmonização entre poder e liberdade (autonomia) também se dá de forma horizontal, uma vez que o exercício do poder político, bem assim, e consequentemente, a liberdade para conseguir tal desiderato, será compartido no território estatal entre a ordem jurídica central e as ordens jurídicas parciais. Isso requer minuciosa salvaguarda na auto-organização constitucional e governamental de cada Estado federal, para que, por exemplo, a autonomia de uma ordem jurídica parcial não suplante a de outra ou que o poder outorgado à ordem jurídica central não seja excessivo, de modo a arrostar a autonomia conferida a cada uma das ordens jurídicas parciais. A expressão autonomia, no contexto em que foi empregada, deve ser entendida como "faculdade que tem uma comunidade jurídica de regular os seus próprios negócios, mediante normas jurídicas por ela própria editadas"[6], ou seja, liberdade circunscrita

---

4 BARACHO, José Alfredo de Oliveira. *Teoria geral do federalismo*. Rio de Janeiro: Forense, 1986, p. 45.

5 HORTA, Raul Machado. O federalismo no direito constitucional contemporâneo. *Revista do Tribunal de Contas do Estado de Minas Gerais*, Belo Horizonte, v. 41, n. 4, pp. 189-231, out./dez. 2001, p. 200.

6 MELLO, Oswaldo Aranha Bandeira de. *Natureza jurídica do estado federal*. Nova impressão. Monografia premiada pelo Instituto dos Advogados de São Paulo. Publicação da Prefeitura do Município de São Paulo, 1948, p. 46.

Ainda sobre a autonomia dos membros de um Estado federal: Misabel Abreu Machado Derzi ressalta que "A essência do Federalismo não está apenas na relativa descentralização administrativa ou financeira, fenômeno comum ao Estado unitário, mas ainda na relativa autonomia político-jurídica dos Estados que o integram. Quer se forme por meio da livre unificação de totalidades políticas diferenciadas (aproximação por força centrípeta), quer por meio da divisão de um corpo político único em entes diversos (certa dispersão por força centrífuga), todo Estado Federal repousa na absoluta igualdade de direitos entre os Estados e nos deveres recíprocos da União e dos Estados de lealdade, ajuda e solidariedade". DERZI, Misabel Abreu Machado. *Federalismo, liberdade e direitos fundamentais*. Disponível em: <https://www.academia.edu/37868594/ FEDERALISMO_LIBERDADE_E_DIREITOS_FUNDAMENTAIS_-_Misabel_Abreu_ Machado_Derzi>. Acesso em: 24 de novembro de 2019.

Fernando Facury Scaff aduz que "é imprescindível haver recursos suficientes para que os estados e municípios sejam autônomos e que os possam receber e gerenciar sem ter que cumprir condições impostas pelo governo central, o qual também não

aos contornos da soberania, que é o poder preponderante ou supremo, mas não absoluto e arbitrário, em certo território[7].

Em razão dessas características, nos termos da exposição de Pablo Lucas Verdú, a importância de uma Constituição escrita para o Estado federal é óbvia, porque não é possível organizar o espaço político de um Estado federal, estabelecer seus órgãos fundamentais, realizar sistematicamente a distribuição de poderes sem um texto escrito, claro e preciso.

Nesse sentido, para Verdú, a Constituição escrita, pelo fato de ser o estatuto jurídico do Estado federal, garante a autonomia e a participação das unidades componentes no funcionamento da federação, mas, ao mesmo tempo, mantém o grau de unidade que contém as tendências centrífugas dessas unidades[8].

No Brasil, devido às particularidades de seu federalismo, há autonomia não somente dos Estados-membros, como também do Distrito Federal e dos Municípios.

---

pode ter a possibilidade de sua manipulação, o que tornaria os entes subnacionais subservientes ao poder central — existem diversas ações promovidas pelos estados contra a União acerca desse aspecto. Isso transformaria os estados e municípios em *autarquias federais*, o que modificaria completamente o federalismo brasileiro, tão decantado teoricamente, mas capenga na prática". SCAFF, Fernando Facury. *Reforma tributária, a cláusula pétrea do federalismo e o STF*. Disponível em:<https://www.conjur.com.br/2019-abr-16/contas-vista-reforma-tributaria-clausula-petrea-federalismo-stf>. Acesso em: 24 de novembro de 2019.

Juan Ferrando Badía assevera que, no federalismo, a autonomia é essencial, uma vez que, sem ela, as coletividades membros perderiam seu caráter estatal e a organização federal não se distinguiria de um Estado unitário complexo. FERRANDO BADÍA, Juan. *El estado unitario, el federal y el autonómico*. Madrid: Tecnos, 1986, p. 86.

7 ABBAGNANO, Nicola. *Dicionário de filosofia*. Tradução da 1ª edição brasileira coordenada e revista por Alfredo Bosi; revisão da tradução e tradução dos novos textos de Ivone Castilho Benedetti. 6. ed. São Paulo: WMF Martins Fontes, 2012, p. 1079.

8 LUCAS VERDÚ, Pablo. *Federalismo y estado federal*. Barcelona: Francisco Seix, 1957, p. 37.

3.   ODER CONSTITUINTE REFORMADOR E SEUS LIMITES

Nessa esteira de raciocínio, como estatuto jurídico do Estado federal, a Constituição é fruto do poder constituinte originário[9], de cunho essencialmente político ou extrajurídico e que não se prende a limites formais[10].

O texto constitucional, em virtude de tais peculiaridades, somente pode ser modificado por manifestação de um poder constituído, conhecido como poder constituinte de reforma ou poder constituinte reformador[11], de natureza jurídica, fruto do poder constituinte originário, que também institui e define seu funcionamento e limitações tácitas e expressas[12].

A vigente Constituição brasileira é classificada como rígida, porquanto demanda processo de reforma mais complexo e solene, isto é, não pode ser modificada da mesma maneira que a lei ordinária[13]. Nesse sentido, somente será alterada por emenda constitucional[14] aprovada em dois turnos, por três quintos dos votos dos respectivos membros

---

9 Conforme José Joaquim Gomes Canotilho, a categoria do poder constituinte é uma das mais modernas categorias do constitucionalismo, "revelando-se sempre como uma questão de 'poder', de 'força' ou de 'autoridade' política que está em condições de, numa determinada situação concreta, criar, garantir ou eliminar uma Constituição entendida como lei fundamental da comunidade política". CANOTILHO, J. J. Gomes. *Direito constitucional e teoria da constituição*. 5. ed. Coimbra: Almedina, 2002, p. 58 e 65.

10 BONAVIDES, Paulo. *Direito Constitucional*. 2. ed. Rio de Janeiro: Forense, 1986, p. 139.

11 Nas palavras de José Joaquim Gomes Canotilho, a "tensão entre poder constituinte incondicionado e obrigatoriedade jurídica da Constituição justifica a introdução do conceito de **poder constituinte derivado** ou **poder de revisão constitucional** a quem compete alterar, nos termos da constituição, as normas ou princípios por esta fixados". CANOTILHO, J. J. Gomes. *Direito constitucional e teoria da constituição*. 5. ed. Coimbra: Almedina, 2002, p. 74.

12 BONAVIDES, Paulo. *Direito Constitucional*. 2. ed. Rio de Janeiro: Forense, 1986, p. 139.

13 BONAVIDES, Paulo. *Direito Constitucional*. 2. ed. Rio de Janeiro: Forense, 1986, p. 60.

14 Segundo se depreende da decisão do Supremo Tribunal Federal - STF na Adin nº 981, sob a relatoria do Ministro Néri da Silveira, a "revisão constitucional", prevista no art. 3º do ADCT, também está sujeita aos limites estabelecidos no § 4º do art. 60 da Constituição Federal de 1988 (STF, Adin nº 981, Rel. Min. Néri da Silveira, J 17/12/1993, DJU 5/8/1994).

das duas Casas do Congresso Nacional (CF/88, art. 60, 2º). Esse procedimento é diverso daquele previsto para aprovação ou modificação de lei ordinária, que se dá em turno único e por maioria simples (CF/88, art. 47), e de lei complementar, por maioria absoluta (CF/88, art. 69).

A Constituição Federal de 1988 estabelece, ainda, limitação de natureza material ao poder constituinte reformador, ou seja, o constituinte originário retirou do âmbito de atuação ou de manifestação do poder constituinte reformador rol de temas, o qual passou a ser chamado de cláusulas pétreas explícitas (CF/88, art. 60, § 4º).

Nesse particular, a forma federativa adotada pelo Estado brasileiro foi erigida a cláusula pétrea, haja vista que, conforme estatui o inciso I do § 4º do art. 60 da Constituição Federal de 1988, "não será objeto de deliberação a proposta de emenda tendente a abolir a forma federativa de Estado". Essa limitação imposta ao poder constituinte reformador, com efeito, abarca outros temas inerentes ao Estado federal, como aqueles relacionados à distribuição de recursos – federalismo fiscal[15] –, de modo a não arrostar a autonomia dos entes da Federação brasileira – União, Estados-membros, Distrito Federal e Municípios[16].

Além das chamadas cláusulas pétreas, existem limitações materiais implícitas ao exercício do poder constituinte reformador, ou, no dizer de Paulo Bonavides, limitações tácitas, que decorrem dos princípios e do espírito da Constituição. Essas limitações referem-se à extensão da reforma, à modificação do próprio processo de revisão e a uma eventual substituição do poder constituinte derivado pelo poder constituinte originário[17].

Afora as demonstradas balizas formais e materiais, o § 1º do art. 60 da Constituição Federal de 1988 estabelece limite circunstancial à atuação do poder constituinte reformador, ao proibir emendas cons-

---

15 Para Fernando Facury Scaff, "[...] o que se consagra no Brasil com o nome de *federalismo fiscal* seria tecnicamente mais adequado chamar de *financiamento dos entes subnacionais* ou de *federalismo financeiro*". SCAFF, Fernando Facury. *Reforma tributária, a cláusula pétrea do federalismo e o STF*. Disponível em: <https://www.conjur.com.br/2019-abr-16/contas-vista-reforma-tributaria-clausula-petrea-federalismo-stf>. Acesso em: 24 de novembro de 2019.

16 Constituição Federal de 1988 – "Art. 18. A organização político-administrativa da República Federativa do Brasil compreende a União, os Estados, o Distrito Federal e os Municípios, todos autônomos, nos termos desta Constituição".

17 BONAVIDES, Paulo. *Direito Constitucional*. 2. ed. Rio de Janeiro: Forense, 1986, p. 176.

titucionais na vigência de intervenção federal, de estado de defesa ou de estado de sítio.

No Brasil, portanto, o poder constituinte reformador, que pode se manifestar por meio de emenda ou de revisão – espécies do gênero reforma constitucional –, tem por finalidade oxigenar e preservar a autoridade do texto constitucional, adaptando-o às condições políticas, sociais, econômicas e culturais do tempo presente[18], considerando que a sociedade está em constante mutação, sendo permeada de incomensurável rol de relações jurídicas. O exercício desse poder, na qualidade de poder constituído, não é ilimitado, estando circunscrito aos limites formais, materiais e circunstanciais previstos na Constituição Federal de 1988, como também às denominadas balizas implícitas, que decorrem dos princípios e do espírito da Constituição.

4. EMENDAS CONSTITUCIONAIS E MEDIDAS DA UNIÃO QUE AFETAM A AUTONOMIA DOS DEMAIS ENTES FEDERADOS

Em que pesem os fundamentos do Estado federal, as normas e os limites ao poder constituinte reformador insculpidos na Constituição federal de 1988, a autonomia dos entes federados subnacionais tem sido desrespeitada, de forma direta ou mesmo oblíqua. Isso pode ser verificado, sob a perspectiva doutrinária, em emendas constitucionais, especialmente de natureza financeira, e procedimentos fiscais adotados pelo governo federal, os quais concentram poder e recursos financeiros na União, sobrecarregando, por conseguinte, as já combalidas finanças dos demais entes da Federação brasileira, precipuamente daqueles que têm maior dependência das transferências intergovernamentais. Como exemplos disso, podem ser citados a Desvinculação de Receitas da União - DRU, a compensação insuficiente das perdas de arrecadação decorrentes da Lei Kandir, o aumento da instituição de contribuições e a desoneração do Imposto de Renda - IR e do Imposto sobre Produtos Industrializados - IPI, conforme se passa a demonstrar.

---

18 A esse respeito, nas palavras de Marie-Françoise Rigaux, citada por Gonzalo Andrés Ramírez Cleves: "A própria Constituição é a base legal para a abertura do direito à temporalidade. A vitalidade de uma Constituição é, de acordo com a expressão de P. Haberle: sua arte de criar continuidade. É dizer, a continuidade da lei fundamental não seria possível se o passado fosse seu futuro. A Constituição deve ser uma *law in public action* para permitir sua eficácia". RAMÍREZ CLEVES, Gonzalo Andrés. *Los límites a la reforma constitucional y las garantías - límites del poder constituyente*: los derechos fundamentales como paradigma. Bogotá: Instituto de Estudios Constitucionales Carlos Restrepo Piedrahita, 2003, p. 83.

4.1. DESVINCULAÇÃO DE RECEITAS DA UNIÃO – DRU

A desvinculação de receitas da União teve início com a Emenda Constitucional de Revisão nº 1, de 1º/3/1994, que acrescentou os arts. 71, 72 e 73 ao Ato das Disposições Constitucionais Transitórias – ADCT, criando o Fundo Social de Emergência – FSE, nos exercícios financeiros de 1994 e 1995, como medida de estabilização da economia e reserva emergencial, no período de queda da inflação, tendo em vista a implantação do Plano Real.

Com a Emenda Constitucional nº 10, de 4/3/1996, o FSE passou a ser denominado Fundo de Estabilização Fiscal – FEF, que foi prorrogado até 31/12/1999, por meio da Emenda Constitucional nº 17, de 22/11/1997, cujos efeitos retroagiram a 1º/7/1997.

A atual denominação de Desvinculação de Receitas da União – DRU, mecanismo que permite a livre alocação de 20% da arrecadação de impostos e contribuições sociais federais vinculados por lei a órgão, fundo ou despesa, foi dada pela Emenda Constitucional nº 27, de 21/3/2000, que acresceu o art. 76 ao ADCT da Constituição federal de 1988.

Nesse período de sua institucionalização, a concepção originária da DRU e o prazo de sua vigência, que atualmente está previsto até 31/12/2023, passaram por várias modificações trazidas a lume por outras emendas constitucionais, quais sejam: Emenda Constitucional nº 42, de 19/12/2003; Emenda Constitucional nº 56, de 20/12/2007; Emenda Constitucional nº 68, de 21/12/2011; e Emenda Constitucional nº 93, de 8/9/2016.

A desvinculação de parcela da arrecadação de determinadas espécies tributárias, precipuamente a dos impostos, tem reflexos na partilha tributária prevista na Constituição federal de 1988, o que repercute na autonomia dos Estados-membros, Distrito Federal e Municípios, um dos principais atributos do Estado federal[19].

---

19 Além de significar menos recursos para os entes subnacionais, esse mecanismo de desvinculação de receitas repercute diretamente na execução de políticas públicas, em especial na área social, em que a atuação estatal é notoriamente insuficiente, como saúde, educação, segurança, porque não foi canalizado, e continuará a não ser alocado até 2023, o importe de recursos que se originou – e que advirá – das fontes de receitas estabelecidas e vinculadas pelo constituinte originário, na Constituição federal de 1988.

Por remate, a DRU desvirtua por completo a natureza das contribuições e das taxas, pois a vinculação de suas respectivas receitas é que dá sustentação jurídica para a criação dessas espécies tributárias. É dizer, a arrecadação das contribuições é vinculada à finalidade específica que justificou a sua instituição, ao passo que a das taxas à atuação estatal.

Em realidade, o governo federal transforma contribuições e taxas em impostos, por não mais estarem vinculadas às finalidades que, por imperativo constitucional, justificaram a sua criação, o que subverte o sistema de tributação originariamente previsto na Constituição federal de 1988, já que a União estaria criando impostos fora do âmbito de competência material que lhe foi reservado constitucionalmente[20].

4.2. COMPENSAÇÃO INSUFICIENTE DAS PERDAS DE ARRECADAÇÃO DECORRENTES DA LEI KANDIR

Outro fator que tem desequilibrado as finanças dos entes subnacionais, em maiores proporções de Estados-membros e Distrito Federal, e, por conseguinte, arrostado a autonomia deles, é a insuficiente compensação, pela União, das perdas decorrentes da desoneração do Imposto sobre Operações Relativas à Circulação de Mercadorias e sobre Prestações de Serviços de Transporte Interestadual e Intermunicipal e de Comunicação – ICMS[21] consolidada na Lei Complementar nº 87, de 13/9/1996, diploma que recebeu a alcunha de "Lei Kandir"[22].

---

20 A esse respeito, Onofre Alves Batista Júnior e Marina Soares Marinho foram contundentes ao afirmar: "Com a DRU, pelo menos sob o ponto de vista doutrinário, foi modelada uma espécie de tributo misto – um 'monstrengo' com corpo de contribuição e cabeça de imposto". BATISTA JÚNIOR, Onofre Alves; MARINHO, Marina Soares. A DRU e a deformação do sistema tributário nacional nestes 30 anos de Constituição. *Revista de Informação Legislativa*: RIL, v. 55, n. 219, p. 27-52, jul./set. 2018. Disponível em: <http://www12. senado.leg.br/ril/edicoes/55/219/ril_v55_n219_p27>. Acesso em 24 de novembro de 2019.

21 A desoneração tributária instituída pela Lei Kandir causou impacto negativo e direto nas finanças regionais e locais, porque o ICMS é o principal tributo de competência estadual e distrital, bem assim porque 25% do produto da arrecadação desse imposto pertencem aos Municípios, consoante se depreende das disposições dos arts. 155 e 158 da Constituição federal de 1988.

22 A Lei Kandir apresentou-se como uma das medidas do governo federal na tentativa de atenuar os reflexos negativos da política de estabilização econômica do país, consubstanciada no Plano Real, em especial no saldo entre exportações e importações (balança comercial). Tais reflexos, conforme se extrai de trabalho de Alejandro Leitão, Guilherme Irffi e Fabrício Linhares, foram "provocados pelas âncoras cambial – valorização do real – e monetária – elevação da taxa de ju-

O impacto negativo dessa política desonerativa era tão evidente, que a própria Lei, para compensar as perdas de arrecadação tributária, criou sistema de transferências de recursos denominado de "seguro-receita", para tentar garantir a preservação da arrecadação real do ICMS para os Estados-membros e Distrito Federal.

O sistema relativo ao "seguro-receita" foi totalmente modificado pela Lei Complementar nº 102, de 11/7/2000, e pela Lei Complementar nº 115, de 26/12/2002, mas não se conseguiu, até o momento, compensar as perdas sofridas pelos entes subnacionais e, consequentemente, restabelecer o equilíbrio de suas finanças.

O Supremo Tribunal Federal - STF, na decisão prolatada na Ação Direta de Inconstitucionalidade por Omissão (ADO) nº 25-DF, reconheceu que os entes subnacionais sofreram prejuízo em suas arrecadações, como também que a metodologia de cálculo da União para compensar as perdas advindas da desoneração do ICMS instituída pela Lei Kandir era danosa ao pacto federativo e atentava diretamente contra todos os objetivos republicanos encartados no art. 3º da Constituição federal de 1988[23].

4.3. AUMENTO DA INSTITUIÇÃO DE CONTRIBUIÇÕES

Além das políticas fiscais examinadas nos subtópicos precedentes, é digno de registro o aumento da instituição de contribuições pela União. Qual será o motivo dessa predileção pelas contribuições e no que isso afeta os demais entes da Federação brasileira?

---

ros – que afetavam respectivamente os resultados da balança comercial e o volume dos investimentos produtivos da economia". LEITÃO, Alejandro; IRFFI, Guilherme; LINHARES, Fabrício. Avaliação dos efeitos da Lei Kandir sobre a arrecadação de ICMS no estado do Ceará. *Planejamento e Políticas Públicas – PPP*, Brasília: IPEA, *n. 39*, p. 37-62, *jul./dez. 2012*.

23 Minas Gerais, em virtude de sua vocação minerária e exportadora de recursos minerais, foi um dos principais Estados-membros prejudicados com essa política desonerativa. Segundo os cálculos do Conselho Nacional de Política Fazendária - Confaz, o montante da perda de Minas Gerais, no período compreendido entre 1996 e 2015, seria, em valores históricos, da ordem de R$48,507 bilhões, ou de R$135,674 bilhões, em valores corrigidos pela Selic Acumulada, a preço de dezembro de 2016. Disponível em: <http://www.affemg.com.br/materia?materiaId=1793&titulo=Os_efeitos_delet%C3%A9rios_da_Lei_Kandir_para_Minas_Gerais>. Acesso em 29 de novembro de 2019.

A despeito de ter delineado arcabouço descentralizado e cooperativo (participativo) em relação aos impostos, a Constituição federal de 1988 – por meio dos arts. 149, "caput", e 195, § 4º – outorgou à União competência para instituir contribuições especiais e sociais, cujo produto da arrecadação, à exceção da contribuição de intervenção no domínio econômico relativa aos combustíveis ou CIDE-combustível (CF/88, art. 159, III), não se sujeita ao regime de compartilhamento com os demais entes federados.

O diferencial das contribuições, em relação às outras espécies tributárias, especialmente aos impostos, é a vinculação do produto de sua arrecadação, por imposição constitucional, à finalidade específica que justificou a sua instituição, ao passo que a das taxas à atuação estatal, o que significa dizer que os recursos auferidos a esse título não podem ser aplicados a critério do gestor público.

A prática cada vez mais recorrente de a União aumentar suas receitas com recursos advindos da cobrança de contribuições, principalmente das especiais, pode ser explicada por fatores diversificados. Primeiro, porque não se aplica à instituição dessa espécie tributária boa parte dos princípios tributários, o que torna a sua criação mais ágil e simplificada ou menos burocrática. Segundo, porquanto o produto arrecadado com as contribuições pertence somente à União, não se sujeitando à partilha com os entes subnacionais prevista na Constituição. Terceiro, porque a União tem-se utilizado da DRU, examinada no primeiro subtópico, para contornar a questão do caráter finalístico das contribuições e, assim, alocar livremente parcela significativa dos recursos arrecadados[24].

Essa técnica de ampliar o financiamento de políticas com recursos captados por meio da arrecadação de contribuições, como salientado no voto condutor da decisão prolatada pelo STF na ADO nº 25-DF, pode ter

---

24 Conforme Onofre Alves Batista Júnior e Gabriel Arbex Valle: "[...] tem se tornado cada vez mais comum a instituição e a majoração de contribuições pela União, sob a justificativa de que estaria financiando algum serviço ligado à área social, quando, na verdade, o produto arrecadado tem sido destinado a outras finalidades, tais como para reduzir o déficit público. A título de exemplo, o Decreto 9.101, de 20 de julho de 2017, aumentou as alíquotas do PIS e da Cofins incidentes sobre a importação e a comercialização de gasolina, óleo diesel, gás liquefeito de petróleo (GLP), querosene de aviação e álcool". BATISTA JUNIOR, Onofre Alves; VALLE, Gabriel Arbex. *Desvirtuamento de contribuições prejudica estados e municípios.* Disponível em: <https://www.conjur.com.br/2018-fev-07/opiniao-desvirtuamento-contribuicoes-prejudica-estados >. Acesso em: 24 de novembro de 2019.

sido responsável por efeitos nefastos no plano tributário, fiscal e econômico brasileiro, como o ganho de complexidade do sistema tributário, a centralização de receita na União e a elevação da carga tributária.

A propósito, ressai de estudo elaborado pela Receita Federal do Brasil[25] que a participação da União representou 68,27% dos tributos arrecadados em 2016, equivalentes a 22,11% do PIB nacional. A participação dos Estados-membros foi de 25,40% do total arrecadado, significando 8,23% do PIB nacional. Já a participação dos Municípios foi da ordem de 6,34% do importe de tributos arrecadados, o que equivale a 2,05% do PIB nacional.

Esses dados comprovam que a União, de fato, detém a maior parcela da arrecadação tributária brasileira, demonstrando clara concentração de receitas no âmbito federal, o que repete paradigma verificado sob a égide da Constituição federal de 1967[26].

Além disso, é possível verificar, na Tabela INC 02-A – Série Histórica – Receita Tributária por Base de Incidência – 2007 a 2016, desse mesmo estudo técnico, que o montante da arrecadação registrado sob o título de "Outras Contribuições Sociais e Econômicas" passou de R$5.985,09, em 2007, para R$13.475,98, em 2016 (valores expressos em milhões de reais).

Os números verificados em 2007 e 2016, na rubrica de receita destacada, demonstram crescimento na arrecadação de contribuições por parte da União da ordem de 225,15%. Essa expressiva variação confirma a tendência de a União aumentar a criação de contribuições, em detrimento do exercício de sua competência residual para instituir impostos, e assim fugir das amarras constitucionais, em especial de partilhar o produto arrecadado com impostos federais com os entes subnacionais.

---

25 BRASIL. Ministério da Fazenda. Receita Federal. Centro de Estudos Tributários e Aduaneiros – CETAD. Carga tributária no Brasil 2016: análise por tributos e bases de incidência. Brasília, dez. de 2017, pp. 3 e 4. Disponível em: <http://idg.receita. fazenda.gov.br/dados/receitadata/estudos-e-tributarios-e-aduaneiros/estudos-e-estatisticas/carga-tributaria-no-brasil/carga-tributaria-2016.pdf>. Acesso em: em 23 de novembro de 2019.

26 Em comentário à Constituição federal de 1967, Manoel Gonçalves Ferreira Filho aduziu: "A repartição da competência tributária confere à União os fatos geradores mais rendosos. Não é de surpreender que, por isso, a União arrecade mais de cinquenta por cento do total da arrecadação no país". FERREIRA FILHO, Manoel Gonçalves. *O estado federal brasileiro*. Disponível em: <http://www.revistas.usp.br/rfdusp/article/view/66947/69557>. Acesso em: 24 de novembro de 2019.

Essa técnica, além de provocar aumento da já pesada carga tributária suportada pelo contribuinte brasileiro, centraliza receitas na União, descolando do ideário descentralizador que inspirou a criação da Federação brasileira. A autonomia dos entes subnacionais também é vulnerada, na medida em que, repita-se, não incidem os mecanismos de partilha do produto da arrecadação das contribuições, à exceção da CIDE-combustível, com Estados-membros, Distrito Federal e Municípios, como prescrito para os impostos.

4.4. DESONERAÇÃO DO IMPOSTO DE RENDA E DO IMPOSTO SOBRE PRODUTOS INDUSTRIALIZADOS

Afora as medidas comentadas nos subtópicos antecedentes, a União tem, com certa frequência, feito desonerações tributárias, como de Imposto de Renda – IR e de Imposto sobre Produtos Industrializados – IPI, sob a justificativa de aquecer a economia nacional.

Ocorre que tais desonerações têm impacto direto no Fundo de Participação dos Estados e do Distrito Federal - FPE e no Fundo de Participação dos Municípios - FPM, formados, respectivamente, por 21,50% e 22,50% da arrecadação desses impostos, consoante estatuem as alíneas "a" e "b" do inciso I do art. 159 da Constituição federal de 1988.

Diante desse cenário, o Tribunal de Contas da União - TCU realizou auditoria para verificar o volume de desonerações de IR e IPI no período de 2008 a 2012, cujo relatório deu origem aos autos do processo de Acompanhamento TC 020.911/2013-0-Plenário[27].

De acordo com o que consta no acórdão desse processo, a União adotou política de renúncia fiscal com a justificativa de reduzir o impacto da crise econômica mundial no país, verificada a partir do segundo semestre de 2008, mediante a redução do IR e do IPI para alguns setores, a fim de manter os níveis de atividade econômica e de emprego e renda.

Para atingir esse objetivo, portanto, foram reduzidas alíquotas do IPI sobre a produção de eletrodomésticos da chamada "linha branca" (fogão, refrigerador, congelador, lavadora de roupas), de veículos automotores e de móveis.

---

27 BRASIL. Tribunal de Contas da União. Acompanhamento TC 020.911/2013-0-Plenário. Disponível em: <https://contas.tcu.gov.br/etcu/ObterDocumentoSisdoc?seAbrirDocNoBrowser=true&codArqCatalogado=7208754>. Acesso em: 23 de novembro de 2019.

A redução de alíquotas do IR, a seu turno, teve objetivos mais específicos, como, por exemplo, o incentivo aos investimentos para informatização dos cartórios de registro de imóveis, bem como à formação e ao aperfeiçoamento de servidores públicos ou militares para a absorção pelo setor público de tecnologias disponíveis no exterior a serem colocadas a serviço dos cidadãos brasileiros.

Segundo o TCU, as desonerações promovidas pela União não se fundamentaram em estudos técnicos hábeis a demonstrar a correlação entre a redução do IR e do IPI e os objetivos a serem alcançados, como também não há estudos governamentais sistematizados que demonstrem os impactos sociais e regionais decorrentes dessa renúncia tributária no que tange aos fundos constitucionais de financiamento e de participação (FPE e FPM).

Ainda conforme se extrai do acórdão do TCU, não obstante a ênfase dada pelo governo federal ao sucesso de tal política, os reflexos negativos da desoneração fiscal levada a cabo no período auditado (2008 a 2012), para os Estados-membros, o Distrito Federal e os Municípios, são dignos de nota, ao lado dos consequentes desequilíbrios regionais gerados.

Isso fica bem demonstrado pelos números apurados no estudo técnico que embasou a decisão do TCU, pois, do importe total líquido da renúncia de IR e IPI, da ordem de R$327,78 bilhões, os Estados-membros, o Distrito Federal e os Municípios arcaram com algo em torno de 58% da desoneração feita pela União, o equivalente a R$190,11 bilhões. Por sua vez, no conjunto das reduções das alíquotas de IR e de IPI, a região Nordeste deixou de receber R$68,2 bilhões, o que a coloca como alvo do maior impacto negativo originado da diminuição dos repasses aos fundos constitucionais e de participação.

Sobre o último aspecto, a equipe técnica do TCU ressaltou que a política de renúncia fiscal representou duplo prejuízo ao desenvolvimento regional. Primeiro, na concessão da renúncia tributária, que é direcionada prioritariamente para o Sudeste. Segundo, no reflexo da desoneração na redução dos repasses aos fundos constitucionais e de participação, que afeta precipuamente o Nordeste, contribuindo para reforçar as disparidades entre as regiões.

O relator do processo no TCU, Ministro Raimundo Carrero, enfatizou que, embora possa ter havido aumento do consumo, as políticas de desoneração de tributos compartilhados devem ser dotadas de mecanismos tendentes a neutralizar o impacto negativo nas transferências de recursos da União aos outros entes da federação, a fim de resguardar o federalismo fiscal, um dos pilares do "pacto federativo", que foi erigido à condição de cláusula pétrea na forma federativa do Estado brasileiro (CF/88, art. 60, § 4º, I).

Como se depreende da auditoria do TCU, a renúncia fiscal foi feita sem qualquer estudo ou embasamento técnico, principalmente relacionados a possíveis impactos nas finanças regionais e locais, já que a desoneração de impostos federais repercute diretamente na transferência de recursos aos demais entes da federação, ou mesmo a medidas que seriam necessárias para neutralizar os reflexos negativos para Estados-membros, Distrito Federal e Municípios, que não participaram da formulação de tal política.

Do exposto, ressai claramente que essa política de desoneração fiscal formulada unilateralmente pela União, em princípio, além de não se coadunar com objetivo fundamental da República Federativa do Brasil, pelo fato de ter contribuído para acentuar as disparidades no desenvolvimento regional, em vez de diminuí-las, vulnera um dos pilares do Estado federal, na medida em que mitiga a autonomia financeira dos entes subnacionais, por gerar desequilíbrio em suas já sacrificadas finanças, em virtude da diminuição das transferências de recursos que lhes são devidas por força do art. 159 da Constituição federal de 1988.

5. FEDERALISMO FISCAL ESTRATÉGICO

As práticas examinadas no item precedente, sob o enfoque doutrinário, não deveriam existir no cenário jurídico nacional, pois a coordenação fiscal entre os entes de uma federação não pode se dar fora dos fundamentos inspiradores do Estado federal e das normas insculpidas em sua Constituição, o que está a merecer olhar mais atento do poder constituinte reformador e do governo federal brasileiros, até porque há aspectos consectários da forma federativa, como o equilíbrio da federação, que não podem ser rompidos, nem por emenda constitucional[28].

Nesse particular, a história revela que a técnica de organização estatal[29] e, por conseguinte, de compatibilizar poder e liberdade (autonomia) no âmbito do Estado federal é conhecida como federalismo,

---

28 BATISTA JUNIOR, Onofre Alves. *O projeto democrático da constituição e o acerto de contas*. Disponível em: <http://apeminas.org.br/noticias/o-projeto-democrati-co-descentralizador-da-constituicao-e-o-acerto-de-contas/>. Acesso em: 29 de novembro de 2019.

29 BARACHO, José Alfredo de Oliveira. *Teoria geral do federalismo*. Rio de Janeiro: Forense, 1986, p. 199.

sendo criação do Estado moderno e vinculando-se ao processo de estabelecimento da Constituição escrita, a partir do século XVIII[30].

O federalismo, como forma de organização política do Estado moderno e em virtude de seus variados tipos e da pluralidade de suas técnicas, está em plena evolução[31].

Assim, na linha das ideias delineadas no ensaio "Urgência e emergência do constitucionalismo estratégico" de autoria de José Luiz Borges Horta[32], pode-se pensar no federalismo estratégico, como movimento da contemporaneidade, no qual há a confluência de duas dimensões, tal e qual a dupla face de Jano, isto é, uma dimensão retrospectiva e outra prospectiva. A dimensão retrospectiva permite identificar os desafios e problemas oriundos do processo de concretização das espécies de federalismo consagradas na ordem constitucional vigente, fornecendo os aportes necessários para tentar minimizá-los ou mesmo superá-los. A dimensão prospectiva, por sua vez, permite imaginar e pensar o porvir, de modo a estabelecer novas bases para aprimoramento das espécies de federalismo inerentes à organização política do Estado federal, sobretudo ante os desafios de um mundo a cada dia mais globalizado e de uma sociedade cada vez mais complexificada.

Nessa ordem de ideias, e diante do desiderato deste ensaio, o federalismo fiscal pode ser representado pela distribuição constitucional de recursos patrimoniais e das competências financeiras e tributárias para legislar, fiscalizar e cobrar recursos, assim como a redistribuição de receitas entre os entes federados, a fim de conferir a cada um deles condições para realizar suas respectivas atribuições públicas, igualmente estabelecidas na Constituição[33], na medida em que, conforme delineado

---

30 HORTA, Raul Machado. Formas simétrica e assimétrica do federalismo no estado moderno. *Revista do Tribunal de Contas do Estado de Minas Gerais*. Belo Horizonte, v. 26, n. 1, pp. 85-102, jan./mar. 1998, p. 85.

31 BARACHO, José Alfredo de Oliveira. *Teoria geral do federalismo*. Rio de Janeiro: Forense, 1986, p. 199.

32 HORTA, José Luiz Borges. Urgência e emergência do constitucionalismo estratégico. *Revista Brasileira de Estudos Constitucionais - RBEC*, Belo Horizonte, ano 6, n. 2, p. 783-806, jul./set. 2012.

33 CATARINO, João Ricardo; ABRAHAM, Marcus. *O federalismo fiscal no Brasil e na União Europeia*. Disponível em: <https://www.academia.edu/37890304/O_FEDE-RALISMO_FISCAL_NO_BRASIL_E_NA_UNI%C3%83O_EUROPEIA_-_Jo%C3%A3o_Ricardo_Catarino_Marcus_Abraham?bulkDownload=true>. Acesso em: 29 de novembro de 2019.

no exame empreendido linhas atrás, a autonomia dos entes federados é imanente a qualquer Estado que se estruture na forma de federação.

De fato, de nada adianta o zelo na partilha de competências constitucionais entre os diferentes entes federados, se essa repartição não for acompanhada da atribuição de recursos próprios e suficientes para fazer frente às diversas tarefas que lhes foram conferidas pela Constituição. Isso é o mesmo que dizer, as competências constitucionais esvaziam-se sem as condições materiais para o seu exercício[34].

A distribuição dos recursos financeiros na federação, porém, juntamente com a repartição dos encargos que tocarão a cada um dos entes federados, é tarefa bastante complexa e de difícil ajuste, em especial diante da dificuldade de compatibilizar as desigualdades e peculiaridades regionais, aliados a outros fatores que exercem influência no equacionamento desse ponto nodal pertinente a questões relacionadas ao federalismo[35].

Daí é que reforma constitucional que abarque questões de natureza financeira deve ser pensada e delineada sob o influxo de um federalismo fiscal estratégico, isto é, deve-se pensar o tempo presente, sem esquecer das referências e equívocos do passado, e vislumbrando as possibilidades do porvir. Equivale a dizer, reforma constitucional que envolva matéria de natureza financeira deve consubstanciar verdadeira política de Estado, *in casu*, de um Estado federal, como o Brasil, e não mais uma mera política de governo.

Diante desse contexto, as questões urgentes e emergentes de natureza financeira que necessitem de equalização devem ser pensadas sob o ponto de vista da Federação brasileira, e não somente da União, considerando que a autonomia de todos os entes constitui um dos pilares do Estado federal, tanto que está consagrada no art. 18 da Constituição de 1988. Nesse sentido, parafraseando Berger[36], o poder particularíssimo que constitui a autonomia, que deve ser entendida na sua acepção

---

34 BRASIL. Supremo Tribunal Federal. Ação Direta de Inconstitucionalidade por Omissão – ADO 25/DF. Relator: Ministro Gilmar Mendes. Plenário 30/11/2016, p. 14. Disponível em: < http://redir.stf.jus.br/paginadorpub/paginador.jsp?docTP=-TP&docID=13385039>. Acesso em: 24 de novembro de 2019.

35 CONTI, José Maurício. Apresentação. *In*: CONTI, José Maurício (org.). *Federalismo fiscal*. Barueri: Manole, 2004, p. VIII e IX.

36 BERGER, Gastón. Introducción psicológica y filosófica a los problemas del federalismo. *In*: BERGER, G.; CHEVALIER, J. J.; DURAND, CH.; DUVERGER, M.; FABRE, M.; MARC, A.; MATHIOT, A.; SIGMAN, J. y VEDEL, G. *Federalismo y federalismo europeo*. Traducción de Raúl Morodo. Madrid: Tecnos, 1965, p. 23.

técnico-política, ou seja, capacidade de autogoverno, autoadministração, auto-organização e autofinanciamento, não pode ser concebido de maneira abstrata e teórica, para não perder sua significação. Não se pode confundir direito abstrato e possibilidade real. Em realidade, constituiria hipocrisia, em face dos fundamentos do Estado federal, não conferir recursos financeiros suficientes para o pleno exercício da autonomia outorgada aos Estados-membros, Distrito Federal e Municípios. Ora, não existe autonomia, se qualquer uma dessas capacidades ficar comprometida, máxime a de autofinanciamento.

Nessa esteira, ao ser pensada e delineada reforma constitucional que envolva matéria de natureza financeira, não se pode deixar de considerar – a fim de extirpá-las e evitar reincidência – práticas fiscais antifederalistas existentes, como aquelas perpetradas, por exemplo, com a Desvinculação de Receitas da União - DRU, com a desoneração do ICMS com a Lei Kandir, com o aumento da instituição de contribuições e com os casos de desoneração de Imposto de Renda - IR e de Imposto sobre Produtos Industrializados - IPI.

Aliado a isso, deve-se sopesar os critérios de distribuição de recursos mediante transferências intergovernamentais, porquanto, ainda que sejam consideradas variáveis como renda e população, a exemplo do que ocorre com os Fundos de Participação dos Estados (FPE) e Municípios (FPM), isso não basta para atender as peculiaridades regionais e locais de cada ente federado e, por conseguinte, diminuir financeiramente o desequilíbrio fiscal entre eles, de modo a permitir que possam exercer suas atribuições mais adequadamente. E mais, deve-se diminuir a deletéria concentração de poder e recursos em favor da União, a qual proporciona consequências negativas de variadas ordens, entre as quais: a) enfraquecimento do processo democrático decorrente da luta entre as forças políticas regionais e a central; b) indesejada competição fiscal – vertical e horizontal – entre os entes subnacionais, conhecida como "guerra fiscal"; c) incapacidade de o governo central exercer satisfatoriamente sua função coordenadora em todo o território, gerando práticas autônomas dos governos regionais e locais incompatíveis com o interesse nacional; d) minimização dos processos de redução das desigualdades regionais e do estímulo ao desenvolvimento social e econômico local[37].

---

37 CATARINO, João Ricardo; ABRAHAM, Marcus. *O federalismo fiscal no Brasil e na União Europeia.* Disponível em: <https://www.academia.edu/37890304/O_FEDER-ALISMO_FISCAL_NO_BRASIL_E_NA_UNI%C3%83O_EUROPEIA_-_Jo%C3%A3o_

Além disso, neste mundo a cada dia mais globalizado, em que a revolução silenciosa das tecnologias da informação e da comunicação mudou por completo a noção de tempo e espaço, o que tem tornado a sociedade cada vez mais complexificada, deve-se pensar e vislumbrar o porvir, com o propósito de sempre melhorar a coordenação fiscal entre os entes da Federação brasileira[38], para que possa alcançar seus objetivos fundamentais[39], desafios que implicam, necessariamente, descentralizar poder político, atribuições e, por via de consequência, recursos financeiros, atributos de federalismo de viés centrífugo[40], como o do Estado federal brasileiro. Afinal de contas, não se pode pensar o federalismo dissociado das ideias de convivência, cooperação, solidariedade e bem comum.

Ricardo_Catarino_Marcus_Abraham?bulkDownload=true>. Acesso em: 29 de novembro de 2019.

38 Nesse sentido, Heleno Taveira Torres já cogita o aprofundamento da ideia de um federalismo regional, conforme se depreende desta passagem: "o grande avanço das políticas nacionais orientadas ao desenvolvimento, como propugnado por Gilberto Bercovici, estaria no aprofundamento do nosso federalismo regional, com meios para que as regiões, como entes federativos, pudessem promover a necessária articulação entre Estados e Municípios, com um federalismo fiscal regional adensado pelo rigor do planejamento econômico de caráter constitucional, em favor do desenvolvimento, como anteviu Fabio Konder Comparato". TORRES, Heleno Taveira. Constituição financeira e o federalismo financeiro cooperativo equilibrado brasileiro. *Revista Fórum de Direito Financeiro e Econômico – RFDFE*, Belo Horizonte, ano 3, n. 5, p. 25-54, mar./ago. 2014.

39 Constituição federal de 1988 – Art. 3º Constituem objetivos fundamentais da República Federativa do Brasil: I - construir uma sociedade livre, justa e solidária; II - garantir o desenvolvimento nacional; III - erradicar a pobreza e a marginalização e reduzir as desigualdades sociais e regionais; IV - promover o bem de todos, sem preconceitos de origem, raça, sexo, cor, idade e quaisquer outras formas de discriminação.

40 Segundo se extrai de clássica monografia de Oswaldo Aranha Bandeira de Mello, classifica-se como federalismo centrífugo a transformação do Estado orientada por força ou movimento que evolveu do centro para a periferia, deslocando poderes, antes centralizados, para as coletividades inferiores, que até, impropriamente, receberam o nome de Estados, devido, decerto, ao espírito de imitação, como ocorreu no México e no Brasil. MELLO, Oswaldo Aranha Bandeira de. *Natureza jurídica do estado federal.* Nova impressão. Monografia premiada pelo Instituto dos Advogados de São Paulo. Publicação da Prefeitura do Município de São Paulo, 1948, p. 73.

POSSÍVEIS IMPLICAÇÕES DA PROPOSTA DE REFORMA DOS FUNDOS PÚBLICOS PARA O SETOR DE TELECOMUNICAÇÕES: A SITUAÇÃO DO FUST E DA CONTRIBUIÇÃO DE INTERVENÇÃO NO DOMÍNIO ECONÔMICO A ELE DESTINADA

GUILHERME CAMARGOS QUINTELA[1]

MARIANA BAETA DE ALMEIDA[2]

SUMÁRIO: 1. A PEC nº 187/2019 no contexto de "crise" dos fundos públicos.; 2. O Fundo de Universalização dos Serviços de Telecomunicações (Fust) e a sua atual (des)importância para a expansão de investimentos no setor; 3. A contribuição ao Fust: o problema das recorrentes desvinculações das suas receitas à precípua finalidade do fundo; 4. A PEC nº 187/2019 e o futuro da Cide destinada do Fust: supressão da própria necessidade de intervenção. Inviabilidade da cobrança da contribuição; 5. Conclusão; Referências Bibliográficas

1. A PEC Nº 187/2019 NO CONTEXTO DE "CRISE" DOS FUNDOS PÚBLICOS.

Os fundos públicos foram criados como mecanismos de descentralização da administração pública, e proliferaram de tal modo que, atualmente, são os instrumentos orçamentários mais utilizados no Brasil para se operacionalizar a vinculação de receitas a determinados setores ou atividades.

---

1 Doutor e Mestre em Direito pela Universidade Federal de Minas Gerais. Professor das Faculdades Milton Campos. Advogado.

2 Pós-Graduada em Direito Tributário pelas Faculdades Milton Campos. Graduada em Direito pela Universidade Federal de Minas Gerais. Advogada.

Ricardo Lobo Torres define os fundos especiais como uma universalidade de recursos vinculados a despesas específicas. Trata-se de instrumentos contábeis para a consecução de objetivos administrativos e políticos do Estado, atrelados aos órgãos públicos que, indicados por lei, são incumbidos da sua administração.[3]

Utilizando-se do conceito enunciado por Heleno Taveira Tôrres, fundos públicos especiais são destaques patrimoniais de entes públicos, vinculados à realização de finalidades previamente determinadas pela Constituição ou por leis sob a forma de patrimônio separado, vinculado ao emprego em certos fins, ao atendimento de necessidades públicas ou como complementação financeira para prestação de serviços públicos disponíveis.[4]

Ainda segundo o professor, tais fundos decorrem sempre da necessidade de organizar as atribuições de certos recursos orçamentários por meio de procedimento técnico de redistribuição financeira para se alcançar determinados fins que não poderiam ser atingidos sem a atribuição de patrimônio separado sob gestão coordenada.[5]

Os fundos são, portanto, instrumentos que auxiliam o alcance de determinados fins de desenvolvimento social ou econômico, cumprindo função distributiva do orçamento, seja social ou regional, com evidente efeito de subvencionalidade. Ou seja: os fundos públicos são mecanismos próprios do Estado Social, como modo especial de financiamento de determinadas despesas públicas, prestando-se a distribuir recursos, sempre segundo disposições legais e conforme as atuais necessidades públicas.[6]

Essa função "distributiva" dos fundos públicos justifica a vinculação de receitas a tais instrumentos, pois a garantia de alocação de recursos para a execução de um programa, sobretudo se relacionado a um obje-

---

3 TORRES, Ricardo Lobo. *Tratado de Direito Financeiro e Tributário*. v. 5. 10ª edição. Rio de Janeiro: Renovar, 2009, p. 508.

4 TÔRRES, Heleno Taveira. *Direito Constitucional Financeiro: Teoria da Constituição Financeira*. São Paulo: Revista dos Tribunais, 2014, p. 287.

5 TÔRRES, Heleno Taveira. Fundos Especiais para Prestação de Serviços Públicos e os Limites da Competência Reservada em Matéria Financeira. *In:* PIRES, Adilson Rodrigues; TÔRRES, Heleno Taveira (coord.). *Princípios de Direito Financeiro e Tributários: Estudos em Homenagem ao Professos Ricardo Lobo Torres*. São Paulo: Renovar, 2006, p. 40.

6 *Ibid.*, p. 36.

tivo fundamental republicano, protege a política pública das vulnerabilidades orçamentárias.

Sabe-se que o orçamento condensa diversos interesses, muitas vezes conflitantes, quanto à destinação dos recursos públicos que, por pressuposto lógico, são limitados. A decisão final acerca da aplicação dos dotes dependerá sempre da conjuntura institucional e jurídica vigente quando da elaboração da lei orçamentária, que se altera de tempos em tempos.[7]

Nesse contexto, para evitar-se que certos grupos ou setores contemplados por determinada política pública distributiva vejam-se, de um dia para o outro, privados dos recursos que lhes são reiteradamente destinados, o legislador adotou medidas para tentar garantir a aplicação de certas parcelas das receitas públicas em despesas predeterminadas, de modo obrigatório[8], como é o caso dos fundos públicos.

São bastante contundentes os aspectos positivos da utilização de fundos públicos no Brasil. Além disso, como os fundos possuem unidades gestoras dedicadas exclusivamente à execução de suas metas – até mesmo com a garantia de continuidade de recursos na passagem de um exercício financeiro para o outro –, esses instrumentos contribuem, ou deveriam contribuir, ao alcance da eficiência orçamentária.

A ineficiência dos fundos públicos na gestão orçamentária vem, nada obstante, sendo comumente apontada em estudos econômicos a respeito do tema, situação que tem ensejado crescente discussão acerca da efetividade desse instrumento de vinculação de receitas para a execução de políticas públicas.

Recentes estudos do Instituto de Pesquisa Econômica Aplicada (IPEA)[9] demonstram a execução de parcela muito pequena dos recursos que são destinados a vários fundos públicos. Cerca de 20% dos

---

7 REZENDE, Fernando; CUNHA, Armando. *Contribuintes e cidadãos. Compreendendo o orçamento federal.* São Paulo: FGV, 2002, p. 11.

8 MARTINS, Marcelo Guerra. As vinculações das receitas públicas. A Desvinculação das Receitas da União (DRU). As contribuições e a referibilidade. *In:* CONTI, José Maurício; SCAFF, Fernando Facury. *Orçamentos Públicos e Direito Financeiro.* São Paulo: Revistas dos Tribunais, 2011, p. 825.

9 BASSI, Camillo de Moraes. *Fundos especiais e políticas públicas: uma discussão sobre a fragilização do mecanismo de financiamento.* IPEA, 2019. Disponível em: http://www.ipea.gov.br/portal/images/stories/PDFs/TDs/td_2458.pdf. Acesso em: 01 nov. 2019.

fundos usam menos de 10% dos recursos a que têm direito, sendo que outros 50% usam menos da metade da sua disponibilidade financeira.

Como gizado, a vinculação de receitas destinadas a fundos existe como forma de garantir recursos públicos para áreas/setores específicos, estratégicos aos interesses nacionais. A partir do momento em que as receitas públicas, por mais que previstas na lei orçamentária, não são executadas nas finalidades legalmente e constitucionalmente previstas, há uma efetiva perda da funcionalidade do orçamento e, por consequência, uma baixa eficiência desse instrumento.

Segundo o Secretário Especial de Fazenda do Ministério da Economia, Waldery Rodrigues, há, no Brasil, mais de 200 fundos, de diferentes tipos.[10] Estima-se que esses fundos reúnam uma quantia aproximada de R$ 222 bilhões, considerando-se números do ano de 2017. Ou seja: atualmente há, no Brasil, uma relevante parcela de receitas públicas alocada em fundos que não vêm sendo utilizadas para suportar as despesas para as quais foram dotadas.

Nesse cenário de "crise dos fundos públicos" é que foi elaborada a PEC nº 187, de 2019, que visa a instituir reserva de lei complementar para criar fundos públicos e a extinguir aqueles que não forem ratificados dentro dos dois anos subsequentes à promulgação da Emenda. Trata-se de uma das três propostas do chamado "Plano Mais Brasil", do Ministro da Economia Paulo Guedes.

Na justificação da PEC, os congressistas autores da proposta deixam claro que a sua intenção é extinguir a quase totalidade dos fundos públicos atualmente vigentes, com exceção daqueles previstos na Constituição e nas Leis Orgânicas dos Entes Federados. Pretende-se, assim, desvincular recursos para utilizá-los "de acordo com as diretrizes governamentais vigentes e a realidade atual".[11]

---

10 PUPO, Fábio. Proposta de desindexação do Orçamento pouparia R$ 37 bi. *Folha de São Paulo*, 22 set. 2019, 2h00. Disponível em: https://www1.folha.uol.com.br/mercado/2019/09/proposta-de-desindexacao-do-orcamento-pouparia-r-37-bi.shtml. Acesso em: 1 out. 2019.

11 BRASIL. *Proposta de Emenda à Constituição nº 189, de 2019*. Institui reserva de lei complementar para criar fundos públicos e extingue aqueles que não forem ratificados até o final do segundo exercício financeiro subsequente à promulgação desta Emenda Constitucional, e dá outras providências. Brasília: Senado Federal, 05 nov. 2019. Disponível em: https://legis.senado.leg.br/sdleg-getter/documento?dm=8035499&ts=1576187836711&disposition=inline. Acesso em: 01 dez. 2019.

De fato, o engessamento das prioridades é um problema dos fundos públicos que merece consideração. Afinal, a vinculação, muitas vezes, atrela os gastos de hoje a prioridades do passado, o que pode acarretar prejuízo às necessidades que se apresentam a cada época, caso a motivação da existência de determinado fundo não seja revista periodicamente.

Segundo a PEC nº 187/2019, serão também revogados todos os dispositivos infraconstitucionais que vinculem receitas públicas aos fundos, de forma que poderão ser utilizadas em outras despesas tidas como prioritárias pelo legislador orçamentário. Ainda segundo o texto, parte das receitas públicas desvinculadas poderá ser destinada, por exemplo, a projetos e programas voltados à erradicação da pobreza e a investimentos em infraestrutura que visem à reconstrução nacional.

Caso aprovada a PEC nº 187/2019, tudo indica que o Fundo de Universalização dos Serviços de Telecomunicações (Fust) será um dos afetados. A proposta não traz referência a nenhum fundo especificamente, mas a apresentação feita pelo Ministério da Economia sobre o "Plano Mais Brasil" cita expressamente o Fust, deixando a entender que, caso o governo não traga uma proposta consistente e convincente de aplicação de seus recursos, esse fundo será extinto.[12]

Essa previsão faz bastante sentido quando observa-se que, nos últimos anos, apenas uma parcela inexpressível das receitas destinadas ao Fust foi efetivamente utilizada para o desenvolvimento do setor de telecomunicações. A quase totalidade dessas receitas foi sistematicamente desvinculada pelo governo federal para a realização de outras despesas, mais especificamente para o pagamento dos serviços da dívida pública – ponto que será analisado mais detidamente nos tópicos seguintes deste trabalho.

Nesse contexto, cabe analisar, de forma breve, mas suficiente para o objeto deste estudo, o Fundo de Universalização dos Serviços de Telecomunicações e sua eficácia na expansão do setor de telecomunicações.

---

12 BRASIL. Ministério da Economia. **Apresentação oficial do "Plano mais Brasil".** Disponível em: https://drive.google.com/file/d/1b6XZWCrNgaPgd6wjCDnmR3T8T-fCmdCjb/view. Acesso em: 09 nov. 2019.

2. O FUNDO DE UNIVERSALIZAÇÃO DOS SERVIÇOS DE TELECOMUNICAÇÕES (FUST) E A SUA ATUAL (DES)IMPORTÂNCIA PARA A EXPANSÃO DE INVESTIMENTOS NO SETOR

A Emenda Constitucional nº 08, de 15 de agosto de 1995, modificou a redação do art. 21, XI, da Constituição Federal[13] para atribuir à União a competência exclusiva para a exploração, diretamente ou mediante autorização, concessão ou permissão, dos serviços de telecomunicações no Brasil.

Por tratar-se de norma constitucional de eficácia limitada, que carecia de lei ordinária para a sua implementação, aos 16 de julho de 1997 foi editada a Lei nº 9.472/1997 (Lei Geral de Telecomunicações – LGT), dispondo sobre a organização dos serviços de telecomunicações.

Nos termos do art. 63 da LGT[14], os serviços de telecomunicações podem ser prestados sob os regimes de direito público ou de direito privado. A outorga do serviço submetido ao regime de direito público, de interesse coletivo, é feita mediante concessão ou permissão, sendo deveres do concessionário/permissionário a universalização e a continuidade do serviço. Os serviços submetidos ao regime de direito privado, a seu turno, são de interesse restrito, explorados com base no princípio constitucional do livre exercício da atividade econômica.[15]

A LGT define expressamente apenas o Serviço Fixo Telefônico Comutado (STFC) como de interesse coletivo. Ou seja: atualmente, somente as prestadoras do STFC possuem a obrigação de observar a universalização deste serviço de telecomunicação. Obrigatoriedade

---

13 "Art. 21. Compete à União: (…) XI - explorar, diretamente ou mediante autorização, concessão ou permissão, os serviços de telecomunicações, nos termos da lei, que disporá sobre a organização dos serviços, a criação de um órgão regulador e outros aspectos institucionais;" (BRASIL. *Constituição da República Federativa do Brasil de 1988.* Disponível em: http://www.planalto.gov.br/ccivil_03/Constituicao/Constituicao.htm. Acesso em: 29 nov. 2019).

14 "Art. 63. Quanto ao regime jurídico de sua prestação, os serviços de telecomunicações classificam-se em públicos e privados.

Parágrafo único. Serviço de telecomunicações em regime público é o prestado mediante concessão ou permissão, com atribuição a sua prestadora de obrigações de universalização e de continuidade." (BRASIL. *Lei nº 9.472, de 16 de julho de 1997.* Lei Geral de Telecomunicações. Disponível em: http://www.planalto.gov.br/ccivil_03/LEIS/L9472.htm. Acesso em: 29 nov. 2019.

15 MOREIRA, André Mendes. *A Tributação dos Serviços de Comunicação.* São Paulo: Noeses, 2016, p. 28.

essa que não alcança, por exemplo, os prestadores do serviço móvel pessoal (SMP) e do serviço de comunicação multimídia (SCM), ambos prestados em regime privado. A explicação para tal fato é que, à época da edição da LGT, em 1997, a prestação do serviço de telecomunicação na modalidade fixa (STFC) era a mais utilizada, bem como considerada essencial à população.

O conceito de universalização dos serviços de telecomunicações está previsto no art. 79, § 1º, da LGT[16]:

> Art. 79. A Agência regulará as obrigações de universalização e de continuidade atribuídas às prestadoras de serviço no regime público.
> § 1º Obrigações de universalização são as que objetivam possibilitar o acesso de qualquer pessoa ou instituição de interesse público a serviço de telecomunicações, independentemente de sua localização e condição socioeconômicas, bem como as destinadas a permitir a utilização das telecomunicações em serviços essenciais de interesse público.

Consoante Daniela Silveira Lara, o objetivo da universalização dos serviços de telecomunicações é, a partir de sua prestação isonômica, garantir condições de acesso e fruição em qualquer parte do território nacional, reduzindo as desigualdades regionais e sociais.[17]

Para isso, conforme esclarece Heleno Taveira Tôrres, a infraestrutura de acesso ao serviço deve ser universal, de forma a cumprir a sua função social de acesso de todos aos serviços de telecomunicações.[18] A universalização é, assim, conceito intrinsecamente ligado ao princípio da isonomia, pois visa a garantir a oferta dos serviços de telecomunicações a um preço acessível e razoável para que todos tenham a ele acesso, assim como levar a rede de telefonia a regiões não muito interessantes do ponto de vista econômico.[19]

---

16 BRASIL. *Lei nº 9.472, de 16 de julho de 1997.* Lei Geral de Telecomunicações. Disponível em: http://www.planalto.gov.br/ccivil_03/LEIS/L9472.htm. Acesso em: 29 nov. 2019.

17 LARA, Daniela Silveira. *Contribuições de Intervenções no Domínio Econômico (CIDE):* Pressupostos Aplicados à CIDE dos Serviços de Telecomunicações. São Paulo: Almedina, 2019, p. 131.

18 TÔRRES, Heleno Taveira. *Direito Tributário das Telecomunicações e Satélite.* São Paulo: Quartier Latin, 2007, p. 43.

19 NETO, Floriano A. Marques. A Regulação e o Direito das Telecomunicações. *In:* SUNDFELD, Carlos (coord.). *Direito Administrativo Econômico.* São Paulo: Malheiros, 2000, p. 38.

A dita universalização do setor de telecomunicações baseia-se, portanto, nos ditames do art. 170 da Constituição, a determinar que a ordem econômica, fundada na livre iniciativa, deve sempre buscar a redução das desigualdades regionais e sociais, pilares do Estado Democrático de Direito, conforme dita o art. 3º da CRFB.

Com efeito, o § 2º do art. 80 da LGT[20] dispôs que as metas de universalização previstas pelo contrato de concessão devem ser custeadas pela própria concessionária do STFC. Como não era suficiente apenas obrigar as concessionárias a ampliar a oferta do STFC nas áreas ainda não atendidas, sendo necessário também viabilizar a prestação dos serviços em localidades onde a sua exploração não se mostrasse economicamente viável, o art. 81, II, da LGT[21] previu que os custos para o cumprimento das metas de universalização, que eventualmente não pudessem ser arcados com a exploração eficiente do serviço, deveriam ser custeados por recursos de fundo público especificamente constituído para essa finalidade.

Desse modo, foi criado, pela Lei nº 9.998, de 17 de agosto de 2000, o Fundo de Universalização dos Serviços de Telecomunicações, o Fust, composto por recursos públicos e decorrentes de contribuição co-

---

20 "Art. 80. As obrigações de universalização serão objeto de metas periódicas, conforme plano específico elaborado pela Agência e aprovado pelo Poder Executivo, que deverá referir-se, entre outros aspectos, à disponibilidade de instalações de uso coletivo ou individual, ao atendimento de deficientes físicos, de instituições de caráter público ou social, bem como de áreas rurais ou de urbanização precária e de regiões remotas. (...)

§ 2º Os recursos do fundo de universalização de que trata o inciso II do art. 81 não poderão ser destinados à cobertura de custos com universalização dos serviços que, nos termos do contrato de concessão, a própria prestadora deva suportar." (BRASIL. *Lei nº 9.472, de 16 de julho de 1997*. Lei Geral de Telecomunicações. Disponível em: http://www.planalto.gov.br/ccivil_03/LEIS/L9472.htm. Acesso em: 29 nov. 2019).

21 "Art. 81. Os recursos complementares destinados a cobrir a parcela do custo exclusivamente atribuível ao cumprimento das obrigações de universalização de prestadora de serviço de telecomunicações, que não possa ser recuperada com a exploração eficiente do serviço, poderão ser oriundos das seguintes fontes: (...)

II - fundo especificamente constituído para essa finalidade, para o qual contribuirão prestadoras de serviço de telecomunicações nos regimes público e privado, nos termos da lei, cuja mensagem de criação deverá ser enviada ao Congresso Nacional, pelo Poder Executivo, no prazo de cento e vinte dias após a publicação desta Lei." (BRASIL. *Lei nº 9.472, de 16 de julho de 1997*. Lei Geral de Telecomunicações. Disponível em: http://www.planalto.gov.br/ccivil_03/LEIS/L9472.htm. Acesso em: 29 nov. 2019).

brada das prestadoras de serviços de telecomunicações, nos regimes público e privado, destinado a cobrir os custos complementares da universalização.

As receitas que abasteceriam o Fust foram previstas nos incisos I a VI do art. 6º da Lei nº 9.998/2000, sendo a mais relevante delas a contribuição de 1% sobre a receita operacional bruta decorrente da prestação de serviços de telecomunicações, excluindo-se os valores relativos ao ICMS, à contribuição ao Pis e à Cofins.

Como visto, o Fust somente pode ser utilizado para cobrir os dispêndios relativos aos serviços de telefonia fixa comutada. Assim, pela legislação atual, mesmo que um serviço seja essencial, mas prestado em regime privado, não poderá utilizar-se dos recursos do fundo para a sua expansão.

Ocorre que, com os avanços tecnológicos ocorridos nas duas últimas décadas, o STFC se tornou obsoleto no Brasil, pois já universalizado e facilmente substituível, uma vez que outras modalidades de serviços de telecomunicações são capazes de oferecer, em larga medida, as mesmas utilidades inerentes à telefonia fixa, com vantagens adicionais.

O próprio Ministro de Estado da Ciência, Tecnologia, Inovações e Comunicações, quando instado a se manifestar, pelo TCU, sobre a avaliação do descompasso entre o volume arrecadado e a aplicação dos fundos destinados ao Fust, afirmou que (i) "a universalização da telefonia fixa já teve grande avanço ao abrigo dos Planos Gerais de Metas de Universalização (PGMU) do STFC prestado em regime público"; e (ii) "a percepção da pasta seria a da realidade não demandaria mais a universalização do STFC, mas, sim, dos serviços de dados em alta velocidade prestados por meio do SMP (telefonia móvel) e do SCM (banda larga fixa)".[22]

A Agência Nacional de Telecomunicações (Anatel) igualmente se manifestou nesse sentido, informando que a modalidade do STFC teria perdido "a centralidade que ocupava no início dos anos 2000, seja sob o ponto de vista das preferências dos consumidores, seja sob o ponto de vista do desenvolvimento econômico e social do país", bem como que "os principais objetivos relacionados ao serviço universal, originários da Lei Geral de Telecomunicações e pré-estabelecidos na Lei do

---

22 BRASIL. *Tribunal de Contas da União (TCU)*. Plenário. Acórdão TCU nº 794/2017 (Processo nº TC 033.793/2015-8). DOU, 20 abr. 2017. Brasília, DF, 2017.

FUST, foram atingidos por meio de recursos próprios das concessionárias do STFC".[23]

O conceito de serviço essencial se altera com a evolução tecnológica, de modo que uma tecnologia obsoleta pode não mais atender às necessidades de desenvolvimento social e regional do país, finalidade própria da universalização.

Assim, a perda da essencialidade da telefonia fixa e a verificação de que outras modalidades de serviços, como o acesso à banda larga e as tecnologias 3G e 4G, passaram a ser os novos e verdadeiros objetos de demanda dos consumidores, levam à conclusão pela total dispensabilidade do Fust para o desenvolvimento do setor de telecomunicações atualmente.

Tal conclusão, contudo, não nega a funcionalidade dos fundos setoriais para custear os investimentos em serviços essenciais, como os de telecomunicações, principalmente em um país com tamanha extensão territorial e desigualdades sociais e regionais como o Brasil.

Os recursos do Fust, se utilizados na universalização de outros serviços de telecomunicações, como a banda larga fixa e a telefonia móvel, seriam de primordial importância, considerando que no Brasil há, atualmente, uma preocupação nítida do poder público na necessidade de expansão dessas tecnologias.[24]

---

23 Páginas 10, 16 e 17 das informações prestadas pela Anatel na ADO nº 37/DF, ajuizada pelo Conselho Federal da OAB para que seja declarada inconstitucional a omissão de medidas administrativas voltadas ao emprego dos recursos do Fust nas finalidades a que legalmente vinculado o Fundo e a sua respectiva contribuição. (BRASIL. Supremo Tribunal Federal. *Ação Direta de Inconstitucionalidade Por Omissão (ADO nº 37/DF)*. Relator Ministro Ricardo Lewandowski. Disponível em: http://redir.stf.jus.br/estfvisualizadorpub/jsp/consultarprocessoeletronico/ConsultarProcessoEletronico.jsf?seqobjetoincidente=5092096. Acesso em: 10 dez. 2019).

24 O Governo Federal criou dois programas que visam a aumentar a prestação do serviço de banda larga no Brasil: o Plano Nacional de Banda Larga (PNBL), criado por meio do Decreto nº 1.175/2010, tinha como objetivo fomentar o uso e o fornecimento de bens e serviços de tecnologias da informação e comunicação visando à massificação do acesso à banda larga e a inclusão digital; e o "Programa Brasil Inteligente", criado por meio do Decreto nº 8.776/2016, como uma nova etapa no PNBL, que tem como objetivo a universalização da internet banda larga. Além desses programas, em 2018 foi criado o projeto "Estratégia Brasileira para Transformação Digital" (E-digital), que visa a traçar estratégias de longo prazo para a economia digital no Brasil.

Ocorre que a própria LGT, ao condicionar a obrigatoriedade de universalização apenas aos serviços de telecomunicações prestados no regime de direito público, engessou a utilidade do Fust, já que tal finalidade não mais carece de investimentos nos dias atuais. Conclui-se, assim, pela necessidade de flexibilização, no plano normativo, da destinação do Fust[25], para que o citado fundo passe abarcar também os investimentos na expansão da banda larga fixa e da telefonia móvel em áreas e setores não competitivos.[26]

Na ausência de medidas de flexibilização normativa, eventual extinção do Fust é, de fato, medida que está em consonância com o atual contexto do setor de telecomunicações. Soma-se a isso o preocupante cenário de sistemáticas desvinculações, realizadas pelo Poder Público, das contribuições destinadas ao Fust, situação que tem levantado discussões quanto à constitucionalidade dessa exação tributária.

3. A CONTRIBUIÇÃO AO FUST: O PROBLEMA DAS RECORRENTES DESVINCULAÇÕES DAS SUAS RECEITAS À PRECÍPUA FINALIDADE DO FUNDO

Como adiantado, dentre as receitas do Fust, figura a cobrança de contribuição devida por todas as prestadoras de serviços de telecomunicações, cuja finalidade é cobrir parcela dos custos referentes à universalização desses serviços. Ou seja: sua motivação é o cumprimento do dever de prestação mínima de serviços de telecomunicações a toda a sociedade, independentemente da localização e da condição socioeconômica dos seus usuários.

---

25 O art. 5º da Lei 9.998/2000 prevê que os recursos do Fust serão aplicados também para universalização dos serviços digitais, mas, como os arts. 63 e 64 da LGT vincularam a obrigação de universalização apenas aos serviços de telecomunicações submetidos ao regime público, essa previsão acabou por tornar-se inócua. Giza-se que se encontra em tramitação, no Senado Federal, a PLC nº 79/2016, que propõe a migração, para o regime privado, do STFC, com o compromisso das empresas prestadoras desse serviço ao investimento em internet banda larga.

26 LARA, *op. cit.*, p. 185.

Quando se fala em contribuições especiais, espécie tributária[27] prevista no art. 149 da CRFB[28], o que autoriza o exercício da competência tributária pela União é a existência de finalidade específica e preestabelecida que as ampare constitucionalmente.[29]

E não qualquer finalidade: a Constituição Federal determina, claramente, que o papel das contribuições especiais é o de viabilizar a atuação estatal nas áreas social e econômica, em observância aos ditames da justiça social e da redução das desigualdades regionais e sociais, previstos nos arts. 3º e 170 da CRFB.

No caso das contribuições de intervenção no domínio econômico (Cides), a exação deve, necessariamente, cumprir o requisito de intervenção em algum setor da economia, de forma a incentivá-lo ou a corrigir determinado desequilíbrio.

Nesse sentido, pode-se afirmar que a contribuição especial destinada ao Fust configura autêntica Cide, já que, ao menos hipoteticamente, possui a função de nivelar os custos para a universalização de serviços de telecomunicações, intervindo economicamente e socialmente nesse setor. Nesse ponto, vale conferir assertiva consideração de Fernando Botelho acerca da natureza jurídica da contribuição ao Fust:

---

27 A natureza jurídica específica das contribuições ao Fust não se identifica com a categoria dos impostos (haja vista a arrecadação destinada a fundo público), das taxas (uma vez que não remuneram o Poder Público pela prestação de um serviço público específico e divisível ou pelo exercício do poder de polícia), dos empréstimos compulsórios e das contribuições de melhoria (pois a sua cobrança não está condicionada à execução de obra pública da qual decorra valorização nos imóveis lindeiros). Nesse sentido, remanesce, consoante a orientação da teoria quinquipartite dos tributos, tão somente, a categoria das contribuições especiais.

28 "Art. 149. Compete exclusivamente à União instituir contribuições sociais, de intervenção no domínio econômico e de interesse das categorias profissionais ou econômicas, como instrumento de sua atuação nas respectivas áreas, observado o disposto nos arts. 146, III, e 150, I e III, e sem prejuízo do previsto no art. 195, § 6º, relativamente às contribuições a que alude o dispositivo." (BRASIL. *Constituição da República Federativa do Brasil de 1988*. Disponível em: http://www.planalto.gov.br/ccivil_03/constituicao/constituicao.htm. Acesso em: 29 nov. 2019).

29 Para Misabel Derzi, a "destinação assume relevância não só tributária como constitucional e legitimadora do exercício da competência federal." (BALEEIRO, Aliomar. *Limitações Constitucionais ao Poder de Tributar*. 8. ed. rev. e compl. por Misabel Abreu Machado Derzi. Rio de Janeiro: Forense, 2010. p. 943).

Quando a lei realizar essa redução de desigualdades promovendo e incrementando a universalização, mesmo que parcialmente sustentada, das telecomunicações, e na medida em que o faz mediante oneração pecuniária do próprio particular-prestador do serviço, ao qual atribuiu encargo econômico-financeiro da contribuição obrigatória para o fundo instituído como esse perfil e fim, ela, a lei, visivelmente instituiu "contribuição de intervenção no domínio econômico".[30]

Com efeito, a destinação dos recursos à finalidade de uma Cide é importante requisito de sua validade. Entretanto, como já adiantado neste estudo, uma parcela inexpressiva dos recursos arrecadados pelo Fust foi efetivamente destinada à universalização dos serviços de telecomunicações, dentro dos objetivos previstos pela LGT e pela Lei nº 9.998/2000.

Em 2018, por exemplo, da dotação orçamentária prevista ao Fust, de R$ 1,06 bilhão, foi executada apenas a irrisória quantia de R$ 61,28 mil; em 2017 a situação não foi diferente, uma vez que, do valor orçado, de R$ 1,19 bilhão, foi efetivamente gasta a quantia de apenas R$ 101,00 mil.[31]

Conforme dados fornecidos pela Anatel, de 2001 a 2016 o Fust arrecadou R$ 20,5 bilhões, sendo R$ 11 bilhões advindos de receitas originárias da Cide arrecadada pelas empresas de telecomunicações. Segundo relatório do Tribunal de Contas da União, que culminou no acórdão nº 794/2017, para a universalização dos serviços de telecomunicações foram utilizados apenas 0,002% desses recursos; já 11,64% foram desvinculados pela DRU e 87,92% desvinculados por medidas provisórias, posteriormente convertidas em leis.[32]

Ainda de acordo com o TCU, de 2008 a 2015, por meio de medidas provisórias, R$ 15,12 bilhões foram destinados a custear principalmente despesas da dívida pública e benefícios previdenciários, o que demonstra que a lei orçamentária não vem, há anos, cumprindo a sua função de destinar os recursos da Cide para a sua finalidade específica.

De acordo com o art. 73 da Lei nº 4.320/1934 e o parágrafo único do art. 8º da Lei de Responsabilidade Fiscal (Lei Complementar nº

---

30 BOTELHO, Fernando. *As Telecomunicações e o Fust: doutrina e legislação.* Belo Horizonte: Del Rey, 2001. p. 100-101.

31 BRASIL. *Portal da Transparência do Governo Federal.* Disponível em: http://www.portaltransparencia.gov.br/orgaos/41232?ano=2019. Acesso em: 10 nov. 2019.

32 BRASIL. *Tribunal de Contas da União (TCU).* Plenário. Acórdão TCU nº 794/2017 (Processo nº TC 033.793/2015-8). DOU, 20 abr. 2017. Brasília, DF, 2017.

101, de 04 de maio de 2000), apenas na circunstância de modificação das leis instituidoras dos fundos – ou das leis que destinam recursos à finalidade específica – é que poderá haver alteração da vinculação originária dos recursos. Nesse sentido, lei orçamentária, posterior à lei instituidora, que desvincula o produto arrecadado, retira a validade da própria constituição do fundo, conforme apontam Leandro Paulsen e Andrei Pitten Veloso.[33]

Pode-se afirmar, assim, que a contribuição ao Fust, apesar de cumprir o requisito relativo à destinação de seus recursos à finalidade posta no plano normativo da lei criadora do fundo, não o cumpre no plano normativo da lei orçamentária, e muito menos no seu plano fático. A consequência dessa circunstância, para Paulo Ayres Barreto, é a possibilidade de o contribuinte pleitear a repetição do indébito.[34]

Para alguns doutrinadores, como Ricardo Conceição Souza[35] e Luciano Amaro[36], basta, contudo, a previsão legal de vinculação do produto arrecadado a um fundo específico, ou mesmo a uma finalidade especial, para que seja constitucional a cobrança da contribuição, sendo que a obrigação tributária se encerra com o pagamento do tributo.

Para discutir justamente a inconstitucionalidade da contribuição destinada ao Fust em razão da ausência de sua destinação à finalidade legalmente prevista, operadoras de serviços de telecomunicações impetraram o mandado de segurança nº 2006.34.00.000369-4 perante a Justiça Federal no Distrito Federal.

A sentença, proferida pelo Juízo da 7ª Vara da Justiça Federal no Distrito Federal[37], afastou a argumentação relativa à inexigibilidade da exação ao fundamento de que a inércia do Poder Executivo no cumprimento dos objetivos delineados pela Lei do Fust implicaria, no máximo, na responsabilização dos agentes públicos responsáveis, e não a suspensão da exação, mesmo que se trate de contribuição de intervenção no domínio econômico.

---

33 PAULSEN, Leandro; VELLOSO, Andrei Pitten. *Contribuições: Teoria Geral, Contribuições em Espécie*. Porto Alegre: Livraria do Advogado, 2013. p. 67.

34 BARRETO, Paulo Ayres. *Contribuições: Regime Jurídico, Destinação e Controle*. São Paulo: Noeses, 2011. p. 184.

35 SOUZA, Ricardo Conceição. *Regime Jurídico das Contribuições*. São Paulo: Dialética, 2002, p. 58.

36 AMARO, Luciano. *Direito Tributário Brasileiro*. São Paulo: Saraiva. 1999, p.77.

37 *In*: LARA, *op. cit.*, p. 164-165.

Nos acórdãos proferidos nos julgamentos dos recursos de apelação e de embargos de declaração, a questão da tredestinação sequer foi analisada, mas apenas o atendimento do seu requisito da referibilidade.[38]

Em outro mandado de segurança com o mesmo objeto, distribuído sob o nº 2007.34.00.027328-8, também impetrado por prestadoras de serviços de telecomunicações, a 7ª Turma do Tribunal Regional Federal da 1ª Região entendeu que não haveria, no art. 149 da CRFB, qualquer previsão relativa ao tempo ou ao modo de aplicação da Cide, que seria dependente da estipulação de políticas governamentais correlatas hábeis. Além disso, afirmou que a expressão "como instrumento de sua atuação nas respectivas áreas" não detém nota de urgência para realização imediata dessa despesa.[39] Ou seja: segundo o entendimento do TRF-1, a mera previsão legal relativa à finalidade da contribuição, mesmo sem a comprovação da sua efetiva realização, é razão bastante para a sua cobrança.

Um dos fundamentos para tal entendimento é a disposição contida no parágrafo único do art. 8º da LRF[40], a permitir que a utilização das despesas para atender o objeto da vinculação seja realizada em exercício diverso daquele em que ocorre o ingresso. Haveria, assim, uma "cobertura legal" para a postergação dos gastos.

Ocorre que, em quase vinte anos de existência, o Fust ainda não foi efetivamente utilizado em sua finalidade originariamente prevista. O problema da desvinculação de receitas não é episódico, mas crônico, distorcendo, por completo, as razões que levariam à legitimidade da contribuição ao referido fundo.

---

38 BRASIL, *Tribunal Regional Federal da 1ª Região. 7ª Turma. Mandado de Segurança nº 2006.34.00.000369-4.* Relator Desembargador Hercules Fajoses. Brasília, DF, 20 maio 2016. Disponível em https://portal.trf1.jus.br/portaltrf1/pagina-inicial.htm. Acesso em: 10 dez. 2019.

39 BRASIL, *Tribunal Regional Federal da 1ª Região. 7ª Turma. Mandado de Segurança nº 2007.34.00.027328-8.* Juíza Convocada Mônica Neves Aguiar da Silva. Brasília, DF, 20 maio 2016. Disponível em https://portal.trf1.jus.br/portaltrf1/pagina-inicial. htm. Acesso em: 10 dez. 2019.

40 "Art. 8º, Parágrafo único. Os recursos legalmente vinculados a finalidade específica serão utilizados exclusivamente para atender ao objeto de sua vinculação, ainda que em exercício diverso daquele em que ocorrer o ingresso." (BRASIL, *Lei Complementar nº 101, de 4 de maio de 2000.* Disponível em http://www.planalto.gov. br/ccivil_03/leis/lcp/lcp101.htm. Acesso em 10 dez. 2019).

A obsolescência da telefonia fixa, aliado ao impedimento, expresso na LGT, para que os recursos do Fust sejam utilizados no fomento à expansão de outros serviços de telecomunicações, tem dificultado a destinação dessa contribuição, de modo a tornar compreensível que o propósito previsto na norma instituidora da contribuição, apesar de constitucional, limita a possibilidade de aplicação dos recursos no plano concreto.

4. A PEC Nº 187/2019 E O FUTURO DA CIDE DESTINADA DO FUST: SUPRESSÃO DA PRÓPRIA NECESSIDADE DE INTERVENÇÃO. INVIABILIDADE DA COBRANÇA DA CONTRIBUIÇÃO

Como frisado anteriormente, a instituição das contribuições especiais está condicionada à persecução de finalidade ínsita à sua categoria, a qual integra o próprio arquétipo constitucional da exigência. Para Misabel Abreu Machado Derzi, a destinação transmuda-se na própria hipótese de incidência das contribuições, de forma que a não aplicação dos recursos em sua finalidade teria como consequência um tributo sem causa.[41]

Leandro Paulsen e Andrei Pitten Veloso empreendem interessante diferenciação entre a *afetação jurídica* das contribuições a finalidades determinadas (elemento conceitual da exação) e a *busca da finalidade especificada pela norma atributiva da competência* (requisito de validade das contribuições).[42]

A *afetação jurídica* – que serve para diferenciar as contribuições dos impostos – se refere à vinculação do tributo a qualquer finalidade específica que o legislador tenha por bem realizar. Afetados os recursos pela lei instituidora, ter-se-á verdadeira contribuição especial. A partir daí, não haverá questionamentos se há contribuição ou não, questionar-se-á, apenas, se a contribuição existente é válida e eficaz.

Por sua vez, a busca da *finalidade especificada pela norma atributiva de competência* diz respeito à validade jurídica do tributo criado, mais precisamente à compatibilidade da finalidade perseguida pelo legislador com aquela que a norma de competência autoriza.

Trazendo tais premissas ao tema em foco, pode-se concluir que a eventual revogação da lei que instituiu o Fust implicaria na revogação automática da finalidade normativa que deu azo à instituição da Cide destinada ao fundo, qual seja, a necessidade de intervenção no domí-

---

41 BALEEIRO, *op. cit.*, p. 942-943.

42 PAULSEN, Leandro; VELLOSO, Andrei Pitten. *Op. cit.*, p. 49-50.

nio econômico.[43] A desvinculação, nesse caso, não se daria apenas no plano fático ou no plano normativo da lei orçamentária, mas também no plano normativo da própria lei instituidora da contribuição, invalidando-a de plano.

Tal problemática relativa às contribuições no contexto da PEC nº 187/2019 não passou despercebida pelo Congresso Nacional. O Senador Otto Alencar, relator da proposta, emitiu recente parecer[44] expondo a dificuldade em relação às desvinculações das contribuições estabelecidas com fundamento nos arts. 149, 149-A e 195, I, da Constituição, por serem legitimadas em função de alguma destinação legal específica.

Assim, foi acrescentado à PEC nº 187/2019 o art. 6º[45], a dispor que os recursos provenientes de contribuições especiais deverão ser destinados às finalidades para as quais foram instituídos.

Há no Brasil uma clara necessidade de encorajar e estimular a expansão de novas tecnologias de telecomunicações, principalmente digitais, como a banda larga e a telefonia móvel, e não há dúvidas de que os recursos do Fust seriam de primordial importância para a consecução desse intuito. Nesse cenário, uma alteração no plano normativo, de modo a flexibilizar a destinação do Fust, seria medida interessante para resolver a atual "crise" desse fundo.

Não parece, contudo, que seja essa a intenção do Ministro da Economia ao apoiar a PEC nº 187/2019. A pretensão do governo parece ser desvincular e, com isso, "liberar" recursos para custeio, principalmente, do superávit primário, que nada mais é do que garantir o pagamento dos serviços da dívida.

De todo modo, fato é que configuraria anomalia jurídica a manutenção de uma Cide quando extinta a finalidade para a qual foi criada, de forma que, caso a pretensão de reforma constitucional se materialize, e o Fust seja realmente extinto, estará automaticamente revogada a

---

43 VELLOSO, Andrei Pitten. *Constituição tributária interpretada*. 3ª ed. rev. atual. Porto Alegre: Livraria do Advogado, 2016. p. 140.

44 BRASIL. *Proposta de Emenda à Constituição nº 189, de 2019. Relatório Legislativo. Senador Otto Alencar.* 03 dez. 2019. Brasília: Senado Federal. Disponível em: https://legis.senado.leg.br/sdleg-getter/documento?dm=8051104&ts=1576187837297&-disposition=inline. Acesso em: 13 dez. 2019.

45 "Art. 6º Os recursos provenientes de contribuições estabelecidas com amparo nos arts. 149, 149-A e 195 da Constituição deverão ser destinados às finalidades para as quais foram instituídos."

contribuição de intervenção no domínio econômico atualmente recolhida pelas empresas de telecomunicações e destinada ao referido fundo público.

5. CONCLUSÃO

A PEC nº 187/2019 foi elaborada em um contexto de clara necessidade de revisitação dos fundos públicos atualmente ativos para analisar se, de fato, eles são compatíveis às atuais necessidades da sociedade brasileira.

A vinculação de receitas aos fundos muitas vezes atrela os gastos de hoje a prioridades do passado, em prejuízo às necessidades que se apresentam a cada época. Afinal, setores há anos carentes de políticas públicas não necessariamente precisam da mesma afetação de recursos nos dias atuais.

A LGT, ao atribuir a obrigação de universalização dos serviços de telecomunicações apenas às prestadoras vinculadas ao regime de direito público, engessou a destinação dos recursos do Fust, o que levou à sua imprestabilidade para o alcance da finalidade para a qual foi instituído: o STFC, única modalidade de serviço de telecomunicação prestado no regime público, já está universalizado no país, não carecendo de maiores investimentos.

Tal circunstância levou à desvinculação desmedida das receitas do Fust, dentre elas, a contribuição de intervenção no domínio econômico recolhida pelas empresas de telecomunicações (inclusive por aquelas que operam em regime privado), de 1% sobre a sua receita operacional bruta. Reitera-se que o Governo Federal, ao encampar a PEC nº 187/2019, parece almejar desvincular receitas dos fundos públicos, como o Fust, para ter maior liberdade na gestão orçamentária dos recursos públicos.

Há muito, contudo, a contribuição destinada ao Fust tem sido utilizada para custeio de despesas estranhas à finalidade a que está vinculada, como para o pagamento dos serviços da dívida pública e de benefícios previdenciários. Isto é, a eventual extinção do Fust seria apenas providência meramente formal, na tentativa de legitimar conduta orçamentária corriqueira, questionável do ponto de vista constitucional.

Com a eventual extinção do Fust pela aprovação da PEC nº 187/2019, entende-se que a revogação da contribuição a ele destinada é medida que se impõe. Isso porque a destinação dos recursos arrecadados caracteriza a própria hipótese de incidência das contribuições, de forma que a inexistência de finalidade teria como consequência imediata a inexistência do próprio tributo.

Atualmente a contribuição recolhida pelas empresas de telecomunicações ao Fust corresponde a mais de 50% das receitas desse fundo. Isso significa que, com a revogação da contribuição, é possível que a desvinculação das receitas do fundo não surta os efeitos pretendidos pelo Governo Federal, já que a sua principal receita terá sua fonte encerrada. Com isso, o Poder Executivo poderia apenas ser aproveitar do saldo financeiro superavitário do Fust existente quando da sua possível extinção.

Por outro lado, as empresas de telecomunicações deixariam de arcar com essa elevada contribuição especial, desonerando o setor.

Como visto, por mais que atualmente as corriqueiras desvinculações sejam aptas a invalidar a contribuição ao Fust, não se tem obtido êxito nas discussões judiciais acerca da sua inconstitucionalidade. Isso porque há entendimento, ainda que minoritário, no sentido de bastar que as receitas das contribuições sejam destinadas à sua finalidade instituidora, já que a execução das despesas seria questão de mera política orçamentária.

A situação se altera drasticamente quando se trabalha com o cenário de extinção da finalidade que deu origem à contribuição especial, no caso, do próprio fundo público. Nesse contexto, não há argumento jurídico que sustente a manutenção da cobrança da exação, pois revogar-se-ia a própria hipótese de incidência do tributo.

Diante de todo o exposto, o que resta neste momento é aguardar os próximos passos da tramitação da PEC nº 187/2019, observando-se quais serão as suas efetivas implicações relativamente aos fundos públicos, em especial ao Fust. A contribuição a tal fundo público, e a sua destinação, é tema de alto relevo não só para o setor de telecomunicações, mas para toda a sociedade – que deseja acesso a serviços de alta performance, com mobilidade e velocidade –, merecendo especial atenção por parte dos operadores do direito.

REFERÊNCIAS BIBLIOGRÁFICAS

AMARO, Luciano. *Direito Tributário Brasileiro*. São Paulo: Saraiva. 1999.

BALEEIRO, Aliomar. *Limitações Constitucionais ao Poder de Tributar*. 8. ed. rev. e compl. por Misabel Abreu Machado Derzi. Rio de Janeiro: Forense, 2010.

BARRETO, Paulo Ayres. *Contribuições: Regime Jurídico, Destinação e Controle*. São Paulo: Noeses, 2011.

BASSI, Camillo de Moraes. *Fundos especiais e políticas públicas: uma discussão sobre a fragilização do mecanismo de financiamento*. IPEA, 2019. Disponível em: http://www.ipea.gov.br/portal/images/stories/PDFs/TDs/td_2458.pdf. Acesso em: 01 nov. 2019.

BOTELHO, Fernando. *As Telecomunicações e o Fust: doutrina e legislação*. Belo Horizonte: Del Rey, 2001.

BRASIL. *Constituição da República Federativa do Brasil de 1988*. Disponível em: http://www.planalto.gov.br/ccivil_03/Constituicao/Constituicao.htm. Acesso em: 29 nov. 2019

BRASIL. *Lei nº 9.472, de 16 de julho de 1997*. Lei Geral de Telecomunicações. Disponível em: http://www.planalto.gov.br/ccivil_03/LEIS/L9472.htm. Acesso em: 29 nov. 2019.

BRASIL. *Lei nº 9.998, de 17 de agosto de 2000*. Institui o Fundo de Universalização dos Serviços de Telecomunicações. Disponível em: http://www.planalto.gov.br/ccivil_03/LEIS/L9998.htm. Acesso em: 29 nov. 2019.

BRASIL, *Lei Complementar nº 101, de 4 de maio de 2000*. Disponível em http://www.planalto.gov.br/ccivil_03/leis/lcp/lcp101.htm. Acesso em 10 dez. 2019

BRASIL. Ministério da Economia. *Apresentação oficial do "Plano mais Brasil"*. Disponível em: https://drive.google.com/file/d/1b6XZWCrNgaPgd6wjCDnmR3T8T-fCmdCjb/view. Acesso em: 09 nov. 2019.

BRASIL. *Portal da Transparência do Governo Federal*. Disponível em: http://www.portaltransparencia.gov.br/orgaos/41232?ano=2019. Acesso em: 10 nov. 2019.

BRASIL. *Proposta de Emenda à Constituição nº 189, de 2019*. Institui reserva de lei complementar para criar fundos públicos e extingue aqueles que não forem ratificados até o final do segundo exercício financeiro subsequente à promulgação desta Emenda Constitucional, e dá outras providências. Brasília: Senado Federal, 05 nov. 2019. Disponível em: https://legis.senado.leg.br/sdleg-getter/documento?dm=8035499&ts=1576187836711&disposition=inline. Acesso em: 01 dez. 2019.

BRASIL. *Proposta de Emenda à Constituição nº 189, de 2019. Relatório Legislativo. Senador Otto Alencar*. 03 dez. 2019. Brasília: Senado Federal. Disponível em: https://legis.senado.leg.br/sdleg-getter/documento?dm=8051104&ts=1576187837297&disposition=inline. Acesso em: 13 dez. 2019.

BRASIL. Supremo Tribunal Federal. *Ação Direta de Inconstitucionalidade Por Omissão (ADO nº 37/DF)*. Relator Ministro Ricardo Lewandowski. Disponível em: http://redir.stf.jus.br/estfvisualizadorpub/jsp/consultarprocessoeletronico/ConsultarProcessoEletronico.jsf?seqobjetoincidente=5092096. Acesso em: 10 dez. 2019).

BRASIL. *Tribunal de Contas da União (TCU)*. Plenário. Acórdão TCU nº 794/2017 (Processo nº TC 033.793/2015-8). DOU, 20 abr. 2017. Brasília, DF, 2017.

BRASIL. *Tribunal Regional Federal da 1ª Região. 7ª Turma. Mandado de Segurança nº 2006.34.00.000369-4*. Relator Desembargador Hercules Fajoses. Brasília, DF, 20 maio 2016. Disponível em https://portal.trf1.jus.br/portaltrf1/pagina-inicial.htm. Acesso em: 10 dez. 2019.

BRASIL. *Tribunal Regional Federal da 1ª Região. 7ª Turma. Mandado de Segurança nº 2007.34.00.027328-8.* Juíza Convocada Mônica Neves Aguiar da Silva. Brasília, DF, 20 maio 2016. Disponível em https://portal.trf1.jus.br/portaltrf1/pagina-inicial.htm. Acesso em: 10 dez. 2019.

LARA, Daniela Silveira. *Contribuições de Intervenções no Domínio Econômico (CIDE): Pressupostos Aplicados à CIDE dos Serviços de Telecomunicações.* São Paulo: Almedina, 2019.

MARTINS, Marcelo Guerra. *As vinculações das receitas públicas. A Desvinculação das Receitas da União (DRU). As contribuições e a referibilidade. In:* CONTI, José Maurício; SCAFF, Fernando Facury. *Orçamentos Públicos e Direito Financeiro.* São Paulo: Revistas dos Tribunais, 2011.

MOREIRA, André Mendes. *A Tributação dos Serviços de Comunicação.* São Paulo: Noeses, 2016.

NETO, Floriano A. Marques. A Regulação e o Direito das Telecomunicações. *In:* SUNDFELD, Carlos (coord.). *Direito Administrativo Econômico.* São Paulo: Malheiros, 2000.

PAULSEN, Leandro; VELLOSO, Andrei Pitten. *Contribuições: Teoria Geral, Contribuições em Espécie.* Porto Alegre: Livraria do Advogado, 2013.

PUPO, Fábio. Proposta de desindexação do Orçamento pouparia R$ 37 bi. *Folha de São Paulo*, 22 set. 2019, 2h00. Disponível em: https://www1.folha.uol.com.br/mercado/2019/09/proposta-de-desindexacao-do-orcamento-pouparia-r-37-bi.shtml. Acesso em: 1 out. 2019.

REZENDE, Fernando; CUNHA, Armando. *Contribuintes e cidadãos. Compreendendo o orçamento federal.* São Paulo: FGV, 2002.

SOUZA, Ricardo Conceição. *Regime Jurídico das Contribuições.* São Paulo: Dialética, 2002.

TÔRRES, Heleno Taveira. *Direito Constitucional Financeiro: Teoria da Constituição Financeira.* São Paulo: Revista dos Tribunais, 2014.

TÔRRES, Heleno Taveira. *Direito Tributário das Telecomunicações e Satélite.* São Paulo: Quartier Latin, 2007.

TÔRRES, Heleno Taveira. Fundos Especiais para Prestação de Serviços Públicos e os Limites da Competência Reservada em Matéria Financeira. *In:* PIRES, Adilson Rodrigues; TÔRRES, Heleno Taveira (coord.). *Princípios de Direito Financeiro e Tributários: Estudos em Homenagem ao Professos Ricardo Lobo Torres.* São Paulo: Renovar, 2006.

TORRES, Ricardo Lobo. *Tratado de Direito Financeiro e Tributário.* v. 5. 10ª edição. Rio de Janeiro: Renovar, 2009.

VELLOSO, Andrei Pitten. *Constituição tributária interpretada.* 3ª ed. rev. atual. Porto Alegre: Livraria do Advogado, 2016.

REFORMA TRIBUTÁRIA

GUSTAVO BRIGAGÃO[1]

SUMÁRIO: 1. O Diagnóstico – A reforma tributária é necessária?;
2. Quais são os principais projetos em exame? A PEC 45/19 e a
PEC 110/19; 3. Principais pontos que merecem reflexão sobre as
propostas existentes; 4. O conceito adotado de não cumulatividade
tem a abrangência pretendida?; 5. A previsão de alíquota uniforme é
adequada no nosso sistema? Como ela afeta a carga tributária do setor
de serviços?; 6. Outros dois aspectos igualmente importantes; 7. IVA
dual. Alternativa para reflexão; 8. Enquanto a reforma não vem

1. O DIAGNÓSTICO – A REFORMA TRIBUTÁRIA É NECESSÁRIA?

Apesar de não ter sido invenção francesa - pelo menos não com exclusividade[2] -, foi com o TVA francês - TVA - *Taxe sur la Valeur Ajoutée* - que, em 1948, a Europa foi apresentada à técnica da não cumulatividade na tributação da venda de mercadorias e da prestação de serviços.

---

1 Presidente da Associação Brasileira de Direito Financeiro (ABDF); membro do *Executive Committee* e do *General Council* da *International Fiscal Association* (IFA); presidente da Câmara Britânica no Estado do Rio de Janeiro (BRITCHAM-RJ); diretor de relações institucionais do Centro de Estudos das Sociedades de Advogados (Cesa); diretor da Federação das Câmaras de Comércio do Exterior (FCCE); professor em cursos de pós-graduação na Fundação Getulio Vargas e sócio do escritório Brigagão, Duque Estrada – Advogados.

2 É controversa a origem teórica da não cumulatividade. A maior parte da doutrina internacional a atribui ao alemão Carl Friedrich von Siemens, que, em 1919, publicou estudo denominado "Um Imposto sobre Vendas Refinado" (*"Veredelte Umsatzsteuer"*), outorgando a concepção do imposto ao seu irmão – Wilhelm von Siemens. Há, porém, os que a creditam ao norte-americano Thomas S. Adams, professor da faculdade de economia da Universidade de Yale, que teria defendido, ainda em 1911, a mesma ideia, que veio a ser publicada em 1921, sob a forma de artigo acadêmico (ADAMS, Thomas S. Fundamental problems of federal income taxation. The Quarterly Journal of Economics, v. 35, n. 4, p.527-556, 1921).

Poucos anos depois, em 1965, o Brasil, em plena ditadura, implementava a única e efetiva reforma tributária que o país experimentou em toda a sua história. Os instrumentos legais para tanto utilizados foram a Emenda Constitucional 18/65 (que alterava a Constituição Federal de 1946) e o Código Tributário Nacional, publicado um ano após, em 1966.

O resultado dessa reforma foi o de criar um sistema tributário nacional que, apesar de moderno para a época - já que, em parte, não cumulativo - era, pelas suas especificidades, único no mundo, tendo em vista que a competência para a tributação indireta havia sido, de forma inédita, repartida entre três esferas da Federação: a União Federal (IPI), os estados (antigo ICM, atual ICMS) e os municípios (ISS), que passaram a onerar a indústria, o comércio e a prestação de serviços, respectivamente. Na Europa e no resto do mundo, a tributação indireta era, em regra, atribuída ao poder central de cada país.

Na década de 60, o mundo era físico. As operações mercantis tinham por objeto bens corpóreos (mercadorias), que circulavam fisicamente de uma parte a outra. A telefonia era discada e analógica, e, se quiséssemos fazer uma ligação telefônica interurbana, teríamos que solicitá-la à operadora com horas de antecedência. Pesquisas eram feitas em bibliotecas. Serviços eram sempre resultado de atividade humana, física ou intelectual, e a participação de máquinas e equipamentos na sua prestação se dava de forma absolutamente subsidiária. Arquivos eram guardados em armários ou em estantes. As nuvens eram só as da natureza. Era, como disse, um mundo físico. E o temor - atualmente fundado - de que a máquina viesse a dominar o homem não passava de assunto para ser tratado pelas obras de ficção científica.

Esse cenário mudou radicalmente. As inovações tecnológicas vieram com força, e variaram desde a já ultrapassada revolução propiciada pela Internet, com todas as atividades que lhe são acessórias (provimentos de acesso, e-mails, sites, publicidades em sites, bandas largas etc), passando por outras utilidades, como o download, o streaming, o SaaS (*software as a service*), o IaaS (*infrastracture as a Service*), o PaaS (*Plataform as a Service*), a robotização, a Internet das coisas, a inteligência artificial, até as mais recentes, como a relativa às atividades exercidas na plataforma Blockchain.

O mundo mudou, globalizou-se e se virtualizou. A economia passou a ser dominada por empresas ligadas ao setor de tecnologia (Google, Amazon, Facebook, Apple e Microsoft – as denominadas GAFAM), o que possibilitou o surgimento de arranjos empresariais até então inimagináveis. A intangibilidade sem precedentes tornou progressivamente dispensável a presença física em determinada jurisdição para que fosse possível alcançar o respectivo mercado consumidor. As operações passaram a ocorrer de forma remota.

Planejamentos fiscais agressivos tornaram questionáveis as regras tradicionais de tributação do comércio internacional de mercadorias e serviços, intensificando-se, consequentemente, as disputas entre os Estados da residência e de fonte quanto à correta forma de tributação das atividades decorrentes da economia digital. Todas essas problemáticas e várias outras foram - e vem sendo - tratadas pelas comunidades internacionais (OCDE, EU, entre outras), com o objetivo de equacionar essas questões e aprimorar a tributação internacional dessas atividades.

Enquanto isso, no Brasil, tivemos que conviver, durante todo esse tempo, com o nosso ultrapassado e cinquentenário sistema tributário, cujos fundamentos não conseguimos alterar nem mesmo quando da elaboração do texto do qual resultou a Constituição Federal de 1988. Em sua essência, o sistema continuou o mesmo que existia desde 1965.

Como dito acima, esse ordenamento é dotado de peculiaridade extrema, e não está, de fato, preparado nem estruturado para dispor adequadamente sobre a forma como devem ser tributadas as riquezas que circulam nesse novo mundo virtual.

O que vimos ocorrer, no decorrer desses anos, foi o surgimento de um enorme conflito de competências, em que estados e municípios se digladiaram (e ainda se digladiam) para trazer para os seus respectivos campos de incidência a tributação dessas novas tecnologias e de outras atividades cuja conceituação e classificação esteja envolvida em algum tipo incerteza.

Na esfera das novas tecnologias, que é mero exemplo de situação em que esses conflitos se dão, normas díspares relativas à sua tributação deram ensejo a que estados (ex. Convênio ICMS 106/17) e municípios (ex. LC 157/16) se considerassem competentes para tributá-las, colocando os contribuintes em situação de indevida dupla oneração das suas atividades.

Essa situação de incerteza legislativa quanto aos tributos incidentes nessas formas de atuação, seja pelo conflito de normas tributárias, seja pela ausência de normas regulatórias que as conceituassem adequadamente, gerou absoluto estado de perplexidade em todos os envolvidos.

Em vez de solucionarem esses conflitos de competências, os nossos tribunais superiores acabaram por agravá-los, quando, ao julgarem questões relativas a pretensões estaduais e municipais sobre a mesma atividade, ampliaram indevidamente os limites a que sujeitos os conceitos de mercadorias e de serviços.

De fato, quando o que se discutia era o conceito de "serviços" e esse conceito era indevidamente ampliado, as fazendas municipais acabavam por ter as suas competências impropriamente ampliadas, e os estados, por sua vez, viam-se prejudicados, pois, dessa ampliação, decorria a consequente limitação das suas competências.

Quando o que se discutia era o conceito de "mercadorias" e esse conceito era indevidamente ampliado, as fazendas estaduais eram, então, as que tinham as suas competências ampliadas, e os municípios, por sua vez, os que se viam prejudicados, porque, dessa ampliação, decorria a limitação das suas competências.

Ou seja, em vez de dirimir conflitos, a jurisprudência dos nossos tribunais acabava (como ainda acaba) por agravá-los, na medida em que ela própria oferecia fundamentos a que, qualquer que fosse o pleito, proveniente dos estados ou dos municípios, ele estivesse sempre amparado por precedentes contraditórios, ou assistemáticos, das cortes superiores. Ampliou-se, assim, a zona cinzenta em que ambos os níveis da Federação (estados e municípios) passaram a se entender competentes para tributar as atividades econômicas exercidas pelos contribuintes.

Em decorrência disso, houve empresas que, pasmem, por razões relacionadas a *compliance*, passaram a emitir duas notas fiscais para formalizar as suas operações: uma estadual e, outra, municipal!

Situações como essa, aliadas à complexidade das normas tributárias, à guerra fiscal (que levou alguns estados a sofrerem profundo desequilíbrio fiscal nas suas contas), à quantidade de tributos e ao volume de horas recorde necessário a que as empresas brasileiras cumpram as suas obrigações acessórias - há empresas que mantém em seus quadros departamentos inteiros, com dezenas de funcionários, cuja única função é a de fazer face a essas obrigações - faz com que o Sistema Tributário Brasileiro em vigor seja absolutamente caótico.

Não bastasse isso, há, ainda, a cumulatividade do regime aplicável que marca de forma ainda mais negativa esse tenebroso cenário. Não se pode negar que, apesar de teoricamente fundamentado no princípio da não cumulatividade, o nosso sistema é, na prática, cumulativo.

Para essa constatação, basta que se verifiquem as insanas limitações a que submetidas as regras de não cumulatividade no Brasil, seja pelas restrições impostas pela legislação do IPI, seja pelas inacreditáveis e eternas prorrogações da possibilidade de uso dos chamados créditos financeiros (bens de uso e consumo, energia elétrica etc.), no âmbito do ICMS (Lei Kandir), seja, ainda, pelos absolutos desencontros e estreitamentos que a jurisprudência administrativa e judicial impôs ao conceito de "insumos", essencial à definição dos limites dentro dos a quais os contribuintes de PIS e Cofins podem se creditar. Isso, para não falar da absoluta resistência que os estados oferecem ao exercício pelos exportadores do direito que lhes foi constitucionalmente assegurado de reaver o valor recolhido nos elos da cadeia de circulação de mercadorias anteriores ao da exportação.

Sob esse aspecto, há interessante demonstrativo elaborado pela Ernst&Young (Worldwide VAT, GST and Sales Tax, 2017, IMF Tax Reports) que classifica os países que adotam a não cumulatividade em três esferas: a primeira engloba os países em que a devolução do valor de imposto recolhido nas etapas anteriores à exportação é prontamente devolvido aos exportadores, sem que, para tanto, qualquer dificuldade seja criada; a segunda se refere a países em que a devolução se dá com certa resistência e dificuldade, mas, ao final, ocorre; e, por fim, a terceira, que indica os países em que essa devolução simplesmente não se dá. Não é necessário dizer que o Brasil foi classificado entre esses últimos... E não se pode afirmar que essa classificação esteja equivocada. Realmente, os créditos de exportação são tão desvalorizados no Brasil, que, quando lançados nos balanços das empresas, eles acabam, com o tempo, sendo classificados como "ativos podres" pelas empresas de auditoria e, consequentemente, estornados, por não haver a menor expectativa de eles virem a ser utilizados.

Essa é uma circunstância que afasta o investimento estrangeiro, pois o investidor sabe que, como o IVA local (PIS, Cofins, IPI e ICMS) não lhe permite, de fato, recuperar o valor de imposto incidente na aquisição dos insumos necessários à realização da sua operação, ele terá que considerar esse valor como custo e, consequentemente, aumentar o seu preço, tornando-se menos competitivo no mercado internacional. Consequência: o investimento ou simplesmente não é realizado, ou o é em proporções muito menores do que seriam, se esse cenário não existisse.

O IVA está presente em 168 países - em uns, de forma mais desenvolvida, e, em outros, com imperfeições. Essas imperfeições vêm sendo observadas e revertidas, no decorrer desses 70 anos, pelos países que o adotam. Consequentemente, as técnicas a ele relativas vêm sendo aperfeiçoadas a cada instante.

O mais importante: o IVA é o tributo que o investidor estrangeiro entende. É o tributo com que esse investidor está habituado. Ele não quer ouvir falar em IPI, ICMS, ISS, PIS e Cofins, com todas as complexidades e regras ilógicas a que esses tributos estão submetidos. Ele quer que, ao investir no país, possa lidar com um efetivo "sistema tributário", que seja capaz de "conversar" com os demais regimes do mundo.

Portanto, voltando à indagação que o título desta seção faz, não parece haver dúvidas de que a reforma é necessária. O sistema tributário nacional (se é que podemos utilizar essa denominação para defini-lo) já se mostrou inadequado e insuficiente para atender aos atuais e justos anseios dos Fiscos federal, estadual e municipal, bem como do contribuinte brasileiro.

2. QUAIS SÃO OS PRINCIPAIS PROJETOS EM EXAME? A PEC 45/19 E A PEC 110/19

Como salientado acima, o sistema tributário vigente remonta à década de 60. Em 1988, o Poder Legislativo perdeu uma excelente oportunidade de modernizá-lo, simplificá-lo e transformá-lo em algo que fosse compatível com o que existe no resto do mundo, já que, em uma Assembleia Constituinte, não havia as amarras próprias das denominadas cláusulas pétreas, que hoje tanto engessam os principais projetos de emenda constitucional (PECs) existentes.

Pouco após a promulgação da Constituição vigente, vozes se levantaram no sentido de que o capítulo referente ao Sistema Tributário Nacional deveria ser reformado. Desde então, vários projetos foram apresentados nesse sentido[3], mas nenhum logrou êxito em realizar a reforma tributária que se propunha.

Por quê? A resposta é simples. Três são os suportes em que deve se basear qualquer projeto que pretenda criar ou alterar um sistema tributário: o suporte jurídico, o econômico/financeiro e o político.

O suporte jurídico diz respeito à adequação das novas regras tributárias propostas aos princípios gerais de direito, às limitações ao poder de tributar e à estrutura federativa do Estado. O suporte econômico/financeiro preconiza a necessidade de que o Poder Público seja dota-

---

3 Comissão Ary Oswaldo Mattos Filho, PEC 175/95, PEC 41/03 (transformadas em PEC 42 e PEC 44/03), PEC 223/08, entre outros.

do de receitas financeiras suficientes ao exercício das suas atribuições constitucionais e orçamentárias, que seja dado adequado tratamento tributário aos diversos agentes econômicos, bem como sejam adotadas regras que tendam à redução das diferenças regionais. Já o suporte político diz respeito à necessidade de que as unidades da Federação tenham autonomia política e orçamentária para dispor sobre a forma como pretendem atuar, observado o pacto federativo vigente.

A experiência mostra que este último fundamento, o político, sempre foi o principal responsável pelo fracasso que marcou todas as propostas de reforma anteriormente apresentadas, desde os anos 90. Esses projetos sempre preconizaram a diminuição de competências e poderes das unidades da federação e, por isso, foram rejeitados, ou simplesmente fatiados para introduzir na Constituição regras que, no mais das vezes, diziam o oposto do que o STF havia julgado favoravelmente aos contribuintes. Nesse sentido, citem-se, como exemplos, a Emenda Constitucional (EC) 29/00 (autorização para instituição do IPTU progressivo), a EC 33/01 (incidência do ICMS na importação por pessoas físicas) e a EC 42/03 (constitucionalização superveniente dos Fundos de Combate à Pobreza).

Na data da elaboração deste artigo[4], há duas PECs principais, que, de forma muito semelhante, buscam alterar o Sistema Tributário Nacional: uma proveniente da Câmara dos Deputados (PEC 45/19), de autoria do Deputado Baleia Rossi, e outra, do Senado (PEC 110/19), de autoria do Senador Davi Alcolumbre e outros 65 senadores.

A PEC 45/19, que tramita na Câmara dos Deputados, foi resultado de estudo elaborado pelo Centro de Cidadania Fiscal (CCiF), cuja diretoria é composta por Benard Appy, Eurico de Santi e Nelson Machado. O CCiF é financiado por relevantes *players* do cenário econômico nacional[5].

Já a PEC 110/19, em trâmite no Senado Federal, é decorrente de projeto que havia sido originalmente apresentado na Câmara dos Deputados, por Luiz Carlos Hauly, quando ainda exercia o seu mandato de deputado federal.

Ambas as PECs propõem, em suma, que: (a) haja simplificação e diminuição do número de tributos que oneram a tributação sobre o con-

---

4 15 de dezembro de 2019.

5 Ambev, Braskem, Coca-Cola Brasil, Itaú, Huawei do Brasil, Natura Cosméticos, Raízen Energia; Souza Cruz; Vale; e Votorantim

sumo, mediante a sua substituição por um único imposto, denominado Imposto sobre Bens e Serviços (IBS); (b) dessa substituição, não decorra qualquer aumento da carga tributária global, atualmente na ordem de 35% do PIB nacional; (c) seja adotada ampla base de tributação sobre o consumo, de forma a que, diversamente do que ocorre atualmente, nenhuma atividade econômica escape à sua incidência; (d) haja ampliação e fortalecimento das regras de não cumulatividade, de forma a que todas as aquisições não alheias às atividades realizadas pelos contribuintes sejam geradoras de créditos físicos e financeiros (independentemente de terem por objeto bens corpóreos, incorpóreos, tangíveis, intangíveis, serviços ou direitos, utilizados, ou não, em atividades industriais do contribuinte), assegurada a devolução, em dinheiro, dos valores que não forem objeto de compensação, inclusive aqueles relativos a exportações; (e) sejam criados tributos seletivos que onerem determinados produtos e/ou setores da economia; (f) sejam uniformizadas e centralizadas as regras de incidência sobre o consumo.

A PEC 45/19 propõe que o novo imposto (IBS) seja de competência federal e que a alíquota a ele aplicável seja única e uniforme para todos os bens e serviços. A União, cada estado e cada município compartilharão a competência para a definição da parcela de alíquota que lhes caberá nesse novo tributo. Após a sua fixação, a alíquota escolhida se aplicará uniformemente a todas as operações que sejam realizadas nos seus respectivos territórios (sejam comerciais, ou de prestação de serviços). Se não houver a fixação de alíquotas específicas por parte dos entes federativos, aplicar-se-á a alíquota de referência, que, estima-se, será em torno de 25% (somatório das três alíquotas).

No cenário reformista em que o país vive, que ganhou muita força com a recente e necessária reforma da Previdência Social, o Governo Federal quer também protagonizá-lo, mediante a apresentação propostas. A mídia noticia que alterações serão propostas pelo Ministério da Economia, mas, até a data em que elaborado este artigo, elas ainda não haviam sido formalizadas.

Diz-se que essas propostas serão feitas em quatro etapas:

- a primeira - que, especula-se, será apresentada no início de 2020 – promoverá a criação de um tributo sobre valor agregado, denominado Contribuição sobre Bens e Serviços (CBS); ele resultará da fusão do PIS e Cofins e incidirá à alíquota de 11% ou 12%; os setores de saúde, educação e transportes poderão ser isentos da sua cobrança, total ou parcialmente;

- a segunda etapa - que também se materializará no início de 2020 - terá por objeto a transformação do IPI em imposto seletivo, a ser cobrado sobre produtos como cigarros e bebidas alcoólicas;
- a terceira etapa – a ser enviada até o final do primeiro trimestre de 2020 - abrangeria modificações nas regras do Imposto de Renda (IR); de acordo com o Ministério da Economia, a proposta seria a de tributar a distribuição de dividendos, criar nova alíquota de IR para as maiores remunerações e promover redução gradativa do Imposto de Renda da Pessoa Jurídica (IRPJ) e da Contribuição Social sobre o Lucro (CSLL); as deduções e os benefícios fiscais relacionadas a esses tributos seriam revistos;
- a quarta etapa - a ser enviada em meados de 2020, promoveria a desoneração da folha de salários, possivelmente compensada pela instituição de imposto sobre transações digitais.

Quanto às duas PECs que tramitam no Congresso Nacional, o que se promete é que elas serão analisadas por uma comissão mista – da Câmara e do Senado – e unificadas no início de 2020.

3. PRINCIPAIS PONTOS QUE MERECEM REFLEXÃO SOBRE AS PROPOSTAS EXISTENTES

Demonstrou-se acima que o Sistema Tributário Nacional é caótico, excessivamente oneroso e nada atrativo a investimentos. A reforma tributária é, portanto, absolutamente necessária e imprescindível a que a economia brasileira atinja os padrões desejados.

No entanto, o cenário que vemos é o de intensa crítica por parte da academia aos projetos em trâmite. Essas críticas são baseadas nos mais diversos fundamentos – a maior parte deles fundada em ofensas a cláusulas pétreas – sem que, com raras exceções, sejam apresentadas alternativas ou soluções que busquem contornar as controvérsias apontadas.

Os autores de ambos os projetos, por sua vez, são muito arredios às críticas e se mantêm pouco receptivos às sugestões e alternativas que lhes são apresentadas.

Ambas as posturas estão equivocadas. É necessário, sim, que críticas sejam feitas, mas que elas sejam construtivas e visem o aprimoramento do que está sendo debatido. A seu turno, os autores do projeto e demais envolvidos devem ser mais receptivos a essas críticas e às indicações dos pontos que merecem melhoria.

Com esse espírito é que serão feitas abaixo breves ponderações sobre alguns aspectos que, a nosso ver, merecem ser revistos.

4. O CONCEITO ADOTADO DE NÃO CUMULATIVIDADE TEM A ABRANGÊNCIA PRETENDIDA?

O primeiro dos aspectos que merecem reflexão diz respeito ao descompasso existente entre a grande abrangência que se pretende dar ao princípio constitucional da não cumulatividade, conforme consta da apresentação teórica das reformas pretendidas, e a redação que é efetivamente adotada pelas PECs, quando conceituam o referido princípio no texto legal proposto.

Não temos dúvidas de que, sob esse enfoque, a unificação de tributos sobre o consumo e a pretendida maior abrangência de aplicação do princípio da não cumulatividade chegam em muito boa hora, pois o que vemos atualmente, na prática, é que a necessária harmonia e coerência inerentes a qualquer "sistema" são absolutamente incompatíveis com a forma díspar como a não cumulatividade é tratada no nosso "Sistema Tributário Nacional".

O mal que se pretender curar é sempre o mesmo, os efeitos maléficos da cumulatividade. Logo, a cura não pode ser diferente conforme o tributo com o qual estejamos lidando. Ela terá que ser sempre a mesma: a aplicação da técnica decorrente do princípio da não cumulatividade, por meio da qual não se admita que, em cada elo de circulação do produto, da mercadoria ou do serviço, o ônus tributário seja superior ao que se tenha então agregado de valor a essas riquezas.

Não obstante, no contexto atual, há completa ausência de uniformidade nas regras constitucionais e infraconstitucionais que regulam a aplicação desse mesmo princípio.

Essa heterogeneidade de regras previstas para o ICMS, o IPI e as contribuições para o PIS/Cofins, bem como as limitações por elas impostas ao direito de crédito por parte dos seus contribuintes, impedem que haja, de fato, um "sistema" coerente e harmônico. Podemos ir além e até mesmo questionar, como já fizemos acima, se há efetivamente um sistema não cumulativo no Direito Tributário brasileiro.

A exposição de motivos da PEC 45/19 mostra que os seus autores estão cientes desse problema e que pretendem dar tratamento adequando do à não cumulatividade. Essa intenção está estampada no seguinte trecho do documento:

(…) o novo IBS (…) será **totalmente não cumulativo**. (…) A incidência em todas as etapas do processo produtivo e a **não cumulatividade plena (também conhecida como "crédito financeiro")** são essenciais para que todo imposto pago nas etapas anteriores da cadeia de produção e comercialização seja recuperado.

Não obstante, quando examinamos a regra constitucional de não cumulatividade constante da PEC 45/19, propriamente dita, verificamos que a sua redação está longe de lhe atribuir a abrangência prometida:

> Art. 152-A (…)
> §1º O imposto sobre bens e serviços:
> (…)
> III – será não-cumulativo, compensando-se o imposto devido em cada operação com aquele incidente nas etapas anteriores;

Como se vê, esse dispositivo não tem a amplitude prometida nem se refere especificamente, como deveria, às aquisições que geram os denominados créditos financeiros.

Os idealizadores do projeto afirmam que a necessária clareza quanto à abrangência desse prometido direito será dada com a necessária ênfase quando da elaboração do projeto de lei complementar que vier a dispor sobre as regras gerais de incidência do IBS.

Ora, o conceito adotado pela PEC 45/19 (e essa crítica vale também para a PEC 110/19) é idêntico ao que está disposto na Constituição em vigor e, de acordo com a jurisprudência pacífica dos nossos tribunais, a redação adotada garantiria tão somente o crédito físico, e seria absolutamente insuficiente para abranger créditos financeiros!

Com efeito, segundo os precedentes aplicáveis[6], a redação do dispositivo da Constituição Federal em vigor que conceitua não cumulatividade (idêntica à do dispositivo da PEC 45/19) garante ao contribuinte, independentemente do que diga a legislação infraconstitucional, tão somente o crédito físico, que seria o *minimum minimorum* conferido às regras decorrentes da aplicação do princípio da não cumulatividade. O crédito financeiro seria mera opção conferida ao legislador e, consequentemente, não conferiria ao contribuinte qualquer direito subjetivo constitucional ao seu lançamento e aproveitamento.

Tanto assim, que, no que tange ao IPI, essa opção conferida ao legislador (de atribuir ao contribuinte o direito de utilizar de créditos

---

6 A título meramente exemplificativo, citem-se os seguintes julgados: AgRg no AI 493.183, DJ 31.08.2010; AgRg no RE 447.470, DJ 14.09.2010; EDcl no AgRg no AI. 685.740, DJ 31.08.2010; e AgRg no AI. 670.898, DJ 14.02.2012.

financeiros) ainda não foi exercida, e não há para aqueles que se sujeitam à incidência do imposto qualquer direito subjetivo que, amparado na Constituição, lhes garanta essa amplitude de créditos.

Portanto, se o IBS vier a ser constitucionalmente criado na forma em que proposto e, posteriormente, a discussão com os estados relativa à não cumulatividade não evoluir bem no Congresso Nacional, nada impedirá que lei complementar limitadora da amplitude do direito de créditos (como a atual lei Kandir) seja editada e que os contribuintes não encontrem amparo na norma constitucional para fazer valer o direito que ora lhe é prometido!

Na linha de que as críticas devem ser construtivas e sempre acompanhadas de sugestões de solução para o problema levantado, tomo a liberdade de sugerir que seja adotada, no texto constitucional, e não na lei complementar que venha a regular o IBS, a seguinte redação relativa às regras de não cumulatividade:

> Art. 152-A
> (...)
> §1º O imposto sobre bens e serviços:
> (...)
> III – será não cumulativo, compensando-se o que for devido em cada operação com o montante devido nas etapas anteriores ou concomitantes da cadeia de circulação dos bens, serviços e direitos, assegurado o crédito físico e financeiro, integral e imediato relativo a todas e quaisquer aquisições realizadas, independentemente de os bens ou serviços adquiridos serem caracterizados como de uso ou consumo, ou integrados ao ativo imobilizado;
> IV – será assegurado o pleno e imediato aproveitamento de saldos credores acumulados, independentemente de prévia aprovação pelo Poder Público;
> V - na hipótese de não efetivo aproveitamento dos créditos referidos no inciso III, acima, será assegurado o imediato e preferencial reembolso ao contribuinte das quantias por ele não compensadas;

5. A PREVISÃO DE ALÍQUOTA UNIFORME É ADEQUADA NO NOSSO SISTEMA? COMO ELA AFETA A CARGA TRIBUTÁRIA DO SETOR DE SERVIÇOS?

A alíquota uniforme é uma especificidade da PEC 45/19 e é prevista pelo projeto nos seguintes termos:

> Art. 152-A, §1º, VI – (...) O IBS (...) terá alíquota uniforme para todos os bens, tangíveis e intangíveis, serviços e direitos, podendo variar entre Estados, Distrito Federal e Municípios.

Art. 152-A, § 2º, (...) "II – na ausência de disposição específica na lei federal, estadual, distrital ou municipal, a alíquota do imposto será a alíquota de referência [estimada em 25%] (...)

De acordo com as regras acima, os entes federativos terão competência para definir as suas alíquotas, que serão uniformes para todos os bens, serviços e direitos objeto de transações nos seus territórios. Se essa competência não for exercida, será adotada a alíquota de referência, estimada em 25%.

Os defensores dessa uniformidade alegam que a multiplicidade de alíquotas geraria complexidade e contencioso (propiciado pelas prováveis tentativas dos contribuintes de classificarem os seus produtos em alíquotas mais baixas) que é o que se busca evitar, e que a uniformidade faria com que as regras brasileiras de tributação sobre o consumo estivessem entre as mais modernas do planeta.

Primeiramente, não se pode deixar de ter em mente que um dos princípios constitucionais que regem a tributação sobre o consumo no Brasil é o da seletividade, obrigatório para o IPI e facultativo para o ICMS. Princípios como esse e o da isonomia - também afetado por essa previsão de alíquota única - são cláusulas pétreas e, como tais, não podem ser afrontados, nem mesmo por meio de emenda constitucional.

Por outro lado, quando se estabelece alíquota única (em regra, de 25%) aplicável a toda e qualquer atividade econômica exercida no país, isso significa dizer que haverá setores que terão ganhado com isso (no caso, a indústria de transformação, cuja tributação média é da ordem de 45% do PIB brasileiro[7], e terá sua tributação indireta reduzida para 25%) e os que terão sofrido brutal aumento de carga tributária, como será o caso dos prestadores de serviço, responsável por 75% do PIB brasileiro.

De fato, se considerarmos as sociedades profissionais prestadoras de serviços - cujo ISS é pago de forma fixa e, portanto, deve ser desconsiderado -, temos que o aumento de carga tributária a que submetidas essas sociedades será próximo de 600%, para aquelas que estejam sujeitas à alíquota do PIS/Cofins Cumulativo (3,65%). Para aqueles raros casos

---

7 De acordo com estudo denominado "Reforma tributária e a carga tributária da indústria de transformação", publicado em setembro de 2019 pela Federação das Indústrias do Estado do Rio de Janeiro (Firjan), com base em dados da Receita Federal, CONFAZ, Caixa Econômica Federal e IBGE. Disponível em <https://www.firjan.com.br/publicacoes/publicacoes-de-economia/a-carga-tributaria-para-a-industria-de-transformacao.htm>.

em que essas sociedades sejam tributadas por aquelas contribuições à alíquota de 9,25%, aquele aumento será menor, mas, ainda assim, extremamente expressivo (170%). E, para aqueles prestadores que sejam tributados pelo Simples e que venham a optar pelo regime IBS, o percentual de aumento de carga tributária será de aproximadamente 250%[8].

Não se pode admitir reforma tributária, que pressuponha tamanho ônus para um setor da importância do de serviços, que, no caso brasileiro, repito, é responsável por 75% do PIB nacional. Especialmente na proposta em exame, cujo projeto é baseado na premissa e na promessa de que dela não decorrerá aumento de carga tributária geral.

E a forma de se alcançar um resultado neutro é exatamente através da fixação de alíquotas que não sejam uniformes, que variem de acordo com o segmento econômico que será objeto de tributação, trazendo para os *players* do mercado o menor ônus possível. Assim, no exemplo dado acima, a alíquota do IBS para as sociedades profissionais atualmente tributadas pelo PIS/Cofins cumulativo deveria ser de 3,65%, que é a alíquota a que estão submetidas pelo regime vigente.

Alegam os defensores da PEC 45/19 que alíquotas fixadas nesses patamares não permitiriam a redução de carga tributária que se pretende oferecer à indústria. Se for essa a questão, que as indústrias, então, ou outros setores que tenham sido igualmente desonerados, continuem a pagar as alíquotas a que se submetem atualmente. O que não é possível é desonerar-se a indústria, ou quaisquer outros setores, às custas da oneração do setor de serviços. Não há que se despir um santo para vestir o outro.

Alegam, ainda, os referidos defensores da proposta, que quem consome serviços no Brasil são os ricos (?!), e que o aumento de carga tributária que será suportado pelos prestadores de serviços em decorrência do aumento de alíquota será compensado com o fato de que eles passarão a propiciar créditos de IBS aos seus tomadores, que poderão ser compensados com o imposto por eles devidos.

Ora, mesmo que fosse verdadeira a afirmativa de que quem consome serviços são os ricos (o que não parece proceder, tendo em vista que serviços como os de transporte, comunicações, saúde, educação,

---

8 De acordo com estudo elaborado pelo SESCON-SP e apresentado à Comissão Especial sobre Reforma Tributária instaurada na Câmara dos Deputados. Disponível em: https://www2.camara.leg.br/atividade-legislativa/comissoes/comissoes-temporarias/especiais/56a-legislatura/pec-045-19-reforma-tributaria/documentos/audiencias-publicas/ReynaldoLymaJnior18.09.19.pdf

entre outros, são prestados a todas as camadas da população), ainda assim, teríamos que a sobretaxação do preço dos serviços decorrente do aumento de carga tributária demonstrado acima certamente levaria a classe média, maior consumidora desses serviços, a buscar substituí-los por serviços públicos (serviços ligados à saúde, por exemplo). Isso acabaria por sobrecarregar o Poder Público e tornaria questionável a vantagem do correspondente aumento de carga proposto.

Por outro lado, também não nos parece procedente a afirmação que se faz de que o ônus tributário imposto aos prestadores de serviços seria compensado pela possibilidade que eles passariam a ter de propiciar créditos aos seus clientes, tomadores dos serviços prestados. Os que defendem essa posição dizem que a possibilidade de se creditarem levaria esses tomadores a aceitarem com maior facilidade o aumento de preço decorrente do aumento da carga tributária.

Em primeiro lugar, a grande maioria desses serviços é prestada a pessoas físicas, que não terão o que fazer com esses créditos. É o caso de médicos, dentistas, psicólogos, advogados, veterinários e tantos outros.

Em segundo lugar, a pressão decorrente da concorrência de mercado leva os preços para baixo. Se determinado prestador de serviço diz que vai aumentar o seu preço em 25% (correspondente à incidência do IBS), o segundo oferecerá aumento de apenas 20% e o terceiro dirá que não repassará valor algum e ainda propiciará o tal crédito para aqueles que tiverem o que fazer com ele. Em outras palavras, a concorrência levará a que esse aumento diminua consideravelmente a já apertada margem dos prestadores de serviços.

A essas constatações, acresça-se a de que serviços são atividades que, em regra, não envolvem aquisições de insumos propiciadoras de créditos para os seus prestadores. E essa situação se agravará, ainda mais, se mantidas as limitações conceituais das regras de não cumulatividade referidas na seção anterior.

As circunstâncias acima demonstram ser inquestionável o aumento de carga tributária que será suportado pelo setor.

Esse aumento, acrescido do provável retorno à tributação da distribuição de dividendos, levará a tributação dos prestadores de serviços a níveis confiscatórios.

Em pior situação, ainda, ficarão as empresas optantes pelo Simples, pois somente lhes restarão duas alternativas: (a) aderir ao IBS e ter o aumento de carga tributária acima referido, de 250%, ou (b) permanecerem submetidas exclusivamente a esse regime simplificado, mas sem poder propiciar créditos de IBS aos seus clientes, arriscando-se, consequentemente, a perdê-los para aqueles que possam fazê-lo. Será o fim do Simples, em grave afronta ao princípio constitucional que preconiza o tratamento favorecido para as empresas de pequeno porte (CF/88, art. 170, IX).

Esse cenário não pode prevalecer.

6. OUTROS DOIS ASPECTOS IGUALMENTE IMPORTANTES

Outros dois aspectos igualmente importantes são a pouca regulamentação dos denominados impostos seletivos e o período de transição do regime de tributação do consumo atual para o que está sendo proposto.

Quanto aos impostos seletivos, não há qualquer garantia de que eles serão efetivamente monofásicos, como promete a exposição de motivos. De fato, não há na PEC 45/19 disposição expressa nesse sentido, o que dará margem a que esses impostos sejam instituídos de forma multifásica e, pior, de forma cumulativa. Tampouco há menção de que a União repartirá a receita decorrente da sua arrecadação com as demais unidades da Federação. Isso traz o grave risco de que esses tributos passem a ser exageradamente instituídos pela União Federal, da mesma forma que o foram as contribuições sociais no sistema vigente, justamente em decorrência da ausência de previsão de repartição acima referida. Esse risco se agrava diante da inexistência da definição do que sejam as "externalidades negativas", que, no projeto, são ensejadoras da instituição desses tributos.

Quanto ao período de transição entre um regime e outro, a previsão é a de que ele será de 10 anos. Isso significa dizer que os contribuintes brasileiros terão que conviver, por uma década, com o sistema tributário caótico atual acrescido de um novo e desconhecido tributo, todos incidentes sobre as mesmas bases e com alíquotas inversa e progressivamente alteradas, ano a ano.

Acresça-se a isso o risco de que, como sempre ocorre em matéria de regras tributárias no país (restrições de créditos pela Lei Kandir, DRU e tantos outros), esse período de transição venha a ser prorrogado indefinidamente, fazendo com que o contribuinte passe a ter que conviver, não com um, mas com dois cenários caóticos.

Muito importante que exista regra expressa imposta pela própria PEC que inviabilize essas prorrogações dos períodos de transição.

7. IVA DUAL. ALTERNATIVA PARA REFLEXÃO

Além dos aspectos pontuais acima mencionados (não cumulatividade, alíquota uniforme, impostos seletivos, período de transição etc), uma alternativa ao regime proposto que merece ser examinada é a substituição do IBS por um IVA dual, à semelhança do que existe no Canadá e na Índia. Nesse novo cenário, haveria dois IVAs: um federal e outro estadual. As alíquotas do IVA estadual seriam determinadas pelos estados e municípios, nos mesmos moldes estabelecidos para o IBS.

Essa alternativa, apesar de não ser a ideal - pois não permitiria a eliminação de complexidade que só um IVA federal seria capaz de propiciar – diminuiria, em muito, a resistência política às mudanças pretendidas, na medida em que os estados manteriam competência própria para a instituição do imposto que lhe coubesse, bem como reduziria consideravelmente os conflitos de competências hoje existentes, muito centrados em operações que poderiam ser supostamente tributadas tanto pelo ICMS quanto pelo ISS, de competência estadual e municipal, respectivamente.

O fato de, com a implementação do IVA dual, o ISS ser extinto e não ser atribuída aos municípios competência plena para regular o novo IVA poderia levar a afirmar-se que o princípio do federalismo continuaria violado, como, segundo defendem alguns, ocorre com o IBS proposto, pois os municípios continuariam a ter a sua competência tributária plena cerceada.

A despeito dos fundamentados argumentos que têm sido trazidos por parte considerável da doutrina no sentido de que essa violação estaria presente na proposta que cria o IBS federal, parece-me que talvez haja certo exagero quando se interpreta esse princípio como ensejador de tamanho engessamento do nosso sistema tributário.

De fato, não é razoável, a nosso ver, que se pretenda inconstitucional toda e qualquer alteração da Carta Maior de que resulte eliminação ou redução da competência para a cobrança de um ou outro tributo por determinado ente federativo.

Desde que se mantenham as fontes de arrecadação que lhe garantam recursos suficientes ao cumprimento, com autonomia, das atribuições que lhe foram constitucionalmente outorgadas, o princípio do federalismo estará resguardado.

Tanto assim, que não se cogitou interpretar esse princípio com aquela amplitude quando a denominada Lei Kandir determinou que os estados não poderiam mais cobrar ICMS na exportação, quando a Emenda Constitucional 3/93 extinguiu o Imposto sobre Venda a Varejo de Combustíveis (IVVC), que competia aos municípios, nem mesmo quando extinguiu-se o Adicional de Imposto sobre a Renda, que era da competência dos estados.

A competência tripartida da tributação indireta (IPI, ICMS e ISS) demonstrou-se desastrosa e os efeitos que ela produz, estes sim, são tendentes a abolir a forma federativa de Estado, justamente o que o art. 60, §4º, I, da Constituição Federal busca evitar. Há que se fazer algo quanto a isso, e a interpretação extensiva do princípio do federalismo não pode obstaculizar esse processo.

8.   ENQUANTO A REFORMA NÃO VEM

Não se pode perder de vista que esta não foi a primeira tentativa de remodelação da tributação sobre o consumo no Brasil, e que todas as anteriores fracassaram, pelas mais diversas razões.

Que continuem, portanto, os debates sobre a melhor forma de se fazer essa remodelação, mas que não sejam deixadas de lado as alterações que precisam ser feitas no nosso sistema tributário nacional, para eliminar, ou, pelo menos, diminuir, as mazelas com que o contribuinte brasileiro se vê obrigado a lidar no seu dia a dia, bem como permitir a melhor racionalização da tributação das novas tecnologias, nesse novo mundo em que vivemos.

De fato, não são necessárias profundas alterações do sistema vigente para que sejam, entre outras medidas, eliminadas as anomalias que marcam a não cumulatividade das incidências do PIS/Cofins, do IPI e do ICMS; implementadas simplificações por meio, por exemplo, de meras fusões do PIS com a Cofins e do IR com a CSLL; racionalmente tributadas as novas tecnologias, por meio do exercício da competência residual da União (afinal, toda a discussão que existe sobre o ente competente para tributá-las mostra, na verdade, que se trata de fato gerador novo, não inserido em qualquer das competências constitucionais atualmente atribuídas aos estados e municípios); e aperfeiçoadas as leis ordinárias que regem a incidência do imposto sobre a renda, de forma a que a sua base reflita efetivo acréscimo patrimonial, excluída dessa sugestão a malfadada tributação da distribuição de dividendos, do que resultaria profundo e indesejado retrocesso.

Enfim, há muito a ser feito, com ou sem reformas mais profundas do nosso Sistema Tributário Nacional.

REFORMA TRIBUTÁRIA, IBS E A CLÁUSULA PÉTREA DA FORMA FEDERATIVA DE ESTADO

GUSTAVO DA GAMA VITAL DE OLIVEIRA[1]

RODRIGO NASCIMENTO RODRIGUES[2]

TADEU PURETZ IGLESIAS[3]

SUMÁRIO: 1. Introdução; 2. A Reforma Tributária e importância dos debates acerca do tema; 3. Modelo proposto pela Emenda nº 45/2019 – Imposto sobre Bens e Serviços (IBS); 4. Autonomia Política, Autonomia Financeira e IBS; 5. Cláusula pétrea da forma federativa de Estado e da autonomia financeira dos entes federados; 6. Conclusões; Referências Bibliográficas

1. INTRODUÇÃO

A PEC nº 45/2019, em trâmite no Congresso Nacional, consiste em um dos mais debatidos projetos de reforma tributária no Brasil. Uma das principais alterações pretendidas possui por objetivo introduzir no ordenamento jurídico o Imposto sobre Bens e Serviços – IBS.

O presente estudo pretende apresentar as principais características do pretendido IBS com objetivo de investigar se seus contornos, da forma como postos, vão de encontro ao princípio federativo de estado previsto na Constituição Federal de 1988, que consiste em cláusula pétrea.

---

1 Mestre e Doutor em Direito Público pela Universidade do Estado do Rio de Janeiro – UERJ, Professor Adjunto de Direito Financeiro da UERJ, Procurador do Município do Rio de Janeiro e Advogado.

2 Acadêmico do curso de Direito do Centro Universitário Carioca - UNICARIOCA.

3 Mestrando em Direito Tributário pela Universidade de São Paulo – USP e Especialista em Direito Tributário e Contabilidade Tributária pelo Instituto Brasileiro de Mercado de Capitais – IBMEC, Professor Convidado dos cursos de pós-graduação da FGV e do IBMEC/RJ.

Importante deixar claro, desde logo, que este estudo não pretende se debruçar sobre outras questões – também essenciais – referentes ao modelo discutido no Congresso Nacional, como neutralidade, cumulatividade, seletividade, guerra fiscal, tributação da origem x destino dentre outros, mas tão somente investigar se a proposta, da forma como posta, viola o princípio federativo, que reflete cláusula pétrea pela CRFB/88.

2. A REFORMA TRIBUTÁRIA E IMPORTÂNCIA DOS DEBATES ACERCA DO TEMA

Antes de apresentar as questões referentes ao projeto do IBS, importa tecer breves considerações acerca da necessidade de reformulação do sistema tributário brasileiro, com objetivo de demonstrar a importância e atualidade do debate proposto neste estudo. A reforma do sistema tributário brasileiro – independentemente do modelo a ser adotado – consiste em debate prioritário quando observado o atual cenário brasileiro. A alegação em destaque se dá especialmente pelos seguintes motivos.

Em primeiro lugar, há evidente necessidade de simplificação do sistema tributário brasileiro, especialmente com objetivo de redução do contencioso tributário e do custo burocrático de recolhimento dos tributos, que vem onerando de forma desproporcional o contribuinte. A complexidade do sistema atual também se revela como tema de atenção, na medida em que obriga o contribuinte a realizar o recolhimento de diversos tributos, com alíquotas e fatos geradores diferentes para cada uma das operações realizadas. A solução proposta em torno do IBS, nesse contexto, prevê o pagamento do tributo de forma centralizada, sendo a receita distribuída entre a União, os Estados, o Distrito Federal e os Municípios proporcionalmente ao saldo entre débitos e créditos atribuíveis a cada ente federativo.

Ainda em relação à complexidade do sistema tributário atual, o excesso de obrigações acessórias decorrentes da legislação acaba por transferir parte da tarefa a ser desenvolvida pela administração pública ao particular, ou seja, uma função típica do poder executivo passa a ser desenvolvida pelo contribuinte, que suporta o ônus – muitas vezes de forma absolutamente desproporcional – atribuídos ao poder público. Este movimento restou conhecido como "privatização da gestão tributária".[4]

---

4 FERREIRO LAPATZA, José Juan. La privatización de la gestión tributaria y las nuevas competências de los Tribunales Económico-Administrativos. In: Civitas – *Rev. Esp. Dir. Fin.*, n. 37/81, 1983.

Em segundo lugar, o modelo atual apresenta cinco diferentes tributos incidentes sobre o consumo, cuja competência é atribuída a entes diversos e possuem materialidades igualmente distintas. A consequência da adoção deste modelo revela-se igualmente incompatível com o que se espera de um sistema tributário coerente, na medida em que, por um lado, são ampliadas as discussões entre estados e municípios (guerra fiscal) e, por outro lado, tornam a apuração dos tributos extremamente complexa e insegura para os contribuintes, que devem observar, para cumprir com suas obrigações fiscais, a legislação Federal, Estadual e Municipal, sendo certo que em razão da divergência entre o entendimento firmado por cada um dos entes, não são raros os casos em que o contribuinte é autuado em cifras milionárias, sendo obrigado a suportar custas processuais e custos decorrentes de garantias de débitos em execução fiscal.

Ainda que seja evidente a importância da reforma, qualquer alteração no ordenamento jurídico deve estar em conformidade com o disposto na Constituição Federal de 1988, que constitui a base e estabelece os limites que devem pautar a conduta do Estado. Nesse sentido, em momentos de adversidade, o respeito às cláusulas pétreas deve ser encarado com ainda mais seriedade, evitando que as modificações resultem em prejuízos ainda maiores ao país.

3. MODELO PROPOSTO PELA EMENDA Nº 45/2019 – IMPOSTO SOBRE BENS E SERVIÇOS (IBS)

O modelo proposto tem por escopo a criação do denominado Imposto sobre Bens e Serviços (IBS) em substituição aos atuais Imposto sobre Produtos Industrializados (IPI); Imposto sobre Operações relativas à Circulação de Mercadorias e sobre Prestações de Serviços de Transporte Interestadual e Intermunicipal e de Comunicação (ICMS); Imposto sobre Serviços de Qualquer Natureza (ISS); Contribuição para o Financiamento da Seguridade Social (Cofins); e Contribuição para o Programa de Integração Social (PIS).

Analisando o texto da proposta em trâmite no Congresso Nacional, verifica-se que o IBS consistirá em tributo uniforme em todo o território nacional, cabendo à União, aos Estados, ao Distrito Federal e aos Municípios a fixação de suas alíquotas. O tributo proposto, ainda segundo a proposta em questão, incidirá sobre os intangíveis, a cessão e o licenciamento de direitos, a locação de bens, as importações de bens, tangíveis e intangíveis, serviços e direitos.

Do ponto de vista técnico, o IBS reflete tributo não-cumulativo, de sorte a compensar o imposto devido em cada operação com aquele incidente nas etapas anteriores. Na mesma linha, o tributo não incidirá sobre as exportações, sendo garantida a manutenção dos créditos decorrentes de tais operações e terá alíquota uniforme para todos os bens, tangíveis e intangíveis, serviços e direitos, podendo variar entre Estados, Distrito Federal e Municípios.

Uma das características que mais chamam atenção quando analisada a PEC 45/2019 está relacionada *à vedação da concessão de isenções, incentivos ou benefícios tributários ou financeiros, inclusive de redução de base de cálculo ou de crédito presumido ou outorgado, ou sob qualquer outra forma que resulte, direta ou indiretamente, em carga tributária menor que a decorrente da aplicação das alíquotas nominais*[5].

A vedação à concessão das isenções, incentivos e benefícios tributários tem por objetivo evitar uma das questões mais debatidas no direito brasileiro nos últimos anos: a guerra fiscal e a concessão de benefícios odiosos, ou seja, benefícios fiscais concedidos em desconformidade com os objetivos esperados.

Sobre os denominados "gastos tributários", a Receita Federal do Brasil divulga anualmente relatório de projeções dos valores despendidos a título de isenções, benefícios e descontos que reduzem a arrecadação federal. Para o ano de 2019, fora previsto o montante de R$ 307.1 bilhões em gastos tributários, demonstrando a relevância desses instrumentos para a economia nacional.[6]

Os benefícios fiscais, muito embora estejam no cerne das discussões[7] doutrinárias, refletem autonomia política do ente tributante, que pode, observada a necessidade de atrair investimentos para o seu território, conceder desonerações com objetivo de induzir o comportamento do

---

5 Neste ponto, a proposta ressalva o afastamento de isenções e reduções à devolução parcial, por meio de mecanismos de transferência de renda, do imposto recolhido pelos contribuintes de baixa renda.

6 Disponível em: <http://receita.economia.gov.br/dados/receitadata/renuncia-fiscal/demonstrativos-dos-gastos-tributarios/arquivos-e-imagens/dgt-bases-efetivas-2016-serie-2014-a-2019-base-conceitual-e-gerencial.pdf> Acessado em 15 jul. 2019.

7 Sobre o tema: BOMFIM. Incentivos Tributários. Conceituação, Limites e Controle – Rio de Janeiro: Lumen Juris, 2015. SCAFF. Fernando. Silveira. Alexandre Coutinho. Incentivos Fiscais na Federação Brasileira *in Regime Jurídico dos Incentivos Fsicais. Coord. Hugo de Brito Machado. Editora Malheiros. São Paulo. 2014.*

contribuinte para determinado fim. O tema será retomado adiante, especificamente para verificar se a autonomia política por intermédio da autonomia financeira – praticamente suprimida pelo novo IBS – consiste em elemento essencial para configuração da autonomia dos entes federados ou se, para tanto, bastaria que fosse resguardada a distribuição de recursos para os entes subnacionais.

4. AUTONOMIA POLÍTICA, AUTONOMIA FINANCEIRA E IBS

Nos termos acima, o projeto do novo Imposto sobre Bens e Serviços (IBS) afasta a possibilidade de concessão de benefícios fiscais e demais desonerações desta natureza. A partir dessa premissa, importa tecer alguns comentários acerca da autonomia política e financeira, especialmente para verificar se estas se encontram resguardadas no projeto apresentado.

Em primeira aproximação, verifica-se que a autonomia está diretamente relacionada à ideia de competência. É dizer: possui autonomia o ente federado que está livre para cobrar tributos, decidindo: (i) de quem cobra, (ii) quando cobra; (iii) quanto cobra e (iv) onde serão cobrados tributos de sua competência. Assim, apenas se pode falar em autonomia se as características acima estiverem integralmente cumpridas, de modo que, caso não observado qualquer um dos itens acima, não se pode falar que o ente federado possui tal característica.

Nesse sentido, o modelo proposto pela PEC nº45 revela a criação do IBS a partir de uma lei complementar federal, que não terá natureza de norma geral, mas de norma de incidência. A lei complementar federal, por seu turno, será editada pelo Congresso Nacional, composto por Câmara e Senado Federal, que não representam, como se sabe, os municípios. Na mesma linha, a promulgação ou veto de leis dessa natureza é de competência do Presidente da República, que por seu turno representa a União Federal. Com estas considerações, verifica-se que a proposta do novo IBS não apenas retira dos Estados e Municípios a competência para conceder benefícios, mas também a de decidir como, onde, quando e de quem cobra tributos.

O IBS, da forma como posto, portanto, retira a competência dos estados e municípios por consistir em um tributo federal (instituído por lei federal e gerido pelo governo federal) que incide sobre materialidades de competência dos estados e municípios, violando a autonomia política de tais entes.

A federação proposta pela CRFB/88, no entanto, não determina apenas a autonomia política dos entes federados, mas também a autonomia financeira. Esta vertente da autonomia consiste em parte relevantíssima do arranjo institucional federativo[8]. A autonomia financeira está diretamente vinculada à capacidade de financiar as atividades a serem exercidas, fruto da outorga de competências legislativas. Sobre o tema, ensina José Maurício Conti[9]:

> "A autonomia financeira é de fundamental importância. Não é exagero dizer ser ela quem garante a sobrevivência da federação. Sem recursos para se manter, as entidades federadas estão fadadas ao fracasso. Não poderão exercer as funções que lhe competem, e passarão a depender do poder central para financiar suas atividades, circunstância que aniquila todo e qualquer poder autônomo que se lhes atribua"

Na mesma linha, assevera Sampaio Dória que "o poder político, distribuídos pelas camadas da federação, encontra seu necessário embasamento na simultânea atribuição de poder financeiro, sem o qual de pouco vale: autonomia na percepção, gestão e dispêndio das rendas próprias"[10] . Conhecida a importância da autonomia financeira dos entes federados, ainda que de forma breve, cumpre verificar se esta foi preservada no projeto de reforma consubstanciado na PEC 45/19.

Para tanto, importante se faz analisar o tratamento conferido pela proposta às alíquotas da IBS. Nesse escopo, a proposta restringe a competência legislativa dos entes federativos à fixação da alíquota. Desse modo, os contribuintes passariam a suportar nas operações realizadas a alíquota formada pela soma das alíquotas da União, dos Estados, do Distrito Federal e dos Municípios nos termos das leis editadas por cada um dos entes tributantes. Com efeito, no caso de operações interestaduais e intermunicipais, a alíquota aplicada seria a do Estado e do Município de destino. Não parece haver violação absoluta à autonomia financeira dos entes, na medida em que a parcela das alíquotas referente às parcelas de cada ente (estados/municípios) é entregue ao ente destinatário das operações, de modo que, caso não sejam fixadas alíquotas distintas pelos entes federativos destinatários, o projeto indi-

---

8 ANDERSON. George. *Una introducción al federalismo*, Madrid, Marcial Pons, 2008. p. 51

9 CONTI. José Maurício. *Federalismo Fiscal e Fundos de Participação*. São Paulo. Juarez de Oliveira, 2001, p.14.

10 DORIA. Antônio Roberto Sampaio. *Discriminação de rendas tributárias*. São Paulo, José Bushatsky Editor. 1972, p.11

ca vigorar a alíquota de referência, ou seja, aquela que repõe a arrecadação dos tributos substituídos pelo IBS.

No que se refere à distribuição de recursos entre os entes federados, e em linha com a sistemática do atual ICMS, o projeto prevê que os Estados entreguem aos respectivos Municípios 25% dos recursos que receberem da arrecadação do IBS, os quais serão creditados conforme os seguintes critérios: três quartos na proporção da respectiva população e um quarto, de acordo com o que dispuser lei estadual.

Na mesma linha, em razão do caráter nacional do novo tributo, verifica-se a previsão para que os entes federados legislem acerca de eventuais alterações de suas alíquotas, que serão preestabelecidas pelo Senado Federal, estando vedada a concessão de isenções ou benefícios fiscais, bem como outorga ou presunção de crédito, ou ainda *"qualquer outra forma que resulte em carga tributária menor que a decorrente da aplicação das alíquotas nominais"*[11].

A leitura sistemática dos dispositivos integrantes da PEC 45/2019 denota o intuito centralizador do dispositivo, cuja competência arrecadatória ficará a cargo de "Comitê Gestor Nacional", que será integrado por representantes da União, Estados e do Distrito Federal e dos Municípios. De acordo com a proposta, o referido comitê deverá editar Lei Complementar que regulamentará o IBS, tratando, inclusive, da forma de distribuição aos entes federados da receita proveniente da arrecadação do novo imposto[12].

Em relação ao intuito centralizador, pode-se dizer que a proposta de reforma tributária ora analisada pretende modificar a repartição de competências tributárias, transferindo o poder de instituição dos tributos dos estados e dos municípios para a União Federal. O teste de compatibilidade do modelo proposto será objeto de análise em momento oportuno. Por ora, basta indicar que a Constituição Federal de 1988 delimita o poder de atuação, para fins tributários, de cada um dos entes tributantes. Assume-se, a partir da desta afirmação, que o Constituinte originário apresentou, no texto constitucional, qual ente seria competente para instituição e cobrança de cada um dos tributos previstos naquele diploma.

---

11 Câmara dos Deputados. Projeto de Emenda Constitucional Nº 45 de 2019. Disponível em: https://www.camara.leg.br/proposicoesWeb/prop_mostrarintegra;-jsessionid=8A51F7BD9E67532B9F54FAD755171C47.proposicoesWebExterno1?-codteor=1728369&filename=PEC+45/2019. Acesso em: 11 jul. 2019.

12 *Ibidem*. Pg. 9.

O modelo de repartição de competências tributárias no direito brasileiro, na linha da crítica de BORGES[13] e BARRETO[14], tendo em conta que com objetivo de conferir autonomia financeira a cada um dos entes federados, nosso sistema foi desenhado com a pluralidade de competências para instituição dos tributos sobre o consumo, ensejando tanto concorrência horizontal (entre União, Estados e Municípios), como vertical (entre Estados e entre Municípios). A autonomia desenhada pelo constituinte denota o objetivo central de atribuir fontes próprias de custeio para cada ente tributante, *conferindo a estes não apenas autonomia financeira, mas também autonomia política*, em linha com a ideia de federalismo participativo[15].

A análise sob a perspectiva da autonomia política, como se observa, não leva em consideração os ingressos financeiros nos cofres dos entes tributantes, mas o poder – e por isso denomina-se política – de estabelecer as diretrizes e as pautas importantes para o desenvolvimento econômico de seu território. Com efeito, a autonomia política tem como pano de fundo a redução das desigualdades sociais e regionais, previstas no art. 3º, III da Constituição Federal de 1988 e no art. 170, VII da mesma carta, que estatui a redução como princípio da ordem econômica.

A partir da concessão de benefícios, nesse contexto, tem por objetivo incentivar ou induzir o comportamento de empresas que, caso não houvesse vantagens específicas simplesmente não investiriam naquelas localidades. É justamente por isso que não são raros os casos em que se observam grandes projetos de plantas industriais em pequenos municípios ou em estados afastados do eixo Rio de Janeiro – São Paulo. Como se verifica, a análise do tema dos incentivos fiscais deve levar

---

13 BORGES, José Souto Maior. O imposto sobre o valor acrescido. In: SCHOUERI, Luís Eduardo. *Direito tributário* – homenagem a Paulo de Barros Carvalho. São Paulo: Quartier Latin, 2009. p. 348.

14 BARRETO, Paulo Ayres. A base de cálculo do ISS e os descontos incondicionados. *Cadernos jurídicos (EPM)*, v. 45, p. 99-112, 2016. P. 100 "(…) não se pode negligenciar que a divisão dos impostos sobre o consumo (sem falar nas contribuições) entre três diferentes níveis federativos, dezenas de Estados e centenas de Municípios, gera, inevitavelmente, distorções e discrepâncias relativamente à base de cálculo e demais elementos da incidência de cada um dos tributos."

15 SCAFF, Fernando Facury; SCAFF, Luma Cavaleiro de Macedo. *Comentários ao artigo 157 in* CANOTILHO, J.J. Gomes *et al* (coord.). *Comentários à Constituição do Brasil*. 1a ed. (2013) 6a tiragem (2014). São Paulo: Saraiva/Almefdina, 2013. p. 1737.

em consideração os estados menores, bem como as localidades que, sem incentivos que induzam o contribuinte à instalação, deixarão de receber investimentos.

Importante anotar que não se está a partir das considerações acima incentivando a concessão de benefícios de fiscais desmedidos. Não restam dúvidas no sentido de que a concessão de benefícios, em razão do impacto econômico decorrente de sua concessão, merece ser imediatamente revisto, especialmente para que sejam estabelecidos critérios e parâmetros com objetivo de torná-los positivos aos entes que os concedem, ou seja, que a concessão dos benefícios seja compensada pelo efetivo potencial de aquecimento da economia local no longo prazo.

Sobre este ponto, destaca-se que nada obstante seja louvável a intenção das propostas de simplificação do sistema tributário, não se pode perder de vista que toda e qualquer alteração – ainda que em sede constitucional – deve estar em harmonia com o direito posto. Em outras palavras não basta, para fins de modificações no ordenamento jurídico, que as propostas apenas estejam pautadas em ideais considerados razoáveis pelos proponentes, devendo serem as modificações testadas com o disposto na Constituição Federal de 1988.

Para fins de alterações que possam, em alguma medida, modificar a forma federativa de estado deve-se ter cuidado ainda maior, tendo em vista trata-se de elemento sobre o qual não se permite alteração significativa no direito brasileiro.

5. CLÁUSULA PÉTREA DA FORMA FEDERATIVA DE ESTADO E DA AUTONOMIA FINANCEIRA DOS ENTES FEDERADOS

Na Constituição Federal de 1988, as cláusulas pétreas estão elencadas no artigo 60, § 4º. Pela redação do dispositivo, não serão sequer apreciadas as propostas *tendentes* a abolir qualquer das cláusulas pétreas.[16] Ressalta-se, ainda, que embora tenha sido empregado o termo "abolir" na redação final do parágrafo colacionado, é certo que seu dispositivo não se restringe unicamente às propostas que explicitamente revelem este interesse. [17] Nas palavras de José Afonso da Silva:

---

16 RIBEIRO, Ricardo Lodi. Pacto federativo e reforma tributária. *Revista de Direito Administrativo*. Rio de Janeiro, v. 222, p. 87-96, out. 2000.

17 SILVA, José Afonso da. *Curso de Direito Constitucional Positivo*. São Paulo: Malheiros Editores, 2013. p. 69.

"a vedação atinge a pretensão de modificar qualquer elemento conceitual da Federação, ou do voto direto, ou indiretamente restringir a liberdade religiosa, ou de comunicação ou outro direito e garantia individual; basta que a proposta de emenda se encaminhe ainda que remotamente, "tenda" (emendas tendentes, diz o texto) [do art. 60 §4º da Constituição] para sua abolição." [18]

O Supremo Tribunal Federal reforçou o entendimento explicitado ao decidir a ADIN 939-7 (DJ 18.3.94, Rel. Min. Sidney Sanches), na qual foi reconhecida a inconstitucionalidade de dispositivo que instituiu o Imposto Provisório sobre Movimentações Financeiras (IPMF) e estabeleceu que ao novo tributo não seria aplicável o princípio da imunidade recíproca (art. 150, VI, alínea "a"), pela evidente violação da cláusula pétrea prevista no art. 60, §4º, inciso I, da CF. Na hipótese, não se tratava de emenda constitucional que extinguiu a federação, mas que buscava embaraçar o poder de autodeterminação dos entes subnacionais para a obtenção dos meios financeiros para a manutenção dos seus serviços.

Noutro giro, a doutrina entende não ser democraticamente saudável o engessamento demasiado da ordem constitucional, visto impossibilitar a adequação da Constituição à realidade da sociedade, que se encontra em constante mutação.[19] Desse modo, não se pretende alargar a amplitude de incidência das cláusulas pétreas ao ponto de criar óbice instransponível ao exercício do poder reformador, mas sim preservar o *núcleo essencial* dos direitos constitucionalmente protegidos. [20]

Sabendo que a descentralização das competências político-administrativas e a concessão de autonomia aos entes federados são características basilares do federalismo, bem como que a proteção das cláusulas pétreas contempla o *núcleo essencial* dos direitos protegidos, infere-se que toda proposta que tende a suprimir a autonomia dos entes federados nasce materialmente inconstitucional. Nesses termos, não foram poucos aqueles que defenderam a descentralização do poder combina-

---

18 Idem.

19 SARMENTO, Daniel. Direito adquirido, emenda constitucional, democracia e a reforma da previdência. In: TAVARES, Marcelo Leonardo (Org.). *A Reforma da Previdência Social. Temas Polêmicos e Aspectos Controvertidos.* Rio de Janeiro: Lumen Juris, 2004, pg. 15.

20 FERREIRA, Gilmar Mendes. *Curso de Direito Constitucional.* São Paulo: Saraiva, 2009. pg. 292-294.

da, por outro lado, com a expansão e o aperfeiçoamento dos mecanismos de cooperação previstos no texto constitucional.

Heleno Taveira Torres[21] ressalta, nesse sentido, a necessidade de se promover um aprofundamento do federalismo de equilíbrio que marca a Constituição de 1988 e a expansão e o aperfeiçoamento dos mecanismos de cooperação previstos pelo texto constitucional, como o alargamento das matérias sujeitas à competência concorrente, ampliando as competências de Estados e Municípios; a preservação da técnica de repartição de receitas federais em benefício destes últimos; e a articulação na área das regiões administrativas federais e interestaduais.

Em outras palavras, espera-se do sistema federativo descentralização do poder central e fortificação dos entes subnacionais, cujo equilíbrio será marcado pela cooperação entre os entes. De toda sorte, se comparada com as Cartas anteriores, não restam dúvidas do viés descentralizador da CRFB/88 com objetivo de consolidar o ideal democrático que pautou o trabalho da assembleia constituinte. No que se refere ao sistema tributário, todavia, o movimento é justamente contrário, com evidente centralização da concentração das competências tributárias da União Federal.

É nesse sentido as lições de ARRETCHE[22], ao afirmar que as instituições do federalismo brasileiro não limitam o poder da União em face dos governos estaduais e municipais, mas restringem o poder destes em face da União Federal[23]. Conhecida a evidente centralização promovida pela própria Lei Maior, faz-se relevante analisar qual o grau de autonomia que se deve conferir aos estados e municípios.

Importante indicar, neste ponto que o grau de autonomia deve buscar um equilíbrio, observado, de um lado, o liame federativo, sem, portanto, transgredir a cláusula pétrea da forma federativa de Estado. Neste ponto, os doutrinadores consoam ao afirmar que aos entes federados é necessário assegurar a autonomia financeira, para que estes tenham subsídios próprios suficientes para promoverem suas funções especí-

---

21 TORRES, Heleno Taveira. Constituição financeira e o federalismo financeiro cooperativo equilibrado brasileiro. *Revista Fórum de Direito Financeiro e Econômico*, ano 3, n. 5, Belo Horizonte, mar./ago. 2014. p. 27; 42.

22 ARRETCHE, Marta. Quando instituições federativas fortalecem o governo central? *Novos Estudos CEBRAP*, n. 95, março/ 2013. p. 38-57.

23 No mesmo sentido são as lições de Gilberto Bercovici. BERCOVICI, Gilberto. *Dilemas do Estado Federal Brasileiro*. Porto Alegre: Livraria do Advogado, 2004. p. 72.

cas.[24] Reforçando este entendimento, Regis Fernandes de Oliveira aduz que pelo federalismo fiscal se busca a suficiência econômica do ente federado, isto é, garantir *"a partilha dos tributos pelos diversos entes federativos, de forma a assegurar-lhes meios para o atendimento de seus fins".* [25]

Entretanto, nos termos das considerações acima, a ideia de autonomia dos entes federados, a saber, a descentralização territorial do poder pressupõe mais que mera distribuição das receitas oriundas da arrecadação dos tributos. Há de se respeitar o direito dos Estados e Municípios de definirem suas próprias prioridades através de competências constitucionais que lhes permitam exercer sua autoadministração.[26]

Deste modo, a alteração no texto constitucional que atente contra o núcleo essencial da autonomia dos entes federados, seja por interferir na distribuição de receitas, suprimir ou reduzir consideravelmente seu poder tributário, interferindo na capacidade de autogoverno, auto-organização ou autoadministração, ofende a forma federativa de estado.

6. CONCLUSÕES

A PEC nº 45/2019 tenta introduzir no ordenamento jurídico a denominada reforma tributária, com a introdução de um modelo de IVA com objetivo de suprimir os atuais Imposto sobre Produtos Industrializados (IPI); Imposto sobre Operações relativas à Circulação de Mercadorias e sobre Prestações de Serviços de Transporte Interestadual e Intermunicipal e de Comunicação (ICMS); Imposto sobre Serviços de Qualquer Natureza (ISS); Contribuição para o Financiamento da Seguridade Social (Cofins); e Contribuição para o Programa de Integração Social (PIS), unificando-os em um único tributo, denominado o IBS.

A proposta, conforme demonstrado, retira na prática a competência tributária dos estados e municípios, concentrando-a na União Federal, que passará a administrar, do ponto de vista político, a gestão da tributação sobre o consumo.

---

24 OLIVEIRA, Gustavo da Gama Vital de. *Cláusulas pétreas financeiras e tributárias.* Rio de Janeiro: Gramma, 2019. p. 51.

25 OLIVEIRA, Regis Fernandes. *Curso de Direito Financeiro.* São Paulo: Revista dos Tribunais, 2008.

26 RIBEIRO, Ricardo Lodi. Pacto federativo e reforma tributária. *Revista de Direito Administrativo*, Rio de Janeiro, v. 222, p. 87-96, out. 2000.

A Constituição Federal de 1988 estabelece, em seu artigo 60, §4º, o rol das cláusulas pétreas, que afasta a possibilidade de modificação por parte do poder constituído reformador. Dentre as proteções instituídas pelo Constituinte destaca-se a forma federativa de Estado.

Para que os entes subnacionais exerçam sua autonomia de forma plena, se faz imprescindível que lhes sejam atribuídas competências que garantam a arrecadação de recursos pecuniários próprios, permitindo a perseguição de seus respectivos fins. A autonomia, nesse contexto, não se restringe somente ao aspecto financeiro no sentido de mero recebimento de recursos. Aos estados e municípios, deve-se assegurar a autoadministração, a qual só se pode chegar através da concessão de autonomia político-administrativa e jurídica, compreendendo especialmente o poder de legislar.

Assim, toda reforma que pretenda reduzir ou amesquinhar a autonomia dos entes federados, viola a forma federativa de estado prevista na Constituição de 1988, na medida em que retira dos entes federados a autonomia política, que em conjunto com a autonomia financeira formam o núcleo essencial e característico desde modelo de governo.

Em outras palavras, e com a permissão para utilização de uma expressão mais singela, mas que parece ser esclarecedora diante do cenário analisado: autonomia financeira sem autonomia política não é autonomia, e sem autonomia não há que se falar em forma federativa de estado.

Assim, ao contrário do pressuposto que está na hipótese de criação do IBS, assegurar a autonomia financeira pela competência tributária não é somente uma questão de poder de fixação de alíquotas, mas também o poder de *estabelecer política tributária*, especialmente por intermédio de benefícios fiscais, o que seria vedado aos Estados e Municípios pela proposta do IBS.

Por outro lado, a proposta de vedação de concessão de benefícios fiscais pelos Estados e Municípios parece partir do questionável pressuposto de que qualquer tipo de redução de carga tributária seria conferida com o objetivo de atrair investimentos, em um cenário típico de guerra fiscal. Todavia, tal conclusão não nos parece acertada, pois é possível imaginar situações em que benefícios são concedidos pelos entes subnacionais sem tal escopo.[27]

---

[27] Sobre o tema: PENCAK, Nina. Sobre a (in)constitucionalidade dos benefícios fiscais de ICMS concedidos sem convênio. CAMPOS, Carlos Alexandre de Azevedo;

O próprio Supremo Tribunal Federal já reconheceu que não seria exigível a regra da necessidade de autorização pelo CONFAZ quando o benefício fiscal não tenha potencial de incentivar a guerra fiscal entre Estados.[28] Igual raciocínio deve ser aplicado a benefícios fiscais referentes às atividades econômicas que, por razões de fato, não podem ser realizadas em outros locais (ex. exploração mineral).[29]

Além disso, a proposta de unificação da arrecadação da tributação do consumo na União pressupõe que Estados e Municípios tenham um grau de confiança muito elevado na União, no sentido de que eles terão efetiva participação em tal arrecadação, sem que fossem impostas condicionantes para o efetivo recebimento dos recursos que serão objeto de repartição.[30] E nas últimas décadas, a relação da União com entes subnacionais sido bastante turbulenta, como indicam o histórico caso do abuso das contribuições pela União Federal[31] e os problemas das compensações pelos Estados das perdas com a Lei Kandir.

Diante dessas considerações, entende-se pela inconstitucionalidade da reforma tributária da forma como desenhada na PEC 45/2019, da forma como posta, no que refere à extinção do ICMS e ISS, com a substituição pelo IBS.

REFERÊNCIAS BIBLIOGRÁFICAS

ALVES, Raquel de Andrade Vieira. *Federalismo fiscal brasileiro e as contribuições*. Rio de Janeiro: Lumen Juris, 2017.

ARRETCHE, Marta. Quando instituições federativas fortalecem o governo central? *Novos Estudos CEBRAP*, n. 95, março/ 2013.

BOMFIM. Incentivos Tributários. *Conceituação, Limites e Controle*. Rio de Janeiro: Lumen Juris, 2015.

FERREIRA, Gilmar Mendes. *Curso De Direito Constitucional*. São Paulo: Saraiva, 2009.

IBRAHIM, Fábio Zambitte; OLIVEIRA, Gustavo da Gama Vital. *Estudos de federalismo e guerra fiscal*, v. 1, Rio de Janeiro: Gramma, 2017, p. 161-218.

28 ADI 3421/PR, Rel. Ministro Marco Aurélio, julgado em 05.05.2010.

29 MARINS, Daniel Vieira. OLIVEIRA, Gustavo da Gama Vital de. A autonomia federativa e o problema da unanimidade nos convênios do CONFAZ. *Revista do Direito Público*, Londrina, v. 12, n. 2, p. 250-272, ago. 2017.

30 Nessa linha, podemos citar o parágrafo único do art. 160 da Constituição Federal, que possibilita à União Federal condicionar transferências obrigatórias de Estados e Municípios ao pagamento de seus créditos.

31 Sobre o tema: ALVES, Raquel de Andrade Vieira. *Federalismo fiscal brasileiro e as contribuições*. Rio de Janeiro: Lumen Juris, 2017.

FERREIRO LAPATZA, José Juan. La Privatización De La Gestión Tributaria Y Las Nuevas Competências De Los Tribunales Esconómico-Administrativos. In: *Civitas – Rev. Esp. Dir. Fin.*, n. 37/81, 1983.

MACHADO, Hugo de Brito. *Curso De Direito Tributário*. São Paulo: Malheiros Editores, 1998.

MARINS, Daniel Vieira. OLIVEIRA, Gustavo da Gama Vital de. A autonomia federativa e o problema da unanimidade nos convênios do CONFAZ. *Revista do Direito Público*, Londrina, v. 12, n. 2, p. 250-272, ago. 2017.

OLIVEIRA, Gustavo da Gama Vital de. *Cláusulas Pétreas Financeiras e Tributárias*. Rio de Janeiro: Gramma, 2019.

OLIVEIRA, Regis Fernandes. *Curso De Direito Financeiro*. São Paulo: Revista dos Tribunais, 2008.

PENCAK, Nina. Sobre a (in)constitucionalidade dos benefícios fiscais de ICMS concedidos sem convênio. CAMPOS, Carlos Alexandre de Azevedo; IBRAHIM, Fábio Zambitte; OLIVEIRA, Gustavo da Gama Vital. *Estudos de federalismo e guerra fiscal*, v. 1, Rio de Janeiro: Gramma, 2017, p. 161-218.

RIBEIRO, Ricardo Lodi. Pacto Federativo E Reforma Tributária. *Revista de Direito Administrativo*. Rio de Janeiro, v. 222, p. 87-96, out. 2000.

SARMENTO, Daniel. Direito Adquirido, Emenda Constitucional, Democracia E A Reforma Da Previdência. Em: TAVERES, Marcelo Leonardo (Org.). *A Reforma da Previdência Social. Temas Polêmicos e Aspectos Controvertidos.* Rio de Janeiro: Lumen Juris, 2004.

SILVA, José Afonso da. *Curso De Direito Constitucional Positivo*. São Paulo: Malheiros Editores, 2013.

SCAFF. Fernando. Silveira. Alexandre Coutinho. Incentivos Fiscais na Federação Brasileira in *Regime Jurídico dos Incentivos Fsicais*. Coord. Hugo de Brito Machado. Editora Malheiros. São Paulo. 2014.

TORRES, Heleno Taveira. *Constitúição financeira e o federalismo financeiro cooperativo equilibrado brasileiro*. Revista Fórum de Direito Financeiro e Econômico, ano 3, n. 5, Belo Horizonte, mar./ago. 2014.

REFLEXÕES SOBRE A CONSTANTE PRETENSÃO DE SE PROCEDER A UMA "REFORMA TRIBUTÁRIA"

HUGO DE BRITO MACHADO SEGUNDO[1]

SUMÁRIO: 1. Introdução; 2. É preciso alterar a Constituição?; 3. IBS, "não cumulatividade" e regime de creditamento; 4. IBS e os direitos e deveres do contribuinte (aliás, quem é ele?); 5. Realocação da carga e redução da regressividade; 6. Considerações finais

1. INTRODUÇÃO

No Brasil, passados poucos anos do início da vigência do sistema tributário delineado na Constituição Federal de 1988, cogitava-se já da necessidade de uma "reforma tributária"[2]. E desde então se apontam, invariavelmente, dois defeitos que com ela seriam corrigidos: a elevada carga tributária, e a complexidade do sistema.

O sistema tributário brasileiro é, de fato, muito complexo. Complicado para quem o estuda, é ainda mais difícil – e custoso, e demorado – de ser atendido por quem se submete a ele, no exercício de atividades econômicas. O já célebre estudo da quantidade de horas que o contribuinte brasileiro gasta para atender a todas as obrigações tributárias, principais e em particular acessórias, é demonstração sufi-

---

1 Mestre e Doutor em Direito. Advogado em Fortaleza. Membro do ICET – Instituto Cearense de Estudos Tributários e do IBDT – Instituto Brasileiro de Direito Tributário Professor da Faculdade de Direito da Universidade Federal do Ceará, de cujo Programa de Pós-Graduação (Mestrado e Doutorado) foi Coordenador. Professor do Centro Universitário Christus (Graduação e Mestrado). *Visiting Scholar* da *Wirtschaftsuniversität*, Viena, Áustria (2012/2013 – 2015/2016).

2 Folha de São Paulo. *Fiesp pede reforma tributária.* 20 de setembro de 1994, disponível em https://www1.folha.uol.com.br/fsp/1994/9/20/brasil/10.html, acesso em 11 jan. 2020.

ciente disso[3]. Quanto à elevação da carga, pode-se somar a ela, como fator que a agrava enormemente, o fato de ser mal distribuída.

Parecem ter razão, portanto, os que alardeiam, há tanto tempo, a necessidade, e mesmo a alegada urgência, de se reformar o sistema. A questão, contudo, reside em saber se as reformas que vem sendo propostas de fato têm o condão de resolver tais problemas, ou se, na realidade, seu potencial é de aumentá-los. O fato de todos estarem incomodados com uma música muito alta não justifica que, em nome do clamor por silêncio, se aumente ainda mais o volume.

Esse é um contexto no qual simplesmente firmar posição contra as reformas parece não ser a melhor solução, pois os inegáveis defeitos do sistema farão com que ela, mais cedo ou mais tarde, aconteça, sendo levada a efeito não raro por pessoas de boa fé que acreditam assim estar corrigindo o problema que só faz aumentar. O relevante, portanto, é tentar compreender *como* tais defeitos podem ser solucionados, ou minimizados, de modo a contribuir com os que têm poder ou influência política para efetivamente proceder às mudanças. A ideia, em suma, é participar, para que o resultado seja o melhor possível. Ou pelo menos para que não seja tão ruim, despertando, logo em seguida, novas vozes a conclamar por "reformas".

2. É PRECISO ALTERAR A CONSTITUIÇÃO?

A primeira pergunta que se deve fazer, diante dos defeitos apontados – carga elevada e complexidade – é se uma mudança no texto constitucional é a melhor solução, ou mesmo se chega a representar uma solução. E o motivo é muito simples: alíquotas de tributos, e obrigações acessórias, não são determinadas pela Constituição. Em alguns casos tampouco na lei, sendo mesmo matéria passível de trato por normas infraconstitucionais, a exemplo das alíquotas do IPI, e das obrigações acessórias em geral. No que tange aos demais tributos, suas alíquotas podem ser reduzidas com alteração da lei, no plano infra-

---

3 Embora tenha havido importante redução, de 2.600 horas em 2015 para 1.501 em 2019, o Brasil ainda ocupa o *primeiro lugar isolado*, em todo o mundo, na quantidade de horas necessárias para se cumprirem deveres acessórios necessários ao cálculo e ao pagamento dos tributos, seguido pela Bolívia (1.025), e pela Venezuela (920), ao passo em que países como a Dinamarca (132), a Áustria (131) e o Reino Unido (114), todos longe de serem confundidos com paraísos fiscais, exigem menos de 10% desse tempo de seus contribuintes. Para o estudo completo e o comparativo de todos os países, feito pelo Banco Mundial, veja-se: http://data.worldbank.org/indicator/IC.TAX.DURS, acesso em 23.1.2016.

constitucional, sem a necessidade de emendas constitucionais, prejudiciais à estabilidade da Constituição e das proteções nela positivadas.

Aliás, o contrário talvez ocorra. Algumas das mudanças que se sugerem, nas propostas de reforma tributária que estão a ser discutidas, talvez aumentem a carga, e ampliem o rol de complexas obrigações acessórias a serem cumpridas. É o caso da criação do Imposto sobre Bens e Serviços (IBS), em substituição a vários outros tributos (v.g., ICMS, IPI, ISS, PIS, COFINS), com uma transição de vários anos nos quais todos os tributos, o novo e os antigos a serem por ele substituídos, conviverão. Ademais, se a alíquota do IBS for estabelecida em percentuais próximos a 25%, haverá grande aumento de carga para muitos contribuintes, sem prejuízo da possibilidade, preservada, de criação de novos tributos (como um *excise tax*, com função extrafiscal sobre tabaco, bebidas etc). Ou seja: uma reforma que não vai resolver nenhum dos dois problemas que se empregam como bandeira para justificá-la. Há, claramente, algo errado com isso.

Não que, daí, se deva firmar posicionamento contrário à unificação de tributos como ICMS, IPI, PIS, COFINS e ISS. Mas é preciso cuidado para que o tiro não saia pela culatra. O fato de a legislação infraconstitucional ora em vigor contrariar os objetivos a serem alcançados com uma reforma no texto constitucional sugere que, mesmo depois de modificado este, os apontados problemas permanecerão, ou mesmo poderão aumentar. Nos itens que se seguem, serão apontados alguns exemplos nesse sentido.

3. IBS, "NÃO CUMULATIVIDADE" E REGIME DE CREDITAMENTO

Não se pretende, aqui, entrar no mérito de questões ligadas a supostas repercussões de uma reforma tributária sobre o pacto federativo, pelo fato de se alterarem competências estaduais (ICMS) e municipais (ISS). Tampouco se pretende examinar, *a fortiori*, este ou aquele detalhe de propostas específicas, que estabelecem a possibilidade de tais entes fixarem suas próprias alíquotas relativamente ao imposto que seria nacional (o IBS), com toda a complexidade daí decorrente. Este item visa a chamar a atenção para um problema diverso, central a todas as propostas, relacionado à não-cumulatividade tributária.

Diz-se que o IBS terá sistema de crédito amplo, e que envolverá o que hoje são IPI, ICMS, ISS, PIS e COFINS. A depender da proposta incluem-se ainda IOF, salário educação e CIDEs no rol dos tributos fundidos. Em qualquer caso, ter-se-á tributo de base amplíssima, não cumulativo, a incidir inclusive sobre bens intangíveis e sobre serviços. Nessa ordem de ideias, é o caso de indagar: como será a sistemática de creditamento, relativa à não cumulatividade?

Temos dois exemplos recentes que deveriam servir de lição a respeito dos perigos de se prometer algo no discurso, que se vai corroendo – diante não raro de uma jurisprudência complacente com o Fisco que sustenta - na medida em que se descem andares na pirâmide hierárquica de normas: apenas genericamente referido na Constituição, o direito ao crédito é, de forma sub-reptícia, suprimido por normas inferiores.

Tome-se, por primeiro, o caso do ICMS. Com o advento da Constituição Federal de 1988, incluíram-se em seu âmbito de incidência serviços de transporte, e de comunicação, bem como operações com energia elétrica, dentre outros fatos até então onerados por tributos diversos, e não pelo antigo ICM. Como consequência disso, para se manter "não cumulativo" o imposto, seria necessário alterar a sistemática de creditamento, que não poderia ser apenas a do "crédito físico"[4]. Do contrário, como garantir crédito, "físico", a um prestador de serviço de transporte? Ou a quem consome energia em estabelecimento comercial?

---

4 Pela sistemática do crédito físico, o contribuinte do tributo não cumulativo tem o direito de abater, em cada operação, do tributo incidente em operações anteriores, mas apenas em relação àqueles produtos que fisicamente integram o bem objeto da operação de saída, de cuja tributação se cogita. Exemplificando, pelo regime de crédito físico, uma fábrica de sapatos, ao calcular o tributo incidente sobre os sapatos por ela vendidos, teria o direito de aproveitar o crédito do tributo incidente sobre o couro, a madeira, a borracha, os cadarços e as tintas adquiridos para a fabricação dos sapatos, e que a eles fisicamente se incorporaram. O mesmo poderia ser dito de embalagens com as quais fossem acondicionados para a venda. Mas não daria direito a crédito uma operação anterior que, conquanto tributada, não dissesse respeito a um bem fisicamente agregado, incorporado ou ajuntado ao sapato, a exemplo de máquinas usadas em sua fabricação, da energia consumida nesse processo, do transporte do produto ou dos insumos necessários à sua confecção, do aluguel do imóvel no qual a fábrica estivesse a funcionar, e assim por diante. Daí se percebe que a sistemática de crédito físico até pode se mostrar compatível com tributo que onera apenas a circulação de mercadorias, como era o caso do ICM, mas se revela absolutamente equivocada, violadora mesmo da não cumulatividade (porque leva a evidente acumulação), quando aplicada a tributo que incide sobre realidades mais amplas, como serviços, comércio de energia, intangíveis etc., como se pretende o IBS.

Esperou-se de 1988 até 1996, com o advento da LC 87/96, para que algumas operações pudessem gerar créditos, a exemplo da aquisição de energia elétrica por vendedores de mercadorias. Mas mesmo nesse caso, os créditos só diriam respeito a entradas havidas após o início da vigência da lei, e no que tange a bens de consumo foram constantemente prorrogados[5]. Anos depois, a LC 102/2000 limitou ainda mais essa possibilidade de creditamento (v.g., parcelando o crédito decorrente da aquisição de bens para o ativo permanente em 48 meses, restringindo severamente o direito ao crédito relativo à energia consumida etc.), e hoje o ICMS, embora alcance alguns serviços de transporte, operações com energia, comunicações etc., não garante aos contribuintes creditamento amplo do valor incidente em tais operações, ou relativamente aos insumos a elas necessários, implicando clara acumulação. Aumento de carga, portanto. Sem prejuízo da enorme complexidade trazida pela adoção da não-cumulatividade.

PIS e COFINS passam por fenômeno semelhante. Embora a lei garanta o creditamento em termos razoavelmente amplos, até por conta da base assaz larga de tais contribuições, a tornar impossível a adoção da não-cumulatividade de maneira diversa, normas infralegais amesquinham esse direito, definindo de maneira reducionistas o sentido de palavras como "insumo", apenas para citar um exemplo.

Com o "IBS" pode se dar precisamente o mesmo. Por enquanto, nas propostas apresentadas, não há nada que garanta ou mesmo sugira o contrário. Ampliar-se-á a base do tributo, de modo a que alcance qualquer operação com "bens", com a fixação de alíquota bastante

---

5 A evolução legislativa, nesse ponto, beira o ridículo, o acinte ao cidadão contribuinte, tratado como a criança que quer ir embora de uma festa e é tapeada pelo pai que diz "vamos já", mas segue conversando com seus amigos sem manifestar o menor sinal de que pretende dar cumprimento à promessa. Em sua redação original, a LC 87/96, de novembro de 1996, previa que o creditamento decorrente da aquisição de bens destinados a uso ou consumo do estabelecimento poderia ocorrer a partir de 1º de janeiro 1998. Em 23 de dezembro de 1997, porém, a LC 92/97 prorrogou esse prazo para 1º de janeiro de 2000. Em 20/12/1999, a LC 99/99 o postergou para 1º de janeiro de 2003. Em 16/12/2002, a LC nº 114/2002 o prorrogou para 1º de janeiro de 2007. Em 12/12/2006, a LC 122/2006 o prorrogou para 1º de janeiro de 2011. Em 29/12/2010 a LC nº 138/2010 o prorrogou para 1º de janeiro de 2020, e, finalmente, em 30 de dezembro de 2019, é publicada a LC 171, que prorroga esse creditamento para janeiro de 2030. Por que não assumir logo que esse direito NUNCA será reconhecido? Esse é um recado muito claro do Estado Brasileiro ao cidadão, sobre a credibilidade das promessas de que o crédito de IBS será "amplo".

elevada (25%?), tudo sob o pretexto de que haverá direito a "amplo creditamento". Mas, depois, leis, ou mesmo decretos, ou até instruções normativas, eventualmente podem trazer restrições importantes a esse direito de crédito, deixando contribuintes com a carga, e com a complicação, e sem as vantagens da não-cumulatividade. Se se vai alterar o texto constitucional, é preciso aproveitar a oportunidade para, nele, garantir-se já a não-cumulatividade por um sistema de crédito financeiro amplo, permitindo-se ao legislador restrições apenas destinadas ao controle de fraudes (a fixar prazos, requisitos formais para a documentação etc.)., mas não à limitação arbitrária de quais operações anteriores já tributadas gerariam, ou não, o direito ao abatimento do tributo.

4. IBS E OS DIREITOS E DEVERES DO CONTRIBUINTE (ALIÁS, QUEM É ELE?)

Outro problema grave que prejudica contribuintes, no que tange aos tributos ditos "indiretos", justamente esses que serão fundidos em um Imposto sobre Bens e Serviços (IBS), é o da forma incoerente, equivocada e contraditória com a jurisprudência considera a suposta "repercussão" de seu ônus financeiro a terceiros, ou, mais propriamente, as consequências jurídicas imputadas a essa presumida repercussão.

Como se sabe, diz-se "indireto" aquele tributo que, por incidir sobre operações que impulsionam bens e serviços desde a produção ao consumo, seria supostamente repassado pelo contribuinte ao consumidor, mediante um aumento nos preços dos produtos e serviços correspondentes. Daí chamar-se o consumidor de "contribuinte de fato". A questão é que, no Brasil[6], utiliza-se essa ideia para negar a ambos – contribuinte dito "de direito", e contribuinte supostamente "de fato" – os direitos ou os bônus inerentes à sua posição na relação jurídica tributária. Para ter direitos oponíveis ao Fisco, nenhum dos dois é contribuinte "de verdade".

---

6 Em outras partes do mundo eventualmente ocorre algo parecido, embora no âmbito da União Europeia a Corte Europeia de Justiça tenha coibido a conduta dos Fiscos dos diversos países de se utilizar da natureza "indireta" dos tributos para negar aos contribuintes o direito à restituição de quantias pagas indevidamente. Veja-se, a propósito: MACHADO SEGUNDO, Hugo de Brito. Ainda a restituição dos tributos indiretos. *Nomos*, v. 32.2, p. 223-274, 2012. Disponível em http://periodicos.ufc.br/nomos/article/view/359, acesso em 12 jan. 2020.

Quando, por exemplo, o tributo é pago de forma indevida, nega-se a restituição ao contribuinte "de direito", porque este teria repassado o ônus tributário ao contribuinte "de fato". Mas se este, o tal contribuinte "de fato" que teria suportado o ônus, pleiteia a restituição, diz-se que não pode fazê-lo por não participar da relação jurídica. Em suma: a natureza 'indireta' do tributo serve apenas para suprimir direitos ao contribuinte que faz parte da relação jurídica, destruindo-os sem que possam ser aproveitados por qualquer outra pessoa, nem mesmo por aquela cuja existência (e suposta sujeição passiva "de fato") teria justificado a recusa de tais direitos ao contribuinte.

Não é o caso, aqui, de alongar o texto com remissões às várias contradições da tributação indireta, no Brasil[7], que fazem com que ora se afirme que quem paga o tributo "de verdade" é o contribuinte de direito (v.g., quando é o caso de exigir dele o pagamento do tributo, mesmo diante da inadimplência do consumidor final), ora se defenda que é o contribuinte "de fato" (se se trata de criminalizar a mera inadimplência do contribuinte de direito, por exemplo[8]). O importante é que, se se pretende reformar o sistema para criar um IBS, seria o momento de resolver também este ponto, dando ao imposto tratamento semelhante ao que a Corte de Justiça Europeia deu ao Imposto sobre o Valor Agregado (IVA) naquela União: todas as obrigações, e todos os direitos, inclusive de restituição de quantias pagas indevidamente, assistem ao contribuinte de direito. Aliás, as expressões "contribuinte de direito" e "contribuinte de fato" encerram, a primeira, uma tautologia, e, a segunda, uma contradição em seus próprios termos. Para estudos econômicos, sociológicos ou financeiros, o contribuinte "de fato" até pode ter algum relevo. Mas, para o Direito, contribuinte – para o bem e para o mal – só pode ser o contribuinte "de direito"!

5. REALOCAÇÃO DA CARGA E REDUÇÃO DA REGRESSIVIDADE

Finalmente, os problemas relativos à justiça e à distribuição da carga tributária brasileira, mais ainda que os anteriormente apontados, não dependem em absoluto de alterações no texto constitucional. Pelo contrário: o que falta é respeitá-lo, tal como redigido. Prova disto é que o imposto de renda das pessoas físicas, altamente progressivo até

---

7 A esse respeito, confira-se: MACHADO SEGUNDO, Hugo de Brito. *Repetição do tributo indireto*: incoerências e contradições. São Paulo: Malheiros, 2011.

8 Tese completamente equivocada, mas que, não obstante, foi acolhida pelo STF no julgamento do RHC 163.334.

1988[9], com diversas faixas de alíquotas, passou a ter apenas duas justamente quando disciplinado pelo *mesmo* Congresso que promulgou a Constituição que pela primeira vez positivou a exigência de progressividade[10]. Parece mesmo que ao inserir no texto constitucional a determinação explícita – até então inexistente – de que o tributo seja progressivo, o constituinte levou o legislador ordinário a fazer justamente o contrário. Evidência, de novo, de que mudar o texto da Constituição às vezes não resolve.

Nessa ordem de ideias, reduzir o ônus tributário sobre o consumo, e aumentá-lo no que tange ao patrimônio e à renda, depende de mudanças na legislação legal e infralegal. Simples lei ordinária pode criar novas alíquotas do imposto de renda, a incidir sobre faixas mais elevadas de rendimentos, ampliando, como consequência, o limite de isenção inerente ao mínimo existencial, bem como permitindo atualização dos valores referentes às faixas de rendimentos sujeitos às alíquotas mais baixas. O mesmo pode ser dito da progressividade do ICMD, do IPTU e do ITR, e da própria criação de um IGF. Já a tributação sobre o consumo, por meio de IPI, PIS, COFINS e ICMS, pode ser suavizada com a edição de normas infralegais (no caso do IPI), ou legais, no que tange aos demais, sem a necessidade de se modificar o texto da Constituição.

6. CONSIDERAÇÕES FINAIS

Diante do exposto, percebe-se que os principais defeitos apontados no sistema tributário brasileiro podem ser corrigidos com alterações em leis, e mesmo em atos infralegais, destinadas a reduzir alíquotas de tributos e racionalizar o cumprimento de obrigações acessórias.

Caso se insista em modificar a Constituição, para unificar os diversos tributos a incidir sobre produção e circulação de bens (ICMS, IPI, PIS, COFINS, ISS etc.), fundindo-os em um "Imposto sobre Bens e Serviços – IBS", que se tenha muita cautela e se aproveite a oportunidade para resolver os dois principais problemas da tributação indireta

---

9 Em 1961, a Lei 3.898 estabelecia alíquotas que variavam de 2% a 50%. Posteriormente, o Decreto-lei 2.419, de março de 1988, estabeleceu alíquotas de 10% a 45%. Com a promulgação da CF/88, que passou a determinar expressamente a progressividade, as alíquotas passaram a ser de 15% e 25%.

10 Lei 7.713, de 22 de dezembro de 1988, art. 25. Mais recentemente, o rol foi ampliado para quatro alíquotas, mas ainda assim muito distantes da progressividade existente antes de 1988 (Lei 11.945, de 2009, que estabeleceu alíquotas de 7,5%, 15%, 22,5% e 27,5%).

não cumulativa no Brasil: a arbitrária restrição ao direito de crédito pela legislação infraconstitucional e a contraditória forma como se tratam contribuintes "de direito" e contribuintes ditos "de fato".

Quanto ao primeiro desses pontos, sugere-se que se insira no texto constitucional, de forma clara, a alusão à não cumulatividade pela sistemática ampla do crédito financeiro, sem restrições, as quais podem ser estabelecidas pela legislação infraconstitucional apenas no que tange ao controle operacional dos créditos (prazos, requisitos formais etc.), mas não quanto às operações anteriores já tributadas.

Quanto ao segundo, poder-se-ia estabelecer que o contribuinte de direito, justamente por ostentar, perante o direito, a condição de contribuinte, enfeixa em si todos os direitos e todas as obrigações de um contribuinte, pouco importando se do ponto de vista econômico os seus ônus tributários podem, no todo ou em parte, como qualquer outro custo, se refletir em seus preços.

Finalmente, o problema da injustiça do sistema tributário brasileiro, que seria regressivo, pode ser todo remediado sem necessidade de alteração constitucional. A criação de faixas adicionais de tributação do imposto de renda das pessoas físicas, a elevação do limite de isenção, a modernização da legislação do ITR, do ITCMD e do IPTU, com a descompressão das fixas de alíquotas progressivas, depende apenas de leis ordinárias e de vontade política para editá-las, dispensando qualquer modificação no texto da Constituição.

O que se deve evitar é que os defeitos no sistema, cuja correção todos desejam, não se prestem como mero pretexto para que se obtenha uma mudança no texto constitucional, onde estão as principais proteções e garantias do cidadão contribuinte, alteração esta que terminará por tornar o sistema ainda pior.

A PEC DO PACTO FEDERATIVO E A ESCALADA PARA REDUÇÃO DO FINANCIAMENTO DOS DIREITOS SOCIAIS NO BRASIL: QUAL O RUMO DA EDUCAÇÃO E DA SAÚDE PÓS PEC 188?

IACI PELAES DOS REIS[1]

SUMÁRIO: 1. Introdução; 2. Os direitos sociais na Constituição Federal de 19898: uma mudança paradigmática; 3. A PEC do pacto federativo e a ofensa ao princípio da vedação ao retrocesso social; 3.1. A ofensa ao princípio do retrocesso social como limite ao poder reformador; 3.2. A ofensa ao dever de progressividade na concretização dos direitos sociais; 4. A vinculação de receitas públicas para saúde e educação como instrumento para garantia da liberdade substantiva: impossibilidade de redução dos mínimos orçamentários já estabelecidos constitucionalmente para custeios dos direitos sociais; 5. Considerações finais; Referências Bibliográficas

1. INTRODUÇÃO

No mês de novembro de 2019, o Presidente da República e o Ministro da Economia apresentaram ao Senado Federal um conjunto de propostas de reformas nas áreas financeira e tributária, denominado "Plano Mais Brasil", que tem por finalidade, segundo suas justificativas, promover o equilíbrio das contas públicas e implementar a transformação do Estado.

No ato oficial de entrega, foram apresentadas três propostas de emenda à Constituição Federal de 1988: a PEC[2] 186, denominada

---

1 Doutor em Direito pela Faculdade de Direito da Universidade Federal de Minas Gerais. Pós-doutoramento em Democracia e Direitos Humanos pela Universidade de Coimbra, *Ius Gentius Conimbrae*/Centro de Direitos Humanos. Professor Associado da Universidade Federal do Amapá. Promotor de Justiça do Ministério Público do Amapá.

2 Proposta de Emenda Constitucional

"PEC da Emergência Fiscal", a PEC 187, chamada de "PEC dos Fundos Públicos" e a PEC 188, designada de "PEC do Pacto Federativo."

Em linhas gerais, as propostas de emendas à Constituição Federal de 1988, propagandeadas pela sigla 3D, a significar desvinculação, desindexar e descentralização[3], buscam reduzir gastos do Estado com despesas obrigatórias, mediante alteração do sistema orçamentário e do federalismo fiscal brasileiro.

Dentre as três propostas de emendas, interessa neste trabalho analisar, criticamente, de modo não exaustivo, a "PEC do Pacto Federativo", especificamente no ponto que diz respeito à unificação dos valores para investimentos em saúde e educação, os quais, no texto da Constituição de 1988, têm vinculação orçamentárias separadas, em patamares mínimos, como garantias de fontes de financiamentos.

Pelos discursos oficiais, a ideia fundamental do Governo é no sentido de que o financiamento da saúde e educação deixem de ter orçamentos mínimos separados, em cada uma dessas áreas, para passarem a ter um montante unificado (somado) de dotação orçamentária, possibilitando conferir margem de liberdade ao legislador e ao gestor no manejo desses recursos.

Neste artigo, pretende-se responder a seguinte questão: considerando os objetivos da República Federativa do Brasil, conforme traçados na Constituição Federal de 1988, a unificação dos gastos públicos para saúde e educação, como direitos sociais de alta carGa de fundamentalidade, constitui medida justa e adequada para melhorar a efetividade desses direitos? Em síntese, a medida adotada é a melhor alternativa para promover a prestação desses direitos?

Questiona-se ainda até que ponto a retirada da vinculação de receita pública específica para cada uma dessas áreas, em percentuais definidos até então pela CF/1988, reveste-se de constitucionalidade?

No exame do tema, objetiva-se demonstrar que a ideia de unificação dos gastos com educação e saúde está em descompasso com os objetivos fundamentais da República Federativa do Brasil, que se comprometeu, na Constituição Federal de 1988, com o ideal político-jurídico de construção de uma sociedade livre, justa e solidária, direcionado à

---

3 Em artigo publicado no Boletim de notícias Conjur, intitulado DDD fiscal traz desigualdade, desonestidade e destruição constitucional, Élida Graziane rebatizou esses três signos linguísticos, representados pela tríade DDD, de *desigualdade, desonestidade e destruição constitucional*. Disponível em <conjur.com.br>. Acesso em 28.dez.2019.

promoção da cidadania, da redução das desigualdades socais e à eliminação da pobreza e a promover o bem de todos, dentre outros desideratos sociais (art. 3°, I, III e IV).

O trabalho parte da hipótese de que a unificação dos gastos com saúde e educação ofende frontalmente princípios e valores jurídicos que conferem sustentáculo ao paradigma de Estado brasileiro, erigido sob um perfil nitidamente social, nomeadamente porque representa ofensa ao princípio da vedação do retrocesso e ao dever de progressividade na efetividade dos direitos sociais, bem como implica em violação à cláusula pétrea constitucional[4] na medida em que se intenta esvaziar o núcleo essencial desses direitos fundamentais, mediante a estratégia de redução substancial de seus financiamentos.

2. OS DIREITOS SOCIAIS NA CONSTITUIÇÃO FEDERAL DE 19898: UMA MUDANÇA PARADIGMÁTICA

A experiência constitucional que antecedeu a Constituição Federal de 1988 (Constituição de 1967/69), em linhas gerais, no plano dos direitos fundamentais a tutelar as liberdades individuais de modo formal como repositórios de promessas. Já a Constituição Federal de 1988, rompendo aquele modelo, traz em seu texto objetivos e princípios que guardam íntima relação com os fundamentos de um Estado constitucional liberal de faceta social ou simplesmente Estado Social de Direito[5] como resposta às aspirações da sociedade e aos clamores dos movimentos sociais que demandavam por justiça social, liberdade, cidadania efetiva, democracia participativa, educação e saúde como direitos sociais, dentre outras pautas.

Em perspectiva histórica, o período constitucional imediato à Constituição Federal de1988 foi caracterizado pela prevalência do paradigma liberal-individualista, no qual se deu ênfase aos direitos indi-

---

4 O art. 60, § 4°, IV, da Constituição Federal de 1988 veda qualquer deliberação de proposta de emenda tendente a abolir os direitos e garantias individuais.

5 Cf., Onofre Batista Júnior, o Estado Social, em sua terceira fase, ganha força a partir da Segunda Guerra Mundial, quando o aparelho estatal passou assumir um perfil de prestador de direitos sociais, a configurar o Estado Providência (*Welfare State*). Nesse modelo de Estado, que se manifesta como contraponto à expansão do socialismo soviético, os direitos sociais não mais se apresentam como prestações de caridade ou de benevolência do soberano, mas sim como autênticos direitos subjetivos públicos que podem ser exigidos do Estado. BATISTA JÚNIOR, Onofre Alves. *O outro Leviatã e a corrida ao fundo do poço*. São Paulo: Almedina, 2015, p. 30-31.

viduais, representados predominantemente pelas liberdades públicas[6], voltadas à garantia da liberdade do indivíduo frente ao Estado e à segurança da propriedade, sem muito se preocupar com os direitos sociais.

Cláudia Gonçalves[7] assinala que os movimentos sociais que atuaram no período pré-Constituição de 1988 reivindicavam uma multiplicidade de demandas e foram às ruas clamando por uma nova ordem constitucional, que, dentre outros aspectos, resultasse na configuração de um Estado de cariz social, promotor de justiça social, que tivesse por escopo fundamental a cidadania efetiva, a positivação de direitos sociais, a redução das disparidades sociais e a erradicação da pobreza e o bem de todos, sem discriminação de qualquer espécie.   A promulgação da Constituição Federal de 1988, batizada pelo Deputado Ulisses Guimarães como Constituição Cidadã, operou uma mudança paradigmática no modelo de Estado, trazendo esperanças ao povo brasileiro, que passou a nutrir profundas expectativas no sentido de que a nova ordem constitucional fosse instrumento de mudança da realidade social do Brasil, marcada por um quadro histórico de exclusão social, discriminação, pobreza, violência à dignidade humana, dentre outras mazelas.

Ultrapassados 30 (trinta) anos de sua promulgação percebe-se haver uma forte tentativa de se reduzir, progressivamente, sua força normativa, mediante redução do papel do Estado quanto aos gastos sociais, com destaque, nesta quadra atual, para o ataque à saúde e à educação, considerados fundamentais para a materialização do modelo de Estado delineado pelo Poder Constituinte Originário, exercido no âmbito legítimo da Assembleia Nacional Constituinte de 1987-1988.

Nas palavras de Paulo Bonavides, a Constituição de 1988 "é basicamente em muitas de suas dimensões uma Constituição de Estado social (…) Uma coisa é a Constituição do Estado Liberal, outra a Constituição do Estado social. A primeira é uma Constituição antigoverno e antiestado; a segunda uma Constituição de valores refratários ao individualismo no Direito e ao absolutismo no Poder[8]".

---

6 A expressão liberdades públicas têm sido também designadas de direitos individuais fundamentais ou de direitos humanos de primeira dimensão.

7 GONÇALVES, Cláudia Maria da Costa. *Direitos fundamentais sociais: releitura de uma constituição dirigente*. Curitiba: Juruá, 2105, p. 125 e ss.

8 BONAVIDES, Paulo. *Curso de direito constitucional*, 33ª ed. São Paulo: Malheiros, 2018, p. 379.

Por seu turno, Jorge Miranda argumenta que na concepção social do Estado os direitos constitucionais de índole social podem resumir-se num direito geral à igualdade material, que não se oferece, mas se conquista e se efetiva por uma série de prestações do Estado dirigidas aos seus cidadãos[9].

Em leitura reconstrutiva, pode-se afirmar que o fato de o texto da Constituição Federal de 1988 ter estabelecido garantias de patamares orçamentários mínimos para custeio da saúde e da educação teve por fim viabilizar um novo modelo de Estado, o Estado Social, rompendo desse modo com o paradigma constitucional precedente, que prioriza-va os direitos individuais.

Em oportuno artigo publicado no boletim de notícias do Consultor Jurídico, na coluna "Contas à vistas", Élida Graciane Pinto[10] rebatizou a sigla 3D (desvincular, desindexar e descentralização) para a tríade "desigualdade, desonestidade e destruição constitucional", porque, ao que parece, traduz melhor os efeitos danosos que essas medidas podem acarretar para a sociedade.

3. A PEC DO PACTO FEDERATIVO E A OFENSA AO PRINCÍPIO DA VEDAÇÃO AO RETROCESSO SOCIAL

3.1. A OFENSA AO PRINCÍPIO DO RETROCESSO SOCIAL COMO LIMITE AO PODER REFORMADOR

Grosso modo, o princípio da vedação do retrocesso social fundamenta-se na irreversibilidade das conquistas sociais já alcançadas, no plano normativo ou nas políticas públicas[11]. Esse princípio tem uma função de proteção social, no sentido de impedir que legislação superveniente acarrete a supressão ou redução injustificada do nível de concretização de direitos sociais[12].

---

9 MIRANDA, Jorge. Prefácio à obra *Direitos fundamentais sociais: releitura de uma constituição dirigente*. Curitiba: Juruá, 2015, p.19.

10 Consultor Jurídico. Edição de 24.set.2019. PINTO, Grazine Élida. Disponível em: <conjur. com.br>.

11 SCHWARZ, Rodrigo Garcia. *Os direitos sociais e a sindicabilidade das políticas públicas sociais no Estado democrático de direito*. São Paulo: LTR, 2013, p. 59.

12 PONTE, Felipe de Melo. *Políticas públicas e direitos fundamentais: elementos de fundamentação do controle jurisdicional de políticas públicas no estado democrático de direito*. São Paulo: Saraiva, 2013, p.230-232.

Pode-se aduzir que o princípio da vedação do retrocesso tem dupla dimensão: uma negativa e outra positiva. No sentido negativo, o princípio em causa impõe ao Estado um dever de limitar a atuação do legislador, de modo a impedi-lo de retroceder quanto às normas que veiculam direitos fundamentais sociais. Já a faceta positiva, vincula o legislador no sentido de adotar providências voltadas à concretização dessas normas[13].

Examinando-se pela ótica do direito subjetivo, vê-se que esse princípio confere ao cidadão o direito exigir do Estado a adoção das condições jurídico-normativas e materiais, inclusive de ordem financeira, que possibilitem, concretamente, o efetivo exercício dos direitos já conquistados.

Nessa quadra de ideias, pode-se argumentar que quando a sociedade conquista, pela via Constitucional, determinados direitos sociais, como o direito à saúde e à educação aqui tratados, geram para o Estado não apenas a obrigação de mantê-los, com a dotação orçamentária correspondente, pois não há direito sem custo[14], bem como impõe uma vedação de se usar qualquer estratégia legislativa que implique no esvaziamento desses direitos.

No plano internacional, o art. 2º do Pacto Internacional de Direitos Econômicos, Sociais e Culturais da Organização das Nações Unidas obriga os poderes públicos a adotarem normas ou políticas que visem melhorar progressivamente o pleno exercícios dos direitos reconhecidos naquele documento, ou seja, os Estados Membros ficam interditados de promover alterações jurídicas que tenham por consequência piorar a situação dos direitos sociais do país[15].

---

13 SOARES, Dilmanoel de Araújo. *Direitos sociais e o princípio da proibição do retrocesso social.* Belo Horizonte: Del Rey, 2011, p. 87-88.

14 Acerca do tema: STEPHEN Holmes; CASS R. Sustein. *The Cost of Rights: Why Liberty Depends on Taxes.* New York: Norton Company, 2010. AMARAL, Gustavo. *Direito, escassez e escolha.* Rio de Janeiro: Lumen Juris, 2010. GALDINO, Flávio. *Introdução à teoria dos custos dos direitos – Direitos não nascem em árvores.*Rio de Janeiro: Lumen Juris, 2005.

15 Pacto Internacional dos Direitos Econômicos, Sociais e Culturais, adotado pela Resolução n. 2.200-A(XXI) da ONU, EM 16 de dez. 1966 e ratificada pelo Brasil em 24.jan.1992: Art. 2º, § Cada Estado Membro no presente Pacto compromete-se a adotar medidas, tanto por esforço próprio como pela assistência e cooperação internacionais, principalmente nos planos econômico e técnico, até o máximo de seus recursos disponíveis, que visem a assegurar, progressivamente, por todos os meios apropriados, o pleno exercício dos direitos reconhecidos no presente Pacto, incluindo, em particular, a adoção de medidas legislativas.

Embora a proibição ao retrocesso social figure como componente da juridicidade, não se afasta a margem de liberdade do legislador para promover, em situações excepcionais, reformas que impliquem alguma medida regressiva no grau de proteção já atingido[16]. Todavia, a margem de reversibilidade legislativa, no âmbito do Estado Democrático de Direito, é necessariamente mínima e só poderá ser reputada como legítima quando resultar em melhoria para a sociedade como um todo, devidamente debatida e justificada racionalmente.

Pode-se aventar uma reforma legislativa, no âmbito de uma política pública de caráter social, que vise realocar recursos financeiros para a inclusão de determinado grupo em situação de maior vulnerabilidade. Para tanto, o Estado fica na obrigação de demonstrar satisfatoriamente à sociedade que a medida adotada redunda, ao final, em maior proteção dos direitos sociais[17].

Somente em situações excepcionais, cuja proposta resulte em melhoria para o conjunto da sociedade é que se admite eventual e pontual medida regressiva, não sendo legítima, repita-se, a medida, em matéria de direitos sociais, *v.g*, que tenha efeito perverso para a coletividade.

No caso em estudo, percebe-se, *prima facie*, que "PEC do Pacto Federativo", no ponto que propõe a unificação dos orçamentos para saúde e educação, ofende o princípio da vedação ao retrocesso, uma vez que reduz o grau de proteção constitucional dos mencionados direitos sociais, cuja efetividade está associada à dimensão financeira, em patamares mínimos, estipulados na CF/1988.

Ao garantir um *quantum* mínimo de receita pública para ser gasto com saúde e outro tanto para a educação, a Constituição Federal de 1988 teve por fim oferecer tratamento diferenciado ao financiamento desses direitos, dando as condições materiais necessárias ao cumprimento do desiderato do Estado Social, que deve persegue, permanentemente, a concreção da justiça social[18].

Aparentemente a proposta de unificação das verbas orçamentárias para saúde e educação é sedutora, vez que não estaria alterando a somatória de recursos para essas áreas sociais e porque concede margem

---

16 MENDES, Gilmar Ferreira; BRANCO, Paulo Gustavo Gonet. *Curso de direito constitucional*, 12ª ed. São Paulo: Saraiva, 2017, p. 679.

17 SCHWARZ, Rodrigo Garcia. Ob. cit. p. 59.

18 Cf. Art. 1º, 3º, I, III, IV; art. 6º art. 7º; art. 196, 212, todos da Constituição Federal de 1988.

de discricionariedade ao legislador e ao gestor para conformarem os gastos conforme a realidade de momento ou suas conveniências.

Entretanto, quando se examina a situação com percuciência, verifica-se que, na prática, a medida dá azo a que se comprometa seriamente a efetividade desses direitos, que já se encontram em situação de subfinanciamento, consoante demonstra Élida Graziane em sua obra intitulada Financiamento dos direitos à saúde e à educação[19].

Para ilustrar, imagine-se a aplicação da proposta, caso aprovada, em um Município. Da forma como consta da PEC, o legislador orçamentário estará autorizado a somar os 25% da educação com os 15% da saúde, perfazendo um montante de 40%. Desse total, poderá gastar, por exemplo, 25% com saúde, restando apenas 15% para educação, o que importaria em manifesto retrocesso social.

Em vez de a proposta de emenda buscar outras fontes para reforçar o financiamento da saúde, confere "carta branca" ao legislador para retirar receita da educação a fim de cobrir custos daquele outro direito e vice-versa. Salta aos olhos a incoerência e inadequação da medida.

Com efeito, a unificação dos patamares mínimos para saúde e educação mostra-se medida regressiva, extremamente prejudicial à sociedade brasileira, que ainda convive com analfabetismo, deficiência de creches, estruturas escolares carentes de laboratórios e de bibliotecas e de outros insumos escolares.

Na história da vinculação orçamentária para educação há que se registrar a relevância da Emenda Constitucional nº 24/1983, conhecida como Emenda Calmon, que, superando as matrizes autoritárias das Constituições de 1937 e 1967/69, determinava aplicar, no mínimo, 13% das receitas de impostos da União na manutenção e desenvolvimento do ensino.

Conforme comenta Élida Graziane Pinto, essa Emenda "possibilitou firmar no texto da Constituição não só a garantia do financiamento mínimo para política pública da educação, mas também ampliar o patamar de gasto devido pela União (de 13% para 18%)[20]."

A posição jurídico-financeira alcançada para financiamento da educação pública, na forma que prevê a CF/1988(União: 18%; Estado e Municípios, 25%) não admite restrições ou retrocessos. Esse patamar

---

19 PINTO, Élida Graziane. *Financiamento dos direitos à saúde e à educação: uma perspectiva constitucional*. Belo Horizonte: Fórum, 2015.

20 PINTO, Élida Graziane. Ob. cit. p, 49.

constitucional guarda íntima conexão com o princípio da máxima efetividade dos direitos sociais, a concretização de condições existenciais igualitárias, a proteção da confiança[21], a justiça social, o princípio da proteção da dignidade da pessoa humana, que se conectam com o princípio do Estado Social.

Os mesmos fundamentos servem para impor limites à atuação legislativa de caráter regressivo em matéria de direito à saúde, que, além dos argumentos já lançados, está calcado no direito à vida (art. 5º da CF/1988) e a garantia das condições materiais mínimas para uma existência digna.

3.2. A OFENSA AO DEVER DE PROGRESSIVIDADE NA CONCRETIZAÇÃO DOS DIREITOS SOCIAIS

No âmbito do Estado de perfil social como o brasileiro, o dever de progressividade dos gastos com direitos sociais conecta-se com a ideia de força normativa da Constituição e é corolário do princípio da máxima efetividade das normas constitucionais que veiculam direitos fundamentais[22].

O dever de progressividade impõe ao Estado a busca contínua de criar as melhores condições materiais possíveis para a efetividade dos direitos fundamentais socais, o que demanda esforço permanente por novas fontes de custeio, entre as quais as receitas patrimoniais oriundas da exploração de recursos naturais não renováveis como o petróleo e os minérios.

Nesse sentido, o princípio da progressividade vincula o poder público não apenas ao dever de gasto mínimo orçamentário, mas também ao de perseguir meios alternativos que proporcionem, cada vez mais, o financiamento dos direitos sociais a fim de melhorar a qualidade do ensino e da saúde da população.

---

21 Conforme leciona Misabel Derzi, "a proteção da confiança não significa, assim, mera esperança. Ela implica a expectativa confiável, que interfere diretamente na decisão tomada pela pessoa que confia." DERZI, Misabel Abreu Machado. *Modificações da jurisprudência: proteção da confiança, boa-fé objetiva e irretroatividade como limitações constitucionais ao poder judicial de tributar*. São Paulo: Noeses, 2009, p. 329.

22 CANOTILHO. José Joaquim Gomes. *Direito constitucional e teoria da constituição*, 7ª ed. Coimbra: Almedina, 2003, p. 1224.

Os desafios a serem enfrentados pelo Brasil na área educacional despertam a atenção e aguçam a preocupação. Segundo o IBGE, Pnad[23], 11,5 milhões de brasileiros, na faixa de 15 anos ou mais de idade, ainda não sabem ler e escrever e o analfabetismo funcional[24] atinge 29% da população brasileira.

No geral, o Plano Nacional de Educação (PNE), instituído pela Lei 13.005/2014, para vigorar até 2024, que definiu metas de ampliação de investimentos em educação, tem se convertido em legislação simbólica[25]. Basta ver que, com as reformas e anunciada PEC do pacto federativo, a meta 20 do PNE, consistente em ampliar o investimento público em educação de forma a atingir, no mínimo, o patamar de 7% do PIB do país no 5º ano de vigência da lei e, no mínimo, o equivalente a 10% do PIB ao final do decênio, torna-se letra morta.

Outro grave problema da educação brasileira diz respeito à qualidade da educação, pois a CF/1998, no art. 214, III, determina a exigibilidade de padrões mínimos de qualidade no ensino, a demandar mais investimentos em insumos educacionais, em infraestrutura das unidades de ensino, jornada escolar, formação e valorização do magistério. Só assim o Brasil poderá cumprir progressivamente a meta do Custo-Aluno-Qualidade inicial (CAQUi)[26].

Apesar dos dados da Organização para Cooperação e Desenvolvimento Econômico (OCDE), por meio do Programa Internacional de Avaliação de Alunos (PISA), registrar que os estudantes brasileiros apresentarem ligeiro aumento da nota média, não conseguiram obter avanços significativos em leitura, matemática e ciências, o que coloca o Brasil em 57º no ranking mundial da educação[27].

---

23 Disponível em https://agenciadenoticias.ibge.gov.br/agencia-noticias/2012-agencia-de-noticias/noticias/21255-analfabetismo-cai-em-2017-mas-segue-acima-da-meta-para-2015. Acesso em 30.dez.2019.

24 Pessoas que, embora reconheçam letras e números, são incapazes de compreender textos simples, bem como de realizar operações matemáticas básicas)

25 Usa-se novamente expressão empregada por NEVES, Marcelo. Ob. cit.

26 XIMENES, Salomão Barros. *Custo Aluno-Qualidade: um novo paradigma para o direito à Educação e seu financiamento. In* ABMP: Todos pela educação (organização). Justiça pela qualidade na educação. São Paulo: Saraiva, 2013, p. 312-334.

27 Disponível em: < https://www1.folha.uol.com.br/educacao/2019/12/brasil-e-57o-do-mundo-em-ranking-de-educacao-veja-evolucao-no-pisa-desde-2000.shtml.> Acesso em 30.dez.2019.

Na escalada de medidas que visaram solapar a efetividade dos direitos sociais, o Congresso Nacional aprovou a Emenda Constitucional nº 86/2016, dispondo que as parcelas dos *royalties* do petróleo deveriam ser incluídas no cômputo dos percentuais mínimos para saúde.

Pela lógica do dever de progressividade, esses valores deveriam ser considerados um reforço ou *plus* financeiro para potencializar a materialização desse direito. Felizmente, uma decisão liminar do STF, proferida nos autos da ADI 5.595, declarou inconstitucionais os artigos 2º e 3º dessa emenda, pelo fato de que afetam substancialmente a garantia de financiamento do direito à saúde e à vida.

Porém antes que a liminar fosse expedida, surpreendentemente, ainda na escalada de medidas direcionadas reduzir a eficácia normativa dos direitos sociais, surgiu a PEC 246/2016(Senado Federal: PEC 55/2016), então batizada de "PEC do Teto dos Gastos Públicos", que deu origem a EC nº 95 (art. 110 da ADCT[28]). Essa emenda alterou a forma de apuração do montante a ser aplicado em saúde e educação, fixado em percentuais sobre a receita da União. Já agora, para exercícios vindouros, o valor deve ser limitado ao que for gasto no ano anterior, acrescido apenas da inflação do período.

Acontece que, em um cenário de economia em crescimento, decorrente da recuperação da capacidade econômica do país, a arrecadação tributária da União e dos demais entes federativos aumentará[29], sem que os gatos com educação e saúde possam aumentar na mesma proporção e isso pelo período de vinte anos.

Assim, mesmo que a receita aumente substancialmente, o governo não poderá incrementar o nível de investimento de recursos para além da inflação, a revelar tratar-se de medida que causa consequências incompatíveis com o dever de progressividade do orçamento para saúde e educação, pois congela o piso de gastos com esses direitos, afetando drasticamente as bases materiais de seus financiamentos.

Ao permitir que a União aplique valor progressivamente menor no financiamento dos serviços e ações de saúde, a emenda produzirá efei-

---

28 Ato das Disposições Constitucionais Transitórias.

29 Aceca da interface entre Economia e Direito Fábio Nusdeo trata com percuciência no seu curso de economia. NUSDEO, Fábio. *Curso de economia: introdução ao direito econômico*. São Paulo: RT, 1997. Sobre as relações entre a Constituição Financeira, Constituição Econômica e Constituição Tributária, Heleno Torres demonstra satisfatoriamente em obra especializada. TORRES, Heleno Taveira. *Direito constitucional financeiro: teoria da constituição financeira*. São Paulo: RT, 2014.

to perverso à sociedade. Para ilustrar, se em 2026 o Brasil experimentar um crescimento médio de 2,5% ao ano, o piso de gasto com saúde corresponderia a 12% da Receita Líquida (R.L); e, em 2036, chegara a cifra de apenas 9,4% da R.L[30], quando a regra anterior era de 15% da R.L, conforme art. 198, § 2°, da CF, cuja eficácia encontra-se suspensa pelo prazo de 20 anos.

Em estudo sobre a problemática do financiamento da saúde, Élida Graziane destaca que a "ausência de regulação da EC n° 29[31], durante o período de 2000 até 2012, serviu de mote para que a União se retirasse paulatina e regressivamente do financiamento do SUS[32]." A prática de condutas desse jaez tem promovido maior desigualdade social e piorado a qualidade de vida daqueles que são mais vulneráveis.

Neste passo, é de se indagar se o Governo não teria alternativas para resolver os problemas das contas públicas no Brasil que não o sacrifício dos direitos sociais? A resposta é sim. Há várias saídas.

Em vez de penalizar a saúde e a educação, por que não extingue ou, ao menos, reduz-se drasticamente a Desvinculação de Receitas da União (DRU)[33] , destinando os recursos para os direitos sociais em ataque?

Outra alternativa: mudança das bases do sistema tributário, que penaliza sobremaneira os pobres, na exata medida em que impõe maior carga tributária sobre o consumo e não sobre o patrimônio, tornando

---

30 Ilustração extraída da petição inicial da ADI 5658, publicada no site do STF.

31 Essa Emenda Constitucional determinou a vinculação de percentuais mínimos de recursos orçamentários que a União, os Estados, o DF e os Municípios seriam obrigados a aplicar em ações e serviços de saúde. A imposição normativa foi no sentido de progressiva provisão de recursos. Antes, a única vinculação constitucional existente era para educação, com percentual de 18% de receitas da União e 25% dos Estados e Municípios. O parágrafo 3° dessa emenda previu a possibilidade de os percentuais mínimos serem reavaliados, em Lei Complementar, pelo menos a cada cinco anos, a contar da data da promulgação da Emenda.

32 PINTO, Élida Graziane. *Financiamento dos direitos à saúde e à educação: uma perspectiva constitucional*. Belo Horizonte: Fórum, 2015, p. 25.

33 A DRU é um mecanismo que permite ao governo federal usar livremente 30% da arrecadação da União das receitas de contribuições sociais, contribuições de intervenção no domínio econômico e taxas. Foi criada em 1994 com o nome de Fundo Social de Emergência com o fim de estabilizar a economia do país logo após a expedição do Plano Real. No ano 2000, a nomenclatura foi alterada para DRU, seguindo-se até os dias de hoje.

a tributação regressiva, quando poderia ter perfil progressivo para alcançar, em maior intensidade, os ricos, dentre outras possibilidades.

Considerando os argumentos postos, alicerçados em dados oficiais, chega-se à conclusão de que a alteração dos orçamentos mínimos de saúde e educação, na forma apresentada pela PEC 188 (introdução do § 7º no art. 198 e do § 7º no art. 212 da CF/1988), não só retém a possibilidade de o Brasil melhorar a prestação de serviços de nesses direitos sociais, como também o de agravar a qualidade desses serviços, tornando as condições existenciais dos brasileiros ainda mais precária.

4. A VINCULAÇÃO DE RECEITAS PÚBLICAS PARA SAÚDE E EDUCAÇÃO COMO INSTRUMENTO PARA GARANTIA DA LIBERDADE SUBSTANTIVA: IMPOSSIBILIDADE DE REDUÇÃO DOS MÍNIMOS ORÇAMENTÁRIOS JÁ ESTABELECIDOS CONSTITUCIONALMENTE PARA CUSTEIOS DOS DIREITOS SOCIAIS

Ao mudar o perfil do Estado brasileiro, de um modelo de concepção predominantemente liberal para uma estrutura social, a Constituição Federal de 1988, em seu art. 167, IV, estabeleceu o mecanismo da vinculação de receitas públicas para garantir o custeio da saúde e da educação. Essa opção adotada teve por fim promover justiça social em um país marcado por pobreza e graves desigualdades sociais, econômicas e regionais, que precisam ser corrigidas progressivamente, sem o que não é possível o exercício da cidadania.

A vinculação de receitas públicas, tal como disposto no art. 167, IV da CF/1988 representa uma exceção à regra da *não afetação dos impostos*, que veda a vinculação de receita de impostos a órgão, fundo ou despesa. No caso do Brasil, a vinculação constitui um mecanismo jurídico utilizado no sistema tributário e orçamentário que obriga o agente público a predestinar o recurso público para determinados setores ou atividades reputadas imprescindíveis para o desenvolvimento do país e a garantia de direitos fundamentais[34].

Nesse compasso, a vinculação orçamentária cumpre a função garantidora de direitos fundamentais sociais, tendo em vista que cria um liame jurídico entre determinada receita e a despesa a fim de garantir fonte específica de financiamento para determinados direitos ou atividades[35].

---

34 CARVALHO, André Castro. *Vinculação de receitas*. São Paulo: Quatier Latin, 2010.

35 SCAFF, Fernando Facury. *Orçamento Republicano e Liberdade Igual – Ensaio sobre Direito Financeiro, República e Direitos Fundamentais no Brasil*. Belo Horizonte: Fórum, 2018, p. 372.

Para fins de garantir o financiamento da saúde e da educação, a CF/1998 vinculou, além de receitas de impostos (Art. 167, IV c/c art. 198, § 2º e art. 212), receitas oriundas de contribuições e de receitas patrimoniais, a exemplo dos *royalties* do petróleo, previsto na Lei 12.8582013, constituindo o que Fernando Facury Scaff denomina de Orçamento Mínimo Social[36].

Em razão da fonte mínima de custeio dos direitos sociais básicos, não há margem para o gestor gastar abaixo do orçamento mínimo já estipulado pela CF/1988. Acaso queria dar maior efetividade a esses direitos para mitigar as desigualdades, pode até aplicar verba acima, mas jamais aquém do estabelecido nos dispositivos constitucionais.

Acerca da matéria, Fernando Scaff verbera: "Pode-se até gastar *além do mínimo* estabelecido com o custeio desses direitos, visando acelerar a redução das desigualdades sociais, porém *não se pode gastar menos*[37]." Entretanto, a PEC sob exame, ao propor a unificação dos orçamentos da saúde e da educação, além de não abrir possiblidades para busca de outras fontes de custeio, permitirá que se gaste menos que o patamar mínimo em vigor, seja em saúde ou em educação.

A garantia de orçamento mínimo para financiar a educação pública, em uma sociedade marcada por graves assimetrias educacionais e pela pobreza cognitiva, constitui-se mecanismo jurídico-político fundamental para propiciar igualdade equitativa de oportunidades em matéria de educação.

O financiamento do ensino público permite que os socialmente vulneráveis e afetados pelas contingências arbitrárias do mercado ou do jogo político, tenham acesso à educação gratuita, de modo a possibilitar-lhes condições mínimas de concorrer nas acirradas disputas por emprego, cargos e posições sociais.

John Rawls desenvolve a ideia de *mínimo social* como pressuposto de garantia de liberdade igual para todos, uma vez que, sem a garantia de um conjunto de condições materiais mínimas, os menos favorecidos ficam em larga desvantagem na disputa por posições, cargos, funções

---

36 Conforme leciona o autor, o Orçamento Mínimo Social engloba não apenas receitas de impostos, mas outras como as contribuições e as receitas patrimoniais (a exemplo da parcela de *royalties* do petróleo), difusas pelo texto constitucional ou em leis específicas. SCAFF, Fernando Facury. Orçamento Republicano e Liberdade Igual – Ensaio sobre Direito Financeiro, República e Direitos Fundamentais no Brasil. Belo Horizonte: Fórum, 2018, p. 373.

37 SCAFF, Fernando Facury. Ob. cit. p. 375.

públicas, vagas em universidades, ficando privados de terem mobilidade social. Essa situação acaba aumentando a reprodução das desigualdades sociais e o nível de frustação das pessoas[38].

O pior ocorre quando se incute na mente daqueles que foram excluídos da escola ou que não tiveram sucesso nas disputas, porque lhes foi negado o ensino de qualidade, o rótulo de fracassados, derrotados, quando a verdadeira causa do problema não é revelada: o Estado não lhes ofereceu os meios materiais adequados para que disputasse o certame em igualdade de condições.

Em um país que precisa corrigir graves injustiças sociais, o Estado tem o dever moral e jurídico de adotar mecanismos que possibilitem aos menos favorecidos chances reais de desenvolver suas potencialidades[39] e de ter acesso aos bens educacionais e culturais, como livros, internet, revistas, bibliotecas, jornais, bem como aos cursos elitizados das vagas universidades públicas.

Voltando-se à questão da proposta de mudança do regime jurídico-orçamentário da saúde e da educação, que pretende unificar os orçamentos desses direitos, não se reveste de constitucionalidade, uma vez que, ao afetar a estrutura da garantia de custeio, na forma de vinculação específica, com drástica repercussão na liberdade das pessoas, acaba por ferir cláusula pétrea constitucional.

Conforme já exposto, essa margem de liberdade que se pretende dar ao legislador orçamentário estiola o orçamento mínimo obrigatório até então assegurados a cada um dos direitos sociais mencionados, que já estão sob persistente déficit de custeio[40], frustrando sensivelmente a normatividade constitucional de construção de uma sociedade justa, livre e solidária e com menos desigualdade, a impor mero sentido simbólico[41] às normas da CF/1988 que estabelecem os objetivos fundamentais da República.

---

38 RAWLS, John. *Uma teoria da justiça*. Tradução de Jussara Simões. São Paulo: Martins Fontes, 2008, p. 344.

39 Nesse sentido, SEN, Amartya. *Desenvolvimento como liberdade*. Tradução de Laura Teixeira Motta. São Paulo: Companhia das Letras, 2010.

40 Conforme denuncia PINTO, Élida Graziane. Ob. cit. p. 20-22.

41 Adota-se aqui expressão empregada por NEVES, Marcelo. *A constitucionalização simbólica*. São Paulo: Martins Fontes, 2007.

Portanto, inadmissível restringir a eficácia das normas da CF/1988 que garantem os gastos mínimos para os direitos sociais aqui debatidos, pois cabe ao Estado buscar não só preservar os percentuais já estabelecidos, como também procurar ampliar seus valores. Remarque-se a vinculação instituída pela CF/1988, para custeio da saúde e da educação, encontra-se protegida constitucionalmente, não podendo sofrer alteração, pois uma análise sistemática, permite chegar à segura conclusão de se trata de cláusula pétrea constitucional[42].

Em reforço argumentativo, traz-se à colação o art. 5º, da CF/1988, que no § 2º "Os direitos e garantias expressos nesta Constituição não excluem outros decorrentes do regime e dos princípios por ela adotados e dos tratados internacionais em que a República Federativa do Brasil seja parte."

5. CONSIDERAÇÕES FINAIS

Exposta a trajetória argumentativa deste trabalho, chega-se à conclusão de que as mudanças apresentadas na PEC 188, na parte que alteram os orçamentos mínimos da saúde e da educação, unificando-os, afrontam: a) o princípio da vedação do retrocesso social, uma vez que, na prática, permitirá regressividade no grau de proteção desses direitos essenciais para reduzir desigualdades sociais no Brasil; b) A proposta ofende ainda o dever de progressividade na concretização dos direitos sociais, na medida em que o Estado tem o dever continuar investimento, em patamares progressivos, em saúde e educação até que atinjam níveis satisfatórios para as necessidades da população.

Por fim, a proposta de emenda fere cláusula pétrea constitucional porque, conforme demonstrado no curso deste trabalho, ao atingir violentamente o Orçamento Mínimo Social[43] destinado ao custeio dos direitos, afetará drasticamente o exercício da liberdade substantiva do povo brasileiro, nomeadamente dos menos favorecidos, que ficarão com menos educação e menos saúde, a obstaculizar o desenvolvimento de suas potencialidades e de exercício da cidadania.

---

42 Cf. posição de SCAFF, Ferando Facury. Ob. cit., p. 374.

43 Expressão usada por SCAFF, Ferando Facury. Ob. cit. p. 373.

REFERÊNCIAS BIBLIOGRÁFICAS

ALEXY, Robert. *Teoria dos direitos fundamentais*. Tradução de Virgílio Afonso da Silva. São Paulo: Malheiros, 2012.

BATISTA JÚNIOR, Onofre Alves. *O outro Leviatã e a corrida ao fundo do poço*. São Paulo: Almedina, 2015.

BONAVIDES, Paulo. *Curso de direito constitucional*, 33ª ed. São Paulo: Malheiros, 2018.

BRASIL. Constituição Federal de 1988.

BRASIL. Senado Federal. Proposta de Emenda à Constituição Nº 188, de 2019.

CANOTILHO. José Joaquim Gomes. *Direito constitucional e teoria da constituição*, 7ª ed. Coimbra: Almedina, 2003.

CARVALHO, André Castro. *Vinculação de receitas*. São Paulo: Quatier Latin, 2010.

DERZI, Misabel Abreu Machado. *Modificações da jurisprudência: proteção da confiança, boa-fé objetiva e irretroatividade como limitações constitucionais ao poder judicial de tributar*. São Paulo: Noeses, 2009.

GALDINO, Flávio. *Introdução à teoria dos custos dos direitos – Direitos não nascem em árvores*.Rio de Janeiro: Lumen Juris, 2005.

GONÇALVES, Cláudia Maria da Costa. *Direitos fundamentais sociais: releitura de uma constituição dirigente*. Curitiba: Juruá, 2105.

MENDES, Gilmar Ferreira; BRANCO, Paulo Gustavo Gonet. *Curso de direito constitucional*, 12ª ed. São Paulo: Saraiva, 2017.

MIRANDA, Jorge. Prefácio à obra *Direitos fundamentais sociais: releitura de uma constituição dirigente*. Curitiba: Juruá, 2015.

NEVES, Marcelo. *Entre Têmis e Leviatã: uma relação difícil: o Estado Democrático de Direito a partir de e além de Luhmann e Habermas*. São Paulo: Martins Fontes, 2013.

Pacto Internacional dos Direitos Econômicos, Sociais e Culturais, adotado pela Resolução n. 2.200-A(XXI) da ONU, EM 16 de dez. 1966 e ratificada pelo Brasil em 24.jan.1992.

NUSDEO, Fábio. *Curso de economia: introdução ao direito econômico*. São Paulo: RT, 1997.

PONTE, Felipe de Melo. *Políticas públicas e direitos fundamentais: elementos de fundamentação do controle jurisdicional de políticas públicas no estado democrático de direito*. São Paulo: Saraiva, 2013.

PINTO, Élida Graziane. *Financiamento dos direitos à saúde e à educação: uma perspectiva constitucional*. Belo Horizonte: Fórum, 2015.

RAWLS, John. *Uma teoria da justiça*. Tradução de Jussara Simões. São Paulo: Martins Fontes, 2008.

SCAFF, Fernando Facury. *Orçamento Republicano e Liberdade Igual – Ensaio sobre Direito Financeiro, República e Direitos Fundamentais no Brasil*. Belo Horizonte: Fórum, 2018.

SCHWARZ, Rodrigo Garcia. *Os direitos sociais e a sindicabilidade das políticas públicas sociais no Estado democrático de direito*. São Paulo: LTR.

STEPHEN Holmes; CASS R. Sustein. *The Cost of Rights: Why Liberty Depends on Taxes*. New York: Norton Company, 2010.

SEN, Amartya. *Desenvolvimento como liberdade*. Tradução de Laura Teixeira Motta. São Paulo: Companhia das Letras, 2010.

SOARES, Dilmanoel de Araújo. *Direitos sociais e o princípio da proibição do retrocesso social*. Belo Horizonte: Del Rey, 2011.

TORRES, Heleno Taveira. *Direito constitucional financeiro: teoria da constituição financeira*. São Paulo: RT, 2014.

XIMENES, Salomão Barros. *Custo Aluno-Qualidade: um novo paradigma para o direito à Educação e seu financiamento. In* ABMP: Todos pela educação (organização). Justiça pela qualidade na educação. São Paulo: Saraiva, 2013.

O CRÉDITO TRIBUTÁRIO: UM DILEMA ENTRE A SUA EFETIVIDADE E A GARANTIA DOS DIREITOS FUNDAMENTAIS COM AS INOVAÇÕES DE COBRANÇAS FISCAIS. TEMOS UMA SOLUÇÃO COM AS REFORMAS CONSTITUCIONAIS DO SISTEMA TRIBUTÁRIO?

JOÃO PAULO MENDES NETO [1]

SUMÁRIO: 1. Introdução; 2. As reformas tributárias e a ausência de evolução do crédito tributário. A necessidade de proteger as garantias do processo tributário diante dos métodos alternativos de cobrança fiscal; 3. Conclusão; Referências Bibliográficas

1. INTRODUÇÃO

A Constituição Federal de 1988, em seu artigo 5º, assegura aos cidadãos os direitos individuais basilares que compõem a pavimentação do ordenamento jurídico pátrio. Dessa mesma forma, o artigo 6º, por sua vez garante aos tutelados direitos sociais, coletivos, inerentes à sociedade como um todo.

---

1 Doutorando em Direito Processual Tributário Constitucional na PUC/SP. Mestre em Direito Constitucional na linha Efetividade do Direito na PUC/SP. Especialista em Direito Tributário Constitucional e Processual Tributário na PUC/SP. Professor Titular de Direito Tributário do Centro Universitário do Estado do Pará - CESUPA. Coordenador de Pós-Graduação Lato Sensu em Direito do CESUPA. Coordenador da Especialização em Direito Tributário e Processual Tributário – CESUPA. É Conselheiro da 3a Seção/4a Câmara/ 1a Turma Ordinária do CARF. Foi advogado Sócio no Mendes Advocacia e Consultoria. Foi Presidente fundador da Associação dos Advogados Tributaristas do Pará – AATP (2018-2019). Foi Presidente da Comissão Especial de Direito Empresarial do Conselho Federal da OAB (2019). Email: jpaulomendesneto@gmail.com

Em verdade, afirma-se que essas garantias são responsáveis por organizar o Estado Democrático de Direito. Desse modo, o Legislador criou os três poderes, cujas competências e funções se encontram insculpidas no Texto Máximo. Legislativo, Executivo e Judiciário trabalham separadamente com um objetivo comum, ou seja, aplicar efetivamente os direitos previstos na Carta Política de 1988 para estruturar a República Federativa do Brasil.

Entretanto, existe um grande hiato entre a previsão teórica e a aplicação prática desses direitos, pois o Estado obrigatoriamente necessita de vários instrumentos externos que o texto normativo não consegue suportar.

Assim, é notório que os recursos do Estado são limitados e regrados pela Lei Orçamentária Anual, cuja função é direcionar os recursos financeiros do país que ficam comprometidos a uma destinação especifica pelo período nela definido.

Por certo, são os tributos, os maiores responsáveis pela arrecadação do Estado, e é por meio desta receita que o Estado deverá garantir os direitos basilares dos cidadãos, contribuintes, contudo há limites para esta arrecadação, a qual não pode ser desenfreada com uma suposta justificativa para "garantir direitos", nem ser considerada indevida se o Estado deixar de garantir tais direitos.

Nos últimos anos, inúmeros são os estudos que visam demonstrar a ineficiência do instituto da Execução Fiscal no Brasil e, como suposta resposta, várias medidas alternativas foram adotadas pelo Fisco, com a razão última de arrecadar, buscando demonstrar uma maior rigidez aos contribuintes caracterizados como sonegadores ou devedores contumaz.

A pergunta que fica é: E o contribuinte de boa-fe? Aliás, má-fé, dolo, fraude etc, podem ser presumidas a ponto de justificar a mudança de comportamento das autoridades fiscais com o viés de cobrar sem observância dos princípios constitucionais tributários? E o crédito tributário, este pode ser negociado, considerado disponível?

Nesse sentido, o objeto do presente estudo perpassa por este cenário vivido no direito tributário a fim de propor a possibilidade de se negociar o crédito tributário, já que este deve ser visto como um bem e direito disponível para a Fazenda Pública.

2. AS REFORMAS TRIBUTÁRIAS E A AUSÊNCIA DE EVOLUÇÃO DO CRÉDITO TRIBUTÁRIO. A NECESSIDADE DE PROTEGER AS GARANTIAS DO PROCESSO TRIBUTÁRIO DIANTE DOS MÉTODOS ALTERNATIVOS DE COBRANÇA FISCAL

Para que se possa compreender a possibilidade de disponibilidade do crédito tributário, se faz necessário apresentar o atual contexto de cobrança fiscal do crédito tributário e os "modernos meios alternativos" desta cobrança.

Vejamos.

Recentemente, várias questões inerentes aos métodos alternativos de cobrança do crédito tributários vieram à tona como: Deve ser aplicado ou não o incidente de desconsideração da personalidade jurídica – IDPJ na esfera tributária? É constitucional a averbação pre-executória introduzida pela Lei 13.606/2018? Qual a duração do Protesto de CDA há limites? Como deve ser aplicado os critérios do Arrolamento de bens previstos na IN 1565/2015? O ICMS declarado e não pago enseja responsabilidade criminal?

Perceba que se busca demonstrar que estes atos exemplificados, dentre outros, poderão causar em tese, no futuro uma constrição ao patrimônio de contribuinte de maneira confiscatória ou trazer consequências que afronte a livre iniciativa prevista no artigo 170 da CF. Logo, não é apenas o ato em si de constrição, mas todas as medidas, se forem irregulares, requeridas pelo Fisco que prepararão para um futuro ato confiscatório que devem ser repudiadas, destacando que qualquer ato alternativo de cobrança que não possua amparo legal ou de legitimidade pode representar uma pena capital para o contribuinte (PF ou PJ) algo veementemente inaceitável pelo nosso ordenamento.

A defesa do primado da vedação ao confisco deve ser ampla, geral e irrestrita, desde que demonstrado que houve uma medida desleal no processo ou procedimento tributário. É isto que a Constituição Federal garante.

Por meio de uma interpretação sistêmica, integrativa, o magistrado perceberá que os limites constitucionais ao poder de tributar do Estado e, consequentemente, a caracterização de medidas confiscatórias não estão apenas no pagamento principal de tributos, mas nas multas, na atualização do débito, nas medidas preparatórias tributárias, nas obrigações acessórias etc. devendo haver ampla proteção ao princípio da vedação ao confisco; podendo ser alegado em tese ou em medida procedimental/processual por ser uma garantia constitucional.

Quanto aos questionamentos hipotéticos acima, a intenção última é promover uma reflexão do leitor, mas diante de um recorte metodológico, prudente se faz enfrentar, mesmo que de forma superficial, alguns exemplos ali destacados.

Quanto ao redirecionamento por presunção de dissolução irregular, poderá ser caracterizado um confisco, devendo o ordenamento proteger os cidadãos que solidariamente contribuem para a manutenção do sistema tributário.

A Súmula 435 do STJ e a responsabilização da pessoa física do sócio, se deve ter claro os pontos a seguir.

A súmula sedimenta entendimento do tribunal fundado em interpretação do art. 135 do CTN, que trata da responsabilidade pessoal, entre outros, do diretor ou sócio-gerente pelos créditos correspondentes a obrigações tributárias resultantes de atos praticados com excesso de poderes ou infração de lei, contrato social ou estatutos.

A súmula tem o mérito de fazer referência a "sócio-gerente", afastando a responsabilização do sócio que não influenciava no desenvolvimento das atividades da empresa ao tempo da dissolução.

Além disso, é imprescindível que se considere, como o próprio STJ vem fazendo, ser incabível, em nosso ordenamento, a figura da responsabilidade objetiva, isto é, o fato da dissolução irregular acarretar o redirecionamento da execução fiscal para o sócio-gerente não implica que este necessariamente será condenado ao pagamento.

Não: apenas se, de fato, tiver agido com dolo, culpa, fraude ou excesso de poder na forma do art. 135, III, do CTN é que será condenado. A súmula explicita, todavia, que é ônus dele, sócio-gerente, ilidir a presunção que agora pesa contra si. Deverá ele, portanto, fazer a prova (nesse sentido: AgRg no REsp 1091371/MG, Rel. Ministro MAURO CAMPBELL MARQUES, SEGUNDA TURMA, julgado em 21/10/2010, DJe 5/11/2010). Nesse sentido, é que se entende que a própria súmula pode ser invocada por ofender o princípio da vedação ao confisco, em tese.

Em outras palavras, a presunção de que se está tratando e a do caso em tela, é relativa – comporta prova em sentido contrário, aliás, apenas isto pode garantir a segurança jurídica tão almejada em âmbito tributário.

Por fim, por mais que esteja implícita a ideia, nunca é demais ressaltar: quanto à possibilidade de "redirecionamento' da execução fiscal, significa dizer, por óbvio, que o Fisco deve sempre tentar obter a satisfação de seu crédito, de início, da própria sociedade, que é a devedora-principal.

No que se refere ao Arrolamento de bens e responsabilidade tributária, tecemos as seguintes considerações.

O crédito tributário representa juridicamente a expressão nominal do direito de crédito que o Estado dispõe contra o sujeito passivo tributário (contribuinte ou responsável), direito este que revela um interesse público especial na medida em que o tributo constitui o preço que a cidadania paga para que o Estado promova a satisfação das necessidades coletivas.

A obrigação tributária, no bojo da qual nasce o crédito tributário, nada mais é que a estrutura formal desenvolvida no âmbito do Direito Privado, tomada de empréstimo pelo Direito Tributário para instrumentalizar o dever tributário de pagar tributos imposto a todos no Estado Democrático de Direito.

Criados para reforçar o cumprimento do dever tributário pelo sujeito passivo, os privilégios e garantias compõem a essência do regime jurídico do crédito tributário, são-lhe ínsitos e dele não se apartam. O crédito qualifica-se como tributário, entre outras razões, porque é dotado de privilégios e garantias que a ordem jurídica lhe assegura. Assumem a natureza de privilégios e garantias do crédito tributário todas as normas jurídicas que tenham o objetivo precípuo de reforçar a possibilidade de realização do direito de crédito do Estado em matéria tributária. O arrolamento de bens está inserido neste contexto.

O arrolamento consiste em medida acautelatória dos interesses da Fazenda Pública. Trata-se de procedimento administrativo de acompanhamento do patrimônio do sujeito passivo que visa garantir o crédito tributário, mediante a identificação de possíveis situações de dilapidação patrimonial.

A finalidade da aludida medida é realmente de conferir maior garantia aos créditos tributários da Fazenda Pública, de valor significativo, com o objetivo declarado de garantir a futura suficiência de bens e direitos do sujeito passivo para a satisfação do débito fiscal.

Contudo, o arrolamento de bens só pode ser utilizado quando atendidos os requisitos legais atinentes a presunção de risco do crédito – crédito tributário maior que 30% dos bens declarados do sujeito passivo, nos termos na IN 1565/15.

Uma vez gravados com o arrolamento os bens do sujeito passivo, a substituição fica condicionada a análise da RFB e ainda é necessária a feitura de avaliação oficial do valor do imóvel, o que implica em onerosidade totalmente ilegal. É inegável, portanto, a restrição ao direito de propriedade, pois há embaraço e ônus negocial, pecuniário e procedimental, logo uma possível afronta ao não confisco.

O gravame fica registrado na matrícula do imóvel e exposto na atividade comercial que o contribuinte realiza, portanto, há sérios reflexos negativos em seu direito de propriedade somente pelo fato de estar sendo considerado como responsável de crédito tributário ainda em discussão administrativa. Não se pode admitir prejuízo real ao particular em razão de garantia virtual de um crédito tributário potencial que por própria dicção legal não está em risco.

Um dos elementos de definição do crédito tributário é a caracterização daqueles que devem compor o polo passivo da obrigação, ou seja, a sujeição passiva é elemento indissociável da definitividade do crédito como um todo, e, bem assim, de sua exigibilidade.

Por esse motivo, na aplicação do princípio da tipicidade tributária e com vistas à maior proteção de quem deve pagar o tributo, o sujeito passivo deve necessariamente ser definido em lei (CTN, art. 97, III).

O sujeito passivo direto é o contribuinte (CTN, art. 121, § único, I), ou seja, aquele que tem relação pessoal e direta com a situação que constitua o fato típico prescrito na lei, seja vinculado ou não à atividade estatal.

O sujeito passivo indireto – ou responsável na definição legal (CTN, art. 121, § único, II), é aquele que, embora não seja contribuinte, pois não integra a relação contributiva natural, possui obrigação decorrente de disposição expressa de lei calçada em pressuposto fático específico, tendo como consequência responder pelo pagamento de tributo cujo inadimplemento tenha relação com o descumprimento daquele dever.

A responsabilidade tributária é disciplinada pelo Código Tributário Nacional no capítulo V do título II (Obrigação Tributária) do livro segundo (Normas Gerais do Direito Tributário). Nos artigos 129 a 133 é regulada a responsabilidade por sucessão; a responsabilidade de terceiros, nos artigos 134 e 135; e a responsabilidade por infrações nos artigos 136 a 138.

Em especial, a responsabilidade pessoal dos diretores, gerentes ou representantes das pessoas jurídicas de direito privado é estabelecida pelo artigo 135, III, do CTN, abaixo transcrita:

> Art. 135. São pessoalmente responsáveis pelos créditos correspondentes a obrigações tributárias resultantes de atos praticados com excesso de poderes ou infração de lei, contrato social ou estatutos: [...]
> III - os diretores, gerentes ou representantes de pessoas jurídicas de direito privado.

Veja-se que o pressuposto inicial é de que deva haver a separação patrimonial e a limitação de responsabilidade. Nesse sentido, o art. 135, inc. III do CTN, dispõe sobre condutas específicas em que se faz necessário a aferição de dolo. Somente o dolo atrai a responsabilidade tributária dos sócios-administradores.

Este é o cerne da responsabilidade pessoal, a qual, todavia é cada vez mais utilizada como pressuposto que se equipara a responsabilidade objetiva, diante da sucessão de presunções legais criadas para fins de praticabilidade tributária.

É que a presunção legal estabelecida pelo art. 287 do RIR, ocorre na medida em que não haja a comprovação, por parte da fiscalizada, da origem dos recursos creditados em conta de depósito ou investimento mantida junto a instituição financeira. Ou seja, só há infração legal de omissão de receita quando a origem dos valores não puder ser comprovada, a mera não escrituração, por exemplo, não implica em omissão. Entendo, portanto, que uma eventual e suposta presunção, se é que transponha o crivo de legalidade, restringe-se apenas a presunção de omissão e não se estende a presunção de dolo da conduta omissiva, indispensável para a responsabilização dos sócios-administradores.

A fiscalização jamais está desincumbida de comprovar o dolo nesta omissão para que seja aplicável não só o art.135, III do CTN, como o art.173, inc. I do CTN, a despeito do art. 150, §4º (nos tributos por homologação, como foi o caso), e também estejam presentes os elementos necessários a persecução penal.

Neste sentido, Paulo de Barros Carvalho: "Sendo assim, ao compor em linguagem o fato ilícito, além de referir os traços concretos que perfazem o resultado, a autoridade fiscal deve indicar o nexo entre a conduta do infrator e o efeito que provocou, ressaltando o elemento volitivo (dolo ou culpa, conforme o caso), justamente porque integram o vulto típico da infração."[2]

---

2 Carvalho, Paulo de Barros. *Curso de Direito Tributário. 29ª* ed. São Paulo: Saraiva, 2018. p. 78.

É que todas essas situações expostas implicam em verdadeiras sanções a condutas dos sujeitos passivos, e como tais, é a prova que constitui o fato jurídico tributário no tempo e no espaço e identifica seus sujeitos, sem ela não se pode afirmar que um evento ocorreu, ou seja, que houve subsunção do fato à previsão da norma jurídica sancionatória. É o que se depreende da lição de Fabiana Del Padre Tomé:

> "A fundamentação das normas individuais e concretas na linguagem das provas decorre da necessária observância aos princípios da estrita legalidade e da tipicidade tributária, limites objetivos que buscam implementar o sobreprincípio da segurança jurídica, garantindo que os indivíduos estarão sujeitos à tributação somente se for praticado o fato conotativamente descrito na hipótese normativa tributária."[3]

Este entendimento já fora esposado inclusive no Conselho Administrativo de Recurso Fiscais. Vejamos:

PROCESSO ADMINISTRATIVO FISCAL - Auto de infração - Omissão de receita ou rendimentos - Ocorrência - Contribuinte que não comprova a origem de valores creditados em conta bancária - Fato, entretanto, que não permite presumir o dolo de sonegação - Inteligência do art. 42 da Lei 9.430/1996.

IPI - Não incidência - Empresa que é dedicada ao comércio e optante do Simples - Exigência legal que não pode ser imposta ao empreendedor que não industrializa produtos.

RESPONSABILIDADE TRIBUTÁRIA - Terceiro - Inadmissibilidade - Autoridade fazendária que, para a configuração do fato gerador, deve descrever os fatos caracterizadores da tipicidade fiscal - Considerações genéricas que não podem atribuir responsabilidade objetiva em relação a fato jurídico ou conduta não praticada.

Ementa: Depósitos bancários. Valores creditados em nome próprio. Não comprovação da origem. Presunção de omissão de receita. Impossibilidade de presunção de existência de dolo.

Nos termos do art. 42 da Lei 9.430/1996, presume como omissão de receita os valores creditados em conta bancária em relação aos quais o contribuinte, regularmente intimado, não comprove a origem dos mesmos. Contudo, desta presunção que decorre da lei não se pode extrair outra presunção de que o titular dos recursos estava agindo com o intuito de sonegar, ocultar ou retardar a ocorrência do fato gerador. A omissão de receita se presume, mas a existência de dolo somente pode ser caracterizado mediante provas concretas.

---

3 Tomé, Fabiana Del Padre. Breves Notas Sobre a Relevância do Tema: A Fenomenologia da Incidência Tributária e os Requisitos para a Subsunção do Fato à Norma. *In: Estudos Tributários. Org.* Sabbag, Eduardo. Vol. 2. São Paulo: Editora Saraiva, 2016. p. 177.

(...)

Solidariedade tributária. Responsabilidade de terceiros. Distinções fáticas e jurídicas entre situações previstas nos arts. 124, I, e 135, I e II, do CTN. Nas situações previstas no art. 124, I, do CTN, há uma norma que incide em relação ao contribuinte que participa na situação que constitua o fato gerador que obriga o contribuinte direto. No art. 135, II e III, além da norma que incide na situação que constitua o fato gerador, há outra norma, de natureza sancionatória, que incide sobre a conduta de terceiro que, não participando na situação que constitua o fato gerador, se torna responsável por praticar ato ou conjunto de atos que extrapolam seus poderes de comando frente à empresa ou resultam, por ação própria, em violação de normas legais vinculadas à obrigação de pagar tributos devidos pela empresa.

Responsabilidade tributária. Análise individual dos fatos e das provas.

Nos casos do art. 135 do CTN, em que a responsabilidade é atribuída a terceiros, que não participam na relação jurídica que constitua o fato gerador, por inexistir responsabilidade desvinculada da conduta pessoal, cabe à autoridade lançadora descrever os fatos que caracterizam a responsabilidade descrevendo, de preferência, quando ocorreram, onde ocorreram e como ocorreram. Não é possível fazer considerações genéricas sem correlaciona-las aos fatos.

Recurso voluntário parcialmente provido.

(CARF - Processo 11516.004335/201093 - j. 10/5/2012 - v.u. - julgado por Moisés Giacomelli Nunes da Silva - 10/5/2012 - Área do Direito: Tributário)

Quanto ao IDPJ, apresentamos algumas considerações.

O incidente de desconsideração da pessoa jurídica é fruto da construção histórica da *disregard doctrine* e da constitucionalização do direito processual civil promovida pelo Código de Processo Civil de 2015.

Na sua gênese[4] e durante séculos, o fenômeno da personalização, o qual culmina na existência de pessoas jurídicas, se viu associado à ideia imutável e inafastável de autonomia patrimonial. Esta, aliada à limitação de responsabilidade, até os dias de hoje são percebidas como ferramentas jurídicas de incentivo ao empreendedorismo, pois atuam como importante redutor do risco empresarial. É o que doutrina Fábio Ulhôa Coelho:

---

4 João Grandino destaca que os relatos históricos que apontam o surgimento do fenômeno da personalização remontam ao Direito Romano Imperial, onde a capacidade jurídica desta, até então nova figura jurídica, derivava da existência de patrimônio próprio. (RODAS, João Grandino. *Sociedade Comercial e Estado*, São Paulo, Saraiva, 1995. p.05).

A limitação da responsabilidade do empreendedor ao montante investido na empresa é condição jurídica indispensável, na ordem capitalista, à disciplina da atividade de produção e circulação de bens ou serviços. Sem essa proteção patrimonial, os empreendedores canalizariam seus esforços e capitais a empreendimentos já consolidados. Os novos produtos e serviços somente conseguiriam atrair o interesse dos capitalistas se acenassem com altíssima rentabilidade, compensatória do risco de perda de todos os bens. Isso significa, em outros termos, que o preço das inovações, para o consumidor, acabaria sendo muito maior do que costuma ser, sob a égide da regra da limitação da responsabilidade dos sócios, já que esses preços deveriam cobrir custos e gerar lucros extraordinários, capazes de remunerar o risco de perda total do patrimônio, a que se expôs o empreendedor. A limitação da responsabilidade dos sócios pelas obrigações sociais é, em suma, direito-custo.[5]

Todavia, por óbvio, a importância do fenômeno da personificação não poderia encerrar em supervalorização da autonomia patrimonial, de modo a considerá-la absoluta[6]. Nesse sentido, Marlon Tomazette[7], afirma que vêm do século XIX, dos sistemas que adotam o *common law,* as primeiras inquietações com a má utilização da pessoa jurídica, partindo-se então a buscar meios idôneos e eficazes de contê-la e/ou reprimi-la.

Foi neste contexto histórico que nasceu *a disregard doctrine,* aperfeiçoada e ampliada ao longo dos anos para comportar novas realidades econômicas e novas exigências sociais. De toda sorte, no Brasil, a *disregard doctrine* permaneceu por muitos anos sendo aplicada à míngua de suporte processual que estabelecesse seu procedimento

É de conhecimento amplo que o Fisco, por intermédio das Procuradorias dos Municípios, Estados, Distrito Federal e União, mediante simples petição nos autos das execuções fiscais requer o redirecionamento do feito executivo para a figura dos sócios, muitas das vezes sem qualquer fundamento legal ou jurisprudencial para tanto.

---

5 COELHO, Fábio Ulhoa. *Curso de direito civil: parte geral. Vol. 1,* 5a ed. São Paulo: Saraiva, 2012, pg. 366.

6 KOURY, Suzy Elizabeth Cavalcante. A desconsideração da personalidade jurídica (Disregard docrine) e os grupos de empresas. 3. ed. Rio de Janeiro: Forense, 2011.p. 68 e 69.

7 TOMAZETTE, Marlon. *Curso de direito empresarial: Teoria Geral e direito societário.* 7ª edição revisada, atualizada e ampliada. São Paulo: Atlas, 2016. p. 249.

É bem verdade, por outro lado, a premissa de que a defesa do *executado*, em regra, deve ser exercida por meio de embargos à execução, após a prévia garantia do juízo executivo – art.16 da Lei nº 6.830/80.

Contudo, falsa é conclusão supostamente decorrente dessa premissa, isto é, de que o IDPJ não poderia ser aplicado aos executivos fiscais, porque, se o fosse, estar-se-ia permitindo que o *executado* obtivesse a suspensão do processo sem a prévia garantia do juízo executivo e sem o manejo de embargos à execução ou de outra ação de conhecimento.

É necessário esclarecer que o equívoco da conclusão está na indevida definição da condição de executado àquele que consta no pedido de redirecionamento da execução. Isto porque, na verdade, esta pessoa, que poderá vim a sofrer os efeitos da despersonificação, por meio da extensão da responsabilidade tributária, é um mero *terceiro, conforme exposto na primeira parte deste artigo e*, por não integrar a lide executiva na condição de *parte*, não pode ser previamente qualificado e nem equiparado ao(s) *executado(s)*, que estariam indicados no título executivo extrajudicial (CDA).

Em execução fiscal, a qualificação jurídica de *parte, formalmente* só pode ser atribuída a quem conste no título executivo extrajudicial (CDA), na condição de *executado* ou *responsável tributário*. Se a pessoa afetada pela eficácia jurídica e patrimonial da desconsideração da personalidade jurídica não figura na CDA, não há título executivo apto a presumir a sua legitimidade passiva.

Trata-se, portanto, de um *terceiro* na lide executiva, que não pode ser equiparado *ao executado*, sob pena de quebra da isonomia, em clara inobservância da exigência de tratamento paritário estabelecida pelo art. 7º do CPC[8].

Sobre o princípio, Hugo de Brito Machado diz que "*a isonomia, ou igualdade de todos na lei e perante a lei, é um princípio universal de justiça. Na verdade, um estudo profundo do assunto nos levará certamente à conclusão de que o isonômico é o justo*".[9]

---

8 Art. 7º É assegurada às partes paridade de tratamento em relação ao exercício de direitos e faculdades processuais, aos meios de defesa, aos ônus, aos deveres e à aplicação de sanções processuais, competindo ao juiz zelar pelo efetivo contraditório.

9 MACHADO, Hugo de Brito. *Curso de Direito Tributário*. 30. ed., revista, atualizada e ampliada. São Paulo: Malheiros, 2009, p. 276.

Logo, Fernando de Andrade[10] afirma que caso esse *terceiro* não ostente a posição de *parte executada,* não lhe pode ser aplicado o mesmo tratamento jurídico que o art. 16 da LEF prescreve para os sujeitos que têm contra si presunção legal relativa da sua condição de legitimados passivos como responsáveis tributários, por estarem indicados na CDA ou já terem sido incluídos na lide, por meio de redirecionamento deferido antes da vigência do IDPJ.

No mais, ao que aparenta, um incidente, tal como o IDPJ claro e eficiente evita futuras alegações de nulidades, o que, de resto, corrobora para a maior celeridade na solução do conflito de interesses e maior prestígio daqueles que seriam os macro princípios do processo civil – *Efetividade e Segurança Jurídica*[11] -, responsáveis por determinarem a adequada e lógica marcha do processo, tendente a pacificação das relações estremecidas e formação de decisão com o selo do Estado e com interessante caráter prospectivo, protetivo e chancelador dos direitos fundamentais.

A intenção última não é defender ou permitir que o IDPJ sirva de escudo ou blindagem ao adimplemento da obrigação tributária, mas que, por meio deste possa haver maior proteção e garantias às partes da relação jurídica processual e até economizando ao Fisco honorários sucumbenciais de inclusões indevidas no polo passivo – repetimos, a presunção de responsabilidade só existe pela estrita legalidade tributária, o que não é dizer que se possa presumir condutas dolosas, por ofender todo o arcabouço do princípio de boa-fé e inocência existente no ordenamento jurídico brasileiro.

Continuando, a título de exemplos se traz à discussão a Lei 13.606/2018 cujo conteúdo refere-se a um programa de regularização rural – PRR, mas que, isoladamente, no artigo 25 introduz os artigos 20-B, § 3º, II e 20-E à Lei 10.522/2002 que prevê a possibilidade de averbar, mesmo antes da execução fiscal a CDA nos órgãos de registro de bens e direitos, tornando-os indisponíveis para aquele contribuinte.

---

10 DE ANDRADE, Fernando Ferreira Rebelo. *IDPJ e sua aplicabilidade às execuções fiscais: Breves críticas ao posicionamento fazendário.* Resenha crítica publicada no Portal Jurídico Jota. Disponível em: https://www.jota.info/opiniao-e-analise/colunas/pauta-fiscal/idpj-e-sua-aplicabilidade-as-execucoes-fiscais-13072017#_ftn1

11 Para analisar a Segurança Jurídica nas suas mais variadas vertentes e concepções Cf. ÁVILA, Humberto. *Segurança Jurídica: Entre a permanência, mudança e realização no Direito Tributário.* São Paulo: Editora Malheiros. 2010.

Quanto a este ponto, verifica-se que esta previsão não só é inconstitucional formalmente por estar inadequada à Lei Complementar e seu conteúdo destoar do objeto da Lei Ordinária em questão, mas também materialmente, pois o que se verifica é uma não observância ao princípio da legalidade de se cobrar tributo por meio de uma execução fiscal, sem utilizar de instrumentos que caracterizem sanções políticas ou medidas coercitivas, já amplamente vedadas pelo STF.

É nesta deslealdade legislativa que o contribuinte se encontra, buscando no Poder Judiciário uma salvaguarda de suas garantias e direitos fundamentais.

Por falar em sanção política, o último ponto a ser destacado, é a possibilidade de incriminar sujeito passivo que declare o ICMS e não o recolha.

Se estivéssemos a tratar de contribuição previdenciária de terceiros, onde a fonte pagadora retém dos seus colaboradores a referida contribuição e recolhe em nome destes. O não recolhimento, nesta hipótese configura apropriação indébita, mas dizer que a mesma sistemática se aplica ao ICMS é desconhecer a forma de apuração como conta corrente, onde em um mês pode haver débito, mas nos seguintes créditos. Como conceber responsabilidade criminal, dolo ou fraude nesta hipótese? Mas de forma bastante incoerente, se houver o pagamento a qualquer tempo, mesmo após a coisa julgada, haverá a extinção de punibilidade, logo não pode ser outra a conclusão a não ser que este tipo de medida representa uma forma coercitiva de cobrar tributo.

No dia 18.12.2019 o pleno do Supremo Tribunal Federal (STF) retomou o julgamento do Recurso nº 163.334 em Habeas Corpus de relatoria do Min. Luís Roberto Barroso que trata do ICMS declarado e não pago como hipótese de enquadramento no tipo penal de apropriação indébita, art, 2º, II da Lei 8.137/1990. Desde o início do mês, a mais alta Corte do país já formava maioria de votos no sentido do relator, que criminalizou a conduta "quando houver intenção", isto é, o elemento doloso.

A tese fixada de criminalizar o ICMS declarado e não pago pelos demais ministros equiparou o ICMS ao empregador que retém um tributo de seu empregado deixando de cumprir com seu dever legal de recolhimento em nome deste. Não houve distinção de qual tipo de ICMS foi vinculado à apropriação indébita. Certo é que o ICMS – ST, onde há uma substituição tributária do recolhimento deste tributo por um sujeito da cadeia econômica que tem o dever legal de assim agir, sob pena deste se enquadrar no tipo penal do art. 2º, II da Lei 8.137/1990.

E o ICMS próprio? Pode ser tratado com este mesmo entendimento?

Penso que não, e ouso discordar com a máxima vênia da decisão proferida neste julgado do STF.

Me reconforto em ver que não estou só e mal acompanhado nesta forma de pensar. Muitos juristas e professores também discordaram do STF neste ponto.

O Professor Fernando Facury Scaff em recente manifestação sobre o tema do ICMS próprio, assim destacou, "A apuração do *ICMS próprio* se assemelha a uma *conta corrente* com o fisco. Não existe certeza de que ao final do mês haverá ICMS a pagar[12] – em um mês pode ser ter um débito e no seguinte um crédito que supera o débito do mês anterior – inserto meu".

E continua, "Acredito nas boas intenções de todos os ministros que votaram pela criminalização da conduta, porém a norma existente desde o remoto ano de 1990 (artigo 2º, inciso II) jamais contemplou esse tipo de interpretação acerca do ICMS próprio, e sua estrutura não permite a análise incriminatória neste regime tributário."[13]

A bem da verdade, entendo que este julgado do STF formalizará uma medida atípica e coercitiva de cobrar tributo. O inadimplemento pelo contribuinte de ICMS declarado abrirá a possibilidade do Fisco encaminhar a cobrança para um representação penal, onde o contribuinte, para não ser preso, terá a opção de suspender a medida com um parcelamento ou extinguir a punibilidade com o pagamento integral do tributo. Ora, se o pagamento do ICMS extingue a punibilidade, o que temos é um meio arbitrário de se cobrar tributo.

Muito embora o STF tenha destacado a necessidade de comprovar o dolo, me questiono se neste caso poderá haver uma presunção da conduta dolosa do contribuinte para enquadramento no referido tipo penal?

Já pensou?

---

12 SCAFF, Fernando Facury. **O erro do STF: Inadimplência do ICMS próprio não é apropriação indébita.** Disponibilizado no Portal Jurídico Consultor Jurídico. Disponível em: https://www.conjur.com.br/2019-dez-16/justica-tributaria-inadimplencia-icms-proprio-nao-apropriacao-indebita. Acessado em 18 dezembro 2019.

13 *Idem.*

No meu entender a mera declaração do ICMS e o seu não recolhimento não gera o lançamento do crédito tributário (forma de constituir o valor a ser cobrado), mas, agora, gerará uma pena de detenção de 6 meses a 2 anos e multa.

Fato é que se precisa de maior segurança jurídica no país, pois a criação de um tipo penal que inexiste pelo STF só trará consequências negativas ao "devido processo tributário" e a relações comerciais no país.

Como apresentou nesta semana o Professor Saul Tourinho Leal, "é necessário preservar o estatuto constitucional de proteção dos contribuintes"[14] e, esta novela está longe do fim, certamente será rediscutida esta matéria no Supremo.

Até aqui se buscou demonstrar os problemas que existem com a cobrança fiscal "tradicional", por meio da execução fiscal e a insegurança jurídica que surge com os "meios alternativos" de se cobrar tributo.

Certamente, a Reforma ou reformas propostas ao sistema tributário estão propondo soluções para estes entraves....

Infelizmente, a PEC 45 em trâmite na Câmara dos Deputados e a PEC 104, discutida no Senado Federal, ou as mais atuais que estão surgindo não de debruçam sobre este ponto tão delicado e importante.

São várias as mudanças: competência, simplificação, unificação com o teórico fundamento de eficiência, mas de que adianta buscar mudar ao arrepio do federalismo fiscal que deveria ser resguardado no atual sistema tributário brasileiro juntamente com princípios fundamentais?

Reformas infraconstitucionais, pontuais e diretas, direcionadas onde mais se precisa trarão maior eficiência para o Fisco e segurança aos contribuintes.

Nesse sentido, se questiona sobre a possibilidade da disponibilidade do crédito tributário privilegiando o "bom contribuinte" e tornado a cobrança mais eficaz.

Penso que a resposta deva ser positiva e de fundamental importância.

Para que se possa compreender este cenário, importante tecer algumas considerações sobre o ato de se negociar ou transacionar.

No entendimento de Marcelo Polo,

---

14 LEAL, Saul Tourinho. **Sobre o Julgamento do Recurso nº 163.334 em Habeas Corpus no STF.** Disponibilizado no portal eletrônico Linkedin. https://www.linkedin.com/posts/saul-tourinho-leal-13691393_quarta-feira-1812-a-partir-das-14h-o--activity-6612313396375244801-fDP3. Acessado em 18 dezembro 2019.

Transação é instituto jurídico dito plural, porquanto previsto ou aplicável nos mais diversos ramos ou sistemas (e microssistemas) do Direito, tendo como origem e campo de excelência o Direito Privado, diante dos cânones da autonomia privada e da disponibilidade do direito de crédito. É conceituada, de modo amplo, como o acordo das partes para a resolução de um conflito, conflito esse que pode envolver direitos ou situações jurídicas de qualquer natureza. Deve, pois, haver conflito, ou seja, litígio, direito de uma parte que encontra resistência na observância (direito real), na submissão (direito potestativo) ou no cumprimento da prestação (direito obrigacional) pela outra parte. Não é necessário que o litígio esteja judicializado: a transação pode ser extrajudicial. Se ocorrer no âmbito do processo judicial, será objeto de homologação pelo juiz da causa, provocando a solução da lide com resolução de mérito (art. 487, inciso III, alínea "b", CPC).[15]

Nesse sentido, a transação tributária nasce com a previsão de norma geral, observada a exigência do artigo 146, inciso III, alínea "b" da CF/88, no artigo 171 do CTN; possibilitando a criação de lei específica para estabelecer requisitos e critérios desta transação.

À título de reflexão com a realidade federal nos Estados Unidos, vejamos os números.

Há estudo estatístico do IRS que demonstra, quanto às ofertas recusadas pelo Fisco norte-americano que, em 44% dos casos, arrecadou-se menos que 50% do valor ofertado; em 31% dos casos, a arrecadação pelos meios ordinários foi inferior a 10% do valor ofertado em transação não concluída; ao passo que nada foi arrecadado em 21% dos casos de recusa de proposta transacional.[16]

Quanto à disponibilidade do crédito tributário, se destaca a verificação do porquê um bem tutelado se torna "indisponível". O crédito tributário, isto é, um meio para garantia de direitos fundamentais, conforme exposto acima, pode ser considerado indisponível ou é o direito fundamental que este deve assegurar ao verdadeiro bem jurídico que poderia gozar de uma indisponibilidade?

---

15 POLO. Marcelo. **A transação no contexto da cobrança do crédito tributário: possibilidade e limites.** *In Justiça Fiscal.* Revista eletrônica SinproFaz. Agosto 2017.

16 MELO FILHO, João Aurino de. **Racionalidade legislativa do sistema de resolução de conflitos tributários: desjudicialização e democratização** [execução fiscal administrativa, harmonização de instâncias, transação e arbitragem tributária] **como fundamentos de um sistema racional** [jurídico, lógico, eficiente e ético] **de resoluçãode conflitos tributários.** Santo Ângelo, 2016. Dissertação [Mestrado] – Universidade Regional Integrada do Alto Uruguai e das Missões. p. 549.

Não se defende que um agente fiscal possa negociar o crédito tributário como se estivesse em um leilão ou feira de mercado, mas que este possa dispor para transacionar o crédito em si para aperfeiçoar os meios de arrecadação, ao mesmo tempo que o contribuinte-devedor tenha uma forma mais justa e segura de se pagar tributo.

Se poderia, então, pensar em dispor do crédito tributário para conceder descontos para o contribuinte que recolha em dia o tributo. Será que isso não privilegiaria a tão almejada livre concorrência, segurança no valor a ser pago e incentivo à adimplência ou boa-fé na relação Fisco – Contribuinte?

Nossa história desde 2009, em âmbito federal, com os parcelamentos especiais (REFIS) privilegia o contribuinte inadimplente e torna a vida do Fisco mais complicada, pois são inúmeras regras pontuais destes parcelamentos sem o sistema da SRFB ou PGFN que os acompanhem, gerando inúmeros problemas operacionais e de segurança para ambas as partes.

Até quando se privilegiará o consequente ao invés do antecedente, isto, é, até quando se dará descontos para o inadimplente pagar o seu atrasado com condições mais benéficas daquele que paga em dia?

Pensamos ser mais interessante beneficiar o pagamento em dia do tributo ou o pagamento antecipado, concedendo descontos do principal. Será melhor ter uma adimplência de 90% do tributo por um eventual desconto de 10% concedido ou uma inadimplência de 75% do tributo, pois apenas 25% dos contribuintes pagam 100% daquilo que era devido?

Este ponto merece maiores reflexões e não é em um breve artigo que se busca exauri-lo, mas um alerta deve ser deixado, pois as Reformas Constitucionais não passam sequer de longe nesta temática.

> Apesar de inexistir expressa conceituação legal no ordenamento brasileiro a respeito da locução "direitos indisponíveis", pode-se dizer que existe uma compreensão generalizada no sentido de se tratar de uma especial categoria de direitos cujo interesse público de efetiva proteção torna irrenunciáveis, inalienáveis e intransmissíveis por parte de seus próprios titulares. A marca da indisponibilidade, assim, revelaria uma legítima opção intervencionista do Estado no campo das liberdades individuais e sociais no sentido de, paradoxalmente, por via de vedações ou restrições do exercício de certos direitos ou interesses, protegê-los contra lesões ou ameaças provenientes de seus próprios titulares ou de terceiros.[17]

---

17 VENTURI, Elton. Transação de direitos indisponíveis? *In* Revista de Processo | vol. 251/2016 | p. 391 - 426 | Jan / 2016 DTR\2016\63

Corroborando a isto os autores, Antônio Américo Junior, Clarice Santos e Matheus Ferreira defendem,

> Há entendimento, inclusive, de que mesmo tratando de negócio processual que envolva aspectos de direito material, como, por exemplo, em uma transação envolvendo a Fazenda Pública, esta não estaria dispondo do interesse público, mas, em verdade, da tutela jurisdicional deste, buscando uma via alternativa para protegê-lo (TALAMINI, 2018, p. 293).
>
> Ainda sobre a dicotomia entre direitos que admitam autocomposição e a polêmica indisponibilidade do interesse público, afirma-se que a adoção desta última como parâmetro para limitar as convenções processuais se mostra cada vez mais insuficiente em razão do seu caráter abstrato. Portanto, há uma tendência de superação do antagonismo entre público e privado no modelo de processo cooperativo (CABRAL, 2018, p. 217), de forma que as hipóteses nas quais não cabe autocomposição estão cada vez mais restritas.
>
> Destaca-se, portanto, a conclusão de que a problemática relativa à celebração de negócios processuais pela Fazenda Pública não mais deve ser pautada na possibilidade, mas sim no modo como será exercida a liberdade negocial concedida pelo art. 190 (CIANCI; MEGNA, 2017, p. 672). Tal afirmação se reflete, como visto, na existência de diversos atos normativos editados pela própria Fazenda, disciplinando exatamente o modo como serão confeccionados os negócios processuais pelos seus membros, sequer questionando a possibilidade de realização destes. [18]

Para evidenciar a real situação do Brasil, quanto ao tema, a Professora Liliane Cisotto ensina,

> De acordo com dados extraídos da Procuradoria Geral da Fazenda Nacional (PGFN), o Brasil tem R$ 1,5 trilhão de reais em créditos tributários estacionados na dívida ativa que necessita de respostas às demandas para os contribuintes e, por conta disso, empresas deixam de ter lucros, comprometem suas provisões e, inclusive, travam possíveis vendas para investidores. Fazendo um comparativo, verifica-se que o atual cenário econômico brasileiro é semelhante ao de Portugal quando aquele país instituiu a Arbitragem Tributária, em 2011. Naquela época, Portugal tinha endividamento de 93% do produto interno bruto (PIB), conforme dados apresentados pela professora portuguesa Tania Carvalhais Pereira, no evento Arbitragem tributária – Experiência portuguesa e desafios para implantação no Brasil, ocorrido em 19 de setembro de 2017 na Escola de Direito da Fundação Getulio Vargas, e detalhado por Thatiane Piscitelli no jornal

---

18 AMÉRICO JÚNIOR, Antônio., SANTOS, Clarice, FERREIRA, Matheus. **A Fazenda Pública Diante dos Negócios Jurídicos Processuais.** *In. BOTINELLY, Luhana e NÓVOA, Victor. (Orgs.) LAJUPA, 5 anos de um novo ensino jurídico: coletânea de artigos de membros da liga acadêmica jurídica do Pará.* Rio de Janeiro, RJ. Lumen Juris, 2020. 201-202.

Valor Econômico. No Brasil, relatam, há endividamento de 74% do PIB. Àquela época, em Portugal havia também a impossibilidade de obtenção de empréstimos internacionais e a necessidade urgente de reduzir despesas e arrecadar receitas. Assim, verificaram que uma forma de contribuir para a melhora desse cenário seria pela flexibilização da relação entre o fisco e os contribuintes por vias alternativas para dirimir problemas; assim, elegeram a Arbitragem por sua celeridade, seriedade e pelo fato de seus árbitros serem técnicos altamente qualificados, observando que não necessariamente deveriam ter formação jurídica.

No Brasil, o administrador não tem a faculdade de concretizar transações com qualquer bem público, e o próprio conceito trazido por Hely Lopes Meireles e por Paulo de Barros Carvalho6 inclui nesses bens o crédito. Ademais, diante do princípio da indisponibilidade advindo do Direito Administrativo e nos termos dos artigos 141 e 1717 do Código Tributário Nacional, só haveria flexibilidade de discussão caso existisse lei permissiva, o que ainda não há em nosso ordenamento. Doutrinadores como Heleno Taveira Torres entendem que deve haver disponibilidade do crédito tributário pelo fato de poder haver redução por decisão judicial, e há também os que entendem que seria dispor do crédito o fato de a administração utilizar-se de parcelamentos especiais com grandes descontos em multas e juros; nesse contexto, estariam abrindo mão do crédito? Parece-nos que não.[19]

A experiência de outros países é ainda mais interessante e eficaz. Na França e Portugal, por exemplo, se fala em arbitragem tributária como um meio alternativo de se cobrar tributo.

A professora e Conselheira do CARF, Thais Laurentis, defende,

> Nesse cenário, embora possa ser interessante, em termos de segurança jurídica dos gestores, a edição de lei ordinária para regular a arbitragem entre contribuintes e Fazenda Pública, formalmente ela seria desnecessária, uma vez que, não havendo regra específica que proíba a arbitragem para as questões aqui vislumbradas, não pode o Estado ficar impedido de utilizar a arbitragem.81 Essa, sublinhe-se, é uma dentre as várias formas de solução de controvérsias que podem ser adotadas, não só podendo, mas devendo ser utilizada pela Administração Fiscal para as situações que entender adequadas, mediante a devida motivação para tanto.[20]

Elton Venturi corrobora,

---

19 CISOTTO, Liliane A Experiência Portuguesa Na Arbitragem Tributária e a Viabilidade De Replicá-La ao Brasil. Revista de Direito Tributário Contemporâneo | vol. 18/2019 | p. 89 - 117 | Maio - Jun / 2019 DTR\2019\32091.

20 LAURENTIIS, Thais. Arbitragem de Questões Prejudiciais aos Litígios Tributários: Uma Solução com base no Direito Brasileiro e Francês. Revista de Direito Tributário Contemporâneo | vol. 17/2019 | p. 79 - 113 | Mar - Abr / 2019 DTR\2019\26081.

De tudo o quanto exposto, concluímos que solução interessante para o entrave acerca a arbitrabilidade objetiva no bojo do direito tributário seria submeter ao juízo arbitral não as questões propriamente tributárias (sujeito passivo, base de cálculo etc.), mas sim questões prejudiciais que sejam determinantes à solução das demandas fiscais, geralmente afetas às outras áreas do conhecimento jurídico (civil, comercial etc.) ou extrajurídico (contábil, econômico etc.). Estas últimas, mais distantes do núcleo da ordem pública, não oferecem empecilho à contratação da arbitragem, como bem observado pela doutrina francesa. Não buscamos com essa proposta solucionar definitivamente a discussão relativa a toda a extensão do "direito público disponível em matéria tributária" que poderia ser objeto de arbitragem, que ainda é passível de ampla evolução doutrinária, jurisprudencial e legislativa. O nosso foco é, isso sim, trazer nova proposta de solução e contribuir com o debate, indo além dos trabalhos que se esgotam na discussão conceitual sobre a possibilidade ou não da utilização da arbitragem no campo fiscal, muitas vezes tendo como mira a experiência bem-sucedida do ordenamento jurídico português.[21]

Assim sendo, é natural que a mudança de paradigma e do próprio sistema tributário forneça fundamentos mais fortes para a consensualidade ou cooperatividade no âmbito processual judicial e administrativo ou até de cobrança sem o efetivo litígio; onde já se vislumbram inúmeras possibilidades de transação em diversas searas do Direito Público.[22]

Continua Schenato Junior,

A consequência lógica é a de que a adaptação do processo em função das peculiaridades dos casos concretos, das condições econômicas do contribuinte, da região e da ponderação de interesses é meio adequado para facilitar a recuperação de créditos inscritos em dívida ativa e promover, por fim, a pluralidade de interesses públicos.[23]

3. CONCLUSÃO

A finalidade central deste artigo, após demonstrar o atual contexto utilizado pelo Fisco como meios alternativos para a cobrança de tributo, foi buscar apresentar e defender que o crédito tributário não

---

21 VENTURI, Elton. Transação de direitos indisponíveis? *In* Revista de Processo | vol. 251/2016 | p. 391 - 426 | Jan / 2016 DTR\2016\63.

22 SCHENATO JUNIOR, Carlos Alberto. Perspectivas sobre a Negociação Jurídica Processual pela Fazenda Pública Nacional: Alternativas pela autocomposição processual na recuperação de créditos inscritos em dívida ativa. Arquivo Virtual do PPGD CESUPA. Acessado em 28 dezembro 2019.

23 Idem.

pode ser limitado por uma suposta indisponibilidade deste. É dever do Estado e direito dos contribuintes se buscar aplicar a cooperatividade para soluções consensuais de adimplemento do crédito tributário por meio de transações e até arbitragem, amplamente previstos com o Código de Processo Civil de 2015.

Mesmo havendo uma ineficiência de prestações positivas pelo Estado para garantia dos direitos fundamentais, por uma desorganização arrecadatória tributária, não poderá este mesmo Estado deixar de observar as garantias constitucionais da vedação ao confisco que deve ter ampla extensão e proteção, ainda assim considerando as inovadoras medidas alternativas de cobrança do crédito tributário que podem ser mais eficazes e legítimas com a efetiva participação dos contribuintes; tornando o procedimento e processo mais leal e de boa-fé para credor e devedor.

Portanto, o sistema tributário para se tornar eficaz não precisa de reformas constitucionais, mas de reformas pontuais em institutos e processos, como os apontados neste artigo, a fim de se privilegiar, ambos, Fisco e Contribuinte que devem convergir a um fim de justiça social fiscal comum. Qualquer outro olhar que não considere as peculiaridades regionais e a necessidade do país se desenvolver, não passará de uma deforma do sistema tributário como todo.

REFERÊNCIAS BIBLIOGRÁFICAS

AMÉRICO JÚNIOR, Antônio., SANTOS, Clarice, FERREIRA, Matheus. A Fazenda Pública Diante dos Negócios Jurídicos Processuais. *In. BOTINELLY, Luhana e NÓVOA, Victor. (Orgs.) LAJUPA, 5 anos de um novo ensino jurídico: coletânea de artigos de membros da liga acadêmica jurídica do Pará.* Rio de Janeiro: Lumen Juris.

CARVALHO, Paulo de Barros. *Curso de Direito Tributário. 29.* ed. São Paulo: Saraiva, 2018.

CISOTTO, Liliane A Experiência Portuguesa Na Arbitragem Tributária e a Viabilidade De Replicá-La ao Brasil. Revista de Direito Tributário Contemporâneo | vol. 18/2019 | p. 89 - 117 | Maio - Jun / 2019 DTR\2019\32091.

COELHO, Fábio Ulhoa. *Curso de direito civil: parte geral. v. 1. 5.* ed. São Paulo: Saraiva, 2012.

DE ANDRADE, Fernando Ferreira Rebelo. *IDPJ e sua aplicabilidade às execuções fiscais: Breves críticas ao posicionamento fazendário.* Resenha crítica publicada no Portal Jurídico Jota. Disponível em: https://www.jota.info/opiniao-e-analise/colunas/pauta-fiscal/idpj-e-sua-aplicabilidade-as-execucoes-fiscais-13072017#_ftn1

KOURY, Suzy Elizabeth Cavalcante. *A desconsideração da personalidade jurídica (Disregard docrine) e os grupos de empresas. 3.* ed. Rio de Janeiro: Forense, 2011.

LAURENTIIS, Thais. Arbitragem de Questões Prejudiciais aos Litígios Tributários: Uma Solução com base no Direito Brasileiro e Francês. Revista de Direito Tributário Contemporâneo | vol. 17/2019 | p. 79 - 113 | Mar - Abr / 2019 DTR\2019\26081.

LEAL, Saul Tourinho. *Sobre o Julgamento do Recurso n° 163.334 em Habeas Corpus no STF.* Disponibilizado no portal eletrônico Linkedin. https://www.linkedin.com/posts/saul-tourinho-leal-13691393_quarta-feira-1812-a-partir-das-14h-o-activity--6612313396375244801-fDP3. Acessado em 18 dezembro 2019.

MACHADO, Hugo de Brito. *Curso de Direito Tributário.* 30. ed., revista, atualizada e ampliada. São Paulo: Malheiros, 2009.

MELO FILHO, João Aurino de. *Racionalidade legislativa do sistema de resolução de conflitos tributários: desjudicialização e democratização [execução fiscal administrativa, harmonização de instâncias, transação e arbitragem tributária] como fundamentos de um sistema racional [jurídico, lógico, eficiente e ético] de resoluçãode conflitos tributários.* Santo Ângelo, 2016. Dissertação [Mestrado] – Universidade Regional Integrada do Alto Uruguai e das Missões.

POLO. Marcelo. A transação no contexto da cobrança do crédito tributário: possibilidade e limites. *In: Justiça Fiscal.* Revista eletrônica SinproFaz. Agosto 2017.

RODAS, João Grandino. *Sociedade Comercial e Estado.* São Paulo, Saraiva, 1995.

SARLET, Ingo Wolfgang. *A Eficácia dos Direitos Fundamentais.* 5. ed. Porto Alegre: Livraria do Advogado, 2005.

SCAFF, Fernando Facury. *O erro do STF: Inadimplência do ICMS próprio não é apropriação indébita.* Disponibilizado no Portal Jurídico Consultor Jurídico. Disponível em: https://www.conjur.com.br/2019-dez-16/justica-tributaria-inadimplencia-icms-proprio-nao-apropriacao-indebita. Acessado em 18 dezembro 2019.

SCHENATO JUNIOR, Carlos Alberto. Perspectivas sobre a Negociação Jurídica Processual pela Fazenda Pública Nacional: Alternativas pela autocomposição processual na recuperação de créditos inscritos em dívida ativa. *Arquivo Virtual do PPGD CESUPA.* Acessado em 28 dezembro 2019.

SILVA, José Afonso. *Curso de Direito Constitucional Positivo.* 26. ed. São Paulo: Malheiros, 2007.

TOMAZETTE, Marlon. *Curso de direito empresarial: Teoria Geral e direito societário.* 7ª edição revisada, atualizada e ampliada. São Paulo: Atlas, 2016.

TOMÉ, Fabiana Del Padre. *Breves Notas Sobre a Relevância do Tema: A Fenomenologia da Incidência Tributária e os Requisitos para a Subsunção do Fato à Norma. In* Estudos Tributários. *Org.* Sabbag, Eduardo. Vol. 2. São Paulo:Editora Saraiva, 2016.

TORRES, R. L. *Curso de Direito Financeiro e Tributário.* 14. ed. São Paulo: Renovar, 2007.

VENTURI, Elton. Transação de direitos indisponíveis? *In: Revista de Processo* | vol. 251/2016 | p. 391 - 426 | Jan / 2016 DTR\2016\63.

TRIBUTAÇÃO ECOLÓGICA E SISTEMA TRIBUTÁRIO

JOSÉ ADÉRCIO LEITE SAMPAIO[1]
MARCELO KOKKE[2]

SUMÁRIO: 1. Introdução; 2. Modelo econômico hegemônico e sistema tributário em face dos bens ambientais; 3. Sistema tributário e a extrafiscalidade ambiental; 4. Tributos ambientais autônomos e tributação ecológica; 5. Considerações finais; Referências Bibliográficas

1. INTRODUÇÃO

Os contornos de interligação entre o econômico, o ecológico e o jurídico, sob o prisma tributário-ambiental, proporcionam uma gradação de conformações que afeta diretamente a construção (e compreensão) do sistema normativo tributário. Toda abordagem crítico-analítica desse sistema se depara com uma questão incontornável: em que perspectiva se abordará a interação ou acoplamento estrutural entre os domínios econômicos, ecológicos e jurídicos na configuração de fatos geradores e bases de cálculo para fins de definição e de estudo da imposição de tributos?

A partir desse recorte temático e fundamental se desenvolve o presente artigo. Em favor de uma reconstrução crítica baseada em metodologia propositiva, sustenta-se a possibilidade de encaixe da interação entre o econômico, o ecológico e o jurídico em três modelos de perspectivas. Reafirmar ou reformar o modelo tributário brasileiro significará, sob o aspecto jurídico-ambiental, guiar a compreensão de signos

---

1 Mestre, Doutor e Pós-Doutor em Direito. Professor da Dom Helder Câmara Escola de Direito e PUC-MG. Procurador da República.

2 Mestre e Doutor em Direito Constitucional pela Puc-Rio. Pós-Doutor em Direito Público-Ambiental – Universidade de Santiago de Compostela. Professor da Dom Helder Câmara Escola de Direito. Procurador Federal – Advocacia-Geral da União.

de riqueza, capacidade contributiva, fato gerador e base de cálculo ao longo de caminhos diversos, a partir de cada um deles.

No primeiro, adere-se ao modelo econômico hegemônico, no qual os reflexos ambientais e ecológicos são alheios ao Direito Tributário, que não se imiscui em tais searas pela assepsia metodológica de pontos de partida indiscutíveis. No segundo, assume-se a uma linha de estímulo e desestímulo de condutas, com a consideração marginal do elemento ecológico, mas se conservam as matrizes de compreensão tradicional da tributação. E no terceiro, em reconstrução profunda, reformulam-se os patamares de arquitetura jurídica para determinar a razão motivadora da tributação.

O desafio que se afigura, com a afirmação de um paradigma ecológico para o Estado de Direito, é antes de tudo uma reforma do modelo tributário para que os signos de riqueza e sentidos de tributação internalizem os efeitos ambientais do modelo produtivo adotado. Implicam-se aqui projeções de um direito tributário ambiental, ou de tributos verdes. Essas projeções partem do princípio de que é necessário, é inafastável, compreender, formular e aplicar normas tributárias que considerem os potenciais de degradação e efeitos ecológicos como qualificadores dos signos de riqueza.

As consequências resultantes dessa compreensão determinam os limites entre tributar e penalizar. Em correlação, a identificação do sujeito passivo assume novos parâmetros de aferição, ligados a fatores de interferência econômica no ecológico que podem ganhar autonomia, embora com reflexos na geração de riquezas. O crescimento econômico e o signo de riqueza passam a ser ressignificados de acordo com sua assimilação diante dos efeitos ambientais intra e intergeracionais.

A disputa argumentativa que se aprofunda é justamente no sentido de imprimir, em termos de repensar o sistema tributário, uma crescente interiorização dos efeitos ecológicos das atividades econômicas como fato apto a definir os contornos impositivos da tributação no sistema tributário.

2. MODELO ECONÔMICO HEGEMÔNICO E SISTEMA TRIBUTÁRIO EM FACE DOS BENS AMBIENTAIS

A mudança paradigmática feita pela Constituição de 1988 em favor da tutela do meio ambiente espelhou a ideia motriz de que o crescimento econômico e a produção de riqueza não podem ser desprendidos da defesa do meio ambiente. O artigo 170, inciso VI, estabelece a proteção ambiental como um princípio regente da ordem econômica, conforme o impacto ambiental dos produtos e serviços e de seus processos de elaboração e prestação. Em reforço ao artigo 170, o artigo 225 fixa o direito ao meio ambiente ecologicamente equilibrado como um direito fundamental, primado que se compatibiliza com seu reconhecimento como direito humano.[3]

A projeção normativa constitucional, espelhando uma reflexão galopante em nível internacional sobre os efeitos deletérios da degradação provocados pela atividade antrópica sobre os ecossistemas, está contextualizada por um palco de repercussões acarretadas pela Conferência de Estocolmo, em 1972, e pelo Relatório Brundtland, afeto aos padrões de sustentabilidade da atividade econômica. Mas a proposição reformadora constitucional se deparava com um emaranhado normativo construído ao longo de décadas que assentava um modelo regente de produção e consumo avesso à sustentabilidade.

Esse modelo regente de produção e consumo, próprio de uma produção em escala e revelador da sociedade de risco que ascendeu desde o último século,[4] ganha redobrado impulso com o emprego dos combustíveis fósseis e a escalada produtiva centrada em um valor econômico-social novo o crescimento econômico.[5] O crescimento econômico, expresso por meio do Produto Interno Bruto – PIB torna-se a referência exclusiva de sucesso, progresso e evolução social. A natureza se torna, com as bênçãos de Bacon e Hume, objeto de apropriação e conversão em riqueza que incrementa o PIB[6]. Sob essa órbita, Altvater enfatiza que "o imperativo do crescimento está, pois, ancorado com firmeza nos discursos dominantes sobre economia e política. Quanto

---

3 CORTE INTERAMERICANA DE DIREITOS HUMANOS. *Opinión Consultiva OC-23/17* de 15 de noviembre de 2017, solicitada por la República de Colombia. Medio ambiente y derechos humanos. Disponível em: <http://www.corteidh.or.cr/docs/opiniones/seriea_23_esp.pdf>. Acesso em: 22 de setembro 2019.

4 BECK, Ulrich. *Sociedade de risco: rumo a uma outra modernidade*. Trad. Sebastião Nascimento. São Paulo: Ed. 34, 2011.

5 ALTVATER, Elmar. *O fim do capitalismo como o conhecemos: uma crítica radical do capitalismo*. Tradução de Peter Naumann. Apresentação de Paul Singer. Rio de Janeiro: Civilização Brasileira, 2010. Título original: Das Ende des Kapitalismus, wie wir ihn kennen, p. 155-156.

6 OST, François. *A natureza à margem da lei: a ecologia à prova do direito*. Tradução de Joana Chaves. Lisboa: Instituto Piaget, 1995. Título original: La nature hors la loi, p. 136.

maior o crescimento, tanto menores os problemas econômicos, sociais e políticos, tanto mais segura a dominação – e vice-versa".[7]

Os recursos naturais são considerados como uma fonte inesgotável à produção e ao crescimento. As limitações ecológicas são ignoradas em face de um tecnicismo que arregimenta no modelo hegemônico uma verdadeira crença da infinitude da produção e abstração dos efeitos colaterais de degradações e poluição ambiental. Não obstante, como pondera Altvater, "a hipótese de que o input físico possa ser estendido ao infinito para gerar um output eternamente crescente é um contrassenso ecológico, pois nada no mundo físico poderá crescer infinitamente".[8]

Lado outro, os resíduos, a degradação ecológica, a geração de riscos cumulativos e incalculáveis, são antevistos como uma consequência marginal para com a qual toda a sociedade deve arcar para poder usufruir dos bens de consumo e avanço tecnológico[9] propiciados pela era do combustível fóssil. Fatores como o aquecimento global e a emissão de gases de efeito estufa, quando não ignorados, são escanteados em sua relevância diante das necessidades sociais e econômicas do crescimento.

Os parâmetros de condução desse modelo propiciaram uma coordenação própria entre o econômico, o ecológico e o jurídico, sob o ângulo tributário. O ecológico era tido como mero instrumento e assujeitado ao econômico, em favor do crescimento e da riqueza monetariamente concebida. O jurídico, sob o aspecto tributário, veio a perfilhar esse pressuposto lançado para captar a riqueza apenas sob o suporte intelectivo do econômico. Os signos de riqueza se afirmam como motrizes da tributação, pois demonstram uma capacidade contributiva e a afirmação de uma aptidão para fazer valer o legítimo dever dos particulares em contribuir para com o Estado em suas tarefas

---

7 ALTVATER, Elmar. *O fim do capitalismo como o conhecemos*: *uma crítica radical do capitalismo*. Tradução de Peter Naumann. Apresentação de Paul Singer. Rio de Janeiro: Civilização Brasileira, 2010. Título original: Das Ende des Kapitalismus, wie wir ihn kennen, p. 157.

8 ALTVATER, Elmar. *O fim do capitalismo como o conhecemos*: *uma crítica radical do capitalismo*. Tradução de Peter Naumann. Apresentação de Paul Singer. Rio de Janeiro: Civilização Brasileira, 2010. Título original: Das Ende des Kapitalismus, wie wir ihn kennen, p. 161.

9 JONAS, Hans. *O princípio responsabilidade: ensaio de uma ética para a civilização tecnológica*. Trad. Marijane Lisboa e Luiz Barros Montez. Rio de Janeiro: Contraponto: Ed. Puc-Rio, 2006.

púbicas. A dimensão crítica diz respeito ao sentido que assumem paradigmaticamente esses signos.

A tributação exsurge em um cenário de absorção do ecológico pelo econômico, em um cenário em que a riqueza é captada apenas sob o prisma monetário e afeto ao crescimento, ao patrimônio. O Código Tributário Nacional, em seu nascedouro e desenvolvimento, está imerso nesse paradigma. A externalidade ambiental nociva ou afetada pelo signo de riqueza, ou mesmo que venha a resultar em passivos ecológicos na geração da capacidade contributiva, é matéria estranha ao sistema tributário. A mutação do *non olet* encontra aqui sentido específico.

O primeiro dos modelos que rege a interligação entre o econômico, o ecológico e o jurídico-tributário estranha e afugenta a influência de fatores ambientais na definição de regras do sistema tributário. Abriga-se, por vezes, sob a matriz da circunscrição da matéria tributária aos signos de riqueza e à capacidade contributiva, e por vezes na locução *per definitionem* de que o tributo não pode ser forjado como sanção, como penalidade. É com esse modelo e dogmática que a Constituição de 1988 tem de lidar, embora tente promover, em seu texto e intenção objetiva, um giro axiológico de compreensão de que o ambiente é mais que um "bem infinito" de dominação tecnológica, mas um referencial de sentido e comunicação entre os domínios funcionais da política, da economia e do direito, ancorado, quando menos, nas consequências negativas sobre a humanidade e nos próprios limites do crescimento. Os "recursos naturais" como os seres humanos são finitos.

3. SISTEMA TRIBUTÁRIO E A EXTRAFISCALIDADE AMBIENTAL

Embora o artigo 170, inciso VI, e o artigo 225 da Constituição, ao lado de uma ascensão dos valores ecológicos em nível social, propiciem uma crescente demanda de reestruturação do modelo econômico de produção, o capítulo constitucional regente do sistema tributário não é explícito em relação aos efeitos sobre as premissas de estática e dinâmica jurídicas das normas tributárias.

Sob o prisma econômico, as falhas de mercado são salientadas na produção de externalidades negativas sobre toda a sociedade, provocadas por atividades que geram apenas ganhos privados. Na linha de Pigou,[10] e da influente ideia da taxa pigouviana, é necessário que haja a

---

10 PIGOU, Arthur Cecil. *The economics of welfare*. London: Macmillan, 1932

internalização das externalidades negativas provocadas pelos empreendimentos e atividades ambientalmente nocivas. Modelos de economia ambiental e economia ecológica se apresentam como alternativos e críticos ao modelo hegemônico.[11] Indicar alternativa ecológica ao modelo hegemônico de produção em sua escala ilimitada e geração indiscriminada de resíduos e poluição significa rever a interlocução jurídico-econômica e social, como indica Leff:

> A redefinição e operacionalidade destes conceitos de 'riqueza social', 'capital', 'produção', 'renda' e 'consumo' dependem claramente de seu funcionamento numa racionalidade alternativa. Esta reconceitualização do capital e da renda, em termos da oferta natural, da produção e do consumo de bens ambientais, necessariamente requer uma avaliação das condições de produtividade sustentada nos recursos dos ecossistemas e sujeita ao efeito das práticas produtivas, aos padrões tecnológicos de uso dos recursos e aos hábitos de consumo de diferentes formações sociais.[12]

O robustecimento do ecológico em seu valor, seja em relação ao valor de uso ou valor existência,[13] aliado à crescente consciência dos prejuízos sociais e econômicos causados pela degradação ambiental e geração de riscos sociais acarretados por um crescimento não sustentável, promoveu um realinhamento da própria economia. O meio ambiente precisa ser pontuado na geração de externalidades sociais nocivas acarretadas pela ação antrópica, seja em relação a resíduos sólidos, seja em relação a poluentes em seu sentido mais amplo.

O jurídico passa a reagir nesse a contexto. E a reação jurídica tende a dois âmbitos principais. De um lado, tem-se a crescente edição de normas de licenciamento ambiental e fixadoras de níveis máximos admitidos para emissões poluentes. Normas de gestão ambiental da atividade produtiva ganham relevo na definição de como se procederá à geração de riquezas, de como se promoverá o controle do modelo de crescimento que se estabelece econômica e socialmente. Isso sem

---

11 CALLAN, Scott J.; THOMAS, Janet M. *Economia ambiental:* aplicações, políticas e teoria. Tradução de Noveritis do Brasil. Tradução da 6ª edição norte-americana. São Paulo: Cengale Learning, 2016.

12 LEFF, Enrique. *Ecologia, capital e cultura*: a territorialização da racionalidade ambiental. Trad. Jorge E. Silva. Rev. Carlos Walter Porto-Gonçalves. Petrópolis: Editora Vozes, 2009. Título original: Ecología y capital, p. 174.

13 SIQUEIRA, Lyssandro Norton. *Qual o valor do meio ambiente?* Previsão normativa de parâmetros para a valoração econômica do bem natural impactado pela atividade minerária. Rio de Janeiro: Lumen Juris, 2017.

aqui desconsiderar as influências de boa vida e autorrealização que o consumo implica nos meandros da cultura na sociedade.

Mas, de outro lado, tem-se a necessidade de eficácia e alteração no modo de produção e geração de riqueza a partir de atos voluntários dos próprios agentes de mercado. O Estado vê-se simultaneamente como dotado de monopólio punitivo para fins de eficácia, mas limitado pela expansão de exigência de exercício desse monopólio, a comprometer-lhe a própria eficácia. Ao invés de confrontar, a tipologia normativa deve propiciar a adesão ao programa de sustentabilidade que se pretende imperativo.

O quadro tracejado corresponde às normas de comando-controle, vinculadas à imposição administrativo-ambiental e imperatividade do Estado, de um lado, e às normas de cumprimento voluntário, de outro. O Direito Ambiental passa a conviver de forma crescente com modelos negociados, quase contratuais, de gestão da sustentabilidade e cumprimento voluntário progressivo de deveres afetos ao direito fundamental e humano de qualidade de vida em um meio ambiente ecologicamente equilibrado.

Na voz de François Ost, "a contratualização do direito surge como solução de caráter honroso: o Estado não renunciava a imprimir uma direção à alteração, mas concordava que o efeito desejado teria mais hipóteses de ser atingido pela concertação, pela auto-responsabilização e pelo acordo, do que pelos métodos coercitivos tradicionais."[14] A diretriz do cumprimento voluntário repercute para além do Direito Ambiental, já que sua origem está em construções econômicas. E essas construções econômicas, em interligação ao ecológico, provocam uma reorganização interna no campo jurídico-tributário.

A reorganização do Direito Tributário em reação aos contornos da nova constelação que se formou veio por meio da reformulação da ideia de extrafiscalidade. A função extrafiscal para o tributo não é nova, mas novo se faz articular essa ideia para fins de estimular e desestimular atividades e formas de desenvolvimento das atividades passíveis de se adequarem como fato gerador, tendo em conta os reflexos ecológicos que produzem. Aqui o segundo modelo assume seus contornos normativos.

---

14 OST, François. *A natureza à margem da lei*: a ecologia à prova do direito. Tradução de Joana Chaves. Lisboa: Instituto Piaget, 1995. Título original: La nature hors la loi, p. 136.

O Direito Tributário vem a admitir o Direito Ambiental, ou melhor, as normas tributárias, regentes de seus pressupostos calcados na capacidade contributiva e nos signos de riqueza próprios do ideário de crescimento e afetos ao modelo econômico hegemônico, passam a ser influenciadas marginalmente pela economia ambiental e pela economia ecológica. O sistema tributário brasileiro passou a acolher o primado da tutela ecológica como uma via de reforço por meio da tributação sob o recorte normológico e normotético de estímulo e desestímulo sob respaldo da quantificação tributária.

A extrafiscalidade ambiental se desenha como o segundo e ainda vigente quadro de aplicação das normas tributárias em uma interlocução ativa para com as normas ecológicas. Mas o sistema tributário não considera a geração de degradação ambiental, a geração de poluentes ou a geração de resíduos como fatores autônomos na definição de fatos geradores, bases de cálculo ou mesmo de sujeitos passivos. Seria isso um despautério, subversão das pedras angulares que regem o sistema. A justiça fiscal não dialoga de modo mais direto com a justiça ambiental, em grande medida, pela diferenciação sistêmica (ou tipológica) de "ramos de saberes" jurídicos. A dogmática, feita de institutos e conceitos *retoricamente* bem assentados, é o ancoradouro de uma precisão cientificista que esconde o complexo epistêmico do direito em face de outros domínios do conhecimento.

A influência dessa relação marginal entre o ecológico e o jurídico tributário é perceptível na doutrina brasileira, que tende a enfatizar na extrafiscalidade o caminho da tributação ecológica no sistema tributário nacional. Bruno Soeiro Vieira, por exemplo, posiciona-se no sentido de que "a tributação ambiental objetiva diminuir as agressões ao meio ambiente por meio de um sistema tributário que induza condutas menos poluidoras, pois aquelas atividades cujo impacto e degradação ao meio ambiente sejam consideravelmente agressivas, deverão suportar uma carga tributária equivalente".[15]

Fernando Aurélio Zilveti e Daniel Azevedo Nocetti caminham em argumentação similar, sustentando a conformação constitucional de um modelo de extrafiscalidades ambientais, afinal, "embora não existam artigos expressos na Constituição Federal que determinem a utilização dos tributos para fins extrafiscais, nela há um implícito reconhecimento da faculdade que o Estado tem de utilizá-lo para promover certas

---

15 VIEIRA, Bruno Soeiro. *Os impostos municipais e a proteção do meio ambiente.* Porto Alegre: Nuria Fabris Editora, 2011, p. 153.

atitudes e, na mesma medida, desestimular outras que considere prejudiciais".[16] A extrafiscalidade assume a condição de pedra angular de um modelo de inserção do ecológico no tributário, ao que se torna o padrão de atuação do tributo com vinculação ambiental.[17]

O segundo modelo invoca, portanto, os fatores ambientais como causa de amarração para promover estímulos e desestímulos de condutas vistas como favoráveis ou desfavoráveis ao meio ambiente, à regência de firmamento dos direitos fundamentais ecológicos e à qualidade ambiental como um todo. Práticas favoráveis ao meio ambiente podem contar com reduções de alíquotas, com faixas diferenciadas e mesmo com isenções tributárias.

Alguns tributos são inclusive antevistos como propícios para essa manifestação de extrafiscalidade, alinhada que esteja a políticas públicas de preservação ambiental,[18] tais como "o IR, o IPI, o ITR, o ICMS ecológico, o IPVA, o IPTU progressivo, o ISS e sua seletividade, entre tantos outros que poderiam ser citados e comentados".[19] Aqui também se apresenta a Taxa de Controle e Fiscalização ambiental – TCFA, cuja sustentação é justamente o exercício do poder de polícia e a intervenção nas atividades que utilizem recursos naturais ou sejam potencial ou efetivamente poluidoras.[20]

Tem-se assim que a tributação verde, ou, como reconhecida no cenário internacional, *green tax* ou *ecotaxation*, manifesta-se essencialmente no Brasil como expressão de extrafiscalidade e não de reformulação dos paradigmas iniciais de tributação. O tributo ecologicamente orien-

---

16 ZILVETI, Fernando Aurélio; NOCETTI, Daniel Azevedo. Os tributos como meio de proteção do ambiente. In NUSDEO, Ana Maria de Oliveira; TRENNEPOHL, Terence (Coord.). *Temas de direito ambiental econômico.* São Paulo: Thomson Reuters, 2019. P. 72-92, p. 76.

17 SOUZA, Jorge Henrique de Oliveira. *Tributação e meio ambiente*: as espécies tributárias e sua utilização para alcance de um meio ambiente ecologicamente equilibrado. Belo Horizonte: Del Rey, 2009, p. 98-99.

18 TRENNEPOHL, Terence. *Manual de direito ambiental.* 7ª Edição. São Paulo: Saraiva Educação, 2019, p. 120.

19 TRENNEPOHL, Terence. *Manual de direito ambiental.* 7ª Edição. São Paulo: Saraiva Educação, 2019, p. 120.

20 ZILVETI, Fernando Aurélio; NOCETTI, Daniel Azevedo. Os tributos como meio de proteção do ambiente. In NUSDEO, Ana Maria de Oliveira; TRENNEPOHL, Terence (Coord.). *Temas de direito ambiental econômico.* São Paulo: Thomson Reuters, 2019. P. 72-92, p. 87.

tado é um tributo sobre signo de riqueza ou capacidade contributiva, e não sobre a capacidade poluidora. A orientação ecológica é extrafiscal, é externa ao sistema tributário em si e somente se vê ali incidentalmente emplacada para fins de influir na obrigação de pagamento. Em âmbito jurisprudencial, em caso referencial, o Superior Tribunal de Justiça trilhou justamente nesse espaço argumentativo, ao afirmar que a tutela ambiental é fator de definição não do fato gerador, mas sim na mitigação do *quantum* devido pela exclusão da base de cálculo.[21]

Em avaliação crítica do modelo que ora prevalece no Brasil, Terence Trennepohl aduz que "a adoção de medidas tributárias, mormente de incentivo (isenção, anistia, imunidades, não incidência), serve para implementação de políticas desenvolvimentistas e preservacionistas, concomitantemente".[22] O modelo tributário acolhido pelo sistema brasileiro se afigura na atualidade como uma resposta reativa primária com efeitos sequenciais das exigências sociais e econômicas voltadas para patrocinar estímulos e desestímulos a empreendimentos e atividades antrópicas cujos resultados comprometam a qualidade ambiental, positiva ou negativamente.

---

21 PROCESSUAL CIVIL. TRIBUTÁRIO. ITR. ÁREA DE PRESERVAÇÃO PERMANENTE. EXCLUSÃO. DESNECESSIDADE DE ATO DECLARATÓRIO DO IBAMA. MP. 2.166-67/2001. APLICAÇÃO DO ART. 106, DO CTN. RETROOPERÂNCIA DA LEX MITIOR. 1. Recorrente autuada pelo fato objetivo de ter excluído da base de cálculo do ITR área de preservação permanente, sem prévio ato declaratório do IBAMA, consoante autorização da norma interpretativa de eficácia ex tunc consistente na Lei 9.393/96. 2. A MP 2.166-67, de 24 de agosto de 2001, ao inserir § 7º ao art. 10, da lei 9.393/96, dispensando a apresentação, pelo contribuinte, de ato declaratório do IBAMA, com a finalidade de excluir da base de cálculo do ITR as áreas de preservação permanente e de reserva legal, é de cunho interpretativo, podendo, de acordo com o permissivo do art. 106, I, do CTN, aplicar-se a fator pretéritos, pelo que indevido o lançamento complementar, ressalvada a possibilidade da Administração demonstrar a falta de veracidade da declaração contribuinte. 3. Consectariamente, forçoso concluir que a MP 2.166-67, de 24 de agosto de 2001, que dispôs sobre a exclusão do ITR incidente sobre as áreas de preservação permanente e de reserva legal, consoante § 7º, do art. 10, da Lei 9.393/96, veicula regra mais benéfica ao contribuinte, devendo retroagir, a teor disposto nos incisos do art. 106, do CTN, porquanto referido diploma autoriza a retrooperância da lex mitior. 4. Recurso especial improvido. (STJ - REsp 587.429/AL, Rel. Ministro LUIZ FUX, PRIMEIRA TURMA, julgado em 01/06/2004, DJ 02/08/2004, p. 323)

22 TRENNEPOHL, Terence. A tributação ambiental no Brasil. In: FARIAS, Talden; TRENNEPOHL, Terence (Coord.). *Direito ambiental brasileiro*. Thomson Reuters Brasil, 2019. p. 638-647, p. 646.

4. TRIBUTOS AMBIENTAIS AUTÔNOMOS E TRIBUTAÇÃO ECOLÓGICA

A crítica que se antepõe é justamente quanto à insuficiência desse modelo e à possibilidade de ultrapassá-lo para se desenvolver um Direito Tributário que interiorize o valor ecológico como signo de tributação, reconstruindo as pedras angulares do sentido de signos de riqueza e capacidade contributiva em uma reformulação completa do sentido de progresso e evolução. A sustentabilidade ganha voz diante do inodoro crescimento econômico a qualquer custo. O paradigma ecológico passa a afastar o *non olet* em termos de reflexos ambientais[23].

O terceiro modelo que se apresenta propicia a formação de tributos ambientais autônomos, cujo fato gerador e a base de cálculo sejam próprios das implicações ecológicas das atividades e empreendimentos antrópicos. A extrafiscalidade não é excluída, mas se permite simultaneamente que o valor econômico seja a fonte da tributação em si e não um acessório guia da computação da obrigação tributária. Abre-se espaço para a instituição de tributos, cujo fato gerador é em si a produção de determinados níveis de poluição ou de componentes poluidores específicos.

O econômico, o ecológico e o jurídico se rearranjam a favor de que tanto o econômico quanto o ecológico ganhem espaço interno no sistema para imposição tributária em razão do signo de riqueza sustentável. A capacidade contributiva é revelada pela potencialidade patrimonial combinada com a potencialidade de degradação da riqueza coletiva, inserindo na ponderação os riscos de passivos ambientais.

Previsível que advenham críticas e resistências. Há, na proposta, uma reviravolta de pré-compreensões normativas, mais do que simplesmente éticas, do modelo hegemônico que foi levemente flexibilizado pela assunção da extrafiscalidade ecologicamente orientada. Como assinalam Luciano Ribeiro Lepri Moreira e Leandro Volochko, "a instituição de tributos eminentemente ambientais é tema de difícil enfrentamento pelos poderes constituídos, bem como pelos operadores do direito em geral, haja vista a grande rigidez dos princípios tributários existentes na legislação brasileira, aliada à grande carga tributária já existente."[24]

---

23 LEITE, José Rubens Morato; SILVEIRA, Paula Galbiatti. *A ecologização do Estado de Direito*: uma ruptura ao direito ambiental e ao antropocentrismo vigentes. In: LEITE, José Rubens Morato (Coord.). A ecologização do direito ambiental vigente. Rio de Janeiro: Lumen Juris, 2018, pp. 101-143.

24 MOREIRA, Luciana Ribeiro Lepri; VOLOCHKO, Leandro. Internalização da variável ambiental na reforma tributária. In LEITE, José Rubens Morato; BELLO FILHO,

Um dos argumentos levantados é justamente que se estaria a converter o sistema tributário em fonte de penalização, rompendo com o fundamento de distinção do tributo. Entretanto, a tributação ambiental não se faz penalizadora, pelo inverso. A tributação ambiental que elege atividade poluente como passível de imposição fiscal parte justamente do princípio de que essa atividade é lícita. Caso contrário, não poderia nem mesmo ser executada e não teria passado pelo potencial licenciamento ambiental.

No modelo normativo brasileiro, a tributação ambiental autônoma seria configurada como contribuição de intervenção no domínio econômico. O esboço dessa possibilidade está inclusive expresso no texto constitucional, ao prever em seu artigo 177, §4º, inciso II, alínea 'b' a destinação dos valores arrecadados com o tributo para projetos ambientais. O próprio fato gerador pode ser expresso legalmente em razão da importação ou comercialização de combustível fóssil, fator que corrobora com a possibilidade constitucional de signos de sustentabilidade ambiental serem fundantes para exercício da tributação.

O desenvolvimento na formulação de fatos geradores e bases de cálculo, nesse terceiro modelo de combinação entre o econômico, o ecológico e o jurídico, permite identificar no sistema de emissões de poluentes uma causa suficiente para estabelecer a obrigação tributária. A emissão em si pode configurar-se como base de quantificação contributiva, pois produz reflexos no efetivo cômputo de riqueza e na capacidade poluidora. Nesses trilhos, Daniel Farber, remetendo ao sistema estadunidense, assevera que "an effluent system requires payment of a fee or tax on each unit of pollution released into the air or water".[25]

A previsível argumentação de elevação da carga tributária, com a adoção do "terceiro ciclo – ou modelo – do Direito Tributário", é frágil, pela simples razão de que a reformulação do sistema levará à rearticulação das fontes de exação, permitindo inclusive reduções de custos estatais futuros e por via de consequência de formação de passivos ambientais que seriam custeados pelos próprios tributos pagos pela sociedade como um todo. Em outros termos, os tributos ambientais permitiriam uma individualização da fonte geradora do

---

Ney de Barros (Org.). *Direito Ambiental Contemporâneo*. Barueri: Manole, 2004. PP. 445-472, p. 450.

25 FARBER, Daniel A. *Environmental law in a nutshell*. 9th Edition. St. Paul, MN: West Academic Publishing, 2014, p. 159.

passivo lícito, acarretado pelas atividades econômicas permitidas no contexto social respectivo[26].

A modelagem de um sistema tributário que converta a poluição em fato gerador é passo relevante para uma efetiva interiorização do padrão ambiental na tutela dos bens ecológicos. Trata-se da formalização jurídico-tributária da atribuição de custeio dos encargos de poluição que comprimem os signos de riqueza sustentável promovidos por um modelo econômico ecologicamente comprometido.

Em âmbito econômico, a matéria mira uma inerente articulação entre capacidade econômica e capacidade poluidora, donde "a cobrança dos encargos por poluição também pode ser implementada como encargos por emissão, que é uma taxa cobrada sobre a poluição, em vez da cobrança da taxa sobre o produto".[27] Em cenário tributário comparado, o terceiro modelo já está implementado, fato que contrasta para com os refreamentos observados no palco normativo brasileiro:

> internaciolnalmente, a cobrança de encargos por poluição é o instrumento de mercado mais utilizado normalmente. Vários países, incluindo Austrália, França, Alemanha, Itália e Japão utilizam taxas ou impostos para controlar a poluição sonora gerada pelos aviões. Austrália, Canadá, França e Polônia estão entre os países que utilizam encargos sobre efluentes para proteger os recursos hídricos.
>
> Uma aplicação prática de encargo sobre o produto é uma taxa que incide sobre baterias na Áustria, Dinamarca, Hungria e Itália. Outro exemplo é uma taxa cobrada sobre os pneus de veículos. A Finlândia utiliza a cobrança de encargos sobre produto específico para ajudar a cobrir os custos de coletar e reciclar pneus usados.[28]

O terceiro ciclo de tributação ambiental não afasta as bases de extrafiscalidade firmadas pelo segundo modelo, mas o rearticula para gra-

---

26 Veja-se a análise em diferentes contextos em JACOBS, B.; VAN DER PLOEG, F. Redistribution and pollution taxes with non-linear Engel curves. *Journal of Environmental Economics and Management*, v. 95, p. 198-226, 2019.

27 CALLAN, Scott J.; THOMAS, Janet M. *Economia ambiental*: aplicações, políticas e teoria. Tradução de Noveritis do Brasil. Tradução da 6ª edição norte-americana. São Paulo: Cengale Learning, 2016, p. 110.

28 CALLAN, Scott J.; THOMAS, Janet M. *Economia ambiental*: aplicações, políticas e teoria. Tradução de Noveritis do Brasil. Tradução da 6ª edição norte-americana. São Paulo: Cengale Learning, 2016, p. 115. Veja-se o estudo comparado, que toma por base, mas não exclusivamente, a Escandinávia: HOLM PEDERSEN, Lene. Ideas are transformed as they transfer: a comparative study of eco-taxation in Scandinavia. *Journal of European Public Policy*, v. 14, n. 1, p. 59-77, 2007.

duar em termos amplos aqueles fatos geradores afetos em si à geração poluidora e negativos para o equilíbrio ambiental para com signos sustentáveis de riqueza. Promovem-se fatos geradores marcados pela capacidade contributiva, mas também comprometidos com o paradigma ecológico. Essa combinação fortalece a interlocução entre princípios ambientais e princípios tributários, propiciando que tanto o princípio do poluidor-pagador quanto o princípio do protetor-recebedor sejam absorvidos na dinâmica do Direito Tributário.

A adoção do terceiro modelo pelo sistema tributário promove a expansão da interiorização de externalidades negativas na definição das obrigações tributárias, especialmente na sujeição passiva nas posições de contribuinte e responsável tributário. O princípio do poluidor-pagador[29] e o princípio do protetor-recebedor assumem papel decisivo na extrafiscalidade, dado que esse último princípio "invoca a regulação por indução e estímulo a práticas sustentáveis"[30], ao passo que o poluidor-pagador é assumido decisivamente na densificação de fatos geradores e bases de cálculo ligadas a emissões poluidoras.

O papel executado pelo princípio do poluidor-pagador e pelo princípio do protetor-recebedor variará conforme a hipótese de composição na extrafiscalidade ou na formatação do fato gerador e sua base de cálculo. Enquanto o primeiro diz respeito "a coibir a geração de externalidades negativas no processo produtivo, impondo ao poluidor incluir no preço final dos produtos as despesas com a recuperação do meio ambiente",[31] o protetor-recebedor "tem em mira premiar as condutas ambientais virtuosas para reverter os processos de destruição e utilização desenfreados dos bens da natureza".[32] A capacidade contributiva é orquestrada com a capacidade poluidora, e ambas implicadas

---

29 "o poluidor-pagador, embora genericamente associado à responsabilização civil e à reparação de danos já consumados, tem seu significado relacionado também à alocação de custos de prevenção do dano." (NUSDEO, Ana Maria de Oliveira. *Pagamento por serviços ambientais*: sustentabilidade e disciplina jurídica. São Paulo: Atlas, 2012, p. 138).

30 WEDY, Gabriel; MOREIRA, Rafael Martins Costa. *Manual de direito ambiental*: de acordo com a jurisprudência dos Tribunais Superiores. Belo Horizonte: Fórum, 2019, p. 55.

31 MILARÉ, Édis. *Direito do ambiente*. 11ª Ed. rev. atual. e ampl. São Paulo: Editora Revista dos Tribunais, 2018, p. 275.

32 MILARÉ, Édis. *Direito do ambiente*. 11ª Ed. rev. atual. e ampl. São Paulo: Editora Revista dos Tribunais, 2018, p. 276.

na compreensão dos signos de riqueza em um paradigma ecológico de sustentabilidade.

A orquestração entre os tributos ambientais autônomos e a extrafiscalidade permite superar a ameaça de risco de adoção de um direito tributário no qual a questão ambiental vigore apenas em nível de extrafiscalidade, a limitar os instrumentos ambientais, em sua vertente de cumprimento voluntário, à ideia de contratos de ambiente, na terminologia de François Ost.[33]

Não há dúvidas de que a reforma do sistema tributário em tal profundidade, com efetiva adoção pelo Brasil de uma ecotributação, envolve a releitura e atualização dos padrões clássicos que guiaram o Direito Tributário. Não se abdica de afirmar que "el carácter económico de la ley de impuesto deba ser tenido en consideración en la elección del valor; de esta elección adaptada al hecho generador particular depende, por lo común, directamente la soportabilidad del impuesto por aquel que será gravado en definitiva por el tributo", como vaticina Albert Hensel[34]. A ecotributação não renega a capacidade contributiva, mas sim a alia à capacidade poluidora para fins de redesenhar tanto a hipótese de incidência tributária quanto a base de cálculo.

A ecotributação como terceiro modelo (ou ciclo) apto a ser considerado em uma reforma tributária brasileira permite, por meio de tributos ambientais autônomos, a construção de ordens de grandeza para a definição de bases de cálculo alicerçadas em emissões poluidoras e externalidades negativas. A densificação ecológica na elaboração da base de cálculo na ecotributação viabiliza que o dever tributário se adapte à capacidade contributiva do sujeito passivo, mantendo em coerência o sistema[35].

---

33 Para Ost, nessas interações, há risco de uma redução normativa à contratualização da norma jurídica impositiva de tutela do meio ambiente, donde a proteção ecológica seria influenciada por uma vertente negociada por vezes excessiva, a contar com a adesão de estímulo ou desestímulo para a adoção de condutas e ações concertadas. Há uma contratualização do direito ambiental. (OST, François. *A natureza à margem da lei*: a ecologia à prova do direito. Tradução de Joana Chaves. Lisboa: Instituto Piaget, 1995. Título original: La nature hors la loi, p. 142).

34 HENSEL, Albert. *Derecho tributario*. Traducción de Leandro Stok y Francisco M. B. Cejas. Rosario: Editorial Jurídica Nova Tesis, 2004, p. 194.

35 "a base de cálculo compõe-se de uma ordem de grandeza (e método de conversão) a qual dimensiona um elemento material da hipótese normativa. Da conjugação desses dois fatores resultam as três funções por ela exercidas: a quantificação do

A combinação entre o caráter de extrafiscalidade e a tributação autônoma de fatos geradores, cuja hipótese de incidência e a base de cálculo se pautem em emissões poluentes, conota o sentido orientativo dos ecotributos, como assinala Alejandro Altamirano, de modo a alcançar, dentre outros objetivos uma "fuente de financiamiento del costo ambiental, por ejemplo, utilizando tales ingresos para desarrollar dispositivos de seguridad de la contaminación de aquellos productos o reducir el costo del reciclado, consecuentemente facilitándolo".[36] O terceiro modelo remete, em consectário, ao avanço efetivo de construção do ordenamento jurídico a partir do paradigma ecológico de Estado Democrático de Direito.[37]

5. CONSIDERAÇÕES FINAIS

Repensar o sistema tributário nacional em um viés ecológico demanda refletir as interações entre economia, ecologia e normas jurídicas. A reflexão propicia articular redesenhos no sistema tributário, de modo a sustentar releituras que superem a limitação da tributação ecológica a tão somente acolher normativamente a extrafiscalidade ambiental. Avançar para a terceira via entre os modelos de inter-relação jurídico-econômico ambiental corresponde a introjetar aos signos de tributação sentidos de riqueza que interliguem a capacidade contributiva com a capacidade poluidora, sob um prisma do crescimento sustentável.

Não se trata de afastar conceitos e definições que conferem suporte ao Direito Tributário e à matriz regente da técnica normativa fiscal, mas sim assentá-las sob o primado do Estado Democrático de Direito "esverdeado", a dizer, em um paradigma ecológico. A ecotributação ou tributação verde encontra amplo espaço de afirmação na conjuntura brasileira, a possuir inclusive suporte (e demanda) constitucional de desenvolvimento epistemológico e normativo.

---

dever tributário; a adaptação do dever à capacidade contributiva do sujeito passivo; a definição da espécie tributária" (BALEEIRO, Aliomar. **Direito tributário brasileiro**. DERZI, Misabel Abreu Machado (Atual.). 11ª Edição. Rio de Janeiro: Editora Forense, 2002, p. 634).

36 ALTAMIRANO, Alejandro. El derecho constitucional a un ambiente sano, derechos humanos y su vinculación con el derecho tributario. In: Derecho & Sociedad, (22), 314-346, 2004, PP 314-346, p. 329.

37 PÉREZ LUÑO, Antonio Enrique. *Perspectivas e tendências atuais do Estado Constitucional*. Tradução de Jose Luis Bolzan de Morais, Valéria Ribas do Nascimento. Porto Alegre: Livraria do Advogado Editora, 2012, p. 50-53.

A superação dos desafios descortinados pela crise ambiental e pela reformulação das bases produtivas afetas à sustentabilidade imprime exigências ao Direito Tributário que quebrem pré-compreensões estabelecidas e enraizadas pela reverberação do modelo econômico hegemônico de crescimento ilimitado. A proposta e os objetivos afirmados por um modelo de tributação autônomo ecológico atrelam-se a projeções que reconhecem por princípio que é necessário compreender, formular e aplicar normas tributárias que considerem os potenciais de degradação e efeitos ecológicos como qualificadores dos signos de riqueza.

REFERÊNCIAS BIBLIOGRÁFICAS

ALTAMIRANO, Alejandro. El derecho constitucional a un ambiente sano, derechos humanos y su vinculación con el derecho tributario. In: *Derecho & Sociedad*, (22), 314-346, 2004. p. 314-346.

ALTVATER, Elmar. *O fim do capitalismo como o conhecemos*: uma crítica radical do capitalismo. Tradução de Peter Naumann. Apresentação de Paul Singer. Rio de Janeiro: Civilização Brasileira, 2010. Título original: Das Ende des Kapitalismus, wie wir ihn kennen.

BALEEIRO, Aliomar. *Direito tributário brasileiro*. DERZI, Misabel Abreu Machado (Atual.). 11ª Edição. Rio de Janeiro: Editora Forense, 2002.

BECK, Ulrich. *Sociedade de risco*: rumo a uma outra modernidade. Trad. Sebastião Nascimento. São Paulo: Ed. 34, 2011.

CALLAN, Scott J.; THOMAS, Janet M. *Economia ambiental*: aplicações, políticas e teoria. Tradução de Noveritis do Brasil. Tradução da 6ª edição norte-americana. São Paulo: Cengale Learning, 2016.

CORTE INTERAMERICANA DE DIREITOS HUMANOS. *Opinión Consultiva OC-23/17* de 15 de noviembre de 2017, solicitada por la República de Colombia. Medio ambiente y derechos humanos. Disponível em: <http://www.corteidh.or.cr/docs/opiniones/seriea_23_esp.pdf>. Acesso em: 22 de setembro 2019.

FARBER, Daniel A. *Environmental law in a nutshell*. 9th Edition. St. Paul, MN: West Academic Publishing, 2014.

HENSEL, Albert. *Derecho tributario*. Traducción de Leandro Stok y Francisco M. B. Cejas. Rosario: Editorial Jurídica Nova Tesis, 2004.

HOLM PEDERSEN, Lene. Ideas are transformed as they transfer: a comparative study of eco-taxation in Scandinavia. *Journal of European Public Policy*, v. 14, n. 1, p. 59-77, 2007.

JACOBS, B.; VAN DER PLOEG, F. Redistribution and pollution taxes with non-linear Engel curves. *Journal of Environmental Economics and Management*, v. 95, p. 198-226, 2019.

JONAS, Hans. *O princípio responsabilidade*: ensaio de uma ética para a civilização tecnológica. Trad. Marijane Lisboa e Luiz Barros Montez. Rio de Janeiro: Contraponto: Ed. Puc-Rio, 2006.

LEFF, Enrique. *Ecologia, capital e cultura*: a territorialização da racionalidade ambiental. Trad. Jorge E. Silva. Rev. Carlos Walter Porto-Gonçalves. Petrópolis: Editora Vozes, 2009. Título original: Ecología y capital.

LEITE, José Rubens Morato; SILVEIRA, Paula Galbiatti. A ecologização do Estado de Direito: uma ruptura ao direito ambiental e ao antropocentrismo vigentes. In: LEITE, José Rubens Morato (Coord.). *A ecologização do direito ambiental vigente*. Rio de Janeiro: Lumen Juris, 2018. p. 101-143.

MILARÉ, Édis. *Direito do ambiente*. 11ª Ed. rev. atual. e ampl. São Paulo: Editora Revista dos Tribunais, 2018.

MOREIRA, Luciana Ribeiro Lepri; VOLOCHKO, Leandro. Internalização da variável ambiental na reforma tributária. In LEITE, José Rubens Morato; BELLO FILHO, Ney de Barros (Org.). *Direito Ambiental Contemporâneo*. Barueri: Manole, 2004. p. 445-472.

NUSDEO, Ana Maria de Oliveira. *Pagamento por serviços ambientais*: sustentabilidade e disciplina jurídica. São Paulo: Atlas, 2012.

OST, François. *A natureza à margem da lei*: a ecologia à prova do direito. Tradução de Joana Chaves. Lisboa: Instituto Piaget, 1995. Título original: La nature hors la loi.

PÉREZ LUÑO, Antonio Enrique. *Perspectivas e tendências atuais do Estado Constitucional*. Tradução de Jose Luis Bolzan de Morais, Valéria Ribas do Nascimento. Porto Alegre: Livraria do Advogado Editora, 2012.

PIGOU, Arthur Cecil. *The economics of welfare*. London: Macmillan, 1932

SIQUEIRA, Lyssandro Norton. *Qual o valor do meio ambiente?* Previsão normativa de parâmetros para a valoração econômica do bem natural impactado pela atividade minerária. Rio de Janeiro: Lumen Juris, 2017.

SOUZA, Jorge Henrique de Oliveira. *Tributação e meio ambiente*: as espécies tributárias e sua utilização para alcance de um meio ambiente ecologicamente equilibrado. Belo Horizonte: Del Rey, 2009.

TRENNEPOHL, Terence. A tributação ambiental no Brasil. In: FARIAS, Talden; TRENNEPOHL, Terence (Coord.). *Direito ambiental brasileiro*. Thomson Reuters Brasil, 2019. p. 638-647.

TRENNEPOHL, Terence. *Manual de direito ambiental*. 7ª Edição. São Paulo: Saraiva Educação, 2019.

VIEIRA, Bruno Soeiro. *Os impostos municipais e a proteção do meio ambiente*. Porto Alegre: Nuria Fabris Editora, 2011.

WEDY, Gabriel; MOREIRA, Rafael Martins Costa. *Manual de direito ambiental*: de acordo com a jurisprudência dos Tribunais Superiores. Belo Horizonte: Fórum, 2019.

ZILVETI, Fernando Aurélio; NOCETTI, Daniel Azevedo. Os tributos como meio de proteção do ambiente. In NUSDEO, Ana Maria de Oliveira; TRENNEPOHL, Terence (Coord.). *Temas de direito ambiental econômico*. São Paulo: Thomson Reuters, 2019. P. 72-92.

TRIBUTAÇÃO SOBRE O CONSUMO: EXPERIÊNCIA BRASILEIRA E DESAFIOS PARA O ADVENTO DE UM IVA

JOSÉ ROBERTO AFONSO[1]

LAIS KHALED PORTO[2]

SUMÁRIO: 1. Introdução; 2. ICMS: O (suposto) grande vilão; 3. A problemática dos saldos credores acumulados; 4. Novos e maiores desafios: a Era 4.0; 5. Conclusão

1. INTRODUÇÃO

Reforma tributária é, certamente, um dos assuntos da vez no cenário jurídico-político brasileiro. E falar em reforma tributária no Brasil hoje, notadamente no âmbito do Legislativo Federal, é ter que lidar com as propostas de criação de um novo imposto sobre mercadorias: um IVA (Imposto sobre o Valor Adicionado) brasileiro, comumente denominado, nos projetos de Emenda Constitucional em tramitação, de IBS (Imposto sobre Bens e Serviços)[3].

---

1 Economista e Contabilista. Mestre em Economia (UFRJ), Doutor em Desenvolvimento Econômico (UNICAMP) e Pós-doutourando (ISCSP - Universidade de Lisboa). Professor da pós-graduação *stricto sensu* do IDP.

2 Advogada. Pós-Graduada em Direito Tributário e Finanças Públicas, Mestra e Doutoranda em Direito Constitucional (IDP). Professora da graduação do IDP.

3 São diversos os projetos em tramitação, destacando-se a Proposta de Emenda à Constituição nº 45/2019, de autoria do Deputado Baleia Rossi (MDB/SP), a partir de ideias do Centro de Cidadania Fiscal (CCiF); e a PEC nº 110/2019, proposta por grupo de Senadores encabeçado pelo Presidente da Casa, Senador Davi Alcolumbre (DEM/AP), e cujo texto repete o Substitutivo à PEC nº 293/2004, sob relatoria do então Deputado Luiz Carlos Hauly (PSDB/PR) – aprovada na Comissão Especial em dezembro de 2019 e arquivada por encerramento da legislatura. Sobre o cenário que permeia a possível criação do novo tributo, recomenda-se a leitura de AFONSO,

O IVA é cobrado, atualmente, em mais de 150 países e encarado, muitas vezes, como natural evolução para o sistema brasileiro, com uma tributação sobre o consumo baseada em impostos e contribuições sobre o faturamento. Ao contrário do senso comum, nem toda essa incidência está monopolizada ou mesmo essencialmente concentrada no ICMS estadual (Impostos sobre Circulação de Mercadorias e Serviços de Comunicação e Transportes Interestaduais e Intermunicipais).

A criação de uma forma de IVA no Brasil exigirá equacionar alguns desafios já experimentados (e longe de serem resolvidos) no presente. Ideal seria, inclusive, resolvê-los ou ao menos encaminhá-los antes da mudança do sistema. Neste sentido, este trabalho busca traçar um panorama de alguns desses desafios, vislumbrados pelos autores como verdadeiras contradições tributárias, uma vez que muitas questões são dirigidas no presente exatamente na contramão daquilo que seria demandado de um IVA no futuro[4].

2. ICMS: O (SUPOSTO) GRANDE VILÃO

O Imposto sobre Circulação de Mercadorias e Serviços (ICMS), tributo previsto no artigo 155 da Constituição Federal, entrou em vigor cinco meses após a promulgação da Carta Magna de 1988, ou seja, a partir de 1º de abril de 1989, conforme previsão do artigo 34 do Ato das Disposições Constitucionais Transitórias (ADCT), que dispôs sobre as normas de vigência específicas do sistema tributário nacional.

A introdução de um imposto mercantil no Brasil não se deu apenas em 1988, mas remonta à Lei nº 4.625/1922, que instituiu o Imposto sobre Vendas Mercantis. Em termos constitucionais, sua aparição deriva da Constituição de 1934, que instituiu o Imposto sobre Vendas e Consignações (IVC), sucedido pelo Imposto sobre a Circulação de Mercadorias (ICM) – originário da Emenda Constitucional nº 18/1965, à Constituição de 1946.

A CF/88, por sua vez, ampliou a base do ICM então vigente, segundo previsão da Constituição de 1967, acrescentando-lhe o "S" de serviços. A pretensão era, de fato, que o imposto abarcasse tudo o que pu-

---

José Roberto; ANGELIS, Ângelo de. IVA: desejado e incompreendido. In.: *Revista Conjuntura Econômica*. Set./2019. p. 19-21.

4 *"Contradições tributárias: disfunções do presente, obstáculos do futuro"*, publicado pelos autores na Revista Conjuntura Econômica, Nov./2019, p. 22-26, deu início à análise retomada e expandida no presente artigo. Algumas reflexões e gráficos deste podem ser encontradas no referido trabalho.

desse ser classificado como consumo, incidindo sobre a totalidade de mercadorias e serviços, tal qual modelo IVA – que, naquela época, já existia há mais de 30 (trinta) anos na França e havia sido recém-criado em Portugal.

A iniciativa de fusão do então ICM e do ISS (Imposto sobre Serviços) foi aprovada no início da Assembleia Constituinte, em 1987, mas abandonada rapidamente pela objeção por parte dos Prefeitos (que perderiam a competência municipal para tributação de serviços) e desinteresse dos Governadores[5]. O "S", no entanto, permaneceu na denominação no novo imposto estadual, pois, embora não tenha acoplado a hipótese de incidência do ISS em sua totalidade, passou a incluir a circulação de combustíveis, lubrificantes, energia elétrica, minerais e serviços de transporte interestadual e intermunicipal e de comunicação.

Os demais serviços continuaram a ser tributados pelos municípios, por meio do ISS, pelo que não se pode comparar a base do ICMS brasileiro com a dos IVAs existentes mundo afora.

A inclusão do "S" no ICMS também veio acompanhada de aumento na participação municipal no produto de sua arrecadação: enquanto, anteriormente, Estados deveriam repassar 20% (vinte por cento) do imposto aos Municípios, em 1988 esse valor subiu para 25%, conforme artigo 158, inciso IV, da CF/88.

As modificações no regime do ICMS, contudo, não se encerraram com a Carta de 1988. Só a estrutura constitucional do Imposto sofreu quatro alterações desde a promulgação do texto original da Constituição, quais sejam, as realizadas pelas Emendas Constitucionais 3/93, 33/01, 42/03 e 87/2015.

A regulamentação infraconstitucional também é vasta e complexa. Primeiramente, o normativo que deveria regulamentar o imposto (lei complementar, conforme regra geral de competência do artigo 146, inciso III, alínea *a*, da CF/88) restou pendente de edição por quase uma década, contrariando o artigo 34, §8°, do Ato das Disposições Constitucionais Transitórias (ADCT), que concedeu o prazo de 60 dias para sua edição pelo legislativo.

O mesmo dispositivo transitório supracitado, contudo, anteviu a possibilidade de omissão, determinando que, nesse caso, o imposto seria instituído e regulamentado provisoriamente por convênio cele-

---

5 Proposta defendida e histórico relembrado por Fernando Rezende e José R. Afonso em <https://goo.gl/ukWPmw>.

brado entre Estados e Distrito Federal, conforme Lei Complementar 24/1975 – que regulamenta a celebração de convênios para a concessão de isenções tributárias.

Assim, foi o ICMS provisoriamente regulamentado pelo Convênio nº 66/88 do CONFAZ, cuja vigência perdurou por aproximadamente nove anos e ocasionou uma série de questionamentos, a despeito do reconhecimento contínuo de sua constitucionalidade pelo Supremo Tribunal Federal em diversos julgados, dos quais tomamos como exemplo o RE 154.478/SP – ED[6] e o AI 195.556 - AgR[7].

Antes mesmo de ser promulgada a Lei Complementar regulamentadora, no período de vigência do Convênio nº 66/88, já adveio a primeira reforma constitucional do ICMS (EC 3/93), que teve como principal modificação a do §3º do artigo 155, que, conforme o texto original, previa que o tributo seria o único a incidir *"sobre operações relativas a energia elétrica, combustíveis líquidos e gasosos, lubrificantes e minerais do País"*. A nova redação, por sua vez, estendeu a tributação unicamente pelo ICMS aos serviços de telecomunicações e derivados de petróleo, em termos gerais, retirando do texto a especificação expressa quanto a lubrificantes e aos estados de matéria dos combustíveis, o que não acarreta qualquer prejuízo prático.

Apenas em 1996, com a publicação da Lei Complementar nº 87, de 13 de setembro de 1996 - mais conhecida como Lei Kandir -, deu-se, enfim, a devida regulamentação do ICMS.

A constante de alterações infraconstitucionais, contudo, também não parou com a Lei Kandir. Referido regramento legal, *per si,* também sofreu diversas modificações, as quais se deram por meio da LC 92/97, LC 99/99, LC 102/00, LC 114/02, LC 115/02, LC 116/03, LC 120/05 e LC 138/2010.

Enquanto isso, na seara Constitucional, adveio a EC 33/01, que alterou o dispositivo que trata da incidência do ICMS sobre bens e mercadorias importadas (artigo 155, §2º, inciso IX, alínea *a*), especificando sua incidência em importações realizadas por pessoas físicas ou jurídicas, ainda que não seja contribuinte habitual do imposto.

---

6 RE 154.478-2/SP, Tribunal Pleno, Rel. para o acórdão Min. Cezar Peluso, julgamento em 17.03.05. *DJe* de 30.09.05.

7 AI 195.556- AgR, 1ª Turma, Rel. Min. Moreira Alves, julgamento em 26.03.02. *DJe* de 17.05.02.

Em 2003, então, a EC 42/03 alçou à escala constitucional a desoneração do ICMS sobre exportações de produtos primários e semielaborados, resguardado o aproveitamento de créditos, tal qual havia sido introduzido pela Lei Kandir[8] (artigo 155, §2º, inciso X, alínea *a*). A mesma emenda estabeleceu, ainda, a não incidência do imposto *"nas prestações de serviço de comunicação nas modalidades de radiodifusão sonora e de sons e imagens de recepção livre e gratuita"* (artigo 155, §2º, inciso X, alínea *d*).

Por fim, a EC 87/2015 alterou a legislação referente à circulação de mercadorias entre Estados, tendo importantíssimo papel no âmbito do comércio remoto, realizado especialmente *online*, em que, nos Estados onde havia predominância de consumo, deixava-se de receber o tributo referente à transação, o que levava à grave situação de guerra fiscal.

A partir de referida emenda, então, as vendas interestaduais passaram a contar com repasse tributário do Estado no qual se realizou a venda àquele em que foi feita a compra, tal qual novo regramento do artigo 155, §2º, inciso VII. Referidos repasses devem ser feitos de acordo com as previsões constantes do artigo 99, ADCT, também instituídas pela EC 87/2015.

Essa última modificação constitucional do ICMS foi a primeira a olhar para os desafios impostos pela nova economia digital – muito embora o tenha feito de forma muito tímida, particularmente voltada à receita tributária proveniente do comércio *online*, mas sem alcançar a problemática do esvaziamento de competências que ora se apresenta.

Um real debate político acerca dos impactos da Revolução 4.0 na tributação ainda não é evidenciado no Brasil. Enquanto as reformas constitucionais que vêm sendo propostas para a tributação sobre o consumo desaguam na criação de um IVA, as infraconstitucionais estão centradas na Lei Kandir, especificamente na questão da "compensação" pela desoneração do ICMS-exportação.

O cenário de criação de um IVA apresenta o ganho elementar da solução do conflito mercadoria *versus* serviço (experienciado, por exemplo, no caso dos *softwares* e da industrialização por encomenda[9])

---

8 Conforme texto original da CF/88, o imposto era cobrado sobre produtos primários e semielaborados destinados à exportação, não incidindo tão somente sobre os produtos industrializados e os semielaborados definidos em lei complementar - artigo 155, §2º, inciso X, alínea *a*.

9 Os casos mencionados são, respectivamente, a ADI 5.659/DF e o RE 882461 – com repercussão geral.

– mas não abarca problemáticas mais complexas e estruturantes da nova era digital, como a redução das bases atualmente exploradas e o crescimento das relações transnacionais – o que já faz com que os IVAs europeus sejam repensados e passem por processo de reestruturação[10]

A problemática do velho ICMS-exportação, por sua vez, embora pudesse ser revolvida por via infraconstitucional, tem, paradoxalmente, disputado espaço de debate com os Projeto de reforma-IVA, de modo que se chega até a questionar quão forte é o convencimento dos parlamentares acerca do eventual/novo IBS.

3. A PROBLEMÁTICA DOS SALDOS CREDORES ACUMULADOS

O ICMS, segundo a Constituição de 1988, tem, como uma de suas características, a não-cumulatividade (artigo 155, §2º, inciso I), ou seja, a ausência de sobreposição do tributo a si mesmo, visando impedir que sucessivas incidências - que se dariam diante a ocorrência de diversas operações em uma mesma cadeia econômica - impliquem em ônus tributário elevado e desarrazoado[11].

Seguindo essa lógica, a desoneração do ICMS-exportação (primeiramente pela Lei Kandir, depois pela EC nº 42/03) manteve os créditos de ICMS das operações de exportação, - conforme previsto, inicialmen-

---

10 Segundo Rita De La Feria (ver em <https://goo.gl/VrsFaJ>), em 2016, a Comissão Europeia propôs o "Plano de Ação do IVA" com o objetivo de estabelecer uma área comum para sua cobrança na União Europeia. Reconhecendo os elevados riscos e custos associados ao *compliance*, fraudes e ineficiências do sistema vigente, o Plano trouxe medidas voltadas, principalmente, para reforma do comércio transfronteiriço, com destaque para o tratamento das Pequenas e Médias Empresas (PME) e na base do imposto. Os processos de globalização e a digitalização da economia colocaram em destaque as dificuldades do IVA. De forma gradual, as mudanças previstas se dariam em duas etapas. Na primeira fase, novas regras seriam aprovadas para abrir caminho à abolição do sistema transitório do IVA e à introdução de um One-Stop-Shop (OSS), continuando o fornecimento de bens intra-UE em B2B sujeito ao mecanismo de auto liquidação. Já na segunda fase, o OSS abrangeria todos o fornecimento transfronteiriços de bens e serviços: o fornecedor cobraria IVA aos seus clientes à taxa do Estado-Membro de destino, mas o IVA seria declarado e pago no Estado-Membro em que o fornecedor é estabelecido através do mecanismo OSS. Dessa forma, o fornecedor (e não o cliente) seria responsável pelo IVA sobre todas as entregas de bens e serviços intra-UE, diferente do que acontece agora, quando a responsabilidade pelo IVA depende da natureza do fornecimento e da identidade do cliente (B2C ou B2B).

11 PAULSEN, Leandro. Curso de Direito Tributário Completo. 7. ed. Porto Alegre: Livraria do Advogado, 2015. p. 143.

te, nos artigos 21, §2º e 25, §§1º e 2º, da Lei Kandir - em exceção à regra do artigo 155, §2º, inciso II, alíneas b, da CF/88 - segundo a qual, em que pese a não-cumulatividade do tributo (artigo 155, §2º, inciso I, da CF/88) e consequente previsão de compensação na cadeia produtiva, as hipóteses de não-incidência ou isenção gerariam anulação dos créditos anteriores.

Para SCAFF, referido aproveitamento de créditos é coerente com a desoneração e está relacionado à sua própria efetividade, pois, como imposto plurifásico, o custo do ICMS, ainda que em cadeias anteriores, onera indiretamente as exportações[12].

O que se concretiza no cenário das exportações, portanto, é que o Estado-exportador não só passa a não recolher ICMS-exportação sobre operação alguma como ainda pode chegar à situação de "pagar para exportar", considerando-se sua obrigação de arcar com eventuais créditos que o particular possa vir a ter acumulado nas etapas anteriores da produção, caso o produto provenha de outro Estado.

Por outro lado, os entes estatais também não recebem os repasses que deveriam, por força do artigo 91, do ADCT, e conforme já determinado pelo Supremo Tribunal Federal - que entendeu pela existência de omissão inconstitucional por parte do Congresso Nacional pela não regulamentação da matéria[13].

O que se prevê, portanto, é uma oneração dupla, sobre o viés direto (perda da base tributária, com a desoneração per si) e o indireto (redução da arrecadação do ICMS também nas bases tributáveis, pelo creditamento do que foi recolhido em outros entes). Em conseguinte, os impactos são comumente repassados para o contribuinte, pois os Estados não permitem o aproveitamento de créditos referentes aos

---

12 SCAFF, Fernando Facury. Recuperação dos Créditos Acumulados de ICMS na Exportação. In. ROCHA, Valdir de Oliveira (coord.). Grandes Questões Atuais do Direito Tributário. 16º vol. Dialética: São Paulo, 2012. p. 53.

13 Sobre o mencionado julgamento, cf. AFONSO, José Roberto; PORTO, Lais Khaled; CORREIA NETO, Celso de Barros. Ação Direta de Inconstitucionalidade por Omissão n. 25: Contexto, fundamentos e controvérsias atuais. In: SCAFF, Fernando Facury; TORRES, Heleno Taveira; DERZI, Misabel Machado; BATISTA JÚNIOR, Onofre Batista. (Org.). Federalismo (s)em juízo. 1 ed. São Paulo: Noeses, 2019, v. 1, p. 395-414.

bens de uso e consumo empregados na exportação, financiando-se, paliativamente, através desses valores[14].

Levantamento recente da CNI[15], junto aos exportadores brasileiros, acerca de entraves tributários, apurou que 34% deles consideram que os tributos diminuem sua competitividade; 30% julgam complexos os mecanismos de redução tributária, e ainda têm dificuldade para reaver os créditos tributários, em 30% no caso do IPI/PIS/COFINS e 28% do ICMS.

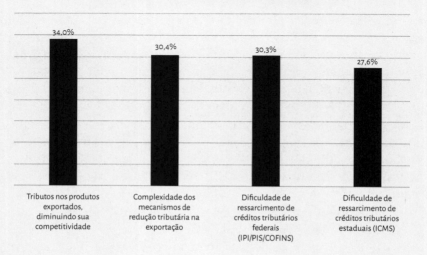

Gráfico 1 – Entraves Tributários – Todos os Portes – 2018

Fonte: CNI

---

14 Os Estados rotineiramente engavetam os pedidos de cartularização dos créditos acumulados de ICMS na exportação, mesmo se tratando de ato meramente declaratório, o que vem sido sanado, em alguns casos, apenas mediante acionamento do judiciário para suprir a omissão administrativa, por meio de Mandado de Segurança. (SCAFF, op. cit., p. 61-73).

15 Vide pesquisa CNI e FGV/EAESP, "Desafios das Exportações", com entraves tributários detalhados em: https://bre.is/HCRLULY0

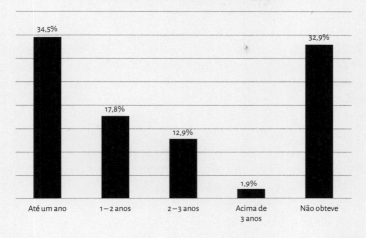

Gráfico 2 – Tempo médio de solicitação do ressarcimento de créditos de ICMS – Todos os Portes – 2018

Fonte: CNI

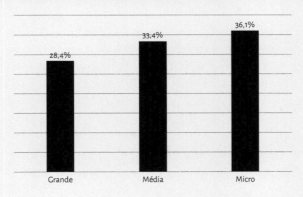

Gráfico 3 – Não obteve ressarcimento de créditos de ICMS – Por Porte – 2018

Fonte: CNI

Pode parecer que esta é uma questão menor e muito pontual – adstrita aos contribuintes que têm matriz de negócios em que predominam exportações. Se torna, porém, uma questão crucial para um Brasil que quer se modernizar e adotar um imposto sobre valor adicionado – especialmente se não for um único e nacional, mas divido em federal e estadual (em modelo dual). É inerente ao funcionamento de um imposto sobre valor adicionado que se venha a acumular crédito em etapas da cadeia de produção e de comercialização, ainda mais caso se tenha isenções e alíquotas diferenciadas do novo imposto – prática recorrente e dominante em países com alta desigualdade econômica e social.

O óbice ao aproveitamento de créditos do ICMS, bem assim (e cada vez mais) de COFINS, PIS e até IPI, que se acumula sobretudo entre exportadores e investidores, tende a se repetir entre contribuintes de um IVA (especialmente entre produtores agrícolas e de outros gêneros de primeira necessidade e investidores, sobretudo em grandes obras de infraestrutura). Um fisco que acumula e não devolve o crédito tributário - muito concentrado em poucas atividades da economia e/ou em poucos contribuintes - não tem credibilidade nem oferece a mínima segurança jurídica para cobrar em escala ampliada e generalizada um imposto sobre valor adicionado, que parte do mesmo princípio da não-cumulatividade.

Equacionar os recursos que os fiscos detêm e não devolvem para parcela de seus contribuintes - o que, na prática, constitui uma forma disfarçada de dívida pública - é pré-condição para o Brasil vir a adotar um imposto amplo e universal do tipo valor adicionado[16]. Isso é tão básico e até mais importante que unificar alíquotas, leis e regulamentos dos impostos indiretos.

É imenso o risco de que a tão sonhada solução de criar um IVA geral, para combater a inegável complexidade e custo do atual sistema, venha a gerar um novo e maior problema, com os contribuintes domésticos, inclusive de pequenos negócios, acumulando saldos credores nas transações internas - até mesmo se vendem produtos ou prestam serviços com alíquotas inferiores às de suas compras, se destinados a outros Estados e quando dois diferentes IVAs alcançam de forma diversa a mesma transação. O risco tributário e negocial ainda é agravado pela inevitável adoção de uma alíquota de referência padrão e por fora

---

16 Organismos internacionais alertam para a necessidade de se atentar para *tax refund* quando da instituição de um IVA para aumentar a receita, conforme apontado em artigo de Bernardin Akitoby para o FMI, disponível em: https://bre.is/no6KLrCz.

No mesmo sentido, recomenda-se artigo de Richard Bird (BIRD, Richard. *Value-Added Taxes in Developing and Transitional Countries: Lessons and Questions*. First Global International Tax Dialogue Conference on VAT, 2005) e atenção ao famoso estudo *Paying Taxes* – parte do *Doing Business* – desenvolvido pelo Banco Mundial e pela PwC, a partir de 2018.

muito elevada (a de 25% tem sido a mais comentada e está bem acima da praticada no resto do mundo)[17].

Gráfico 4 – Alíquota Média do IVA por Região – 2015

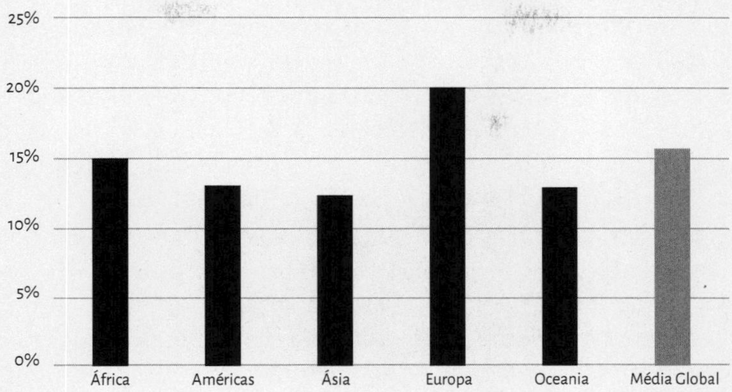

Fonte: KPMG - https://bre.is/j5KR2Wtt

Seria de se esperar, diante desse cenário, que um país que queira adotar um IVA estivesse trabalhando na solução dessa inevitável problemática. No Legislativo brasileiro, por sua vez, embora tenha sido aprovado na Comissão Mista da Lei Kandir Projeto de Lei Complementar para regulamentar os repasses do artigo 91, ADCT (PLP 511/2018), também sido defendida a volta da tributação estadual das exportações, o que é condenado pela teoria e não constitui prática no resto do mundo.

A proposta atualmente em destaque (PEC nº 42/2019) visa *a)* reinstituir a incidência do ICMS sobre produtos primários e semielaborados destinados à exportação; *b)* revogar a possibilidade de isenção heterô-

---

17 Observe-se que as propostas de Emenda Constitucional, notadamente as duas atualmente em destaque (PECs nº 45/2019 e 110/2019), não definem, naturalmente, a alíquota padrão de seu IVA – denominado, nos dois casos citados, Imposto sobre Bens e Serviços (IBS). A única alíquota fixada em esfera constitucional seria a do período teste/ de transição (1%). Não obstante, a própria diretoria do CCiF, responsável técnico por uma das propostas, afirma que seus cálculos apontariam para os citados 25%.

noma, prevista para o caso específico do ICMS-exportação[18]; *c)* revogar o artigo 91, do ADCT, que prevê repasses da União para os entes subnacionais, como prestação "compensatória" pela redução da base de cálculo do tributo estadual.

O ímpeto reformador não pode, nem mesmo em última instância, justificar retrocessos em nome da concretização apressada de alguma (qualquer) mudança. As dificuldades enfrentadas para avançar com os projetos de criação de IVAs, deveriam suscitar reflexão sobre o que deve ser aprimorado no atual sistema para permitir a plena fundação de um novo - não promover regresso às velhas falhas.

O retrocesso tributário cogitado para a exportação é a maior contradição do atual debate político brasileiro em torno da reforma tributária. Ainda que não venha a ser aprovado, o Projeto para retomar a cobrança de ICMS sobre exportações levanta diversas questões que põem em xeque a capacidade de se implementar e gerir um IVA.

4. NOVOS E MAIORES DESAFIOS: A ERA 4.0

As dinâmicas socioeconômicas da atualidade já não se enquadram mais nos moldes da terceira revolução industrial. A partir da virada do século XXI evidenciou-se o estabelecimento de uma nova era digital, na qual a já existente internet atingiu patamares de dinamismo e ubiquidade até então inimagináveis[19].

As questões tributárias derivadas desse novo cenário vão muito além do comércio *online*, objeto da EC 87/2015, mas demandam reflexão acerca de como tratar as novas relações de trabalho, que substituem o modelo tradicional de emprego; o crescente valor de bens intangíveis; os novos e diversos sistemas de criptoativos; e a substituição de processos industriais por impressões 3D – só para citar alguns exemplos (nenhum deles alcançados pelas propostas de reforma tributária atualmente em discussão).

Mudam não apenas processos comerciais, mas as próprias relações e bases econômicas. E a tributação, naturalmente, não escapa desse processo de transformações - seja já realizado, seja em curso, seja ain-

---

18 A atual e originária redação do artigo 155, inciso XII, alínea *e*, da CF/88 excetua a vedação à isenção heterônoma (isto é, por ente diverso do detentor da competência tributária), permitindo que Lei Complementar estenda a não-incidência do ICMS prevista no §2º, inciso X, alínea *a* – o que permitiu a desoneração via Lei Kandir.

19 SCHWAB, Klaus. *A Quarta Revolução Industrial*. Trad. Daniel Moreira Miranda. São Paulo: Edipro, 2016. p. 16.

da por acontecer - sem ninguém poder precisar que rumo exatamente deverá tomar.

Há muito já se discute no exterior como modernizar o sistema tributário[20]. Dentre os casos mais emblemáticos destaca-se a já antiga proposta de tributar a automação, por meio do chamado *robot tax*. Recentemente, alguns países já criaram e implantaram chamados impostos digitais, tentando tributar os ganhos das grandes corporações da era da internet – como é o caso da *taxe GAFA* francesa, com alíquota de 3% do valor percebido pelas empresas em razão de negócios realizados na França.

No Brasil, por sua vez, tal debate ainda é muito incipiente, mesmo entre especialistas e academia – e basicamente inexistente entre autoridades governamentais e parlamentares, mesmo quando discutem a criação de um IVA brasileiro.

Ocorre que, debatida ou não, regulamentada ou não, as novas dinâmicas vêm se antecipando e se impondo às leis de forma incontornável – e nada mais impositivo do que analisar essa realidade quando se fala em realizar uma reforma tributária estruturante, com custo de transição gigantesco (e altíssimo risco de nascer defasada).

Mas se as céleres e imprevisíveis mudanças da economia 4.0 e o acúmulo de créditos se demonstram problemas inevitáveis em um IVA - ainda mais se tiver múltiplas alíquotas, inclusive com 0% ou isenções -, chama-se a atenção para o surgimento de novas e melhores oportunidades de soluções com a revolução digital em curso. O *blockchain*, em particular, constitui-se como inovação tecnológica que descentraliza e assegura registros com máxima segurança e pode ser aproveitada

---

20 *Cf*. RASTELETTI, Alejandro. La economía colaborativa y los retos para la política y administración tributaria. In. BID, Gestión Fiscal. *Recaudando Bienestar*. 2017. Disponível em: <https://blogs.iadb.org/gestion-fiscal/es/economia-colaborativa-y-retos-para-la-politica-tributaria/>; OECD, *Tax Policy Reforms 2018: OECD and Selected Partner Economies*, OECD Publishing, Paris. https://doi.org/10.1787/9789264304468-en; GUPTA, Sanjeev; KEEN, Michael; SHAH, Alpa; VERDIER, Geneviève. 2017. Digital Revolutions in Public Finance. Washington, DC: International Monetary Fund; COCKFIELD, Arthur J. Tax Law and Technology Change. In. BROWNSWORD, Roger; SCOTFORD, Eloise; YEUNG, Karen (editors). *The Oxford Handbook of Law and Regulation of Technology*. Dez. 2016. Disponível em: <https://www.oxfordhandbooks.com/view/10.1093/oxfordhb/9780199680832.001.0001/oxfordhb-9780199680832-e-48>.

pela administração pública, notadamente no que tange o aproveitamento de créditos[21].

Não falta capacidade tecnológica, com baixo investimento financeiro, para que a administração tributária brasileira também se torne pioneira no uso do *blockchain* como forma de modernizar a cobrança e aproveitamento de seus tributos – tal qual foi com a nota fiscal eletrônica e com a criação de sistema de escrituração digital (SPED).

5. CONCLUSÃO

Depois de anos ou décadas sem uma real e profunda proposta de reforma tributária na agenda política brasileira, não só o tema entrou no cerne dos debates, como surgiram inúmeros projetos de mudanças constitucionais. Considerando-se que perto da metade da arrecadação nacional é oriunda de tributos sobre o consumo, é natural que a ideia mais defendida seja a criação de um imposto nacional do tipo valor adicionado (ainda que com outro nome, como bens e serviços)[22].

Os desafios para um novo imposto, porém, já precisam ser vencidos e superados no atual sistema. Até como condição prévia ou prova de sucesso para uma boa reforma.

Como desafio federativo, vale questionar: se o Congresso Nacional não consegue sequer regulamentar o art. 91 do ADCT - um mandamento constitucional (que até o STF já determinou que seja cumprido) para transferir um montante pontual e transitório, na medida em que Executivos federal e estaduais não conseguem pactuar referidos valores -, como esperar que consiga firmar acordo entre os entes federados para mudar toda a tributação sobre o consumo (ou mesmo todo o sistema tributário)?[23]

---

21 A estratégia já está em estudo, por exemplo, na Tailândia: <https://www.bangkokpost.com/business/1586614/blockchain-undergoes-tests-for-tracking-vat-payments>, onde a preocupação gira em torno de fraudes experimentadas na restituição de créditos do imposto sobre valor agregado. Sobre o assunto, recomenda-se estudo da PwC disponível em <https://www.pwc.nl/nl/tax/assets/documents/pwc-two-practical-cases-of-blockchain-for-tax-compliance.pdf>.

22 Em tese, o Brasil foi um dos primeiros países a criar esse tipo de imposto, na reforma de meados dos anos 60, porém, IPI e ICMS acabaram por se afastar do princípio original de seu desenho.

23 Soma-se à reflexão o fato das Propostas para criação do IBS indicarem que sua gestão (na qual se inclui, minimamente, regulamentação e arrecadação) se daria por órgão nacional, composto por coletividade de entes federados, que precisariam transigir.

Como desafio administrativo, vale perguntar: se os fiscos não conseguem organizar sistemas que aproveitem a tecnologia moderna para dar plena e absoluta confiança aos lançamentos realizados por todos os contribuintes, com o devido aproveitamento de créditos - sobretudo aos exportadores, cujas vendas só se concretizam após chancela oficial aduaneira -, como esperar que haja capacidade para gerir um IVA?

O atual debate parlamentar ignora esses desafios e outros aspectos cruciais para uma boa reforma, como atualizar o diagnóstico da situação atual da arrecadação e, sobretudo, projetar o impacto das propostas realizadas. A preocupação com dados é nenhuma, sendo a atenção toda voltada para o conteúdo do que poderia ser o futuro texto constitucional do sistema tributário.

Entendemos que, ao contrário, antes de se discutir emendas constitucionais, é preciso, primeiramente, firmar um pacto político e nacional em torno de princípios básicos que devem nortear tal reforma e, ao mesmo tempo, equacionar administrativa e operacionalmente o acúmulo de crédito pelos exportadores e investidores.

Em segundo lugar, é necessário desprendimento das experiências estrangeiras já defasadas e do ímpeto de "reformar por reformar". Mais do que um sistema novo, precisamos pensar um sistema minimamente duradouro, adaptável à nova era digital e aos constantes desafios que impõe. Só depois estaremos efetivamente aptos a transformar tais preceitos em desenho de medidas maiores e concretas – e não necessariamente em âmbito constitucional -, simulando seus efeitos e partindo para a redação e proposição de emendas.

DIRETRIZES PARA UMA REFORMA TRIBUTÁRIA VIÁVEL

JOSÉ LEVI MELLO DO AMARAL JÚNIOR[1]

SUMÁRIO: 1. Introdução; 2. Diagnóstico das dificuldades; 3. Diretrizes para uma reforma tributária; 4. Um primeiro passo: transação em matéria tributária; 5. Respostas a algumas eventuais objeções; 6. Conclusão

1. INTRODUÇÃO

O debate sobre reforma tributária está há anos na agenda brasileira. No entanto, não tem resultado maiores inovações no tempo mais recente.

As últimas inovações no Sistema Tributário Nacional, mormente em nível constitucional, foram pontuais e de alcance limitado: (i) a Emenda Constitucional n. 75, de 15 de outubro de 2013, tratou de uma imunidade específica, relativa a fonogramas e videofonagramas de produção nacional e de autores brasileiros e respectivos suportes materiais ou arquivos digitais; (ii) a Emenda Constitucional n. 42, de 19 de dezembro de 2003, instituiu o SIMPLES Nacional (talvez a inovação mais importante dos últimos anos), submeteu mais espécies tributárias à noventena, ampliou as hipóteses de progressividade do IPTU, bem como fez outros ajustes de menor monta; (iii) a Emenda Constitucional n. 33, de 11 de dezembro de 2001, estabeleceu definições e restrições aplicáveis a contribuições, cuidou de modo mais detido da contribuição de intervenção no domínio econômico incidente sobre combustíveis, inclusive no que se refere à respectiva destinação, no que foi complementada pela Emenda Constitucional n. 44, de 30 de junho de 2004; e, por fim, (iv) a Emenda Constitucional n. 3, de 17 de março de 1993,

---

1 Procurador-Geral da Fazenda Nacional. Professor Associado de Direito Constitucional da Faculdade de Direito da USP. Livre-Docente (USP), Doutor (USP) e Mestre (UFRGS) em Direito do Estado.

fez uma reforma tributária limitada, tendo, entre outras medidas, revogado o adicional (estadual) ao imposto de renda e autorizado a instituição do imposto sobre movimentação financeira, tributo esse que veio a ser declarado inconstitucional pelo Supremo Tribunal Federal na Ação Direta de Inconstitucionalidade n. 939-7/DF, Relator o Ministro Sydney Sanches, julgada em 15 de dezembro de 1993. Daí decorreu a autorização outorgada à União para instituir uma contribuição provisória sobre movimentação financeira (Emenda Constitucional n. 12, de 15 agosto de 1996), prorrogada sucessivamente por Emendas Constitucionais até exaurir-se em 31 de dezembro de 2007 (cf. *caput* do art. 90 do Ato das Disposições Constitucionais Transitórias).

2. DIAGNÓSTICO DAS DIFICULDADES

Por que é tão difícil levar a efeito uma reforma tributária ampla?

A explicação passa por muitas e muitas variáveis, sejam elas pertinentes às relações entre contribuintes e Fazenda Pública, sejam elas inerentes às relações federativas havidas entre União, Estados, Distrito Federal e Municípios.

Por exemplo, no que toca às relações federativas: uma reforma tributária ampla, que pretenda unificar tributos de algum modo correlatos, como o IPI, o ICMS e o ISS (isso para ficar apenas nos impostos), implicaria revisitar o próprio pacto federativo constitucional. Ora, nesse contexto, ao natural, diversos e nem sempre coincidentes interesses federativos concorrem, dificultando, muito, a formação das maiorias qualificadas necessárias à reforma constitucional.

Então, neste contexto, importa perguntar: como proceder?

Talvez, para que se tenha uma opção crível de reforma tributária a tomar em consideração, ou seja, que seja possível do ponto de vista prático, seria cogitar uma reforma restrita à tributação de competência da União.

3. DIRETRIZES PARA UMA REFORMA TRIBUTÁRIA

Seguindo essa linha de raciocínio, quatro diretrizes devem orientar o amadurecimento do assunto.

Primeira. Sobretudo, toda e qualquer reforma tributária necessariamente deve guardar absoluto respeito aos direitos e garantias fundamentais do contribuinte, seguindo lógica de há muito assentada pelo Supremo Tribunal Federal. No julgamento da Ação Direta de Inconstitucionalidade n. 939-7/DF, Relator o Ministro Sydney Sanches, julgada em 15 de dezembro de 1993, a Corte decidiu que o princípio da anterioridade "é garantia individual do contribuinte", protegido pelo inciso IV do § 4º do art. 60 da Constituição, isso por força da abrangência do limite material à reforma constitucional constante do inciso IV referido, e, também, pelo caráter não exaustivo do rol de direitos e garantias individuais e coletivos constante do art. 5º da Constituição, a teor do respectivo § 2º do mesmo art. 5º (*vide*, a propósito, a Ementa do julgado citado).

Segunda. Para promover os direitos fundamentais do contribuinte, uma boa reforma tributária deve ter por objetivo uma severa simplificação da tributação por meio de efetiva redução do número de obrigações tributárias principais e acessórias. Portanto, a unificação de espécies tributárias, bem assim a redução de obrigações acessórias (e isso não apenas como decorrência natural da unificação de tributos), deve ser diretriz firme de uma reforma tributária que se pretenda boa. Isso porque a simplicidade da tributação é condição elementar para a clareza da tributação e, portanto, da própria segurança jurídica que é devida aos contribuintes[2]. Claro, essa é uma parte da reforma que passa não só pela Constituição, mas, sobretudo, pela legislação e regulamentos tributários. Infelizmente, a legislação tributária brasileira – em nível constitucional, legal e regulamentar, em todas as esferas da federação – é de grande complexidade, acarretando custos elevados não apenas decorrentes da incidência tributária propriamente dita, mas, também, do exorbitante número de obrigações tributárias acessórias (que, em si mesmas, também oneram os contribuintes, seja pelo tempo que demandam, seja pelos custos que geram com profissionais da Advocacia e da Contabilidade).

Terceira. Absoluto respeito às autonomias dos entes federados, aí incluída a autonomia da União. Com efeito, a União não é soberana. Soberano é o Estado brasileiro em seu todo federativo, ou seja, o amálgama indissolúvel da União, dos Estados, do Distrito Federal e dos Municípios. A União é um ente federado assim como os demais, detentora não de soberania, mas de autonomia[3]. Aliás, a União é um ente federado parcial (enquanto parte de um todo) que pode e deve recla-

---

2 Sem resvalar em um "manicômio jurídico-tributário" (BECKER, Alfredo Augusto. *Teoria Geral do Direito Tributário*, 4ª edição, São Paulo: Noeses, 2007, p. 3 e ss.

3 É o que ensina a literatura sobre federalismo. Confira-se, por exemplo (inclusive porque sobre matéria tributária): ATALIBA, Geraldo. *Regime constitucional e leis nacionais e federais* in Revista de Direito Público, n. 53/54, p. 58-59.

mar para si nem mais, nem menos dignidade federativa, mas, sim, uma igual dignidade federativa em comparação com a dos demais entes da federação. Por isso mesmo, a União não pode tudo, nem sequer pode tudo suportar. Do mesmo modo que a União deve rigoroso respeito aos demais entes federativos, também a ela é devido respeito idêntico. Portanto, assim como seria inconstitucional uma reforma tributária que pretendesse (ou que resultasse) solapar a autonomia de Estados e Municípios, a ponto de ser tendente a aboli-los, o mesmo aconteceria no caso de uma hipotética escalada contra a autonomia da União.

Considerado o histórico de propostas de reformas tributárias que não lograram êxito, uma reforma, para que tenha viabilidade, talvez tenha que ficar, ao menos no primeiro momento, **restrita às espécies tributárias federais**. Com isso, não seriam despertados conflitos federativos que dificultariam, ou mesmo inviabilizariam, o êxito da reforma. Lógico, isso implica, necessariamente, manter os atuais quantitativos de repartição de receitas tributárias. Por outro lado, se o eventual bom andamento de uma reforma tributária da esfera federal vier a catalisar uma espontânea adesão de Estados e Municípios à lógica da reforma – e desde que isso se dê de um modo verdadeiramente espontâneo – aí, sim, poderia a reforma enveredar para uma pretensão de maior envergadura, ainda que em momento subsequente àquele da conclusão da reforma da tributação (apenas) federal.

Quarta. Efetivo reforço das autonomias dos Estados e Municípios, a partir de receitas novas, não necessariamente tributárias. A saúde federativa reclama efetiva descentralização, ou seja, reclama verdadeira autonomia (inclusive financeira) para os entes locais, ou seja, é preciso um efetivo "enternecimento federativo", para empregar, adaptada, fórmula feliz de um clássico da Ciência Política brasileira[4]. É o que também aponta outra fórmula igualmente feliz, "mais Brasil, menos Brasília"[5]. Passo concreto e consistente nesta direção foi dado pela Emenda Constitucional n. 102, de 26 de setembro de 2016, que deu fundamento constitucional seguro (no caso, o art. 107 do Ato das Disposições Constitucionais Transitórias) à transferência aos Estados,

---

4 No tópico XII do Capítulo IV de sua obra mais importante, Victor Nunes Leal discorre sobre o que denomina "enternecimento municipalista" (*Coronelismo, enxada e voto: o município e o regime representativo no Brasil,* 3ª edição, Rio de Janeiro: Nova Fronteira, 1997, p. 209).

5 Cunhada pelo Exmo. Sr. Ministro de Estado da Economia, Paulo Roberto Nunes Guedes.

ao Distrito Federal e aos Municípios de parte dos valores arrecadados com os leilões dos volumes excedentes ao limite legal e a despesa decorrente da revisão do contrato de cessão onerosa à PETROBRÁS, relativo à pesquisa e lavra do chamado pré-sal, de que trata a Lei n. 12.276, de 30 de junho de 2010. Uma primeira transferência de recursos com base na referida Emenda ocorreu ainda em 2019, superando, em muito, valores relativos a diversas outras transferências constitucionais, por exemplo, aqueles decorrentes da Lei Kandir, estabelecendo um novo (e muito construtivo) padrão de relacionamento federativo.

4. UM PRIMEIRO PASSO: TRANSAÇÃO EM MATÉRIA TRIBUTÁRIA[6]

O Código Tributário Nacional tinha artigo carente de regulamentação há mais de 50 anos: o art. 171, que permite à lei (e, portanto, à medida provisória) "facultar, nas condições que estabeleça, aos sujeitos ativo e passivo da obrigação tributária celebrar transação que, mediante concessões mútuas, importe em determinação de litígio e consequente extinção de crédito tributário".

Essa regulamentação veio com a Medida Provisória n. 899, de 16 de outubro de 2019 ("Medida Provisória do Contribuinte Legal"). Cumpre, ela, a primeira das diretrizes *supra* colocadas para uma reforma tributária.

A Administração Publica contemporânea, aí incluída a Administração Tributária, tem o cidadão, inclusive o cidadão enquanto contribuinte, como um detentor de Direitos Fundamentais que devem ser resguardados e promovidos. A relação não pode ser de desconfiança, mas deve ser de diálogo construtivo em favor do interesse público e do bem comum.

Daí a necessidade de evoluir de um modelo de Administração Pública majestática para um modelo de Administração Pública fundada no diálogo, na confiança e no consenso, uma Administração Pública que prestigia o cidadão e o contribuinte como detentores que são de Direitos Fundamentais. Não são meros meios das políticas públicas, mas são, eles próprios, os destinatários legítimos das políticas públicas.

É preciso tirar o Estado da jugular do cidadão. É preciso tirar o Estado do cangote do contribuinte. Esse esforço não é de hoje, inclusive em matéria tributária. Desde o Decreto n. 2.346, de 10 de outubro

---

6 Tópico que reproduz fala do Autor quando da cerimônia de assinatura, pelo Excelentíssimo Senhor Presidente da República, Jair Messias Bolsonaro, da Medida Provisória do Contribuinte Legal, Palácio do Planalto, 15 de outubro de 2019.

de 1997, a Administração Pública Federal abraça os precedentes do Poder Judiciário, inclusive para o fim de imediata restituição de tributos declarados inconstitucionais pelo Supremo Tribunal Federal.

Com efeito, a Medida Provisória do Contribuinte Legal, é passo de ainda maior amplitude. Um passo que aponta para uma radical mudança de cultura na atuação da Advocacia Pública. É uma verdadeira mudança de paradigma: de uma relação de confronto para uma relação de cooperação. Admite-se, aqui, transação em matéria tributária. Portanto, em certas circunstâncias, Fazenda e contribuinte poderão dialogar e, à luz de critérios legais, rigorosamente republicanos, poderão negociar obrigações tributárias.

Veja-se o caso da Dívida Ativa da União. Tem ela, hoje, um estoque de R$ 2,2 trilhões que são devidos por mais de 4,5 milhões de contribuintes. Quase dois terços do estoque, algo em torno de R$ 1,35 trilhão, são devidos por apenas 28 mil contribuintes. Conclusão óbvia: há uma grande concentração do estoque devido em relativamente poucos contribuintes.

Há alguns anos a Procuradoria-Geral da Fazenda Nacional mantém um *rating* da Dívida Ativa da União, partindo dos créditos com maior chance de recuperação àqueles com menor chance de recuperação. Em torno de 33% do estoque é *rating* A e B, porque corresponde a contribuintes que existem, que são produtivos, que têm patrimônio e que possuem dívidas mais recentes. O restante, *rating* C e D, são dívidas de contribuintes não localizados, sem produção, sem patrimônio, com dívidas mais antigas, em recuperação judicial ou falidos. A Procuradoria, desde 2016, concentra-se no primeiro grupo, com resultados palpáveis de incremento de arrecadação do estoque da Dívida Ativa e, de quebra, sendo forte fator de desjudicialização. Isso porque são ajuizadas execuções fiscais apenas no primeiro grupo, porque foram identificados contribuinte e patrimônio. Em 2016, foram recuperados R$ 14,5 bilhões; em 2017, R$ 26,1 bilhões; em 2018, R$ 23,88 bilhões. Portanto, a abordagem seletiva, qualitativa levada a efeito a partir do *rating* efetivamente resultou expressiva melhora de performance.

Isso não significa descuido com o estoque de *rating* C e D. Ao contrário: é essa parte do estoque merecedora de uma abordagem própria, adequada às suas características. Por exemplo, o protesto é instrumento simples e de custo módico empregado com sucesso já há alguns anos pela PGFN. Porém, importa diversificar abordagens também nesse segmento. É aí que entra a transação em matéria tributária (lógico, também passível de emprego em débitos outros, não apenas os inscritos em Dívida Ativa).

A transação em matéria tributária é alternativa aos parcelamentos dos últimos anos (conhecidos como REFIS), comprovadamente ineficientes. Isso porque, em boa parte dos casos, beneficiam contribuintes perfeitamente viáveis, em plenas condições de cumprimento das respectivas obrigações tributárias. Por outro lado, esses mesmos parcelamentos não atendem a contento contribuintes em situação econômico-financeira degradada.

É preciso solução estrutural, não casuística para desafios da espécie. Isso porque, como já lembrava Alfredo Augusto Becker, "sempre que a juridicidade do Direito Tributário é desvirtuada, ele reveste-se de andrajos jurídicos e como Cinderela – envolta num halo de mistério e superstição – foge ao Palácio da Justiça, quando a despesa ultrapassa a Receita, na meia-noite dos orçamentos deficitários"[7].

Em suma, a Medida Provisória n. 899, de 2019, é o primeiro passo de uma reforma tributária mais ampla, devotada ao pagador de tributos sem prejuízo da Fazenda Pública, sem prejuízo do interesse público, com rigorosa atenção ao bem comum.

5. RESPOSTAS A ALGUMAS EVENTUAIS OBJEÇÕES

Importa esclarecer que a Medida Provisória n. 899, de 2019, não implica, de nenhum modo, algum tipo de delegação ao Poder Executivo sobre o tema de que trata. Trata-se de simples regulamentação do art. 171 do Código Tributário Nacional, por meio do instrumento que é próprio, firmando balizas em nível legal segundo previsto pela norma geral de Direito Tributário.

Ademais, para além de a Medida Provisória do Contribuinte Legal depender de conversão em lei por parte do Congresso Nacional, nada impede que o próprio Congresso espontaneamente revisite o assunto, a qualquer tempo, por meio da aprovação de proposição legislativa de sua própria iniciativa.

Por fim, ainda que se tratasse de algum tipo de delegação (insista-se: o que não é o caso), tomando em consideração a melhor doutrina, a delegação constitucionalmente hígida nunca implica abdicação do po-

---

7 BECKER, *Teoria Geral do Direito Tributário...*, p. 18.

der de legislar[8]. Tanto é assim que "a delegação não priva o Legislativo de qualquer parcela de seu poder, nem lhe retira o exercício deste. (…) Destarte, o poder delegante não renuncia à faculdade de editar, ele próprio, leis sobre a matéria delegada."[9] Seja como for, segundo explicado *supra,* não se tem nenhuma delegação no caso vertente.

Por sua vez, a Medida Provisória n. 899, de 2019, foi regulamentada, na parte relativa à transação na cobrança da Dívida Ativa da União, pela Portaria PGFN n. 11.956, de 27 de novembro de 2019, inclusive para afirmar parâmetros objetivos ao mecanismo. A Portaria assegura ao contribuinte o direito de pleno acesso aos "critérios para definição de sua capacidade de pagamento e do grau de recuperabilidade de seus débitos" (art. 6º, I), inclusive com possibilidade de revisão (art. 22). Ademais, a Portaria também traz situações objetivas em que os créditos são considerados irrecuperáveis (art. 24), por exemplo, empresas com falência decretada ou em processo de recuperação judicial ou extrajudicial. Outro ponto importante da Portaria é a possibilidade de oferecimento de precatórios federais próprios ou de terceiros para amortizar ou liquidar os débitos que venham a ser objeto de transação (arts. 57 a 61).

A Portaria pretende: (i) assegurar a transparência orçamentária, com o fluxo das despesas e correta destinação subsequente das receitas objeto das dívidas cobradas pela Procuradoria; (ii) evitar eventual alegação de violação de ordem de preferência; e (iii) evitar eventual alegação de que a Procuradoria estaria fazendo compensação entre dívidas inscritas e créditos objeto de precatórios. Com efeito, a legislação sobre compensação de créditos tributários veda a compensação com créditos inscritos em dívida[10]. Ademais, o Supremo Tribunal Federal[11] declarou inconstitucional a sistemática de compensação de precatórios com débitos dos contribuintes com a Fazenda Pública que era prevista nos §§ 9º e 10 do art. 100 da Constituição, afetando, por consequência, a Lei n. 12.431, de 24 de junho de 2011, arts. 30 a 42, que promo-

---

8 FERREIRA FILHO, Manoel Gonçalves. *Do processo legislativo,* 7ª edição, São Paulo: Saraiva, 2012, p. 255-256.

9 FERREIRA FILHO, *Do processo legislativo…, p.* 256.

10 Art. 74, § 3º, III, da Lei n. 9.430, de 27 de dezembro de 1996.

11 Ação Direta de Inconstitucionalidade n. 4.357/DF, Redator para o Acórdão o Ministro Luiz Fux, julgada em 14 de março de 2013.

via **forçadamente** a compensação, o que é bastante diferente do que se tem no caso vertente: o encontro de contas, aqui, é **voluntário**.

Por fim, sobre a questão de suposto descasamento entre a correção dos créditos objeto do precatório e a correção da dívida inscrita: não é possível afirmar, *a priori,* que o contribuinte será prejudicado, pelo contrário: a dívida inscrita é corrigida unicamente pela SELIC, que incide apenas sobre o montante da rubrica do principal da dívida e de forma não capitalizada (ou seja, na forma de juros simples, sem a incidência de juros sobre juros, mas apenas de juros sobre o valor histórico do principal). Já o crédito objeto do precatório, além do índice de correção monetária, que incide de forma capitalizada sobre o total do crédito objeto do precatório, pode receber adicionalmente a incidência de juros moratórios. Com isso, em muitos casos o contribuinte poderá até se beneficiar e obter saldo credor. Importa lembrar, uma vez mais, que a opção por essa sistemática é voluntária – é o contribuinte quem faz a opção por oferecer ou não o crédito.

6. CONCLUSÃO

Uma boa reforma tributária, seja relativamente às relações entre Estados e contribuintes, seja relativamente às relações entre entes federados, deve preservar e promover tanto a capacidade contributiva dos contribuintes, como a autonomia financeira dos entes federados.

Dada a imensa variedade de vetores que se debatem quando discutidos os pontos aqui levantados, o único modo de levar a efeito o complexo encontro de vontades requerido, passa, necessariamente, pelo Congresso Nacional, em geral e em parte considerável dos pontos implicados, por meio de proposta de emenda constitucional.

Por fim, é a efetiva consciência das dificuldades expostas, pelo exato conhecimento do histórico de iniciativas similares em tempos recentes, que poderá impulsionar o adequado aproveitamento de medidas construtivas em curso, especialmente no que se refere ao necessário bom entendimento entre Estado e contribuintes, bem assim entre os entes federados.

A GARANTIA DO FEDERALISMO NO SISTEMA CONSTITUCIONAL BRASILEIRO E A PRESERVAÇÃO DOS MUNICÍPIOS FRENTE ÀS INCESSANTES REFORMAS ESTRUTURAIS NO SISTEMA TRIBUTÁRIO E FINANCEIRO NACIONAL

JUSELDER CORDEIRO DA MATA[1]

RONAN ALVES MARTINS DE CARVALHO[2]

SUMÁRIO: 1. Introdução; 2. O sistema constitucional tributário e financeiro; 2.1. O federalismo cooperativo equilibrado; 2.2. Autonomia enquanto dever moral; 2.2.1. A autonomia e os Municípios; 3. As propostas de reforma; 4. Conclusão; Referências Bibliográficas

1. INTRODUÇÃO

Ao pensar os Municípios como ente federado, em posição equânime aos demais entes que compõem o Estado Federal, a Constituição da República Federativa do Brasil de 1988 abriu espaço para uma democracia mais participativa, fator essencial à autodeterminação dos povos de um país de dimensões continentais como o Brasil. Nesse compasso, pensou a autonomia dos municípios de modo a delinear suas competências tributárias, bem como sua participação direta nas receitas oriundas de tributo de alheia competência e naquelas provenientes dos

---

1 Mestre em Direito Tributário pela Faculdade Milton Campos. Especialista em Direito Tributário pela IEC-PUC/Minas. Professor de Direito Tributário. Diretor da Associação Brasileira de Direito Tributário – ABRADT. Membro da Comissão de Direito Tributário da OAB-MG – triênio 2019-2021. Advogado e fundador da Juselder da Mara Sociedade de Advogados.

2 Graduando em Direito pela Faculdade de Direito e Ciências do Estado da Universidade Federal de Minas Gerais.

fundos de participação/compensação[3]. Apenas assim é possível que o ente mais próximo das realidades, dos anseios e da vida das pessoas tenha autonomia para arcar, responsavelmente, com as despesas a eles delegadas pela Carta Constitucional.

Todavia, a CRFB/88 não tem sido vista, pelo legislador derivado, como um limitador aos seus poderes legiferantes, ou como norte a ser seguido para a realização dos avanços sociais por ela preconizados. Isso porque o Brasil tem se deparado com incessantes reformas, sobretudo em seu Sistema Constitucional Tributário e Financeiro, tendo como exemplares mais recentes as propostas de Emenda Constitucional nº 45[4], 110[5] e outras ainda em gestação pelo atual governo (Reforma Administrativa idealizada pelo atual ministro da Economia, Paulo Guedes). Certamente, o Sistema Tributário Financeiro surgido com a Constituição de 1988 não se revelou um insucesso, não havendo razões sólidas ou isentas para escorar reformas que promovam grandes mudanças estruturais no sistema pensado pelo constituinte originário, sobretudo aquelas que visem fragilizar a autonomia dos municípios, ferindo de morte o Pacto Federativo em sua aspiração trina, promovendo evidente retrocesso democrático e, consequentemente, social.

Partindo desse contexto inicial, busca-se no Federalismo Cooperativo instaurado na República Federativa da Alemanha e no Estado Unitário italiano, fundamentos que demonstram os erros e acertos trazidos pela Constituição de 1988, no que tange a autonomia dos municípios e as ferramentas para evitar a tendência centralizadora das federações. Afinal, respeitar o Princípio Federativo enquanto princípio moral descentralizador, é respeitar a democracia em sua acepção elementar.

Para mais, o conceito de autonomia firmado por Joseph Raz, as razões morais e as virtudes de se oportunizar às pessoas, sobretudo às públicas como os entes federados, os meios para se autodeterminarem, se autogerirem, por meio de co-deliberações livres de qualquer opressão, em especial a financeira, em muito contribui para compreensão do espírito democrático e social firmado pela Constituição Financeira

---

3 Nesse sentido, DERZI, Misabel Abreu Machado. *Repartição das receitas tributárias, finanças públicas, normas gerais e orçamentos.* Revista da Faculdade de Direito da UFMG. Belo Horizonte, v.33, n. 33, 1991, p. 351-402.

4 Disponível em https://www.camara.leg.br/proposicoesWeb/fichadetramitacao?idProposicao=2196833. Acesso em 12/12/2019.

5 Disponível em https://www25.senado.leg.br/web/atividade/materias/-/materia/137699. Acesso em 12/12/2019.

de 1988. Desse modo, conclui-se que a independência financeira dos Estados e, em especial, dos Municípios, é fator essencial à sua autonomia e, por conseguinte, à autodeterminação dos povos que neles residem, pois só meio de políticas públicas mais próximas e participativas, é que se alcançará os objetivos constitucionais.

2. O SISTEMA CONSTITUCIONAL TRIBUTÁRIO E FINANCEIRO

Em seu artigo *"Repartição das receitas tributárias, finanças públicas, normas gerais e orçamentos"*, publicado na Revista da Faculdade de Direito da UFMG, logo após a promulgação da Constituição Federal da República Federativa do Brasil, Misabel Derzi aborda a evolução de conceitos fundamentais e as mudanças trazidas pela então nova Carta Magna no que tange ao Direito Financeiro e Tributário, como a repartição das receitas tributárias, as finanças públicas e as normas gerais que norteiam os orçamentos.

Inicialmente, para melhor compreensão da aspiração democrática percebida no então novo Sistema Constitucional Tributário e Financeiro, faz-se essencial retornar ao conceito de democracia, tradicionalmente pensada como forma de governo em que o povo é o detentor primário e originário do poder, que se auto-ordena ou elege seus representantes periodicamente. Contudo, a democracia concebida em suas notas mínimas, enquanto Democracia Formal, desconsidera numerosas faixas da população, sobretudo aquelas oprimidas pela pobreza e pela dependência. Em verdade, a democracia vai além de dar ao povo a oportunidade de eleger seus representantes, a democracia pressupõe que as pessoas sejam autônomas e possam se autodeterminar. Eis a Democracia em sua acepção elementar, estritamente vinculada à igualdade e à liberdade, pois, nas palavras de Misabel Derzi, *"Somente podem codecidir, codeliberar, as pessoas livres (não oprimidas e que se podem livremente expressar) e iguais (que não se suponham, entre si, inferiores ou superiores)"*[6]. A vinculação de princípios basilares como liberdade e igualdade ao conceito de democracia pressupõe a criação de mecanismos para incluir no processo de criação da ordem jurídica também as minorias político-econômicas e, um desses mecanismos pensado pela Constituição de 1988, foi dar aos Municípios o *status* de ente federado em situação equânime.

---

6 DERZI, Misabel Abreu Machado. *Repartição das receitas tributárias, finanças públicas... Cit.*, p. 354.

Nesse compasso, considerando a superação do liberalismo clássico pelo intervencionismo estatal predominante quando da promulgação da Constituição Federal de 1988, o Estado Democrático de Direito deixa de ser mero conceito formal restrito à uma forma de governo, e passa à concepção amplíssima de sistema político que abrange, além da forma e das instituições governamentais, metas e meios materiais utilizáveis para alcança-las, abarcando valores e diretrizes constitucionalmente abraçados. O Estado Democrático de Direito contém um compromisso inseparável com a liberdade e a igualdade materiais, com a evolução qualitativa da democracia, que usa o tributo como instrumento para o combate às desigualdades extremas.

Firmadas as premissas, e sendo os Municípios peça essencial ao Estado Democrático de Direito pensado pela Constituição, é certo que o Federalismo brasileiro deve dar a necessária autonomia, sobretudo financeira, aos referidos entes menores. Por essa razão, o federalismo tradicional dualista, com a Constituição de 1988, deu espaço ao federalismo cooperativo, preconizando pela descentralização do poder e pela distribuição/repartição de receitas oriundas de tributos entre os entes federados. Nesta senda, dois elementos atinentes ao Direito Financeiro se fazem destacar: a discriminação das rendas por fontes (distribuição das competências tributárias, regulada nos arts. 145 a 156 da CRFB/88) e a participação nas rendas tributárias pelo produto (presente nos arts. 157 a 162 da CRFB/88).

2.1. O FEDERALISMO COOPERATIVO EQUILIBRADO

O Estado Democrático Direito pensado pela Constituição de 1988 tem o Federalismo Cooperativo como pedra angular, sem o qual a democracia e os objetivos sociais preconizados pela Carta Constitucional, certamente, não seriam possíveis. Em um país tão diversificado como o Brasil, algumas regiões podem se desenvolver mais que outras, obtendo maiores receitas oriundas de tributos de sua própria competência. Sendo a autonomia financeira aspecto essencial ao Federalismo Cooperativo Equilibrado, reconhecer essas diferenças econômicas entre regiões é medida impositiva, o que gera especiais reflexos no Direito Tributário e Financeiro.[7] Nesse sentido, preleciona Misabel Derzi:

---

7 Nesse sentido, DERZI, Misabel Abreu Machado. *Repartição das receitas tributárias, finanças públicas...*, *Cit.*, p. 356.

Os compromissos do Estado do Bem-Estar Social, a busca de uma maior isonomia e da erradicação das grandes desigualdades sociais e econômicas entre pessoas, entre grupos e regiões e a necessidade de um planejamento integrado e harmonioso do País levaram à superação do federalismo tradicional em favor de um federalismo financeiro ou cooperativo, segundo o qual, além da discriminação das rendas por fontes, se dá também uma distribuição da receita segundo o produto arrecado. (DERZI, Misabel. 1991, p. 361).

Desse modo, o Federalismo deve dotar os entes menores de maior autonomia, sobretudo os Municípios, ampliando sua capacidade de percepção de receitas oriundas de tributo de competência própria, ou pela via horizontal dos fundos de participação e compensação, afinal, fortalecer os entes mais próximos da realidade do povo é dar espaço à autodeterminação popular.[8] É o que diz Heleno Torres:

O federalismo, pela força normativa da Constituição, na forma preconizada por Konrad Hesse, deve ser meio para preservar as autonomias dos estados e municípios, mas sempre integrados em harmonia com a unidade estatal, segundo os fins constitucionais do Estado Democrático, na permanente concordância prática entre fins e meios, especialmente os financeiros. (TORRES, Heleno. 2014, p. 252).

Firmada a importância da autonomia financeira dos entes federados, de modo a evitar a dependência e promover a autodeterminação, é preciso pontuar as medidas de repartição de receitas pensadas pelo constituinte originário. A Constituição Financeira trouxe um sistema aperfeiçoado, muito semelhante ao adotado na República Federativa da Alemanha, não se bastando em técnicas de distribuição vertical. O federalismo financeiro vertical de distribuição de renda dos tributos consiste na transferência de receitas percebidas pela União para os Estados e, destes, para os Municípios. Já sua forma de distribuição horizontal, permite que entes de mesma categoria pratiquem um financiamento recíproco, segundo os princípios de desenvolvimento equilibrado e redução das desigualdades locais e regionais.[9]

Nesse compasso, as técnicas de repartição de receitas ou de participação no produto da arrecadação de tributos está regulada nos arts. 157 a 162 da CRFB/88. Para além da tradicional participação direta nas receitas arrecadadas de tributos de competência própria, a Constituição, em

---

8 Nesse sentido, DERZI, Misabel Abreu Machado. *Repartição das receitas tributárias, finanças públicas…, Cit., p. 361.*

9 TORRES, Heleno Taveira. *Direito Constitucional Financeiro. Teoria da Constituição Financeira.* Ed. Revista dos Tribunais, São Paulo. 2014, p. 260.

seus arts. 157, I e 158, estatuiu a participação direta por meio de arrecadação de tributo de alheia competência, ou seja, Estados-Membros, Distrito Federal e Municípios, que não são competentes[10] para legislar sobre, por exemplo, o Imposto de Renda, e mesmo assim, percebem na fonte os rendimentos oriundos da parcela de seus servidores, pela incorporação imediata do produto arrecadado ao seu patrimônio. Ademais, tem-se a técnica de distribuição de renda por meio da participação em fundos, compreendida conforme critérios que visam ao equilíbrio socioeconômico entre Estados-Membros e Municípios, por meio da qual manifesta-se o objetivo constitucionalmente consagrado de perseguir um desenvolvimento econômico nacional global e harmônico. Nesse sentido, preleciona Heleno Torres:

> As virtudes do constitucionalismo financeiro cooperativo de equilíbrio estão justamente na manutenção das competências com um sistema justo de distribuição de rendas entre as unidades federadas. As competências tributárias das autonomias dos entes federativos devem ser preservadas na mesma medida que estas concorrem para o financiamento equilibrado, com meios suficientes para favorecer o desenvolvimento e a redução das desigualdades regionais, segundo instrumentos verticais e horizontais de redistribuição de rendas tributárias. É nesse contexto que as transferências interestatais diretas e indiretas (fundos) ganham expressão. (TORRES, 2014, p. 260).

Assim, percebe-se que o modelo federativo brasileiro em muito se assemelha ao modelo alemão, sobretudo com a adoção de instrumentos horizontais de redistribuição de rendas tributárias entre os entes federados. Isso porque na Lei fundamental (GG) da República Federativa da Alemanha, marcada por aspectos do Estado de Bem-Estar social sustentado pela receita dos tributos, vige o princípio de distribuição de cargas, do art. 104, alínea l, pelo qual também tem nos fundos de compensação/participação uma forma de distribuição de receitas horizontalmente.

No que concerne aos Municípios, ao contrário da posição igualitária reforçada pela Constituição de 1988, no modelo alemão referidos entes são considerados como parte da organização administrativa e não como um terceiro nível da organização estatal (art. 106, 9 da Lei

---

10 Como afirma Misabel Derzi (*Repartição das receitas tributárias, finanças públicas...*, Cit., p. 362), pessoa competente é aquela constitucionalmente dotada da faculdade de criar e regular tributos, mediante lei...Mesmo em caso de omissão da pessoa competente, não fica autorizada a outra, que se beneficiaria do produto da arrecadação, exercer a competência.

Fundamental)[11]. Contudo, isso não impediu que fosse assegurado aos Municípios o direito, de acordo com o art. 28, 2 da Lei Fundamental (GG), a uma fonte tributária em função de seu poder econômico. Para mais,

> ...em face de outras regras constitucionais e até mesmo por determinações internacionais europeias, os Municípios, para concretização de sua autonomia formal, têm direito a uma verba adequada repassada pelo Estado onde ele se situa para a consecução de seus objetivos locais. Nesse sentido, inclusive, que o Tribunal Administrativo Federal fixou em sua nova jurisprudência, o direito indiscutível destes Municípios de serem detentores uma chamada receita mínima para a realização de suas necessidades. (HEINTZEN, Markus. 2015, p. 449/450).

Desse modo, percebe-se que a compensação financeira municipal está fortemente vinculada às necessidades materiais de cada Município de forma que os gastos realizados são vinculados a objetivos certos ou em tarefas predeterminadas[12]. Ademais, referido repasse, se dá estritamente na relação Estado-Município, por serem entes mais próximos dentro da própria lógica federal, de modo a compreender suas as reais necessidades.

A forma federal de Estado serve tão bem à democracia e à organização financeira de um território, que até mesmo Estados Unitários dela se servem *"diante dos benefícios redistributivos que a função descentralizadora oferece para regiões e entes locais"*. (TORRES, 2014, p. 255). A exemplo disso, podemos citar o Estado Italiano[13], que reformou o título V de sua Constituição para modificar os arts. 114, 117, 118 e 119 de modo a proporcionar uma posição paritária aos Municípios no desempenho de po-

---

11 HEINTZEN, Markus. A Distribuição das Verbas Públicas entre o Governo Federal, os Estados e os Municípios na República Federal da Alemanha. In: MOREIRA, André Mendes; DERZI, Misabel Abreu Machado; ALVES JÚNIOR, Onofre Batista (Org.). *Estado Federal e Guerra Fiscal no Direito Comparado*: Coleção Federalismo e Tributação. Belo Horizonte: Arraes, 2015. p. 446.

12 Nesse sentido, HEINTZEN, Markus. *A Distribuição das Verbas Públicas entre o Governo Federal, os Estados e os Municípios na República Federal da Alemanha...*, *Cit.,* p.457.

13 Conforme pontua Heleno Torres (*Direito Constitucional Financeiro. Teoria da Constituição Financeira..., Cit., p. 275*), o conceito de federalismo tributário indica a atribuição de competências para criação de tributos pelas unidades autônomas do federalismo, mas também é encontrável como designação da descentralização tributária que alguns países unitários têm promovido para as administrações locais ou regionais, como na Itália...

líticas públicas em algumas áreas. Frisa-se, ainda, que foi constitucionalizado um verdadeiro federalismo cooperativo no modelo financeiro do Estado Italiano, isso porque regiões e entes locais, segundo o art. 119, são financiados tanto por seus próprios recursos, quanto por um fundo compensatório sem vínculos de destinação, em favor dos territórios com menor capacidade arrecadatória[14]. Toda essa inflexão se dá em razão da já citada proximidade do ente local com os cidadãos, já que estão em melhor posição de conhecer e satisfazer suas necessidades.

No Brasil, por sua vez, a Constituição trouxe a autonomia financeira aos Municípios por vias de seu art. 30, III, com poderes de "instituir e arrecadar tributos de sua competência". São impostos dos Municípios aqueles previstos no art. 156 da CRFB/88, quais sejam, IPTU, ITBI e ISS (Lei Complementar). Para além da arrecadação direta de tributos, coisa que nem todos os municípios faz, sobretudo os previdenciários de menor porte como veremos adiante, consagrou-se com o federalismo cooperativo os fundos destinados a contribuir com a redistribuição dos impostos arrecadados pelos entes maiores, bem como pelos próprios municípios mais abonados. A exemplo disso, temos o Fundo de Participação dos Municípios (FPM) que,

> Numa síntese, o Fundo de Participação dos Municípios, cujos critérios são determinados pelas Leis Complementares 62/1989 e 91/1997, é formado por 22,5% da arrecadação do IPI e do IR, com uma distribuição proporcional à população de cada unidade, sendo que 10% do fundo são reservados para os Municípios das Capitais, nos termos do art. 159, I, a, da CF.... (TORRES, 2014, p. 292).

Portanto, nota-se que países democráticos e bem desenvolvidos têm adotado postura não muito diferente daquela consagrada pela Constituição brasileira, o que nos leva a refletir se foi o modelo pensado pelo nosso constituinte originário que se revelou um insucesso, ou foram desvirtuações pontuais que, aos poucos, macularam a coerência constitucional. É o que veremos ao final.

---

14 MARCO, Santa de. O Federalismo Municipal na Itália: Críticas e Perspectivas. In: MOREIRA, André Mendes; DERZI, Misabel Abreu Machado; ALVES JÚNIOR, Onofre Batista (Org.). *Estado Federal e Guerra Fiscal no Direito Comparado*: Coleção Federalismo e Tributação. Belo Horizonte: Arraes, 2015. p. 220/221.

2.2. AUTONOMIA ENQUANTO DEVER MORAL

A autonomia, na visão de Joseph Raz[15], é considerada como um bem moralmente valioso. Segundo o filósofo do direito, auxiliar as pessoas da comunidade a galgarem um caminho em prol da autodeterminação pode ser caracterizado como um dever moral, principalmente no que concerne aos mais frágeis, que, conforme se verá adiante, somente conseguem desfrutar de uma vida autônoma (ou de uma administração autônoma) se terceiros propiciarem opções para a efetiva consecução de sua autonomia plena. É nesse contexto que surge a ideia de que todos são responsáveis por promover o bem-estar (*well-being*) da coletividade. Tal conceito é explicitado como a "busca sincera e bem-sucedida de atividades valiosas" (RAZ, 1995, p. 3).

Nesse compasso, cumpre diferenciar dois aspectos fulcrais para o correto entendimento do conceito de autonomia para Joseph Raz, a contribuição para alguém galgar uma vida autônoma e a intervenção em suas escolhas pessoais. *A priori,* a ideia de que um ente promova a autonomia de outro pode levar a uma conclusão equivocada de promoção da dependência e da hierarquia. Entretanto, nesse ponto, Raz esclarece que o auxílio à autonomia alheia (entendido como um dever moral) se dá de uma forma em que seja possível promover autonomia sem influenciar nas escolhas pessoais do ente.

Assim, aqueles que estão moralmente obrigados a promoverem a autonomia dos mais frágeis, por possuírem melhores condições, muitas vezes propiciadas por fatores históricos e geográficos, devem estar comprometidos em proporcionar um *background* que permita os demais perseguirem os seus ideais de vida boa (ou seus objetivos sociais e políticos), propiciando que as escolhas possam ser feitas e, para isso, é preciso haver renda e independência financeira.

2.2.1. A AUTONOMIA E OS MUNICÍPIOS

Para que alguém seja considerado autônomo, é necessária que se preencha três requisitos essenciais; (i) racionalidade mínima; (ii) escolhas livres de coerção e manipulação e (iii) exposição a uma gama de opções. Para os fins deste trabalho, este último requisito é o mais importante para analisarmos a autonomia do ponto de vista do Federalismo. Isso porque, o sistema criado pela Constituição Financeira previu uma série de regras de repartição de receitas, bus-

---

15 RAZ, Joseph. *The morality of freedom*. Oxford New York: Clarendon Press Oxford Univ. Press, 1986.

cando justamente fazer com que a União e os Estados propiciem opções para os Municípios.

Sem recursos financeiros a autonomia de um ente federado é massacrada, tendo em vista que não consegue atender aos anseios e problemas sociais daquela região específica. Essa autonomia deve ser promovida dentro do próprio espaço legislativo, de modo que a União deve se atentar para a formação de Normas Gerais que não invadam o espaço, já tão limitado, dos Municípios, caso contrário, sem opções de escolhas, o terceiro requisito da autonomia, certamente, não será cumprido e a autonomia não será alcançada.

Nesse compasso, não se deve pensar que as transferências realizadas entre os entes federados se configuram como uma espécie de favor ou caridade, de modo que a qualquer momento podem ser cessadas ao bel prazer do provedor de tais concessões. O pensamento que caminha no sentido exposto vai de encontro com o pensado pela Constituição, que norteia o nosso Federalismo com base na cooperação e na autonomia.

A autonomia dos Municípios foi reforçada a partir da Constituição Federal de 1988, com a criação de uma federação trina[16]. Rezende, Leite e Silva[17] diferenciam os Municípios em Municípios Fiscais e Municípios Previdenciários. Nos primeiros, as transferências constitucionais de tributos têm mais relevância, enquanto nos segundos, os valores percebidos a título de previdência são mais expressivos. Os chamados municípios previdenciários tendem a se sustentar em situação ainda maior de dependência, tendo em vista que percebem renda sem contrapartida econômica. Desse modo, não há desenvolvimento, nem geração de empregos, estabilizando uma situação contínua de dependência.

---

16 Conforme pontua Heleno Torres (*Direito Constitucional Financeiro. Teoria da Constituição Financeira..., Cit.,* p. 277), a Constituição Financeira consagra a autonomia tributária e financeira aos Estados e Municípios, e, neste caso, com previsão expressa do art. 30, III, para que os Municípios possam *"instituir e arrecadar os tributos de sua competência, bem como aplicar suas rendas, sem prejuízo da obrigatoriedade de prestar contas e publicar balancetes nos prazos fixados em lei"*. Este princípio afasta qualquer dúvida quanto à integração dos Municípios ao federalismo brasileiro.

17 REZENDE, João Batista; LEITE, Eduardo Teixeira e SILVA, Lucas Norberto. "Análise da Economia e Finanças dos Municípios Brasileiros de Pequeno Porte: Autonomia ou Dependência?" In: MOREIRA, André Mendes; DERZI, Misabel Abreu Machado; ALVES JÚNIOR, Onofre Batista (Org.). *Estado Federal e Tributação das Origens à Crise Atual*: Coleção Federalismo e Tributação. Belo Horizonte: Arraes, 2015. p. 221.

Certo é que a União e os Estados não conseguem aferir de maneira acertada as necessidades das municipalidades de pequeno porte ou previdenciários, pois,

> constata-se que um dos principais fatores que dificultam a execução das políticas públicas pelos governos locais é a inadequação das formulações à realidade local, sobretudo dos Municípios de pequeno porte, associado à baixa capacidade operacional local marcada pela escassez de recursos humanos e, sobretudo, financeiros. (REZENDE, LEITE e SILVA, 2015, p. 203).

Desse modo, considerando que promover a autonomia dos mais frágeis é um dever moral dos mais fortes, União e Estados devem aprimorar seu espírito cooperativo preconizados pela Constituição e pela própria moralidade. Isso, por si só, impede que se siga por atalhos, muitas vezes maculados por patente inconstitucionalidade, que, buscando resolver problemas complexos com imposições, ferem de morte o pacto federativo, gerando maior centralização e dependência.

Para mais, a democracia exige que o poder esteja perto do povo, para que os representantes eleitos possam perceber os anseios e necessidades dos representados. O poder fracionado evita a concentração que, indiretamente, enseja arbitrariedades e regimes ditatoriais tão naturais ao período pré-constituição de 1988, fazendo com que o respiro democrático consubstanciado na Constituição Federal não seja corrompido.

Adiante veremos de maneira pormenorizada as propostas que afetam diretamente os Municípios, e como a noção de autonomia deve nortear a ação dos entes federados.

3. AS PROPOSTAS DE REFORMA

O Federalismo Fiscal é a pauta do Direito Financeiro e Tributário de maior expressão na atualidade e, como se percebe, já domina a pauta política e jurídica do atual governo, a envolver reformas tributárias, administrativas e tentativas novos pactos federativos. Apesar da Constituição Financeira definir o modelo de federalismo fiscal brasileiro, de modo a descentralizar as receitas, e consequentemente, o poder, o Brasil tem se deparado com constantes deturpações da lógica descentralizante. Essas, por vezes, não veem apenas do legislativo federal, mas também do judiciário, que aos poucos firmou entendimentos que desvirtuam e ferem de morte o equilíbrio federativo.

Por ser cláusula pétrea, *"emendas constitucionais não podem ser tendentes a abolir o federalismo, tanto menos leis infraconstitucionais, sejam estas complementares ou ordinárias, podem ter o condão de reduzir a capacidade organizativa do Estado."* (TORRES, 2014, p. 262). Desse modo, faz-se preciso analisar as Propostas de Reforma Tributária, sobretudo no que tange aos impactos na capacidade arrecadatória dos Municípios, para melhor compreensão de suas pretensões. Vejamos, pois, a justificação da PEC n° 45, em relação a criação de um único imposto sobre bens e serviços (IBS):

> A presente Proposta de Emenda à Constituição, tem como objetivo propor uma ampla reforma do modelo brasileiro de tributação de bens e serviços, através da substituição de cinco tributos atuais por um único imposto sobre bens e serviços (IBS). Os tributos que serão substituídos pelo IBS são: (i) imposto sobre produtos industrializados (IPI); (ii) imposto sobre operações relativas à circulação de mercadorias e sobre prestações de serviços de transporte interestadual e intermunicipal e de comunicação (ICMS); **(iii) imposto sobre serviços de qualquer natureza (ISS)**; (iv) contribuição para o financiamento da seguridade social (Cofins); e (v) contribuição para o Programa de Integração Social (PIS). O IBS terá as características de um bom imposto sobre o valor adicionado (IVA), modelo adotado pela maioria dos países para a tributação do consumo de bens e serviços. (Destacamos).

Ora, a supressão de um tributo de competência própria dos Municípios (ISS) em prol de um tributo único substituto de competência da União certamente não contribui para autonomia dos referidos entes menores. Ao contrário, ainda que haja compensações via transferências verticais, a autonomia conferida por receitas próprias não se compara com dependência indireta gerada pelas compensações. Para além da proposta supramencionada há também "alternativa" similar a consubstanciada na Proposta de Emenda Constitucional n° 110:

> São extintos 9 tributos (IPI, IOF, PIS/Pasep, Cofins, Salário-Educação, Cicie-Combustíveis, todos federais, ICMS estadual e o Imposto sobre Serviços - ISS municipal). No lugar deles, é criado um imposto sobre o valor agregado de competência estadual, chamado de Imposto sobre Operações com Bens e Serviços (IBS), e um imposto sobre bens e serviços específicos (Imposto Seletivo), de competência federal. O IBS seria criado nos moldes do que existe em países industrializados, e sem tributar medicamentos e alimentos. Como será de competência estadual, mas com uma única legislação federal, a arrecadação deve ser administrada por uma associação de fiscos estaduais. O Imposto Seletivo, por sua vez, incidirá sobre produtos específicos, como petróleo e derivados; combustíveis e lubrificantes; cigarros; energia elétrica e serviços de telecomunicações. Lei complementar definirá quais os produtos e serviços estarão incluídos no Imposto Seletivo. Sobre os demais produtos, incidirá o IBS estadual.

Nota-se, ainda, que referida proposta traz a tentativa de evitar a perda de arrecadação pelos Municípios, pela a criação de dois fundos de participação, os quais, teoricamente, vão compensar eventuais disparidades da receita *per capita* entre estados e municípios. Mais uma vez, a autonomia e a descentralização dão espaço à dependência indireta e à centralização. É certa a necessidade de um sistema mais simples, contudo, não se pode sacrificar garantias constitucionais para alcançar esse fim, razão pela qual é mister analisar as propostas à luz do Princípio Federativo e do Princípio Democrático.

Nesse sentido, as propostas apresentam um grave descompasso com a democracia e com o federalismo preconizado pela Constituição de 1988. A pretensa união de tributos traz como pano de fundo a concentração da arrecadação em um ente central. Isso significa que ambas as propostas retiram dos Municípios um dos tributos que lhe é próprio (ISS), e que as municipalidades, principalmente os adjetivados como Fiscais[18] serão prejudicados financeiramente, retirando-lhes a autonomia, já que estarão sob a égide do alvedrio do Poder Central.

Ressalte-se que a centralização tributária, além de conferir perda de autonomia aos entes federados, sobretudo os menores, também afasta o cidadão da arrecadação, diminuindo a participação e, consequentemente, o aspecto democrático. Como consectário lógico, o ente central necessitaria investir em um enorme arcabouço fiscalizatório, sendo que se fossem realizadas a um nível mais próximo (Município) tal exigência não seria premente.

Em suma, é possível elencar alguns problemas decorrentes da criação de um imposto único sobre mercadorias e serviços: (**i**) distanciamento dos cidadãos do ente tributante; (**ii**) dificuldade das autoridades em atenderem as demandas da população; (**iii**) maiores gastos com fiscalização; (**iv**) desconfiança dos contribuintes sobre a utilização das verbas públicas.

---

18 Nesse sentido, prelecionam REZENDE, LEITE e SILVA (*Análise da Economia e Finanças dos Municípios Brasileiros de Pequeno Porte: Autonomia ou Dependência...* Cit., p. 204) uma análise preliminar, com base em estudos realizados por pesquisadores tendo como referência alguns Estados membros, indica a existência de dois grupos distintos de Municípios. No primeiro, os "municípios fiscais", ou seja, aqueles em que as transferências constitucionais de impostos (FPM e Cota-Parte do ICMS) têm mais peso relativo, e no segundo grupo, os "municípios previdenciários", isto é, aqueles em que as transferências de renda recebidas pelas famílias do Município a partir do sistema de previdência e programas redistributivos suplantam as transferências recebidas pelos mecanismos fiscais.

Ainda, a proposta disposta na PEC 110, que prevê a compensação da possível perda de receita dos Municípios por meio de transferências não é suficiente para resolver a perda de autonomia das municipalidades. Isso porque retirar de um ente federado o poder de tributar tolhe a sua autonomia financeira, deixando-o a mercê de transferências verticais, que se sabe, apesar de previstas pela Constituição e necessárias aos Municípios, não são bem recebidas pelos Estados e pela União. O que se vislumbra é um cenário de descompasso com o modelo de cooperação, já que os entes veem tais transferências como uma espécie de "favores" concedidos aos Municípios. Nesse espeque, diminuir a arrecadação direta aumenta ainda mais a sensação de hierarquização dos outros entes em relação as municipalidades, pois esmaga a autonomia financeira ao deixar toda a arrecadação nas mãos dos.

Além disso, historicamente, não são poucas as investidas centralizadoras da União e dos Estados, que insistem em usurpar o espaço tributário próprio dos Municípios, por meio da estrangulação do ISS. Tal questão é debatida pelo memorável Aliomar Baleeiro. É ver:

> Tanto a União como os Estados Federados puseram-se a reduzir o âmbito de incidência do ISSQN, com o objetivo de alargar o campo de sua competência tributária. A União o fez e ainda o faz, por meio do IPI. Não há dúvida de que a insistência da União em fazer incidir o IPI sobre atividades previstas na lista de serviços, sujeitas à incidência do ISSQN, restringe a competência municipal, por esgotar-lhes as bases... (BALEEIRO, 2018, p. 71)

Do excerto acima depreende-se que, ao longo dos 31 anos de vigência da Constituição Cidadã, alguns aspectos vêm sendo deturpados através de medidas centralizadoras, que encontram amparo jurisprudencial que "legitima" a invasão de competências. Assim, o Legislador derivado não pode assentir com medidas que, em desrespeito ao sistema constitucional brasileiro, possibilita que a União e os Estados invadam competências originariamente destinadas aos Municípios. Ao contrário do que propõe as reformas, o caminho a ser seguido é a retomada da constitucionalização do Direito Tributário Brasileiro, devolvendo as municipalidades o espaço de tributação que lhe é devido, e não, como deseja as reformas.

Ademais, a problemática se estende no âmbito de diversas reformas trazidas à lume no atual cenário econômico brasileiro. Dentre elas, destaca-se a reforma administrativa (PEC nº 118) que propôs a incorporação do art. 115 ao ADCT[19], afetando frontalmente os Municípios mais frágeis. É ver:

> Art. 115. Os Municípios de até cinco mil habitantes deverão comprovar, até o dia 30 de junho de 2023, sua sustentabilidade financeira.
>
> §1º A sustentabilidade financeira do Município é atestada mediante a comprovação de que o respectivo produto da arrecadação dos impostos a que se refere o art. 156 da Constituição Federal corresponde a, no mínimo, dez por cento da sua receita.
>
> §2º O Município que não comprovar sua sustentabilidade financeira deverá ser incorporado a algum dos Municípios limítrofes, a partir de 1º de janeiro de 2025.
>
> §3º O Município com melhor índice de sustentabilidade financeira será o incorporador.
>
> §4º Poderão ser incorporados até três Municípios por um único Município incorporador.
>
> §5º Não se aplica à incorporação de que trata este artigo o disposto no § 4º do art. 18 da Constituição Federal.
>
> §6º Para efeito de apuração da quantidade de habitantes de que trata o caput, serão considerados exclusivamente os dados do censo populacional do ano de 2020.

É visível que o país se encontra em um momento de crise financeira, cujas razões são inúmeras e até mesmo internacionais, entretanto, a tentação de trilhar o caminho mais fácil com soluções rápidas pode deixar para trás garantias constitucionalmente conquistadas pelo povo.

A extinção dos pequenos Municípios proposta pelo Ministro, com um pano de fundo claramente econômico, é míope do ponto de vista democrático. Destruir municípios de maneira arbitrária gera sequelas e ressentimentos que podem ensejar problemas de pertencimentos futuros. A proposição, que reverbera diretamente na Democracia, se insurge como um verdadeiro despautério diante do sistema de participação pensado pela Constituição Federal. Diante disso, vislumbra-se um duplo golpe ao Estado Democrático de Direito, pois tal proposta

---

19 BRASIL. *Proposta de Emenda Constitucional nº 118*, de 05 de novembro de 2019. Altera arts. 6º, 18, 20, 29-A, 37, 39, 48, 62, 68, 71, 74, 84, 163, 165, 166, 167, 168, 169, 184, 198, 208, 212, 213 e 239 da Constituição Federal e os arts. 35, 1 07, 1 09 e 111 do Ato das Disposições Constitucionais Transitórias; acrescenta à Constituição Federal os arts. 135-A, 163-A, 164-A, 167-A, 167-B, 168-A e 245-A; acrescenta ao Ato das Disposições Constitucionais Transitórias os arts. 91-A, 115, 116 e 117; revoga dispositivos constitucionais e legais e dá outras providências. Disponível em https://www25.senado.leg.br/web/atividade/materias/-/materia/137928. Acesso em 12.12.2019.

fere dois aspectos essenciais ao Estado Brasileiro; (i) a participação democrática, na medida em que afasta os cidadãos do poder Estatal e ignora a necessidade constitucional de plebiscito para casos de extinção dos Municípios; (ii) o Federalismo, já que a União se coloca como um poder moderador central que detém competência para desconstituir entes federados.

O primeiro ponto, relacionado com o distanciamento dos cidadãos, está intimamente ligado com a democracia, já que a criação de entes menores e descentralizados promove uma aproximação do povo com o poder, porquanto as Prefeituras encontram-se dentro da esfera de percepção do cidadão, que tendo a possibilidade de vislumbrar o Estado de maneira tão próxima promove maior abertura à participação. Também não se pode olvidar a importância da população ter como autoridade próxima os seus pares, já que prefeitos e vereadores são pessoas inseridas na cultura local, e por isso atendem de maneira mais precisa os interesses dos cidadãos, gerando, também, maior sensação de representatividade. Nesse sentido, Misabel Derzi e Thomas Bustamante apresentam brilhante comentário:

> Outra justificativa fundada em princípios morais de valor intrínseco é a de que a distribuição federativa do poder "fomenta e reflete um sentimento maior de comunidade entre os seus cidadãos do que fazem as jurisdições maiores. (DERZI, Misabel; BUSTAMANTE, Thomas. 2015, p. 473)

No que concerne ao Federalismo, melhor sorte não alcança a proposta, pois a ideia de um ente extinguir outro, de maneira arbitrária, não é compatível com a noção federalista cooperativa, que se pauta pelo respeito a autonomia dos entes e pulverização do poder. Pensar em um ente decidindo critérios para o desaparecimento de outros não é compatível com a noção de autonomia, demonstrando hierarquia indesejável em uma Federação. Nesse sentido, Fernando Scaff[20] foi cirúrgico:

> ...existem diversas ações promovidas pelos estados contra a União acerca desse aspecto. Isso transformaria os estados e municípios em autarquias federais, o que modificaria completamente o federalismo brasileiro, tão decantado teoricamente, mas capenga na prática.

Assim, ao invés de se pensar em um caminho marcado por medidas centralizadoras e arbitrárias, devemos nos dedicar na busca de formas que ajudem a parte mais vulnerável da federação conseguir subsistir.

---

20 Disponível em https://www.conjur.com.br/2019-abr-16/contas-vista-reforma-tributaria-clausula-petrea-federalismo-stf. Acesso em 03/12/2019.

Para tanto, é mister adotar uma posição cooperativa, com instrumentos de arrecadação direta e distribuição horizontal, em respeito ao pensado pela Constituição Federal e nos moldes do Federalismo Alemão.

4. CONCLUSÃO

Após iniciar com detalhada explanação do Sistema Constitucional Financeiro e Tributário brasileiro, foi possível perceber que o modelo pensado pelo constituinte originário é rico em detalhes que promovem a autonomia dos entes federados e a descentralização. Com relação aos municípios, a Constituição foi generosa, deu-lhes mecanismos para auferir receitas oriundas de tributos de sua própria competência, propiciou que participassem diretamente da receita de tributos de competência alheia, bem como criou fundos de participação e compensação, que embora represente certa dependência, enquanto aspecto subsidiário, é de grande valor para autonomia dos entes menores.

Os mecanismos criados em muito se assemelham com aqueles criados no modelo federativo de cooperação da República Federativa da Alemanha, bem como no Estado Unitário italiano, dentre os quais destaca-se a forma de distribuição horizontal, quando entes de mesma categoria se autofinanciam.

Contudo, ao longo dos últimos anos de respiro democrático, medidas centralizadoras advindas dos entes maiores estrangulam as receitas municipais, gerando mais dependência. Com base no conceito de autonomia firmado por Joseph Raz, é dever moral dos entes maiores contribuírem para que menores, sobretudo os mais pobres, possam se autodeterminar, por meio de autogestão. Isso não se dá por meio de interferência em suas escolhas, mas sim, propiciando que escolhas possam ser feitas, razão pela qual a independência e estabilidade financeira é medida impositiva.

Para mais, as reformas, da forma como estão propostas, não contribuem para autonomia e autodeterminação dos entes mais próximos do povo, o que, consequentemente, apresenta um descompasso com o aspecto democrático. Além disso, ferem o Pacto Federativo, pois centralizam receitas e, por conseguinte, poder, no União, ferindo o aspecto descentralizante preconizado pela Constituição até mesmo para evitar arbitrariedades. Ao fim e ao cabo, há um descompasso do que tem sido feito e proposto para o que pensou a Constituição.

Portanto, diante do acertado sistema constitucional, a via mais adequada para correção de deturpações que foram criadas e construídas com o tempo, são mudanças pontuais, que respeitem os *"objetivos fundamentais de redução das desigualdades regionais, erradicação da pobreza e realização do desenvolvimento equilibrado e sustentável"* (TORRES, 2014, p. 269). Só assim, o federalismo, enquanto exigência da liberdade, da igualdade e da democracia, estará de mãos dadas com o dever moral da autonomia garantida pela Constituição da República Federativa do Brasil de 1988.

REFERÊNCIAS BIBLIOGRÁFICAS

BALEEIRO, Aliomar. *Direito Tributário Brasileiro*: CTN Comentado. 14. ed. Rio de Janeiro: Forense, 2018. Atualização Misabel Abreu de Machado Derzi.

BRASIL. Constituição (1988). *Constituição da República Federativa do Brasil*. Brasília, DF: Senado Federal: Centro Gráfico, 1988.

BRASIL. *Proposta de Emenda Constitucional nº 45*, de 03 de abril de 2019. Altera o Sistema Tributário Nacional e dá outras providências. Disponível em https://www.camara.leg.br/proposicoesWeb/fichadetramitacao?idProposicao=2196833. Acesso em 12/12/2019.

BRASIL. *Proposta de Emenda Constitucional nº 110*, de 09 de julho de 2019. Altera o Sistema Tributário Nacional e dá outras providências. Disponível em https://www25.senado.leg.br/web/atividade/materias/-/materia/137699. Acesso em 12/12/2019.

BRASIL. *Proposta de Emenda Constitucional nº 118*, de 05 de novembro de 2019. Altera arts. 6º, 18, 20, 29-A, 37, 39, 48, 62, 68, 71, 74, 84, 163, 165, 166, 167, 168, 169, 184, 198, 208, 212, 213 e 239 da Constituição Federal e os arts. 35, 1 07, 1 09 e 111 do Ato das Disposições Constitucionais Transitórias; acrescenta à Constituição Federal os arts. 135-A, 163-A, 164-A, 167-A, 167-B, 168-A e 245-A; acrescenta ao Ato das Disposições Constitucionais Transitórias os arts. 91-A, 115, 116 e 117; revoga dispositivos constitucionais e legais e dá outras providências. Disponível em https://www25.senado.leg.br/web/atividade/materias/-/materia/137928. Acesso em 12.12.2019.

DERZI, Misabel Abreu Machado. *Repartição das receitas tributárias, finanças públicas, normas gerais e orçamentos*. Revista da Faculdade de Direito da UFMG. Belo Horizonte, v.33, n. 33, 1991, p. 351-402.

DERZI, Misabel Abreu Machado; ALVES JÚNIOR, Onofre Batista (Org.). *Estado Federal e Tributação das Origens à Crise Atual*: Coleção Federalismo e Tributação. Belo Horizonte: Arraes, 2015.

DERZI, Misabel Abreu Machado; BUSTAMANTE, Thomas. O Princípio Federativo e a Igualdade: Uma Perspectiva Crítica para o Sistema Jurídico Brasileiro a Partir da Análise do Modelo Alemão. In: MOREIRA, André Mendes; DERZI, Misabel Abreu Machado; ALVES JÚNIOR, Onofre Batista (Org.). *Estado Federal e Guerra Fiscal no Direito Comparado*: Coleção Federalismo e Tributação. Vol. 2. Belo Horizonte: Arraes, 2015. p. 467-495.

HEINTZEN, Markus. A Distribuição das Verbas Públicas entre o Governo Federal, os Estados e os Municípios na República Federal da Alemanha. In: MOREIRA, André Mendes; DERZI, Misabel Abreu Machado; ALVES JÚNIOR, Onofre Batista (Org.). *Estado Federal e Guerra Fiscal no Direito Comparado*: Coleção Federalismo e Tributação, Vol. 2. Belo Horizonte: Arraes, 2015. p. 445-466.

MARCO, Santa de. O Federalismo Municipal na Itália: Críticas e Perspectivas. In: MOREIRA, André Mendes; DERZI, Misabel Abreu Machado; ALVES JÚNIOR, Onofre Batista (Org.). *Estado Federal e Guerra Fiscal no Direito Comparado*: Coleção Federalismo e Tributação. Vol. 2. Belo Horizonte: Arraes, 2015. p. 219-235.

RAZ, Joseph. *The morality of freedom*. Oxford New York: Clarendon Press Oxford Univ. Press, 1986.

REZENDE, João Batista; LEITE, Eduardo Teixeira e SILVA, Lucas Norberto. "Análise da Economia e Finanças dos Municípios Brasileiros de Pequeno Porte: Autonomia ou Dependência?" In: MOREIRA, André Mendes; DERZI, Misabel Abreu Machado; ALVES JÚNIOR, Onofre Batista (Org.). *Estado Federal e Tributação das Origens à Crise Atual*: Coleção Federalismo e Tributação. Belo Horizonte: Arraes, 2015. p. 199/222.

SCAFF, Fernando. Reforma tributária, a cláusula pétrea do federalismo e o STF. *Revista Consultor Jurídico*, São Paulo, 16 de abril de 2019. Disponível em https://www.conjur.com.br/2019-abr-16/contas-vista-reforma-tributaria-clausula-petrea--federalismo-stf. Acesso em 03/12/2019.

TORRES, Heleno Taveira. *Direito Constitucional Financeiro. Teoria da Constituição Financeira*. Ed. Revista dos Tribunais, São Paulo. 2014.

REFORMA TRIBUTÁRIA E FINANCEIRA: PERSPECTIVAS E PROPOSTAS

LEONARDO RESENDE ALVIM MACHADO[1]

SUMÁRIO: 1. Introdução; 2. Cenário atual da tributação no Brasil; 3. Propostas de reforma tributária em tramitação no Congresso Nacional; 4. Conclusões; Referências Bibliográficas

1. INTRODUÇÃO

Há tempo se discute no país a necessidade de implementação de reforma tributária. Diversas propostas foram submetidas à apreciação legislativa, sem êxito. Optou-se por ajustes pontuais, que não atenderam à demanda por modificações mais significativas, reclamadas pela sociedade e pelos próprios entes federativos.

Os problemas que se busca superar envolvem a excessiva complexidade do sistema tributário pátrio, com grande quantidade de obrigações principais e acessórias a onerar a produção e o consumo. Noutra face, o atual desenho resulta em alta concentração de arrecadação em favor da União, em detrimento de Estados e Municípios. É notória a penúria financeira desses entes, em boa medida provocada pelo desequilíbrio no rateio de competências e receitas tributárias.

A constatação é de que o sistema tributário brasileiro atual não atende aos interesses de qualquer das partes envolvidas. De um lado, sobrecarregando contribuintes. De outro, penalizando Estados e Municípios com a má distribuição de recursos. É premente que avance a discussão para uma reforma tributária ampla, com nova pactuação federativa e racionalização do sistema.

---

1 Advogado e Consultor Jurídico em Direito Tributário; Mestre em Direito Tributário pela Universidade Federal de Minas Gerais; Professor de Direito Tributário dos Cursos de Graduação em Direito do Centro Universitário Newton Paiva, e Cursos de Pós-Graduação da PUC/MG e da Faculdade Arnaldo.

Este trabalho analisará as propostas em tramitação no Congresso Nacional, com realce de seus pontos positivos e negativos, buscando contribuir para aprofundamento do debate que poderá levar a resultado satisfatório em um futuro próximo.

2. CENÁRIO ATUAL DA TRIBUTAÇÃO NO BRASIL

A Constituição da República de 1988 estabeleceu, em seus artigos 145 a 162, o Sistema Tributário Nacional, subdividido em seis seções, a saber: Seção I – Dos princípios gerais; Seção II – Das limitações do poder de tributar; Seção III –Dos impostos da União; Seção IV – Dos impostos dos Estados e do Distrito Federal; Seção V – Dos impostos dos Municípios; e Seção VI – Da repartição das receitas tributárias.

No Brasil "o Estado unitário, em obediência a imperativos políticos (salvaguarda das liberdades) e de eficiência, descentralizou-se a ponto de gerar Estados que a ele foram 'subpostos' (*federalismo por segregação*)". Neste tipo de Estado federal, diferentemente do *federalismo por agregação*, há "universal tendência para a centralização que hoje se registra, motivada especialmente pela intervenção no domínio econômico (desenvolvida o mais das vezes pela União)".[2]

A descentralização do Estado federal brasileiro implicou partilha de atribuições administrativas entre as três esferas de governo. Consequentemente, exigiu também distribuição de competências tributárias e respectivas receitas para União, Estados/DF e Municípios, a fim de que pudessem exercitar e cumprir suas responsabilidades como gestores públicos:

> A existência real da autonomia depende da previsão de recursos, suficientes e
> não sujeitos a condições, para que os Estados possam desempenhar suas atribuições. Claro que tais recursos hão de ser correlativos à extensão dessas atribuições. Se insuficientes ou sujeitos a condições, a autonomia dos Estados-Membros só existirá no papel em que estiver escrita a Constituição. Daí o chamado problema da *repartição de rendas*.[3]

No mesmo sentido são os ensinamentos de Sacha Calmon Navarro Coelho:

---

2 FERREIRA FILHO, Manoel Gonçalves. Curso de direito constitucional. 31. ed. rev., ampl. e atual. São Paulo: Saraiva, 2005. p. 54.

3 Op. cit. p. 53.

A característica fundamental do federalismo é a autonomia do Estado-Membro, que pode ser mais ou menos ampla, dependendo do país de que se esteja a cuidar. No âmbito tributário, a sustentar a autonomia política e administrativa do Estado-Membro e do Município – que no Brasil, como vimos, tem dignidade constitucional – impõe-se a preservação da autonomia financeira dos entes locais, sem a qual aqueloutras não existirão. Esta autonomia resguarda-se mediante a preservação da *competência tributária das pessoas políticas* que convivem na *Federação* e, também pela equidosa discriminação constitucional das fontes de receita tributária, daí advindo a importância do tema referente à repartição das competências no Estado Federal, assunto inexistente, ou pouco relevante, nos Estados unitários (Regiões e Comunas). Uma última conclusão cabe extrair. Sendo a federação um pacto de igualdade entre as pessoas políticas, e sendo a autonomia financeira o penhor da autonomia dos entes federados, têm-se que qualquer agressão, ainda que velada, a estes dogmas, constitui inconstitucionalidade.[4]

Em matéria de impostos, a União recebeu da Constituição de 1988 competência tributária para instituir sete modalidades (Art. 153), sem prejuízo da competência residual prevista no artigo 154, inciso I. Boa parte dos impostos federais tem função extrafiscal, como instrumentos regulatórios do comércio exterior, produção industrial, mercado financeiro e propriedade agrária. Justifica-se, portanto, não estarem na competência tributária estadual ou municipal, haja vista se tratar de políticas públicas de âmbito nacional.

Os Estados foram contemplados com três impostos (Art. 155): o primeiro sobre transmissões *causa mortis* e doações (ITCMD); o segundo sobre operações mercantis e serviços de transporte interestadual ou intermunicipal e de comunicação (ICMS); e o terceiro sobre a propriedade de veículos automotores (IPVA).

E, finalmente, os Municípios receberam da Constituição (Art. 156) competência tributária para instituição de imposto predial e territorial urbano (IPTU), transmissão onerosa de bens imóveis e respectivos direitos reais (ITBI), além de serviços de qualquer natureza (ISSQN). Ao Distrito Federal cabem os impostos estaduais e municipais.

Não obstante a repartição de competências tributárias feita pela Constituição, as disparidades regionais de desenvolvimento e produção de riquezas influem diretamente na capacidade local de produzir arrecadação tributária. Inegável que o ICMS será tanto mais rentável

---

4 COELHO, Sacha Calmon Navarro. *Curso de Direito Tributário Brasileiro*. 6. ed. Rio de Janeiro: Forense, 2001. p. 62-63.

quanto mais vultosa a atividade comercial do Estado. Igualmente, o ISSQN renderá maior receita aos municípios de grande porte, sendo de pouca relevância sua arrecadação em municípios pequenos.

Com o fito de tentar minorar tais desequilíbrios horizontais é que o texto constitucional determinou também a partilha de receitas tributárias, na Seção VI do Sistema Tributário Nacional. Assim é que parte dos impostos federais sobre a renda e produtos industrializados são repartidos com Estados e Municípios, por meio dos respectivos fundos de participação. Aos Estados cabem, ainda, vinte por cento de eventuais impostos residuais criados pela União e 29% da receita da CIDE-Combustíveis.

Os Municípios fazem jus a 50% da arrecadação federal com o Imposto Territorial Rural (ITR), caso não optem por exercerem a capacidade ativa referente ao tributo, hipótese em que fazem jus a 100% da receita arrecadada. Cabe-lhes também 50% do Imposto sobre a Propriedade de Veículos Automotores (IPVA), e 25% do produto da arrecadação do ICMS.

Três áreas principais atraem a incidência das exações tributárias: patrimônio, renda e consumo. Sobre a renda temos o imposto federal de mesmo nome. Sobre patrimônio podemos elencar no âmbito federal o Imposto Territorial Rural e o Imposto sobre Grandes Fortunas. Imposto sobre a Propriedade de Veículos Automotores e Imposto sobre Transmissão *Causa Mortis* e Doações são os representantes estaduais e distritais. E na competência municipal, a incidência patrimonial fica por conta do Imposto Predial e Territorial Urbano e do Imposto sobre Transmissões onerosas de Imóveis.

O foco da reforma tributária é, essencialmente, a tributação da atividade produtiva, que repercute no consumo de bens e serviços. Na seara dos impostos, podemos citar vários que oneram a atividade produtiva: Imposto sobre Produtos Industrializados (IPI), Imposto sobre Operações com Mercadorias e Serviços de Transporte Interestadual ou Intermunicipal e de Comunicação (ICMS) e Imposto Sobre Serviços de Qualquer Natureza (ISSQN). Somam-se a estes as contribuições sociais ao PIS e a COFINS, CIDE-combustíveis.

Simples análise numérica das exações revela alto nível de tributação sobre a atividade produtiva no país. São espécies tributárias diversas, de titularidade de todas as pessoas políticas, incidindo sobre a produção e circulação de bens e serviços. Em sua maioria, são tributos idealizados para onerar, em última análise, o consumo, agregando-se ao preço de mercadorias e serviços adquiridos pelo consumidor final. O resultado é a sensível elevação do preço final, encarecendo e dificultando o acesso do cidadão a bens de consumo ou de capital, serviços essenciais ou não.

A participação dos impostos sobre consumo na arrecadação tributária no Brasil, cerca de 65%, está muito acima da média mundial, que é em torno de 35%, segundo a Organização para a Cooperação e Desenvolvimento Econômico (OCDE). Em países desenvolvidos como Estados Unidos e Japão, ela é abaixo de 20%.[5]

A partir daí, tem-se um círculo vicioso em que o alto preço de bens e serviços faz recuar o consumo, com isso menor a atividade dos setores primário e secundário, menor o nível de emprego e investimento, com inevitável retração da economia. Demais disso, numerosos tributos sobre o consumo significam também pluralidade de obrigações acessórias a cumprir, com incremento do ônus para se produzir no país.

Não destoam as impressões de estudiosos do Direito acerca do atual cenário da tributação no Brasil:

> O universo tributário brasileiro é estufado de leis complicadas, excessivas e lotadas de excepcionalidades, conturbando o ambiente de negócios para o empresariado que transfere para os preços ao consumidor a carga tributária, daí a carestia. A carga tributária do Brasil tem 69% nos indiretos a onerar o consumo.
>
> A carestia prejudica o crescimento econômico. Se a carga fosse menor, sem prejuízo da arrecadação, os consumidores comprariam, digamos, dois pares de sapatos em vez de um (carga de 46%). Com isso, haveria mais produção, máquinas, salários e, portanto, maior poder de compra (nosso PIB depende em 65% do consumo).
>
> A tributação não deve ser complicada. Em qualquer parte do mundo, os núcleos da tributação são os mesmos, por isso que são universais amostras de "capacidade contributiva": (a) a renda dita ganhada pelas pessoas físicas e jurídicas, mês a mês, ano a ano, repetida ou isoladamente (salários, juros, dividendos, rendimentos e outras pagas permanentes ou ganhos isolados, chamadas de ganhos de capital, tipo ganho lotérico, uma doação em dinheiro, uma diferença positiva entre uma compra de ações e venda, uma semana depois, com ganho de 35%); (b) a renda dita gasta no consumo de bens e dos mais diversos serviços de que precisamos (os chamados "impostos sobre o consumo"). Juridicamente são pagos pelas empresas, mas repassados nos preços das vendas ao consumidor final, nós; e (c) os patrimônios, seja o imobiliário, edificado ou não, urbano ou rural e o mobiliário, seja o dinheiro e

---

5 Instituto Brasileiro de Planejamento Tributário (IBPT).

suas aplicações.

Portanto, renda ganhada, consumo e patrimônio são os três modais que suportam a incidência dos mais diversos impostos. Saber dosar a progressividade, a seletividade, a não cumulatividade, a razoabilidade, da tributação deve ser obra de um legislador especializado. Não se pode tributar o consumo supérfluo em esmeraldas e perfumes caríssimos etc., com o mesmo teor que se tributa o consumo de alimentos da cesta básica nem tampouco tributar do mesmo modo o consumo de remédios e serviços em planos de saúde e investimentos, seja em empresas seja em máquinas ou criação de fábricas. A renda gastada, mas voltada a estabelecimentos de saúde e educação, hão de merecer carga menor. O mesmo se diga da renda, agora ganha, mas doada sem fins lucrativos, beneficentes, solidários – como ocorre com intensidade nos EUA – a merecerem baixa tributação. Os exemplos são vários e

buscam os valores de justiça e equidade na tributação.

Os EUA tributam pouco o consumo, para não atrapalhar e, sim, incentivar a economia de trocas, e carregam a mão na renda. Lá as empresas pagavam 34% sobre os seus lucros. Trump baixou para 21%. Obviamente, o valor sobrante será gasto em consumo de bens e/ou serviços (o moinho econômico) ou em aplicações nos mercados financeiros ou na expansão dos negócios (obviamente, a médio prazo, aumentará a dívida federal americana de 116% do seu PIB de US$18,2 trilhões), complicando o lado financeiro, aumentando as despesas com juros dos títulos do Tesouro. Quando um país gasta mais do que arrecada, busca dinheiro vendendo títulos do Tesouro, pagando juros, problema crônico das finanças públicas americanas, após Clinton, que entregou o país no zero a zero.

O Brasil tributa muito indiretamente com o IPI federal, o ICMS estadual sobre

insumos universais: energia, telecomunicações, transportes e combustíveis, o ISS municipal e mais as contribuições sociais PIS/Cofins sobre a receita bruta dos agentes econômicos (que os repassam nos preços). Não satisfeito, ataca as receitas líquidas (lucro líquido) com o imposto sobre a renda e o capital e a contribuição social sobre o lucro líquido (CSLL), que não passa de um adicional do imposto de renda. As pessoas físicas da classe média são tributadas a 27.5% pelo IR tanto quanto (Antônio)Ermínio de Moraes. Os pobres pagam 45% em média sobre roupa, comida e remédios, indiretamente, por força de impostos repassados para os preços. O Ermínio, também. As classes médias levam pancadas de todo lado. Além da carga geral, pagam o IPVA e IPTU, o que não incomoda os ricos.[6]

Qualquer iniciativa de reforma tributária precisa necessariamente remodelar o foco de tributação, desviando-o da atividade produtiva, a fim de estimular indústria, comércio e serviços. Menor peso final de

---

6 COELHO, Sacha Calmon Navarro. O Brasil e o tributo. https://blogdosacha.com.br/coluna-opiniao/o-brasil-e-o-tributo/

tributos no preço de bens e serviços faz aquecer o consumo, aumenta o faturamento das empresas, com maior arrecadação de tributos, ampliação da oferta de empregos e geração de renda para o cidadão.

3. PROPOSTAS DE REFORMA TRIBUTÁRIA EM TRAMITAÇÃO NO CONGRESSO NACIONAL

Enquanto se aguarda o envio ao Congresso Nacional de proposta de reforma tributária pelo governo atual, outras duas já tramitam, sendo uma na Câmara dos Deputados (PEC 45/2019) e outra no Senado (PEC 110/2019). As propostas convergem em alguns pontos, como a criação de imposto sobre bens e serviços e de um imposto seletivo, sobre produtos específicos, resultando na extinção de vários outros tributos, em observância à necessária simplificação do sistema. Em outras matérias as propostas divergem, alternando-se em oferecer melhores proposições de modificações.

Análise comparativa entre as duas propostas se afigura útil à compreensão dos alvos comuns de ambas, com identificação de pontos positivos e negativos de cada uma:

Reforma Tributária: PEC 110/2019 e PEC 45/2019

Em ambas as proposições, a alteração do Sistema Tributário Nacional tem como principal objetivo a simplificação e a racionalização da tributação sobre a produção e a comercialização de bens e a prestação de serviços, base tributável atualmente compartilhada pela União, Estados, Distrito Federal e Municípios.

Nesse sentido, ambas propõem a extinção de uma série de tributos, consolidando as bases tributáveis em dois novos impostos:

(i) um imposto sobre bens e serviços (IBS), nos moldes dos impostos sobre valor agregado cobrados na maioria dos países desenvolvidos; e

(ii) um imposto específico sobre alguns bens e serviços (Imposto Seletivo), assemelhado aos *excise taxes*.

1) Sobre o imposto sobre bens e serviços:

A base de incidência do IBS em ambas as propostas é praticamente idêntica: todos os bens e serviços, incluindo a exploração de bens e direitos, tangíveis e intangíveis, e a locação de bens, operações que, em regra, escapam da tributação do ICMS estadual e do ISS municipal no quadro normativo atualmente em vigor.

As propostas, por outro lado, trazem diferenças significativas em relação aos
seguintes pontos:

Competência tributária do IBS:

• PEC 110: tributo estadual, instituído por intermédio do Congresso Nacional, com poder de iniciativa reservado, basicamente, a representantes dos Estados e Municípios (exceto por uma comissão mista de Senadores e Deputados Federais criada especificamente para esse fim ou por bancada estadual);

• PEC 45: tributo federal (embora esteja previsto em um novo art. 152-A, e não no art. 153, da Constituição Federal, dispositivo que prevê os impostos federais), instituído por meio de lei complementar federal (exceto em relação à fixação da parcela das alíquotas destinadas à União, aos Estados, ao Distrito Federal e aos Municípios, a ser definida por lei ordinária de cada ente federativo).

Número de tributos substituídos pelo IBS:

• PEC 110: são substituídos nove tributos, o IPI, IOF, PIS, Pasep, Cofins, CIDE-Combustíveis, Salário-Educação, ICMS, ISS;

• PEC 45: são substituídos cinco tributos, o IPI, PIS, Cofins, ICMS, ISS.

Determinação da alíquota do IBS:

• PEC 110: lei complementar fixa as alíquotas do imposto, havendo uma alíquota padrão; poderão ser fixadas alíquotas diferenciadas em relação à padrão para determinados bens ou serviços; portanto, a alíquota pode diferir, dependendo do bem ou serviço, mas é aplicada de maneira uniforme em todo o território nacional;

• PEC 45: cada ente federativo fixa uma parcela da alíquota total do imposto por meio de lei ordinária, federal, estadual, distrital ou municipal (uma espécie de "subalíquota"); uma vez fixado o conjunto das "sub-alíquotas" federal, estadual e municipal (ou distrital), forma-se a alíquota única aplicável a todos os bens e serviços consumidos em ou destinados a cada um dos Municípios/Estados brasileiros; é criada a figura da "alíquota de referência", assim entendida aquela que, aplicada sobre a base de cálculo do IBS, substitui a arrecadação dos tributos federais (IPI, PIS, Cofins) excluída a arrecadação do novo Imposto Seletivo, do ICMS estadual e do ISS municipal; assim, todos os bens e serviços destinados a determinado Município/Estado são taxados por uma mesma alíquota, mas a tributação não é uniforme em todo território nacional, pois cada Município/Estado pode fixar sua alíquota.

Concessão de benefícios fiscais:

• PEC 110: autoriza a concessão de benefícios fiscais (por lei complementar) nas operações com alimentos, inclusive os destinados ao consumo animal; medicamentos; transporte público coletivo de passageiros urbano e de caráter

urbano; bens do ativo imobilizado; saneamento básico; e educação infantil, ensino fundamental, médio e superior e educação profissional;

• PEC 45: não permite a concessão de benefício fiscal.

• Ambos os textos preveem a possibilidade de devolução do imposto recolhido para contribuintes de baixa renda, nos termos de lei complementar.

Partilha da arrecadação do IBS:

• PEC 110: o produto da arrecadação do imposto é partilhado entre União, Estados, Distrito Federal e Municípios segundo o método previsto nas regras constitucionais descritas no novo texto constitucional proposto na Emenda, ou seja, mediante entrega de recursos a cada ente federativo conforme aplicação de percentuais previstos na Constituição sobre a receita bruta do IBS (repasse de cota-parte);

• PEC 45: cada ente federativo tem sua parcela na arrecadação do tributo determinada pela aplicação direta de sua "sub-alíquota", fixada conforme descrito anteriormente, sobre a base de cálculo do imposto.

Vinculação da arrecadação do IBS (saúde, educação, fundos constitucionais, seguro-desemprego, BNDES etc.):

• PEC 110: o produto da arrecadação do imposto é vinculado às despesas e aos fundos de acordo com o método fixado nas regras constitucionais propostas pela PEC, ou seja, mediante aplicação de percentual sobre a arrecadação para definir a entrega direta de recursos (fundos constitucionais, seguro desemprego, BNDES) ou piso mínimo de gastos (saúde, educação);

• PEC 45: as destinações estão vinculadas a parcelas da sub-alíquota de cada ente federativo, fixadas em pontos percentuais e denominadas "alíquotas singulares". A soma dessas "alíquotas singulares", definidas pelo ente para cada destinação constitucional e para a parcela de receita desvinculada, representará o valor da alíquota aplicável para aquele ente federativo.

Transição do sistema de cobrança dos tributos:

• PEC 110: durante **um ano** é cobrada uma contribuição "teste" de 1%, com a mesma base de incidência do IBS, e, depois, a transição dura **cinco anos**, sendo os atuais tributos substituídos pelos novos tributos à razão de um quinto ao ano (os entes federativos **não podem** alterar as alíquotas dos tributos a serem substituídos);

• PEC 45: durante **dois anos** é cobrada uma contribuição "teste" de 1%, com a mesma base de incidência do IBS, e, depois, a transição dura **oito anos**, sendo os atuais tributos substituídos pelos novos tributos à razão de um oitavo ao ano (os entes federativos **podem** alterar as alíquotas dos tributos a serem substituídos).

Transição da partilha de recursos:

• PEC 110: no total, a transição será de **quinze anos**; a partir da criação dos novos impostos, cada ente federativo (União, cada Estado, Distrito Federal e cada Município) receberá parcela das receitas dos impostos novos de acordo com a participação que cada um teve na arrecadação dos tributos que estão sendo substituídos; após a implementação definitiva do novo sistema de cobrança, prevista para durar 5 anos, a regra retro descrita é progressivamente substituída pelo princípio do destino, à razão de um décimo ao ano;

• PEC 45: no total, a transição será de **cinquenta anos**; durante **vinte anos** a partir da criação dos novos impostos, os Estados, o Distrito Federal e os Municípios receberão (i) valor equivalente à redução de receitas do ICMS ou ISS, em virtude da extinção desses tributos; (ii) valor do aumento/diminuição da arrecadação em virtude de alterações das alíquotas de competência de cada ente federado e (iii) superávit/déficit de arrecadação após consideradas as duas parcelas anteriores, que será distribuído proporcionalmente pelas regras de partilha do novo IBS (princípio do destino mediante apuração do saldo de débitos e créditos); a partir do vigésimo primeiro ano, a parcela equivalente à redução do ICMS e do ISS (parcela "i", acima) será reduzida em um trinta avos ao ano, passando a receita a ser distribuída segundo o princípio do destino.

2) Sobre o Imposto Seletivo:

• PEC 110: imposto de índole arrecadatória, cobrado sobre operações com petróleo e seus derivados, combustíveis e lubrificantes de qualquer origem, gás natural, cigarros e outros produtos do fumo, energia elétrica, serviços de telecomunicações a que se refere o art. 21, XI, da Constituição Federal, bebidas alcoólicas e não alcoólicas, e veículos automotores novos, terrestres, aquáticos e aéreos;

• PEC 45: impostos de índole extrafiscal, cobrados sobre determinados bens, serviços ou direitos com o objetivo de desestimular o consumo. Não são listados sobre quais produtos ou serviços o tributo irá incidir. Caberá à lei (ordinária) ou medida provisória instituidora definir os bens, serviços ou direitos tributados.

3) Outras matérias:

Além do rearranjo da tributação sobre bens e serviços, a PEC 110 contempla outras matérias não previstas na PEC 45, sendo as mais destacadas as seguintes:

- extinção da **Contribuição Social sobre o Lucro Líquido (CSLL)**, sendo sua base incorporada ao Imposto de Renda da Pessoa Jurídica (IRPJ);

- transferência do **Imposto sobre Transmissão *Causa Mortis* e Doação (ITCMD), da competência estadual para a federal**, com a arrecadação integralmente destinada aos Municípios;

- **ampliação da base** de incidência do **Imposto sobre Propriedade de Veículo Automotor (IPVA)**, para incluir aeronaves e embarcações, com a arrecadação integralmente destinada aos Municípios;

- autorização de criação de **adicional do IBS** para financiar a **previdência social**;

- **criação** de **fundos estadual e municipal** para **reduzir a disparidade** da receita *per capita* entre os Estados e Municípios, com recursos destinados a investimentos em infraestrutura.[7]

A proposta que tramita no Senado (PEC 110/2019) se mostra mais abrangente do que aquela sob análise da Câmara dos Deputados (PEC

---

7 CORREIA NETO, Celso de Barros; NUNES, Fabiano da Silva; ARAÚJO, José Evande Carvalho; SOARES, Murilo Rodrigues da Cunha. *Reforma Tributária: Comparativo da PEC 45/2019 (Câmara) e da PEC 110/2019.* https://www2.camara.leg.br/atividade-legislativa/estudos-e-notas-tecnicas/publicacoes-da-consultorialegislativa/fiquePorDentro/temas/sistema-tributario-nacional-jun-2019/reforma-tributaria-comparativo-das-pecsem-tramitacao-2019

45/2019). Ambas concentram esforços na resolução do problema da tributação incidente sobre o consumo, por meio da criação do Imposto sobre Bens e Serviços (IBS). Todavia, a PEC 110/2019 vai além e disciplina outros tributos: Contribuição Social sobre Lucro Líquido (CSLL), Imposto sobre Transmissão *Causa Mortis* e Doação (ITCMD), Imposto sobre Propriedade de Veículos Automotores (IPVA).

No tocante ao Imposto sobre Bens e Serviços (IBS), a titularidade é da União na proposta em discussão na Câmara dos Deputados (PEC 45/2019), sendo a instituição por lei complementar federal, exceção feita à fixação das alíquotas (sub-alíquotas) federal, estadual e municipal, que será por lei ordinária de cada ente. O novo imposto substituiria cinco tributos: IPI, PIS, Cofins, ICMS, ISS.

Misabel Derzi fez críticas à PEC 45/2019 neste particular, em evento recente promovido pela Federação das Indústrias do Estado de Minas Gerais. Na visão da professora mineira, a proposta em questão traz consigo o mérito da simplificação do sistema. Porém, violaria o Princípio do Federalismo, na medida em que retira autonomia legislativa e liberdade de Estados e Municípios, cuja atuação se limitaria à definição das respectivas subalíquotas. Argumenta, ainda, que a previsão de alíquota única para esses entes afrontaria a capacidade contributiva, já que todas as categorias de contribuintes se sujeitariam à mesma alíquota, não permitida a seletividade conforme a natureza da atividade tributada. Recomendou modificações ao projeto, tornando facultativa a adesão de Estados e Municípios ao novo imposto.

Pela proposta em discussão no Senado (PEC 110/2019), o Imposto sobre Bens e Serviços (IBS) seria de competência estadual, porém instituído pelo Congresso Nacional. As alíquotas do imposto serão definidas em lei complementar, havendo uma alíquota padrão, sem prejuízo de serem fixadas alíquotas diferenciadas para determinados bens ou serviços, desde que aplicadas de modo uniforme em todo o território nacional. O IBS substituiria nove tributos: IPI, IOF, PIS, Pasep, Cofins, CIDE-Combustíveis, Salário-Educação, ICMS, ISS.

Entendemos que parte das críticas dirigidas à PEC 45/2019 pela professora Misabel Derzi se aplicaria igualmente à PEC 110/2019. É que, não obstante de competência Estadual, a instituição do imposto se daria pelo Congresso Nacional, em evidente supressão da autonomia legislativa dos Estados-Membros. Por outro lado, resta resolvido nesta proposta o problema da vulneração do princípio da capacidade contributiva, haja vista a permissão para utilização de alíquotas diferentes para certos bens e serviços.

De outro lado, havemos de reconhecer que a competência legislativa estadual em matéria de ICMS, com 27 leis diferentes sobre o imposto, é fator de elevação da complexidade normativa que tanto aflige o contribuinte. A uniformidade da legislação em âmbito nacional para o Imposto sobre Bens e Serviços (IBS) é algo desejável do ponto de vista prático. De se lamentar que o pragmatismo tributário neste particular prevaleça em detrimento do pleno exercício do Federalismo.

A PEC 110/2019 traz também a extinção da Contribuição Social sobre Lucro Líquido (CSLL), incorporando-a ao Imposto sobre a Renda, em sensata medida de simplificação que unifica dois tributos com incidência sobre mesma base de cálculo.

A mesma PEC transfere o ITCMD para a competência federal, porém com arrecadação integralmente destinada aos Municípios. Aqui a crítica quanto à violação ao Federalismo se faz novamente pertinente. Não se justifica que o aludido imposto tenha que estar na competência tributária federal. A intenção de se destinar mais recursos aos Municípios poderia ser alcançada com a transferência da competência tributária do ITCMD àqueles. Para se evitar conflitos tributários, lei complementar definiria aspectos centrais do imposto, como lhe é próprio. Desnecessária a atuação do Congresso Nacional para a instituição do imposto.

Finalmente, contém a PEC 110/2019 proposição de alargamento da base de incidência do Imposto sobre Propriedade de Veículos Automotores (IPVA), para alcançar também embarcações e aeronaves, com arrecadação destinada aos Municípios. Desde o julgamento do Recurso Extraordinário nº 379.572, quando o pleno do Supremo Tribunal Federal afastou a incidência do imposto sobre tais bens, aguardava-se providência legislativa que corrigisse a impropriedade este patrimônio. É que a situação em questão revela inequívoca capacidade contributiva de seus titulares, não se justificando que seguissem à margem da incidência de tributos.

Entendemos, pois, que entre pontos positivos e negativos em ambas as propostas de reforma tributária em discussão, a PEC 110/2019, em trâmite no Senado, reúne melhores predicados, seja por conter número maior de proposições, seja por equacionar mais adequadamente o problema da tributação do consumo, com proposta mais abrangente neste particular.

4. CONCLUSÕES

Em síntese do exposto no presente estudo, não se tem dúvida da premente necessidade de reforma do sistema tributário nacional, com ênfase na tributação do consumo. Dois pilares devem conduzir o processo: a) simplificação do ordenamento jurídico tributário, com diminuição significativa do número de tributos a pagar e de obrigações acessórias a cumprir; b) diminuição da carga tributária sobre o consumo, com unificação de tributos e redução da guerra fiscal.

O caminho para se atingir o melhor formato poderá passar por uma fusão das duas Propostas de Emenda Constitucional (PECs) em tramitação no Congresso Nacional, aproveitando-se o que cada qual contém de acertos. Há que se aguardar, ainda, a proposta do governo, que poderá trazer novas modificações, ou simplesmente aperfeiçoar aquelas já em discussão.

A economia brasileira clama por sistema tributário mais racional, menos pródigo em obrigações principais e acessórias, que retome as bases constitucionais da tributação, com plena observância dos princípios da capacidade contributiva e da isonomia, afastamento da tributação cumulativa e dos conflitos tributários entre pessoas políticas.

É a esperança que se renova de tempos melhores no cenário tributário brasileiro.

REFERÊNCIAS BIBLIOGRÁFICAS

BALEEIRO, Aliomar. *Direito Tributário brasileiro*. Atualizado por Misabel Abreu Machado Derzi. 11. ed. Rio de Janeiro: Forense, 2006.

CARVALHO, Paulo de Barros. *Curso de Direito Tributário*. 19. ed. São Paulo: Ed. Saraiva, 1986.

COELHO, Sacha Calmon Navarro. *Curso de Direito Tributário Brasileiro*. 6. ed. Rio de Janeiro: Forense, 2001.

COELHO, Sacha Calmon Navarro. *O Brasil e o tributo*. https://blogdosacha.com.br/coluna opiniao/obrasil-e-o-tributo/

CORREIA NETO, Celso de Barros; NUNES, Fabiano da Silva; ARAÚJO, José Evande Carvalho; SOARES, Murilo Rodrigues da Cunha. *Reforma Tributária: Comparativo da PEC 45/2019 (Câmara) e da PEC 110/2019.* https://www2.camara.leg.br/atividade-legislativa/estudos-e-notastecnicas/publicacoes-da-consultoria-legislativa/fiquePorDentro/temas/sistema-tributario-nacional-jun-2019/reforma-tributaria-comparativo-das-pecs-em-tramitacao-2019.

DERZI, Misabel de Abreu Machado. Pós-modernismo e tributos: complexidade, descrença e corporativismo. *Revista Dialética de Direito Tributário*, nº 100. São Paulo: Dialética. 2004.

FERREIRA FILHO, Manoel Gonçalves. Curso de direito constitucional. 31. ed. rev., ampl. e atual. São Paulo: Saraiva, 2005.

TORRES, Ricardo Lobo. *Tratado de Direito Constitucional Financeiro e Tributário*, volume III; os direitos humanos e a tributação: imunidades e isonomia. 2.ed. Rio de Janeiro: Renovar, 1999.

TRIBUTAÇÃO SOBRE O CONSUMO E FEDERALISMO FISCAL: ANÁLISE CRÍTICA DA EVOLUÇÃO HISTÓRICA COMO CONTRIBUIÇÃO PARA FUTURAS REFORMAS FISCAL E TRIBUTÁRIA

LEONARDO BUISSA FREITAS[1]

GABRIEL BUISSA RIBEIRO DE FREITAS[2]

SUMÁRIO: 1. Noções introdutórias sobre federalismo fiscal e tributação sobre o consumo; 2. A primeira experiência de discriminação constitucional de rendas - Constituição Republicana de 1891; 3. As Constituições de 1934 e 1937 e seus conflitos federativos relativos ao Imposto de Vendas e Consignações; 4. Redemocratização e municipalismo na Constituição de 1946.; 5. A Reforma Tributária da Emenda Constitucional no 18/1965; 6. A Tributação sobre o Consumo na Constituição de 1988; 7. Considerações finais

1. NOÇÕES INTRODUTÓRIAS SOBRE FEDERALISMO FISCAL E TRIBUTAÇÃO SOBRE O CONSUMO

Preliminarmente, convém observar que a evolução do modelo federal de Estado no Brasil seguiu, em linhas gerais, de um federalismo claramente dualista, no limiar da República, seguindo a tendência do federalismo norte-americano, ao federalismo cooperativo, de influência germânica, presente a partir da Constituição de 1934 e que marca a opção jurídica e política do constituinte de 1988.

Além desse aspecto, urge notar a existência do movimento pendular de centralização e descentralização, presente no transcorrer da nossa

---

1 Doutor em Direito Econômico, Financeiro e Tributário pela USP, Professor Adjunto da Universidade Federal de Goiás e Juiz Federal.

2 Mestrando em Direito e Políticas Públicas na Universidade Federal de Goiás, assessor do Tribunal de Contas dos Municípios do Estado de Goiás. Especialista em Direito Civil e Processo Civil.

história, com nítido predomínio do primeiro fenômeno, inclusive em decorrência das poucas experiências efetivamente democráticas vividas pelo País. O modelo de Estado Federal pode seguir, portanto, uma concepção mais centralizada ou descentralizada, sem que, com isso, deixe de estar presente o princípio federativo em si. Optando o constituinte pelo fortalecimento do poder central, do poder federal, tem-se o federalismo centrípeto, conhecido também como federalismo por agregação ou associação. Se, diversamente, o modelo se fixar na preservação do poder estadual, emergirá o federalismo centrífugo ou por segregação, consoante lição de Raul Machado Horta.[3]

Sampaio Dória sentencia que o federalismo não é um conceito estático, amarrado a determinadas coordenadas históricas, mas sensível a flutuações nas estruturas políticas e econômicas de cada nação, modelando o grau de autonomias segundo variáveis ocorrentes em cada etapa de sua história.[4] Assim, o estudo das constantes alterações experimentadas pelo federalismo pátrio demonstra que, quando a Carta Política vigente estabelece a forma federativa de Estado como cláusula pétrea (artigo 60, § 4º, I, CF), isso não significa que o modelo de Federação estabelecido em 1988 é imutável, intocável. O modelo federal não pode ser suprimido. Entretanto, qual modelo melhor serve aos objetivos do país é opção jurídica e política que pode ser tomada, levando em conta aspectos sociais, econômicos, políticos, jurídicos, enfim, vislumbrando a realidade em dado momento histórico.

Nesse contexto, as propostas de alteração da alocação dos impostos sobre o consumo, notadamente a centralização com a adoção do IVA nacional, não afrontam, por si só, a cláusula pétrea do respeito ao Estado Federal, desde que sejam garantidas fontes autônomas de recursos aos entes subnacionais. Com efeito, alocar o imposto sobre o consumo, causador de diretos reflexos no comércio interestadual e internacional, na competência tributária do ente central pode produzir bons frutos para a própria Federação, promovendo o desenvolvimento nacional nos termos do artigo 3º, II, da Constituição, proporcionando a consolidação do mercado interno, considerado patrimônio da nação, como se lê no artigo 219 da Lei Maior.

---

3 HORTA, Raul Machado. *Direito Constitucional*. 2. ed. Belo Horizonte: Del Rey, 1999. p. 304-305.

4 DÓRIA, Antônio Roberto Sampaio. *Discriminação de rendas tributárias*. São Paulo: José Bushatsky, 1972. p. 11.

2. A PRIMEIRA EXPERIÊNCIA DE DISCRIMINAÇÃO CONSTITUCIONAL DE RENDAS - CONSTITUIÇÃO REPUBLICANA DE 1891

Proclamada a República, surge concomitantemente a forma federal de Estado no Brasil e, com ela, o ambiente propício para o efetivo desenvolvimento da discriminação de rendas, ganhando relevo a partilha de competências tributárias entre os entes da recente Federação. Impende, pois, ressaltar que foi apenas no período republicano, com a adoção do modelo federal de Estado, que se encontra, constitucionalmente, a temática da repartição de competências.[5]

A Constituição de 1891 tem claro viés da Constituição norte-americana, sendo, portanto, um federalismo dualista, clássico, com repartição horizontal de competências.[6] Sampaio Dória informa as seguintes características: a) predomínio de tendências centrífugas; b) diminuta cooperação e solidariedade, tendências estanques dos sistemas tributários e obstáculos ao comércio interestadual; c) possibilidade de bitributações jurídicas com a presença de cédula concorrente cumulativa.[7]

Cumpre observar que, na então constituinte houve acirrada discussão sobre soluções financeiras. O ponto central da controvérsia é bem próprio da criação do Estado Federal, em especial de um Estado em transição de regime, ou seja, uma maior ou menor autonomia dos entes subnacionais, a centralização ou descentralização. Observa-se, então, de um lado, a corrente autonomista, liderada por Júlio de Castilhos e a do outro, a tese federalista, capitaneada por Ruy Barbosa e Amaro Cavalcanti, dotando a União de instrumentos tributários independentes e aptos à consecução de suas funções.[8]

Acerca da tributação sobre o consumo, o texto constitucional foi claro na repartição horizontal. O artigo 9º, por exemplo, trazia os tributos de competência estadual e, dentre eles, o imposto sobre indústria e profissões, claramente um tributo a incidir sobre a renda consumida.

---

5 SCHOUERI, Luís Eduardo. Discriminação de competências e competência residual. In: SCHOUERI, Luís Eduardo; ZILVETI, Fernando Aurélio (Coord.). *Direito Tributário:* estudos em homenagem a Brandão Machado. São Paulo: Dialética, 1998. p. 83.

6 ALMEIDA, Fernanda Dias Menezes de. *Competências na Constituição de 1988.* 5. ed. São Paulo: Atlas, 2010. p. 40.

7 DÓRIA, Antônio Roberto Sampaio. *Discriminação de rendas tributárias.* São Paulo: José Bushatsky, 1972. p. 43.

8 DÓRIA, Antônio Roberto Sampaio. *Discriminação de rendas tributárias.* São Paulo: José Bushatsky, 1972. p 51.

No que toca ao ente municipal é interessante notar que o texto constitucional previa estar assegurada a sua autonomia em tudo o que respeitasse o seu particular interesse, consoante se infere do artigo 68. Observa-se, contudo, que a autonomia municipal tinha reduzida significação no campo financeiro, uma vez que a competência tributária municipal era derivada, e não originária, consistindo-se os tributos municipais em meras delegações dos estados.[9] Em decorrência disso, Raquel Machado conclui que os municípios, que sob a vigência da Constituição Imperial possuíam alguma autonomia, tiveram-na praticamente abolida no limiar da República.[10]

Sobre o imposto de indústria e profissões, impende observar que a sua alocação na competência tributária dos estados obedece a uma opção claramente política. Não há razão financeira ou econômica para tanto, o que, de resto, sempre marcou as opções de alocação na tributação sobre o consumo, em que nunca foi utilizado um critério objetivo.

Outro aspecto assaz importante na Constituição em estudo é a questão da competência residual, plasmada no artigo 12 da Constituição ora estudada. Tal dispositivo constitucional permite que a União e os estados, cumulativamente ou não, criem outras fontes de receita. A amplitude da competência concorrente é um reflexo da influência das experiências de outros países americanos, extremamente maleáveis na outorga de competência fiscal[11], especialmente no modelo norte-americano[12], em que a bitributação entre tributos federais e estaduais con-

---

9 MACHADO, Celso Cordeiro Machado. *Limites e conflitos de competência tributária no sistema brasileiro.* Tese apresentada a concurso para provimento da cátedra de Finanças e Direito Financeiro da Faculdade de Direito da UFMG. Belo Horizonte, 1968. p. 88.

10 MACHADO, Raquel Cavalcanti Ramos. *Competência tributária:* entre a rigidez do sistema e a atualização interpretativa. 2013. Tese (Doutorado em Direito Econômico e Financeiro) – Faculdade de Direito, Universidade de São Paulo, 2013. p. 35.

11 DÓRIA, Antônio Roberto Sampaio. *Discriminação de rendas tributárias.* São Paulo: José Bushatsky, 1972. p. 61.

12 MACHADO, Celso Cordeiro Machado. *Limites e conflitos de competência tributária no sistema brasileiro.* Tese apresentada a concurso para provimento da cátedra de Finanças e Direito Financeiro da Faculdade de Direito da UFMG. Belo Horizonte, 1968. p. 88.

vive bem, sem que se extraia qualquer inconveniência dessa situação ao funcionamento da federação.[13]

Digno de nota é o fato de que, mesmo com a competência residual cumulativa, na Constituição de 1891 não havia superposição de impostos sobre matéria econômica substancialmente idêntica[14], fixando no campo das competências privativas fatos distintos.[15] Com isso, vê-se que, apesar da competência concorrente residual cumulativa, a competência impositiva se apresenta rigorosamente autônoma, colimando evitar conflitos federativos, o que militava a favor da construção de um amplo mercado interno, propulsor do desenvolvimento socioeconômico.

Vale ressaltar, ademais, que a competência concorrente em foco foi utilizada para a instituição de importantes impostos para a vida econômica do País.[16] Assim, a União, utilizando-se da competência concorrente, criou o imposto sobre o consumo pela Lei nº 25, em 1891, atualmente imposto sobre produtos industrializados, o imposto sobre vendas e consignações, pela Lei nº 4.625, de 1922, posteriormente transferido aos estados pela Constituição de 1934, e o imposto sobre a renda, estabelecido pela lei nº 4.984, de 1924.[17]

Nota-se, então, que importantes impostos com aspectos multifuncionais, ou seja, fiscais e extrafiscais, advieram da competência concorrente, tal como o imposto sobre o consumo, com sua patente função indutora, aliado ao fato de ter sido, por décadas, o imposto fiscalmente mais rentável para a União.

---

13 SCHOUERI, Luís Eduardo. *Direito Tributário.* 5. ed. São Paulo: Saraiva, 2015. p. 258.

14 DÓRIA, Antônio Roberto Sampaio. *Discriminação de rendas tributárias.* São Paulo: José Bushatsky, 1972. p. 65.

15 SCHOUERI, Luís Eduardo. Discriminação de competências e competência residual. In: SCHOUERI, Luís Eduardo; ZILVETI, Fernando Aurélio (Coord.). *Direito Tributário:* estudos em homenagem a Brandão Machado. São Paulo: Dialética, 1998. p. 84.

16 COSTA, Alcides Jorge. História da tributação no Brasil. In: FERRAZ, Roberto (Coord.). *Princípios e limites da tributação.* São Paulo: Editora Quartier Latin do Brasil, 2005. p. 75.

17 DÓRIA, Antônio Roberto Sampaio. *Discriminação de rendas tributárias.* São Paulo: José Bushatsky, 1972. p. 62.

Em síntese, o que se observa dessa primeira experiência de discriminação de competência tributária no Estado Federal brasileiro é a histórica prática de se pulverizar os impostos sobre o consumo entre os entes políticos.

3. AS CONSTITUIÇÕES DE 1934 E 1937 E SEUS CONFLITOS FEDERATIVOS RELATIVOS AO IMPOSTO DE VENDAS E CONSIGNAÇÕES

Quanto à discriminação constitucional de rendas, observa-se que a Constituição de 1934 apresentou interessantes inovações. Com o advento da Constituição de 1934 confere-se aos municípios certa autonomia financeira, identificada pelo acesso da tributação municipal ao quadro da discriminação constitucional de rendas.[18]

Cumpre sintetizar que essa Lei Magna trouxe, no campo da discriminação de rendas, duas importantes novidades. A primeira foi a atribuição de competência tributária aos municípios, já mencionada, e a segunda a questão da expressa vedação da bitributação, o que destoa totalmente da sistemática preconizada pelo artigo 12 da primeira Constituição republicana, onde a bitributação era a regra.

Observa-se que a partilha das competências tributárias na Constituição de 1934 é rígida, catalogando os impostos das esferas federal, estadual e municipal de forma clara e precisa. Havia, também, repartição do arrecadado pelo imposto estadual de indústria e profissões, nos termos do artigo 8º, § 2º, apresentando, pois, um federalismo de nítido caráter cooperativo, com repartição de receitas tributárias.

Já no que toca o imposto sobre o consumo permaneceu, como visto, na competência da União; porém, o consumo de combustíveis de motor a explosão ficou sob a competência tributária estadual. O imposto de indústrias e profissões, que já era da competência do estado, nela se manteve, mas, consoante o § 2º, do artigo 8º, a arrecadação era repartida, em partes iguais, com os municípios.[19]

Prosseguindo na análise histórica da tributação sobre o consumo nos diversos modelos federais de Estado, urge lembrar que a Constituição de 1934 foi substituída pela de 10 de novembro de 1937, havendo um

---

18 HORTA, Raul Machado. *Direito Constitucional*. 2. ed. Belo Horizonte: Del Rey, 1999. p. 431.

19 HORTA, Raul Machado. *Direito Constitucional*. 2. ed. Belo Horizonte: Del Rey, 1999. p. 89.

movimento nítido de centralização[20], sendo o federalismo ali preconizado somente nominal, uma vez que o sistema era de fato unitário, já que amputadas as autonomias locais pela designação de interventores indicados pelo governo central. No entanto, particularmente quanto ao federalismo fiscal, nota-se que não houve grandes alterações. O centralismo político não foi acompanhado pelo centralismo financeiro, mantendo-se, em linhas gerais, a discriminação de rendas trazida pela inovadora Constituição de 1934.

Cumpre assinalar, ademais, que no período em estudo houve importantes alterações posteriores ao Texto original de 1937. Em 1940, a Lei Constitucional n° 3 vedou que os estados, o Distrito Federal e os municípios tributassem, direta ou indiretamente, a produção e o comércio, inclusive a distribuição e a exportação, de carvão mineral nacional e dos combustíveis líquidos de qualquer origem. Em seguida, a Lei Constitucional n° 4, do mesmo ano, outorgou à União mais um imposto, atribuindo-lhe competência privativa para tributar a produção e o comércio, a distribuição e o consumo, inclusive a importação e a exportação de carvão mineral nacional e dos combustíveis e lubrificantes líquidos de qualquer origem. Assim, dada a esse tributo a característica de imposto único, a incidir sobre cada espécie de produto.[21]

Interessante lembrar que, pela Constituição de 1934, a União tributava o consumo, por meio do chamado imposto sobre o consumo. Entretanto, o consumo de combustíveis de motor a explosão fazia parte da competência dos estados. Sobre essa particularidade, leciona Alcides Jorge Costa que o imposto de vendas e consignações sobre os combustíveis e a energia elétrica era violentamente cumulativo e cobrá-lo das fontes de energia pareceu inconveniente, resultando daí a criação do referido imposto único.[22] Como a energia elétrica não constava da Lei Constitucional n° 4, a solução encontrada foi a edição de um decreto-lei, concedendo isenção do imposto de vendas e

---

20 MORAES, Bernardo Ribeiro de. *Compêndio de Direito Tributário*. v. I., 5. ed. Rio de Janeiro: Forense, 1996. p. 138.

21 DÓRIA, Antônio Roberto Sampaio. *Discriminação de rendas tributárias*. São Paulo: José Bushatsky, 1972. p. 90.

22 COSTA, Alcides Jorge. História da tributação no Brasil. In: FERRAZ, Roberto (Coord.). *Princípios e limites da tributação*. São Paulo: Editora Quartier Latin do Brasil, 2005. p. 78.

consignações nesse caso, em clara invasão da competência tributária dos estados.[23]

Ainda sob a vigência da Constituição de 1937, importa assinalar o advento de instrumentos normativos editados pelo governo central no afã de eliminar ou mitigar conflitos entre os estados no que concerne a operações de vendas interestaduais, tema assaz relevante para a tese que ora se desenvolve. Como relatado anteriormente, a Constituição de 1934 não possuía normas específicas acerca do comércio interestadual, nada obstante a competência estadual para o imposto de vendas e consignações. Pois bem, igualmente omissa, nesse ponto, a Constituição ora em análise, pelo que decidiu o ente central expedir o Decreto-lei nº 915/1938 e o Decreto-lei nº 1.061/1939, que definiam como competente o estado em que se efetuasse a operação de venda ou consignação ou em que estivesse depositada a mercadoria.

Observa-se, portanto, que os conflitos federativos sobre o comércio interestadual não são um tema novo e não advieram, com a chamada guerra fiscal, após a Constituição de 1988, guardando raízes mais profundas, fincadas na estruturação do Estado Federal brasileiro e na equivocada alocação de impostos sobre o consumo na competência tributária dos entes subnacionais.

4. REDEMOCRATIZAÇÃO E MUNICIPALISMO NA CONSTITUIÇÃO DE 1946.

A Constituição de 1946 fixa as bases de um Estado democrático, em que a descentralização e a autonomia dos entes federados retornam ao cenário jurídico-político pátrio. Ressurge com força o federalismo centrípeto adotado pela Constituição de 1934, com o fortalecimento da União como força motriz do desenvolvimento socioeconômico a partir de medidas de intervenção econômica e da promoção de políticas públicas para a diminuição de desigualdades sociais e regionais. Renova o federalismo de cooperação, com especial enfoque no crescimento das hipóteses de transferências intergovernamentais de receitas tributárias, no afã, inclusive, de desenvolver mais as regiões historicamente menos desenvolvidas do País, como o norte e o nordeste. Busca-se, pois, a harmonização interna do desenvolvimento nacional.[24]

---

23 COSTA, Alcides Jorge. História da tributação no Brasil. In: FERRAZ, Roberto (Coord.). *Princípios e limites da tributação*. São Paulo: Editora Quartier Latin do Brasil, 2005. p. 79.

24 BERCOVICI, Gilberto. *Dilemas do Estado Federal brasileiro*. Porto Alegre: Livraria do Advogado Editora, 2004. p. 43.

Nesse contexto, a discriminação constitucional de rendas assume interessante papel, na medida em que, na Constituição de 1946, há um alargamento nas hipóteses de repartição das receitas tributárias e um aumento na competência tributária municipal, no afã de promover a efetiva autonomia financeira dos entes subnacionais.

Impende apreciar os principais aspectos da discriminação de rendas contemplada pelo Texto Constitucional de 1946. Em primeiro lugar, cumpre assinalar que restou mantida a sistemática de tributos privativos, concorrentes e comuns.[25] Quanto à competência privativa, a grande alteração, como se aborda, se encontra no aumento da competência tributária do município, já que ele deixa de ser apenas participante paritário do imposto de indústrias e profissões e se erige à categoria de titular de sua exclusiva cobrança.[26] No tocante à competência concorrente, manteve-se o ideal de se excluir a bitributação jurídica, com um quadro rígido de competências privativas e com uma cédula residual não cumulativa, nos termos do artigo 21. Quanto à competência comum, manteve-se o que já vinha historicamente previsto no atinente às taxas e reeditou-se a contribuição de melhoria, que não fora cogitada no Texto de 1937.

O artigo 19 apresenta os impostos de competência dos estados. O elenco permaneceu praticamente inalterado em relação ao que já constava na Constituição anterior. Como salientado, havia uma clara preocupação do legislador constituinte de 1946 com a situação financeira dos municípios. Com isso, as opções dessa Constituição não agradaram os estados, que reclamaram da perda de receita na nova discriminação de rendas, mas, apesar de seu clamor, a situação terminou ficando ainda pior com a Emenda Constitucional nº 5/1961 que, no afã de fortalecer os cofres municipais, sobrecarregou os estados[27].

Comentando sobre a aventada insuficiência das rendas estaduais, geradora do descontentamento de tais entes, como também do aumento exponencial da arrecadação do imposto de vendas e consignações, a fim de fazer frente às despesas públicas estaduais, pondera Sampaio

---

25 SOUSA, Rubens Gomes de. *Compêndio de Legislação Tributária*. 2. ed. Rio de Janeiro: Edições Financeiras S.A, 1954. p. 137.

26 MACHADO, Celso Cordeiro. *Limites e conflitos de competência tributária no sistema brasileiro*. Tese apresentada a concurso para provimento da cátedra de Finanças e Direito Financeiro da Faculdade de Direito da UFMG. Belo Horizonte, 1968. p. 92.

27 MORAES, Bernardo Ribeiro de. *Compêndio de Direito Tributário*. v. I. 5. ed. Rio de Janeiro: Forense, 1996. p. 146-147.

Dória que os instrumentos tributários entregues aos estados em 1934, e confirmados em 1946, eram excelentes e que as perdas desse último diploma constitucional eram bem pequenas, mas que os estados preferiram o cômodo caminho de majorar os impostos indiretos, particularmente o de vendas e consignações.[28]

De fato, a perda dos estados com a migração da competência tributária para o imposto sobre indústrias e profissões para os municípios pouco refletiu nas contas estaduais, já que, consoante relato de Baleeiro, em 1946, tal imposto representava apenas 7,1% das rendas estaduais, ao passo que o imposto de vendas e consignações era em média de 50%.[29]

A Constituição de 1946 não continha normas específicas acerca do comércio interestadual, sendo aplicadas, em boa parte da sua vigência, as regras dos diplomas legais antes citados, editados no Estado Novo. A novidade trazida pela Carta agora em estudo é a competência da União para legislar sobre normas gerais de direito financeiro (artigo 5º, XV, b). Aqui a importância de se ter um instrumento normativo nacional apto a regular conflitos de competência, colimando proporcionar a harmonização interna, imprescindível para o livre comércio e a consolidação do mercado interno.

Tal norma geral de direito financeiro pode ser visualizada como um antecedente da Lei Complementar em matéria tributária[30], relevante instrumento para se alcançar a harmonização interna, eis que tem como uma de suas precípuas funções dispor sobre conflitos de competência, nos termos do artigo 146, I, a, da Constituição de 1988.

Por fim, o artigo 29 da Constituição passou a prever a competência tributária privativa do município. Desse rol, cabe pinçar a questão da transferência da competência tributária do imposto sobre indústrias e profissões para os municípios, vez que ligado visceralmente ao tema estudado no presente trabalho. Em primeiro lugar, vale notar que a

---

28 DÓRIA, Antônio Roberto Sampaio. *Discriminação de rendas tributárias*. São Paulo: José Bushatsky, 1972. p. 120-122.

29 BALEEIRO, Aliomar. Estados, discriminação de rendas e reforma constitucional. Revista de Direito Administrativo, v. 30, p. 11-16, 17 apud DÓRIA, Antônio Roberto Sampaio. *Discriminação de rendas tributárias*. São Paulo: José Bushatsky, 1972. p. 121.

30 BORGES, José Souto Maior. *Lei Complementar Tributária*. São Paulo: Editora RT/ EDUC, 1975; CRUZ, Diniz Ferreira da. *Lei Complementar em matéria tributária*. São Paulo: José Bushatsky Editor, 1978.

competência tributária para instituir impostos indiretos, potente fonte de receita, era inicialmente só da União e dos estados. Nesse aspecto, não há como negar a vantagem que tal transferência trouxe para o ente local, mas ela não representou significativo aumento na receita auferida, não proporcionando aos municípios a desejada autonomia financeira.

O que se colhe dessa alteração é um sistema que perdura até hoje de alocação nos entes subnacionais, inclusive nos entes locais, da tributação sobre o consumo de bens e serviços, geradora de severos conflitos entre os entes da Federação, que se, por um lado, não beneficia verdadeiramente as finanças das unidades federadas, desarmoniza o mercado e prejudica sobremodo o livre comércio interestadual e internacional, militando contra o desenvolvimento nacional.

5. A REFORMA TRIBUTÁRIA DA EMENDA CONSTITUCIONAL NO 18/1965

Antes de tratar das principais características da Emenda Constitucional nº 18/1965, marco de uma efetiva reforma tributária, impende assinalar alguns aspectos do sistema vigente que demandavam alteração, inclusive para fazer face à realidade econômica de inflação e financeira de déficit público então reinante. Bernardo Ribeiro de Moraes arrola que o sistema da Constituição de 1946 apresentava os seguintes defeitos: a) tributação ampla, com distinções jurídicas que não refletiam qualquer situação econômica; b) empírica discriminação de rendas tributárias, não se originando da análise econômica dos encargos das entidades políticas, colocando em risco o funcionamento econômico e harmônico do regime federativo; c) imposto de exportação na competência dos estados, o que não condiz com o seu papel de instrumento de política monetária e cambial; d) imposto de vendas e consignações com incidência cumulativa, em cascata; e) não se buscava fortalecer o sistema federativo; f) impostos sem finalidade econômica; g) inadequação do sistema aos efeitos inflacionários de então; h) excesso de leis; i) vinculação de boa parte das receitas federais.[31]

Dos defeitos anteriormente apontados, observa-se que a discriminação de rendas não possuía uma racionalidade técnica, havendo sobreposição de tributos economicamente idênticos, o que determinava uma exacerbada pressão fiscal, além de incontáveis conflitos federativos. Ademais, havia a alocação equivocada de tributos, como no caso

---

31 MORAES, Bernardo Ribeiro de. *Compêndio de Direito Tributário*. v. I. 5. ed. Rio de Janeiro: Forense, 1996. p. 150-151.

do imposto de exportação, na competência tributária estadual, o que prejudicava sobremodo a política econômica ligada ao comércio exterior. Releva, ainda, salientar a questão da cumulatividade do imposto sobre vendas e consignações, a onerar excessivamente a produção e o consumo, causando severas distorções econômicas, em manifesto prejuízo à neutralidade, à liberdade concorrencial e à consolidação do mercado.

Detectados os defeitos do sistema tributário de 1946, impende caminhar para a análise das soluções apresentadas pela Emenda Constitucional nº 18/1965. Tal Emenda introduziu uma série de modificações no sistema de discriminação de rendas pátrio, realizando uma reforma tributária na essência, diferenciando-se das Constituições anteriores, que terminavam por repetir, em linhas gerais e com pequenas e pontuais alterações, o que já restava estipulado. Ademais, o sistema anterior elencava nominalmente um conjunto de impostos, que muitas vezes não se diferenciava na substância econômica, partilhando-os entre os entes da Federação, o que não raro causava bitributações econômicas, situação ocorrida com frequência na tributação sobre o consumo.

Visando evitar tais sobreposições tributárias, foi idealizado um sistema de classificação de impostos utilizando-se uma nomenclatura fundamentada em base econômica, e não mais jurídica. Essa é a diferença ontológica do novo sistema com o que até então era realizado. Ademais, acreditava-se que, com a classificação dos impostos em categorias econômicas, se extinguiria a possibilidade de criação de novos impostos, tanto que o artigo 5º da Emenda Constitucional nº 18/1965 suprimiu a competência residual ao estabelecer que os impostos componentes do sistema tributário nacional são exclusivamente os que dela constam, com as competências e limitações nela previstas.[32]

Vale observar que algumas alterações na alocação dos tributos na Federação são dignas de nota. A primeira é a transferência do imposto de exportação dos estados para a União, objetivando uniformizar e fomentar o comércio internacional. Ora, a centralização dos impostos sobre o comércio exterior contribui sobremodo para que o ente federado possa realizar a contento a sua tarefa de induzir economicamente

---

32 SCHOUERI, Luís Eduardo. Discriminação de competências e competência residual. In: SCHOUERI, Luís Eduardo; ZILVETI, Fernando Aurélio (Coord.). *Direito Tributário:* estudos em homenagem a Brandão Machado. São Paulo: Dialética, 1998. p. 86-87.

tais relações de troca, permitindo, então, que a competência tributária siga a competência material, de regular e fomentar o comércio, atribuição que, nas Federações, é usualmente do poder central.

Em substituição ao imposto sobre o consumo, foi criado o imposto sobre produtos industrializados, de competência da União, e no lugar do imposto de vendas e consignações foi instituído o imposto sobre circulação de mercadorias. Em ambos os casos, a Emenda deu-lhes caráter de não cumulativo, técnica que já vinha sendo utilizada no imposto sobre o consumo, mas até então desconhecida na órbita estadual, no imposto de vendas e consignações.

A opção da Emenda Constitucional nº 18/1965 pela tributação sobre o consumo plurifásica e não cumulativa, no IPI e no ICM, seguiu a tendência mundial sobre o tema. A tributação plurifásica e não cumulativa se apresenta produtiva, prática e neutra, promovendo um ambiente de liberdade e desenvolvimento, de competitividade e integração regional.

Nada obstante as nítidas vantagens da adoção do imposto sobre o consumo plurifásico não cumulativo, impende observar que a sua adoção, no sistema constitucional tributário pátrio, não teve a amplitude horizontal semelhante ao que se deu na Europa. Isso porque, no lugar do imposto de indústrias e profissões, adveio o imposto sobre serviços de qualquer natureza que, embora sobre o consumo de serviços, ficou como cumulativo, em sentido diverso dos demais impostos sobre o consumo, o que perdura até os dias de hoje. Vale notar que, além do imposto em si ser cumulativo, ele termina por gerar cumulatividade entre impostos, já que o imposto sobre serviços entra na base de cálculo do imposto de circulação de mercadorias.

A grande novidade quanto a tributação sobre o consumo no Estado Federal é a substituição do imposto sobre vendas e consignações pelo imposto sobre a circulação de mercadorias. Em primeiro lugar, urge notar a preocupação com o reflexo econômico de tal imposto, em especial com a incidência no comércio interestadual. Nesse sentido, o § 1º do artigo 12 da Emenda fixa que a alíquota do imposto é uniforme, não excedendo, nas operações destinadas a outro estado, os limites estabelecidos em resolução do Senado Federal, nos termos do disposto em lei complementar. Nesse dispositivo, constata-se a tentativa de uniformização e centralização do sistema, a fim de evitar os históricos conflitos federativos. A solução de remeter às resoluções do Senado e à lei complementar a fixação de limites e bases para a tributação sobre o consumo, especialmente no comércio interestadual, permanece no sistema ora vigente. Cabe ponderar que a reforma tributária, por meio de leis complementares e resoluções do Senado Federal, deu mais unidade ao sistema tributário, evitando choques de interesses entre as unidades da Federação.[33]

Além do mais, vê-se que houve um alargamento da hipótese de incidência, já que o novo imposto alcançava todas as modalidades de circulação das mercadorias, e não apenas aquelas realizadas sob a forma do negócio jurídico da venda ou consignação, o que ensejou um exponencial incremento nas receitas estaduais. O ICM serviu, então, para aumentar substancialmente a arrecadação estadual.[34]

6. A TRIBUTAÇÃO SOBRE O CONSUMO NA CONSTITUIÇÃO DE 1988

Na Constituição vigente, a competência tributária manteve repartição de forma rígida e sistemática, prevalecendo a competência exclusiva ou reservada, não adotando um modelo de competências tributárias concorrentes, com o fim de fortalecer o poder, até mesmo político, das unidades federativas, favorecendo a harmonização e o equilíbrio na relação entre os entes políticos no Estado Federal.[35] A técnica de repartição das competências tributárias pretendeu, portanto, proporcionar autonomia financeira, ao mesmo tempo em que possibilitava a harmonização interna, já que a fixação de competências privativas, explícitas e rígidas teria o poder de evitar a proliferação de conflitos entre unidades federativas, efeito bastante comum do modelo federal de Estado.

Observando a repartição de competências no que tange aos impostos, facilmente se percebe que não houve, na Constituição em estudo, significativa inovação, tendo o texto praticamente repetido os impostos já existentes, com pontuais novidades e algumas alterações na partilha de competência. Como já salientado, o constituinte de 1988 teve grande preocupação com a autonomia financeira dos entes subnacionais, pelo que realizou certas modificações na competência tributária no afã de conferir-lhe mais efetividade.

---

33 MORAES, Bernardo Ribeiro de. *Compêndio de Direito Tributário*. v. I. 5. ed. Rio de Janeiro: Forense, 1996. p. 156.

34 DÓRIA, Antônio Roberto Sampaio. *Discriminação de rendas tributárias*. São Paulo: José Bushatsky, 1972. p. 174 e 176.

35 ELALI, André. *O federalismo fiscal brasileiro e o sistema tributário nacional*. São Paulo: MP Editora, 2005. p. 44.

Nesse sentido, o aumento das hipóteses de incidência do ICMS, incrementando sobremodo a competência impositiva estadual, uma vez que se passou a tributar, com tal imposto, combustíveis, minerais, lubrificantes e energia elétrica, que antes eram da competência federal, por intermédio do chamado imposto único, como também o serviço de comunicação e de transporte interestadual e intermunicipal, pertencente outrora à União.

Especificamente quanto à discriminação de competências tributárias dos impostos sobre o consumo, vale notar terem sido atendidos aspectos históricos e pressões políticas, diagnosticando Schoueri que a discriminação de competências de 1988 não decorreu de uma análise lógico-racional da realidade econômica.[36] Em artigo escrito no transcurso da Assembleia Constituinte, Luiz Mélega sustenta que o sistema do anteprojeto da Comissão de Sistematização apresenta receitas tributárias distribuídas com absoluta falta de critério e desatenção aos princípios que informam os poderes de tributar e de regular. Conclui, pois, que o constituinte não estimou a necessidade de se incluir os impostos de função regulatória na competência do ente a quem compete o poder de regular.[37]

A falta da opção lógica e racional pelo constituinte de 1988 reflete diretamente no sistema tributário, financeiro e econômico hodierno, na medida em que a proliferação de conflitos federativos desestabiliza a imprescindível harmonia interna, influenciando negativamente no livre comércio interestadual e na integração ao comércio internacional, como também desnaturando a intervenção estatal por indução que, ao invés de ser capitaneada pelo ente central, termina por ser conduzida pelos entes subnacionais, numa multiplicação assistemática de políticas de desenvolvimento que terminam por conduzir a um crescimento desordenado e conflituoso.

A escolha do legislador constituinte separando o IPI (Imposto sobre Produtos Industrializados) para a União, o ICMS (Imposto sobre a Circulação de Mercadorias e Prestação de Serviços de Transporte Interestadual e Intermunicipal e de Comunicação) para os estados e o ISS (Imposto sobre Serviços de qualquer Natureza) para os municípios não encontra respaldo científico no federalismo fiscal e na

---

36 SCHOUERI, Luís Eduardo. *Direito Tributário*. 5. ed. São Paulo: Saraiva, 2015. p. 248.

37 MÉLEGA, Luiz. O poder de tributar e o poder de regular. *Revista Direito Tributária Atual*, São Paulo: IBDT/Resenha Tributária, v. 7/8, p. 1809-1811, 1987/1988.

doutrina acerca da repartição constitucional de competências tributárias. Tal divisão atende unicamente a uma opção política do legislador, ainda que objetivando conferir mais autonomia financeira aos entes subnacionais.Nesse tema, relata Sacha Calmon Navarro Coêlho que os estados-membros estavam acostumados a tributar o comércio das mercadorias (IVC), a União, a produção de mercadorias industrializadas (imposto de consumo), e os municípios, os serviços (indústrias e profissões).[38]

Outrossim, a rígida repartição de competências tributárias nos impostos sobre o consumo, levando em consideração distintos fatos geradores, teria como vantagens assegurar a autonomia dos entes parciais e evitar os conflitos de competência[39], uma vez que não haveria, no plano lógico-jurídico, qualquer possibilidade de surgirem conflitos[40], visto que as materialidades estariam previamente definidas no texto da Constituição. Todavia, não é bem isso que se extrai da observação simples e objetiva da realidade brasileira. Não se pode perder de vista que, sem embargo da partilha constitucional de competências tributárias, os entes federados, em sua esmagadora maioria, terminam por não possuir autonomia financeira[41], ficando na dependência de transferências intergovernamentais, voluntárias ou obrigatórias, vinculadas ou não vinculadas para a consecução das suas finalidades constitucionais.

Por outro lado, o objetivo de se evitar o conflito por intermédio da partilha de competências tributárias igualmente não vem sendo alcançado. Não raro, um ente federado termina por exercer seu poder de tributar além dos lindes definidos pelo texto constitucional, transbordando da sua esfera de competência. O detalhamento determinado na Constituição não tem o condão de evitar, de modo absoluto, os conflitos, mesmo porque, se assim fosse, qual seria a razão pela qual o cons-

---

38 COÊLHO, Sacha Calmon Navarro. *Comentários à Constituição de 1988:* sistema tributário. 4. ed. Rio de Janeiro: Forense, 1992. p. 221.

39 HORVATH, Estevão. Conflito de competência (IPI, ICMS, ISS, ETC.). In: DERZI, Misabel Abreu Machado (Coord.). *Competência tributária:* XV Congresso Internacional de Direito Tributário da Associação Brasileira de Direito Tributário – ABRADT – em homenagem ao Professor e Jurista Alberto Pinheiro Xavier. Belo Horizonte: Del Rey, 2011. p. 229.

40 CARRAZZA, Roque Antônio. *Curso de Direito Constitucional Tributário.* 22. ed. São Paulo: Malheiros, 2006. p. 906.

41 ELALI, André. *O federalismo fiscal brasileiro e o sistema tributário nacional.* São Paulo: MP Editora, 2005. p. 104-105.

tituinte indica, desde logo, os critérios para resolver tais contendas, indaga com perspicácia Raquel Machado.[42]

Esse indesejável fenômeno, que milita contra a harmonização interna almejada pelo federalismo fiscal, surge basicamente em duas situações: i) nos conflitos decorrentes do aspecto material da hipótese de incidência, em que há uma zona cinzenta onde surge a dúvida sobre qual a atividade econômica prepondera, causando certa confusão entre as materialidades do IPI, do ICMS e do ISS; ii) nos conflitos gerados pela competição tributária entre os entes federados, a conhecida "guerra fiscal", existente corriqueiramente no ICMS, gerando infindáveis conflitos entre os estados-membros, mas também presente no ISS, imposto cumulativo de competência municipal.

Por fim, vale observar as alterações substanciais trazidas pela Emenda Constitucional n. 87/2015. Esta Emenda cuida do comércio interestadual, alterando os incisos VII e VIII do § 2º do artigo 155 da Constituição, ora em estudo. Foi apelidada de emenda do comércio eletrônico pois veio como consequência das controvérsias surgidas do e-commerce em operações interestaduais. Pela sistemática anterior, estudada acima, quando a operação interestadual se destinava a consumidor, não contribuinte, a alíquota que se aplicava era a interna do Estado de origem. Ora, como no comércio eletrônico as grandes empresas ficam no eixo Rio-São Paulo o ICMS era devido precipuamente nestes dois Estados da Federação, em prejuízo dos Estados consumidores.

A EC 87/2015 objetiva então resolver este problema, proporcionando uma harmonização interna no nosso pacto federativo. Apesar do apelido, os dispositivos alterados pela EC 87/15 não cuidam somente de comércio eletrônico. Complementando tal regra, a Emenda trouxe o art. 99 do ADCT que estabelece uma regra de transição, passando gradualmente a diferença de alíquota, de forma que fica 100% para o destino a partir de 2019. A sistemática trouxe benefícios para os Estados de destino (consumidores), normalmente mais fracos em relação aos Estados produtores.

---

42 MACHADO, Raquel Cavalcanti Ramos. *Competência tributária:* entre a rigidez do sistema e a atualização interpretativa. 2013. Tese (Doutorado em Direito Econômico e Financeiro) – Faculdade de Direito, Universidade de São Paulo, 2013. p. 42.

7. CONSIDERAÇÕES FINAIS

Analisando a evolução histórica do federalismo brasileiro, observa-se ser plenamente adequada a festejada assertiva do professor Alcides Jorge Costa de que o Brasil é uma federação em busca de um modelo.[43] José Alfredo Baracho salienta que, desde a Constituição de 1891, as nossas sucessivas Leis Fundamentais têm sido marcadas pela Federação, mas o seu funcionamento está sempre a merecer constantes reparos[44], encontrando-se o Estado Federal sob reiteradas alterações, principalmente com a tendência ao fortalecimento do poder central no federalismo cooperativo, em que a postura diretiva e interventiva do ente central corriqueiramente se manifesta.

Ademais, o escorço histórico, realizado de forma analítica e crítica, serve para demonstrar que a tributação sobre a renda consumida, vem sofrendo influência de interesses parciais, setoriais e regionais, mais ligados à sua produtividade e praticidade, pouco se importando com a neutralidade tributária, princípio inerente à tributação sobre o consumo e que poderia proporcionar a liberdade concorrencial preconizada pela ordem constitucional econômica e, por conseguinte, o incremento das relações de troca, num ambiente propício ao desenvolvimento nacional.

Com isso, nota-se que a tributação sobre o consumo, longe de induzir o país ao desenvolvimento com diminuição de desigualdades regionais e sociais, tem sido causa de constantes conflitos entre os entes federativos, causando desarmonia interna, o que reflete em óbice quase instransponível ao desenvolvimento socioeconômico.

Com esse artigo, espera-se que a observação crítica de toda a evolução da tributação sobre o consumo no Federalismo Fiscal pátrio possa efetivamente jogar luz sobre o acalorado debate sobre a agenda de reformas, notadamente a fiscal e a tributária.

---

43 ELALI, André. *O federalismo fiscal brasileiro e o sistema tributário nacional*. São Paulo: MP Editora, 2005. p. 7.

44 BARACHO, José Alfredo de Oliveira. *Teoria geral do Federalismo*. Belo Horizonte: FUMARC/UCMG, 1982. p. 187.

CRISE FINANCEIRA DO ESTADO E A RESPONSABILIDADE FISCAL SOLAPADA

LICURGO JOSEPH MOURÃO DE OLIVEIRA[1]

ARIANE SHERMAM[2]

SUMÁRIO: 1. Os efeitos do Pacto federativo sobre a situação econômica do Estado de Minas Gerais

1. OS EFEITOS DO PACTO FEDERATIVO SOBRE A SITUAÇÃO ECONÔMICA DO ESTADO DE MINAS GERAIS[3]

A efetivação dos objetivos fundamentais da República Federativa brasileira depende de arranjos políticos e jurídicos que fomentem a cooperação, ao mesmo tempo em que promovam a distribuição equânime de competências e encargos, como os de garantir o desenvolvimento nacional, erradicar a pobreza e a marginalização e reduzir as desigualdades sociais e regionais (CR/88, art. 3º, incisos II e III).

---

1 Doutor em Direito Econômico, Financeiro e Tributário pela Universidade de São Paulo (USP), Professor, Escritor e Palestrante, Certified Compliance & Ethics Professional International – CCEP-I, pela SCCE (USA), Conselheiro substituto do TCE-MG; realizou extensões na Hong Kong University, HKU; na California Western School of Law; na Université Paris 1 Pantheon-Sorbonne; na The George Washington University; na Fundação Dom Cabral; na Universidad del Museo Social Argentino. Mestre em Direito Econômico (UFPB), pós-graduado em Direito Administrativo, Contabilidade Pública e Controladoria Governamental (UFPE).

2 Doutoranda em Direito e Administração Pública pela UFMG. Mestre em Direito e Administração Pública pela UFMG. Assessora de Conselheiro no Tribunal de Contas do Estado de Minas Gerais. Advogada.

3 Este artigo foi escrito com a colaboração dos seguintes servidores do Tribunal de Contas do Estado de Minas Gerais: Simone Adami, Josiane Velloso, Adilson Duarte da Costa e Renato Mimessi.

Enquanto a União concentra competências legislativas e arrecadatórias, os demais entes federativos, mais próximos da população, concentram os encargos maiores de concretização das políticas, ações e serviços voltados ao cidadão.

Isso tem ocasionado desequilíbrios que acabam por ferir o pressuposto básico do federalismo, que é a justa harmonia entre autonomia e interdependência. Esses desequilíbrios podem ser verificados quando existe um descompasso entre competências administrativas (deveres) e recursos financeiros, ou seja, entre encargos e capacidade para custeá-los.

Além da expansão da base tributária de forma unilateral pela União, a crise financeira atualmente vivenciada pelos Estados decorre, em grande parte, de políticas do Governo Federal que geram significativa queda nas receitas arrecadadas pelos demais entes. Podemos exemplificar com a desoneração dos produtos primários e semielaborados nas exportações, operacionalizada pela Lei Kandir (Lei Complementar n. 87, de 1996), posteriormente confirmada pela Emenda Constitucional n. 42, de 2003, em que a União se comprometeu (embora não o tenha feito) a compensar a perda dos Estados decorrente da desoneração do principal imposto estadual – o ICMS.[4]

Com relação à renúncia de receitas ocorrida em 2018, verifica-se que o total desonerado atingiu R$13,955 bilhões, correspondendo a 70,5% do déficit orçamentário fiscal de R$19,711 bilhões, superando em 26,61% o valor orçado na Lei Orçamentária Anual – LOA,[5] portanto inferior ao verificado no exercício de 2017, de R$17,765 bilhões, que chegou a superar em 81,86% o déficit orçamentário fiscal naquele exercício, de R$9,676 bilhões, e 20,34% do valor orçado na LOA em 2017. Portanto, verifica-se em 2018 uma redução de 13,87% na participação da renúncia de receitas no déficit orçamentário.

Em que pese a LDO de 2018 ter apresentado o Anexo de Metas Fiscais com o Demonstrativo da Estimativa e Compensação da Renúncia de Receita (art. 4º, § 2º, V, da LRF), não foram indicadas as medidas a serem tomadas a fim de compensar a renúncia prevista, con-

---

4 BATISTA JÚNIOR, Onofre Alves; MARINHO, Marina Soares. Do federalismo de cooperação ao federalismo canibal: a Lei Kandir e o desequilíbrio do pacto federativo. *Revista de Informação Legislativa,* v. 55, n. 217, p. 157-180, jan./mar. 2018. Disponível em: <http://www12.senado.leg.br/ril/edicoes/55/217/ril_v55_n217_p157>. Acesso em: 15 jul. 2018.

5 TCEMG. *Relatório sobre macrogestão e contas do Governador do Estado de Minas Gerais,* exercício de 2018. Tabela 65, p. 117, Balanço Orçamentário, p. 332.

forme as instruções constantes do Manual de Demonstrativos Fiscais da Secretaria do Tesouro Nacional – STN.

Verifica-se, ainda, conforme tabela abaixo, que a renúncia fiscal realizada em 2018 é superior às despesas com saúde e educação, considerando-se sua participação relativa quando na comparação com diversos outros itens de receita e despesa, senão vejamos:

Tabela 1 – Impacto das Renúncias de Receitas nas Receitas e Despesas em 2018[6]
Valor Efetivado de R$13.955, em bilhões

Descrição	%
Renúncias x Receita Tributária [R$63.415]	22,01
Renúncias x Receita Corrente [R$ 82.783]	16,86
Renúncias x Despesa Corrente [R$79.684]	17,51
Renúncias x Despesa com ASPS [R$5.119]	272,61
Renúncias x Despesa com MDE [R$11.461]	121,75
Total das Renúncias x Despesa de Pessoal [R$51.777.136]	26,95

Fonte: Relatórios Técnicos CFAMGE – 2015 a 2018 – Tabela 65, p. 117.

Na análise das contas do governo de Minas Gerais relativas ao exercício de 2017, entendemos pela urgente necessidade de o setor técnico competente, no âmbito do Poder Executivo estadual, apresentar estudo aprofundado, em um prazo de até 180 (cento e oitenta) dias, quanto: **a**) à extensão do crescimento expressivo do déficit orçamentário e das perdas arrecadatórias impostas ao Estado; **b**) aos benefícios efetivos do instituto das renúncias das receitas concedidas e das medidas concretas, que possibilitem avaliar o impacto de cada modalidade de renúncia fiscal na economia; **c**) à promoção de controles dos resultados socioeconômicos alcançados em potencial, inclusive os registros contábeis necessários à transparência e à análise sistêmica e autônoma dos impactos decorrentes.

Reputamos importantíssimo o aprofundamento desse tema, porquanto a análise da política tributária envolve relevantes aspectos voltados às políticas sociais. Até que ponto é possível implementar programas de incentivos fiscais e de renúncias de receitas sem que tal proceder interfira na capacidade econômica do Estado?

---

6 MINAS GERAIS. Tribunal de Contas de Minas Gerais. Coordenadoria de Fiscalização e Avaliação da Macrogestão Governamental do Estado. *Relatório sobre a Macrogestão e Contas do Governador do Estado de Minas Gerais* – Exercício 2018. Processo n. 1066559 (Balanço Geral do Estado). Belo Horizonte, 2019. p. 117.

Entendemos que é contraditório que, num momento de insuficiência de arrecadação, os Estados, de maneira geral, embora precisando de receitas, abram mão de parcela significativa dessas receitas através de renúncia fiscal, sem saber precisamente os benefícios advindos dessa renúncia.

Observa-se que, quando do Diagnóstico da Situação Fiscal de Minas Gerais, efetivado pela Secretaria do Tesouro Nacional em março de 2019,[7] as renúncias de receitas foram objeto de detida análise, tanto na vertente de benefícios gerados, como o Programa Regularize, quanto na da representatividade do volume de renúncias nas finanças do Estado. Indo além, o estudo da STN faz uma projeção de novas renúncias estimadas, para o período de 2019 a 2021, conforme se demonstra abaixo, *in verbis*:

[...]

Segundo as projeções de renúncias fiscais explanadas no anexo de metas fiscais da Lei de Diretrizes Orçamentárias (LDO) de 2019 do Estado de Minas Gerais, no exercício de 2019 o montante anual de renúncias é de R$ 6,1 bilhões, o que corresponde a 12,31% da previsão de Receita de ICMS e a 9,49% do total da previsão da Receita Tributária estimada para o exercício. A maior parte, R$ 4,6 bilhões, se refere à créditos presumidos de ICMS.

Com relação às novas renúncias tributárias, serão concedidas R$ 45,8 milhões em manutenções e redução de base de cálculo em ICMS, ou 0,09% do ICMS projetado para o ano.

Tabela 2 – Resumo de Renúncia Total Estimada – 2019 a 2021 (R$ milhões correntes)

Grupo	2019	2020	2021	% do ICMS	% da Receita Tributária	% da Receita Corrente
Novas Renúncias	46	48	51	0,10%	0,10%	0,10%
Renúncias Consolidadas	6.152	6.383	6.788	12,30%	9,50%	6,70%
Total de Renúncias	**198**	**431**	**839**	**40%**	**60%**	**80%**

Fonte: Elaboração própria com base na Lei de Diretrizes Orçamentárias – LDO 2019.

A transferência de recursos públicos às empresas privadas, por intermédio de incentivos fiscais, implica reciprocidade, cujos beneficiários diretos devem ser, essencialmente, o próprio Estado e a sociedade. Conquanto grande parte desse fenômeno independa do Estado, uma

---

7 BRASIL. Secretaria do Tesouro Nacional. *Diagnóstico da Situação Fiscal de Minas Gerais*. Disponível em: ttps://www.tesourotransparente.gov.br/publicacoes/relatorio/plano-de-recuperacao-fiscal-do-estado-de-minas-gerais/publicacao-2019-06-03-8486326943. Acesso em: 8 out. 2019. p. 27.

vez que o poder regulatório fiscal está concentrado na União, a exemplo dos efeitos provocados pela Lei Kandir, é urgente que os efetivos resultados gerados pela renúncia fiscal sejam transparentes para a sociedade, que indiretamente a concede.

Conforme define o artigo 14, § 1º, da Lei de Responsabilidade Fiscal – LRF (Lei Complementar n. 101/2000), a Renúncia de Receita compreende anistia, remissão, subsídio, crédito presumido, concessão de isenções em caráter não geral, alteração de alíquota ou mudança da base de cálculo que implique redução discriminada de tributos ou contribuições, e outros benefícios que correspondam a tratamento diferenciado. Também a LRF, no art. 4º, § 2º, V, estabelece a vinculação, ao projeto da Lei de Diretrizes Orçamentárias – LDO, do Anexo de Metas Fiscais contendo a estimativa e compensação da renúncia de receitas.

Lado outro, a Constituição Mineira, em seu art. 146, XI, possibilita a concessão, pelo Estado, na forma de lei complementar federal, de isenções, incentivos e benefícios fiscais.

Para a evidenciação de tais renúncias, determina o art. 157, § 1º, VII, da Carta Mineira, que a LOA apresente demonstrativo específico, de forma regionalizada, dos efeitos sobre receitas e despesas decorrentes de isenções, remissões, subsídios e benefícios de natureza financeira, tributária e creditícia.

A Lei n. 22.626, de 28 de julho de 2017, que trata da Lei de Diretrizes Orçamentárias – LDO, apresentou o Anexo de Metas Fiscais com o Demonstrativo da Estimativa e Compensação da Renúncia de Receita, exigido pela LRF em seu art. 4º, § 2º, V. No entanto, cabe registrar a ausência de coluna própria para indicar as compensações, conforme instrui o Manual de Demonstrativos Fiscais da STN, na qual devem ser inseridas as medidas a serem tomadas a fim de compensar a renúncia de receita prevista; porém, verifica-se que as adequações foram efetuadas, mas somente para o exercício de 2019.

A LDO estimou R$9,991 bilhões, o que corresponde a 21,6% da receita de ICMS prevista, da ordem de R$46,255 bilhões. Estão inseridas nesse total as desonerações da Lei Kandir, R$6,098 bilhões; a concessão de créditos de ICMS nas exportações de produtos industrializados, R$630,441 milhões; e o Simples Nacional, R$3,263 bilhões.

Por sua vez, as perdas previstas pela LOA, advindas dos benefícios heterônomos, perfazem R$6,778 bilhões, inferiores à da LDO em 32,16%, sendo a Lei Kandir responsável pela perda de R$5,941 bilhões, equivalente a 87,65%, calculadas com base na metodologia do Protocolo de ICMS 69/08, que trata dos coeficientes de participação das unidades federadas nos recursos orçamentários destinados a compensar o ICMS desonerado nas exportações de produtos primários e semielaborados e os créditos de ICMS decorrentes de aquisições destinadas ao ativo permanente de fomento às exportações.

Assim sendo, como visto, **o total das perdas com a renúncia de receitas ficou bem próximo dos 14 bilhões de reais, superando em 26,62% a previsão da** LOA e, apesar de as novas renúncias terem se efetivado aquém do orçado e os benefícios heterônomos terem ficado no patamar previsto, as renúncias consolidadas ficaram muito além da estimativa, quase 80% maior, chegando a ultrapassar os R$7 bilhões, como demonstrado na tabela a seguir:

Tabela 3 – Renúncia de Receita Prevista na LOA e a Efetivada no exercício de 2018[8]

Modalidade Tributo	2018		
	Previsto na LOA (I)	Efetivado (II)	Diferença (III) = (II) – (I)
Benefícios Heterônomos (*)	**719.088**	**664.812**	**-54.276**
- Lei Kandir - Perdas após ressarcimento	5.941.495	5.749.109	-192.386
- Simples Nacional	777.593	915.703	138.110
- Aproveitamento Crédito ICMS – Exportaç. de Ind	-	-	-
Renuncias Consolidadas	**035.005**	**107.179**	**072.174**
- ICMS	3.940.529	6.517.679	2.577.150
- IPVA	94.476	554.529	460.053
- ITCD	-	31.898	31.898
- TAXAS	-	3.073	3.073
Novas Renúncias	**436**	**977**	**-84.459**
- ICMS	267.436	182.977	-84.459
- IPVA	-	-	-
- ITCD	-	-	-
- TAXAS	-	-	-
TOTAL DAS RENÚNCIAS	**021.529**	**954.968**	**933.439**

(*) Proveniente dos **benefícios tributários** concedidos por **interesse de política nacional** e aprovados por **legislação de competência da União**, conforme esclarecimento constante do Relatório Técnico CFAMGE, p. 109/110.

---

8 MINAS GERAIS. Tribunal de Contas de Minas Gerais. Coordenadoria de Fiscalização e Avaliação da Macrogestão Governamental do Estado. *Relatório sobre a Macrogestão e Contas do Governador do Estado de Minas Gerais* – Exercício 2018. Processo n. 1066559 (Balanço Geral do Estado). Belo Horizonte, 2019. p. 117.

Fonte: Relatório Técnico CFAMGE 2018 – Tabela 65, p. 117. Adaptado pelo Gabinete do Conselheiro Substituto Licurgo Mourão.

Dada a importância, nas contas públicas, dos vultosos recursos relacionados com as renúncias de receitas e a manutenção de um regime de concessão incompatível com a grave crise financeira, **entendemos que cabe ao Governo do Estado de Minas Gerais apresentar relatório de auditoria relativo aos benefícios efetivos das renúncias de receitas concedidas, com a previsão de medidas concretas para a sua drástica redução, avaliando o impacto de cada modalidade de renúncia fiscal na economia.**

Não obstante a competência privativa do Senado Federal para avaliação do sistema tributário, o controle da aplicação das subvenções e das renúncias de receitas insere-se nas competências das Cortes de Contas, nos ditames do artigo 70 da CR/88.

Consideradas essas competências do Senado e dos Tribunais de Contas, verifica-se que há uma complementaridade de fiscalização e avaliação sobre o sistema tributário. Enquanto aquele possui competência avaliativa e deverá ser informado de questões importantes e munido dos dados coletados em inspeções dos Tribunais de Contas, estes, responsáveis pela fiscalização financeira, orçamentária e contábil, deverão ser comunicados pelo Poder Legislativo quando este, em sua avaliação, verificar fato passível de julgamento e punição na esfera de competência do controle externo.[9]

Sobre essa competência dos Tribunais de Contas, no que toca ao sistema tributário, vale observar a jurisprudência do Tribunal de Contas da União – TCU,[10] que revela que não há competência dos Tribunais para a avaliação de fatos individuais relativos ao lançamento de tributo, decadência e prescrição tributárias e inscrição de crédito tributário em dívida ativa. Por outro lado, o TCU já desempenha, embora não periodicamente, a atuação sobre questões de lançamento, decadência, prescrição e inclusão em dívida ativa, não estando excluída a competência fiscalizatória como um todo sobre o sistema tributário, podendo o TCU ter "ingerência fiscalizatória sobre a previsão, o lançamento, a arrecadação e o recolhimento de tributos federais, podendo realizar

---

9 MOURÃO, Licurgo; SHERMAM, Ariane; SERRA, Rita Chió. *Tribunal de Contas democrático*. Belo Horizonte: Fórum, 2018. p. 149.

10 BRASIL. Tribunal de Contas da União. Acórdão n. 2105/2009. Plenário. Relator Min. André Luís de Carvalho. Disponível em: www.tcu.gov.br/.../judoc%5CAcord%5C20090430%5C009-326-2008-0-AUD-ALC.rtf. Acesso em: 21 nov. 2018.

seu mister por meio de levantamentos, auditorias, inspeções, acompanhamentos e monitoramentos".[11]

Neste ponto, é importante ressaltar dois aspectos: os efeitos nefastos das perdas arrecadatórias impostas aos Estados e a omissão da União em proceder à fixação dos critérios de repasses das compensações decorrentes da Lei Kandir, conforme decisão da Suprema Corte do País.

Fica plasmada, ao nosso sentir, a omissão da União Federal em regulamentar a importantíssima recomposição das receitas do Estado, não só de Minas Gerais, mas também de todos os Estados produtores e exportadores, em face das perdas advindas da Lei Kandir.

Os dados divulgados pelo IBGE demonstram que, após uma retração expressiva do Produto Interno Bruto – PIB brasileiro, em 2015 e 2016, da ordem de 3,5% e 3,3%, respectivamente, houve uma pequena reação em 2017 e 2018, tendo totalizado 6,8 trilhões nesse último exercício, o que representou variação positiva de 0,3% no PIB *per capita*, em 2018.[12]

Já no plano estadual, conforme estudos da Fundação João Pinheiro,[13] o PIB de Minas Gerais apresentou crescimento de 0,2% na comparação do quarto trimestre de 2018 com o terceiro trimestre do mesmo ano, levando-se em consideração a série com ajuste sazonal. Na comparação com igual período de 2017, houve avanço do PIB de 1,1% no último trimestre do ano, seguindo a elevação do PIB nacional. Em valores correntes, o PIB no quarto trimestre de 2018 alcançou R$ 156 bilhões.

Com esse panorama, Minas Gerais teve um dos piores PIBs do Brasil no exercício de 2018, ocupando a 25ª posição no ranking de maiores crescimentos, ficando à frente apenas dos Estados do Rio Grande do Sul e do Rio de Janeiro.

Além do demonstrado, Minas Gerais apresenta déficits orçamentários recorrentes nos últimos exercícios, acumulando o valor de R$36,2

---

11 BRASIL. Tribunal de Contas da União. Acórdão n. 272/2014. Plenário. Relator Min. Benjamin Zymler. Disponível em: http://www.lexml.gov.br/urn/urn:lex:br:tribunal.contas.uniao;plenario:acordao:2014-02-12;272. Acesso em: 24 nov. 2018.

12 BRASIL. Agência de Estatísticas Econômicas – IBGE. Disponível em: https://agenciadenoticias.ibge.gov.br/agencia-sala-de-imprensa/2013-agencia-de-noticias/releases/23886-pib-cresce-1-1-em-2018-e-fecha-ano-em-r-6-8-trilhoes. Acesso em: 4 out. 2019.

13 MINAS GERAIS. Fundação João Pinheiro. Diretoria de Estatística e Informações (Direi). Coordenação das Estatísticas Econômicas. *Produto Interno Bruto de Minas Gerais (PIB)*. Disponível em: http://fjp.mg.gov.br/index.php/produtos-e-servicos1/2745-produto-interno-bruto-de-minas-gerais-pib-2. Acesso em: 4 out. 2019.

bilhões entre 2014 e 2018, sendo que somente em 2018 o déficit foi de R$11,2 bilhões, conforme se demonstra no gráfico abaixo:[14]

Gráfico 1 – Déficits orçamentários

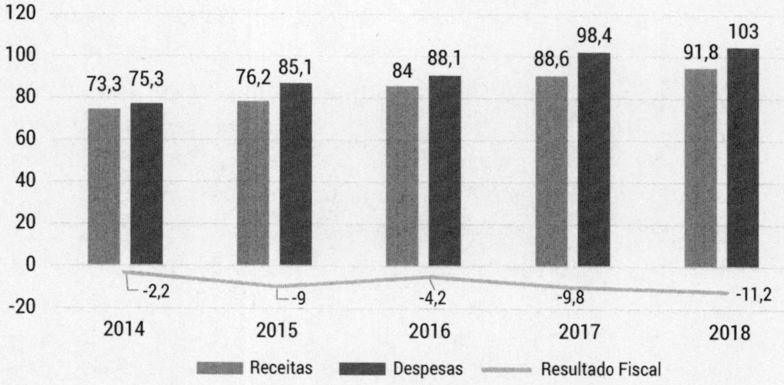

Fonte: Secretaria do Tesouro Nacional – Diagnóstico MG.

É bom destacar que a crise fiscal pela qual passam os estados brasileiros tem origem direta na política econômica adotada nos últimos anos, cuja formulação e condução são da competência privativa da União, restando aos Estados-membros, incluindo Minas Gerais, suportar as nocivas consequências fiscais decorrentes de redução nas atividades produtivas, com consideráveis quedas de arrecadação e recessão econômica.

Nos encontramos diante de um quadro constitucional de federalismo fiscal em que a competência tributária ativa é excessivamente centralizada na figura da União, que atua vorazmente na expansão da base tributária de forma unilateral, instituindo benefícios fiscais em detrimento das receitas estaduais, sem a devida compensação.

A desoneração dos produtos primários e semielaborados nas exportações, introduzidas no ordenamento jurídico pela Lei Kandir (Lei Complementar n. 87, de 1996), e pela Emenda Constitucional n. 42, de 2003, deveriam ser compensadas pela União, em especial no que se refere à perda dos Estados decorrente da desoneração do principal imposto estadual – o ICMS.

As perdas do Estado de Minas Gerais com a desoneração do ICMS sobre exportação de produtos primários, após ressarcimento, foram

---

14 BRASIL. Secretaria de Estado da Fazenda. Disponível em: http://www.fazenda. mg.gov.br/noticias/2019.05.02. Acesso em: 4 out. 2019.

previstas em R$5.941 bilhões (Lei Kandir) no exercício de 2018,[15] tendo se efetivado em R$5.749 bilhões, conforme demonstrado em estudo da Coordenadoria de Fiscalização e Avaliação da Macrogestão Governamental do Estado e do Executivo Mineiro – CFAMGE. Tal volume representou uma elevação percentual, em comparação com o exercício de 2015 (R$3.356 bilhões), da ordem de 171,30%.

Na sessão de 30/11/2016, o plenário do Supremo Tribunal Federal – STF julgou procedente o pedido formulado na Ação Direta de Inconstitucionalidade por Omissão – ADO n. 25,[16] declarando a mora do Congresso Nacional quanto à edição da lei complementar prevista no artigo 91 do Ato das Disposições Constitucionais Transitórias da Constituição da República e fixando prazo de 12 meses para que fosse sanada a omissão.

Convém anotar que a União protocolizou no STF, em 7/11/2017, petição avulsa, por meio da Petição n. 67.387, na citada ADO n. 25, em que requer o desarquivamento da ação direta de inconstitucionalidade por omissão e a prorrogação do prazo fixado no acórdão proferido por aquela Corte, por mais 24 (vinte e quatro) meses.

O Estado de Minas Gerais, na condição de *amicus curiae*, a seu turno, apresentou manifestação aduzindo que a hipótese de o Congresso Nacional não conseguir se adequar ao prazo determinado na ADO n. 25 já teria sido discutido na ocasião do julgamento, e foi em decorrência dessa consideração que ficou atribuído ao Tribunal de Contas da União regulamentar os repasses, caso o prazo se esgotasse sem a produção da norma.[17] Outros Estados também protocolizaram manifestações no mesmo sentido, sendo que a própria Procuradoria-Geral da República opinou pela rejeição do pedido de prorrogação.

O relator da ação, Ministro Gilmar Mendes,[18] decidiu pela plausibilidade da prorrogação, em que pese o trânsito em julgado da decisão

---

15 MINAS GERAIS. Tribunal de Contas de Minas Gerais. Coordenadoria de Fiscalização e Avaliação da Macrogestão Governamental do Estado. *Relatório sobre a Macrogestão e Contas do Governador do Estado de Minas Gerais* – Exercício 2018. Processo n. 1066559 (Balanço Geral do Estado). Belo Horizonte, 2019. p. 112.

16 BRASIL. Supremo Tribunal Federal. Disponível em: http//redir.stf.jus.br/paginadorpub/paginador.jsp? docTP=TP&docID=13385039. Acesso em: 4 out. 2019.

17 BRASIL. Supremo Tribunal Federal. Disponível em: http://www.stf.jus.br/portal/autenticacao/autenticarDocumento.asp sob o código 5DFB-B424-ED41-116C e senha 0189-FE92-1764-6A89.

18 BRASIL. Secretaria do Tesouro Nacional. *Diagnóstico da Situação Fiscal de Minas Gerais*. Disponível em: https://www.tesourotransparente.gov.br/publica-

proferida na ADO n. 25, em 26/8/2017, portanto, dois meses antes do pedido da União.

Conforme relatório de tramitação processual do STF,[19] a decisão acima citada não foi submetida a referendo do Plenário daquela Corte Superior até a presente data, visto que o Relator, Ministro Gilmar Mendes, em despacho datado de 26/6/2019, em caráter excepcional, designou audiência para buscar um "compromisso conciliatório manifestado pelos Estados-membros". Referida Audiência ocorreu em 30/9/2019, sem acordo, com designação de nova audiência para 8/10/2019.

Fica claro, portanto, que a expansão da centralização das competências arrecadatórias na União produz uma enorme dependência financeira por parte dos Estados-membros, que acabam por ter grande parcela de seu orçamento atrelada às transferências orçamentárias vindas da União.

Observa-se no quadro a seguir que houve redução na participação das transferências correntes da União no total da Receita Corrente Líquida do Estado de Minas Gerais. Essa queda demonstra uma redução dos repasses da União para o Estado, os quais, a cada ano, diminuem mais: em 2009, eram de 13,3%, e em 2018 alcançaram o percentual negativo de 18,87%, como se vê no gráfico abaixo:

Gráfico 2 – Estado de Minas Gerais e Transferências Correntes: Variação Anual

Fonte: Elaboração própria a partir de dados dos Relatórios Resumidos da Execução Orçamentária do Estado de Minas Gerais – RREO-MG.

---

coes/relatorio/plano-de-recuperacao-fiscal-do-estado-de-minas-gerais/publicacao-2019-06-03-8486326943. Acesso em: 8 out. 2019. p. 27.

[19] BRASIL. Supremo Tribunal Federal. Disponível em: http://portal.stf.jus.br/processos/detalhe.asp?incidente=4454964. Acesso em: 3 out. 2019.

No que tange à arrecadação das receitas próprias, é de se observar que o Poder Executivo estadual empreendeu esforços para incrementar a arrecadação, em meio à forte crise econômica por que passa o país, a exemplo do Programa Regularize, que tem por objetivo incentivar a quitação de débitos tributários, mediante redução de multas e juros, além de descontos no valor devido.

Analisada a vertente da receita, na contramão do movimento de concentração verificado nos âmbitos financeiro e político, da perspectiva administrativa e de repasse dos encargos, a marcha tem ocorrido em direção a uma descentralização desproporcional de encargos, isto é, na atribuição de deveres administrativos em montante superior ao que as condições financeiras permitem. Essa verificação pode se dar pela análise da execução orçamentária dos entes subnacionais, a qual revela o maior impacto das atribuições executórias para os Estados. Ou seja, embora a arrecadação de transferências por Minas Gerais diminua, seus encargos e despesas aumentam.

No caso de Minas Gerais, os dados mostram o comprometimento da maior parte do orçamento para custeio de direitos sociais básicos (saúde, educação, segurança pública e previdência), restando pouquíssimo espaço para as demais funções estatais. Não restam dúvidas de que os pilares do federalismo fiscal estão abalados, como se observa no gráfico a seguir, no qual se demonstra que tais funções consomem cerca de 60% de toda a despesa empenhada em 2018, senão vejamos:

Gráfico 3 – Evolução da Participação dos Gastos Sociais no Total das Despesas Empenhadas – Minas Gerais

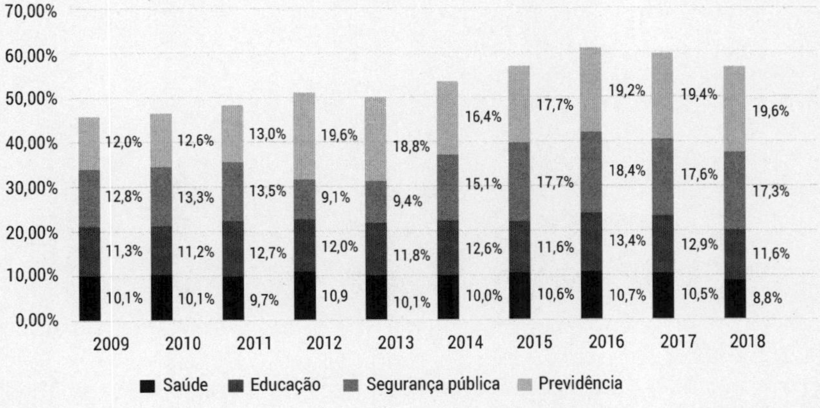

Fonte: Elaboração própria a partir de dados dos Relatórios Resumidos da Execução Orçamentária do Estado de Minas Gerais – RREO-MG.

Diante da elevação das despesas nos últimos exercícios, conforme se depreende do gráfico acima, o Tribunal de Contas de Minas Gerais determinou a adoção de medidas concretas. Conforme disposto na LRF:

[...]

> **Art. 42.** É vedado ao titular de Poder ou órgão referido no art. 20, nos últimos dois quadrimestres do seu mandato, contrair obrigação de despesa que não possa ser cumprida integralmente dentro dele, ou que tenha parcelas a serem pagas no exercício seguinte sem que haja suficiente disponibilidade de caixa para este efeito.
>
> **Parágrafo único.** Na determinação da disponibilidade de caixa serão considerados os encargos e despesas compromissadas a pagar até o final do exercício.

Por outro lado, os restos a pagar constituem compromissos financeiros exigíveis que compõem a dívida flutuante e podem ser caracterizados como despesas empenhadas, mas não pagas, até o dia 31 de dezembro de cada exercício financeiro. Como se extrai dos autos,[20] foi apontado que:

> - Em 2015, antes das inscrições, o Estado registrou suficiência de R$ 58,552 milhões e, portanto, só poderia inscrever RPNP até o limite de tal disponibilidade; contudo, inscreveu R$ 4,330 bilhões.
>
> - Em 2016, a insuficiência inicial era de R$ 3,272 bilhões; e, mesmo assim, inscreveu o montante de R$ 4,788 bilhões.
>
> - Em 2017, houve insuficiência de R$ 9,535 bilhões e foram inscritos R$ 6,261 bilhões em RPNP, resultando numa insuficiência final de R$ 15,797 bilhões.

Destarte, no governo anterior (2011-2014) também se verificou tal prática, conforme se demonstra no gráfico abaixo:[21]

Gráfico IV – Restos a Pagar Inscritos (em bilhões)

---

20 MINAS GERAIS. Balanço Geral do estado, processo n. 1.066.559. Relatório Técnico, fls. 152.

21 Dados extraídos dos pareceres prévios exarados pelo Tribunal do Contas nos processos de Balanço Geral do Estado dos exercícios de 2011 a 2014.

Quanto ao exercício de 2018, registrou-se uma insuficiência de R$26,759 bilhões e, mesmo assim, houve inscrições de R$4,605 bilhões, acumulando uma insuficiência ao final do exercício de R$**31,364 bilhões**.

A STN,[22] quando da análise da inscrição de Restos a Pagar no Diagnóstico da Situação Fiscal do Estado de Minas Gerais, fez destacar que "o acúmulo de restos a pagar passa a ser uma forma de financiamento alternativa à contratação de operações de crédito".

O Poder Executivo detém R$27,025 bilhões inscritos em restos a pagar, que corresponde a 95,68% do saldo total registrado de Restos a Pagar no Estado, dos quais R$18,815 bilhões, ou 69,62%, referem-se às inscrições do exercício de 2018. Permanece a situação descrita em relatórios anteriores, de valores antigos compondo o saldo de Restos a Pagar – no caso dos Restos a Pagar Processados (RPP) desde 1997 e dos Restos a Pagar Não Processados (RPNP) desde 2010, conforme se demonstra no gráfico abaixo:

Gráfico 5 – Inscrição em Restos a Pagar no Estado de Minas Gerais (R$ em milhões)

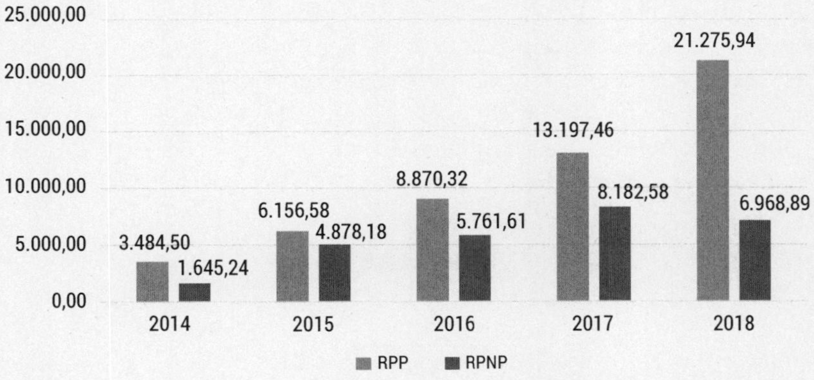

Fonte: Armazém de Informações – Siafi.

Veja-se que, conforme constatou a STN,[23] Minas Gerais é um dos entes mais endividados da Federação, com dívida consolidada bruta de R$114 bilhões, em dezembro de 2018.

---

22 BRASIL. Secretaria do Tesouro Nacional. Diagnóstico da Situação Fiscal de Minas Gerais. Disponível em: ttps://www.tesourotransparente.gov.br/publicacoes/relatorio/plano-de-recuperacao-fiscal-do-estado-de-minas-gerais/publicacao-2019-06-03-8486326943. Acesso em: 8 out. 2019. p. 9.

23 BRASIL. Secretaria do Tesouro Nacional. *Diagnóstico da Situação Fiscal de Minas Gerais*. Disponível em: https://www.tesourotransparente.gov.br/publica-

É notória a gravidade da situação financeira instalada no Estado de Minas Gerais, situação que não oferece condições ou perspectivas de regularização em um futuro próximo, muito menos de um exercício para o outro, sem prejuízo aos interesses da sociedade mineira, em especial aos usuários dos serviços de educação e saúde ofertados pelo Estado, devendo as ações destinadas aos necessários ajustes ocorrer de forma proporcional, equânime e eficiente, como de fato impõe o inciso I do §1º do art. 26 da Lei de Introdução às Normas do Direito Brasileiro (LINDB).

Assim, entendemos que o Estado deverá demonstrar seu esforço em reduzir a insuficiência financeira e em promover o reequilíbrio fiscal, sem comprometimento de serviços essenciais à população, baseando-se nas medidas preconizadas, entre outras medidas de gestão, naquelas insculpidas no art. 169 da Constituição da República, em especial nos §§ 1º, 3º e 4º.

Para o alcance do acima aduzido, diante da realidade fiscal do Estado de Minas Gerais, com fundamento no art. 26 da LINDB, entendemos que o Poder Executivo deve apresentar **Plano de Ação que indique as medidas concretas a serem adotadas, tanto do lado da Receita quanto da Despesa, especialmente no que se refere às liquidações e pagamentos dos Restos a Pagar, abarcando a contenção das despesas de pessoal e das despesas previdenciárias, teto de gastos, dívida pública, bem como o dimensionamento das medidas a serem cumpridas em cada exercício financeiro de vigência do referido Termo.**

O Plano deve conter também, entre outros, metas e respectivos indicadores de resultado, acompanhados de exposição dos motivos que levaram à definição destes, além das unidades administrativas responsáveis e prazos para implementação de cada medida, tudo de modo compatível com os interesses gerais da população mineira, com vistas ao reequilíbrio fiscal, ou seja, adequação do gasto público estadual à capacidade financeira para custear as despesas, sem o comprometimento dos serviços essenciais à população.

Já no exame das contas de governo do exercício de 2016, a saudosa Conselheira Adriene Andrade, Relatora do Balanço Geral do Estado no Tribunal de Contas de Minas Gerais, naquele exercício, com muita propriedade e sensibilidade, assim vaticinou o futuro financeiro e orçamentário do Estado de Minas Gerais para os anos vindouros, *in verbis*:

---

coes/relatorio/plano-de-recuperacao-fiscal-do-estado-de-minas-gerais/publicacao-2019-06-03-8486326943. Acesso em: 8 out. 2019. p. 88.

O alcance do Decreto Estadual n. 47.101/2016 está limitado às situações orçamentárias e financeiras e tem sustentação na crise financeira que atinge o Poder Público, **sem um horizonte acreditável de recuperação. Aliás, mantida a atual estrutura de repartição de riquezas entre os entes da Federação, com concentração da arrecadação na União, e permanecendo as obrigações de custeios pelos Estados da maior parte dos serviços públicos de cunho prestacional, não há por que cogitar qualquer melhoria no quadro das finanças públicas mineiras.** (Grifos nossos).

A hora é de união e cooperação de esforços, de trabalho duro e de medidas severas em prol da recuperação do Estado de Minas Gerais, pois a sua falência enredará a todos nós, independentemente do Órgão ou do Poder do Estado. **O problema fiscal não pode ser visto como exclusivo do Poder Executivo, mas sim como uma situação de calamidade**, já que, conforme dito pelo Primeiro Ministro Português, Pedro Passos Coelho,[24] por ocasião da grave crise que assolou Portugal no ano de 2011, **"não há direito adquirido em face do cofre vazio"**.

O enfretamento da crise portuguesa, que guarda similitudes com a situação do Estado de Minas Gerais, implicou a adoção naquele país, dentre outras, das seguintes medidas: **(a) servidores que recebiam acima de um mil euros perderam subsídios de férias e Natal; (b) diminuição de pensões mensais acima de um mil e quinhentos euros; (c) fim das deduções de despesas no imposto de renda; (d) corte de feriados e emendas de feriados, a fim de evitar impactos na atividade econômica; dentre tantas outras.**

De fato, é imperioso que se avaliem, no caso concreto, com base na Constituição e, especialmente, na Lei de Introdução às Normas do Direito Brasileiro, com as alterações introduzidas pela Lei n. 13.655/2018, as consequências jurídicas, administrativas e o alcance prático das decisões, sem deixar de dimensionar as condições para que se regularizem os apontamentos realizados, as recomendações e determinações impostas, as circunstâncias práticas que possam advir, sem prejuízo da segurança jurídica para o Estado e seus cidadãos.

É chegada a hora de o Governo do Estado de Minas Gerais enfrentar, sem ódio e sem medo, as duras medidas de contenção do gasto público e de ajuste fiscal, visto que, como apregoava François La Rochefoucauld, "A hipocrisia é uma homenagem que o vício presta à virtude".

Belo Horizonte, 15 de dezembro de 2019.

---

24 PORTUGAL. Estado de Emergência – Passos anuncia medidas brutais até 2003. *Jornal Diário de Notícias.* Edição 52.052, de 14 de outubro de 2011, Ano 147. p. 2 a 11.

A AMAZÔNIA NO CENÁRIO DAS (DE)(RE) FORMAS DO FEDERALISMO FISCAL

LISE TUPIASSU[1]

SIMONE CRUZ NOBRE[2]

DANIEL FRAIHA PEGADO[3]

SUMÁRIO: 1. Introdução; 2. Federalismo fiscal e desigualdade no Brasil;
3. Problemas da Amazônia no contexto tributário e financeiro;
4. As propostas de reforma à luz das especificidades amazônicas

1. INTRODUÇÃO

A Amazônia compreende mais da metade do território brasileiro, abrangendo total ou parcialmente os Estados do Acre, Amapá, Amazonas, Mato Grosso, Pará, Roraima, Rondônia, Maranhão e Tocantins.

Em que pese abrigar uma das maiores riquezas em biodiversidade da Terra, a região ocupada pela maior floresta tropical do mundo apresenta índices de medição de riqueza econômica e desenvolvimento humano bastante baixos.

---

1 Doutora em Direito Público pela Université Toulouse 1 - Capitole. Mestre em Direito Tributário pela Université Paris I - Panthéon-Sorbonne. Mestre em Instituições jurídico-políticas pela Universidade Federal do Pará. Mestre em Direito Público pela Université de Toulouse I - Capitole. Professora da Universidade Federal do Pará e do Centro Universitário do Estado do Pará. Procuradora Federal.

2 Doutoranda em Direito pela Universidade Federal do Pará. Mestre em Políticas Públicas e Desenvolvimento Regional pelo Centro Universitário do Estado do Pará. Auditora Fiscal de Receitas Estaduais do Pará.

3 Mestrando em Direito pela Universidade Federal do Pará. Auditor Fiscal de Receitas Estaduais do Pará.

Nos cenários financeiro e fiscal, os Estados e Municípios amazônicos padecem de graves dificuldades, marcando uma histórica realidade de desigualdade frente às demais regiões do país.

Tal contexto contrasta com princípios e objetivos inscritos há décadas no sistema constitucional e normativo, sedimentado sobre a ideia de redução das desigualdades regionais, solidariedade e cooperação federativa.

O federalismo fiscal é peça chave neste contexto. Em verdade, diante da dimensão continental do país, e das características territoriais e produtivas singulares de vários dos seus rincões, e especialmente da Amazônia, encontra-se a Subconstituição Financeira diante de desafios gigantescos na busca de adequar-se às diversas realidades e necessidades.

Diante disso, este artigo analisa a construção e evolução do contexto tributário e financeiro sob uma perspectiva amazônica, buscando identificar em que medida as propostas de reforma tributária atualmente em discussão no cenário nacional podem impactar ou se adequar às especificidades da região.

2. FEDERALISMO FISCAL E DESIGUALDADE NO BRASIL

O constituinte originário delineou os contornos essenciais da organização político-administrativa brasileira, consagrando o princípio federativo[4] como a coluna mestra[5] do Estado de Direito[6]. O constituinte teve, ainda, o cuidado de dotar os atores da Federação[7] – garantidores solidários do empreendimento de transformação nacional[8] – de meios capazes para viabilizar suas finalidades, instituindo sistema normativo necessá-

---

4 A relevância e a sensibilidade do princípio federativo são tamanhas que, nos termos do art. 60, § 4º, I, da CF/1988, a forma federativa de Estado foi elevada à cláusula pétrea de nosso Estado de Direito.

5 CARRAZZA, R. A. *Curso de Direito Constitucional Tributário*. São Paulo: Malheiros, 2019, p. 125.

6 Conforme leitura do art. 1º da CF/1988, onde o princípio federativo – ao lado dos princípios republicano e democrático – constitui-se pedra de toque do Estado de Direito e, assim, configura-se diretriz indispensável à interpretação do sistema jurídico como um todo.

7 Nos termos dos arts. 1º e 18 da CF/1988, a organização política-administrativa da República Federativa do Brasil compreende a União, os Estado, o Distrito Federal e os Municípios.

8 BERCOVICI, G. *Constituição Econômica e Desenvolvimento: uma leitura a partir da Constituição de 1988*. São Paulo: Malheiros, 2005, p. 05.

rio e suficiente para realizá-las[9]. Nessa perspectiva insere-se a estrutura identificada como Subconstituição Financeira[10], subsistema constitucional que denota parcela da soberania estatal que estrutura e qualifica o poder financeiro do Estado[11], bem como constitucionaliza as finanças públicas, com o fim de atender às necessidades da coletividade[12].

A Subconstituição Financeira delimita o âmbito substantivo e desenha as funções estruturantes do federalismo fiscal[13], configuração pela qual as unidades federativas organizam-se e relacionam-se visando ao financiamento e à consecução de suas obrigações constitucionais, buscando harmonizar as tensões entre os interesses governamentais – central (da União), regionais (dos Estados e do DF[14]) e locais (dos Municípios e do DF) – a fim de alcançar o bem comum do Estado Nacional[15] dentro do princípio federativo.

O federalismo fiscal garante, portanto, a autonomia política, legislativa ou administrativa dos entes federados, a partir de sua viga mestra,

---

9 Ver a respeito: ABRAHAM, M. *Curso de Direito Financeiro Brasileiro*. Rio de Janeiro: Elsevier, 2013, p. 47; OLIVEIRA, R. F. de. *Curso de Direito Financeiro*. São Paulo: Malheiros, 2019, p. 94-95; TORRES, H. T. *Direito Constitucional Financeiro: Teoria da Constituição Financeira*. São Paulo: Revista dos Tribunais, 2014, p. 87.

10 TORRES, R. L. *Tratado de Direito Constitucional, Financeiro e Tributário, Volume I – Constituição Financeira, Sistema Tributário e Estado Fiscal*. Rio de Janeiro: Renovar, 2009, p. 03-04.

11 Conforme bem ressalta Scaff, a atividade financeira do Estado é a dinâmica pela qual o Estado arrecada, reparte, gasta, endivida-se e controla as finanças da coletividade, visando a consecução de seus objetivos constitucionais (SCAFF, F. F. *Orçamento Republicano e Liberdade Igual: Ensaios sobre Direito Financeiro, República e Direitos Fundamentais no Brasil*. Belo Horizonte: Fórum, 2018, p. 80).

12 Na definição de Regis Fernandes de Oliveira, necessidade pública seria – em sentido amplo – tudo aquilo que incumbe ao Estado de Direito prover em decorrência de uma decisão política inserida em uma norma jurídica (OLIVEIRA, R. F. de. *Curso de Direito Financeiro*. São Paulo: Malheiros, 2019, p. 153).

13 TORRES, H. T. *Direito Constitucional Financeiro: Teoria da Constituição Financeira*. São Paulo: Revista dos Tribunais, 2014, p. 243-244.

14 Segundo o art. 32, § 1º, da CF/1988, ao Distrito Federal são atribuídas as competências legislativas reservadas aos Estados e Municípios.

15 CATARINO, J. R.; ABRAHAM, M. *O Federalismo Fiscal no Brasil e na União Europeia*. Revista Estudos Institucionais, v. 04, n. 01, Jan-Jun/2018, pp. 186-210. Rio de Janeiro: UFRJ, 2018, p. 192.

pautada na autonomia financeira[16], sendo o exercício autônomo das atribuições dos entes federativos inviável sem a existência dos recursos financeiros necessários e suficientes para efetivá-lo.

Nesses termos, a Constituição de 1988 prescreveu tipo peculiar[17] de federalismo fiscal tripartite[18], cooperativo, de equilíbrio[19] e assimétrico[20].

---

16 A autonomia financeira sustenta-se em três características essenciais: [1] a independência na obtenção de recursos, necessária para que os entes federados não precisem sujeitar-se a outras unidades federadas com vistas a obter os meios financeiros de que precisa para desenvolver suas atribuições constitucionais; [2] a suficiência dos recursos angariados, fundamental para que os entes federativos possam atender as necessidades públicas sob sua responsabilidade; e [3] a adequação das bases tributárias e a eficiência na arrecadação das receitas de sua competência (MOREIRA, A. M. *O Modelo de Federalismo Fiscal no Brasil*, pp. 193-226. In: SCAFF, F. F.; TORRES, H. T.; DERZI, M. de A. M.; BATISTA JÚNIOR, O. A. *Federalismo (s)em juízo*. São Paulo: Noeses, 2019, p. 205).

17 Dizemos prescreveu tipo peculiar de federalismo na linha dos ensinamentos Carrazza, para quem Federação é apenas uma forma de Estado, um sistema de composição de forças, interesses e objetivos que podem variar, no tempo e no espaço, de acordo com as características, as necessidades e os sentimentos de cada povo (CARRAZZA, R. A. *Curso de Direito Constitucional Tributário*. São Paulo: Malheiros, 2019, pp. 115-116).

18 O Federalismo Fiscal brasileiro é tripartite em razão de apresentar-nos três esferas autônomas de poder financeiro. Uma central, representada pela União. Duas subnacionais: a primeira, de alcance regional, desempenhada pelos Estados e pelo Distrito Federal; a segunda, de âmbito local, na figura dos Municípios. Todas dotadas de atributos característicos de entes federativos, ou seja, autonomia para promover auto-organização (incluindo-se, aqui, a capacidade de normatização própria), autogoverno e autogestão (Ver a respeito: TORRES, H. T. *Direito Constitucional Financeiro: Teoria da Constituição Financeira*. São Paulo: Revista dos Tribunais, 2014, p. 257; MORAES, A. de. *Direito Constitucional*. São Paulo: Atlas, 2016)

19 O Federalismo Fiscal é cooperativo e de equilíbrio, pois além de estabelecer fontes próprias (competências tributárias e capacidade de autofinanciamento) de receitas a todos os atores federativos, permite a participação desses na arrecadação de tributos de competência de outros entes federativos (repartição de receitas tributárias), combinando a criação e a aplicação de normas de competências centralizadas e descentralizadas, assim como fontes de recursos e responsabilidades fiscais compartilhadas (TORRES, H. T. *Direito Constitucional Financeiro: Teoria da Constituição Financeira*. São Paulo: Revista dos Tribunais, 2014, pp. 249-250; 256).

20 O Federalismo Fiscal é assimétrico pelo fato de a Constituição possibilitar que os entes federativos sejam tratados de maneira diferenciada na atribuição de competências e encargos. Assim, institucionalizam-se as próprias assimetrias sociais e regionais existentes no interior do Estado Federal. (BRANDÃO JÚNIOR, Salvador

Nesse sentido, a Subconstituição Financeira brasileira intercala mecanismos de distribuição de receitas tributárias (federalismo fiscal cooperativo e de equilíbrio vertical), com meios funcionais de financiamento recíproco (federalismo fiscal cooperativo e de equilíbrio horizontal), articulando, segundo os princípios do desenvolvimento equilibrado e da redução das desigualdades regionais e locais, a manutenção de competências autônomas com um sistema justo de distribuição intrafederativa de rendas[21]. Possibilita, ainda, o tratamento diferenciado de cada unidade autônoma e entre as regiões do país, respeitando-se as necessidade e particularidades de cada uma, a fim de gerar desenvolvimento global no país[22] e a reversão das desigualdades econômicas e sociais[23] existentes entre elas[24].

Posto isso, no federalismo fiscal tripartite, cooperativo, de equilíbrio, e assimétrico, projetado pelo constituinte originário, a adoção de medidas de promoção do desenvolvimento social e econômico autossustentado[25] tendente à redução das desigualdades sociais e regionais é encargo solidário de todos os atores federativos e fim inafastável da própria existência do Estado de Direito.

Ao longo dos mais de 30 anos de vigência do modelo de federalismo fiscal instituído pela Constituição brasileira de 1988, porém, uma série de disfunções foram evidenciadas, especialmente no que tange à centralização da capacidade financeira na União e a dificuldade

---

Cândido. *Federalismo e ICMS: Estados-Membros em Guerra Fiscal*. São Paulo: Quartier Latin, 2014, pp. 37-38).

21 TORRES, H. T. *Direito Constitucional Financeiro: Teoria da Constituição Financeira*. São Paulo: Revista dos Tribunais, 2014, p. 260.

22 PORFÍRIO JÚNIOR, N. *Federalismo, Tipos de Estado e Conceitos de Estado Federal* In: CONTI, J. M. *Federalismo Fiscal*. Barueri: Manole, 2004, p. 10.

23 Sendo a redução das desigualdades sociais e regionais objetivo fundamental da República Federativa (Art. 3º, III, da CF/1988) dentro do desenho de um novo plano normativo de desenvolvimento nacional (BERCOVICI, G. Política Econômica e Direito Econômico. *Revista da Faculdade de Direito da Universidade de São Paulo*, v. 105, Jan-Dez/2010, pp. 389-406. São Paulo: USP, 2010, pp. 399-400)

24 SCAFF, F. F.; TORRES, H. T.; DERZI, M. de A. M.; BATISTA JÚNIOR, O. A. *Federalismo (s)em juízo*. São Paulo: Noeses, 2019, p. XII.

25 RIBEIRO, R. L. *Federalismo Fiscal nos 30 anos da Constituição de 1988*. In: SCAFF, F. F.; TORRES, H. T.; DERZI, M. de A. M.; BATISTA JÚNIOR, O. A. *Federalismo (s)em juízo*. São Paulo: Noeses, 2019, p. 340.

em implementar estratégias para a efetiva redução das desigualdades inter-regionais.

Em 2017, por exemplo, o Produto Interno Bruto (PIB) brasileiro somou 6,560 trilhões de reais, sendo a Carga Tributária Bruta (CTB) de 32,43% do PIB[26]. Do total bruto de tributos arrecadados pelos entes federativos, a União recolheu o equivalente a 68,02% da Arrecadação Tributária Bruta (ATB) ou 22,06% da CTB. Já as unidades estaduais tiveram uma participação de 25,72% da ATB ou 8,34% da CTB. Ficando as entidades locais com o equivalente 6,26% da ATB ou 2,03% de CTB[27].

Registre-se que dos 1,447 trilhões de reais arrecadados pela União em 2017, 510,26 bilhões de reais (35,26%) foram provenientes do recolhimento de impostos e taxas federais, enquanto 936,74 bilhões de reais (64,74%) da arrecadação tributária derivaram de contribuições federais[28], cujas receitas não são compartilhadas com os entes subnacionais.

Neste sentido, vem prevalecendo historicamente uma concentração de receitas tributárias na esfera central. Assim, mesmo após a realização da redistribuição das receitas tributárias entre os entes federativos, via transferências constitucionais e legais, a União concentra cerca de 55,7% das receitas disponíveis para manutenção de seu aparato público e para aplicação em suas políticas governamentais. Já os Estados e os Municípios dispõem, respectivamente, de 25% e 19,3% das receitas públicas disponíveis[29].

Ocorre que, no tocante aos gastos na esfera social, como no caso de educação e saúde, por exemplo, restam aos governos estaduais e locais, respectivamente, responsabilidade por 48% e 38% (em Educação)

---

26 RECEITA FEDERAL DO BRASIL. *Carga Tributária no Brasil 2017: Análise por tributos e bases de incidência.* Brasília: Centro de Estudos Tributários e Aduaneiros, 2017, pp. 01.

27 RFB, Receita Federal do Brasil. *Carga Tributária no Brasil 2017: Análise por tributos e bases de incidência.* Centro de Estudos Tributários e Aduaneiros. Brasília/DF: RFB, 2017, pp. 03.

28 RECEITA FEDERAL DO BRASIL. *Carga Tributária no Brasil 2017: Análise por tributos e bases de incidência.* Brasília: Centro de Estudos Tributários e Aduaneiros, 2017, pp. 13.

29 AFONSO, José Roberto. *Federalismo Fiscal Brasileiro: uma visão atualizada.* Brasília: IDP, 2016, pp. s/n.

e 37,3% e 47,7% (em Saúde) das despesas[30], em que pese mantenha a União a maior parte das despesas com assistência e previdência social.

Assim, a distorção político-normativa dos instrumentos tributários, financeiros e orçamentários projetados para preencher o hiato (ou brecha federativa) vertical, resultante das diferenças entre as receitas das unidades subnacionais e o total de gastos necessários para honrar com os encargos constitucionais denota grande desigualdade, dificultando a alocação eficiente de recursos financeiros voltados a promover a equalização horizontal entre as diferentes realidades (sociais e econômicas) regionais existentes no país[31].

Consequentemente, em que pese se venha identificando uma certa evolução no tocante ao Índice de Desenvolvimento Humano (IDH) em escala nacional, permanecem inalterados os disparates no tocante às desigualdades entre as regiões, figurante a região Norte, que abarca a maior parte da Amazônia brasileira, dentre as áreas menos desenvolvidas.

Nota-se, pois, que o arranjo federativo brasileiro não vem tendo sucesso no que tange à implementação do objetivo primordial da República concernente à redução das desigualdades regionais, sendo as especificidades locais muitas vezes ignoradas.

Conforme verificar-se-á a seguir, não apenas a Subconstituição Financeira em seu modelo original, mas também as alterações a ela incorporadas, somadas a práticas que contrariam o solidarismo e o cooperativismo, vêm contribuindo para esse cenário.

3. PROBLEMAS DA AMAZÔNIA NO CONTEXTO TRIBUTÁRIO E FINANCEIRO

A realidade demonstra que, algumas vezes, as escolhas políticas do constituinte originário, bem como as intervenções do constituinte derivado ou as alterações infraconstitucionais produzem fortes distorções no federalismo fiscal – cooperativo, de equilíbrio e assimétrico – idea-

---

30 AFONSO, José Roberto. *Fisco e Equidade no Brasil*. Campinas: Unicamp - Núcleo de Estudos de Políticas Públicas (NEPP), 2010, p. 22.

31 SALES, J. *Transferências Intergovernamentais: a desigualdade na repartição da cota-parte do ICMS no Pará - 1998 a 2008*. XV Prêmio do Tesouro Nacional: Tópicos Especiais de Finanças Públicas. Monografia. Brasília: STN, 2010, pp. 20-21; PRADO, Sergio. *A questão fiscal na federação brasileira: diagnóstico e alternativas*. Brasília: CEPAL, 2007, pp. 06-07; 12; MENDES, M.; MIRANDA, R. B.; COSIO, F. *Transferências intergovernamentais no Brasil: diagnóstico e proposta de reforma*. Brasília: Senado Federal, 2008, p. 13.

lizado, afeiçoando-o a um federalismo fiscal de conflito[32], corroborando para a manutenção das desigualdades regionais historicamente existentes no Brasil.

A região amazônica apresenta, nesse cenário, peculiaridades que culminam por colocá-la em uma situação econômica desfavorável, agravada pela prática federativa competitiva e predatória vigente no país.

Um primeiro ponto de desajuste no federalismo fiscal originário concerne a redução e homogeneidade das bases de incidência tributárias disponíveis aos entes locais, que ignoram realidades extremamente díspares, ocasionando desequilíbrios nas capacidades fiscais.

Note-se, a título de exemplo, o incomensurável caos fundiário, tanto rural quanto urbano, que impera na região amazônica, e até mesmo a existência de municípios cuja zona urbana situa-se quase que inteiramente sobre águas. As incidências tributárias constitucionalmente previstas não se amoldam ao contexto socioeconômico das municipalidades, que não dispõem de potencial efetivo para tributação de serviços, propriedades urbanas e transmissões onerosas de imóveis. Diante da falta de capacidade fiscal – agravado por um baixo esforço fiscal – as finanças municipais tornam-se altamente dependentes de transferências financeiras.

O mesmo ocorre no tocante à competência tributária estadual. Ao delimitar o campo de competência tributária privativa dos Estados e do DF, a Constituição de 1988 expandiu, significativamente, o alcance material de incidência do ICMS, incorporando-lhe, inclusive, bases de incidência, anteriormente sob a competência da União[33], consolidando o ICMS como a principal fonte própria de receitas tributárias[34],

---

32 VARSANO, R. *Fazendo e Desfazendo a Lei Kandir*. Brasília: BID: 2013, pp. 42-43.

33 O ICMS passou a albergar, pelo menos, cinco bases distintas de incidência tributária: [I] sobre operações mercantis, nessa inclusa a incidência sobre importações de bens do exterior; [II] sobre a prestação de serviços de transporte interestadual e intermunicipal; [III] sobre serviços de comunicação; [IV] sobre a produção, importação, circulação, distribuição ou consumo de lubrificantes e combustíveis líquidos e gasosos e, ainda, sobre a energia elétrica; [V] sobre a extração, circulação, distribuição ou consumo de minerais (CARRAZZA, Roque Antonio. *ICMS*. São Paulo: Malheiros, 2012, pp. 40-41). Ver também TORRES, H. T. *Direito Constitucional Financeiro: Teoria da Constituição Financeira*. São Paulo: Revista dos Tribunais, 2014, p. 281 e VARSANO, R. *Fazendo e Desfazendo a Lei Kandir*. Brasília: BID: 2013, p. 05.

34 De acordo com os dados veiculados no Boletim de Arrecadação de Tributos Estaduais, disponibilizado no sítio eletrônico do Conselho Nacional de Política

assim como o principal instrumento de política fiscal das unidades estaduais[35].

Contudo, a ausência de iniciativas nacionais coordenadas para promover o desenvolvimento regional autossustentado, associada à adoção de sistema híbrido (origem-destino) para determinação da competência tributária sobre operações e prestações interestaduais sujeitas ao ICMS, bem como a necessidade de melhorar o desempenho na balança comercial internacional, acabaram prejudicando alguns dos entes regionais menos desenvolvidos do país. Assim, modificações normativas e as próprias práticas relacionadas ao ICMS, apresentam-se como vetores de perversas disfunções no arranjo federativo brasileiro[36], as quais contribuem para a agudização de desigualdades em detrimento da região amazônica[37].

A fim de fomentar o aquecimento dos mercados locais, os Estados e o DF passaram a utilizar a concessão de benefícios fiscais, em grande parte à revelia da ordem constitucional, como instrumento de atração de investimentos privados para seus territórios. A generalização desse obscuro e ineficaz leilão por investimentos privados criou a incessante guerra fiscal interestadual. Tal sistemática produz distorções na alocação de recursos (públicos e privados), erosão das bases tributárias, diminuição na arrecadação do ICMS, bem como preocupante insegurança

---

Fazendária, no ano de 2018, o ICMS representou 84,61% do total de R$ 566,85 bilhões arrecadados em tributos pelas unidades regionais brasileiros. Disponível em: <https://www.confaz.fazenda.gov.br/boletim-de-arrecadacao-dos-tributos-estaduais>. Acessado em: 06/12/2019.

35 FUNDAÇÃO AMAZÔNIA DE AMPARO A ESTUDOS E PESQUISA DO ESTADO DO PARÁ. *O Impacto da Lei Kandir na arrecadação do ICMS dos estados no período 1996-2016:estimativas das perdas com a desoneração das exportações de produtos primários e semielaborados.* Belém: FAPESPA, 2017, p. 19.

36 As mudanças normativas como a desoneração das exportações, acompanhadas da ausência de instrumentos frágeis e paliativos de compensação das perdas financeiras dos entes regionais e locais prejudicados, ajudam a consolidar um federalismo fiscal altamente desigual e deletério a construção de um país com menor desigualdade regional e com maior equidade social e federativa (COSTA, E.; ZURUTUZA, J.; SILVA, T.. *A Lei Kandir e a derrocada do federalismo brasileiro.* Belém: Marques, 2017, p. 125).

37 FUNDAÇÃO AMAZÔNIA DE AMPARO A ESTUDOS E PESQUISA DO ESTADO DO PARÁ. *O Impacto da Lei Kandir na arrecadação do ICMS dos estados no período 1996-2016:estimativas das perdas com a desoneração das exportações de produtos primários e semielaborados.* Belém: FAPESPA, 2017, p. 07.

econômica e jurídica a todos os atores envolvidos[38]. Ainda que a concessão de incentivos fiscais de forma planejada e estrutura possa trazer benefícios[39], a sua concessão por meio de guerra fiscal, aproveita, no mais das vezes, os Estados dotados de maior infraestrutura e facilidades logísticas, não sendo favorável aos Estados menos desenvolvidos, como é o caso daqueles pertencentes à região amazônica[40].

Já a adoção do sistema híbrido (origem-destino)[41] para a determinação de competência para a tributação de operações e prestações

---

38 VARSANO, Ricardo. *A Guerra Fiscal do ICMS: quem ganha e quem perde.* Texto para Discussão N. 500. Rio de Janeiro: IPEA, 1997, pp. 02, 08, 11-12; COMISSÃO DE ASSUNTOS ECONÔMICOS. *Os impactos dos benefícios de ICMS concedidos unilateralmente pelos Estados.* Brasília: Senado, 2016, pp. 13; 19-26; CONSELHO ADMINISTRATIVO DE DEFESA ECONÔMICA. *Consulta n. 38/1999.* Brasília: CADE, 1999, p. 40; SECRETARIA DO TESOURO NACIONAL. *Exposição da União à insolvência dos Entes Subnacionais.* Texto para Discussão. Brasília: STN, 2018, pp. 35-36.

39 Os incentivos fiscais, quando usados corretamente mostram-se capazes de reduzir injustiças sociais, porquanto atraem empresas às regiões que necessitam de desenvolvimento. Contudo, refuta-se a concessão de Incentivos fiscais despidos de fundamentos jurídicos e sem uma política efetivamente voltada para o atendimento dos objetivos fundamentais de nossa República Federativa, uma vez que violariam a regra de igualdade, valor jurídico essencial e legitimador do sistema, assim como liberdade, segurança jurídica, justiça e solidariedade (Cf. TORRES, Ricardo Lobo. Tratado de Direito Constitucional Financeiro e Tributário – valores e princípios constitucionais tributários. Rio de Janeiro: Renovar, 2005 p.233). Posição também defendida por Hugo de Brito Machado que entende que a localização de uma empresa em uma região menos desenvolvida nacionalmente seria um critério de discrímen apto a legitimar a concessão de incentivos fiscais, uma vez que são instrumentos fundamentais para dar concretude a um dos objetivos fundamentais da República Federativa do Brasil. (MACHADO, Hugo de Brito. *O Regime Jurídico dos Incentivos Fiscais.* São Paulo: Malheiros. 2015, p.192).

40 VARSANO, Ricardo. *A Guerra Fiscal do ICMS: quem ganha e quem perde.* Texto para Discussão N. 500. Rio de Janeiro: IPEA, 1997.

41 Entre 1988 e 2015, as regras competência eram balizadas pelo art. 155, II e § 1º, VII, *"a"* e *"b"*, e VIII, da CF/1988 (redação original). Com a EC n. 87/2015, foi dada nova redação ao art. 155, § 2º, VII e VII, *"a"* e *"b"*, da CF/1988. Houve alteração no critério de partilha de competência tributária do ICMS do Estado de origem para o Estado de destino, nas operações e prestações que destinam bens e serviços a consumidores finais não contribuintes do Imposto. Em concreto, houve a modificação da sujeição ativa na relação jurídico-tributária. Todavia, nos termos do artigo 99 dos Atos e Disposições Constitucionais Transitórias (ADCT), foram estabelecidas regras de transição, visando a amenizar o impacto resultante da perda de arrecadação dos Estados de origem.

interestaduais, faz com que os Estados menos industrializados, grandes importadores de bens e serviços gerados em outras unidades da Federação, não sejam destinatários da receita dos tributos sobre o que é consumido em seus territórios, mantida pelos Estados onde se dá maior agregação de valor. A região amazônica, por outro lado é grande produtora de energia elétrica, produto sobre o qual o ICMS incide no destino, por exemplo.

Por fim, a Constituição de 1988 permitiu a imposição do ICMS[42] sobre as exportações de produtos primários e semielaborados, escolha tecnicamente considerada equivocada[43]. Tal estrutura, porém, fez parte da repartição de receitas dentro do pacto federativo original. Em um esforço federativo sustentado no discurso de incentivar as exportações, reequilibrar a balança internacional de pagamentos, incrementar a produção nacional e promover o desenvolvimento econômico[44], o Governo Federal – aproveitando-se da oportunidade da regulamentação do ICMS[45] – implementou reforma que modificou, sensivelmente, as regras do jogo de financiamento da Federação, impondo severas

---

42 Art. 155, II e § 1°, X, "a", da CF/1988 (redação original).

43 Fernando Scaff afirma que a permissão de competência para que os Estados e o DF legislassem sobre a incidência de ICMS sobre a exportação de produtos primários e semielaborados foi um grave erro da Constituição de 1988 (SCAFF, Fernando. A desoneração das exportações e o Fundo da Lei Kandir: análise com foco no setor mineral. *Revista Fórum de Direito Financeiro e Econômico*, Ano 01, n. 01, , p. 39-56, Mar-Ago/2012), pois, em regra, quem tributa o comércio exterior é a União, ente responsável bela balança de pagamentos do país (SCAFF, Fernando. ICMS na exportação e a obrigação de legislar: quem ficará com o dinheiro. *Revista Eletrônica Consultor Jurídico*. Coluna publicada no dia 24 de janeiro de 2017). No mesmo sentido, Lucas Bevilacqua e Rafael Fonseca afirmam ter sido erro crasso da Constituição Federal de 1988 ter permitido a incidência do ICMS sobre as exportações de produtos industrializados semielaborados (BEVILACQUA, L.; FONSECA, R.. *Compensações pela desoneração do ICMS nas exportações de bens primários e semielaborados*, p. 369 In: SCAFF, F. F.; TORRES, H. T.; DERZI, M. de A. M.; BATISTA JÚNIOR, O. A. *Federalismo (s)em juízo*. São Paulo: Noeses, 2019, pp. 363-393).

44 RIANI F.; ALBUQUERQUE, Célio Marcos Pontes de. *Lei Kandir e a perda de receita do Estado de Minas Gerais*, pp. 19-40. In: CRUZ, L.; BATISTA JÚNIOR, O. *Desonerações de ICMS, Lei Kandir e o Pacto Federativo*. Belo Horizonte: ALEMG, 2019, pp. 19-20; LEITÃO, A.; IRFFI, G.; LINHARES, F. Avaliação dos efeitos da Lei Kandir sobre a arrecadação de ICMS no Estado do Ceará. *Revista Planejamento e Políticas Públicas*, n. 39, pp. 38-39, Jan-Dez/2012.

45 A Lei Complementar n. 87/1996 (Lei Kandir) exerce a função constitucional de norma geral em matéria de ICMS.

perdas de recursos aos entes subnacionais situados em regiões vocacionadas à exportação de *commodities*[46].

Em apertada síntese, com a edição da LC n. 87/1996 e, posteriormente, com a promulgação da EC n. 42/2003, as exportações de produtos primários e semielaborados[47] passaram a não mais consumar objeto material de incidência do ICMS. Mas não somente. Passou-se a assegurar ainda o direito de manutenção ao crédito do imposto incidente nas fases anteriores de circulação das mercadorias exportadas, bem como do crédito relativo à aquisição de bens de capital a serem incorporados ao ativo imobilizado das empresas exportadoras e à aquisição de mercadorias utilizadas no processo de industrialização de produtos semielaborados exportados[48].

Foi prevista uma compensação financeira aos entes subnacionais prejudicados por perdas de recursos[49]. Porém, segundo dados do Comitê Nacional de Secretários da Fazenda dos Estados e do Distrito Federal (COMSEFAZ), no período de 1996-2016, as perdas brutas de arrecadação dos entes subnacionais com a desoneração do ICMS sobre as exportações de produtos primários e semielaborados[50], associada à manutenção de créditos de ICMS resultantes das aquisições de bens incorporados ao ativo imobilizado das empresas exportadores[51], alcança-

---

46 COSTA, E.; ZURUTUZA, J.; SILVA, T. *A Lei Kandir e a derrocada do federalismo brasileiro*. Belém: Marques, 2017, pp. 22; 49; 50; 53; 56; 99; 125.

47 Art. 3°, II, e 32, I, ambos, da LC n. 87/1996 (redação original). Antes da vigência da Lei Kandir, por força do art. 34, § 8°, da CF/1988, a incidência do ICMS nas exportações de produtos primários e semielaborados dava-se, provisoriamente, com lastro no art. 3°, I, do Convênio ICMS n. 66/1988.

48 Art. 20, § 3°, II, e 32, II, ambos, da LC n. 87/1996 (redação original).

49 Na ausência de aprovação da lei complementar prevista no art. 91 do Ato das Disposições Constitucionais Transitórias (Art. 91, § 3°, do ADCT) o sistema de repasse de recursos compensatórios mantém se regulado pelo estipulado na Lei Kandir (cf. Art. 31 e Anexo, ambos, da LC n. 87/1996 em redação dada pela LC n. 115/2002).

50 A desoneração de ICMS sobre as exportações representa 60% das perdas totais das unidades estaduais (cf. TRIBUNAL DE CONTAS DO ESTADO DO PARÁ. Relatório do Grupo de Estudos sobre a LC n. 87/1996 – Lei Kandir, Belém: TCE, 2017, p. 25).

51 A manutenção de créditos de ICMS sobre as aquisições de bens imobilizados representa 40% das perdas totais das unidades estaduais (cf. TRIBUNAL DE CONTAS DO ESTADO DO PARÁ. Relatório do Grupo de Estudos sobre a LC n. 87/1996 – Lei Kandir, Belém: TCE, 2017, p. 25).

ram o montante de 707,3 bilhões de reais, enquanto as compensações efetivadas somaram apenas 159 bilhões reais[52]. Alguns entes estaduais situados na região amazônica perderam, portanto, considerável parcela de sua aptidão a gerar receita própria com a reforma operada na cobrança do ICMS.

Somando-se a isso, outras práticas financeiras contribuem para o agravamento do quadro, como é o caso das chamadas cortesias com o chapéu alheio[53], que consistem na concessão de incentivos fiscais com redução de tributos que integram as receitas de transferências ou dos fundos de equalização regional (FPE e FPM)[54] que, consequentemente, diminuem o bolo de recursos a ser repartido aos entes necessitados.

Assim, por conta da estrutura original e também de reformas e práticas fiscais e financeiras operadas no sistema, muitos entes subnacionais amazônicos mantêm-se, pois, dependentes de transferências intergovernamentais, as quais, porém, não garantem a autonomia financeira desejável dentro do pacto federativo constitucionalmente previsto.

Não se verifica, além de tudo, eficácia nas estratégias implementadas para a redução das desigualdades regionais ao longo dos mais de 30 anos de vigência da Constituição Federal.

Diante do cenário de profundas reformas que se acirra no final da 1ª década do século XXI, é interessante identificar perspectivas de incorporação ou não da problemática amazônica no âmbito do federalismo fiscal, tendo por foco, especificamente, as propostas de reforma tributária em avançada discussão.

---

52 O valor de 159 bilhões de reais representa o universo global de compensações financeiras, sejam elas reguladas nos termos da Lei Kandir, considerando-se suas alterações posteriores, sejam elas previstas a título de auxílio financeiro para o fomento das exportações (FEX) (TRIBUNAL DE CONTAS DO ESTADO DO PARÁ. Relatório do Grupo de Estudos sobre a LC n. 87/1996 – Lei Kandir, Belém: TCE, 2017, p. 25).

53 OLIVEIRA, R. *Curso de Direito Financeiro*. São Paulo: Malheiros, 2019, pp. 112-113.

54 FERREIRA, L. C. S. ; TUPIASSU, L. A extrafiscalidade condicionada do IPI no contexto da redução das desigualdades regionais. *Revista de Direito Tributário e Financeiro*. Brasília, v. 2, n. 1, p. 218 – 239, Jan/Jun.2016.

4. AS PROPOSTAS DE REFORMA À LUZ DAS ESPECIFICIDADES AMAZÔNICAS

Em que pese as inúmeras propostas de reforma tributária já aventadas e discutidas nacionalmente, no ano de 2019, duas delas ganharam proeminência: PEC 45/19 e PEC 110/19[55]. Ambas as propostas são pautadas em alterações significativas nas competências tributárias de modo a introduzir um sistema unificado de tributação sobre o valor agregado. A PEC 45/19 propõe a criação de Imposto sobre o Valor Agregado (IVA) a partir da reunião de cinco tributos (PIS, COFINS, IPI, ICMS e ISS) para formar a base de um Imposto sobre Bens e Serviços – IBS, complementado por um imposto seletivo federal sobre produtos causadores de externalidades negativas. A PEC 110/19, por sua vez, propõe um IVA Nacional que substituiria nove tributos (ISS, ICMS, IPI, PIS, PASEP, COFINS, CIDE, IOF, Salário Educação), complementado pela criação de um imposto seletivo e monofásico sobre alguns produtos sob a competência da União, com a extinção da CSLL.

Em ambas as propostas é possível verificar o estabelecimento de algumas premissas atraentes, tais como a busca pela neutralidade, transparência, manutenção do patamar de receitas, simplificação e padronização em obrigações acessórias.

A busca da neutralidade, comum às duas propostas, pauta-se justamente na ideia de tributação não-cumulativa sob o valor agregado em cada etapa da produção. Como instrumento de transparência, as propostas adotam a incidência da alíquota "por fora", recaindo sobre o preço dos bens ou serviços sem que o tributo faça parte de sua base de cálculo. A manutenção dos níveis de receita também se impõe em ambas das PECs, que se apoiam em bases tributárias amplas com vistas de adequação das hipóteses de incidência às novas tecnologias da era digital[56]. A simplificação e padronização de obrigação acessórias igual-

---

55 Fazendo parte do pacote de estratégico do Governo do Presidente Jair Bolsonaro, duas propostas tramitam de forma acelerada nas Casas legislativas. A PEC 45/2019 foi apresentada pelo Deputado Baleia Rossi em 03/04/2019 e teve sua admissibilidade confirmada pela Comissão de Constituição e Justiça e Cidadania (CCJ) da Câmara dos Deputados em 22/05/2019. Por sua vez, a PEC 110/2019, assinada pelo Senador Davi Alcolumbre, encontra-se em trâmite do Senado e, tratando-se de uma reapresentação da PEC 243-A, já possui Parecer favorável da Comissão Especial e está pronta, desde 11/12/2018, para apreciação do Plenário do Senado.

56 Nos termos do § 1º do art. 152-A da PEC 45/19 – o IVA incidirá sobre bens e serviços. Incidirá também sobre intangíveis, a cessão e o licenciamento de direitos;

mente assumem lugar de destaque, vez que as propostas apresentam a cobrança centralizada por contribuinte[37], de forma a minimizar os custos no cumprimento de obrigações, dentre outras estratégias.

Além disso, algumas características têm especial relevância para a região amazônica, especialmente diante do cenário traçado no tópico anterior.

Ambas as propostas se pautam na adoção do princípio do destino como critério para a tributação do valor agregado[58], vedando, ainda, a concessão de incentivos fiscais. A adoção do princípio do destino implica que, em todas as operações interestaduais, intermunicipais e de importação, os bens e serviços produzidos serão tributados pela alíquota adotada no Estado ou Município de destino e a arrecadação do imposto, destacado no documento fiscal, pertencerá ao ente destinatário dos produtos e serviços. Tal sistemática, somada à vedação à concessão de benefícios fiscais, tem como foco o desestimular ou mesmo impossibilitar a guerra fiscal.

O desestímulo à guerra fiscal tem induvidoso potencial benéfico para a região amazônica, em geral prejudicada no que tange à competitividade em âmbito nacional. Todavia, a vedação generalizada de todo e qualquer benefício fiscal também pode trazer impacto negativo em Estados da região, onde a falta de infraestrutura, as grandes distâncias e a proteção ecológica são meios inibidores para atração de parques industriais.

Bem a propósito, a concessão de incentivos fiscais é elemento essencial para a existência do principal parque industrial da região, representado pela Zona Franca de Manaus (ZFM)[59]. As atividades produtivas

---

locação de bens e importação de bens, tangíveis e intangíveis, serviços e direitos. Por sua vez, na PEC 110/19 o IVA Incidirá sobre operações com bens e serviços (inciso IV do art. 155) e, incidirá também nas importações, a qualquer título; nas locações e cessões de bens e direitos; nas demais operações com bens intangíveis e direitos (alíneas "a"; "b" e "c" do inciso II do art. 155).

57 A PEC 45/19 propõe um pagamento centralizado por guia única (§ 4º do art. 152-A). Já a PEC 110/19 propõe a cobrança centralizada em todo o território nacional por um único estabelecimento (alínea "a" do inciso VII do § 7º do art. 155), com a criação de uma câmara de compensação (alínea "c" do inciso VII do § 7º do art. 155), viabilizando a regra da destinação de receita para o Estado de destino.

58 § 4º do art. 152-A da PEC 45/19; inciso VII do § 7º do art. 155 da PEC110/19.

59 Nos termos do art. 15 da PEC 110/19, o regime jurídico aplicável à Zona Franca de Manaus mantém-se pelo prazo estabelecido no art. 40, 92 e 92-A do ADCT, ficando garantido crédito presumido às pessoas jurídicas que realizem operações com bens e serviços na ZFM, inclusive destinado ao consumo interno, industrialização

nesta área geográfica são estimuladas por meio de um conjunto de incentivos que não vigoram nas demais regiões do país, mas ainda hoje, passados mais de cinquenta anos, mostram-se necessários para conter o desmatamento ambiental e servir como instrumento de distribuição de renda da população. A ZFM confere ao Amazonas o papel de único Estado amazônico com saldo positivo na balança comercial interna[60], fato historicamente insustentável sem o regime fiscal favorecido[61].

Nessa perspectiva, a PEC 110/19, embora preveja dispositivo vedando a concessão de benefícios, garante a permanência do regime fiscal favorecido aplicável à Zona Franca de Manaus (ZFM). Diferentemente, porém, a PEC 45/19[62], ao vedar a concessão de benefícios fiscais, não põe a salvo a tributação favorecida destinada, atualmente, à Zona Franca de Manaus[63].

Ambas as PECs, por outro lado, mantêm a vedação à cobrança de imposto nas operações destinadas à exportação, o que impacta de forma extremamente gravosa alguns Estados amazônicos.

O Estado do Pará, por exemplo, é o segundo maior exportador líquido do país e o primeiro em volume. Diante disso, a desoneração tributária para as exportações corresponde a cerca de 29,70% do PIB deste Estado, enquanto que a média nacional gira em torno de 9,62%. Considerando, pois, a desoneração da principal base tributária do Estado, o resultado é o contraste entre o potencial econômico responsável por boa parte da balança comercial positiva do país e um dos piores IDHs entre os Estados da Federação. As propostas de reforma tributária não parecem trazer estratégias capazes de mitigar tal situação.

---

em qualquer grau, beneficiamento, agropecuária, pesca, instalação e operação de indústria e serviço de qualquer natureza, bem como estocagem pra reexportção.

60 Os dados são extraídos do ambiente nacional de Nota Fiscal eletrônica e atualizada até 19/12/2019.

61 MONTE REY, Kamyle Medina. Zona Franca de Manaus: análise dos 50 anos de atuação estatal no âmbito da SUFRAMA em busca da promoção do desenvolvimento da Amazônia. Brasília, 2019.

62 Art. 152-A inciso IV proposto pela PEC 45/19.

63 Nos termos do art. 1º do Decreto-Lei nº 288, de 1967, que regula a Zona Franca de Manaus, o objetivo é criar uma área de livre comércio de importação e exportação e de incentivos fiscais especiais, com a finalidade de criar no interior da Amazônia um centro industrial, comercial e agropecuário dotado de condições econômicas que permitiam seu desenvolvimento em face dos fatores locais e da grande distância a que se encontram os centros consumidores de seus produtos.

Conforme já mencionado, a tributação das exportações parece ter sido uma escolha tecnicamente injustificada do constituinte originário, corrigida por alterações posteriores. Porém, tendo em vista a diferença entre as realidades das diversas regiões do país, importante considerar-se a necessidade de escolha de bases de incidência adaptadas às multiplicidades de bases produtivas e situações econômicas na esfera nacional[64], o que não parece ser o caso, com o esvaziamento de bases tributárias típicas de algumas unidades federadas.

Por fim, merece destaque a estratégia de luta contra a regressividade[65] aventada nas propostas em análise. É fato que a tributação sobre o consumo de bens e serviços do Brasil representa quase a metade da carga tributária[66], convergindo as propostas de reforma em discussão para a manutenção dos patamares da tributação sobre o consumo. Ambas as propostas, todavia, trazem estratégias visando a mitigação dos efeitos regressivos do sistema, tendo por base, especialmente, a devolução de parte do imposto pago aos cidadãos em respeito à capacidade contributiva.

Nesse sentido, a PEC 110/19 prevê alíquotas padronizadas[67] nacionalmente, mantendo a possibilidade de aplicação da seletividade pela essencialidade[68], a qual será complementada pela devolução do tributo

---

64 Sendo bens não renováveis, os minérios representam riqueza com data certa para terminar, o que não favorece a verticalização da produção. A manutenção da desoneração tributária da exportação mineral é causa, portanto, de perdas significativas para alguns Estados, fazendo recair apenas sobre o território local a atribuição de fomentar uma política atrativa de investimentos para gerar valor agregado à riqueza natural e equilibrar as externalidades negativas sofridas em prol do equilíbrio da balança comercial nacional.

65 Por não distinguir o consumidor no momento de sua incidência sobre bens essenciais, a tributação sobre o consumo carrega uma alta regressividade, pois trata da mesma forma contribuintes com capacidade contributiva diferente, afetando com isso, de forma mais gravosa, a camada mais carente da população.

66 Segundo Estudo da Receita Federal, em 2017, a tributação sobre bens e serviços correspondeu a 48,44% da carga tributária nacional (MINISTÉRIO DA FAZENDA. Carga Tributária no Brasil de 2017: análise por tributos e bases de incidência. Brasília: CETAD, 2018)

67 Alíquota padrão, assim entendida a aplicável a todas as hipóteses não sujeitas a outro enquadramento (inciso IV do § 7º do art. 155).

68 No sistema constitucional vigente atualmente, uma das estratégias para lidar com a regressividade da tributação sobre o consumo é a aplicação do princípio da seletividade pela essencialidade, que possibilita a adoção de alíquotas mais baixas para produtos mais essenciais, como aqueles constantes da cesta básica. A aplicação

sobre bens e serviços pagos por pessoas de baixa renda. A modalidade de operacionalização da estratégia não se encontra ainda definida.

A proposta de tributação prevista na PEC 45/19, por outro lado, prevê a adoção de uma alíquota de referência dentro de cada ente da Federação, com possibilidade de ajustes por Estados e Municípios[69], com base nas suas respectivas competências relativas. A proposta traz, portanto, a unicidade da alíquota sem distinção entre os produtos consumidos, afastando a ideia de uma alíquota favorecida para produtos pertencentes à cesta básica, uma vez que tais produtos são consumidos tanto por famílias de considerável poder aquisitivo, como por famílias de baixa renda. A supressão da seletividade por essencialidade seria, porém, compensada com mecanismos de devolução do valor do imposto recolhido diretamente às famílias de baixa renda[70].

Importa notar, contudo, que a estratégia de crédito de imposto prevista na PEC 45/19 tem base local e é pautada no Cadastro Único para Programas Sociais do Governo Federal. Nesse cenário, a região Norte do país concentra 17,08% dos inscritos, a Centro-Oeste 11,59%, e região Nordeste 20,50%, contra 8,75% na região Sul, e 10,06% na Sudeste. Concentrando uma grande quantidade de beneficiados, a região Norte, que abarca a maior parte dos Estados amazônicos, terá que proceder com um grande quantitativo de devolução de imposto, deduzindo-o da receita obtida pelos respectivos Estados com a tributação sobre o consumo.

Observe-se, porém, que, conforme já mencionado, estados amazônicos já apresentam arrecadação tributária deficitária e, considerando a relação entre a população e os beneficiários dos programas sociais, é possível que a estratégia de luta contra a regressividade implique em dificuldades para a manutenção de um equilíbrio financeiro e exercício das atribuições constitucionais dos entes locais na esfera social.

Assim, ao mesmo tempo em que o mecanismo de devolução de imposto tem o mérito de reduzir a regressividade da tributação sobre o consumo e contribuir para uma maior equidade intrarregional, caso

---

prática deste princípio, porém, nem sempre traz os efeitos desejados, vez que não diferencia a capacidade econômica do consumidor e por vezes não abarca produtos cujo consumo é essencial, como é o caso dos combustíveis e da energia elétrica.

69 A alíquota referenciada será calculada pelo TCU e definida pelo Senado Federal, para todos os setores da cadeia de produção e comércio de cada ente federado. Ver a respeito art. 152-A, VI e § 2°.

70 Ver a respeito art. 152-A § 9°.

não seja acompanhado por fonte de recurso distinta da arrecadação de receita própria da unidade federada, pode exacerbar o abismo já existente entre as regiões do país, trazendo um acirramento das desigualdades interregionais.

Nesse sentido, considerando-se as incertezas que revestem as mudanças estruturais no modelo de arrecadação, a PEC 110/19 traz a previsão de criação de fundo para reduzir a disparidade da receita *per capita* entre Estados e entre Municípios[71], que será distribuído entre os entes de forma inversa às receitas obtidas pela participação no IVA, visando complementar a receita própria – tributária e partilhada – quando insuficiente para garantir um piso mínimo de recurso por habitante. Semelhante dispositivo não se verifica na proposta da PEC 45/19. De todo modo, ainda não há, em nenhuma das propostas, elementos precisos sobre a operacionalização da estratégia de equalização regional a ser implementada.

Diante de tudo isso, mister concluir que a alteração na estrutura tributária nacional dificilmente pode ser equilibrada sem consequente alteração na dinâmica financeira, acompanhada de uma reavaliação do próprio pacto federativo, o que se mostrou evidente com as outras propostas de Emenda Constitucional apresentadas ao final de 2019[72]. Tais propostas que buscam reestruturar o Pacto Republicano[73], rever a utilização dos Fundos Financeiros e possibilitar medidas específicas voltados a questões emergenciais no âmbito fiscal, trazem elementos novos à discussão traçada ao longo destas páginas.

Ainda que os arranjos políticos exijam o tratamento diferenciado de cada uma das matérias *supra* indicadas, esse tratamento fatiado da questão federativa, financeira e fiscal traz grande perigo e impede a consideração da dinâmica federativa de forma ampla e plural.

As propostas de reforma tributária analisadas, extremamente necessárias e portadoras de aspectos atraentes para a correção de algumas

---

71 Ver a respeito art. 159-A nos termos da PEC 110/19.

72 PECs 186, 187 e 188.

73 O desenho do Pacto Republicano tem a ver com o sentido em que se utiliza o poder político. Assim, define-se como republicano o Estado que for juridicamente estruturado de modo a permitir que o governo aja em prol do bem comum aplicando à coisa pública uma função social, em busca da efetivação dos direitos fundamentais, com respeito à lei. Essa busca deve ocorrer de forma isonômica, através da ampliação das liberdades reais, em busca da liberdade igual (SCAFF, F. F. *Orçamento Republicano e Liberdade Igual: Ensaios sobre Direito Financeiro, República e Direitos Fundamentais no Brasil*. Belo Horizonte: Fórum, 2018, pp. 126-127).

distorções do sistema, devem, portanto, buscar compatibilizar as heterogeneidades na esfera federativa, respeitando as assimetrias naturais existentes entre as unidades federadas, valorizando as vocações locais, e pautadas sobre a ímpeto de reduzir as desigualdades interregionais com estratégias coordenadas.

Caso não ocorra uma reflexão profunda e transversal sobre estas questões, dificilmente se caminhará na direção de um pacto federativo cooperativo, seguindo a principiologia constitucional.

A JUSTIÇA FISCAL ENTRE O "DEVER-SER" CONSTITUCIONAL E O "SER" INSTITUCIONAL

LUCIANA GRASSANO DE GOUVÊA MÉLO[1]

SUMÁRIO: 1. O "dever ser" constitucional e a justiça fiscal; 2. O "ser" institucional e a justiça fisca; 3. A constitucionalização da injustiça fiscal; 4. Conclusões; Referências Bibliográficas

1. O "DEVER SER" CONSTITUCIONAL E A JUSTIÇA FISCAL

Nunca vi a Constituição federal de 1988 como um empecilho à efetivação da justiça fiscal. Muito pelo contrário. Implicitamente, a Constituição compromete-se com a justiça fiscal, desde o seu preâmbulo, quando declara ser o Brasil um "Estado Democrático, destinado a assegurar o exercício dos direitos sociais e individuais, a liberdade, a segurança, o bem-estar, o desenvolvimento, a igualdade e a justiça como valores supremos de uma sociedade fraterna, pluralista e sem preconceitos", e confirma esse mesmo "sentimento constitucional" quando declara, no art. 1º, como fundamentos do Estado brasileiro, a cidadania, a dignidade da pessoa humana e os valores sociais do trabalho e da livre iniciativa.

Se analisarmos o sistema tributário e financeiro constitucional, podemos identificar um compromisso com a justiça fiscal, da mesma forma. O que seria o art. 145, parágrafo único, senão um compromisso com a justiça fiscal? Ora, a Constituição que estabelece como norma que "sempre que possível, os impostos terão caráter pessoal e serão graduados segundo a capacidade econômica do contribuinte, facultado

---

1 É doutora em direito pela UFPE (2006), com estágio de doutoramento na Universidade Lusíada em Lisboa (CAPES, 2005) e de pós-doutoramento na Universidade de Bologna na Itália (CAPES, 2013). É professora associada da UFPE, nos programas de graduação, mestrado e doutorado em direito e ex-diretora da Faculdade de Direito do Recife (UFPE – 2007 a 2015). É Procuradora do Estado de Pernambuco / luggmelo@gmail.com.

à administração tributária, especialmente para conferir efetividade a esses objetivos, identificar, respeitados os direitos individuais e nos termos da lei, o patrimônio, os rendimentos e as atividades econômicas do contribuinte", a meu ver, firma um compromisso de "dever ser" com a isonomia material, com o princípio da capacidade contributiva, com a transparência e o acesso a informações econômicas relevantes para o efetivo exercício do controle pela fiscalização tributária.

O mesmo se pode dizer do art. 153, parágrafo 2º, quando, desde a redação original, estabelecia que o imposto sobre a renda "será informado pelos critérios da generalidade, da universalidade e da progressividade, na forma da lei", ou quando, desde a redação original, previa, no art. 153, parágrafo 4º, que o imposto sobre a propriedade territorial rural terá suas alíquotas fixadas de forma a desestimular a manutenção de propriedades improdutivas e não incidirá sobre pequenas glebas rurais, definidas em lei, quando as explore, só ou com sua família, o proprietário que não possua outro imóvel. Veja que, inclusive, na redação original, o art. 153, parágrafo 2º, II, previa que não incidiria a tributação do imposto de renda "nos termos e limites fixados em lei, sobre rendimentos provenientes de aposentadoria e pensão, pagos pela previdência social da União, dos Estados, do Distrito Federal e dos Municípios, a pessoa com idade superior a sessenta e cinco anos, cuja renda total seja constituída, exclusivamente, de rendimentos do trabalho", mandamento constitucional que foi revogado pela EC 20/1998.

Mas porque essas previsões constitucionais a que referi - e exemplifiquei apenas com os fundamentos constitucionais e com algumas normas de competência impositiva da União Federal, têm um compromisso com a justiça fiscal? O que é enfim a justiça fiscal?

É evidente que para termos uma preocupação com a justiça fiscal, necessariamente, precisamos olhar a tributação e o direito tributário com um olhar para além do dogmático. Entender, portanto, as relações de tributação não apenas na perspectiva de uma relação obrigacional que se situa entre dois polos antagônicos, quais sejam, o Fisco e o contribuinte. Devemos olhar essa relação numa perspectiva que situa a tributação como um instrumento do Estado para realizar direitos de cidadania e sociais. Nesse contexto essa perspectiva se amplia, deixando de tratar o direito tributário apenas de uma relação obrigacional e oponente entre o fisco e o contribuinte, e passando a tratar-se de um ramo do direito que se situa no âmbito das discussões de papel de Estado e de direitos e deveres do Estado e de seus cidadãos.

Nesse ponto, vale um registro da doutrina do pagamento de impostos como dever fundamental [2] e da teoria alemã do Estado fiscal ou impositivo[3]. Ambas doutrinas posicionam o estudo da tributação numa perspectiva de definição de papel de Estado e de relação de direitos e deveres entre os Estados e seus cidadãos.

Nesse contexto, o Estado impositivo é pressuposto tanto do Estado Liberal como do Estado de bem-estar social, na medida que a tributação é o meio pelo qual o Estado se financia para desempenhar o seu papel que, *a priori*, está definido no pacto constitucional.

E a definição de qual o papel do Estado é acima de tudo uma decisão de quais políticas públicas serão adotadas, tanto relacionadas à forma como o Estado arrecada recursos para se financiar, como relacionadas à definição de quais despesas públicas entende ser seu compromisso realizar.

Nesse aspecto, justiça fiscal se relaciona, considerando-se o pacto constitucional de 1988, tanto com a ideia de se questionar como determinada carga fiscal é partilhada entre todos, com especial enfoque em identificar se dada carga tributária é partilhada de forma justa entre aqueles com maior e menor rendimento e riqueza, ou seja, se é partilhada conforme a capacidade contributiva, como também em relação à despesa pública, ou seja, o modo como qual o Estado gasta os recursos que obtém.

A Constituição Federal de 1988, na sua origem, não me parece afastar-se desse ideal de justiça fiscal, como já visto em relação, por exemplo, às normas constitucionais que preveem expressamente o princípio da capacidade contributiva, da progressividade de alíquotas e da utilização da tributação como instrumento para impedir a acumulação de terras rurais improdutivas, conforme normas constitucionais referidas nos parágrafos iniciais desse tópico.

No que concerne à justiça fiscal na perspectiva da despesa pública, igualmente não parece afastar-se a Constituição Federal de 1988, na sua redação original, dessa definição de papel de Estado, desde a enumeração de seus objetivos fundamentais, expressos no art. 3º, tais como construir uma sociedade livre, justa e solidária; garantir o desenvolvimento nacional; erradicar a pobreza e a marginalização e reduzir as desigualdades sociais e regionais, além de promover o bem de todos, sem preconceitos de

---

2 NABAIS, José Casalta. *O dever fundamental de pagar impostos*. Coimbra: Almedina, 1998.

3 BARQUERO ESTEVAN, Juan Manuel. *La función del tributo em el Estado social y democrático de Derecho*. Madrid: Centro de Estudios Politicos y Constitucionales, 2002, pág. 31 ss.

origem, raça, sexo, cor, idade e quaisquer outras formas de discriminação, como também através de previsões expressas em outros mandamentos específicos, como o art. 6º, que declara serem direitos sociais a educação, a saúde, a alimentação, o trabalho, a moradia, o transporte, o lazer, a segurança, a previdência social, a proteção à maternidade e à infância, a assistência aos desamparados, na forma desta Constituição.

De modo específico, essa definição de papel de Estado como prestador de serviços sociais fica evidente, por exemplo, nas normas do art. 198, parágrafo 2º, que estabelece uma vinculação de recursos mínimos derivados da aplicação de percentuais mínimos orçamentários calculados na forma dos três incisos do referido dispositivo constitucional, para despesa vinculada à saúde da União, Estados, Distrito federal e Municípios.

Da mesma forma ocorre quanto ao direito social à educação, em relação a que a Constituição prevê, no art. 212, mandamento de vinculação orçamentária anual para despesas com educação, de modo que a "União aplicará, anualmente, nunca menos de dezoito, e os Estados, o Distrito Federal e os Municípios vinte e cinco por cento, no mínimo, da receita resultante de impostos, compreendida a proveniente de transferências, na manutenção e desenvolvimento do ensino". E assim, poderia citar outros exemplos de normas constitucionais comprometidas com a criação e manutenção de um Estado Social e Democrático de Direito, fundado na justiça fiscal.

Veja que essa discussão torna-se ainda mais relevante, quando se consideram dados recentes da pesquisa da Síntese de Indicadores Sociais, do IBGE – Instituto Brasileiro de Geografia e Estatística , no sentido de que em 2018 o país tinha 13,5 milhões de pessoas com renda mensal per capita inferior a R$ 145,00, ou $ 1,9 por dia, critério adotado pelo Banco Mundial para identificar a condição de extrema pobreza[4].

É papel do Estado distribuir renda e riqueza? E deve fazê-lo tanto pela forma como arrecada, como pela forma como realiza a sua despesa? A meu ver, a Constituição federal de 1988 responde afirmativamente a ambas as perguntas. Isso numa perspectiva de dever-ser. Entretanto, as instituições de nossa república, melhor dizendo, os poderes do nosso Estado vêm há décadas desvirtuando esse pacto constitucional, o que se agravou consideravelmente do ano de 2015 para os dias atuais.

---

4 IBGE. Síntese de indicadores sociais: uma análise das condições de vida da população brasileira: 2018. *Estudos e pesquisas. Informação demográfica e socioeconômica n. 39*. Coordenação de população e de indicadores sociais. Rio de Janeiro: IBGE, 2018. Disponível em: https://biblioteca.ibge.gov.br/visualizacao/livros/liv101629.pdf, acesso em 27/11/2019.

2. O "SER" INSTITUCIONAL E A JUSTIÇA FISCA

Quando falo do "ser" institucional, refiro-me como a nossa Constituição é posta em prática pelos poderes de Estado, ou seja, os poderes Executivo, Legislativo e Judiciário. E é essa prática constitucional, acima de tudo, que reflete a injustiça fiscal de nosso ordenamento tributário.

É indiscutível que a regressividade de nosso sistema tributário nacional se funda, acima de tudo, na altíssima tributação sobre o consumo. Sabe-se que quase a metade da carga tributária total brasileira é composta pela tributação de bens e serviços que, além do mais, opera-se em todos os âmbitos federativos, o que é um fator agregador de forte complexidade ao mais grave problema da regressividade[5].

É evidente que este é um problema do funcionamento de nosso federalismo fiscal e que, portanto, apenas poderia ser superado por uma alteração na distribuição de competência tributária constitucional, o que precisamente procura-se fazer, atualmente, a partir das propostas de reforma constitucional[6], cuja discussão encontra-se em andamento, a partir da criação de um tributo único sobre o consumo de bens e serviços.

Essas iniciativas, entretanto, não propõem qualquer alteração na injustiça fiscal da carga tributária incidente sobre o consumo representar, no Brasil, quase 50% da carga tributária total e, com isso, onerar muito gravemente os mais pobres, que comprometem a totalidade da sua renda com o consumo de bens e serviços. De forma alguma. Uma palavra sequer é discutida sobre a injustiça fiscal do peso da tributação do consumo, centrando-se todos os esforços de convencimento sobre a imprescindibilidade da medida com base em argumentos de eficiência e simplificação.

---

5 De acordo com o estudo divulgado em novembro/2018, a carga tributária bruta nacional em 2017 foi de 32,43% do PIB, da qual quase a metade, ou mais precisamente, 48,44% referiu-se à tributação de bens e serviços. RECEITA FEDERAL. Carga tributária no Brasil 2017: Análises por tributos e bases de incidência. Brasília/DF: Centro de Estudos Tributários e Aduaneiros – CETAD, 2018. Disponível em: http://receita.economia.gov.br/dados/receitadata/estudos-e-tributarios-e-aduaneiros/estudos-e-estatisticas/carga-tributaria-no-brasil/carga-tributaria-2017.pdf, acesso em 25/11/2019

6 Ver: PEC45/2019, disponível em: https://www.camara.leg.br/proposicoesWeb/fichadetramitacao?idProposicao=2196833 e PEC 110/2019, disponível em: https://www25.senado.leg.br/web/atividade/materias/-/materia/137699, acessos em 27/11/2019.

Já, quando se volta os olhos para o caminho percorrido pela tributação da renda no Brasil - que poderia representar uma tentativa de reduzir os danos à justiça fiscal por uma tributação incidente tão pesadamente sobre o consumo, verifica-se que o pacto constitucional a que referimos no item anterior - e que estabelecia acima de tudo o princípio da capacidade contributiva e da progressividade como norteadores da tributação da renda, foram inteiramente desprestigiados e desrespeitados pelo legislador ordinário.

GOBETTI e ORAIR[7] mostram em estudo sobre a progressividade tributária que logo após a promulgação da carta constitucional de 1988, no governo Sarney, em 1988-1989, houve uma brusca redução da alíquota máxima da tributação da renda de 50% para 25%, além da diminuição do número de alíquotas de onze para três, o que certamente representou influxo do neoliberalismo gestado pelos Governos Reagan e Thatcher[8]. Veja que logo quando a nova Constituição estabelecia uma série de direitos de cidadania e sociais, o imposto de renda perdia a sua estrutura progressiva, o que até hoje não foi recuperado.

Além disso, e ainda concernente à tributação da renda no Brasil, além da perda da estrutura progressiva, a partir da Constituição de 1988 e contrariamente ao seu espírito, operou-se, por meio da vigência da lei n. 9.249, de 26/12/1995[9], a isenção da tributação da renda decorrente da

---

7 GOBETTI, Sérgio Wulff e ORAIR, Rodrigo Octávio. *Progressividade tributária: a agenda negligenciada*. Texto para discussão/ Instituto de Pesquisa Econômica Aplicada. Brasília, Rio de Janeiro: 2016. Disponível em: http://www.ipea.gov. br/portal/index.php?option=com_content&view=article&id=27549, acesso em 27/11/2019.

8 Veja que a despeito deste ser um fenômeno mundial, entre os anos 2000-2012, o percentual máximo da tributação da renda nos EUA e Reino Unido se estabilizou entre 30% e 40%, após as grandes quedas dos anos 80. Na França e Alemanha, apesar de também sofrerem tal influxo, o percentual máximo, no mesmo período, estava relativamente estabilizado entre 40% e 50%. PIKETTY, Thomas. O capital no século XXI. Rio de Janeiro: Intrínseca, 2014, p. 490.

9 A partir da edição da Lei no 9.249/1995, para o ano-exercício de 1996, os rendimentos de lucros e dividendos, que, à época, eram taxados sob a alíquota linear de 15%, passaram a ser considerados rendimentos isentos de IRPF, ou seja, não pagariam mais tributos na pessoa física. Aliado à isenção dos ganhos sobre lucros e dividendos, essa lei também introduziu a figura dos juros sobre capital próprio (JSCP), que constitui uma forma de a empresa distribuir seus lucros aos acionistas (sendo a outra os dividendos), registrando esse repasse como uma despesa, o que reduz o lucro total da empresa a ser tributado pelo IRPJ e pela CSLL. Combinando a isenção dos dividendos com a possibilidade de aplicação dos JSCP (com um valor hipotético

distribuição dos lucros e dividendos e dos juros sobre capital próprio, de tal modo que em percentuais do ano de 2017, a arrecadação da tributação da renda representou 19,22% da arrecadação total, e a isenção sobre lucros e dividendos desonerou 280,56 bilhões de reais[10].

Daí se infere que a injustiça fiscal da distribuição da carga tributária brasileira não é um problema da nossa Constituição federal, vez que a despeito de o pacto constitucional brasileiro prever uma tributação conforme a isonomia material, a capacidade contributiva e a progressividade, os poderes do Estado desconsideraram o "dever-ser" constitucional desde os primeiros anos da promulgação da carta de 1988.

Esse descompasso apontado em relação aos governos e também à atuação do parlamento brasileiro, também pode ser percebido com relação à atuação do poder judiciário, que no mais das vezes quando instado a pronunciar-se sobre a legitimidade de tímidas tentativas legislativas de tributar um pouco mais conforme um senso de justiça fiscal, valeu-se de interpretações formalistas e equivocadas para evitar mínimos avanços, em especial com vistas a uma tributação mais justa do patrimônio.

Isso é o que se percebe da análise do julgamento do RE n. 153.771-0, publicado no DJ de 05/091997, que decidiu pela inconstitucionalidade do estabelecimento de alíquotas progressivas do IPTU, pelo município de Belo Horizonte, com base no principal argumento de que: "Sob o império da atual Constituição, não é admitida a progressividade fiscal do IPTU, quer com base exclusivamente no seu artigo 145, parágrafo 1º, porque esse imposto tem caráter real que é incompatível com a progressividade decorrente da capacidade econômica do contribuinte, quer com arrimo na conjugação desse dispositivo constitucional (genérico) com o artigo 156, parágrafo 1º (específico)"[11].

---

de 10% do lucro bruto), tem-se que o lucro do acionista aumenta em cerca de 21%, sendo essa lucratividade maior quanto maior a parcela distribuída por meio do JSCP. FERNANDES, Rodrigo Cardoso; CAMPOLINA, Bernardo; SILVEIRA, Fernando Gaiger. Imposto de renda e distribuição de renda no Brasil. Texto para discussão / Instituto de Pesquisa Econômica Aplicada. Brasília: Rio de Janeiro: IPEA, 2019. Disponível em: http://repositorio.ipea.gov.br/bitstream/11058/9136/1/TD_2449.pdf, acesso em 25/11/2019.

10 Disponível em: http://receita.economia.gov.br/dados/receitadata/estudos-e-tributarios-e-aduaneiros/estudos-e-estatisticas/carga-tributaria-no-brasil/carga-tributaria-2017.pdf , acesso em 25/11/2019.

11 Disponível em http://redir.stf.jus.br/paginadorpub/paginador.jsp?docTP=AC&docID=211634, acesso em 25/11/2019.

Em vista de tal orientação jurisprudencial do STF, que passa ao largo de qualquer questionamento sobre justiça fiscal, a tributação progressiva do IPTU somente foi possível a partir da promulgação da emenda constitucional 29/2000, que alterou o art.156, parágrafo 1º da Constituição Federal, para autorizar expressamente a progressividade de alíquotas no caso específico daquele imposto.

Veja que tal entendimento do STF foi superado apenas em 2013, ao julgar a progressividade de alíquota do ITCMD , no RE 56045/RS[12], quando entendeu, por maioria, que todos os impostos estão submetidos à capacidade contributiva, em atendimento ao princípio da igualdade material tributária.

Em relação a uma discussão mais recente, também relacionada à tributação do patrimônio, pode-se referir à tentativa de alguns governos estaduais de tributar a propriedade de aeronaves e embarcações. No caso de Pernambuco, foi publicada a lei n. 15.603/2015. Entretanto, o Judiciário estadual firmou entendimento pela inconstitucionalidade da referida tributação, com base no argumento formal e equivocado de que a tributação aplicada a veículos automotores não abrange veículos aquáticos, porque só a União pode criar regras sobre embarcações e também porque o IPVA tem a finalidade de substituir a antiga Taxa Rodoviária Única (TRU), voltada ao transporte terrestre. Isso com esteio na jurisprudência consolidada do STF, que entende que a materialidade constitucional do IPVA não abarca a propriedade de embarcações ou aeronaves[13].

Veja que mais uma vez inexistiu qualquer esforço hermenêutico no sentido de valorizar os princípios da isonomia material e da capacidade contributiva, passando no vazio a discussão jurisprudencial nesse aspecto, sem tecer qualquer argumento relacionado a uma preocupação com justiça fiscal, em um país cuja tributação da propriedade representa apenas 4,58% da arrecadação tributária total[14]. É difícil explicar com base em qualquer argumento de racionalidade que, no estado de Pernambuco, a propriedade de uma moto cinquentinha seja tribu-

---

12 Disponível em http://redir.stf.jus.br/paginadorpub/paginador.jsp?docTP=AC&docID=630039, acesso em 25/11/2019.

13 Ver: ARE1.172.327AGR/PE. STF, 2ª Turma.

Disponível em http://redir.stf.jus.br/paginadorpub/paginador.jsp?docTP=TP&docID=751219242, acesso em 25/11/2109.

14 Disponível em: http://receita.economia.gov.br/dados/receitadata/estudos-e-tributarios-e-aduaneiros/estudos-e-estatisticas/carga-tributaria-no-brasil/carga-tributaria-2017.pdf , acesso em 25/11/2019.

tada em R$ 72,00, no ano de 2019 e que no mesmo ano a propriedade de um iate ou de um helicóptero, por exemplo, não seja tributada por afronta direta à Constituição federal.

A meu ver, o sistema tributário brasileiro conforme previsto na Constituição não se revelou um insucesso, se considerada a perspectiva de persecução de uma justiça fiscal. Não é a Constituição federal um empecilho para que a carga tributária brasileira seja distribuída de modo mais justo, muito pelo contrário. Todos os princípios e mecanismos necessários ao alcance de uma tributação mais conforme a justiça fiscal encontram previsão expressa no texto constitucional. Portanto, o problema não é de dever-ser constitucional, mas do modo como a Constituição tem sido posta em prática pelos poderes do Estado, como visto neste estudo.

Além disso, e em especial no que concerne ao sistema financeiro surgido com a Constituição federal de 1988, o que se percebe, com mais ênfase de 2015 para os dias atuais, é um esvaziamento da cláusula social do Estado brasileiro e, como consequência disso, propostas e aprovações de emendas constitucionais com vistas à limitação de despesas com saúde e educação, por exemplo, como é o caso da EC 95/2016, o que será analisado no próximo item, que trata da constitucionalização da injustiça fiscal.

3. A CONSTITUCIONALIZAÇÃO DA INJUSTIÇA FISCAL

Como percebido no item anterior, as alterações na legislação tributária promovidas sob o influxo de ideias neoliberais tiveram como principal objetivo a desoneração dos mais ricos, o que foi especialmente sentido na década de 90, com a redução drástica da progressividade da tributação da renda e a política de desoneração do rendimento do capital. Essa realidade mantém-se até hoje, a despeito de a Constituição federal ter firmado compromisso com a isonomia material em matéria tributária, a capacidade contributiva e a tributação progressiva da renda e do patrimônio.

INTROINI e MORETTO[15] explicam que esse objetivo foi alcançado por meio da "moderação da carga marginal" de um lado, e da ampliação da base tributária de outro. Ou seja, de um lado desonerou-se grande parte da renda do capital e de outro, para compensar, ampliou-se a base de contribuintes do IRPF, incorporando-se pessoas de faixa de

---

15 INTROINI, Paulo Gil Holck e MORETTO, Amilton J. *A tributação sobre a renda no Brasil e suas implicações sobre os trabalhadores*. Tributação e Desigualdade/ Organizadores José Roberto Afonso (et al). Belo Horizonte: Letramento: Casa do Direito FGV Direito Rio, 2017, p. 415.

renda cada vez mais baixa, através dos mecanismos de não correção da tabela progressiva de incidência e pela sobrecarga dos que já contribuíam e, acima de tudo, pelo aumento da tributação sobre o consumo, altamente regressiva.

Veja que esses movimentos foram possíveis sem qualquer alteração constitucional. Como dito nos itens anteriores, a injustiça fiscal sob a ótica da receita pública, melhor dizendo, na perspectiva da distribuição da carga tributária no Brasil, não se deve à Constituição federal que, pelo contrário, apresenta aos poderes legislativo, executivo e judiciário brasileiros os mecanismos capazes de promover uma política fiscal conforme a capacidade contributiva, e também uma interpretação e aplicação da Constituição e das leis com vistas a alcançar a justiça fiscal.

Por outro lado, as propostas de emenda constitucional em discussão não tratam de apresentar uma reforma constitucional tributária com vistas a tornar a distribuição dos encargos mais justa, ao contrário, passam à margem de qualquer preocupação nesse sentido. Vê-se que o que motiva as discussões é a necessidade de simplificação e eficiência do sistema que, entretanto, a despeito de sua importância, não tem qualquer viés redistributivo.

Por outro lado, o que se percebe é um crescente avanço da descaracterização do Estado Social brasileiro. Ou seja, considerando-se a realidade de um país extremamente desigual e com grave concentração de riqueza, a eliminação ou desidratação de direitos sociais básicos é extremamente grave, sendo esta, entretanto, a agenda econômica desde 2015 até os dias de hoje.

No contexto da crise econômica vivenciada em nosso país nos recentes anos não se verificou qualquer tentativa de alterar a injustiça da distribuição da carga tributária, de modo que se mantém um sistema tributário injusto, regressivo, que onera mais o pobre, com forte tributação de consumo, baixa tributação da renda e patrimônio que, além de tudo, negligencia a progressividade e a capacidade contributiva, onerando mais fortemente as rendas do trabalho que as rendas do capital e pouco atingindo o patrimônio das elites e aquele herdado entre gerações[16].

---

16 MORGAN, Marc. *Income inequality, growth and elite taxation in Brasil: new evidence combining survey and fiscal data*, 2001-2015. Working paper n. 165, 2018. Disponível em: https://ipcig.org/working-paper-165-income-inequality-growth-and-elite-taxation-brazil-new-evidence-combining-survey-and-fiscal-data, acesso em 27/11/2019.

O que se tem verificado, por outro lado, é um movimento de adoção de políticas de austeridade na despesa pública com gastos sociais, a partir da implantação de uma agenda ultraliberal, que teve um forte marco na introdução da EC 95/2016, que acrescentou os artigos 106 a 114 ao ADCT, para instituir um novo regime fiscal no âmbito dos orçamentos fiscal e da seguridade social da União, que vigorará por vinte exercícios financeiros, comumente chamada de emenda do teto dos gastos com saúde e educação, que praticamente congela essas despesas para os próximos 20 anos.

Esse movimento está mais forte do que nunca, veja-se as recentes propostas de emenda à Constituição pelo governo federal, através de seu ministro ultraliberal Paulo Guedes, também denominada de Plano 3D, que significa desvinculação, desindexação e descentralização.

No bojo das três propostas de PEC 186, 187 e 188/2019[17] contempla-se uma tentativa de alterar fortemente o sistema orçamentário e também o federalismo brasileiro, além de atentar-se contra direitos sociais e trabalhistas, inclusive com proposta de desvinculação de gastos sociais obrigatórios com saúde e educação e extinção de fundos constitucionais para a educação, a saúde entre outros.

É claro que essas medidas vão atingir em cheio o extrato social mais necessitado da população brasileira, que evidentemente precisa mais do Estado para suprir suas necessidades básicas. Uma população que já se encontra espoliada em seus direitos previdenciários, assistenciais e trabalhistas, no mais das vezes, inclusive, sem emprego e sujeita a relações de trabalho precárias e sem direitos garantidos.

E isso soa particularmente estranho quando, desde a constatação dos terríveis resultados das políticas de austeridade aplicadas aos países da Europa meridional, após a crise de 2008, o próprio FMI, através de seus técnicos e de sua diretora-geral, já em 2015, conclamava por um novo consenso, reconhecendo que não pode haver crescimento econômico sem combate à desigualdade social.

Nas palavras de LAGARDE[18],

---

17 Disponíveis em : https://www25.senado.leg.br/web/atividade/materias/-/materia/139702; https://www25.senado.leg.br/web/atividade/materias/-/materia/139703 e https://www25.senado.leg.br/web/atividade/materias/-/materia/139704, acessos em 27/11/2019.

18 LAGARDE, Christine. Erguer os pequenos barcos. Disponível em https://www.imf.org/external/lang/portuguese/np/speeches/2015/061715p.pdf, acesso em 27/11/2019.

análises de meus colegas no FMI demonstram que a desigualdade excessiva de renda na verdade reduz a taxa de crescimento econômico e torna o crescimento menos sustentável (...) as últimas análises do FMI apresentam números precisos em apoio a esta mensagem-chave – de que é necessário erguer os "pequenos barcos" para gerar crescimento mais forte e mais duradouro. Nosso estudo demonstra que elevar em 1 ponto percentual a parcela da renda dos pobres e da classe média aumenta o crescimento do PIB de um país em até 0,38 ponto percentual em cinco anos. Em contrapartida, elevar em 1 ponto percentual a parcela da renda dos ricos reduz o crescimento do PIB em 0,08 ponto percentual. Uma explicação possível para isso é que os ricos gastam uma fração menor de sua renda, o que poderia reduzir a demanda agregada e enfraquecer o crescimento. Em outras palavras, nossas constatações sugerem que – contrariando a sabedoria popular – os benefícios da renda mais alta estão a se espalhar para cima e não para baixo, o que demonstra claramente que os pobres e a classe média são os principais motores do crescimento. Esses motores, infelizmente, estão parando.

Esse é o reconhecimento do fracasso das chamadas políticas do "trickle down" ou do "gotejamento". BAUMAN[19] já nos alertava que a riqueza ostensivamente acumulada no topo da pirâmide social não gerou qualquer benefício para o restante da sociedade.

Diante desse quadro descrito de preocupação com o combate à desigualdade social para o fim de alcançar o crescimento econômico, parece ainda mais sem sentido a constitucionalização da injustiça fiscal, nos moldes propostos pelo atual governo federal.

Até porque, o Brasil já é um país extremamente injusto, na perspectiva da despesa pública, quando se verificam os dados orçamentários. Veja que, de acordo com números divulgados pelo Tribunal de Contas da União[20], a despesa da União com a saúde representou 1,77% do PIB, com a segurança pública representou 0,18% do PIB e com a educação representou 1,64% do PIB, em 2018, o que soma 3,59% do PIB, todos juntos.

Por outro lado, a renúncia fiscal da União representou 4,68% do PIB, no mesmo ano de 2018. Ou seja, o valor total da renúncia fiscal da União compromete mais o PIB brasileiro que a totalidade dos gastos da União com saúde, educação e segurança pública.

---

19 BAUMAN, Zygmunt. *A riqueza de poucos beneficia todos nós?* Rio de Janeiro: ZAHAR, 2015.

20 Disponível em: TRIBUNAL DE CONTAS DA UNIÃO. Fatos Fiscais. Brasília: *TCU*, 2019. Disponível em: https://portal.tcu.gov.br/biblioteca-digital/fatos-fiscais-2019. htm, acesso em 27/22/2019.

Mais estarrecedores são os dados que demonstram que em 2018 a despesa com investimento da União importou em 0,65% do PIB, enquanto que o total do gasto com a dívida pública foi de 4,1% do PIB. Isso faz deduzir que se a União, através dessas políticas de austeridade propostas vier a economizar recursos é muito mais provável que eles sejam utilizados para pagar despesa da União com juros e encargos da dívida, do que com investimento, em especial sabendo-se que no período de cinco anos os gastos com investimentos atingiram R$ 220, 9 bilhões, valor que representa apenas 1,74% da despesa total empenhada no período.

E nesse contexto, nenhuma palavra se escuta falar de reforma tributária com viés redistributivo, de aumento de investimento público para gerar crescimento ou de auditoria da dívida pública. Apenas redução drástica do fraco Estado Social brasileiro, o que tende a se agravar se o cerne das reformas constitucionais propostas pelo atual governo for aprovado, no âmbito do Plano Mais Brasil, como foi aprovada a reforma que alterou as regras da previdência social (EC n. 103/2019).

4. CONCLUSÕES

Como visto, a Constituição federal não é responsável pela injustiça fiscal do ordenamento tributário brasileiro, marcadamente regressivo. Essa marca é antes resultante da forma como os poderes de Estado põem em prática a Constituição federal, que expressamente prevê como norte da tributação brasileira da renda e do patrimônio o respeito aos princípios da isonomia material em matéria tributária, da capacidade contributiva e da progressividade.

Tais princípios vêm sendo desrespeitados desde a promulgação da nossa Constituição, no bojo das reformas tributárias da década de 1990, quando, pelo influxo de ideias neoliberais, foi reduzida a progressividade da incidência da tributação da renda e desonerado fortemente o rendimento do capital, situação que se mantém até hoje e que, aliada à pesada carga tributária incidente sobre o consumo de bens e serviços, é responsável pela regressividade de nosso ordenamento tributário.

Portanto, o Brasil é injusto na perspectiva da distribuição da carga tributária de modo que o sacrifício com o financiamento do Estado brasileiro é sentido muito mais fortemente pelas classes populares e trabalhadoras, que também sofrem a injustiça fiscal na perspectiva da despesa pública, na medida que as despesas orçamentárias com saúde, educação e segurança da União Federal em 2018, por exemplo, foram muito inferiores ao que foi gasto com renúncia fiscal e também ao que foi gasto com o pagamento dos encargos da dívida pública.

Não bastasse isso, o movimento ultraliberal da política econômica do atual governo é no sentido de constitucionalizar tal injustiça fiscal, a partir da criação de mecanismos de desvinculação, desindexação e descentralização, os quais vão atingir em cheio o extrato social mais necessitado da população brasileira, que evidentemente precisa mais do Estado para suprir suas necessidades básicas.

Isso em um contexto internacional de preocupação com o combate à desigualdade social para o fim de alcançar o crescimento econômico, o que foi expresso desde 2015, pelo próprio FMI, que finalmente parece ter entendido que "os benefícios da renda mais alta estão a se espalhar para cima e não para baixo, o que demonstra claramente que os pobres e a classe média são os principais motores do crescimento. Esses motores, infelizmente, estão parando" (LAGARDE, 2015).

REFERÊNCIAS BIBLIOGRÁFICAS

BARQUERO ESTEVAN, Juan Manuel. *La función del tributo em el Estado social y democrático de Derecho*. Centro de Estudios Politicos y Constitucionales: Madrid, 2002.

BAUMAN, Zygmunt. *A riqueza de poucos beneficia todos nós?* Rio de Janeiro: ZAHAR, 2015.

FERNANDES, Rodrigo Cardoso; CAMPOLINA, Bernardo; SILVEIRA, Fernando Gaiger. *Imposto de renda e distribuição de renda no Brasil*. Texto para discussão / Instituto de Pesquisa Econômica Aplicada. Brasília: Rio de Janeiro: IPEA, 2019. Disponível em: http://repositorio.ipea.gov.br/bitstream/11058/9136/1/TD_2449.pdf, acesso em 25/11/2019

GOBETTI, Sérgio Wulff e ORAIR, Rodrigo Octávio. *Progressividade tributária: a agenda negligenciada*. Texto para discussão/ Instituto de Pesquisa Econômica Aplicada. Brasília, Rio de Janeiro: 2016. Disponível em: http://www.ipea.gov.br/portal/index. php?option=com_content&view=article&id=27549, acesso em 27/11/2019

IBGE. *Síntese de indicadores sociais: uma análise das condições de vida da população brasileira: 2018*. Estudos e pesquisas. Informação demográfica e socioeconômica n. 39. Coordenação de população e de indicadores sociais. Rio de Janeiro: IBGE, 2018. Disponível em: https://biblioteca.ibge.gov.br/visualizacao/livros/liv101629. pdf, acesso em 27/11/2019.

INTROINI, Paulo Gil Holck e MORETTO, Amilton J. *A tributação sobre a renda no Brasil e suas implicações sobre os trabalhadores*. Tributação e Desigualdade/ Organizadores José Roberto afonso (et al). Belo Horizonte: Letramento: Casa do Direito FGV Direito Rio, 2017.

MORGAN, Marc. *Income inequality, growth and elite taxation in Brasil: new evidence combining survey and fiscal data, 2001-2015*. Working paper n. 165, 2018. Disponível em: https://ipcig.org/working-paper-165-income-inequality-growth-and-elite-taxation-brazil-new-evidence-combining-survey-and-fiscal-data, acesso em 27/11/2019.

NABAIS, José Casalta. O dever fundamental de pagar impostos. Almedina: Coimbra, 1998.

PIKETTY, Thomas. *O capital no século XXI*. Rio de Janeiro: Intrínseca, 2014.

RECEITA FEDERAL. *Carga tributária no Brasil 2017: Análises por tributos e bases de incidência*. Brasília/DF: Centro de Estudos Tributários e Aduaneiros – CETAD, 2018. Disponível em: http://receita.economia.gov.br/dados/receitadata/estudos-e-tributarios-e-aduaneiros/estudos-e-estatisticas/carga-tributaria-no-brasil/carga-tributaria-2017.pdf, acesso em 25/11/2019

SALDANHA SANCHES, J. L. *Justiça Fiscal*. Lisboa: Fundação Francisco Manuel dos Santos, 2010.

TRIBUNAL DE CONTAS DA UNIÃO. *Fatos Fiscais*. Brasília: TCU, 2019. Disponível em: https://portal.tcu.gov.br/biblioteca-digital/fatos-fiscais-2019.htm, acesso em 27/22/2019.

INFLUÊNCIAS EXTERNAS NAS REFORMAS TRIBUTÁRIAS DO BRASIL AO LONGO DA HISTÓRIA

LUDMILA MARA MONTEIRO DE OLIVEIRA[1]

TARCÍSIO DINIZ MAGALHÃES[2]

SUMÁRIO: 1. Introdução; 2. O Pós-Guerra e a Ascensão da Influência Estrangeira; 2.1. As primeiras tratativas Brasil-FMI; 2.2. O relacionamento com os Estados Unidos; 2.3. O acordo FGV-USAID; 2.4. A Missão Shoup; 3. O "Milagre Econômico" e o Recrudescimento da Influência Estrangeira; 3.1. Os conflitos com as disposições do GATT; 3.2. O sistema de condicionalidades do FMI; 4. A Redemocratização e a Impermanência da Influência Estrangeira; 4.1. O abalo na relação Brasil-FMI; 4.2. A aproximação do Banco Mundial; 4.3. O regresso do FMI; 5. O Século XXI e o Prolongamento da Influência Estrangeira; 5.1. A volta da FVG e do aconselhamento externo; 5.2. A relação Brasil-OCDE; 6. Conclusão.

1. INTRODUÇÃO

Um incremento substancial do engajamento de instituições transnacionais e especialistas em reformas tributárias nacionais, principalmente em uma direção norte-sul – isto é, de países desenvolvidos para aqueles em desenvolvimento –,[3] é sentido desde a Segunda Guerra Mundial.

---

1 Doutora em Direito Tributário pela UFMG; Conselheira Titular do CARF; Assessora Judiciária do TJMG; Professora de Direito Tributário da UFMG.

2 Doutor em Direito Tributário pela UFMG, Pesquisador Pós-Doutor na Faculdade de Direito da Universidade McGill.

3 Cf. STEWART, Miranda. Global trajectories of tax reform: the discourse of tax reform in developing and transition countries. *Harvard International Law Journal*, v. 44, n. 1, p. 138-190, 2003; NEHRING, Holger; SCHUI, Florian (eds.). *Global debates about taxation*. Nova Iorque: Palgrave MacMillan, 2007; CHRISTIANS, Allison. Global trends and constraints on tax policy in the least developed countries. *U.B.C. Law Review*, v. 42, n. 2, p. 239-274, 2010; CHRISTIANS, Allison. Networks, norms,

Esse fenômeno, identificado por alguns estudiosos como um processo de transnacionalização das leis tributárias, levanta questões cruciais sobre a soberania fiscal de um país e a legitimidade participativa na formulação de políticas tributárias nacionais.[4] Até o momento, parcos são os estudos de caso específicos aptos a contribuir para uma melhor compreensão das razões pelas quais – e os meios pelos quais – se dá a transmissão de normas tributárias através das fronteiras, bem como as consequências da atuação de "legisladores transnacionais".

Nesse capítulo, é oferecido um estudo de caso de influências externas sobre o regime tributário brasileiro, desde a época pós-Segunda Guerra Mundial até a presente, contribuindo para a literatura em direito tributário comparado[5] e, em particular, a temática dos "transplantes jurídicos".[6] A partir da descrição de exemplos bem-sucedidos e também de tentativas fracassadas de mudanças de regras jurídico-tributárias brasileiras, contextualizados à luz de fatores sociais, econômicos e políticos, o objetivo final é propor uma reflexão crítica sobre o papel da expertise estrangeira no delineamento do sistema tributário pátrio.[7]

2. O PÓS-GUERRA E A ASCENSÃO DA INFLUÊNCIA ESTRANGEIRA

A economia brasileira estava em uma tendência comprovadamente ascendente quando a Segunda Guerra Mundial terminou.[8] A destruição da Europa teve o efeito de aumentar as exportações brasileiras, enquanto

---

and national tax policy. *Washington University Global Studies Law Review*, v. 9, n. 1, p. 1-38, 2010.

4 Cf. ATES, Leyla. Domestic political legitimacy of tax reform in developing countries: a case study of Turkey. *Wisconsin International Law Journal*, v. 30, n. 3, p. 760: "governos e povos de países em desenvolvimento ainda têm a responsabilidade de criar seus próprios sistemas tributários."

5 Nesse sentido, cf. THURONYI, Victor; BROOKS, Kim; KOLOZS, Borbala. *Comparative tax law*. Londres: Kluwer Law International, 2016.

6 Cf. LI, JINYAN. Tax transplants and local culture: a comparative study of the Chinese and Canadian GAAR. *Theoretical Inquiries in Law*, v. 11, n. 2, 2010.

7 Sobre os desafios da expertise em direito tributário, cf. MAGALHAES, Tarcisio Diniz. *Teoria crítica do direito tributário internacional*. Belo Horizonte: Letramento, 2019.

8 CARDOSO, Eliana A.; FISHLOW, Albert. The macroeconomics of the Brazilian external debt. In: SACHS, Jeffrey D. *Developing country debt and the world economy*. Chicago: Chicago University Press,1989.

as importações dos países europeus declinaram drasticamente.[9] O resultado foi um aumento substancial nas reservas cambiais do país: de US$ 71 milhões antes da guerra para US$ 708 milhões a partir de então.[10] No entanto, quase toda essa acumulação esvaneceu repentinamente, em menos de um ano, como consequência de uma onda de importações que se seguiu ao final da Segunda Guerra Mundial.[11] Esse balanço econômico atraiu a atenção da comunidade financeira internacional e, com isso, fez aumentar a influência externa no sistema tributário brasileiro.

2.1. AS PRIMEIRAS TRATATIVAS BRASIL-FMI

O rápido esgotamento das reservas cambiais acumuladas em tempo de guerra no Brasil fez com que o Fundo Monetário Internacional (FMI) começasse a intervir.[12] Desde junho de 1947, controles cambiais foram postos em prática, seguindo recomendações específicas do Fundo.[13] Entretanto, a implementação contínua das medidas do FMI acabou se descortinando como um verdadeiro obstáculo para os formuladores de políticas brasileiros, relacionando-se, principalmente, a questões fiscais.[14]

A necessidade de reforma tributária para arrecadar fundos para cobrir empréstimos externos e impulsionar a economia tornou-se, por essa razão, uma das mais elevadas prioridades na agenda do governo. À época, eram tidas como mudanças essenciais: (i) o aumento das receitas com a finalidade de reduzir o déficit público; (ii) o aprimoramento, em termos

---

9 Desde o século XIX, a economia brasileira dependia fortemente de tradicionais produtos primários de exportação, principalmente café, mas também cacau, açúcar, algodão e tabaco, cujos principais consumidores eram os Estados Unidos e a Europa Ocidental. BAER, Werner Baer. *The Brazilian economy: growth and development*. Boulder: Lynne Rienner: 2014, p. 21-22, 49, 53.

10 Id., p. 53.

11 Id., p. 54.

12 Criado em 1944, mas formalmente estabelecido apenas um ano mais tarde, o FMI declara que sua "missão fundamental é ajudar a garantir a estabilidade do sistema internacional", por meio de três mecanismos: vigilância, empréstimos e assistência técnica. IMF. About the IMF: Our Work. *IMF.org*. Disponível em: <http://www.imf.org/external/about/ourwork.htm>. Acesso em: 5 jan. 2020.

13 CPDOC - Centro de Pesquisa e Documentação de História Contemporânea do Brasil. Disponível em: <http://www.fgv.br/cpdoc/acervo/dicionarios/verbete-biografico/dutra-eurico-gaspar>. Acesso em: 6 jan. 2020.

14 Roza, Ednei. The IMF and the effects of structural conditionalities in brazil: what is about to happen? *Law and Business Review of the Americas*, v. 14, 2008, p. 360.

de eficiência, do aparato para a cobrança de impostos; (iii) a facilitação da capitalização das empresas e o estímulo aos investimentos; (iv) a simplificação e racionalização dos impostos federais, de como a garantir que a incidência do imposto sobre o consumo recaísse sobre o consumo, e não sobre a produção; e, (iv) a revisão do sistema de compartilhamento de receita entre os três níveis de governo (União, Estados e Municípios).[15]

2.2. O RELACIONAMENTO COM OS ESTADOS UNIDOS

O FMI não era a única organização externa envolvida em fornecer crédito ao governo brasileiro e, por sua vez, supervisionar o desenho e a implementação de políticas econômicas e fiscais. Em 1948, consultores técnicos brasileiros e norte-americanos formaram a Comissão Técnica Conjunta Brasil-Estados Unidos[16] e uma Missão, chamada Abbink, foi enviada ao nosso país para a avaliação das condições para contração de empréstimos junto aos norte-americanos.[17] Em uma carta confidencial, um embaixador dos EUA no Brasil apontou uma divergência de pontos de vista na cobertura pela mídia, incluindo o que ele descreveu como "ataques abusivos e maliciosos à Missão por órgãos de extrema esquerda e ultranacionalistas."[18] O embaixador dos EUA culpou "esquerdistas" e "direitista" por "usarem a Missão como veículo para descreditar, através de uma deturpação deliberada dos fatos, os esforços dos Estados Unidos para promover uma maior estabilidade econômica em todo o mundo".[19] Mas além dessas reações supostamente extremistas, o restante da imprensa não parecia expressar apoio ao envolvimento dos EUA em projetos de reforma nacionais.[20]

---

15 VARSANO, Ricardo. A evolução do sistema tributário brasileiro ao longo do século: anotações e reflexões para futuras reformas. *Pesquisa de Planejamento Econômico*, v. 27, n. 1, p. 1-40, 1997, p. 7.

16 JOINT BRAZIL-UNITED STATES TECHNICAL COMMISSION. Report. *Federal Reserve Bulletin*, v. 361, abr. 1949.

17 CPDOC - Centro de Pesquisa e Documentação de História Contemporânea do Brasil. Disponível em: <http://www.fgv.br/cpdoc/acervo/dicionarios/verbete-tematico/missao-abbink>. Acesso em: 6 jan. 2020.

18 JOHNSON. The Ambassador in Brazil (Johnson) to the Secretary of State, 832.50 JTC/10-848: Airgram, Rio de Janeiro, Nov. 18, 1948–18:00. In: UNITED STATES. *Foreign relations of the United States 1948, vol. IX*: the Western Hemisphere. United States Government Prating Office: Washington, 1972, p. 366-367.

19 Id., p. 367.

20 Id., p. 366-367.

De qualquer forma, a Comissão produziu um relatório contendo uma série de sugestões para promover o desenvolvimento do Brasil, concluindo que parcela substancial desse processo haveria de ser financiada pelo incremento de receitas tributárias. Cinco foram as reformas, nesta seara, recomendadas:

> (1) mudanças no método de determinação do passivo de imposto de renda para os grandes estabelecimentos agrícolas; (2) imposição de sobretaxa incidente sobre os dividendos das ações ao portador; (3) aumentos nos impostos especiais de consumo de certas mercadorias produzidas no Brasil, agora menos tributadas do que as mercadorias importadas similares, bem como aumento na tributação de certas importações de essencialidade relativamente baixa; (4) maior verificação e auditoria das declarações e registros dos contribuintes; (5) um aumento no imposto sobre ganhos de capital nas transferências de imóveis urbanos.[21]

Passados cinco anos, ainda havia problemas. Em resposta, o governo instituiu uma comissão especial composta por cinco especialistas brasileiros em direito tributário, aos quais foi incumbido elaborar um código sobre a temática, que tivesse abrangência nacional.[22] O trabalho foi concluído em 1954 com a apresentação do Projeto de Lei nº 4.834 à Câmara dos Deputados para aprovação.[23] A votação foi adiada devido às modificações propostas, que sequer chegaram ao Congresso, fazendo com que o projeto jamais fosse convertido em lei.[24]

2.3. O ACORDO FGV-USAID

Em 1962, o Ministério das Finanças delegou à Fundação Getúlio Vargas (FGV),[25] a tarefa de realizar estudos em apoio a uma ampla reforma tributária. Um ano mais tarde, o Ministério e a FGV firma-

---

21 JOINT BRAZIL-UNITED STATES TECHNICAL COMMISSION... op. cit., p. 369.

22 Foram indicados: Rubens Gomes de Sousa, Afonso Almiro Ribeiro da Costa, Pedro Teixeira Soares Júnior, Gerson Augusto da Silva e Romeu Gibson. MORAES, Bernardo Ribeiro de. *Curso de direito tributário* Vol. 1: Sistema Tributário da Constituição de 1969. São Paulo: Revista dos Tribunais: 1973, p. 75.

23 Cf. BALEEIRO, Aliomar; DERZ, Misabel Abreu Machado. *Direito tributário brasileiro: CTN Comentado*. São Paulo: Editora Forense, 2018.

24 Cf. AMARAL, Fernando José Amaral; NEGREIROS, Plínio José Labriola de Campos. *História dos tributos no Brasil*. São Paulo: SINAFRESP, 2000, p 272.

25 Fundada em 20 de dezembro de 1944, inicialmente com o único objetivo de formar administradores públicos e privados, a FGV se expandiu em uma instituição de ensino superior dedicada à pesquisa acadêmica "[para] estimular o desenvolvimento socioeconômico do Brasil". FGV. Missão e História da FGV. *FGV.com.br.* Disponível em: <https://portal.fgv.br/en/institutional>. Acesso em: 5 jan. 2020.

ram um contrato de consultoria técnica em matéria tributária, autorizando o *think-tank* privado a requisitar assistência estrangeira.[26] O apoio técnico e financeiro foi, assim, solicitado à Agência dos Estados Unidos para o Desenvolvimento Internacional – *United States Agency for International Development* (USAID),[27] permitindo um envolvimento intensificado de especialistas norte-americanos em projetos nacionais de reforma tributária e elaboração de políticas.[28]

Com o regime autoritário, mantido pelos militares de 1964 a 1985, obstáculos políticos à reforma tributária foram removidos, surgindo então verdadeira oportunidade para sua consecução.[29] Despiciendo registrar ter sido a participação dos EUA essencial: conforme confirmado pela Comissão Parlamentar de Inquérito (CPI), os Estados Unidos facilitaram o golpe militar, através de apoio financeiro a institutos importantes, como o Instituto de Pesquisas e Estudos Sociais (IPES) e o Instituto Brasileiro de Ação Democrática (IBAD).[30] Tais centros, valendo-se do financiamento norte-americano, tinham como função disseminar a ideia de que a União Soviética pretendia transformar o Brasil em um de seus Estados satélites. Ao facilitar essa campanha de informação, os Estados Unidos abriram caminho para uma aliança entre o governo estadunidense e o exército brasileiro.

2.4. A MISSÃO SHOUP

Durante a vigência do acordo FGV-USAID, o economista Carl Sumner Shoup, da *Columbia University*, frequentemente chamado de "médico

---

26 SILVA, Benedicto. *A reforma do Ministério da Fazenda e sua metodologia: relatório final.* São Paulo: FGV 1967, p. XVII, XXI, 3, 5, 7.

27 "De 1964 a 1966, a USAID foi praticamente a maior fonte de capital estrangeiro [transferida] para o Brasil." FREITAS JR. Norton Ribeiro de. *O capital norte-americano e investimento no Brasil.* São Paulo: Record, 1994, p. 70 .

28 SILVA, B. *A reforma do Ministério da Fazenda e sua metodologia...* op. cit., p. 369-371.

29 VARSANO, R. *A evolução do sistema tributário brasileiro ao longo do século...* op. cit., p. 9.

30 SOUZA, Nilson Araújo de. *Economia brasileira contemporânea: de Getúlio a Lula.* São Paulo: Atlas 2008, p. 59.

tributário",[31] veio ao Brasil.[32] O professor ficou famoso por suas missões de reforma tributária em muitos países em desenvolvimento e em transição na África, Ásia e América Latina,[33] mas também no Japão durante a ocupação dos EUA (1945-1952).[34]

Não obstante a complexidade inata ao trabalho de Shoup – dada a necessidade óbvia de entrevistar especialistas locais e funcionários do governo, bem como conduzir análises legislativas –, em apenas quatro semanas,[35] ele escreveu um extenso relatório intitulado "O Sistema Tributário do Brasil", publicado pela FGV em versão original em inglês e em português.[36]

Algumas recomendações lançadas no Relatório Shoup foram imediatamente adotadas na reforma tributária, promovida pelos militares de 1966, mas sua influência pode ser sentida mesmo décadas mais tarde.[37] De acordo com Malcolm Gillis,

> [e]mbora o Brasil tenha agido de acordo com as recomendações do relatório de um imposto sobre valor agregado no nível estadual, foram adotados apenas pequenos pedaços do restante do programa Shoup nos últimos vinte e três anos. No entanto, o Brasil foi influenciado pelos relatórios de Shoup mais do que qualquer outra avaliação de seu sistema tributário, pois os únicos grandes impostos abolidos foram aqueles que Shoup recomendou o fossem.[38]

---

31 GILLIS, Malcolm. Legacies from the Shoup tax missions: Asia, Africa, and Latin America. *In*: EDEN, Lorraine (ed.). *Retrospectives on public finance*. Durham: Duke University Press, 1991.

32 "(…) a missão solitária para o Brasil foi financiada pela USAID." SHOUP, Carl S. Melding architecture and engineering: a personal retrospective on designing tax systems. In: EDEN, Lorraine (ed.). *Retrospectives on public finance*. Durham: Duke University Press, 1991, p. 30.

33 SHOUP, Carl S., Retrospectives on tax missions to Venezuela (1959), Brazil (1964), and Liberia (1970). In: GILLIS, Malcon (ed). *Tax reform in developing countries*. Durham: Duke University Press,1989.

34 BOSSONS, John. Evaluating tax missions. In: EDEN, Lorraine (ed.). *Retrospectives on public finance*. Durham: Duke University Press, p. 90.

35 Cf. SHOUP, C.S. Retrospectives on tax missions to Venezuela (1959), Brazil (1964), and Liberia (1970)… op. cit.

36 Cf. SHOUP, Carl S. *The tax system of Brazil: a report to the Getúlio Vargas Foundation*. São Paulo: FGV, 1965.

37 SHOUP, C.S. Retrospectives on tax missions to Venezuela (1959), Brazil (1964), and Liberia (1970)… op. cit., p. 289.

38 Cf. SHOUP, Carl S. Retrospectives on tax missions to Venezuela (1959), Brazil (1964), and Liberia (1970)… op. cit., p. 253. Por outro lado, para os professores

Entre outros tantos relatórios publicados pela FGV, que totalizam 35,[39] vale mencionar um escrito por especialistas dos EUA sobre aspectos da administração tributária,[40] e outro sobre "viagens de estudo" para os Estados Unidos,[41] financiados pelo governo estadunidense.[42]

Esse trabalho maciço foi o ponto de partida de uma grande reforma tributária realizada nos anos seguintes,[43] cujo principal resultado foi iniciar "um processo de acumulação de capital".[44] Isso é explicado pelo foco de a reforma promover a visão dos militares de desenvolvimento econômico e crescimento orientada para o mercado, por meio do estímulo ao setor de exportação via incentivos fiscais e créditos para industrialização,[45] enquanto eram aumentadas as receitas fiscais. Nas palavras do economista Fabrício Augusto de Oliveira, o país se tornou "um verdadeiro 'paraíso fiscal' para o capital, em geral, e para as camadas de média e alta renda", e o sistema tributário foi transformado em "um instrumento de agravamento das desigualdades sociais, na medida em que o ônus foi primordialmente lançado sobre os ombros dos mais fracos."[46]

Misabel Derzi e André Mendes Moreira, a influência de Shoup é apenas marginal – cf. DERZI, Misabel Abreu Machado; MOREIRA, André Mendes. Tax Reform and International Tax Norm Transmission. Case Study of Brazil: Value-Added Taxes. In: DERZI, Misabel Abreu Machado (org.). *Separação de Poderes e Efetividade do Sistema Tributário*. Belo Horizonte: Del Rey, 2010, p. 325-350.

39 SILVA, B. *A reforma do Ministério da Fazenda e sua metodologia...* cit., p. XVII, XXI, 383-384.

40 COMISSÃO DE REFORMA DO MINISTÉRIO DA FAZENDA. *Estudos de administração fiscal (por técnicos americanos)*. Rio de Janeiro: FGV, 1967.

41 COMISSÃO DE REFORMA DO MINISTÉRIO DA FAZENDA. *Relatório de viagens de estudos aos Estados Unidos*. Rio de Janeiro: FGV, 1967.

42 SILVA, B. *A reforma do Ministério da Fazenda e sua metodologia...* cit., p. 369-371.

43 VARSANO, Ricardo. O sistema tributário de 1967: adequado ao Brasil de 80? *Pesquisa e Planejamento Econômico*, v. 11, n. 1, p. 203-228, 1981.

44 OLIVEIRA, Fabrício Augusto de Oliveira. *A reforma tributária de 1966 e a acumulação de capital no Brasil*. Belo Horizonte: Oficina de Livros, 1991.

45 A título exemplificativo, cf. Decreto-Lei nº 491, de 5 de março de 1969 e Convênio AE nº 01/70, de 15 de janeiro de 1970.

46 OLIVEIRA, Fabrício Augusto de. A evolução da estrutura tributária e do fisco brasileiro: 1889-2009, 2012. In: CASTRO, Jorge Abrahão de; SANTOS, Cláudio Hamilton Matos dos; RIBEIRO, José Aparecido Carlos (eds.). *Tributação e equidade no Brasil*: um registro da reflexão do IPEA no biênio 2008-2009. Brasília: IPEA, 2010.

3. O "MILAGRE ECONÔMICO" E O RECRUDESCIMENTO DA INFLUÊNCIA ESTRANGEIRA

A economia brasileira parecia seguir um caminho promissor no final da década de 1970. Excedentes na balança de pagamentos, redução do nível de inflação e aumento do produto interno bruto (PIB) reconstruíram a confiança e o otimismo entre cidadãos e funcionários do governo. Essa fase, conhecida como o "Milagre Econômico",[47] apresentou taxas de crescimento médio de 10% entre 1968 e 1973,[48] além de aumento da carga tributária bruta que foi de 18% do PIB em 1963 para 19,3% em 1964, 21,8% em 1965, 23,9% em 1970, e 25,2% no período compreendido entre 1973 e 1975.[49]

3.1. OS CONFLITOS COM AS DISPOSIÇÕES DO GATT

O "milagre" não durou muito, no entanto. Com os choques nos preços do petróleo de 1973/1974,[50] o Brasil sofreu outra perda drástica de vitalidade econômica, com o consequente aumento dos níveis de inflação: de 19,5% entre 1967 e 1973 para 34,6% em 1974.[51] Relutantes em interromper o plano de incentivar as indústrias nacionais, os militares continuaram a usar o sistema tributário como uma ferramenta de desenvolvimento, fornecendo créditos, isenções e subsídios fiscais.[52]

Tais incentivos não tardaram a enfrentar críticas no âmbito do Acordo Geral de Tarifas e Comércio (GATT), especialmente no tocante ao artigo 14: 5 do Acordo sobre a Interpretação e Aplicação dos Artigos VI, XVI e XXIII. No início de 1979, o governo brasileiro cedeu à pressão,[53] promulgando o Decreto-Lei nº 1.658, de 24 de janeiro de

---

47 HERMANN, Jennifer Hermann. Reformas, endividamento externo e o "milagre" econômico (1964-1973). In: GIAMBIAGI, Fábio et al. (eds.). *Economia brasileira contemporânea (1945-2010)*. São Paulo: Elsevier, 2016.

48 CARDOSO, E. A.; FISHLOW, A. The macroeconomics of the Brazilian external debt... op. cit., p. 82.

49 OLIVEIRA, Fabrício Augusto de. *Autoritarismo e crise fiscal no Brasil (1964-1984)*. São Paulo: Hucitec, 1995, p. 20-21.

50 Cf. GOMES, Gustavo Maia. *The roots of state intervention in the Brazilian economy*. Nova Iorque: Praeger, 1986, p. 348-351.

51 PEREIRA, Luiz Bresser Pereira. *Development and crisis in Brazil, 1930-1983*. Boulder: Westview Press, 1984, p. 168.

52 VARSANO, R. O sistema tributário de 1967... op. cit., p. 221-27.

53 BONELLI et al. As políticas industrial e de comércio exterior no brasil: rumos e indefinições. *Institute de Pesquisa Econômica Aplicada*, Texto para Discussão n.

1979, que previa a revogação gradual de todos os créditos tributários até junho de 1983, seguida por uma notificação de conformidade do GATT de 7 de janeiro de 1980.[54] As renegociações permitiram que a revogação fosse adiada para maio de 1985, quando os incentivos fiscais tidos como em desconformidade foram finalmente abolidos.[55]

3.2. O SISTEMA DE CONDICIONALIDADES DO FMI

A crise da dívida global de 1982-1983 deferiu outro golpe na economia brasileira.[56] O país já enfrentava dificuldades em obter empréstimos de bancos estrangeiros desde 1980, quando as reservas cambiais caíram US$ 3 bilhões, mas a crise tornou ainda mais difícil o acesso aos recursos considerados essenciais para a recuperação.[57] E, malgrado não tenha sido alcançado um acordo entre o Brasil e o FMI nos anos de 1980 e de 1982, o FMI continuou a conduzir as chamadas "Consultas do Artigo IV",[58] enviando ao Brasil uma missão para "realizar uma mini consulta sobre o que, cada vez mais, parecia ser uma situação financeira instável".[59]

527, 1997.

54 Agreement on the Implementation and Application of Articles VI, XVI and XXIII of the General Agreement on Tariffs and Trade, Declaration of Acceptance by Brazil, GATT B.I.S.D., L/4922 (7 jan. 1980). Disponível em: <http://www.wto.org/gatt_docs/English/SULPDF/90970278.pdf>.

55 Comm. on Subsidies & Countervailing Measures, Communication from Brazil, GATT B.I.S.D., SCM/87 (16 jun. 1982). Disponível em: <http://www.wto.org/gatt_docs/English/SULPDF/91020070.pdf>; Comm. on Subsidies & Countervailing Measures, Request for Conciliation under Article 17 of the Agreement - Communication from Brazil, GATT B.I.S.D., SCM/87 (21 jun. 1988), Disponível em: <http://www.wto.org/gatt_docs/English/SULPDF/91360011.pdf>.

56 BOUGHTON, James M. *Silent revolution: the International Monetary Fund 1979-1989*. Paris: IMF, 2001, p. 327.

57 Id.

58 IMF. Glossary of selected financial terms. Disponível em: <http://www.imf.org/external/np/exr/glossary/index.asp>: "Uma discussão regular, geralmente anual, abrangente entre a equipe do FMI e os representantes dos países membros sobre as políticas econômicas e financeiras dos membros. A base para essas discussões está no Artigo IV dos Artigos do Acordo do FMI (emendado em 1978), que orientam o Fundo a exercer uma vigilância firme sobre as políticas cambiais de cada membro."

59 BOUGHTON, J.M. *Silent revolution*... op. cit., p. 327.

Com a eleição dos governadores estaduais se aproximando, os diálogos com a equipe do FMI não vieram a público.[60] Passados quinze dias do pleito, foi feita a revelação de que o governo estava "finalmente e oficialmente negociando a dívida com o Fundo Monetário Internacional".[61] Como resultado, nove "Cartas de Intenção"[62] foram assinados ao longo dos anos 80 (janeiro de 1983, fevereiro de 1983, setembro de 1983, dezembro de 1983, março de 1984, setembro de 1984, dezembro de 1984, junho de 1985 e janeiro de 1988),[63] sem que tivesse o Brasil marcante influência na elaboração de seus termos, ante a carência de reservas cambiais.

Do escrutínio de tais documentos chama a atenção a vultuosidade de cláusulas que versando sobre a política tributária em geral, com a principal intenção de incrementar as receitas.[64] A terceira carta de intenções, que particularmente enfatiza a expansão das receitas tributárias,[65] ensejou a edição do Decreto nº 2.064, que promoveria um aumento da carga tributária incidente sobre a classe média. Mas esse Decreto foi rejeitado pelo Congresso, sendo outro aprovado em seu lugar (de nº 2.065).

Como parte de um "programa de ajuste", o FMI impôs uma série de "condicionalidades" tributárias,[66] incluindo "reduções nos subsídios e

---

60 PEREIRA. Luiz Carlos Bresser. As condições para o acordo com o FMI. *Folha de São Paulo*, 30 nov. 1980.

61 Id.

62 Carta de intenção é "um documento no qual um país membro do FMI solicita formalmente um acordo para usar os recursos financeiros do Fundo e descreve seus compromissos para fortalecer suas políticas econômicas e financeiras. A carta de intenções pode ser acompanhada de uma descrição mais detalhada, chamada 'Memorando de Políticas Econômicas e Financeiras.'" IMF. Glossary of selected financial terms: list of terms. *IMF.org*. Disponível em: <http://www .imf.org/external/np/exr/glossary/showTer m.asp#C>. Acesso em: 10 jan. 2020.

63 Cf. 9ª Carta de Intenção. *Revista de Economia Política*, v. 8, n. 4, 1988.

64 IMF. Brazil – Letter of Intent (jan. 1983). In: O acordo com o FMI. *Revista de Economia Política*, v. 3, n. 4, 1983, p. 139, 142; IMF. Brazil – Letter of Intent (fev. 1983). In: O acordo com o FMI. *Revista de Economia Política*, v. 3, n. 4, 1983, p. 148.

65 IMF. Brazil – Letter of Intent (set. 1983). In: PASTORE, Affonso Celso; NETTO, Antônio Delfim; GALVÊAS, Ernane. III Carta de Intenções do Governo Brasileiro ao FMI. *Revista de Economia Política*, v. 4, n. 1, 1984, p. 146-47.

66 Condicionalidades são "programas econômicos detalhados, geralmente apoiado pelo uso de recursos do FMI, que se baseia na análise dos problemas econômicos do país membro e especifica as políticas (monetárias, fiscais, externas e estruturais) que estão sendo implementadas ou que serão implementadas pelo próprio país no

aumentos nos impostos destinados a reduzir a exigência de empréstimos do setor público de quase 14% do PIB em 1982 para menos de 8% em 1983".[67] O Brasil já esperava um aumento de recursos públicos devido a uma reforma (Decreto nº 87.079, de 2 de abril de 1982) que substituiu a estrutura de quatro faixas de imposto de renda (3%, 5%, 8% e 10%) por apenas duas (5% e 10%), juntamente com um aumento dos impostos sobre o diesel e a eliminação de incentivos fiscais para atender às demandas impostas pelo GATT.[68] Mesmo com essas e outras medidas direcionadas ao corte de gastos e à expansão das receitas, as condicionalidades do FMI foram consideradas inatingíveis.[69] Essa clara falta de viabilidade foi posteriormente reconhecida pelo próprio Fundo.[70]

4. A REDEMOCRATIZAÇÃO E A IMPERMANÊNCIA DA INFLUÊNCIA ESTRANGEIRA

Do ponto de vista político, 1985 foi um ano de comemoração, eis que marcou a queda do regime ditatorial e o início do processo de redemocratização. Em termos econômicos, no entanto, foi o início de um tempo de hiperinflações, quando uma série de programas de estabilização malsucedidos desencadeou ciclos de instabilidade.[71]

---

país, cujo objetivo é alcançar a estabilização econômica e estabelecer as bases para o crescimento econômico autossustentável. IMF. Glossary of selected financial terms: list of terms. *IMF.org*. Disponível em: <http://www .imf.org/external/np/exr/glossary/showTer m.asp#C>. Acesso em: 10 jan. 2020.

67 BOUGHTON, J.M. *Silent revolution...* op. cit., p. 327.

68 IMF. Brazil – Letter of Intent (fev. 1983). In: O acordo com o FMI. *Revista de Economia Política,* v. 3, n. 4, 1983, p. 148.

69 O FMI esperava que o Brasil aumentasse o superávit comercial de menos de US $ 1 bilhão em 1982 para US $ 6 bilhões em 1983 e reduzisse a inflação de 100% no final de 1982 para 70% em 1983 e para 40% em 1984. Cf. IMF. Brazil - Technical Memorandum of Understanding (jan. 1983). In: O Acordo com o FMI. *Revista de Economia Política,* v. 3, n. 4, 1983, p. 144.

70 IMF. Evaluation of Technical Assistance (jun. 1983). In: O Acordo com o FMI. *Revista de Economia Política*, v. 3, n. 4, 1983, p. 150, 156.

71 KIGUEL, Miguel A.; LIVIATAN, Nissan. Stopping three big inflations: Argentina, Brazil, and Peru. In: DORNBUSCH, R.; EDWARDS, S. (eds.). *Reform, recovery, and growth*: Latin America and the Middle East. Chicago: University of Chicago Press, 1995, p. 389: "instabilidade desenvolvida como resultado de políticas de parar e ir em direção à inflação, nas quais a maioria das tentativas de estabilização se baseava em uma grande dose de políticas de renda."; CARDOSO, E. A.; FISHLOW, A. The

4.1. O ABALO NA RELAÇÃO BRASIL-FMI

Em que pese o novo governo ter tentando evitar o FMI – recorrendo a credores privados – não o impediu de continuar a se intrometer nos assuntos brasileiros.[72] Como antes, as missões do FMI seguiram sendo enviadas ao país, mesmo na ausência de um acordo. Como o endosso das políticas nacionais pelo FMI ainda era relevante para as relações com outros bancos, o ministro das Finanças, Dilson Funaro, se reuniu com o diretor-gerente do Fundo, Jacques de Larosière, em 24 de novembro de 1985. De Larosière insistiu que medidas mais extremas eram necessárias, incluindo ajustes fiscais rigorosos para estabilização das finanças publicas.[73]

O primeiro plano de estabilização (o Plano Cruzado) falhou e, embora impostos tenham sido aumentados em meados de 1986, o presidente foi forçado a declarar moratória dos pagamentos de juros aos credores privados.[74] Funaro foi substituído por Luis Carlos Bresser-Pereira, autor de outra estratégia (o Plano Bresser) que igualmente acabou fracassando.[75]

Como ministro das Finanças, Bresser teve que interagir "de várias maneiras com o Tesouro dos EUA e as agências multilaterais", particularmente o FMI e o Banco Mundial.[76] Durante uma reunião com o secretário do Tesouro dos EUA, James A. Baker III, Bresser expressou seu descontentamento com o fato de que as negociações com bancos estrangeiros dependiam do FMI e declarou que o "sistema era muito rígido, implicava muito poder, tornando as negociações quase impossíveis."[77] Com poucas alternativas em aberto, ele seguiu o Plano de Controle Macroeconômico, que era "semelhante a uma carta de intenções do Fundo Monetário Internacional, com a mesma metodologia, os mesmos conceitos".[78] Após

---

macroeconomics of the Brazilian external debt... op. cit., p. 311: "a inflação [...] escalou, em fevereiro de 1986, para uma taxa anual próxima de 400%.".

72 BOUGHTON, J.M. *Silent revolution...* op. cit., p. 453.

73 Id., p. 453.

74 Id., p. 454-455.

75 Cf. EQUIPE DE CONJUNTURA DO CEBRAP. Artigos na imprensa sobre o Novo Plano de Estabilização Econômica. *Revista de Economia Política*, v. 8, n. 1, p. 132-52, 1988.

76 PEREIRA, Luiz Carlos Bresser. A turning point in the debt crisis: Brazil, the US Treasury and the World Bank. *Revista de Economia Política*, v. 19, n. 2, 1999, p. 103.

77 Id., p. 113.

78 PEREIRA, Luiz Carlos Bresser. Contra a corrente no Ministério da Fazenda. RBCS, v. 19, 1992. Cf. também PEREIRA, L.C.B. A turning point in the debt crisis... op.

negociações adicionais com o Fundo e outras instituições financeiras, a questão do fortalecimento das finanças públicas foi novamente trazida à tona.[79] Ao retornar da reunião anual do FMI/Banco Mundial, Bresser "definiu como [sua] prioridade absoluta a elaboração de um plano de ajuste fiscal, envolvendo uma redução considerável de gastos e subsídios, e uma reforma para aumentar a carga tributária e torná-la mais progressiva".[80] O presidente, no entanto, recusou sua proposta de reforma tributária e Bresser sentiu-se obrigado a renunciar, consciente de que os acordos com os credores do Brasil seriam comprometidos.[81]

4.2. A APROXIMAÇÃO DO BANCO MUNDIAL

Em 27 de maio de 1988, o Banco Mundial publicou um relatório sobre medidas de controle de gastos públicos no Brasil, produto de uma missão técnica enviada no ano anterior e também de reuniões realizadas em Brasília e Washington.[82] Uma recomendação importante encontrada ao longo do relatório foi reduzir a dependência de tributos sobre as folhas de pagamento, concentrando-se em renda, valor agregado e/ou lucros corporativos.[83] Outra recomendação recorrente foi a revogação da vinculação de receitas a atividades específicas ou a dotações orçamentárias (por exemplo, alocação do salário-educação na construção de escolas primárias ou no fundo da educação).[84]

Os especialistas do Banco descobriram que cerca de metade das despesas federais do setor social e um terço da despesa social total eram financiadas por tributos vinculados, algo que eles acreditavam causar "séria distorção na alocação de recursos e ineficiências na gestão do progra-

---

cit., p. 108 ("Eu sabia que um plano de estabilização não poderia divergir substancialmente das recomendações básicas do Fundo. Além disso, eu precisava de um plano que pudesse ser entendido por Washington e Nova York – por instituições multilaterais e pelo governo dos EUA, e pelos bancos comerciais...").

79 BOUGHTON, J.M. *Silent revolution...* op. cit., p. 461.

80 PEREIRA, L.C.B. A turning point in the debt crisis... op. cit., p. 127.

81 BOUGHTON, J.M. *Silent revolution...* op. cit., p. 461.

82 Cf. WORLD BANK. *Brazil public spending on social programs: issues and options.* Report n. 086-BR, 1988.

83 Id., p. 60, alegando que contribuições sociais baseadas na folha de pagamento davam origem a "inúmeras distorções econômicas".

84 Id., p. 10.

ma".[85] Nesse sentido, foi sugerido que toda a distribuição de receita fosse abolida com a integração de impostos e contribuições sociais em um único fundo amplo.[86] Isso pretendia permitir ao governo reavaliar prioridades e realocar recursos de acordo com necessidades fiscais gerais.[87]

No final de 1988, foi instituída pela Lei nº 7.689, a contribuição social sobre o lucro líquido (CSLL), de certa forma reduzindo a dependência da tributação baseada em folha de pagamento. Nos anos seguintes, uma parte substancial das contribuições sociais foi desvinculada, o que significa que as receitas não precisariam mais ser gastas em programas sociais, mas sim em conformidade com quaisquer prioridades, incluindo o pagamento de dívida externa.

Cabe registrar ainda o enfraquecimento do federalismo fiscal, uma vez que o governo federal passou a recompor a base tributária esgotada pelos incentivos fiscais concedidos em relação a impostos compartilhados como o imposto de renda e o imposto sobre produtos industrializados (IPI), por meio de aumento das contribuições sociais, cuja arrecadação não é compartilhada. Essa prática, nos últimos 30 anos, resultou em uma concentração de recursos em nível federal, em detrimento de estados e municípios, onde ocorre a maior parte dos gastos em educação, saúde e segurança.[88]

4.3. O REGRESSO DO FMI

Em 1998, "as autoridades do FMI pressionavam o Brasil para endurecer as políticas fiscais".[89] Em 4 de dezembro, as duas partes assinaram um Memorando Técnico de Entendimento, no qual o governo brasileiro se comprometeu a adotar várias novas medidas tributárias, dentre as quais estava a prorrogação da contribuição sobre movimentações financeiras (CPMF), a promulgação da Lei de Responsabilidade Fiscal (LRF), bem como compromissos para aumentar as receitas tributárias, inclusive aumentando a CPMF e outras contribuições para o financiamento da seguridade social, além do imposto sobre operações financei-

---

85 Id., p. 59.

86 Id., p. 59.

87 Id., p. 10.

88 Cf. BATISTA JÚNIOR, Onofre Alves; MARINHO, Marina Soares. A DRU e a deformação do sistema tributário nacional nestes 30 anos de Constituição. *Revista de Informação Legislativa*, v. 55, n. 219, 2018.

89 BOUGHTON, James M. *Tearing down walls: The International Monetary Fund 1990-1999*. Washington: IMF 2012, p. 210.

ras (IOF). Até a ideia de um imposto sobre valor agregado federal (IVA) pode ser vinculada ao FMI,[90] algo que hoje está novamente no topo da agenda, como será tratado na seção subsequente. Como bem observa Maria de Fátima Ribeiro, tudo isso "certamente mostra que há uma imposição do Fundo na atuação do Congresso (por exigências internas do Poder Executivo Federal)".[91]

5. O SÉCULO XXI E O PROLONGAMENTO DA INFLUÊNCIA ESTRANGEIRA

O século XXI foi um século de muitas mudanças tanto positivas quanto negativas para o Brasil, sua sociedade e economia. Tivemos ganhos quando o país começou a crescer em força geopolítica e econômica, rompendo laços com o FMI e reduzindo a miséria e a fome. O período, contudo, foi marcado por uma série de escândalos de corrupção envolvendo todas as estruturas de governo, que submergiram o país em outra grave crise econômica, resultando em um *impeachment* presidencial e na recente eleição de um ex-líder militar.

5.1. A VOLTA DA FVG E DO ACONSELHAMENTO EXTERNO

O atual governo do presidente Jair Bolsonaro parece renovar a oportunidade de aprovação de mais uma reforma tributária orientada para o mercado, em um espírito semelhante ao da época do golpe.[92] Um dos focos de atenção está na criação do IVA federal, como anteriormente

---

90 Cf. RIBEIRO, Maria de Fátima. Os acordos com o FMI e seus reflexos no sistema tributário nacional. In: SILVA, Ro- berto Luiz; MAZZUOLI, Valério de Oliveira (eds.). O Brasil e os acordos econômicos internacionais: perspecti- vas jurídicas e econômicas à luz dos acordos com o FMI. São Paulo, SP: Revista dos Tribunais, 2003, p. 177-192.. Sobre o porquê de um IVA federal ser problemático para um país de tamanho de continente como o Brasil, cf. DERZI, Misabel Abreu Machado; SILVA, José Afonso; BATISTA JÚNIOR, Onofre Alves (org.). *ICMS diagnósticos e proposições: 1º Relatório ao Governador do Estado de Minas Gerais.* Belo Horizonte: Arraes Editores, 2017.

91 RIBEIRO, Maria de Fátima. Os acordos com o FMI e seus reflexos no sistema tributário nacional. In: SILVA, Ro- berto Luiz; MAZZUOLI, Valério de Oliveira (eds.). O Brasil e os acordos econômicos internacionais: perspecti- vas jurídicas e econômicas à luz dos acordos com o FMI. São Paulo, SP: Revista dos Tribunais, 2003, p. 177-192, p. 178.

92 Em menos de um ano no cargo, o presidente Bolsonaro já conseguiu reformar o sistema de pensões, como parte de seu pacote de reformas de livre mercado que tem a reforma tributária como o próximo passo.

apoiado pelo FMI.[93] As motivações por trás das iniciativas de reforma tributária em discussão têm grande semelhança com as do passado, em seus clamores por simplificação, modernização e eficiência, como formas de promoção de crescimento e desenvolvimento.

Assim como outrora, a FGV parece estar na vanguarda do processo de reforma, porquanto os principais redatores de um dos projetos são afiliados à Fundação e a um outro *tink tank* privado, o Centro de Cidadania Fiscal (CCIF).[94] Como consultora externa, desta vez foi convidada para dar suporte ao plano do governo de reforma do sistema tributário a portuguesa Rita de La Feria, da Universidade de Leeds, no Reino Unido. A professora de La Feria não só é reconhecida mundialmente como uma autoridade na tributação europeia do valor agregado, como também tem vasta experiência trabalhando com o FMI e governos de países em desenvolvimento. Nas recentes visitas ao Brasil, a professora de La Feria advogou por uma reforma alinhada com sua proposta de *Slim VAT* (IVA simples, local e moderno), o qual fora recentemente adotado na Angola.[95]

Ao se concentrar principalmente em conceitos baseados em eficiência, incluindo simplicidade administrativa, o debate da reforma tributária contemporânea até agora falhou em estabelecer uma conexão explícita com os antigos problemas da desigualdade socioeconômica e injustiça fiscal que, historicamente, penalizam a maioria da população, condenando gerações a uma vida em pobreza.[96] Igualmente ausente está a consideração do fato de que um IVA centralizado enfraqueceria a autonomia de estados e municípios, possivelmente violando o federalismo fiscal – cláusula pétrea em nossa vigente ordem constitucional. Tais aspectos vêm sendo al-

---

93 Sobre o porquê de o foco no IVA não ser uma boa abordagem de política tributária para os países em desenvolvimento, cf. GORDON, Roger H. (ed.). *Taxation in developing countries: six case studies and policy implications*. Nova Iorque: Columbia University Press, 2010.

94 Cf. APPY, Bernard et al. Reforma tributária precisa criar sistema simples e transparente, dizem autores. *Folha de São Paulo,* 28 jul. 2019.

95 OLIVO, Natalie. Angola becomes first developing nation to adopt 'Slim VAT'. *Law360*, 22 fev. 2019; PARKER, Alex M. VAT not so simple in cash-strapped developing world. *Law360*, 5 mar. 2019.

96 Cf. AFONSO, José Roberto et al. (eds.). *Tributação e desigualdade*. Belo Horizonte: Letramento, 2017.

vos de críticas de estudiosos do direito tributário de todo o país, incluindo a professora Tathiane Piscitelli, vinculada à própria FGV.[97]

5.2. A RELAÇÃO BRASIL-OCDE

Embora não seja membro da Organização para Cooperação e Desenvolvimento Econômico (OCDE), o Brasil há muito participa, na condição de "parceiro-chave", de seu programa de engajamento.[98] Inicialmente com o apoio dos EUA, o país solicitou formalmente seu ingresso como membro, "sob condições que incluíam a renúncia ao trata-

---

97 Cf. ÁVILA, Humberto. IVA, uma proposta inconstitucional. *Exame*, 18 out. 2018; PISCITELLI, Tathiane. Reforma tributária e os riscos da simplificação exagerada. *Folha de São Paulo*, 22 jan. 2019; PISCITELLI, Tathiane. Reforma tributária e os riscos do aumento da desigualdade. *FGV Chats*. Disponível em: <https://portal. fgv.br/en/node/17926>; RIBEIRO, Ricardo Lodi. Reforma tributária simplifica, mas tem efeitos regressivos e centralizadores. *Conjur*, 8 abr. 2019;ANDRADE, José Maria Arruda de. Reforma tributária não pode ignorar diferenças entre as regiões. *Conjur*, 19 maio 2019; ROCHA, Sérgio André. "Reforma tributária precisa recuperar justiça do imposto de renda". *Conjur,* 26 maio 2019; ANDRADE, José Maria Arruda de. Armadilhas retóricas da reforma tributária: entre o simples e o simplório. *Conjur,* 9 jul. 2019; ROCHA, Sérgio André. Justiça é um dos pilares da reforma tributária ideal. *Conjur*, 18 jul. 2019; ROCHA, Sérgio André. A reforma tributária na pec 45: uma proposta, vários tributos. *Conjur*, 24 jul. 2019; ROCHA, Sérgio André. Questão federativa é central na análise da constitucionalidade do IBS. *Conjur*, 6 ago. 2019; BATISTA JÚNIOR, Onofre Alves. Reforma tributária não pode aprofudnar o desequilíbrio federativo. *Conjur*, 31 ago. 2019; GODOY, Arnaldo Sampaio de Moraes. A reforma tributária em Bruzundanga e o eterno problem da injustiça fiscal. *Conjur*, 1 set. 2019; ROCHA, Sérgio André. O imposto sobre bens e serviços proposto na reforma tributária da PEC 45. *Conjur*, 13 set. 2019; SCAFF, Fernando Facury. Algumas sugestões para aprimorar a reforma constitucional tributária. *Conjur*, 7 out. 2019; PISCITELLI, Tathiane; LARA, Daniela Silveira. Reforma não pode potencializar as desigualdades. *Valor*, 31 out. 2019; SOUZA, Hamilton Dias de; ÁVILA, Humberto; CARRAZA, Roque Antônio. A reforma tributária que o Brasil precisa – parte I. *Conjur*, 8 nov. 2019; SOUZA, Hamilton Dias de; ÁVILA, Humberto; CARRAZA, Roque Antônio. A reforma tributária que o Brasil precisa – parte II, *Conjur*, 9 nov. 2019; SOUZA, Hamilton Dias de; ÁVILA, Humberto; CARRAZA, Roque Antônio. A reforma tributária que o Brasil precisa – parte III. *Conjur*, 10 nov. 2019; ANDRADE, José Maria Arruda de; D'ARAÚJO, Pedro Júlio Sales. A reforma tributária e os dados sociais. Conjur, 8 dez. 2019.

98 ORGANISATION FOR ECONOMIC CO-OPERATION AND DEVELOPMENT. *Our Work with Brazil*, at <http://www.oecd.org/latin-america/countries/brazil/#d. en.352161>.Acesso em: 10 jan. 2020..

mento preferencial como um 'país em desenvolvimento' perante a OMC."[99] Além dessa condição imposta pelos EUA, se alçado à condição de membro da OCDE teria o Brasil que se adaptar aos padrões da Organização, bem também observar alguns parâmetros mínimos de desempenho.[100] Para estudar os ajustes necessários, funcionários do governo brasileiro passaram vários meses se reunindo com equipes da OCDE para discutir as leis domésticas comerciais, de propriedade intelectual e tributárias.[101]

Especificamente na área tributária, um dos requisitos da OCDE é alinhar a legislação brasileira às conhecidas diretrizes Organização sobre preços de transferência para empresas multinacionais.[102] O Brasil é notório por ter um regime de preços de transferência para multinacionais que diverge da prática comum: sendo um país em desenvolvimento, as autoridades brasileiras optaram por um sistema simplificado com base em margens prefixadas, a fim de diminuir os custos na precificação de transações entre empresas ou partes relacionadas.[103] Essa abordagem, apesar de suas vantagens óbvias para países que carecem de recursos humanos e econômicos, sempre foi criticada

---

99 JESUS. Davi Santana de Jesus. Brazil's Challenge to Becoming a Member of the OECD. *International Tax Review,* 14 jun. 2019.

100 ORGANISATION FOR ECONOMIC CO-OPERATION AND DEVELOPMENT. *Transfer Pricing in Brazil: Towards Convergence with the OECD Standard.* Paris: OCDE Publishing, 2019.

101 BITTENCOURT JR., Rogerio Abdala; LEVENHAGEN, Antonio José Ferreira Brazil's Road to OECD Accession: Tax Transparency and BEPS Standards. *Tax Notes International,* p. 851 - 853, 26 ago. 2019.

102 ORGANISATION FOR ECONOMIC CO-OPERATION AND DEVELOPMENT. *Transfer pricing guidelines for multinational enterprises and tax administration.* Paris: OCDE Publishing, 2010.

103 Cf. FALCÃO, Tatiana. Brazil's approach to transfer pricing: a viable alternative to the status quo? *Tax Management Transfer Pricing Report,* n. 20, 2012; ILARRAZ, Marcelo. Drawing upon an alternative model for the brazilian transfer pricing experience: the oecd's arm's length standard, pre-fixed profit margins or a third way? *British Tax Review,* v. 2, 2014; VALADÃO, Marcos Aurélio Pereira. Transfer pricing in Brazil and Actions 8, 9, 10 and 13 of the OECD Base Erosion and Profit Shifting Initiative. *Bulletin for International Taxation,* v. 70, n. 5, 2016; OLIVEIRA, André Gomes de; MOREIRA, Francisco Lisboa. The Brazilian transfer pricing regime. 71 *Bulletin for International Taxation,* 71, n. 6, 2017; GREGORIO, Ricardo Marozzi. Brazilian transfer pricing rules: an analysis of effectiveness. *Intertax,* v. 46, n. 11, 2018; GOMES, Marcus Lívio; MANSUR, Débora Ottoni Uébe. The Brazilian "sixth method" and BEPS Action 10: transfer pricing control on commodity transactions. *International Transfer Pricing Journal,* v. 25, n. 2, 2018.

pela OCDE por não refletir o padrão *arm's length*.[104] Aparentemente, os preços de transferência constituiriam uma situação especial, em que a simplificação não deve ser priorizada em relação a outros objetivos políticos, como sói prevalecer em discursos *mainstream* sobre reforma tributária.[105]

Após um evento realizado na Confederação Nacional da Indústria (CNI), em 11 de julho de 2019, o grupo de trabalho da OCDE que acompanha a atuação da Receita Federal do Brasil (RFB) rejeitou uma proposta de integração das diretrizes da Organização às práticas domésticas brasileiras,[106] sob a justificativa de que deveríamos revisar todo o sistema de preços de transferência, adotando integralmente o conjunto de regras adotadas pelos Estados membros da OCDE.[107] Tal acontecimento levou à assinatura de um manifesto de repúdio à posição da Organização pelos professores Heleno Taveira Torres, Luis Eduardo Schoueri, Romero J. S. Tavares e Sérgio André Rocha.[108]

6. CONCLUSÃO

O Brasil percorreu um longo caminho: de país subdesenvolvido dependente de seu setor rural até se tornar uma potência emergente com uma economia vibrante de rápido crescimento. Ao longo dessa trajetória, conseguiu derrubar uma ditadura brutal que, por décadas, infligiu muito sofrimento. Mais do que isso, superou ciclos de hiperinflação e estabilizou a dívida externa, reerguendo a democracia com amparo em uma Carta Constitucional que privilegia a ampla participação da sociedade civil, estando alicerçada na salvaguarda dos direitos humanos e na ideia de justiça socioeconômica. Nada obstante, muitos dos ideais constitucionais jamais deixaram o papel, permanecendo nosso país sendo um dos mais desiguais e injustos do mundo.

---

104 SCHOUERI, Luís Eduardo. Arm's Length: Beyond the Guidelines of the OECD. *Bulletin for International Taxation*, v. 12, n. 69, 2015 (2015); ANDRESEN. Comments on Professor Schoueri's Lecture "Arm's Length: Beyond the Guidelines of the OECD". *Bulletin for International Taxation*, v. 12, n. 69, 2015 (2015)

105 Cf. ORGANISATION FOR ECONOMIC CO-OPERATION AND DEVELOPMENT. *Transfer pricing in Brazil*: towards convergence with the OECD standard. Paris: OCDE Publishing, 2019.

106 Id., p. 20.

107 Id., p, 15.

108 Cf. TORRES, Heleno Taveira et al. Manifesto à declaração conjunta sobre projeto de preços de transferência OCDE-Brasil. *Conjur*, 6 jan. 2020; ROCHA, Sérgio André. O futuro dos preços de transferência no Brasil. *Conjur*, 6 jan. 2020.

Em virtude disso, é grande a responsabilidade de nosso corpo técnico, o qual está bem mais preparado do que *experts* vindos do além-mar para tratar de questões jurídicas, econômicas e sociais da realidade local. Reconhecemos que inúmeros são os bem-intencionados aconselhadores externos, porém a consultoria estrangeira sempre corre o risco de ser incorporada apenas parcialmente, servindo muito mais como mera legitimação de qualquer reforma em que os méritos são creditados aos que vêm de fora e os fracassos a condições locais. Os estudiosos brasileiros estão melhores equipados a fornecer aconselhamento ao governo em qualquer projeto de reforma, devendo assumir posições críticas quando necessário, como assim têm feito em relação às duas recentes propostas de reformas tributárias atualmente em discussão no Brasil. Cabe a elas e a eles a insurgência contra propostas que violam ou negligenciam a realização de valores democráticos constitucionais fundamentais que nos são tão caros, como a erradicação da pobreza e o alívio da desigualdade entre indivíduos e regiões. Sob os ombros dos bem qualificados especialistas brasileiros recai o dever de assumir a arquitetura do destino da reforma tributária de nosso país.

DO PROCESSO DE ESVAZIAMENTO DOS FUNDOS PÚBLICOS E DE SEU FUTURO NO BRASIL

LUIZ HENRIQUE MIGUEL PAVAN[1]

SUMÁRIO: 1. Introdução; 2. Noções gerais e ápice dos fundos públicos; 3. Das fragilidades dos fundos públicos e de seu declínio no Brasil; 4. Da Proposta de Emenda à Constituição nº 187/2019: da tentativa de ruptura com o modelo de fundos; 5. Conclusão.

1. INTRODUÇÃO

O fundo público é um instrumento de gestão financeira largamente utilizado pela Administração Pública brasileira para a consecução de determinadas finalidades previstas na lei de sua instituição, tendo ocorrido o aumento do número desses fundos em alguns entes federados nas últimas décadas.

Naturalmente, o fundo público não se encontra isento às mudanças sociais e econômicas, que compelem o gestor público a se adaptar a novas realidades. As ações do poder público, lastreadas, notadamente, na alegação quanto à necessidade de contornar o engessamento do orçamento, acabaram por impactar, de maneira contundente, os fundos, acarretando o enfraquecimento desse mecanismo.

A crise econômica que assolou o Brasil nos últimos anos, o crescimento das despesas públicas obrigatórias e a queda na arrecadação, somados a outros fatores, impulsionaram a adoção de medidas no sentido de flexibilizar o uso dos recursos depositados em fundos, por meio do emprego do contingenciamento de recursos, da reversão do superávit financeiro anual, da desvinculação das receitas dos entes federados e da reserva de contingência, que culminaram na supressão de boa parte das disponibilidades financeiras dos fundos.

---

1 Bacharel e Mestre em Direito pela Universidade Federal do Espírito Santo. Procurador do Estado do ES. Procurador-Assessor do Gabinete da PGE/ES. Foi Subprocurador-Geral do Estado. Foi Defensor Público Federal.

Busca-se, no presente artigo, tratar do ápice e do declínio dos fundos públicos no Brasil, partindo de uma análise mais acurada no período posterior ao advento da Constituição da República Federativa do Brasil de 1988. Serão abordadas, sem exaurir o tema, as vantagens e as fragilidades do uso desse instrumento, examinando as recentes ações empreendidas pelo Poder Executivo para desvincular receitas e a Proposta de Emenda à Constituição nº 187/2019 como último capítulo do processo que busca a ruptura do modelo de fundos públicos.

2. NOÇÕES GERAIS E ÁPICE DOS FUNDOS PÚBLICOS

Apesar de a origem dos fundos administrados pela Administração Pública ser antiga, remontando ao Brasil colonial, somente a partir da década de 1970 é que ocorreu a difusão dos fundos de natureza orçamentária no Brasil.[2]

É apontada a existência de 179 (cento e setenta e nove) fundos na década de 1970[3], existindo, atualmente, 248 (duzentos e quarente a oito) fundos no âmbito da União, dos quais 165 (cento e sessenta e cinco) foram criados anteriormente ao advento da CRFB de 1988.[4] Já no âmbito estadual e municipal, a proliferação dos fundos se deu no curso da década de 1990, em decorrência da descentralização das políticas públicas,[5] ligada ao modelo de repartição de competências administrativas instituído pela CRFB. Esse movimento de expansão de fundos nos entes subnacionais ainda é latente, podendo ser tomado como exemplo o caso do Estado do Espírito Santo, em que foram criados 14 (quatorze) fundos entre os anos de 2014 e 2019.

A maioria dos fundos instituídos por entes públicos pode ser enquadrada no conceito de fundo especial, que é um instrumento de gestão descentralizada de recursos públicos, por meio do qual esses recursos são destinados

---

2 Cf. BASSI, Camillo de Moraes. *Fundos Especiais e Políticas Públicas: uma discussão sobre a fragilização do mecanismo de financiamento*. Rio de Janeiro: Ipea, mar. 2019. (Texto para Discussão, n. 2.458). Disponível em: <http://www.ipea.gov.br/portal/images/stories/PDFs/TDs/td_2458.pdf> Acesso em 10 dez. 2019; SANCHES, Osvaldo Maldonado. Fundos Federais: origens, evolução e situação atual na administração federal. *Revista de Informação Legislativa*, Brasília, a. 39, n. 154, p. 269-299, abr./jun. 2002; e NUNES, Cleucio Santos. *Orçamentos Públicos. A Lei 4.320/1964 comentada*. 2. ed. São Paulo: Revista dos Tribunais, 2010. p. 229-232.

3 Cf. SANCHES, Osvaldo Maldonado, op. cit. p. 271 e 295.

4 Informação constante na justificativa da Proposta de Emenda à Constituição nº 187/2019.

5 BASSI, Camillo de Moraes, op. cit. p. 11-12.

para as finalidades previstas na correspondente lei de criação. Trata-se de uma exceção ao princípio da unidade da tesouraria por meio da qual almeja-se a realização de objetivos de índole econômica, social ou administrativa.

Antigo ponto de celeuma envolvia à relação entre os fundos especiais e os fundos públicos, subsistindo dúvidas quanto à natureza jurídica dos fundos especiais, notadamente em decorrência da ausência de uma legislação contemporânea a respeito do tema. Atualmente, a questão se encontra equacionada devido ao entendimento da Comissão Nacional de Classificação - CONCLA, associada ao Instituto Brasileiro de Geografia e Estatística - IBGE, no sentido de que a natureza jurídica do fundo público compreende o fundo especial de natureza contábil e/ou financeira.[6]

O marco normativo dos fundos especiais é a Lei nº 4.320/1964, ainda em vigor, que institui normas gerais de Direito Financeiro para elaboração e controle dos orçamentos e balanços dos entes federados, e que foi recepcionada com a roupagem de lei complementar pela CRFB de 1988. Os arts. 71 a 74 da citada lei regulamentam, na atualidade, a parte final do art. 165, § 9º, II, da CRFB.

O fundo especial tem como atributos básicos a constituição por receitas específicas, a vinculação das receitas a certos objetivos, a vinculação a órgão da administração direta, a aplicação dos recursos conforme a lei orçamentária, a existência de critérios contábeis específicos, normas peculiares de aplicação, emprego de meios adicionais de controle e preservação dos saldos do exercício.[7]

Nunes aponta algumas vantagens ligadas à execução orçamentária com o uso dos fundos, destacando a "garantia de alocação de receitas para a execução de um programa, sobretudo se destinado à área social, protege a política pública das vulnerabilidades orçamentárias" e que os fundos "contribuem no alcance da eficiência administrativa"[8].

Por sua vez, Campos afirma que, dentre outras vantagens, a adoção de fundos permite uma "melhor distribuição e gestão de recursos", a "identificação de responsabilidades por áreas específicas", o "melhor controle e avaliação de desempenho", a "rapidez na alocação dos recursos a sua destinação específica" e a "maior transparência na gestão dos recursos."[9]

---

6 Cf. BASSI, Camillo de Moraes, *op. cit. p. 12-20.*

7 SANCHES, Osvaldo Maldonado, op. cit. 277-278.

8 NUNES, Cleucio Santos, op. cit. p. 242-243.

9 CAMPOS, Gabriel de Britto. Fundos Especiais. *Fórum Administrativo – Direito Público – FA,* Belo Horizonte, ano 2, n. 14, abr. 2002. Disponível em: <http://www.bidforum.com.br/bid/PDI0006.aspx?pdiCntd=1609>. Acesso em: 3 dez. 2019.

Já Sanches menciona como possíveis vantagens da execução orçamentária por meio de fundos: "garantir que certa receita ou conjunto de receitas seja destinada a um setor, entidade, área geográfica ou ramo de atividades"; "descentralizar a execução de um programa de trabalho para um determinado gestor"; "viabilizar melhores avaliações dos resultados obtidos com a execução da programação, bem como dos custos das atividades"; "possibilitar um controle mais sistemático e efetivo sobre as receitas"; e "assegurar que os recursos financeiros destinados às finalidades do fundo e não utilizados num exercício sejam preservados para uso no exercício seguinte".[10]

No entanto, existem várias desvantagens desse modelo, conforme será abordado no tópico seguinte.

3. DAS FRAGILIDADES DOS FUNDOS PÚBLICOS E DE SEU DECLÍNIO NO BRASIL

Naturalmente, existem pontos fracos e fortes em todas as ferramentas postas à disposição do administrador público e esse cenário não é diferente em relação aos fundos.

Nunes menciona que a criação desmedida de fundos, "em geral sem critérios avaliativos do alcance de suas metas em longo prazo", "pode gerar vícios administrativos de efeitos financeiros". O autor afirma que "é conveniente avaliar se os custos com a criação e a manutenção do fundo e dos instrumentos para sua execução não serão mais elevados do ponto de vista de economicidade, do que prever a execução as despesas pela via orçamentária comum" e "que o número de fundos existentes pode ser também sintoma de enfraquecimento da lei orçamentária, que não consegue atender às demandas dos setores públicos."[11]

Sanches, em linha semelhante, afirma que "os fundos proliferaram de tal modo que acabaram-se transformando em sério problema para a gestão racional da máquina pública." Salienta, ainda, que as vantagens dos fundos foram desaparecendo ao longo dos anos devido às mudanças operadas no setor público e aos ganhos da comunicação e da informática (a partir das décadas de 1970 e 1980, respectivamente).[12]

O citado autor elenca alguns efeitos perniciosos desse instrumento, como "a perda de flexibilidade para a definição do programa de ação do Governo", o "aumento dos custos do Tesouro", "a falta de uniformidade

---

10 SANCHES, Osvaldo Maldonado, op. cit. p. 285-286.

11 NUNES, Cleucio Santos, op. cit. p. 243.

12 SANCHES, Osvaldo Maldonado, op. cit. p. 272 e 285.

na definição de prioridades para alocações e nas normas para habilitação aos recursos", a "elevação dos custos operacionais", "a criação de linhas duplicadas de intervenção sobre um mesmo tipo de problema", e "o surgimento de práticas tendentes à criação de dificuldades ao exercício do controle tipo de problema". Além desses efeitos negativos, Sanches anota como desvantagens da execução orçamentária por intermédio de fundos "a possibilidade de constituição de feudos de poder" e a transferência "para a tecnoburocracia do Poder Executivo da tomada de decisões alocativas que caberiam ao Parlamento".[13]

Além dos problemas ligados ao modelo de fundos mencionados acima, verifica-se que é corriqueira a ineficiência na execução de despesas em diferentes fundos existentes nos entes federados.

Cabe salientar que a indicação de todos os motivos que geram a baixa eficiência (ou mesmo a ineficiência) de fundos extrapola ao presente trabalho, até porque essa análise demandaria um estudo individualizado de cada fundo. De qualquer sorte, é possível inferir que grande parte dos óbices na execução das despesas pelo fundo está ligada a dificuldades na realização de projetos para uso adequado dos recursos públicos, a burocracia administrativa para a contratação e para a aquisição de bens, a problemas de governança e a deficiências nas políticas públicas que buscam ser incentivadas pelo fundo.

Toma-se como exemplo o Fundo Penitenciário Nacional - FUNPEN, criado pela Lei Complementar nº 79/1994 "com a finalidade de proporcionar recursos e meios para financiar e apoiar as atividades e os programas de modernização e aprimoramento do sistema penitenciário nacional". O primeiro passo no longo caminho necessário para o uso dos recursos depositados no fundo é a definição, dentro do rol abstratamente previsto na lei, da(s) finalidade(s) concreta(s) em que os recursos públicos serão empregados. Se, por exemplo, o governo federal optar por empregar recursos na construção de unidades prisionais nos Estados, ele terá que, a partir daí, definir como aplicará esses recursos (construção direto ou transferência de recursos), os Estados que receberão as verbas públicas e os valores a serem despendidos. Ao fim dessas etapas realizadas pelo governo federal, caberá ao Estado construir a unidade (se for o caso), o que dependerá, dentre outros fatores, da escolha do local de construção, da realização de um projeto básico da obra, de eventual desapropriação e da publicação do edital de licitação. Esse exemplo demonstra a excessiva dificuldade em aplicar os recursos depositados nos

---

13 Ibid. p. 272-273 e 286.

fundos, sendo que qualquer deficiência em uma das etapas referidas acima acabará por prejudicar a entrega e, consequentemente, o atingimento da finalidade almejada pelo poder público.

Ao tecer considerações a respeito da fragilidade dos fundos especiais como instrumento de financiamento de políticas públicas, Bassi destaca que os fundos são expostos a uma "série de intervenções fiscais, que redundam, por vezes, em uma baixa execução orçamentária" e que eles se tornam desnecessários em razão de inovações na gestão dos recursos públicos.[14] E essas intervenções fiscais são um dos principais gargalos na consecução das finalidades por meio dos fundos.

A crise econômica que assolou o Brasil nos últimos anos, o aumento das despesas públicas obrigatórias e a queda na arrecadação somados, dentre outros fatores, à ineficiência/deficiência do uso dos recursos depositados em fundos especiais, como mencionado acima, com a existência de vultosas quantias nestes fundos sem destinação[15], geraram uma reação por parte do Poder Executivo,[16] que criou esses fundos e, posteriormente, adotou medidas no sentido de flexibilizar o uso dos recursos depositados e das receitas vinculadas a eles.

O contingenciamento de recursos, a reversão do superávit financeiro anual, a desvinculação das receitas dos entes federados e a reserva de contingência de fundos especiais foram práticas amplamente empregadas nos últimos anos pela Administração Pública, independentemente da linha de ideologia política do governo que ocupou a chefia do Poder Executivo. Mesmo governos com uma ideologia mais ligada à área social lançaram mão dos citados instrumentos, que acabaram por esvaziar vários fundos especiais.

Os recursos dos fundos especiais foram utilizados para o cumprimento das metas fiscais (de resultado - resultado primário - e de gasto – teto de gastos), em consonância com a política econômica definida pelo(s) governo(s), com o uso do contingenciamento (limitação de empenho e de movimentação financeira), nos termos do art. 9º da Lei de Responsabilidade Fiscal e do art. 107 do Ato das Disposições Constitucionais Transitórias

---

14 BASSI, Camillo de Moraes, op. cit. p. 45-46.

15 Consta na justificativa da PEC 187/2019 a existência de um volume apurado como superávit financeiro da ordem de R$ 219 bilhões em fundos especiais no âmbito da União.

16 Anota-se que todos os poderes e órgãos autônomos podem criar fundos especiais, mas a maioria desses fundos foi instituída pelo Poder Executivo dos entes federados no Brasil.

- ADCT. Esse instrumento foi utilizado para garantir o superávit primário e para o pagamento de juros e amortização da dívida.

Esse contingenciamento é criticado por Scaff, que afirma que pagar "dívida futura como estratégia financeira em detrimento da melhoria das condições de vida da população por certo não atende aos Objetivos estabelecidos na Carta" e que "o resultado financeiro desse procedimento não tem sido muito eficaz."[17]

Especificamente em relação ao FUNPEN, essa política de contingenciamento foi objeto de análise pelo Supremo Tribunal Federal na Arguição de Descumprimento de Preceito Fundamental – ADPF nº 347. A Corte reconheceu a reiterada omissão no cumprimento de políticas legislativas, administrativas e orçamentárias em relação ao sistema penitenciário e acolheu o pedido de medida cautelar para determinar que a União "libere o saldo acumulado para utilização com a finalidade para a qual foi criado, abstendo-se de realizar novos contingenciamentos."[18]

Em relação à reversão do superávit financeiro, o art. 73 da Lei nº 4.320/64 estabelece que o salvo positivo do fundo especial, ao final do exercício, será transferido para o exercício seguinte, exceto se houver previsão legal em sentido contrário. Assim, os recursos de superávit financeiro somente poderão ser transferidos para o tesouro se existir regra específica na legislação. Ao longo dos anos, alguns entes federados editaram leis gerais[19] admitindo a possibilidade de o Poder Executivo efetuar a reversão do superávit de diversos fundos para o tesouro. Determinados atos normativos que dispuseram sobre o tema foram objeto de apreciação pelo Tribunal de Contas da União[20] e pelo Supremo Tribunal Federal[21], que entenderam que somente lei específica que altere a lei de criação de cada fundo pode estabelecer uma destinação alternativa, diferente da regra do art. 73 da Lei nº 4.320/64, ao saldo positivo apurado em balanço.

---

17 SCAFF, Fernando Facury. Como a Sociedade Financia o Estado para a Implementação dos Direitos Humanos no Brasil. *Interesse Público – IP*, Belo Horizonte, n. 39, ano 8, set./out. 2006. Disponível em: <http://www.bidforum.com.br/PDI0006.aspx?pdiCntd=47566>. Acesso em: 14 dez. 2019.

18 STF, ADPF 347 MC, Rel. Min. Marco Aurélio. Tribunal Pleno, j. 09/09/2015.

19 Ex: União, por meio da MP 704/2015, e Distrito Federal, por meio da Lei Complementar nº 872/2013.

20 TCU, Acórdão nº 2523/2016, Processo TC-nº 008.389/2016-0, Rel. Min. José Múcio Monteiro, Plenário, j. 05/10/2016.

21 STF, RE 883514 AgR, Rel. Min. Roberto Barroso, Primeira Turma, j. 27/10/2017.

Outro mecanismo intensamente empregado na Administração Pública que culmina no desabastecimento de recursos de fundos é a desvinculação de receitas por força do disposto no ADCT.

Com o escopo de flexibilizar a política fiscal em decorrência do alto nível de vinculação de receitas públicas, foi criado o Fundo Social de Emergência – FSE (Emenda Constitucional de Revisão nº 1/1994), posteriormente denominado de Fundo de Estabilização Fiscal – FEF (EC nº 10/1996), culminando, em uma fase subsequentemente, na denominada Desvinculação de Receitas da União-DRU (EC nº 27/2000). A DRU decorreu do entendimento do Governo Federal de que "a estrutura orçamentária e fiscal brasileira tem elevado volume de despesa obrigatórias (com pessoal e benefícios previdenciários, por exemplo) e alta vinculação constitucional de parcela expressa das receitas a finalidades específicas."[22]

A DRU é o instrumento que viabiliza a União a utilizar livremente parcela das receitas tributárias (atualmente 30%) relativas a contribuições sociais, contribuições de intervenção no domínio econômico e taxas, que são vinculados a órgão, fundo ou despesa até 31 de dezembro de 2023. (art. 76 do ADCT). Além do mais, o ADCT prevê a desvinculação de 30% (trinta por cento) da receita de impostos, taxas e multas no âmbito estadual, distrital e municipal, conforme arts. 76-A e 76-B, inseridos pela EC nº 93/2016.

Criado com um caráter temporário, a DRU passou a ser, em verdade, permanente. Como anotam Batista Junior e Marinho, a DRU passou "a funcionar como mecanismo perene de equalização orçamentária" e 'fornece "flexibilidade" para operar o orçamento fiscal e cobrir as despesas, mês a mês.'[23]

Além do mais, a reserva de contingência - RES (que visa garantir pagamentos imprevistos) de recursos depositados em fundos é um mecanismo paralelo à DRU que permite o remanejamento de receitas de fundos, chegando, em alguns situações, a desidratar as receitas vinculadas, como no caso do Fundo de Defesa de Direitos Difusos Federal - DDD, no qual a RES correspondeu à 99,40% da dotação inicial na Lei Orçamentária Anual de 2017.[24]

Percebe-se, nesse contexto, a existência de uma tensão entre o interesse de determinados atores sociais e políticos de criar e manter fundos públicos e a vontade do Poder Executivo de conferir maior flexibilidade aos gastos públicos, que estão pressionados pelas despesas obrigatórias.

---

22 BALEEIRO, Aliomar. *Direito Tributário Brasileiro*. Atualizado por Misabel Abreu Machado Derzi. 13. Ed. Rio de Janeiro: Forense, 2015. p. 926.

23 BATISTA JÚNIOR, Onofre Alves; MARINHO, Marina Soares. *Revista de Informação Legislativa*. Brasília, a. 55, n. 219, p. 32-33, jul./set. 2018.

24 BASSI, Camillo de Moraes, op. cit. p. 32-33.

Essa tensão pode ser observada pelo questionamento das medidas de flexibilização do uso de recursos de fundos no âmbito do Poder Legislativo[25], dos Tribunais de Contas[26] e do Poder Judiciário[27]. Apesar de se tratarem de manifestações de poderes e de órgãos autônomos isoladas, desarticuladas e com diferentes fundamentos, verifica-se que as medidas tomadas pelos órgãos de controle e pelo Poder Legislativo acabam por ter um mesmo efeito: impor limites ao Poder Executivo, freando a flexibilização do uso dos recursos dos fundos.

A última etapa dessa busca de desvincular os recursos dos fundos é identificada com o envio da Proposta de Emenda à Constituição nº 187/2019.

4. DA PROPOSTA DE EMENDA À CONSTITUIÇÃO Nº 187/2019: DA TENTATIVA DE RUPTURA COM O MODELO DE FUNDOS

O Poder Executivo Federal elaborou, em 2019, 3 (três) Propostas de Emendas à Constituição (PEC's nºs 186, 187 e 188 de 2019) com o escopo de conter o aumento de despesas obrigatórias na União, nos Estados, no Distrito Federal e nos Municípios e a formar um ambiente fiscal de caráter sustentável.[28] Essas propostas limitam a autonomia (autoadministração) dos entes federados, ao impor uma série de restrições à liberdade de gestão do orçamento e da Administração Pública local, em mitigação ao sistema de federalista participativo.

Para fins do presente artigo, toma relevo a Proposta de Emenda à Constituição nº 187/2019, denominada PEC dos Fundos, que pode ser

---

25 Exemplo de contraposição do Poder Legislativo ao contingenciamento é o Projeto de Lei Complementar nº 79/10 da Câmara dos Deputados, que visa proibir o contingenciamento orçamento dos recursos do Fundo Nacional de Desenvolvimento da Ciência e Tecnologia (FNDCT).

26 Exemplo de decisão do TCU: imposição de restrições à reversão do superávit dos fundos ao tesouro (Acórdão 2523/2016).

27 Exemplos de decisões do STF: imposição de restrições à reversão do superávit dos fundos ao tesouro (RE 883514 AgR) e vedação ao contingenciamento dos recursos do FUNPEN (ADPF 347).

28 Tratam-se das PEC's 186, 187 e 188 de 2019, assinadas por senadores, para início da tramitação no Senado Federal. A PEC nº 186/2019 (PEC Emergencial) dispõe "sobre medidas permanentes e emergenciais de controle do crescimento das despesas obrigatórias e de reequilíbrio fiscal no âmbito dos Orçamentos Fiscal e da Seguridade Social da União, e dá outras providências." Já a PEC nº 187/2019 (PEC dos Fundos) é a que interessa ao presente trabalho. Por fim, a PEC nº 188/2019 (PEC do Pacto Federativo), conforme sua justificativa, propõe "um novo modelo fiscal" para Federação Brasileira".

relacionada com o movimento histórico de técnicos de órgãos de planejamento, orçamento e controle de limitar o uso dos fundos públicos[29] e que surge como o ápice das medidas governamentais para flexibilizar as receitas destinadas e os recursos existentes nesses fundos, culminando na ruptura do modelo de fundos.

A PEC visa, conforme sua justificativa, "modernizar e aperfeiçoar os mecanismos de gestão orçamentária e financeira" dos entes federados, "permitindo que os respectivos Poderes Legislativos reavaliem os diversos Fundos públicos hoje existentes" e procura "restaurar a capacidade do Estado Brasileiro de definir e ter políticas públicas condizentes com a realidade socioeconômica atual, sem estar preso a prioridades definidas no passado distante," que "podem não mais refletir as necessidade e prioridades da sociedade brasileira no momento atual."

A PEC estabelece (art. 1º) que os fundos públicos somente poderão ser criados por lei complementar e extingue os fundos públicos que não forem ratificados até o final do segundo exercício financeiro subsequente a sua promulgação, com o objetivo declarado de obter a "melhoria da alocação dos recursos públicos." [30]

A proposta modifica o art. 165, § 9º, II, da CRFB, para prever que a lei complementar tratará de "condições para o funcionamento de fundos públicos de qualquer natureza". Esse dispositivo trata da espécie normativa (lei complementar federal) apta a veicular regras gerais para o funcionamento de fundos e que é atualmente regulado pela Lei nº 4.320/64, recepcionada como lei complementar. Existem duas alterações nesse dispositivo: 1) a supressão à referência da previsão das condições para a instituição dos fundos em lei complementar federal, pois a criação dos fundos se dará por lei complementar dos entes federados; e 2) a previsão de que a lei complementar federal cuidará de fundos públicos de qualquer natureza, aclarando que os fundos privados não são regulados por lei complementar federal.

Já o art. 167, IX, da CRFB passará, caso aprovada a PEC, a vedar a instituição de fundos públicos de qualquer natureza sem a autorização de lei complementar, modificando o veículo normativo anteriormente fixado pela legislação para essa finalidade (lei ordinária). Essa mudança

---

29 Cf. SANCHES, Osvaldo Maldonado, op. cit, p. 273-274.

30 A medida guarda inspiração no art. 36 do ADCT, que determinou a ratificação, no prazo de dois anos, dos fundos existentes na data da promulgação da CRFB e que não surtiu o efeito almejado, já que a Lei nº 8.713/91 (Plano Plurianual de 1991) prorrogou a existência dos fundos até o ano seguinte da publicação de lei complementar, que ainda não foi editada.

acabará por gerar maiores obstáculos para criação de fundos, por conta do quórum qualificado para aprovação do projeto de lei complementar e das eventuais regras mais rígidas de tramitação da proposta legislativa.

A PEC estabelece que os fundos públicos de todos os entes federados existentes na data de sua promulgação serão extintos se não forem ratificados pelos respectivos Poderes Legislativos, por meio de lei complementar específica para cada um dos fundos até o final do segundo exercício financeiro subsequente à promulgação da EC.

A PEC excetua da extinção os fundos públicos "previstos nas Constituições e Leis Orgânicas de cada ente federativo", o que abrange tanto os fundos referidos expressamente nas Constituições Federais e Estaduais e nas Leis Orgânicas, como o Fundo de Participação dos Estados e do Distrito Federal (art. 159, I, a, da CRFB), quanto os fundos criados para receber receitas específicas previstas nestas Cartas, como os Fundos Constitucionais de Financiamento do Norte, do Nordeste e Centro-Oeste (art. 159, I, c, da CRFB). No entanto, essa ressalva não abrange os fundos que os constituintes apenas facultam a criação pela legislação infraconstitucional, como os fundos estaduais de fomento a cultura (art. 216, § 6º, da CRFB).

Apesar de o texto da PEC não excetuar de maneira expressa, também estarão fora do comando de extinção os fundos estatuais e municipais que são espelhos de fundos federais, utilizados para transferências fundo a fundo, e que forem ratificados no âmbito da União; raciocínio que engloba também os fundos municipais ligados a fundos estaduais ratificados.

Além do mais, verifica-se que os fundos criados para receber, como destinatários específicos, os recursos advindos de contribuições sociais, de contribuições de intervenção no domínio econômico, de contribuições de interesse de categorias profissionais ou econômicas e de contribuições de iluminação pública, previstas nos arts. 149, 149-A e 195, I, da CRFB, não devem ser extintos e, aliás, sequer se submetem à maioria das regras inseridas na PEC. Isso porque não haveria como assegurar a adequada aplicação dos recursos das contribuições nas finalidades previstas na CRFB com a revogação dos fundos que recebem os recursos arrecadados por meio desses tributos.[31] Somente são aplicadas aos fundos receptores das receitas dessas contribuições as normas da

---

31 A respeito do tema, o STF entendeu que deveria ser mantida a vinculação do produto da arrecadação da CIDE-Combustíveis as três finalidades previstas no art. 177, § 4º, II, "a", "b" e "c" da CRFB quando da suplementação de créditos autorizados por meio da Lei Orçamentária Anual. (STF, ADI 2925, Rel. p/ Acórdão Min. Marco Aurélio, Tribunal Pleno, j. 19/12/2003)

PEC relacionadas à necessidade do uso de lei complementar para futuras alterações dos textos normativos referentes a esses fundos.[32]

Acabar com o fundo destinatário de receitas arrecadadas por meio das citadas contribuições significaria desnaturar esses tributos, porque suprimido um dos elementos que integram a norma de competência tributária. A respeito do tema, Baleeiro afirma que "a afetação do produto a certas despesas ou serviços é requisito necessário para o exercício da competência federal", no que tange às contribuições. Continuamente, o autor destaca que "destinação passou a fundar o exercício das competência da União" e que, "sem afetar o tributo às despesas expressamente previstas na Constituição e sem praticar os atos que as ensejam falece competência à União para criar contribuições."[33] A desvinculação do produto da arrecadação da contribuição à finalidade específica prevista em lei acabaria por conferir a esse tributo a mesma estrutura do imposto, suprimindo a referibilidade da contribuição.

Para manter o fundo, deverá ser enviada uma lei complementar específica para cada fundo que deseja ser mantido, não bastando o encaminhamento de uma lei para ratificar simultaneamente uma miríade de fundos. Após o prazo bienal, sem a devida ratificação, o patrimônio dos fundos será "transferido para o respectivo Poder de cada ente federado ao qual o fundo se vinculava."

Consta na justificativa na PEC que "essa ratificação poderá ser realizada tanto por iniciativa dos respectivos Poderes Executivos e Legislativo de cada Ente." No entanto, a ratificação depende de lei de iniciativa dos respectivos poderes/órgãos autônomos aos quais os fundos estão vinculados, sob pena de violação ao princípio da separação de poderes, já que eles são instrumentos de gestão daquele poder/órgão autônomo.[34]

---

32 Anota-se que a modificação da CRFB para prever a necessidade de lei complementar para instituir fundos não implica na alteração do entendimento do STF quanto à dispensabilidade da lei complementar para a criação das aludidas contribuições. (cf. STF, AI 739.715 AgR, Rel. Min. Eros Grau, Segunda Turma, j. 26/5/2009)

33 BALEEIRO, Aliomar. Atualizadora Misabel Abreu Machado Derzi, *Limitações Constitucionais ao Poder de Tributar*. 8. ed. Rio de Janeiro: Forense. 2010. p. 943

34 Sobre o tema, o Parecer SF nº 2/2019 da Comissão de Constituição e Justiça-CCJ do SF fixou que "são inconstitucionais, por vício de iniciativa, quaisquer projetos de lei de autoria parlamentar que instituam fundos orçamentários cujos recursos são geridos e empregados pelos órgãos dos Poderes Executivo ou Judiciário,

As leis que atualmente regulamentam os fundos públicos serão, em caso de ratificação e nas exceções à extinção abordados acima, recepcionadas como leis complementares e deverão ser modificadas por meio dessa espécie normativa.

Adicionalmente, a PEC (art. 4º) prevê a revogação automática dos dispositivos que vinculam receitas públicas a fundos públicos ao final do exercício financeiro em que ocorrer a promulgação da EC. Assim, todas as regras que cuidam da destinação de recursos para fundos serão revogadas ao final do exercício em que se der a promulgação, permanecendo os fundos em funcionamento por mais dois anos a partir do citado marco. Esse dispositivo afasta uma das características essenciais do fundo especial, que é a previsão das receitas específicas que o compõem. Ocorrerá, assim, por meio desse dispositivo, uma desnaturação dos fundos, com o esvaziamento da utilidade desse instrumento financeiro.

Salienta-se que nada impede que o respectivo ente público encaminhe projeto de lei repristinando as regras concernentes à vinculação de receita ao fundo. Aliás, o art. 4º do projeto não revogou os dispositivos constitucionais que facultam a vinculação de parcela de receitas orçamentária ou de impostos a determinadas finalidades, o que corriqueiramente é efetuado por meio do uso de fundos públicos. (ex: arts. 167, IV, 204, § 1º e 218, § 5º, da CRFB).

Nesse momento, é relevante salientar que a PEC acaba por reiterar o problema identificado por Batista Júnior e Marinho em relação à DRU, para os quais essa desvinculação "retira dinheiro que deveria ser aplicado em programas sociais e os desloca para outros gastos, sobretudo para o pagamento de rentistas, fazendo retroceder (inconstitucionalmente) direitos sociais."[35]

Em linha semelhante, Scaff afirma que "reduzir as vinculações, implantar a DRU nos Estados e perenizá-la, o Estado brasileiro ficará muito mais fraco para enfrentar os desafios estabelecidos em seus Objetivos fundamentais (art. 3º)."[36]

A PEC veiculou uma faculdade no sentido de que a receita pública desvinculada "poderá ser destinada a projetos e programas voltados à

---

pelo Tribunal de Contas da União, pelo Ministério Público da União ou pela Defensoria-Pública da União".

35 BATISTA JÚNIOR, Onofre Alves; MARINHO, Marina Soares, op. cit. p. 44.

36 SCAFF, Fernando Facury, op. cit.

erradicação da pobreza e a investimentos em infraestrutura que visem à reconstrução nacional." É, pois, inserida nova exceção ao art. 167, IV, da CRFB, que veda a vinculação de receitas de impostos a fundos[37].

Por fim, o art. 5º da proposta pretende desvincular parte das disponibilidades financeira dos fundos, ao prever que durante o período que abrange a data da publicação da EC até o segundo ano do exercício subsequente, "o superávit financeiro das fontes de recursos dos fundos públicos, apurados ao final de cada exercício, será destinado à amortização da dívida pública do respectivo ente."

Com a desvinculação do superávit financeiro apurado ao final de cada exercício no fundo, o emprego desses recursos desvinculados, usualmente depositados no Banco Central, pela União, para amortização da dívida pública, implicará no incremento da moeda em circulação e a consequente necessidade de compensação pela venda de títulos públicos (operações compromissadas), mantendo-se a dívida pública bruta federal, o que parece distanciar-se do escopo do Governo Federal. Nesse passo, devemos entender que a PEC confere uma discricionariedade ao governante na gestão da dívida pública, apesar de sua redação poder passar a percepção de que o administrador não teria liberdade quanto à destinação do superávit. Assim, a regra do art. 73 da Lei nº 4.320/64 somente é afastada pontualmente, a depender da escolha do gestor público a respeito da destinação do superávit apurado no exercício.

5. CONCLUSÃO

O fundo público, instrumento centenário criado para a reserva de recursos com o objetivo de alcançar determinadas finalidades, passou a enfrentar, ao longo dos anos, críticas e a sofrer um processo de esvaziamento, com o uso, por diferentes governos dos entes federados, do contingenciamento de recursos, da reversão de superávit financeiro, da desvinculação de receitas e de reservas de contingências.

As ações do(s) governo(s), nos últimos anos, demonstram a priorização da política fiscal com o emprego de recursos depositados em fundos públicos em detrimento de objetivos de caráter social previsto na legislação instituidora desses instrumentos.

O processo de enfraquecimento dos fundos públicos tomou maior força com a crise econômica que assolou, recentemente, o Brasil, que gerou

---

37 A regra citada é distinta daquela veiculada no art. 80, § 1º, do ADCT, que afasta a aplicação do disposto no art. 167, IV, da CRFB para o Fundo de Combate e Erradicação de Pobreza.

forte queda da arrecadação, em um cenário em que faleciam mecanismos para o controle do crescimento das despesas públicas obrigatórias

Nesse contexto, a Proposta de Emenda à Constituição nº 187/2019, marca, mesmo se não vier a ser aprovada, o declínio dos fundos públicos e o ápice de medidas de desvinculação de receitas dos fundos, pretendendo, em verdade, a ruptura com o modelo de fundos.

Nesse contexto, surge a necessidade de reflexão a respeito do uso desse instrumento de gestão financeira no Século XXI. Instrumento que deve ser empregado com parcimônia devido, de um lado, a suas fragilidades, à finitude das receitas públicas e à necessidade de contenção de gastos públicos e, de outro lado, à imperatividade do emprego de recursos vinculados à consecução das políticas públicas mais relevantes que tem lastro nos direitos fundamentais previstos na CRFB.

(DES)VENTURAS PARA A CONSTANTE REFORMA CONSTITUCIONAL FINANCEIRA

LUMA CAVALEIRO DE MACÊDO SCAFF[1]

SUMÁRIO: **1. Introdução: o contexto constante de reformas**; 2. É tempo de constantes mudanças na disciplina financeira da Constituição Federal; **3. Uma análise da dimensão financeira das reformas constitucionais: de 1988 a 2019**; 4. Conclusão; Referências Bibliográficas

1. INTRODUÇÃO: O CONTEXTO CONSTANTE DE REFORMAS

Honra-nos o convite para participar desta obra coletiva organizada pelos professores doutores Misabel Abreu Machado Derzi, Fernando Facury Scaff, Heleno Taveira Torres e Onofre Alves Batista Júnior, pessoas com as quais tenho a grata oportunidade de partilhar ideias e ideais, diante de tantas mudanças na contemporaneidade no cenário jurídico.

Entre essas ideias e ideais, esta obra observa que o sistema tributário e financeiro surgido com a Constituição de 1988 passou por diversas modificações nos últimos quase trinta anos – para, então, questionar sobre essas "(de/re)formas tributárias e financeiras: *por que, para que, para quem e como?*".

Nesta obra em que analisamos o legado e discutimos os desafios que decorrem das três décadas de vigência da Constituição Federal de 1988

---

1 Doutora em Direito Financeiro pela Universidade de São Paulo. Mestre em Direitos Humanos pela Universidade de São Paulo. Graduação em Direito pela Universidade Federal do Pará (2005). Advogada. Professora no curso de graduação em Direito e Professora na Pós-Graduação da Universidade Federal do Pará. Ex-pesquisadora bolsista da Fundação Ford. Membro da Rede de Pesquisa Junction Amazonian Biodiversity Units Research Network Program (JAMBU-RNP). Tem experiência na área jurídica com ênfase em Direito Financeiro, Direito Tributário e Direitos Humanos. Atua também com Direito Empresarial e Direitos Humanos, alinhando o Terceiro Setor com Responsabilidade Social. Contato: lumascaff@yahoo.com.br

comemorada em um contexto de graves retrocessos jurídico-políticos que ameaçam frontalmente a realização dos objetivos constitucionais, parece-nos necessário rememorar a temporalidade da norma constitucional para o custeio dos direitos.

Para tanto, examinaremos as alterações constitucionais para identificar se existe relação com a dimensão financeira constitucional, ou seja, à disciplina da atividade financeira do Estado no âmbito constitucional.

Este artigo está estruturado em três partes. A primeira estuda sobre a relação entre a norma e o tempo, diante da exigência de a norma nos apresente uma solução pronta imediata para a solução do déficit fiscal, relacionando à disciplina financeira constitucional. A segunda propõe uma análise sobre as alterações constitucionais para identificar quais se referem à atividade financeira do Estado. A terceira indica reflexões sobre as (des)venturas da Constituição Federal e o *Barão de Münchhausen*.

No dizer de Eni Orlandi, "todo dizer apaga necessariamente outras palavras, produzindo um silêncio sobre os outros sentidos"[2]. Esta disputa de sentido marca as relações de poder no jogo dos sentidos. A partir disso, pretendemos identificar o sentido desse contexto constante de reformas; se essas (de/re) reformas constitucionais financeiras mostrem *por que, para que, para quem e como*; se apresentam um caminho norteador alinhado aos direitos humanos.

2. É TEMPO DE CONSTANTES MUDANÇAS NA DISCIPLINA FINANCEIRA DA CONSTITUIÇÃO FEDERAL

Questionar a temporalidade da Constituição é tema sensível, especialmente quando se relaciona com aspectos das finanças públicas[3]. Observamos que a produção dogmático-positiva do texto constitucional revela-se um ato humano. Se de um lado tem a pretensão de se conservar ao longo do tempo; de outro, enfrenta o desafio de lidar com as mudanças da realidade do mundo. Coloca, portanto, para o intérprete uma margem hermenêutico-construtiva que envolve ser limitador da literalidade da lei e também a discricionariedade.

A Constituição exerce papel temporalizante e instituinte, permitindo fixar políticas relacionadas às finanças públicas que sejam capazes de

---

2 ORLANDI, Eni. *Discurso e Texto: formulação e circulação dos sentidos*. 3. ed. Campinas: Pontes, 2008. p. 128.

3 A expressão "finanças públicas" possui conotação bastante abrangente e deve ser entendida como todas as transações necessárias ao funcionamento do aparelho estatal, isto é, relações que se refiram ao crédito público, orçamento, despesa e receita.

realizar os objetivos constitucionais. Esta relação entre a norma rígida e a norma mutante traz o risco de destemporalização considerando a falta de cuidado com os efeitos futuros e as consequências humanas. Disciplinar condutas pede planejamento diante dos efeitos normativos imediatos, futuros e pretéritos.

Considerando a realidade de mundo angustiante e ansiosa pela disseminação instantânea de informações, exigem-se do texto constitucional soluções prontas, acabadas e imediatas. O imediatismo de uma solução do *hoje* que não contempla seus efeitos *futuros* pode prejudicar a realização da Constituição Financeira[4]. Sob o prisma da unidade constitucional, o alcance dos objetivos constitucionais e a realização dos direitos humanos, apresentam-se como desafiadores intentos desse projeto constitucional em prol do futuro[5]. Quando esta questão envolve as finanças públicas, a dificuldade se agiganta porque os recursos são escassos e as necessidades, infinitas[6].

O dinheiro organiza uma nova relação entre sujeitos e objetos. É mediador por excelência de trocas econômicas, desejado e valorizado, nas transações monetárias. Dinheiro gasto. Dinheiro vivido. Não retroage. O dinheiro é desprovido de qualidades: é objetivo, abstrato, impessoal e anônimo. É incolor, não possui história e por isso é vulgar. É arquétipo dos fluxos na modernidade, circula sem cessar, mas é concomitantemente o ponto fixo a partir do qual pessoas e coisas circulam[7].

---

4 Referimo-nos a Subconstituição Financeira, subsistema constitucional que denota parcela da soberania estatal, emana o poder financeiro do Estado, estrutura e qualifica sua atividade financeira, bem como constitucionaliza as finanças públicas [TORRES, 2009. Pp. 03-04].Segundo Ricardo Lobo Torres, a Subconstituição Financeira – ou Constituição Financeira em sentido amplo – compreende: 1) a Constituição Tributária (arts. 145 a 156 da CF/1988), a Constituição Financeira em sentido restrito ou propriamente dita (arts. 157 a 164 da CF/1988) e a Constituição Orçamentária (arts. 165 a 169 da CF/1988) [TORRES, 2009, pp. 61-62; 270].

5 TORRES, 2014, p. 89. Nesse sentido, importa-nos registrar o pensamento de César Silva Rocha, para quem os compromissos fundamentais da República não são tarefa reduzida ou que possa ser solvida em curto ou médio prazo. É uma missão de longo prazo e permanente da Constituição, como um projeto para o presente e para o futuro, fixando norte para a Sociedade e para o Estado, vinculando suas ações no rumo do objetivo traçado [ROCHA, 2019, p. 119].

6 SUSTEIN, Cass. HOLMES, Stephen. *O Custo dos Direitos*. Martins Fontes: São Paulo, 2019.

7 SIMMEL, Georg. *A Psicologia do Dinheiro*. Portugal: Edições Texto & Grafia, 2009.

As *finanças públicas*, expressão de caráter abrangente, envolvem a atividade financeira do Estado. De difícil definição, porém, larga, já data desde meados de 1950-1960 com estudos sobre Ciência das Finanças de Aliomar Baleeiro, pois se trata da "disciplina que, pela investigação dos fatos, procura explicar os fenômenos ligados à obtenção e [sic] dispêndio do dinheiro necessário ao funcionamento dos serviços a cargo do Estado e de outras pessoas de direito público"[8]. Geraldo Ataliba explica, por sua vez, que a Ciência das Finanças seria pré-legislativa e o Direito Financeiro, pós-legislativo. Haveria entre um e outro diferença elementar: "enquanto, no direito financeiro, o único e essencial dado é a norma, na ciência das finanças a norma é um dentre inúmeros outros dados"[9], pois considera impossível invocar argumentos financeiros (econômicos, sociológicos, políticos, éticos ou administrativos) pelo jurista no desempenho da atividade dogmática[10].

Em outras palavras, a receita, a despesa, as renúncias fiscais, o orçamento, o federalismo fiscal, o controle, o crédito, a dívida, bem como todo e qualquer instrumento fiscal que seja capaz de suportar a realização dos objetivos constitucionais. Significa dizer que a atividade financeira é o suporte fiscal para que o Estado satisfaça as necessidades sociais e concretize o bem estar.

Horácio Corti afirma que a atividade financeira, dentro de uma ordem constitucional, significa obter recursos e realizar gastos visando dar efetividade à Constituição. Deve a Constituição pensar e regular como se financiam os direitos que ela mesma estabelece. É por isso que a existência de direitos e instituições constitucionais condiciona a atividade financeira, cuja finalidade será dar efetividade a esses direitos e instituições.

Considerando os ensinamentos de Álvaro Rodrigues Bereijo, a atividade financeira consiste apenas numa parte da atividade econômica diante do caráter multidimensional que a realidade fática lhe confere. A escassez dos recursos financeiros públicos traz consigo a necessidade

---

8 BALEEIRO, Aliomar. *Uma introdução à Ciência das Finanças e à Política Fiscal*. 3. ed. Rio de Janeiro: Forense, 1964. P. 06.

9 ATALIBA, Geraldo. *Apontamentos de Ciência das Finanças: direito financeiro e direito tributário*. São Paulo: Revista dos Tribunais, 1969. P. 37.

10 "Tem-se que distinguir do direito financeiro matéria financeira. Finanças não são Direito. Direito Financeiro é direito, embora sobre finanças", afirma Pontes de Miranda, ao comentar o art. 60, I da Constituição de 1967, que reservava ao Presidente da República a iniciativa exclusiva para dispor sobre "matéria financeira". MIRANDA, Pontes de. Comentários à Constituição de 1967. Tomo III. (art. 34-112). São Paulo; Revista dos Tribunais, 1967. P. 161.

de realização de escolhas públicas; escolhas essas que adotadas sob o manto protetivo de manifestação da vontade do Estado. Para este autor, a atividade financeira do Estado consiste em:

> (...) uma actividad dirigida a la obtención de los médios econômicos necessários para la satisfaccion de las necessidades colectivas. Esa acción del Estado detraccion de ingresos de las economias privadas y su posterior empleo o inversión em forma de gasto público, se designa como actividad financier

A realização do bem estar social envolve a gestão da atividade financeira do Estado a partir de aplicabilidade constitucional, devendo lidar, sobretudo com escolhas políticas, uma deferência com as escolhas públicas[11].

Seguindo a linha de constitucionalização da atividade financeira, Heleno Taveira Torres estuda a transformação a partir da constitucionalização do Direito Financeiro – ou, ainda, o "tratamento do Direito Financeiro pela Teoria da Constituição Financeira Material". Entende o autor que assume três pressupostos[12]: (i) prevalência do princípio do Estado Democrático de Direito; (ii) fins constitucionais como definidores dos objetivos da Constituição; (iii) abertura sistêmica da Constituição Financeira para a realidade mediante os encontros de valores na relação de interconstitucionalidade[13].

---

11 PEREIRA DOS SANTOS, M & Hogermann, E. R. (2019). Deferência com as escolhas públicas. *Revista Justiça do Direito*, 33 (2), 222-249. Disponível em: https://doi.org/10.5335/rjd.v33i2.9591

12 Segundo o autor, conforme esse segundo pressuposto, a "Constituição Financeira, na sua projeção totalizadora do Estado, não se limita a fins prévios como fins do Estado. Os fins e valores da Constituição foram eleitos pelo poder constituinte ao tempo do exercício da soberania que coloca uma nova Constituição em vigor (...) Não é vedado à política inovar no catálogo de fins, mas caberá sempre às instituições democráticas o atingimento de todos aqueles fins definidos pelo poder constituinte que foram contemplados e afirmados no texto constitucional." (TORRES, Heleno Taveira. Teoria da Constituição Financeira. Tese apresentada no Concurso de Títulos e Provas para o cargo de Professor titular de Direito Financeiro. Faculdade de Direito da Universidade de São Paulo. São Paulo, 2014. P. 104-105.)

13 O terceiro pressuposto, de interconstitucionalidade, determina "a convergência, na justaposição imanente das constituições materiais que a integram, para a efetividade da Constituição total. Desse modo, as Constituições Social, Econômica e Tributária interagem com a Constituição Financeira, a compor a atuação do Estado na ordem social e econômica, como forma e concretização dos princípios da força normativa e da unidade da Constituição". (TORRES, Heleno Taveira. Teoria da Constituição Financeira. Tese apresentada no Concurso de Títulos e Provas para o cargo de Professor titular de Direito Financeiro. Faculdade de Direito da Universidade de São Paulo. São Paulo, 2014. P. 124-126.)

Daí um dos caminhos de concretização do Direito Financeiro, ou melhor, do Direito Constitucional Financeiro: uma das funções do orçamento é dar efetividade aos direitos fundamentais – "a atividade financeira é por si só um elemento do sistema dos direitos fundamentais e, de outro lado, é também esse sistema que dá sentido à atividade financeira do Estado"[14]. Eis, então, uma mudança de paradigma no que se refere à atividade financeira do Estado, pois elevada ao substrato constitucional, ampara a democracia para a realização dos objetivos constitucionais. O princípio do Estado Democrático de Direito exige um repensar sobre a relação entre os direitos, o Estado e os cidadãos, garantias formais e materiais, efetividade de direitos e maior equilíbrio entre o exercício de poderes, eficiência administrativa e direito dos particulares. Heleno Torres indica que a "legalidade, direitos fundamentais e democracia são elos inseparáveis no processo de efetividade da Constituição".

Todas essas considerações apontam que a mudança de paradigma, a partir (principalmente) da constitucionalização das finanças públicas, atribuiu maior efetividade aos fins e valores constitucionais. Ora, o Estado age na forma do Direito e segundo Direito, portanto, a atividade financeira do Estado deve ser regida pelo Direito[15]. Portanto, as mudanças na disciplina financeira constitucional têm o sentido de alinhamento aos objetivos constitucionais, o que envolve planejamento e eficiência.

3. UMA ANÁLISE DA DIMENSÃO FINANCEIRA DAS REFORMAS CONSTITUCIONAIS: DE 1988 A 2019

Foi realizado um estudo cronológico das emendas constitucionais no período de 1988 a 2019 com duas finalidades específicas: a primeira mostra uma análise quantitativa, ao passo que a segunda se refere a identificar quais os principais temas relacionados à atividade financeira do Estado no âmbito constitucional.

O universo total estudado envolve 105 emendas constitucionais nos anos de 1988 até 2019 e também 06 emendas constitucionais de revisão.

---

14 CORTI, Horácio. Derechos fundamentales y presupuesto publico. *In*: CONTI, José Mauricio; SCAFF, Fernando Facury. (coord.) *Orçamentos Públicos e Direito Financeiro*. São Paulo: Editora Revista dos Tribunais. 2011. P. 149-150.

15 ATALIBA, Geraldo. *Apontamentos de ciência das finanças, direito financeiro e tributário*. São Paulo: RT, 1969. P. 33.

Considerando a atividade financeira do Estado, o estudo foi estruturado em seis grandes grupos: receita pública, despesa pública, orçamento, federalismo fiscal, dívida pública, controle/dívida e precatórios.

No que se refere às alterações constitucionais que implicam o aumento de receita pública, foram identificadas 20 (vinte)[16]. Na análise qualitativa, percebe-se que dentre os temas estão a criação de tributos, a prorrogação de mecanismos fiscais e de contribuições fiscais; as reformas da previdências cujo discurso sucessivo é de equilíbrio das contas públicas diante de eventual economia de gastos; criação e/ou prorrogação de de fundos; DRU; sistemática de cobrança de tributos; fundo eleitoral.

Sobre as mudanças na dimensão financeira que implicam no aumento de despesa, foram identificadas 23 (vinte e três)[17]. Na análise qualitativa, os principais temas são a concessão de indenizações; ampliação de benefícios fiscais sem controle; a prorrogação de fundos sem controle; imunidade; criação de cargos, políticas públicas.

No que tange àquelas relacionadas especificamente ao processo orçamentário, apenas 03 (três) se destacam, a EC 86/2015 que alterou os art. 165, 166 e 198 da Constituição Federal tornando obrigatória a execução orçamentária que especifica; bem como a EC 100/2019 que, novamente, altera os mesmos art. 165 e 166 da Constituição Federal para tornar obrigatória a programação orçamentária proveniente das emendas de bancada parlamentares de Estado e do Distrito Federal. A recente EC 105/2019 autorizou a transferência de recursos federais a Estados, ao Distrito Federal e a Municípios mediante emendas ao projeto de lei orçamentária anual.

Relativas aquelas que versam sobre o federalismo fiscal, foram localizadas 10 (dez)[18], dentre os quais vale destacar aquelas que envolvem a repartição de receitas, a modificação de competências dentre os entes federativos, o repasse de valores para fundos e/ou entre os entes da federação, bem como os royalties e demais distribuição de receitas.

---

16 São elas: EC 10/96; EC 12/96; EC 17/97; EC 21/99; EC 27/00; EC 31/00; EC 33/01; EC 39/02; EC 43/04; EC 56/07; EC 59/09; EC 67/10; EC 68/11; EC 87/15; EC 93/16; EC 20/98; EC 42/03; EC 47/05; EC 97/17.

17 São elas: EC 3/93; EC 14/96; EC 18/98; EC 19/98; EC 20/98; EC 24/99; EC 63/10; EC 65/10; EC 66/10; EC 70/12; EC 71/12; EC 73/13; EC 75/13; EC 78/14; EC 85/15; EC 88/15; EC 89/15; EC 98/17; EC 103/19; 104/19.

18 EC 5/95; EC 8/95; EC 9/95; EC 17/95; EC 55/07; EC 84/14; EC 102/19; EC 44/04; EC 89/15; EC 105/19.

Referente ao controle fiscal e dívida pública, vale delimitar o sentido é o de evitar gastos, ou seja, limitar o endividamento público, pelo que foram pontuadas 07 (sete)[19]. Os temas envolvidos majoritariamente tratam sobre a imposição de limites aos gastos, bem como a fixação de piso. É importante ressaltar que os limites de gastos envolvem diretamente os direitos fundamentais em especial evidencia a saúde e a educação.

No que tange aos precatórios, percebe-se a delicadeza do tema, eis que disciplinado por sucessivas mudanças constitucionais de forma quase que exclusiva, pois foram identificadas 05 (cinco)[20]. Os temas principais tratados englobam o parcelamento de precatórios, a compensação e prorrogação de prazos para quitação de dívidas.

A partir deste estudo, é possível afirmar que a atividade financeira do Estado é um dos principais temas presentes nas alterações constitucionais, o que leva a observar que as mudanças na disciplina da Constituição Financeira apresentam-se como um elemento constante.

Vejamos, por exemplo, como amostra o ano de 2019, no qual foram realizadas 06 (seis) alterações constitucionais; todas estão relacionadas com a atividade financeira do Estado.

Em junho de 2019, a EC 100/2019 que alterou os art. 165 e 166 para tornar obrigatória a execução da programação orçamentária proveniente de emendas de bancada de parlamentares de Estado e do Distrito Federal. Aqui a mudança alcançou diretamente o orçamento.

Em julho de 2019, a EC 101/2019 que estendeu aos militares dos Estados, do Distrito Federal e dos Territórios o direito à acumulação de cargos públicos previstos no art. 37, XVI. Esta modificação, de forma indireta, alcança o gasto público.

Em setembro de 2019, a EC 102/2019 que dá nova redação ao art. 20 da e altera o art. 165 e o art. 107 do Ato das Disposições Constitucionais Transitórias trata de orçamento, de receita e de transferências fiscais.

Em novembro de 2019, a EC 103/2019 que trouxe mais uma reforma da previdência, sob escusa de que resolveria o atual cenário de déficit fiscal.

Em dezembro de 2019, a EC 104/2019 que alterou o inciso XIV do *caput* do art. 21, o parágrafo quarto do art. 32 e o art. 144 da Constituição Federal, para criar as polícias penais federal, estaduais e distrital, o que impacta diretamente na despesa pública.

---

19 EC 19/98; EC 20/98; EC 14/96; EC 25/00; EC 29/00; EC 95/16; EC 103/19.

20 EC 30/00; EC 37/02; EC 62/09; EC 94/16; EC 99/17.

Novamente, em dezembro/2019, a EC 105/2019 que acrescenta o art. 166-A da Constituição Federal para autorizar a transferência de recursos federais a Estados, ao Distrito Federal e a Municípios mediante emendas ao projeto de lei orçamentária anual.

É possível considerar que essas alterações constitucionais guardam entre si o lapso temporal de alguns meses. Nos últimos seis meses de 2019, foram 06 (seis) mudanças no texto constitucional. Esse uso *abusivo* de alterações sucessivas no texto constitucional nos leva a refletir sobre a *higidez* e a *flexibilidade*; sobre o *tempo-hoje* e o *tempo-futuro* da norma constitucional, o que conduz a questionar se não se trata de um dos institutos do constitucionalismo abusivo[21].

Além disso, outros temas indispensáveis ao funcionamento da máquina pública foram atingidos de forma colateral e indireta por este *tempo de mudanças* como ocorre com o setor administrativo, os servidores públicos e a despesa com pessoal, elementos indispensáveis à realização dos objetivos constitucionais e princípios de direito.

---

21 O Constitucionalismo Abusivo pode ser descrito com a utilização indevida de mecanismos do direito constitucional para atacar e minar as estruturas da democracia constitucional e das bases filosóficas do constitucionalismo. Da literatura especializada, destacamos duas formas principais de emprego da categoria constitucionalismo abusivo para compreender práticas e realidades constitucionais: A primeira consiste no frequente e reiterado uso de emendas à constituição, o que pode conter a criação de novos documentos constitucionais a fim de que um grupo político se mantenha no poder; é o constitucionalismo abusivo estrutural. A segunda consiste na utilização de alguns institutos e técnicas constitucionais em desacordo com as diretrizes da democracia constitucional, consistindo esse fenômeno no constitucionalismo abusivo episódico.Para este artigo, empresta-se a primeira modalidade apenas. Sobre o tema, vale referir: LANDAU, David, Abusive Constitutionalism (April 3, 2013). 47 UC Davis Law Review 189 (2013); FSU College of Law, Public Law Research Paper No. 646. STRECK, Lenio Luiz; OLIVEIRA, Marcelo Andrade Cattoni de. In: CANOTILHO, J. Gomes et al. (org.). Comentários à Constituição do Brasil. São Paulo: Saraiva, 2013. PERUZZOTTI, Enrique; SMULOVITZ, Catalina. Accountability social: la outra cara del control. In: _____. Controlando la política. Ciudadanos e medios en las nuevas democracias latinoamericanas. Buenos Aires: Editorial Temas, 2002, p. 23-52. MAGALHÃES, Breno Baía. Subnational Constitutionalism and Constitutional Change in Brazil: The Impact of Federalism in Constitutional Stability. In: Richard Albert, Carlos Bernal, Juliano Zaiden Benvindo. (Org.). Constitutional Change and Transformation in Latin America. 1ed.Oxford: Hart Publishing, 2019, v. 1, p. 269-289. Barboza, E., & Filho, I. (2019). Constitucionalismo Abusivo. *Revista Brasileira De Direitos Fundamentais & Justiça*, 12(39), 79-97. https://doi.org/10.30899/dfj.v12i39.641

A sucessão de alterações constitucionais pede do texto constitucional soluções prontas e acabadas a serem usadas no *hoje*, senão com pouca preocupação, nenhum alinhamento com os *efeitos futuros*. Essa dificuldade de planejamento, o que deixou o texto constitucional desgovernado e descuidado.

Observamos que muitas dessas modificações são adotadas sob a escusa de solucionar o impasse fiscal, que, talvez, tenham sido adotadas, quem sabe, eventual modelo de planejamento, porém, carece de busca de sentido; carece de um direcionamento do processo de tomada de decisão legislativo em prol dos direitos fundamentais. Caso contrário, a Constituição Federal se lança a (Des)Venturas.

Esses tempos de *mudanças constantes* ainda nos permitem pontuar que o catálogo de direitos fundamentais foi ampliado com a inserção da alimentação, da inovação, do transporte, contudo, é nítido concluir pela redução das fontes financeiras, portanto, uma significativa redução de garantias financeiras constitucionais.

4. CONCLUSÃO

Do estudo aqui apresentado, concluímos que, nas últimas três décadas, a Constituição Federal sofreu 105 emendas constitucionais nos anos de 1988 até 2019 e também 06 emendas constitucionais de revisão.

O universo estudado mostra que a maioria das alterações constitucionais envolve a matéria finanças públicas e a realização dos direitos fundamentais, o que está diretamente relacionado à atividade financeira do Estado e às escolhas trágicas[22] no que diz respeito à realização dos objetivos constitucionais.

Resta demonstrado que é preciso rever e revisar as normas constitucionais a fim de que acompanhem os fatos sociais, contudo, no que se refere à atividade financeira do Estado, constatamos que essas mudanças ocorrem em curtos espaços de tempo, o que desconsidera os institutos de planejamento fiscal.

A cada reforma constitucional proposta, percebemos o discurso disseminado de que aquela modificação instantânea resolverá o problema ou atribui-lhe a responsabilidade pelas mazelas atuais. Se a percepção da Constituição envolver um tempo instantâneo, observa-se a tendência de desconsiderar o planejamento para o alcance da norma.

Observamos, ainda, que alguns assuntos ligados à atividade financeira estatal tem sido quase que exclusivamente tratados por meio de suces-

---

22 CALABRESI, Guido; BOBBIT, Philip.*Tragicchoices*.London: Norton, 1978.

sivas emendas constitucionais; uma regulamentação legal disfarçada de emenda. É o caso dos precatórios e da desvinculação de receitas da União, colocando em xeque a força e a função do próprio texto constitucional.

A Constituição não pode ser uma fonte inesgotável de modificações sucessivas, sob pena de violar o princípio da segurança jurídica e o princípio da confiança diante de desventuras e fugas podendo comprometer, até mesmo, de sua própria (in)efetividade diante das futuras gerações. Se a percepção da Constituição envolver unicamente o tempo instantâneo, observa-se a tendência de desconsiderar o planejamento para o alcance da norma.

A Constituição se lança nas (des)venturas na busca pelo equilíbrio entre a atividade financeira do Estado e a realização de direitos fundamentais, enfrentando *fugas (im)possíveis* da corrupção e do desvio de verbas. Inspirada pelo Barão de Münchhausen, a Constituição Federal puxa seus próprios cabelos em busca de uma saída para o atoleiro, porém, sem perder a fleuma[23]. Concluímos que essas reformas tem sido adotadas com pouca cautela, jogando o texto constitucionais em constantes (des)venturas com a fragilidade nos instrumentos de planejamento fiscal, afastando-se dos direitos humanos.

REFERÊNCIAS BIBLIOGRÁFICAS

ATALIBA, Geraldo. *Apontamentos de Ciência das Finanças: direito financeiro e direito tributário.* São Paulo: Revista dos Tribunais, 1969.

BALEEIRO, Aliomar. Uma introdução à Ciência das Finanças e à Política Fiscal. 3 ed. Rio de Janeiro: Forense, 1964. P. 06

Barboza, E., & Filho, I. (2019). Constitucionalismo Abusivo. *Revista Brasileira De Direitos Fundamentais & Justiça, 12*(39), 79-97. https://doi.org/10.30899/dfj.v12i39.641

CALABRESI, Guido; BOBBIT, Philip.*Tragicchoices.*London: Norton, 1978.

---

23 Esta metáfora foi inspirada no livro sobre realismo fantástico As Aventuras do Barão de Münchhausen, compiladas por Rudolph Erich Raspe e publicadas em Londres em 1785. O Barão é um personagem que se equilibra entre realidade e fantasia no mundo onde enfrenta perigos, monstros e fugas. Dentre as principais histórias, destacamos uma das mais famosas: ao passear a cavalo, o Barão acaba embrenhando-se num pântano e como afundava cada vez mais sem alguém que o pudesse socorrer, o Barão não teve dúvida: puxou a si mesmo pelos cabelos (ou pelos cadarços das borás, a depender da tradução), até que conseguiu sair com o cavalo e tudo do atoleiro.

CORTI, Horácio. Derechos fundamentales y presupuesto publico. *In:* CONTI, José Mauricio; SCAFF, Fernando Facury. (coord.) *Orçamentos Públicos e Direito Financeiro.* São Paulo: Editora Revista dos Tribunais. 2011.

DOS SANTOS, M & Hogermann, E. R. (2019). *Deferência com as escolhas públicas.* Revista Justiça do Direito, 33 (2), 222-249. Disponível em: https://doi.org/10.5335/rjd.v33i2.9591

LANDAU, David, Abusive Constitutionalism (April 3, 2013). 47 UC Davis Law Review 189 (2013); FSU College of Law, Public Law Research Paper No. 646.

MIRANDA, Pontes de. *Comentários à Constituição de 1967.* Tomo III. (art. 34-112). São Paulo; Revista dos Tribunais, 1967.

MAGALHÃES, Breno Baia. Subnational Constitutionalism and Constitutional Change in Brazil: The Impact of Federalism in Constitutional Stability. *In*: Richard Albert, Carlos Bernal, Juliano Zaiden Benvindo. (Org.). *Constitutional Change and Transformation in Latin America.* 1ed.Oxford: Hart Publishing, 2019, v. 1.

ORLANDI, Eni. *Discurso e Texto: formulação e circulação dos sentidos.* 3. ed. Campinas: Pontes, 2008.

SUSTEIN, Cass; HOLMES, Stephen. *O Custo dos Direitos.* São Paulo: Martins Fontes, 2019.

SIMMEL, Georg. *A Psicologia do Dinheiro.* Portugal: Edições Texto & Grafia, 2009.

TORRES, Heleno Taveira. *Teoria da Constituição Financeira.* Tese apresentada no Concurso de Títulos e Provas para o cargo de Professor titular de Direito Financeiro. Faculdade de Direito da Universidade de São Paulo. São Paulo, 2014.

————. *Direito Constitucional Tributário E Segurar.ça Jurídica - Metódica Da Segurança Jurídica Do Sistema Constitucional Tributário.* **São Paulo: Revista dos Tribunais, 2019.**

————. *Direito Constitucional Financeiro. Teoria da Constituição Financeira.* São Paulo: Revista dos Tribunais, 2014.

TORRES, Ricardo Lobo. *Tratado de Direito Constitucional Financeiro e Tributário.* Constituição Financeira, Sistema Tributário e Estado Fiscal - Volume I: Volume 1. Rio de Janeiro: Renovar, 2009.

STRECK, Lenio Luiz; OLIVEIRA, Marcelo Andrade Cattoni de. *In*: CANOTILHO, J. Gomes et al. (org.). *Comentários à Constituição do Brasil.* São Paulo: Saraiva, 2013.

PERUZZOTTI, Enrique; SMULOVITZ, Catalina. Accountability social: la outra cara del control. *In:* ————. *Controlando la política. Ciudadanos e medios en las nuevas democracias latinoamericanas.* Buenos Aires: Editorial Temas, 2002.

ALGUNS ASPECTOS DAS RECENTES REFORMAS TRIBUTÁRIA E FINANCEIRA

MARCUS ABRAHAM[1]

VÍTOR PIMENTEL PEREIRA[2]

SUMÁRIO: 1. Introdução; 2. Síntese dos projetos de reforma tributária da PEC 45/2019 e da PEC 110/2019; 3. Considerações críticas das propostas de reforma tributária; 4. A reforma financeira e a impositividade orçamentária na Constituição; 5. Conclusões; Referências Bibliográficas

1. INTRODUÇÃO

Entre os debates mais candentes atualmente no cenário jurídico nacional, está o referente à reforma do sistema tributário nacional, seguido de perto por aquele relacionado à gestão e gasto dos recursos públicos limitados. Portanto, discussões tributárias e financeiras estão inseridas na ordem do dia.

A proposta deste breve texto é apresentar primeiramente, de modo sumário, alguns dos principais aspectos da reforma tributária veiculada por meio de duas propostas de emenda constitucional na Câmara dos Deputados (PEC 45/2019) e no Senado Federal (PEC 110/2019). Posteriormente, analisa-se a rota da Constituição, por meio de emendas constitucionais recentes, para a consagração do modelo de impositividade orçamentária no Brasil.

A reforma tributária é vista como um importante componente do projeto de reestruturação do modelo de Estado que a sociedade brasi-

---

[1] Desembargador Federal no Tribunal Regional Federal da 2ª Região. Pós-Doutor em Direito - Universidade de Lisboa. Doutor em Direito Público - UERJ. Professor de Direito Financeiro e Tributário da UERJ.

[2] Bacharel e Mestre em Direito - UERJ. Membro honorário do Instituto dos Advogados Brasileiros.

leira almeja, sendo fundamental para o reequilíbrio das contas públicas e o enfrentamento da crise fiscal dos últimos anos, bem como para o desenvolvimento econômico e a retomada dos investimentos no país.

Já a reforma financeira instaura o debate sobre a qualidade no gasto público, buscando dar-se maior eficácia aos recursos limitados, ao mesmo tempo em que encarando seriamente as decisões orçamentárias elaboradas pelo Executivo e aprovadas pelo Parlamento, de modo a evitar que a lei orçamentária anual seja vista como mera "peça de ficção".[3]

2. SÍNTESE DOS PROJETOS DE REFORMA TRIBUTÁRIA DA PEC 45/2019 E DA PEC 110/2019

As principais propostas de reforma tributária já em discussão são as engendradas pela PEC 45/2019, de autoria do economista Bernard Appy e apresentada pelo deputado Baleia Rossi, e a PEC 110/2019, capitaneada pelo atual Presidente do Senado Federal, Senador Davi Alcolumbre, em conjunto com outros 66 senadores.

Ambas possuem um ponto em comum: a instituição de um imposto único sobre o consumo, incidente sobre operações com bens e serviços nos moldes do Imposto sobre o Valor Agregado (IVA), que integra o sistema tributário de países como Canadá, Japão, Argentina e membros da União Europeia, sendo um imposto, geral e indireto, incidente nas operações de transmissão de bens e prestação de serviços, bem como nas importações.[4]

No caso da PEC 45/2019, seu texto tem como característica principal a substituição de três tributos federais (IPI, PIS e COFINS), do ICMS (estadual) e do ISS (municipal) pelo Imposto sobre Bens e Serviços (doravante, IBS), a partir de um arranjo que se aproxima do IVA muito comum em países europeus. O imposto será uniforme em todo o território nacional e deverá ser regulamentado por lei complementar, cabendo à União, aos Estados, ao Distrito Federal e aos Municípios exercerem sua competência mediante a alteração de suas alíquotas.

---

3 "Há muito tempo escutamos que os orçamentos públicos 'são peças de ficção'. Esta ideia foi verbalizada pelo Ministro do STF Marco Aurélio Mello no julgamento da ADI nº 4.663 (15.10.2014), que, em tom de tom de crítica à não exequibilidade do orçamento, afirmou em seu voto que: 'A lei orçamentária ganha, então, contornos do faz de conta. Faz de conta que a Casa do Povo aprova certas destinações de recursos, visando às políticas públicas, sendo que o Executivo tudo pode, sem dizer a razão'." (ABRAHAM, Marcus. Orçamento inflado e irreal. *Reflexões sobre finanças públicas e direito financeiro*. Salvador: JusPodivm, 2019. p. 177).

4 NABAIS, José Casalta. *Direito Fiscal*. 7. ed. Coimbra: Almedina, 2012. p. 547-549.

O valor arrecadado pertencerá ao Estado ou Município de destino, o que ajuda a mitigar os efeitos da guerra fiscal. Desse modo, nas operações interestaduais e intermunicipais, a alíquota incidente será a definida pelo Estado, Distrito Federal ou Município de destino, a quem também pertencerá a receita arrecadada.

A base tributável do IBS abrangerá os bens intangíveis, a cessão e o licenciamento de direitos, a locação de bens e a importação de bens, serviços e direitos. Será regulado exclusivamente por lei complementar, exceto no que se refere a suas alíquotas, que poderão ser fixadas por cada ente mediante lei ordinária. O tributo será não cumulativo, compensando-se o imposto devido em cada operação com o incidente nas etapas posteriores.

Pela proposta, fica vedada a concessão de qualquer isenção, incentivo ou benefício fiscal que resulte em carga tributária menor que a decorrente da aplicação das alíquotas nominais do IBS, excetuando-se a devolução do imposto recolhido por contribuintes de baixa renda através de mecanismos de transferência de renda.

A alíquota do IBS será uniforme para todos os bens, tangíveis e intangíveis, serviços e direitos, podendo variar apenas entre Estados, Distrito Federal e Municípios. Será fixada pela soma das alíquotas parciais definidas pelos entes da federação, as quais devem observar um intrincado regime de alíquotas singulares vinculadas a certas destinações constitucionais.

A PEC também cria o Comitê Gestor Nacional do IBS, integrado por representantes da União, dos Estados, do Distrito Federal e dos Municípios, ao qual caberá, dentre outros, editar o regulamento do imposto, gerir a arrecadação centralizada e a distribuição das receitas arrecadadas com o tributo e estabelecer critérios para a atuação coordenada dos entes da federação na fiscalização do imposto. Também caberá ao Comitê representar os entes tributantes nas matérias relativas ao IBS.

A representação judicial do Comitê Gestor será exercida, de forma coordenada, pelos procuradores da Fazenda Nacional, dos Estados e dos Municípios. A competência para apreciar as causas em que o Comitê for parte ou interessado será da Justiça Federal. Embora admita a possibilidade de os três entes da federação exercerem a fiscalização do IBS, consoante os critérios estabelecidos pelo Comitê Gestor, o texto da proposta não esclarece a qual ramo do Poder Judiciário caberá apreciar as ações propostas contra os atos de fiscalização praticados por Estados e Municípios, nem a execução fiscal dos valores lançados por esses entes.

A proposta atribui à União também a competência para instituir impostos seletivos, com finalidade extrafiscal, com o objetivo de desestimular o consumo de determinados bens, serviços ou direitos, sem, contudo, especificá-los.

A PEC 110/2019, principal projeto discutido no Senado, também aposta na unificação de tributos incidentes sobre o consumo por intermédio da criação do Imposto sobre Operações de Bens e Serviços[5], de competência dos Estados e do Distrito Federal, e cuja receita será repartida entre a União, Estados e Municípios. Assim, são extintos o ICMS, o ISS, o IPI, o IOF, a Contribuição para o PIS/PASEP, a COFINS, a CSLL, a CIDE-combustíveis e o Salário-educação.[6]

O imposto, uniforme em todo o território nacional, terá regulamentação única por lei complementar federal, ressalvadas as hipóteses em que a referida lei autorizar a edição de "norma estadual autônoma" e a possibilidade de a lei complementar conferir ao Senado a atribuição de regulamentar determinadas matérias relativas ao imposto por meio de Resolução.

A iniciativa legislativa caberá exclusivamente aos Estados, ao Distrito Federal e aos Municípios, observados certos requisitos, às respectivas bancadas estaduais e a uma comissão mista de senadores e deputados instituída para esse fim.

Ainda de acordo com este projeto, o IBS incidirá nas importações, nas locações, cessões e demais operações com bens e direitos, inclusive intangíveis, ressalvada a mera movimentação ou transmissão de valores e direitos de natureza financeira. O tributo será não cumulativo, sendo assegurado o crédito relativo às operações com bens e serviços empregados na atividade econômica, desde que não destinados a uso ou consumo pessoal.

O imposto terá alíquota uniforme em todo o território nacional, mas admite-se a instituição de alíquotas diferenciadas por produto ou setor da ati-

---

5 Embora o tributo seja formalmente designado como "Imposto sobre Operações de Bens e Serviços", a justificativa da proposta e os principais trabalhos jurídicos que discutem o tema também se referem ao tributo concebido na PEC 110/2019 com o uso da sigla IBS, razão pela qual decidimos pela manutenção do acrônimo.

6 Ressalte-se que o relator da proposta na Comissão de Constituição e Justiça do Senado Federal apresentou substitutivo ao texto inicial do projeto. O substitutivo, inspirado no denominado IVA dual, institui dois Impostos sobre Bens e Serviços. O primeiro será da competência da União Federal, sendo extintos o IPI, COFINS, PIS/PASEP, IOF, Salário-educação e CIDE-Combustíveis. O segundo IBS, que substituirá o ICMS e o ISS, será da competência dos Estados e do Distrito Federal, mas a sua regulamentação, arrecadação, fiscalização e cobrança serão realizadas por conjunto de administrações tributárias dos Estados, Distrito Federal e Municípios. O tributo deverá ser instituído por intermédio de lei complementar editada pelo Congresso Nacional.

vidade econômica. Caso não haja alíquota específica relativa a determinado bem ou serviço, o IBS será cobrado com base em alíquota padrão fixada em lei complementar. Pela proposta, fica vedada a tributação "por dentro", isto é, a inclusão do valor do imposto em sua própria base de cálculo.

A PEC 110/2019 também veda a concessão de qualquer tipo de incentivo ou benefício fiscal ou financeiro, mas abre exceção para os casos, previstos em lei complementar, relativos a operações que tenham por objeto alimentos, inclusive destinados ao consumo animal, medicamentos, transporte público coletivo, saneamento básico, educação e bens do ativo imobilizado. Prevê, ainda, a possibilidade de lei complementar definir os critérios e a forma pela qual poderá ser realizada a devolução de tributos incidentes sobre bens e serviços adquiridos por famílias de baixa renda.

Também foi adotado o princípio do destino, de modo que a receita arrecadada com o IBS pertencerá ao Distrito Federal ou ao Estado de destino da operação tributada, sem prejuízo da repartição da arrecadação à União e aos Municípios. Sobre a matéria, lei complementar poderá estabelecer a cobrança integral do imposto no Estado de origem da operação e o posterior repasse ao Estado de destino, bem como a utilização de câmara de compensação, que poderá ser implementada por tipo de bem ou serviço ou por setor de atividade econômica.

A proposta em tramitação no Senado Federal também cria um Comitê Gestor da Administração Tributária Nacional, composto por representantes da administração tributária dos Estados, do Distrito Federal e dos Municípios, com a incumbência de administrar e coordenar as seguintes matérias: instituição de regulamentações e obrigações acessórias unificadas, em âmbito nacional; harmonização e divulgação de interpretações relativas à legislação do imposto; gestão compartilhada de banco de dados, cadastros, sistemas de contas e informações fiscais referentes aos tributos estaduais, distritais e municipais; emissão de diretivas gerais para as autoridades tributárias estaduais, distritais e municipais; e fiscalização integrada em âmbito nacional, bem como a arrecadação, cobrança e distribuição de recursos aos entes federados. Não é prevista a participação da União no Comitê, nem a competência para apreciar as demandas intentadas contra o órgão, presumindo-se que a matéria será da competência das Justiças dos Estados e do Distrito Federal.

Apesar da instituição do Comitê, a proposta atribui as atividades de regulamentação, arrecadação, fiscalização e cobrança do IBS ao conjunto de administrações tributárias dos Estados, Distrito Federal e Municípios, cabendo à lei complementar dispor, dentre outros, sobre as regras de organização e funcionamento integrado, em âmbito nacional, das administrações tributárias em cada Estado, Distrito Federal e Município, bem assim estabelecer regras unificadas para o processo administrativo tributário.

A PEC 110/2009 também cria uma espécie de imposto seletivo, de competência exclusiva da União Federal e cuja receita será repartida entre os entes federativos, de acordo com critérios definidos no próprio texto. O tributo incidirá sobre operações com petróleo e seus derivados, combustíveis e lubrificantes de qualquer origem, gás natural, cigarros e outros produtos do fumo, energia elétrica, serviços de telecomunicações a que se refere o art. 21, XI, da Constituição Federal, bebidas alcoólicas e não alcoólicas, e veículos automotores novos, terrestres, aquáticos e aéreos.

Ainda nos termos do projeto, o imposto seletivo incidirá sobre as importações, poderá ter alíquotas diferenciadas, que não poderão ser superiores às alíquotas do IBS, exceto no caso de cigarros, produtos do fumo e bebidas alcóolicas, e será monofásico.

A proposta de emenda constitucional inova ao dedicar um capítulo específico à Administração Tributária, à qual é conferida autonomia administrativa, financeira e funcional, assegurando-lhe, inclusive, a iniciativa de suas propostas orçamentárias, respeitados os limites estabelecidos nas respectivas leis de diretrizes orçamentárias.

Caberá à lei complementar, de iniciativa do Poder Executivo, estabelecer as normas gerais aplicáveis às administrações tributárias da União, dos Estados, do Distrito Federal e dos Municípios, que disporá, inclusive, sobre direitos, deveres, garantias e prerrogativas dos ocupantes dos cargos de suas carreiras.

3. CONSIDERAÇÕES CRÍTICAS DAS PROPOSTAS DE REFORMA TRIBUTÁRIA

As propostas concentram seus esforços na substituição de determinados tributos, incidentes, sobretudo, sobre o consumo, pela introdução do Imposto sobre Bens e Serviços, que terá como base tributável as operações de circulação de bens e direitos e a prestação de serviços.

A instituição do imposto único é medida importante na tentativa de racionalizar o complexo sistema tributário nacional, composto por diversos tributos indiretos, cujos regimes variam entre os diversos entes federativos. Com a sua adoção, haverá uma considerável redução do expressivo conjunto de obrigações tributárias acessórias, cujo cumprimento consome enorme quantidade de tempo e de recursos do contribuinte e encarece toda a cadeia produtiva.

Nessa temática, a PEC encampada pelo Senado Federal traz importante previsão que confere ao Comitê Gestor a possibilidade de instituir, nos termos de lei complementar, regulamentações e obrigações tributárias acessórias unificadas, bem assim de estabelecer a gestão compartilhada de banco de dados, cadastros, sistemas de contas e informações fiscais referentes aos tributos estaduais, distritais e municipais. Nada obstante, a proposta já nasce limitada porque não prevê a participação da União Federal no Comitê, que pode contribuir como fonte de uma quantidade quase incalculável de informações gerais e fiscais, e servir como instrumento de coordenação da atuação do Comitê.

Ambas as PECs adotam a técnica de não-cumulatividade típica do IVA, com o emprego do método imposto-contra-imposto. Assim, o valor pago pelo IBS em cada operação servirá como crédito a ser compensado com o tributo devido nas operações subsequentes. Ambas as propostas permitem que o contribuinte aproprie o crédito da totalidade do imposto pago na etapa anterior da cadeia produtiva, inclusive para a aquisição de bens de consumo e do ativo imobilizado, e determinam o creditamento imediato do crédito apurado. A PEC do Senado vai além, ao assegurar o aproveitamento de saldos credores acumulados.

Nota-se, assim, que as propostas instituem um regime de não-cumulatividade plena, tornando mais isonômica a relação fisco-contribuinte no que tange à devolução dos créditos financeiros apurados, uma vez que, enquanto a Fazenda Pública dispõe de instrumentos mais eficazes para recuperação de seus créditos, o contribuinte encontra consideráveis entraves para a recuperação de seus créditos na seara administrativa e judicial.

Por outro lado, a instituição do IBS, além de contribuir para a redução dos custos indiretos da tributação, também promove maior segurança jurídica. Com efeito, a substituição de tributos federais, estaduais e municipais por um imposto único sobre o consumo permite unificar o emaranhado de normas tributárias, hoje expedidas pelo Legislativo e pelos órgãos administrativos dos três níveis federativos, reduzindo o grau de incerteza na interpretação dessas normas e, consequentemente, o imenso contencioso que a acompanha.

No que se refere à segurança jurídica, alguns pontos dos projetos de reforma merecem atenção. A PEC 45/2019, apesar de atribuir ao Comitê Gestor a incumbência de gerir a arrecadação do IBS, permite que os Estados, o Distrito Federal e os Municípios realizem atividades de fiscalização do tributo, sem esclarecer se caberá ao IBS ou ao respectivo ente federativo efetuar o lançamento e a execução fiscal do respectivo crédito tributário.

Já a PEC 110/2019, embora também institua um Comitê Gestor Nacional, pulveriza as atividades de regulamentação, arrecadação, fiscalização e cobrança do IBS entre os Estados, o Distrito Federal e os mais de cinco mil municípios (Super Fisco), de acordo com o previsto em lei complementar. O texto da proposta não esclarece a quem incumbirá o julgamento das ações propostas contra a entidade, fato igualmente prejudicial ao ideal de segurança jurídica.

Em ambos os casos, parece difícil implementar o funcionamento de uma entidade composta por representantes de todos os entes federativos, considerado o peculiar federalismo de terceiro grau brasileiro, e conciliar os interesses não raras vezes antagônicos que os membros do pacto federativo assumem em matéria de tributação.

Ademais, ao permitirem a atuação conjunta dos entes da federação e do Comitê Gestor (multiplicidade de instâncias decisórias), as propostas podem abrir um indesejável espaço para conflitos interpretativos e de atribuição, em decorrência da sobreposição de regulamentações e de atividades de fiscalização, em prejuízo à segurança jurídica.

Nesse ponto, a PEC 110/2019 revela alguma vantagem, pois confere ao Comitê Gestor a possibilidade de emitir diretivas gerais para as autoridades tributárias, de modo a harmonizar a interpretação da legislação relativa ao IBS.

Quanto à distribuição da carga fiscal, um sistema tributário fundado no ideal de justiça fiscal deve considerar a capacidade econômica dos contribuintes, de modo que os mais pobres paguem menos tributos e os mais ricos arquem com a maior fatia da incidência tributária, segundo um princípio de solidariedade social.[7]

Ocorre que, no Brasil, parte expressiva da carga tributária brasileira concentra-se no consumo, o que torna nosso sistema tributário profundamente regressivo, com a tributação repercutindo sobre pobres e ricos sem levar em conta a sua capacidade de contribuir, comprometendo a renda das camadas mais baixas da sociedade, que é destinada majoritariamente ao consumo de bens e serviços essenciais.[8] Apesar da inegável importância de se distribuir a carga tributária de forma proporcional à capacidade econômica dos contribuintes, notadamente

---

7 FAVEIRO, Vítor. *O Estatuto do Contribuinte*: a pessoa do contribuinte no Estado Social de Direito. Coimbra: Coimbra Editora, 2002. p. 147-149.

8 SCHOUERI, Luís Eduardo. *Direito Tributário*. 9. ed. São Paulo: Saraiva, 2019. p. 427-431.

em um país com profundas desigualdades econômicas, os principais projetos de reforma tributária passam ao largo dessa discussão.

Não há, por exemplo, qualquer tentativa de promover modificações na estrutura jurídica do Imposto de Renda, importante instrumento tributário para a distribuição do ônus fiscal consoante a capacidade de manifestação de riqueza dos cidadãos, uma vez que incide sobre a aquisição de renda e proventos de qualquer natureza.

A bem da verdade, é possível que as propostas acarretem até mesmo o aumento da carga tributária de determinados bens e serviços, agravando a regressividade do sistema tributário nacional. Isso porque, para evitar a perda de arrecadação, os projetos – cada qual a seu modo – transferem a carga fiscal relativa aos tributos extintos para o Imposto sobre Bens e Serviços, de modo a evitar a perda de arrecadação tributária.

Assim, produtos que hoje não estão sujeitos à incidência do Imposto sobre Produtos Industrializados (v.g., gêneros alimentícios) serão tributados por um imposto único que contemplará a carga fiscal própria do tributo extinto (IPI), aumentando seu custo final. A mesma situação pode ocorrer com o setor de serviços, que estará sujeito à carga tributária relativa ao ICMS e ao IPI, além dos demais tributos extintos.[9]

Outro problema está no fim do princípio da seletividade. De acordo com esse princípio, aplicável atualmente ao IPI e ao ICMS, os tributos devem ter alíquotas diferenciadas em função da essencialidade do bem ou serviço tributado. Trata-se de importante instrumento de concretização da justiça fiscal, pois permite reduzir o ônus tributário incidente sobre os bens e serviços de maior essencialidade, amenizando a regressividade do sistema.[10]

Quanto ao ponto, o texto da proposta discutida na Câmara dos Deputados (PEC 45/2019) não permite a fixação de alíquotas diferenciadas para bens e serviços essenciais, pois determina que a alíquota do IBS deverá ser uniforme para todos os bens, serviços e direitos, de modo que a carga fiscal do imposto incidirá indistintamente sobre bens supérfluos e aqueles indispensáveis à satisfação das necessidades básicas dos cidadãos.

---

9 GRUPENMACHER, Betina Treiger. A reforma tributária que o Brasil precisa. *Jota*, São Paulo, 20 set. 2019. Disponível em: <https://www.jota.info/opiniao-e-analise/colunas/women-in-tax-brazil/a-reforma-tributaria-que-o-brasil-precisa-20092019>. Acesso em: 23 set. 2019.

10 ABRAHAM, Marcus. *Curso de Direito Tributário Brasileiro*. Rio de Janeiro: Forense, 2018. p. 119-120.

Por sua vez, a PEC 110/2019, capitaneada pelo Senado Federal, concebe um modelo de alíquotas igualmente uniforme em todo o território nacional, mas admite a fixação de alíquotas diferenciadas por produto ou setor da atividade econômica, o que ao menos abre caminho para que o Legislador tribute de forma menos intensa bens e serviços essenciais.

A solução concebida pelas propostas, consistente na devolução do imposto recolhido pelos contribuintes de baixa renda, pode ser de difícil implementação e até intensificar o caráter regressivo da tributação incidente sobre o consumo, já que os consumidores de baixa renda terão de arcar com maior ônus tributário no momento da aquisição do bem ou contratação do serviço para, posteriormente, requerer a devolução do valor do tributo pago.

Por fim, deve-se avaliar em que medida tais reformas atingem a autonomia dos membros da federação na sua dimensão financeira, que constitui cláusula pétrea, nos termos do artigo 60, §4º, I, da Constituição de 1988. A doutrina registra certa divergência nesse ponto. Enquanto alguns doutrinadores acreditam que a autonomia financeira dos entes federativos imprescinde da atribuição de competências tributárias próprias, outros defendem a tese de que tal autonomia pode ser respeitada mediante as técnicas de repartição de receitas tributárias.

A questão é controversa, pois algumas das propostas de reforma suprimem parte da competência tributária dos Estados, ao extinguirem o ICMS, e dos Municípios, ao suprimirem o ISS, tributos que constituem a maior forte de arrecadação tributária desses entes, dando ensejo a uma possível ofensa à autonomia financeira dos entes federativos.

De todo modo, o entendimento prevalecente na jurisprudência do STF é o de que as limitações materiais ao poder de reforma da Constituição impedem apenas a violação ao núcleo essencial dos princípios e institutos protegidos pelas cláusulas pétreas, sendo admissíveis alterações pontuais no modelo federativo de Estado inaugurado pela Constituição de 1988.[11] A discussão certamente será enfrentada pela Corte Suprema, se instada a se manifestar sobre a constitucionalidade de reforma eventualmente aprovada pelo Congresso Nacional.

---

11 SARMENTO, Daniel; SOUZA NETO, Cláudio Pereira de. *Direito Constitucional*: teoria, história e métodos de trabalho. 2ª ed. 5ª reimpr. Belo Horizonte: Fórum, 2019. p. 302-303.

4. A REFORMA FINANCEIRA E A IMPOSITIVIDADE ORÇAMENTÁRIA NA CONSTITUIÇÃO

Nossos autores clássicos de direito financeiro, em sua maioria, postulavam o caráter autorizativo do orçamento público[12], pelo qual se permitia a realização das despesas públicas, sem, porém, obrigar a Administração Pública a cumprir as previsões orçamentárias. Ele apenas autorizaria a atividade financeira, não impondo ou vinculando a seus termos a atuação do Estado (sem natureza *impositiva*), que manteria sua autonomia política em matéria financeira.

Noutras palavras, dizia-se que a lei orçamentária trazia em si uma "autorização de gastar" e não uma "obrigação de gastar", permitindo que o Poder Executivo, durante a execução orçamentária, não realizasse algumas das despesas previstas na lei orçamentária, contingenciando-as, sob a justificativa da necessidade de se dotar o Poder Executivo de flexibilidade na execução orçamentária.

A discussão sobre a natureza impositiva do orçamento merece algumas reflexões. Primeiro, se, por um lado, essa ideia retiraria a flexibilidade de que o administrador público necessita para conduzir sua atividade, mormente pela impossibilidade fática de identificar e prever com antecedência todas as despesas públicas, por outro, resgataria a credibilidade e a importância do orçamento como documento formal de planejamento do governo, que muitas vezes sofre diante dos recorrentes descumprimentos das suas previsões, chegando a ser considerado de forma pejorativa uma simples "carta de intenções" ou "peça de ficção".

Há ainda a crítica ao modelo autorizativo de orçamento por haver uma redução de importância no papel do Poder Legislativo nas questões orçamentárias, pois o Poder Executivo, além de possuir o poder de veto no orçamento, pode simplesmente não executar determinadas despesas sem ter de submeter a decisão ao debate.

Outra questão relevante refere-se ao equilíbrio orçamentário. Se as receitas públicas são apenas prováveis (não são certas e determinadas), já que a arrecadação de recursos financeiros pelo Estado depende de

---

12 "A teoria de que o orçamento é lei formal, que apenas prevê as receitas públicas e autoriza os gastos, sem criar direitos subjetivos e sem modificar as leis tributárias e financeiras, é, a nosso ver, a que melhor se adapta ao direito constitucional brasileiro" (TORRES, Ricardo Lobo. *Curso de Direito Financeiro e Tributário*. 17. ed. Rio de Janeiro: Renovar, 2010. p. 177). No mesmo sentido: HARADA, Kiyoshi. *Direito Financeiro e Tributário*. 23. ed. São Paulo: Atlas, 2014. p. 94.

uma série de fatores que podem oscilar em determinados períodos, como se poderia tornar a totalidade da despesa pública obrigatória sem se ter a certeza do seu financiamento? Nesse caso, deve haver um eficiente mecanismo de contingenciamento quando a receita não se realizar exatamente como originariamente prevista.

Outra ponderação é a de que o orçamento impositivo – no modelo parcial ou total –, apesar de seu elevado valor no processo orçamentário brasileiro, ao ampliar a democracia fiscal por propiciar maior participação dos representantes da sociedade no Poder Legislativo durante a determinação das políticas públicas, no Brasil de hoje, em que prevalece o regime presidencialista de coalizão, veria sua implantação envolvida na superação de uma série de dificuldades políticas a fim de que a aprovação das leis orçamentárias não seja emperrada anualmente, ou não gere um nefasto desequilíbrio fiscal, a partir da prevalência de interesses individuais em detrimento de programas e planos nacionais decorrentes do modelo de federalismo fiscal cooperativo.

Feitas essas considerações, parece-nos que, ao menos atualmente, podemos afirmar que o orçamento público no Brasil possui natureza eminentemente impositiva, com algumas exceções que permitem afastar o caráter de cumprimento obrigatório das despesas planejadas (parte autorizativa). Assim, a nosso ver, restam superados os entendimentos que generalizavam e afirmavam ser meramente autorizativo o orçamento público no Brasil, como demonstraremos a seguir a partir de recentes reformas constitucionais sobre o tema.

O caráter impositivo do orçamento já vinha se firmando, primeiramente, em razão da parcela cada vez maior de despesas obrigatórias não contingenciáveis previstas na Constituição e nas leis. Por sua vez, a PEC nº 358/2013, denominada "PEC do Orçamento Impositivo", deu origem à **Emenda Constitucional nº 86/2015**, que alterou os arts. 165, 166 e 198 da Constituição e incluiu no art. 166 o novo § 9º, estabelecendo que "as emendas individuais ao projeto de lei orçamentária serão aprovadas no limite de um inteiro e dois décimos por cento da receita corrente líquida prevista no projeto encaminhado pelo Poder Executivo, sendo que a metade deste percentual será destinada a ações e serviços públicos de saúde". Já o § 11 fixou ser "obrigatória a execução orçamentária e financeira das programações a que se refere o § 9º deste artigo, em montante correspondente a um inteiro e dois décimos por cento da receita corrente líquida realizada no exercício anterior".

Deixou-se à época, entretanto, uma margem para contingenciamento parcial em caso de não realização da receita estimada e não atingimento da meta de resultado fiscal, ao dispor-se no § 17 que "se for verificado que a reestimativa da receita e da despesa poderá resultar no não cumprimento da meta de resultado fiscal estabelecida na lei de diretrizes orçamentárias, o montante previsto no § 11 deste artigo poderá ser reduzido em até a mesma proporção da limitação incidente sobre o conjunto das despesas discricionárias".

Em 26/06/2019, foi promulgada a Emenda Constitucional nº 100, que buscou consagrar o modelo constitucional de orçamento impositivo no país. Ela alterou os artigos 165 e 166 da Constituição Federal, para tornar obrigatória a execução da programação orçamentária proveniente de emendas de bancada de parlamentares de Estados ou do Distrito Federal.

Segundo a nova previsão constitucional, a execução obrigatória das emendas de bancadas seguirá as mesmas regras das emendas individuais – as quais já eram impositivas desde a alteração introduzida pela EC nº 86/2015 – e corresponderão a 1,0% (um por cento) da receita corrente líquida (RCL) realizada no exercício anterior. Fica expressamente ressalvado, entretanto, que tais despesas não serão de execução obrigatória nos casos dos impedimentos de ordem técnica. Não custa recordar que essas "emendas parlamentares" são rubricas previstas no Orçamento que o Congresso Nacional direciona para a realização de projetos escolhidos pelos deputados e senadores.

Apesar de o foco da EC nº 100/2019 ser a execução obrigatória das emendas de bancadas estaduais e distrital (e assim está literalmente ementado no texto publicado no DOU de 27/06/2019, p. 1), a partir de uma leitura mais atenta à redação desta emenda constitucional, percebe-se que um de seus dispositivos – o novo § 10 do artigo 165 – impõe à Administração, sem se limitar às emendas parlamentares (como originariamente proposto na PEC 02/2015), o dever de executar obrigatoriamente as programações orçamentárias: "§ 10. A administração tem o dever de executar as programações orçamentárias, adotando os meios e as medidas necessários, com o propósito de garantir a efetiva entrega de bens e serviços à sociedade".

Parece-nos que esta mudança constitucional afasta de vez qualquer dúvida sobre o caráter meramente "autorizativo" do orçamento público, como muitos sustentavam, e reconhece, de maneira expressa, o modelo de execução obrigatória integral do orçamento público, tradicionalmente conhecido por "orçamento impositivo".

Aliás, isso foi exatamente manifestado pelo presidente do Congresso Nacional, Davi Alcolumbre, quando da promulgação da EC nº 100/2019, ao afirmar que "o Orçamento é peça fundamental na condução da coisa pública e não pode ser uma mera formalidade ou obra de ficção". Segundo o parlamentar, o orçamento deve refletir as necessidades das unidades federadas e ser definido em debate aberto e transparente no Parlamento.

É importante registrar que a primeira proposta que deu origem à EC nº 100/2019 adveio da PEC nº 02/2015 da Câmara dos Deputados, que visava tornar obrigatória apenas a execução da programação orçamentária oriunda de emendas coletivas ao projeto de lei orçamentária no limite de 1% da receita corrente líquida (RCL) prevista no projeto encaminhado pelo Poder Executivo. Essa medida, segundo a justificativa exposta por seus autores, teria o condão de restabelecer o equilíbrio entre os Poderes na definição das políticas públicas, pois o Executivo estaria deixando de priorizar as programações orçamentárias derivadas de emendas, pelo simples fato de serem originadas do Poder Legislativo.

Ocorre que, durante a sua tramitação, a proposta de emenda constitucional sofreu significativas alterações na Comissão Especial encarregada da análise do mérito da matéria, qual seja, a Comissão Especial da Execução Obrigatória das Emendas ao Orçamento. Os dispositivos incluídos no art. 165 ampliaram consideravelmente o escopo de aplicação da norma original, ao expandir o dever de execução aos programas e metas prioritárias do orçamento.

A este respeito, importante justificativa da referida Comissão Especial:

> (...) O orçamento impositivo permite ao Legislativo e à sociedade exigir dos órgãos de execução as providências necessárias à viabilização das ações, o que inclui a adoção de cronograma de análise dos projetos e programas, a identificação de impedimentos e demais medidas saneadoras, inclusive remanejamentos (...).
>
> Obviamente, não pode ser exigida do gestor a execução de programações com impedimento de ordem técnica ou legal, ressalvando-se ainda eventual necessidade de limitação fiscal necessária à manutenção da política fiscal. De outra parte, os órgãos de execução passam a ter o ônus de executar o programa de trabalho ou justificar a sua impossibilidade. Esse é o diferencial do novo modelo, fato que valoriza a elaboração e o acompanhamento do orçamento público. No modelo autorizativo o ordenador não se considerava responsável pela execução, tampouco se via obrigado a justificar a inação, cultura que favorece a inércia e a falta de eficiência do setor público (...).

Não faz sentido, portanto, definir responsabilidade ou dever de execução apenas para as programações incluídas por emendas, uma vez que, teoricamente, o interesse público e do próprio Legislativo está na execução de todas as políticas públicas veiculadas pelo orçamento aprovado, e não apenas de subconjunto incluído pelas emendas (...).

Posteriormente, já no Senado Federal, como PEC 34/2019, o parecer da Comissão de Constituição e Justiça (CCJ) já observava a característica da impositividade orçamentária da proposta ao dispor o seguinte:

Como se observa pela tramitação da proposta, o escopo inicial foi modificado de tal forma a ampliar o propósito original. A inclusão das alterações no art. 165 da Constituição Federal transcendem as emendas parlamentares atingindo todo o orçamento público. Parece-nos trazer à pauta mais uma vez a discussão sobre a impositividade integral do orçamento público.

Igual constatação foi reconhecida na Nota Técnica nº 42/2019, da Consultoria de Orçamentos, Fiscalização e Controle do Senado Federal, que assim se manifestou:

Como será visto adiante, um possível, mas não necessário, desdobramento da proposta é a mudança do modelo orçamentário brasileiro, que passaria de autorizativo para impositivo (se não totalmente, ao menos de parcela relevante, além das programações oriundas das emendas de bancada). Essa possibilidade, por si só, demonstra a relevância da matéria e deixa patente a necessidade de uma discussão aprofundada.

Não obstante, a mencionada nota técnica optou por não se posicionar de maneira categórica, porém, de maneira implícita indicou entendimento contrário, no sentido de entender que ainda assim o orçamento público no Brasil continuaria a ser meramente autorizativo:

A definição da natureza jurídica dos orçamentos públicos do Brasil é tema bastante controverso. Na visão majoritária, considera-se que o orçamento público possui caráter autorizativo, ou seja, o Poder Legislativo autoriza as despesas que podem ser realizadas pelos Poderes da República. Portanto, o caráter cogente da lei orçamentária estaria relacionado ao fato de que somente as despesas nela autorizadas poderiam ser executadas. Assim, a lei orçamentária não impõe, salvo no que se refere às despesas obrigatórias, a execução integral das programações, mas estabelece o limite inicial até o qual a despesa poderá ser executada (empenhada, liquidada e paga). Há, no entanto, quem defenda que tal percepção não teria amparo no ordenamento jurídico brasileiro, presente ou passado, uma vez que esse entendimento estaria contrariando dispositivos da Constituição, da Lei 4.320, de 17 de março de 1964, da Lei Complementar 101, de 4 de maio de 2000, e da Lei 8.666, de 21 de junho de 1993, dado que a execução das autorizações orçamentárias seria naturalmente de interesse público e impositiva.

Por sua vez, em 26 de setembro de 2019, foi promulgada a Emenda Constitucional nº 102, que altera o § 11 do art. 165 da Constituição, estabelecendo que o cumprimento do § 10 do art. 165 (ou seja, dever de a administração executar as programações orçamentárias): I - subordina-se ao cumprimento de dispositivos constitucionais e legais que estabeleçam metas fiscais ou limites de despesas e não impede o cancelamento necessário à abertura de créditos adicionais; II - não se aplica nos casos de impedimentos de ordem técnica devidamente justificados; III - aplica-se exclusivamente às despesas primárias discricionárias. Portanto, verificam-se aí algumas exceções constitucionais ao orçamento impositivo.

No Parecer sobre a PEC 98/2019 (que gerou a EC nº 102/2019) da Comissão de Constituição, Justiça e Cidadania do Senado Federal, afirma-se claramente que a PEC está a "modificar a natureza jurídica de (parte) do orçamento (de autorizativo para impositivo)", e que

> não se pode dizer que a transformação do orçamento em impositivo, ainda que fosse total, violasse o âmago da separação de poderes; basta lembrar que o país que adotou a mais rígida vertente da teoria de Montesquieu sobre a divisão das funções, os Estados Unidos da América, adotam um orçamento de caráter notadamente impositivo. [...]

> Com a promulgação da Emenda Constitucional nº 100, de 2019, fica estabelecido "o dever de executar as programações orçamentárias" (art. 165, § 10, da Constituição). Ao determinar que a Administração tem o dever de executar as programações orçamentárias com o propósito de garantir a efetiva entrega de bens e serviços à sociedade, o texto permite diversas interpretações sobre quais programações geram ou não efetiva entrega de bens e serviços à sociedade. Com o acréscimo do § 11, pretende-se esclarecer o que é a impositividade do orçamento público, definindo de forma objetiva quais programações orçamentárias são objeto do dever de execução.

Portanto, inegável afirmar que, hoje, o orçamento público no Brasil é preponderantemente impositivo. A regra geral constitucional, prevista no art. 165, § 10 (incluído pela EC nº 100/2019), é a de que "a administração tem o dever de executar as programações orçamentárias, adotando os meios e as medidas necessários, com o propósito de garantir a efetiva entrega de bens e serviços à sociedade". Assim, a fatia do orçamento público que pode não ser executada (parcela autorizativa), sofrendo contingenciamento a critério do Poder Executivo, desde que devidamente justificado, é cada vez menor, nas hipóteses excepcionais previstas no atual § 11, art. 165 da Constituição (incluído pela EC nº 102/2019).

5. CONCLUSÕES

A reforma do sistema tributário nacional é elemento fundamental no processo de resolução da grave crise fiscal que acomete o setor público nos três níveis federativos e na retomada dos investimentos privados no país. Nessa ordem de ideias, a unificação de diversos tributos em um imposto único representa um importante passo para a pretendida simplificação do sistema, reduzindo a burocracia fiscal e os custos indiretos da tributação.

É necessário aproveitar a janela de oportunidades que o momento político e econômico atual oferece, favorável às reformas estruturais que a sociedade exige, para introduzir mudanças mais profundas na ordem constitucional tributária. Isso já tem sido feito com mais vigor e resultado em relação ao direito financeiro nos últimos anos, como o comprova o exemplo acima mencionado da implantação do orçamento impositivo no Brasil.

Nesse passo, sem prejuízo das sugestões e críticas específicas aos projetos em tramitação no Poder Legislativo, as instâncias políticas devem buscar uma reforma que promova, além da redução da complexidade do sistema tributário, maior segurança jurídica e justiça fiscal, sempre respeitando o pacto federativo, elementos sem os quais uma proposta de reforma tributária se revelará incompleta.

REFERÊNCIAS BIBLIOGRÁFICAS

ABRAHAM, Marcus. Orçamento inflado e irreal. *Reflexões sobre finanças públicas e direito financeiro*. Salvador: JusPodivm, 2019.

————. *Curso de Direito Tributário Brasileiro*. Rio de Janeiro: Forense, 2018.

FAVEIRO, Vítor. *O Estatuto do Contribuinte*: a pessoa do contribuinte no Estado Social de Direito. Coimbra: Coimbra Editora, 2002.

GRUPENMACHER, Betina Treiger. A reforma tributária que o Brasil precisa. *Jota*, São Paulo, 20 set. 2019. Disponível em: <https://www.jota.info/opiniao-e-analise/colunas/women-in-tax-brazil/a-reforma-tributaria-que-o-brasil-precisa-20092019>. Acesso em: 23 set. 2019.

HARADA, Kiyoshi. *Direito Financeiro e Tributário*. 23. ed. São Paulo: Atlas, 2014.

NABAIS, José Casalta. *Direito Fiscal*. 7. ed. Coimbra: Almedina, 2012.

SARMENTO, Daniel; SOUZA NETO, Cláudio Pereira de. *Direito Constitucional*: teoria, história e métodos de trabalho. 2ª ed. 5ª reimpr. Belo Horizonte: Fórum, 2019.

SCHOUERI, Luís Eduardo. *Direito Tributário*. 9. ed. São Paulo: Saraiva, 2019.

TORRES, Ricardo Lobo. *Curso de Direito Financeiro e Tributário*. 17. ed. Rio de Janeiro: Renovar, 2010.

AS PREMISSAS PARA UMA REFORMA TRIBUTÁRIA E AS IMPRESSÕES INICIAIS ACERCA DA PEC 45/2019

ONOFRE ALVES BATISTA JÚNIOR[1]

MARINA SOARES MARINHO[2]

SUMÁRIO: 1. Introdução: As premissas por trás de uma reforma constitucional; 2. A primeira premissa: os problemas do sistema tributário nacional e o Título I da CRFB/1988; 3. A segunda premissa: o Federalismo como princípio estruturante do sistema tributário nacional; 4. A principal propostas de reforma tributária em discussão: PEC nº 45/2019; 5. Inferência lógica: a PEC 45 adota as premissas que justificam uma reforma tributária?; 6. Conclusões; Referências Bibliográficas

1. INTRODUÇÃO: AS PREMISSAS POR TRÁS DE UMA REFORMA CONSTITUCIONAL

Como se sabe, o procedimento de elaboração da Constituição deve se guiar pela pretensão de universalidade e atemporalidade. Por isso, compreende-se que o poder constituinte derivado é também materialmente limitado, devendo, nas alterações que promover, manter a inte-

---

1 Procurador do Estado de Minas Gerais; Mestre em Ciências Jurídico-Políticas pela Universidade de Lisboa; Doutor em Direito pela UFMG; Pós-Doutoramento em Direito (Democracia e Direitos Humanos) pela Universidade de Coimbra; Professor de Direito Público do Quadro Efetivo da Graduação e Pós-Graduação da Universidade Federal de Minas Gerais (Curriculum lattes http://lattes.cnpq.br/2284086832664522).

2 Assistente do Advogado-Geral do Estado de Minas Gerais; Doutoranda e Mestra em Direito e Justiça pela Universidade Federal de Minas Gerais (Curriculum lattes http://lattes.cnpq.br/6230936890648392).

gridade e a coerência do ordenamento constitucional, guiado pelo núcleo essencial do projeto estruturado pelos constituintes originários.[3]

Essa compreensão implica, pelo menos, que as reformas constitucionais não podem desviar do núcleo essencial da Constituição e que as alterações propostas devem adotar os mesmos fundamentos e objetivos estabelecidos por ela. No caso da Constituição brasileira de 1988 – CRFB/1988, está plasmado que a República (formada pela união indissolúvel dos Estados e Municípios e do Distrito Federal) terá como fundamento a soberania, a cidadania, a dignidade da pessoa humana, os valores sociais do trabalho e da livre iniciativa e o pluralismo político (art. 1º da CRFB/1988). Já os seus objetivos fundamentais são a construção de uma sociedade livre, justa e solidária; a garantia do desenvolvimento nacional; a erradicação da pobreza e da marginalização e a redução das desigualdades sociais e regionais, além da promoção do bem de todos, sem preconceitos de origem, raça, sexo, cor, idade e quaisquer outras formas de discriminação (art. 3º da CRFB/1988).

Tratam-se, claramente, de comandos basilares para formulação, intepretação e aplicação das normas jurídicas brasileiras. Esses são comandos que permitem integrar os dispositivos jurídicos e reconhecer o conteúdo das normas. Isso quer dizer que nem mesmo emendas constitucionais podem se afastar desse direcionamento – do contrário, maculariam o ordenamento jurídico por sua incoerência. A bússola colocada no Título I da CRFB/1988, juntamente do seu preâmbulo, direcionam os destinatários da norma na tarefa de reconhecê-la.

Nesse sentido, é importante destacar que, embora não esteja expressamente mencionado como princípio no Título I da CRFB/1988, o princípio federativo (federalismo) se faz presente ao longo de todo o texto constitucional: é princípio estruturante, que determina desde a organização do Estado até o resguardo das liberdades individuais e dos direitos sociais. A estrutura das normas e os comandos de efetivação dos direitos e deveres são estruturados, da mesma forma, a partir da lógica federalista.

Por isso, embora este artigo não pretenda definir o núcleo essencial de normas constitucionais na CRFB/1988, é seguro assumir que os princípios fundamentais expostos no Título I (sobretudo o federalismo) são normas estruturantes reforçadas do arcabouço jurídico pátrio e definem a arquitetura básica do edifício constitucional, propiciando e garantindo coerência para o ordenamento jurídico nacional. Ademais, os princípios

---

3 Cf. MENDES, Gilmar Ferreira; BRANCO, Paulo Gustavo Gonet. *Curso de direito constitucional*. 9.ed. rev. e atual. São Paulo: Saraiva, 2017. *E-book*, p. 116.

estruturantes do Título I, nessa toada, firmam o alinhamento teleológico da CRFB/1988, funcionando como viés orientador inarredável na interpretação das normas constitucionais. Não é por outra razão que, coerentemente, o constituinte originário colocou o federalismo como cláusula pétrea da CRFB/1988, no art. 60, § 4°, I. Isso quer dizer que o poder reformador do constituinte derivado não pode se afastar do que dispõe o primeiro Título da Constituição, assim como deve considerar o equilíbrio federativo como premissa necessária à realização de mudanças, sob pena de inconstitucionalidade das suas propostas.

A partir dessas premissas, neste artigo, analisaremos a principal linha de propostas de Emenda à Constituição (que afetam tão somente a tributação sobre o consumo, como a PEC 45) atualmente em discussão no Congresso Nacional, para concluir sobre a sua constitucionalidade e suficiência para atender aos fundamentos e objetivos da República Federativa do Brasil.

2. A PRIMEIRA PREMISSA: OS PROBLEMAS DO SISTEMA TRIBUTÁRIO NACIONAL E O TÍTULO I DA CRFB/1988

Se o Estado (democrático) capitalista garante ao indivíduo a liberdade, assegurando a propriedade privada e tolerando as bases e os meios para o enriquecimento (privado), não há como o sistema financeiro se basear na economia patrimonialista estatal, na planificação econômica ou na expropriação.[4] Em outras palavras, embora seja possível, pelo menos em tese, a existência de Estados democráticos não tributários, como Mônaco (que retira boa parte de suas receitas da exploração do jogo), ou alguns outros que retiram significativa porção de suas receitas da exploração de recursos naturais, pode-se afirmar que as modernas democracias capitalistas ocidentais, em regra, são Estados tributários.

No caso brasileiro, por exemplo, o Estado modelado pela analítica CRFB/1988 deve seguir o regime de economia de mercado. A opção constitucional pelo regime capitalista é evidente: consagra-se a propriedade privada (art. 5°, XXII e art. 170, II), a não intervenção e a autodeterminação dos povos (art. 4°); proclama-se a livre iniciativa econômica (art. 170, parágrafo único). A CRFB/1988, por sobre uma base econômica capitalista, modela um Estado que tem suas necessidades financeiras supridas essencialmente pela tributação (Estado Tributário) e que deve zelar pela justiça social e pela eliminação das desigualdades sociais (Estado de desi-

---

4 Nesse sentido, KIRCHHOF, Paul. *La influencia de la Constitución Alemana en su Legislación Tributaria. In* Garantías Constitucionales del contribuyente, 2ª ed. Valencia: Tyrant lo Blanch, 1998, p. 26.

derato social). Basta verificar que, a CRFB/1988 projeta um sistema tributário minucioso (artigos 145 a 161); afasta, em regra, a exploração direta da atividade econômica pelo Estado (art. 173); firma um Estado que não é senhor dos bens; estabelece uma base financeira para o Estado calcada, sobretudo, em receitas derivadas (e não originárias); etc. Enfim, o Estado Democrático de Direito modelado pela CRFB/1988 é um Estado capitalista e tributário (não patrimonial; não proprietário dos meios de produção) e que, para cumprir seu desiderato social, necessita tributar.

O Estado Tributário de base capitalista não pode depender de um amplo ou total controle por sobre os meios de produção, nem da imposição de obrigações cívicas a seus cidadãos, nem tampouco de sua própria atividade econômica. Ao contrário, precisamente devido à legitimação constitucional da intervenção tributária, é possível ao Estado garantir a propriedade privada, a liberdade profissional e de indústria, assim como as demais liberdades que integram a atividade econômica privada.[5] Em uma economia capitalista, os impostos não são tão somente um método de pagamento pelos serviços públicos e governamentais, mas o instrumento fundamental pelo qual o Estado Tributário coloca em prática sua política pública e faz efetiva, sobretudo, sua concepção de justiça.[6]

De forma direta, no Estado Tributário, a questão da justiça emerge dos debates acerca do modelo de tributação que se pretende adotar, a partir do momento que é no desenho do sistema tributário que se definem questões como a de "quanto cada contribuinte deve pagar"; "quais as desigualdades de renda e riqueza admissíveis"; "para que deve ser usado o dinheiro"; "quem deve ser isento de tributos" etc.[7] Nesse compasso, uma questão elementar baliza fundamentalmente as decisões acerca do sistema tributário e tem relação direta com a concepção de justiça abraçada pelo Estado Tributário: afinal, "o que deve o governo prestar com o dinheiro dos impostos"? Todas essas questões estão inequivocamente relacionadas e não se pode responder a uma delas sem se ter respostas para as outras.

---

5 Nesse sentido, PAPIER, H. J. *Ley fundamental y orden económico. In.* Manual de dereho cConstitucional. Trad. Esp. de *Handbuch des Verfassungsrechts der Bundesrepublik Deutschland.* Org. Konrad Hesse, Madrid: Marcial Pons, 1996, p. 561-612.

6 Nesse sentido, MURPHY, Liam; NAGEL, Thomas. *O mito da propriedade. Os impostos e a justiça.* São Paulo: Martins Fontes, 2005, p. 5.

7 Nessa mesma direção, MURPHY, Liam; NAGEL, Thomas. *O mito da propriedade...*, cit. p. 5.

Em síntese, da concepção de justiça que o Estado (capitalista e democrático) pretende adotar depende, fundamentalmente, a definição do sistema tributário do Estado, uma vez que os tributos representam, essencialmente, a contraface da atuação prestacional do Estado Tributário e, fundamentalmente, é por meio deles que se pode viabilizar a efetivação das políticas públicas. Nesse sentido, o Preâmbulo e o Título I da CRFB/1988 fornece bons elementos para reconhecer a concepção de justiça que o Estado Democrático brasileiro optou por adotar.

O sistema tributário nacional sofre algumas críticas essenciais, cuja validade deve ser contraposta aos fundamentos e o objetivos constitucionais: (1) carga tributária elevada (sobretudo consumo e folha); (2) regressividade ("o Brasil cobra mais impostos dos mais pobres"); (3) complexidade da legislação tributária e "Custo Brasil"; (4) Conflitos de Competência/Guerra Fiscal; (5) Anacronismo - Revolução Digital (Uber, Netflix, WhatsApp etc.).

Sobre a alta carga tributária, ela não pode ser considerada em termos absolutos. Mesmo que essa seja uma análise válida, o argumento não se sustenta quando comparadas as cargas totais dos países membros da OCDE.[8] É preciso critérios para avaliar a justiça da carga tributária total exigida no Brasil. Por exemplo, contrapô-la à suficiência dos gastos orçamentários essenciais; ao tamanho da população que necessita dos serviços públicos; à capacidade contributiva de cada cidadão etc. Além disso, é necessário avaliar a razoabilidade de gravar, e em que medida, determinadas bases tributárias, como o consumo. De toda forma, trata-se de demanda legítima, e que *a priori* não está em oposição aos princípios fundamentais da República Federativa do Brasil.

Já a regressividade, ela é identificada pelo fato de aqueles que possuem menor capacidade contributiva serem onerados mais, proporcionalmente, pela tributação. No Brasil, isso acontece porque a tributação está concentrada no consumo. Como os mais pobres utilizam mais da sua renda para consumir, sem lhes restar margem para acumular patrimônio, proporcionalmente, são eles os mais onerados pela tributação. É dizer, os mais pobres comprometem parcela maior de sua renda com o consumo, que é base que sofre a maior tributação no Brasil. Agrava o

---

8 Cf. *Carga Tributária do Brasil: 2016* – Análise por tributos e bases de incidência. Ministério da Fazenda; Receita Federal, dez. 2017. Disponível em: http://receita. economia.gov.br/dados/receitadata/estudos-e-tributarios-e-aduaneiros/estudos-e--estatisticas/carga-tributaria-no-brasil/carga-tributaria-2016.pdf. Acesso em: 18 out. 2019.

quadro de regressividade o fato de que a tributação sobre o consumo é impessoal, ou seja, não identifica os mais ricos, porque determinados produtos, principalmente os relacionados à alimentação, transporte e higiene pessoal, serão consumidos por pessoas de todas as classes sociais. Outro agravante da regressividade no Brasil é o fato de a tributação da renda, além de ser menos utilizada para arrecadação que a do consumo, possuir distorções que resguardam justamente os mais ricos, como a isenção da tributação de lucros e dividendos. Por óbvio, a regressividade atenta contra os objetivos fundamentais da República, por permitir e agravar as desigualdades sociais, além de poderem levar à contrariedade os fundamentos da cidadania e da dignidade da pessoa humana.

Quanto à complexidade da legislação tributária e ao "Custo Brasil", verifica-se que a **base consumo** está fragmentada em cinco tributos: 3 federais (IPI, PIS/PASEP e COFINS); 1 estadual (ICMS) e 1 municipal (ISS). Da mesma forma, diversas desonerações e regimes especiais proporcionam insegurança jurídica e aumentam significativamente o "Custo Brasil". Como se não bastasse, sistematicamente, os contribuintes acusam o Fisco de proliferar os mecanismos de controle, de forma por vezes inúteis e desnecessárias, impondo obrigações acessórias exageradas, agravando, mais uma vez, o "Custo Brasil", proporcionando elevados custos de conformidade.[9] O Brasil conta, ainda, com milhares de legislações diferentes (federal, estaduais e municipais). Tudo isso, de forma evidente, provoca inquestionável insegurança jurídica e cria um contencioso administrativo e judicial agigantado. Também a complexidade da legislação tributária afronta um objetivo fundamental da República, por prejudicar o desenvolvimento nacional, prejudicando as empresas nacionais e afugentando investimentos, e indo de encontro ao fundamento da livre iniciativa no Brasil.

Com relação à guerra fiscal e aos conflitos de competência, o país assiste a um verdadeiro *law shopping* (concorrência fiscal predatória para atração de investimentos – *race to the bottom*), capaz de reduzir drasti-

---

9 Como noticia a revista Exame (*Por que Maia apelou ao "patriotismo" dos empresários na reforma tributária*. Disponível em: https://exame.abril.com.br/economia/por-que-maia-apelou-ao-patriotismo-dos-empresarios-na-reforma-tributaria/. Extraído em 10 Ago. 2019), "de acordo com o ranking de competitividade do Banco Mundial, o Brasil é líder global em tempo gasto por uma empresa apenas para cumprir com obrigações tributárias. São 2 mil horas por ano, o dobro do segundo colocado e 10 vezes mais do que a média mundial – e isso sem falar no tamanho da carga".

camente as receitas públicas.[10] Por certo, os mecanismos utilizados para atração de investimentos em um cenário de guerra fiscal proporcionam ineficiência alocativa, na medida em que os tributos são o mecanismo de atração e não a infraestrutura existente, a qualidade da mão de obra, a proximidade dos insumos etc. O tributo, assim, renuncia a qualquer pretensão de neutralidade. A renúncia de receita do ICMS, por exemplo, é estimada em metade da base, e só se manteve relativamente estável em razão da tributação exagerada da energia elétrica, da telefonia e dos combustíveis, o que agrava a regressividade do sistema tributário.

Por outro giro, cumpre verificar que a redução das desigualdades regionais figura textualmente no art. 3º da CRFB/1988 e se fundamenta na dignidade da pessoa humana, na cidadania e no pluralismo político, porque não se pode permitir a maior influência no debate político nacional daqueles que se encontrem em regiões mais dinâmicas ou mais desenvolvidas. Por certo, aos Estados mais pobres, diante da postura passiva da União Federal (que pouca ou nenhuma política nesse sentido possui), nada restava senão se lançar na *race to the botton* para conseguir atrair empregos para seus administrados.

Por fim, quanto ao apontado anacronismo, critica-se o sistema tributário vigente por se entender que ele não acompanhou a Revolução Digital. Diversas bases tributárias com expressão significativa de capacidade econômica escapam atualmente da tributação ou sofrem tributação reduzida (UBER; WhatsApp; Amazon; Netflix etc.). Fica evidente, mais uma vez, que os contribuintes acabam sendo tratados desigualmente, o que prejudica a concorrência e, por isso, colocam areia nas engrenagens do desenvolvimento, além de ferir a livre iniciativa.

Percebe-se que não falta legitimidade aos argumentos que justificam reformas no sistema tributário brasileiro, já que as suas disfunções atentam contra os princípios fundamentais consagrados pela Constituição brasileira de 1988.

3. A SEGUNDA PREMISSA: O FEDERALISMO COMO PRINCÍPIO ESTRUTURANTE DO SISTEMA TRIBUTÁRIO NACIONAL

No caso brasileiro, percebe-se que a distribuição das fontes de custeio da atuação pública para alcançar os objetivos constitucionalmente estabelecidos, por meio da tributação, foi de certa maneira sensível à

---

10 Para uma melhor elucidação do problema, recomenda-se a leitura de BATISTA JÚNIOR, Onofre Alves. *O outro Leviatã e a corrida ao fundo do poço*. São Paulo: Almedina, 2014, *passim*.

descentralização de poder, demanda fundamental no contexto da redemocratização do Brasil. A CRFB/1988, instituída após o período da ditadura militar, proclamou o federalismo como o princípio norteador da organização política brasileira.[11] É sabido que o Brasil, desde sua independência, sempre foi governado de forma centralizada, o que deveria mudar drasticamente com a nova ordem constitucional.[12] É por isso que a obediência a esse princípio surge como cláusula pétrea, com o intuito de barrar qualquer tentativa, inclusive mediante a alteração da Carta Magna, de desequilibrar a relação entre os entes federados.

A Federação brasileira é formada "pela união indissolúvel dos Estados e Municípios e do Distrito Federal" (DF), o que escancara que a autonomia política e financeira dos entes menores é pressuposto para a sua adequada formatação.[13] Quanto à autonomia política, atuam, no sistema federativo, duas leis capitais, de acordo com George Scelle:[14] "lei da participação" e "lei da autonomia". A lei da participação traduz a necessidade de os Estados-membros participarem do processo político relativo a toda a Federação, com voz ativa nas decisões tomadas em conjunto, sendo ofensiva a decisão política tomada pela União Federal ao alvedrio dos Estados, DF e Municípios.[15] Já a "lei da autonomia" autoriza aos Estados-membros

---

11 Nesse sentido, Misabel de Abreu Machado Derzi e Thomas da Rosa de Bustamante [O princípio federativo e a igualdade: Uma perspectiva crítica para o sistema jurídico brasileiro a partir da análise do modelo alemão. In: DERZI *et al.* (Org.). *Estado federal e guerra fiscal no direito comparado.* Belo Horizonte: Arraes Editores, 2015 (Coleção federalismo e tributação, v. 2, p. 467-495, p. 8), quando expõem que não se deve pensar no federalismo apenas como forma de Estado, mas antes como princípio de organização política, uma vez que está vinculado diretamente a um emaranhado de valores políticos e princípios constitucionais dotados de conteúdo normativo mais específico, relacionados às ideias de autonomia política e autodeterminação do indivíduo.

12 Se a coroa brasileira buscou manter a unidade do país centralizando o poder nas mãos do imperador, o governo militar deixava em Brasília todas as decisões da República.

13 Na dicção do *caput* do art. 1º da CRFB/1988, no qual, destaca-se, "união" vem grafada com letra minúscula.

14 Cf. BONAVIDES, Paulo. *Ciência política.* 17ª ed. São Paulo, Malheiros, 2010, p. 195.

15 Da mesma forma, é inconstitucional (por afronta ao princípio federativo) a decisão (autoritária) tomada pelo legislador da União em atenção às determinações do Executivo federal (atuando como um "rolo compressor") em flagrante ofensa ao posicionamento e aos interesses dos Estados e Municípios.

a legislarem, a estatuírem ordens constitucionais próprias e a exercerem os poderes que habitualmente modelam o Estado (executivo, legislativo e judiciário), tudo em consonância com a Constituição Federal.

Relativamente à "autonomia" financeira estadual, a CRFB/88, desde a origem, atribuiu determinada competência tributária a cada ente federado, nos artigos 153 (União), 155 (Estados e DF) e 156 (Municípios e DF). Ainda, consciente do superior poderio arrecadatório dos entes maiores, nos artigos 157 a 159, firmou transferências para complementar os recursos da arrecadação estadual e municipal, com os quais cada uma das pessoas políticas poderia contar para cumprir seu papel na Federação. Ou seja, o texto constitucional estabeleceu, exaustivamente, as competências de cada um, bem como as fontes de receitas necessárias (tributos e transferências), em nítido esforço para equilibrar as relações entre os entes federados.

Além da arrecadação própria do ICMS, Estados e DF recebem, por determinação constitucional (art. 159, II), desde 1988, entre outros, repasses do produto da arrecadação do IPI, proporcionalmente ao valor de suas exportações de produtos industrializados (os quais são beneficiados, justamente, com a imunidade do ICMS pelo constituinte originário). Essa circunstância reforça a ideia de que quando há perda de autonomia financeira dos entes da federação em prol de políticas nacionais deve haver recomposição das perdas sofridas.

A CRFB/1988 firmou a missão que cabe a cada um dos entes federados desenhando o rol de competências dos Estados e Municípios e, de forma responsável, para fazer frente a essa missão, dotou os entes federados dos recursos necessários para o cumprimento do papel constitucional atribuído. A ideia foi exatamente a de dotar os Estados e Municípios de autonomia financeira, possibilitando que eles funcionassem sem depender dos favores do ente maior.

Cada um dos entes federados, assim, deveria ter os recursos que lhes coubessem sem ter de se submeter aos favores ou aos caprichos da tecnoburocracia da União. A CRFB/1988, nessa toada, garante o "equilíbrio federativo", evitando a submissão dos entes federados ao poder central pelo viés financeiro. Até mesmo para as despesas adicionais necessárias ao desenvolvimento do Estado a CRFB/1988 estabeleceu os mecanismos próprios, em absoluta sintonia com o princípio federativo (cláusula pétrea), determinando que os impostos residuais sejam também partilhados com os Estados.

Esse equilíbrio, se é que se pode afirmar que estava garantido pela redação original da CRFB/1988, não mais se sustenta. No âmbito fiscal, a desoneração do ICMS nas exportações de produtos primários e semielaborados sem compensação, a Desvinculação das Receitas da União (DRU) sem partilha com os Estados e DF, a concessão de benefícios fiscais sobre tributos cujo produto da arrecadação deve ser repartido com os demais entes e a diminuição das transferências voluntárias evidenciam que o federalismo não vem sendo observado como princípio estruturante do Sistema Tributário Nacional. Diante dessa percepção, a primeira conclusão que se alcança é a de que qualquer proposta de reforma tributária deveria oferecer respostas para retomar o equilíbrio constitucionalmente desenhado.

Para além dos problemas desde já observados, é fundamental que as propostas utilizem o federalismo como métrica de estruturação do novo ordenamento tributário, ou seja, garantindo a soberania tributária e viabilizando a adequada prestação de serviços públicos que atendam aos objetivos fundamentais da República Federativa do Brasil.

4. A PRINCIPAL PROPOSTAS DE REFORMA TRIBUTÁRIA EM DISCUSSÃO: PEC Nº 45/2019

Idealizada pela equipe do economista Bernard Appy (Centro de Cidadania Fiscal - CCiF), a Emenda Substitutiva Global à PEC 293-A/2004, apresentada pelo Deputado Mendes Thame, em 14/08/2018, foi rejeitada pelo Relator Hauly, em dezembro de 2018. A mesma proposta, agora, foi apresentada pelo Deputado Baleia Rossi (PMDB/SP), em abril de 2019, com a aprovação do Presidente Rodrigo Maia. Recentemente, foi instalada Comissão Especial para a Reforma Tributária e o Deputado Federal Hildo Rocha (MDB/MA) apontado como Presidente, tendo como Relator, o Deputado Aguinaldo Ribeiro (PP/PB). Essa proposta, cumpre frisar, contempla apenas a tributação sobre o consumo.

A Proposta tem como premissa a manutenção da carga tributária global e da participação dos entes subnacionais na arrecadação tributária. Não tenta, portanto, responder aos reclamos de que a carga tributária brasileira é excessiva. Também, não responde aos problemas de regressividade da carga tributária brasileira e aos problemas causados por uma tributação calcada sobretudo no consumo. Nesse sentido, pode-se afirmar que, de forma direta, não ataca o problema da justiça tributária. Da mesma forma, não fornece solução para o já identificado desequilíbrio federativo. Seu foco é a simplificação, atacando principalmente, os problemas identificados de complexidade e anacronismo, a partir da criação de um tributo único, o Imposto sobre Bens e Serviços

(IBS).[16] Este imposto novo é o resultante da unificação de tributos incidentes sobre o consumo (ISS, ICMS, IPI, PIS e COFINS). Tem a característica de ser um tributo do tipo IVA (imposto sobre valor agregado) e será regulamentado por lei complementar federal (de caráter nacional e legislação uniforme para todos os entes), preservando-se, porém, a possibilidade de fixação das alíquotas por cada ente federado.[17]

O IBS deve incidir sobre uma base ampla de bens, serviços e direitos, tangíveis e intangíveis (todas as utilidades destinadas ao consumo), proibindo a concessão de exceções, benefícios fiscais e regimes especiais.[18] O novo tributo, assim, afirma-se para fins arrecadatórios exclusivos, não podendo assumir fins extrafiscais. A extrafiscalidade só pode ser buscada financeiramente pelo gasto e por outro imposto seletivo (IS), que se propõe também criar, de competência da União, para regular externalidades negativas. Há, ainda, a previsão de compensação pelo tributo pago pelos mais pobres, sem maiores definições

---

16 Confira-se a justificativa para a proposta: "[o] modelo proposto busca simplificar radicalmente o sistema tributário brasileiro, sem, no entanto, reduzir a autonomia dos Estados e Municípios, que manteriam o poder de gerir suas receitas através da alteração da alíquota do IBS."

(BRASIL, Câmara dos Deputados. Proposta de Emenda à Constituição nº 45 de 2019. Altera o Sistema Tributário Nacional e dá outras providências. 2019, p. 22. Disponível em: https://www.camara.leg.br/proposicoesWeb/prop_mostrarintegra?-codteor=1728369&filename=PEC+45/2019. Acesso em: 18 out. 2019).

17 Cf. BRASIL, Câmara dos Deputados. Proposta de Emenda à Constituição nº 45 de 2019. Altera o Sistema Tributário Nacional e dá outras providências. 2019, p. 22. Disponível em: https://www.camara.leg.br/proposicoesWeb/prop_mostrarintegra?-codteor=1728369&filename=PEC+45/2019. Acesso em: 18 out. 2019.

18 Para Bernard Appy (GAZETA DO POVO. Pai da reforma tributária explica por que imposto único é crucial para o Brasil voltar a crescer. Disponível em: https://www.gazetadopovo.com.br/republica/reforma-tributaria-bernard-appy-entrevista/. Extraído em 12 Ago. 2019), "na verdade, o objetivo é ter instrumentos mais eficientes de desenvolvimento regional ou política pública. Hoje, você tem incentivo de ICMS para atração de investimentos. Só que esse modelo que temos hoje é extremamente ineficiente do ponto de vista de desenvolvimento regional. Normalmente, um estado dá um benefício [fiscal] para roubar uma empresa que iria para outro Estado. Ou seja, ele não explora a sua vocação regional, atraindo empresas que façam sentido para seu Estado". A proposta veiculada pretende acabar com os incentivos fiscais, que, na visão de Appy, "são uma forma ineficiente de se fazer política pública, e substituir por alocação de recursos orçamentários que serão utilizados numa política de desenvolvimento regional que busque fortalecer as vocações regionais."

sobre como isso irá ocorrer.[19] Todo o mecanismo atinente à promoção de justiça social é delegado para lei complementar.

A profusão de alíquotas e a absurda quantidade de exceções, benefícios fiscais e regimes especiais favoreceram, como se sabe, a captura dos Poder Público pelo poder econômico, a guerra fiscal e a complexidade do modelo. Isso, de forma acertada, a proposta pretende corrigir. Entretanto, o modelo retira dos Estados, assim, qualquer margem de decisão política pelo viés tributário.

O IBS será cobrado em todas as etapas de produção e comercialização e pretende ser totalmente não-cumulativo (crédito financeiro), salvo quando o bem for destinado a consumo pessoal.[20] Para os optantes pelo Simples Nacional, o IBS é de adoção opcional. Não deve onerar as exportações e pretende contar com um mecanismo para devolução ágil dos créditos acumulados (em 60 dias).[21] Não deve onerar investimen-

---

19 Art. 152-A, § 9º, da PEC 45/2019: "[e]xcetua-se do disposto no inciso IV do § 1º [vedação à concessão de benefícios fiscais] a devolução parcial, através de mecanismos de transferência de renda, do imposto recolhido pelos contribuintes de baixa renda, nos termos da lei complementar referida no *caput*."

20 Confira-se a justificativa da PEC 45/2019: "[a] incidência em todas as etapas do processo produtivo e a não cumulatividade plena (também conhecida como 'crédito financeiro') são essenciais para que todo imposto pago nas etapas anteriores da cadeia de produção e comercialização seja recuperado. Na prática isso é equivalente a dizer que o imposto pago pelo consumidor final corresponde exatamente à soma do imposto que foi recolhido em cada uma das etapas de produção e comercialização do bem ou do serviço adquirido. É preciso ter cuidado, no entanto, para que bens e serviços de consumo pessoal não sejam contabilizados como insumos e não sejam tributados. A função da não-cumulatividade é garantir o ressarcimento integral do imposto incidente sobre bens e serviços utilizados na atividade produtiva, mas não desonerar o consumo dos proprietários e dos empregados das empresas, o qual deve ser tributado normalmente." (BRASIL, Câmara dos Deputados. Proposta de Emenda à Constituição nº 45 de 2019. Altera o Sistema Tributário Nacional e dá outras providências. 2019, p. 29).

21 Não se definiu, porém, como se pretende fazer isso. É evidente que os Estados apenas não devolvem o tributo, nesses casos, porque não tem recursos para tanto. O prazo dado pela Justificativa da PEC 45/2019: "[e]mbora a regulamentação do prazo de devolução dos créditos seja delegada para a lei complementar, a proposta é que seja muito curto (em princípio apenas 60 dias, prazo suficiente para identificar se há indícios de fraude na originação dos créditos cujo ressarcimento está sendo demandado)." (BRASIL, Câmara dos Deputados. Proposta de Emenda à Constituição nº 45 de 2019. Altera o Sistema Tributário Nacional e dá outras providências. 2019, p. 30).

tos (crédito instantâneo para imposto pago na aquisição de bens de capital).[22] Segundo a proposta, o IBS deve incidir em qualquer operação de importação (para consumo final ou insumo) (art. 152-A, §1º, I, 'd').

A alíquota final deve ser formada pela soma das alíquotas federal, estadual e municipal (art. 152-A, §2º, *caput*). A lei ordinária do ente federado altera tão somente a alíquota específica relativa à pessoa política (art. 152-A, §2º, I). A alíquota total do imposto, formada pela soma das alíquotas definidas em âmbito federal, estadual e municipal, é única para o consumidor.[23] A alíquota, assim, será uniforme para todos os bens ou serviços no território do ente federado (art. 152-A, §1º, VI). As alíquotas singulares do IBS (cuja soma corresponde à alíquota total) podem ser fixadas pelo ente federado acima ou abaixo da alíquota de referência (que é usada para o cálculo de recomposição da receita perdida de ICMS/ISS, nos termos do art. 119 do ADCT/CRFB/1988).

Nas operações interestaduais e intermunicipais, o tributo deve pertencer ao Estado e ao Município de destino (art. 152-A, §3º, I). No caso de vendas não presenciais à consumidor final, aplica-se, igualmente, as alíquotas dos Estados ou dos Municípios de destino (tanto a contribuintes quanto a não contribuintes). Como ressabido, a "tributação na origem" favorece a guerra fiscal e, de fato, tem um viés "antiexportação".

Existe hoje, também, certa dificuldade em se tributar os serviços da chamada "nova economia" (Uber; Netflix etc.). É sabido que o sistema atual separa a mercadoria de serviço, criando uma zona *gris* entre aquilo que não é nem mercadoria nem serviço (bens intangíveis). Nessa zona gris, os Estados e os Municípios se digladiam pela incidência do ICMS ou do ISS. Entretanto, alguns empreendimentos pretendem fugir da tributação, e alegam que o bem comercializado não se trata nem de

---

22 Confira-se a justificativa da PEC 45/2019: "Pela proposta, o novo imposto sobre bens e serviços (IBS): [...] (v) não onerará os investimentos, já que crédito instantâneo será assegurado ao imposto pago na aquisição de bens de capital". (BRASIL, Câmara dos Deputados. Proposta de Emenda à Constituição nº 45 de 2019. Altera o Sistema Tributário Nacional e dá outras providências. 2019, p. 30).

23 Havendo variação de alíquota pelos entes federados, o percentual deve ser único e uniforme para os consumidores de um determinado Município e de um determinado Estado. Naturalmente, em razão da possibilidade de variação das alíquotas pelos entes federados, o percentual final que alcança o consumidor pode variar de um Município para outro, ou mesmo de um Estado para outro.

mercadoria nem de serviço, portanto, não deve sofrer a tributação. No IBS, a base é ampla e inclui os intangíveis.[24]

Além do IBS, a PEC 45, como já afirmado, pretende criar um imposto seletivo federal adicional (IS), que deve incidir sobre bens e serviços geradores de externalidades negativas (como cigarros e bebidas alcoólicas). A incidência do IS seria monofásica, sendo a tributação realizada apenas em uma etapa do processo de produção e distribuição (saída da fábrica) e nas importações.[25]

A cobrança, fiscalização e arrecadação do IBS deve se dar de forma coordenada pela União e pelos Estados. A arrecadação deve ser centralizada e a distribuição de receita para os entes federados deve ocorrer sob o controle de um comitê especialmente constituído para esse fim. A arrecadação é gerida pelo Comitê Gestor Nacional, composto por representantes das três esferas de governo, que devem exercer de forma paritária a gestão. A cobrança e fiscalização, nessa mesma toada, é coordenada e uniformizada entre União, Estados e Municípios. A interpretação e a consulta aos órgãos fazendários devem ser direcionadas ao Comitê Gestor Nacional, a quem cabe organizar unidades específicas

---

24 Como aponta Appy (GAZETA DO POVO. Pai da reforma tributária explica por que imposto único é crucial para o Brasil voltar a crescer. Disponível em: https://www.gazetadopovo.com.br/republica/reforma-tributaria-bernard-appy-entrevista/. Extraído em 12 Ago. 2019), o problema existe, sobretudo, na importação de intangíveis por pessoas físicas. Se o consumidor compra um intangível, como um serviço ou *software* distribuído via *internet* dentro do próprio país, o vendedor do *software* tem que se registrar como contribuinte e recolher o imposto. Quando o consumidor compra um *software* produzido fora do país, é mais difícil conseguir tributar essa operação. Esse é um problema localizado do IBS. A OCDE recomenda que vendedores de serviços intangíveis se registrem como contribuintes no país que está o consumidor. Grandes vendedores como Apple, Amazon devem se registrar, entretanto, vendedores menos sérios talvez não se registrem. Nesse ponto de vista, cumpre trabalhar em uma proposta de acompanhar a própria operação de pagamento para aquisição desses intangíveis produzidos no exterior, como sendo um indicativo de operação tributável.

25 Confira-se a justificativa da PEC 45/2019: "O modelo é complementado pela criação de um imposto seletivo federal, que incidirá sobre bens e serviços geradores de externalidades negativas, cujo consumo se deseja desestimular, como cigarros e bebidas alcoólicas. A incidência do imposto seletivo seria monofásica, sendo a tributação realizada apenas em uma etapa do processo de produção e distribuição (provavelmente na saída da fábrica) e nas importações." (BRASIL, Câmara dos Deputados. Proposta de Emenda à Constituição nº 45 de 2019. Altera o Sistema Tributário Nacional e dá outras providências. 2019, p. 28).

para tanto. O contencioso administrativo é específico para o IBS e deve ser tratado em regulamento (nacional). O contencioso judicial é, na proposta, federal (art. 152-A, §6º).

Os mecanismos de partilha e vinculação substituem os atuais critérios de vinculação e partilha do produto da arrecadação do consumo, possibilitando um sistema mais flexível na gestão do orçamento. As alíquotas são especificamente estabelecidas para cada uma das finalidades (saúde, educação, por exemplo), ficando apenas uma parcela livre (art. 159-A *et seq.*). O mecanismo pensado na Proposta permite que se varie apenas o percentual vinculado a determinada finalidade, sem se alterar o montante afetado a outras.

Tendo em vistas as mudanças promovidas no imposto sobre o consumo, da origem para o destino, bem como nos mecanismos de distribuição de receitas, a proposta traz detalhados e longos regimes de transição, para se evitar maiores impactos com as mudanças. A proposta prevê dois mecanismos básicos de transição: (1) um relativo à substituição dos tributos pelo IBS; (2) outro relativo à distribuição da receita do IBS entre Estados, DF e Municípios (art. 119 do ADCT/CRFB/1988).

As normas de transição são importantes para as empresas para que elas possam se adaptar ao novo regime e não tenham seus investimentos prejudicados. Da mesma forma, a transição é importante para os entes federados, para eles possam se ajustar aos efeitos da migração para a cobrança no destino.

No que diz respeito às mudanças na partilha de receitas entre os entes federados (tendo em vista, sobretudo, a mudança no modelo de tributação para o destino), a transação estabelecida é alongada e dura 50 (cinquenta) anos, para que assim se possa minimizar os efeitos das mudanças sobre as finanças subnacionais. A proposta, ainda, garante a preservação do valor real da receita de cada ente federado pelo período de 20 (vinte) anos. Nesse compasso, apenas depois de 50 (cinquenta) anos é que a tributação do consumo estará inteiramente direcionada para o ente federado de destino.[26]

---

26 Confira-se a justificativa da PEC 45/2019: "[d]urante todo este período de cinquenta anos, a variação da receita (para maior ou menor) decorrente de mudanças na alíquota estadual ou municipal relativamente à alíquota de referência será integralmente apropriada como ganho ou perda de receita do Estado ou do Município que alterou a alíquota." (BRASIL, Câmara dos Deputados. Proposta de Emenda à Constituição nº 45 de 2019. Altera o Sistema Tributário Nacional e dá outras providências. 2019, p. 39).

A transição de 50 (cinquenta) anos para distribuição da receita do IBS para Estados e Municípios, na visão de Appy, só é possível por causa do modelo adotado, que é um modelo de arrecadação em uma conta centralizadora que distribui a receita para os entes federados. Para o autor da proposta, "com esse modelo, o impacto nas finanças dos Estados e Municípios é extremamente diluído no tempo e, muito provavelmente, não vai ter nenhum ente federativo que será prejudicado pela reforma tributária.[27]

No que diz respeito a transição dos atuais impostos sobre o consumo para o IBS, a mudança deve se dar em 10 anos. Após a publicação da reforma, o "período de edição" deve durar pelo menos um ano, devendo se iniciar no início do exercício subsequente. O segundo ano deve ser um "período de testes" e de ajustes. A partir do terceiro ano, gradativamente, até o décimo ano (1/8 por ano), as alíquotas dos antigos impostos sobre o consumo são proporcionalmente reduzidas e as do IBS na mesma proporção aumentadas. No segundo ano, assim, o IBS vigoraria com uma alíquota de apenas 1%, inicialmente substituindo uma redução na cobrança da COFINS. Esse período serviria como teste para que se possa verificar o potencial de arrecadação do novo tributo. Gradativamente, o IBS seria calibrado para repor as receitas dos outros tributos que forem sendo extintos. No fim do processo, o IBS deve ter alíquota (estimada) de 25%.

Se a norma regente do IBS é lei nacional, editada pelo Congresso Nacional, a regulamentação da matéria também é nacional.

A PEC 45 vem recebendo elogios, mas vem sendo alvo de ácidas críticas. A primeira é exatamente a de que não trabalha os horizontes da "justiça fiscal", mas tão somente a ideia de "eficiência tributária", além de ser estrita e somente se referir aos impostos sobre o consumo, sem alterar a matriz regressiva dos tributos brasileiros. Nesse sentido, embora seja uma proposta de alteração significativa da estrutura tributária brasileira, demandando profunda articulação política para sua aprovação, pretende resolver apenas dos problemas relativos à complexidade e ao anacronismo. Isso permite questionar se seria realmente necessária uma reforma constitucional ou bastaria fazer valer legislação inferior, como a exigência de unanimidade no CONFAZ para a concessão de benefícios fiscais e o estabelecimento de parâmetros para definir o que sejam bens e serviços essenciais.

---

27 Cf. GAZETA DO POVO. Pai da reforma tributária explica por que imposto único é crucial para o Brasil voltar a crescer. Disponível em: https://www.gazetadopovo.com.br/republica/reforma-tributaria-bernard-appy-entrevista/. Extraído em 12 Ago. 2019.

Outra crítica que se aponta é a de que a PEC 45 não prevê a extinção da CIDE-Combustíveis, que é regressiva e cumulativa. Da mesma forma, a proposta é atacada por trazer regras de transição consideradas por alguns demasiadamente longas.

Um ataque incisivo e quem vem atraindo a manifestação dos Governadores de Estado é o de que suprime a competência estadual (para instituir ICMS) e a competência municipal (para instituir o ISS), agredindo o pacto federativo e, por isso, afirma-se que a proposta é inconstitucional. Para resolver esse problema, alternativas já apareceram em uma série de ocasiões (como na proposta de ajustes do Comitê Nacional dos Secretários de Fazenda, Finanças, Receita ou Tributação dos Estados e do Distrito Federal - COMSEFAZ). Usualmente, apontam duas saídas: ou o IBS se torna um tributo estadual unificado (englobando todos os tributos sobre o consumo – ICMS, ISS, IPI, COFINS, PIS, com repasses ascendentes para a União no que diz respeito a sua parcela), ou criam-se dois IVA (um federal; outro estadual englobando a receita do ICMS e do ISS).

Nos termos esboçados na PEC 45, o IBS seria um tributo da União, pois (A) a competência para instituí-lo seria da União (lei complementar federal);[28] (B) o processo administrativo seria regulado por lei complementar federal; (C) o julgamento em grau de recurso seria em órgão federal; (D) a competência jurisdicional seria da Justiça Federal. Isso os Estados, definitivamente, não aceitam.[29] O poder tributário nacional, estaria, assim, absolutamente centralizado na União e sob forte influência da tecnoburocracia federal. Acredita-se, por isso, que a proposta não vem em boa sintonia com os mandamentos federativos.

Os Governadores contestam a centralização do poder de tributar na União que a proposta da PEC 45 apresenta, embora não se possa dizer que a proposta seja ruim sob o ponto de vista técnico. Os entes federados menores insistem na necessidade de redução do poder tributário da União no controle do bolo tributário. Foi por isso que os Estados, em homenagem ao princípio federativo, resolveram liderar a discussão

---

28 Pelo menos em tese, na PEC 45, o Comitê Gestor não tem competência ativa tributária, visto que essa continua sendo da União, Estados, Distrito Federal e Municípios. Na realidade, o Comitê tem capacidade ativa, delegável, nos termos do art. 7º, do Código Tributário Nacional.

29 Cf. JOTA. Secretarias estaduais de Fazenda querem União fora da gestão do IVA. Disponível em: https://www.jota.info/paywall?redirect_to=//www.jota.info/tributos-e-empresas/tributario/emenda-estados-reforma-tributaria-05072019. Extraído em: 21 Out. 2019.

em torno de um novo pacto federativo e, para tanto, já elaboraram uma proposta própria, que vem sendo produzida e gerada pelo COMSEFAZ.

O subprincípio da subsidiariedade,[30] ideia central do federalismo, pressupõe que o ente maior apenas pode interferir ou atuar quando o ente subnacional não puder ou não dever participar. Uma ideia de centralização ofende, assim, o princípio federativo. Curiosamente, no Brasil, assiste-se a modelagem de estruturas de governança, como o Consórcio de Estados do Nordeste, afastando a influência do poder central, em clara demonstração que existe uma resistência forte ao

---

30 Como afirma Rui de Brito Álvares Affonso (Descentralização e reforma do Estado: a Federação brasileira na encruzilhada. *Economia e Sociedade*, v. 14, n. 1, p. 127–152, 2000, p. 9), nos domínios das Ciências Políticas, a federação pode ser entendida como "[a] difusão dos poderes em vários centros, cuja autoridade resulta não de uma delegação feita pelo poder central, e sim daquela conferida pelo sufrágio universal". Na federação, portanto, da mesma forma que o ente central, os demais entes são pessoas políticas autônomas (política e financeiramente) que recebem poderes diretamente da Constituição, não havendo nenhuma relação de subordinação entre eles. Nesse compasso, o federalismo está intrinsecamente relacionado a um movimento de descentralização (maior ou menor). O Direito, por outro giro, combate a concepção de federalismo como conceito fechado e como mera forma de governo. Nesse compasso, Misabel de Abreu Machado Derzi e Thomas da Rosa de Bustamante [O princípio federativo e a igualdade: Uma perspectiva crítica para o sistema jurídico brasileiro a partir da análise do modelo alemão. In: DERZI *et al.* (Org.). *Estado federal e guerra fiscal no direito comparado*. Belo Horizonte: Arraes Editores, 2015 (Coleção federalismo e tributação, v. 2, p. 467-495] oferecem a visão do federalismo como princípio de organização política que se conecta diretamente com um amálgama de valores políticos e princípios constitucionais dotados de conteúdo normativo mais específico (os quais se relacionam com as ideias de autonomia política e autodeterminação do indivíduo). Nesse sentido, a ideia de federação reclama o atendimento das exigências normativas do "princípio federativo", tais como a conformação ao "(sub)princípio da subsidiariedade" e ao "(sub)princípio da maior participação possível". O "princípio da subsidiariedade", forjado sobretudo pela Igreja Católica, pressupõe uma atuação apenas subsidiária do ente maior (quando necessário) e, da mesma forma, prescreve que uma entidade de ordem superior não pode intervir em assuntos de uma esfera inferior; ao contrário, deve apoiá-la na persecução do bem comum (DERZI; BUSTAMANTE, 2015, p. 472). O "princípio da maior participação possível" está relacionado com a **promoção da democracia** e a **aproximação dos cidadãos de seus governantes**. Nesse compasso, enquanto princípio de organização política, o princípio federativo (em sua forma juridicizada) mantém vínculos insuperáveis com a ideia de descentralização, sendo a autonomia dos governos menores condição para a aproximação pretendida entre governantes e governados, bem como característica fundamental da subsidiariedade.

modelo centralizado. No caso da PEC 45, o Comitê Gestor Nacional, que conta com a participação da União e que pretensamente pretende ser gerido de forma compartilhada, não mereceu os aplausos dos Governadores e Secretários de Fazenda, que não acreditam no modelo até hoje experimentado em órgãos como o CONFAZ (Conselho de Política Fazendária).

Do ponto de vista comparado, a União Europeia, no que diz respeito ao Direito Tributário, disciplina seus tributos próprios (montante de receita pequeno e destinado a suprir, sobretudo, o pagamento de sua mínima burocracia) e atua em prol da harmonização tributária entre os Estados-Membros, que detém a competência para instituir os tributos. Os Estado-Membros que detém a competência tributária e que ficam com o volume maior da receita tributária. A União se volta para atender aos Estados e não o inverso. Isso traduz a ideia de federalismo e subsidiariedade.

A União Europeia atua, sobretudo, harmonizando e articulando a ação dos "entes federados", de forma que seu sucesso se traduz no êxito da atuação dos seus membros. A União Federal no Brasil atua de forma autorreferente, como se fosse um ente alheio aos Estados-Membros. Acontece que a "União" é tão somente a "união" dos entes federados, como determina o art. 1º da CRFB/1988, em sua fórmula rica em simbolismo. A tecnoburocracia federal não se debruça por sobre os problemas dos Estados e não atua como se fosse a "união" dos entes federados. Ao contrário, por vezes, se coloca como adversária dos entes menores em demandas, como no caso das dívidas dos entes menores com a União; questões tributárias etc. Enfim, a burocracia federal não aprendeu a gerenciar o país em consonância com os mandamentos do federalismo cooperativo.

Fosse outra a postura da burocracia federal, possivelmente, a PEC 45 estaria sendo defendida de forma ardorosa pelos Estados. Todavia, as mazelas do federalismo brasileiro estão a recomendar paciência e a adoção, nesse momento, de um IVA federal e de um IVA estadual e municipal (ou mesmo de um IVA estadual com transferências ascendentes para a União). A exagerada simplificação pode ser nociva ao Brasil, em especial ao Estado Democrático de Direito, por promover medidas que não se sintonizam adequadamente às máximas do federalismo.

Por isso, parece acertada e mais ajustada a proposta alternativa em elaboração pelos Secretários de Fazenda (COMSEFAZ) e pelos Governadores, retificando algumas questões criticadas na PEC 45.

Cumpre ressaltar, ainda, que os Estados pretendem discutir a redistribuição dos recursos arrecadados, necessária para corrigir as distorções do equilíbrio federativo.[31]

5. INFERÊNCIA LÓGICA: A PEC 45 ADOTA AS PREMISSAS QUE JUSTIFICAM UMA REFORMA TRIBUTÁRIA?

As reformas tributárias, em geral, enfrentam dois dilemas fundamentais: "eficiência tributária" (simplificação; redução do número dos tributos; diminuição de obrigações acessórias; neutralidade) X "justiça fiscal" (redistribuição da carga tributária; progressividade efetiva do IRPF; tributação de lucros e dividendos; aumento da tributação do patrimônio e das heranças; tributação sobre grandes fortunas).

Existem Projetos de Lei em tramitação cuidando de questões atinentes à justiça fiscal, entretanto, as principais propostas até aqui apresentadas não buscam corrigir os graves problemas de injustiça e desigualdade social que afligem o país, mas são propostas mais singelas de simplificação do modelo tributário. Da mesma forma, como já afirmado, as propostas não pretendem corrigir as distorções do modelo federativo. Apenas os ajustes anunciados pelo COMSEFAZ à PEC 45 parecem tocar na questão e buscam aumentar a parcela tributária que cabe aos Estados e Municípios.

Muito tem se discutido sobre as imperfeições do sistema capitalista e o papel a ser desempenhado pelo Estado para contornar as deficiências sociais resultantes da economia de livre mercado, predominantemente marcada pela propriedade privada e pela mobilidade do capital financeiro. A dinâmica capitalista vem despertando a atenção de economistas para o problema da desigualdade, considerando que a excessiva concentração de riqueza nas mãos de uma minoria, além de prejudicar o crescimento econômico, pode representar uma verdadeira ameaça às instituições democráticas. A experiência mostra que o sistema capitalista, por si só, é incapaz de produzir resultados mais justos, o que demanda o estudo de estratégias políticas e econômicas de caráter redistributivo. Segundo Ladislau Dowbor, "um sistema que sabe pro-

---

31 Cf. O GLOBO. Com reforma tributária, estados vão buscar nova partilha da arrecadação. Disponível em: https://oglobo.globo.com/economia/com-reforma-tributaria-estados-vao-buscar-nova-partilha-da-arrecadacao-23869488. Extraído em 11 Ago. 2019.

duzir, mas que não sabe distribuir é tão funcional quanto a metade de uma roda".[32]

O sistema capitalista da modernidade líquida, pelo menos para quem controla o sistema, parece perfeitamente funcional, mas, para o quem vivencia condições de extrema pobreza, existem severas dúvidas sobre essa funcionalidade.[33] Como afirma Domenico de Masi,[34] o comunismo demonstrou saber distribuir a riqueza, mas não sabia como produzi-la, enquanto o capitalismo demonstrou bem saber produzi-la, mas enfrenta dificuldades em distribuí-la com justiça. A verdade é que, no mundo de hoje, a desigualdade econômica resultante do processo de acumulação capitalista é muito grande, tanto na Europa e nos Estados Unidos da América (EUA), como nos países em desenvolvimento, que enfrentam problemas sociais ainda mais sérios em decorrência da lógica capitalista predominante no cenário internacional.

Como reconhece Milton Friedman, o capitalismo é o sistema econômico mais dinâmico e compatível com a liberdade do ser humano, mas que, inevitavelmente, gera diferenças significativas de renda e riqueza.[35] Desde que se tornou dominante, o sistema se assenta, fundamentalmente, na ideia de que a competição é boa, permitindo ao consumidor a escolha daquilo que mais lhe satisfaz pelo menor preço e, ao mesmo tempo, faz com que (de forma quase darwinista) o melhor vença.[36] Entretanto, por certo, em diversas ocasiões, o capitalismo causa perversos efeitos sociais, em especial se considerada a situação daqueles que perdem a estimulada disputa.

---

32 Nesse mesmo sentido, DOWBOR, Ladislau. Entender a desigualdade: reflexões sobre o capital no século XXI. In. BAVA, Silvio Caccia (Org.). *Thomas Piketty e o segredo dos ricos*. São Paulo: Veneta - Le Monde Diplomatique Brasil, 2014, p. 9-18.

33 Cf. DOWBOR, Ladislau. Entender..., cit., p. 9.

34 Cf. DE MASI, Domenico. *O futuro do trabalho: fadiga e ócio na sociedade pós-industrial*. 10. ed. Rio de Janeiro: José Olympio, 2010, p. 15.

35 Cf. FRIEDMAN, Milton. *Capitalism and freedom*. Chicago: Chicago Press, 1982, p. 190-195. Por isso o Economista liberal entendia que, para que se pudesse resolver o problema da pobreza, o melhor instrumento seria a criação de um imposto de renda negativo, que deveria atuar de maneira a não prejudicar o funcionamento do mercado, ao mesmo tempo em que garantiria uma renda (mínima) a todas as pessoas.

36 Nesse sentido, SINGER, Paul. *Introdução à economia solidária*. São Paulo: Ed. Fundação Perseu Abramo, 2002, p. 7. Como afirma Guy Standing (*O precariado*: a nova classe perigosa. Belo Horizonte: Autêntica, 2013. p. 201), "o mercado é a personificação da metáfora darwinista: a sobrevivência do mais forte".

O processo capitalista de acumulação de vantagens e desvantagens explica, dentre outras causas, porque o capitalismo produz desigualdades crescentes, propiciando uma verdadeira polarização entre ganhadores e perdedores. Os ganhadores acumulam capital, galgam posições, avançam na carreira, enquanto os perdedores acumulam dívidas pelas quais devem pagar juros cada vez mais altos, são despedidos ou ficam desempregados até se tornarem "inempregáveis".[37] A situação se agrava porque as "vantagens e desvantagens são legadas de pais para filhos e para netos", o que dá ensejo a sociedades profundamente desiguais ("armadilha da pobreza"). Por óbvio, os descendentes daqueles que acumularam capital (ou prestígio profissional, artístico etc.) ingressam na competição com vantagens adicionais significativas em relação aos descendentes daqueles que empobreceram ou foram socialmente excluídos.[38] Por esta razão é que se pode afirmar que o destino dos indivíduos está inevitavelmente atrelado à sorte ou azar na distribuição de talentos naturais e recursos patrimoniais por ocasião do nascimento.[39]

É sabido que os mais ricos conseguem proteger suas posições "jogando com o sistema". Para tanto, adotam estratégias para concentrar ainda mais a riqueza acumulada, seja transferindo dinheiro para o exterior para evitar a tributação, seja transmitindo vantagens a seus filhos, que, além de herdarem riquezas, têm acesso favorecido a universidades caras e a outras instituições de elite. A mobilidade social, assim, se congela. Não raro, para fugir da carga de tributos mais elevada (sobretudo sobre a renda), não é incomum plutocratas estabelecerem residência em "paraísos fiscais", ao mesmo tempo em que usufruem da

---

37 Nesse sentido, SINGER, Paul. *Introdução...*, cit. p. 8.

38 Nesse sentido, SINGER, Paul. *Introdução...*, cit. p. 8.

39 Como afirmam Liam Murphy e Thomas Nagel (*O mito da propriedade*: *os impostos e a justiça*. São Paulo: Martins Fontes, 2005, p. 194), em 1997, 1% da população norte-americana recebeu cerca de 17% da renda do país. Com relação à distribuição da riqueza, a distorção é ainda maior, uma vez que, em 1998, 1% da população possuía cerca de 38% da riqueza (e os 20% mais ricos detinham cerca de 83% do total). Mesmo os EUA, dominado por elites e grupos de interesses poderosos, já sente os efeitos da crescente desigualdade de renda e riqueza, em especial a partir da década de 1970. Nesse sentido, FUKUYAMA, Francis. *As origens da ordem política*: dos tempos pré-humanos até a Revolução Francesa. Rio de Janeiro: Rocco, 2013, p. 23; JUDT, Tony. *Um tratado sobre os nossos actuais descontentamentos*. Lisboa: Edições 70, 2012, p. 27.

infraestrutura e das condições de vida das metrópoles urbanas, numa espécie de "efeito Depardieu".[40]

Por outro lado, o poder político dos mais poderosos permite a aprovação de leis que desregulamentam a especulação financeira e o direito do trabalho, bem como que reduzem os impostos sobre a herança e sobre as grandes fortunas, deixando abertas as feridas estruturais do sistema. O necessário desafio está em como preservar a liberdade, a democracia e o próprio capitalismo, embora se entenda que alguns reparos urgentes em benefício dos mais carentes precisam ser feitos, sobretudo no que diz respeito ao sistema tributário.

A tributação das heranças, portanto, é justa e proporciona um sistema tributário mais progressivo. Nada disso, porém, foi enfrentado pelas principais propostas reformistas. É sabido que os Estados contam com a possibilidade de tributação das heranças (ITCD), cujas alíquotas são limitadas por Resolução do Senado Federal (art. 155, § 1º, IV, da CRFB/88). Entretanto, embora as dificuldades para se conseguir aprovações nas Assembleias Legislativas sejam enormes, razão pela qual sequer o teto permitido Senado Federal vem sendo tributado por diversos Estados (nos termos da Resolução 9/1992 do Senado Federal, a alíquota máxima é estabelecida em 8%).

No Brasil, a divisão dos tributos é inversa e a receita se assenta por sobre os impostos indiretos, que incidem sobre o consumo de bens e serviços (49,7% da arrecadação total do país); os impostos diretos são responsáveis por apenas 17,8% do total levantando pelo Fisco e as taxas sobre propriedade, 3,8%. O resultado final dessa modelagem tributária é a oneração sensível das classes mais baixas.

O Conselho Nacional de Política Fazendária (CONFAZ) já encaminhou ao Senado Federal projeto que reclama o aumento da alíquota máxima do ITCMD para 20%. A PEC 60/2015, de autoria do Deputado Paulo Teixeira (PT/SP), na mesma direção, firmava a competência do Senado Federal para fixar alíquotas máximas e mínimas (que se esperava chegar a alíquotas de 20%) e tornava o tributo mais progressivo, com alíquotas variáveis com o tamanho do patrimônio, entretanto, o

---

40 O ator Gérard Xavier Depardieu, para fugir da tributação francesa, abriu mão de sua cidadania e carregou seu patrimônio para a Bélgica; posteriormente, voltou a transferir seu domicílio fiscal para a Rússia. A propósito vale conferir: GÉRARD Depardieu recebe cidadania russa em apenas duas semanas. *Público*, Porto, 3 jan. 2013. Disponível em: <http://www.publico.pt/mundo/noticia/gerard-depardieu-tornase-cidadao-russo-em-apenas-duas-semanas-1579339>. Acesso em 2 dez. 2013.

projeto já foi arquivado, em 31 de janeiro de 2019. Por outro giro, o PL n. 5205/2016, apensado ao PL n. 6094/2013, pretende tributar heranças e doações pelo imposto de renda, em um movimento de invasão da base estadual, em ofensa ao princípio federativo.[41] Da mesma forma, a União vem tentando, inconstitucionalmente, instituir um adicional sobre o ITCMD (PEC 96/2015) com a finalidade de tributar grandes heranças e doações. Em que pese a proposta tornar o sistema mais progressivo, é evidente a invasão da base tributária dos Estados, que veriam as possibilidades de tributação sobre a herança reduzida.

Até o momento não se tem notícia de qualquer movimentação no Senado Federal com a finalidade de atender ao pleito dos representantes das fazendas estaduais, efetuado em 2015. Ao contrário, como já demonstrado anteriormente, o Senado propôs e avalia a PEC 96/2015, que outorga à União a instituição do adicional ao ITCMD, em movimento contrário ao interesse dos Estados e em confronto com as regras e princípios constitucionais. Estaria o legislador nacional tão somente atendendo as ordens do Executivo federal?

De fato, no Brasil, a carga tributária sobre heranças é bastante baixa se comparada com outros países, pois temos uma alíquota máxima de 8% fixada pelo Senado. Estudo feito pela consultoria Ernest Young em 2014 revelou que o Brasil é um dos países com a menor tributação sobre a herança. A alíquota média cobrada pelos Fiscos estaduais no país é de 3,86% sobre o valor herdado. É patente que essa é uma base a ser mais bem explorada, no Brasil, contribuindo-se, assim, para uma distribuição mais justa do capital no momento da transmissão intergeracional. Uma proposta factível e justa, por exemplo, poderia desonerar o consumo (ou a folha de pagamentos) na mesma proporção em que se onerasse as heranças.

No que diz respeito aos tributos sobre as grandes fortunas, a CRFB/88 estabelece, em seu art. 153, VII, a competência da União para instituir o Imposto sobre Grandes Fortunas, nos termos de lei complementar, com a finalidade de promover a justiça tributária e social. Até o momento, este imposto não foi criado pelo Congresso Nacional.

A primeira tributação específica sobre grandes fortunas ocorreu com a instituição do tributo francês *Impôt sur les Grandes Fortunes* em

---

41 A propósito, vale consultar BATISTA JÚNIOR, Onofre Alves; CUNHA, Marize Maria Gabriel de Almeida Pereira da. *Avanço da União sobre as bases tributárias estaduais é inaceitável*. Disponível em: https://www.conjur.com.br/2017-jul-07/opiniao-avanco-bases-tributarias-estaduais-inaceitavel. Extraído em: 01 Ago. 2019.

1981, após campanha presidencial de François Mitterrand (a lei entrou em vigor em 1º de janeiro de 1982). Em 1987, o imposto foi suprimido e, posteriormente, em 1º de janeiro de 1989, foi instituído o *"Impôt de Solidarité sur la Fortune"*. Em 2012, François Hollande aprovou a alíquota de 75% sobre os altos rendimentos (causando grande reação contrária e indignação pública do ator milionário Gerard Depardieu, que renunciou à cidadania francesa). O tributo foi suprimido, recentemente, pelo atual presidente, Emmanuel Macron, em 2017 (com uma renúncia de receita de 4 bilhões de euros). entretanto, existe ainda um gravame que incide, exclusivamente, sobre ativos imobiliários. A experiência francesa foi imitada pela Índia e por quase todos os países da Europa Ocidental, com a exceção de Bélgica, Portugal e Reino Unido. Tal como em França, o imposto foi sendo abolido em vários países que o adotaram: na Itália (em 1995); na Alemanha (em 1997); na Holanda (em 2001); na Suécia (em 2007) etc.

Vários são os projetos de lei no Congresso Nacional com o propósito de regulamentar o IGF: PLP nº 162/1989; PLP nº 277/2008; PLS nº 534/2011; PLP nº 130/2012. Calcula-se que existam 23 projetos de lei em tramitação na Câmara dos Deputados. A mais avançada é proposta de lei complementar (PLP) 277/2008, de autoria dos Deputados Luciana Genro, Chico Alencar e Ivan Valente (PSOL) que consolida 13 PLC e que se encontra pronto para análise no plenário desde 20/09/2012. A estrutura e o conteúdo dos projetos são bastante similares.

Os defensores do IGF, afirmam que essa seria uma forma de tributar o patrimônio dos mais ricos, com a utilização de seus recursos para melhor redistribuição de renda. Os detratores entendem que a arrecadação do imposto seria baixa e o tributo incentivaria a expatriação (fuga de capitais, redução do investimento e da poupança etc.).

O PLC Senado 534/2011, em julho de 2016, estava pronto para ser votada pela Comissão de Assuntos Sociais (CAS). A proposta do Senador Antônio Carlos Valadares (PSB-SE) tem, na CAS, como relator, o Senador Benedito de Lira (PP-AL). A matéria ainda deve ser analisada pela Comissão de Assuntos Econômicos (CAE). Apenas a título de ilustração, a proposta prevê que um patrimônio de até R$ 2,5 milhões de reais deve ficar isento, sendo que, a partir desse montante, incide uma alíquota de 0,5%. Quatro faixas patrimoniais: mais de R$ 5 milhões até R$ 10 milhões — alíquota de 1%; mais de 10 milhões até R$ 20 milhões — alíquota de 1,5%; mais de R$ 20 milhões até R$ 40 milhões — alíquota de 2%; mais de R$ 40 milhões — alíquota de 2,5%. O tributo incidiria sobre bens no país e no exterior de pessoas físicas de naturalidade brasileira e espólio e bens no país de estrangeiros domiciliados no Brasil. Em caso de contribuintes casados, cada cônjuge será tributado em relação aos bens e direitos particulares e à metade do valor do patrimônio comum. Os filhos menores também teriam seu patrimônio tributado juntamente com o de seus pais. Alguns bens estarão isentos, como o imóvel de residência de até R$ 1 milhão.

A Senadora Vanessa Grazziotin (PCdoB-AM) apresentou o Projeto de Lei (do Senado) n. 139/2017 para patrimônios líquidos superiores a oito mil vezes o limite mensal de isenção do IRPF (em 2017, das pessoas que têm mais de 15,2 milhões de reais). Três faixas de tributação, com três alíquotas diferentes: patrimônio líquido entre oito mil a 25 mil vezes o limite mensal de isenção do IRPF (cerca de 47,6 milhões) - alíquota de 0,5% do valor do patrimônio; de 25 mil a 75 mil vezes (cerca de 142,8 milhões) - alíquota de 0,75%; mais de 75 mil vezes - 1%. O PL estabelece critérios para o cálculo do patrimônio líquido, excluindo alguns bens (imóvel de residência; instrumentos de trabalho e direitos de propriedade intelectual). Admite o abatimento no imposto devido dos valores pagos a título de outros tributos referentes a bens (como o IPTU). Os valores arrecadados devem ser aplicados prioritariamente em saúde e educação.

A ADO 31 proposta pelo Governador do Maranhão, Flávio Dino, que questionava a omissão na criação do IGF, foi extinta sem resolução de mérito por falta de legitimidade ativa (STF, abril de 2018).[42] Agora, o Partido Socialismo e Liberdade (PSOL) encabeça a ADO 55, que possui o mesmo objeto.

A tributação de grandes fortunas e heranças (IGF) é apontado por Gabriel Arbex,[43] como uma medida incontornável para que se possa reduzir a desigualdade que vem se aprofundando. Para o Autor, ela deve atingir os mais ricos, entretanto, não pode onerar ainda mais a classe média. A PEC 96/2015 busca instituir o imposto sobre grandes heranças. As propostas consideram, em geral, grandes fortunas ou heranças aquelas superiores a R$ 2,5 milhões, contando todos os bens.

---

42 Vale verificar, porém, que o art. 11 da LRF estabelece: "Constituem requisitos essenciais da responsabilidade na gestão fiscal, a instituição, previsão, e efetiva arrecadação de todos os tributos da competência constitucional do ente da Federação". Porém, há entendimento na doutrina que ampara a facultatividade da instituição de tributos (interpretação literal do art. 145 da CRFB/88: "A União, os Estados, o Distrito Federal e os Municípios poderão instituir os seguintes tributos [...]".

43 Cf. VALLE, Gabriel Arbex. *Imposto sobre grandes fortunas*. Belo Horizonte: Letramento, 2019, no prelo.

A propostas analisada, pelo menos até agora, não trata dos impostos sobre herança e não avalia a possibilidade de criação de um imposto sobre grandes fortunas. Apenas a Proposta da Reforma Tributária Solidária aborda o tema. Nada impede, porém, que, ao adotar a sugestões veiculada pela PEC, por exemplo, que os tributos sejam criados e a receita sirva para reduzir a alíquota incidente sobre o imposto sobre o consumo, resolvendo, assim, as incoerências apontadas neste artigo.

6. CONCLUSÕES

A PEC/45 é interessante (embora mereça alguns reparos) naquilo que se propôs: simplificação e atualização do Sistema Tributário Nacional. Realmente, alíquota única; legislação, fiscalização, arrecadação unificada; vedação da fácil concessão de benefícios fiscais; e adoção de uma base ampla que envolva bens e serviços reduzirá os custos de conformidade e tornará o sistema de tributação do consumo mais racional. Além disso, as considerações sobre a realização de justiça tributária só foram adicionadas nas apresentações dos idealizadores da reforma depois das pesadas críticas que receberam por esse não ser um pressuposto de sua proposta. Nesse sentido, é importante destacar que o fato de uma proposta não pretender resolver todos os problemas do sistema tributário brasileiro, mas alguns deles, não a torna por essa razão inconstitucional. As análises, sobre esse ponto específico, são de oportunidade e conveniência.

Por outro lado, é muito preocupante que os dispositivos da PEC 45/2019 não sejam estruturados com base no federalismo. Há um claro movimento de centralização, sob a premissa de que isso seria mais eficiente. Alterar a tributação do consumo, suprimindo competências tributárias, sem apresentar alternativas financeiras para sustentar a descentralização política que é nota característica de nosso país e isso nos parece inconstitucional.

A PEC 45/2019 já possui centenas de emendas propostas, e há pelo menos mais dois projetos de reforma sendo discutidos no Congresso Nacional (a PEC 110/2019, do Senado, e a Emenda Substitutiva 178/2019, apresentada pela oposição ao Governo). Também, como dissemos, o COMSEFAZ propõe ajustes federalistas à PEC 45/2019, caminhando para a instituição de um IVA dual (um tributo sobre o consumo de competência da União e outro de competência de Estados e Municípios). Talvez o grande mérito da PEC 45/2019 seja, então, colocar verdadeiramente em pauta a realização de uma reforma tributária.

REFERÊNCIAS BIBLIOGRÁFICAS

AFFONSO, Rui de Brito Álvares. Descentralização e reforma do Estado: a Federação brasileira na encruzilhada. *Economia e Sociedade*, v. 14, n. 1, p. 127–152, 2000.

BATISTA JÚNIOR, Onofre Alves. *O outro Leviatã e a corrida ao fundo do poço*. São Paulo: Almedina, 2014.

————; CUNHA, Marize Maria Gabriel de Almeida Pereira da. *Avanço da União sobre as bases tributárias estaduais é inaceitável*. Disponível em: https://www.conjur.com.br/2017-jul-07/opiniao-avanco-bases-tributarias-estaduais-inaceitavel. Extraído em: 01 ago. 2019.

BRASIL, Câmara dos Deputados. Proposta de Emenda à Constituição nº 45 de 2019. Altera o Sistema Tributário Nacional e dá outras providências. 2019, p. 22. Disponível em: https://www.camara.leg.br/proposicoesWeb/prop_mostrarintegra?-codteor=1728369&filename=PEC+45/2019. Acesso em: 18 out. 2019.

BONAVIDES, Paulo. *Ciência política*. 17. ed. São Paulo, Malheiros, 2010.

Carga Tributária do Brasil: 2016 – Análise por tributos e bases de incidência. Ministério da Fazenda; Receita Federal, dez. 2017. Disponível em: http://receita.economia.gov.br/dados/receitadata/estudos-e-tributarios-e-aduaneiros/estudos-e-estatisticas/carga-tributaria-no-brasil/carga-tributaria-2016.pdf. Acesso em: 18 out. 2019.

DE MASI, Domenico. *O futuro do trabalho: fadiga e ócio na sociedade pós-industrial*. 10. ed. Rio de Janeiro: José Olympio, 2010.

DOWBOR, Ladislau. Entender a desigualdade: reflexões sobre o capital no século XXI. In. BAVA, Silvio Caccia (Org.). *Thomas Piketty e o segredo dos ricos*. São Paulo: Veneta - Le Monde Diplomatique Brasil, 2014.

Exame *Por que Maia apelou ao "patriotismo" dos empresários na reforma tributária*. Disponível em: https://exame.abril.com.br/economia/por-que-maia-apelou-ao-patriotismo-dos-empresarios-na-reforma-tributaria/. Extraído em: 10 ago. 2019.

FRIEDMAN, Milton. *Capitalism and freedom*. Chicago: Chicago Press, 1982.

FUKUYAMA, Francis. *As origens da ordem política*: dos tempos pré-humanos até a Revolução Francesa. Rio de Janeiro: Rocco, 2013.

GAZETA DO POVO. Pai da reforma tributária explica por que imposto único é crucial para o Brasil voltar a crescer. Disponível em: https://www.gazetadopovo.com.br/republica/reforma-tributaria-bernard-appy-entrevista/. Extraído em: 12 ago. 2019.

GÉRARD Depardieu recebe cidadania russa em apenas duas semanas. *Público*, Porto, 3 jan. 2013. Disponível em: <http://www.publico.pt/mundo/noticia/gerard-depardieu-tornase-cidadao-russo-em-apenas-duas-semanas-1579339>. Acesso em: 2 dez. 2013.

JOTA. Secretarias estaduais de Fazenda querem União fora da gestão do IVA. Disponível em: https://www.jota.info/paywall?redirect_to=//www.jota.info/tributos-e-empresas/tributario/emenda-estados-reforma-tributaria-05072019. Extraído em: 21 out. 2019.

JUDT, Tony. *Um tratado sobre os nossos actuais descontentamentos*. Lisboa: Edições 70, 2012.

KIRCHHOF, Paul. *La influencia de la Constitución Alemana en su Legislación Tributaria*. *In* Garantías Constitucionales del contribuyente, 2ª ed. Valencia: Tyrant lo Blanch, 1998, p. 26.

MENDES, Gilmar Ferreira; BRANCO, Paulo Gustavo Gonet. *Curso de Direito Constitucional*. 9. ed. rev. e atual. São Paulo: Saraiva, 2017. *E-book*. p. 116.

Misabel de Abreu Machado Derzi e Thomas da Rosa de Bustamante [O princípio federativo e a igualdade: Uma perspectiva crítica para o sistema jurídico brasileiro a partir da análise do modelo alemão. In: DERZI *et al.* (Org.). *Estado federal e guerra fiscal no direito comparado*. Belo Horizonte: Arraes Editores, 2015 (Coleção federalismo e tributação, v. 2). p. 467-495.

MURPHY, Liam; NAGEL, Thomas. *O mito da propriedade. Os impostos e a justiça*. São Paulo: Martins Fontes, 2005.

O GLOBO. Com reforma tributária, estados vão buscar nova partilha da arrecadação. Disponível em: https://oglobo.globo.com/economia/com-reforma-tributaria-estados--vao-buscar-nova-partilha-da-arrecadacao-23869488. Extraído em: 11 ago. 2019.

PAPIER, H. J. *Ley Fundamental y Orden Económico. In:* Manual de Derecho Constitucional. Trad. Esp. de *Handbuch des Verfassungsrechts der Bundesrepublik Deutschland*. Org. Konrad Hesse, Madrid: Marcial Pons, 1996, p. 561-612.

SINGER, Paul. *Introdução à economia solidária*. São Paulo: Ed. Fundação Perseu Abramo, 2002.

STANDING, Guy. *O precariado*: a nova classe perigosa. Belo Horizonte: Autêntica, 2013.

VALLE, Gabriel Arbex. *Imposto sobre grandes fortunas*. Belo Horizonte: Letramento, 2019, no prelo.

REFORMA TRIBUTÁRIA, O QUE É E PARA QUÊ? O MITO

MARY ELBE QUEIROZ[1][2]

É recorrente o clamor por Reforma Tributária como uma salvação para o Brasil. Isto é um mito! Sai governo entra governo e não se faz e nem ninguém sabe precisar o que é Reforma Tributária e para que ela deve ser feita. Para o Contribuinte, significa simplificação, desoneração e uma tributação menor e mais justa, ele deseja melhores serviços públicos, educação, saúde e transporte de qualidade e que a economia cresça para serem gerados mais empregos. Para os governos federal, estaduais e municipais, apesar do discurso de procura de simplificação, na verdade, pensa-se em reforma como um meio de arrecadar mais para fazer frente ao constante crescimento do gasto público, o que só pode acontecer com aumento de tributo e é esta sempre a escolha por ser o caminho mais fácil, pouco se pensa em reduzir custos e em reestruturar a máquina estatal. Daí porque é difícil conciliar esses interesses conflitantes.

Quem reclama da carga tributária, entretanto, esquece-se de que ela é a medida para cobrir o custo do estado, "a carga tributária não é alta nem baixa. Ela é do tamanho da despesa, e a despesa é a opção de gastos ditada

---

1 Pós-Doutora pela Universidade de Lisboa. Doutora em Direito Tributário (PUC/SP). Mestre em Direito Público (UFPE). Pós-graduação em Direito Tributário: Universidade de Salamanca – Espanha e Universidade Austral – Argentina. Pós-graduanda em Neurociência (PUC/RS). Presidente do Instituto Pernambucano de Estudos Tributários – IPET. Presidente do Conselho de Notáveis do Instituto das Juristas Brasileiras – IJB. Membro Imortal da Academia Brasileira de Ciências Econômicas, Políticas e Sociais – ANE. Membro do Comitê Superior de Assuntos Jurídicos e Legislativos da FIESP (CONJUR). Membro da Comissão Permanente de Revisão e Simplificação da Legislação Tributária do Estado de Minas Gerais. Coordenadora do IBET em Pernambuco. Professora. Livros e artigos publicados e palestras no Brasil e exterior. Advogada.

2 Parte do conteúdo deste artigo consta, também, em entrevista dada à jornalista Joana Gonçalves, na Revista Supervarejo nº 219/11.2019 - Reforma Tributária: Remendo novo em pano velho, pp. 10-17.

pelo povo".[3] Ninguém quer reduzir despesas, mas todos querem reduzir tributos. Daí se falar em Reforma Tributária e ela nunca acontecer. Não existe mágica, não se pode aumentar a arrecadação e os gastos e querer reduzir tributo que é a fonte de recursos do estado, a conta não fecha.

Há países, entretanto, com carga tributária muito maior em que o imposto é pago com satisfação, porque há o retorno em bons serviços públicos. Na Dinamarca, a carga tributária é de 45%; nos Estados Unidos, 26%; Chile, 20%. O Brasil, com 33%, está na média dos países da OCDE, mas aqui ela aparenta ser mais pesada porque não há proporcionalidade na contrapartida de bons serviços para o cidadão. Todo mundo reclama da alta carga brasileira, contudo, devem ser considerados outros fatores envolvidos no sistema, pois, como o PIB brasileiro é baixo e temos uma grande população, o ônus da carga é mais pesado, e mais, precisamos de maiores investimentos, todavia, por estes motivos sobra pouco para investir, além de que grande parte dos recursos (mais ou menos 45%) é direcionada à amortização da dívida pública.

É difícil, porém, comparar percentuais apurados em bases diferentes, a partir de dados diferentes. Em estudo comparativo (2017) entre o PIB/a carga tributária/a arrecadação/e a população, o Brasil, com 39% de carga e PIB de três trilhões de reais, tem arrecadação de um trilhão para uma população de 207 milhões; já os Estados Unidos, com PIB de US$ 19 trilhões, arrecada US$ 3 trilhões (17%) para 326 milhões de pessoas, portanto, tem maior valor per capita pra investir. Nessa relação, Dinamarca lidera o ranking, pois tem US$ 27 mil para investir por pessoa; Japão, carga menor que a nossa (34%), aplicada sobre um PIB maior, arreca-da mais, portanto, dispõe de mais recursos por habitante: US$ 14 mil; Portugal, menor território e população, PIB maior: tem US$ 12 mil per capita; Brasil em 11º lugar, só tem US$ 6 mil para cada habitante.

Apesar de a carga tributária ser alta para quem paga e estar na média da OCDE, ela é insuficiente para o estado prestar serviços de qualidade, constata-se, assim, que o Brasil precisaria arrecadar 3 vezes mais ou ser 3 vezes mais eficiente para dar o retorno social que a população necessita. Naquele comparativo a carga tributária precisaria era aumentar. Resumindo, temos carga tributária ruim, gastamos mal e ela é insuficiente para o tamanho da população. E aqui não estão sendo computados desvios, sonegação etc.

---

3 Everardo Maciel – UOL -SP 14/04/2019 07h31 – consulta 20.01.2020, às 9:00 hs.

A qualidade da tributação é ruim, pois temos um sistema burocrático, complexo, com tributação cumulativa e muitos tributos incidindo sobre a mesma base, tudo agravado com o maior peso dos tributos sobre a produção o que torna o sistema regressivo, pois os que ganham menos proporcionalmente sofrem um ônus maior. Quem ganha até 2 salários mínimos (SM) paga mais que o dobro de tributos sobre o consumo do que aqueles que ganham acima de 30 salários mínimos. Até 2 SM paga-se 3,1% de tributos diretos e 45,8% de tributos indiretos, total de 48,8%. Já acima de 30 SM: paga-se 9,9% de tributos diretos e 16,4% de tributos indiretos, total de 26,3%.

Acrescente-se a babel legislativa e judicial que contribui para a insegurança dos investimentos; a chamada "guerra fiscal" dos estados para atrair investimentos, que nem sempre é maléfica uma vez que pode resultar da concorrência entre entes federativos, e a ilusão da não-cumulatividade do PIS/COFINS, que não desonerou a cadeia produtiva e criou um emaranhado de leis que ninguém entende e contribuiu muito para a complexidade e litigiosidade do sistema.

Some o custo adicional da burocracia decorrente da complexidade e excesso de normas, exigências de várias inscrições, papéis e procedimentos repetidos em vários órgãos federais, estaduais e municipais. Perda de tempo e dinheiro para todos, inclusive para o estado, criando o "tributo da insatisfação" dos que têm que cumprir esse cipoal de exigências.

Para abrir uma empresa, no Brasil gastam-se, em média, 120 dias e são mais de 18 procedimentos em 12 órgãos. Na Nova Zelândia são apenas 15 minutos. Se abrir é difícil, fechar é pior, levam-se anos. Em média, são gastas 1.958 horas para cumprir a burocracia. Segundo o Banco Mundial (*Doing Business - 2018*), entre 190 países pesquisados, o Brasil, está classificado entre os menos desenvolvidos: com relação à facilidade de fazer negócios (109ª); abrir empresas (138ª); pagamento de impostos (184ª) e fechamento de empresas (136ª).[4]

É preciso combater a sonegação, fraudes e desvios, mas esse controle não pode alimentar a burocracia e estimular tais desvios, aumentar o gasto da sociedade e criar um ônus adicional para os investimentos.

Todo governo se diz comprometido com a reforma tributária, e ela não sai. Não é aprovada porque existe um enorme conflito entre governo central, os 26 Estados, o distrito federal e os mais de 5.600 municípios, todos querendo arrecadar mais e gastar. Para uma reforma eficaz ter-se-ia de rever a máquina do estado e, também, mexer em todo o

---

4 https://portugues.doingbusiness.org/pt/data/exploreeconomies/brazil#DB_tax.

sistema, o que traria reflexos no pacto federativo, que é cláusula pétrea. Impossível, sem que se faça uma releitura dos comandos constitucionais para se admitir mitigar o poder de tributar dos estados e municípios.

A última grande reforma tributária no Brasil foi em 1988. Daí para frente só remendos. Após a Constituição de 1988, todavia, já foram criados mais tributos como CPMF, COFINS, CIDE, CIP, CSLL, PIS IMPORTAÇÃO, COFINS IMPORTAÇÃO, ISS IMPORTAÇÃO. Tem um problema de caixa? Cria-se um imposto ou uma contribuição ou aumentam-se alíquotas. Já foram apresentadas seis propostas de reforma tributária após 1988, que pudemos acompanhar e todas resultaram em nada ou só em pequenos remendos.

No ano de 2019, de uma vez, surgiram 5 novas propostas: a PEC 45 (Câmara dos Deputados), a PEC 110 (Senado), tributo único sobre movimentação financeira (grupo dos 200 empresários), IVA dual (estados - Consefaz) e uma a ser apresentada pelo governo federal. Nenhuma logrou êxito, pois, já estamos em janeiro de 2020 e nada foi aprovado.

Todas as propostas faladas pretendem acabar com a "guerra fiscal", porém, têm reflexos sobre o pacto federativo, que podem levar a posteriores discussões judiciais. São ideias boas, mas que não vão solucionar, por exemplo, o caos tributário, pois se labora com modelos de tributação antigos. O desejo de unificação de alguns tributos sobre o consumo (IPI, ICMS, ISS, PIS e COFINS) é um avanço, porém, não são atacadas outras questões estruturais, inclusive diante da inteligência artificial e os novos negócios digitais nada foi apresentado.

Convivemos, repita-se, com um sistema complexo, burocrático e com excesso de obrigações acessórias. Só na área federal são 36 declarações a serem apresentadas, importante controle contra a sonegação, mas, representa ônus significativo para o contribuinte. Desde 1988 já foram editadas mais de 390 mil normas tributárias. É difícil e caro manter-se atualizado o que, também, pode levar a equívocos de interpretações. Aqui são gastas 1.958 horas para apurar e pagar tributos, um custo adicional para as empresas.

Temos três trilhões de reais em execuções fiscais no judiciário e mais de quinhentos bilhões de reais em cobranças tributárias administrativas. Hoje são mais de 32 milhões de processos. Nesse meio, podem haver maus pagadores que se aproveitam da demora do judiciário para postergar o recolhimento de tributos, porém, existem muitas cobranças indevidas e outras que são fruto de divergências de interpretações entre o fisco e o contribuinte, que provocam litígios e ficam anos no aguardo da manifestação judicial.

Existem, ainda, aqueles que não pagam porque não conseguem arcar com mais essas despesas, especialmente, em períodos de crise econômica. E é indiscutível que há leis inconstitucionais e atos normativos ilegais feitos unicamente com a finalidade imediata de arrecadar, que levam centenas de contribuintes a se socorrerem do judiciário, gerando mais litígios e processos. O que pode ser confirmado com a recente discussão, ainda pendente de decisão em embargos no STF, acerca da indevida inclusão do ICMS na base de cálculo do PIS e da COFINS, da qual decorrerão muitos outros processos com relação ao ISS, à Contribuição Previdenciária, o próprio PIS e COFINS sobre eles mesmos etc. É muito tempo, dinheiro e congestionamento do judiciário.

Todas as propostas apresentadas prometem simplificação, todavia, nenhuma fala em redução da carga tributária. E mais, se analisadas com maior profundidade, nem mesmo a promessa de simplificação será cumprida, a começar pela quantidade de novos dispositivos, mais de cem, que serão introduzidos na Constituição e vão requerer interpretação, o que poderá levar, ao contrário, à criação de mais litígios judiciais tendo em vista que tais normas trazem novos conceitos abstratos que somente serão definidos em lei complementar posterior cujo conteúdo ainda é totalmente desconhecido.

Relativamente à PEC 45, se acontecer a simplificação, será somente após dez, vinte ou cinquenta anos. Até lá, ao contrário, haverá mais complexidade e mais litígios. É que existe um longo período de transição entre o atual sistema e o novo, em que iriam conviver os cinco tributos atuais e seus problemas e mais o novo IBS, ou seja, de imediato, não reduziria o peso da carga nem simplificaria nada. A PEC 45 propõe juntar IPI, ICMS, PIS, COFINS e ISS em um só, o IBS, que funcionaria como o IVA europeu (imposto sobre valor adicionado); a PEC 110, mais ampla, pretende unir esses cinco tributos e o IOF, a CIDE, etc. Parece muito bom. Acontece que a PEC 45, com discussão mais adiantada, prevê, ainda, a criação de IBS seletivo e que todos os Estados e municípios poderão ter suas próprias alíquotas. Então, por dez anos, serão 7 tributos, os 5 de hoje e mais esses 2 IBS. Na PEC 110 o prazo de transição é de cinco anos. Nesse prazo de transição os 2 IBS serão acrescidos aos demais tributos.

Vale refletir sobre o histórico e a experiência tributária brasileira: dez anos para começar a valer esses dois novos tributos, no período haverá três eleições presidenciais, como ficará a proposta de simplificação nos próximos governos, ela será cumprida? Além do mais, serão 20 anos de transição para o pagamento deixar de ser na origem e passar para o destino, e 50 anos para as empresas que hoje têm crédito conseguirem liquidação e recebimento dos mesmos. É bem provável que a maioria das pessoas dessa geração não veja o resultado da reforma que somente se completará, repita-se, em 50 anos.

Além da transição longa, o que incomoda nas propostas é a falta de estudos e dados bem fundamentados que justifiquem as opções assumidas sobre, por exemplo: qual a alíquota a ser adotada que conseguirá manter a arrecadação? Quais atividades terão a carga tributária reduzida ou aumentada? Quais os produtos que serão considerados para fins do IBS seletivo? Quais os critérios dessa escolha e seus reflexos sobre a economia como um todo? Como ficarão as regiões menos desenvolvidas que precisam de incentivos fiscais para atrair novos investimentos e gerarem empregos? Se as empresas do Simples não poderão dar crédito significa o fim do regime? A bolsa-tributo, a ser paga a quem ganha menos (qual será este valor?), será paga e suficiente para reduzir a regressividade da nova tributação, qual o fundamento para a sua aplicação? São muitas perguntas sem respostas, isto é, carecem as propostas de maior transparência e justificativas.

Em nenhuma das propostas há expectativa de redução de carga, pois as propostas nem mesmo prometem diminuição de tributo, ao contrário, todas elas dizem garantir a arrecadação atual. Para isso, alguns setores, por exemplo, como o de serviços, transporte, saúde, educação, pagarão até bem mais, o que implicará em aumento de preços para todos. Também, a taxação sobre o consumo afetará os estados, por conta do ICMS e do ISS dos municípios. A questão é que o Brasil, em desenvolvimento, tem uma alta tributação sobre bens e serviços, 15%, contra a média de 11% de países da OCDE. O que resulta em um efeito perverso sobre a economia e o emprego, pois, se o produto é caro, compra-se menos; ao comprar-se menos, produz-se menos e vende-se menos e, por consequência, são gerados menos empregos e vira um círculo vicioso; e ainda temos uma alta taxação sobre a folha de pagamentos, o que encarece o emprego.

Segundo alguns dados apresentados em palestras por expertises no assunto,[5] o setor de serviços poderá ter aumento na sua carga tributária, por exemplo, de 470% para o serviço autônomo, 211% para escola particular e 1.150% para o taxista autônomo. Isso porque, ao unificar os cinco tributos, todos pagarão tudo. E quando todo mundo paga tudo numa mesma alíquota, alguém acaba pagando mais, inclusive, por que alguns

---

5 https://www.conjur.com.br/2019-nov-08/opiniao-reforma-tributaria-brasil-parte.

setores passarão a pagar tributos embutidos nessa alíquota que antes não pagavam. Não se fez ainda um estudo substancioso sobre qual será essa alíquota que não impacte tanto os prestadores de serviço, que hoje não pagam ICMS e IPI, pagam PIS/COFINS de forma diferenciada e são tributados pelo ISS de 5%, alguns até com percentuais menores. Esse provável aumento de carga encarecerá o serviço, podendo reduzir o consumo e impactará os demais setores uma vez que todos utilizam serviços.

É ilusório pensar que somente o rico utiliza serviços e por isso haveria justiça fiscal em aumentar brutalmente a tributação sobre o setor, pois os serviços integram as cadeias produtivas e muitas vezes são prestados por pessoas de mais baixa renda, portanto este aumento se refletirá sobre o todo. Como falta transparência nas regras, nos critérios do jogo, não se sabe se a junção das alíquotas se ao final a tributação vai baixar ou aumentar e para qual segmento. Especula-se que, ao juntar esses cinco tributos, a alíquota ficará em torno de 25%, mas ninguém sabe ao certo. Os governos precisam de recursos e a arrecadação não pode cair de uma hora para outra e, pelas experiências já vividas, de início as alíquotas sempre são majoradas de forma a garantir a arrecadação e, depois, nunca baixam. Fala-se que a alíquota do IBS será uniforme, isto também não acontecerá. É que se a ideia é dar poderes aos Estados para fixarem as suas alíquotas, elas poderão variar dentro dos parâmetros que serão definidos na lei complementar que vai regulamentar o imposto que for criado. Sobre essa lei complementar nada se sabe ainda.

No tocante à proposta de um tributo único em substituição a todos os demais (antigo sonho do ex-secretário da Receita Federal, Prof. Marcos Cintra), apesar de sedutora quanto à simplificação, ela em nada reduziria a carga tributária ou a desigualdade social, daí porque esta proposta não teve muito espaço para discussão. É que uma alíquota única incidindo tanto no pão como no caviar e de forma cumulativa por todos os elos da cadeia produtiva, mesmo com uma alíquota pequena, resultaria em alta tributação ao final. Proporcionalmente, haveria um sistema regressivo, então, o mais pobre sempre será mais onerado. E não é justo que alguém que recebe menos pague o mesmo que alguém que recebe mais.

Um tributo único, nos moldes da antiga CPMF, seria o mais injusto de todos. Todos devem ainda se lembrar que no início era um imposto provisório que ficou permanente, depois foi transformado em contribuição e perdurou longo tempo. A CPMF tinha alíquota de 0,38% em só momento, mas, em cada elo da cadeia, terminava em uma tributação bem alta ao final. Agora, propõem uma alíquota de 5%, sendo 2,5% na entrada e 2,5% na saída, em todas as operações da cadeia produtiva e de forma cumulativa. Qual o total do imposto que será pago quando se chegar à ponta final da cadeia? Será que em nome da simplificação vamos pagar bem mais? A CPMF acabou há vários anos e até hoje ainda tramitam processos com discussões sobre ela, portanto, ela não traz simplificação. É equivocado, também, achar que a CPMF evitaria a sonegação. Pelo histórico, sabemos que muitas operações passarão à margem do sistema bancário. E vale insistir, se o mais rico e o mais pobre pagam o mesmo percentual de tributação, proporcionalmente, ela se tornará injusta.

Quem ganha mais deve pagar mais Imposto sobre a Renda, entretanto, como hoje este imposto é limitado à alíquota de 27,5% na pessoa física, não existe uma verdadeira progressividade, como determina a previsão constitucional. E ainda há quem questione essa alíquota porque o imposto pago não retorna sob a forma de serviços, ao contrário de outros países que têm alíquotas bem mais altas e são consentidas pelo povo. Em 1985, o imposto sobre a renda no Brasil tinha alíquotas variáveis que chegavam até a 55%.

Já a proposta do Consefaz, tem praticamente as mesmas bases das PEC 45 e PEC 110, porém, com característica dual, dois IBS, haveria a unificação dos tributos federais em um tributo federal e o ICMS e o ISS seriam unificados em um tributo estadual. Assim, todas as colocações já apresentadas são aplicáveis, igualmente, a esta proposta. Relativamente às outras propostas, os secretários dos Estados reunidos no Comitê Nacional de Secretários de Fazenda, Finanças, Receita ou Tributação dos Estados e do Distrito Federal, receiam perder o controle, o poder e a competência de mandar no ICMS e, por consequência, perder arrecadação. Na verdade, a maior discussão diz respeito à composição do comitê gestor do novo tributo. Para corrigir o que entendem ser uma distorção propõem que estados e municípios integrem o comitê gestor dos recursos, deixando de fora a União. Propõem, ainda, que a transição para compensar eventuais perdas ocorra em vinte anos, e não em cinquenta, como no texto da PEC 45. A proposta do Consefaz não está em tramitação, mas está sendo negociada para ver se conseguem incorporar alguma coisa dela aos textos já em tramitação.

O governo federal criou uma comissão (Portaria 548 – ministro da Economia, DOU- 10/10/2019) para estudar uma proposta a ser apresentada em 60 dias prorrogáveis por mais 60 dias. Caso esse prazo seja cumprido só teremos uma proposta em alguns meses e, então, já estaremos no período eleitoral e será mais difícil a sua aprovação.

Inicialmente, circulou que na proposta do governo seria criado um imposto sobre movimentação financeira (IMF) nos moldes da velha CPMF, mas, pelas dificuldades de aprovação, pode ser que ela faça, ou não, parte do pacote. Ainda está tudo muito incerto.

Uma questão relevante a ser observada é um ponto incorporado nas propostas, o fim dos incentivos fiscais. Não se pode defender o fim dos incentivos fiscais de modo generalizado! É necessário debater quais os incentivos fiscais são prejudiciais à economia e àqueles imprescindíveis, para atrair investimentos, como política econômica do país, tendo em vista não existir, ainda, uma política nacional de desenvolvimento. Por exemplo, como acabar com os incentivos fiscais se não temos como movimentar a economia e gerar empregos nas regiões mais longínquas e mais carentes do país? Ora, basta um mínimo de lógica para ver que uma empresa não vai ser atraída para se instalar em Manaus, na região norte ou nordeste, com todas as dificuldades de infraestrutura, logística, mão de obra e de tudo o mais, se não tiver algum incentivo. Aos que argumentam que não é justo para a empresa, que prefere se instalar em um ambiente melhor para negócios, pergunto: e as pessoas daqueles lugares distantes, como é que irão ter emprego, se não existe sequer um plano macroeconômico para o Brasil que gere recursos em cada local? É necessário não se deixar seduzir por razões imediatistas que poderão causar danos maiores a longo prazo e procurar equilibrar os interesses em discussão.

Igualmente, com relação ao SIMPLES e as políticas públicas direcionadas às micro e pequenas empresas, há que se olhar de forma diferenciada em decorrência da própria desigualdade delas dentro do mercado. De forma expressa, a PEC 45 não extingue essa sistemática de tributação, mas impede que as empresas do SIMPLES concedam crédito para outras pessoas jurídicas. Ora, isso vai inviabilizar essas pequenas empresas. Em 2003, participei da elaboração da proposta do Simples Nacional, quando prestava consultoria ao SEBRAE Nacional. O nome Lei Geral da Micro e Pequena empresa fui eu quem deu. Sempre defendi que a empresa que está começando ou ainda não cresceu deve ter estímulo para se desenvolver. E, realmente, esse sistema superou todas as expectativas. Em 2019 as micro e pequenas empresas representam 99% das empresas com faturamento de até 8,9 milhões de reais, compõem 27% do PIB, geram 52% dos empregos com carteira assinada e 40% dos salários pagos. O pequeno negócio legalizado não consegue produzir e sobreviver com uma alta tributação e complexidade burocrática. É muito fácil mexer na legislação e disfarçar o fim do regime.

Veja o que acontece com o ICMS, todos pensam que a alíquota é de 18%, mas, como a tributação é por dentro, ele incide sobre ele mesmo (calcula-se o ICMS do produto com o próprio ICMS embutido) e termina a taxação em 23% dependendo do produto. Isso sem considerar os fundos como o da pobreza, que acrescem a taxação do ICMS. Como não há transparência no modelo, ninguém se dá conta disso.

Em matéria de simplificação, a ideia do SIMPLES, em que apenas se juntam todos os tributos a serem pagos pela empresa, sem alterar a sua destinação, é um modelo a ser seguido, pois, não interfere no pacto federativo uma vez que a simplificação é para quem paga e a distribuição da arrecadação é feita diretamente ao respectivo ente federativo competente.

Relativamente às alegações de que no Brasil é necessária uma reforma em decorrência da alta sonegação, é importante ponderar que, nos últimos anos, os fiscos têm se organizado e estão dotados de ferramentas eficientes para evitar desvios e sonegação, inclusive com a utilização de novas tecnologias para identificar todas as operações e cercar os contribuintes de todas as formas. Tem que ser assim, pois, se além de tudo isso menos gente pagar tributos, sobrará menos ainda para a prestação de bons serviços públicos e a carga tenderá a aumentar mais para quem já paga.

A sociedade precisa ter a consciência de cidadania de que é ela quem paga por todos os serviços públicos, portanto, para que estes serviços sejam de qualidade e a carga tributária não seja sufocante, são os cidadãos que têm de provocar as mudanças, cobrar dos parlamentares e governantes a quem deram seu voto, precisa-se cobrar bom atendimento dos servidores públicos que, algumas vezes, tratam os administrados com descaso. Em vários casos é necessário buscar medidas judiciais para que os cidadãos sejam atendidos e fazerem valer seus direitos, por exemplo, no caso do INSS para que ele pague as pensões e aposentadorias devidas, haja vista a atual crise porque passa esse órgão. Como uma pessoa pobre vai sobreviver com a demora em receber a pensão a que tem direito? Esse tipo de ineficiência, também congestiona ainda mais o judiciário além de ferir a dignidade do cidadão.

Já no que se refere à tributação sobre a renda, realmente o correto, em uma verdadeira reforma tributária que promovesse a justiça fiscal, seria trocar o peso da tributação sobre o consumo para aumentar a tributação sobre a renda.[6] Ao se considerar esse tipo de tributação, contudo, deverá ser adotado o correto conceito do que efetivamente é renda, ou seja, um

---

6 QUEIROZ, Mary Elbe. *Imposto Sobre a Renda e Proventos de Qualquer Natureza.* São Paulo: Manole, 2003. (Tese de Doutoramento em Direito Tributário – PUC/SP).

real acréscimo patrimonial por meio de um ganho novo. Daí porque um salário que apenas garante a sobrevivência de uma família não pode ser considerado como renda para fins de pagar tributo sobre ele, no caso, não há qualquer acréscimo ou aumento de patrimônio. A maioria das pessoas físicas, dos que pagam IR, é assalariada, pois, os lucros distribuídos pelas pessoas jurídicas são isentos. Então, é uma injustiça quem recebe R$ 1.903,99 reais mensais pagar 7,5% de imposto sobre a renda. Com esse valor, uma família poderá sobreviver com dignidade, como garantido na Constituição? Segundo o DIEESE, o salário mínimo ideal a ser pago, em dezembro de 2019, seria de R$ 4.342,57, contra os atuais R$ 1.039,00 (para 2020), para assegurar alimentação, saúde, educação, vestimenta, etc. a uma família de quatro pessoas. Então, é injusta a tributação a partir daquele limite mínimo da tabela do IRPF.

Ora, se o valor da isenção do IR não dá nem para cobrir o gasto mínimo necessário à sobrevivência com dignidade, como já se cobra imposto sobre ele? Tudo agravado, ainda, por estar a tabela do IRPF sem atualização há muito tempo. Porém, quem vai sustentar o Estado? Assim, deve existir razoabilidade ao se fixar o limite de isenção.

Quanto à isenção dos dividendos, muito criticada, é importante refletir que quando os lucros eram tributados as alíquotas do IR das pessoas jurídicas era menor e não existia a CSLL, a alteração para a sistemática atual foi feita em nome da simplificação. Hoje estes dois tributos somados, na pessoa jurídica, dá uma alíquota de 34% de tributação sobre os lucros. Ora, voltando a tributação da distribuição de lucros e dividendos, a alíquota da tributação sobre a pessoa jurídica terá que ser reduzida, para evitar que tenhamos uma tributação confiscatória e, com isso, haja reflexos na economia, sejam afetados investimentos e incentivos à informalidade. Como no dizer de Everardo Maciel, "A melhor forma de tributação do sócio é a tributação exclusiva no lucro da empresa", justificando que esse modelo é "mais simples, menos vulnerável à sonegação e mais neutro em relação aos regimes de tributação".[7]

Outro desacerto no nosso modelo tributário é que, além da alta carga sobre o consumo, o maior peso recai sobre produtos essenciais que impactam toda a economia. Quais produtos hoje têm maior tributação? Produtos essenciais como gasolina, eletricidade e comunicação, isso porque sobre estes produtos é mais fácil controlar a arrecadação e justamente porque eles são de grande utilização por todos, entretanto, não é feita qualquer ponderação

---

7 https://www.conjur.com.br/2018-set-27/imposto-dividendos-cria-assimetria-tributaria-professor

sobre eles serem produtos indispensáveis e seu impacto na economia. Na visão dos governantes, esse tributo é mais fácil de arrecadar e todo mundo paga, então, não se discute se a tributação é justa ou injusta.

Acompanhamos propostas de reformas tributárias desde 2003, e a experiência mostra que remendos sempre geram mais impostos, cumulatividade, cálculo do tributo por dentro e litigiosidade. Em 2003, o Finsocial deu lugar ao PIS/COFINS. O discurso era de que resolveria a questão da cumulatividade e da sobreposição da cascata dos tributos na cadeia produtiva. Ótima intenção, porém, não concretizada. A alíquota da época de 3,65% no total, passou, então, a 9,25%, sob a justificativa de que seria dado o direito de compensar créditos e com o tempo haveria a calibragem das alíquotas. O que aconteceu ao longo do tempo? Normas posteriores e interpretações diversas foram retirando o direito ao crédito e a alíquota ficou maior em definitivo e foram reconhecidos poucos créditos.

Antes de pensarmos em uma reforma tributária, todavia, é imprescindível que haja uma reforma do estado para que se consiga enxugar gastos, reduzir a litigiosidade, combater desvios e sonegações, ter uma boa gestão do dinheiro público e uma administração eficiente que preste serviços de qualidade. Somente então poderemos pensar em fazer uma reforma tributária que possa reduzir a carga tributária.

Eu quero aproveitar para destacar que medidas tomadas como a Lei da Liberdade Econômica (nº 13.874/2019) e a Lei do Contribuinte Legal (transação tributária) sinalizam que parece ter havido nos últimos tempos uma mudança de prioridade, mais acertada, que é, primeiro, discutir o gasto público e fazer ajustes fiscais. Elas são positivas, só espero que não sejam criados óbices e que o bom contribuinte que está passando por dificuldades e quer se legalizar possa pagar seus tributos com tranquilidade. Acrescente-se, também, a iniciativa da apresentação da PEC Mais Brasil ou PEC do Pacto Federativo, da PEC Emergencial e a PEC dos Fundos, na tentativa de uma melhor gestão pública.

Para uma verdadeira reforma tributária precisamos de estabilidade fiscal, simplificação, transparência, reestruturação do Estado e gastos púbicos equilibrados e eficientes. Que esteja baseada em fundamentos macroeconômicos sólidos que reduzam as incertezas sobre o passado, o presente e o futuro e gerem confiança para o investidor. Precisa-se ampliar a base contributiva, que reduza o peso excessivo da carga tributária e a burocracia nela embutida, bem assim desonerar a folha de salários para aumentar a competitividade e a eficiência econômica e poder haver um crescimento do emprego e do PIB brasileiro.

Embora haja luz no horizonte, mas, como não se pode diminuir a arrecadação, a alternativa é tornar eficiente e reduzir o gasto público, as demandas judiciais, simplificar e desburocratizar o cumprimento de obrigações.

Deve-se reduzir a quantidade de tributos. A destinação, partilha dos recursos e disputas federativas não podem gerar complexidade e ônus para quem paga. A solução é tecnológica, tome-se a ideia do Simples Nacional.

Tem-se que unificar os tributos com bases idênticas: o IRPJ e a CSLL; o PIS, a COFINS e a CIDE; o IPI, o ICMS e o ISS. Dos 8 só restariam 3! Para simplificar, também, precisa-se: reduzir o excesso de certidões, licenças, alvarás e declarações; criar um só cadastro e inscrição para fins fiscais e societários. Os tributos devem ser recolhidos em um só documento e a repartição das receitas caberia ao Estado, depende, apenas, de solução tecnológica.

Do lado dos gastos precisa-se de racionalidade. Veja-se a saúde e a educação com obrigações e despesas repartidas e triplicadas pelas três esferas de governo sem que a população seja atendida nas suas necessidades.

O País precisa de uma reformar o nosso modelo tributário, inclusive, não só olhando para a economia hoje existente, porém, especialmente voltada para o presente e futuro onde as relações da economia estão passando para o mundo virtual e sem fronteiras espaciais. Uma reforma que aumente a atração de investimentos, geração de empregos, ampliação da base contributiva, desoneração da folha de salários. Com desemprego e a carga tributária aumentando, o país termina arrecadando menos exatamente pelo impacto que ela tem na atividade econômica.

Daí porque, é fácil falar em reforma tributária, entretanto, pelos modelos hoje propostos, já sabemos que as discussões não são aprofundadas o suficiente para que seja atendido esse clamor que poderão resultar, tão somente, em meros e malfeitos remendos. A superficialidade revela que hoje se tem um mito, pois os cidadãos não sabem o que é e para que é a Reforma Tributária. Sem essa tomada de consciência ela não acontecerá, pois a carga tributária é baixa para o Estado e é alta e injusta para quem paga, além de os serviços serem de pouca qualidade.

É preciso, contudo, ter esperança e confiar que a médio prazo poderemos ter esses ajustes no sistema tributário brasileiro. Enfim, governo e sociedade precisam se unir em torno de uma proposta que consiga pelo menos simplificar o sistema e trazer bons ventos sobre: custos, arrecadação, desenvolvimento, emprego, competitividade e governabilidade do País.

A REFORMA TRIBUTÁRIA E SUAS REFORMULAÇÕES

NATÁLIA DE CÁSSIA GOMES SILVA[1]
MARISA BATISTA DOS REIS[2]

SUMÁRIO: 1. Introdução; 2. O pacote de medidas anunciado pelo governo; 3. A PEC Nº 45/19 e seus principais aspectos; 4. Reforma tributária: uma necessidade nacional; 5. A demora é inimiga da cautela; 6. Considerações finais

1. INTRODUÇÃO

O Código Tributário Nacional remonta a 1966, e, apesar de recepcionado pela Constituição da República de 1988, mostra-se limitado, nos tempos atuais, no tocante ao tratamento normativo das questões jurídicas a ele atinentes.

Tal fato faz com que a legislação tributária brasileira seja fortemente impactada por inúmeras Medidas Provisórias, que, por vezes, convertem-se em leis e, em outras, caem no esquecimento, tornando-se obsoletas, resguardando-se, é claro, os efeitos produzidos durante seu período de vigência.

De igual maneira, a estrutura normativa tributária sofre alterações diárias, por meio de normas complementares, que, não raras vezes, afastando-se de sua essência de regras de caráter secundário, excedem os comandos legais dos quais se originam, ocasionando ilegalidades e inconstitucionalidades, que fazem com que os contribuintes abarrotem

---

[1] Advogada. MBA em Gestão de Tributos e Planejamento Tributário pela FGV. Especialização em Direito Tributário pelo IBET. Pós-graduada em Controladoria e Finanças pela UFMG. Gestão de Departamentos Jurídicos no INSPER. Gerente de Consultoria e Planejamento Tributário.

[2] Advogada. Especialização em Direito Tributário pela Pontifícia Universidade de Minas Gerais – PUC/MG. Pós-graduada em Controladoria e Finanças pela UFMG. Gerente de Contencioso Tributário.

o judiciário com ações, cujo objetivo é obter a famigerada segurança jurídica, por meio da correção de tais distorções e violações.

Diante desse cenário, que se repete diariamente, soa redundante, se não óbvia, a afirmativa de que a legislação tributária brasileira é demasiadamente complexa. Isso porque, a enorme quantidade de tributos e obrigações acessórias existentes, além de grandes montantes financeiros, exige dos contribuintes um enorme dispêndio de tempo para o seu cumprimento, o que, fatalmente, ocasiona o aumento dos custos de apuração e recolhimento e constituem verdadeiros entraves ao crescimento da economia do país e das empresas.

E é nesse contexto, em que a complexidade e a burocracia tornaram-se verdadeiras condições limitantes aos contribuintes brasileiros e estrangeiros, que desejam realizar investimentos ou empreender, no território nacional, que, em 2019, após muitos anos de tentativas não exitosas, ganhou força o discurso da necessidade de se realizar uma reforma tributária ampla e que vise à justiça fiscal e social.

Contudo, diante da multiplicidade de propostas e, sobretudo, do risco iminente de a reforma se converter em uma sequência de grandes costuras legislativas, o que, sem dúvidas, inviabilizaria ou dificultaria bastante a efetiva simplificação do sistema tributário, é que o presente estudo se faz necessário, sem o intuito de esgotar o assunto, mas com o objetivo de contribuir para as reflexões, que têm sido levadas a efeito neste momento.

Para tanto, far-se-á uma breve abordagem, acerca da proposta de reforma tributária anunciada pelo Governo em novembro de 2019 e da PEC nº 45/19, que, já tendo passado pela CCJ (Câmara de Constituição e Justiça) e pela fase de debates em comissão especial, encontra-se com as discussões mais avançadas, procedendo-se, em seguida, a uma análise crítica, especialmente no que diz respeito à necessidade de que a reforma ocorra, bem como no que diz respeito aos longos períodos de transição previstos, que podem acabar por comprometer a efetividade da reforma, como um todo, transformando-a, como dito acima, em uma sucessão de reparos e ajustes legislativos no âmbito tributário.

2. O PACOTE DE MEDIDAS ANUNCIADO PELO GOVERNO

Em meados de novembro de 2019, após a rejeição de uma malsinada ideia de instituir uma nova CPMF, o Ministério da Economia anunciou um novo pacote de medidas, que visa à simplificação do sistema tributário brasileiro.

O roteiro traçado pelo Ministério é divido em quatro etapas e inclui, em suas fases, propostas de criação da Contribuição sobre Bens e Serviços (CBS), transformação do IPI em imposto seletivo, reformulação do IRPJ e IRPF e a diminuição da tributação das empresas, por meio do corte de tributos.

As fases do planejamento anunciado dividem-se da seguinte forma:

1ª fase: O Governo enviará ao Legislativo um projeto de lei que unifique o PIS e a COFINS, incidentes sobre produtos e serviços, inclusive os intangíveis, por meio da criação de um imposto sobre valor agregado federal.

O novo tributo se chamará "Contribuição sobre Bens e Serviços (CBS)" e terá alíquota única, entre 11% e 12%, incidindo sobre todos os bens e serviços, embora preveja um tratamento diferenciado para algumas atividades, tais como os serviços, a construção civil e o transporte urbano.

Seguindo o modelo do IVA, todos os créditos da CBS poderão ser usados pelas empresas, para diminuir o valor a pagar. Ainda, de acordo com o projeto anunciado, o novo tributo levaria ao fim da desoneração da cesta básica e possibilitaria a devolução dos tributos pagos no consumo para a população de baixa renda.

2ª fase: Será encaminhada pelo Governo a proposta de mudança no IPI, que será convertido em um imposto regulatório, de caráter seletivo, incidente sobre bens como bebidas, cigarros e alguns veículos, com alíquotas específicas para cada um.

Nesta fase, também será realizada uma revisão da incidência da CIDE, que tende a ser extinta, inclusive em relação aos combustíveis.

3ª fase: Concentrando-se no Imposto de Renda, o Governo enviará proposta que pretende o aumento da faixa de isenção, redução das faixas de renda para cálculo do imposto, fixação de um limite geral para deduções de gastos com saúde e educação e a criação de nova alíquota para que os que auferem maior renda.

Especificamente em relação às pessoas jurídicas, prevê-se uma redução de 14% da tributação sobre o lucro (IRPJ e CSLL), por um período pré-determinado, que variará entre cinco e oito anos. Outro ponto, bastante polêmico, inclusive, é a tributação dos dividendos.

4ª fase: Os esforços do Governo estarão concentrados para a desoneração da folha de salários das empresas, objetivando-se a extinção paulatina dos encargos.

O plano governamental prevê a manutenção da carga tributária atual, que gira em torno de 35% e, para impedir que esta carga aumente ou diminua, estuda propor um sistema de calibragem, que funcionará como uma balança anual de reequilíbrio financeiro: em caso de aumento da carga a alíquota será reduzida e vice-versa.

Outra questão já superada diz respeito ao fim dos regimes especiais, que, como já declarado pelo atual Secretário da Receita Federal do Brasil, Sr. José Barroso Tostes Neto, serão extintos, pois, de acordo com ele, a existência de uma grande gama desses regimes torna a tributação ainda mais complexa.

Embora o Governo sustente que não haverá demora entre a execução das fases que compõem o planejamento, ainda não houve a remessa oficial da proposta ao Congresso, sob o argumento de que alguns pontos têm sido estudados internamente.

3. A PEC Nº 45/19 E SEUS PRINCIPAIS ASPECTOS

Apresentada pelo Deputado Baleia Rossi, em abril de 2019, e defendida sob o argumento da suposta eficiência da desoneração para a população de baixa renda e da integração do Simples Nacional, a Proposta de Emenda Constitucional nº 45/2019 pretende a substituição de cinco tributos, quais sejam: IPI, PIS, COFINS, ICMS e ISS, por apenas um, o Imposto Sobre Bens e Serviços (IBS), que será criado por lei complementar nacional e terá alíquota única.

Com o intuito de dar primazia à transparência, neutralidade e equidade no sistema tributário brasileiro, o IBS será um imposto plenamente não-cumulativo, cobrado em todas as etapas do processo de produção e comercialização, assegurando-se, em cada etapa, o respectivo creditamento referente ao imposto recolhido na etapa anterior.

Além disso, a proposta prevê que o IBS será um tributo com finalidade puramente arrecadatória, instituído por meio de legislação nacional e uniforme, que incidirá no destino, em uma ampla base de bens, serviços, direitos – tangíveis e intangíveis.

Vale dizer que, embora preveja a devolução, em parte, às famílias mais pobres e, também, a desoneração das exportações, a proposta não contempla nenhuma isenção, benefícios fiscais ou regimes especiais, o que, inclusive, é causa de muitos questionamentos, uma vez que, sem incentivos, é possível que se verifique um aumento da carga tributária, acompanhado de uma queda na arrecadação de Estados e Municípios, tendo em vista o aumento do custo para o consumidor final e a queda no consumo.

Estima-se que tais distorções serão corrigidas por meio da garantia de manutenção da arrecadação de ICMS e ISS, por vinte anos, e, ainda, através dos prazos de transição, que serão criados, uma vez que o projeto prevê um período de transição de dez anos para que o IBS seja implementado completamente, e outro, de cinquenta anos, para a consolidação da nova forma de repartição da arrecadação tributária proveniente do imposto. Isso significa dizer que, pelo período de dez anos, conviverão – talvez, não em harmonia – os dois modelos tributários, de modo que os contribuintes deverão recolher os cinco tributos substituídos e o próprio IBS.

Também com o escopo de reduzir eventuais disparidades, no tocante à arrecadação e distribuição de receitas entre os entes federados, a proposta prevê a criação de um comitê gestor, a ser instituído por lei complementar.

A proposta denota, ainda, preocupação, no que diz respeito à preservação da autonomia política e financeira dos entes, que seria assegurada pela possibilidade de modificação da alíquota de referência, a ser indicada pelo Tribunal de Contas da União.

Além do IBS, que, por sua configuração, tem moldes de um imposto sobre bens agregados, a proposta prevê um imposto seletivo federal, *"com finalidade extrafiscal, destinado a desestimular o consumo de determinados bens, serviços ou direitos"*[3], que terá incidência monofásica em apenas uma etapa do processo de produção e distribuição e nas importações.

Em síntese, a referida proposta tem como principal escopo a simplificação e a racionalização do sistema tributário, com a unificação dos tributos, os quais serão substituídos por um imposto único, incidente sobre as operações com bens e serviços, bem como, vedação completa a concessão de incentivos e benefícios fiscais, prevendo a devolução do imposto suportado pelos consumidores de baixo poder aquisitivo, por meio de mecanismos de transferência de renda. Além disso, importante salientar que a PEC n° 110/19, outra proposta que se encontra em discussão atualmente, muito se assemelha à PEC n° 45/19.

4. REFORMA TRIBUTÁRIA: UMA NECESSIDADE NACIONAL

Por tudo que já se disse e, sobretudo, pelo estrangulamento dos contribuintes, por meio de uma carga tributária extremamente alta, que, ine-

---

3 Disponível em:https://www.camara.leg.br/proposicoesWeb/prop_mostrarintegra;-jsessionid=F51CBA30C8BF770EAE83145EFF119785.proposicoesWebExterno1?-codteor=1728369&filename=Tramitacao-PEC+45/2019; Acesso em 13/12/2019

quivocamente, tem, ao longo de anos, causado fortes e danosos impactos à economia, tem-se que a reforma tributária é uma necessidade urgente.

A complexidade do sistema tributário é responsável por um dos mais elevados contenciosos tributários do mundo, com matérias em litígio que alcançam, aproximadamente, R$ 4 trilhões[4], fato que é diretamente responsável pela alta dos custos para as empresas.

E como se não bastasse apenas o grande número de processos, os contribuintes estão submetidos a uma insegurança jurídica tão intensa, que, muitas vezes, a despeito de já terem discutido a questão no judiciário, continuam submetidos às arbitrariedades dos órgãos administrativos.

É o que ocorre, por exemplo, com aqueles que, nos idos dos anos 90, obtiveram o trânsito em julgado de decisão que reconheceu a inconstitucionalidade da Lei nº 7.689/88, que instituiu a CSLL, e, ainda hoje, são reiteradamente autuados pela Receita Federal do Brasil, que se recusa a dar cumprimento à ordem judicial, ferindo a coisa julgada, inclusive em casos em que esses mesmos contribuintes obtiveram decisões definitivas em novas ações, ajuizadas com o escopo de "fazer valer" a efetividade da primeira coisa julgada.

De igual maneira, os contribuintes que discutem o conceito de insumo para aproveitamento de créditos para PIS e Cofins, tema que levou quase 15 anos para ser julgado no STJ e, ainda hoje, segue com nebulosidades e dúvidas que precisam ser esclarecidas de modo casuístico, considerando-se a restrita normatização levada a efeito pela Receita Federal do Brasil, que, por vezes, afasta-se dos critérios da essencialidade e relevância intrínsecos à atividade do contribuinte.

Todas essas situações, atreladas a tantas outras, que se repetem diariamente, no âmbito judicial e administrativo, evidenciam, de modo inequívoco que o sistema tributário brasileiro, pela quantidade e complexidade, tornou-se um arcabouço de exceções normativas, o que causa graves prejuízos à federação, o que se evidencia, por exemplo, pelas guerras fiscais, que se prolongam indefinidamente no tempo, em tentativas estatais de atraírem investimentos, o que resultou em uma infinidade de regimes especiais que mascaram a renúncia de receitas.

A desburocratização do Estado, no que tange ao exercício da atividade econômica, é uma importante política para incentivar o empreende-

---

4 Disponível em: https://valor.globo.com/legislacao/fio-da-meada/post/2018/02/o-brasil-tem-r-4-trilhoes-de-creditos-tributarios-a-recuperar.ghtml Acesso em: 24/10/2019

dorismo e, assim, movimentar a economia, uma vez que o pequeno e médio empreendedor sofrem com as excessivas regulamentações e exigências da máquina pública para abrir seu próprio negócio. Segundo Paulo Guedes, atual ministro da Economia do Brasil:

> O empresário brasileiro tem uma bola de ferro na perna direita, que são os juros altos; uma na perna esquerda, que são os impostos; um piano nas costas, que são os encargos sociais trabalhistas.

O conjunto de medidas anunciado do Governo, embora "fatiado", em uma proposta que se prolonga no tempo, o que será objeto de uma análise mais detida adiante, dialoga, em diversos pontos, com os pontos centrais da PEC nº 45/19.

E, nesse contexto de se reduzir a quantidade de tributos e obrigações atualmente existentes, é necessário que se destaquem alguns pontos críticos, observados em relação ao panorama tributário atual.

De modo geral, observa-se que, desde sua instituição, o ICMS sofreu um verdadeiro desmoronamento, em virtude da guerra fiscal e da economia atual, voltada para os "novos serviços", tais como *streaming* de vídeo e música.

O ISS, por sua vez, demanda uma estrutura fiscalizatória robusta, o que acaba por torná-lo inviável para a maior parte dos 5.570 municípios atualmente existentes no País.

Inequivocamente, o IPI ganhou contornos de um imposto seletivo. Por fim, o PIS e a Cofins mostram-se, atualmente, como as figuras tributárias de maior interesse do Fisco, em decorrência de seu caráter arrecadatório (não são tributos de repartição obrigatória com os Estados e Municípios). De igual maneira, mas por razões distintas, os contribuintes também têm grande interesse na modificação da estrutura de tais tributos, tendo em vista que sua sistemática cumulativa e não cumulativa geram inúmeras discussões.

Repise-se que tal panorama, traçado a partir de poucos exemplos, escancara a complexidade e o notório insucesso do que se tornou o sistema tributário brasileiro ao longo dos últimos cinquenta anos.

Tais fatos oneram os contribuintes, inclusive no que diz respeito aos custos de *compliance*, uma vez que, para cumprir as centenas de obrigações acessórias, apurações, recolhimentos, atualização da base cadastral das legislações, com segurança e assertividade, eles se vêem obrigados a investir em medidas que lhes tragam maior segurança, o que ocasiona, para as empresas, um custo absurdo de pessoas e operacional, já que, para realizar a gestão dos negócios, de modo a evitar, ao máximo, os erros e as autuações, faz-se necessário um investimento astronômico em sistemas para gestão fiscal, inovação, treinamentos, contratações e, claro, as famosas horas extras.

Isso sem mencionar o alto custo dos litígios judiciais, especialmente após a entrada em vigor do Código de Processo Civil de 2015, que trouxe mudanças substanciais, no que diz respeito ao custo efetivo dos processos para as partes litigantes.

De acordo com o segundo estudo anual veiculado pelo Banco Mundial, o Brasil é líder no quesito de "horas gastas por contribuintes no cumprimento de obrigações tributárias principais e acessórias", com média de 1.958 horas/ano, no exercício dessas atividades (2017)[5]. Em países desenvolvidos, essa média gira entre 300 e 350 horas.

Assustadoramente, para o cumprimento de obrigações de natureza administrativa, o brasileiro gasta 2.600 horas/ano, conforme divulgado pela Organização para a Cooperação e Desenvolvimento Econômico (OCDE)[6].

Não há dúvidas de que todos os dados das pesquisas, aliados, também, à experiência empírica dos contribuintes deixam claro que, em função da grande quantidade de obrigações acessórias e das horas despendidas para seu cumprimento, o "problema tributário brasileiro" ou os problemas, se entendermos que a questão é demasiadamente plural, precisa(m) ser sanado(s), reavaliando-se não apenas a quantidade, mas, substancialmente, a complexidade das regras, que evidenciam, de modo contundente, a burocracia, ineficiência e inviabilidade do atual sistema tributário brasileiro.

Pelas razões apresentadas, tem-se que a reforma tributária faz-se necessária, a fim de simplificar e trazer agilidade e produtividade para todos os setores e, ainda, traz consigo a possibilidade de colocar o Brasil em condições de equidade, em relação aos demais sistemas tributários do mundo.

5. A DEMORA É INIMIGA DA CAUTELA

É notório que o debate sobre a reforma tributária deve ser pautado pela retomada de princípios essenciais, tais como o da equidade, da

---

5 Disponível em: https://datahelpdesk.worldbank.org/knowledgebase/articles/906522-data-updates-and-errata. Acesso em: 22/10/2019.

6 Disponível em: https://valor.globo.com/brasil/noticia/2019/07/18/brasil-fica-na-lanterna-em-retorno-de-imposto-para-sociedade-diz-ibpt.ghtml Acesso em: 22/10/2019.

progressividade e da capacidade contributiva, com o objetivo de caminhar rumo à justiça fiscal e social, priorizando-se uma verdadeira redistribuição da renda, uma vez que a tributação é um dos melhores instrumentos de erradicação da pobreza e da redução das desigualdades sociais, que, inclusive, constituem objetivos essenciais da República, conforme previsto expressamente na Constituição.

E é por essas e outras razões que a reforma deve ser amplamente analisada e discutida, com ponderação e escuta de todos, para que haja contribuição, debate e aperfeiçoamento das propostas apresentadas, as quais, como se sabe, ainda padecem de alguns vícios e inconstitucionalidades.

Nesse contexto, é necessário que se pontue que a demora é inimiga da cautela. E, aqui, é importante que se olhe, com bastante atenção, não apenas para a longa duração do período de transição previsto na PEC nº 45/2019 (dez anos), em que os dois sistemas tributários serão mantidos de modo simultâneo, o antigo (com os tributos ICMS, ISS, IPI, PIS e COFINS que serão gradativamente reduzidos) e o novo (o IBS), como também para o planejamento do Governo de enviar propostas, em quatro fases distintas, para o Congresso.

Ora, tanto o longo prazo de coexistência dos dois sistemas, como a ideia de fazer uma reforma em quatro fases apartadas e distintas podem trazer prejuízos ao contribuinte, com o aumento da complexidade do sistema (o que, vale dizer, seria um efeito reverso ao pretendido com a reforma), dos gastos com obrigações acessórias e da própria carga tributária, o que dificultaria, ainda mais, o cotidiano.

Além disso, há um risco efetivo, mormente no pacote de medidas proposto pelo Governo de se fazer com que a reforma seja convertida em um amontoado de ajustes e reparos da legislação tributária e não em uma reforma efetiva. E isso seria, sem dúvidas, uma grande perda para os contribuintes, que se veriam mais envoltos em um sistema burocrático e caro.

Muitos são os pontos que precisam ser esclarecidos e pontuados, em ambas as propostas, uma delas, por exemplo, diz respeito ao fato de que é necessário que a não cumulatividade ampla seja realmente uma garantia do IBS, o que precisa ser devidamente tratado na legislação infraconstitucional, acerca da quais maiores esclarecimentos ainda precisam ser dados, a fim de se conhecer, com precisão, o seu alcance, sob o risco de apenas se aumentar o número de disputas judiciais já existentes.

Também não podem ser esquecidos, até mesmo por sua relevância, em relação à arrecadação nacional[7], os contribuintes optantes pelo Simples Nacional, pois não se pode prejudicá-los ou desestimulá-los.

Não se pode ignorar que o Brasil ostenta elevados índices de pobreza e miserabilidade e que a tributação é um instrumento poderoso e eficiente para se realizar justiça social. Também é certo que, se por um lado a tributação pode incrementar o desenvolvimento do país, por outro, quando excessiva, desestimula o empreendedorismo e elimina importantes agentes da atividade econômica.

É importante então, que sejam melhor estudados, também, os mecanismos de devolução de impostos às famílias de baixa renda, por meio do cruzamento do sistema bolsa família e CPF do consumidor final, pois é possível que tal sistema não se concretize, materialmente, como um instrumento de justiça social, já que, na prática, esses consumidores, no ato de suas compras, pagarão o tributo com o valor cheio e, somente depois de se submeterem a burocracias e falhas já conhecidas do sistema brasileiro, terão a oportunidade de reaver parte dos valores. Deve-se refletir se as pessoas, de fato, conseguirão a referida devolução, uma vez que muitos não constam de qualquer programa social e, outros, sequer têm CPF. Ademais, há que se considerar que essa situação pode acabar por violar o princípio da capacidade contributiva.

O aumento dos preços onera o consumir final, de modo que é preciso que se permita que os produtos essenciais à sobrevivência, entre os quais se inserem alimentos da cesta básica e medicamentos, continuem sendo incentivados com uma alíquota extremamente reduzida, próxima de zero por cento, ou mesmo de zero por cento. O ideal seria que esses produtos fossem incluídos em uma lista taxativa, a ser respeitada por todos os entes da federação, com o objetivo de se mitigar eventuais e futuras discussões, tal qual se verifica hoje.

Por fim, deve-se dizer que, neste primeiro momento, ambas as propostas são silentes acerca do regime da substituição tributária, objeto de inúmeras discussões judiciais e fonte de grande insegurança jurídica. Neste ponto, deve-se dizer que a ocasião mostra-se extremamente oportuna para sua completa extinção, uma vez que o regime da substituição tributária causa distorções e onera o consumidor final, e essa já tem sido a inclusive a tendência de alguns Estados.

---

7 De 2006 a 2016, tais empresas arrecadaram aos cofres públicos R$ 543 bilhões, representando algo em torno de 3% da arrecadação total. Fonte: http://www.leigeral.com.br/novidades/detalhes/6786-Simples-Nacional-ja-gerou-R-543-bi-aos-cofres-publicos

O Brasil tem, neste momento, a oportunidade histórica de corrigir as distorções gravíssimas, que vêm sendo criadas, há tempos, em seu sistema tributário. Para tanto, é preciso que sejam feitos, agora, os ajustes necessários nos projetos de reforma tributária, com árdua análise e atenção dos pontos de principais impactos, bem como com a devida atenção aos longos períodos de transição/implementação previstos, pois este ponto sensível pode fazer com que os principais objetivos da reforma não sejam alcançados.

6. CONSIDERAÇÕES FINAIS

O atual sistema tributário brasileiro contempla múltiplas legislações e alíquotas, alterações constantes e sistema cumulativo, o que afeta, de modo substancial, o poder competitivo das empresas brasileiras nos âmbitos nacional e internacional.

Isso mostra que o sistema vigente é ineficiente, complexo, pouco transparente e anticompetitivo, restando categórica e imperiosa a necessidade de se realizar a reforma, a qual deve se dar de modo cauteloso, mas sem demoras, a fim de se evitar que o processo seja convertido em meras alterações sucessivas, inócuas e complexas da legislação, tal como já ocorre atualmente.

É preciso repensar o Brasil pela perspectiva da livre iniciativa e do empreendedorismo, entendendo que o desenvolvimento econômico e social só se dará por meio de uma reforma tributária ampla e que vise justiça fiscal e social.

Além disso, faz-se imperioso suscitar uma possível integração da proposta do governo com a PEC nº 45/19, dividindo o IVA único, de 25%, em dois sobre a mesma base, um da União e outro dos Estados e municípios, com gestões diferentes, de modo a mitigar eventual discussão sobre a integridade do pacto federativo e a autonomia financeira dos entes políticos, sobretudo a dos municípios, preservando assim a competência tributária de todos os entes, no âmbito nacional, estadual e municipal.

As evidências empíricas aqui apresentadas mostram que o Brasil precisa avançar muito para criar um ambiente em que se tenha segurança jurídica, um melhor aproveitamento de recursos e uma menor burocracia no país, portanto, resta claro que há pontos a serem reformulados, mas a reforma precisa ocorrer.

TRIBUTO, CRISE E REFORMA: QUE NÃO SE FECHEM OS OLHOS AO PACTO DEMOCRÁTICO

NATERCIA SAMPAIO SIQUEIRA[1]

SUMÁRIO: 1. Introdução; 1.1. O pacto pela democracia e a crise; 2. Equanimidade e distribuição de riqueza; 3. Eficiência econômica e distribuição de riqueza; 4. Tributação e democracia; 5. Conclusões; Referências Bibliográficas

1. INTRODUÇÃO

Os sérios problemas econômicos, políticos e sociais que a sociedade brasileira tem enfrentado geraram um ambiente político cujo discurso tem-se caracterizado pela autoridade pessoal do político e pelo acirramento e polarização da linguagem. A institucionalização vai cedendo espaço ao culto à personalidade: uma figura que evoca o poder providencial paterno, que restaura o que era bom e faz tábula rasa do que era mau.

Neste contexto, narrativas revisionistas, tanto de direita como de esquerda, tomam forma e prometem romper com a normalidade institucional, que estaria viciada e seria a causa dos problemas contemporâneos. Neste ambiente, se tem proposto reformas tributárias significativas, que prometem expressivo rompimento com a prática então sedimentada.

Não obstante a existência da crise e de medidas de adaptação necessárias para que se a possa superar, não se pode suplantar o núcleo axiológico basilar que caracteriza uma sociedade democrática: a equanimidade. Posta a problemática, o presente capítulo pretende averiguar a compatibilidade das reformas tributárias, que investem na simplificação, com a democra-

---

1 Mestrado em Direito Tributário pela UFMG. Doutorado em Direito Constitucional pela Unifor. Pós-doutoramento (em curso) em Direito Econômico pela Faculdade de Direito da Universidade de Lisboa. Professora do PPGD (Mestrado e Doutorado) em Direito Constitucional da Unifor. Membro do REPJAL. Procuradora Fiscal do Município de Fortaleza.

cia. Para tanto, inicia-se com a exploração do atual contexto do debate político, mediante a advertência de que, nestes tempos conturbados, não se pode perder por perspectiva a normalidade institucional inerente à uma democracia. Posteriormente, mediante abordagem bibliográfica, se delimita a axiologia própria de sociedade democrática contemporânea, bem como as suas implicações sobre políticas econômicas e sociais.

Em um terceiro momento, explora-se a confluência entre a axiologia democrática e a eficácia na economia, para, em seguida, expor, por linhas gerais, as propostas de reforma tributária e analisar a sua compatibilidade com o elemento axiológico basilar da sociedade brasileira. Referida abordagem, se a compreende por necessária, uma vez que as urgências do contingente não devem obnubilar o essencial de um pacto democrático.

1.1. O PACTO PELA DEMOCRACIA E A CRISE

A palavra de ordem que marcou os recentes debates políticos e eleições foi crise. Crise econômica, política, ética. A desoladora imagem de uma terra rasa, arruinada, que faz nascer em muitos a necessidade de uma mão forte, apta a medidas enérgicas, à superação da crise e à retomada do desenvolvimento.

Não se está, nesta descrição inicial, a negar a existência da crise externa e interna, o *déficit* fiscal brasileiro, os elevados índices do desemprego e da pobreza, os esquemas de corrupção nos mais diversos escalões e nem a grave situação institucional, sócio e econômica, no qual o quadro acima descrito se consubstancia. Muito menos, está-se a olvidar os esforços necessários para a superação de tal crise, que talvez se manifeste em medidas enérgicas, de contenção e de reanálise de políticas até então desenvolvidas. Tão somente, pretende-se, de início, chamar a atenção de que tal quadro, costumeiramente expresso pela narrativa da crise, desencadeia, por um lado, prática discursiva extremada, carregada de afetos políticos que dificultam um efetivo diálogo e obnubilam o consenso axiológico mínimo indispensável à manutenção de uma democracia.

Referida situação, por outro lado, não é de somenos importância. Pelo contrário. E nem é inédita nas democracias ocidentais. Desde que o pretexto da crise datada de 2008 deu lugar a discursos autoritários, revisionistas da política democrática liberal, alguns acadêmicos têm realçado a relação entre crise, medo e autoritarismo. Já no niilismo nazista, é possível situar o esboço dessa relação: a grave crise econômico e social que sucedeu o término da primeira guerra mundial e o *crash* da bolsa de Nova York gerou os sentimentos de medo, frustração e desamparo que possibilitaram a segmento expressivo da sociedade a simpatia por figuras autoritárias que sintetizam um estereótipo identitário do homem comum.

Sobre este mote, Wladimir Saflate (2015) analisa as narrativas políticas (as serão?) autoritárias do século XXI, ressaltando que o retorno à autoridade parental é uma afeto político já utilizado por Freud para compreender o totalitarismo nazista. Ao tratar desse assunto, Saflatte inicia por dissecar o desamparo:

> Por outro lado, a indeterminação provocada pela inadequação entre avaliação de nossa força e a grandeza da situação própria do desamparo remete necessariamente ao excesso de força pusional. Em especial ao excesso representado pela excitação pulsiona [...] Por estar desamparado é estar sem ajuda, sem recursos diante de um acontecimento que não é a atualização de meus possíveis. Por isso, ele provoca a suspensão, mesmo que momentânea, da minha capacidade de ação, representação e previsão[2] (SAFATLE, 2015, P. 71).

Essa suspensão da ação, em situação de perigo, pela percepção da ausência de recursos aptos a enfrentá-la, aciona mecanismos neuróticos, cheios de excitação pulsional, de proteção e superação, como a autoridade paterna. O desamparo é então um afeto político que prepara o campo para a "incorporação do poder"[3]: a sua materialização em uma figura autoritária que explora elementos identitários comuns a segmento expressivo da população.

Essa figura autoritária que reflete uma identidade idealizada e típica compõe mesmo o mecanismo de formação da psiquê humana. Já no início da história pessoal, o bebê humano sofre com o descompasso entre a cogniscibilidade e a dependência, o que registraria em sua experiência o medo, bem como a eficácia de se reclamar à figura parental[4]. Ou seja, fica armazenado, nas experiências humanas, a eficácia do recurso a uma figura "parental" para a superação do desamparo, o suprimento de recursos necessários e o sobrepujamento do medo.

Mas quando este recurso é utilizado na política, volta-se ao fenômeno o qual Safatle mencionou: a incorporação do poder. A ação política perde a racionalidade dialógica e adquire coloração ideológica, tanto mais forte quanto mais intenso o processo de identificação em detrimento à institucionalização, que torna a narrativa pessoal e acirrada: a defesa de si na

---

2 SAFATLE, Vladimir. *O circuito dos afetos*; Corpos políticos, desamparo e o fim dos indivíduos. São Paulo: Cosac Naify, 2015, p. 71.

3 SAFATLE, op. cit. op. 101.

4 NUSBAUM, Martha. *The Monarchy of fear*: a philosopher looks a tour political crisis. New York: Simon & Schuster, 2018, p. 19.

figura do seu estereótipo político se o fecha para o outro. De outra sorte, é importante que se ressalte que essa linguagem mostra-se, igualmente, apta de abrigar conteúdos opostos. E por regra, é isto o que acontece, uma vez que o aguçamento e a pessoalização da narrativa política não raro provoca a adoção de igual linguagem a quem defende a causa diversa.

Martha Nussbaum, que há tempos trabalha os afetos, inclusive o medo e a raiva na política, relata, no momento atual, a dificuldade que tem identificado para a construção do diálogo entre os seus alunos de direita e de esquerda. O discurso anti-emigração, que geralmente implica bandeira da direita, recrudesce após 2008, uma vez que canaliza a raiva e frustração para o "diferente", que seria a causa da crise econômica; os intrusos que teriam roubado empregos e oportunidades. Pode-se ir adiante e ponderar que a exclusão do diferente é sintoma de mecanismos identitários que recuperam a autoestima pela manifestação da superioridade de "si" através da diferenciação e inferiorização do "outro"[5].

Mas como enfatiza a autora estadunidense[6], a dogmatização de opiniões não se restringe ao conservadorismo excludente, posto que também alcança os ânimos progressistas: ao invés de se esforçar para compreender o outro, passou-se a demonizá-lo como o mal. Por traz dessas falas, a teoria do complô que alcança tanto a narrativa da direita pela esquerda como a desta por aquela: no primeiro caso, a narrativa da direita é associada à tomada de poder pelo grande capital, cuja ausência de valores implicaria o mal pela insensibilidade à miséria alheia. Já no segundo caso, a esquerda é relacionada a estrangeiros que vêm render a soberania e minar as oportunidades do cidadão nacional[7].

Referida situação, informada pela linguagem do complô, leva ao extremismo que se constrói pela dogmatização de crenças e corporalização do poder. Mas esse distanciamento do diálogo pela certeza excludente mediante a pessoalização do poder, implica um grande perigo para a democracia, posto que, por vezes, obnubila, conforme o se antecipou o pacto político acerca de um modelo democrático estrutural à sociedade brasileira.

Destarte, há um modelo mínimo que responde pela caracterização da sociedade brasileira como democrática, a qualificar-se pela cooperação equitativa entre os membros da sociedade. A estruturação da sociedade brasileira como aquela constituída por iguais, como enfaticamente es-

---

5 NUSSBAUM, 2018, p. 2.

6 2018, p. 3.

7 RUNCIMAN, David. *Cosí finisce la democrazia*; paradozzi, presente e futuro dium'instituzioneimperfetta. Turim; Bollati Boringhieri, 2018, p. 59.

tipula o caput. do art. 5º da Constituição Federal, implica um determinado modelo democrático cogente à política, à economia e ao direito.

Por óbvio que referida estruturação sob certo modelo não induz a um único protótipo, nem que não se possa reconfigurar significativamente o arquétipo adotado: mas que há um molde anatômico e funcional basilar que deve ser continuamente observado. Mais: que o referido molde deve se perpetuar como informante e condicionante do protótipo que esteja a ser contingencialmente experimentado, seja em que situação for.

Isto significa que as medidas de exceção, que geralmente têm lugar em momentos de crise econômica, não são aptas a descaracterizar esse comprometimento basilar que resulta da equanimidade. No momento, é importante, ainda que de forma sucinta, trabalhar as inferências dessa característica de equanimidade nas instituições sociais.

2. EQUANIMIDADE E DISTRIBUIÇÃO DE RIQUEZA

A equanimidade social implica, numa sociedade democrática, que todos possuem igual importância e relevância perante o Estado, de maneira que uma pessoa e as suas convicções não sejam consideradas melhores ou piores do que outra pessoa e as suas convicções. Aprioristicamente, todos os modelos e concepções de bem são igualmente bons. Disto, duas implicações resultam: primeiro, a sociedade não poderia ter a sua estrutura básica comprometida com algum modelo particular de como se viver bem[8], o que ocorreria, por exemplo, se determinada doutrina religiosa (modelo valoroso específico de como se viver bem) servisse de matéria prima à elaboração do conteúdo de institutos jurídicos elementares, tais quais os de família, filiação e casamento. Em tal situação, um determinado modelo do valoroso, que assim o é para certos segmentos, seria imposto ao todo, o que significaria a constituição da sociedade mediante uma ordem hierárquica de valoração do que é importante que prejudicaria a igualdade característica de uma democracia.

Mas a equanimidade não apenas demanda que a sociedade não se comprometa, aprioristicamente, com um modelo específico de como se viver bem. Ela também está a fundamentalmente exigir que a dinâmica de escolhas de governo e mercado, que impactam preferências pessoais e sociais, fortalecendo ou/e fragilizando determinados modelos de vida, ocorra mediante justas condições de participação.

---

8 RAWLS, John. The priority of right and ideas of the good. In: FREEMAM, Samuel (org.). *John Rawls*: collect papers. Cambridge: Harvard University Press, 1999, p. 459.

Destarte, se o processo de tomada de decisão no mercado e no Estado for, apriorística e arbitrariamente, estruturado para se assegurar ou reservar um maior poder decisório para determinado segmento, a sociedade estará estruturada para funcionar no benefício de alguns em detrimento de outros. É o que acontece quando se reserva recursos econômicos e o domínio de expertises e habilidades para determinados grupos, lhes possibilitando, por conseguinte, mais fácil acesso aos cargos e funções (no mercado e na máquina pública) de maiores poderes e prerrogativas, que franqueiam uma maior influência sobre a sociedade. Ao se assegurar essa concentração de recursos, se cria uma estrutura viciada de poder social que assegura a uns a permanência de uma especial faculdade de influência que implica a hierarquização social.

Mas para superar essa hierarquização, é necessária a adoção do segundo princípio de justiça de Rawls: justa oportunidade e o princípio da diferença[9]. A justa oportunidade significa que as desigualdades socioeconômicas apenas são justas quando asseguradas oportunidades equânimes de preenchimento de cargos e funções sociais abertos a todos. Isto, porque se todos possuem justas oportunidades para ascender aos cargos que guardam maiores poderes e prerrogativas, as oportunidades para influir na dinâmica social são equânimes, o que significa tratar a todos como iguais.

Para tanto, Rawls propõe duas medidas: a desconcentração de riqueza e uma educação inclusiva, que assegure a todas as pessoas, independentemente de suas origens e condições pessoais, habilidades e conhecimentos aptos a lhes possibilitar a concorrência ao acesso dos cargos e funções de maiores poderes e prerrogativas[10] em condições de igualdade. E tanto uma, como outra medida, implicam política distributiva de riqueza.

Pode-se, pelo momento, levantar a conclusão parcial de que a democracia, a ser caracterizada pela igualdade e ausência de hierarquia, demanda a institucionalização da distribuição de riqueza de maneira a se evitar a sua concentração, assim como a assimetria de recursos que implique a reserva arbitrária dos cargos de maiores poderes e prerrogativas para determinados segmentos societários. De outra sorte, o que já é por todos conhecido - embora, por vezes, não seja inútil a afirmação do óbvio: a institucionalização da distribuição de riqueza se faz mediante o sistema tributário.

---

9 RAWLS, John. Justiça e democracia. São Paulo, Martins Fontes, 2000, p. 144.

10 RAWLS, John. *A theory of justice.* Cambridge: Havard University Press, 1971, p. 71.

3. EFICIÊNCIA ECONÔMICA E DISTRIBUIÇÃO DE RIQUEZA

Mas a distribuição de riqueza não é apenas um mecanismo apto a se alcançar as metas da justiça em uma democracia, como é fator relevante para se assegurar a eficiência econômica, que demanda o equilíbrio entre produção e demanda.

Os economistas clássicos concentravam as suas atenções na produção e com isso receitavam a não intervenção do Estado na iniciativa privada: deixar ao investidor a maior quantidade possível de recursos, riqueza e liberdade, de maneira que se melhor o munisse ao exercício da sua iniciativa econômica, que geraria trabalho, o incremento do valor dos bens e serviços e o desenvolvimento econômico. Mas essa crença na produção como motor do desenvolvimento econômico e na habilidade individual para promovê-lo foi fortemente abalada pelo *crash* da bolsa de Nova York, ao qual se seguiu uma grave crise econômica mundial. Tratando das causas do *crash* da bolsa de Nova York, Hobsbawm mencionou a grande desproporção entre a produção e o consumo, estimulada pela concentração de renda[11] e que não fora tempestivamente observada em razão de uma política financeira de crédito irresponsável, forjada pela "tradicional aliança entre otimistas autoliludidos e a crescente picaretagem financeira"[12].

Mas o fato é que a grave crise econômica desacreditou o postulado absenteísta estatal e chamou a atenção para o fato de que a neutralidade do Estado possibilita o grande acúmulo de capital que, por sua vez, gerou significativa desproporção entre produção e demanda. Já no século XXI, Piketty explora a relação entre o rendimento do trabalho e o do capital como o elemento estrutural da desigualdade[13], ao tempo em que ressalva que o acúmulo do capital nos presentes dias, após a significativa redução ocorrida em meados do século XX, parece ter recuperado a grandeza característica dos séculos XVIII e XIX[14]. Diante deste contexto, o economista francês chega à igual hipótese levantada por Hobbsbawm acerca do crash de 1929: a de que o incremento da desigualdade foi uma das causas da crise de 2008, uma vez que a concentração de riqueza reduziu o poder de compra das classes populares e médias norte-americanas[15].

---

11 HOBSBAWM, Eric. *A era dos extremos*: o breve século XX 1914-1991. São Paulo; Companhia das Letras, 1995, p. 104.

12 HOBSBAWN, op. cit., p. 104.

13 PIKETTY, Thomas. *O capital no século XXI*. Rio de Janeiro, Intrínseca, 2014, p. 46

14 Piketty, op. cit. p. 120.

15 PIKETTY, op. Cit. P. 289.

Aqui, o retorno à conjectura de que uma estrutura econômica, tanto quanto possível estável, não prescinde da equanimidade sócio-econômica, que possibilite uma base de demanda que efetivamente dê suporte aos avanços da produção. Retornando à década de 30 do século XX, Keynes, após o *crash* da bolsa de Nova York, reuniu vários adeptos e assumiu o *status* de celebridade por entre economistas ao pensar em receita diferente da prescrita pela economia clássica: ao invés da abstenção estatal com vistas ao fomento da iniciativa privada, defendeu a intervenção de maneira a se assegurar a demanda. Olhos postos na demanda, deixou de lado a frugalidade e o equilíbrio fiscal: em um emissora de rádio no ano de 1931, Keynes instigava as donas de casa a gastarem e arguia que se todas resolvessem poupar ao invés de consumir, não haveria mais trabalho[16].

Keynes defendeu a ausência de modicidade em períodos de crise. Ele sustentou a relevância de despesas adicionais que manteriam empregos, que impulsionariam à realização de mais despesas adicionais, com a criação de novos empregos[17]. Um ciclo vicioso do bem. Ademais, o economista britânico passou a atribuir valor ativo à moeda e a defender políticas monetárias, de maneira que, ao invés de entesourada, ela fosse direcionada ao consumo ou ao investimento[18].

Concomitante à difusão da teoria Keynesiana, países no entre-guerras passaram a se utilizar de medidas estatais intervencionistas na economia, com bons resultados para a recuperação do desenvolvimento econômico. E ainda que essas medidas tenham sido tomadas em ambiente de crise, todo o contexto teórico e empírico levou à aquisição de novas perspectivas: a) a relevância da demanda; b) o necessário equilíbrio entre oferta e consumo à sustentabilidade do desenvolvimento econômico; c) a perda de neutralidade da moeda.

Com essas novas perspectivas, e de braços dados com a concepção do Estado social, que reivindica direitos subjetivos a uma vida materialmente digna, chegou-se ao projeto de institucionalização de políticas públicas inclusivas de caráter estratégico e do seu respectivo financiamento, igualmente planeado. Ou seja, assiste-se à mobilização conjunta da economia e da axiologia para a institucionalização de po-

---

16 WAPPSHOT, Nicholas. *Keynes Hayek*: o confronto que definiu a economia moderna. Córdova: D. Quixote, 2018, p. 95.

17 WAPPSHOT, op. cit., p. 152.

18 HUGON, Paul. História das doutrinas econômicas. São Paulo, Atlas, 1995, p. 410-411.

líticas públicas permanentes de transferência de riqueza, de maneira a se assegurar não apenas o equilíbrio entre produção e demanda, bem como a equanimidade social democrática.

4. TRIBUTAÇÃO E DEMOCRACIA

Conforme já se antecipou, as políticas tributárias respondem pela institucionalização da transferência de riqueza, com o propósito de se realizar os desafios de uma economia eficaz e de uma sociedade democrática justa: a desconcentração de riqueza, o equilíbrio entre oferta e demanda, a equanimidade de oportunidades nos diversos setores da vida em sociedade.

Referido papel atribuído à tributação é extremamente complexo, como já o revela a Constituição federal, ao atribuir-lhe não apenas a sua função típica de transferência de recursos e custeio do Estado, mas ao possibilitar-lhe o uso como sofisticados instrumentos de políticas monetárias e cambiais, bem como de estímulo ao desenvolvimento econômico e de intervenção em hábitos sociais.

A sofisticação e complexidade do emprego da política tributária resulta da sofisticação e complexidade da estrutura democrática de sociedades economicamente desenvolvidas, e deve dar-se tanto mediante planeamento estratégico, como em resposta às contingências que se vão apresentando. Se, por um lado, a democracia é elementarmente comprometida com a equanimidade, a política tributária deve ser estrategicamente estruturada de forma a custear uma rede de serviços públicos inclusivos e a obstar uma dinâmica arbitrária e duradoura de relevante concentração de riqueza. Para tanto, a tributação deve ser elevada; este é um compromisso atávico com a democracia. De segundo, a tributação deve ser realizada, em grande escala, de acordo com a capacidade contributiva, de maneira que o custeio de atuações públicas não se dê mediante uma dinâmica de concentração de riqueza. Com base nesses dois critérios, faz-se interessante analisar dados publicados em relatórios da OCDE e da Receita Federal.

A OCDE[19], ao examinar as políticas tributárias de países da América Latina e do Brasil, estima que as receitas tributárias, no período de 1990 a 2010, avançaram em relação ao PIB: a tributação brasileira, por exemplo, atingia 28,2% do PIB em 1990, ao passo que a média dos países da América Latina era de 13,9% e dos países da OCDE era de 33,0%. Já em 2010, a tributação brasileira correspondeu a 32,4% do PIB, enquanto a média dos países da américa latina subiu para 19,4% e dos países da OCDE para 33,8%.

---

19 Disponível na página https://www.oecd.org/ctp/tax-global/BRAZIL_PT_country%20note_final.pdf

Embora inferior à média da tributação da OCDE (medida em relação ao PIB), a carga tributária brasileira, em 2010, ainda era superior a de 17 países que são seus integrantes. Não obstante, já naquela época a tributação brasileira realizava-se, preferencialmente, por tributos sobre o consumo: em 2010, 14,2 % do PIB fora tributado por imposto sobre bens e serviços, ao passo que apenas 6,9% o foi por impostos sobre rendimentos e lucros, 8,4% por contribuições e previdência e 1,9% por imposto de propriedade.

Já em relatório sobre a carga tributária brasileira de 2017[20], a Receita Federal estimou que a Carga Tributária bruta brasileira atingiu 32,43% do PIB, dentre os quais 68,02% foram direcionados à União federal, 25,72% aos Estados e 6,26% aos Municípios. Ainda prosseguindo na análise dos dados constantes do relatório, 19,22% (6,26% do PIB) da arrecadação se deu sobre a renda, ao passo que 26,12% (8,47% do PIB) fora proveniente das folhas de salário, 48,44% (15,71% do PIB) teve por base os bens e serviços e 4,48% (1,49% do PIB) deu-se sobre a propriedade.

Na comparação com a média da carga tributária dos países da OCDE, no período de 2016, que era de 34,3% do PIB, o mesmo relatório aponta que a brasileira ainda estava abaixo, não obstante acima de países como Estados Unidos, Canadá, Suíça, e Coreia do Sul. Já quanto à metodologia da tributação, neste período analisada, consta do relatório que enquanto a média da carga tributária dos países da OCDE sobre a renda, o lucro e o ganho de capital correspondeu a 11,4% do PIB, a brasileira alcançou 6,5% do PIB. Já em relação ao consumo, em 2016: a média da carga tributária dos países da OCDE sobre bens e serviços alcançava 11,2% do PIB, ao passo que a carga tributária brasileira atingiu 15,4 % do PIB.

Com base em tais dados, pode-se conjecturar que a política tributária brasileira, embora avance por uma fatia significativa do PIB, o que implica a institucionalização de uma justiça distributiva séria e comprometida com a equanimidade, realiza-se por metodologia que investe, significativamente, na tributação sobre o consumo de bens e serviços que, por carecer de mecanismos de mensuração pessoal da capacidade contributiva, tende a falhar na distribuição do ônus tributário em conformidade com a aptidão de cada qual para suportá-lo. Como resultado, a tributação pende a manter mecanismos de concentração de riqueza, uma vez que falha em assegurar que a parcela mais rica da população contribua em esforço superior aos demais segmentos sociais com o custeio do Estado.

---

20 Relatório intitulado "Carga tributária no Brasil 2017; análise por tributos e bases de incidência", disponível na página http://receita.economia.gov.br/dados/receitadata/estudos-e-tributarios-e-aduaneiros/estudos-e-estatisticas/carga-tributaria-no-brasil/carga-tributaria-2017.pdf

Não obstante a praticidade, a eficácia e a liquidez da tributação sobre o consumo, ela, ao não possibilitar uma mensuração precisa da capacidade contributiva, implica uma distribuição chapada do ônus tributário, que não alcança, de forma intencional, as singularidades. Não se pode perder de vista essas observações no atual contexto em que os políticos brasileiros, premidos pela crise econômica, têm resgatado a política tributária como objeto de relevantes propostas de alterações.

A atual conjuctura política, com as características tratadas no tópico 1.0, tem direcionado o pêndulo à pessoalização, ao invés da institucionalização: a maior simpatia pela autoridade pessoal, apta e legitimada a superar a institucionalização viciada (a atual). As propostas de direita e esquerda se acirram, o que, do lado de lá, resgatou o discurso libertário, a pôr em cheque as tradicionais instituições comprometidas com o Estado social e democrático. Neste contexto, o atual governo traz o discurso da liberdade econômica como o antídoto à crise e como a terapia adequada à retomada do crescimento. Neste propósito, resgata as reivindicações do setor produtivo, em especial as relacionadas com a desburocratização, a segurança e a simplificação.

Não é, portanto, de se surpreender que as propostas de alterações da política tributária se tenham voltado, especialmente, a este projeto de segurança e simplificação, com investimento na centralização e uniformidade da tributação sobre o consumo. A PEC 45/2019, a tramitar na Câmara, pretende a extinção de 5 tributos sobre o consumo e a instituição de um único, de índole federal, estadual e municipal; neste, caberia a cada ente federado fixar uma única alíquota para todos os bens e serviços que sejam da sua competência, não obstante a base de cálculo permanecesse a mesma para todos. Já a PEC 110/2019, do Senado, propõe a extinção de nove tributos, para dar lugar a um imposto de valor agregado sobre bens e serviços de competência estadual. O ITCMD, por sua vez, passaria a ser de competência da União, mas com a receita destinada aos municípios. Concomitante, à União caberia um tributo residual sobre bens e serviços, ao passo que a CSLL seria incorporada ao IR, que teria as suas alíquotas ampliadas[21].

Já a proposta do governo trabalha com a unificação do PIS e Cofins mediante – se possível - uma única alíquota e aproveitamento total dos créditos, nos moldes do IVA. Também se propõe a simplificação do imposto de renda, com elevação da faixa dos isentos, mas redução das deduções de despesas necessárias. Ainda em relação à renda, pretende-se

---

21 Dados colhidos na página https://g1.globo.com/politica/noticia/2019/09/02/reforma-tributaria-entenda-as-propostas-em-discussao-no-congresso.ghtml

investir na de titularidade da pessoa física como fonte de custeio do Estado: elevar as alíquotas sobre os ricos ao passo que, progressivamente, se reduziria a tributação do IR sobre a pessoa jurídica[22]. A proposta de simplificação, com justificativa na isonomia, ainda se revelaria na revisão de regimes tributários especiais, no intuito de uniformizá-los.

Ora, as propostas que continuam a investir numa tributação sobre o consumo, fortalecendo a sua uniformidade e simplicidade, contribuem ainda mais para a tributação planificada, que não se revela sensível a uma justa distribuição de riqueza e que se vai afastando da equanimidade característica da democracia. Tal ocorre igualmente na pretensão de se simplificar o IR pessoa física, compensando-se a redução das despesas dedutíveis com a ampliação da faixa de isenção: planifica-se ainda mais um tributo que apresenta aptidão à pessoalidade, que deve ser explorada (art. 145, Parágrafo 1º, CF). Ademais, o investimento a maior na tributação da pessoa física, mediante a sujeição à tributação dos dividendos, ao passo em que se reduz a tributação sobre as empresas, deixa a descoberto a mais robusta, dinâmica e complexa fonte produtora de riqueza. Ainda por cima, fomenta a confusão patrimonial e facilita a evasão à tributação, uma vez que a manipulação do aspecto espacial pela pessoa física é bem mais fácil do que a pela pessoa jurídica.

É também importante assinalar que de certas propostas resulta a perda da autonomia municipal, que já é bastante fragilizada, conforme os dados colhidos no relatório da receita federal. É bem verdade que se por um lado a centralização federal e regional militam a favor de uma coordenação estratégica da institucionalização de serviços e atuações públicas direcionadas à inclusão social, ela mostra-se contraditória ao federalismo brasileiro, que se qualifica pela autonomia municipal.

Há uma contínua reivindicação pela efetiva independência local, de maneira que não se faça do rico pluralismo, característico da realidade brasileira, tábula rasa mediante a centralização de recursos, de regulamentações e da elaboração e desenvolvimento de políticas na União federal ou nos estados. Ocorre que o fortalecimento de um protótipo comum de tributação, ou seja, da sua uniformidade, ao passo em que se restringem as possibilidades do exercício da competência tributária – o

---

22 Dados disponíveis nas páginas https://g1.globo.com/economia/noticia/2019/11/23/reforma-tributaria-entenda-as-tres-etapas-da-proposta-que-o-governo-pretende-enviar.ghtml e https://economia.estadao.com.br/noticias/geral,reforma-tributaria-comeca-ate-fim-de-novembro-com-imposto-sobre-consumo,70003093126

que envolve o uso da política extrafiscal – afasta-se, precisamente, do esforço de respeito e observância às singularidades locais e regionais.

Não se pode, entretanto, fechar os olhos aos benefícios da simplificação e uniformidade, bem como da redução da discricionariedade na elaboração de políticas tributárias, que além da praticidade, de uma maior segurança jurídica e da facilidade de compreensão do sistema (?) tributário, possui o efeito satisfatório de mitigar o *rent-sheeking* característico do ambiente político: manipulação do legislativo por grupos de pressão para obter vantagens específicas das regulações. De outra sorte, a planificação da regulamentação tributária serve, em alguma medida relevante, aos propósitos da justa concorrência, uma vez que reduz o risco de estipulação de tratamento tributário diferenciado entre iguais, não obstante possa igualmente prejudicá-la, mediante o incremento do risco de se imputar tratamento igual a partes desiguais.

Ademais, a uniformidade do regime tributário e a sua simplificação, ao reduzir a discricionariedade no exercício da competência tributária, implica maior entrave às regulações contingenciais de adequação da tributação à realidade, o que pode se revelar inconveniente.

5. CONCLUSÕES

Em períodos de crise, é comum alguns afetos políticos eclodirem, como o medo, a frustração e a raiva, o que leva à polarização e à pessoalização do discurso político, assim como ao descrédito de instituições já alicerçadas. À institucionalização experimentada se atribui a causa das crises, o que recepciona discursos "revolucionários" por figuras que resgatam a autoridade parental. No presente caso brasileiro, tais discursos, oficialmente, se prendem à reivindicação libertária de simplificação do regime tributário.

Mas a simplificação envolve sérios riscos, como a planificação da tributação, a perda de autonomia dos entes federados, a rigidez das políticas tributárias. A planificação da tributação, é importante que se frise, quando realizada em medida significativa, mostra-se em desacordo com a justiça democrática, caracterizada pela equanimidade. Isto, porque à equanimidade deve-se institucionalizar uma justa política de distribuição de riqueza, que se realize mediante a sua desconcentração, ao passo que uma tributação que preze pela simplificação, mediante a tipificação que a afaste de singularidades econômicas relevantes, não mede com precisão e intencionalidade a aptidão real dos agentes econômicos para custear os gastos públicos.

De outra sorte, a complexidade da economia é acompanhada, no Brasil, pela complexidade sócio-cultural, razão pela qual a federação brasileira é caracterizada pela autonomia municipal. Por conseguinte, propostas de reforma tributária, com propósito de simplificação, uniformidade e segurança jurídica, não pode retirar, significativamente, a discricionariedade no exercício da competência tributária, sob pena de prejuízo à autonomia dos entes federados. Em se realizando a simplificação tributária nestes moldes, também se assiste à planificação artificial de complexidade que deve ser abordada na sua realidade.

A manutenção da discricionariedade no exercício da competência tributária é também relevante para a adaptação da tributação à realidade que se esteja vivenciando. Desta forma, a simplificação, que aposte na planificação artificial da complexidade, na uniformidade e na redução significativa da discricionariedade no exercício da competência tributária, não obstante seja atraente para o presente discurso libertário e para suas relevantes demandas (segurança jurídica e justa concorrência) que se tem oficializado em momento de crise, apresenta significativo potencial de se indispor com o núcleo basilar do pacto democrático, informado pela equanimidade, uma vez que não assegura uma justa distribuição de riqueza e nem a abordagem real da complexidade socioeconômica.

REFERÊNCIAS BIBLIOGRÁFICAS

HOBSBAWM, Eric. *A era dos extremos:* o breve século XX: 1914-1991. Tradução: Marcos Santarrita. 2. ed. Rio de Janeiro: Paz e Terra, 1995.

PIKETTY, Thomas. *O capital no século XXI.* Tradução de Mônica Baumgarten de Bolle. Rio de Janeiro: Intrínseca, 2014.

HUGON, Paul. *História das doutrinas econômicas.* São Paulo: Atlas, 1995.

PIKETTY, Thomas. *O capital no século XXI.* Rio de Janeiro, Intrínseca, 2014, p. 46

RAWLS, John. *A theory of justice.* Cambridge: Harvard University Press, 1971.

————. The priority of right and ideas of the good. *In:* FREEMAM, Samuel (Org.). *John Rawls:* collect papers. Cambrigde: Harvard University Press, 1999d. p. 449-472.

————. *Justiça e democracia.* São Paulo: Martins Fontes, 2000.

RUNCIMAN, David. *Cosí finisce la democrazia*; paradozzi, presente e futuro di un'instituzioneimperfetta. Turim; Bollati Boringhieri, 2018, p. 59.

SAFATLE, Vladimir. *O circuito dos afetos*: corpos políticos, desamparo e o fim do indivíduo. São Paulo: Cosac Naify, 2015.

WAPSHOTT, Nicholas. *Keynes Hayek*: o confronto que definiu a economia moderna. *Direito.* Rio de Janeiro: Lumen Juris, 2012. 3ª. Edição. Córdoba: Dom Quixote, 2018.

REFORMA TRIBUTÁRIA E A NECESSÁRIA EQUAÇÃO DA TRIBUTAÇÃO DA RENDA, DO PATRIMÔNIO E DO CONSUMO

PAULO CALIENDO[1]

SUMÁRIO: 1. Tributação da renda e do patrimônio: tributar os mais ricos como caminho para diminuir as desigualdades sociais?; 1.1. Estado Social, Desigualdade e Redistribuição da Riqueza; 1.2. Tributação, Progressividade e Redistribuição da Renda; 1.3. Análise Crítica das Propostas de redistribuição da renda por meio da tributação; 2. Reforma da Tributação sobre o Consumo; 3. Análise crítica de outras propostas; 4. Considerações Finais; Referências Bibliográficas

---

1 Possui graduação em Direito pela Faculdade de Direito da Universidade Federal do Rio Grande do Sul (1992), mestrado em Direito pela Universidade Federal do Rio Grande do Sul (1996) e doutorado em Direito pela Pontifícia Universidade Católica de São Paulo (2002), Doutorado Sandwich na Ludwig- Maximilians Universität em Munique (Alemanha) (2001). Participou do Program of Instruction for Lawyers da Harvard Law School (2001). Árbitro da Lista brasileira do Sistema de Controvérsias do Mercosul. Atualmente, é professor permanente da Pontifícia Universidade Católica do Rio Grande do Sul. Autor da obra finalista do Prêmio Jabuti «Direito Tributário e Análise Econômica do Direito» e autor de verbetes na obra ganhadora do Prêmio Jabuti 2016 "Comentários à Constituição da República Federativa do Brasil", Coordenada pelos Profs. Ingo Sarlet, J.J. Canotilho e Gilmar Mendes. Autor da obra "Direito Tributário: três modos de pensar a tributação". Tem experiência na área de Direito, com ênfase em Direito Tributário, atuando principalmente nos seguintes temas: Análise Econômica do Direito Tributário, Direitos Fundamentais do Contribuinte e Direito Tributário Internacional.

1. TRIBUTAÇÃO DA RENDA E DO PATRIMÔNIO: TRIBUTAR OS MAIS RICOS COMO CAMINHO PARA DIMINUIR AS DESIGUALDADES SOCIAIS?

Há um forte questionamento se as políticas tributárias podem desempenhar um papel decisivo na distribuição de renda, no caso do Brasil. Diversas premissas que aparecem pressupostas no debate tributário atual merecem uma problematização. Eliminar a pobreza é o mesmo que eliminar a desigualdade social? O nosso texto constitucional estabelece como objetivos erradicar a pobreza e reduzir as desigualdades sociais, mas a realização do primeiro objetivo, por si só, não implica necessariamente a redução da segunda? Estas são perguntas difíceis, porém necessárias para uma boa arquitetura fiscal.

1.1. ESTADO SOCIAL, DESIGUALDADE E REDISTRIBUIÇÃO DA RIQUEZA

O texto constitucional de 1988 estabelece a República Federativa do Brasil sob a égide de um Estado Social. Dentre os objetivos fundamentais da República Federativa do Brasil se destacam: "*I - construir uma sociedade livre, justa e solidária;*" e "*III - erradicar a pobreza e a marginalização e reduzir as desigualdades sociais e regionais;*". O Estado Social é um modelo político essencialmente promocional, desejoso de entregar bens e serviços básicos à manutenção de um mínimo social à dignidade humana, tais como saúde e educação, mas não apenas estes.

Os indivíduos reagem diferentemente em relação aos mesmos estímulos e desejos. Tome-se por exemplo a atitudes perante o futuro (*attitude towards future*). Geralmente os indivíduos preferem satisfações atuais e presentes à futuras satisfações, mesmo ao custo de sacrificar a renda futura, pela fruição imediata. Como resultado, o bem-estar econômico de longo prazo pode ser sacrificado por investimentos de curto prazo, com menor taxa de retorno.

Como exemplo dessas escolhas, podemos citar a tributação que onera mais o acúmulo de riquezas (*saving*) do que o consumo (*spending*). Como resultado ter-se-áa diminuição do nível de bem-estar geral futuro. Tributos sobre a propriedade, sobre a herança e sobre a renda podem diminuir o incentivo à poupança e o nível geral de bem-estar e podem estar a estimular o consumo. Tributar o consumo reduz a atividade econômica e reduz a circulação de riquezas. Deve existir um equilíbrio dinâmico, permitindo circulação e acumulação de riquezas. Assim, deve existir um balanceamento entre tributos sobre o consumo e tributos sobre o patrimônio.

A tributação pode ser um mecanismo favorável ao estímulo da poupança, inibindo o consumo ou premiando o investimento.

Desestimular o consumo pode implicar em um desaquecimento das trocas e ao final induzir ao empobrecimento geral. Este fenômeno é denominado de *paradoxo da parcimônia* e significa que se o nível geral de acúmulo reduzir significativamente as trocas sociais haverá um empobrecimento e a redução efetiva da poupança.

Não iremos nos ater à natureza psicológica da desigualdade, ou seja, o seu efeito subjetivo sobre o prestígio individual. Nesse caso, o que distingue o pobre do rico não seria a sua capacidade de consumo, mas a sua capacidade de diferenciação social e, portanto, a tributação do excedente dos ricos com posterior redistribuição para os mais pobres não iria afetar significativamente a sua percepção de classe, mas traria uma real melhoria das condições de bem-estar social da sociedade. A tributação do luxo seria uma forma de reduzir uma tendência exagerada ao supérfluo. A tributação dos mais ricos seria uma forma subjetiva de desforra social.

Nos interessa particularmente a natureza sistêmica da desigualdade, ou seja, a verificação e combate às formas de desigualdade exige o reconhecimento de que múltiplos fatores devem ser levados em consideração, tais como: a estrutura de salários e previdência, a presença de monopólios e oligopólios, entre outros. A tributação deve ser considerada como um dos mecanismos a serem utilizados para a realização do objetivo de melhoria geral da qualidade de vida, mas não o único e nem o mais importante. Outros elementos são tão ou mais significativos: grau de burocratização social, presença de monopólios e oligopólio, oferta de educação e saúde de boa qualidade.

A atualidade de Estados de Bem-Estar Social (*Welfare State*) foi posta em questão por uma onda de criticismo político contra o desperdício, a burocracia e a injustiça presente nas diversas democracias ocidentais, especialmente, pela denominada crítica neoliberal. A crítica ao tamanho do Estado, o seu inchaço administrativo, o desvio significativo de recursos para o sustento da própria máquina estatal e o pequeno retorno social da poupança privada retirada da sociedade fizeram com que a justiça de uma política de bem-estar social precisasse ser justificada e não afirmadas. Os ganhos de politicas públicas devem demonstrar com evidências quais são os objetivos, meios e resultados alcançados.

1.2. TRIBUTAÇÃO, PROGRESSIVIDADE E REDISTRIBUIÇÃO DA RENDA

A tributação da renda deve considerar igualmente a distinção entre os diversos momentos do ciclo econômico de uma pessoa e não apenas o fenômeno estático do recebimento em determinado período. Assim, no transcurso de uma vida econômica uma pessoa terá situações de melhor produtividade e melhor renda e situações de renda pequena e crescente (início da vida econômica) e de renda decrescente ao se aproximar do final da vida. A tributação deve possuir mecanismos de auxílio para os mais idosos e que estão em momento de perceber o fruto de sua poupança, mediante o recebimento de aposentadorias, pensões ou mesmo de seguro-desemprego.

Cabe ressaltar que a tributação isoladamente é incapaz de implicar em uma distribuição de renda, visto que a estrutura econômica quanto um todo é que influencia este resultado. Assim, é a estrutura de distribuição de rendimentos pré-tributação (*pre-tax*) que irá implicar em uma dada aplicação de faixa de alíquota de Imposto sobre a Renda. Um modelo adequado para examinar este efeito deveria distribuir os rendimentos existentes pré-tributação e compará-los com o resultado após-tributação em relação ao índice de Gini, ou seja, o índice que mede a desigualdade social. Dessa forma, teríamos a posição de um dado indivíduo no momento t1 com um índice de Gini G1 (*pré-tax*) e em um momento t2 com um índice de Gini G2 (*after-tax*).

A idéia do uso da tributação progressiva não escapou aos olhares críticos de *Friedrich Hayek*, especialmente, com a difusão desse mecanismo pelas principais economias ocidentais e, particularmente, quando as suas alíquotas máximas pularam de 10% a 15% para quase 90% da renda de um indivíduo[2]. Para *Hayek* este fenômeno espraiou-se de modo inconteste nas principais democracias como uma decisão política de alteração da estrutura de rendas de uma sociedade por um padrão decidido politicamente.

Para *Hayek* a tributação progressiva poderia ser um instrumento mais adequado na redistribuição se a renda coletada fosse diretamente utilizada na melhoria das condições de vida dos mais pobres, ou seja, é principalmente no lado da despesa e do gasto público que se opera o fenômeno da redistribuição e não somente no lado da arrecadação. Tal redistribuição pelo lado do gasto também não agrada o autor ao afirmar que "*não é apenas duvidoso quanto as pessoas de classe inferior estariam dispostas a ter sua renda livremente gastável reduzida pela tributação em troca de serviços prestados gratuitamente, como é também particularmente conceber, como nessa maneira, os diferenças nas classes de renda superior poderiam ser substancialmente alterados*"[3].

---

2 Cf. Hayek, Friedrich. Reexaminando a tributação progressiva *In* Ferraz, Roberto. Princípios e limites da tributação. São Paulo: Quartier Latin, 2005, p. 741-764.

3 Cf. HAYEK, Friedrich. Reexaminando a tributação progressiva *In* Ferraz, Roberto. Princípios e limites da tributação. São Paulo: Quartier Latin, 2005, p. 745.

Partindo destas considerações, entende *Hayek* que este estudo deve levar em consideração o impacto sobre os incentivos, alocação de recursos, mobilidade social e investimento. Nem sempre a tributação possui efeitos positivos nestas áreas implicando em uma redução geral de bem-estar por desestímulo econômico. Igualmente, devemos diferenciar a questão da progressividade em um tributo e a progressividade no sistema tributário quanto um todo. Assim, a tributação da renda pode ser progressiva e redistributiva nos gastos e a tributação do consumo ser regressiva sobre as classes mais baixas, retirando destas todos os ganhos auferidos de um lado. Deve existir uma coerência nos modelos. Nada adianta reduzir a tributação direta da renda e aumentar a tributação indireta por meio do consumo.

Cabe observar que apesar dos vigorosos ataques de *Hayek* contra este modelo de tributação antes de atacar diretamente a progressividade alertam para os aperfeiçoamentos necessários e os cuidados com o fenômeno do incentivo à formação de capital, contra a regressividade da tributação sobre o consumo, pela aplicação de recursos e isenções para os mais pobres, entre tantos outros temas importantes.

Os debates sobre a importância da tributação ganharam relevo com a obra de *Thomas Piketty*, denominada *"O Capital no Séc. XXI"*. O autor parte da constatação de que o crescimento da desigualdade decorre de uma tendência do capitalismo, que tende a produzir uma *taxa de retorno do capital* (r) superior a *taxa de crescimento econômico* (g). A ideia foi consagrada na fórmula r>g, ou seja, saída para esta *"armadilha do capital"* seria estabelecer uma tributação progressiva sobre a renda.

O imposto progressivo seria um antídoto prático para controlar *"democraticamente"* a evolução do patrimônio. Não é sem razão que a obra de Piketty principia com a citação *"as distinções sociais só podem se fundamentar na utilidade comum"*, do Artigo I da Declaração dos Direitos do Homem e do Cidadão da França em 1789. A obra transita pelos diversos planos de crítica às grandes fortunas, ora questionando a sua funcionalidade econômica, ora questionando a sua utilidade social ou meramente deslegitimando os seus fundamentos imorais[4].

Os tributos possuem na obra de *Piketty* uma posição de centralidade. Por meio deles os arranjos econômicos seriam coordenados, com eles seriam estabelecidas as finalidades sociais. Para o autor textualmente: *"impostos não são uma questão técnica. Impostos são, isso sim, uma*

---

4 PIKETTY, Thomas. O Capital no século XXI. Rio de Janeiro: Intrínseca, 2014, p. 560.

questão proeminentemente política e filosófica, talvez a mais importante de todas as questões políticas. Sem impostos, a sociedade fica destituída de um destino comum, e a ação coletiva se torna impossível."[5] Apesar do evidente exagero da afirmação, dado que outros fatores podem implicar em uma melhora nas condições sociais, leremos a assertiva como uma chamada para a importância da arquitetura fiscal de um sistema.

O desejo confesso de *Piketty* não é arrecadar com a tributação das grandes fortunas, tal como aparentemente se poderia pensar. Afinal, poder-se-ia pensar erroneamente, tributar o 1% dos mais ricos seria mais simples, mais prático, mais eficiente e mais legítimo do que taxar a grande maioria da população. *Piketty* desconcerta os seus leitores afirmando literalmente que: "*quando um governo tributa um determinado nível de renda ou de herança a uma alíquota de 70 ou 80%, o objetivo principal obviamente não é o de aumentar as receitas (porque essas altas alíquotas nunca geram muita receita). O objetivo é abolir tais rendas e heranças vultosas, as quais são socialmente inaceitáveis e economicamente improdutivas*"[6]. Novamente o argumento econômico mescla-se a um moralismo contra os mais ricos. Aí podemos entender a afirmação de que a tributação dos mais ricos é uma questão ideológica e não técnica de melhor estruturação econômica da sociedade.

Em outro momento o texto volta a atacar os ganhos de capital sob argumentos políticos, ao afirmar que "*o propósito primário dos impostos sobre ganhos de capital não é o de financiar programas sociais, mas sim o de regular o capitalismo. A meta é, em primeiro lugar, acabar com o contínuo aumento na desigualdade de renda, e, em segundo lugar, impor uma regulação efetiva sobre os sistemas bancário e financeiro para evitar crises.*"[7]

Não cremos que o modelo adotado por Piketty seja o mais correto para orientar a discussão sobre a reforma da tributação da renda no país, tampouco os seus objetivos declarados estão conformes a uma economia dinâmica, aberta e socialmente inclusiva.

A reforma dos *tributos sobre o patrimônio* merece igualmente atenção. Alguns ajustes podem ser claramente apresentados no atual sistema constitucional. Estes tributos têm sido afastados da exigência de cumprimento dos preceitos do princípio da capacidade contributiva, especialmente, em razão de sua dita natureza de tributos reais. Os tributos

---

5 *Idem*, p. 493.

6 *Idem*, p. 505.

7 *Idem*, p. 518.

tem sido classificados como sendo de natureza real ou pessoal. Os tributos de *natureza pessoal* seriam aqueles que verificam as características do contribuinte, de tal forma a determinar o montante do tributo a ser recolhido, por sua vez os tributos de natureza real são aqueles em que a incidência do tributo realiza-se se tomando por base o valor de um objeto, mercadoria ou operação econômica.

Os tributos sobre o patrimônio não são considerados como bons instrumentos de redistribuição de renda, visto que não verificam a capacidade econômica do contribuinte e, portanto, não conseguem determinar com precisão qual a diferença econômica entre dois contribuintes, qual a linha de base da redistribuição e o quanto que deve ser redistribuído.

Tal compreensão não foi acompanhada, contudo, na história do pensamento financeiro e político. Historicamente a tributação da propriedade tem sido encarada como um dos elementos mais importantes na redistribuição de renda, especialmente em sociedades estamentais. As constantes críticas ao monopólio do poder econômico e político de uma classe de abastados detentores da propriedade rural e feudal estiveram na base da luta da burguesia pela ascensão ao poder.

A manutenção de uma classe ociosa e confortável sobre um patrimônio herdado e sem compromisso com o trabalho e a produção foi uma das principais críticas formuladas pela Revolução Francesa. Dentre as diversas medidas tomadas pelo novo regime podemos citar a tributação da propriedade, do patrimônio e da herança, entre outros.

A *tributação das heranças* era citada como uma das formas mais importantes de redistribuição de renda, visto que impediria a manutenção de poder e riquezas nas mãos de uma classe ociosa e longe do mundo do trabalho e da produção. Uma outra questão importante é sobre a possibilidade da aplicação de alíquotas progressivas aos tributos incidentes sobre as heranças (ITCD). Em nosso entender, não há motivos para se entender pela impossibilidade da aplicação de uma alíquota progressiva sobre a transferência de patrimônio de uma geração para outra, visto que a poupança criada por uma geração somente pode ser considerada intocável naquela linha de base que seria tida por razoável. A defesa dos direitos adquirida e da preservação da família não pode ser considerada como justificativa para a concentração de renda em uma classe de indivíduos. No caso brasileiro, contudo, o entendimento de que inexiste autorização constitucional para a progressividade do ITCD, restou superado pelo julgamento do RE 562.045/RS, Rel. Min. Ricardo Lewandowski, Redatora do Acórdão Min. Carmen Lúcia, DJu 06/02/2013, de que a autorização para a progressividade do imposto decorre do princípio da capacidade contributiva, previsto no § 1º do art. 145 da CF. A questão que transparece é outra: qual o nível adequado de tributação, esta deve possuir alíquotas moderadas ou elevadas? A competência deve ser estadual ou federal? Os municípios devem participar do resultado da arrecadação?

No caso da tributação sobre a propriedade de veículos automotores podemos considerar igualmente que não se trata de um tributo que diretamente verifique a presença de capacidade econômica do contribuinte, mas indiretamente determina pelo consumo ou propriedade de veículos, de que esta capacidade existe. Dessa forma, a tributação se utiliza de um critério indireto, qual seja as características do veículo e não o seu valor. Novamente a discussão sobre a aplicação do princípio da progressividade tem sido aventada. Duas ordens de motivos têm afastado a sua aplicação ao caso brasileiro, de um lado a ausência de previsão constitucional e de outro o entendimento de que a tributação da propriedade não consegue captar com clareza a condição da renda de um determinado contribuinte. Dessa forma, a tentativa de promover a redistribuição de renda poderia redundar em uma vertente do confisco e da desigualdade, por outro lado, a seletividade parece reduzir as dificuldades na aferição indireta da capacidade contributiva. Adende-se a necessária tributação das embarcações e aeronaves, que hoje não pagam o IPVA e deveriam estar sob uma regra de incidência.

A tributação da propriedade urbana e rural também tem sido alvo da aplicação do princípio da progressividade e no caso do IPTU (Imposto Predial Territorial Urbano) a Emenda Constitucional n. 29, de 2001 permitiu a aplicação do princípio. Dentre os argumentos utilizados para questionar tal mudança constitucional são: i) ausência de previsão constitucional no texto original da aplicação deste princípio ao IPTU; ii) ofensa aos direitos e garantias individuais (cláusulas pétreas) pela inclusão; iii) a incapacidade do tributo em atestar a capacidade econômica do contribuinte e iv) dificuldade do tributo em promover a distribuição de renda.

A imposição conjunta de uma elevada carga tributária sobre a renda, receitas, consumo e propriedade, ao invés de promover a distribuição de renda pode ter como efeito oprimir o indivíduo, confiscar sua propriedade, sufocar a atividade econômica privada e estancar o crescimento econômico em prol do fortalecimento de uma esfera pública dominada pelo aparato do Estado e pelo governo de ocasião. Desse modo, apesar de não existir uma vedação absoluta à utilização da progressividade nas alíquotas de tributos incidentes sobre a propriedade de veículos ou de propriedade urbana ou de heranças, cabe observar que deve existir um limite ao surgimento de contexto confiscatório da propriedade.

O Brasil experimentou alíquotas máximas elevadas de 50% em 1948 até 65% no Governo João Goulart. Estas permaneceram em vigor no Brasil até o Governo Sarney, ao mesmo tempo que o país mantinha um dos maiores coeficientes de desigualdade no mundo. As alíquotas elevadas sobre os estratos superiores da renda mantiveram-se por governos de matizes políticas bastante distintas, indicando que eram um consenso político na época. Torna-se legítimo o enfrentamento da principal conclusão adotada por *Piketty*, de que a tributação do capital seja o principal instrumento de combate à cristalização da desigualdade no séc. XXI. Talvez o caminho seja exatamente o oposto, a redução da carga fiscal, melhoria do ambiente de negócios e atuação excelente do Estado em áreas importantes.

1.3. ANÁLISE CRÍTICA DAS PROPOSTAS DE REDISTRIBUIÇÃO DA RENDA POR MEIO DA TRIBUTAÇÃO

O texto de *Piketty* gerou um significativo conjunto de questionamentos, sobre os mais diversos aspectos. Foi questionada a metodologia utilizada pelo autor. A sua aparente novidade era o uso maciço de dados para demonstrar correlações entre o fenômeno da desigualdade e o tratamento privilegiado do capital. Alguns economistas destacaram que os dados não sustentariam as conclusões apontadas[8]. Não será objeto deste trabalho verificar a consistência das premissas adotadas pelo autor, mas tão somente a sua proposição central de que a tributação dos mais ricos seria solução da desigualdade.

As considerações críticas não adotarão a abordagem utilizada pelo economista *Kuznets* entre a desigualdade inicial das economias em desenvolvimento e o crescimento econômico. Para este autor a desigualdade na distribuição de renda tende a ser maior nos períodos iniciais de crescimento econômico e acumulação de capital, tendendo a reduzir no tempo com o desenvolvimento[9].

A principal crítica aqui explicitada está na equivocada centralidade que *Piketty* e seus defensores adotam na utilização da tributação do capital como primordial no combate à desigualdade. Pelo menos três va-

---

8 STIGLITZ, Joseph E. Income and wealth among individuals: Part IV: land and credit. Working Paper 21192, http://www.nber.org/papers/w21192. Acesso em 30.06.2016, às 10h38.

9 KUZNETS, Simon. Economic Growth and Income Inequality. The American Economic Review, vol. XLV, March, 1955, n. 01.

riáveis impactam tanto ou mais que a tributação progressiva: a redução da inflação, a redução dos juros, os entraves ao empreendedorismo.

A inflação atua como uma espécie de imposto oculto, que destrói o poder aquisitivo da sociedade. Estudos demonstraram que a desinflação possui efeitos positivos concretos na redução das desigualdades[10]. A principal razão desse fenômeno decorre dos ganhos provocados pela estabilização dos preços. O aumento da desigualdade decorre do efeito nocivo que o aumento de preços provoca nos ativos das diversas classes sociais. As classes melhor posicionadas conseguem reduzir a corrosão de seus ativos mediante mecanismos de indexação, já as classes mais pobres não possuem acesso a estes mecanismos financeiros, gerando um efeito negativo sobre a renda. Cabe notar que a redução da inflação produziu um efeito significativo na redução da concentração de renda no Brasil, conforme se nota no gráfico abaixo[11]:

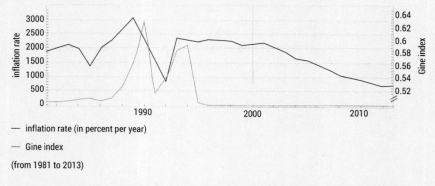

A queda de inflação com Plano de Real (1994) produziu uma redução consistente do Coeficiente de Gini. Cabe notar que existem estudos que pretendem demonstrar que apesar do impacto da inflação alta não ser desprezível sobre o *Coeficiente de Gini*, não é possível se alterar a estrutura social de desigualdade somente atacando a inflação[12].

---

10 BULÍR, Ales. Income inequality: does inflation matters? IMF Staff Papers, v. 48, n. 1, p.139- 159, 2001.

11 Gráfico elaborado com o auxílio da ferramenta do WolframAlfa, cruzando o índice de inflação e o Coeficiente de Gini, nos anos de 1981-2014, acesso em 01.07.2017, às 14h.

12 SABBADINI, Ricardo *et* RODRIGUES, Mauro. Impactos da inflação sobre a desigualdade de renda. *Economia & Tecnologia - Ano 06, Vol. 22 - Julho/Setembro de 2010*, p. 118.

Um dos principais argumentos de *Piketty* é o de que aumento da alíquota progressiva do Imposto sobre a Renda, especialmente em seu extrato máximo, implicou em uma redução da desigualdade social no Estados Unidos, Reino Unido, Alemanha e França. Cita o autor um estudo em que apresenta as alíquotas máximas do IR, conforme abaixo[13]:

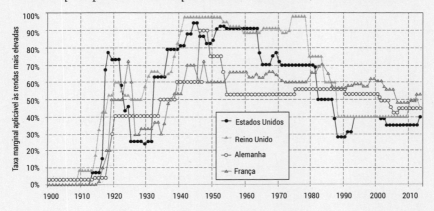

Esse movimento é consistente com a constatação de *Piketty* de que o aumento da progressividade no topo provocou uma estabilização ou redução da concentração e de renda e a regressividade fiscal no topo após a década de 80 ampliou a concentração de riquezas. Em sua conclusão, "*se essa regressividade fiscal no topo da hierarquia social se confirmar e se amplificar no futuro, é provável que haja consequências importantes para a dinâmica da desigualdade patrimonial e para o possível retorno de uma enorme concentração do capital (...) Por isso é vital para o Estado social moderno que o sistema fiscal que o mantém conserve um mínimo de progressividade ou, pelo menos, não se torne nitidamente regressivo no topo*"[14].

Note-se que o fenômeno progressividade fiscal no topo seguida de regressividade ocorreu de modo semelhante na experiência brasileira, conforme se pode notar abaixo[15]:

---

[13] PIKETTY, Thomas. O Capital no século XXI. Rio de Janeiro: Intrínseca, 2014, p. 493.

[14] PIKETTY, Thomas. O capital no Século XXI. Gráfico 14.1.

[15] Tabela extraída do site da RFB: http://idg.receita.fazenda.gov.br/acesso-a-informacao/institucional/memoria/imposto-de-renda/graficos., acesso em 01.07.2016, às 17:25h.

MAIORES ALÍQUOTAS DA TABELA PROGRESSIVA DO IRPF NOS EXERCÍCIOS DE 1924 A 2016

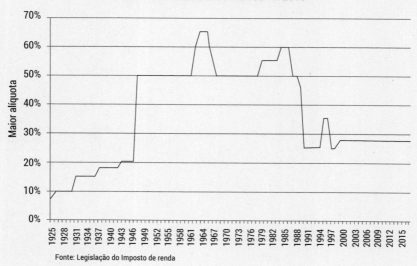

Fonte: Legislação do Imposto de renda

Fonte: Legislação do imposto de renda

A alíquota incidente na renda da pessoa física foi inicialmente criada com percentual de 8%, aumentou no Governo Vargas em 1931 para 15%, aumentou em 1936 para 18%, em 1944 ampliou para 20% e no Governo Dutra foi para 50%, em 1948. No Governo Jango ampliou para 1963 para 65% e finalmente no Governo Militar o percentual manteve-se me 65% até 1965, quando foi reduzido para 50% em 1966. Novamente aumentou para 60% em 1984, reduzindo-se no Governo Sarnei para 50% em 1987 até chegar nos percentuais de 25% em 1990.

Se tentarmos realizar uma correlação entre a progressividade fiscal no topo e o Coeficiente de Gini no Brasil, veremos que a redução da desigualdade social ocorre exatamente no mesmo período em que o Governo Sarney promove uma forte redução das alíquotas máximas do Imposto sobre a Renda das Pessoas Físicas. Veja-se abaixo a evolução do Coeficiente de *Gini* no Brasil de 1977-2012[16]:

---

16 Tabela retirada do site *http://www.estudoadministracao.com.br/ler/indice-gini-do-brasil/*; acesso em 01.07.2016, às 17h.

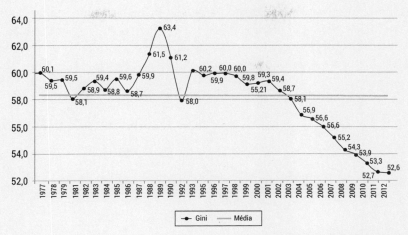

Fonte: PNAD, vários anos.

Dessa forma, podemos concluir que não existe uma correlação direta entre alíquotas máximas exorbitantes no topo e uma redução da desigualdade social ou, de outro modo, não há uma correlação direta entre alíquotas moderadas no topo e um aumento da desigualdade social.

Note-se igualmente que houve um aumento de declarações de IR justamente no período de redução das alíquotas máximas, conforme se verifica abaixo[17]:

Quantidade de declarações de IRPF, nível Brasil, preenchidas em formulários e em computador, nos exercícios de 1991 a 2010

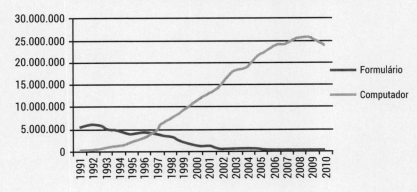

Fonte: Secretaria da Receita Federal do Brasil

---

17 Tabela extraída do site da RFB: http://idg.receita.fazenda.gov.br/acesso-a-informacao/institucional/memoria/imposto-de-renda/graficos., acesso em 01.07.2016, às 17:25h.

O aumento do número de declarações entregues tende a indicar um aumento da base de contribuintes, o que poderia sugerir um aumento da renda, especialmente em razão do aumento da alíquota mínima do IRPF, conforme se verifica abaixo[18]:

Top and basic marginal tax rates in Brazil, 1923-2013

Fonte: *Memória Receita Federal.*

Em suma, as diferentes conclusões apresentadas demonstram que outros fatores podem influenciar fortemente a desigualdade social, conforme dito anteriormente, tais como o impacto da inflação sobre a renda e crédito do mais pobres, que impacta a compra de ativos e destrói a sua capacidade de poupança e das restrições ao empreendedorismo.

Assim, por exemplo existem estudos que demonstram o efeito perverso que um sistema financeiro inadequado possui sobre a desigualdade econômica. Alguns fatores são citados como fundamentais, tais como a restrição de crédito (*credit controls*) e a monopolização (*entry barriers in banking sector*). Compreende-se este fator em razão da ausência de proteção que as classes mais desfavorecidas sofrem aos efeitos restritivos do controle do crédito e da monopolização. O acesso do mais pobres aos ativos básicos como moradia, veículos ou equipamentos domésticos, bem como de serviços essenciais, tais como saúde e educação depende muitas vezes da tomada de crédito caro. Esta expo-

---

18 MILÁ, Marc Morgan. *Op. cit*, p. 32.

sição tende a reforçar a desigualdade entre os que possuem poupança e ativos e os que estão em fase de acumulação.

Existem informações jornalísticas de que o Brasil possuía 8.967.859 de investidores financeiros em fundos e depósitos bancários, em junho de 2015, com a média per capita de R$ 82.540,00. Estima-se que 98 milhões de depositantes de poupança possuem o saldo médio de até R$ 5.000. Em contrapartida 57.505 clientes do private banking detinham em média *per capita* R$ 12.069.350[19]. Esse dados demonstram que a manutenção de juros altos somente beneficia um grupo reduzido de rentistas, uma casta que fica protegida das tempestades macroeconômicas. O aumento dos ganhos do rentismo financeiro seria melhor combatidos com uma política fiscal adequada e não apenas com o aumento da tributação. O uso fácil do aumento de tributos para resolver problemas fiscais e sociais deveria ser uma leve lembrança do passado e não uma solução trivial.

Por fim, devem ser lembrados que os entraves ao empreendedorismo afetam significativamente a distribuição da riqueza, por meio da desconcentração econômica[20]. O texto constitucional de 1988 percebeu a importância fundamental do incentivo às micro e pequenas empresas, garantindo a estas um regime constitucional especial, no art. 146, inc. III, "d".

Assim, se demonstra que o objetivo da redução das desigualdades sociais não será resolvida por meio uma ação isolada, tal como aumento da tributação progressiva da renda, com alíquotas cada vez mais elevadas, mas de um conjunto de medidas coordenadas. Nesse campo, não há fórmulas preestabelecidas. Cada sociedade deverá buscar sob sua conta e risco, em sua tradição histórica, os caminhos de seu desenvolvimento equilibrado.

2. REFORMA DA TRIBUTAÇÃO SOBRE O CONSUMO

Um dos grandes questionamentos de nosso tempo é porquê da Constituinte de 1988 não ter adotado o IVA, como modelo para tributação sobre o consumo, tal como a amplíssima maioria dos Estados desenvolvidos e da região. Todos os vizinhos regionais haviam migrado para o novo modelo entre os anos 70 e 80, bem como todos os

---

19 *"O paradoxo da parcimônia"*, http://www.pressreader.com/brazil/valor-econômico/20151105/281745563262974, acesso em 01.07.2016 às 17:00 h.

20 CAGETTI, Marco. Entrepreneurship, Frictions, and Wealth. Journal of Political Economy, 2006, vol. 114, n. 5.

principais parceiros comerciais do país. Havia uma sucessão irrefreável de adoções, atingindo mais de 160 jurisdições no mundo.[21]

Não se podia debitar a um senso de conservadorismo na doutrina. Pelo contrário, a fiscalidade brasileira se demonstrava aberta a novas teorias e tendências. Diferentemente do que ocorriam noutras searas doutrinárias. O Código Comercial de 1850 ainda era vigente, no momento da promulgação da CF/88, o Código Civil era de 1916, que por sua vez havia revogados as disposições das Ordenações Portuguesas. Nesse último caso, o país havia pulado as novidades francesas do Code Civil de Napoleão.

No campo tributário não haviam estas resistências. O Imposto de Renda foi criado em 1922 muito antes que os vizinhos regionais. O Brasil criaria o Imposto sobre Vendas e Consignações em 1922, um pouco após a criação do similar francês. O Imposto de Consumo adotava princípios modernos da fiscalidade francesa, *da taxe sur la valeur ajoutée*, concebido por Maurice Lauré, Diretor Geral de Impostos. A França adotou o novo tributo em 1954 e o Brasil adotaria o seu em 30 de dezembro de 1958, com a edição da Lei 3.520, posteriormente transformado em IPI, em 1964.

O ICM havia sido criado pela Emenda Constitucional n. 18, de 1965, adotando receptivamente as novas ideias de combate à cumulatividade nos tributos sobre o consumo. Enquanto o modelo francês era limitado a alguns produtores, o ICM se estendia para todos; pequenos, médios e grandes contribuintes eram abrangidos. Surgia o primeiro tributo sobre consumo não-cumulativo estadual. Todas as demais legislações criaram tributos centralizados no ente federal, com as exceções tardias do Canadá e Índia. Esses dois grandes países, também, se caracterizavam por suas gigantescas dimensões territoriais, necessidade de descentralização administrativa e de financiamento estadual.

Cabe ressaltar que a recepção foi incompleta e podemos dizer que em alguns casos foi falha, mas é indubitável que houve a recepção precoce de ideias inovadoras.

---

21 França (1954), Costa do Marfim (1990), Senegal (1991), Brasil (1967), Dinamarca (1967), Alemanha (1968), Suécia (1968), Uruguai (1968), Países Baixos (1969), Equador (1970), Itália (1973), Peru (1973), Reino Unido (1973), Argentina (1975), Chile, (1975), Colômbia (1975), Coreia do Sul (1977), México (1980), Portugal (1986), Japão (1989), Espanha (1991), Canadá (1991), Rússia (1992), e China (1994).

Chama atenção o fato de que não houve a adoção completa do modelo IVA. O que haveria de distinto? Alguns podem alegar que temos um IVA nacional, tropicalizado. Outros dirão que se trata de um IVA remediado, desnutrido, esquálido em seus fundamentos. Outras vozes mais críticas diriam que nosso ICMS é um falso IVA, um bastardo, manco e coxo, desmerecedor de sua nobre genealogia francesa distante.

A formatação inicial do ICM era bastante inovadora, tinha base ampla, permitia o crédito e seu caráter estadual era uma novidade. No início, a sua adoção foi um tremendo sucesso financeiro, abastecendo os cofres estaduais, racionalizando os negócios e permitindo o surgimento de um ampla base industrial no país, ampliando a capacidade de financiamento do governo. As reformas tributárias da década de 60 ampliaram profundamente a capacidade de financiamento não-inflacionário (endividamento e emissão de moeda). A carga tributária nacional saiu de um percentual de 16,5% do PIB, no biênio 1963/64, para 25-26% no final da década[22]. O salto de 10 pontos percentuais, em tão curto espaço temporal, não objetivava sufocar a iniciativa empresarial, mas ao contrário, estava vocacionado para o crescimento econômico.

Havia, um grande obstáculo, equação fiscal errônea tornou nosso modelo obsoleto e deficiente. O Brasil, incialmente inovador, perdeu as grandes alterações produzidas logo após. A França modificaria radicalmente o seu sistema em 1968 e adotaria o modelo de base ampla. As demais legislações europeias seguiriam a tendência francesa, tais como a Alemanha (1968), Países Baixos (1969), Luxemburgo (1970), Bélgica (1971) e Itália (1973)[23]. Três pontos nos diferenciariam: a nossa restrição ao aproveitamento somente do crédito físico, a não-desoneração das exportações e a exclusão dos serviços da base. A nossa inovação surgia envelhecida por um originalismo prejudicial.

A justificativas para o originalismo pareciam destacar nossas virtudes, afinal nenhum país-continente havia adotado o IVA, nem os Estados Unidos, nem Canadá (1991), nem a Rússia (1992), China (1994) ou Índia (2000). Contudo, perdemos a grande oportunidade histórica em atualizarmos a nossa legislação, na Constituinte de 1988. Aquele era o momento certo de corrigirmos a equação fiscal, equilibrar

---

22 OLIVEIRA, Fabrício Augusto de. A Evolução da estrutura tributária e do fisco brasileiro: 1889-2009. Texto para Discussão n. 1469, Brasília: Ipea, 2010, p. 35.

23 VARSANO, Ricardo. A tributação do valor adicionado, o ICMS e as reformas necessárias para conformá-lo às melhores práticas internacionais. Banco Interamericano de Desenvolvimento, 2014, p. 14.

demandas sociais e econômicas; a distribuição de renda e a produção de riqueza; as tarefas de um governo central, das tarefas estaduais e locais; enfim, permitir um equilíbrio entre tarefas constitucionais e receitas públicas. A Carta do Cidadão falhou gravemente em produzir um sistema eficiente de finanças públicas.

A Constituinte de 1988 foi movida por dois objetivos democráticos: descentralização política e desconcentração econômica. Para concretizar esses fins foram erguidos dois pilares financeiros no texto constitucional: o fortalecimento da seguridade social e o aprofundamento do federalismo fiscal. Houve uma forte mudança na repartição de receitas e competências federais. O Estados e os Municípios aumentaram a sua participação em detrimento da União. Os impostos seletivos da União seriam extintos (sobre a energia elétrica, os combustíveis, minerais, transportes rodoviários e serviços de comunicação), e suas bases seriam integradas ao ICMS. Os Fundos Estaduais e Municipais ampliariam a transferência do produto da arrecadação do IR e do IPI para os Estados e municípios (de 33% para 47% no caso do IR e de 33% para 57% no do IPI)[24]. Como consequência a União perdeu, nos primeiros anos, significativa parcela de participação no bolo nacional, de 60,1% recuou para 54,3% em 1991, enquanto os Estados ampliavam a sua participação de 26,6% para 29,8% e os municípios, de 13,3% para 15,9%. Talvez isso explique o ambiente de ouvidos moucos aos apelos de reforma tributária no período.

A principal proposta de Reforma Tributária, do Dep. Fed. Germano Rigotto, criava uma IVA atualizado. Contudo, este passava o tempo a explicar para ouvidos gentis, mas pouco receptivos. A União precisava cada vez mais de recursos e não queria nem um pouco saber em mais perdas. Os Estados estavam satisfeitos com seu sistema, embevecidos pelas novas receitas, bastava apenas ampliar ainda mais a transferência via fundos. O resultado foram duas décadas perdidas.

Os sinais da crise não tardaram a aparecer e novamente os desejos de reformas tributárias tímidas, quase remendos, foram surgindo. Nada de uma revisão radical do sistema, mas tão somente ajustes fiscais. A inércia foi fatal e os golpes vieram de todos os lados, criação incessante de novas contribuições não partilháveis, a reforma dos regimes do PIS/Cofins (2002/2003), aumento brutal da base de substituição tributária, desonerações fiscais do IPI e IR, criação e ampliação do Simples Nacional, cobrança

---

24 OLIVEIRA, Fabrício Augusto de. A Evolução da estrutura tributária e do fisco brasileiro: 1889-2009. Texto para Discussão n. 1469, Brasília: Ipea, 2010, p. 39.

do Diferencial de Alíquotas, entre outros. Somente para ilustrar, o aumento de casos de substituição tributária cresceu de uma listagem de 66 casos em 2004 em São Paulo, para 281 em 2009[25]; o mesmo aumento ocorreria em Minas Gerais, Rio de Janeiro e Rio Grande do Sul.

A cada medida da União havia uma reação dos Estados tentando preservar o pouco que conquistaram na Carta de 1988. O resultado não poderia ser mais desastroso. Estados falidos, União esgotada e municípios em regime de quase insolvência.

O resultado é de que não há um IVA no país, nem os constituintes o desejaram, tampouco as administrações estaduais o defenderam. Houve a aceitação de princípios gerais tidos como válidos e referenciais, especialmente o princípio da não-cumulatividade. Houve a aceitação da base ampla de incidência. Mas, o IVA é bem mais do que esse princípio, ele exige um sistema completo de tratamento da tributação sobre o consumo[26]. No caso brasileiro o constituinte optou por manter a repartição de competências tributárias entre os três níveis da federação União (IPI, CIDEs e PIS/COFINS); Estados e Distrito Federal (ICMS) e Municípios (ISS). É como se existisse um IVA fatiado, dividido e, em alguns casos, compartilhado.

O resultado foi desastroso. Os conflitos de competência se multiplicaram e os tribunais se tornaram abarrotados de casos complexos. Talvez não exista democracia ocidental com tamanha quantidade de casos judicializados, referentes à dúvidas de interpretação da legislação e da Constituição Tributária.

Dentre as razões para a adoção do IVA se destacam as exigências de uma federação funcional. O atual sistema de repartição de competências tributárias entre União, Estados e Municípios não funciona. O STF

---

25 VARSANO, Ricardo. A tributação do valor adicionado, o ICMS e as reformas necessárias para conformá-lo às melhores práticas internacionais. Banco Interamericano de Desenvolvimento, 2014, p. 28.

26 REZENDE, F. (1993), A Moderna Tributação do Consumo, Reforma Fiscal – Coletânea de Estudos Técnicos, Relatório da CERF, Vol. II, pp. 355-402; SERRA, J. et AFONSO, José R. (1999), Federalismo Fiscal à Brasileira: Algumas Reflexões, Revista do BNDES, V. 6, n. 12, pp 3-30; VARSANO, R. (1995), A tributação do Comércio Interestadual: ICMS atual versus ICMS partilhado, Texto para Discussão no 382, IPEA e VARSANO R., (2000), "Subnational Taxation and the Treatment of Interstate Trade in Brazil: Problems and a Proposed Solution". Em S. J. Burki e outros (eds.) "Decentralization and Accountability of the Public Sector". Procedimentos da Conferência Anual de Bancos sobre Desenvolvimento na América Latina e no Caribe. Washington, D. C.: Banco Mundial, págs. 339-356.

e o STJ estão sobrecarregados, com conflitos envolvendo os diversos entes federados, especialmente entre o ICMS e o ISS.

Vejamos alguns números. Somente sobre o ICMS existem 22 Súmulas do STJ (Súmulas n. 20, 49, 68, 71, 80, 87, 94, 95, 129,135, 152, 155, 198, 237, 334, 350, 391, 395, 431, 432, 433 e 457). Existem 03 Súmulas sobre o IPI (Súm. n. 411, 494 e 495). Sobre o ISS existem 06 Súmulas editadas (Súm. n. 138, 156, 167, 274, 424 e 524). Os números representam um gigantesco estoque de casos judiciais.

O STJ ainda julgou sob o novo regime de julgamentos de demandas sob o rito repetitivo 06 casos (REsp 1092206/SP, REsp 1110550/SP, REsp 871760/BA, REsp 960476/SC, REsp 886462/RS e REsp 871760/BA).

Os casos de conflitos de competência entre o ICMS, IPI e ISS são os mais diversos, dentre os quais podemos destacar aqueles relativos ao questionamento sobre a exação devida em operações mistas, tais como as realizadas por farmácias de manipulação, gráficas e produção de embalagens, industrialização por encomenda, entre tantas outras.

Os efeitos sobre as finanças públicas de um sistema tributário disfuncional são graves. Há um estoque de mais de um trilhão e quinhentos bilhões de reais em dívida ativa, mais de 600 bilhões em tribunais administrativos e bilhões em programas de parcelamentos. O sistema cobra, mas não arrecada. O sistema legisla, mas não consegue implementar. Por mais que investiguemos meios alternativos de cobrança, o que por sinal é necessário, não se resolvem as causas do caos tributário.

De todas as propostas apresentadas, parece que há, finalmente e de modo inédito, um grau de relativo acordo sobre as bases da reforma. Talvez o momento nacional tenha facilitado a busca de soluções urgentes. Talvez a situação mundial tenha convencido que precisamos mudar nosso regime tributário para competir com eficiência, no disputado cenário global. Ou talvez seja simplesmente mais um afago do sentimento de otimismo, na espera de resolução desse grave problema nacional. O certo é que existem diversas razões, para demonstrar a atualidade e importância na adoção de um IVA moderno no Brasil[27].

---

27 Bem relata VARSANO que o termo IVA moderno se refere ao termo utilizado no livro publicado pelo Fundo Monetário Internacional (FMI), representando um sistema de tributação simples, de base ampla e alto poder de arrecadar. Ver EBRILL L. et alii. The Modern VAT, International Monetary Fund, Washington, D.C., 2001. Ver in VARSANO, Ricardo. Os IVAs dos BRICs. Disponível em http://www.joserobertoafonso.com.br/ivas-dos-brics-varsano/, acessível em 28.02.2017, às 02:00 h.

O primeiro projeto de reforma do ICMS é de autoria do Deputado Federal Germano Rigotto, de 1992, por meio da PEC 110, que reduzia o número de impostos de 15 para 08. Os Estados e Distrito Federal ficariam com um ICM, formado pela fusão do ICMS e do IPI. Os municípios ficariam com o IPTU, ITBI, ITCD, IPVA e com um ISS alargado, com a incidência sobre comunicações e transportes. Haveria uma transferência adicional de receitas da União para Estados e Municípios, o que provavelmente decretou a morte da proposta.

Na ausência de uma reforma profunda, em 1996 é promulgada a Lei Kandir, Lei Complementar n. 87/97, substituindo o regime do Decreto-Lei no 406, de 31 de dezembro de 1968. A norma resolveu parcial e insatisfatoriamente os principais dilemas do ICMs, deixando para trás a ideia de uma revisão completa e resolvia apenas alguns pontos mais urgentes dos problemas existentes. Dois pontos se destacaram: a desoneração das exportações e o novo regime de aproveitamento dos créditos fiscais, que seriam continuamente adiados.

Em 2003 o Dep. Fed. Virgílio Guimarães apresenta um novo projeto de Reforma Tributária, mediante a PEC 41/2003. Nessa proposta o ICMS seria legislado exclusivamente por leis complementares e regulamentado por um colegiado composto por representantes dos Estados e do Distrito Federal, sendo vedada a adoção de norma estadual autônoma. As alíquotas seriam reduzidas ao número máximo de 05 e mantinha-se o sistema de alíquotas interestaduais, com um sistema misto de partilha do imposto. A proposta criava um IVA federal, com um sistema integrado de liquidação de tributos, incluindo o IPI, o ICMS e o ISS.

O Dep. Sandro Mabel iria apresentar um novo projeto em 2007. A principal característica do projeto está em criar um sistema de IVA-dual, com a criação de um IVA-Federal, unificando o Cofins/Pis e Cide-combustível; incorporava a CSLL ao IRPJ de criava um novo ICMS, com legislação única, alíquotas uniformes e cobrado no estado de destino da mercadoria. Novamente a solução dual é apresentada, de modo insatisfatório.

As atuais propostas, de autoria do Dep. Federal Baleia Rossi, submetida sob a denominação de PEC 45/2019, e do Senador Alcolumbre, sob a PEC 110/2019, possuem algumas distinções pontuais e um elemento comum: a criação de um Imposto sobre Bens e Serviços (IBS). A proposta do Senado, baseada no projeto do então Dep. Fed. Luiz Carlos Hauly, de 2007, possui como sugestões importantes, tais como criar impostos seletivos na competência federal e estadual, pago ao Estado consumidor, através da substituição tributária; recria a CPMF, com alíquota máxima de 0,76%, extingue a CSLL; municipaliza o IPVA, o ITR e o ITCD.

Dentre as principais virtudes dessa proposta, está no aparente equilíbrio de repartição de receitas entre os entes federados. Este era um pouco vislumbrado pelas propostas anteriores. Aparentemente, a composição de receitas dá-se de modo satisfatório para União (IR/CSSL, CPMF e o novo Imposto Seletivo Monofásico), Estados (IPI, ISS, IPI, PIS/COFINS e Salário-educação) e Municípios (IPTU, ITR, ITBI, ITCD e IPVA).

Trata-se de uma proposta radical e inovadora que redistribui corretamente as bases de incidência: renda (União), Consumo (Estados) e propriedade (Municípios). Alguns pontos merecem destaque nessa proposta. Falta a previsão de partilha do Imposto Seletivo Monofásico com os Municípios, a tributação sobre a propriedade deveria ser municipalizada, a regra de partilha do IBS no destino deveria ser equilibrada com uma participação dos Estados produtores.

A proposta da PEC 45 é um pouco mais restrita. Propõe a criação de IBS, com alíquota única nacional, sem extrafiscalidade, com um longo período de transição e com tributação somente no destino. As quatro características são amplamente polêmicas. Uma alíquota única pode ferir o princípio da capacidade contributiva, o fim da extrafiscalidade afetar a tributação de determinados produtos e serviços essenciais, o longo período de transição afetaria a segurança jurídica e negocial por décadas e a tributação somente no consumo sem levar em conta os municípios produtores seria um desestímulo à produção. Muitas são as polêmicas e impossibilidades práticas nesse projeto.

O fim absoluto da extrafiscalidade não encontra paralelo no mundo, que permite diversas formas de incidências especiais, bem como afetaria sobremaneira as classes mais desfavorecidas, por seu impacto sobre a cesta básica. A possibilidade de substituição da desoneração da cesta básica pela criação de restituição de tributos foi defendida por Giovanni O autor defende que *"a 'personalização' do IVA/ICMS consiste em isentar todo ou parte do imposto suportado por famílias que pertençam às parcelas mais pobres da sociedade"*. [28]

Uma das formas de implementação sugeridas no texto está com a adoção da base do Desde 2003, o Brasil conta com o *"Cadastro Único para Programas Sociais"* (CadÚnico), administrado pela Caixa Econômica Federal. A elevada complexidade do sistema, para manter

---

28 Silva, Giovanni Padilha da. *"Personalização"* do IVA para o Brasil: por que escolher entre eficiência e equidade se é possível ter ambas? Revista FESDT n. 9, abr. 2019. Disponível em https://www.fesdt.org.br/web2012/revistas/9/artigos/3.pdf, acesso em 10.05.2020 às 21:34.

o banco de dados atualizado é uma das desvantagens. A outra desvantagem é ampla redução dos beneficiários de isenção fiscal hoje incidentes sobre a cesta básica. Com o modelo proposto de *'personalização'* somente teriam direito a esta redução os grupos sociais mais vulneráveis, aqueles que participam de programas de renda mínima (*"Bolsa Família"*, *"Tarifa Social de Energia Elétrica"*, *"Minha Casa Minha Vida"*, *"Bolsa Verde"* e outros). Praticamente haveria aumento de carga tributária para a classe média, em seus estratos mais baixos ou mais elevados. O princípio da capacidade contributiva e seletividade estariam ameaçados ou expulsos do sistema tributário sobre o consumo.

O uso de tributos como forma de incentivos extrafiscais é comum em diversos setores (combustíveis, cigarros ou jogo), especialmente na área ambiental onde despontam os tributos ecológicos, utilizados na Suíça (*"Lenkungs-Steuer"*); Alemanha ou Áustria (*"Ökosteuer"*) e em diversos países.

A denominação Imposto sobre Bens e Serviços (IBS) é adotada como referência ao que se denominam os modernos IVAs no mundo, cuja denominação tem sido *Goods and Services Tax* (GST), adotado na Nova Zelândia (1986), Canadá (1991), Cingapura (1994), Austrália (2000), Malásia (2015) e Índia (2017). A denominação apesar de não ser em si problemática em outros países pode suscitar dúvidas no Brasil, sobre a sua aplicação a outras materialidades distintas de "serviços" e "bens", tais como *spread bancário,* intangíveis ou locação de bens. Desse modo, prudente seria a adoção da denominação clássica de Imposto sobre Valor Agregado.

O período de transição de um sistema para o outro é igualmente uma dificuldade enorme. A proposta de PEC 45 propõe uma transição de quase uma década, onde o setor produtivo iria conviver com dois sistemas, ou seja, com a maior insegurança jurídica e complexidade possível. Períodos tão longos são altamente destruidores de riqueza e de estímulos empresariais e somente são explicados pela ausência de simulações que determinem o real impacto das novas regras na arrecadação e destinação de tributos. O uso de uma alíquota teste é a maior sinalização de que a reforma tributária proposta surge com uma autorização opaca e pouco transparente sobre os rumos futuros da transição, suas alíquotas, etc. Novamente a segurança jurídica é sacrificada em prol de boas intenções. O ideal seria a utilização clara de simulações sobre o impacto na arrecadação federal, estadual, municipal e nos diversos setores econômicos.

3. ANÁLISE CRÍTICA DE OUTRAS PROPOSTAS

Uma das principais críticas que podem ser dirigidas a todas as propostas apresentadas no Congresso Nacional é de que elas se dirigem propor uma inadequada solução antiga para novos e difíceis problemas futuros.

Uma das alternativas propostas pelo Governo seria um Imposto sobre Transações Financeiras (ITF), muito semelhante a extinta CPMF. A cobrança seria sobre saques e depósitos, conforme noticiado na imprensa. As desvantagens desse modelo são óbvias e provadas, dificilmente seria considerada uma solução razoável, de tal modo que as críticas têm sido justificadas. [29]

A proposta de tributação sobre transações financeiras existe em diversos países do mundo e os seus objetivos e materialidades de incidência são as mais variadas. Existem tributos que incidem sobre as atividades bancárias e financeiras como forma de regulação de determinado ciclo econômico, assim, objetivam combater a especulação, os ganhos financeiros excessivos ou promover um *hedging* contra atividades contrárias ao sistema financeiro. No Brasil o Imposto sobre Operações Financeiras sobre Seguro, Câmbio, Títulos e Valores Mobiliários realiza, em parte, essa função. Trata-se de um tributo extrafiscal que objetiva organizar melhor as expectativas e o mercado de moeda estrangeira, oferta e uso de crédito, bem como as operações nos mercados financeiros.

A proposta do governo se assemelha mais à antiga CPMF (1993-2007) ao incidir sobre todos os saques e depósitos. Trata-se de um modelo que existiu igualmente na Austrália (1982-2002) e Argentina (1984-1992), sendo questionado por todas as suas dificuldades. Para cumprir o seu caráter extrafiscal de controle e combate à sonegação teria de possuir uma alíquota simbólica, somente para o controle e fiscalização da sonegação, contudo, a facilidade na cobrança demonstrou ser um instrumento robusto de arrecadação. Havia uma ofensa direta ao princípio constitucional de vedação de confisco, dada a sua elevada incidência sobre o patrimônio financeiro dos contribuintes.

Sendo uma contribuição deveria ser integralmente vinculado à motivação constitucional para o qual foi criado, devendo a sua prestação de contas ocorrer anualmente, expressando quanto foi arrecadado, quanto foi gasto em sua destinação, onde foi gasto e as razões de sua (não) utilização,

---

29 Caliendo, Paulo. Alíquota de CPMF e a Vedação Constitucional de Confisco. Disponível em http://artigoscheckpoint.thomsonreuters.com.br/a/3ft5/aliquota-de-cpmf-e-a-vedacao-constitucional-de-confisco-paulo-caliendo. Acesso em 10.05.2020 às 14:30.

pelo Ministro da Fazenda. Tal situação nunca ocorreu e demonstrou-se um desvio na sua utilização, principalmente para despesas de custeio.

A sua incidência cumulativa era nefasta aos negócios, principalmente aqueles com baixa taxa de lucratividade, minando a saúde financeira das empresas. Havia uma proposta para a sua compensação com outros tributos federais, tal como ocorre na Argentina (*Impuesto sobre los* Débitos y Créditos *Bancarios y Otras Operatórias*), contudo, os custos de controle e de supervisão seriam significativos.

Existem propostas de tributação sobre transações digitais, igualmente incipientes e ainda não plenamente estudadas. A primeira destas propostas decorre de Edgar L. Feige. O autor possui diversas obras sobre o assunto e merece destaque: *"Taxation for the 21st century: the automated payment transaction (APT) tax"*[30]. O pressuposto do autor é de que revolução da internet está esvanecendo as materialidades e bases dos tributos tradicionais, como a renda e consumo. Torna-se cada vez mais difícil determinar e fiscalizar a origem das operações internacionais. Os adjetivos aos vigentes sistemas tributários são eloquentes: *"complexos, opacos, ineficientes, desigual e oneroso para administrar"*[31].

O *automated payment transaction (APT)* seria incidente sobre todas as materialidades, da renda e do consumo, envolvidas em todas as transações("*The APT tax proposes to extend the tax base from income and consumption to all transactions ...*"). Ele é entendido como um tributo devido ao governo pelo uso de uma estrutura institucional que provê e mantém um sistema monetário, legal e político que facilita e protege o mercado e o comércio[32].

A proposta é inovadora, ambiciosa e instigante, mas seria possível? Não estaria desatualizada frente aos desafios das moedas digitais, criptoativos ou cripto moedas? Certamente esta proposta merece uma devida atenção, o que foge aos limites estreitos do presente artigo.

4. CONSIDERAÇÕES FINAIS

O presente artigo pretendeu demonstrar algumas conclusões fundamentais, de um lado afirmando a importância da tributação progressiva para a redistribuição da renda e de outro questionando a alegação que a tributação progressiva no topo isoladamente implica necessaria-

---

30 FEIGE, Edgar L. Taxation for the 21st century: the automated payment transaction (APT) tax. Economic Policy, Oct 2000, volume 15, issue 31, p. 474-511.

31 *Idem*, p. 476.

32 *Idem ibidem.*

mente em uma redução das desigualdades sociais. Outros fatores são fundamentais para a redução das desigualdades sociais, tais como juros moderados, inflação baixa e estímulos ao ambiente de empreendedorismo, ou seja, fatores que permitem a construção de uma poupança no médio e longo prazo. Não há como se afirmar igualmente que a tributação da renda no "*topo*" provoque necessariamente a redução das desigualdades sociais.

Assim, cabe notar que o importante uso da tributação no combate às desigualdades sociais deve se pautar por um posicionamento relevantemente técnico e crítico, distanciado das paixões políticas e ideológicas.

Em relação à tributação o consumo, parece que há, finalmente e de modo inédito, um grau de relativo acordo sobre as bases da reforma. Existem diversas razões, para demonstrar a atualidade e importância na adoção de um imposto único sobre o consumo para o Brasil.

Por fim, cabe destacar que nenhuma proposta seja perfeita ou mesmo desejável. O importante é notar que o objetivo de uma Reforma Tributária corresponde ao desejo de que a carga tributária deve ser simplificada, equilibrando o financiamento federativo, retirando todos os custos de informação e transação que impedem as decisões dos agentes econômicos e garantindo a competitividade nacional perante os demais países desenvolvidos.

REFERÊNCIAS BIBLIOGRÁFICAS

BULÍR, Ales. Income inequality: does inflation matters? IMF Staff Papers, v. 48, n. 1, p.139- 159, 2001.

CAGETTI, Marco. Entrepreneurship, Frictions, and Wealth. Journal of Political Economy, 2006, vol. 114, n. 5.

CALIENDO, Paulo. Alíquota de CPMF e a Vedação Constitucional de Confisco. Disponível em http://artigoscheckpoint.thomsonreuters.com.br/a/3ft5/aliquota-de-cpmf-e-a-vedacao-constitucional-de-confisco-paulo-caliendo. Acesso em 10.05.2020 às 14:30.

CREEDY, John. Taxation, Redistribution and Progressivity: An Introduction. The Australian Economic Review. Vol.33, n. 4, p. 410-420.

EBRILL L. et alii. The Modern VAT, International Monetary Fund, Washington, D.C., 2001.

FEIGE, Edgar L. Taxation for the 21st century: the automated payment transaction (APT) tax. Economic Policy, Oct 2000, volume 15, issue 31, p. 474-511.

HAYEK, Friedrich. Reexaminando a tributação progressiva In Ferraz, Roberto. Princípios e limites da tributação. São Paulo: Quartier Latin, 2005, p. 741-764.

KUZNETS, Simon. Economic Growth and Income Inequality. The American Economic Review, vol. XLV, March, 1955, n. 01.

LEWIS, Hunter. Thomas Piketty's Improbable Data. Ludwig von Mises Institute. Disponível em: <http://mises.org/daily/6741/Thomas-Pikettys-Improbable-Data>. Acesso em 18 jul. 2014.

LIMA, Edilberto Carlos Pontes. Reforma Tributária no Brasil: entre o ideal e o possível. Texto para Discussão n. 666, Brasília: Ipea, 1999.

MILÁ, Marc Morgan. Income Concentration in a Context of Late Development: An Investigation of Top Incomes in Brazil using Tax Records, 1933–2013. Public Policy and Development Master Dissertation. Paris School of Economics, 2015.

OLIVEIRA, Fabrício Augusto de. A Evolução da estrutura tributária e do fisco brasileiro: 1889-2009. Texto para Discussão n. 1469, Brasília: Ipea, 2010.

PIKETTY, Thomas. O Capital no século XXI. Rio de Janeiro: Intrínseca, 2014.

REZENDE, F. A Moderna Tributação do Consumo, Reforma Fiscal – Coletânea de Estudos Técnicos, Relatório da CERF, Vol. II, 1993, pp. 355-402.

SABBADINI, Ricardo et RODRIGUES, Mauro. Impactos da inflação sobre a desigualdade de renda. Economia & Tecnologia - Ano 06, Vol. 22 - Julho/Setembro de 2010, p. 118.

SERRA, J. et AFONSO, José R. (1999), Federalismo Fiscal à Brasileira: Algumas Reflexões, Revista do BNDES, V. 6, n. 12, pp 3-30.

SILVA, Giovanni Padilha da. "Personalização" do IVA para o Brasil: por que escolher entre eficiência e equidade se é possível ter ambas? Revista FESDT n. 9, abr. 2019. Disponível em https://www.fesdt.org.br/web2012/revistas/9/artigos/3.pdf, acesso em 10.05.2020 às 21:34.

VARSANO R., (2000), "Subnational Taxation and the Treatment of Interstate Trade in Brazil: Problems and a Proposed Solution". Em S. J. Burki e outros (eds.) "Decentralization and Accountability of the Public Sector". Procedimentos da Conferência Anual de Bancos sobre Desenvolvimento na América Latina e no Caribe. Washington, D. C.: Banco Mundial, págs. 339-356.

VARSANO, R. A tributação do Comércio Interestadual: ICMS atual versus ICMS partilhado, Texto para Discussão n. 382, 1995, IPEA.

VARSANO, Ricardo. A tributação do valor adicionado, o ICMS e as reformas necessárias para conformá-lo às melhores práticas internacionais. Banco Interamericano de Desenvolvimento, 2014.

VARSANO, Ricardo. Os IVAs dos BRICs. Disponível em http://www.joserobertoafonso.com.br/ivas-dos-brics-varsano/, acessível em 28.02.2017, às 02:00 h.

STIGLITZ, Joseph E. Income and wealth among individuals: Part IV: land and credit. Working Paper 21192, http://www.nber.org/papers/w21192. Acesso em 30.06.2016, às 10:38.

A TRIBUTAÇÃO DAS EXPORTAÇÕES NO CONTEXTO DAS PROPOSTAS DE REFORMA TRIBUTÁRIA

PAULO HONÓRIO DE CASTRO JÚNIOR[1]

SUMÁRIO: 1. Introdução; 2. O contexto político-jurídico de propostas para uma reforma tributária; 3. As propostas de Emenda à Constituição de 2019 e a tributação das exportações; 4. O projeto constitucional de desoneração ampla das exportações; 5. Neutralidade tributária no comércio internacional, isonomia e o princípio do destino; 6. Proibição de retrocesso em matéria de direitos fundamentais; 7. A PEC nº 42/2019 na versão do Parecer do Relator: agravamento da violação à isonomia e equívoco quanto à natureza jurídica do ICMS; 8. Conclusões.

1. INTRODUÇÃO

A crise do federalismo fiscal motivou a edição da Proposta de Emenda à Constituição nº 42/2019, de autoria do Senador Antonio Anastasia, que propõe revogar a imunidade do ICMS sobre as exportações de produtos primários e semielaborados, atualmente prevista no art. 155, § 2º, X, a, da Constituição.

O atual debate sobre a reforma do pacto federativo, que caminha lado a lado com as propostas de reforma tributária (notadamente PEC nº 45/2019 e PEC nº 110/2019), ganha notoriedade em face da situação de calamidade fiscal dos Estados.

A desoneração ampla das exportações após a Constituição de 1988, iniciada com a Lei Kandir em 1996 e consolidada pela EC nº 42 em 2003, vem sendo alvo de disputas federativas, em torno das chamadas

---

[1] Graduado em Direito e Mestrando em Direito Tributário pela Universidade Federal de Minas Gerais – UFMG. Mestrando em Direito Financeiro pela Universidade de São Paulo – USP. Pós-Graduado pelo Instituto Brasileiro de Estudos Tributários – IBET. Presidente do Instituto Mineiro de Direito Tributário – IMDT. Coordenador da Pós-Graduação CEDIN/IBDM em Direito da Mineração e professor à frente do módulo Direito Tributário Aplicado à Mineração. Advogado.

"compensações da Lei Kandir", supostamente devidas pela União em prol de Estados exportadores.

Segundo a justificação da PEC nº 42/2019, a solução para o problema seria abrir mão das ditas "compensações" e cobrar novamente ICMS sobre a exportação de produtos primários e semielaborados.

Não se trata de iniciativa inovadora. As PEC nº 92 e 122, de 2011, com idêntico objetivo, foram arquivadas em 31 de janeiro de 2019, nos termos do art. 105, do Regimento Interno da Câmara dos Deputados.

Ao mesmo tempo, as propostas de reforma tributária, notadamente PEC nº 45 e 110 de 2019, inclusive a Emenda apresentada pelos Governadores, propõem uma ampla desoneração das exportações e garantem o aproveitamento dos créditos relativos às operações anteriores.

Diante desse cenário, surgem algumas perguntas que são o motivo de investigação adotado neste trabalho: i) A imunidade sobre exportações concretiza algum direito fundamental? ii) É possível reduzir o alcance dessa imunidade sem ferir algum direito fundamental? iii) Na hipótese de vulneração de algum direito fundamental, haveria a incidência também da cláusula de proibição de retrocesso prevista no art. 60, § 4º, IV, da Constituição?

Não será objeto deste estudo avaliar a tormentosa questão da compensação eventualmente devida aos entes subnacionais em razão da desoneração das exportações, tampouco as propostas existentes para adequar essa realidade às reformas tributárias em tramitação.

O presente estudo é restrito à avaliação jurídica da possibilidade de se revogar, total ou parcialmente, a imunidade do ICMS sobre exportações, face aos textos das propostas de reforma tributária.

É o que passaremos a expor.

2. O CONTEXTO POLÍTICO-JURÍDICO DE PROPOSTAS PARA UMA REFORMA TRIBUTÁRIA

Justifica-se a necessidade de uma reforma tributária no contexto brasileiro por diversas razões. Em recente trabalho[2], apontamos as seguintes:

---

2 CASTRO JÚNIOR, Paulo Honório de; DA SILVA, Jhonytan Mark. A reforma tributária e a tributação da economia digital. In CUNHA, Ivan Luduvice; CAMPOS, Marcelo Hugo de Oliveira; CASTRO JÚNIOR, Paulo Honório de; BITTENCOURT JÚNIOR, Rogério Abdala (Coords.). *Reforma Tributária Brasileira*. Belo Horizonte: D'Plácido, 2019, p. 151.

a. *Crise do federalismo fiscal*

Os entes subnacionais chegaram ao limite do colapso financeiro. O federalismo fiscal, desenhado pela Constituição para ser cooperativo e equilibrado, foi se tornando competitivo e desequilibrado, concentrando recursos e poder na União em detrimento dos entes periféricos.

É preciso rever, portanto, as bases do federalismo fiscal, no que se inclui a (re)distribuição de competências tributárias e a forma como os entes federativos distribuem entre si e gerem os recursos arrecadados.

b. *Incapacidade de capturar, com segurança jurídica, as bases da economia digital*

O modelo tributário nacional, pensado e estruturado na década de 60 do século passado, estrutura-se em regras de competência que denotam conceitos, limitando o poder de tributar dos entes federativos em torno de noções rígidas. Os conceitos escolhidos refletiam os principais signos presuntivos de capacidade contributiva presentes naquela época (*circulação de mercadoria, prestação de serviço, transmissão de propriedade imobiliária etc.*). A economia digital desafia frontalmente esse modelo, na medida em que os conceitos de mercadoria e serviço, por exemplo, mesclam-se ou se tornam irrelevantes frente às utilidades que são objeto das transações digitais. Ademais, as noções clássicas de estabelecimento e de residência fiscal não são adequadas à nova realidade econômica, em que empresas com presença digital significativa em uma jurisdição podem não ser contribuintes.

c. *Há um movimento global por reformas e por harmonização das legislações tributárias*

Projetos como o Plano BEPS e outas iniciativas de harmonização global das legislações tributárias, visando a combater planejamentos tributários agressivos e redistribuir as receitas geradas pela economia digital, vêm avançando e pressionando o Brasil para modificar suas normas fiscais.

Hoje o país possui a quinta maior alíquota nominal (34%) de imposto de renda corporativo do mundo[3] e, segundo dados recentes, 166 países empregariam tributos na modalidade IVA – Imposto sobre Valor Agregado[4], grupo este que não é composto pelo Brasil.

---

3 Cf. << https://www.oecd.org/tax/tax-policy/tax-database/ >>.

4 Cf. *Consumption Tax Trends 2018: VAT/GST and excise rates, trends and policy issues.* Consumption Tax Trends. Secretary-General of the OECD. 2016.

O primeiro aspecto, relativo à crise do federalismo fiscal, é o que motiva a PEC nº 42/2019 (específica quanto à incidência do ICMS sobre exportações de produtos não industrializados), bem como o que permitiu um consenso entre os Governadores acerca de um texto de Emenda às PEC nº 45 e 110, de 2019, que tratam da reforma da tributação do consumo.

3. AS PROPOSTAS DE EMENDA À CONSTITUIÇÃO DE 2019 E A TRIBUTAÇÃO DAS EXPORTAÇÕES

Em 2019, o Congresso Nacional recebeu diversas propostas de Emenda à Constituição, cujo objetivo é alterar regras relativas ao sistema tributário. Algumas delas são mais específicas, propondo alterações pontuais na tributação. Outras são mais amplas, alterando significativamente aspectos da Constituição tributária, especialmente no que diz respeito à tributação que recai sobre o consumo de bens e serviços.

Serão analisadas aqui as disposições das PEC nº 42, 45 e 110, todas de 2019, especificamente quanto à tributação das exportações, por serem as que receberam maior atenção da sociedade e da classe política.

Em resumo, as PEC nº 45 e 110, de 2019, propõem a reformulação da tributação sobre o consumo, principalmente mediante a criação de um Imposto Sobre Bens e Serviços – IBS, de caráter nacional, e um Imposto Seletivo – IS, de competência da União, em substituição ao ICMS, ISSQN, PIS/Cofins e IPI.

Ponto em aberto nos debates sobre a reforma é o modelo de um IBS nacional (o que atrai a problemática composição federativa do seu Comitê Gestor, frente ao cenário de desconfiança sistêmica) ou de um IBS para estados e municípios e outro para a União.

No que interesse ao ponto de investigação escolhido neste estudo, as duas propostas desoneram amplamente as exportações, garantindo a manutenção dos créditos relativos às operações anteriores. É ver:

PEC nº 45/2019

Art. 152-A. Lei complementar instituirá imposto sobre bens e serviços, que será uniforme em todo o território nacional, cabendo à União, aos Estados, ao Distrito Federal e aos Municípios exercer sua competência exclusivamente por meio da alteração de suas alíquotas.

§1o. O imposto sobre bens e serviços:

[...]

V – não incidirá sobre as exportações, assegurada a manutenção dos créditos;

PEC nº 110/2019

Art. 155. Compete aos Estados e ao Distrito Federal instituir:

[...]

IV - por intermédio do Congresso Nacional, imposto sobre operações com bens e serviços, ainda que se iniciem no exterior.

[...]

§ 7º O imposto de que trata o inciso IV do caput deste artigo será instituído por lei complementar, apresentada nos termos do disposto no art. 61, §§ 3º e 4º, e atenderá ao seguinte:

[...]

VI - não incidirá:

a) nas exportações, garantidos a manutenção e o aproveitamento do imposto cobrado nas operações anteriores;

Em sua justificativa, afirma-se que "o novo imposto sobre bens e serviços (IBS): [...] não onerará as exportações, já que contará com mecanismo para devolução ágil dos créditos acumulados pelos exportadores". Em trecho mais detalhado da motivação da PEC nº 45, explica-se que o IBS adotará o *princípio do destino*:

> No tocante ao tratamento do comércio exterior, de vez que visam tributar o consumo final, os IVAs são cobrados de acordo com o princípio do destino, o que significa que o IBS não será cobrado nas exportações, mas se devolverão rápida e integralmente os créditos acumulados pelos exportadores. [...]
>
> O modelo de tributação no destino – caracterizado pela desoneração das exportações e tributação das importações – tem duas características importantes. A primeira é que este modelo não distorce o comércio exterior, ou seja, a tributação é a mesma para o bem ou serviço produzido internamente ou importado. A segunda é que o imposto pertence ao país de destino, o que é essencial em um tributo cujo objetivo é tributar o consumo, e não a produção.

A PEC nº 42 de 2019, por sua vez, possui o objetivo de revogar a imunidade do ICMS sobre a exportação de "produtos primários e semielaborados", mantendo-a sobre todos os demais bens e serviços exportados:

> Art. 1º O art. 155 da Constituição Federal passa a vigorar com a seguinte alteração:
>
> Art. 155. ....
>
> § 2º ....
>
> X - ....

sobre operações que destinem ao exterior *produtos industrializados, excluídos os semielaborados, definidos em lei complementar*, nem sobre serviços prestados a destinatários no exterior, assegurada a manutenção e o aproveitamento do montante do imposto cobrado nas operações e prestações anteriores; – (grifou-se).

Ademais, pretende-se a revogação dos seguintes dispositivos:

- *A alínea "e", do inciso XII, do § 2º, do art. 155 da Constituição*: esse dispositivo, presente na redação original do texto constitucional, autoriza lei complementar a estender a imunidade do ICMS sobre outras exportações, notadamente de produtos primários e semielaborados.

- *Artigo 91, do ADCT, da Constituição*: determina a edição de lei complementar relativa à compensação dos Estados pela desoneração do ICMS na exportação de produtos primários e semielaborados.

A justificativa da PEC nº 42/2019 é uma só: como a União ainda não teria realizado a devida compensação aos Estados em razão da desoneração ampla das exportações, iniciada com a Lei Kandir, abre-se mão desse direito em troca do retorno à incidência do ICMS sobre a exportação de produtos primários e semielaborados. É ver o seguinte trecho da justificação da proposta:

> [...] o Brasil deu um passo além, e ampliou a desoneração das exportações com a Lei Complementar nº 87, de 13 de setembro de 1996 (Lei Kandir) que desonerou também os produtos primários e semielaborados.
>
> Naquela época, tinha-se em mente que a União iria compensar os Estados, Distrito Federal e Municípios pelas perdas sofridas em decorrência da redução da arrecadação do Imposto sobre Operações Relativas à Circulação de Mercadorias e sobre Prestações de Serviços de Transporte Interestadual e Intermunicipal e de Comunicação (ICMS). Para tanto, foram estabelecidos na própria Lei Kandir os mecanismos necessários para essa compensação.
>
> Passados mais de vinte anos do advento da Lei Kandir verificamos que os Estados vêm tendo perdas consideráveis, que não estão sendo ressarcidas pela União. A questão nunca foi adequadamente equacionada e se tornou motivo permanente de conflito.
>
> A verdade é que a União nunca ressarciu a contento os Estados das perdas dela decorrentes. Mesmo agora, no debate do Projeto de Lei que busca efetivar a compensação aos Estados, a União não demonstra boa vontade para tratar do assunto e trabalha para manter a ausência de regras claras. A única forma de preservar a autonomia federativa dos Estados é suprimir a desoneração do ICMS prevista na Lei Kandir mediante emenda constitucional como ora pretendo, sobre a qual o Poder Executivo não dispõe de poder de veto.

Vê-se, portanto, que a PEC nº 42 diverge do que propõem as PEC nº 45 e 110, de 2019. Diante do frágil quadro fiscal dos entes subnacionais, vem crescendo a expectativa de aprovação da PEC nº 42[5], tornando possível um reajuste na tramitação das demais propostas, em um esforço de harmonização.

Mas seria possível revogar a imunidade ampla do ICMS sobre exportações, ou fazer com que o IBS incida sobre operações de venda ao exterior de produtos primários e semielaborados? É o que veremos nos tópicos seguintes.

4. O PROJETO CONSTITUCIONAL DE DESONERAÇÃO AMPLA DAS EXPORTAÇÕES

A redação original da Constituição não imunizava todas as exportações do ICMS, mas tão somente as operações com produtos industrializados, excluídos os semielaborados definidos em lei complementar.

Inseriu-se ainda dispositivo prevendo que *lei complementar pode estender a não incidência do ICMS nas exportações para outras operações e serviços* (art. 155, §2º, XII, e).

Há na Constituição, portanto, desde a sua redação original, *claro objetivo de progressiva desoneração das exportações, até a ampla imunidade do ICMS abarcar produtos primários e semielaborados.* Não fosse assim, qual seria a razão para a existência da citada alínea "e", do inciso XII, do § 2º, do art. 155 da Constituição, *que agora a PEC nº 42/2019 pretende revogar?*

Cumprindo o referido objetivo constitucional, com a edição da Lei Complementar nº 87 em 1996, e considerando a autorização constitucional para se ampliar a desoneração, foi instituída norma que preconiza a não incidência do ICMS sobre quaisquer *"operações e prestações que destinem ao exterior mercadorias"* (art. 3º, II).

Adveio a EC nº 42/2003, que, alterando o art. 155, §2º, X, a, estendeu a imunidade do ICMS às operações que destinem quaisquer mercadorias ao exterior (e não apenas produtos industrializados), bem como aos serviços prestados para destinatários no exterior, assegurada a manutenção do crédito relativo às operações anteriores. O voto em

---

5 Cf. "Estudos mostram que fim da Lei Kandir seria devastador para o agro", disponível em << https://www.sna.agr.br/canal-rural-agencia-brasil-estudos-mostram-que-fim-da-lei-kandir-seria-devastador-para-o-agro/ >>; "Fim da Lei Kandir pode pesar em R$ 7 bi no caixa das mineradoras", disponível em << http://portaldamineracao.com.br/ibram/ibram-fim-da-lei-kandir-pode-pesar-em-r-7-bi-no-caixa-das-mineradoras/ >>.

separado do então deputado federal Delfim Neto, na tramitação da PEC nº 41 que originou a EC nº 42/2003, deixa claro os objetivos:

> O princípio da competitividade é perseguido por três outras mudanças: a desoneração ampla dos investimentos e das exportações [...].

> As exportações não apenas são isentas como também se inova ao assegurar que créditos acumulados, especialmente do ICMS, possam ser transferidos para terceiros, a única mudança que falta ser adotada no atual sistema tributário, sob pena de que na prática a exoneração continue como está hoje, parcial.

Três etapas, claramente marcadas, de um gradual *avanço* na solidificação da garantia constitucional de não exportar tributos, ou seja, de implementação do *projeto constitucional de desoneração ampla das exportações*: a redação original da Constituição de 1988, com a apresentação do projeto; a Lei Kandir; e a EC nº 42/2003.

A existência do referido projeto constitucional fica clara quando se lê *as oposições a ele,* apresentadas pelo então constituinte Sr. Ademir Andrade (PSB/PA)[6]:

> Quero mostrar que, com relação ao ICM, também já há a isenção absoluta para todos os produtos industrializados, inclusive a possibilidade até de que se venha a excluir da incidência os semi-elaborados, conforme definição da Lei Complementar. Agora, Sr. Presidente, querem colocar aqui um absurdo. Vejam bem o seguinte: o item XII diz: "Cabe à Lei Complementar". Significa que vamos elaborar uma Lei Complementar, mas que antes de iniciarmos a sua elaboração já *somos obrigados, pela alínea e, a excluir da incidência do imposto, nas exportações, serviços e outros produtos, além dos mencionados no inciso X, a*, que já isenta todo o ICM e o Imposto Sobre Serviços, no caso dos transportes e das comunicações. Que outros impostos mais querem isentar, Sr. Presidente? Que tipo de coisa ainda querem criar? *Isso aqui é o absoluto, é tudo.* A partir disto, *se este texto permanecer na Constituição do Brasil, tudo aquilo que for exportado não pagará absolutamente nada*, não apenas do produto final, mas desde quando começou a ser trabalhado, de onde existia apenas a matéria-prima. Não pagará impostos a transportadora desse produto. Não pagará imposto o extrator desse produto na base. Não pagará quem ajudou a produzir o produto. *É uma isenção total e absoluta para tudo, indiscriminada.* – (grifamos).

A leitura realizada pelo Sr. Ademir Andrade foi perfeita: "é uma isenção total e absoluta para tudo, *indiscriminada*". O fato de o ilustre constituinte ter apresentado suas nobres oposições ao *projeto constitucional de*

---

6 BRASIL. DIÁRIO DA ASSEMBLÉIA NACIONAL CONSTITUINTE, sexta-feira, 24 de agosto de 1988. Ano II – nº 297. Brasília/DF, p. 556.

desoneração ampla das exportações não foi suficiente para impedir que a Constituição de 1988 fosse editada daquela forma. Isto é, contemplando já em sua gênese uma imagem de Estado que não exportasse tributos, projetando sua realização gradual, em homenagem ao princípio do destino e da não discriminação dos contribuintes exportadores brasileiros, corolário da isonomia, conforme será visto no tópico seguinte.

5. NEUTRALIDADE TRIBUTÁRIA NO COMÉRCIO INTERNACIONAL, ISONOMIA E O PRINCÍPIO DO DESTINO

As regras constitucionais de desoneração da tributação indireta nas exportações encontram fundamento no princípio da *neutralidade tributária* que, por sua vez, é implicitamente previsto nos arts. 146-A, 150, II e 170, IV. Dois são os aspectos da livre concorrência, conforme Schoueri[7]: um negativo, a determinar uma abstenção do poder público no domínio econômico; e um positivo, quando prescrito ao poder público uma intervenção no domínio econômico, conferindo igualdade de condições entre particulares e, por consequência, neutralidade concorrencial.

Por isso, pode-se afirmar que a neutralidade tributária, no plano das exportações, configura mandamento constitucional de não incidência de tributos. Esse mandamento é extraído do princípio da livre concorrência e do *dever geral de igualdade*, inclusive fiscal.

No plano do comércio internacional, esse conjunto de normas configuram o *princípio do país do destino*. Em razão dessa diretriz, as operações internacionais com bens e serviços devem ser tributadas apenas uma única vez, no país importador, desonerando os tributos que normalmente incidiriam no país de origem.

A Constituição consagrou, portanto, o *princípio do destino* em diversos dispositivos[8], relativos a impostos e contribuições. Por isso, se há local adequado para regras de desoneração das exportações, este local é a Constituição. O seu valor é a neutralidade fiscal pela não exporta-

---

7 SCHOUERI, Luís Eduardo. Livre Concorrência e Tributação. In: ROCHA, Valdir de Oliveira (Coord.). *Grandes questões atuais do Direito Tributário*, v. 11. São Paulo: Dialética, 2007.

8 Como exemplos de imunidade nas exportações: o IPI (art. 153, § 3º, III), o ICMS (art. 155, § 2º, X, "a") e o ISSQN (art. 156, § 3º, II), para os impostos, e a Emenda Constitucional 33/2001, através da inclusão do parágrafo 2º e seu inciso I ao artigo 149 da Constituição, que estendeu a imunidade às Contribuições: "§ 2º As contribuições sociais e de intervenção no domínio econômico de que trata o caput deste artigo: I — não incidirão sobre as receitas decorrentes de exportação".

ção de tributos, ou seja, permitir que o produto nacional seja competitivo, gerando empregos, investimento e desenvolvimento nacional (art. 3º c/c 170, da Lei Maior).

Por todas essas razões, não há favor algum nas regras de explicitação das imunidades na exportação em cada tributo específico, e sim a *concretização de garantias fundamentais*, principalmente a *igualdade* de tratamento fiscal no comércio internacional.

Conforme Schoueri ao tratar de imunidades[9], "se o constituinte cria uma exceção a uma regra, deve-se, em nome do Princípio da Igualdade, encontrar um fundamento para a diferenciação". Prossegue o ilustre Professor afirmando que essa diferenciação encontrará fundamento em *algum valor tão caro à Constituição* a ponto de justificar a exceção, ou na *ausência de capacidade contributiva*.

No caso da imunidade sobre exportações, o valor constitucional, como visto, é a própria *igualdade*, da qual decorre a necessidade de neutralidade fiscal no fluxo internacional de bens e serviços. Não fosse assim, o contribuinte exportador brasileiro deveria competir em *desigualdade* de condições, tendo em vista que a maior parte dos países não cobra tributos indiretos sobre exportações, em razão inclusive de compromissos internacionais.

Daí que o princípio do país do destino, ao limitar a base de tributação do país exportador aos bens e serviços *consumidos* em seu território, cumpra o valor constitucional de manter a neutralidade do fluxo internacional de bens e serviços. Andou bem a Lei Kandir (LC nº 87/1996) e o constituinte derivado (EC nº 42/2003), ao alinhar as regras brasileiras aos padrões do *General Agreement on Tariffs and Trade* – GATT, ratificado pelo Decreto Legislativo nº 30/1994 e promulgado pelo Decreto nº 1.355/1994, cujo art. XVI consagra o princípio da tributação no país do destino para os impostos sobre o consumo, tal qual o ICMS.

No mesmo sentido, o Brasil celebrou outros compromissos internacionais cujo conteúdo é a neutralidade no fluxo internacional de bens e serviços, evitando a discriminação de contribuintes exportadores. Conforme Lucas Bevilacqua e Rafael Fonseca[10], na vigência da

---

9 SCHOUERI, Luís Eduardo. *Direito Tributário*. São Paulo: Saraiva, 2017, p. 434.

10 BEVILACQUA, Lucas; FONSECA, Rafael. Compensações pela desoneração do ICMS nas exportações de bens primários e semielaborados. In SCAFF, Fernando Facury; TORRES, Heleno Taveira; DERZI, Misabel Abreu Machado; BATISTA JÚNIOR, Onofre Alves. *Federalismo (s)em Juízo*. São Paulo: Noeses, 2019, p. 373.

Constituição de 1988, o Brasil assinou o Acordo de Marrakesh, constitutivo da Organização Mundial do Comércio (OMC), e todo o conjunto de acordos que arremataram a Rodada do Uruguai, com destaque para o GATT e para o Acordo sobre Subsídios e Medidas Compensatórias (ASMC), que preveem expressamente o *princípio do destino*.

O mandamento constitucional de total desoneração das exportações como implementação do princípio do destino não faz (e seria ilógico que fizesse) qualquer distinção entre produtos industrializados, semielaborados ou primários. É o que ensina Lucas Bevilacqua[11], ao falar sobre o pensamento que, entre outras propostas, sustenta a PEC nº 42, de 2019, que pretende tributar as exportações de produtos primários e semielaborados:

> Infelizmente, tal pensamento ainda ronda nossos governantes. Em passado não muito remoto foi realizada proposta legislativa de redução progressiva da desoneração de produtos primários e semielaborados em 20% a cada ano, se alcançando, no prazo de cinco anos, a eliminação da desoneração, com vistas a "desestimular a exportação de produtos de menor valor agregado, estimulando a incorporação de conteúdo tecnológico à pauta brasileira de exportações".

> Muito embora o bom propósito do legislador, dado o objetivo perseguido de industrialização com inovação tecnológica, tal norma tributária não se presta para tal desiderato, quanto ao menos em matéria de ICMS, na medida em que deve ser balizada pelo princípio da neutralidade no fluxo internacional de mercadorias, que tem como consectário imediato o princípio do país do destino.

> O princípio do país do destino não realiza qualquer *discrímen* ao determinar a desoneração tributária de mercadorias, sendo irrelevante tratar-se de produtos industrializados ou *in natura*, portanto, a desoneração deve alcançar, indistintamente, todas as mercadorias: industrializadas e *in natura*.

Trata-se da *interpretação teleológica, que se deve realizar para maximizar a não incidência do ICMS nas exportações*, de acordo com a *finalidade* de desoneração das exportações (princípio do destino). Conforme o Ministro Gilmar Mendes[12], *a desoneração das exportações* tem ainda a finalidade de cumprir a *diretriz de desenvolvimento nacional*, contida no art. 3º, I, da Constituição:

---

11 BEVILACQUA, Lucas. *Incentivos Fiscais à Exportação*. Rio de Janeiro: Lumen Juris, 2018, p. 145-146.

12 BRASIL. SUPREMO TRIBUNAL FEDERAL. RE 474132, Relator(a): Min. GILMAR MENDES, Tribunal Pleno, julgado em 12/08/2010, DJe-231 DIVULG 30-11-2010 PUBLIC 01-12-2010 EMENT VOL-02442-01 PP-00026.

No tocante ao *estímulo às exportações*, entendo razoável a sua admissão como *diretriz decorrente do art. 3º, I, da Constituição*, que estabelece como um dos objetivos da República Federativa do *Brasil a garantia do desenvolvimento nacional*.

É possível extrair da Constituição Federal de 1988 clara orientação normativa no sentido da desoneração da atividade exportadora, *com a finalidade de aumentar a competitividade dos produtos brasileiros* no mercado internacional. – (grifamos).

Daí que não seja relevante, conforme bem apontou Lucas Bevilacqua, a diferenciação entre produtos industrializados e *in natura* para fins de aplicação do princípio do destino.

No final de maio de 2013, o Supremo Tribunal Federal julgou dois Recursos Extraordinários interpostos pela União Federal, que objetivavam o reconhecimento da incidência de PIS e Cofins sobre receitas atreladas a operações de exportação: (i) receitas decorrentes de variação cambial ativa – RE nº 627.815/PR[13]; e (ii) receitas obtidas na transferência para terceiros de créditos de ICMS acumulados em razão de exportações – RE nº 606.107/RS[14].

Em ambos os casos, prevaleceu o voto da Ministra Relatora Rosa Weber pela incidência da imunidade do art. 149, §2º, I, da Constituição, que abrange todas as receitas que decorram da atividade de exportação, ainda que de forma indireta. Isso por força da interpretação *teleológica* que o STF reiteradamente tem atribuído às imunidades tributárias, de modo a maximizar o seu potencial de efetividade. É ver trecho do seu voto no RE nº 627.815/PR: "firma-se nesta Casa jurisprudência pela adoção de modelo interpretativo que, ao perquirir sobre a abrangência do instituto [imunidade nas exportações], *maximize a eficácia da norma constitucional*."

Conforme Ricardo Lobo Torres[15], o princípio do país do destino, além do aspecto da *igualdade* e da *neutralidade* fiscal no comércio internacional, também realiza o princípio da *capacidade contributiva*.

---

13 BRASIL. SUPREMO TRIBUNAL FEDERAL. RE 627815, Relator(a): Min. ROSA WEBER, Tribunal Pleno, julgado em 23/05/2013, ACÓRDÃO ELETRÔNICO REPERCUSSÃO GERAL - MÉRITO DJe-192 DIVULG 30-09-2013 PUBLIC 01-10-2013.

14 BRASIL. SUPREMO TRIBUNAL FEDERAL. RE 606107, Relator(a): Min. ROSA WEBER, Tribunal Pleno, julgado em 22/05/2013, ACÓRDÃO ELETRÔNICO REPERCUSSÃO GERAL - MÉRITO DJe-231 DIVULG 22-11-2013 PUBLIC 25-11-2013.

15 TORRES, Ricardo Lobo. O princípio da não-cumulatividade e o IVA no direito comparado. In MARTINS, Ives Gandra da Silva (Coord.). *O princípio da não-cumulatividade*. São Paulo: RT, 2004, p. 161.

Por isso, a tributação deve ocorrer apenas onde os bens e serviços são consumidos, evitando-se sua dupla tributação (no país exportador e no importador). No mesmo sentido, Douglas Yamashita[16] afirma que "porque restringe a tributação internacional de mercadorias e serviços exclusivamente ao país de destino", "o princípio do país do destino realiza o princípio da capacidade contributiva".

Portanto, parece claro que não há possibilidade jurídica de revogação, total ou parcial, da ampla desoneração das exportações criada pela EC nº 42/2003, sob pena de vulneração dos princípios da isonomia, livre concorrência, neutralidade fiscal e capacidade contributiva.

6. PROIBIÇÃO DE RETROCESSO EM MATÉRIA DE DIREITOS FUNDAMENTAIS

Como exposto, a imunidade do ICMS sobre exportações não é favor fiscal. Cumpre valores constitucionais:

1. *Igualdade (art. 5º e 150, II)*. Por decorrência, ainda a livre concorrência/neutralidade fiscal (art. 146-A e 170, IV);

2. *Desenvolvimento nacional* (art. 3º, I).

Adota-se aqui a noção, bem apresentada por Octavio Campos Fischer[17], de que "estamos diante de *direitos e garantias fundamentais de 1ª dimensão aplicáveis às relações tributárias.*" Noção esta acolhida pela Suprema Corte[18]:

> O exercício do poder tributário, pelo Estado, submete-se, *por inteiro,* aos *modelos jurídicos positivados no texto constitucional* que, de modo *explícito ou implícito,* institui em favor dos contribuintes decisivas limitações à competência estatal para impor e exigir, coativamente, as diversas espécies tributárias existentes. – (grifamos).

Considerando que os direitos fundamentais formam o núcleo da Constituição, havendo inclusive a *cláusula aberta de direitos fundamentais* (art. 5º, § 2º) que contempla também aqueles *decorrentes de tratados internacionais,* eles devem ser submetidos a um regime especial de proteção, que leva ao *princípio de proibição de retrocesso.* Vale aqui a advertên-

---

16 YAMASHITA, Douglas. *Direito Tributário – uma visão sistemática.* São Paulo: Atlas, 2014, p. 210.

17 FISCHER, Octavio Campos. Direitos Fundamentais dos Contribuintes: breves considerações. *Revista do Curso de Mestrado em Direito da UFC.* v. 30 n. 1 (2010): jan./jun. 2010.

18 BRASIL. SUPREMO TRIBUNAL FEDERAL. ADI-MC 712/DF, Rel. Min. Celso de Mello, Tribunal Pleno, DJU I de 19.02.1993, p. 2032.

cia de Bobbio[19] de que o "problema fundamental em relação aos direitos do homem, hoje, não é tanto a justificá-los, mas o de protegê-los".

Por isso, normas de direitos fundamentais são cláusulas pétreas, nos termos do art. 60, § 4º, IV. da Constituição. Isso significa que mesmo Emendas Constitucionais não podem suprimi-las, atingir seu núcleo essencial ou inviabilizar a realização dos valores por elas veiculados.

Para Canotilho[20], essa garantia impede que o núcleo essencial dos direitos sociais já realizado e efetivado por medidas legislativas seja simplesmente aniquilado por medidas estatais. Isto é, a proibição de retrocesso é uma garantia que encontra sua matriz axiológica na segurança jurídica, na proteção da confiança legítima e na dignidade da pessoa humana. Consagra que o Estado, após efetivar um direito fundamental, *não pode retroceder* sem uma medida compensatória correspondente.

No caso da PEC nº 42/2019, como visto, estamos diante de uma vulneração sobretudo à *igualdade* e de uma *tentativa de retroceder em relação aos avanços* determinados na redação original da Constituição de 1988, enquanto um projeto de gradual implementação da desoneração ampla das exportações.

Em relação aos contribuintes que, desde 1996, são desonerados do ICMS sobre a exportação de produtos primários e semielaborados, permitir que a cobrança ocorra após 23 anos, não só representaria retrocesso, como um *abuso da confiança legítima* daquele que, de boa-fé, planejou sua atividade econômica considerando a não tributação das exportações.

É certo que o STF já afirmou que "o princípio da vedação ao retrocesso social não pode impedir o dinamismo da atividade legiferante do Estado, mormente quando não se está diante de alterações prejudiciais ao núcleo fundamental das garantias sociais"[21]. Ocorre que, no caso da PEC nº 42/2019, a revogação proposta – *ao menos para aqueles que se dedicam à exportação de produtos primários e semielaborados* – extirpa *todo o seu direito* do ordenamento jurídico, não havendo que se falar em preservação de um núcleo mínimo. Daí que se esteja diante de um caso de proibição de retrocesso social, dado que a imunidade em tela consagra direitos fundamentais dos contribuintes.

---

19 BOBBIO, Norberto. *A era dos direitos*. São Paulo: Ed. Campus, 1992, p. 24.

20 CANOTILHO, José Joaquim Gomes. *Direito constitucional*. 7ª ed. Coimbra: Almedina, 2003. p. 339-340.

21 BRASIL. SUPREMO TRIBUNAL FEDERAL. ADI 4.350, Relator Ministro Luiz Fux, Tribunal Pleno, DJe 3.12.2014.

7. A PEC Nº 42/2019 NA VERSÃO DO PARECER DO RELATOR: AGRAVAMENTO DA VIOLAÇÃO À ISONOMIA E EQUÍVOCO QUANTO À NATUREZA JURÍDICA DO ICMS

Por fim, registre-se que a PEC nº 42/2019 foi objeto de Parecer favorável do Relator, Senador Veneziano Vital do Rêgo (PSB/PB), com algumas modificações. Em resumo, ele propõe que a reoneração das exportações recaia exclusivamente sobre *bens minerais*:

> Entendemos, contudo, que a proposição necessita de ajustes em seu conteúdo. Inicialmente, é preciso limitar o alcance da proposta original. Para tanto, é sugerido que a exclusão da imunidade relativa ao ICMS abranja unicamente as exportações de produtos primários de origem mineral. Esses bens não são renováveis, de modo que a sua exportação representa uma perda definitiva de riqueza potencial para os estados produtores de minérios, o que justifica a taxação desses bens como mecanismo de compensação financeira adequada, em substituição ao auxílio pago com fundamento na Lei Kandir. Por outro lado, os produtos agropecuários são renováveis. Em um primeiro ponto de vista, portanto, essa assimetria entre os produtos de origem agropecuária e mineral fundamenta a manutenção da imunidade às exportações de produtos agropecuários.

A justificativa, como visto, reside na natureza não renovável dos bens minerais, o que legitimaria "a taxação desses bens como mecanismo de *compensação financeira* adequada".

Há aqui dois problemas: *o primeiro*, um agravamento da violação à isonomia em relação à proposta original, na medida em que mantém apenas os minerais no escopo de aplicação da regra; *o segundo*, uma incompreensão profunda sobre a natureza do ICMS enquanto tributo, que não visa a compensar financeiramente a perda de um recurso não renovável, recurso este que sequer pertence aos Estados, e sim à União.

O *caput* do art. 5º, da Constituição, dispõe que todos são iguais perante a lei. Trata-se de garantia contra a arbitrariedade, inclusive em matéria tributária. O art. 150, inciso II, por sua vez, veda a instituição de *"tratamento desigual entre contribuintes que se encontrem em situação equivalente, proibida qualquer distinção em razão de ocupação profissional ou função por eles exercida"*.

O que o Parecer do Relator da PEC nº 42/2019 pretende é exatamente instituir tratamento desigual entre exportadores (contribuintes em situação equivalente), ao excluir da regra de imunidade do ICMS *tão somente* as exportações de *"produtos primários de origem mineral"*. A proposta afronta diretamente o at. 150, II, da Constituição, porque a diferenciação, além de arbitrária, incide justamente proibição contida na parte final do dispositivo, qual seja, *"proibida qualquer distinção em razão de ocupação profissional ou função por eles exercida"*.

A distinção feita entre os exportadores de produtos primários de origem mineral e os que exportam outros bens, minerais ou não, se dá exatamente *"em razão de função"* (atividade econômica extrativa de substâncias minerais metálicas), o que não é permitido pela Lei Maior.

Ricardo Lobo Torres afirma: "Qualquer *'discrimen'* desarrazoado, que signifique excluir alguém da regra tributária geral ou de um privilégio não-odioso, constituirá ofensa aos seus direitos humanos, posto que desrespeitará a igualdade assegurada no art. 5º, da CF."[22]A falta de razoabilidade do Parecer do Relator, decorrente da afronta à isonomia, demonstra que a proposta também afronta a garantia geral de *proibição de excesso* (Übermassverbot), consubstanciada no princípio da proporcionalidade.

Por fim, tratar ICMS como *compensação financeira pela exploração de recursos minerais* (logo, não renováveis) pressupõe enorme confusão entre o imposto e a CFEM, cobrada em virtude do art. 20, § 1º, da Constituição. A CFEM, diferentemente do ICMS, incide sobre exportações, exatamente por se tratar da contrapartida paga pelo minerador pelo aproveitamento econômico de um bem não renovável que pertence ao povo brasileiro, inclusive às gerações futuras.

8. CONCLUSÕES

No início do presente trabalho, foram enunciadas as questões que são o motivo de investigação adotado. Em conclusão, apresenta-se as respostas:

i) A imunidade sobre exportações concretiza algum direito fundamental? ii) É possível reduzir o alcance dessa imunidade sem ferir algum direito fundamental?

Sim. Como visto, a imunidade sobre exportações concretiza o direito à *igualdade* no comércio internacional, especialmente em razão dos tratados assinados pelo Brasil. Disso decorre também o direito à neutralidade fiscal no fluxo internacional de bens e serviços, espelho da livre concorrência, que constituem o princípio do país de destino.

Ademais, conforme decisão do Ministro Gilmar Mendes no RE nº 474.132, a desoneração das exportações realiza o objetivo constitucional de desenvolvimento (art. 3º, I).

---

22 TORRES, Ricardo Lobo. *Tratado de Direito Constitucional Financeiro e Tributário*, vol. III. Rio de Janeiro: Renovar, 1999, p. 399-400.

Logo, não é possível aprovar a PEC nº 42/2019 sem ferir os preceitos constitucionais expostos.

iii) Na hipótese de vulneração de algum direito fundamental, haveria a incidência também da cláusula de proibição de retrocesso prevista no art. 60, § 4º, IV, da Constituição?

Sim. A revogação proposta pela PEC nº 42/2019 – *ao menos para aqueles que se dedicam à exportação de produtos primários e semielaborados* – extirpa *todo o seu direito* do ordenamento jurídico, não havendo que se falar em preservação de um núcleo mínimo.

Daí que se esteja diante de um caso de proibição de retrocesso social, dado que a imunidade em tela consagra direitos fundamentais dos contribuintes.

UM MANIFESTO SOBRE A REFORMA DOS TRIBUTOS SOBRE O CONSUMO NO BRASIL: ENTRE DESIGUALDADE E TRANSPARÊNCIA TRIBUTÁRIAS

PAULO ROSENBLATT[1]

JEFERSON TEODOROVICZ[2]

SUMÁRIO: 1. Introdução: história e contexto da tributação do consumo no Brasil; 2. O sistema tributário dos países em desenvolvimento; 3. Ponto negativo das propostas: violação da capacidade contributiva, seletividade e a regressividade na tributação sobre o consumo; 4. Ponto positivo das propostas: transparência fiscal; Conclusões; Referências Bibliográficas;

1. INTRODUÇÃO: HISTÓRIA E CONTEXTO DA TRIBUTAÇÃO DO CONSUMO NO BRASIL

Um dos ícones da literatura em língua portuguesa, Eça de Queiros escreveu vários artigos, entre fevereiro e abril de 1867, publicados no periódico *Distrito de Évora*, dentre outros, com os seguintes títulos: "O Manifesto e os Impostos de Consumo" e "A Legitimação do Imposto"[3]. Neles, o escritor reflete sobre os impostos sobre o consumo no Estado.

---

1 PhD em Direito Tributário pela Universidade de Londres (*Institute of Advanced Legal Studies*). Graduado e Mestre em Direito pela Faculdade de Direito do Recife (FDR/UFPE). Professor das disciplinas de Direito Financeiro e de Direito Tributário da Universidade Católica de Pernambuco (Unicap). Procurador do Estado de Pernambuco. Advogado.

2 Doutor em Direito Econômico e Financeiro pela USP. Mestre em Direito pela PUCPR. Especialista em Gestão Contábil e Tributária pela UFPR. Professor Permanente do Programa de Mestrado em Direito da Universidade Católica de Brasília. Professor Substituto da Faculdade de Direito da UFPR. Professor dos Cursos de Direito da Uninter e da Unidombosco. Advogado.

3 QUEIROZ, Eça. *EÇA E OS IMPOSTOS*. Textos coligidos por Sérgio Vasques. Coimbra-Portugal: Almedina, 2000.

Em um trecho de um dos artigos acima citados, há um forte protesto contra o imposto de consumo. Veja-se:

> O povo de Évora rejeita o imposto de consumo (...)

> O povo de Évora protesta conta o governo, porque, ele, pelo imposto de consumo, representa as imoderadas violências do físico; (...)

> Dentre os tributos podia escolher aqueles que ferissem o luxo e a vaidade custosa – o que era uma austera moralidade; podia estudar a riqueza nacional, ver os elementos que mais podiam crescer, as indústrias que tendem a florescer, os pontos em que a pequena, a grande agricultura fossem cobrindo tudo de plantações fecundas, e então, conveniente e inteligentemente, lançar os tributos onde ele menos custasse ao país – e isto era uma sábia moderação. Mas não: escolheu precisamente o imposto de consumo – o que é um roubo violento.

Tais reflexões servem para ilustrar o problema antigo dos tributos indiretos, que oneram todos sem distinção, de modo regressivo, assim como, não raro, incidem de forma velada e alienam o consumidor (contribuinte de fato) quanto à carga tributária[4]. E, apesar de os textos apontados se referirem a Portugal do século XIX, cabem perfeitamente ao Brasil atual, que reproduziu o modelo do colonizador, foi responsável por inúmeras revoltas e movimentos separatistas[5], e, mesmo depois da independência, não conseguiu se libertar das estruturas que foram historicamente herdadas[6].

Observe-se que, nos séculos XVIII e XIX, no mundo ocidental, os tributos incidiam ou sobre a riqueza ou na circulação de mercadorias.[7] Nas colônias, estes se concentravam em pedágios, tarifas alfandegárias, circulação interna de produtos, participação em atividades extrativas (quinto), mas raramente sobre a riqueza (impostos sobre terras), dada a resistência dos proprietários. Havia ainda as "derramas", quando descobertos esquemas evasivos.[8]

---

4 ROSENBLATT, Paulo. *Tributos sobre o consumo e o princípio da transparência fiscal. In* Estudantes Caderno Acadêmico, v.1, 2007, p.553.

5 ADAMS, Charles. *For Good and Evil: The Impact of Taxes on the Course of Civilization.* 2. ed. Madison: Maryland, 1999, p. xxi.

6 ROSENBLATT, Paulo. *A Revolução Fiscal de Pernambuco de 1817* In: Bicentenário da Lei Orgânica da Revolução de 1817. Belo Horizonte: Fórum, 2018, v.1, p. 331-352.

7 ALBUQUERQUE, Marcos Cintra. *Paradigmas Tributários: do extrativismo colonial à globalização na era eletrônica.* Disponível em: http://bibliotecadigital.fgv.br/dspace/bitstream/handle/10438/14618/Paradigmas%20Tributários%20do%20extrativismo%20colonial%20à%20globalização%20na%20era%20eletrônica.pdf?sequence=1, acesso em: 19 jul. 2017.

8 MADEIRA, Mauro de Albuquerque. *Contratadores de Tributos no Brasil Colonial. Cadernos Aslegis*, Brasília: Câmara dos Deputados, v. 2, n. 6, p. 98, set./dez. 1998.

Já o século XX trouxe grandes transformações ao direito tributário, com a sua sistematização, codificação e ampliação, sobretudo para dar uma resposta à polarização da Guerra Fria e substrato financeiro ao *Welfare State*. A grande novidade se deu com a consolidação do imposto de renda como tributo ordinário (e não um imposto extraordinário de guerra) e das contribuições sociais, como importantes fontes de manutenção da máquina pública. No entanto, consoante será debatido mais adiante, o peso das diferentes bases de incidência, diretas e indiretas, não se deu de maneira equânime em todas as nações.

Em países em desenvolvimento, o foco na tributação do consumo se ampliou, sobretudo com base nas prescrições do "Consenso de Washington"[9]. Cuidam-se das reformas fiscais propostas por instituições financeiras internacionais aos países em desenvolvimento, e que incluem a redução das tarifas comerciais e a sua substituição pelos impostos sobre o consumo doméstico, a manutenção de alíquotas de imposto sobre a renda das empresas relativamente elevadas, a melhoria da administração fiscal e a supressão das isenções. Até hoje se estudam os efeitos adversos dessas políticas em tais países, quanto à perda de receitas e cortes de gastos[10].

Esse é o contexto em que se deve refletir sobre as propostas atuais de reforma tributária, em trâmite no Congresso Nacional, sobretudo as Propostas de Emenda Constitucional n. 45/2019 (Câmara dos Deputados) e 293/04 (atual PEC 110/2019, Senado Federal)[11], cujo ob-

---

9 SANTOS, Boaventura de Sousa. *Globalizations*. In Theory, Culture & Society, n. 23, 2006, p. 393-4.

10 EMRAN, M. Shahe e STIGLITZ, Joseph. *On selective indirect tax reform in developing countries*. In Journal of Public Economics, n. 89, 2005, p. 599-623. RUIZ, Marta, et al. *IFI tax policy in developing countries*. In Actionaid, 2011, p. 3. AVI-YONAH, Reuven e MARGALIOTH, Yoram. *Taxation in developing countries: some recent support and challenges to the conventional view*. In Virginia Tax Review, 2007, p. 3. BRAUNER, Yariv. *The future of tax incentives for developing countries*. In Yariv Brauner e Miranda Stewart (ed.), Tax, Law and Development. Cheltenham, Reino Unido: Edward Elgar Publishing, 2013), p. 4.

11 Centro de Cidadania Fiscal. *Reforma do Modelo Brasileiro de Tributação de Bens e Serviços*. Versão 2.2. Julho de 2019. Disponível em: http://www.ccif.com.br/wp-content/uploads/2019/08/NT-IBS-v2_2.pdf (último acesso em 05.11.2019). Centro de Cidadania Fiscal. *A Proposta de Emenda Constitucional nº 45, de 2019*. Junho de 2019. Disponível em: http://www.ccif.com.br/wp-content/uploads/2019/06/IBS_base_1906.pdf (último acesso em 05.11.2019).

jeto central é a unificação de tributos incidentes sobre o consumo e substituição por um Imposto sobre Bens e Serviços[12].

2. O SISTEMA TRIBUTÁRIO DOS PAÍSES EM DESENVOLVIMENTO

Os sistemas tributários são únicos e não existe um sistema tributário sequer igual a outro. Há diferenças quanto aos níveis de tributação, em relação às contribuições para a seguridade social, e sobre a variação estrutural dos tributos. Contudo, as jurisdições desenvolvidas apresentam características comuns, enquanto diferem dos países em desenvolvimento em vários aspectos e por muitas razões[13].

Em geral, os países desenvolvidos têm tributos de base ampla: tributos diretos, sobre a renda das pessoas físicas e contribuições sociais, e menos renda de pessoas jurídicas. Os tributos indiretos representam uma parcela menor da arrecadação, incidente mais sobre o consumo doméstico do que no comércio exterior.[14]

A estrutura dos países em desenvolvimento é diversa. Os tributos sobre o consumo são a sua principal fonte de receita, pois eles são fáceis de coletar, têm menores custos administrativos e são menos sofisticados. Imposto de importação e tarifas alfandegárias desempenham papel importante. O imposto de renda é uma fonte menor de receita, dada a sua base tributária estreita, altos custos administrativos e facilidade de evasão por trabalhadores autônomos[15]; e a base tributária é constituída principalmente por pessoas físicas, contribuintes sujeitos a imposto de renda retido na fonte, principalmente salários do setor público, e imposto renda da pessoa jurídica de grandes empresas que dependem do setor financeiro e cumprem regras contábeis. Esta estrutura tributária tem efeitos econômicos distorcivos.

Tais diferenças são explicadas por fatores variados. Em países emergentes, a agricultura tem um peso significativo do que a indústria. A base

---

12 NETO, Celso de Barros Correia; NUNES, Fabiano da Silva; ARAÚJO, José Evande Carvalho; SOARES, Murilo Rodrigues da Cunha. *Reforma Tributária: Comparativo da PEC 45/2019 (Câmara) e da PEC 110/2019*. Disponível em: https://www2.camara.leg. br/atividade-legislativa/estudos-e-notas-tecnicas/publicacoes-da-consultoria-legislativa/fiquePorDentro/temas/sistema-tributario-nacional-jun-2019/ReformaTributria_ComparativoPEC45ePEC110.pdf (último acesso em 05.11.2019).

13 SANDFORD, Cedric T. *Why tax systems differ: a comparative study of the political economy of taxation*. Bath: Fiscal, 2000, p. 7-19.

14 SANDFORD, Cedric T. *Idem*, p. 7-19.

15 AVI-YONAH, Reuven e MARGALIOTH, Yoram. *Idem*, p. 18-9.

tributária é estreita porque é ineficiente tributar a renda de contribuintes pobres. Seguindo as recomendações do FMI e do Banco Mundial, por exemplo, os países em desenvolvimento estão substituindo gradualmente tributos sobre o comércio exterior por impostos sobre o consumo doméstico[16], já que: "Isto limita a capacidade do Estado de desempenhar as suas funções, especialmente para fornecer bens e serviços públicos que reduzam a pobreza e fomentem o desenvolvimento econômico"[17].

Estas questões são fundamentais para se refletir antes de se considerar qualquer reforma tributária, sobretudo as que se encontram atualmente "sobre a mesa" e já apontadas na introdução *supra*. Isso porque essas propostas pretendem eliminar o princípio da seletividade, estabelecer uma alíquota única por ente da federação e eliminar isenções, como as dos produtos que compõem a chamada cesta básica.

Embora não se possa abandonar a tributação do consumo, em países em desenvolvimento como o Brasil, é preciso se discutir a regressividade desse modelo de tributação, e que tendem a se agravar caso aprovada alguma dessas propostas em tela.

3. PONTO NEGATIVO DAS PROPOSTAS: VIOLAÇÃO DA CAPACIDADE CONTRIBUTIVA, SELETIVIDADE E A REGRESSIVIDADE NA TRIBUTAÇÃO SOBRE O CONSUMO

A aplicação do princípio constitucional da capacidade contributiva, inserido no art. 145, § 1º, do texto da Lei Maior, aos tributos indiretos, deve nortear os debates sobre a reforma tributária do consumo. Isto porque tais tributos não oneram o sujeito passivo (contribuinte de direito), tendo seu ônus repassado para um terceiro (contribuinte de fato). Nesses tributos, a capacidade contributiva a ser considerada não é do contribuinte (produtor, industrial ou comerciante) mas a do consumidor final, que não participa da relação tributária.

A partir da classificação econômica dos tributos utilizada pelo Código Tributário Nacional, a doutrina os distingue em diretos – que oneram o próprio contribuinte (aquele que realiza o fato gerador des-

---

16 AVI-YONAH, Reuven e MARGALIOTH, Yoram. *Ibidem*, p. 6, 4-5, 14-5. SANDFORD, *idem*, p. 7-19.

17 "This limits the capacity of the state to fulfil its tasks, especially to provide public goods and services that reduce poverty and foster economic development". FUEST, Clements et al. International profit shifting and multinational firms in developing countries. In: C. Fuest and G. Zodrow (eds), Critical Issues in Taxation and Development. Londres: IMF Press, 2013, p. 145. Tradução dos autores.

crito na hipótese de incidência tributária), como é o caso daqueles incidentes sobre o patrimônio ou a renda –, e os indiretos – que são repassados para terceiros estranhos à relação jurídico-tributária, em razão do fenômeno econômico e jurídico da repercussão, e cujo exemplo são os tributos sobre a produção e o consumo.

Não se trata de mera realidade econômica, porque o ordenamento jurídico incorpora essa realidade, estabelecendo os meios normativos para que os tributos sejam transferidos, nos mecanismos dos preços, ao consumidor final.

A verdade é que, do ponto de vista econômico, todo tributo é repassado na atividade do sujeito passivo, mas o direito só reconhece a repercussão de alguns tributos. Nesse caso, é necessária uma norma de repercussão, que permite ao contribuinte de direito expressamente repercutir o encargo financeiro ao contribuinte de fato. Há, então, uma presunção jurídica de repercussão econômica[18]. A distinção entre repercussão jurídica e repercussão econômica está prevista no artigo 166 do CTN[19].

Alfredo Augusto Becker[20], sobre a repercussão jurídica, lecionou que:

> [...] a lei outorga ao fabricante (contribuinte de *iure*) o direito de, por ocasião de celebrar o contrato de venda do produto, acrescentar ao direito do preço, mais o direito de crédito de reembolso do valor do imposto de consumo pago por ele, fabricante.

Na circulação econômica da mercadoria ou dos serviços, há a transferência do ônus tributário pelo produtor, industrial ou comerciante para o consumidor final, o qual suporta, ao final, a carga tributária. Embora o tributo seja pago pelo contribuinte de direito, o sujeito passivo que ocupa o polo passivo da relação jurídico-tributária, o encargo é transferido para terceiros, nos preços. O adquirente, na qualidade de consumidor final, mesmo que não recolha o tributo aos cofres públicos, é quem suporta o ônus dos tributos incidentes sobe a mercadoria ou serviço que adquire. Por isso, es-

---

18 TIPKE, Klaus, e YAMASHITA, Douglas. *Justiça fiscal e princípio da capacidade contributiva*. São Paulo: Malheiros, 2002, p. 104-105.

19 Art. 166. A restituição de tributos que comportem, por sua natureza, transferência do respectivo encargo financeiro somente será feita a quem prove haver assumido referido encargo, ou, no caso de tê-lo transferido a terceiro, estar por este expressamente autorizado a recebê-la".

20 BECKER, Alfredo Augusto. *Teoria geral do direito tributário*. 2ª ed., São Paulo: Saraiva, 1972.

ses tributos são chamados de indiretos, dado o fenômeno da transferência, pelo qual o "contribuinte de fato" é indiretamente tributado[21].

Isto não significa dizer que a relação jurídico-tributária é uma relação de consumo, mas que o instituto jurídico "consumo" é objeto de ambos os ramos do direito.

Portanto, no caso dos tributos indiretos, a capacidade econômica não irá se fundar em características pessoais do contribuinte, pois são tributos classificados como reais, porque gravam a coisa em si, independentemente da pessoa do contribuinte. É por isso que a capacidade contributiva se utiliza de outro meio, previsto no próprio texto constitucional, para se concretizar: a seletividade, vetor da extrafiscalidade tributária.

Luís Eduardo Schoueri[22], em análise sob a perspectiva pragmática da norma tributária, acrescenta que as funções da norma tributária podem se enquadrar em distribuidoras da carga tributárias, indutoras de comportamentos ou simplificadoras da tributação, o que leva o autor, na análise da função extrafiscal (gênero) a dividi-la em duas perspectivas normativas: a) normas tributárias de indução de comportamentos (normas extrafiscais em sentido estrito, vinculadas à intervenção econômica); b) normas de política social. Nesse contexto, a extrafiscalidade[23], fim atingido pelo tributo diverso da mera arrecadação, e que consiste no estímulo ou desestímulo ao contribuinte em realizar ou não determinada conduta, é uma decorrência da aplicação harmônica dos princípios constitucionais tributários.

O imposto sobre o consumo e o imposto sobre vendas e consignações, criados no início do século passado, incidiam em cascata, isto é, em cada fase tributavam o valor total da operação, ao que se chamou de cumulatividade. Após a Segunda Guerra Mundial, foram trazidas ao Brasil as ideias relativas às vantagens do método de tributação sobre o valor adicionado ou agregado (*valeur ajoutée, value-added tax* ou valor acrescido)[24], no qual, em

---

21 DERZI, Misabel de Abreu Machado, em nota atualizadora a Aliomar Baleeiro. *Limitações constitucionais ao poder de tributar.* 7ª ed., Rio de Janeiro: Forense, 2001, p. 578.

22 SCHOUERI, Luís Eduardo. *Normas tributárias indutoras e intervenção econômica.* Rio de Janeiro: Forense, 2005, p. 04-40.

23 Sobre o assunto: TEODOROVICZ, Jeferson; MARINS, James. *Extrafiscalidade Socioambiental.* In: Revista Tributária e de Finanças Públicas, n. 90. São Paulo: ABDT-RT, 2010, p. 73-121.

24 LAURÉ, Maurice. *Estudio Constructivo: Proyeto de um Impuesto Único sobre el Valor Añadido.* In: El Impuesto sobre el Valor Añadido. Primer Impuesto Europeo.

cada operação, o tributo incide tão somente sobre o incremento. Assim, o imposto atinge apenas a diferença entre a nova operação e a anterior[25].

No Brasil, adotou-se um método diverso para se chegar a resultado semelhante: a não-cumulatividade. Esse método foi primeiro aplicado ao imposto sobre o consumo, depois ao IPI e, posteriormente, ao ICM[26]-[27]. A partir da EC n°. 18/65, a técnica ou método da vedação à cumulatividade ganhou *status* de princípio constitucional, mantida na Constituição Federal de 1988 como de aplicação obrigatória para o IPI, como para o ICMS.

Como o tributo indireto é economicamente suportado pelo consumidor, a não-cumulatividade visa a reduzir o seu impacto sobre o preço dos produtos, mercadorias e serviços. Destarte, esse princípio foi idealizado para transferir o ônus do tributo do produtor/comerciante para o adquirente, como um direito de crédito do empresário oponível ao fisco e, em tese, como uma forma de proteção do consumidor a impedir a incidência de tributo sobre tributo. É a repercussão que os transformam em tributos sobre o consumo[28].

E o princípio da seletividade determina que as alíquotas devem variar de acordo com a essencialidade dos produtos, mercadorias ou serviços. Nesse caso, objetiva-se levar em conta a capacidade contributiva do contribuinte de fato, e não o contribuinte de *jure*[29], pois é aquele que, de fato, responde pelo ônus do tributo.

O Supremo Tribunal Federal também reconhece que a capacidade contributiva deve ser aferida em relação ao consumidor, e não ao con-

---

Instituto de Estudios Fiscales. Ministério de Hacienda. Inpreso em la Fabrica Nacional de Moneda y Timbre, 1971, p. 473.

25 SHOUP, Carl. *La Teoria y los Antecedentes de Impuesto sobre el Valor Añadido.* In: El Impuesto sobre el Valor Añadido. Primer Impuesto Europeo. Instituto de Estudios Fiscales. Ministério de Hacienda. Inpreso en la Fabrica Nacional de Moneda y Timbre, 1971, p. 51.

26 BALEEIRO, Aliomar. *Limitações constitucionais ao poder de tributar.* 7ª ed., Rio de Janeiro: Forense, 2001, p. 447-448.

27 BONILHA, Paulo Celso Bergstrom. *IPI e ICM. Fundamentos da Técnica Não-Cumulativa.* São Paulo: IBDT – Resenha Tributária, 1979, p. 27 e seguintes

28 TORRES, Ricardo Lobo. *Tratado de direito constitucional financeiro e tributário.* V. II, Rio de Janeiro: Renovar, 2005, p. 335-342.

29 AMARO, Luciano. *Direito Tributário Brasileiro.* São Paulo: Saraiva, 2006, p. 142.

tribuinte de direito, consoante se depreende do trecho do julgado abaixo colacionado[30]:

> (...) Não há que se falar, portanto, em violação ao princípio da capacidade contributiva, visto que, nos impostos indiretos, como o ICMS, como é por demais sabido, conquanto o contribuinte de direito seja aquele obrigado, por lei, a recolher o tributo, é o adquirente ou consumidor final o contribuinte de fato. Esse é que vai ser atingido pelo ônus do imposto (...). A capacidade contributiva do consumidor é que é considerada (...).

Por outro lado, como não é possível identificar o caráter pessoal de tributos como IPI e ICMS, a seletividade funciona como uma forma de justiça fiscal, já que determina sejam os produtos, mercadorias ou serviços mais essenciais tributados de forma menos pesada do que aqueles que são não-essenciais, meramente úteis ou supérfluos. Por essenciais, entendem-se aqueles decisivos para o desenvolvimento de valores constitucionais, como a dignidade humana, a vida e a saúde[31].

Embora nos tributos indiretos se onere indiretamente o consumo final, tratando igualmente pessoas economicamente desiguais, ainda assim se atende à capacidade contributiva. É que o critério de comparação não é pessoal, em razão do consumo pessoal ou individual, mas, sim, em razão do consumo objetivo, considerando os bens de consumo que satisfaçam às necessidades elementares populares[32].

O princípio da seletividade, portanto, é uma diretriz constitucional direcionada ao legislador, para que, na edição da lei tributária relativa a imposto indireto, diferencie as alíquotas, preocupando-se com o contribuinte de fato (consumidor). Segundo Ricardo Lobo Torres, a capacidade contributiva "se fará em função da essencialidade do consumo"[33].

É o caso da cesta básica, que tende a ser demasiadamente onerada, caso suprimidas as isenções atualmente em vigor por uma tributação de cerca de 25% (vinte e cinco por cento) de alíquota efetiva estimada.

---

30 Supremo Tribunal Federal. RE 213.396-5/SP, Relator Min. ILMAR GALVÃO, Primeira Turma, julgado em 02/08/1999, DJ 01/12/2000, p. 97.

31 ÁVILA, Humberto. *Sistema Constitucional Tributário*. São Paulo: Saraiva, 2004, p. 380-381.

32 TIPKE, Klaus, e YAMASHITA, Douglas. *Idem* p. 108-109.

33 TORRES, Ricardo Lobo. *Idem*, p. 320-326.

Em recente artigo, Fernando Aurélio Zilveti[34], apresenta contundente e pertinente crítica à pretensão extinção da "cesta básica". Em primeiro lugar, alerta para o frágil argumento que a isenção da cesta básica prestigiaria tanto ricos como pobres, porque ajudaria os ricos a não pagarem tributos sobre o salmão ou caviar. Afirma que distorções e anacronismos da métrica podem ser corrigidas e atualizadas para a atual sociedade de consumo, sem impedir uma política social por meio de tributos. Ele aponta que dados do Instituto de Pesquisa Econômica Aplicada – IPEA apontam que a "cesta básica" resultou em melhoria real à alimentação de famílias pobres. Segundo, rechaça as críticas ao real repasse ou não da desoneração ao preço dos produtos beneficiados. Estudos econômicos podem embasar ajustes à política fiscal, assim como ocorreu com a criação do mecanismo da cesta básica. Por último, rotula como "esmola" e populismo fiscal a ideia de mitigação do impacto da regressividade com um acréscimo aleatório a ser pago aos beneficiários do programa federal Bolsa Família, sem qualquer ligação com os bens consumidos ou com a capacidade contributiva. "Como, então, o governo pensa em discriminar os pobres, marcando-os como na idade média? Ou talvez lhes fazendo uma simples pergunta: "você sabe o que é caviar?" Se a resposta for: "nunca vi, nem comi, só ouço falar…" – teriam direito à esmola?". Nada a acrescentar em relação a essas perfeitas ponderações.

4. PONTO POSITIVO DAS PROPOSTAS: TRANSPARÊNCIA FISCAL

A falta de transparência quanto à incidência de tributos faz parte da história tributária brasileira, funcionando como um instrumento de perpetuação de desigualdades, na medida em que representa parte significativa da receita tributária do Estado[35]. O sistema é sustentado na ignorância do consumidor, já que este, em regra, não sabe sequer que contribui, ao adquirir um produto ou serviço. A esse respeito, diz Luciano Amaro que[36]:

> Os impostos ditos indiretos têm como proclamada virtude a circunstância de virem disfarçados no preço de utilidades adquiridas pelo "contribuinte de fato", que, em geral, não percebe o ônus tributário incluído no preço pago. Trata-se de tributos que "anestesiam" o indivíduo, quando este, ao

---

34 ZILVETI, Fernando Aurélio. *Você sabe o que é caviar? In Estadão*. Disponível em https://politica-estadao-com-br.cdn.ampproject.org/c/s/politica.estadao.com.br/blogs/fausto-macedo/voce-sabe-o-que-e-caviar/?amp, acesso em 12 dez. 2019.

35 ROSENBLATT, Paulo. *Tributos sobre o consumo e o princípio da transparência fiscal. In* Estudantes Caderno Acadêmico, v.1, 2007, p.553.

36 AMARO. Luciano. *Direito Tributário Brasileiro*. São Paulo: Saraiva, 2006, p. 147.

adquirir bens ou serviços, não se dá conta de que, embutido no preço, pode vir um pesado gravame fiscal.

Em realidade, a política tributária contemporânea tem registrado fortes incentivos ao desenvolvimento da técnica da ilusão financeira ou tributária, especialmente na composição de impostos indiretos, sobretudo pela inegável vantagem trazida para aumentar a arrecadação tributária e diminuir a percepção do real ônus tributário sofrido pelo contribuinte[37].

Contudo, o ideal de transparência tributária já aparecia em diferentes autores, externando a importância do preciso conhecimento da real carga tributária suportada pelo contribuinte. Fritz Neumark, em valiosa obra, inseriu o princípio da transparência tributária no rol dos seus princípios da tributação, ensinando que a expressão "transparência tributária" foi adotada inicialmente no Relatório sobre Harmonização Tributária redigida para a Comissão da Comunidade Econômica Europeia (que ficaria conhecido como "Relatório Neumark").

Nesse contexto, Neumark apresenta importante delimitação conceitual do princípio: "*O princípio da transparência tributária exige que as leis tributárias em sentido lato, ou seja, com inclusão dos regulamentos, ordens, circulares, diretrizes, etc., estruturem-se de maneira que apresentem técnica e juridicamente o máximo possível de inteligibilidade e suas disposições sejam tão claras e precisas que excluam toda dúvida sobre os direitos e deveres dos contribuintes, tanto destes mesmos como dos funcionários da administração tributárias, e com eles a arbitrariedade na liquidação e arrecadação dos impostos*".[38]

No fundo, a exigência de tal princípio remonta as clássicas lições smithianas, pois diretamente ligado à necessidade de previsibilidade e de certeza do tributo[39].

---

37 Por ilusão financeira, definiu Almicare Puviani: "*Assim, pois, podemos dizer que por ilusão financeira se entende uma representação errônea das riquezas pagas ou que devam ser pagas a título de imposto ou de alguma de suas espécies tributárias*". PUVIANI, Amilcare. *Teoria de la ilusión financeira*. Madrid: Instituto de Estúdios Fiscales, Ministério de Hacienda, s/d, p. 11-12.

38 NEUMARK, Fritz. *Principios de La Imposición*. Obras Básicas de Hacienda Pública. Instituto de Estudios Fiscales. Ministério de Hacienda. Madrid: Instituto de Estúdios Fiscales, 1974, p. 406 e ss.

39 SMITH, Adam. *A Riqueza das Nações. Investigação Sobre sua Natureza e suas Causas*. Livro Quarto. Volume II. Tradução de Luis João Baraúna. Os Economistas. São Paulo: Nova Cultural. p. 282-284.

A experiência estrangeira repercute gradualmente na tradição brasileira, inclusive na esfera legislativa, demandando a exigência de maior transparência na relação tributária.

Não por acaso, a Constituição Federal de 1988 conferiu dignidade constitucional ao direito do consumidor (art. 5º, XXXII, art. 24, VIII, art. 170 V), inclusive tratando-o como princípio da ordem econômica[40], e o relacionou com a ordem tributária. É que o consumo, ao lado da renda e do patrimônio, é uma das bases materiais principais utilizadas na repartição das competências tributárias, um dos signos presuntivos de riqueza utilizados pelo legislador para a aferição da capacidade contributiva. Oportuna, assim, a lição de Regina Helena Costa[41]:

> Sendo o consumo, juntamente com a renda e o patrimônio, um dos índices de capacidade contributiva, visto que, em regra, representa manifestação de riqueza passível de apreensão pelo legislador tributário, na eleição dos fatos de conteúdo econômico que servirão de pressupostos para a instituição de impostos, resta evidente a relação entre a tributação e o consumidor.

Embora a relação jurídico-tributária e a de consumo sejam figuras distintas, é inegável a afinidade promovida pela Carta Cidadã entre a tributação e o direito do consumidor. Nesse contexto, o legislador constituinte incluiu no rol dos princípios constitucionais tributários, precisamente no § 5º do artigo 150, que "a lei determinará medidas para que os consumidores sejam esclarecidos acerca dos impostos que incidam sobre mercadorias e serviços".

Ao trazer uma diretriz ao sistema constitucional tributário, estabelecendo um estado de coisas para cuja realização é necessária a adoção de certos comportamentos, voltados à defesa da ordem econômica, o § 5º do art. 150 da Lei Maior veicula um princípio constitucional tendente à proteção do consumidor, por meio da transparência dos tributos incidentes sobre o consumo, e uma regra dirigida ao legislador, para que adote os meios necessários para cumprir tal mister[42].

---

40 A esse respeito, cf. GRAU, Eros Roberto. *A Ordem Econômica na Constituição de 1988*. São Paulo: Malheiros, 2003, p.216-129.

41 COSTA, Regina Helena. *A Tributação e o Consumo. In: Revista do CEJ – Centro de Estudos Judiciários do Conselho da Justiça Federal* nº. 2, de agosto de 1997. Disponível em: www.cjf.gov.br/revista/numero2/artigo20.htm, em 02/02/2007.

42 O presente trabalho utiliza a distinção entre regras e princípios utilizada por Humberto Ávila. Cf. *Teoria dos Princípios: da definição à aplicação dos princípios jurídicos*. São Paulo: Malheiros, 2006.

Além de proteger o consumidor (fim normativamente relevante), dando aplicação ao direito de informação, princípio básico do direito consumerista[43], entende Ricardo Lobo Torres que se trata também de um instrumento de controle da carga tributária pelo eleitor[44]:

> A providência é da maior importância e servirá para coarctar abusos do legislador, que muita vez prefere aumentar os impostos indiretos, que são invisíveis e causam pequena reação popular, do que majorar os tributos diretos e progressivos, que incidem sobre pessoas de maior capacidade contributiva mas ficam sujeitos a *lobby* e a resistência de interessados; agora, com a informação sobre a carga tributária incidente sobre as mercadorias, haverá maior controle por parte do contribuinte e do eleitor.

E para Roque Carrazza, é uma arma de combate a crimes fiscais[45], ao afirmar que "(...) este § 5° dá transparência fiscal aos impostos, mormente os *indiretos*, permitindo que os contribuintes, além de receber informações mais detalhadas, enquanto consumidores de bens ou serviços, se associem ao Poder Público no combate à fraude e à evasão fiscal".

O dispositivo inicia com a locução "a lei determinará medidas para que", o que significa, primeiro, que a norma não é auto-aplicável, mas pendente de regulamentação. Há uma regra voltada ao legislador infraconstitucional. Já em relação ao contribuinte (fornecedor, produtor ou comerciante), não determina diretamente uma conduta a ser seguida, e sua concretização depende de um ato institucional de aplicação que deverá conter o comportamento necessário à promoção desse fim.

Embora tenha havido uma tentativa de regulamentação desse dispositivo pela Lei n. 12.741/2012, regulamentada pelo Decreto n. 8.264/2014, que preveem que documentos fiscais apresentem a informação do valor aproximado correspondente à totalidade dos tributos federais, estaduais e municipais, cuja incidência influi na formação dos respectivos preços de venda (ICMS, ISS, IPI, IOF, PIS, COFINS e CIDE-combustíveis), a verdade é que teve pouca ou nenhuma efetividade. Primeiro, que a informação é consolidada, em nota fiscal ou em painel afixado no estabelecimento comercial. Segundo que há tributos que incidem "por dentro", isto é, quando um tributo compõe a base de cálculo de outro ou do mesmo tributo, o que dificulta a sua apreciação

---

43 AMARO. Luciano. *Idem. Ibidem*, p. 147.

44 TORRES. Ricardo Lobo. *Curso de Direito Financeiro e Tributário*. Rio de Janeiro: Renovar, 1998, p. 104-5.

45 CARRAZZA, Roque Antonio. *Curso de Direito Constitucional Tributário*. São Paulo: Malheiros, 2006, p. 912-913.

final. E terceiro, com as inúmeras regras atinentes à não-cumulatividade (e a sua limitação), é difícil saber qual o resultado na complexa cadeia de crédito e débitos desses impostos.

Acrescente-se que a tributação sobre a renda brasileira atinge patamares dentre os mais elevados do mundo. Conforme estudo comparativo elaborado por Elke Asen, e publicado pela Tax Foundation, a carga tributária dos países que mais tributam a renda ou capital (de pessoas jurídicas, as "corporate taxes")[46] aproxima-se de 35%, ao passo que o Brasil, não longe disso, atinge em média 34%. Está, portanto, com um percentual muito próximo do das maiores cargas tributárias globais, aproximando-se, inclusive, de padrões de países desenvolvidos. Situação ainda mais gritante verifica-se na tributação sobre o consumo, que atinge com ainda mais força setores economicamente vulneráveis da sociedade. Segundo dados da Receita Federal do Brasil, no ano de 2017, a carga tributária bruta foi de 32,43%, contra 32,29% no ano de 2016[47]. Uma carga tributária comparável à de países desenvolvidos, portanto. No que diz respeito à tributação sobre o consumo, a proporção é ainda maior, mesmo considerando os mecanismos de ilusão financeira que historicamente dificultam a real percepção da carga tributária suportada pelo contribuinte. Ainda, informações obtidas no sítio do Instituto Brasileiro de Planejamento Tributário (IBPT), também reforçadas por estudos da OCDE, indicam que a tributação sobre o consumo no Brasil é muito mais elevada do que a tributação sobre a renda[48], ao passo que esta última, por outro lado, é muito mais perceptível do que a tributação sobre o consumo.

Portanto, dado que informação e conhecimento são instrumentos fundamentais para o exercício da cidadania, e possibilita ao contribuinte discutir a distribuição da carga tributária, na qualidade de elei-

---

46 ASEN, Elke. *Corporate Tax rates around the world*, 2019. Disponível em: https://files.taxfoundation.org/20191209153426/TaxFoundation679_5.png (último acesso em 18.12.2019).

47 Ministério da Fazenda. Receita Federal do Brasil. Carga Tributária no Brasil. 2017. Análise por Tributos e Bases de Incidência. Disponível em: http://receita.economia.gov.br/dados/receitadata/estudos-e-tributarios-e-aduaneiros/estudos-e--estatisticas/carga-tributaria-no-brasil/carga-tributaria-2017.pdf. (último acesso em 18.12.2019).

48 *IBPT*. Na contramão do mundo, Brasil tributa mais o consumo. Notícia disponível em: https://ibpt.com.br/noticia/2489/Na-contramao-do-mundo-Brasil-tributa-mais-o-consumo (acesso em 19.12.2019).

tor, é louvável a iniciativa das propostas de reforma tributária que pretendem a ampliação da proteção jurídica do denominado contribuinte de fato (consumidor), por meio da transparência.

In casu, as propostas pretendem criar regras claras e objetivas da não-cumulatividade, reduzir a quantidade de alíquotas (haverá problema apenas quando se tratar de alíquota única, sem a possibilidade de seletividade ou desonerações, como para os itens da cesta básica, como dito no item anterior) e estabelecer a incidência no destino. Nesse caso, o valor do tributo seria aplicado quando da aquisição pelo consumidor, tal como ocorre atualmente nos Estados Unidos, do que decorre a sua total transparência. Apesar das inúmeras críticas a esse modelo proposto, nesse ponto de transparência, há um inegável componente cidadão ao novo imposto sobre bens e serviços.

CONCLUSÕES

A tributação do consumo é uma tradição histórica no Brasil. Aliada à falta de transparência dos tributos indiretos, embutidos de forma disfarçada no preço dos bens e serviços, tornou-se um meio perpetuador da injustiça fiscal (regressividade).

A crescente utilização de tributos incidentes sobre o consumo, em detrimento de impostos pessoais e diretos, não garante a devida aplicação do princípio constitucional da capacidade contributiva.

É possível aplicar o princípio da capacidade contributiva em tributos reais e indiretos, como o IPI e o ICMS, por meio de outro princípio conexo, a seletividade, a qual se verifica em relação ao contribuinte de fato (consumidor), por meio da diferenciação de alíquotas pela essencialidade dos bens e serviços. Trata-se de um "princípio tributário-consumerista".

Dentre as limitações constitucionais ao poder de tributar, a CF/88 inovou ao trazer o princípio da transparência dos impostos ou princípio da transparência fiscal (art. 150, § 5º), como forma de proteção ao consumidor. A transparência fiscal é um princípio voltado à proteção do consumidor, instrumento de esclarecimento do eleitor, e arma de combate à sonegação fiscal, e uma regra dirigida ao legislador infraconstitucional.

A informação e o conhecimento quanto aos tributos incidentes sobre a produção e o consumo são essenciais para o exercício da cidadania, com o controle da carga tributária pelo eleitor, e também para a adequada defesa do consumidor.

Destarte, as Propostas de Emenda Constitucional n. 45/2019 e 293/04 (atual PEC 110/2019), que pretendem unificar a tributação sobre o consumo possuem acertos e desacertos. Embora o artigo não se proponha a analisar todos os pontos das propostas – e há inúmeros a serem questionados – aponta como virtude a inegável busca da transparência ao consumidor, mas como falha insanável a ampliação da regressividade, em prejuízo dos mais pobres, sobretudo quanto à eliminação do regime especial da cesta básica.

REFERÊNCIAS BIBLIOGRÁFICAS

ADAMS, Charles. *For Good and Evil: The Impact of Taxes on the Course of Civilization.* 2. ed. Madison: Maryland, 1999.

ASEN, Elke. *Corporate Tax rates around the world.* 2019. Disponível em: https://files.taxfoundation.org/20191209153426/TaxFoundation679_5.png (último acesso em 18.12.2019).

ALBUQUERQUE, Marcos Cintra. *Paradigmas Tributários: do extrativismo colonial à globalização na era eletrônica.* Disponível em: http://bibliotecadigital.fgv.br/dspace/bitstream/handle/10438/14618/Paradigmas%20Tributários%20do%20extrativismo%20colonial%20à%20globalização%20na%20era%20eletrônica.pdf?sequence=1, acesso em: 19 jul. 2017.

AMARO, Luciano. *Direito Tributário Brasileiro.* São Paulo: Saraiva, 2006.

ÁVILA, Humberto. *Sistema Constitucional Tributário.* São Paulo: Saraiva, 2004.

ÁVILA, Humberto. *Teoria dos Princípios: da definição à aplicação dos princípios jurídicos.* São Paulo: Malheiros, 2006.

AVI-YONAH, Reuven e MARGALIOTH, Yoram. *Taxation in developing countries: some recent support and challenges to the conventional view. In* Virginia Tax Review, 2007.

BALEEIRO, Aliomar. *Limitações constitucionais ao poder de tributar.* 7ª ed., Rio de Janeiro: Forense, 2001.

BECKER, Alfredo Augusto. *Teoria geral do direito tributário.* 2ª ed., São Paulo: Saraiva, 1972.

BONILHA, Paulo Celso Bergstrom. *IPI e ICM. Fundamentos da Técnica Não-Cumulativa.* São Paulo: IBDT – Resenha Tributária, 1979.

BRAUNER, Yariv. *The future of tax incentives for developing countries. In* Yariv Brauner e Miranda Stewart (ed.), Tax, Law and Development. Cheltenham, Reino Unido: Edward Elgar Publishing, 2013).

CARRAZZA, Roque Antonio. *Curso de Direito Constitucional Tributário.* São Paulo: Malheiros, 2006.

Centro de Cidadania Fiscal. *Reforma do Modelo Brasileiro de Tributação de Bens e Serviços.* Versão 2.2. Julho de 2019. Disponível em: http://www.ccif.com.br/wp-content/uploads/2019/08/NT-IBS-v2_2.pdf (último acesso em 05.11.2019).

Centro de Cidadania Fiscal. *A Proposta de Emenda Constitucional nº 45, de 2019.* Junho de 2019. Disponível em: http://www.ccif.com.br/wp-content/uploads/2019/06/IBS_base_1906.pdf (último acesso em 05.11.2019).

Clements Fuest, et al., *International profit shifting and multinational firms in developing countries*. In: C. Fuest and G. Zodrow (eds), *Critical Issues in Taxation and Development* (London: IMF Press, 2013).

COSTA, Regina Helena. *A Tributação e o Consumo. In: Revista do CEJ – Centro de Estudos Judiciários do Conselho da Justiça Federal* nº. 2, de agosto de 1997. Disponível em: www.cjf.gov.br/revista/numero2/artigo20.htm, em 02/02/2007.

DERZI, Misabel de Abreu Machado, em nota atualizadora a Aliomar Baleeiro. *Limitações constitucionais ao poder de tributar.* 7ª ed., Rio de Janeiro: Forense, 2001.

EMRAN, M. Shahe e STIGLITZ, Joseph. *On selective indirect tax reform in developing countries. In* Journal of Public Economics, n. 89, 20053.

GRAU, Eros Roberto. *A Ordem Econômica na Constituição de 1988*. São Paulo: Malheiros, 2003.

IBPT. Na contramão do mundo, Brasil tributa mais o consumo. Notícia disponível em: https://ibpt.com.br/noticia/2489/Na-contramao-do-mundo-Brasil-tributa-mais-o-consumo (acesso em 19.12.2019).

LAURÉ, Maurice. *Estudio Constructivo: Proyeto de um Impuesto Único sobre el Valor Añadido*. In: El Impuesto sobre el Valor Añadido. Primer Impuesto Europeo. Instituto de Estudios Fiscales. Ministério de Hacienda. Inpreso em la Fabrica Nacional de Moneda y Timbre, 1971.

MADEIRA, Mauro de Albuquerque. *Contratadores de Tributos no Brasil Colonial.* In: *Cadernos Aslegis*, Brasília: Câmara dos Deputados, v. 2, n. 6, p. 98, set./dez. 1998.

Ministério da Fazenda. Receita Federal do Brasil. *Carga Tributária no Brasil. 2017.* Análise por Tributos e Bases de Incidência. Disponível em: http://receita.economia. gov.br/dados/receitadata/estudos-e-tributarios-e-aduaneiros/estudos-e-estatisticas/carga-tributaria-no-brasil/carga-tributaria-2017.pdf. (último acesso em 18.12.2019).

NETO, Celso de Barros Correia; NUNES, Fabiano da Silva; ARAÚJO, José Evande Carvalho; SOARES, Murilo Rodrigues da Cunha. *Reforma Tributária: Comparativo da PEC 45/2019 (Câmara) e da PEC 110/2019.* Disponível em: https://www2.camara.leg.br/atividade-legislativa/estudos-e-notas-tecnicas/publicacoes-da-consultoria-legislativa/fiquePorDentro/temas/sistema-tributario-nacional-jun-2019/ReformaTributria_ComparativoPEC45ePEC110.pdf (último acesso em 18.12.2019)

NEUMARK, Fritz. *Principios de La Imposición*. Obras Básicas de Hacienda Pública. Instituto de Estudios Fiscales. Ministério de Hacienda. Madrid: Instituto de Estúdios Fiscales, 1974.

PUVIANI, Amilcare. *Teoria de la ilusión financeira.* Madrid: Instituto de Estúdios Fiscales, Ministério de Hacienda, s/d.

QUEIROZ, Eça. *EÇA E OS IMPOSTOS.* Textos coligidos por Sérgio Vasques. Coimbra-Portugal: Almedina, 2000.

ROSENBLATT, Paulo. *A Revolução Fiscal de Pernambuco de 1817* In: Bicentenário da Lei Orgânica da Revolução de 1817. Belo Horizonte: Fórum, 2018, v.1.

ROSENBLATT, Paulo. *Tributos sobre o consumo e o princípio da transparência fiscal. In* Estudantes Caderno Acadêmico, v.1, 2007.

ROSENBLATT, Paulo. *Tributos sobre o consumo e o princípio da transparência fiscal. In* Estudantes Caderno Acadêmico, v.1, 2007.

RUIZ, Marta, et al. *IFI tax policy in developing countries. In* Actionaid, 2011.

SANDFORD, Cedric T. *Why tax systems differ: a comparative study of the political economy of taxation.* Bath: Fiscal, 2000.

SANTOS, Boaventura de Sousa. *Globalizations. In* Theory, Culture & Society, n. 23, 2006.

Schoueri, Luís Eduardo. *Normas tributárias indutoras e intervenção econômica.* Rio de Janeiro: Forense, 2005.

SHOUP, Carl. *La Teoria y los Antecedentes de Impuesto sobre el Valor Añadido.* In: El Impuesto sobre el Valor Añadido. Primer Impuesto Europeo. Instituto de Estudios Fiscales. Ministério de Hacienda. Inpreso em la Fabrica Nacional de Moneda y Timbre, 1971.

SMITH, Adam. *A Riqueza das Nações. Investigação Sobre sua Natureza e suas Causas.* Livro Quarto. Volume II. Tradução de Luis João Baraúna. Os Economistas. São Paulo: Nova Cultural.

Supremo Tribunal Federal. RE 213.396-5/SP, Relator Min. ILMAR GALVÃO, Primeira Turma, julgado em 02/08/1999, DJ 01/12/2000.

TIPKE, Klaus, e YAMASHITA, Douglas. *Justiça fiscal e princípio da capacidade contributiva.* São Paulo: Malheiros, 2002.

TEODOROVICZ, Jeferson; MARINS, James. *Extrafiscalidade Socioambiental.* In: Revista Tributária e de Finanças Públicas, n. 90. São Paulo: ABDT-RT, 2010.

TORRES, Ricardo Lobo. *Tratado de direito constitucional financeiro e tributário.* V. II, Rio de Janeiro: Renovar, 2005.

TORRES. Ricardo Lobo. *Curso de Direito Financeiro e Tributário.* Rio de Janeiro: Renovar, 1998.

ZILVETI, Fernando Aurélio. *Você sabe o que é caviar? In Estadão.* Disponível em https://politica-estadao-com-br.cdn.ampproject.org/c/s/politica.estadao.com.br/blogs/fausto-macedo/voce-sabe-o-que-e-caviar/?amp, acesso em 12 dez. 2019.

CONSELHO FISCAL DA REPÚBLICA: UM EXAME CRÍTICO A PARTIR DE TRÊS OLHARES

RAFAEL CAMPOS SOARES DA FONSECA[1]

LUCAS BEVILACQUA[2]

SUMÁRIO: 1. Introdução; 2. Delegação de Autoridade Substantiva a Órgãos Independentes; 3. Três Olhares sobre o Contexto de Criação do Conselho Fiscal da República; 3.1. Olhar para Fora: o Direito Constitucional Comparado; 3.2. Olhar para o Passado: a tradição constitucional brasileira; 3.3. Olhar para a Norma: as atuais regras fiscais positivadas na Constituição e nas normas gerais de Direito Financeiro; 4. Exame Crítico da Proposta de Criação do Conselho Fiscal da República; 5. Conclusões; Referências Bibliográficas

1. INTRODUÇÃO

São tempos interessantes para os juristas especializados em direito financeiro e tributário. Nos dias correntes, foi possível conhecer o teor das propostas do Poder Executivo para mudar os rumos da economia, a partir do "Plano Mais Brasil", por sua vez decomposto em três propostas de emendas constitucionais reconhecidas como "PEC emergencial", o "Novo Pacto Federativo" e a proposta dos fundos infraconstitucionais. Por sua relevância e grau de detalhamento, haja vista almejar a refun-

---

[1] Doutorando em Direito Econômico, Financeiro e Tributário pela Universidade de São Paulo e Mestre em Direito, Estado e Constituição pela Universidade de Brasília. Professor do Instituto Brasiliense de Direito Público. Analista Judiciário do Supremo Tribunal Federal. Coordenador do grupo de pesquisa "Observatório da Macrolitigância Fiscal" (IDP).

[2] Doutor e Mestre em Direito Econômico, Financeiro e Tributário pela Universidade de São Paulo. Professor do Programa de Mestrado Profissional em Direito e Políticas Públicas pela Universidade Federal de Goiás. Procurador do Estado de Goiás e Assessor de Ministro do STF. Coordenador e líder do grupo de pesquisa "Observatório da Macrolitigância Fiscal" (IDP).

dação da ordenação das contas públicas, essa iniciativa governamental deve ser objeto de sucessivos estudos e reflexões por parte dos juristas. Nesse sentido, o presente empreendimento dos organizadores é mais do que bem-vindo. Impende, portanto, louvá-los pela oportunidade.

Neste artigo propõe-se dar maior atenção à PEC reconhecida como "Novo Pacto Federativo" (PEC 188/2019) que almeja colocar em prática a promessa de campanha presidencial de "Menos Brasília e mais Brasil." Aborda-se especificamente a criação do *Conselho Fiscal da República (CFR)* a partir de adição do art. 135-A à parte dogmática do texto constitucional. Mostra-se importante avaliar academicamente essa inovação institucional.

O argumento está estruturado em cinco partes, além desta introdução e conclusão, a começar por considerações gerais sobre a delegação de autoridade substantiva a órgãos independentes e em seguida será realizado o destrinchamento do tema por três olhares: um para *fora* (direito comparado), outro para o *passado* (tradição brasileira) e um último para a *norma*, ou seja, o direito atualmente posto. Por fim, será examinada a proposta do governo federal em consonância com as ideias construídas a partir do olhar tríplice ao tema em estudo.

2. DELEGAÇÃO DE AUTORIDADE SUBSTANTIVA A ÓRGÃOS INDEPENDENTES

A tentativa de resolver problemas nacionais por intermédio da economia política ou das finanças públicas é um esforço na maioria das vezes louvável. As soluções econômicas apresentadas são convertidas em formas jurídicas, visto que o direito é um meio usado por autoridades públicas para ordenar parte das relações sociais. Compete, a propósito, aos juristas aferir a adequação e a validade dos conceitos econômicos postos em prática mediante normas, à luz da Constituição da República. Em relação à mudança social, há dois papéis possíveis aos acadêmicos e práticos do direito: um negativo consistente em organizar o discurso jurídico em torno de abstrações conceituais e com ele evitar alterações indesejadas na ordem social; e outro positivo cingido ao desafio de agir em prol de mudanças dessa mesma ordem em aspectos cuja permanência é indesejada.[3]

É possível considerar a Constituição como objeto de análise econômica com base no desenho de regras que otimizam os processos ordinários de tomada de decisões coletivas. Em outras palavras, escolhem-se as institui-

---

3 CASTRO, Marcus Faro de. *Formas Jurídicas e Mudança Social: interações entre o direito, a filosofia, a política e a economia.* São Paulo: Saraiva, 2012, p. 24-25.

ções para governar o futuro no âmbito da elaboração da Constituição. Sob a perspectiva jurídica, remonta às garantias institucionais de Carl Schmitt essa preocupação, haja vista em sua teoria da constituição o alemão divide os direitos fundamentais, os quais em sentido verdadeiro correspondem a uma esfera sob domínio absoluto do cidadão em face do Estado, das garantias em tela, que por sua vez representavam proteção especial, limitada a certas tarefas e fins e dirigida unicamente ao ente estatal a certas instituições, impedindo a supressão dessas pela via legislativa ordinária.[4]

Sob a vertente econômica, esta empresa é considerada um problema de otimização constrangida. Isso porque se houvesse oportunidades de consenso e tempo ilimitados, a ordem constitucional seria próxima da completude na medida em que indicaria os principais problemas da comunidade política e as receitas para enfrentá-los. Alguns dos objetivos econômicos da engenharia constitucional seriam constranger escolhas intertemporais pelo comprometimento prévio e coordenar a sociedade por intermédio de acordos intersubjetivos necessários para evitar conflitos.[5]

Trata-se de um fenômeno mais amplo: a delegação de autoridade substantiva para burocratas não eleitos por parte dos Poderes Legislativo e Executivo, ante a incapacidade das legislaturas instituírem regras consistentes para campos sociais e econômicos complexos. O controle finalístico decorre da retenção das competências para fiscalização. As dificuldades decisórias surgem das constrições de tempo e expertise. Assim, descentralizam-se a formulação e a execução de políticas públicas a autoridades suficientemente independentes para lograrem espaços temporal e cognitivo com o fito de decidir sobre questões difíceis, passíveis de conversão em linguajar técnico e frequentemente impopulares. Esse é o racional por trás da criação das agências reguladoras e outras instituições,[6] como se depreende no caso brasileiro do Plano Diretor de Reforma do Aparelho do Estado levado a cabo no governo FHC.

---

4 SCHMITT, Carl. *Teoría de la Constitución*. Trad. Francisco Ayala. Madri: Alianza Editorial, 1996, p. 175.

5 GINSBURG, Tom. The design of constitutions. In: PARISI, Francesco (ed.). *The Oxford Handbook of Law and Economics: public law and legal institutions*. v. 3. Oxford: Oxford University Press, 2017, p. 28-31.

6 Estudos pormenorizado dessas construções institucionais: JUSTEN FILHO, Marçal. *O Direito das Agências Reguladoras Independentes*. São Paulo: Dialética, 2002. MARQUES NETO, Floriano de Azevedo. *Agências Reguladoras Independentes: fundamentos e seu regime jurídico*. Belo Horizonte: Fórum, 2009.

Essa transladação de prerrogativas e responsabilidades das autoridades eleitas leva a problemas de legitimação democrática do Estado Administrativo hodierno. Assim, os marcos normativos de referência para delegação legislativa e a criação regulatória devem prever instituições e procedimentos voltados à obtenção de resultados republicanos e democráticos pelos órgãos técnicos.

O elemento tempo é crucial para essa arquitetura institucional. Isso pode ser visto como resultante da especialização do aparato burocrático, o que pela qualidade da deliberação tende a gerar melhores decisões em menos tempo. Outra perspectiva menos óbvia está ligada às "inconsistências temporais". Estas são obtidas pelas mudanças de preferências de indivíduos e instituições no curso do tempo, como regularmente ocorre em pleitos eleitorais. Igualmente, a ideia de república implica em alternância política dos cargos máximos, embora atrelada à noção de bem comum.

A proteção contra essas flutuações democráticas é característica do constitucionalismo. Na condição de estatuto jurídico do político, a Constituição representa tecnologia que permite a vinculação temporal de pessoas a determinado curso de ação coletiva, retirando-se opções sobre temas relevantes do legislador ordinário, inclusive parcelas do orçamentário público. A título de exemplo histórico, a duração maior dos mandatos dos membros do Senado federal norte-americano, quando comparados à Casa dos Representantes, foi pensada para fins de estabilidade da política externa do país, como se depreende dos escritos federalistas.[7] Nesse âmbito, as agências independentes devem dispor de instrumentos suficientemente robustos para resistir a mudanças transitórias nas preferências majoritárias, quando as últimas caminhem de encontro ao mandato institucional do órgão. A justificativa para isso é o aumento do bem-estar da população no longo prazo, a despeito das tendências democráticas momentaneamente explicitadas e decorrentes de incentivos eleitorais ou modificações de coalizões partidárias. Exemplo mais bem-sucedido desse raciocínio institucional foi a criação do Banco Central, com independência funcional e administrativa,[8] pensado como

---

7 MADISON, James. No. 63. In: HAMILTON, Alexander; JAY, John; MADISON, James. *The Federalist*. Indianapolis: Liberty Fund, 2001.

8 No Brasil, essa discussão estende-se há mais de trinta anos, sendo a iniciativa reavivada na cerimônia de 100 dias do atual governo federal. A propósito, o Projeto de Lei Complementar 19/2019 no Senado Federal representa iniciativa mais recente: <https://www12.senado.leg.br/noticias/materias/2019/04/11/bolsonaro-propoe-autonomia-do-bc-assunto-e-discutido-no-senado-ha-30-anos>

autoridade monetária comprometida com a política econômica de baixa inflação.[9] As consequências constitucionais e democráticas dessa opção de engenharia constitucional não são desprezíveis, devendo ser constantemente sopesadas em uma realidade política concreta.[10]

3. TRÊS OLHARES SOBRE O CONTEXTO DE CRIAÇÃO DO CONSELHO FISCAL DA REPÚBLICA

Feitas essas considerações introdutórias, é preciso pensar na conveniência e adequação da proposta do CFR para o contexto brasileiro atual. No entanto, as correntes iniciativas de imaginação institucional não são desprovidas de contexto ou historicidade. Visão atenta da realidade constitucional brasileira permite criticar as instituições desenhadas nas ordens constitucionais como ideias fora de lugar que não nos servem perfeitamente.[11] Sistematiza-se o pensamento acerca dessa problemática por três olhares já indicados.

3.1. OLHAR PARA FORA: O DIREITO CONSTITUCIONAL COMPARADO

No escopo constitucional comparado ou no *olhar para fora*, o estabelecimento de instituições fiscais independentes é recorrente em quase três dezenas de Estados, ocorrendo na Europa, Ásia, África e hemisfério ocidental de forma geral, segundo o banco de dados específico para esse fim da

---

9 FIGUEIREDO, John M. de; STIGLITZ, Edward H. Democratic Rulemaking. . In: PARISI, Francesco (ed.). *The Oxford Handbook of Law and Economics: public law and legal institutions.* v. 3. Oxford: Oxford University Press, 2017, p. 37-42.

10 GRUNDMANN, Stefan; MICKLITZ, Hans. The European Banking Union and Constitution - the overall challenge. In: GRUNDMANN, Stefan; MICKLITZ, Hans-Wolfgang (ed.). *The European Banking Union and constitution: beacon for advanced integration or death-knell for democracy.* Oxford: Hart, 2019.

11 Crítica particularmente incisiva e clara é a de Roberto Mangabeira Unger, segundo o qual: "No Brasil é pior, porque estamos vergados sob o jugo do colonialismo mental. Nossas ideias, como nossas instituições, em geral, não são nossas, são importadas. Importamos as correntes com que nos manietamos, as ilusões que emprestam às estruturas estabelecidas no país a auréola de autoridade e necessidade que não merecem. Importamos desorientação (…)Nossas instituições não são nossas. São quase todas copiadas. Tal como roupa emprestada, nos caem mal: não nos permitem dar instrumentos à energia desmedida dos brasileiros. Nossa cultura popular é marcada pela afirmação vigorosa de uma identidade brasileira. Nossas elites do poder, do dinheiro e do conhecimento, porém, não acreditam em nossa originalidade coletiva - ou na delas." (UNGER, Roberto Mangabeira. *Depois do Colonialismo Mental: repensar e reorganizar o Brasil.* São Paulo: Autonomia Literária, 2018, p. 13 e 17)

Organização para a Cooperação e Desenvolvimento Econômico.[12] A função desses órgãos varia de acordo com a cultura jurídico-política, focalizando-se, em termos comparados, na constrição da discricionariedade dos gestores públicos e em evitar políticas de déficit fiscal excessivo ou pró-cíclicos.

A partir da crise econômica global de 2007-2008 que colocou em xeque a sustentabilidade das dívidas públicas soberanas, o banco de dados do Fundo Monetário Internacional contabiliza quase quarenta conselhos fiscais independentes, caracterizando sua efetividade a partir de quatro dimensões: (i) mandatos dos membros, (ii) instrumentos e objetivos, (iii) independência e *accountability*, e (iv) recursos humanos e financeiros.[13] Em termos simples, a tese por trás da criação dessas instituições é o fortalecimento da performance fiscal dos países por intermédio da persecução de duas tarefas principais: a prognose de impactos financeiros futuros e o monitoramento do cumprimento de regras fiscais.

Segundo a Comissão Europeia, que também contou, em 2017, o quantitativo de 39 instituições fiscais dotadas de independência, estas são definidas como órgãos públicos não partidários, distintos do Banco Central, governo ou parlamento, que almejam à promoção de finanças públicas sustentáveis por intermédio de variadas funções, que incluem monitoramento de cumprimento de regras fiscais, produção de prognósticos macroeconômicos e o aconselhamento do governo em matérias circunscritas à política fiscal. Essas instituições devem ser financiadas por recursos públicos e funcionalmente independentes das autoridades econômicas.[14]

Em suma, caso acolhida a proposta de emenda constitucional do governo federal, o Brasil realizaria opção política de delegação de autoridade em consonância às práticas internacionais. No entanto, restam dúvidas se a composição do órgão superior seria a mais adequada para as finalidades fixadas. Vale dizer: na proposta encaminhada pelo Executivo, do CFR participariam os Presidentes da República, Câmara dos Deputados, Senado Federal, Supremo Tribunal Federal e Tribunal de Contas da União, conjuntamente a três governadores e três prefeitos, constando um representante de cada Região do país.

---

12 Disponível em: <https://www.oecd.org/gov/budgeting/OECD-Independent-Fiscal-Institutions-Database.xlsx>

13 BEETSMA, Roel *et al*. Independent Fiscal Councils: recent trends and performance. In: *IMF Working Paper*, n. 18/69, p. 1-28, p. mar. 2018.

14 Disponível em: <https://ec.europa.eu/info/business-economy-euro/indicators-statistics/economic-databases/fiscal-governance-eu-member-states/independent-fiscal-institutions_en#database-on-fiscal-institutions>

3.2. OLHAR PARA O PASSADO: A TRADIÇÃO CONSTITUCIONAL BRASILEIRA

Desde um *olhar para o passado*, tentativas de transladar as tomadas de decisões econômicas para aparatos burocráticos são observáveis no curso das constituições brasileiras. A própria Administração Tributária foi criada no Império sob a função de Tribunal com o nome de "Thesouro Nacional".[15] A liquidação das contas das receitas e despesas, com verificação de sua legalidade, foi atribuída ao Tribunal de Contas no primeiro período republicano, fruto do engenho de Rui Barbosa.[16]

A visão corporativa do Estado Novo ocasionou a previsão de Conselhos Técnicos e Gerais no âmbito de cada Ministério, na condição de órgãos consultivos da Câmara dos Deputados e do Senado Federal, compostos majoritariamente por pessoal especializado e não vinculado ao funcionalismo do aparato ministerial. Esses órgãos teriam força, inclusive, de interditar deliberações de qualquer Ministro de Estado.[17] Fruto desse momento, surgiu o Instituto Brasileiro de Geografia e Estatística (IBGE) como fundação pública da administração pública federal em 1934, instalado inicialmente com o nome de Instituto Nacional de Estatística no ano de 1936.

No afã autoritário da tachada "Constituição Polaca", surgiu a inovação institucional mais próxima do CFR consistente no Conselho da Economia Nacional (CEN), com a finalidade de endereçar a produção nacional, responsável em seções especializadas pela indústria e artesanato, agricultura, comércio, transportes e crédito. A composição do órgão seria obtida por pessoas qualificadas pela sua competência especial atestada por indicação presidencial ou pelas associações profissionais ou sindicatos de grau superior, com igualdade de representação entre empregadores e empregados. Eram atribuições do CEN estabelecer normas trabalhistas coletivas, com aprovação do Presidente da República, emitir parecer sobre todos os projetos de iniciativa parlamentar que interessassem a produção nacional ou o direito coletivo do trabalho, e preparar bases para fundação de institutos de pesquisa. Antes da Lei Constitucional 9/1945, o CEN tinha competência para legislar sobre as matérias de sua competência e era órgão de colaboração do Legislativo federal. Nos decretos-leis e demais projetos do Presidente da República, deveriam ser apostos pareceres do CEN, os quais sendo favoráveis le-

---

15 Art. 170 da Constituição do Império de 1824.

16 Art. 89 da Constituição da república de 1891.

17 Art. 103 da Constituição da República de 1934.

variam o tema a ser submetido a uma só discussão em cada umas das Casas Legislativas, encurtando a deliberação democrática.[18]

Embora os pressupostos institucionais e de ideais fossem diversos dos atuais, muito provavelmente foi esse o experimento mais próximo ao esforço de delegar autoridade substantiva dos poderes constituídos dos entes constituintes em matéria econômica a um órgão pretensamente independente. Constou no texto constitucional a necessidade de constituí-lo antes da instalação do Parlamento nacional, o que indica rivalidade dos impulsos técnicos e autoritários aos democráticos institucionalizados em um Poder Legislativo. Quanto à visão de economia política então vigorante, basta dizer que a economia da produção era constitucionalmente organizada em entidades representativas das forças do trabalho que exerciam funções delegadas do Poder Público.[19]

Na feitura da Constituição de 1946, manteve-se o CNE, com organização submetida a reserva de lei e composição por membros com notória competência em assuntos econômicos, por sua vez nomeados pelo Presidente da República, após aprovação senatorial. Incumbia ao Conselho estudar a vida econômica do país e sugerir medidas consideradas necessárias aos poderes competentes.[20] O CNE somente foi extinto pelo art. 181 da Constituição da República de 1967.

De todo modo, o regime militar foi pródigo em tornar as decisões essenciais da democracia econômica em ações técnicas e atomizadas,[21] como se depreende da criação do Conselho Monetário Nacional responsável por formular a política da moeda e do crédito, bem como do Banco Central do Brasil (Bacen) na condição de autarquia federal, por força da Lei 4.594/1964. Após, com o Decreto 92.452/1986, as funções fiscais desempenhadas até então pelos Bacen e Banco do Brasil foram assumidas pela Secretaria do Tesouro Nacional.

Nesse sentido, a tradição constitucional brasileira coloca em dúvida as condições de possibilidade relativas à democratização do CFR e respectivo alinhamento aos ditames constitucionais, e não às preferências

---

18 Arts. 13, parágrafo único, 57 a 63 e 65 da Constituição da República de 1937.

19 Arts. 140 e 179 da Constituição da República de 1937.

20 Art. 205 da Constituição da República de 1946.

21 Sustentando a tese de captura do aparato tecnocrático por facções privadas: TAVARES, André Ramos. Facções privadas e política econômica não democrática da ditadura brasileira. In: *Revista Brasileira de Estudos Constitucionais*, v. 32, p. 1047-1066, 2015.

do Executivo federal. Além do componente político, também merece inquirição a adequação dessa instituição aos requisitos da democracia econômica, visto que essa conformidade é pressuposta na funcionalização da ordem econômica ao fim de assegurar a todos existência digna, a partir de inspiração oriunda da Constituição de Weimar.[22]

3.3. OLHAR PARA A NORMA: AS ATUAIS REGRAS FISCAIS POSITIVADAS NA CONSTITUIÇÃO E NAS NORMAS GERAIS DE DIREITO FINANCEIRO

É imperativo um olhar para o que já é direito posto no vigente ordenamento jurídico brasileiro, com a finalidade de cotejar até que ponto o CFR consiste, de fato, em uma inovação institucional ou se mais traduz um atestado da baixa efetividade das normas de direito financeiro, cuja solução é paradoxalmente a geração de mais texto e mais regras fiscais, em detrimento das bases culturais do orçamento público.

Ao erigir-se como finalidade da Constituição Financeira a preservação e a continuidade do Estado social,[23] a sustentabilidade ganha relevo no quadro principiológico do Direito Financeiro. Assumido o marco referencial do orçamento republicano, a ação governamental em prol do bem comum não pode ser pensada fora de uma lógica intergeracional, aplicando à coisa pública uma função social, em busca da efetivação dos direitos fundamentais.[24]

Por conseguinte, afirma-se que a sustentabilidade econômico-financeira é norma constitucional implícita e estruturante,[25] projetando-se na República Federativa brasileira. O significado jurídico dessa norma

---

22 BERCOVICI, Gilberto. Constituição econômica e dignidade da pessoa humana. In: *Revista da Faculdade de Direito da Universidade de São Paulo*, v. 102, p. 457-467, 2007.

23 TORRES, Heleno Taveira. *Direito Constitucional Financeiro – teoria da constituição financeira*. São Paulo: Revista dos Tribunais, 2014, p. 108-109.

24 SCAFF, Fernando Facury. *Orçamento Republicano e Liberdade Igual: ensaio sobre direito financeiro, república e direitos fundamentais no Brasil*. Belo Horizonte: Fórum, 2018, p. 293. Na mesma direção, mas no âmbito de uma teoria da constituição financeira, Heleno Torres defende a necessidade das futuras gerações também serem objeto de preocupação no Direito Financeiro. A Constituição Financeira deve projetar uma isonomia intergeracional (TORRES, Heleno Taveira. *Direito Constitucional Financeiro – teoria da constituição financeira*. São Paulo: Revista dos Tribunais, 2014, p. 89-90).

25 Sobre os direitos constitucionais implícitos, ver: DWORKIN, Ronald. Unemerated Rights: whether and how *Roe* should be Overruled. In: *University of Chicago Law Review*, n. 59, p. 381-432, 1992.

demanda que as presentes gerações consigam satisfazer suas necessidades coletivas sem comprometer a mesma aptidão existencial e material a ser exercitada em momento posterior pelas futuras gerações. Há, a propósito, referência explícita ao dever do Poder Público e de toda coletividade de preservar o meio ambiente ecologicamente equilibrado.[26] Na mesma linha, a sustentabilidade é peça central no desenvolvimento nacional, por traduzir-se também na defesa do meio ambiente como princípio geral da ordem econômica e na realização da função social da propriedade rural (art. 186, II, CR/88).[27]

Contudo, não é somente no universo ecológico que a pretensão de sustentabilidade é vinculante, embora isso em nada contrarie a importância da incorporação de uma dimensão ambiental à promoção da dignidade da pessoa humana. O sistema federal concretiza-se, em grande medida, por intermédio da Constituição Financeira, delimitando-se áreas de responsabilidade e encargos aos entes federados. Exige-se, portanto, a distribuição equânime de competências legislativas, inclusive tributárias, destinações de recursos, atribuições de cada ente e a equalização das desigualdades financeiras entre os entes associados, à luz de critérios decorrentes da sustentabilidade financeira.[28]

No plano infraconstitucional, sustentabilidade econômico-financeira e da equidade intergeracional são princípios regentes do Regime de Recuperação Fiscal dos Estados e do Distrito Federal, por força do art. 1º, §1º, LC 159/2017, embora não haja explicitação dos conteúdos jurídicos desses, cabendo à dogmática jurídica perquiri-los.[29]

Sendo assim, os objetivos de preservação da sustentabilidade financeira da Federação e coordenação da política fiscal previstos como razão de ser da proposta inauguradora de um conselho fiscal republicano já encontram-se tutelados e desenvolvidos por outro setores normativos, traduzindo esse órgão independente em complemento a esse marco institucional.

---

26 Art. 225, *caput*, da Constituição da República de 1988.

27 Arts. 170, VI, e 186, II, da Constituição da República de 1988.

28 KAHL, Wolfgang. Nachhaltige Finanzstrukturen im Bundesstaat - Einleitung. In: KAHL, Wolfgang (org.) *Nachhaltige Finanzstrukturen im Bundesstaat.* Tubingen: Mohr Siebeck, 2011, p. 5-6)

29 Menção ao termo "sustentabilidade econômico-financeira" já havia ocorrido, com sentido diverso, na Lei federal 12.404/2011, resultado da conversão da MP 551/2010, mas direcionado ao Banco Nacional de Desenvolvimento Econômico e Social (BNDES) no tocante ao financiamento do Trem de Alta Velocidade no trecho Rio de Janeiro-RJ e Campinas-SP.

Por outro lado, a previsão de uma instituição encarregada da surpevisão do cumprimento das regras fiscais na Federação não carece atualmente de base legal, mas sim de efetividade prática expressa em vontade política dos representantes eleitos. No art. 67 da Lei de Responsabilidade Fiscal (LRF), há a previsão de um Conselho de Gestão Fiscal (CGF), por sua vez responsável por acompanhar e avaliar, de forma permanente, a gestão fiscal conduzida por todos os entes federativos. Trata-se de órgão de caráter orientador e normativo das finanças públicas.[30]

O CGF deve ser composto por representantes de todos os Poderes e esferas de Governo, do Ministério Público e de entidades técnicas representativas da sociedade. Esse órgão almeja aos objetivos de harmonização e coordenação entre os componentes do pacto federativo, disseminação de melhores práticas que impliquem em maior eficiência na alocação e execução do gasto público, arrecadação de receitas, controle dos créditos públicos e transparência da gestão fiscal, assim como de divulgação de análises, estudos e diagnósticos e adoção de normas nacionais de contabilidade pública, padronizando-se a prestação de contas e os relatórios e demonstrativos da gestão fiscal. Quanto ao último objetivo, vale dizer que a PEC em estudo tenta resolver confusão contábil entre as variadas pessoas políticas autônomas delegando ao TCU poder de consolidação da interpretação das leis complementares que tratem de normas gerais de direito financeiro, a ser exercido em face das demais cortes de contas.

Ademais, a dicção da LRF prevê que o CGF também possui a função de premiar e reconhecer publicamente os titulares de Poder constituído que alcancem resultados meritórios em políticas de desenvolvimento social, sem descurar da gestão fiscal responsável. Posterga-se, ainda, a implementação dessa instituição, remetendo à lei ordinária a composição e a forma de funcionamento do CGF. Segundo o art. 50, §2º, da LC 101/2000, enquanto não for implantado o CGF, compete à Secretaria do Tesouro Nacional a edição de normas gerais para consolidação das contas públicas, o que não tem funcionado na prática.

Após 18 anos da edição da LRF, o Projeto de Lei 3.744-D/2000 encaminhado pelo Executivo foi finalmente aprovado pela Câmara dos Deputados com a regulamentação das competências previstas em lei, destacando-se a harmonização de interpretações técnicas na aplicação das normas relacionadas às responsabilidades da gestão fiscal, com vistas a garantir sua efetividade. Com o fito de garantir a independência do CGF, os membros desse

---

30 ABRAHAM, Marcus. *Lei de Responsabilidade Fiscal Comentada*. Rio de Janeiro: Forense, 2016, p. 291.

órgão devem ter reputação ilibada, ser relacionados com base em mérito e profissionalismo e ter notório conhecimento ou experiência nas áreas de orçamento, contabilidade ou finanças públicas. Uma das prerrogativas dos membros é acesso total às informações do governo, relativas ao orçamento, às finanças e à contabilidade. No entanto, não são remuneradas as funções dos membros e demais assessores e especialistas envolvidos na CGF, considerados todas prestação de serviço de relevante interesse público.

No projeto aprovado pela Câmara Baixa, a composição do CGF é de quatorze membros, distribuídos em um representante do Ministério da Fazenda, que presidirá o CGF e terá voto de desempate. O mesmo quantitativo unitário deve representar, respectivamente, os órgãos centrais de contabilidade da União, o de controle interno do Executivo federal e o do sistema de planejamento e orçamento federal. Haveria dois representantes dos governadores, indicados pelo Conselho Nacional de Política Fazendária (Confaz). Aliás, o mesmo número de representantes é indicado pelos Tribunais de Contas, sendo um membro de escolha do TCU e a outro decorrente de rodízio entre as demais cortes de contas. Prevê-se, ainda, dois representantes dos Municípios, indicados pela Confederação Nacional dos Municípios e pela Frente Nacional de Prefeitos, bem como um representante de entidade técnica representativa da sociedade, indicado pelo Conselho Federal de Contabilidade. Por fim, possuem um representante cada o Ministério Público, indicado pelo CNMP, o Poder Judiciário, indicado pelo CNJ, e o Poder Legislativo, indicado pela Comissão Mista de Planos, Orçamentos Públicos e Fiscalização, do Congresso Nacional.

Após remessa pela Câmara dos Deputados, a matéria foi lida em Plenário do Senado Federal na data de 14 de junho de 2019 e ganhou o título de Projeto de Lei 3.520/2019, atualmente sob a relatoria do líder do governo no Senado que é exercida cumulativamente em várias comissões temáticas desde julho de 2019.

Por seu turno, abarcado posteriormente na denominada Agenda Brasil 2015, o Projeto de Lei do Senado 141/2014 modifica o que nunca existiu, pois tem a finalidade de alterar o dispositivo da LRF que prevê o CGF, pois a composição plúrima do órgão levaria, por prognose que beira a futurologia, a um processo decisório difícil e lento. Seria explicitado na norma que o CGF atua no plano federal, com competência sobre todos os níveis de governo, para evitar multiplicação de aparatos estatais com mesma finalidade. Por meio de emenda aditiva, incorporada na redação final aprovada do projeto, também se passou a prever que o CGF tenha competência para indicar parâmetros de contenção da despesa pública total e de moderação da carga tributária em todos os poderes e níveis de governo.

As principais contribuições do projeto seriam incumbir ao CGF fazer estimativas independentes das receitas orçamentárias, normatizar procedimentos contábeis aplicáveis ao setor público, o que inibiria a "contabilidade criativa", e avaliar a relação de custo-benefício de políticas públicas e a qualidade do gasto público. Impende registrar que o projeto de lei foi aprovado no Plenário do Senado Federal e remetido à Câmara dos Deputados em dezembro de 2015. Na última Casa, recebeu o título de Projeto de Lei Complementar 210/2015 e aguarda designação de Relator na Comissão de Constituição e Justiça e de Cidadania.

Por fim, torna-se conveniente abordar a criação do Instituto Fiscal Independente (IFI) no âmbito do Senado Federal a partir da Resolução 42/2016[31] e no contexto de *impeachment* presidencial promovido parcialmente por fundamentos financeiros.[32] Com base nesse ato normativo, o IFI tem como finalidade divulgar estimativas de parâmetros e variáveis relevantes para a construção de cenários fiscais e orçamentários; analisar a aderência do desempenho de indicadores fiscais e orçamentários às metas definidas em legislação pertinente; mensurar o impacto de eventos fiscais relevantes, especialmente os decorrentes de decisões da Presidência da República, o que inclui os custos das políticas monetárias, creditícia e cambial; e projetar a evolução de variáveis fiscais determinantes para o equilíbrio de longo prazo do setor público.

Cuida-se de um órgão pertencente, para todos efeitos administrativos, à Casa Alta, decomposto em um Conselho Diretor, este responsável por tomar decisões afetas às finalidades institucionais por maioria, cuja composição é de três diretores indicados pela Presidência e pelas Comissões de Assuntos Econômicos e de Transparência, Governança, Fiscalização e Controle e Defesa do Consumidor, todas do Senado Federal. Aliás, devem os indicados submeterem-se a aprovação pela Casa Legislativa. Embora disponham de mandatos não coincidentes de quatro anos, com impossibilidade de recondução, e haja vedação ao exercício de outra atividade profissional, os diretores ocupam cargos e são remunerados pelo

---

31 BRASIL. SENADO FEDERAL. Resolução 42, de 2016. *Diário Oficial da União*, n. 211, seção 1, Publ. em 3 de novembro de 2016, p. 1.

32 Análise detalhada da matéria sob a perspectiva do direito financeiro pode ser verificada em: SCAFF, Fernando Facury. *Orçamento Republicano e Liberdade Igual: ensaio sobre direito financeiro, república e direitos fundamentais no Brasil*. Belo Horizonte: Fórum, 2018, p. 473-497.

órgão legislativo. Do mesmo modo, também é a administração senatorial responsável por dotar de estrutura ao funcionamento do IFI, inclusive provendo os servidores, sendo regra que 60%, no mínimo, dos profissionais designados tenham titulação acadêmica.

Há, ainda, um Conselho de Assessoramento Técnico formalizado pelo Ato do Presidente do Senado 8/2019, com caráter consultivo e integrado, a partir de indicação do diretor-executivo do Conselho Diretor, por até cinco brasileiros de reputação ilibada e detentores de notório saber nos temas de competência do IFI.

Revela-se, portanto, digno de nota que nem mesmo situação crítica representada pelo impedimento de uma mandatária do cargo de Presidente da República gerou tração política suficiente para a criação do CGF nos termos previstos pela LRF. Logo, com competências, composição e funcionamento determinados previamente em lei complementar, a LC 101/2000, além da pulverização do poder de indicações em diversas instituições e forças políticas, como ocorre no CNJ e CNMP a título de controle "externo" da magistatura e do *parquet*, não se encontrou viabilidade para a implantação do órgão fiscal.

4. EXAME CRÍTICO DA PROPOSTA DE CRIAÇÃO DO CONSELHO FISCAL DA REPÚBLICA

Na PEC 188/2019 encaminhada pela Presidência da República, embora formalmente apresentada por um terço dos senadores da República, os objetivos do CFR cingem-se na coordenação da política fiscal e preservação da sustentabilidade financeira da Federação, com base em sólidos fundamentos fiscais. Como já visto, trata-se de decisão constituinte de retirar da política ordinária parcela de matérias fulcrais atinentes à atividade financeira do Estado. Em substituição, concebe-se órgão técnico especializado em considerações de longo prazo sobre a política fiscal do Poder Público.

A supremacia constitucional nas vertentes material e formal implica em escolhas sobre o que incluir e o não incluir na ordem constitucional. Na condição de atributo do constitucionalismo democrático, a margem de conformação do Poder Legislativo reside nos desdobramentos dessa decisão política fundamental. No particular, além da dimensão simbólica, não se verifica outra razão para constitucionalizar a questão, demandando lei posterior para regular o funcionamento do CFR, em detrimento de dar cumprimento ao comando contido na Lei de Responsabilidade Fiscal.

Ademais, tem-se o CGF composto pelos cinco presidentes dos Poderes constituídos da União – Presidências da República, Câmara dos Deputados, Senado Federal e Supremo Tribunal Federal – e do órgão auxiliar ao Congresso Nacional nos encargos de controle externo, o Tribunal de Contas da União, conjuntamente a mais seis membros retirados das chefias dos Poderes Executivos dos entes subnacionais (três Governadores e três Prefeitos), cuja sistemática de escolha deverá ser fixada em lei complementar posterior, fixando-se a representatividade dos últimos por Região do País.

Também aqui a solução maturada ao longo de quase duas décadas de tramitação do PL 3.744-D/2000 parece andar melhor em relação à proposta executiva de emendamento constitucional. Umas das formas de atenuar os impulsos tecnocráticos referentes à delegação de autoridade substantiva a órgãos independentes é permitir participação democrática ampla na formação da vontade dessa instituição. Igualmente, não se colhe dado objetivo que corrobore a inviabilidade decisória do CGF inferida pelo PL do Senado 141/2014, ou mesmo que a composição plúrima daquele órgão seja o óbice à sua implementação por interposição legal. Exemplos de independência institucional na experiência brasileira dizem respeito aos Conselhos Nacional de Justiça e Nacional do Ministério Público, sem noticiar-se paralisia decisória.

A participação no CFR do Ministro Presidente do STF na qualidade de Chefe do Poder Judiciário nacional também é especialmente problemática. Não se extrai benefício desse arranjo institucional na medida em que exclui sem melhor fundamento representantes dos demais órgãos do Sistema de Justiça, notadamente do Ministério Público, Defensoria Pública e Advocacia, bem como insere no órgão fiscal agente proeminentemente qualificado em direito, por melhor que sejam a formação técnica e humanística do julgador e a assessoria econômica e contábil. No ponto, também está melhor o projeto de lei do CGF, porque salvaguarda a indicação por parte do CNJ e vincula o membro a predicados técnicos mais próximos à avaliação da gestão fiscal responsável.

A solução parece intencionar concertar os três poderes republicanos em prol de opções de políticas econômicas, o que é inadequado do ponto de vista constitucional, pois compete ao Poder Judiciário controlar as decisões econômicas com fundamento na Constituição da República. De fato, a literatura acadêmica informa que o STF não consistite em obstáculo à governabilidade ou governança em sua acepção econômica, acomodando as liberdades dos representantes eleitos na moldura constitucional.[33] Logo, os danos reputacionais e funcionais que decorrerão dessa escolha institucional servem para solucionar um problema que não se coloca na tradição constitucional brasileira.

Sendo assim, são retomadas, com mais ênfase, preocupações atinentes à imparcialidade do Poder Judiciário e sua função social mediadora as quais levaram parcela da comunidade jurídica a rechaçar a participação e iniciativa do STF, por meio de sua Presidência, em compor novo pacto republicano em torno de reformas substanciais, notadamente nas áreas previdenciária, tributária, revisão do pacto federativo, desburocratização da administração pública e aprimoramento da política nacional de segurança pública.[34]

Ainda de acordo com a proposta em estudo, as competências do CFR seriam: salvaguardar a sustentabilidade de longo prazo dos orçamentos públicos, monitorar regularmente os orçamentos federais, estaduais e distrital, inclusive quanto à respectiva execução; verificar o cumprimento das exigências constitucionais e legais referentes à disciplina orçamentária e fiscal; expedir recomendações, fixar diretrizes e difundir boas práticas para o Setor Público; e comunicar aos órgãos competentes eventuais irregularidades detectadas.

Em um exame prefacial, levantam-se dúvidas sobre os fundamentos e os limites de atuação do órgão fiscal de alcance nacional. De um lado, os poderes normativos e fiscalizatórios do CFR não podem invadir a esfera de faculdades e autonomia política dos entes federativos, relegando-se àquele papéis informacionais e coordenativos. Por outro lado, sem considerar os exatos dos instrumentos desse órgão a serem desenvolvidos em lei complementar posterior, as competências de fiscalização financeira tendem a ser efetivas somente se em seu descumprimento ocorrer sanções imediatas. Essa correlação pode ser fragilizada caso exista lapso temporal significativo entre a comunicação de irregularidades aos órgãos competentes e a adoção de medidas reativas, considerada a ausência de poder executório sancionador ao CFR. Em suma, na hipótese do CFR transbordar sua ação como órgão consultivo, orientativo e de acompanhamento, torna-se possível suscitar os núcleos de intagiblidade das cláusulas constitucionais de eternidade que incidem sobre o Poder Constituinte Reformador.

---

33 KAPISZEWSKI, Diana. *High Courts and Economic Governance in Argentina and Brazil.* Nova York: Cambridge University Press, 2012, p. 61 e ss.

34 Notícia sobre o andamento das tratativas desse pacto republicano: <https://www1.folha.uol.com.br/poder/2019/05/planalto-congresso-e-stf-combinam-de-assinar-pacto-em-resposta-a-protestos.shtml>

5. CONCLUSÕES

Pretendeu-se neste contributo acadêmico examinar a recente proposta de emenda constitucional (PEC 188/2019) formulada pelo governo federal. No particular, a criação do Conselho Fiscal da República em plano constitucional foi alvo de análise crítica de cunho jurídico. Sugere-se, a propósito, a revisão do projeto apresentado em alguns pontos, caso haja desejo e condições políticas para prosseguir nesse intento.

As iniciativas de criação de órgãos fiscais independentes têm logrado êxito em parcela dos países desenvolvidos e em desenvolvimento, assim a proposta brasileira estaria dentro de um panorama mais amplo de reformas estatais dos aparatos burocráticos responsáveis pela condução de políticas econômicas.

Cuida-se de elemento integrante a um processo mais amplo de delegação de autoridade substantiva dos Poderes constituídos e eleitos pelos regimes democráticos a órgãos independentes dotados de tempo e expertise para endereçarem questões complexas, traduzidas em linguajar técnico-administrativo. Por serem frequentemente impopulares, as tomadas de decisão nessas áreas são imunizadas contra flutuações de preferências majoritárias, à luz de objetivos consensualmente desejados em longo prazo.

Ademais, a criação do Conselho Fiscal da República deve ser estudo a partir de contexto e historicidade das ideias. A esse respeito, esta investigação propôs três olhares ao problema: o constitucional comparado, o histórico-jurídico e o dogmático focalizado no direito posto. Esse expediente culminou em dúvidas sobre a viabilidade jurídica de aspectos da proposta de emenda constitucional em tela. Foram, ainda, recapituladas diversas experiências institucionais relacionadas às Administrações Tributárias, Tribunais de Contas, Conselhos Técnicos e Gerais nos Ministérios, Conselho da Economia Nacional, Banco Central, Conselho de Gestão Fiscal e o Instituto Fiscal Independente do Senado Federal. Esses arranjos constitucionais existentes atualmente ou em momento passado devem ser levados em consideração, se não determinantes, mas como componentes de uma trajetória dependente.

Em síntese, conclui-se que a solução à baixa efetividade corrente das normas de direito financeiro não deve centralizar-se na adição de mais textos e regras fiscais ao arcabouço normativo. Reflete-se, portanto, sobre reformas nas bases culturais e sociológicas da atividade financeira do Estado.

REFERÊNCIAS BIBLIOGRÁFICAS

ABRAHAM, Marcus. *Lei de Responsabilidade Fiscal Comentada.* Rio de Janeiro: Forense, 2016.

BEETSMA, Roel *et al.* Independent Fiscal Councils: recent trends and performance. In: *IMF Working Paper,* n. 18/69, p. 1-28, p. mar. 2018.

BERCOVICI, Gilberto. Constituição econômica e dignidade da pessoa humana. In: *Revista da Faculdade de Direito da Universidade de São Paulo,* v. 102, p. 457-467, 2007.

BRASIL. SENADO FEDERAL. Resolução 42, de 2016. *Diário Oficial da União,* n. 211, seção 1, Publ. em 3 de novembro de 2016, p. 1.

CASTRO, Marcus Faro de. *Formas Jurídicas e Mudança Social: interações entre o direito, a filosofia, a política e a economia.* São Paulo: Saraiva, 2012.

DWORKIN, Ronald. Unemerated Rights: whether and how *Roe* should be Overruled. In: *University of Chicago Law Review,* n. 59, p. 381-432, 1992.

FIGUEIREDO, John M. de; STIGLITZ, Edward H. Democratic Rulemaking. . In: PARISI, Francesco (ed.). *The Oxford Handbook of Law and Economics: public law and legal institutions.* v. 3. Oxford: Oxford University Press, 2017.

GINSBURG, Tom. The design of constitutions. In: PARISI, Francesco (ed.). *The Oxford Handbook of Law and Economics: public law and legal institutions.* v. 3. Oxford: Oxford University Press, 2017.

GRUNDMANN, Stefan; MICKLITZ, Hans. The European Banking Union and Constitution - the overall challenge. In: GRUNDMANN, Stefan; MICKLITZ, Hans-Wolfgang (ed.). *The European Banking Union and constitution: beacon for advanced integration or death-knell for democracy.* Oxford: Hart, 2019.

JUSTEN FILHO, Marçal. *O Direito das Agências Reguladoras Independentes.* São Paulo: Dialética, 2002.

KAHL, Wolfgang. Nachhaltige Finanzstrukturen im Bundesstaat - Einleitung. In: KAHL, Wolfgang (org.) *Nachhaltige Finanzstrukturen im Bundesstaat.* Tubingen: Mohr Siebeck, 2011.

KAPISZEWSKI, Diana. *High Courts and Economic Governance in Argentina and Brazil.* Nova York: Cambridge University Press, 2012.

MADISON, James. No. 63. In: HAMILTON, Alexander; JAY, John; MADISON, James. *The Federalist.* Indianapolis: Liberty Fund, 2001.

MARQUES NETO, Floriano de Azevedo. *Agências Reguladoras Independentes: fundamentos e seu regime jurídico.* Belo Horizonte: Fórum, 2009.

SCAFF, Fernando Facury. *Orçamento Republicano e Liberdade Igual: ensaio sobre direito financeiro, república e direitos fundamentais no Brasil.* Belo Horizonte: Fórum, 2018.

SCHMITT, Carl. *Teoría de la Constitución.* Trad. Francisco Ayala. Madri: Alianza Editorial, 1996.

TAVARES, André Ramos. Facções privadas e política econômica não democrática da ditadura brasileira. In: *Revista Brasileira de Estudos Constitucionais,* v. 32, p. 1047-1066, 2015.

TÔRRES, Heleno Taveira. *Direito Constitucional Financeiro – teoria da constituição financeira.* São Paulo: Revista dos Tribunais, 2014.

UNGER, Roberto Mangabeira. *Depois do Colonialismo Mental: repensar e reorganizar o Brasil.* São Paulo: Autonomia Literária, 2018.

PEC Nº 188/2019: A INCONSTITUCIONALIDADE DA VINCULAÇÃO DOS TRIBUNAIS DE CONTAS LOCAIS ÀS DECISÕES DO TCU

RENATO RAMALHO[1]

SUMÁRIO: 1. Introdução; 2.O atual arcabouço institucional dos Tribunais de Contas no Brasil; 3. O correto diagnóstico: necessidade de uniformização da jurisprudência dos Tribunais de Contas; 4. O remédio equivocado: submissão dos Tribunais de Contas locais a orientações normativas do TCU; 5. Uma alternativa possível: o Conselho Nacional dos Tribunais de Contas; 6. Conclusão; Referências Bibliográficas

1. INTRODUÇÃO

Dentre as Propostas de Emenda à Constituição (PECs) apresentadas recentemente ao Congresso Nacional, no contexto do que o governo federal chama de "Plano Mais Brasil", destaca-se a PEC nº 188/2019, intitulada como "PEC do Pacto Federativo".

A proposta traz substanciais alterações em matéria financeira e, caso aprovada, significará uma mudança de paradigma na forma como se elabora e como se executa o orçamento público.

No entanto, o presente artigo tem o objetivo de analisar uma alteração específica proposta pela PEC nº 188/2019: a previsão de que o Tribunal de Contas da União poderá editar orientações normativas com caráter vinculante para os Tribunais de Contas locais (ou seja, as Cortes de Contas estaduais e municipais).

A PEC nº 188/2019 insere o inciso XII e os §§ 5º e 6º ao art. 71 da Constituição nos seguintes termos:

---

1 Doutorando em Direito Econômico e Financeiro pela USP. Mestre em Direito do Estado pela UFPE. Professor de Direito Tributário e Financeiro de diversos cursos de pós-graduação. Procurador para Assuntos Estratégicos do Município de Porto Alegre, com atuação junto ao Tribunal de Contas do Estado do Rio Grande do Sul.

Art. 71. O controle externo, a cargo do Congresso Nacional, será exercido com o auxílio do Tribunal de Contas da União, ao qual compete:

(...) XII – consolidar a interpretação das leis complementares de que tratam os arts. 163, 165, § 9º, e 169, por meio de Orientações Normativas que, a partir de sua publicação na imprensa oficial, terão efeito vinculante em relação aos Tribunais de Contas dos Estados e do Distrito Federal, aos Tribunais e Conselhos de Contas dos Municípios, bem como proceder à sua revisão ou cancelamento, na forma estabelecida em lei.

(...) § 5º Da decisão de Tribunal de Contas dos Estados, do Distrito Federal, ou de Tribunal ou Conselho de Contas dos Municípios, que contrariar a orientação normativa ou que indevidamente a aplicar, caberá, na forma da lei de que trata inciso XII do caput, reclamação ao Tribunal de Contas da União que, julgando-a procedente, anulará a decisão reclamada e fixará prazo para que outra seja proferida.

§ 6º Em caso de descumprimento do prazo fixado conforme o §5º, o Tribunal de Contas da União avocará a decisão.

Desse modo, passa-se a perquirir sobre a constitucionalidade da referida mudança e, também, sobre sua adequação para os fins a que se destina – garantir maior segurança jurídica por meio da uniformização de entendimentos das Cortes de Contas.

2. O ATUAL ARCABOUÇO INSTITUCIONAL DOS TRIBUNAIS DE CONTAS NO BRASIL

O controle interno é aquele exercido no âmbito do próprio Poder ou órgão, para a o controle de seus atos, de seus bens e de seus recursos etc. Por sua vez, o controle externo é aquele exercido por outros Poderes ou instituições. Nesse sentido, o Poder Executivo, por exemplo, submete-se ao controle externo do Poder Judiciário (controle judicial) e do Poder Legislativo (controle parlamentar)[2].

O controle parlamentar pode ser de duas espécies: o político e o técnico. O político é exercido diretamente pelo Parlamento, especialmente por meio das comissões parlamentares de inquérito, da convocação de agentes políticos da Administração Pública, dos requerimentos de informações e do julgamento das contas do Poder Executivo. Por sua vez, o técnico é exercido pelo Poder Legislativo com o auxílio dos Tribunais de Contas[3].

---

2 MELLO, Celso Antônio Bandeira de. *Curso de Direito Administrativo*. São Paulo: Malheiros, 2002, p. 803.

3 CORBARI, Ely Célia; MACEDO, Joel de Jesus. *Controle interno e externo na administração pública*. Curitiba: InterSabetes, 2012, p. 144.

Quanto a essa última espécie, vale destacar que, no Brasil, a primeira legislação a prever a instituição de um Tribunal de Contas foi o Decreto nº 966-A, de 7 de novembro de 1890, editada sob inspiração de Ruy Barbosa, então Ministro da Fazenda[4]. A Constituição de 1981, também por influência de Ruy Barbosa, foi a primeira a dispor expressamente sobre o Tribunal de Contas, com a competência de "liquidar as contas da receita e despesa e verificar a sua legalidade, antes de serem prestadas ao Congresso" (art. 89).

Nas Constituições seguintes, o prestígio institucional dos Tribunais de Contas esteve diretamente relacionado às garantias das liberdades democráticas. Como explica Luiz Henrique Lima[5], em períodos ditatoriais, há uma tendência de redução das atribuições das instituições de controle, inclusive das Cortes de Contas. Foi o que ocorreu nas Cartas ditatoriais de 1937 (Estado Novo)[6] e 1967 (ditadura militar). E, em ambientes democráticos, há uma predisposição à ampliação das atribuições dessas instituições. Isso se verificou nas Constituições democráticas de 1946 e 1988.

No contexto da atual Constituição de 1988, os Tribunais de Contas podem ser de quatro espécies, a depender do ente ao qual estão vinculados e do ente sobre o qual exercem o controle externo: (a) o Tribunal de Contas da União (TCU), de caráter federal; (b) os Tribunais de Contas dos estados (TCEs) e do Distrito Federal (TCDF), de natureza, respectivamente, estadual e distrital; (c) os Tribunais de Contas dos Municípios, também de caráter estadual, com competência sobre os municípios de uma determinada unidade federativa; (d) Tribunais de Contas de Municípios, de natureza municipal, exercendo o controle externo sobre um Município específico.

O Tribunal de Contas da União tem previsão no art. 71 da Constituição Federal e a Lei nº 8.443/92 dispõe sobre sua Lei Orgânica. Tem a competência de primar pela boa gestão dos bens e recursos federais, o que abrange a atribuição de: (i) proferir parecer prévio sobre as

---

4 Segundo o art. 1º do referido Decreto nº 966-A, "é instituído um Tribunal de Contas, ao qual incumbirá o exame, a revisão e o julgamento de todas as operações concernentes à receita e despesa da República". De todo modo, a Corte das Contas somente foi efetivamente instalada em 17 de janeiro de 1893 e, por isso, nesse dia comemora-se o Dia dos Tribunais de Contas do Brasil.

5 LIMA, Luiz Henrique. *Controle externo*: teoria e jurisprudência para os tribunais de contas. São Paulo: Método, 2019, p. 16.

6 No período do Estado Novo, alguns Tribunais de Contas foram extintos, como os do Rio Grande do Sul, de Minas Gerais, do Ceará e da Bahia.

contas do Presidente da República; (ii) julgar as contas dos administradores de bens e verbas públicas federais; (iii) apreciar a legalidade de atos de admissão de pessoal, bem como a concessão da aposentadorias e pensões; (iv) realizar auditorias e inspeções de natureza contábil, financeira, orçamentária e patrimonial em todos os Poderes; (v) imputar débitos, em caso de prejuízo ao erário, e aplicar sanções em caso de ilegalidade de despesa ou irregularidade das contas[7], e; (vi) fixar prazo para a Administração afastar irregularidade, podendo, se não atendido tal prazo, sustar a execução do ato impugnado[8].

Além do mais, no âmbito de cada estado e do Distrito Federal, há um Tribunal de Contas próprio (art. 75 da Constituição). Possui, basicamente, as mesmas competências do Tribunal de Contas da União, mas a nível estadual. Em regra, exerce o controle externo tanto do estado como dos municípios nele localizados.

Algumas vezes se verifica um aparente conflito de competência entre o TCU e os Tribunais de Contas locais. Por exemplo, dúvidas surgiram sobre o órgão de controle externo competente para fiscalizar a aplicação de recursos recebidos pelos estados, pelo DF e pelos municípios a título de *royalties* de petróleo (os recursos minerais e naturais da plataforma continental são bens da União, conforme o art. 20, V e IX, da Constituição). Dirimindo tal questão, em dezembro de 2013, no julgamento do Mandado de Segurança nº 24.312, de relatoria da então Ministra Ellen Gracie, o STF definiu que, por se tratar de receitas próprias dos entes subnacionais, repassadas pela União a título de compensação financeira, compete às Cortes de Contas locais a fiscalização da aplicação das referidas verbas.

Por outro lado, há ainda a possibilidade de existência de Tribunal de Contas dos Municípios, de natureza estadual, vinculado a um ente da federação específico. Por exemplo, o Tribunal de Contas dos Municípios da Bahia, vinculado ao estado da Bahia, tem a competência de promover o controle externo dos Municípios baianos. Nesse senti-

---

7 As decisões do Tribunal de que resulte imputação de débito ou multa terão eficácia de título executivo (art. 71, §3º, da Constituição).

8 No caso de contratos administrativos, o ato de sustação será adotado diretamente pelo Poder Legislativo, que solicitará, de imediato, ao Poder Executivo as medidas cabíveis. Se o Parlamento ou o Executivo, no prazo de noventa dias, não efetivar as medidas previstas no parágrafo anterior, o Tribunal decidirá a respeito (art. 71, §§ 1º e 2º, da Constituição).

do, para o STF[9], continua sendo constitucional a criação de Tribunais de Contas dos Municípios, de natureza estadual, para o controle das contas dos Municípios de determinado ente da federação.

Ainda conforme a Suprema Corte, esses órgãos podem ser criados e extintos a critério de cada unidade da federação, desde que o faça por meio de emenda à Constituição Estadual. Em outubro de 2017, no julgamento do ADI 5763, de relatoria do Ministro Marco Aurélio Mello, o STF entendeu como constitucional a emenda à Constituição do Estado do Ceará que promoveu a extinção do Tribunal de Contas dos Municípios daquele Estado. No julgamento, o STF entendeu também que não há iniciativa privativa do Chefe do Poder Executivo para propor a alteração na Constituição Estadual para a extinção do Tribunal de Contas dos Municípios, de forma que a emenda pode decorrer de projeto de iniciativa parlamentar.

Não se pode confundir instituições desse tipo com os Tribunais de Contas Municipais, vinculados a um determinado Município. A Constituição expressamente veda a criação de novos Tribunais de Contas do Município (art. 31, §4º). Esses apenas se verificam, atualmente, nos Municípios de São Paulo e do Rio de Janeiro, porque já existiam na época da promulgação da Constituição 1988.

Assim, atualmente, há trinta e três Tribunais de Contas no Brasil: o TCU, de natureza federal, que exerce o controle externo sobre a União; vinte e seis Tribunais de Contas estaduais e o Tribunal de Contas do Distrito Federal, com competência sobre as unidades federativas; três Tribunais de Contas dos Municípios, de natureza estadual (na Bahia, no Pará e em Goiás); dois Tribunais de Contas do Município, vinculados aos municípios de São Paulo e Rio de Janeiro.

---

9 "Municípios e Tribunais de Contas. A Constituição da República impede que os Municípios criem os seus próprios Tribunais, Conselhos ou órgãos de contas municipais (CF, art. 31, § 4º), mas permite que os Estados-Membros, mediante autônoma deliberação, instituam órgão estadual denominado Conselho ou Tribunal de Contas dos Municípios (RTJ 135/457, Rel. Min. Octavio Gallotti — ADI 445/DF, Rel. Min. Néri da Silveira), incumbido de auxiliar as Câmaras Municipais no exercício de seu poder de controle externo (CF, art. 31, § 1º). Esses Conselhos ou Tribunais de Contas dos Municípios — embora qualificados como órgãos estaduais (CF, art. 31, § 1º) — atuam, onde tenham sido instituídos, como órgãos auxiliares e de cooperação técnica das Câmaras de Vereadores. A prestação de contas desses Tribunais de Contas dos Municípios, que são órgãos estaduais (CF, art. 31, § 1º), há de se fazer, por isso mesmo, perante o Tribunal de Contas do próprio Estado, e não perante a Assembléia Legislativa do Estado-Membro. Prevalência, na espécie, da competência genérica do Tribunal de Contas do Estado (CF, art. 71, II, c/c o art. 75)" (ADI 687, Rel. Min. Celso de Mello, julgado em 10 de fevereiro de 2006).

3. O CORRETO DIAGNÓSTICO: NECESSIDADE DE UNIFORMIZAÇÃO DA JURISPRUDÊNCIA DOS TRIBUNAIS DE CONTAS

Reconhece-se que a PEC nº 188/2019 parte de uma premissa correta: verifica-se uma desconformidade de entendimentos dos Tribunais de Contas em relação a temas comuns sobre finanças públicas.

Pontua-se, como primeiro exemplo, o debate sobre quais verbas devem ser computadas para o cálculo das despesas mínimas em manutenção e desenvolvimento do ensino (art. 212 da Constituição).

Conforme se extrai da Prestação de Contas nº 709683, julgada em 18 de maio de 2017, o TCE/MG exclui os gastos com inativos para o cômputo das aplicações mínimas em educação. Por sua vez, para o TCE/ES, as despesas com inativos podem ser consideradas para o cálculo do mínimo constitucional em educação. O entendimento é tão consolidado que a Corte de Contas capixaba editou a Resolução nº 238/2012, incluindo expressamente as despesas com contribuição complementar destinadas a cobrir déficit do regime próprio de previdência de servidores inativos e pensionistas, originários da área da educação, como despesas com manutenção e desenvolvimento de ensino. Destaque-se que, em abril de 2017, o referido ato normativo teve sua constitucionalidade impugnada pela Procuradoria-Geral da República na ADI nº 5691, pendente de julgamento no STF[10]. Todavia, a referida Resolução do TCE/ES ainda se encontra vigente.

Além de interpretações conflitantes entre Tribunais de Contas locais, há também divergências de entendimentos entre estes e o Tribunal de Contas da União. Tome-se, como exemplo, a discussão sobre a (des) necessidade de licitação para a contratação de serviços bancários para o pagamento de servidores públicos – operação comumente chamada de "venda da folha de pagamento".

No Acórdão nº 1.940/2015, de 05 de agosto de 2015, respondendo consulta encaminhada pela Câmara dos Deputados, o TCU apresentou uma interpretação bastante permissiva. Decidiu que a Administração Pública Federal não está obrigada a promover prévio procedimento licitatório destinado a realizar a contratação de instituição financeira oficial para, em caráter exclusivo, prestar serviços de pagamento de remuneração de servidores ativos, inativos e pensionistas e outros serviços simila-

---

10 Sobre o tema, mencione-se que, na ADI nº 6049/GO, houve deferimento de medida cautelar, em 19 de dezembro de 2018, por decisão monocrática do Ministro Ricardo Lewandowski, suspendendo a eficácia da Lei Complementar nº. 147/2018, do Estado de Goiás, que prevê a inclusão do pagamento de pessoal inativo nas despesas com manutenção e desenvolvimento do ensino.

res. Para o TCU, a contratação direta pode ser efetuada com base no art. 24, inciso VIII, da Lei 8.666/1993, desde que devidamente demonstrada a vantagem em relação à adoção do procedimento licitatório.

Por outro lado, o TCE/PR, sobre o assunto, apresenta uma posição mais restritiva. No Acórdão nº 1811/18, de 05 de julho de 2018, a Corte de Contas paranaense concluiu que "uma vez que os bancos oficiais e não oficiais exercem atividade econômica, recebem tratamento de empresa privada e, portanto, a contratação é necessariamente precedida de licitação, sendo incabível a contratação mediante dispensa".

Além do mais, muitas vezes se verificam divergências no âmbito do mesmo Tribunal de Contas. O TCE/SP, por exemplo, apresenta oscilações em seu entendimento sobre a natureza jurídica do terço constitucional de férias (art. 7º, XVII, e art. 39, §3º, da CF), para fins de enquadramento como despesa com pessoal (art. 18 da LRF).

No Processo nº 510/026/14, julgado em 22 de março de 2017, o Plenário do TCE/SP computou a verba como despesa com pessoal, por deter caráter remuneratório. Porém, no Processo nº 3005/026/14, julgado em 07 de novembro de 2018, o Plenário da Corte de Contas paulista entendeu que o terço constitucional tem caráter indenizatório, com base em previsão expressa da Lei Federal nº 13.485/17[11]. Posteriormente, no Processo nº 7313/989/19, julgado em 16 de outubro de 2019, o mesmo Plenário do TCE/SP voltou a classificar a verba como remuneratória, incluindo-a no cômputo de despesa com pessoal.

Essas divergências ajudam a ilustrar a insegurança jurídica a que estão submetidos muitos gestores públicos. O cenário estimula, assim, a consolidação de um *Direito Administrativo do medo*, em que, diante das incertezas de posicionamentos dos órgãos de controle externo, o gestor opta por uma postura excessivamente defensiva, muitas vezes, preferindo o não agir. Isso causa, inevitavelmente, a estagnação de avanços na Administração Pública.

Sobre as consequências dessa insegurança jurídica, Fernando Vernalha Guimarães[12] bem pontua que

---

11 A referida Lei, entre outros temas, dispõe sobre o parcelamento de débitos com a Fazenda Nacional relativos às contribuições previdenciárias de responsabilidade dos estados, do Distrito Federal e dos municípios. Em seu artigo 11, IV, a Lei prevê expressamente que o terço constitucional de férias tem natureza indenizatória.

12 GUIMARÃES, Fernando Vernalha. *O Direito Administrativo do Medo*: a crise da ineficiência pelo controle. *Revista Colunistas Direito do Estado*, ano 2016, núm. 71. Disponível em: < http://www.direitodoestado.com.br/colunistas/fernando-vernalha-guimaraes/o-direito-administrativo-do-medo-a-crise-da-ineficiencia-pelo-controle>. Acesso em 15 de dezembro de 2019.

decidir sobre o dia a dia da Administração passou a atrair riscos jurídicos de toda a ordem, que podem chegar ao ponto da criminalização da conduta. Sob as garras de todo esse controle, o administrador desistiu de decidir. Viu seus riscos ampliados e, por um instinto de autoproteção, demarcou suas ações à sua "zona de conforto". Com isso, instalou-se o que se poderia denominar de crise da ineficiência pelo controle: acuados, os gestores não mais atuam apenas na busca da melhor solução ao interesse administrativo, mas também para se proteger. Tomar decisões heterodoxas ou praticar ações controvertidas nas instâncias de controle é se expor a riscos indigestos. E é compreensível a inibição do administrador frente a esse cenário de ampliação dos riscos jurídicos sobre suas ações. Afinal, tomar decisões sensíveis pode significar ao administrador o risco de ser processado criminalmente. Como consequência inevitável da retração do administrador instala-se a ineficiência administrativa, com prejuízos evidentes ao funcionamento da atividade pública.

Além do mais, as discrepâncias de entendimentos também podem gerar prejuízos à isonomia entre os entes. Imagine-se, por exemplo, que os Estados do Espírito Santo e de Minas Gerais almejam obter transferências voluntárias da União para investimentos na área de segurança pública (art. 25 da LRF). Sabe-se que um dos requisitos para tal transferência é que os entes destinatários dos recursos observem o limite mínimo de aplicação de receitas em educação (art. 25, IV, "b", da LRF[13]).

Como visto, o TCE/ES tem um entendimento mais abrangente quanto às verbas computáveis para a aplicação do mínimo em educação, permitindo a inclusão dos gastos com inativos (Resolução n° 238/2012). O TCE/MG, por outro lado, inadmite o cômputo de tais verbas para o cálculo das despesas mínimas em educação.

A divergência entre os Tribunais de Contas locais gerará, no caso hipotético analisado, um tratamento anti-isonômico entre unidades da federação, na medida em que o Estado do Espírito Santo preencherá mais facilmente o requisito para receber os recursos da União, já que poderá computar no cálculo do mínimo constitucional em educação despesas que não são admitidas pelo TCE/MG.

Portanto, a primeira conclusão que se pode chegar é que, no que se refere ao controle externo da Administração Publica, a PEC n° 188/2019 parte de uma premissa correta: é necessária a consolidação de mecanismos de uniformização de entendimentos das Cortes de Contas no Brasil.

---

13 Segundo o art. 25, §1°, IV, "b", da LRF, é exigência para a realização de transferência voluntária, além das estabelecidas na lei de diretrizes orçamentárias, o cumprimento dos limites constitucionais relativos à educação e à saúde.

4. O REMÉDIO EQUIVOCADO: SUBMISSÃO DOS TRIBUNAIS DE CONTAS LOCAIS A ORIENTAÇÕES NORMATIVAS DO TCU

A fim de combater os problemas causados pelas divergências de interpretações entre as Cortes de Contas, foi incluída, na PEC nº 188/2019, a submissão dos Tribunais de Contas locais (estaduais e municipais) a entendimentos vinculantes previstos em orientações normativas do TCU.

Segundo a PEC, em caso de descumprimento a tais entendimentos vinculantes, caberá reclamação ao TCU, que poderá cassar a decisão da Corte de Contas local e fixar prazo para que seja prolatada outra decisão. Em não sendo observado o prazo fixado, competirá ao TCU proferir a decisão.

É perceptível que a proposta de reclamação ao TCU se inspira na reclamação constitucional ao STF em caso de descumprimento de súmulas vinculantes por parte de outros órgãos judiciais (art. 103-A da Constituição, inserido pela EC nº 45/2004).

Ocorre que, ao contrário do STF, o TCU não é instituição de caráter nacional. A Corte de Contas da União, mesmo com a PEC nº 188/2019, continuará a se limitar ao controle externo sobre bens e recursos federais. Assim, o primeiro equívoco da proposta é conferir a uma instituição federal uma atribuição nacional (uniformização da jurisprudência das Cortes de Contas brasileiras).

Além do mais, não se pode equiparar as competências federais do TCU com a jurisdição constitucional do STF. A possibilidade de edição de enunciados vinculantes pelo STF, a partir do julgamento de casos concretos, justifica-se porque se trata da Corte Constitucional brasileira, figurando como guardiã máxima da Constituição. Por outro lado, não se encontra justificativa razoável para que o TCU detenha o poder de vincular as Cortes de Contas locais.

Percebe-se que a PEC nº 188/2019 cria poderes desproporcionais à Corte de Contas da União. Ao contrário do que ocorre com as súmulas vinculantes do STF, não estão previstos na PEC critérios definidos para a edição, revisão e cancelamento das orientações normativas do TCU.

As súmulas vinculantes do STF só podem ser editadas mediante o preenchimento de vários requisitos, como a aprovação por maioria qualificada de dois terços dos membros do Tribunal, a verificação de reiteradas decisões sobre a mesma matéria constitucional por parte do STF e a existência de controvérsia atual na aplicação da norma que acarrete grave insegurança jurídica e relevante multiplicação de questões idênticas (pressupostos objetivos). Ademais, a provocação para a edição, revisão ou cancelamento só pode se dar de ofício, pelo próprio STF, ou por aqueles legitimados para o ajuizamento de ação direta de inconstitucionalidade (pressupostos subjetivos). E, por fim, não há a possibilidade de o STF substituir o Tribunal local; em caso de descumprimento de tese fixada em súmula vinculante, a Suprema Corte determinará que o órgão judicial competente profira nova decisão, com ou sem a aplicação da súmula vinculante.

Todavia, não há na PEC nº 188/2019 requisitos e pressupostos definidos para a edição, revisão ou cancelamento de enunciados vinculantes por parte do TCU. Inclusive, a PEC prevê que o TCU poderá proferir decisão substitutiva das Cortes de Contas locais, caso estas não observem o prazo fixado para proferir nova decisão.

Como consequência da possibilidade de avocar decisões das Cortes de Contas locais, o TCU teria a possibilidade de julgar casos concretos dos municípios, dos estados e do Distrito Federal – como, por exemplo, as contas de um Prefeito ou um Governador –, em nítida afronta à lógica do sistema de controle externo estabelecido na Constituição.

Assim, depreende-se que, mesmo se comparadas com a sistemática das súmulas vinculantes do STF, as ditas orientações normativas do TCU passariam a ampliar de forma desproporcional e irrazoável os poderes da Corte de Contas federal, colocando-a em uma posição de sobreposição aos Tribunais de Contas locais.

Ocorre que o TCU não possui qualquer hierarquia sobre os Tribunais de Contas locais. São instituições que exercem competências distintas e bem delineadas no texto constitucional. Ao TCU não compete o controle das Cortes de Contas locais, nem o julgamento de recursos contra decisões dos TCEs ou TCMs. A pretendida subordinação dos Tribunais de Contas locais às orientações normativas do TCU seria como se vincular os Tribunais de Justiça estaduais aos entendimentos dos Tribunais Regionais Federais.

Nessa linha, ao comentar o modelo brasileiro de controle externo, Fernando Facury Scaff[14] esclarece que "o sistema é federativo e *estanque*, ou seja, não hierarquizado. Cada Tribunal de Contas é competente no âmbito da unidade federativa em que se encontra instalado".

---

14 SCAFF, Fernando Facury. *Orçamento Republicano e Liberdade Igual* – Ensaio sobre Direito Financeiro, República e Direitos Fundamentais no Brasil. Belo Horizonte: Fórum, 2018, p. 449.

A solução proposta pela PEC nº 188/2019 representa, portanto, uma clara afronta ao pacto federativo, que é cláusula pétrea da Constituição Federal (art. 60, §4º, I). Isso porque, como se sabe, os estados, o Distrito Federal e os municípios detêm autonomia política, administrativa e financeira. É dizer que tais entes federativos tem o poder de, sem interferência de órgãos e instituições federais, autogovernar-se (autonomia política), promover a gestão de serviços de interesse regional e local (autonomia administrativa) e de arrecadar os seus tributos e aplicar suas rendas, em conformidade com o respectivo orçamento (autonomia financeira)[15].

Para garantir a boa gestão dos bens e recursos públicos dentro dessas competências, a Constituição Federal outorgou aos Tribunais de Contas locais a missão de acompanhar, fiscalizar, orientar e, se for o caso, punir os gestores da Administração Pública estadual e municipal, para se garantir a legalidade, a legitimidade e a economicidade do uso da coisa pública[16].

Não é demais relembrar que os Tribunais de Contas locais prestam auxilio ao Poder Legislativo das respectivas unidades federativas. Nesse sentido, têm a competência, por exemplo, de emitir pareceres prévios sobre as contas do governador e dos prefeitos, a serem apreciados, respectivamente, pela Assembleia Legislativa e pelas Câmaras Municipais. É no mínimo desarmônico com os primados do federalismo imaginar a possibilidade de um órgão federal, como o TCU, substituir os Tribunais de Contas locais em tais atribuições[17].

---

15 Sobre autonomia dos entes federativos na Constituição de 1988, ver: SILVA, José Afonso da. *Curso de Direito Constitucional positivo*. Malheiros: São Paulo, 2007, p. 99-102.

16 Como explica Edson Simões, a *legalidade* trata do princípio segundo o qual o administrador público só pode fazer o que a lei permite; a *legitimidade* impõe que o ato, além de legal, seja legítimo e moral, no sentido de visar ao alcance de finalidade pública prioritária; a *economicidade*, por sua vez, está relacionada ao custo-benefício de determinada despesa, ou seja, a vantajosidade para a Administração Pública (SIMÕES, Edson. Tribunal de Contas. In: MARTINS, Ives Granda da Silva; MENDES, Gilmar; NASCIMENTO, Carlos Valder do (coords). *Tratado de direito financeiro*. Volume 2. São Paulo: Saraiva, 2013, p. 239).

17 A Constituição Financeira, no paradigma da Carta de 1988, "privilegia as unidades periféricas (...), garante uniformidade de tratamento aos entes federados segundo os mesmos critérios, reduz a competitividade e conflitos entre as pessoas do federalismo, amplia a capacidade de eficiência da descentralização administrativa e financeira, estimula a cooperação entre as unidades e fomenta o controle e fiscali-

Por isso, percebe-se que a existência de Tribunais de Contas locais é uma expressão da autonomia política, administrativa e financeiras dos estados, do Distrito Federal e dos municípios. A tentativa de submissão de suas decisões ao crivo de uma instituição federal, como o TCU, representa grave afronta ao federalismo brasileiro, que foi erigido, pela Constituição de 1988, à condição de cláusula pétrea (art. 60, §4º, I).

Sob esse aspecto, parece-nos correta, então, a conclusão do Conselheiro Dilmas Ramalho, membro do TCE/SP, ao afirmar que alteração proposta no art. 71 da Constituição pela PEC nº 188/2019 "seria inconstitucional e interventora, por transformar o TCU em regulador nacional dos tribunais de contas, dando ao órgão o poder de imiscuir-se em competências de órgãos estaduais, municipais e distrital"[18].

Ademais, além de inconstitucional, o procedimento de uniformização de jurisprudência estabelecido pela PEC nº 188/2019 mostra-se inadequado e ineficiente, ao concentrar o poder decisório no âmbito do TCU, desconsiderando a *expertise* dos Tribunais de Contas estaduais e municipais na compreensão das realidades locais.

Em um país de dimensões continentais e com tantas desigualdades regionais como o Brasil, é no mínimo arriscado confiar a um órgão federal, composto por membros indicados pelos Poderes Legislativo e Executivo apenas da União, a edição de teses vinculantes, de caráter geral e abstrato, a serem observadas em todo o país.

A alteração proposta ignora a relevante função corretiva e pedagógica dos Tribunais de Contas locais para a adequada gestão dos recursos públicos nos estados e municípios[19]. Em grande parte dos processos, há uma postura dialógica das Cortes de Contas estaduais e municipais em relação às administrações públicas locais[20].

---

zação do emprego dos recursos públicos" (TORRES, Heleno Taveira. Constituição Financeira e o federalismo cooperativo brasileiro. In: SCAFF, Fernando Facury; TORRES, Heleno Taveira; DERZI, Misabel de Abreu Machado; BATISTA JÚNIOR, Onofre Alves (coords). *Federalismo (s)em juízo*. São Paulo: Noeses, 2019, p. 318).

18 RAMALHO, Dilmas. *Submeter Tribunais de Contas ao TCU é inconstitucional*. O Estado de S. Paulo: São Paulo, 2019. Disponível em: <https://politica.estadao.com.br/blogs/fausto-macedo/submeter-tribunais-de-contas-ao-tcu-e-inconstitucional/>. Acesso em 15 de dezembro de 2019.

19 A respeito das diferentes funções dos Tribunais de Contas, ver: FURTADO, J. R. Caldas. *Direito financeiro*: Belo Horizonte: Fórum, 2013, p. 580-583.

20 A postura colaborativa dos Tribunais de Contas é comumente verificada através da realização de "encontros técnicos, seminários, programas de orientação e cursos

Nessa linha, os Tribunais de Contas não se limitam a um controle de legalidade das contas públicas. Compromisso maior possuem com a juridicidade[21], que requer não só uma avaliação do comando previsto na lei, mas também de princípios e regras constitucionais. Isso significa que, por vezes, os Tribunais de Contas afastam a aplicação literal da lei em matéria de finanças públicas para, em um caso concreto, encontrar uma solução mais harmônica com os valores da Constituição.

Por exemplo, imagine-se que o TCU edite orientação normativa com o entendimento de que os membros da Advocacia Pública não se enquadram nas exceções às restrições de admissão de pessoal quando atingindo o limite prudencial com despesa de pessoal (art. 22, parágrafo único, IV, da LRF[22]).

---

específicos em cada área de conhecimento, promovendo a formação e o aprimoramento dos servidores públicos, especialmente os dos municípios. Modernamente, esta é a mais nova e inovadora função que está sendo exercida pelos Tribunais de Contas. Trata-se de uma função revolucionária, modificadora de hábitos administrativos, que enseja a instalação de novos procedimentos e direciona uma ação administrativa consentânea com os interesses do cidadão" (MILESKI, Helio Saul. *O controle da gestão pública*. 2ª ed. Belo Horizonte: Fórum, 2011, p. 373).

21 Como explica Gustavo Binenbojm, "a ideia de *juridicidade administrativa*, elaborada a partir da interpretação dos princípios e regras constitucionais, passa, destarte, a englobar o campo da *legalidade administrativa*, como um de seus princípios internos, mas não mais altaneiro e soberano como outrora. Isso significa que a atividade administrativa continua a realizar-se, via de regra, (i) segundo a lei, quando esta for constitucional (atividade *secundum legem*), (ii) mas pode encontrar fundamento direto na Constituição, independente ou para além da lei (atividade *praeter legem*), ou, eventualmente, (iii) legitimar-se perante o direito, ainda que contra a lei, porém com fulcro numa ponderação da legalidade com outros princípios constitucionais (atividade *contra legem*, mas com fundamento numa otimizada aplicação da Constituição)" (BINENBOJM, Gustavo. *Uma teoria do direito administrativo*: direitos fundamentais, democracia e constitucionalização. 3ª ed. Rio de Janeiro: Renovar, 2014, p. 148.

22 Art. 22. A verificação do cumprimento dos limites estabelecidos nos arts. 19 e 20 será realizada ao final de cada quadrimestre.

Parágrafo único. Se a despesa total com pessoal exceder a 95% (noventa e cinco por cento) do limite, são vedados ao Poder ou órgão referido no art. 20 que houver incorrido no excesso:

(...) IV - provimento de cargo público, admissão ou contratação de pessoal a qualquer título, ressalvada a reposição decorrente de aposentadoria ou falecimento de servidores das áreas de educação, saúde e segurança.

E, em um caso hipotético, um Tribunal de Contas estadual identifique que, diante da grande defasagem do quadro de advogados públicos na Procuradoria-Geral do Estado, há um grave atraso na análise jurídica dos processos das secretarias de saúde e de educação, impactando diretamente na adequada prestação dos serviços. Assim, considerando o dever de zelar pela boa gestão pública, imagine-se que o Tribunal de Contas estadual tenha construído, no caso concreto, o entendimento de que seria possível o gestor nomear novos advogados públicos, ainda que possivelmente se extrapole em índices pequenos o limite prudencial, em prol da observância de normas constitucionais, inclusive o dever do Estado de prestar adequados serviços de saúde e educação (arts. 196 e 205 da Constituição).

Nesse caso hipotético, pelo texto atual da PEC, caberia reclamação ao TCU contra a decisão do Tribunal de Contas local. Logo, a Corte de Contas federal poderia anular a decisão do Tribunal de Contas estadual, fixando prazo para que outra fosse proferida. E, não observado tal prazo, poderia o próprio TCU proferir nova decisão, imiscuindo-se nas peculiaridades locais, a fim de garantir a observância de um entendimento abstrato previsto em orientação normativa. Poderia, assim, vedar a admissão de novos Advogados Públicos, ainda que isso gerasse a prejuízos na prestação de serviços de saúde e educação para a população local[23].

E essa sobreposição do entendimento do TCU poderia ocorrer em inúmeras circunstâncias em que os Tribunais de Contas locais, analisando peculiaridades estaduais e municipais, adotassem medidas em descompasso com soluções *ex ante* fixadas em orientações normativas do TCU, tornando, em muitos casos, a Corte de Contas federal em uma espécie de órgão hierarquicamente superior aos Tribunais de Contas locais.

Foi com a ciência dessas possíveis consequências que, na defesa de suas competências constitucionais em resposta à PEC nº 188/2019, instituições representativas das Cortes de Contas dos entes subnacionais, como a Associação dos Membros dos Tribunais de Contas do Brasil (ATRICON), aprovaram, no dia 14 de novembro de 2019, a Carta de

---

23 O caso hipotético narrado foi inspirado em uma situação real, que ocorreu no estado de Tocantins. Diante da grande defasagem de advogados públicos, o TCE/TO recentemente homologou um Termo de Ajustamento de Gestão (TAG), por meio do qual autorizou a nomeação de novos membros para a Procuradoria-Geral do Estado, mesmo tendo sido extrapolado os limites de despesa com pessoal previstos na LRF, por entender que a situação impactava diretamente a defesa judicial do Estado e a prestação de serviços públicos (Acórdão nº 506/2019, de 04 de setembro de 2019).

Foz do Iguaçu. O documento traz a preocupação com violações ao pacto federativo. Nele, as entidades reafirmam a

> intransigente defesa do Estado Democrático de Direito, o inafastável respeito à Constituição, às leis e às instituições, o respeito ao livre exercício das funções dos agentes do Estado e à liberdade de imprensa, assim como defendem que qualquer reforma legislativa respeite os princípios essenciais mencionados e o atual pacto federativo, preservando-se as competências originais dos órgãos de controle[24].

Dessa forma, a PEC nº 188/2019, no ponto em que vincula os Tribunais de Contas locais a um órgão federal, como o TCU, está em desconformidade com o sistema constitucional brasileiro.

5. UMA ALTERNATIVA POSSÍVEL: O CONSELHO NACIONAL DOS TRIBUNAIS DE CONTAS

Após a promulgação da Constituição de 1988, sempre que se pretendeu institucionalizar, em âmbito nacional, um órgão capaz de exercer o controle e traçar diretrizes gerais sobre a atuação de instituições autônomas, o constituinte reformador corretamente optou por criar uma instituição de caráter nacional (e não apenas federal), com representatividade dos órgãos locais. Foi o que ocorreu, por meio da EC nº 45/2004, no âmbito do Poder Judiciário e do Ministério Público, com a criação, respectivamente, do Conselho Nacional de Justiça (art. 103-B) e do Conselho Nacional do Ministério Público (art. 130-A).

Para combater os problemas relacionados à desarmonia entre interpretações de leis financeiras, solução semelhante poderia ser adotada em relação às Cortes de Contas brasileiras: a criação de uma instituição de âmbito nacional com a função de uniformizar entendimentos dos Tribunais de Contas.

A ideia não é nova e, pelo menos, desde 2007, tramitam no Congresso Nacional propostas para a criação de um Conselho Nacional do Tribunal de Contas (CNTC), nenhuma delas, até o momento, submetida à votação da respectiva Casa iniciadora do processo legislativo.

As PECs nº 28/2007 e 146/2007, ambas em trâmite na Câmara dos Deputados, e a PEC nº e 06/2015, em trâmite no Senado Federal, preveem a criação do CNTC com foco no controle e na fiscalização dos Tribunais de

---

24 Vide íntegra do documento em: TCE/MG. *TCEs defendem suas competências constitucionais em resposta à PEC 188.* Disponível em: <https://www.tce.mg.gov.br/noticia/Detalhe/1111624157>. Acesso em: 15 de dezembro de 2019.

Contas locais[25]. Registre-se que a PEC nº 45/2016, embora não preveja a criação do CNTC, dispõe sobre edição de lei complementar para uniformizar processos e procedimentos junto aos Tribunais de Contas.

Por sua vez, a PEC nº 22/2017, que tramita no Senado Federal, cria o CNTC para, além de controlar os Tribunais de Contas locais, estabelecer a uniformização da jurisprudência das Cortes de Contas. Por isso, merece maior atenção para o propósito do presente trabalho.

Com efeito, a PEC nº 22/2017 propõe a inclusão do art. 73-A na Constituição Federal, disciplinando o Conselho Nacional dos Tribunais de Contas. Uma instituição de caráter nacional, composta por onze membros: (i) o Presidente e o Vice-Presidente do TCU; (ii) três conselheiros dos Tribunais de Contas dos estados e do DF, (iii) um Conselheiro dos Tribunais de Contas dos Municípios e do Município; (iv) um ministro ou conselheiro substituto de Tribunal de Contas; (v) um representante do MPC; (vi) um advogado indicado pelo Conselho Federal da OAB, e; (vii) dois cidadãos de notável conhecimento técnico e reputação ilibada, indicados um pela Câmara dos Deputados e outro pelo Senado Federal.

Percebe-se que a composição do Conselho em questão é dotada de substancial representatividade. Abrange membros do controle externo de todos os níveis da federação, representantes da sociedade civil e representante da OAB. Esse conjunto diversificado de integrantes contribui para uma variedade de pontos de vista, baseados em diferentes realidades, que beneficia à adequada tomada de decisões. Não há a concentração de poder em uma única esfera da federação, tal como aconteceria pela submissão dos Tribunais de Contas locais ao TCU[26].

Nessa linha, como aduz Marianna Montebello Willeman, Conselheira do TCE/RJ, "na perspectiva do respeito às diversidades locais, a federação reconhece a participação dos entes locais na formação

---

25 Tramita também na Câmara dos Deputados a PEC nº 329/13, que vincula os Tribunais de Contas ao controle do Conselho Nacional de Justiça – CNJ. A proposta, além de inadequada, já que os Tribunais de Contas não possuem natureza judicial, aparenta grave inconstitucionalidade, por submeter instituição vinculada ao Poder Legislativo, como as Cortes de Contas, ao controle de instituição integrante do Poder Judiciário, como o CNJ.

26 A própria Lei de Responsabilidade Fiscal prevê um conselho de gestão fiscal, com representantes dos entes das três esferas federativas, para unificar a interpretação quanto a normas de finanças públicas (art. 67). Mesmo após quase vinte anos da promulgação da LRF, o referido conselho de gestão fiscal ainda não foi instituído.

da vontade do ente central"[27]. Portanto, sob tal aspecto, a proposta da PEC nº 22/2017 apresenta uma substancial diferença em relação à PEC nº 188/2019, já que garante aos entes subnacionais representatividade para participarem das tomadas das decisões.

Ainda quanto à composição, a título de sugestão, diante das graves desigualdades regionais do nosso país e para garantir uma ainda maior democratização do referido Conselho, com a manutenção do número de membros previsto, poder-se-ia alterar a referida PEC para que, em substituição à vaga do Vice-Presidente do TCU e à vaga de ministro ou conselheiro substituto, houvesse mais duas vagas para os Tribunais de Contas estaduais, prevendo-se também a garantia de que cada uma das cinco regiões do país tivesse ao menos um representante.

Com efeito, segundo a PEC nº 22/2017, além do controle da atuação administrativa e financeira dos Tribunais de Contas e do cumprimento dos deveres funcionais dos seus membros, compete ao CNTC assegurar a uniformidade de interpretação de normas no âmbito de atuação do controle externo, inclusive em matéria de Direito Financeiro, cabendo-lhe a padronização da jurisprudência dos Tribunais de Contas. Para cumprir tal atribuição, a referida PEC também cria, no âmbito do CNTC, a *Câmara de Uniformização de Jurisprudência*, composta por todos os membros dos Tribunais de Contas que integram o Conselho.

Nesse sentido, é atribuição da Câmara de Uniformização do CNTC reconhecer, por maioria absoluta, de ofício ou por provocação de algum Tribunal de Contas, a existência de controvérsia atual acerca da interpretação de norma constitucional ou de âmbito nacional entre os Tribunais de Contas que acarrete grave insegurança jurídica ou relevante prejuízo do ponto de vista fiscal, financeiro, orçamentário, econômico, patrimonial, contábil e social.

Para garantir a efetividade das interpretações da Câmara de Uniformização, a PEC nº 22/2017 prevê a competência desta para editar enunciado de caráter vinculante em relação aos Tribunais de Contas acerca da interpretação de norma. Em sendo descumpridos tais enunciados pelas Cortes de Contas federal, estaduais ou municipais, caberá, no caso concreto, reclamação à Câmara de Uniformização, que poderá anular a decisão, determinando novo julgamento.

---

27 WILLEMAN, Marianna Montebello. Accountability *democrática e o desenho institucional dos Tribunais de Contas no Brasil*. Belo Horizonte: Fórum, 2017, p. 176.

Percebe-se, então, que a PEC n° 22/2017 prevê critérios objetivos e subjetivos para a edição de enunciados vinculantes da Câmara de Uniformização do CNTC, em um modelo bastante semelhante ao das súmulas vinculantes do STF.

Sobre o ponto, apresenta-se a sugestão de alteração do *quorum* para a aprovação do enunciado vinculante: de maioria absoluta para maioria qualificada de dois terços, como ocorre com os enunciados de súmula vinculante do STF. Tal modificação traz maior segurança jurídica, afastando a edição de enunciados vinculantes por maiorias apertadas ou eventuais.

Para ampliar a legitimidade do processo de fixação de teses vinculantes, aprofundando-se os debates prévios, sugere-se também que, em eventual lei regulamentadora, esteja garantida a possibilidade de participação de todos os entes da federação e de organizações da sociedade civil. Tal participação pode se dar como *amicus curiae*, instituto há muito institucionalizado no Direito brasileiro[28].

Observe-se a melhor tecnicidade da PEC n° 22/2017 em relação à PEC n° 188/2019: em caso de inobservância do enunciado, a PEC n° 22/2017 corretamente prevê apenas a possibilidade de anulação da decisão, com a determinação de novo julgamento pela Corte de Contas que proferiu tal decisão. Não há a substituição do órgão local, como se propõe na PEC n° 188/2019. Respeita-se, assim, as competências de cada instituição para o julgamento do caso concreto, tal como ocorre nas reclamações perante o STF.

A PEC n° 22/2017 também traz um importante mecanismo de transparência e divulgação das decisões dos Tribunais de Contas brasileiros que contribui para a uniformização da jurisprudência das Cortes de Contas.

Hoje em dia, não se encontra facilidade na pesquisa à jurisprudência dos Tribunais de Contas. Muitos sítios eletrônicos não possuem um sistema de pesquisa adequado, dificultando o conhecimento sobre suas interpretações sobre normas de Direito Financeiro, o que ajuda a agravar as divergências de entendimentos.

Para resolver essa questão, a PEC n° 22/2017 atribui ao CNTC, por meio de um Ouvidor, escolhido dentre os integrantes do Conselho, a competência para instituir e manter portal nacional de transparência e visibilidade dos Tribunais de Contas, para registro de relatórios, instruções processuais, pareceres e deliberações referentes a processos de controle externo.

---

28 Vide, por exemplo, o art. 138 do CPC.

Não se pode desconsiderar que a proposta de criação de um Conselho Nacional de Tribunal de Contas não está imune de críticas. Fernando Facury Scaff alerta que "o CNTC pode vir a se caracterizar como uma estrutura muito grande para exercer o controle sobre um número pequeno de pessoas e órgãos"[29].

De todo modo, percebe-se que, para combater o atual cenário de interpretações divergentes entre Tribunais de Contas, a solução trazida pela PEC nº 22/2016, com a criação de uma instituição de caráter nacional para a uniformização da jurisprudência, apresenta-se como uma alternativa viável, por estar em maior harmonia com o pacto federativo e com o próprio sistema de controle externo estabelecido pela Constituição de 1988.

6. CONCLUSÃO

O amplo rol de competências e poderes atribuídos aos Tribunais de Contas para o controle do uso dos bens e das verbas públicas decorre diretamente do princípio republicano. Como aduz o Ministro Carlos Ayres Britto[30], numa República, impõe-se a consolidação de um aparato orgânico-funcional de controle externo sobre todo aquele que tenha por competência (e consequente dever) cuidar de tudo que é de todos. E, como peça-chave desse aparato, as Cortes de Contas se assumem como órgãos impeditivos do desgoverno e da desadministração.

Ocorre que as divergências verificadas entre entendimentos dos diferentes Tribunais de Contas no Brasil prejudicam o alcance de um funcionamento adequado e eficiente do sistema de controle externo estipulado pela Constituição.

As diferentes interpretações sobre temas comuns gera grave insegurança jurídica, promove um tratamento anti-isonômico entre as diferentes esferas da federação, e aprofunda a crise da estagnação da Administração Pública, provocando receios ao agir do gestor público.

Nessa linha, a PEC nº 188/2019 parte de premissas corretas, quanto à necessária uniformização da jurisprudência dos Tribunais de Contas brasileiros em matérias financeiras que são comuns a todos os entes.

---

29 SCAFF, Fernando Facury. *Orçamento Republicano e Liberdade Igual* – Ensaio sobre Direito Financeiro, República e Direitos Fundamentais no Brasil. Belo Horizonte: Fórum, 2018, p. 512.

30 BRITTO, Carlos Ayres. O regime constitucional dos Tribunais de Contas. *Revista do Tribunal de Contas do Estado do Rio de Janeiro*, Rio de Janeiro, v. 2, n. 8, jul./dez. 2014, p. 20.

Ocorre que a PEC nº 188/2019 traz uma solução inconstitucional e ineficaz para o problema. Concentra o poder decisório em órgão federal, qual seja, o TCU, transformando esta Corte federal em espécie de tribunal hierarquicamente superior às Cortes de Contas locais, inclusive com competência para proferir decisões para substituir aquelas prolatadas pelos Tribunais de Contas estaduais e municipais.

Ao isolar o poder decisório nas mãos de um órgão federal, a solução da PEC nº 188/2019 viola o pacto federativo, fere a autonomia dos entes subnacionais e ignora que os Tribunais de Contas estaduais e municipais possuem grande capacidade de compreender as peculiaridades locais, podendo contribuir para a fixação de entendimentos vinculantes que levem em conta as diferentes realidades do país.

Uma melhor alternativa é verificada na PEC nº 22/2017, que cria o Conselho Nacional dos Tribunais de Contas. Instituição de cunho nacional, com ampla representatividade das Cortes de Contas locais, com competência para editar, por meio de uma Câmara de Uniformização de Jurisprudência, enunciados vinculantes sobre a interpretação de normas em matéria de Direito Financeiro.

Sugere-se, para se conferir um caráter ainda mais legítimo e representativo a Conselho, uma maior participação dos Tribunais de Contas locais na sua composição, garantindo-se um representante por região do país. Também se recomenda a estipulação de *quórum* qualificado de dois terços para edição de enunciados vinculantes e, por fim, a possibilidade de participação das Cortes de Contas locais como *amicus curiae* nos debates prévios à fixação das teses vinculantes.

Desse modo, o estabelecimento de interpretações de caráter vinculante para os Tribunais de Contas deve se submeter a um processo decisório que esteja em harmonia com o pacto federativo. Isso só ocorrerá no âmbito de uma instituição de caráter nacional, que leve em conta as diferentes realidades regionais do país, e que detenha um sistema democrático de tomada de decisões, abrangendo representantes dos órgãos do controle externo das diferentes esferas federativas.

REFERÊNCIAS BIBLIOGRÁFICAS

BINENBOJM, Gustavo. *Uma teoria do direito administrativo*: direitos fundamentais, democracia e constitucionalização. 3ª ed. Rio de Janeiro: Renovar, 2014.

BRITTO, Carlos Ayres. O regime constitucional dos Tribunais de Contas. *Revista do Tribunal de Contas do Estado do Rio de Janeiro*, Rio de Janeiro, v. 2, n. 8, jul./dez. 2014.

CORBARI, Ely Célia; MACEDO, Joel de Jesus. *Controle interno e externo na administração pública*. Curitiba: InterSabetes, 2012.

FURTADO, J. R. Caldas. *Direito financeiro*: Belo Horizonte: Fórum, 2013.

GUIMARÃES, Fernando Vernalha. *O Direito Administrativo do Medo*: a crise da ineficiência pelo controle. *Revista Colunistas Direito do Estado*, ano 2016, núm. 71. Disponível em: < http://www.direitodoestado.com.br/colunistas/fernando-vernalha-guimaraes/o-direito-administrativo-do-medo-a-crise-da-ineficiencia-pelo-controle>. Acesso em 15 de dezembro de 2019.

LIMA, Luiz Henrique. *Controle externo*: teoria e jurisprudência para os tribunais de contas. São Paulo: Método, 2019.

MELLO, Celso Antônio Bandeira de. *Curso de Direito Administrativo*. São Paulo: Malheiros, 2002.

MILESKI, Helio Saul. *O controle da gestão pública*. 2ª ed. Belo Horizonte: Fórum, 2011.

RAMALHO, Dilmas. *Submeter Tribunais de Contas ao TCU é inconstitucional*. O Estado de S. Paulo: São Paulo, 2019. Disponível em: <https://politica.estadao.com.br/blogs/fausto-macedo/submeter-tribunais-de-contas-ao-tcu-e-inconstitucional/>. Acesso em 15 de dezembro de 2019.

SCAFF, Fernando Facury. *Orçamento Republicano e Liberdade Igual* – Ensaio sobre Direito Financeiro, República e Direitos Fundamentais no Brasil. Belo Horizonte: Fórum, 2018.

SILVA, José Afonso da. *Curso de Direito Constitucional positivo*. Malheiros: São Paulo, 2007.

SIMÕES, Edson. Tribunal de Contas. In: MARTINS, Ives Granda da Silva; MENDES, Gilmar; NASCIMENTO, Carlos Valder do (coords). *Tratado de direito financeiro*. Volume 2. São Paulo: Saraiva, 2013.

TCE/MG. *TCEs defendem suas competências constitucionais em resposta à PEC 188*. Disponível em: <https://www.tce.mg.gov.br/noticia/Detalhe/1111624157>. Acesso em: 15 de dezembro de 2019.

TORRES, Heleno Taveira. Constituição Financeira e o federalismo cooperativo brasileiro. In: SCAFF, Fernando Facury; TORRES, Heleno Taveira; DERZI, Misabel de Abreu Machado; BATISTA JÚNIOR, Onofre Alves (coords). *Federalismo (s)em juízo*. São Paulo: Noeses, 2019.

WILLEMAN, Marianna Montebello. Accountability *democrática e o desenho institucional dos Tribunais de Contas no Brasil*. Belo Horizonte: Fórum, 2017.

O FUNDO DE COMBATE À POBREZA

RÉGIS FERNANDES DE OLIVEIRA[1]

SUMÁRIO: 1. A pobreza como problema jurídico. Rousseau e a
desigualdade.; 2. Espécies de pobreza: individual, coletiva e social.;
3. Capacidade contributiva tributária e receptiva financeira. Políticas
públicas e destinatários. Matarella. A literatura a respeito.;
4. O Fundo de erradicação da pobreza. A linha de pobreza. Os Fundos
estaduais.; 5. Lei Complementar n. 111/2001.;
6. A PEC 187/2019; 7. O que esperar das alterações propostas?

1. A POBREZA COMO PROBLEMA JURÍDICO. ROUSSEAU E A DESIGUALDADE.

O direito não costuma tratar temas fora dos conceitos normativos. Muitos entendem que a pobreza não é *matéria jurídica*. O assunto desbordaria para o nível sociológico, ficando fora da incidência de regras jurídicas.

Ora, o art. 6º da Constituição Federal estabelece como direito social a "assistência aos desamparados". O art. 1º do mesmo diploma dispõe que a *dignidade da pessoa humana* é um dos fundamentos da República Federativa do Brasil e o art. 3º tem a *erradicação da pobreza* como um dos objetivos fundamentais do mesmo Estado.

Como se isso não bastasse, o mesmo artigo 3º de nossa Lei Maior considera um dos objetivos fundamentais, construir uma sociedade... *justa e solidária* que busca "reduzir as desigualdades sociais".

O art. 23 de nossa Carta estabelece que é da competência comum dos três entes federativos "combater as causas da pobreza e os fatores de marginalização, promovendo a integração social dos setores desfavorecidos".

---

1 Professor titular aposentado da USP, Desembargador aposentado do Tribunal de Justiça de São Paulo (TJSP), Ex-Deputado Federal, Ex-Vice Prefeito da Capital de São Paulo.

Para cumprir tais disposições constitucionais foi que se criou o Fundo de Combate e Erradicação da Pobreza, através dos arts. 79 a 83 do Ato das Disposições Constitucionais Transitórias. Originariamente destinado a viger até 2010 foi prorrogado pela Emenda Constitucional n. 67/2010 por tempo indeterminado.

Vê-se, pelos dispositivos invocados (além dos incisos LXXIV do art. 5º que cuida de assistência jurídica e do inciso LXXVI do mesmo artigo que trata da gratuidade de atos registrários, do art. 134 que cuida da Defensoria Pública para defesa dos necessitados e também do art. 203 que trata da assistência social a quem dela necessitar) que o Estado moderno opta por reequilibrar a sociedade, através de políticas retributivas.

O assunto é estritamente jurídico e como tal deve ser tratado.

Definição. Desnecessária uma definição de pobreza. Ela é real. Seu contrário é a riqueza. O ordenamento normativo não busca amparar a riqueza, mas contém inúmeros preceitos para assistir à pobreza.

Como disse Rousseau, nas primeiras linhas de seu discurso sobre "a origem da desigualdade entre os homens", "concebo na espécie humana duas espécies de desigualdade. Uma, que chamo de natural ou física, porque é estabelecida pela natureza e que consiste na diferença das idades, da saúde, das forças do corpo e das qualidades do espírito ou da alma. A outra, que pode ser chamada de desigualdade moral ou política, porque depende de uma espécie de convenção e que é *estabelecida ou pelo menos autorizada pelo consentimento dos homens*. Esta consiste nos diferentes privilégios de que gozam alguns em prejuízo dos outros, como ser mais ricos, mais honrados, mais poderosos do que os outros ou mesmo fazer se obedecer por eles".

A pobreza criada pelos homens irá necessitar, a partir da instituição do Estado de ações positivas que busquem atenuar, compensar ou extinguir o fosso social que se abre entre ricos e pobres.

Dados recentes do IBGE revelam que 13,5 milhões de pessoas vivem com apenas R$145 reais mensalmente ("O Estado de São Paulo", caderno de economia, de 7/11/2019, B6; "Folha de São Paulo", A28, 7/11/2019). Os brasileiros em pobreza extrema são 6,5 milhões que vivem por US$1,90 por dia.

A partir daí é que estudaremos o Fundo de Combate à pobreza.

2. ESPÉCIES DE POBREZA: INDIVIDUAL, COLETIVA E SOCIAL.

Podemos visualizar alguns tipos de pobreza: a) a individual; b) a de coletiva e c) a social. Todos eles merecem a atuação do Estado.

Individual. Aristóteles. Zanobini e Agamben. A pobreza *individual* é involuntária. Há pessoas que voluntariamente fazem por votos religiosos de pobreza ou por convicção pessoal de desprendimento. Com tal tipo de pobreza não se envolve o Estado, porque integra as diversas opções do indivíduo. Respeitada deve ser sua privacidade e liberdade. Se escolhe um caminho de humildade, de renúncia aos bens da vida, de desapego a bens materiais, o Estado não pode intervir. Exige-se uma omissão. Cumpre sua missão constitucional não intervindo na intimidade. Tais casos são exceção.

O cuidado do Estado começa com a pobreza involuntária individual. Essa exige ações positivas do Estado. De duas uma: ou o indivíduo provoca a atuação estatal ou esta, espontaneamente, vai até ele. Se uma pessoa está abandonada nas ruas da cidade tem o Estado o dever de recolhê-lo, alimentá-lo e dar-lhe abrigo. Se o indivíduo busca órgão municipal, estadual ou federal, esse tem que atendê-lo.

No caso de não atendimento, busca a gratuidade da defensoria pública para obrigar, através do Judiciário, a ação. Para Aristóteles "*potência* significa o princípio do movimento ou da mudança existente em alguma coisa distinta da coisa mudada, ou nela enquanto outra" ("Metafísica", ed. Edipro, 2ª. ed., capítulo V, 12, pág. 149). O filósofo valeu-se dos ensinamentos anteriores de Heráclito e Parmênides. O primeiro dizia que tudo se movimenta; o segundo que nada se movimenta. O "*ato* significa a presença da coisa, não no sentido em que entendemos potência. Dizemos que uma coisa está presente potencialmente como Hermes está presente na madeira ou a semilinha no todo, porque são indissociáveis, e até o homem que não está estudando chamamos de estudioso desde que seja capaz de estudar" (Metafísica", ob. cit., capítulo IX, 6, pág. 236). O exemplo didático é representado pela semente e árvore. O ato é representado pela ação da criação árvore; a potência é a possibilidade de a semente virar árvore.

O Estado, através de seus inúmeros órgãos de atuação é mera potência enquanto não acionado ou enquanto não age. Ao se movimentarem viram atos vivos de transformação da realidade.

O indivíduo é inerte e inerme. Mero ato. Ao se movimentar e buscar a ação (potência) do Estado, também vira potência.

Pode-se estabelecer diferença entre indigência e pobreza? Zanobini afirma que a indigência é uma situação permanente e mais grave; a pobreza é ocasional e superável ("Corso di diritto amministrativo", vol. V, Milano, Griuffrè, 1952, pág. 334). Podemos dizer que a indigência é mais duradoura. Tal afirmação não firma critério ponderável nem aceitável de distinção. Ambas são situações conflitivas dentro da sociedade. Ambas envolvem e necessitam da atuação da sociedade ou do Estado.

A exceção vem mencionada com notável alusão à figura do *muçulmano* no campo de concentração, tão bem retratado por Giorgio Agamben em "O que resta de Auschwitz" (ed. Boitempo, *homo sacer III,* 2010, capítulo 2). O abandono individual significa a perda completa da dignidade. É a negação da vida. Somente o amparo do Estado pode recuperar a dignidade e também a vida.

Ao lado da individual há a pobreza coletiva.

Pobreza coletiva. O mesmo ocorre quando se cuida da pobreza coletiva: favelas, cortiços, invasões múltiplas de área, "cracolândia", etc. Agrupamentos abandonados que nascem ao arrepio das ações governamentais e contra essas e se impõem na sociedade.

Aqui o problema já não é cuidar de um indivíduo apenas, mas de um aglomerado que tem o mesmo problema. Subalimentação, falta de atendimento médico, doenças, promiscuidade, perda do sentido do social.

O grupo sente-se em *apartheid*, fora da incidência do regramento jurídico. Aqui não é o indivíduo, mas uma coletividade. De qualquer forma carente. Acha-se fora do alcance dos mecanismos do Estado. Não há trabalho, não há água potável, não há saneamento básico, não há transporte, não há assistência médica. Nada. Abandono completo.

Além da coletiva, há a pobreza social.

Pobreza social. Foucault. Por fim, há a pobreza da sociedade. Não mais indivíduos ou grupos, mas grande parte da sociedade está alijada dos bens da vida. Daí a importância de uma *política social* no exato dizer de Foucault quando escreve que é "uma política que se estabelece como objetivo de uma relativa repartição do acesso de cada um aos bens de consumo" ("Nascimento da biopolítica", ed. Martins Fontes, coleção Tópicos, 2008, pág. 194). Socializa-se o consumo. O governo tem que intervir "nessa sociedade para que os mecanismos concorrenciais, a cada instante e em cada ponto da espessura social, possam ter o papel de reguladores – e é nisso que a sua intervenção vai possibilitar o que é o seu objetivo: a constituição de um regulador de mercado geral da sociedade" (ob. cit., pág. 199).

O que está em jogo é uma política pública do Estado frente a toda uma sociedade. Já não mais a solução pontual de uma situação dada nem a de atendimento a um grupamento, mas a toda a sociedade está desequilibrada. É o que se pode rotular de *pobreza difusa*. Está permeada no seio da coletividade como um todo.

Pode-se dizer que a sociedade está em situação de vulnerabilidade, na hipótese em que há muita desigualdade econômica. Amartya Zen em seu "desenvolvimento com liberdade" assinala bem a regra moral aplicável a todos e que a ninguém é dado fugir.

Vistos os *três* tipos de pobreza, passemos à análise de como deve o Estado agir e o que pode fazer para diminuir os níveis de tensão existentes na sociedade e fazer com que se reduzam os conflitos.

3. CAPACIDADE CONTRIBUTIVA TRIBUTÁRIA E RECEPTIVA FINANCEIRA. POLÍTICAS PÚBLICAS E DESTINATÁRIOS. MATARELLA. A LITERATURA A RESPEITO.

Um primeiro ponto é o sistema de arrecadação. Este deve levar em conta o que os juristas chamam de *capacidade contributiva*. É essencial na compreensão do problema. De forma positiva, significa que cada indivíduo que tenha recursos e os aufira no seio da sociedade em que vive tem obrigação moral de contribuir para que as desigualdades diminuam.

Há sérios problemas éticos envolvidos. Até que ponto se pode obrigar alguém a contribuir para ajudar terceiros? Há, no interior da sociedade tal obrigação a exigir uma conduta ética neste sentido? Ora, o Estado não é integrado apenas de ricos com exclusão dos pobres ou dos pobres com exclusão dos ricos. Todos estão jogados na sociedade. São, nesse sentido, *responsáveis* por ela. Contribuem para a riqueza total do país. Quem pode mais, paga mais; quem pode menos, contribui com menos. Mas, pode-se questionar, esta regra é compatível com a disciplina da sociedade?

Temos que é dever ético de todos que convivem não serem obrigados a sustentar os mais pobres, mas devem colaborar para que a sociedade os ampare. É que todos usufruem dos benefícios públicos. Boas estradas, bons divertimentos, bons sistemas de saúde, de educação, etc. Moléstias transmissíveis atingem a todos, sem indagar se são ricos ou pobres. Males como a dengue são democráticos. Logo, o viver em comunidade pressupõe responsabilidades divididas.

Assentada tal premissa, é dever de todos o pagamento de tributos. Pode-se dizer que é dever bíblico. Ora, viver em determinado Município, Estado-membro ou país significa que as pessoas a eles se acham integradas. Logo, todos devem pagar de acordo com sua capacidade e quando ocorrer as hipóteses de incidência.

Deve haver uma relação entre o que se arrecada e o produto interno bruto (PIB). Exaurir as forças produtivas da sociedade não é o caminho. O capital busca mais capital e mais lucro. Não vê o problema social. Nem quer saber dele. Quer que o Estado não atrapalhe a empresa. De outro lado, a população afastada do emprego não quer incomodar o capital, mas dele precisa. Nasce relação altamente tensional. Invasões de terra, ocupação de imóveis particulares e públicos, passeatas, confusões, incêndios de pneus em vias públicas, depredação de empresas, etc. Atos de vandalismo que buscam conforto e apoio no descompasso dos níveis sociais de compreensão.

O dono do capital não quer a convivência em tal estado de coisas. Tem que proteger seu capital, sua empresa e sua família. Logo, tem obrigação moral de contribuir mais fartamente para o bolo da receita.

As receitas não podem tirar do dono do capital todo seu potencial. Ao contrário, devem existir estímulos quando os empresários tiverem dificuldade, por força do relacionamento internacional ou mesmo em face de dificuldade climáticas, cambiais, etc. Tem, também, que existir relação entre o produto interno bruto e a capacidade contributiva do todo da sociedade.

Como disse Bernardo Giorgio Mattarella, "la povertà è um problema non solo per chi ne è vittima, ma per tutta la società, e non solo in termini morali o estetici, ma anche in termini molto materiali" ("Il problema della povertà nel diritto amministrativo", in "Rivista trimestrale di diritto pubblico", Giuffré editore, 2012, pág. 368).

Se o problema é de toda a sociedade e o capital deve participar de sua solução, todos devem estar irmanados na luta pela diminuição das desigualdades.

Daí a atuação do Estado. Mesmo porque, de pouco vale manter um país de famintos que não podem consumir. O objetivo do capital é o lucro, mas sem consumo, não há lucro.

Ressalta-se a importância de todos estarem dispostos a participar no pagamento dos tributos (evitando-se a evasão, a elisão e todos os mecanismos de redução de seu pagamento). É dever cívico.

Amparado o cofre público com recursos correlativos com o produto interno bruto (o Brasil tem excessiva cobrança, o que diminui a perspectiva do crescimento do país) o governo tem que pensar no destino a ser dado aos tributos arrecadados.

Daí é que se deve pensar no *efeito distributivo* dos recursos arrecadados. Os *destinatários*, então, são a outra face da moeda, os pobres. Se aos ricos se aplica a regra da *capacidade contributiva* em relação aos impostos, aos pobres se aplica a regra da *capacidade receptiva*. Tendo o governo a disponibilidade de caixa, cabe-lhe discutir com a sociedade (rica e pobre) onde, como e quando investir nas denominadas políticas públicas.

Na estrutura orgânica do Estado há uma série de atribuições distribuídas entre os entes públicos. Cada qual tem competência para agir em busca de soluções públicas. Em relação ao tema da distribuição dos recursos públicos e sua aplicação em benefício do indivíduo, das coletividades e da sociedade, surgem as denominadas *políticas públicas*. Estas outras coisas não são que agir no espaço vazio e necessário. São as ações do Estado em benefício ou em direção às necessidades que foram definidas no ordenamento jurídico.

Evidente que há um ideal (pode-se dizer platônico): pleno emprego, ninguém abandonado, todos com moradia, usufruindo de bom sistema de transporte, saúde, educação, etc. Tal Estado é o ideal. Mas, como se viu, a realidade é mais dura e contundente. As desigualdades estão evidentes e crescem a cada dia. Há um poder de concentração de capital em mãos de poucos. A grande maioria da sociedade vive marginalizada. É o que se vê no dia a dia de nossas cidades, pequenas ou grandes.

Os distanciamentos aumentam. Cada qual quer cuidar de sua própria vida, sem ser perturbado pelos outros. O egoísmo cresce, o cuidado de si mesmo se agiganta e a cura do coletivo é completamente abandonada. A sociedade sente-se absolutamente em confronto com o Estado. Este como é composto por pessoas que agem em função de suas pulsões e de seus sentimentos. Nem sempre nobres. Nem sempre controlados. A proximidade do dinheiro público entorpece os sentimentos de solidariedade e de benemerência, fazendo estimular tudo que há de menos elevado.

Não há espaço para estudar os sentimentos que fluem no interior das pessoas. Análise psicanalítica, mas importante na análise dos fatos sociais. É que quem exerce poderes no Estado são pessoas. Plexos de sentimentos conflituosos. De fluência perversa e que busca valer-se dos bens do Estado, na saborosa crítica do Padre Vieira (no sermão do bom ladrão). A literatura estrangeira é farta em estudar as desigualdades sociais. Situações de fome foram retratadas por Zola, Dostoievski, etc. A brasileira não fica atrás, especialmente quando do realismo (Aloísio de Azevedo, Graciliano Ramos). O ciclo da cana de açúcar também reflete tal situação

O problema da literatura é denunciar ou descrever fatos agudos da realidade. O do governante é de buscar resolvê-los.

De posse dos recursos e através do orçamento, irá efetuar sua redistribuição, tendo em vista os problemas sociais existentes. O bom governante não pode ignorar sua realidade. Tem que saber dos desníveis em que os grupos (as tribos, no dizer de Michel Maffesoli) se encontram. Daí nasce a *decisão política* do gasto. É *deliberação* da mais alta importância. Através dela é que dará destino adequado aos tributos e demais receitas arrecadadas.

A *capacidade receptiva* decorre de um *direito à prestação* do Estado e ela se qualifica em face dos diversos dispositivos constitucionais que disciplinam a matéria. Tal direito decorre de se encontrar o credor (ou beneficiário) na situação de risco ou de vulnerabilidade descrita no todo constitucional.

Os *destinatários* devem se encontrar naquelas situações descritas antes: pobreza individual, coletiva ou social. Desnecessário efetuar um detalhamento nem buscar no ganho individual a identificação do necessitado. A lei, por vezes, cria critérios para identificação do pobre.

O Brasil busca através da instituição de um Fundo aperfeiçoar instrumentos para atingir seus objetivos. É o que se passa a analisar.

4. O FUNDO DE ERRADICAÇÃO DA POBREZA. A LINHA DE POBREZA. OS FUNDOS ESTADUAIS.

A Emenda Constitucional n. 31, de 14 de dezembro de 2000 inovou o direito brasileiro. Introduziu os arts. 79, 80, 81, 82 e 83 do ADCT. Diante das desigualdades reconhecidas e patentes na situação sócio-econômica brasileira, o governo de então resolveu instituir um Fundo para combater e erradicar a pobreza. Evidente está que a epígrafe é demais ambiciosa, uma vez que pretendia a *erradicação*, ou seja, eliminar, *pela raiz* a situação de desigualdade constatada.

De qualquer maneira, instituiu-se o Fundo para vigorar durante dez (10) anos, que foi regulamentado pela lei complementar n. 111/2001. O objetivo? Propiciar a todos os brasileiros o acesso "a níveis dignos de subsistência". Os recursos dirigidos ao Fundo seriam destinados à "nutrição, habitação, educação, saúde, reforço de renda familiar e outros programas de relevante interesse social voltados para melhoria de qualidade de vida" (art. 79 do ADCT, introduzido pela EC 31/2000). O Fundo seria administrado por um Conselho Consultivo e de Acompanhamento.

A Emenda Constitucional n. 67/2010 prorrogou a vigência do Fundo por prazo indeterminado. A EC 31/2000 introduziu, então, o art. 79 do ADCT e o parágrafo único instituiu o Conselho Consultivo e de Acompanhamento, que, obrigatoriamente, contará com representantes da sociedade civil. O art. 80 do ADCT estabelece os recursos que compõem referido Fundo. O art. 82 determinou a instituição de fundos pelos Estados e Distrito Federal.

Cada Estado dispôs livremente sobre o montante dos recursos destinados ao Fundo, utilizando alíquotas diferentes.

O art. 83 do ADCT relegou à lei federal o entendimento do que seriam os produtos supérfluos que integram o bolo orçamentário dos Fundos.

Os recursos adviriam a) de contribuição social, b) parcela do IPI, c) recursos sobre grandes fortunas, d) dotações orçamentárias, e) doações de qualquer natureza e f) outras receitas.

Outras receitas não se sabe o que são. *Doações* acho que nunca foram destinadas ao Fundo. Dotações orçamentárias foram mínimas. *O imposto sobre grandes fortunas* nunca foi instituído. Assim, os recursos ficaram restritos a *recursos advindos da cobrança de contribuição provisória sobre movimentação ou transmissão de valores de créditos e direitos de natureza financeira,* nos exatos termos do art. 75 do ADCT.

Os recursos advieram da desestatização de entidades estatais (art. 81 do ADCT). Os recursos mínimos seriam de quatro (4) bilhões de reais (parágrafo 1º do art. 81 do ADCT).

As demais unidades federativas devem também instituir Fundos respectivos (art. 82 do ADCT). A exigência é de que os Fundos fossem geridos por Conselhos com participação da sociedade civil. Previu-se a instituição de um adicional sobre a alíquota do ICMS sobre serviços e produtos supérfluos (cigarros, bebidas, etc.). Os Municípios poderiam instituir percentual sobre a alíquota de ISS sobre serviços supérfluos.

O que são produtos ou serviços supérfluos? A lei federal os definirá.

Criou-se, agora a Nota Fiscal 4.0 que é eletrônica. Facilita o recolhimento e o controle dos valores creditados.

Os dispositivos constitucionais que instituíram o Fundo ora analisado foram regulamentados pela lei complementar n. 111/2001. Vejamos seu conteúdo.

5. LEI COMPLEMENTAR N. 111/2001.

A lei complementar n. 111, de 6 de julho de 2001 disciplinou os arts. 79, 80 e 81 do Ato das Disposições Constitucionais Transitórias. Tem o objetivo de viabilizar *a todos os brasileiros* o acesso a ações suplementares de "nutrição, habitação, saúde, educação, reforço de renda familiar" (art. 1º).

A lei complementar utiliza palavras vagas para localizar os destinatários. Fala, por exemplo, em famílias que tenham renda "inferior à linha de pobreza" (inciso I do art. 3º), ou de populações "que apresentem condições desfavoráveis" (inciso II do art. 3º).

A linha de pobreza é critério que vem sendo utilizado para identificar situações de risco social absoluto. É o que recebe menos de um dólar (indigência) por mês ou dois dólares (pobreza), de acordo com critério do Banco Mundial.

O Banco Mundial indica que cerca de 3,4 bilhões de pessoas ainda lutam para satisfazer suas necessidades básicas (dados de outubro de 2018). Dados obtidos do site nacoesunidas.org/banco-mundial-quase-meta-de-da-populacao-global-vive-abaixo-da-linha-da-pobreza em 6/11/2019.

Os dados são: Viver com menos de 3,20 dólares por dia reflete a linha de pobreza em países de baixa ou média renda; viver com 5,50 é linha padrão para países de média e alta renda. A pobreza extrema é definida como quem vive com 1,90 por dia.

No Brasil, o IBGE indica que 52 milhões de brasileiros estão abaixo da linha de pobreza. É o caso de brasileiros que vivem com menos de 5,50 dólares por dia (18,24 reais). Dados colhidos em veja.abril.com.br/economia/IBGE, em 2017.

Os dados são absolutamente trágicos. A Constituição implementada pela lei complementar 111/2001. Os dados colhidos são de 2017 a 2019. Nada ou quase nada foi feito.

Com o advento de referida lei complementar ingressou em vigor e tornou-se eficaz. Ela repete a Constituição em seu conteúdo.

Pode-se entender que o governo tenha discrição e discernimento na escolha das situações tensionais que enfrenta e a elas destine os recursos necessários para a diminuição ou eliminação das tensões. Políticas habitacionais, alimentares, sanitárias, de transporte, etc. devem estar na mente dos governantes. Doentes, idosos, deficientes, desempregados, todas estas pessoas e situações em que se encontram são reais e não imaginárias.

Diante de tais critérios imprecisos pode-se falar em pobreza relativa e absoluta ou extrema. Quais os critérios de distinção? É linha tênue de raciocínio que nos irá levar a eles. A segunda é o abandono total dos bens da vida. Não há remédio, nem escola, nem hospital, nem transporte, nem moradia. Nada. É o completo exangue. Não tem mais poder de recuperação. Encontra-se totalmente desnorteado, sem possibilidade de reação. É o muçulmano descrito por Agamben. A pobreza relativa pode ser identificada como aquele indivíduo ou agrupamento que ainda é possível encontrar um lugar para dormir num albergue ou uma alimentação frugal em casa de recolhimento.

O Fundo é composto por diversas parcelas, na forma do disposto no art. 2º da lei complementar n. 111/2001. Sua administração é realizada pelo Conselho Consultivo e de Acompanhamento do Fundo de Combate e Erradicação da Pobreza e designados por ato do Presidente da República. Tem a incumbência de opinar sobre as políticas e prioridades do fundo (art. 4º) e "acompanhar a aplicação dos seus recursos" (parte final). As atribuições do órgão gestor estão estabelecidas no art. 5º da mesma lei complementar.

A PEC 187/2019 extingue diversos fundos, mas preserva o ora em análise. Vejamos o que diz.

6.   A PEC 187/2019

A Emenda proposta pelo Governo busca extinguir quase todos os Fundos até então criados. Primeira providência foi a de exigir lei complementar para estabelecer "condições para o funcionamento de fundos públicos de qualquer natureza" (inciso IX do art. 167). Antes a instituição decorria por lei ordinária: agora, somente lei complementar.

A redação originária previa a lei complementar para a "instituição e funcionamento de fundos". O acréscimo é o acréscimo: "qualquer natureza". Assim, a partir da aprovação do texto, tudo passa a ser disciplinado por lei complementar.

Na sequência, há a alteração do inciso IX do art. 167 que para guardar sintonia com a previsão anterior no sentido de exigir a "autorização por lei complementar" para a instituição de fundos de qualquer natureza.

Extinção de todos os Fundos. A grande inovação da PEC 187/2019 é o seu art. 3º que dispõe: "Os fundos públicos da União, dos Distrito Federal e dos Municípios existentes na data da promulgação desta Emenda Constitucional serão extintos, se não forem ratificados pelos respectivos Poderes Legislativos, por meio de Lei Complementar específica para cada um dos fundos públicos, até o final do segundo exercício financeiro subsequente à data da promulgação desta Emenda Constitucional".

A providência é salutar. Foram criados, ao longo do tempo inúmeros Fundos que deixaram de ter qualquer sentido, uma vez que não cumpriram sua finalidade. Daí o interesse do Governo de "dar mais racionalidade na alocação dos sempre escassos recursos públicos" e "recuperar a capacidade de alocar e definir" suas prioridades. Busca "restaurar a capacidade do Estado Brasileiro de definir e ter políticas públicas condizentes com a realidade socioeconômica atual, sem estar preso a prioridades definidas no passado distante". É o que consta da exposição de motivos.

Sem dúvida é assim. Os Fundos até então instituídos, salvo alguns, deixaram de cumprir sua finalidade de atender a determinados pontos de estrangulamento das políticas públicas. Ao contrário, passaram a acumular recursos sem que se lhes desse a finalidade adequada.

Para demonstrar a capacidade atual de tais Fundos a PEC proposta determina que, no sentir de cada unidade federativa, possa haver a *ratificação* pelo Poder Legislativa de cada ente, com o que subsiste o Fundo então instituído.

O art. 1º da PEC estabelece a reserva de lei complementar para os Fundos e a ratificação imprescindível para a subsistência dos Fundos até então criados.

A extinção de todos os Fundos não ratificados não alcançam os previstos "nas Constituições e Leis Orgânicas de cada ente federativo, inclusive no Ato das Disposições Constitucionais Transitórias" (§ 1º do art. 3º da PEC proposta).

Com a extinção de todos os fundos não ratificados, "o patrimônio dos fundos extintos em decorrência do disposto neste artigo será transferido para o respectivo Poder de cada ente federado ao qual o fundo se vinculava". Esse é exatamente o objetivo da PEC, ou seja, permitir que todos os recursos não aproveitados venham a fazer parte do bolo orçamentário para, então, serem destinados às políticas públicas do respectivo ente federativo ou servirem para pagamento da dívida.

Como bem anotado na exposição de motivos, o art. 36 do Ato das Disposições Constitucionais Transitórias já estabelecia a extinção dos Fundos. Só que, não houve a ratificação ali prevista e todos eles continuaram a receber recursos que permaneceram não utilizados.

Em verdade, o que há é um descontrole total na verificação do cumprimento das finalidades dos referidos fundos. São instituídos para o cumprimento de finalidade específica declinada na lei criadora. Mas, como são inúmeros, há total descontrole em relação às receitas nele ingressadas, o que resulta sua inoperância e má aplicação dos recursos.

Como diz a justificação de motivos, somente em relação à União haverá extinção de 248 Fundos, sendo que 165 foram instituídos antes da Constituição de 1988.

O que se passa, em verdade, é o absoluto descontrole em relação às finanças públicas. Os governos vão criando, ao sabor de cada ideologia ou de cada momento histórico, determinados fundos para atender a situações propostas e, depois, atendidas as pretensões políticas específicas, deixam de controlar os recursos destinados.

É a balbúrdia que ocorre em relação às finanças públicas brasileiras. O Estado brasileiro ficou sem controle. Os diversos governos negligenciaram na gestão das finanças públicas e no aproveitamento dos recursos auferidos.

Os Fundos instituídos nas Constituições Federal e Estaduais e nas Leis Orgânicas dos Municípios não se extinguem. É que estão dotados de eficácia constitucional ou legal. Os demais instituídos por lei ordinária são extintos, se não ratificados. É que, antes da propositura da PEC os fundos eram instituídos por lei ordinária. A lei complementar prevista no § 9º do art. 165 apenas disciplinava a "instituição e funcionamento dos fundos", mas sua criação era prevista em lei ordinária, como já se afirmou.

Com a nova sistemática, agora introduzida pela PEC 187, a instituição apenas será por lei complementar, o que dificulta porque exige *quórum* qualificado para criação. A disciplina é mais rigorosa.

O art. 4º estabelece que "os dispositivos infraconstitucionais, no âmbito da União, dos Estados, do Distrito Federal e dos Municípios, existentes até a data da publicação desta Emenda Constitucional que vinculem receitas públicas a fundos públicos serão revogados ao final do exercício financeiro em que ocorrer a promulgação desta Emenda Constitucional".

O artigo disciplina e bem, pois revoga os dispositivos infraconstitucionais que vinculem receitas a fundos. Como estes ficam extintos é evidente que cessa a obrigatoriedade de transferência de receitas a eles.

"Parte das receitas públicas desvinculadas em decorrência do disposto neste artigo poderá ser destinada a projetos e programas voltados à erradicação da pobreza e a investimentos em infraestrutura que visem a reconstrução nacional" (parágrafo único do art. 4º da PEC).

O dispositivo tem conteúdo aberto. Primeiro fala que "parte" das receitas? Qual parte? Quem determinará o que é a parte? Depois fala em "poderá". Pode sim ou pode não. Mas, sabendo-se qual a parte e decidindo-se a destinação das verbas, serão destinadas a "projetos e programas voltados à erradicação da pobreza". Como este Fundo não foi extinto, poderá receber recursos dos fundos que forem revogados.

Da mesma forma os Fundos que envolvam investimentos em infraestrutura que "visem a reconstrução nacional" (parte do parágrafo único do art. 4º) também poderão receber as receitas daqueles que forem extintos e não tiverem destino determinado.

O art. 5º da PEC determina que o "superátiv financeiro das fontes de recursos dos fundos públicos apurados ao final de cada exercício, será destinado à amortização da dívida pública do respectivo ente".

Sábia previsão. É que com a extinção dos fundos que não forem ratificados pelo respectivo legislativo do ente federativo, os recursos que foram a eles destinados ficarão sem previsão específica. Logo, há a determinação de que sejam eles encaminhados ao bolo orçamentários e destinados "à amortização da dívida pública".

7. O QUE ESPERAR DAS ALTERAÇÕES PROPOSTAS?

A indagação objetiva proposta pelos organizados é saber o que esperar de eventuais alterações que possam ser efetuadas.

Claramente, o Fundo de Combate e Erradicação da Pobreza instituído pela Emenda Constitucional n. 31/2000 previsto para funcionar durante dez anos foi alterado para subsistência por tempo indeterminado pela Emenda Constitucional n. 67/2010. Quais os resultados que daí advieram?

Pode-se dizer que, pelas pesquisas recentemente feitas, especialmente a do IBGE levada a efeito em 2018 demonstra que poucos foram os avanços de combate à pobreza. O Brasil avançou durante os anos de 2014 e 2015. A partir daí demonstrou alto índice de aumento da pobreza.

Isso significa que o Fundo não cumpriu sua função. Talvez devido à má escolha dos integrantes de seu Conselho e do péssimo desenvolvimento das políticas públicas pelos governantes. Estes são os verdadeiros culpados pelos desníveis de pobreza existentes no país.

O que precisa ser feito? Estruturar convenientemente o Conselho, sintonizar o desempenho do Fundo Nacional com os Fundos Estaduais, o que não ocorre. Cada qual realiza determinada atividade sem estar coordenado com o Fundo Nacional. Óbvio que as coisas não funcionam. Ora, porque há divergência partidária em relação à aplicação dos recursos, ora pela discrepância ideológica que fundamenta o gasto público.

Em verdade, precisaríamos de superação dos egoísmos, das vaidades pessoais, da negatividade de empregar parentes e apaniguados políticos e desenvolver política destinada a garantir um mínimo de renda para que a população mais pobre pudesse ao menos subsistir.

Não se trata de chavões conhecidos como de não dar o peixe, mas ensinar a pescar e de estarmos alimentando uma corja de vagabundos. Em verdade, os brasileiros que vivem abaixo da linha da pobreza estão inermes. Não têm como se defender nem contam com possibilidade de emprego ou de auxílio do poder público. O importante, agora, é dar-lhes o mínimo necessário para subsistência. Depois, estruturar as políticas de saúde e educação para propiciar a eles uma vida digna. Os filhos de tais pessoas não podem continuar subalimentados, porque estaríamos criando crianças sem condições de vida altiva. Ninguém sobrevive à fome ou vive à margem da sociedade. Inclusive com problemas físicos e mentais.

Uma nação que quer alcançar níveis de desenvolvimento compatíveis com o primeiro mundo tem, em primeiro lugar, que alimentar sua população. Depois, dar-lhe condições de vida digna. Na sequência, o mínimo de educação para que sejam alfabetizados. Criar cursos técnicos onde possam aprender alguma coisa para ganhar seu próprio sustento.

Suponho que seja esse o objetivo do Fundo de Erradicação de Pobreza. Deixemos esta parte do rótulo à parte. Pensemos apenas no Combate, que já será grande coisa.

O Fundo não funcionou até agora. É hora de fazê-lo cumprir com os objetivos para que foi instituído, ou seja, "viabilizar a todos os brasileiros acesso a níveis dignos de subsistência" (art. 79 do ADCT). E os recursos devem ser aplicados em "ações suplementares de nutrição, habitação, educação, saúde, reforço de renda familiar e outros programas de relevante interesse social voltados para a melhoria da qualidade de vida".

É isso aí. Se fizermos o fundo atingir seus objetivos, o Brasil diminuirá substancialmente a pobreza e, com isso, estaremos conquistando degraus melhores dentre as nações civilizadas. É o que se espera.

A NECESSIDADE DE EQUILIBRAR OS POSSÍVEIS EFEITOS REGRESSIVOS DO IBS COM MAIS PROGRESSIVIDADE NO SISTEMA TRIBUTÁRIO

ROBERTO SALLES LOPES[1]

SUMÁRIO: 1. O Princípio da Redistribuição; 2. A Redistribuição no Direito Tributário Brasileiro; 3. A progressividade; 3.1. Fundamentos da Progressividade; 3.1.1. Progressividade Extrafiscal; 3.1.2. Progressividade Redistributiva; 3.1.3. Progressividade Fiscal; 4. Aplicação da progressividade à reforma tributária brasileira

Uma das principais questões atualmente debatidas nas propostas de reforma tributária que já foram apresentadas e que tramitam no Congresso Nacional é a da unificação da tributação sobre o consumo em não mais que um ou dois tributos. De fato, tanto a PEC 45/2019 quanto a PEC 110/2019, com variações até certo ponto significativas entre elas , têm seu núcleo na criação de um (PEC 45) ou dois (PEC 110) tributos de base ampla sobre o consumo, em ambos os casos denominados IBS – Imposto Sobre Bens e Serviços – em substituição a vários outros, como ICMS, IPI, ISS, PIS, COFINS (e ainda outros menos relevantes, no caso da PEC 110).

Muito provavelmente, um dos motivos mais fortes para que seja esse o ponto central das duas propostas de reforma que estão mais avançadas é a constatação de que a tributação do consumo por vários tributos diferentes, com sujeitos ativos diferentes, divididos territorialmente e às vezes competindo entre si, mais atrapalha do que ajuda. Como já tivemos oportunidade de dizer, o sistema de repartição de competências na tributação do consumo, no Brasil, faz parte do problema e não da solução [2].

---

[1] Formado em Direito pela PUC-MG, Mestre em Direito Público pela UERJ, Doutor em Direito Tributário pela UFMG. Advogado militante em SP e MG.

[2] LOPES, Roberto Salles. Contextualizando a discussão sobre reforma tributária, tributação do consumo e pacto federativo: a experiência com a repartição de competências tributárias da CF/88. In *Reforma Tributária Brasileira*. CUNHA, Ivan

Por causa disso, ambas as propostas mencionadas partem da premissa de que a tributação sobre o consumo que substituiria os vários tributos hoje existentes não deve conviver com a concessão indiscriminada de incentivos e benefícios fiscais. Na verdade, a PEC 45 chega ao extremo de só permitir a modificação da alíquota do IBS – Imposto Sobre Bens e Serviços e, mesmo assim, dentro de limites estabelecidos.

Além disso, para evitar as intermináveis discussões sobre o enquadramento de determinada atividade ou item como bem ou serviço ou outro, há a previsão de que as alíquotas sejam uniformes em relação às diferentes atividades, em ambas as PECs (com a expressa previsão de tratamento diferenciado para determinadas situações no caso da PEC 110, como alimentos, remédios, etc.).

A ideia é meritória e somos favoráveis à mudança, que na verdade já deveria ter sido implantada há tempos. Entretanto, é necessário apontar para o fato de que a concentração da tributação do consumo em um ou dois tributos de base ampla, com pouca ou quase nenhuma possibilidade de concessão de benefícios ou incentivos fiscais, e com alíquotas uniformes, tende a aumentar a capacidade arrecadatória na tributação do consumo, que aliás é o que se pretende, juntamente com o óbvio – e também meritório – objetivo de simplificação e transparência do sistema. A tributação do consumo, porém, é sabidamente regressiva, na medida em que capta a capacidade contributiva apenas em sua dimensão objetiva, nunca subjetiva; assim, quanto maior a importância dos tributos sobre consumo, tanto maior tende a ser a regressividade do sistema tributário.

Obviamente, num país em que a desigualdade é uma das principais mazelas – quiçá a principal – e em que a Constituição Federal estabelece a redução das desigualdades sociais e regionais logo em seu artigo 3°, inciso III, como objetivo da República, não seria correto realizar uma reforma do sistema tributário que aumentasse a regressividade do sistema. É necessário, portanto, avaliar cuidadosamente o impacto das mudanças propostas e, sendo necessário, acoplar a esta mudança na tributação do consumo alguma outra ou algumas outras que possam contrabalançar esse potencial aumento de regressividade sistêmica.

Ambas as propostas, aparentemente por atenção a este problema, já contêm a previsão para que, no caso de consumidores de baixa renda, o valor do tributo sobre consumo seja devolvido. Obviamente, esse

Luduvice; CAMPOS, Marcelo Hugo de Oliveira; CASTRO JÚNIOR, Paulo Honório de; BITTENCOURT JÚNIOR, Rogério Abdala. [Orgs.]. Belo Horizonte: Editora D'Plácido, 2019, pp. 301-332.

tipo de mecanismo tem o potencial de minimizar a regressividade, a depender de como seja implementado, mas é muito possível que, sozinho, não resolva o problema.

O candidato perfeito para desempenhar a tarefa de compensar a regressividade potencialmente causada pelo novo sistema, acreditamos, é o IR – Imposto de Renda, combinado com o ITCMD – Imposto sobre Transmissão Causa Mortis e Doações. O IR e o ITCMD têm a capacidade de operar como agentes de redistribuição pela própria materialidade que atingem.

O objetivo deste trabalho, portanto, é fundamentar normativamente o princípio redistributivo na CF/88, avaliar o mecanismo da progressividade e como ele poderia ser utilizado, no IR e no ITCMD, para compensar o potencial aumento de regressividade da tributação do consumo que pode vir com a implementação das propostas de reforma tributária que se encontram tramitando no Congresso Nacional.

1.   O PRINCÍPIO DA REDISTRIBUIÇÃO

O princípio da redistribuição é discutido na doutrina tributária há muito tempo. ENRIQUE FUENTES QUINTANA formula-o dizendo que a tributação "deve alterar a distribuição primária de renda provocada pelo sistema econômico, diminuindo as diferenças de renda mediante a progressividade" [3], enquanto MUSGRAVE constrói a justificativa para a redistribuição da seguinte forma:

> 1. A distribuição de renda, conforme determinada pelo mercado, depende da distribuição dos fatores possuídos originalmente e dos preços que os serviços desses fatores gerarão;
>
> 2. A distribuição resultante também é afetada pela presença de imperfeições de mercado;
>
> 3. A distribuição, conforme determinada pelos fatores originais, não necessita coincidir com o que é considerado socialmente desejável. A distribuição final entre famílias pode ser ajustada por medidas fiscais. [4]

---

3 Na introdução à obra de NEUMARK, Fritz. *Principios de la Imposición*. Madrid: Instituto de Estudios Fiscales, 1974., quadro 1 (encartado entre as páginas XXIV e XXV).

4 MUSGRAVE, Richard Abel. *Public Finance in Theory and Practice*. New York: McGraw Hill, 1980, 3rd edition, p. 105: "Distribution issues are a major (frequently the major) point of controversy in the determination of public policy. In particular, they play a key role in determining tax and transfer policies.".

TIPKE e LANG dizem que as normas de redistribuição (que entendem como uma espécie do gênero "normas de finalidade social") "objetivam correção do bem estar", e chega a dizer que "materialmente as normas de finalidade social não pertencem ao Direito Tributário, mas ao Direito Econômico, Direito Social ou outros ramos".[5]

A aplicação do princípio redistributivo, pela proximidade com os aspectos ideológicos, gera debates acirrados. Além disso, parte da doutrina [6] acredita que a redistribuição é um princípio amplo demais para caber na vertente tributária das finanças públicas, é dizer: não faria sentido falar de redistribuição sem que se analisassem também, necessariamente, os gastos públicos correspondentes.

Há quem entenda não ser possível utilizar o tributo, ou o sistema tributário, como mecanismo de promoção de justiça distributiva. Dentre os que não acreditam que tal tarefa deva ser realizada através dos tributos, encontram-se autores com posicionamento radical, que entendem que, idealmente, o Estado sequer deveria tributar os indivíduos, como mostra, por exemplo, NOZICK[7]; em uma vertente menos extremada, mas ainda negando a possibilidade de utilização dos tributos como

---

5 Cfe. TIPKE, Klaus e LANG, Joachim. *Direito Tributário*. Porto Alegre: Sergio Antonio Fabris ed., 2008. Tradução da 18ª edição Alemã, totalmente refeita, de Doria Furquim, p. 177.

6 MURPHY e NAGEL, têm esse pensamento (MURPHY, Liam; NAGEL, Thomas. O mito da propriedade. São Paulo: Martins Fontes, 2005). No Brasil, RICARDO LOBO TORRES entende que a redistribuição efetiva só ocorre pela via do gasto, como se pode ver em Ética e Justiça Tributária, in Direito Tributário – Estudos em Homenagem a Brandão Machado, Dialética, São Paulo, 1998, e também em *Tratado de Direito Constitucional, Financeiro e Tributário. Vol. V – O Orçamento na Constituição*. Rio de Janeiro: Renovar, 2000. Este questionamento não será analisado neste artigo, pelas limitações de extensão, mas já tivemos oportunidade de avaliar a questão e concluir pela possibilidade de que os sistemas tributários sejam avaliados em face da sua propensão à justiça fiscal mesmo sem que sejam considerados os gastos públicos.

7 NOZICK, Robert. *Anarchy, State and Utopia*. 1977. Basic Books, Inc, p. 172: "Whether it is done through taxation on wages or on wages over a certain amount, or through seizure of profits, or through there being a big social pot so that it's not clear what's coming from where and what's going where, patterned principles of distributive justice involve appropriating the actions of other persons. Seizing the results of someone's labor is equivalent to seizing hours from him and directing him to carry on various activities. If people force you to do certain work, or unrewarded work, for a certain period of time, they decide what you are to do and what purposes your work is to serve apart you and your decisions. This process whereby they take this decision from you makes them a part-owner of you; it gives them a property right on you.".

meio de promoção de justiça distributiva, encontra-se uma parte mais significativa da doutrina, da qual HAYEK é um bom exemplo [8] [9].

Na outra ponta, encontram-se os autores que acreditam que o Estado pode e deve se valer dos tributos como meio de promoção da igualdade entre os indivíduos, de que são exemplos RICARDO LOBO TORRES[10], CASALTA NABAIS[11], SUGIN[12], BERLIRI[13], GRIZIOTTI [14], BIRD e ZOLT [15].

---

8 HAYEK, Friedrich A. *The Constitution of Liberty*. Chicago: The University of Chicago Press, 1978, p. 306.

9 Apenas para esclarecimento, que será retomado adiante, veja-se que HAYEK adverte, logo a seguir, que a progressividade que não deve ser aceita é a progressividade do sistema como um todo, ou seja, a que se verifica quando todos os tributos são tomados em conjunto. Com isso, se de um lado, o autor admite, por exemplo, a progressividade do imposto de renda para corrigir a regressividade da tributação no consumo, de outro lado deixa claro que o sistema como um todo não deve ter fins redistributivos, cfe. *The Constitution of Liberty*, cit., p. 307.

10 Embora, como visto acima, entendendo que a redistribuição efetiva só ocorre pela via do gasto, como se pode ver em "Ética e Justiça Tributária", in *Direito Tributário – Estudos em Homenagem a Brandão Machado*, Dialética, São Paulo, 1998.

11 CASALTA NABAIS, José. *O Dever Fundamental de Pagar Impostos*. Coimbra: Almedina, 1998.

12 SUGIN, Linda, Theories of Distributive Justice and Limitations on Taxation: What Rawls Demands from Tax Systems. *Fordham Law Review*, Vol. 72, 2004.

13 Cfe. BERLIRI, Luigi Vittorio. *El Impuesto Justo*. Madrid, Instituto de Estudios Fiscales, 1986, p. 46: "Es claro que el travase de riqueza de una a otra clase o categoría social, realizado a posteriori mediante absorción y redistribución de medios monetarios – lo que significa mediante una política financiera de redistribución – solamente pode ser uno de los medios de la intervención estatal. Y uno de los medios de una politica financiera de redistribución puede ser la modificación en uno u otro sentido de la justa cuota individual en el reparto de los gastos públicos, es decir, la adopción de un sistema de impuestos 'políticos': en cuyo sistema el reparto del gasto de los servicios publicos ya no es un fin en sí mismo, sino que se convierte en el medio para alcanzar otro fin, que aquí será el desplazamiento coactivo de riqueza de una a otra categoría o clase de contribuyentes.".

14 Cfe. GRIZIOTTI, Benvenuto. *Princípios de Política, Derecho* y Ciência de *la Hacienda*. MADRID: Instituto Editorial Reus, 1958, p. 157: "al lado de estas funciones administrativas la actividad financiera se puede prestar a la consecución de fines políticos, económicos, éticos y sociales, aún cuando – sobre todo para estos últimos fines – están muy divididas las opiniones de los estudiosos, habida cuenta de los diferentes principios políticos que se profesen relativos a los fines del Estado."

15 ZOLT, Eric M. e BIRD, Richard M., Redistribution via Taxation: The Limited Role of the Personal Income Tax in Developing Countries. *UCLA Law Review*, Vol. 52,

Acreditamos ser mais correta a posição que entende possível[16] que o sistema tributário seja utilizado como mecanismo de redistribuição de riqueza, desde que, obviamente, isso esteja de acordo com os valores e princípios constitucionais. Esse entendimento é sustentado por duas razões básicas, quais sejam: (i) os tributos são a maior fonte de financiamento estatal; e (ii) os tributos têm aptidão para utilização como instrumento de efetivação de políticas públicas.

Já se disse que o tributo – especialmente o imposto – é reconhecidamente um dos mais eficazes (senão o mais) instrumentos de efetivação da justiça distributiva, em uma economia capitalista[17]. Uma das principais razões para tal é exatamente essa posição de destaque que assume no financiamento das despesas públicas a partir do Estado Fiscal. CASALTA NABAIS[18] e RICARDO LOBO TORRES demonstram bem essa formação e conformação do Estado Fiscal. Este último afirma que "com o advento do liberalismo se transforma o tributo na categoria básica da receita"[19].

E, no Estado Social, a partir da segunda década do século XX, consagra-se o reconhecimento da necessidade de uma atitude estatal que busque ativamente a redução de desigualdades e a redistribuição efeti-

---

2005: "Countries use taxes for many purposes. Taxes are used to raise revenue to fund government services, to encourage or discourage certain types of behavior, and to correct market imperfections. Countries also use taxes (and expenditures) to change the distribution of income or wealth. From some perspectives, the main reason for a tax system is to allocate the cost of government in some fair way. (…) A country's tax system is thus both an important and a highly visible symbol of its fundamental political and philosophical choices"

16 *Possível*, mas não *mandatório*. Na verdade, a utilização ou não dos tributos com fins redistributivos será uma opção de cada Estado, embora seja difícil imaginar uma sociedade em que o uso dos tributos para concentração de renda possa ser entendido como legítimo.

17 MURPHY e NAGEL, *O Mito da Propriedade*, cit., iniciam sua obra com o seguinte trecho: "Numa economia capitalista, os impostos não são um simples método de pagamento pelos serviços públicos e governamentais: são também o instrumento mais importante por meio do qual o sistema político põe em prática uma determinada concepção de justiça econômica ou distributiva".

18 Cfe. *O Dever Fundamental de Pagar Impostos*, cit., pp. 193-195.

19 Cfe. *A Idéia de Liberdade no Estado Patrimonial e no Estado Fiscal*. Rio de Janeiro: Renovar, 1991, p. 2.

va dos recursos[20]. Para que essa maior atividade estatal possa ocorrer, entretanto, necessário se faz que a máquina estatal seja incrementada, o que, por sua vez, demanda mais e mais recursos[21]. Nesse ponto da história, já consolidado o Estado Fiscal, os sistemas tributários crescem enormemente, em volume de arrecadação e em complexidade, para fazer face às novas necessidades[22]. O tributo passa a ser utilizado como instrumento decisivo de intervenção e redistribuição.

A partir de então e até os dias de hoje, um sistema tributário que promova a distribuição de riqueza de forma justa, ou que pelo menos não promova distribuição injusta, é condição fundamental para que a sociedade onde se insere esse sistema possa buscar promover a justiça de forma ampla. RICARDO LOBO TORRES afirma que "a justiça fiscal se transforma no caminho mais promissor para a efetivação da justiça distributiva, pela sua potencialidade para proceder, sob vários aspectos, à síntese entre a justiça social e a política"[23]. Na mesma linha, LINDA SUGIN:

> Na teoria, a formatação de um sistema tributário em particular pode não fazer muita diferença na determinação da existência de uma distribuição justa em toda a sociedade. Mas, na prática, faz uma grande diferença. Para melhor ou pior, o Direito Tributário é a maior ferramenta de redistribuição que temos. O debate sobre política tributária é uma das poucas áreas do Direito às quais a discussão de justiça distributiva é considerada adequada. A realidade política é que a maior parte das demais regulações econômicas é voltada para geração de lucro, não para a distribuição. A Lei Tributária entra em cena depois que a produção é maximizada, e deveria – ao menos em alguma medida – rearranjar os resultados produzidos pelos mercados que operam para concentrar renda e oportunidades.[24]

---

20 Sobre a passagem do Estado Liberal ao Estado Social, v. TORRES, Ricardo Lobo. *A Idéia de Liberdade no Estado Patrimonial e no Estado Fiscal*. Rio de Janeiro: Renovar, 1991.; BONAVIDES, Paulo. *Do Estado Liberal ao Estado Social*. 6. ed. rev. e ampl. São Paulo: Malheiros, 1996. 230 p.

21 Não se ignora o refluxo experimentado pela idéia de Estado Social, sobretudo a partir da primeira grande crise do petróleo ocorrida na década de 1970. A despeito disso, os gastos públicos, ainda quando tenham sofrido retração desde então, continuam expressivos.

22 Cfe. *A Idéia de Liberdade no Estado Patrimonial e no Estado Fiscal*, cit., pp. 21-22.

23 TORRES, Ricardo Lobo. *Tratado de Direito Constitucional Financeiro e Tributário*. Vol. II – Valores e Princípios Constitucionais Tributários. Rio de Janeiro: Renovar, 2005, p. 124.

24 SUGIN, Linda, Theories of Distributive Justice and Limitations on Taxation: What Rawls Demands from Tax Systems . *Fordham Law Review*, Vol. 72, 2004: "In

Percebe-se, portanto, que a utilização do sistema tributário com finalidades redistributivas é possível[25]. Posto isso, deve-se analisar a situação brasileira, no que toca ao princípio da redistribuição, o que se faz na sequência.

2. A REDISTRIBUIÇÃO NO DIREITO TRIBUTÁRIO BRASILEIRO

No direito brasileiro, não se encontra, de forma direta e expressa, o princípio da redistribuição. Diferentemente do que ocorre com a Constituição italiana, que diz que "o sistema tributário é informado pelo critério da progressividade"[26], o constituinte brasileiro não colocou esta opção no texto com todas as letras. Também não há, no Brasil, a possibilidade de fundamentar esse princípio na cláusula do Estado

---

theory, the particular design of the tax system might not matter much in determining whether there is a just overall societal distribution. But, in fact, it matters a great deal. For better or for worse, the tax law is the major tool of redistribution we have. Tax policy debate is one of very few areas of the law in which discussions of distributive justice are considered appropriate. The political reality is that most other economic regulation is oriented towards maximization of wealth, rather than its distribution. The tax law comes in after productivity is maximized, and it should—to some extent at least—rearrange the results produced by markets that operate to concentrate wealth and opportunity".

25 Paradigma para qualquer estudo sobre a justiça em geral, RAWLS, em Uma Teoria da Justiça, menciona algumas características de um sistema tributário que entende compatível com sua teoria da justiça. Posteriormente, o autor reforça suas colocações em Justiça como Equidade: Uma Reformulação. Para o tópico em comento, importa mencionar que RAWLS divide o "Setor de Distribuição" – em que insere o sistema tributário – em duas partes, sendo que uma delas trataria de arrecadar para as funções básicas do Estado – dessa se tratará mais adiante – e uma outra seria voltada para a redistribuição, ou seja, para "corrigir, gradual e continuamente, a distribuição da riqueza e impedir concentrações de poder que prejudiquem o valor eqüitativo da liberdade política e da igualdade eqüitativa de oportunidades" Cfe. *Uma Teoria da Justiça*. São Paulo: Martins Fontes, 2002, p. 306. RAWLS imagina que, para estruturação dessa parte do sistema tributário, seriam aplicáveis "vários impostos sobre heranças e doações, [além de] restrições ao direito de legar" (id. ibid). O objetivo, segundo o autor, "é estimular uma dispersão ampla e bem mais igualitária de ativos reais e de bens produtivos" (Cfe. *Justiça como Equidade: Uma Reformulação*. São Paulo: Martins Fontes, 2003, p. 228). Fica claro, portanto, que a redistribuição pelo sistema tributário é, na visão do próprio RAWLS, compatível com sua Teoria da Justiça, o que reforça a conclusão a que chegamos neste tópico.

26 "Art. 53.Tutti sono tenuti a concorrere alle spese pubbliche in ragione della loro capacità contributiva. Il sistema tributario è informato a criteri di progressività."

Social, como ocorre na Alemanha [27 e 28]. Isso não impede, entretanto, que sejam identificados, na Constituição brasileira, fundamentos normativos para tal princípio.

O artigo 3º, inciso III, da Constituição Federal de 1988, estabelece como objetivo fundamental da República Federativa do Brasil "erradicar a pobreza e a marginalização e *reduzir as desigualdades sociais* e regionais" (destaque nosso) e traz várias outras diretrizes que, no conjunto ou isoladamente, conferem ao princípio da igualdade inegável normatividade: construção de uma sociedade livre, justa e solidária, e promoção do bem de todos, sem quaisquer preconceitos ou discriminações [29]. Ou seja, a redução de desigualdades deve ser buscada por toda a Federação, o que significa dizer por todas as pessoas jurídicas de Direito Público, inclusive quando na função de sujeitos ativos de tributo [30]. Dessa forma, os poderes legislativo, executivo e judiciário da União, dos Estados e dos Municípios ficam obrigados a agir, inter-

---

27 TIPKE, Klaus; LANG, Joachim. *Direito Tributário*, cit., p. 387. Ressalte-se que TÉRCIO SAMPAIO FERRAZ JR. entende que a cláusula do Estado Democrático de Direito presente na Constituição Federal de 1988 representa "a passagem, marcadamente visível na vida constitucional brasileira, de um Estado liberal burguês e sua expressão tradicional num Estado de Direito, para o chamado 'Estado Social'". Cfe. Congelamento de Preços – Tabelamentos Oficiais. *Revista de Direito Público*, julho-setembro/1989, pp. 76-86.

28 O artigo 20.1 da Constituição alemã diz que "A República Federal da Alemanha é um Estado federal democrático e social".

29 BARROSO diz que "A Constituição Federal de 1988 consagra o princípio da igualdade e condena de forma expressa todas as formas de preconceito e discriminação. A menção a tais valores vem desde o preâmbulo da Carta, que enuncia o propósito de se constituir uma 'sociedade fraterna, pluralista e sem preconceitos'. O art. 3º renova a intenção e lhe confere inquestionável normatividade...". Cfe. Diferentes, mas iguais: o reconhecimento jurídico das relações homoafetivas no Brasil. *Revista de Direito do Estado*, v. 5, p. 167, 2007.

30 O Supremo Tribunal Federal já entendeu que os tributos podem ser colocados a serviço do artigo 3º, III, da Constituição, como se pode ver no acórdão do julgamento do Agravo Regimental em Agravo de Instrumento no. 360.461, em cuja ementa se lê que "A isenção tributária que a União Federal concedeu, em matéria de IPI, sobre o açúcar de cana (Lei n. 8.393/91, art. 2º) objetiva conferir efetividade ao art. 3º, incisos II e III, da Constituição da República.".

pretar e aplicar as normas constitucionais de forma a buscar a redução de desigualdades [31 e 32].

No âmbito dos impostos, o Constituinte optou por dizer, expressamente, que o imposto de renda é necessariamente progressivo. Também o IPTU pode ser progressivo em função do valor do imóvel [33]

---

31 Na doutrina aguda de SOUTO MAIOR BORGES, encontra-se passagem lapidar nesse sentido: "16. Nas relações internas, **a primeira preocupação (topograficamente) é a de reduzir as desigualdades sociais e regionais (art. 3º, III, in fine).** (...) 17. **Não é a igualdade simples, aritmética, que os textos constitucionais visam preservar.** É antes uma proporcionalidade, um *analogon* entre bens e pessoas. A suprema iniqüidade é tratar igualmente os desiguais. **Os impostos não devem ser uniformes e linearmente iguais, mas proporcionais segundo a necessidade de atenuar ou – tanto quanto possível – erradicar as desigualdades sociais. A progressividade visa também assegurar essa proporção entre bens e pessoas. Onde porém falha o imposto proporcional (no sentido estrito) instaura-se e legitima-se o império do imposto progressivo.** Segurança é tudo isso muito mais ainda." (destaques não estão no original). Cfe. BORGES, José Souto Maior. O princípio da segurança jurídica na criação e aplicação do tributo. *Revista Diálogo Jurídico*, Salvador, CAJ - Centro de Atualização Jurídica, nº. 13, abril-maio, 2002. Disponível na Internet: <http://www.direitopublico.com.br>. Acesso em: 08 de setembro de 2008.

32 De forma mais branda, diz JOSÉ AFONSO DA SILVA que "a previsão, ainda que programática, de que a República Federativa do Brasil tem como um de seus objetivos fundamentais reduzir as desigualdades sociais e regionais (art. 3º, III), a veemente repulsa a qualquer forma de discrminação (art. 3º, IV), a universalidade da seguridade social, a garantia ao direito à saúde, à educação baseada em princípios democráticos e de igualdade de condições para o acesso à permanência na escola, enfim a preocupação com a justiça social como objetivo das ordens econômica e social (arts. 170, 193, 196 e 205) constituem **reais promessas de busca de igualdade material**. (destacamos). Cfe. *Curso de Direito Constitucional Positivo*. São Paulo: Malheiros, 1997, 14ª ed., pp 206-207.

33 "§ 1º Sem prejuízo da progressividade no tempo a que se refere o art. 182, § 4º, inciso II, o imposto previsto no inciso I poderá:

I - ser progressivo em razão do valor do imóvel;"

e, além disso, o mesmo IPTU [34] e o ITR [35] têm na sua estrutura constitucional a expressa permissão de progressividade com esteio na função social da propriedade. Finalmente, há a expressa permissão de incentivos fiscais para eliminação de desigualdades regionais. Tudo isso, conjuntamente, corrobora a disposição de utilizar os tributos com finalidades sociais [36].

---

34 "Art. 182. A política de desenvolvimento urbano, executada pelo Poder Público municipal, conforme diretrizes gerais fixadas em lei, tem por objetivo ordenar o pleno desenvolvimento das **funções sociais** da cidade e garantir o bem- estar de seus habitantes. [...]

§ 2º - A propriedade urbana cumpre sua função social quando atende às exigências fundamentais de ordenação da cidade expressas no plano diretor. [...]

§ 4º - É facultado ao Poder Público municipal, mediante lei específica para área incluída no plano diretor, exigir, nos termos da lei federal, do proprietário do solo urbano não edificado, subutilizado ou não utilizado, que promova seu **adequado aproveitamento**, sob pena, sucessivamente, de: [...]

II - imposto sobre a propriedade predial e territorial urbana progressivo no tempo;" (destaques nossos)

35 "§ 4º O imposto previsto no inciso VI do *caput*:

I - será progressivo e terá suas alíquotas fixadas de forma a desestimular a manutenção de propriedades improdutivas;"

36 MISABEL DERZI termina seus comentários à obra de BALEEIRO com uma passagem inspiradora, cuja transcrição completa se justifica pelo conteúdo e pela beleza das palavras: "Aliomar Baleeiro encerra esta obra marcante e ímpar da literatura nacional com belíssimo libelo contra a tributação injusta, regressiva, meramente proporcional, objetiva (não pessoal) e tendente a acentuar a cumulação de riqueza, ao invés de redistribuí-la. Soube pôr sua incontestável genialidade jurídica a serviço de princípios morais insuperáveis, como igualdade e justiça. Tratou-os como temas éticos ou políticos, à luz do ordenamento jurídico nacional do momento em que escrevia. Ao demonstrar a contínua luta entre tais tendências, lembrou economistas e financistas como Wagner, Marx, Lassalle, etc., socialistas que defenderam ardorosamente a progressividade do sistema tributário, aos quais se opuseram V. Pareto, Hayek, Von Mises, Schumpeter e outros, em favor da neutralidade do imposto, em prol da realização da máxima de Edimburgo: "Leave them as you find them". A Constituição de 1988 deu razão a Baleeiro. Ela consagrou expressamente a pessoalidade e a graduação dos impostos em geral segundo a capacidade econômica do contribuinte (art. 145, § 1º); a igualdade de tratamento de todos os que se encontrem em situação equivalente (art. 150, II); a seletividade e a não-cumulatividade dos impostos incidentes sobre a produção industrial e a operação de circulação de mercadorias (art. 153, § 3º, I, II, e 155, § 2º, III); a generalidade, a universalidade e a progressividade do imposto de renda (art. 153, § 2º); a compatibilização dos orçamentos da União com o princípio de redução das desigualdades inter-regio-

Para completar, a jurisprudência, antiga e recente, do STF, interpreta a Constituição de forma a admitir, em vários casos, tributos sobre heranças com alíquotas progressivas [37].

O resultado final da aplicação de todas essas possibilidades de tributos progressivos depende, sem dúvida, do grau de progressividade adotado. De toda forma, pode-se concluir que o princípio da redistribuição tem suporte normativo no Brasil, revelado pelo exame da CF/88, em especial dos artigos 3º, III, e dos demais dispositivos que determinam ou permitem a utilização redistributiva dos tributos.

---

nais, segundo critério populacional (art. 165, § 7º), todos desdobramento, no campo do Direito Tributário, do Estado Democrático de Direito em que se constitui a República Federativa do Brasil. Sobretudo, propõe-se o Estado brasileiro, em seus objetivos fundamentais, fixados no art. 3º, a construir uma sociedade livre, justa e solidária, a erradicar a pobreza, a marginalização e a reduzir as desigualdades sociais e regionais, a promover o bem de todos, sem preconceitos de origem, raça, sexo, cor, idade e quaisquer outras formas de discriminação. Pesquisar, portanto, os efeitos progressivos ou regressivos do imposto para decidir sobre sua constitucionalidade ou não, indagar sobre a igualdade de uma determinada exação tributária e sobre a redistributividade da despesa não é mais, após a Constituição de 1988, pugnar por princípios meramente éticos, morais ou econômicos ao sabor de uma determinada ideologia. É fazer correta interpretação do sistema tributário, estritamente jurídica e necessária a uma razoável aplicação do comando constitucional. O Estado Democrático de Direito é síntese dialética que supera o individualismo abstraio e a neutralidade do Estado Liberal. Na nova formulação encontrada pela Constituição de 1988, não há de modo algum renúncia às clássicas garantias jurídicas, inerentes ao Estado de Direito. Entretanto, ao mesmo tempo, se buscam metas de maior justiça social, condições efetivas de uma vida digna para todos por meio do desenvolvimento e da conciliação entre liberdade e solidariedade. A Constituição de 1988 supõe um constitucionalismo que trabalha essas exigências jurídicas concretas. O Estado deve pôr-se a serviço de uma nova ordem social e econômica mais justa, menos desigual, em que seja possível a cada homem desenvolver digna e plenamente sua personalidade. Prejudicadas ficam, dessa forma, as teorias de política econômica ou de política fiscal incompatíveis com o Estado Democrático de Direito.". Cfe. *Limitações...*, cit., pp. 839-840.

37 V. AI 683791, Relator(a): Min. DIAS TOFFOLI, Julgamento: 31/10/2014; RE 542485 AgR / RS, Relator(a): Min. MARCO AURÉLIO, Julgamento: 19/02/2013: "EXTRAORDINÁRIO – ITCMD – PROGRESSIVIDADE – CONSTITUCIONAL. No entendimento majoritário do Supremo, surge compatível com a Carta da República a progressividade das alíquotas do Imposto sobre Transmissão Causa Mortis e Doação. Precedente: Recurso Extraordinário nº 562.045/RS, mérito julgado com repercussão geral admitida".

Alcançada tal conclusão, pode-se passar ao estudo daquele que é, no campo dos tributos, um dos principais, senão o principal, instrumento de políticas redistributivas (e também instrumento de atuação extrafiscal) à disposição do legislador, qual seja, a progressividade. Deve-se ter em mente que redistribuição e progressividade andam juntas muitas vezes, mas não se confundem [38], já que esta é instrumento para realização daquela.

3. A PROGRESSIVIDADE

Embora possa ser encontrada em tempos bastante remotos[39], a progressividade tributária teve seu apogeu, sem nenhuma dúvida, no decorrer do Século XX. RICARDO LOBO TORRES dá conta de que "a progressividade chegou aos seus patamares mais elevados no período do Estado de Bem-Estar Social, ou mais especificamente nas décadas de 1960 e 1970" [40]. Ao longo de todo esse período, uma das questões mais recorrentes na doutrina, quando se trata de progressividade, é a identificação de seus fundamentos, de forma que é por ela que iniciaremos o estudo do assunto:

---

38 Como muito bem diz NEUMARK, "en la doctrina ha sido usual equiparar la problemática de la progresividad, sea la de la total carga tributaria, sea (lo que ha ocurrido con mayor frecuencia) solamente la del impuesto sobre la renta, a la problemática de la redistribución fiscal. Esta equiparación constituye, sin embargo, un error, toda vez que de esta manera se confunde al objectivo con uno de los medios o instrumentos destinados a la consecución del mismo. Lo que en realidad ocurre es que, por una parte, la distribución de renta y patrimonio se puede llevar a efecto recurriendo a medidas distintas de las fiscales (especialmente las derivadas de la política de gastos) y, por otra, la progresividad de uno o varios impuestos, como ya hemos expuesto (...), no siempre ni en todas partes conduce a la redistribución; esto se produzirá, más bien, sólo en aquellos casos, o en la medida, en que dicha redistribución sea más intensa de lo que se necesitaría para la realización del postulado de imposición según la capacidad de pago". Cfe. *Principios...*, cit., p. 234.

39 Ver, a esse respeito, PERAGÓN, José Manuel Gallego. *Los principios materiales de justicia tributaria*. Granada: Editorial Comares, 2003, p. 137. O autor se refere a Roma para informar que o *tributum ex censu* chegou a ser graduado em função da categoria do cidadão. Fala também de um exemplo oriundo das comunidades muçulmanas, onde existia um tributo denominado *saquí* que se cobrava à razão de uma cabeça de gado para cada quarenta do rebanho, até o total de cem cabeças; a partir daí, cobravam-se duas cabeças de gado para cada quarenta.

40 Cfe. *Tratado...*, cit., p. 314.

3.1. FUNDAMENTOS DA PROGRESSIVIDADE

Elaborando um histórico detalhado – ambos baseados em obra de FAGAN [41] –, PEREZ DE AYALA [42] e PERAGÓN [43] dão notícia da existência de diversas teorias a sustentar a progressividade ao longo da história. São elas:

a. A teoria do igual sacrifício de JOHN STUART MILL, também chamada "marginalismo", estruturada sobre a premissa de que, uma vez satisfeitas as necessidades básicas do indivíduo, cada porção de renda adicional tem menor utilidade (vale menos) para aquele que a percebe, de forma que, à medida que cresce a renda, o tributo tem que se tornar desproporcionalmente maior, sob pena de não se manter o mesmo nível de sacrifício de cada contribuinte[44];

b. A teoria da "faculdade de ganhar", segundo a qual quem tem mais renda tem uma possibilidade mais do que proporcional de auferir nova renda, o que se expressa pelo dito popular "dinheiro chama dinheiro" [45];

c. A teoria do "excedente de renda", que identifica o custo da renda auferida e o excedente (renda=custo+excedente) e afirma que,

---

41 FAGAN, E.D. Teorías recientes contemporâneas de la imposición progresiva, in *Ensayos de Economia Impositiva*. México: Fondo de Cultura Económica, 1964. *Apud* PÉREZ DE AYALA, Jose Luis. *Las Cargas Publicas: Principios para su Distribución*, in Hacienda Pública Española no. 59, 1979, pp. 109 ss. Também mencionado em PERAGÓN, José Manuel Gallego. *Los principios materiales de justicia tributaria*. Granada: Editorial Comares, 2003, pp. 162 ss.

42 Cfe. *Las Cargas Publicas: Principios para su Distribución*, in Hacienda Pública Española no. 59, 1979, pp. 109 ss.

43 PERAGÓN, José Manuel Gallego. *Los principios materiales de justicia tributaria*. Granada: Editorial Comares, 2003, pp. 162 ss.

44 LOBO TORRES igualmente fundamenta a progressividade na teoria da utilidade marginal de Stuart Mill, cfe. *Tratado...*, cit., pp 314-315. Outra detalhada evolução da história do instituto pode ser encontrada em UCKMAR, Victor. *Princípios Comuns de Direito Constitucional Tributário*. Trad. Marco Aurélio Greco. São Paulo: Malheiros, 2ª ed, 1999, pp. 87 ss

45 Essa foi a justificativa encontrada por SELIGMAN, ao final de seu extenso e detalhado estudo sobre a progressividade, em *Progressive Taxation in Theory and Practice*. US: Princeton University Press, 1908, 2nd edition, pp. 290-302. Na verdade, o renomado jurista construiu um novo conceito de "capacidade", baseando-se na inclusão dessa maior facilidade de ganhar mais para quem já tem.

acima do custo para manter a fonte produtiva, a renda excedente deve ser tributada de forma progressiva [46];

d. A teoria da "importância social da renda", segundo a qual as necessidades cobertas pelos níveis mais baixos de renda são mais importantes socialmente do que as necessidade cobertas pelos níveis mais altos, motivo pelo qual aqueles devem sofrer uma tributação menor do que estes;

e. As teorias político-sociais, que prescindem de fundamentos científicos e aceitam a progressividade por ser um eficaz instrumento de equidade, na medida em que mitiga a desigualdade econômica.

PERAGÓN [47] critica uma por uma as teorias anteriores, e termina por indicar como fundamento da progressividade o dever de contribuir que tem cada cidadão. Já PEREZ DE AYALA [48] afirma que as três primeiras teorias se encontram, com razão, superadas pela doutrina. O autor afirma também que a teoria da importância social da renda e as teorias político-sociais podem ser aceitas, desde que sejam aceitos, também, "juízos de valor de tipo filosófico, relacionados, definitivamente, com o bem comum (é dizer, com a justiça geral ou social)" [49].

No Brasil, alguns autores retiram do próprio princípio da capacidade contributiva o fundamento para a progressividade. É o caso, por exemplo, de JOSÉ MAURÍCIO CONTI [50], que afirma que "a progressividade é instrumento eficiente e inerente ao princípio da capacidade contributiva". O mesmo ocorre com JOSÉ MARCOS DOMINGUES [51], quando menciona as hipóteses de tributação extrafiscal "servindo de instrumento de efetivação da progressividade do sistema tributário e ensejando,

---

46 A teoria foi proposta por J.A. HOBSON, conforme BLUM, Walter J. e KALVEN JR., Harry. *The Uneasy Case for Progressive Taxation*. US: The University of Chicago Press, 1953, pp. 67 ss.

47 Id. ibid.

48 Id., p. 109.

49 Id. ibid.

50 In *Princípios Tributários da Capacidade Contributiva e da Progressividade*. São Paulo: Dialética, 1997, p. 92. Ainda, ALIOMAR BALEEIRO, escrevendo na época em que o princípio da capacidade contributiva e a progressividade estavam ambos em voga, relaciona os princípios, utilizando-se do marginalismo de STUART MILL, cfe. *Uma Introdução à Ciência das Finanças*. Rio de Janeiro: Forense, 2004, pp. 218 ss.

51 Cfe. *Direito Tributário...*, cit., p. 117.

pois, a realização do princípio da capacidade contributiva". Vão na mesma linha LUCIANO AMARO [52] e ROQUE CARRAZA [53 e 54].

Com a vênia merecida, entendemos que fundamentar a progressividade na capacidade contributiva é um equívoco. Entretanto, o grande número de doutrinadores que vão nessa linha, bem como a qualidade de seus trabalhos, demanda uma explicação detalhada dessa posição. É que passamos a fazer:

Em primeiro lugar, há que se entender o que significa, fundamentalmente, basear a progressividade na capacidade contributiva. Recorramos, para tanto, a um exemplo simples e bastante intuitivo, utilizado muitas vezes como demonstração da correlação "indiscutível" entre capacidade contributiva e progressividade.

Imaginemos dois cidadãos, denominados, respectivamente, "Pobre" e "Rico". Para facilitar o exemplo, nem Pobre, nem Rico têm qualquer bem material. Tanto Pobre como Rico têm apenas uma poupança, constituída com a renda do ano anterior, e estão se preparando para pagar o imposto sobre essa renda. A renda de Pobre, no ano anterior, foi de R$ 1.000,00. A renda de Rico foi de R$ 100.000,00. Pobre conseguiu guardar, com grande esforço, apenas R$ 900,00. Rico, tendo recebido muito mais, e sem tanto esforço, poupou R$ 90.000,00. Suponhamos, então, que a alíquota do imposto de renda é apenas proporcional, não progressiva, e que as despesas são todas dedutíveis – ou seja, a base de cálculo do imposto será apenas aquilo que "sobrou". Ambos pagarão imposto à alíquota de 10%. Pobre, portanto, pagará R$ 90,00; Rico pagará R$ 9.000,00.

Pergunta-se: retirar os mesmos 10% daquilo que cada um deles têm é "justo"? A resposta intuitiva é negativa. O que importa, entretanto, é o fundamento dessa intuição: Pobre sentirá muito mais a falta de seus R$ 90,00 do que Rico sentirá dos R$ 9.000,00 pagos por ele a título de im-

---

52 AMARO, Luciano. *Direito Tributário Brasileiro*. 7ª ed. São Paulo: Saraiva, 2001. p.139.

53 CARRAZZA, Roque Antônio. *Curso de Direito Constitucional Tributário*. 9ª ed. rev. ampliada. São Paulo, Malheiros Editores, 1997. p.65

54 LOBO TORRES estuda a progressividade, em sua obra, dentro da parte relativa à capacidade contributiva, mas não admite esta como fundamentação daquela. Na verdade, analisa todos os fundamentos possíveis para a progressividade do IPTU, e conclui que "fora da temática da capacidade contributiva, admite-se a progressividade do tributo municipal". Cfe. *Tratado...*, vol. II, cit., pp. 287, 314 ss.

posto. A imposição com a mesma alíquota – qualquer que seja ela – é intuitivamente mais penosa para Pobre do que para Rico.

Voltando aos termos técnicos, o sacrifício experimentado por Pobre é maior do que o sacrifício experimentado por Rico. A tributação, portanto, nos parece intuitivamente injusta porque há uma desigualdade de sacrifícios. Para que lográssemos atuar de forma justa no caso, teríamos que impor a Pobre e a Rico *o mesmo sacrifício*. Ora, como cada real pago por Rico lhe faz menos falta do que faz a Pobre, a forma de equalizar-se o sacrifício é impor uma alíquota de tributo que compense essa diferença. Rico, portanto, deverá ser tributado com uma alíquota alta o suficiente para que ele experimente um *sacrifício igual* ao de Pobre.

Esta é, em termos simples, a justificativa da progressividade, baseada na capacidade contributiva, em sua forma mais comum [55 e 56]. O importante é que, neste raciocínio, está embutida uma premissa de que a capacidade contributiva deve ser entendida como a capacidade de suportar um sacrifício. O argumento é forte, pelo apelo intuitivo. O que não se pode, entretanto, perder de vista é que o entendimento da capacidade contributiva como capacidade de suportar um sacrifício, imposto pelo tributo, depende da determinação daquilo que a teoria econômica chama "utilidade", um conceito abstrato que se refere à quantidade de satisfação/benefício que um indivíduo consegue extrair de determinado bem.

Voltando ao exemplo, esse conceito explica, em termos econômicos, o que intuitivamente já se percebia: os R$ 90,00 pagos por Pobre têm uma utilidade maior para ele do que os R$ 9.000,00 têm para Rico. Dito de outro modo, o montante pago por Pobre, embora muito menor em termos nominais, "vale" para ele muito mais do que "vale" para Rico o montante nominalmente muito que este pagou.

Ocorre que a utilidade é algo que se relaciona com o indivíduo como um todo, e não com cada bem ou direito. A utilidade de cada bem ou de cada unidade monetária depende de uma série de fatores, tais como:

---

55 Diz-se "mais comum" porque existem várias teorias a sustentar a fundamentação da progressividade na capacidade contributiva. Para um apanhado abrangente das teorias, v. SELIGMAN, Edwin R. A. *Progressive Taxation in Theory and Practice*. US: Princeton University Press, 1908, 2nd edition, especialmente os apêndices IV e V, pp. 233-289. Ver também BLUM e KALVEN, *The Uneasy Case...*, cit.

56 O exemplo utilizado é essencialmente igual ao utilizado por ROQUE ANTONIO CARRAZA para demonstração do fundamento da progressividade, cfe. *Curso de Direito Constitucional Tributário*. São Paulo: Malheiros, 2007, 23ª ed., revista, ampliada e atualizada até a Emenda Constitucional n. 53/2006, p. 89.

os outros bens que o contribuinte possui, as opções de que dispõe, e, como se não bastasse, seus gostos, preferências e desejos. O conceito de utilidade, portanto, depende ontologicamente de aspectos inteiramente subjetivos – emocionais, até – do contribuinte.

BLUM e KALVEN, cuja obra é até hoje considerada uma das principais no tema da progressividade, descrevem de forma clara, sucinta e precisa o problema da fundamentação desse princípio na capacidade contributiva:

> O erro está em tentar traduzir dinheiro, que pode ser medido em unidades definidas, em unidades correspondentes de bem-estar ou de satisfação. No final das contas, a satisfação, no sentido de felicidade, desafia a quantificação. Utilidade é um conceito útil; unidades de utilidade é que não são. É em face dessa dificuldade que, mesmo desconsiderando todas as outras objeções, toda a elaborada análise da progressividade em termos das doutrinas de sacrifício e utilidade cai por terra. [57]

ZILVETI deixa claro que "progressividade e capacidade contributiva não têm nenhuma relação entre si", mas entende que "a progressividade não é, em si, contrária nem conforme ao princípio da igualdade na tributação" [58]. TIPKE e LANG também entendem que a progressividade está distante da igualdade e da capacidade contributiva, por buscar seu fundamento no princípio do Estado Social [59]. HUMBERTO ÁVILA adota posição semelhante, quando afirma que "a progressividade, como técnica geral da tributação, não decorre do princípio da capacidade contributiva, mas do princípio da solidariedade social" [60], assim como SCHOUERI [61]. BLUM e KALVEN, em linha com a passagem anterior, concluem seu detalhado trabalho afirmando que o tema tem um apelo mais forte quando a tributação progressiva é

---

57 Op. cit., p. 63.

58 Cfe. *Princípios...*, cit.,p. 185. ZILVETI não explicita se está se referindo especificamente à igualdade de fato ou de direito, possibilitando o entendimento de que a progressividade, para ele, é completamente divorciada de tal princípio.

59 TIPKE, Klaus; LANG, Joachim. . *Direito Tributário*, cit., p. 387: "A alíquota progressiva do imposto de renda é norma de escopo social com finalidade de redistribuição; ela não colhe sua justificação da regra da igualdade e do princípio da capacidade contributiva; esses princípios levam a uma regra proporcional de finalidade fiscal. A progressividade é muito mais a expressão da social-estatalidade redistributiva."

60 ÁVILA, Humberto. *Sistema Constitucional Tributário*. São Paulo: Saraiva, 2006, p. 387.

61 SCHOUERI, Luís Eduardo. *Normas Tributárias Indutoras e Intervenção Econômica*. Rio de Janeiro: Forense, 2005, pp. 295 ss.

vista como uma forma de redução de desigualdades econômicas[62]. REGINA HELENA COSTA deriva a progressividade diretamente da igualdade material [63] e, também, da capacidade contributiva [64].

Entendemos que a progressividade deriva diretamente da exigência de *igualdade material*. Poder-se-ia dizer que o fundamento da progressividade pode variar conforme o objetivo buscado, mas dele sempre fará parte o próprio princípio da igualdade, que é composto por um princípio de igualdade de direito e por um princípio de igualdade de fato, no sentido que lhe atribui ALEXY[65]. Nessa linha de raciocínio, o princípio da igualdade de fato opera como um mandado de otimização na busca de igualdade real/material/de fato entre as pessoas. Autoriza a instituição de uma desigualdade de direito – ou seja, que as pessoas em situações de fato diferentes sejam submetidas a normas diferentes –na medida em que seja tal desigualdade necessária para que se atinja a maior igualdade material objetivada. Deve haver, para tanto, uma razão suficiente. Essa razão suficiente pode ser uma desigualdade econômica, de que falam BLUM e KALVEN, fundamentada na cláusula do Estado Social, como dizem TIPKE e ÁVILA, no caso da progressividade redistributiva.

Entretanto, o fundamento da progressividade também pode estar em outras razões, fundadas em uma combinação dos valores e princípios constitucionais, o que ocorrerá no caso de uma progressividade que seja não redistributiva, mas extrafiscal[66], como se verá logo adiante. Em qualquer caso, entretanto, a razão suficiente para esta desigualdade de direi-

---

62 Op. cit., p. 104.

63 COSTA, Regina Helena. *Princípio da Capacidade Contributiva*. São Paulo: Malheiros, 1996. 2ª ed. p. 74: "se a igualdade na sua acepção material, concreta, é o ideal para o qual se volta todo o ordenamento jurídico-positivo, a progressividade dos impostos é a técnica mais adequada ao seu atingimento".

64 Op. cit., p. 93, onde se lê: "Entendemos que a todos os impostos é possível imprimir-se a técnica da progressividade, uma vez que é exigência do próprio postulado da capacidade contributiva, igualmente aplicável a todos eles".

65 ALEXY, Robert. *Teoría de Los Derechos Fundamentales*. Madrid: Centro de Estudios Políticos y Constitucionales, 2002. Sobre a igualdade, especificamente, v. pp. 381 ss.

66 Sobre as diferentes fundamentações para progressividade com fins redistributivos e com fins indutores, ver SCHOUERI, *Normas Tributárias Indutoras...*, cit., pp. 297-300. O autor diz que a fundamentação com base na necessidade de induzir comportamentos "parece questionável, exigindo rigoroso exame em casos concretos" (p. 300).

to deverá ser buscada fora da norma: será uma desigualdade econômica de fato preexistente ou alguma outra razão construída a partir de valores e princípios constitucionais, que determine ou, no mínimo, recomende a intervenção estatal. Conforme seja a justificativa uma desigualdade de fato preexistente econômica ou outra razão, o tributo que incorpora a progressividade terá função redistributiva ou extrafiscal. Em ambos os casos, entretanto, a utilização da igualdade no sentido vazio e procedimental que é utilizado por ALEXY permite a explicação do fenômeno.

Isso porque a progressividade, como se verá em mais detalhes, opera mediante uma desigualdade de direito, derivada da existência de várias normas, em abstrato, potencialmente aplicáveis aos contribuintes (o que normalmente varia são as alíquotas).

3.1.1. PROGRESSIVIDADE EXTRAFISCAL

Tome-se como exemplo o Imposto sobre Propriedade Territorial Rural – ITR, com sua progressividade em função da utilização improdutiva da propriedade. A progressividade opera, no âmbito do mencionado tributo, com um objetivo declarado: desestimular a manutenção de propriedades improdutivas (ou realizar a função social da propriedade). A forma pela qual ela opera tem, entretanto, dois componentes distintos: (i) Um índice representativo de capacidade contributiva como medida de comparação, representada, na lei, por um elemento indicativo que é o valor da propriedade rural (o Valor da Terra Nua – VTN). Equivale à base de cálculo do tributo, e é invariável (em abstrato); e (ii) De outro lado, a fixação de várias alíquotas que deverão incidir sobre a base de cálculo faz com que existam diversas faixas de incidência do tributo. O critério que informa essa gradação é, como se viu antes, a produtividade ou improdutividade da terra, de forma que a alíquota é graduada conforme o grau de utilização da terra e o tamanho da propriedade. Assim, quanto maior a utilização produtiva da terra, ou quanto menor a propriedade, menor a alíquota. Quanto maior a propriedade, ou menor o grau de produtividade, maior a alíquota.

Percebe-se, portanto, que existem, na verdade, duas medidas de comparação embutidas no juízo de igualdade. A primeira delas, que informa a base de cálculo, é a medida de capacidade contributiva. A segunda, entretanto, é formada pela produtividade e pelo tamanho da terra, e o elemento indicativo dessa segunda medida de comparação é o índice que se extrai da tabela constante da lei. Portanto, para a determinação exata da regra tributária que se vai aplicar, é necessária a conjugação das duas medidas de comparação. Como a primeira delas levaria à igualdade se aplicada isoladamente e a segunda estabelece a possibilidade, em abstrato, de que várias regras incidam sobre uma mesma manifestação de capacidade contributiva, o resultado da conjugação das duas medidas de comparação é uma desigualdade de direito.

É simples vislumbrar que uma norma (A) que estabeleça que "todo aquele que possuir propriedade rural com grau de utilização de 10% pagará tributo à alíquota de 20% sobre o valor da terra nua" e uma norma (B) que estabeleça que "todo aquele que possuir propriedade rural com grau de utilização de 90% pagará tributo à alíquota de 1% sobre o valor da terra nua" não são abstratamente iguais. A aplicação de uma ou outra vai depender, no caso, não do índice de capacidade contributiva, mas do critério eleito pela lei em função do fim almejado: desestímulo da improdutividade da terra. Muitas vezes ocorrerá, nestes casos, o fenômeno muito bem descrito por RICARDO GUASTINI, em que várias normas podem ser extraídas da mesma disposição legal [67].

A desigualdade de fato quanto ao uso produtivo da terra, portanto, justifica, aqui, uma desigualdade de direito na alíquota do ITR, que busca estimular, exatamente, uma maior igualdade de fato quanto ao uso produtivo da terra. Normas diferentes – desigualdade de direito – para contribuintes desiguais de fato, buscando mais igualdade de fato.

3.1.2. PROGRESSIVIDADE REDISTRIBUTIVA

No tributo com função redistributiva, a razão suficiente para criação da desigualdade de direito assente na existência de várias normas (várias alíquotas) é uma *desigualdade econômica de fato*. Não seria descabido dizer que a desigualdade de fato que justifica a redistribuição seria a desigualdade quanto à própria *capacidade contributiva subjetiva* dos contribuintes, pois isso equivaleria a dizer que a desigualdade econômica entre eles justifica a redistribuição.

---

67 In *Distinguiendo: Estudios de Teoría y Metateoría del Derecho*. Barcelona: GEDISA Editorial, 1999, p. 101: "muchas disposiciones – quizás, todas las disposiciones – tienen un contenido significativo complejo: no expresan una norma sino una multiplicidad de normas conjuntas. En ese sentido, a una sola disposición corresponden diversas normas conjuntamente.". Sobre o conceito de norma tributária, ver PAULO DE BARROS CARVALHO, *Curso de Direito Tributário*, São Paulo: Saraiva, 2005, 17ª ed., onde, à página 352, o autor dá um exemplo bastante ilustrativo sobre a hipótese de incidência do antigo ICM: "Hipótese: realizar operações relativas à circulação de mercadorias, dentro dos limites geográficos do Estado, reputando-se acontecido o evento no instante em que as mercadorias deixarem o estabelecimento. Conseqüência: aquele que realizou a operação relativa à circulação de mercadorias deverá pagar 17% do valor da operação à Fazenda do Estado."

Por isso, na escolha de uma medida de comparação adequada, que guarde relação com tal desigualdade e permita à norma tributária buscar reduzi-la, nada mais correto do que utilizar aquele que, dentro do âmbito do tributo em questão, é o próprio índice de força econômica do contribuinte (ainda que parcial), ou seja, o índice de capacidade contributiva eleito pela lei para integrar a materialidade e a base de cálculo do tributo. Assim, em uma norma tributária com função redistributiva, a carga tributária deve aumentar mais que proporcionalmente ao aumento do próprio índice de capacidade contributiva eleito. É o caso, por exemplo, do imposto de renda progressivo, em que, aumentando a renda, aumenta desproporcionalmente a carga. Essa desproporção, repita-se, é justificada pela preexistência de uma desigualdade de fato que diz exatamente com a força econômica dos contribuintes, e que funciona, no caso, como a razão suficiente a autorizar, ou exigir, o estabelecimento de uma desigualdade de direito.

Novamente, a progressividade estabelece, para contribuintes desiguais de fato em relação à sua situação econômica, uma desigualdade de direito – normas diferentes, pela variação da alíquota – buscando restabelecer diretamente uma igualdade de fato desejada.

3.1.3. PROGRESSIVIDADE FISCAL

NEUMARK trata da progressividade tanto no capítulo dedicado, em sua obra, à proporcionalidade, quanto no capítulo destinado à redistribuição [68]. Na verdade, isso ocorre porque o autor admite, além da progressividade com fins redistributivos, a possibilidade de determinado grau de progressividade cujo fundamento seja apenas o respeito à própria capacidade contributiva.

A posição de NEUMARK parte de uma constatação pragmática, no sentido de que onde houver tributos sobre o consumo, haverá, inevitavelmente, regressividade no sistema tributário.

Seguindo seu raciocínio, NEUMARK mira o sistema como um todo, afirmando que, para compensar a regressividade naturalmente derivada dos tributos sobre consumo, o Imposto de Renda (principalmente) e os tributos sobre patrimônio, dentre os quais se destaca o imposto sobre heranças, devem ser estruturados de forma progressiva [69].

---

68 Cfe. *Principios...*, cit.

69 Cfe. *Principios...*, cit., p. 219: "supongamos que la capacidad de pago a efectos tributarios aumenta como magnitud global sólo proporcionalmente con respecto a sus factores indicadores. Aun en este caso habría que aspirar lógicamente a la progresión en ciertos impuestos a fin de contrarrestar los efectos regresivos de otras figuras impositivas.".

Trata-se de uma abordagem muito semelhante à de HAYEK, que, mesmo sendo contra a progressividade do sistema como um todo, afirma que "tributos específicos, e em especial o Imposto de Renda, podem ser progressivos por uma boa razão – para compensar a tendência de muitos tributos indiretos de colocar uma carga proporcionalmente maior nas rendas mais baixas"[70].

Em sistemas tributários que privilegiam o princípio da capacidade contributiva, é possível derivar de tal princípio um fundamento normativo para essa *progressividade compensatória* de que falam NEUMARK e HAYEK. Isso será mais simples, sem dúvida, em países onde há uma clara determinação constitucional de "obediência sistêmica" ao princípio, como é o caso da Itália e da Espanha[71]. No Brasil, o argumento poderia ser contestado por uma argumentação que tomasse por base a literalidade da Constituição, já que o texto de seu artigo 145, parágrafo 1º, diz que "sempre que possível, os impostos terão caráter pessoal e serão graduados segundo a capacidade econômica do contribuinte". Do texto poderiam ser extraídos dois possíveis obstáculos a uma fundamentação normativa da *progressividade compensatória* de NEUMARK: (i) a já tão debatida expressão "sempre que possível" e sua possível função de limitação do alcance do princípio; e (ii) o fato de que a menção é feita aos impostos e não ao sistema, de forma que não haveria, entre nós, um princípio da capacidade contributiva para o sistema, mas apenas para os tributos tomados isoladamente.

Entendemos que ambos os contra-argumentos são equivocados. No caso da expressão "sempre que possível", porque nos parece que sua melhor interpretação é no sentido de reforçar a natureza principiológica da capacidade contributiva, demonstrando seu *status* de mandado de otimização[72]. A doutrina brasileira, aliás, é fortemente contrária a uma interpretação restritiva dessa expressão, como se pode ver em

---

70 HAYEK, Friedrich A. *The Constitution of Liberty*. Chicago: The University of Chicago Press, 1978, p. 307.

71 A Constituição italiana diz que "todos são obrigados a concorrer para as despesas públicas em razão de sua capacidade contributiva". Já a espanhola determina que "Todos contribuirão para as despesas públicas de harmonia com a sua capacidade econômica, mediante um sistema tributário justo, inspirado nos princípios de igualdade e progressividade que, em caso algum, terá alcance confiscatório". Apud CONTI, José Maurício. *Princípios Tributários da Capacidade Contributiva e da Progressividade*. São Paulo: Dialética, 1997, p. 44.

72 V. página 115, acima.

ALIOMAR BALEEIRO [73], JOSÉ MARCOS DOMINGUES DE OLIVEIRA [74], REGINA HELENA COSTA [75] e JOSÉ MAURÍCIO CONTI [76], dentre outros.

Já o segundo contra-argumento nos parece não subsistir por razão semelhante: a própria natureza principiológica da capacidade contributiva a coloca em posição de mediadora entre os valores suprapositivos e as normas positivadas no sistema tributário brasileiro. Nessa linha, os limites à eficácia e aplicação desse princípio – como acontece, aliás, com qualquer princípio – devem ser verificados no caso concreto, mediante ponderação, não aprioristicamente, porque é da natureza destes que representem mandados de otimização.

Como diz o próprio NEUMARK, "um sistema fiscal (aproximadamente) 'ideal' cumpriria, no todo, o princípio de capacidade contributiva, sempre que os impostos que o constituem respondam – uns mais e outros menos – a este princípio e, em consequência, nenhum deles apresente uma estrutura que não leve em conta a fórmula da capacidade contributiva ou que a ela se oponha" [77].

---

73 Na edição de 1960 de seu "Limitações Constitucionais", o consagrado tributarista analisava o artigo 202 da então vigente Constituição, que continha a expressão "sempre que isso for possível", dizendo que "o constituinte impôs a regra a todos os casos, exceto àqueles em que o legislador ordinário se depare com a impossibilidade prática de submeter determinado tributo à personalização e à graduação pela capacidade econômica". Apud. REGINA HELENA COSTA, *Princípio da Capacidade Contributiva*, cit., p. 88.

74 Diz o autor, sobre os textos constitucionais de 1946 e de 1988, que "a cláusula 'sempre que isso for possível' constante de ambos os textos deve ser interpretada com o mesmo rigor que se entende presidir a cognição do conceito mesmo de capacidade contributiva, de forma que, toda vez que se demonstrar que onde havia campo para instituição de um imposto pessoal, ainda assim, a lei criou gravame de natureza real, este terá de ser anulado por inconstitucionalidade, pois a discrição do Legislador não pode ir a ponto de boicotar os ditames da Carta Magna (….)". Cfe. OLIVEIRA, José Marcos Domingues de. Direito Tributário – Capacidade Contributiva. Rio de Janeiro: Renovar, 2ª ed, 1998, p. 84.

75 Cfe. *Princípio da Capacidade Contributiva…*, cit., p. 88: "quanto ao caráter pessoal que os impostos deverão assumir, o 'sempre que possível' quer significar 'sempre que a estrutura do aspecto material da hipótese de incidência tributária o comporte'."

76 Cfe. *Princípios Constitucionais…*, cit., p. 48: "a colocação da expressão no Texto visa apenas e tão somente a permitir exceções, como é o caso dos impostos com finalidades ordinatórias – a chamada tributação extrafiscal –, em que o objetivo principal não é a arrecadação, mas o direcionamento das atividades dos agentes econômicos."

77 Cfe. *Principios…*, cit., p. 168.

A estrutura da regra é a mesma que no caso da progressividade com fins redistributivos: estabelece-se, para contribuintes desiguais de fato em relação à sua situação econômica, uma desigualdade de direito – normas diferentes, pela variação da alíquota – buscando restabelecer diretamente uma igualdade de fato desejada. O que muda, de fato, é o alcance: enquanto naquele caso busca-se alterar o estado de coisas para além do paradigma, neste caso busca-se apenas recuperar o paradigma, por assim dizer.

4. APLICAÇÃO DA PROGRESSIVIDADE À REFORMA TRIBUTÁRIA BRASILEIRA

A partir do que já se viu até aqui, é possível concluir que o princípio da redistribuição pode ser extraído da Constituição Federal, e que a progressividade é a principal forma pela qual tal princípio opera no campo dos tributos. É possível concluir também que a progressividade opera, em alguns tributos, com finalidade mais extrafiscal do que redistributiva e, em outros, com finalidade claramente redistributiva.

Dentre os casos em que a progressividade opera com finalidade claramente redistributiva encontramos o IR, o ITR (nos Estados em que há progressividade) e o IPTU, que tanto pode ser progressivo com fins redistributivos (alíquota variando em função do valor do imóvel) quanto com fins extrafiscais (alíquota variando em função do uso adequado da propriedade). Tudo isso, claro, por determinação da própria Constituição Federal.

A desigualdade de fato que seria o fundamento da aplicação das regras de progressividade é óbvia. O Brasil é, inegavelmente, um dos países mais desiguais do mundo, com os 10% mais ricos capturando 55% da renda nacional, enquanto os 50% mais pobres capturam pouco mais de 12% da renda nacional[78].

Outras análises demonstram que o Brasil é um dos países que mais tributam o consumo e menos tributam a renda e a herança no mundo. Em comparação, tributamos renda, lucro e ganhos de capital em patamar inferior ao de todos os países-membros da OCDE[79], e tributamos o consumo em pata-

---

78 Cfe. World Inequality Report. Thomas Piketty, Facundo Alvaredo, Lucas Chancel, Emmanuel Saez e Gabriel Zucman. Disponível em https://wir2018.wid.world/files/download/wir2018-full-report-english.pdf. Acessado em 19 de janeiro de 2020.

79 MONGUILOD, Ana Carolina. Tributar Renda ou Consumo? O que será melhor?. Disponível em https://www.jota.info/opiniao-e-analise/artigos/tributar-renda-consumo-melhor-22032019#_ftnref4. Acessado em 16 de janeiro de 2020.

mar inferior apenas a Hungria e Grécia[80]. Quando comparamos a alíquota máxima de 8% para tributação das heranças no Brasil, percebemos que os países mais desenvolvidos, no geral, utilizam alíquotas muito superiores[81].

Diante deste cenário, fica óbvio que uma reforma tributária que possa aumentar a capacidade arrecadatória da tributação do consumo, como parece ser o caminho definido pelas PECs 45 e 110, não pode vir desacompanhada de medidas, no mínimo, compensatórias, no âmbito de outros tributos, sob pena de tornarmos o sistema tributário, no todo, mais regressivo e, por isso, mais injusto.

Ora, os tributos sobre a renda são, no geral, o campo mais fértil para aplicação do princípio da igualdade tributária, em especial por força do princípio da capacidade contributiva e da progressividade. Essa facilidade de aplicação dos princípios decorre da grande possibilidade de apreensão da situação do contribuinte, em relação aos elementos que compõem sua renda, tanto bruta como líquida. Basta ver, por exemplo, que a personalização dos tributos sobre a renda é mais simples do que nos tributos sobre o patrimônio, ou nos tributos sobre o consumo.

A personalização, aliás, é a marca registrada dos tributos sobre a renda. A possibilidade de que sejam identificadas as fontes de renda como um todo e os gastos que dela devem ser deduzidos permitem que o resultado final – a renda líquida – se aproxime bastante da efetiva capacidade contributiva do contribuinte [82]. Da mesma forma, nos países onde os valores sociais dão amparo à aplicação dos tributos com fins redistributivos, a aplicação da progressividade é facilitada pela maior possibilidade de apreensão das características particulares de cada contribuinte.

---

80 Id. ibid.

81 Cfe. EY. Worldwide estate and inheritance tax guide 2018. Disponível em https://www.ey.com/Publication/vwLUAssets/ey-worldwide-estate-and-inheritance-tax-guide-2018/$FILE/ey-worldwide-estate-and-inheritance-tax-guide-2018.pdf. Acessado em 17 de janeiro de 2020.

82 Em extenso trabalho sobre o tema, LUÍS CESAR SOUZA DE QUEIROZ afirma que o conceito constitucional de renda "designa o acréscimo de valor patrimonial, representativo da obtenção de produto ou de simples aumento no valor do patrimônio, apurado, em certo período de tempo, a partir da combinação de todos os fatos que contribuem para o acréscimo de valor do patrimônio (fatos-acréscimo) com certos fatos que, estando relacionados ao atendimento das necessidades vitais básicas ou à preservação da existência, com dignidade, tanto da própria pessoa quanto de sua família, contribuem para o decréscimo de valor do patrimônio (fatos-decréscimo)". Cfe. *Imposto Sobre a Renda – Requisitos para uma Tributação Constitucional*. Rio de Janeiro: Forense, 2003, p. 338.

No Brasil, o Imposto de Renda deve obedecer, segundo determinações da própria Constituição Federal, aos princípios da capacidade contributiva (principalmente pela personalização) [83], sempre que possível, da progressividade, da universalidade e da generalidade [84]. Os princípios constitucionais não distinguem entre pessoas físicas e jurídicas.

Percebe-se, de imediato, que o imposto de renda, no Brasil, é ontologicamente voltado para a redistribuição, o que se pode extrair do mandamento constitucional de progressividade "pura e simples", ou seja, uma progressividade que opera baseada na própria medida de capacidade contributiva – a renda, portanto com óbvios fins redistributivos.

Os tributos sobre a renda brasileiros são estruturados, teoricamente, de forma a respeitar a capacidade contributiva e a progressividade. Diz-se teoricamente, pois, na implementação legislativa de tais tributos, fez-se menos do que seria possível. Basta lembrar o quanto se disse, no tópico anterior, sobre a aplicação ao Direito Brasileiro da tese de NEUMARK e HAYEK, no sentido de que a progressividade é necessária ou aceitável, ainda que apenas para compensar os efeitos regressivos da tributação sobre o consumo, de forma a evitar-se um sistema que seja, no todo, regressivo. Além disso, no Direito Tributário brasileiro, em função do princípio da redistribuição que se viu antes [85], o Legislador está obrigado, não apenas autorizado, a positivar um sistema tributário que permita maior igualdade, ou que, pelo menos, não permita maior desigualdade.

É importante notar que há limites para o aumento das alíquotas mais altas, dentro de uma eventual proposta de aumento de progressividade para o IR. Esses limites vêm, principalmente, da possibilidade de que as pessoas atingidas decidam, simplesmente, se mudar e com isso escapar da tributação exacerbada, fenômeno amplamente reconhecido mundialmente.

---

83 Artigo 145 da CF/88, § 1º - "Sempre que possível, os impostos terão caráter pessoal e serão graduados segundo a capacidade econômica do contribuinte, facultado à administração tributária, especialmente para conferir efetividade a esses objetivos, identificar, respeitados os direitos individuais e nos termos da lei, o patrimônio, os rendimentos e as atividades econômicas do contribuinte."

84 O artigo 153, parágrafo 2º, inciso I, da CF/1988 estabelece que o Imposto de Renda "será informado pelos critérios da generalidade, da universalidade e da progressividade, na forma da lei".

85 V. tópico 5.1.3, "A Redistribuição no Direito Tributário Brasileiro", p. 184.

A preocupação chega ao ponto de fazer com que autores, mesmo reconhecendo não ser o cenário ideal, entendam que o aumento de arrecadação pelo consumo seja um "mal necessário" para o momento atual, como é o caso de ANA CAROLINA MONGUILOD:

> Dada a impossibilidade de se arrecadar recursos suficientes com a renda comprovada disponível, é possível que a nossa matriz tributária, em termos de alocação de carga entre bases tributáveis, seja aquela mais indicada para a nossa sociedade, ao menos no seu atual estágio de desenvolvimento. É possível que faça mais sentido uma maior tributação sobre o consumo do que sobre a renda, mesmo que, infelizmente, seja de fato regressiva.[86]

Seja como for, é certo que, diante do triste cenário da desigualdade histórica e atual no Brasil, qualquer tentativa de reforma deve, na maior medida possível, alcançar uma compensação da regressividade imposta pelos tributos sobre o consumo, fazendo-se com que o sistema seja, na pior das hipóteses, proporcional e, assim, coerente com a capacidade contributiva; e pode-se chegar mais além, fazendo com que o sistema seja verdadeiramente progressivo, quando tomado pelo conjunto dos tributos, e com isso tendente a redistribuir renda. Isso nada mais seria do que simples observância dos objetivos propostos pelo art. 3º da Constituição.

É neste ponto que entra em cena a tributação sobre heranças e doações, a cargo do ITCMD. Mesmo que a progressividade do IR não possa ser levada a patamares elevados o suficiente para compensar a regressividade da tributação do consumo que venha a ser estabelecida na reforma tributária, é fora de dúvida que em termos de tributação sobre heranças há muito espaço para isso antes que a tributação constitua um incentivo para mobilidade de capital. A progressividade do ITCMD, já utilizada e validada pelo STF em várias ocasiões quando o fator de discrímen é o valor da herança – claramente redistributiva e vocacionada para o fim desejado, portanto –, seria um complemento eficaz e adequado para atacar o problema da regressividade do sistema. No caso do ITCMD, inclusive, como não existe uma regra constitucional de progressividade, uma possível medida a ser adotada poderia ser exatamente a inclusão desta regra.

Dessa forma, parece razoável concluir que, no âmbito de uma reforma que recupere – corretamente, repita-se – a capacidade arrecadatória da tributação do consumo no Brasil, adicionando simplicidade e transparência, como nos parece ser o caso das propostas de reforma encar-

---

86 Cfe. Tributar Renda ou Consumo? O que será melhor?, cit.

tadas nas PECs 45 e 110, é também necessário que sejam adotadas medidas para compensar o eventual aumento de regressividade sistêmica.

As medidas concretas a serem tomadas, no âmbito do IR, parecem ser todas de âmbito infraconstitucional, uma vez que a regra da progressividade já está prevista na CF/88. Um aumento no número de alíquotas somado a um aumento das alíquotas mais altas parece ser não apenas recomendável, mas verdadeiramente necessário.

No caso do ITCMD, além do aumento da alíquota máxima hoje permitida, de 8%, parece recomendável também a imposição da progressividade por regra constitucional, como já acontece com o IR.

EM BUSCA DE DIAS MELHORES: REFORMAR PARA MELHORAR O AMBIENTE ECONÔMICO, JURÍDICO E SOCIAL DO BRASIL

RODRIGO FROTA DA SILVEIRA[1]

RODRIGO KEIDEL SPADA[2]

SUMÁRIO: 1. O panorama geral e atemporal; 2. O caso Brasileiro em 2020; 3. O modelo vigente de tributação sobre o consumo; 4. Este modelo o modelo de tributação sobre o consumo opera bem?; 5. E quais seriam os problemas no modelo?; 6. Existe uma proposta viável de reforma do modelo?; 7. Quais seriam as vantagens do novo tributo proposto, denominado IBS?; 8. Na hipótese de aprovação de uma reforma tributária, nos moldes da PEC 45/2019, os resultados esperados seriam maiores que os custos inerentes à reforma?

1. O PANORAMA GERAL E ATEMPORAL

Muitos se perguntam o motivo de propor, debater, aprovar e implementar reformas tributárias e financeiras no Brasil.

- Qual seria o motivo de fazer reformas?

A resposta parece óbvia: as reformas são propostas, pois o sistema vigente, em um dado momento e local, não atende às expectativas dos agentes políticos, econômicos e sociais que habitam este lugar. A proposta de reforma é fruto da insatisfação, ambição e da busca por dias melhores.

---

1 Graduado em Administração e Direito, Mestre em Administração (FEA-USP), especialista em Política e Técnica Tributária (CIAT), professor, agente fiscal e associado da Afresp.

2 Graduado em Direito pela Universidade Estadual Paulista (Unesp), possui MBA em gestão empresarial pela Fundação Instituto de Administração (FIA) pela USP. É presidente da Associação dos Agentes Fiscais de Rendas do Estado de São Paulo (Afresp) e vice-presidente da Federação Brasileira de Associações de Fiscais de Tributos Estaduais (Febrafite).

O desenvolvimento não é algo uniforme no tempo e no espaço. Dessa forma, não basta esperar o tempo passar e que todos, em qualquer lugar que estejam, irão, automaticamente, viver em uma sociedade desenvolvida, rica, feliz e justa.

Douglas North define instituições como "restrições criadas humanamente que estruturam interações políticas, econômicas e sociais"[3]. Tais restrições são as regras formais (constituições, leis, direitos de propriedade) e informais (sanções, tabus, costumes, tradições, códigos de conduta), que geralmente contribuem para a perpetuação da ordem e segurança dentro de um mercado ou sociedade.

Desta forma, as sociedades que, em dado momento, implementaram reformas adequadas, apesar de todo os custos incorridos na elaboração, aprovação e implementação destas reformas, tornaram-se vencedoras na longa caminhada para o desenvolvimento social, político e econômico. Por outro lado, as sociedades que fracassaram em aprovar reformas, ou implementaram reformas inadequadas, fracassaram, e ocupam lugares no fim da lista dos países classificados em ordem decrescente de bem-estar social e nível de renda.

Algumas vezes não se sabe *ex ante*[4] se uma reforma será positiva para o desenvolvimento de uma sociedade, antes dela ter sido implementada. Assim, em certos casos, é uma questão de tentativa e erro.

Mas como diz o ditado, quem não arrisca, não petisca (nothing ventured, nothing gained).

2. O CASO BRASILEIRO EM 2020

Passando da análise atemporal e geral para o caso do Brasil no ano de 2020, temos que entender o que está acontecendo aqui e agora.

Tomando como objeto da análise o modelo brasileiro vigente de tributação sobre o consumo, objeto da proposta de reforma tributária e financeira veiculada pela PEC 45/2019, em trâmite na Câmara dos Deputados, vamos passar a análise do nível filosófico para o nível pragmático.

(1) Qual é o modelo vigente no Brasil de tributação sobre o consumo?

(2) Este modelo de tributação sobre o consumo opera bem?

(3) O modelo apresenta problemas? Quais seriam?

---

3 Douglass C. North, Institutions, Journal of Economic Perspectives — Volume 5, Number 1 — Winter 1991 — Pages 97–1. Tradução livre.

4 A incerteza pode ser fruto da complexidade, da racionalidade limitada, da assimétrica de informações e do imponderado.

(4) Existe uma proposta viável de reforma do modelo?

(5) Com uma eventual reforma, os resultados esperados seriam maiores que os custos inerentes à reforma?

3. O MODELO VIGENTE DE TRIBUTAÇÃO SOBRE O CONSUMO

O modelo vigente no Brasil de tributação sobre consumo é formado por um conjunto de tributos, federais, estaduais e municipais, autônomos e que interagem entre si, de forma quase caótica, e por uma cesta de tributos[5], que incide nas operações tendentes a levar os produtos de quem os produz, importa ou comercializa para quem os consome.

No âmbito federal os tributos que incidem sobre o consumo são o PIS, o Cofins e, de certa forma, o IPI, o IOF e o IRPJ e a CSLL[6]. Cada um destes tributos está previsto em lei própria, tem um conjunto de fatos geradores, bases de cálculo, contribuintes, substitutos tributários, alíquotas, que lhes são próprios e alguns deles tem ainda um conjunto de regras sobre não cumulatividade. Além da regra geral, já bastante complexa, existem ainda centenas de benefícios tributários, para cada um destes tributos. Cada tributo tem características específicas, o que pode ser fato gerador para um pode não ser para outro, o que constitui base de cálculo para um pode não constituir para outro, o que gera crédito fiscal para um pode não gerar para outro, os benefícios tributários aplicáveis a um, pode não ser aplicável a outro e assim por diante. Trata-se de tributos federais distintos e não harmonizados, convivendo no mesmo tempo e espaço, interagindo entre si e com outros tributos estaduais e municipais de forma não sistêmica.

Isto explica em parte a quantidade de litígios tributários federais existentes no Brasil. Conforme dados do estudo "Os Desafios do Contencioso Tributário no Brasil"[7], o tempo médio de tramitação de

---

5 O Super Simples Nacional, previsto na LC 123/2006.

6 Na opção de tributação conhecida por Lucro Presumido à tributação a título de imposto sobre a renda das pessoas jurídicas se faz aplicando uma alíquota sobre o valor das vendas, sendo o imposto devido ainda que a empresa tenha prejuízo. Portanto, sob o ponto de visto pragmático, IRPJ-Lucro Presumido pode ser analisado como se fosse um tributo sobre o consumo. O mesmo raciocínio pode ser aplicado a CSLL.

7 Publicado dia 28/11/2019, pelo Instituto Brasileiro de Ética Concorrencial (Etco) e pela Consultoria Ernst & Young (EY). Fonte: Jota, consultado em 05/12/2019. https://www.jota.info/tributos-e-empresas/tributario/contencioso-tribuario-processos-28112019.

um processo tributário federal nas esferas administrativas e judiciais é de 18 anos e 11 meses e o valor das disputas atinge o montante de 50% do PIB brasileiro.

Além disto, o tempo gasto pelas empresas tentando estimar o valor devido, procurando formas de pagar menos, cumprindo obrigações tributárias acessórias (prestando informações ao fisco) e calculando os riscos de tudo isto é enorme. Aparentemente sem equivalente entre as nações desenvolvidas.

O custo, seja na parte que se tornou um litígio, ou na parte não litigiosa, é enorme, tanto para o setor público, como para o setor privado.

Mas espere um pouco. Até aqui falamos apenas dos tributos federais sobre o consumo, que em tese são, ou deveriam ser[8], aplicáveis de forma homogênea em todo o território brasileiro. Todavia precisamos falar também dos tributos estaduais e municipais sobre o consumo. Se já estava complicado, pode ficar muito pior.

No âmbito municipal existem dois tributos sobre o consumo, o ISS e o ITBI. O primeiro incide sobre as prestações de serviços previstas em uma lista[9] e o segundo incide sobre as vendas e transferências de bens imóveis[10]. Ambos os tributos são em regra do tipo cumulativo, podendo existir exceções pontuais[11].

---

8 Os tributos federais deveriam ser homogêneos e aplicáveis em todo o território nacional, mas no Brasil isto não ocorre. Diversas regiões possuem tratamentos tributários especiais, supostamente para reduzir as desigualdades regionais. Existe um debate sobre se os tratamentos distintos de fato reduzem esta desigualdade, e se reduzem, se está levando todas a regiões para a pobreza ou para a prosperidade.

9 Lista constante da LC 116/2003.

10 Este imposto incide sobre vendas e transferência de direitos reais sobre imóveis, como terrenos rurais, terrenos urbanos, casas e prédios de todo tipo. Assim se alguém compra uma área não construída, e faz melhorias para transformar em lotes urbanizados, ao vender os lotes precisa pagar o imposto. Se outra pessoa compra um lote, constrói um prédio, na forma de condomínio vertical, na venda das unidades precisa pagar o imposto. Se um terceiro adquire estes imóveis logo no lançamento, e os revende depois de algum tempo, na expectativa de ter um ganho, precisa pagar o imposto, tendo obtido ou não o ganho. Se tiver o ganho precisa pagar ainda o imposto sobre a renda.

11 Um caso que merece ser citado, pela relevância econômica, é o da construção civil município de São Paulo, que permite a não cumulatividade quando existe, na mesma obra, diversas construtoras envolvidas, uma prestando serviços para outras.

Como estamos tratando de tributos municipais, cada município[12] pode, respeitadas as regras gerais, previstas na Constituição Federal e em leis complementares de vigência nacional, especificar o tributo da forma que melhor lhe aprouver.

Assim, no caso do ITBI, cada município pode, por exemplo, definir quem é o contribuinte, o vendedor ou o comprador do imóvel[13]. No caso do ISS, cada município pode, por exemplo, estabelecer quais são as isenções, incentivos ou benefícios tributários ou financeiros, inclusive de redução de base de cálculo ou de crédito presumido ou outorgado, observando os limites previstos em lei complementar[14].

Desta forma, se uma pessoa tem por atividade a compra e venda de imóveis, ou a prestação de serviços em mais de um município, deve conhecer as legislações tributárias de cada um dos municípios envolvidos em seu raio de atuação. No limite, a única coisa padronizada nesta tributação municipal é o nome dos impostos que quase sempre é o mesmo.

Exemplificando, se um conjunto de músicos realiza apresentações ao vivo em diferentes cidades ao longo de uma turnê, ou se uma empresa administradora de *leasing* possui clientes em diferentes localidades, o conjunto de músicos e a administradora de *leasing* devem conhecer a legislação tributária de cada um dos municípios, onde se realizou a apresentação musical ou onde tem domicílio de cada cliente do *leasing*, para calcular e pagar o imposto devido, e para cumprir as obrigações acessórias previstas em cada local[15].

O que varia não é apenas a alíquota aplicável, mas praticamente toda a legislação relativa as obrigações acessórias (prestação de informações), parte significativa da obrigação principal (valor do imposto a pagar) e, em especial, a parte relativa benefícios e incentivos tributários.

Mas se a empresa de *leasing* mudar sua atividade para locação de coisas móveis ou imóveis, ela não precisa mais se preocupar com as

---

12 No Brasil existem aproximadamente 5.570 municípios, com dois impostos sobre o consumo, são aproximadamente 11 mil leis tributárias distintas. Não distintas apenas na alíquota, mas com centenas de diferenças possíveis, além das diferentes obrigações acessórias previstas em atos infra legais.

13 CTN artigo 42.

14 Vide LC 116, artigo 8º-A e LC 101/2000 artigo 14.

15 LC 116/2003, artigo 3º, incisos XVIII e XXV, e Itens 12.12 e 15.09 da lista anexa.

diversas legislações do ISS de cada cidade em que ela atua, pois locação é um serviço não tributado pelo ISS[16].

Compreendida as esferas federal e municipal, passamos para a esfera estadual e, chegamos ao ICMS. O imposto sobre o consumo de competência estadual e o imposto de maior valor arrecadado no Brasil[17].

O ICMS atual é derivado do ICM instituído no Brasil pela Emenda Constitucional 18, de 1º de dezembro de 1965. Em sua redação original, o artigo 12 definia que competia aos Estados o imposto sobre operações relativas à circulação de mercadorias, realizadas por comerciantes, industriais e produtores, cuja alíquota seria única para todas as mercadorias, competindo a cada Estado fixar a alíquota (única) aplicável nas operações intra-estaduais, sem qualquer limite, e a alíquota aplicável nas operações inter-estaduais, observando o limite estabelecido pelo Senado Federal. Determinava ainda que o valor do imposto "cobrado" nas operações anteriores, pelo mesmo "ou por outro Estado", poderia ser abatido do valor devido em cada operação, e que o imposto não incidiria nas vendas a varejo, realizadas diretamente ao consumidor final, quando a coisa vendida fosse gênero de primeira necessidade, definida em ato do poder executivo estadual (Decreto).

Na vigência do Decreto Lei 406/68, de 31 de dezembro de 1968, a alíquota do ICM, manteve-se uniforme para todas as mercadorias, competindo ao Senado Federal fixar as alíquotas máximas para as operações internas, interestaduais e de exportação para o estrangeiro. Quanto a não cumulatividade, foi mantida a regra de que o imposto é não cumulativo, abatendo-se, em cada operação o montante cobrado nas anteriores, pelo mesmo ou por outro Estado[18].

Na vigência da Constituição de 1969, na redação dada pela Emenda Constitucional 01/69, de 17 de outubro de 1969, a alíquota do ICM continuou uniforme para todas as mercadorias, mas ficou definido que as isenções relativas ao ICM deveriam ser concedidas ou revogadas apenas nos termos fixados em convênios, celebrados e ratificados pelos Estados, segundo o disposto em lei complementar[19].

---

16 Não é tributado, pois o serviço de locação não está previsto na lista da LC 116/2003 e desta forma o STF decidiu que o serviço de locar algo não é um serviço para fins de imposto sobre os serviços.

17 O valor da arrecadação do ICMS é da ordem de 7% do valor do PIB do Brasil.

18 Decreto Lei 406/68, de 31/12/1968, artigos 3º e 5º.

19 Com o passar do tempo viu-se que o *enforcement* desta regra nunca seria aplicado de forma eficaz pelo sistema judicial brasileiro. Vide LC 24/75 e LC 160/2017.

Com a vedação constitucional a existência de várias alíquotas de ICM, os Estados adotaram uma solução alternativa. Estabeleceram uma grande lista de isenções parciais, ou reduções de base de cálculo do ICM, de forma a reduzir o valor do imposto incidente na operação sem alterar a alíquota nominal do imposto[20].

A regra da uniformidade de tributação, por meio da alíquota uniforme para todas as mercadorias, e que na prática não era seguida pelos Estados, deixou de constar da Constituição de 1988, que transformou o ICM em ICMS.

Na redação atual da Constituição Federal de 1988, o ICMS é um imposto de competência estadual, não cumulativo, pois se compensa o que for devido em cada operação relativa à circulação de mercadorias ou prestação de serviços com o montante "cobrado" nas anteriores, pelo mesmo "ou outro Estado", que poderá ser seletivo em função da essencialidade das mercadorias e dos serviços, cujas alíquotas aplicáveis nas operações internas serão fixadas em cada Estado e as aplicáveis nas operações interestaduais serão fixadas pelo Senado, sendo que o imposto não incide nas exportações[21].

Isto não significa que as reduções de base de cálculo, e outros benefícios tributários, desenhadas para fazer de conta que a alíquota nominal do ICMS era equivalente à carga tributária da operação tenham deixado de existir. Ao contrário, apesar das regras restritivas previstas na Constituição Federal e nas leis complementares de abrangência nacional[22] os benefícios se ampliaram em quantidade e modalidades.

Para resumir a situação atual, uma leitura possível é que o ICMS é um imposto não cumulativo, no qual o valor do imposto cobrado, ou não

---

20 Começou assim um jogo de faz de conta, que foi tolerado pelo sistema. A constituição estabelecia que a alíquota deveria ser uniforme (§ 5º do artigo 23 da CF de 1969). E ela foi mantida literalmente uniforme, mas no mundo real, da economia e dos negócios, a alíquota nominal deixou de ser relevante passando a ser observada apenas a carga tributária resultante da multiplicação da alíquota nominal pela base de cálculo, que sob certas condições, poderia ser "reduzida", reduzindo assim a carga tributária. Desta forma que o imposto já não era mais uniforme. Apenas na aparência a tributação era uniforme, conforme previa a constituição vigente.

21 Constituição Federal de 1988, artigo 155, § 2º.

22 Constituição Federal de 1988, artigos 150, § 6º, 155, § 2º, XII, "g" e 165, §6º, LC 24/75, LC 160/2017 e LC 101/2000.

cobrado[23], nas operações anteriores, no mesmo ou em outro Estado, pode ser deduzido do valor devido e cujas alíquotas aplicáveis às operações internas são fixadas pelo Estado e as aplicáveis às operações interestaduais são fixadas pelo Senado, e que não incide nas exportações.

Visto os tributos federais, municipais e o estadual, resta ainda visitarmos o Super Simples Nacional[24], que em poucas palavras é como se fosse uma "cesta de tributos", no qual o contribuinte pagando um determinado valor mensal, não muito simples de calcular[25], e não muito módico, pode deixar de pagar, no todo ou em parte[26], diversos outros tributos existentes, tais como o IRPJ, a CSLL, o IPI, o PIS, a Cofins, o ICMS e o ISS.

4. ESTE MODELO O MODELO DE TRIBUTAÇÃO SOBRE O CONSUMO OPERA BEM?

O modelo de tributação vigente é complexo, mutável e não harmônico. Da interação entre as normas vigentes com o mundo real (onde os negócios são realizados, as operações e transações são concluídas, o valor do imposto deve ser apurado e pago ao Estado credor (obrigações principais) e as informações (obrigações acessórias) devem ser prestadas pelo contribuinte aos entes tributantes) surgem os problemas econômicos e jurídicos, com os quais as pessoas se veem envolvidas.

É desta interação entre normas jurídicas e fatos do mundo real que os problemas ocorrem e os litígios administrativos e judiciais são travados. Algumas vezes para contestar o valor de um lançamento de oficio, outras

---

23 Depois da LC 160/2017, parece ser a única leitura possível, pois todos os benefícios de crédito outorgado concedidos nos Estados para operações interestaduais foram convalidados, de forma que o valor do imposto destacado na Nota Fiscal, com a alíquota nominal não guarda relação unívoca com a carga tributaria da respectiva operação. E o crédito no estabelecimento de destino é feito com base no imposto destacado, e não com base no imposto cobrado.

24 O Simples Nacional é super no que se refere ao limite de faturamento anual das empresas que podem optar, que atualmente é de 4,8 milhões de reais, ou quase 1,2 milhões de dólares ao ano. É também super na complexidade de apurar o valor devido por micro empresas e pequenas empresas.

25 Vide o artigo 18, da LC 123/2006, com seus mais de 20 parágrafos, para ter uma idéia de como é o calculo.

26 O pagamento correto do valor devido no âmbito do Regime do Simples Nacional não dispensa por completo o pagamento dos tributos integrantes da cesta. Vide incisos I a XV do § 1º do artigo 13 da LC 123/2006. Tal como uma cesta de tarifa de produtos bancários, alguns serviços estão cobertos, outros não, e alguns estão coberto até determinado limite.

vezes para tentar receber a restituição da substituição tributária paga a maior, ou ainda para receber autorização para transferir a terceiro parte do valor do crédito tributário que a empresa acumulou em suas operações.

Deste modelo de multiplicidade de tributos sobre o consumo, da existência de zonas com conflitos positivos de competência entre Estados, entre Municípios, e entre Estados e Municípios, da infindável lista de benefícios tributários vigentes, cada qual desenhado de uma forma específica, da demora em receber as restituições a que faz jus, das fraudes, da ocorrência de valores declarados pelo contribuinte como tributo devido, mas nunca recolhidos, dos parcelamentos e reparcelamentos rompidos, e de outros motivos não listados, é que o valor das disputas tributárias no Brasil atingiu a cifra estimada de 73% do PIB[27].

Assim, embora o sistema apresente uma arrecadação relevante[28], não se pode afirmar que modelo seja um bom sistema de tributação sobre o consumo. O modelo arrecada a um custo elevado, custo este que se revela em termos de ineficiência econômica, de distorção de preços relativos, de litígios intermináveis e de transtornos a livre competição dentro da legalidade.

5.   E QUAIS SERIAM OS PROBLEMAS NO MODELO?

Primeiro o desenho do sistema com múltiplos tributos, nos âmbitos federal, estadual e municipal, não são harmonizados entre si.

O desenho do sistema tributário nacional, realizado na década de 1960, pode ter sido um grande avanço sobre o sistema até então vigente, baseado no IVC – Imposto sobre Vendas e Consignações. A substituição deste imposto cumulativo pelo ICM não cumulativo permitiu grande avanço na parte real da economia e atualmente a parte real da economia é muito mais complexa e integrada do que era em 1960.

Mas o sistema múltiplo de tributação sobre o consumo atingiu seu limite de vida útil e não permite mais remendos. O nível de complexidade da economia, das empresas, dos negócios, e a velocidade da sociedade da informação não permite que o Brasil continue com um sistema tributário que era bom na década de 1960, mas que se tornou obsoleto.

---

27 Os números são referentes a 2018 e foram compilados pelos pesquisadores Breno Vasconcelos, Lorreine Messias e Larissa Luzia Longo e englobam disputas administrativas e judiciais nos Municípios, nos Estados e na União.

28 Conforme o relatório Carga Tributária no Brasil 2017 da RFB, o valor total de tributos arrecadados no país em 2017 foi de 32,43% do PIB, sendo que os tributos sobre bens e serviços representaram 48,4% deste total.

O Brasil mantém relações comerciais com outras nações e várias delas utilizam modelos de tributação sobre o consumo que são mais eficientes do que o modelo brasileiro. Desta forma, o Brasil, ao conservar seu modelo obsoleto, faz com que as empresas locais se tornem menos competitivas em âmbito internacional, que o nível dos salários locais seja inferior ao potencial e que a taxa de retorno dos investimentos locais seja menor do que poderia ser e por sua vez, afasta investimentos novos e reduz a taxa de crescimento. Estes são alguns dos efeitos econômicos de um modelo ineficiente de tributação.

Embora a agricultura, a mineração[29] e o comércio varejista[30] tenham se mantido competitivos, pois são menos afetados pelos defeitos do sistema tributário, ou mais protegidos da competição externa, e isto lhes permite operar mesmo com o sistema tributário atual, a indústria de transformação não teve o mesmo destino. A atividade industrial, após ter crescido nas décadas de 1970 e 1980, regrediu significativamente.

Segundo, pela existência de uma infindável relação de benefícios tributários nos tributos sobre o consumo.

Tais benefícios são decorrentes de uma busca por vantagem competitiva de um setor da economia sobre os outros setores, ou de uma região sobre as outras regiões, de forma que ao final todos têm um benefício para chamar de seu, mas o custo burocrático de gerenciamento público e privado da tributação se tornou mais oneroso e ninguém leva vantagem com isto.

Estes benefícios tributários induziram as empresas a organizarem seus negócios de forma a minimizar o custo tributário, ainda que isto

---

29 Na mineração a atividade extrativa dos recursos naturais foi mantida, pois a existência de jazidas com baixo custo de extração garante a vantagem competitiva local. Mas no caso do minério de ferro, que por várias décadas a exportação se dava na forma de aço, atualmente a exportação de minério bruto se tornou a modalidade dominante. No varejo a atividade local ainda se mantém, pois as importações diretas por consumidor final ainda são pouco relevantes no consumo total das famílias. Porém na indústria de transformação, ocorreu redução da atividade local e aumento na importação, sendo que parte desde movimento é decorrente da tributação interna.

30 O comércio varejista por sua presença física na localidade onde o consumidor vive, ainda consegue oferecer muitos produtos mais baratos do que a importação direta via e-commerce internacional. Mas para os produtos desmaterializados, que podem ser entregues via download, ou para produtos cujo valor do frete é proporcionalmente baixo, a opção de importação direta pelo consumidor final vem ganhando espaço.

significasse adotar processos menos eficientes de produção. Além disto, o risco tributário e a frequente alteração de regras induziram os agentes econômicos a evitarem investimentos em ativos específicos, dando preferência a investimentos que pudessem ser desmobilizados de forma eficaz no caso de alteração de regras (seja de normas jurídicas, seja de jurisprudência, seja de normas informais).

Ao evitar investimentos em ativos específicos e dar prioridade aos ativos de fácil mobilização, os ganhos de produtividade que poderiam ser obtidos não foram auferidos e o produto potencial da economia se consolidou em valores inferiores aos que poderiam ser atingidos com um arranjo institucional de melhor qualidade.

Sendo assim, com a mesma quantidade de insumos, de mão de obra e de capital se obtém um resultado menor. No conjunto, produz menos, paga salários menores e se ganha menos.

Terceiro, a insegurança jurídica decorrente de o sistema jurisdicional não conseguir julgar com brevidade as lides tributárias que se apresentam.

A lentidão do sistema jurídico processual nacional permitiu que nas lides relativas à tributação se formasse um "estoque" de processos a serem julgados e de decisões a serem executadas, cujo montante chega à cifra de 73% do PIB (ou 5 trilhões de reais[31]).

Ao deixar de fornecer o *enforcement* na solução de lides e na cobrança coativa de tributos, a cobrança tributária se tornou ineficiente, gerando uma taxa de conversão de dívida ativa em receita de apenas 1% ao ano. Esta falta de efetividade permite que empresas que não pagam seus tributos de forma regular convivam com empresas que pagam, prejudicando o ambiente de negócios, a livre competição e a sobrevivência do mais eficiente, e induz o *rent seeking* tributário *vis a vis* ao arrojo e a eficiência nos negócios.

6. EXISTE UMA PROPOSTA VIÁVEL DE REFORMA DO MODELO?

Primeiro devemos entender que o sistema tributário atual ocasiona um problema econômico para a sociedade, e não um problema jurídico. Assim, a solução passa por uma reformulação dos incentivos econômicos do modelo e não por um mero ajuste jurídico das normas.

---

31 Os números são referentes a 2018 e foram compilados pelos pesquisadores Breno Vasconcelos, Lorreine Messias e Larissa Luzia Longo e englobam disputas administrativas e judiciais nos Municípios, nos Estados e na União.

Para desenhar um novo modelo o primeiro passo seria substituir tributos que causam elevadas distorções econômicas por outros de menor distorção, mantendo, em um primeiro momento o valor arrecadado.

O tributo de maior distorção econômica é o ICMS, de competência dos Estados. Isto ocorre, pois o ICMS: (1) é o tributo que mais arrecada e, portanto mais afeta as decisões alocativas; (2) é o tributo que permite a Guerra Fiscal entre os Estados, mediante benefícios tributários de diversos tipos e formatos; e (3) é o tributo que mais se estressa as relações entre os Entes da federação (União, Estado e Municípios).

Assim, qualquer solução efetiva do problema passa por desenhar um tributo que substitua o ICMS, mantendo suas qualidades, como a não cumulatividade e a capacidade de arrecadação, mas reduzindo seus defeitos.

Neste sentido a PEC 45/2019 propõe a extinção do ICMS e também do ISS, PIS, Cofins e IPI, e a criação de um novo tributo sobre o consumo. Já tendo sido bastante discutida no Congresso Nacional e na sociedade civil, parece ser uma proposta viável para melhorar o modelo da tributação.

7. QUAIS SERIAM AS VANTAGENS DO NOVO TRIBUTO PROPOSTO, DENOMINADO IBS?

A primeira vantagem seria a amplitude dos fatos econômicos passíveis de serem tributados.

A incidência do tributo alcançaria todas as operações com mercadorias, bens e serviços, realizados no território nacional, promovidas por agente econômico que as realize com habitualidade ou montante acima de determinado patamar e também as operações de importação de mercadorias, bens e serviços, realizados por quaisquer pessoas ou entidades.

Esta definição ampla poderia extinguir as diversas brechas que permitem que algumas atividades não paguem imposto desde que realizadas sob determinada forma, ou paguem menos se realizadas de um modo específico e que acabam por incentivar a ocorrência de atividades econômicas ineficientes que se justifiquem apenas pelo ganho tributário que propiciam. Com bens, mercadorias e serviços sendo tributados de forma equivalente, todo o esforço de criatividade gasto para elidir a tributação poderia ser direcionado para o ganho de eficiência econômica.

A segunda vantagem seria a amplitude territorial de aplicação do tributo.

No modelo atual os tributos estaduais e municipais têm uma amplitude territorial limitada, gerando onerosidade devido à falta de escala. Além disto, os tributos federais também têm regras e benefícios tributários que se aplicam de formas distintas nas distintas regiões do país.

Assim, se o novo tributo tiver uma regra de aplicação geográfica ampla, em função das economias de escala que se pode obter, o custo de pagar os tributos sobre o consumo pode ser significativamente reduzido[32].

A terceira vantagem seria a autonomia local para fixar a alíquota do imposto

No modelo atual a autonomia local dos Estados para definir a alíquota do ICMS é limitada pelas regras nacionais. Além disto, os Estados não têm autonomia alguma para definir a alíquota aplicável nas operações interestaduais entre contribuintes. E pior, os Estados devem admitir como bom e passível de dedução do valor do imposto devido, a somatória do valor do imposto destacado[33] nas notas fiscais de entrada interestadual no estabelecimento do contribuinte. Isto significa que, na prática, a capacidade de cada Estado de gerir o montante de ICMS a ser cobrado de seus contribuintes é bastante limitada face às regras nacionais vigentes.

Os municípios em relação ao ISS também enfrentam grandes dificuldades. No âmbito operacional quase metade dos municípios não consegue organizar uma forma eficaz de cobrar o imposto por falta de escala. Na outra ponta, entre os Municípios maiores, que tem boa estrutura e escala, a arrecadação é relevante, mas atividades como locação não podem ser tributadas e existem zonas de atrito entre ICMS e o ISS não solucionadas (gráficas, farmácias de manipulação, vídeo sob demanda no cabo, publicidade via TV paga ou internet, etc.).

O modelo de tributação proposto na PEC 45/2019 permitiria que Estados e Municípios, grandes ou pequenos, pudessem exercer sua autonomia federativa, administrativa e política, por meio de definição da alíquota própria do IBS via lei ordinária local.

---

32 Uma economia como a da Califórnia nos EUA (40 milhões de habitantes e PIB de 03 trilhões de dólares) ou da França na União Europeia (67 milhões de habitantes e PIB de 2,7 trilhões de dólares) permite que estes países ou estados possuam sistemas tributários específicos, pois o tamanho deles viabiliza a economia de escala. Mas no Brasil (210 milhões de habitantes e PIB de 3,4 trilhões de dólares) existem Estados e Municípios, as dezenas e aos milhares, que não possuem o mesmo porte econômico, nem a mesma renda per capita da Califórnia ou da França, e desta forma a padronização das regras de tributação em um território amplo permitiria ganhos de escala e redução de custos.

33 Destacado significa escrito no documento fiscal, e apenas isto. Este valor pode não guardar relação alguma com o valor do imposto cobrado do contribuinte pelo Estado de localização do emitente.

Se na eleição local sair vitorioso no Município (ou no Estado) um grupo político que defende um Estado maior, com mais gastos em serviços públicos, o Poder Legislativo local pode aprovar projeto de lei para aumentar a alíquota do imposto, e gerar mais receita pública para suportar os gastos. Se por outro lado, ganhar um grupo que defende um Estado menor, com menos gastos públicos, pode ser aprovado projeto de lei reduzindo a alíquota local do imposto. Isto gera transparência, responsividade e autonomia para a gestão política local. Amplia o exercício da autodeterminação dos eleitores locais e contribui para construir uma sociedade livre, justa, solidária e democrática.

E resta uma questão, ao final, mas não de menor importância.

8. NA HIPÓTESE DE APROVAÇÃO DE UMA REFORMA TRIBUTÁRIA, NOS MOLDES DA PEC 45/2019, OS RESULTADOS ESPERADOS SERIAM MAIORES QUE OS CUSTOS INERENTES À REFORMA?

Acreditamos que a resposta a esta indagação é positiva.

Sem dúvida qualquer reforma significa incorrer em custos da mudança, em desconforto com o desconhecido, em risco pelo incerto e em aprendizado da nova regra do jogo.

Além disto, durante o processo de mudança, o denominado período da transição, enquanto o antigo não foi extinto, e a curva de aprendizagem do novo ainda não atingiu o patamar superior, os custos podem ser até superiores aos do período anterior à reforma.

Mas apenas as sociedades que se arriscaram, dominando o fogo, dominando a escrita, dominando a fundição dos metais, cruzando os mares, dominando as modernas tecnologias de produção e formas de fazer negócios da revolução da informática colheram os resultados.

Ficar parado no tempo, lembrando os grandes méritos da reforma tributária de 1965, não vai trazer dias melhores para a geração que está crescendo, trabalhando e vivendo no século XXI, ou que ainda está por nascer.

Como escreveu o poeta[34], ideias que não correspondem aos fatos devem ser repensadas.

A tua piscina tá cheia de ratos
Tuas ideias não correspondem aos fatos
O tempo não para

---

34 Versos de "O Tempo Não Pára". Compositores: Agenor De Miranda Araújo Neto e Arnaldo Pires Brandão. Música eternizada na voz de Cazuza.

Eu vejo o futuro repetir o passado
Eu vejo um museu de grandes novidades
O tempo não para

Não para não, não para.
Dias sim, dias não
Eu vou sobrevivendo sem um arranhão
Da caridade de quem me detesta.

ESTADO SOCIAL CONSTITUCIONAL, (DE) FORMAS E NEOCOLONIZAÇÃO FINANCEIRA

SARAH CAMPOS[1]

SUMÁRIO: 1. Pós-modernidade e a nova conformação do estado; 2. O endividamento público e a neocolonização financeira; 3. Trabalho, previdência e educação: (de)formas e captura financeira; 4. E o Futuro?; Referências Bibliográficas

1. PÓS-MODERNIDADE E A NOVA CONFORMAÇÃO DO ESTADO

Da mesma forma em que, nas primeiras décadas do século XX, a crise do capitalismo liberal foi marcante para a formatação de um novo paradigma de estado, o Estado Social,[2] com a crise de 2008, vem se consolidando um Estado pós-Social vinculado a políticas de racionalidade econômica, reduzido e ajustado às relações de mercado.[3]

Fenômenos como a globalização, a desfronteirização, as questões demográficas e a normatividade em rede[4] também auxiliam na estrutu-

---

1 Advogada. Doutoranda em Ciências Jurídico-Políticas pela Universidade de Lisboa, Portugal. Mestre em Direito Administrativo pela UFMG. Coordenadora de Relações Institucionais e Sindicais do Programa Universitário de Apoio às Relações de Trabalho e à Administração da Justiça – PRUNART/UFMG. Membro da Comissão Especial de Direito Administrativo do Conselho Federal da OAB. Presidente da Comissão de Direito Administrativo da OAB/MG.

2 BATISTA JÚNIOR, Onofre Alves; CAMPOS, Sarah. A administração pública consensual na modernidade líquida. *Fórum Administrativo – FA*, Belo Horizonte, ano 14, n.155, p. 31-43, jan. 2014, p. 31.

3 STREECK, Wolfgang. *Tempo comprado. A crise adiada do capitalismo democrático.* Coimbra: Conjuntura Actual Editora, 2013, p. 179.

4 João Carlos Loureiro explica que, na análise do Estado Social, é relevante considerar a abertura internacional e comunitária do direito constitucional. Para o autor, "no quadro de uma internormatividade, de redes normativas, o processo

ração dessa ideia ou paradigma de um Estado pós-Social.[5] Nessa linha de pensamento, João Carlos Loureiro afirma que "o Estado Social é produto da modernidade e, como tal, confronta-se com os desafios da pós-modernidade/ 'segunda modernidade'/ 'modernidade reflexiva'".[6]

A "liquidez" é o símbolo dessa pós-modernidade, que, não por acaso, Zygmunt Bauman[7] batiza de "modernidade líquida", de "tempos líquidos", onde habita o *homo consumens*, atuando conforme as máximas da novidade, da rotatividade, da leveza, da velocidade e da variedade.

Na era da modernidade líquida, com a fluidez das estruturas industriais e a transformação das relações de trabalho, há uma ruptura do pacto estabelecido entre capital e trabalho. O capital, livre de sua dependência em relação ao espaço, rompe o pacto de "estabilidade relativa"[8] celebrado com

---

de globalização levou a repensar conceitos, a desenvolver, como refere Ingeborg Maus, uma 'nova semântica constitucional'. Nesse sentido, deparamo-nos com um 'constitucionalismo multinível' em que se entrelaçam constituições nacionais com a constituição comunitária e, inclusivamente, com a constituição global". Cf. LOUREIRO, João Carlos. *Adeus ao estado social?* a segurança social entre o crocodilo da economia e a medusa da ideologia dos direitos adquiridos. Coimbra: Coimbra Editora, 2010, p. 65.

5 Para uma análise mais detalhada sobre o tema, consultar CAMPOS, Sarah. Crise do Estado ou estado de crise? O ajuste orçamentário e a precarização da função pública , *in: Revista Fórum de Direito Sindical: RFDS*, ano 1, n. 1, (jul./dez. 2015). Belo Horizonte: Fórum, 2015.

6 LOUREIRO, João Carlos. *Adeus ao estado social?* a segurança social entre o crocodilo da economia e a medusa da ideologia dos direitos adquiridos. Coimbra: Coimbra Editora, 2010, p. 65.

7 BAUMAN, Zygmunt. *Modernidade líquida*. Rio de Janeiro: Jorge Zahar Ed., 2001.

8 Segundo Zygmunt Bauman, "a mentalidade de 'longo prazo' constituía uma expectativa nascida da experiência, e da repetida corroboração dessa experiência, de que os destinos das pessoas que compram trabalho e das pessoas que o vendem estão inseparavelmente entrelaçados por muito tempo ainda - em termos práticos, para sempre – e que, portanto, a construção de um modo de convivência suportável corresponde tanto aos 'interesses de todos' quanto à negociação das regras de convívio de vizinhança entre os proprietários de casas num mesmo loteamento. Essa experiência levou muitas décadas, talvez mais de um século, para se firmar. Surgiu ao final do longo e tortuoso processo de 'solidificação'. Como sugeriu Richard Sennett em seu estudo recente, foi só depois da Segunda Guerra que a desordem original da era capitalista veio a ser substituída, pelo menos nas economias mais avançadas, por 'sindicatos fortes, garantidores do Estado de bem-estar, e corpo- rações de larga escala' que se combinaram para produzir uma era de 'estabilidade relativa'. A 'estabi-

o trabalho e migra para outros lugares. [9] Zigmunt Bauman esclarece que "a reprodução e o crescimento do capital, dos lucros e dos dividendos e a satisfação dos acionistas se tornaram independentes da duração de qualquer comprometimento local com o trabalho".[10] O problema é que essa desvinculação entre capital e trabalho ocorreu de forma unilateral, na medida em que "um dos lados da configuração adquiriu uma autonomia que talvez sempre tenha desejado secretamente mas que nunca havia manifestado seriamente antes".[11]

No mesmo sentido, Wolfgang Streeck sinaliza o surgimento do capital financeiro como um segundo povo (o povo do mercado), que rivaliza com a sociedade (o povo do estado). A grande questão é que o povo do mercado não está sujeito às amarras da soberania, já que integrado em escala global, enquanto a sociedade organizada ainda permanece vinculada ao estado nacional.[12]

O capitalismo da "modernidade líquida", mais flutuante e financeirizado, desatou, assim, os laços que o submetiam ao estado. O capital tornou-se "extraterritorial, leve, desembaraçado e solto numa medida sem precedentes", e seu nível de mobilidade espacial é, na maioria dos casos, suficiente para chantagear os estados "soberanos" e fazê-los se submeterem as suas demandas.[13]

As decisões políticas dos estados passam a ser substituídas, em grande parte, pela força dos mercados financeiros internacionais. Como

---

lidade relativa' em questão recobre com certeza o conflito perpétuo." Cf. BAUMAN, 2001, p. 168.

9 Para Ulrich Beck "o capital é móvel, e isso em escala global, enquanto os Estados são territorialmente vinculados. Na medida em que o mesmo produto, decomposto em várias fases produtivas, é produzido difusamente em vários países e continentes, a localização do lucro torna-se cada vez mais duvidosa e, concomitantemente, se abre cada vez mais a estratégias empresariais de minimização da carga tributária". Cf. BECK, Ulrich. Capitalismo sem trabalho. *Ensaios FEE*, Porto Alegre, v.18, n. 1, 1997, p. 51.

10 BAUMAN, Zygmunt. *Modernidade líquida*. Rio de Janeiro: Jorge Zahar Ed., 2001, p. 171.

11 BAUMAN, Zygmunt. *Modernidade líquida*. Rio de Janeiro: Jorge Zahar Ed., 2001, p. 171.

12 STREECK, Wolfgang. *Tempo comprado. A crise adiada do capitalismo democrático*. Coimbra: Conjuntura Actual Editora, 2013, p. 136-137.

13 BAUMAN, Zygmunt. *Modernidade líquida*. Rio de Janeiro: Jorge Zahar Ed., 2001, p. 172.

adverte Streeck, o respeito à soberania estatal "fica a depender do bom comportamento de um país em relação aos mercados financeiros globais e às organizações internacionais ou do cumprimento das regras que estes estabelecem".[14]

Nesse contexto, muito embora ainda mantenham o desafio de atender às demandas sociais, as estruturas estatais não contam mais com a mesma contraprestação do capital (por meio do pagamento de tributos), que se liquefez na era da globalização.[15] O mero indício de desatar os laços locais e mudar-se para outro território faz com que os governos participem de um grande jogo internacional de negociação de legislações cada vez mais flexíveis - "law shopping"[16] - e acabem por "subordinar suas políticas ao propósito supremo de evitar a ameaça do desinvestimento".[17]

A corrida pela "confiança dos mercados" acaba resultando em (de) formas dos ordenamentos jurídicos e imposição de medidas de austeridade para a população.

2. O ENDIVIDAMENTO PÚBLICO E A NEOCOLONIZAÇÃO FINANCEIRA[18]

Esse quadro agrava-se ao se considerar que o estado, na atual conjuntura, é um estado endividado, dependente do financiamento por parte do mercado.

---

14 STREECK, Wolfgang. *Tempo comprado. A crise adiada do capitalismo democrático.* Coimbra: Conjuntura Actual Editora, 2013, p. 145.

15 BATISTA JÚNIOR; CAMPOS, Sarah. A administração pública consensual na modernidade líquida. *Fórum Administrativo – FA*, Belo Horizonte, ano 14, n.155, p. 31-43, jan. 2014, p. 32.

16 Essa liquidez e mobilidade do capital faz surgir um mercado de normas disputado entre os diferentes países, onde as empresas elegem aquele em que a legislação (tributária, financeira e trabalhista) seja mais favorável e rentável. Como descreve Alain Supiot, "la práctica de las banderas de conveniencia se difunde así por tierra firme, en forma de una *law shopping* que trata a los derechos nacionales como productos que compiten en un mercado internacional de normas". Cf. SUPIOT, Alain. Perspectiva jurídica de la crisis económica de 2008. *Revista Internacional del Trabajo,* vol. 129, n. 2, 2010, p.170.

17 BAUMAN, Zygmunt. *Modernidade líquida.* Rio de Janeiro: Jorge Zahar Ed., 2001, p. 173.

18 Nesse artigo, a expressão *neocolonização financeira* será utilizada como gênero das espécies neocolonização jurídica (referida por CHIMURIS, Ramiro, 2020, p. 263), financeira (explicada por VASCONCELOS, Antônio Gomes de, 2020, p. 226), do conhecimento, dos costumes e dos demais aspectos da vida que são capturados pelos interesses do capital financeiro.

Os estados endividados contraíram dívidas para substituir os tributos que não conseguiram cobrar das empresas, ou não quiseram ou puderam cobrar dos seus cidadãos, sobretudo dos mais abastados, que, no contexto do neoliberalismo, são cada vez menos tributados.[19]

A empresa multinacional de contabilidade UHY mediu a carga tributária suportada por trabalhadores considerados como de renda "baixa" e renda "alta" (faixas de 25 mil, 250 mil e 1,5 milhões de dólares por ano). No comparativo de 30 países, em 2019, o Brasil demonstrou as piores performances na tributação das altas rendas, de acordo com os parâmetros internacionais adotados. Enquanto a média de tributação das altas rendas pelos países que integram o G7 é de 47,9%, o Brasil tributa a mesma faixa de rendimento em apenas 27,5%, estando na 27ª posição do ranking.[20]

De acordo com estudo da Receita Federal do Brasil, no comparativo por base de incidência, o Brasil tributa menos a base "renda" que os países da OCDE, enquanto, em relação a base "bens e serviços", cobra, em média, mais.[21]

Tabela 07 – Evolução Carga Tributária (% do PIB) – Brasil e Média OCDE (31 países)

	Carga Tributária Total		Renda, Lucros e Ganhos de		Folha de Salários		Propriedade		Bens de Serviços		Outros	
	2007	2016	2007	2016	2007	2016	2007	2016	2007	2016	2007	2016
Brasil	33,6	32,3	6,5	6,5	8,2	8,5	1,2	1,5	16,0	15,4	1,7	0,5
Média OCDE (1)	34,7	34,7	12,4	11,7	9,1	9,8	1,8	1,9	11,0	11,4	0,2	0,2

Fonte : OECD Revenue Statistics. https://stats.oecd.org

(1) Médio de 31 países da OCDE

Essa constatação está intrinsicamente ligada ao aumento da concentração de renda no Brasil. Conforme relatório da Pesquisa Nacional por Amostra de Domicílio Contínua - PNADC do IBGE, o rendimento médio mensal do 1% mais rico da população brasileira equivaleu, em 2018, a 33,8 vezes do ganho dos 50% mais pobres. No topo, o rendi-

---

19 STREECK, Wolfgang. *Tempo comprado. A crise adiada do capitalismo democrático.* Coimbra: Conjuntura Actual Editora, 2013, p. 150.

20 Fonte: https://www.uhy.com/wp-content/uploads/UHY-International-in-depth-study-on-income-taxes.Report-2019.pdf

21 Fonte: http://receita.economia.gov.br/dados/receitadata/estudos-e-tributarios-e-aduaneiros/estudos-e-estatisticas/carga-tributaria-no-brasil/carga-tributaria-2017.pdf

mento médio foi de R$ 27.744 e, na metade mais pobre, de R$ 820. Outro dado interessante, de 2017 para 2018, o rendimento dos 10% brasileiros mais pobres reduziu-se em 3,2% (para R$ 153, em média), enquanto o do 1% mais rico aumentou 8,4% (para R$ 27.744). Ainda, 10% da população com maiores ganhos detinham, em 2018, 43,1% da massa de rendimentos do país (R$ 119,6 bilhões) e, no outro extremo, os 10% mais pobres possuíam apenas 0,8% (R$ 2,2 bilhões),[22] o que revela o crescimento da desigualdade.

As recentes propostas de Reforma Tributária apresentadas na Câmara de Deputados (PEC nº 45/2019) e no Senado (PEC nº 110/2019) revelam o objetivo de atender mais à demanda mercadológica por simplificação do sistema do que alcançar a justiça fiscal, com a adoção de tributação mais progressiva, instituição de imposto sobre as grandes fortunas e mecanismos de incremento de receitas.

Esse contexto, de um estado capturado pelos interesses de uma minoria, e, ao mesmo tempo, tendo o desafio de atender as demandas de uma grande massa populacional com cada vez menos acesso à renda, faz emergir um "decisionismo de emergência" com a usual "adaptação do direito interno às necessidades do capital financeiro, exigindo cada vez mais flexibilidade para reduzir as possibilidades de interferência da soberania popular". Nas palavras de Bercovici, "a razão de mercado passa a ser a nova razão de Estado".[23]

A Emenda Constitucional nº 95 de 2016 evidencia clara prática decisionista de emergência. Ao estabelecer um "teto", por até 20 anos, para as despesas correntes e investimentos sociais, cria-se mais um mecanismo de controle das despesas primárias, sem, no entanto, aplicar a mesma "prudência" para as despesas financeiras. O resultado é o direcionamento de cada vez menos recursos para a previdência, saúde e a educação, bem como serviços públicos em geral, e a disponibilização de um percentual muito maior do orçamento público para garantir o pagamento da dívida.[24]

---

22 Fonte: https://www.ibge.gov.br/estatisticas/multidominio/condicoes-de-vida-desigualdade-e-pobreza/17270-pnad-continua.html?=&t=o-que-e

23 BERCOVICI, Gilberto. O estado de exceção econômico e a periferia do capitalismo, *in Boletim de Ciências Econômicas,* Volume XLVIII, Coimbra: Impactum, 2005, p. 4.

24 Ao analisar a então Proposta de Emenda Constitucional nº 241, Marcelo Catonni assim concluiu: "a PEC n. 241 é, portanto, um *ato desconstituinte.* Se aprova e não houver o devido controle de inconstitucionalidade dela, a Emenda constitucional

A prioridade passa a ser, então, o serviço da dívida[25] em detrimento da prestação dos serviços de interesse geral.[26]

Dados do Tesouro Nacional Transparente demonstram que o estoque da dívida pública federal brasileira tem aumentado exponencialmente, alcançando, em out/2019, R$ 4,120 trilhões.[27]

ANEXO 2.1 - ESTOQUE DA DPF

					(R$ Bilhões)
	Out/09	**Out/16**	**Out/17**	**Out/18**	**Out/19**
DPF EM PODER DO PÚBLICO	1.472,43	3.032,89	3.438,48	3.763,04	4.120,84

No mesmo mês de referência, o Balanço Orçamentário também informa que 42,8% do orçamento da União foi comprometido com amortização e o pagamento de juros e encargos da dívida.[28]

---

daí decorrente poderá representar, em verdade, uma nova *carta política*, ilegítima e contrária aos compromissos sociais, econômicos e culturais do Estado Democrático de Direito. Institucionalmente, ela pode significar não apenas a suspensão, mas sim a revogação do núcleo normativo, administrativo-financeiro e orçamentário do Estado brasileiro tal como configurado na Constituição de 1988, já que pretende excepcionar as normas constitucionais por 20 anos". CATONNI, Marcelo. Breves considerações iniciais sobre o a PEC n. 241 (o novo regime fiscal): o estado de exceção econômico e a subversão da Constituição Democrática de 1988, *in: Empório do Direito,* 2016, disponível em: https://emporiododireito.com.br/leitura/breves-consideracoes-iniciais-sobre-a-pec-n-241-novo-regime-fiscal-o-estado-de-excecao-economico-e-a-subversao-da-constituicao-democratica-de-1988-por-marcelo-andra-de-cattoni-de-oliveira

25 Maria Lúcia Fattorelli caracteriza os mecanismos de endividamento dos estados como um verdadeiro sistema de sustentação do domínio do mercado financeiro sobre a economia mundial. A autora ensina que "o sistema da dívida é a engrenagem que possibilidade o domínio econômico do setor financeiro nos diversos países, tanto mediante implantação dos planos de ajuste econômico quanto pela viabilização da entrega deste setor nas estruturas econômicas, políticas, legais e de dominação das nações em que o sistema atual. Cf. FATTORELLI, Maria Lúcia. *Auditoria cidadã da dívida – experiências e métodos.* Brasília: Inove, 2013, p. 16.

26 STREECK, Wolfgang. *Tempo comprado. A crise adiada do capitalismo democrático.* Coimbra: Conjuntura Actual Editora, 2013, p. 137.

27 Fonte: www.tesourotransparente.gov.br

28 Fonte: www.tesourotransparente.gov.br

O endividamento do estado o torna cada vez mais dependente do capital sem fronteiras, que "deixou de influenciar a política apenas indiretamente – através do investimento ou não em economias nacionais –, e passou a influenciá-la diretamente – através do financiamento ou não do próprio Estado".[29]

A crise fiscal do Estado pós-Social fez surgir, assim, a era do estado endividado ou neocolonizado financeiramente, totalmente dependente dos "senhores ausentes"[30] ou do "povo do mercado"[31].

Ao invés de pagar tributos, o capital, agora, financia os estados com empréstimos para que esses mesmos estados consigam atender as expectativas mínimas de seus cidadãos, com o fim de prolongar a "paz capitalista", ao menos, por algum tempo.[32]

---

29 STREECK, Wolfgang. *Tempo comprado. A crise adiada do capitalismo democrático.* Coimbra: Conjuntura Actual Editora, 2013, p. 134.

30 BAUMAN, Zygmunt. *Vida a crédito:* conversas com Citlali Rovirosa-Madrazo. Tradução Alexandre Werneck. Rio de Janeiro: Jorge Zahar Ed., 2010, p. 20-21.

31 STREECK, Wolfgang. *Tempo comprado. A crise adiada do capitalismo democrático.* Coimbra: Conjuntura Actual Editora, 2013, p. 134.

32 Segundo Wolfgang Streeck, para reagir às crises, o capitalismo compra tempo com a ajuda de dinheiro. Para ele, "'Comprar tempo' é a tradução literal de uma expressão inglesa: *buying time* – o que significa adiar um acontecimento iminente, na tentativa de ainda o impedir. Para tal, não é preciso utilizar dinheiro". Porém, segundo o autor, no caso do capitalismo, o dinheiro foi utilizado em grandes quantidades, "aproveitando o dinheiro – a instituição misteriosa da modernidade capitalista – para apaziguar conflitos sociais potencialmente desestabilizadores, primeiro através da inflação, depois através do endividamento do Estado, a seguir, através

O endividamento público permite que o governo utilize de recursos financeiros que ainda não existem a fim de manter a "paz social". Recorre-se, então, às instituições financeiras que antecipam as futuras receitas do estado que viriam, tradicionalmente, com a cobrança de tributos das empresas e dos cidadãos.[33]

Ao analisar os mecanismos de endividamento dos estados, Maria Lúcia Fattorelli, coordenadora da Auditoria Cidadã da Dívida, constatou a existência de um modelo internacional de negócio[34], muito lucrativo para o capital financeiro, que tem agravado a capacidade intergeracional de subsistência dos estados.

---

da expansão dos mercados de crédito privados e, por fim – atualmente – através da compra de dívida de Estados e de bancos pelos bancos centrais". Cf. STREECK, 2013, p. 18-19.

33 STREECK, Wolfgang. *Tempo comprado. A crise adiada do capitalismo democrático.* Coimbra: Conjuntura Actual Editora, 2013, p. 73.

34 Ao atuar na Comissão de Auditoria da Dívida convocada pela presidente do Parlamento Helênico, deputada Zoe Konstantopoulou, Maria Lúcia Fattorelli identificou dois mecanismos de transferência de ativos tóxicos das instituições financeiras - em sua maioria títulos desmaterializados e não comercializáveis - para os orçamentos dos países europeus. No âmbito do *Securities Markets Programme (SMP),* o Banco Central Europeu (BCE) passou a efetuar compras diretas de títulos públicos e privados, tanto no mercado primário como secundário, contrariando o art. 123 do Tratado da União Europeia (TUE). Além disso, criou-se a empresa estatal Facilidade para Estabilidade Financeira Europeia (EFSF), sob a modalidade de "veículo de propósito especial", baseada em Luxemburgo, com o objetivo de emitir instrumentos financeiros garantidos pelos países sócios. Os países se comprometeram com bilionárias garantias, inicialmente no montante de EUR 440 bilhões, que em 2011 subiram para EUR 779.78 bilhões. A criação da EFSF foi uma imposição do FMI, que lhe forneceu uma contribuição inicial de EUR 250 bilhões. Segundo a autora, o programa SMP e a empresa EFSF representaram os complementos cruciais para o esquema de alívio de ativos, necessário para concluir o suporte aos bancos privados iniciado desde o início de 2008, por ocasião da crise financeira nos Estados Unidos e Europa. Cf. FATTORELLI, Maria Lúcia. Securitização de Créditos no Brasil e o seu impacto para o Orçamento Público, *in:* CHIMURIS, Ramiro, MENEZES, José, LIBREROS, Daniel. *Las Deudas Abiertas de la America Latina. Napoli: La Cittá del Sole,* 2020, p. 327-328. Para melhor compreensão da operação realizada na Grécia acessar: https://auditoriacidada.org.br/conteudo/tragedia-grega-esconde-segredo-de-bancos-privados-2/

A nova onda de "securitização de créditos públicos" permite que investidores profissionais,[35] admitidos por meio de chamada pública na modalidade da Instrução CVM 476/09,[36] adquiram direitos creditórios de titularidade do estado para, em troca, acessarem, por fora dos controles orçamentários, o fluxo de receitas que antes deveria ser contabilizado no orçamento público.[37]

Para operar esse mecanismo é criada uma empresa estatal não dependente ou um fundo de investimento em direitos creditórios (FIDC), no formato de sociedade de propósito específico. Essa empresa ou fundo emite debêntures sênior, com garantia estatal, oferecendo, em muito casos, juros exorbitantes.[38] Quando da venda dessas debêntures sênior aos investidores, a empresa estatal não dependente ou o FDIC fica com

---

35 Segundo a Instrução CVM 539/2013, são investidores profissionais as instituições financeiras, companhias seguradoras e sociedades de capitalização, entidades abertas e fechadas de previdência complementar, fundos e clubes de investimento, agentes autônomos de investimento, administradores de carteira, analistas e consultores de valores mobiliários autorizados, investidores não residentes e pessoas naturais ou jurídicas que possuam investimentos financeiros em valor superior a R$ 10.000.000,00 (dez milhões de reais).

36 De acordo com o art. 2º da Instrução CVM 476, "as ofertas públicas distribuídas com esforços restritos deverão ser destinadas exclusivamente a *investidores profissionais*, conforme definido em regulamentação específica, e intermediadas por integrantes do sistema de distribuição de valores mobiliários".

37 Cita-se, no Brasil, a recente operação desenhada na Lei Estadual nº 23.477/2019, que autoriza o Estado de Minas Gerais a ceder direitos originados de créditos relacionados à comercialização de Nióbio e outros minérios na Companhia de Desenvolvimento Econômico de Minas Gerais – CODEMIG, bem como todos os direitos econômicos decorrentes das ações de emissão da CODEMIG, inclusive juros sobre o capital próprio e quaisquer outras distribuições devidas ao Estado, até o ano de 2032, em troca de apenas cerca de R$5 bilhões. Semelhantes operações foram realizadas nos Estados de São Paulo (Companhia Paulista de Securitização - CPSEC), Paraná (Companhia Paranaense de Securitização - PRSEC S/A) e Goiás (Goiás Parcerias S/A), além dos Municípios de Belo Horizonte (PBH Ativos S/A), Porto Alegre (InvestPOA S/A), Salvador (Companhia de Desenvolvimento e Mobilização de Ativos de Salvador - CDMES) e Rio de Janeiro (Rio Oil Finance Trust).

38 Cita-se, a título de exemplo, a operação da PBH Ativos S/A, que realizou a emissão R$ 230 milhões em debêntures sênior, oferecendo a cessão do fluxo de arrecadação tributária no valor de R$ 880 milhões + IPCA + 1% ao mês, entre outros custos que recaíram sobre o Município. Cf. Relatório Preliminar Específico de Auditoria Cidadã da Dívida nº 2/2017. Disponível em: https://auditoriacidada.org.br/conteudo/relatorio-preliminar-especifico-de-auditoria-cidada-da-divida-no-2-2017/

uma parcela do recurso recebido e repassa a maior parte ao ente público. Esse valor recebido pelo ente estatal advém de uma clara captação de recursos junto ao mercado financeiro, que usou como intermediária a empresa estatal não dependente ou o FDIC, disfarçando a execução explícita de uma operação de crédito.[39]

A legislação nacional permite a realização de operações de crédito dentro de parâmetros que não superem os limites de endividamento. No entanto, com inequívoco comprometimento do princípio da transparência para os órgãos de controle e a sociedade, realiza-se uma "manipulação"[40] dos instrumentos e operações jurídico-financeiras previstos na norma legal para atingir fim proibido ou contrário à legislação, configurando verdadeira "fraude à lei".[41]

A fraude à lei ocorre porque os arts. 37 e 38 da Lei de Responsabilidade Fiscal e o art. 167, IV, da CRFB/88 autorizam o ente estatal a contrair dívida pública mediante antecipação de recursos recebíveis no futuro (Antecipação de Receitas Orçamentárias – ARO) e efetuar o pagamento dessa dívida regularmente, em parcelas devidamente contabilizadas e com recursos que transitam no orçamento público.

Contudo, na "securitização de créditos públicos", não atendendo aos requisitos para realização de uma ARO, o ente estatal edita uma lei autorizativa da cessão de créditos públicos para uma empresa estatal não dependente ou FIDC, que irá intermediar a operação de crédito com o investidor por meio de emissão de debentures sênior, não assumindo, assim, que contratou dívida pública mediante antecipação de recursos

---

39 FATTORELLI, Maria Lúcia. Securitização de Créditos no Brasil e o seu impacto para o Orçamento Público, *in*: CHIMURIS, Ramiro, MENEZES, José, LIBREROS, Daniel. *Las Deudas Abiertas de la America Latina. Napoli: La Cittá del Sole*, 2020, p. 332-333.

40 Utilizando a expressão de RAZ, Joseph. *A moralidade da liberdade*. Trad. Henrique Blecher, Leonardo Rosa. Rio de Janeiro: Elsevier, 2011, p.346-356.

41 De acordo Onofre Alves Batista Júnior "os atos em fraude à lei são realizados (1) ao amparo de um texto legal de uma norma e (2) perseguem um fim proibido pelo ordenamento jurídico ou contrário a ele, (3) impedindo a aplicação da norma fraudada", esclarecendo, ainda, que "a fraude à lei é passível de se materializar com a realização de um ato ou uma cadeia de atos combinados, sendo que, nesse último caso, pode-se verificar a mais perfeita licitude dos atos isoladamente". Cf. BATISTA JÚNIOR, Onofre Alves. **O contingenciamento de recursos da educação e a fraude à Constituição**. *Revista Consultor Jurídico*, 26 de junho de 2019. Disponível em: https://www.conjur.com.br/2019-jun-26/onofre-batista-obloqueio-recursos-educacao-fraude-cf

recebíveis no futuro. Porém, na prática, como explicitado acima, é o estado que efetuará o pagamento dessa dívida por fora dos controles orçamentários, continuamente, sem contabilizar tais pagamentos, que deixam de transitar no orçamento público, pois os recursos públicos – créditos tributários, exploração de recursos minerais, tarifas públicas e até royalties do petróleo - são cedidos diretamente aos investidores durante o percurso pela rede bancária.[42]

Na ausência de regulamentação nacional que autorize a realização dessas operações de endividamento público, uma Proposta de Emenda Constitucional (PEC nº 438/2018) e vários Projetos de Lei (PLP nº 459/2017, PLP nº 181/2015, PL nº 3337/2015), tendentes a alterar a Lei Complementar nº 101/2000 e a Lei Federal nº 4.320/64, tramitam no Congresso Nacional com o intuito de "legalizar" referidas "pedaladas creditícias", a securitização de créditos públicos no Brasil.

Todos esses exemplos, inseridos no contexto da era do estado endividado ou neocolonizado financeiramente, consolidam o discurso de uma suposta necessidade de reestruturação do modelo ideal de estado, não na perspectiva dos indivíduos e da sociedade em geral, mas do mercado globalizado e financeiro.

3. TRABALHO, PREVIDÊNCIA E EDUCAÇÃO: (DE) FORMAS E CAPTURA FINANCEIRA

Na era do estado endividado, capturado por interesses do "povo do mercado" e menos comprometido com as necessidades do "povo do estado", constata-se uma virada conceitual sobre o tamanho e o papel do estado.

De Estado Prestador de serviços públicos, garantidor não apenas dos direitos individuais, mas, sobretudo da plenitude dos direitos sociais, para o Estado Garantidor ou de Garantia[43] apenas do mínimo de digni-

---

42 FATTORELLI, Maria Lúcia. Securitização de Créditos no Brasil e o seu impacto para o Orçamento Público, in: CHIMURIS, Ramiro, MENEZES, José, LIBREROS, Daniel. *Las Deudas Abiertas de la America Latina. Napoli: La Cittá del Sole,* 2020, p. 333.

43 João Carlos Loureiro explica que, em termos político-administrativos, o Estado Social, entendido como prestador ou produtor, no clássico modelo do *service publique,* "que alimentou parte significativa do século XX, viu-se confrontado com o Estado garantidor, garante ou de garantia, com especial destaque para as vestes de Estado regulador". Essa nova concepção de Estado Garantidor faz com que a responsabilidade de prestação (de realização ou de cumprimento), transforme-se em responsabilidade de garantia (de planejamento, de intermediação, de organização, de controle). Cf. LOUREIRO, 2010, p. 90 - 98.

dade aos cidadãos e, ao mesmo tempo, máximas condições para o livre desenvolvimento dos mercados.

Ao contrário do que muitos defendem, o neoliberalismo exige um estado forte, mas em sentido diverso ao do modelo do Estado Social, em que a força era representada pelo intervencionismo no mercado e pela garantia de prestação de serviços públicos à população. Já na perspectiva do Estado de Garantia, o Estado pós-Social deve ter força para "travar as demandas sociais e, em especial, sindicais de interferência no livre jogo das forcas do mercado".[44]

No Brasil, exemplo disso, é a Reforma Trabalhista implementada pela Lei Federal nº 13.467/2017, que alterou profundamente a Consolidação das Leis do Trabalho (CLT), ao por fim à obrigatoriedade da contribuição sindical, sem sequer estabelecer um período de transição, em nítido atendimento de mais uma demanda do mercado.[45] No primeiro ano após consolidação da Reforma Trabalhista, a arrecadação dos sindicatos diminuiu quase 90%, de R$ 3,64 bilhões em 2017 para R$ 500 milhões em 2018. O impacto foi maior para os sindicatos de trabalhadores, cujo repasse despencou de R$ 2,24 bilhões para R$ 207,6 milhões. No caso dos sindicatos de empregadores, foi de R$ 806 milhões para R$ 207,6 milhões.[46] Ainda, o número de negociações coletivas registradas no sistema mediador caiu 21,9% em 2018 em relação a 2017.[47]

Também tramita na Câmara dos Deputados a PEC da "liberdade sindical" (Proposta de Emenda Constitucional nº 196/2019), que visa a alterar o sistema sindical brasileiro, propondo, dentre outras medidas, a modificação da estrutura baseada na unicidade sindical para a pluralidade, permitindo a existência de mais de um sindicato representativo da categoria na mesma base territorial, sem, contudo, fomentar um maior debate sobre os efeitos dessa profunda transformação na cultura sindical brasileira.

---

44 STREECK, Wolfgang. *Tempo comprado. A crise adiada do capitalismo democrático.* Coimbra: Conjuntura Actual Editora, 2013, p. 97.

45 Como já afirmou José Luís Fiori, constata-se, especialmente nos países latino-americanos, uma intensa despolitização das relações econômicas, com a fragilização dos sindicatos, dos partidos políticos e dos Parlamentos, reduzindo-se a vida democrática ao mínimo necessário. Cf. FIORI, José Luís. Acumulação Mundial e Ingovernabilidade, *in: O Brasil no Espaço.* Petrópolis: Vozes, 2001, pp. 124-131.

46 Fonte: https://economia.uol.com.br/noticias/estadao-conteudo/2019/03/05/sindicatos-perdem-90-da-contribuicao-sindical-no-1-ano-da-reforma-trabalhista.htm

47 FIPE, Salariômetro, Boletim 2018. Acessível em: https://static.poder360.com.br/2019/01/Boletim-Salariometro-2018.pdf

As estruturas coletivas de representatividade da força laboral, capazes de realizar algum contraponto, precisam, portanto, ser enfraquecidas, já que movimentos de mobilização e contestação sociais não interessam ao mercado, o que justifica o avanço das (de)formas da legislação trabalhista e sindical.

Controlada pelos interesses financeiros, a política estatal também se vincula a princípios de racionalidade econômica ajustados ao mercado, já que parte das receitas do estado devem ser utilizadas para honrar o pagamento da dívida contraída com as instituições financeiras.

Como o estado necessita garantir o pagamento da dívida, inicia-se um processo de transferência de responsabilidades. O estado deixa de ter de prestar serviços públicos, transferindo essa tarefa também para o mercado. Serviços públicos básicos – como educação, saúde e previdência – passam a ser prestados por entidades privadas. O cidadão passa a demandar por escolas e planos de saúde privados e a confiar o seu futuro a previdências complementares geridas por instituições financeiras privadas.

A recém aprovada Reforma da Previdência (Emenda Constitucional nº 103/2019) revela mais um capítulo da (de)forma do Estado brasileiro para atender as demandas do capital. Com a justificativa de que representaria cerca de 53%[48] do orçamento da União, a previdência social foi alterada para "por freio" às despesas públicas.[49] Iniciada com uma

---

48 Como visto, o Balanço Orçamentário da União comprovou que os gastos com benefícios previdenciários representaram, no mês de referência de out/2019, apenas 21,8% das despesas comparados aos 42,8% de comprometido do orçamento com amortização e o pagamento de juros e encargos da dívida.

49 Segundo Mensagem nº 29/2019 do Ministro da Economia o "nó fiscal" seria a razão primeira para justificar a PEC nº 06/2019. Com base em estudos e pareceres técnicos que foram *decretados sigilosos* pelo Ministério da Econômica, o órgão ministerial justificou a proposta informando que "no caso da União, é notável o crescimento da participação da despesa previdenciária no orçamento. A despesa com o RGPS passou a representar de 35,4% para 43,4% da despesa primária entre 1997 e 2018. Nesse contexto, a pressão fiscal oriunda da crescente necessidade de financiamento da previdência requererá o contínuo direcionamento de recursos orçamentários de outras políticas públicas. Em 2018, considerando RGPS, RPPS da União de civis, militares e Fundo Constitucional do Distrito Federal – FCDF, chega-se a uma despesa pública com previdência, apenas na União, da ordem de R$ 717,5 bilhões, o que representou cerca de 53% da despesa primária". Nesse sentido, notícia divulgada pela Folha de São Paulo, de 21 de abril de 2019, informando a falta de transparência no processo de deliberação da Reforma da Previdenciária:

proposta de total capitalização do regime previdenciário, mudando o sistema de seguridade baseado na solidariedade intergeracional para um sistema de capitalização individual, a "Nova Previdência", depois de intensa contestação e mobilização social, terminou por manter o sistema solidário de repartição pública. No entanto, com uma maior "socialização" da pobreza, na medida em que, com a (de)forma, os valores das aposentadorias corresponderão a apenas 60% da média de todas as contribuições realizadas durante a vida laboral. Agora, a previdência complementar dos servidores públicos inclusive poderá ser gerida por entidades abertas e não apenas entidades de regime fechado, como antes ocorria.

Esse tipo de precarização das garantias de prestações sociais faz com que os cidadãos tenham, cada vez mais, que adquirir bens do setor privado - como educação, saúde e previdência privadas - já que, cada vez menos, podem esperar prestações do estado, e, por conseguinte, cada vez mais, querem pagar, cada vez menos, tributos. Disso resulta a diminuição das receitas orçamentárias, que culmina na redução de despesas públicas e adoção de políticas de austeridade, o que reforça a opção pelo modelo de Estado Garantidor e não mais Prestador de serviços públicos.

Esse *ciclo vicioso* também favorece proposições como a do novo programa para a educação pública apresentado pelo Governo Federal, o "Future-se".

O Future-se foi apresentado na forma de Projeto de Lei (PL) que permitirá a capitalização dos recursos das instituições federais de ensino brasileiras, com a criação de dois fundos: um patrimonial (art. 27 do PL) e outro de investimento multimercado (art. 28 do PL), que constituirão fonte de recursos "adicionais" às Universidades e Institutos Federais que aderirem ao programa. As instituições interessadas firmarão contrato de resultado com o Ministério da Educação (MEC), que estabelecerá metas para atendimento das "necessidades do mercado e da sociedade". Para que as Universidades e Institutos atendam referidos objetivos, deverão firmar contratos e convênios com Fundações de Apoio e contratos de gestão com Organizações Sociais (art. 14 do PL), que passarão a executar as atividades com os recursos adicionais que lhe serão destinados. Ou seja, ao invés de o Governo Federal incrementar o direcionamento de recursos orçamentários para

---

https://www1.folha.uol.com.br/mercado/2019/04/governo-decreta-sigilo-sobre-estudos-que-embasam-reforma-da-previdencia.shtml

as Universidades e Institutos Federais, como determina o art. 212 da CRFB/88, permitindo que executem diretamente seus propósitos, no exercício da sua autonomia financeira,[50] administrativa e científico-pedagógica garantida no art. 207 da CRFB/88, o Future-se cria novo mecanismo de direcionamento de recursos para as instituições de ensino, mas por intermédio da iniciativa privada. Estabelece-se, assim, uma *ponte de subserviência* entre a captação de recursos, por meio do mercado de capitais e entidades privadas, e as instituições de ensino, vulnerabilizando princípios reitores do ensino superior público brasileiro, como a liberdade de cátedra (art. 206, II, da CRFB/88) e a autonomia universitária (art. 207, CRFB/88).

Como explica Ramiro Chimuris, a captura do ordenamento jurídico pela forças do discurso hegemônico que atuam em nome do mercado, o "neocolonialismo jurídico", parte também das Universidades, que constroem o conhecimento "ocidentalizado" e o controle da subjetividade, com parâmetros ideológicos do neoliberalismo.[51] O Future-se, se aprovado, constituirá mais um mecanismo de captura do conhecimento de mais alto nível, consolidando, cada vez mais, a justificativa de uma "necessária" (de)forma do projeto constitucional de Estado Social consagrado pela Constituição de 1988.

O fato é que a linguagem e os interesses do mercado, em especial os do financeiro, neocolonizaram o próprio estado, suas instituições e a produção normativa, comprometendo a realização dos objetivos sociais de bem estar. A discussão sobre a economicidade e eficiência da atuação estatal passa a ser mais relevante do que a própria garantia

---

50 Como ensina Onofre Alves Batista Júnior, "a autonomia financeira, nos termos dos artigos 207, *caput*, CC, 206, VII e 211, parágrafo 1°, traduz o dever do Estado de prover as universidades públicas com os meios econômicos necessários ao desempenho de suas missões constitucionais, por meio de um sistema no qual o acesso aos recursos não dependa de decisões discricionárias de órgãos políticos". Cf. BATISTA JÚNIOR, 2019.

51 Segundo Ramiro Chimuris, "la mayor cantidad de producción del conocimiento de las Ciencias Sociales está en autores (profesores e investigadores) de cinco países del norte global, casi en su totalidad hombres, lo que lleva a decir a Ramón Grosfoguel, *las epistemologías en las Universidades occidentalizadas, es de un racismo, sexismo epistemológico*". Cf. CHIMURIS, Ramiro. Neocolonialismo Jurídico en el Siglo XXI: Política, Economía & Derecho en los tiempos del capital " cticio", el chip del homo debitor (hombre endeudado) y la sociedad endeudada (personas, Estado, empresas), *in:* CHIMURIS, Ramiro, MENEZES, José, LIBREROS, Daniel. *Las Deudas Abiertas de la America Latina.* Napoli: La Città del Sole, 2020, p. 263.

da igualdade, da universalização e da efetivação dos direitos, particularmente os sociais. A crença nas teses de prosperidade e crescimento da "nova economia" [52] reforça a ideia de que os privados atuariam de modo mais eficiente, o que permitiria libertar o estado da produção de bens públicos e da assunção de responsabilidades e tarefas que antes lhe eram confiadas.

Na era do endividamento público, como noticia Streeck, o estado deve ser "reduzido e ajustado à garantia das relações de mercado e de uma sociedade autossuficiente que não deseja do Estado senão garantias para o patrimônio e liberdade, portanto que também pouco gosta dele". [53]

Nora Merlin bem explica esse distanciamento do próprio povo em relação ao estado. Para a autora, "el neoliberalismo, nueva versión del capitalismo, constituye un dispositivo acéfalo e ilimitado cuya voluntad es el dominio global". [54] Como um "corpo estranho", se apropria dos governos, das democracias, da vida em general, "colonizando a subjetividade". O indivíduo, crendo-se livre e cidadão, é, nada mais, que um "escravo pós-moderno", mas que não se reconhece como tal. [55]

A cultura neoliberal, organizada segundo os dogmas do mercado, consolida uma sociedade de massa uniformizada, em uma "hipnose coletiva", que cumpre ordens que partem do inconsciente. [56] Ou uma sociedade adormecida, em verdadeira apatia política, definida menos pelo eventual desinteresse ou falta de motivação dos indivíduos, do que pela frustração de suas expectativas sociais, em grande parte não realizadas justamente pela opção do estado, neocolonizado financeiramente, em atender antes os interesses do capital.

---

52 Nesse sentido, análise de SILVA, Suzana Tavares da. *Direitos fundamentais na arena global*. Coimbra: Imprensa da Universidade de Coimbra, 2011, p. 99.

53 STREECK, Wolfgang. *Tempo comprado. A crise adiada do capitalismo democrático*. Coimbra: Conjuntura Actual Editora, 2013, p. 179.

54 MERLIN, Nora. Neoliberalismo e colonización de la subjetividad, *in:* CHIMURIS, Ramiro, MENEZES, José, LIBREROS, Daniel. *Las Deudas Abiertas de la America Latina*. Napoli: La Cittá del Sole, 2020, p.195.

55 Nora Merlin diz que a grande diferença do cidadão de hoje para o vassalo da antiguidade é o fato de a subserviência deste ser voluntária enquanto a daquele consistir em uma obediência inconsciente. Cf. MERLIN, 2020, p.196.

56 MERLIN, Nora. Neoliberalismo e colonización de la subjetividad, *in:* CHIMURIS, Ramiro, MENEZES, José, LIBREROS, Daniel. *Las Deudas Abiertas de la America Latina*. Napoli: La Cittá del Sole, 2020, p.196.

4. E O FUTURO?

A Constituição "não é um documento testamentário que distribui às gerações futuras quinhões de propriedade em forma de direitos", mas sim "uma carta de boa governança que estabelece as instituições de governo e as normas, parâmetros e princípios que devem controlar tais instituições".[57]

Nesse sentido, a Constituição tem valor e função, mais que para o futuro, no presente, sendo *instrumento de proteção* dos valores e ideais sociais, e, por isso mesmo, *objeto de ataque e tentativa captura* pelo "povo do mercado".

Dessa forma, não surpreende que o antigo e vetusto capitalismo, que de maneira recalcitrante tenta se apresentar como moderno, sofisticando seu modelo e suas formas de ação ao longo do tempo, atue, com todas as suas forças, para transformar o núcleo duro de proteção do modelo social de estado. Em razão dessa constatação, a Constituição, não é de hoje, *demanda ser protegida* das (de)formas que pretendam (des)configurar o seu sentido.

Não se desconsidera que "a modificação das Constituições é um fenômeno inelutável da vida jurídica",[58] em decorrência da permanente tensão entre a efetividade das normas e a realidade constitucional. Tampouco, descartam-se as diversas possibilidades de neocolonização do discurso e do processo de revisão constitucional.

Exemplo disso é a alteração do arcabouço normativo, em especial, constitucional, para a apropriação do orçamento público, que constitui instrumento "não só para garantir depósitos e cobrar dívidas em nome dos investidores financeiros", mas também mecanismo de "desmocratização do capitalismo",[59] corrompendo o debate público, restringindo a liberdade de decisão democrática dos cidadãos e, inversamente, aumentando o poder do povo do mercado.[60]

---

57 Tradução livre. Cf. FISS, Owen. Por qué el Estado? *in:* CARBONELL, Miguel. *Teoría del neoconstitucionalismo: ensayos escogidos.* Madrid: Editorial Trotta, 2007, p.108.

58 MIRANDA, Jorge. *Manual de Direito Constitucional.* Tomo II, 7ª ed., Coimbra: Coimbra Editora, 2013, p. 169.

59 STREECK, Wolfgang. *Tempo comprado. A crise adiada do capitalismo democrático.* Coimbra: Conjuntura Actual Editora, 2013, p. 151.

60 STREECK, Wolfgang. *Tempo comprado. A crise adiada do capitalismo democrático.* Coimbra: Conjuntura Actual Editora, 2013, p. 136.

Com efeito, para Streeck, desde a crise de 2008, vivencia-se um processo de *"desmocratização do capitalismo através de deseconomização da democracia"*.[61]

Para o autor, "o neoliberalismo não é compatível com um Estado democrático", se se entender por democracia "um regime que intervém, em nome dos seus cidadãos e através do poder público, na distribuição dos bens econômicos resultante do funcionamento do mercado". [62]

Nesse sentido, defende o autor haver uma crise de legitimação do capitalismo democrático na perspectiva de um conceito mais amplo do que o das teorias da crise neomarxistas.[63] Para Streeck, a crise de legitimação democrática "também pode resultar de um desconforto 'do capital' relativamente à democracia e às obrigações que lhe foram impostas",[64] isto é, sem que seja fruto de reivindicações sociais.

A crise institucional que permeou o *impeachment* da Presidenta Dilma Rousseff, em 2016, exemplifica estratégia para o atendimento da agenda neoliberal de uma elite que não se conformou com o resultado

---

61 STREECK, Wolfgang. *Tempo comprado. A crise adiada do capitalismo democrático.* Coimbra: Conjuntura Actual Editora, 2013, p. 30.

62 STREECK, Wolfgang. *Tempo comprado. A crise adiada do capitalismo democrático.* Coimbra: Conjuntura Actual Editora, 2013, p. 97-98.

63 Segundo Streeck, as teorias da crise de Frankfurt dos anos 70 e dos economistas keynesianos dos EUA partiam do suposto de que o ponto de ruptura do capitalismo já não se situava na economia, mas sim na política e na sociedade: "não do lado da economia, mas da democracia, não do capital, mas do trabalho, não da integração sistêmica, mas da integração social (Lockwood 1964)". Segundo o autor, "o problema não estava na produção de valor acrescentado – acreditava-se que as suas 'contradições' se haviam tornado controláveis –, mas na sua legitimação; a questão não era saber se o capital transformado na economia da sociedade iria conseguir abastecer a sociedade, mas sim se aquilo que este conseguia fornecer seria suficiente para levar seus beneficiários a continuar participar do jogo. Por isso, na perspectiva das teorias da crise dos anos 60 e 70, a crise iminente do capitalismo não era uma crise de (sub- ou super-) produção, mas sim uma crise de legitimação". Cf. STREECK, 2013, p. 42. Ademais, para o autor, a abordagem das referidas teorias excluía a possibilidade de ser o capital e não o trabalho a retirar a legitimidade do capitalismo democrático. Cf. STREECK, 2013, p. 48.

64 STREECK, Wolfgang. *Tempo comprado. A crise adiada do capitalismo democrático.* Coimbra: Conjuntura Actual Editora, 2013, p. 51.

das eleições de 2014.[65] O afastamento da Presidenta decorrente da abertura de créditos suplementares sem autorização legal e das chamadas "pedaladas fiscais" – a mora do Tesouro Nacional de realizar os repasses de recursos ao Banco do Brasil e à Caixa Econômica Federal para pagamento de benefícios sociais – permitiu que o novo governo, sem legitimidade democrática, implementasse uma série de medidas que intensificaram a desconfiguração do modelo social de estado. Cita-se a já mencionada aprovação do novo regime fiscal (EC nº 95/2016), o fim da exclusividade da Petrobrás como operadora do Pré-Sal (Lei Federal nº 13.365/2016), a Reforma Trabalhista (Lei Federal nº 13.497/2017) e o envio da Proposta de Emenda Constitucional nº 287/2016, embrionária da Reforma da Previdência, aprovada mais tarde.[66]

É o capital que reage com crise às respostas sociais ao mercado que lhe parecem excessivas. Assim, "as crises surgem quando aqueles que controlam os meios de produção imprescindíveis acreditam que existe perigo de acabarem por não ser remunerados de acordo com as suas concepções de justiça de mercado".[67] Quando isso acontece, os detentores do capital ameaçam ou efetivamente deslocam seus recursos para o exterior – retirando-os do circuito econômico do estado que alegam não ser mais digno de sua confiança – ou, até mesmo, como o *impeachment* demonstrou, fomentam crises institucionais.

Surge, então, "uma estrutura institucional inédita na história", configurada por um estado submetido a um regime supranacional, sem um governo com responsabilidade democrática, mas com regras vinculantes: "com *governance* em vez de *government*, com uma democracia domesticada pelos mercados, em vez de mercados domesticados pela democracia".[68]

As sucessivas (de)formas do Estado Social coloca em debate não apenas o tamanho e o papel do estado, mas o próprio futuro do regime que permitiu a construção de uma organização política volta-

---

65 Nesse sentido: SOUZA, Jessé. *A radiografia do golpe: entenda como e por que você foi enganado.* Rio de Janeiro: LeYa, 2016 e VALIM, Rafael. *Estado de exceção: a forma jurídica do neoliberalismo.* São Paulo: Editora Contracorrente, 2017.

66 VALIM, Rafael. *Estado de exceção: a forma jurídica do neoliberalismo.* São Paulo: Editora Contracorrente, 2017, p. 37 - 39.

67 STREECK, Wolfgang. *Tempo comprado. A crise adiada do capitalismo democrático.* Coimbra: Conjuntura Actual Editora, 2013, p. 102.

68 STREECK, Wolfgang. *Tempo comprado. A crise adiada do capitalismo democrático.* Coimbra: Conjuntura Actual Editora, 2013, p. 178.

da para atendimento prioritário das necessidades das pessoas e não do mercado.

Antônio Gomes de Vasconcelos problematiza a questão apontando que se o direito foi instrumento de afirmação do estado desde a sua origem, sustentando as forças de poder que historicamente o conformaram, "não será demais crer que ele poderá se constituir como uma via decisiva para garantir a sobrevivência e a realização do Estado Democrático de Direito e do projeto socioeconômico do constitucionalismo contemporâneo".[69] Isso, alerta,

> se os juristas teóricos e os de ofício elegerem como pressupostos da teoria e da prática jurídicas a nova concepção do direito e da função das instituições a partir dos princípios e valores do novo constitucionalismo, especialmente a compreensão do direito "para o futuro" conducentes à realização do projeto de sociedade inscrito na Constituição.[70]

Diante das (de)formas estruturais que vêm se concretizando no Estado brasileiro, inclusive com projetos que reforçam a neocolonização financeira[71], torna-se cada vez mais desafiador consolidar o direito como uma das ferramentas de resgate da realização do projeto socioeconômico originariamente plasmado na Constituição.[72]

---

69 VASCONCELOS, Antônio Gomes de. A "Constituição Econômica" e o endividamento público no contexto da economia neoliberal, *in:* CHIMURIS, Ramiro, MENEZES, José, LIBREROS, Daniel. *Las Deudas Abiertas de la America Latina.* Napoli: La Cittá del Sole, 2020, p. 217.

70 VASCONCELOS, Antônio Gomes de. A "Constituição Econômica" e o endividamento público no contexto da economia neoliberal, *in:* CHIMURIS, Ramiro, MENEZES, José, LIBREROS, Daniel. *Las Deudas Abiertas de la America Latina.* Napoli: La Cittá del Sole, 2020, p. 217.

71 Jesse de Souza lembra que a "elite do dinheiro" compra "primeiro a elite intelectual cuja opinião possui o prestígio e o condão de influenciar a opinião de muitos, depois se compra a elite política de modo direto financiando eleições e compra-se depois, direta ou indiretamente, a elite jurídica, jornalística, literária, etc." Cf. SOUZA, Jessé. *A radiografia do golpe: entenda como e por que você foi enganado.* Rio de Janeiro: LeYa, 2016, p. 23.

72 Para Rafael Valim, "o povo, justificadamente, sempre desconfiou das leis, vendo nelas um instrumento de dominação habilmente manejado pelas elites". Assim, para o autor, é preciso mais que *recuperar* mas *criar* a confiança no direito, libertando-o "dos grilhões da exceção e devolvê-lo ao povo, único titular da soberania". Cf. VALIM, Rafael. *Estado de exceção: a forma jurídica do neoliberalismo.* São Paulo: Editora Contracorrente, 2017, p. 43-44.

A defesa do Estado Social Democrático e, não menos, da própria Constituição Cidadã, reclama, ainda, a revitalização da democracia, com cidadãos conscientes de que suas escolhas políticas têm mais força e relevância do que imaginam; que sua voz, participação e voto têm importância.

O grande desafio é consolidar uma cultura democrática que transforme "o indivíduo subserviente em cidadão ativo, com poder de influenciar de fato as decisões políticas tomadas em seu nome".[73]

É preciso acreditar que, em algum momento, as pessoas tomarão consciência da condição que lhes foi imposta e despertarão da letargia, recuperando, a partir disso, com o incremento da mobilização social, o protagonismo na ação contra a (de)formação do projeto social escrito na Constituição.

A reversão da hipnose coletiva, com cidadãos emancipados, ativamente empenhados no debate público, informados sobre as temáticas políticas e com ampla participação nos processos de tomada de decisão, é antídoto para que não se concretize o prognóstico de Streeck de "despolitização da economia e, simultaneamente, a desdemocratização da política".[74]

O resgate do projeto socioeconômico democraticamente consagrado na Constituição passa pelo rompimento daquele *ciclo vicioso* – captura das instituições e da produção das normas jurídicas pelo mercado → afastamento do estado de suas funções sociais → descrença dos cidadãos → deslegitimização da cobrança de tributos → redução de despesas públicas e adoção de políticas de austeridade → endividamento público → maior dependência ao capital financeiro – para um novo *ciclo virtuoso*, cuja peça principal da engrenagem é a recuperação da crença democrática com o fortalecimento da cidadania.

Da mesma forma que um dia foi necessário limitar os excessos do capitalismo industrial, agora, é indispensável, a partir da revitalização da democracia, criar amarras e controles ainda mais rigorosos para o

---

73 Para Joelson Dias e Ana Luísa Celullar Junqueira "a abertura de canais para o exercício dos direitos políticos, além de tornar o ambiente social mais plural e em conformidade com a justiça social, transforma o indivíduo subserviente em cidadão ativo, com poder de influenciar de fato as decisões políticas tomadas em seu nome. Há, assim, um ciclo virtuoso entre direitos políticos, cidadania e democracia. Por intermédio da participação, o indivíduo se fortalece como cidadão e, mais fortalecido, participa cada vez mais, solidificando a cultura democrática e concretizando o Estado Democrático de Direito". DIAS, Joelson; JUNQUEIRA, Ana Luísa Cellular. O Direito à Participação Política das Pessoas com Deficiência, *in: Resenha Eleitoral (Florianópolis)*, v. 21, n. 1, p. 159-180, nov. 2017, p. 162.

74 STREECK, Wolfgang. *Tempo comprado. A crise adiada do capitalismo democrático*. Coimbra: Conjuntura Actual Editora, 2013, p. 178.

capitalismo financeiro, em razão do seu já comprovado potencial para arruinar indivíduos, comunidades, estados e a democracia.[75]

Na verdade, por mais paradoxal que pareça, o próprio capitalismo sucumbirá se a sua apropriação do orçamento público não for estancada, na medida em que são antieconômicas as mazelas dela decorrentes, como a miséria e o colapso dos estados endividados.

Por mais que o capital financeiro apresente como inexoráveis as suas demandas, como a única alternativa para evitar a fuga de capitais ou mesmo a ruína das economias, essa estratégica não passa de artifício para desacreditar instituições e desagregar socialmente.

Mas, além da contenção dos excessos da concentração de riqueza e poder, o que é inexorável, na verdade, é o enfrentamento da neocolonização financeira que compromete, ao invés de promover, a efetivação de políticas públicas, o desenvolvimento, a superação das desigualdades e a democracia, enfim, o bem estar dos indivíduos e suas comunidades, que tanto a Constituição Cidadã enaltece.

REFERÊNCIAS BIBLIOGRÁFICAS

BATISTA JÚNIOR, Onofre Alves; CAMPOS, Sarah. A administração pública consensual na modernidade líquida. *Fórum Administrativo – FA*, Belo Horizonte, ano 14, n.155, p. 31-43, jan. 2014.

BATISTA JÚNIOR, Onofre Alves. O contingenciamento de recursos da educação e a fraude à Constituição. *Revista Consultor Jurídico*, 26 de junho de 2019.

BAUMAN, Zygmunt. *Modernidade líquida*. Rio de Janeiro: Jorge Zahar Ed., 2001.

BECK, Ulrich. Capitalismo sem trabalho. *Ensaios FEE*, Porto Alegre, v.18, n. 1, 1997, p. 41-55.

BERCOVICI, Gilberto. O estado de exceção econômico e a periferia do capitalismo, *in: Boletim de Ciências Econômicas,* Volume XLVIII, Coimbra: Impactum, 2005.

CAMPOS, Sarah. Crise do Estado ou estado de crise? O ajuste orçamentário e a precarização da função pública , *in: Revista Fórum de Direito Sindical: RFDS*, ano 1, n. 1, (jul./dez. 2015). Belo Horizonte: Fórum, 2015.

CATONNI, Marcelo. Breves considerações iniciais sobre o a PEC n. 241 (o novo regime fiscal): o estado de exceção econômico e a subversão da Constituição Democrática de 1988, *in: Empório do Direito,* 2016.

---

75 A Crise de 2008 é exemplo dessa potencialidade destrutiva do capital financeiro, que provocou um longo período de recessão em vários países, que tiveram de realizar vultosos aportes de recursos públicos para salvar as instituições financeiras e, ao mesmo tempo, intensificar políticas de austeridade contra a população. Nesse sentido: https://24.sapo.pt/economia/artigos/de-wall-street-a-lisboa-como-a-crise-de-2008-atravessou-o-atlantico

CHIMURIS, Ramiro. Neocolonialismo Jurídico en el Siglo XXI: Política, Economía & Derecho en los tiempos del capital " cticio", el chip del homo debitor (hombre endeudado) y la sociedad endeudada (personas, Estado, empresas), *in:* CHIMURIS, Ramiro, MENEZES, José, LIBREROS, Daniel. *Las Deudas Abiertas de la America Latina.* Napoli: La Città del Sole, 2020.

DELLA PORTA, Donatella. *Introdução à Ciência Política.* Lisboa: Editorial Estampa, 2003.

DIAS, Joelson; JUNQUEIRA, Ana Luísa Cellular. O Direito à Participação Política das Pessoas com Deficiência, *in: Resenha Eleitoral (Florianópolis),* v. 21, n. 1, p. 159-180, nov. 2017.

FATTORELLI, Maria Lúcia. *Auditoria cidadã da dívida – experiências e métodos.* Brasília: Inove, 2013.

FATTORELLI, Maria Lúcia. Securitização de Créditos no Brasil e o seu impacto para o Orçamento Público, *in:* CHIMURIS, Ramiro, MENEZES, José, LIBREROS, Daniel. *Las Deudas Abiertas de la America Latina. Napoli: La Città del Sole,* 2020.

FIORI, José Luís. Acumulação Mundial e Ingovernabilidade, *in: O Brasil no Espaço.* Petrópolis: Vozes, 2001.

FISS, Owen. Por qué el Estado? *in:* CARBONELL, Miguel. *Teoría del neoconstitucionalismo: ensayos escogidos.* Madrid: Editorial Trotta, 2007.

LOUREIRO, João Carlos. *Adeus ao estado social? a segurança social entre o crocodilo da economia e a medusa da ideologia dos direitos adquiridos.* Coimbra: Coimbra Editora, 2010.

MERLIN, Nora. Neoliberalismo e colonización de la subjetividad, *in:* CHIMURIS, Ramiro, MENEZES, José, LIBREROS, Daniel. *Las Deudas Abiertas de la America Latina.* Napoli: La Città del Sole, 2020.

MIRANDA, Jorge. *Manual de Direito Constitucional.* Tomo II, 7ª ed., Coimbra: Coimbra Editora, 2013.

RAZ, Joseph. *A moralidade da liberdade.* Trad. Henrique Blecher, Leonardo Rosa. Rio de Janeiro: Elsevier, 2011.

SILVA, Suzana Tavares da. *Direitos fundamentais na arena global.* Coimbra: Imprensa da Universidade de Coimbra, 2011.

SOUZA, Jessé. *A radiografia do golpe: entenda como e por que você foi enganado.* Rio de Janeiro: LeYa, 2016.

STREECK, Wolfgang. *Tempo comprado. A crise adiada do capitalismo democrático.* Coimbra: Conjuntura Actual Editora, 2013.

SUPIOT, Alain. Perspectiva jurídica de la crisis económica de 2008. *Revista Internacional del Trabajo,* vol. 129, n. 2, 2010, p. 165-177.

VALIM, Rafael. *Estado de exceção: a forma jurídica do neoliberalismo.* São Paulo: Editora Contracorrente, 2017.

VASCONCELOS, Antônio Gomes de. A "Constituição Econômica" e o endividamento público no contexto da economia neoliberal, *in:* CHIMURIS, Ramiro, MENEZES, José, LIBREROS, Daniel. *Las Deudas Abiertas de la America Latina.* Napoli: La Città del Sole, 2020.

RECEITAS PÚBLICAS E FEDERALISMO TRINO: O PROTAGONISMO DOS ÓRGÃOS DE CONTROLE EXTERNO

SEBASTIÃO HELVÉCIO RAMOS DE CASTRO[1]

RAQUEL DE OLIVEIRA MIRANDA SIMÕES[2]

RENATA RAMOS DE CASTRO[3]

SUMÁRIO: 1. Introdução; 2. Diagnóstico das receitas dos
municípios mineiros; 3. Avaliação da gestão da arrecadação
tributária municipal; 4. Considerações finais

1. INTRODUÇÃO

É justo um recuo no tempo. Em outubro de 1988, a Assembleia
Legislativa de Minas Gerais deflagrou – pioneira e solenemente – o
processo constituinte do Estado e, em simultâneo, inaugurou o monu-

---

1 Doutor em Saúde Coletiva. Especialista em Didática do Ensino Superior.
Especialista em Gestão e Controle da Administração. Especialista em Análise de
Dados Aplicada ao Controle Externo. Médico. Bacharel em Direito. Conselheiro
do Tribunal de Contas do Estado de Minas Gerais. Vice-Presidente de Relações
Institucionais do Instituto Rui Barbosa.

2 Especialista em Contabilidade Pública pela Fundação Getúlio Vargas do RJ.
Especialista em Controle Externo pela Pontifícia Universidade Católica – PUC/
MG. Especialista em Análise de Dados Aplicada ao Controle Externo pela Escola
de Contas e Capacitação Professor Pedro Aleixo/TCEMG. Bacharel em Ciências
Contábeis e Graduada em Administração de Empresas pela PUC/MG.

3 Mestre em Direito pela Universidade Federal de Minas Gerais. Especialista em
Direito Público Global pela Universidade Castilla-La Mancha. Especialista em
Gerenciamento de Projetos pelo IBMEC-MG. Especialista em Direito Internacional
pelo CEDIN. Bacharel em Direito. Advogada. Consultora Jurídica na área de Gestão
e Administração Pública.

mento à Inconfidência[4], renovando o compromisso de Minas com os ideais de liberdade, de igualdade e de um federalismo efetivo.

De tal marco, singular na história constitucional do nosso Estado, originou-se outra Minas Gerais em nova realidade não apenas político-jurídica mas também socioeconômica, tendo em vista que o processo constituinte, em nível federal e nos estaduais, coincidiu com grave crise econômica e o fim da ditadura.

O Legislativo mineiro, absorvendo a tendência democrática da Constituinte, abriu suas portas aos cidadãos com quem estabeleceu canal aberto de comunicação e conseguiu manter o mesmo grau de participação popular instaurado na criação da Constituição da República, a Constituição Cidadã. Mediante promoção de audiências públicas temáticas regionais e mobilização de entidades afins ou com interesses comuns, além de divulgação de informações em jornal específico, programas de televisão e de rádio, a Assembleia de Minas reunia, diariamente, um volume muito grande de pessoas, gerando centenas de propostas ao texto. Sob a coordenação de deputados membros da Comissão Constituinte[5], foram recebidas, para catalogação e análise, propostas populares atinentes a dezenove temas prefixados.

Em janeiro de 1989, em audiência pública realizada em Juiz de Fora, foram anotadas 132 propostas num total de 280 recebidas acerca do Sistema Tributário. O trabalho final apresentado por aquela Comissão Constituinte foi dividido em quatro partes: tributos dos municípios; tributos do Estado; partilha da receita tributária; e limitação dos tributos[6]. O respeito ao municipalismo é uma inovação a se destacar: os tributos passariam diretamente aos cofres municipais. Em relação à orçamentação, foram definidos os instrumentos de planejamento do Estado a fim de balizar as diretrizes orçamentárias, os orçamentos e demais programas. A previsão do Plano Mineiro de Desenvolvimento Integrado (PMDI), peça do sistema orçamentário que estabelece plano estratégico de longo prazo, colocou o Estado mineiro em cenário privilegiado, onde se valoriza sempre a realização das políticas públicas.

---

4 Obra do artista plástico Amílcar de Castro, na Praça da ALMG, em homenagem aos 200 anos da Inconfidência Mineira.

5 Anteprojeto de Constituição – IV Assembleia Constituinte do Estado de Minas Gerais. ALMG, 1989. p. 7; 24-25. https://www.almg.gov.br/home/index.html. Acesso em 11.dez. 2019.

6 O Capítulo III da Constituição do Estado de Minas Gerais, referente a finanças públicas, dividiu-se em duas seções: da tributação e dos orçamentos. *Constituição do Estado de Minas Gerais* (Atualizada e acompanhada dos textos das Emendas à Constituição n. 1 a 99). Belo Horizonte: ALMG, 2019. p. 119-137.

O que se quer ressaltar também é a instituição de negociação integrada entre os Poderes, o Tribunal de Contas e o Ministério Público para estabelecer as diretrizes orçamentárias, em razão da autonomia financeira dessas instituições; e a compatibilização de interesses realizada por comissão permanente, composta pelos segmentos envolvidos.

Ainda, de forma a permitir ao legislativo uma participação eficaz no processo orçamentário, foi introduzida a obrigatoriedade de instruir o orçamento demonstrativo específico, que ilustra a composição das receitas e despesas.

De outro lado, em razão da expressa vedação da Constituição da República, foram adotadas apenas as vinculações orçamentárias indicadas pela própria Carta Magna. No entanto, como forma de promoção social e de resguardo da dignidade do administrado, foi possível garantir investimentos em saúde pública não inferiores à metade daqueles destinados ao sistema viário e de transporte, até então o gasto mais significativo do Governo mineiro naqueles últimos cinco anos. A decisão foi inédita, pois somente no ano 2000 foram assegurados recursos mínimos para o financiamento das ações e serviços públicos de saúde com a Emenda Constitucional n. 29, que estabeleceu a vinculação de recursos nas três esferas de governo.

Três décadas celebradas, vê-se que tanto a Constituição Cidadã quanto a Constituição Compromisso deram grandes frutos. Ressalta-se a atenção especial dada ao princípio federativo, sendo a autonomia dos Estados federados estendida aos municípios. Mais, registre-se aqui, além da autonomia dos entes federativos, a atuação de forma cooperativa.

O que se deseja é que possamos nos beneficiar dessas conquistas garantidas para cada um de nós, cuidando para que não sejamos a primeira geração a deixar para a geração futura uma sociedade pior do que a encontramos.

Para tanto, é preciso dar continuidade ao debate, respeitar e fortalecer as relações federativas, assegurar a ampla participação da sociedade de modo democrático. Após vinte anos da Constituição Compromisso, a reforma tributária e desoneração da produção e a retomada dos investimentos públicos foram a tônica do Ciclo de Debates *Minas Combate a Crise*[7], que reuniu mais de 800 pessoas, especialistas e autoridades de projeção nacional.

---

7 Em 2009, o Legislativo mineiro promoveu ações voltadas ao equacionamento dos problemas gerados pela crise financeira internacional nas economias do Estado e dos municípios. Em parceria com o governo de Minas, realizou o ciclo de debates "Minas Combate a Crise". Vídeo. https://dspace.almg.gov.br/handle/11037/21262 Acesso em 11dez.2019.

O encontro, extremamente positivo, foi também propositivo, porque possibilitou abordar as preocupações do setor privado e as ansiedades do setor público, além de buscar alternativas para minimizar os efeitos da crise sobre o mercado de trabalho em Minas e sobre a arrecadação do ICMS, sua principal fonte de financiamento.

Os Estados foram o ente federado que mais perdeu recursos, após a Constituição de 1988. Os impostos, de cuja arrecadação participam os Estados, perderam em importância, enquanto as contribuições recolhidas pela União cresceram. Por outro lado, 70% dos investimentos públicos são feitos por Estados e municípios. Na oportunidade, reivindicou-se, então, novo pacto federativo a fim de se resgatar a importância dos governos estaduais e municipais no federalismo trino brasileiro. O confronto de interesse entre os entes federados é desejável, mas o estadualismo cooperativo é necessário.

Nesse cenário, a renegociação das dívidas estaduais com a União[8] foi uma das estratégias postas para o enfrentamento da crise financeira internacional nas economias do Estado e dos municípios.

Rever o percurso trilhado, além de emocionar, ajuda a avaliar acertos e desvios, facilita vislumbrar os rumos seguintes e até conquistar a ordem aguardada. Desta feita, eis a Lei Complementar n. 101 – a Lei de Responsabilidade Fiscal (LRF) –, que, sancionada em maio de 2000, mudou a história deste país.

A aprovação da LRF atendeu o previsto no art. 163 da Constituição Cidadã, com o objetivo de promover o controle de déficits orçamentários e financeiros excessivos e constantes, do elevado gasto com pes-

---

8 Autos n. 841956 TCEMG. Contas do Governador, exercício de 2010. Sessão Plenária de 8/7/2011. Relator: Conselheiro Sebastião Helvecio Ramos de Castro. O TCEMG apresentou estudos acerca da renegociação da dívida pública do Estado com a União, os quais, encampados pela Assembleia de Minas e pela União Nacional dos Legisladores e Legislativos Estaduais (Unale), contribuíram para a edição da LC n. 148, de 25 de novembro de 2014 (modificada pela LC n. 156, de 28 de dezembro de 2016). Autos n. 1040601 TCEMG. Contas do Governador, exercício 2017, fl. 942-944. Relator: Conselheiro Sebastião Helvecio Ramos de Castro. A evolução do saldo devedor, a partir de 01 de janeiro de 2013, considerando as condições estabelecidas pelo art. 2º da LC 148/14, resultou na redução acumulada da dívida, apurando-se ganho efetivo de R$ 9,501 bilhões em abril de 2017, quando foi registrada contabilmente a redução no saldo devedor do contrato. Em dezembro de 2017 o ganho alcançaria a ordem de R$ 9,980 bilhões. (OF/SEF/GAB/SADJ. 730/18 da Secretaria de Estado da Fazenda, anexado ao processo citado, fl. 942-944). <https://tcnotas.tce.mg.gov.br/tcjuris/Nota/BuscarArquivo/1901895> Acesso em 09 dez. 2019.

soal e com a dívida pública, além da alta carga tributária, em todos os níveis governamentais e, ainda, de fomentar a transparência.

Importantes referências do cenário internacional da época também impulsionaram e influenciaram a edição dessa lei no Brasil, como os critérios de ajuste e de evitação de déficits excessivos estabelecidos no Tratado de Maastricht – Comunidade Econômica Europeia – CEE (1992), o *Budget Enforcement Act* – EUA (1990), que trata de mecanismos de controle de gastos, além de outros como o *Fiscal Responsibility Act* – Nova Zelândia (1994), que traz suporte de proteção contra imprevistos e gerenciamento de riscos fiscais além do acompanhamento dos orçamentos e gastos.

Ao completar quase 20 anos de sua edição, a LRF remete-nos a importantes reflexões, especialmente no que se refere à receita pública, tema de fundamental importância nos orçamentos, na medida em que representa o *quantum* que o Estado se apropria do cidadão, por intermédio especialmente da tributação, para fazer frente ao financiamento das políticas e dos programas governamentais, na forma de geração de bens e serviços.

O título VI da Constituição da República, que cuida do sistema tributário nacional e do orçamento, confia a cada ente federativo, de acordo com o art. 145, a possibilidade de instituição de seus tributos; fato que passou a constituir requisito essencial da responsabilidade fiscal, acrescida da previsão e da efetiva arrecadação, conforme o art. 11 da LRF, o qual também prevê sanção pelo não cumprimento.

No Estado de Minas Gerais, alinhado ao modelo nacional de controle externo, cabe ao Tribunal de Contas a fiscalização da arrecadação da receita a cargo dos órgãos e entidades da administração direta, indireta e fundacional dos Poderes do Estado, bem como dos fundos e demais instituições sob a sua jurisdição, consoante o disposto no art. 1º da Lei Complementar n. 102 de 17/01/2008[9].

---

9 Art. 1º O Tribunal de Contas, órgão de controle externo da gestão dos recursos públicos estaduais e municipais, presta auxílio ao Poder Legislativo, tem sede na Capital e jurisdição própria e privativa sobre as matérias e pessoas sujeitas a sua competência, nos termos da Constituição da República, da Constituição do Estado de Minas Gerais e desta lei complementar.

Parágrafo Único. O controle externo de que trata o caput deste artigo compreende a fiscalização contábil, financeira, orçamentária, operacional e patrimonial e abrange os aspectos de legalidade, legitimidade, economicidade e razoabilidade de atos que gerem receita ou despesa pública. Assembleia Legislativa do Estado de Minas Gerais. https://www.almg.gov.br/consulte/legislacao/completa/completa-nova-min.html?tipo=LCP&num=102&comp=&ano=2008&texto=consolidado Acesso em 09dez.2019.

As ações de controle e acompanhamento tanto da receita quanto da despesa pública exercidas pelos Tribunais de Contas seguem os princípios, padrões e orientações desenvolvidos pela Organização Internacional das Entidades Fiscalizadoras Superiores (INTOSAI)[10], os quais visam apoiar as Entidades Fiscalizadoras Superiores (EFS) na produção de auditorias de alta qualidade e relevantes para o público em geral.

Também contribuem diretamente para o cumprimento dos Objetivos de Desenvolvimento Sustentável (ODS) instituídos pela Organização das Nações Unidas (ONU), com destaque para a meta 17.1 do Objetivo 17, cujo propósito consiste na melhoraria da capacidade de arrecadação de impostos e de outras receitas, proporcionando resposta coletiva, coerente e integrada às suas próprias necessidades e prioridades, além das dos seus jurisdicionados.

Dedicados fortemente ao controle da despesa pública, por força de exigência das normas e regulamentos, os órgãos de controle externo passaram a destinar parcela de sua atuação ao acompanhamento das receitas públicas, com destaque para a aferição se de fato os jurisdicionados estão exercendo, em sua plenitude, a competência tributária que lhes foi outorgada pela Constituição da República, conforme determina o art. 11 da LRF.

Em Minas Gerais, para que o TCEMG passasse a certificar, com segurança, a capacidade de tributar dos municípios foi necessário qualificar tal ação para compreender o sistema tributário como matriz que privilegie a universalização, a progressividade e o respeito à heterogeneidade contributiva de cada local e, ainda, que busque atenuar os efeitos provocados pela complexidade e injustiças tal como positivado.

O novo olhar do TCEMG alinha-se, sem dúvida, ao corolário do princípio da justiça financeira e do direito fundamental à boa administração e governança, defendido pelos autores Adircélio de Moraes Ferreira Júnior e Luis Carlos Cancellier de Olivo[11].

---

10 *International Organization of Supreme Audit Institutions* (INTOSAI). < https://www.intosai.org/>. Acesso em 06 dez.2019.

11 Ferreira Junior, A. M.; Olivo, L.C. O Controle das Receitas Públicas pelos Tribunais de Contas como Corolário do Princípio da Justiça Financeira e do Direito Fundamental à Boa Administração e Governança. *Anais do XXIII Congresso Nacional do Conselho Nacional de Pesquisa e Pós-Graduação em Direito (Conpedi)*. João Pessoa – PB, 2014. Disponível em: <http://www.publicadireito.com.br/artigos/?cod=a7468b046115fc3c>. Acesso em 09dez.2019.

Nas prospecções que antecederam a elaboração do Planejamento Estratégico 2015-2020, o TCEMG já identificava a possibilidade de retração na arrecadação do Estado e do conjunto dos municípios mineiros, com impacto direto nos orçamentos e na sua própria atuação; o que passou a exigir melhor planejamento e seletividade nas ações de fiscalização, em especial no acompanhamento da receita e no aprimoramento da governança e gestão tributária de seus jurisdicionados.

Em resposta, o TCEMG se debruçou sobre novos projetos e ações com foco na receita pública, direcionado e apoiado pela Política de Fiscalização Integrada – Suricato[12], que possibilitou o uso de *Big Data*, de novas tecnologias de armazenamento, cruzamento e de demonstração de dados, informações e conhecimentos a serviço do controle externo.

Vale destacar que, neste estudo, acerca de atuação do TCEMG, o enfoque está direcionado para a receita pública em sua acepção financeira, sem a direta correspondência no passivo, ou seja, ingressos de recursos disponíveis para a realização das atividades econômicas dos municípios.

2. DIAGNÓSTICO DAS RECEITAS DOS MUNICÍPIOS MINEIROS

Em nova frente de trabalho, o TCEMG elaborou em 2019 diagnóstico sobre as receitas dos municípios mineiros, tomando como referência dados e informações relativos aos exercícios de 2017 e 2018, a partir de três grandes indagações; i) esforço tributário – capacidade de arrecadação própria do município; ii) autonomia – capacidade de o município pagar as despesas correntes com os recursos disponíveis; iii) investimento *per capita* – retorno para a população, cujos principais resultados são apresentados a seguir.

Em primeira análise, dimensionou-se o esforço tributário, aqui entendido como a capacidade de arrecadação própria dos municípios, por meio da relação entre a receita tributária e a receita total arrecadada. Os dados revelam, conforme apresentado na Figura 1, que 650 municípios (76%) apresentaram arrecadação própria inferior a 10% da receita total, expondo claramente a dependência das transferências intergovernamentais demonstrada na Figura 2.

---

12 Resolução n. 10/2011 que dispõe sobre a política de fiscalização integrada no âmbito do TCEMG. Disponível em: <http://www.tce.mg.gov.br/IMG/Legislacao/legiscont/Resolucoes/2011/R10-11.pdf>. Acesso em 09 dez.2019.

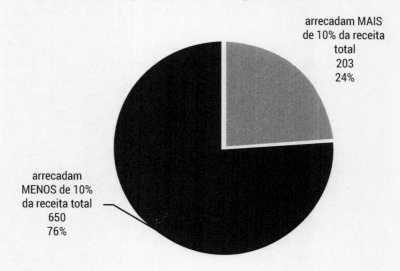

Figura 1 – Esforço tributário dos municípios mineiros em 2018

Fonte: Sicom/TCEMG.

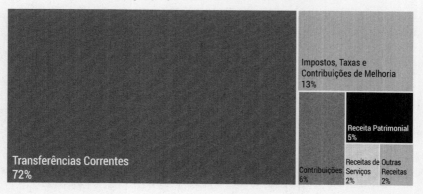

Figura 2 – Fontes de receita dos municípios que apresentaram arrecadação própria inferior a 10% da receita total

Fonte: Sicom/TCEMG.

A segunda análise avaliou a autonomia financeira dos municípios, medida pela relação entre receitas tributárias e despesas correntes, indicando a sua capacidade de pagar as despesas correntes com recursos próprios. Os dados da Figura 3 revelam que 638 municípios (74,8%) apresentaram autonomia financeira inferior a 10%, demonstrando incapacidade de custear, com suas receitas próprias, as despesas com manutenção da máquina pública. Tais resultados reforçam o cenário de dependência a fontes externas de recursos demonstrada anteriormente.

Figura 3 – Distribuição dos municípios de MG por Autonomia Financeira – 2018

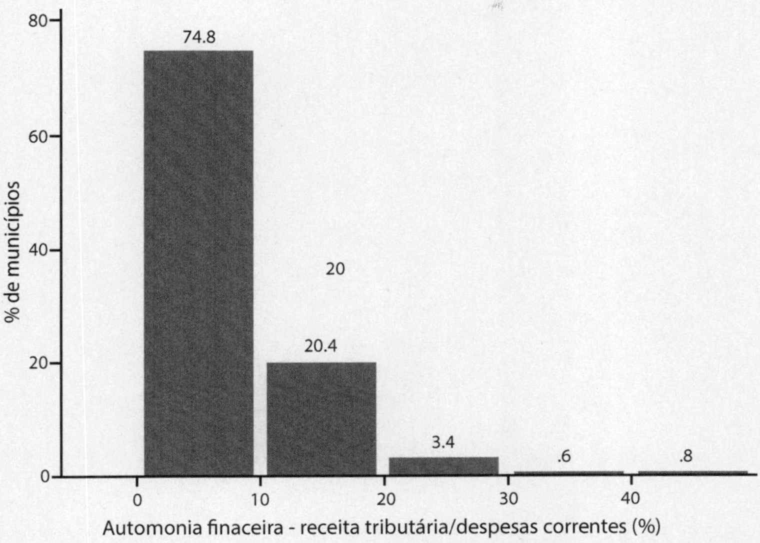

Fonte: Sicom/TCEMG.

A última análise dedicou-se a analisar a aptidão dos governos municipais em promover melhorias nas condições de desenvolvimento e na capacidade de crescimento por meio de investimentos públicos. Os dados da Figura 4 revelam que 556 municípios (65%) apresentaram investimento *per capita* de até R$ 198,00; por outro lado, apenas 11 municípios (1%) se enquadraram na faixa entre R$ 998,00 e R$ 2.316,00. Além disso, a figura destaca que grande parte dos municípios com maior capacidade de investimento *per capita* está localizada nas mesorregiões Metropolitana de Belo Horizonte e Triângulo Mineiro. Já os municípios das mesorregiões Noroeste de Minas, Norte de Minas, Jequitinhonha e Vale do Mucuri possuem, em geral, baixa capacidade de investimento *per capita*. O cenário demonstra, em última análise, a grave carência de infraestrutura na maioria dos municípios mineiros e a forte polarização espacial na distribuição dos investimentos, indicando que se deve persistir na agenda de ajuste fiscal a fim de que se abra espaço nos números para o tão necessário investimento público.

Figura 4 – Distribuição do investimento *per capita* por municípios de MG (2018)

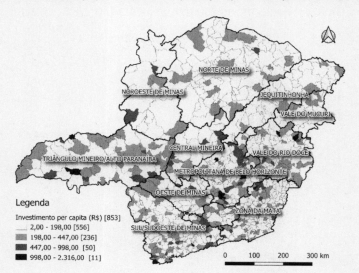

Fonte: Sicom/TCEMG.

3. AVALIAÇÃO DA GESTÃO DA ARRECADAÇÃO TRIBUTÁRIA MUNICIPAL

Em 2017, o Tribunal de Contas aplicou aos 853 municípios questionário com o objetivo de obter informações mais detalhadas sobre a gestão da arrecadação. As perguntas foram agrupadas em cinco dimensões: I – Legislação Tributária; II – Recursos Humanos; III –Infraestrutura Física e Tecnologia da Informação; IV – Procedimentos de Fiscalização; e V –Cobrança Judicial e Créditos Tributários. Do total dos municípios, 672 (79%) responderam[13], o que possibilitou amostra significativa para traçar o perfil da realidade local quanto a estrutura e gestão de arrecadação de receitas.

Nas tabelas a seguir, são apresentados os principais resultados que mereceram a atenção do Tribunal e desencadearam ações de orientação e acompanhamento, compreendendo a emissão de 11.758 recomendações até setembro último, com vistas ao aprimoramento da gestão tributária municipal.

No que se refere ao contexto da legislação tributária, avaliou-se a adequação do conjunto da legislação tributária local e possíveis renúncias de receitas. Conforme demonstrado na Tabela 1, apurou-se que

---

[13] As respostas consolidadas estão disponibilizadas no Portal Receitas: <https://receitas.tce.mg.gov.br/>.Acesso em 11dez.2019.

70% dos municípios não atualizaram a Planta Genérica de Valores dos Imóveis nos últimos dois anos; fato que afeta diretamente a arrecadação de Imposto Predial e Territorial Urbano (IPTU). Além disso, 78% não promoveram lançamento de Contribuição de Melhoria nos últimos três exercícios, o que também implica menor arrecadação pelo município.

Tabela 1 – Dimensão Legislação Tributária

Código da Questão	Questão	Não	Sim	Não aplicável
I08	Planta Genérica de Valores dos Imóveis do Município foi atualizada nos últimos 2 (dois) anos	70%	30%	
I09	O município celebrou convênio ou editou norma que resulte na possibilidade de acesso pela Administração ao cadastro de clientes e domicílios das concessionárias de serviços públicos de fornecimento de energia elétrica e de água tratada?	3%	97%	
I11	O município realizou algum lançamento de Contribuição de Melhoria nos últimos 03 exercícios?	78%	11%	12%

Fonte: Portal Receitas/TCEMG

Na dimensão Recursos Humanos, verificou-se a adequação da estrutura de pessoal da unidade tributária dos governos municipais, a qual deverá contar pelo menos com núcleo de servidores concursados e capacitados para conhecer a legislação tributária e as atividades ou patrimônio dos contribuintes, bem como para lançar e cobrar o pagamento dos tributos. Conforme se depreende da Tabela 2, quase a totalidade (93%) declarou não capacitar, nos últimos três anos, os fiscais de tributos para o desempenho das atribuições específicas de fiscalização; e 66% afirmam existir servidores não investidos no cargo específico de fiscal de tributos, embora exerçam a fiscalização.

Tabela 2 – Dimensão Recursos Humanos

Código da Questão	Questão	Não	Sim	Não aplicável
I122	No Município, todos os servidores que atuam na fiscalização tributária são agentes investidos no cargo específico de fiscal de tributos?	66%	34%	
I125	Nos últimos 03 (três) anos, os fiscais de tributos receberam algum treinamento para o desempenho de suas atribuições específicas de fiscalização, como por exemplo, a fiscalização de instituições financeiras, construção civil, etc.?	93%	7%	

Fonte: Portal Receitas/TCEMG

No que se refere à dimensão Infraestrutura Física e Tecnologia da Informação, avaliaram-se as condições físicas e tecnológicas que permitam ao governo municipal exercer satisfatoriamente a gestão tributária. De acordo com a Tabela 3, 62% afirmam não possuir norma definidora da estrutura organizacional da administração tributária. Apesar de 90% dos municípios declararem que dispõem de ferramenta informatizada para gestão da arrecadação e fiscalização dos tributos, em 59% nem todos os agentes fiscais são capacitados para operá-la. Além disso, em 54% os sistemas não emitem eletronicamente todos os documentos de fiscalização; e, mais, em 36% dos municípios não existe sistema de nota fiscal de serviços eletrônica. Por consequência, fica fragilizada a capacidade de arrecadação.

Tabela 03 – Dimensão Infraestrutura Física e Tecnologia da Informação

Código da Questão	Questão	Não	Sim	Não aplicável
III34	No Município, há norma que defina a estrutura organizadora da Administração Tributária?	62%	38%	
III37	No Município, há disponível uma ferramenta de informática que possibilite controle da fiscaização / arrecadação / gestão dos tributos municipais	10%	90%	
III38	No Município, está disponível para a fiscalização dos tributos municipais um ferramenta de informática ou módulo específico de fiscalização no Sistema de controle da arrecadação / gestão capaz de emitir eletronicamente todos os documentos de fiscalização (Ordem de Fiscalização; Termo de Início de Ação Fiscal, Relatório de Fiscalização, Notificação, Intimação, Auto de Infração, entre outros?)	54%	46%	
III40	Todos os agentes fiscais receberam capacitação adequada para uma eficaz utilização dos sistemas de Tecnologias da Informação - TI disponíveis no exercício de suas funções?	59%	41%	
III41	No Município, existe sistema de Nota Fiscal de Serviços Eletrônica (NFS-e)?	36%	64%	

Fonte: Portal Receitas/TCEMG

Na dimensão relativa aos procedimentos de fiscalização, examinaram-se os aspectos operacionais para promoção da fiscalização e da arrecadação pelos governos municipais. Os resultados indicam que a maioria dos municípios não adota as melhores práticas e rotinas quanto ao planejamento, execução e controle das ações relativas à arrecadação de seus tributos, conforme se verifica na Tabela 4. A título de exemplo, 86% dos municípios não planejam os trabalhos de fiscalização.

Tabela 4 – Dimensão Procedimentos de Fiscalização

Código da Questão	Questão	Não	Sim	Não aplicável
IV51	O município possui cronograma de fiscalização tributária no âmbito da Secretaria competente?	86%	14%	
IV52	Há procedimento formal de planejamento para os trabalhos de fiscalização em contribuintes de ISS a serem realizados pelo setor competente?	88%	12%	
IV53	Há previsão, na Legislação Tributária Municipal de obrigatoriedade da expedição pela autoridade competente, de instrumento legal de autorização para realização de fiscalização de ISS?	78%	22%	
IV54	Há previsão, na Legislação Tributária Municipal de obrigatoriedade De expedição de Termo de Início da Ação Fiscal, ou documentos similares que registrem o início da fiscalização?	67%	33%	
IV55	A administração tributária possui rotinas de controle para aferição do cumprimento do planejamento de fiscalização realizado, ou seja das metas e resultados consignados no planejamento?	57%	2%	41%
IV56	Existe fiscalização baseada em monitoramento de arrecadação de contribuições do ISS?	77%	23%	
IV59	São realizados procedimentos de fiscalização para averiguar a correção dos valores informados e recolhidos pelas instituições bancárias mediante comparação com seus demonstrativos contáveis (COSIF)	88%	12%	
IV64	Com relação ao ISS sobre construção civil, há previsão legal de obrigatoriedade de apresentação do movimento econômico a fiscalização do ISS como condição para o registro imobiliário ou demais licenciamentos municipais, como o "habite-se"?	84%	16%	
IV66	Com relação ao Simples Nacional, o Município possui procedimento implantado no intuito de comparar o faturamento declarado no PGDAS-D com o faturamento declarado com base na emissão de documentos fiscais?	82%	18%	
IV67	O Sistema de Arrecadação gestam do ISS registra a movimentação econômica dos contribuintes enquadrados no Simples Nacional?	82%	32%	
IV68	No Municípios há participou ou participa certificação digital e-CPF, de modo a possibilitar o acesso ao Portal do Simples Nacional?	78%	22%	

Código da Questão	Questão	Não	Sim	Não aplicável
IV70	O Municípios participou ou participa de treinamento acerca das normas do Simples Nacional e/ou acerca das funcionalidades das ferramentas utilizadas no Portal Simples Nacional?	93%	7%	
IV72	Com relação aos tomadores de serviços, há previsão legal de obrigação acessória, sentido de informarem periodicamente os serviços que foram tomados e os respectivos ISS retidos?	73%	27%	
IV74	O Município mantém convênios com a administração fazendária de outros municípios, Estados, União ou órgãos (ex: Detran), buscando o compartilhamento de cadastros	86%	14%	

Fonte: Portal Receitas/TCEMG

Na dimensão referente à Cobrança Judicial de Créditos Tributários, avaliou-se a capacidade dos municípios de gerir a cobrança dos créditos devidos à prefeitura, não pagos dentro do prazo de vencimento. A Tabela 5 revela que a maior parte dos municípios não operacionaliza, de forma adequada, a cobrança de seus créditos, pois não apresenta rotinas e regulamentos (77% não estabeleceram rotinas de envio de créditos inscritos em dívida ativa para cobrança judicial); infraestrutura de pessoal (75% não contam com procuradores efetivos); e sistemas de informação (74% não possuem sistema para controle das ações fiscais ajuizadas).

Tabela 5 – Dimensão Cobrança Judicial de Créditos Tributários

Código da Questão	Questão	Não	Sim	Não aplicável
V81	O município possui normativo próprio que regulamente e estabeleça a rotina de envio de créditos tributários inscritos em dívida ativa para cobrança judicial?	77%	23%	
V82	O município possui sistema informatizado que possibilite controlar as ações fiscais ajuizadas em especial os prazos de prescrição?	74%	26%	
V83	O município possui regulamento próprio estabelecendo um valor mínimo de alçada para ajuizamento das ações de execução fiscal?	83%	17%	
V84	O município possui regulamentos para a inscrição de inadimplentes em cadastro de devedores (Cadin, Serasa)?	92%	8%	
V85	A Procuradoria municipal conta com procuradores efetivos?	75%	25%	

Fonte: Portal Receitas/TCEMG

4. CONSIDERAÇÕES FINAIS

O diagnóstico realizado pelo Tribunal de Contas de Minas Gerais revela baixa performance dos municípios mineiros quanto à arrecadação e gestão tributária, a qual decorre, em grande medida, da carência de estrutura legal, regulamentar e operacional, da baixa adequação da infraestrutura de pessoal, além da baixa capacitação dos recursos humanos, dos precários recursos materiais e da reduzida adoção dos meios tecnológicos disponíveis.

Aponta, ainda, para a necessidade de reformas estruturais, não somente sob o aspecto tributário, mas, especialmente, com vistas ao fortalecimento da governança e da gestão para o efetivo exercício da autonomia que lhes foi concedida pela Constituição Cidadã. A reforma e a modernização das instituições governamentais têm sido temas de pauta dos países com economias desenvolvidas e em desenvolvimento, em resposta às demandas por prestação de serviços de modo mais eficaz e com menor custo para os cidadãos.

A União contribuiu diretamente para a formação desse quadro negativo, na medida em que, após quase duas décadas da edição da LRF, ainda não se apropriou efetivamente do papel de ente responsável e indutor da modernização das administrações tributária, financeira, patrimonial e previdenciária dos municípios brasileiros. Conforme determina o art. 64 da citada lei, é de responsabilidade da União prover os governos municipais de assistência técnica e financeira, treinamento de recursos humanos, transferência de tecnologia, doação de bens e valores e principalmente do repasse de recursos.

O significativo hiato entre a norma e a realidade aponta, a anteceder qualquer iniciativa de reforma, para a seguinte questão: o que afasta o ordenamento jurídico da realidade? A resposta deve perpassar, antes de tudo, pelo desafio de identificar e ajustar o conteúdo de justiça inerente ao cidadão – agente financiador e usuário final dos serviços públicos – àquele presente na norma, preservando a igualdade social e os direitos humanos. E mais, de dimensionar adequadamente os impactos de qualquer reforma pretendida na realidade social local e de prever como serão processados eventuais ajustes. O cenário apresentado afasta, de forma inequívoca, a visão de que a simples autorização dada pelo legislador faça com que o ente municipal arrecade efetivamente os tributos e taxas que lhes são próprios.

Destarte, o modelo fiscal concentrado na União acaba por estabelecer uma dependência ao ente central, prejudicando o federalismo em sua concepção, tornando evidente a necessidade de revisão do pacto federativo. Tal padrão concorre diretamente para agravar a situação, quando estabelece competência tributária ao município para legislar sobre impostos cujos fatos geradores ocorrem, via de regra, em áreas urbanas (Imposto sobre Serviços de Qualquer Natureza – ISSQN e Imposto Predial e Territorial Urbano – IPTU). Como aponta o levantamento realizado em 2018 pela Empresa Brasileira de Pesquisa Agropecuária – Embrapa[14], dos 586.521,12 km² de extensão territorial do Estado de Minas Gerais, apenas 5.967,727 km² (1,02%) são de área urbana, ou seja, o Estado é predominantemente rural.

Fica clara a dependência dos municípios mineiros a fontes externas de recursos, principalmente as decorrentes de transferências intergovernamentais. O deslocamento de fontes de receitas da União para os Estados e municípios tende a minimizar o desequilíbrio instalado; isto porque quanto mais próxima a fonte de receita estiver do usuário dos serviços, mais eficiente será a escolha dos bens e serviços públicos na alocação dos recursos, segundo o Princípio da Eficiência Alocativa. Os governos locais são melhores informados a respeito das preferências de seus cidadãos e suas cidadãs do que o governo central, significando que a provisão descentralizada de bens e serviços públicos deve ser mais eficiente no sentido de Pareto[15] do que a provisão centralizada (OATES, 1972)[16].

As deficiências verificadas na estrutura e gestão tributária municipal, em contraste com as da União e Estado, exigem dos órgãos de controle externo, neste primeiro momento, atuação mais pedagógica do que sancionatória. E, sem dúvida nenhuma, o Tribunal de Contas deve assumir o papel fundamental de agente orientador e indutor para melhoria desse quadro, tendo em vista sua forte atuação institucional e sua capilaridade junto aos governos locais, sem confundir, entretanto, o controle externo com aquele a cargo dos órgãos da administração tributária.

---

14 GEOINFO, disponível em: <http://geoinfo.cnpm.embrapa.br/layers/geonode%3Aareas_urbanas_br_15> Acesso em 11 dez.2019.

15 Diz respeito à satisfação de preferências pessoais. Diz-se que uma determinada situação é Pareto eficiente ou alocativamente eficiente se é impossível mudá-la de modo a deixar pelo menos uma pessoa em situação melhor (na opinião dela própria) sem deixar outra pessoa em situação pior (mais uma vez, em sua própria opinião).

16 OATES, W. E. *Fiscal federalism*. Harcourt Brace Jovanovich, Nova Iorque, 1972.

Na vanguarda dos movimentos de aprimoramento do controle externo, o TCEMG desenvolveu o Portal Receitas[17], um espaço de transparência, compartilhamento e diálogo destinado ao cidadão e ao gestor público, visando a profissionalização e a efetividade da gestão das receitas públicas municipais. De caráter orientativo e colaborativo, busca-se uma atuação mais próxima ao gestor na implementação de alternativas em prol da melhoria quantitativa e, especialmente, qualitativa da arrecadação.

Outra importante inovação do Projeto Receitas, agora, na vertente pedagógica, é a idealização do Jogo do Tributo. Trata-se de dinâmica – já aplicada em mais de dezoito escolas estaduais e do Sebrae, alcançando 676 alunos –, em que se apresenta aos alunos a importância do processo de financiamento das políticas públicas municipais. O jogo demonstra na prática como se dá a movimentação econômica em uma cidade, com simulações de transações de compra e venda de mercadorias e serviços e a incidência dos tributos, a fim de despertar o interesse do aluno pela gestão das receitas públicas.

A atuação do TCEMG permite inferir a diferença fundamental entre protagonismo e ativismo institucional. Lá se pretende a transformação da administração pública, especialmente a financeira, no caminho da construção pedagógica e dialógica, em parcerias que entendem a laboração sinérgica a favor do cidadão, destinatário da efetividade das políticas públicas; enquanto no ativismo se constata a invasão de missões constitucionais e, portanto, deve ser mitigado e se possível afastado.

Concluindo, os Tribunais de Contas do Brasil possuem o maior acervo de dados qualificados da administração pública em ambiente multinível, portanto devem se inserir na análise da receita pública com a mesma ênfase que tradicionalmente se ocupam da despesa pública.

---

17 Portal Receitas TCEMG <https://receitas.tce.mg.gov.br/>.

REFORMA TRIBUTÁRIA: O ESFORÇO EM MANTER A MATRIZ TRIBUTÁRIA EM SEU (IN) DEVIDO LUGAR

VALCIR GASSEN[1]
PEDRO JÚLIO SALES D'ARAÚJO[2]
FRANCISCO GASSEN[3]

SUMÁRIO: 1. Introdução; 2. Reformas tributárias: propostas passadas e atuais; 3. Matriz tributária e o debate necessário em torno de quem paga e com quem se gasta; 4. A realidade 'imposta' e o silêncio eloquente: a realidade social brasileira e a regressividade não debatida; 5. Conclusão; Referências Bibliográficas

---

1 Professor Associado da Universidade de Brasília – UnB. Mestre e Doutor pela Universidade Federal de Santa Catarina – UFSC –, estudos de pós-doutorado na Universidade de Alicante na Espanha e na Thomas Jefferson School of Law nos EUA. Coordenador do Grupo de Pesquisa Estado, Constituição e Tributação – GETRIB, UnB - e membro do Grupo de Pesquisa em Constitucionalismo Político – GCONST/UFSC.

2 Advogado, membro do Grupo de Pesquisa Estado, Constituição e Tributação – GETRIB, pesquisador visitante bolsista na Westfälische Wilhelms-Universität Münster (Alemanha), doutorando em Direito Econômico, Financeiro e Tributário pela Faculdade de Direito da Universidade de São Paulo - USP; Mestre pela Faculdade de Direito da Universidade de Brasília - UnB; e especialista em Direito Tributário pela FGV/SP. Foi assessor de ministro do Supremo Tribunal Federal para assuntos tributários. Sua pesquisa foi realizada com o apoio do Brazil Centre (Universidade de Münster), sob os auspícios do German Academic Exchange Service (DAAD) e do Bundesministerium für Bildung und Forschung (Ministério da Educação e Pesquisa da Alemanha), a quem o Autor agradece. (*His work was supported by a grant from the Brazil Centre of the University of Münster, under the auspices of the German Academic Exchange Service (DAAD) and the German Federal Ministry of Education and Research*).

3 Advogado, membro do Grupo de Pesquisa Estado, Constituição e Tributação – GETRIB, membro do Grupo de Pesquisa em Constitucionalismo Político – GCONST/UFSC, especializando em Direito Público na Faculdade CESUSC e mestrando em Direito na Linha de Pesquisa Constitucionalismo, Democracia e Organização do Estado na Universidade Federal de Santa Catarina – UFSC.

1. INTRODUÇÃO

"O que foi tornará a ser, o que foi feito se fará novamente; não há nada de novo debaixo do sol"[4]. As propostas de reforma tributária em trâmite no Poder Legislativo brasileiro, neste encerrar da segunda década do século XXI, oferta, para nós pesquisadores na área da tributação (direito financeiro e tributário) duas (entre outras) sensações ambíguas: a primeira, agora a reforma tributária tão desejada, diante dos problemas estruturais existentes, acontecerá; a segunda, se ela contemplará ou não uma mudança na matriz tributária no que tange a sua característica principal que é a regressividade, tanto na arrecadação, quanto nos gastos, e que a sua permanência impede ou limita em muito a construção e consolidação de um Estado democrático de direito. Daí a preocupação dos autores sobre o tema e as reflexões que se pretende fazer no decorrer da pesquisa.

Desde a Constituição Federal de 1988 foram inúmeras as propostas de reforma tributária, entre elas a proposta no governo Itamar Franco, duas propostas no governo de Fernando Henrique Cardoso, duas propostas no governo Luiz Inácio Lula da Silva, duas propostas no governo Dilma Rousseff, e agora no governo de Jair Messias Bolsonaro. Nas propostas a tônica sempre foi no campo da eficiência e com descuido e devido afastamento, proposital, do campo da equidade.

Isso nos mostra a importância de se discutir a matriz tributária de nosso país, ou seja, as escolhas que fazemos como resultado do debate e neste deve estar contemplado, tendo em vista a indissociabilidade, a questão da eficiência e da equidade. São faces da mesma moeda e quando se opta por tornar "pauta" e discutir apenas uma das faces, da eficiência, implica em manutenção da outra face.

Perceber essa questão é fundamental para qualquer debate que se pretenda democrático. E isso se dá sob qualquer dos enfoques que se queira discutir um processo tão imbricado como o é a reforma tributária. Quer sob o enfoque federativo (União, Estados ou Municípios), quer sob o enfoque setorial (qual setor econômico vai ser objeto de maior ou menor incidência), quer sob o enfoque redistributivo (a partir das diversas classes sociais); saber quem vai pagar a conta e quem se beneficiará com o gasto é peça chave para se montar esse quebra-cabeças.

Neste contexto, o presente artigo pretende contribuir ao já debatido tema da reforma tributária, levantando importantes questões quanto ao eventual impacto regressivo dos projetos ora em análise. Embora não possamos afirmar com certeza que tais projetos agravarão a regres-

---

4 Eclesiastes 1

sividade tributária hoje existente, buscamos alertar o leitor acerca da importância da questão, em especial da centralidade que deve ser conferida aos objetivos constitucionais de eliminação da pobreza e redução das desigualdades sociais na proposta de reforma que ora surgem.

Para tanto, o artigo se divide em três tópicos. No primeiro, faremos uma rápida reconstrução histórica das propostas de reforma tributária já realizadas, bem como analisaremos em linhas gerais os principais pontos das PEC 45/2019 e 110/2019. Em seguida, iremos nos deter no conceito de matriz tributária, buscando demonstrar como ela se inserem em um contexto de escolha social em torno dos caminhos existentes para se financiar direitos e prestações sociais. Por fim, a partir dos últimos dados oficiais e estudos a respeito, retrataremos a larga desigualdade social existente em nosso país e os riscos inerentes aos projetos de reforma propostos.

Dessa forma, esperamos contribuir para os debates postos, compartilhando as inquietações dos autores com tema tão sensível. A intenção, longe de criticar qualquer projeto de reforma tributária em si, é somar esforços na busca por uma solução que dê conta dos vários problemas existente em nosso país, dentre os quais se encontra a desigualdade social. Acreditamos que apenas solucionando o problema de disparidade social existente é que poderemos realizar os objetivos constitucionais que nos definem enquanto sociedade e alcançar o tão almejado desenvolvimento social e econômico.

Para finalizar esta introdução, não poderíamos deixar de agradecer aos(as) professores(as) Misabel Abreu Machado Derzi, Fernando Facury Scaff, Heleno Taveira Torres e Onofre Alves Batista Júnior, pela iniciativa e também pelo convite para participar deste debate fundamental que envolve as escolhas no processo de reforma tributária e financeira, isto é, reforma tributária por que, para que, para quem e como? Agradecemos também a você leitor(a), pelo diálogo oportunizado com a reflexão e divulgação de nossa pesquisa.

2. REFORMAS TRIBUTÁRIAS: PROPOSTAS PASSADAS E ATUAIS

As reformas, no sentido político apontado por Norberto Bobbio, podem ser definidas como aqueles movimentos que pretendem aperfeiçoar algo, sem que seja destruído o ordenamento existente, mantendo alguns valores e princípios que são considerados essenciais para que a democracia liberal se fortaleça e se amplie.[5]

---

5 "Reformista é, pelo contrário, o movimento que visa a melhorar e a aperfeiçoar, talvez até radicalmente, mas nunca a destruir, o ordenamento existente, pois considera valores absolutos da civilização os princípios em que ele se baseia, mesmo

Cabe, sob este aspecto, a verificação de alguns dos principais processos e tentativas de reforma que a legislação tributária atravessou no decorrer das últimas décadas para que se compreenda melhor as propostas de reforma tributária apresentadas hodiernamente.

Em 1953 o Congresso Nacional recebeu anteprojeto oriundo de uma Comissão presidida por Rubens Gomes de Souza, este texto serviu como base para a profunda reforma tributária realizada em 1965 e que acarretou na promulgação da Lei nº 5.172 de 1966, que passou a ter a denominação de Código Tributário Nacional – CTN – apenas em 14 de março de 1967, com a edição do Ato Complementar nº 36. Nas décadas seguintes, em razão das alterações promovidas no âmbito constitucional, diversas modificações foram observadas no sistema tributário nacional, em especial no CTN.[6]

Nesse sentido, importante assinalar a reforma tributária que ocorreu com a promulgação da Constituição Federal do Brasil de 1988, sob o impacto da redemocratização de um país que atravessava décadas de um regime ditatorial, essa reforma foi fruto de um processo participativo que incluiu em seus debates atores políticos e a própria população interessada, por meio das chamadas emendas populares, o que resultou em um amplo debate, inédito no território nacional.[7]

---

que sejam numerosas e ásperas as críticas que, em situação particulares, se possa dirigir ao modo concreto como tais princípios se traduzem na prática. (...) Quanto ao sistema político, o Reformismo não tem dúvidas: á a democracia liberal que se fortalece e amplia". BOBBIO, Norberto. *Dicionário de Política.* 13. ed. Brasília: Editora UNB, 2009. p. 1077.

6 BALTHAZAR, Ubaldo Cesar. *História do Tributo no Brasil.* Florianópolis: Fundação Boiteux, 2005. p. 149 a 158.

7 "Tal processo, sem dúvida, era profundamente democrático, pois permitia intensa participação de todos os constituintes e até mesmo a participação direta da população, através das chamadas emendas populares. Permitia também total liberdade de concepção, o que não havia ocorrido em processos constitucionais anteriores que, por se basearem em textos previamente preparados por especialistas, tendiam a limitar a discussão aos tópicos ali expostos e já eivados pelos vieses dos autores. Conseguiu-se mediante esse procedimento promover o debate mais amplo de que se tem notícia na história do Brasil. Mas o processo, ímpar e não testado, tinha riscos altos. A dificuldade de coordenar um processo dessa envergadura e o prazo muito curto preestabelecido para ele -- e tardiamente prorrogado diversas vezes -- acabaram por vitimar o projeto de Estado que, ao final, foi impresso na Constituição promulgada em 5 de outubro de 1988". VARSANO, Ricardo. *A evolução do sistema tributário brasileiro ao longo do século: anotações e reflexões para futuras reformas.* Instituto de Pesquisa Econômica Aplicada – IPEA. Rio de Janeiro, 1996.

Já no período posterior a promulgação da Constituição houve diversas tentativas de reformar o sistema tributário brasileiro. Durante o governo do presidente Fernando Collor de Mello foi criada a Comissão Executiva da Reforma Fiscal – CERF – visando, como o próprio nome diz, uma tentativa de reforma fiscal baseada em um conjunto de medidas que convergiam no sentido de: criação de um Imposto sobre o Valor Adicionado, unindo o IPI, o ICMS e o ISS; desoneração total das exportações; retirada das contribuições sociais; estabelecimento de uma Contribuição sobre Transações Financeiras; entre outros. Porém, tal proposta foi prejudicada pelo processo de *impeachment* sofrido pelo Presidente Collor.

Durante o período de revisão constitucional, nos anos 1993 e 1994, várias propostas de reforma tributária tramitaram no Congresso Nacional e em 1995 o Poder Executivo, na pessoa do Presidente Fernando Henrique Cardoso, encaminhou ao Congresso a Proposta de Emenda Constitucional nº 175, que, por excessivo decurso de tempo na sua deliberação, acabou sendo objeto de um substitutivo, no ano de 1999, relatado pelo Deputado Mussa Demes, que tinha como objetivo a simplificação do sistema tributário nacional, suprimindo o IPI, o ICMS, o ISS, o PIS, a COFINS, a CPMF, e a contribuição social sobre o lucro e o salário educação.

Por outro lado, o substitutivo propunha instituir o ICMS compartilhado, o IVV – imposto municipal sobre vendas no varejo de bens e serviços – e o CVA – contribuição social sobre valor adicionado. Como resultado, temos que o substitutivo não foi aprovado pelos Estados e pelo Governo Federal, mas essa discussão ensejou a promulgação da Lei Complementar nº 87/1996, conhecida como Lei Kandir, que trouxe uma alta desoneração das exportações pelo ICMS.[8]

Já no ano de 2003, o Presidente Luís Inácio Lula da Silva encaminhou uma proposta de reforma tributária, por meio do Projeto de Emenda Constitucional nº 42, que foi editada no sentido de alterar o art. 155 da Constituição Federal, com o objetivo de simplificar o sistema tributário brasileiro, reduzir a cumulatividade dos tributos e extinguir a guerra fiscal entre os estados membros da federação.[9]

Disponível em: http://repositorio.ipea.gov.br/bitstream/11058/1839/1/td_0405.pdf. Acesso em: 5 de dezembro de 2019.

8 Disponível em: https://www12.senado.leg.br/noticias/entenda-o-assunto/lei-kandir. Acesso em: 6 de dezembro de 2019.

9 FILHO, Sócrates Arantes Teixeira. *Lei Kandir e emenda constitucional nº 42/2003: efeitos da desoneração de ICMS sobre as exportações.* Consultoria Legislativa. Câmara dos Deputados, 2019. p. 6.

No governo de Dilma Rousseff houve, também, tentativas de reforma tributária tendo como principais características a mudança das alíquotas interestatuais do ICMS, com o intuito de redução das distorções causadas pela guerra fiscal, e a desoneração das folhas de pagamento e os investimentos empresariais.

Partindo deste breve histórico se verifica que há uma alta complexidade no sistema tributário brasileiro, fruto de uma excessiva pluralidade de regulamentos locais e de alíquotas, de uma grande cumulatividade fiscal, da baixa transparência e da alta regressividade. Sob este aspecto que se vê premente a necessidade de alteração da legislação tributária para que se extinga, ou ao menos reduza, os efeitos negativos destas características.[10]

Nesse sentido, observa-se que, atualmente, estão em curso, no Congresso Nacional, duas Propostas de Emenda Constitucional que visam a reforma tributária. Sendo elas a PEC nº 45/2019 apresentada pelo Deputado Federal Baleia Rossi e a PEC nº 110/2019, hoje em trâmite perante o Senado Federal e que possui o mesmo conteúdo, aprovado na Comissão Especial, da PEC nº 293/2004 em dezembro de 2018, com relatoria do então Deputado Luiz Carlos Hauly.[11]

A PEC nº 45 traz em seu texto a proposta de reunir os tributos sobre o consumo em um único tributo, ou seja, faria com que o IPI, ICMS, ISS, PIS e COFINS fossem suprimidos, dando lugar ao IBS – Imposto sobre bens e serviços, que teria como características a não cumulatividade, a abrangente base de incidência e teria o princípio do destino como padrão para sua aplicação, ou seja, visa garantir que a carga tributária incidente em trocas entre estados federados seja do local em que será consumido o bem ou o serviço.

---

10 "O sistema tributário brasileiro é muito complexo e pouco transparente. É repleto de brechas e exceções que beneficiam rendas que são desigualmente distribuídas, como os diferentes tipos de renda de capital. (...) o Imposto sobre a Renda de pessoa física se torna regressivo a partir da classe do 1% mais ricos da população. Isso torna o sistema profundamente injusto, assim como economicamente ineficiente, como explicado anteriormente." MORGAN, Marc; PIKETTY, Thomas. *A Reforma Tributária Necessária. Justiça fiscal é possível: subsídios para o debate democrático sobre o novo desenho da tributação brasileira.* Disponível em: http://ijf.org.br/wp-content/uploads/2018/11/A-Reforma-Tribut%C3%A1ria-Necess%-C3%A1ria-Livro-2-Subs%C3%ADdios-para-o-debate.pdf. Acesso em: 9 de dezembro de 2019.

11 SCAFF, Fernando Facury. *Entra no campo a reforma financeira, e vai para o banco de reservas a reforma tributária.* Disponível em: https://www.conjur.com.br/2019-out-29/contas-vista-sai-cena-reforma-tributaria-entra-reforma-financeira#author. Acesso em: 9 de dezembro de 2019.

Essa proposta prevê, ainda, a criação de um comitê gestor nacional com representantes dos entes federados para que se controle a arrecadação do IBS e a distribuição da sua receita, sendo que o fruto da arrecadação deste tributo seria dividido entre o poder federal, estadual e municipal. No que tange ao período de transição, a PEC nº 45 traz duas regras, uma sobre a substituição dos tributos atuais para o IBS, que se daria no prazo total de 10 anos e a outra para a repartição das receitas entre os entes federados, que teria o prazo total de 50 anos.[12]

Observa-se, então, que essa proposta visa uma ampla alteração em torno da tributação sobre o consumo, alterando a distribuição de competências e alargando a materialidade constitucional do tributo e no que tange a questão da guerra fiscal, a PEC, extingue o campo de atuação estatal por meio de benefícios fiscais, vedando a possibilidade de concessão qualquer forma de redução de carga tributária que não seja feita por meio do sistema de alíquotas do tributo. Para tanto, é delegada a extrafiscalidade tributária a um imposto seletivo, que onerará bens específicos a serem definidos em futura legislação infraconstitucional e transferem para o campo do gasto público todo o papel distributivo e indutor de desenvolvimento que hoje residem no campo da receita pública.

Quanto ao ponto, o fazem por acreditar que a matriz tributária deve ser ferramenta de arrecadação, não devendo guardar qualquer preocupação estranha a isso. Por essa razão defendem em relação ao desenvolvimento econômico que se promova investimentos diretos de acordo com as características de cada região, ressuscitando uma razão de eficiência alocativa que ignora ser o combate às desigualdades uma escolha política.

Como medida para atenuar a regressividade causada pelas propostas, é projetada a criação de um programa de devolução do tributo pago às famílias de baixa renda. Na PEC 45/2019, tal devolução seria decorrência da extinção da política de desoneração fiscal concedida aos itens de primeira necessidade. Isso porque, no entender dos formuladores de tal projeto, o tratamento favorecido hoje existente seria ineficiente em termos redistributivos, uma vez que beneficiaria tanto o consumo dos pobres quanto dos ricos. Dessa forma, entendem ser mais eficiente garantir a tributação a todos e depois devolver os recursos aos mais necessitados. Afirma-se, com isso, que o papel redistributivo não deve ser uma preo-

---

12 Disponível em: https://www2.camara.leg.br/atividade-legislativa/estudos-e--notas-tecnicas/publicacoes-da-consultoria-legislativa/fiquePorDentro/temas/sistema-tributario-nacional-jun-2019/reforma-tributaria-comparativo-das-pecs-em-tramitacao-2019. Acesso em: 9 de dezembro de 2019.

cupação na reforma da tributação do consumo, que deve possuir evidente cunho arrecadtório. Eventual distorção distributiva causada pela alteração deverá ser corrigida na reforma das outras bases de incidência.

Já a PEC nº 110 possui princípios muito similares àqueles que orientam a PEC nº 45, ou seja, prevê a união do IPI, COFINS, PIS, PASEP, IOF, CIDE combustíveis, salário educação, ICMS, ISS em um único tributo, o já citado IBS, que traria características de um imposto de valor agregado, com base ampla, adotando a sistemática da não-cumulatividade, tendo como princípio de destino nas operações interestaduais, trazendo a uniformidade de alíquotas e vedando a concessão de benefícios fiscais, excetuando uma pequena lista de bens e serviços.

A proposta oferta, ainda, a ideia de criação de um imposto seletivo (IS), que seria um tributo de competência da União, que além de possuir uma função extrafiscal moldando o comportamento dos consumidores, concentraria também atribuição fiscal no sentido de onerar algumas atividades econômicas com grande potencial arrecadatório. O IS incidiria sobre operações de bens e serviços específicos, como petróleo e seus derivados, gás natural, cigarros, energia elétrica, bebidas alcoólicas e não alcoólicas, serviços de telecomunicações, veículos automotores novos, sejam eles terrestres, aquáticos ou aéreos.

Acerca do período de transição desta proposta de reforma tributária, a PEC nº 110 traz, assim como na PEC nº 45, duas regras, uma sobre a substituição dos tributos atuais para o IBS, que teria um prazo total de 6 anos e a outra no tocante a repartição das receitas entre os entes federados, que teria um prazo total de 15 anos.[13]

Outras alterações significativas que esta proposta traz é no que tange a alteração da competência legislativa do ITCMD para a União, sendo a arrecadação destinada aos Municípios; o IPVA passando a incidir sobre aeronaves e embarcações e o seu produto sendo destinado integralmente aos Municípios; a criação de fundos estadual e municipal para reduzir a disparidade da receita *per capita* entre os Estados e Municípios, com recursos destinados a investimentos em infraestrutura; o IRPF incidindo sobre verbas indenizatórias, na parte que superar o valor do gasto ou do patrimônio material indenizado; a unificação do IRPJ e da CSLL; e a criação de um sistema de devolução de tributos sobre o consumo para pessoas de baixa renda.

Com isso, percebe-se na proposta da PEC nº 110 uma tendência desenvolvimentista, criando fundos específicos para desenvolvimento de

---

13 *Id. Ibid.*

infraestrutura e determinando a criação de zonas de tratamento tributário diferenciado.

Conforme observado, a busca pela reformulação da matriz tributária brasileira não é algo novo em nossa experiência histórica. Ela decorre de um esforço que remonta a própria estruturação de nosso modelo fiscal, portanto, anterior à própria Constituição de 1988. E mesmo após a promulgação da Constituição Cidadã, observa-se a existência de diversas correntes que buscam promover tal reforma, sempre sob o viés da eficiência e simplificação. Até aí, não temos grande novidade em relaçãoàs atuais propostas no que toca ao projeto de unificar as figuras tributárias incidentes sobre o consumo em torno de um IBS, ao melhor estilo de tributação sobre o valor agregado. Ocorre que a matriz tributária de um país é a principal aliada do Poder Público na promoção da justiça econômica e distributiva[14] e é necessário que em tais reformas possamos ir além de um modelo tributário voltado para o crescimento econômico. É necessário que aprimoremos os textos normativos no sentido de atender os anseios da sociedade, e transformemos a tributação também em um instrumento útil na distribuição de renda e diminuição das desigualdades sociais tão marcantes na sociedade brasileira.

3. MATRIZ TRIBUTÁRIA E O DEBATE NECESSÁRIO EM TORNO DE QUEM PAGA E COM QUEM SE GASTA

Na análise das propostas de reforma tributária sempre partimos de alguns pressupostos que consideramos fundamentais. O primeiro deles diz respeito aos objetivos, as finalidades da tributação e neste sentido nos filiamos a Richard e Peggy Musgrave que sustentam que a tributação tem três funções, uma função alocativa, que indicaria a divisão dos recursos econômicos entre o setor público e privado, uma função distributiva de renda e riquezas em um determinado país, e, por fim, uma função estabilizante para a consecução de políticas orçamentárias, crescimento econômico etc[15]. Essas funções da tributação, ou melhor, as opções que o legislador possui de escolha técnicas e de conteúdo insertas dentro destas funções determinará em grande medida a qualidade da reforma tributária.

---

14 MURPHY, Liam; NAGEL, Thomas. *O mito da propriedade*. São Paulo. Martins Fontes, 2005. p. 5.

15 MUSGRAVE, Richard A.; MUSGRAVE, Peggy B. *Finanças públicas: teoria e prática*. Tradução de Carlos Alberto Primo Braga. São Paulo: Editora da Universidade de São Paulo, 1980, p. 6.

Neste sentido, em decorrência, um segundo pressuposto merece referência e que envolve o conceito de matriz tributária. Entendemos que matriz tributária é o resultado das escolhas feitas no campo da ação social, historicamente situada, no que tange ao fenômeno da tributação, isto é, na análise das propostas de reforma tributária se faz necessário avaliar quais as escolhas disponíveis para o legislador em termos de eficiência e equidade no que tange a partilha do ônus da carga tributária e como o produto da arrecadação será partilhado e em especial, em que proporção[16].

Esta questão da **escolha** no conceito de matriz tributária tem por intuito afastar, em certa medida, o senso comum teórico[17] do tributarista, que tem por horizonte de sentido[18] a construção cognitiva que uma reforma tributária implica apenas na análise de questões relacionadas a eficiência, por exemplo, alteração na legislação para simplificar ou diminuir a burocracia concernente ao cumprimento das obrigações acessórias e a reunião de vários impostos e contribuições em apenas um imposto. Essa discussão é adequada, desde que, contemple também a questão de fundo e que serve de norte para toda o modelo de Estado Social e democrático de direito que adotamos, ou seja, a questão da equidade.

Silenciar no que tange a equidade implica em manter o resultado das escolhas que historicamente se fez em relação a matriz tributária brasi-

---

16 Esse marco teórico foi desenvolvido no âmbito do Grupo de Pesquisa Estado, Constituição e Tributação da Faculdade de Direito da UnB. Para melhor compreensão vide: GASSEN, Valcir (Org). *Equidade e eficiência da matriz tributária brasileira: diálogos sobre Estado, Constituição e Tributação.* 2. ed. Belo Horizonte, Arraes, 2016.

Vide também: D'ARAÚJO, Pedro Júlio Sales. *A regressividade da matriz tributária brasileira: debatendo a tributação a partir de nossa realidade econômica, política e social.* Dissertação de Mestrado em Direito. Brasília, UnB, 2015.

17 "(...) o conjunto das representações, crenças, ficções ... que influenciam os juristas profissionais sem que estes tomem consciência de tal influência". WARAT, Luis Alberto et ali. Senso Comum. In: ARNAUD, André-Jean (org). *Dicionário Enciclopédico de Teoria e Sociologia do Direito.* Rio de Janeiro, Renovar, 1999, p. 714.

18 Horizonte de sentido como horizonte intelectual. Nas palavras de Lovy: "vimos que para Marx o ponto de vista de classe e a visão social de mundo correspondente determina um *horizonte intelectual,* os limites estruturais intransponíveis do campo de visibilidade cognitiva, o máximo de conhecimento possível a partir desta perspectiva". LÖWY, Michael. *As aventuras de Karl Max contra o Barão de Munchhausen: marximos e positivismo na sociologia do conhecimento.* 4 ed. Tradução Juarez Guimarães e Suzanne Felicie Léwy. São Paulo, Editora Busca Vida, 1987, p. 202.

leira. Neste sentido é importante balizar a discussão com a análise dos quadros abaixo relacionados a tributação direta e a tributação indireta[19]:

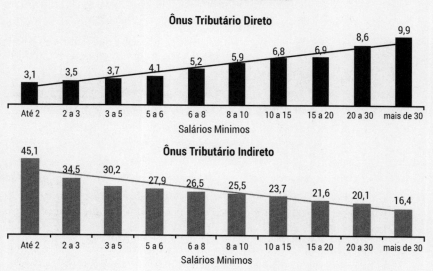

Fonte: ZOCKUN (2007). Cálculos efetuados com base na POF 2002/2003.

O fato de não se tratar com a devida atenção e importância a equidade na tributação nas propostas de reforma tributária implica em "ocultar" o quadro abaixo referente a distribuição da carga tributária proporcional a renda familiar[20]:

---

[19] BRASIL. Presidência da República, Observatório da Equidade. *Indicadores de Iniquidade do Sistema Tributário Nacional*. Brasília: Presidência da República, Conselho de Desenvolvimento Econômico e Social – CDES, 2. ed., 2011. p. 22.

[20] BRASIL. Presidência da República, Observatório da Equidade. *Indicadores de Iniquidade do Sistema Tributário Nacional*. Brasília: Presidência da República, Conselho de Desenvolvimento Econômico e Social – CDES, 2. ed., 2011. p. 21.

Fonte: ZOCKUN (2007). Cálculos efetuados com base na POF 2002/2003.

Para bem compreender esse processo acima, no que tange a (in)equidade da matriz tributária brasileira, é importante indicar outro pressuposto que adotamos e que diz respeito as bases de incidência que estão disponíveis para as **escolhas**. Desconsiderando, respeitosamente, o que parte dos tributaristas brasileiros ainda sustentam que "circulação" e "produção" são bases de incidência, entendemos que as bases de incidência são renda, patrimônio e consumo. Sendo que nas duas primeiras bases a tributação preponderantemente é direta e muitas vezes progressiva, e na tributação sobre o consumo preponderantemente a tributação é indireta e de forma regressiva.

A opção que se fez no Brasil, nas reformas tributárias anteriores, foi de reforçar a arrecadação sobre a base de incidência consumo (indireta, com contribuinte *de iure* e contribuinte de fato e altamente regressiva). Para bem ilustrar[21]:

---

21 Elaboração própria dos autores. Fonte dos dados: Ministério da Fazenda. Receita Federal. *Carga tributária no Brasil – 2017*: análise por tributos e bases de incidência. p. 5. Disponível em: http://receita.economia.gov.br/dados/receitadata/estudos-e-tributarios-e-aduaneiros/estudos-e-estatisticas/carga-tributaria-no-brasil/carga-tributaria-2017.pdf/view . Acesso em: 22 de março de 2019.

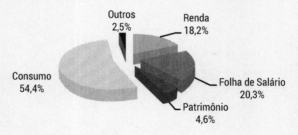

Receita tributária por base de incidência–2017 Brasil (agregado federal, estadual e municipal)
- Outros 2,5%
- Renda 18,2%
- Folha de Salário 20,3%
- Patrimônio 4,6%
- Consumo 54,4%

Salienta-se que na ausência de critério seguro tornou-se contumaz a criação de uma quarta base de incidência, "folha de salários", sendo que esta em países com maior competitividade econômica se desloca para a renda e em países com menor competividade econômica, como o Brasil, se desloca para a base de incidência consumo.

Outro pressuposto fundamental necessário, para enriquecer o debate acerca de propostas de reforma tributária, diz respeito a concepção que sustentamos de que todos os direitos são pós-tributação. É notório que temos uma capacidade enorme de naturalizar situações que são meramente convencionais e neste sentido naturalizamos que existem direitos inerentes a condição humana, como por exemplo, o direito de propriedade. Salientamos que o direito de propriedade, e a própria concepção de mercado e os resultados dele decorrentes, só o são enquanto convenção e que se eles existem se dá pelo fato de que alguém os asseguram, neste caso, por intermédio do Estado. É por essa razão que não se pode alegar direitos contra o Estado, mas sim exigir que o Estado assegure a eficácia daquelas convenções que consideramos "direito".

Com a elucidação desses pressupostos que consideramos fundamentais para estabelecer um diálogo, afastando-se do "monólogo" preponderante, em torno das propostas de reforma tributária, bem como, com referência a dados essenciais da matriz tributária brasileira, cabe em seguida tecer algumas reflexões com o intuito de colaborar.

4. A REALIDADE 'IMPOSTA' E O SILÊNCIO ELOQUENTE: A REALIDADE SOCIAL BRASILEIRA E A REGRESSIVIDADE NÃO DEBATIDA

Debater projetos que objetivem a reforma da matriz tributária de um país sempre será algo complexo por uma razão relativamente simples: sendo a tributação o resultado de um conjunto de escolhas em torno de como se dará o financiamento do Estado Social e Democrático de

Direito (e todas as atribuições daí decorrentes), discutir a questão nada mais é do que um debate acerca de como se dividirá esse custo social. Se considerarmos ainda o outro lado da moeda - o campo fiscal, em especial como se distribuirão os gastos públicos em si - o debate se completa em torno do seguinte questionamento: quem pagará e quem se beneficiará da atividade estatal?

Ou seja, a reforma tributária que surge em nosso horizonte é, ao final, um debate acerca da distribuição do ônus e "bônus" fiscal. Tal constatação poderia ser adaptada - sem alterar sua essência - para a discussão do pacto federativo (afinal, como distribuiremos as receitas tributárias entre as três esferas políticas), para uma análise do impacto nos setores econômicos (quais atividades serão mais tributadas e quais receberão um alívio fiscal) ou, por fim, para como se distribuirá o custo social pelas diversas camadas de nossa pirâmide social (quais parcelas da população serão mais oneradas e quão o impacto dessa opção em seus rendimentos)[22]. Vemos, portanto, que ainda que possa haver uma razão que sintetize a complexidade envolvida, a solução que dará conta do problema provavelmente não será simples. Até porque, nosso atual modelo tributário não possui apenas um problema, sendo classificado, entre outras características, como extremamente complexo, cumulativo, opaco e regressivo.

Iniciamos o presente artigo com tais considerações para melhor situarmos a análise que teceremos sobre os projetos de reforma tributária em debate, em especial quanto às já mencionadas PEC 45/2019, oriunda da Câmara dos Deputados, bem como pela PEC 110/2019, em discussão no âmbito do Senado Federal.

Como vimos, ambos os projetos propõem a solução dos problemas por meio dos vetores da simplificação, neutralidade, transparência e uniformização. Buscam a reformulação da tributação sobre o consumo propondo, em linhas gerais, a reunião das diversas exações em um tributo único, uniforme e com reduzido espaço para concessão de benefícios fiscais, a ser dividido entre as três esferas da federação.

---

22 Poderíamos suscitar ainda outros debates tão fundamentais quanto os postos, tais como a envolver questões de gênero - afinal temos verificado como a tributação no Brasil tem sido mais penosa em relação às mulheres - questões de classe - qual classe deve ser onerada, os empresários ou os trabalhadores - ou mesmo questões raciais - na linha do que demonstrado por vários estudos que demonstram como as populações pretas e pardas têm sido as mais atingidas pela a regressividade sistêmica de nossa matriz tributária. Os apontamentos apenas corroboram quão complexo é o problema a ser resolvido e como devemos ter um cuidado especial com a matéria e, na medida do possível, envolver mais a sociedade nesse debate.

Ainda assim, sintimos falta de uma abordagem ampla que dê conta da regressividade sistêmica existente em nossa matriz tributária. O ponto, a bem da verdade, parece se limitar às propostas de criação de um sistema de devolução do tributo às famílias pobres, mas é tratada mais como alternativa para o fim da desoneração da cesta básica do que como caminho para se combater a regressividade tributária existente.

É por entendermos que tal justificativa merece certos retoques que analisaremos os impactos da proposta de reforma na distribuição de renda.

Isso porque, para compreendermos a dimensão do que está em jogo, será sempre necessário nos debruçarmos sobre a realidade social, econômica e política do país. Para que tal análise seja feita, é preciso que nos atentemos para os dados que desenham a realidade, tanto como ela se apresenta hoje, como também quais são as projeções para cada uma das propostas em debate. Tal como fotografias superpostas sobre um mesmo anteparo, devermos buscar ao máximo analisar tal realidade sobre os mais diferentes enfoques. Não podendo utilizar apenas um filtro (em especial como se tem feito hoje, priorizando a questão federativa e dos setores econômicos e relegando para um segundo plano o importante debate redistributivo), sob risco de limitarmos a solução para determinado enquadramento. E, principalmente, não podemos deixar para amanhã a solução de algo que deve ser debatido hoje.

Não que os debates hoje existentes ignorem por completo a regressividade patente. Felizmente a discussão em torno do papel a ser desempenhado pela matriz tributária no combate às desigualdades tem ganhado mais adeptos nos últimos anos, após um severo ostracismo. Ainda assim, entendemos que não tem sido conferido à questão o destaque necessário, razão pela qual nos propomos a suscitá-lo para que se rompa de vez o silêncio em torno da severa heterogeneidade social existente em nosso país e o papel que a matriz tributária tem exercido sobre ela.

Dito isso, passamos a análise das condições de vida em que se encontra a população brasileira, levantando questionamentos sobre em que medida as propostas de reformulação da matriz tributária levam em consideração a realidade social imposta.

Segundo a última Síntese de Indicadores Sociais, apresentada pelo IBGE em 2019[23], a desigualdade de rendimentos para o ano de 2018 se-

---

23 *Síntese de indicadores sociais: uma análise das condições de vida da população brasileira:* 2018 / IBGE, Coordenação de População e Indicadores Sociais. - Rio de Janeiro: IBGE, 2018. 151 p. - (Estudos e pesquisas. Informação demográfica e socioeconômica, ISSN 1516-3296 ; n. 39)

ria a maior observada desde o início da medição, atingindo um Índice de Gini de 0,545. De acordo com o estudo, a partir de 2016 observa-se um aumento da renda dos estratos mais ricos da sociedade acompanhada de uma redução nas parcelas mais pobres. Como resultado, em 2018 o decil superior teria concentrado renda superior aos 7/10 mais pobres da população. Respectivamente, 43,1% da renda do período seria capturado pela parcela mais rica, contra 41,2% pelos 70% mais pobres.

O relatório aponta ainda que mais da metade dos brasileiros, 57,6% da população, vivem com renda domiciliar *per capita* de até um salário mínimo, ou seja, R$ 954,00 mensais, e seriam responsáveis por se apropriar de apenas 22,2% do rendimento total dos domicílios nacionais.

Já quanto à pobreza existente, de acordo com o mesmo levantamento, no ano de 2018, 6,5% da população brasileira vivia com menos de US$ 1,90 diário *per capita*, ou seja, abaixo da linha da pobreza absoluta de acordo com o Banco Mundial. Entretanto, se considerarmos a classificação do Brasil como sendo um país de renda-média alta, a linha da pobreza seria de US$ 5,50 diário *per capita*, elevando o número de pobres para 25,3% da população. Esse número corresponde a aproximadamente 52,5 milhões de pessoas vivendo com até R$ 420,00 mensais, ou 44% do salário mínimo vigente à época.

Os dados, por sua vez, são confirmados pelos primeiros resultados da Pesquisa de Orçamentos Familiares realizada pelo IBGE para o período de 2017 a 2018[24]. Segundo o relatório apenas 2,7% das famílias brasileiras receberiam acima de R$ 23.850,00 mensais, concentrando cerca de 19,9% de toda a renda familiar do período, ao passo que 23,9% das famílias - a parcela mais pobre - receberia até dois salários mínimos mensais, ou algo em torno de R$ 1.908,00, correspondendo a tão somente 5,5% da renda nacional.

Mesmo o recente relatório do PNUD, com o título *"Além da renda, além das médias, além do hoje: desigualdades no desenvolvimento humano no século 21"*[25], aponta o prejuízo que a desigualdade social representa para o desenvolvimento brasileiro, demonstrando como o ajuste do IDH de nosso país para acomodar os efeitos da extensa heterogeneidade social existente, derrubam nossa posição no ranking internacional.

---

24 *Pesquisa de orçamentos familiares 2017-2018*: primeiros resultados / IBGE, Coordenação de Trabalho e Rendimento. - Rio de Janeiro: IBGE, 2019. 69 p.

25 PNUD, *Human Development Report: Beyond income, beyond averages, beyond today: Inequalities in human development in the 21st century*, 2019. http://hdr.undp.org/sites/default/files/hdr2019.pdf. Acesso em: 10 de dezembro de 2019.

Se o Índice de Desenvolvimento Humano tem permanecido estagnado nos últimos anos em torno de 0,761, nos colocando na posição de número 79° no ano de 2018, entre 189 países medidos, quando calibrado a partir da desigualdade sócio-econômica de nosso país, tal índice reduy em 24,5%, reposicionando o Brasil 23 colocações abaixo.

Todavia, essa desigualdade é refletida não apenas nas condições de vida da população (nesse sentido tanto a SIS quanto a POF indicam pioras em condições de moradia e acesso à educação, para não citar problemas como saúde, saneamento básico, entre outros, abordados em outros estudos), como também implicam padrões de consumos distintos.

De acordo com a POF, as famílias mais pobres destinam a maior parte de suas despesas para o consumo corrente (92,6%), enquanto a parcela mais rica consome proporcionalmente menos (66,3% de suas despesas são destinadas a esse gasto). A diferença se observa ainda nos tipos de gastos. Entre os mais pobres, gastos essenciais como alimentos e habitação ocupam a maior parte das despesas familiares (respectivamente 22,0% e 39,2%), enquanto que o extrato mais rico dedica proporcionalmente menos com os mesmos itens (7,6% e 22,6%).

Com base em tal cenário, e se valendo de dados similares existentes nas pesquisas anteriores, diversos autores têm se debruçado sobre a construção de heterogeneidade social brasileira, denunciando quão grave e urgente é o desafio que se coloca a frente.

Nesse sentido, Medeiros, Souza e Castro[26] têm alertado, a partir de dados tributários, que o degrau que marca nossa desigualdade é mais alto do que o apontado pelas pesquisas oficiais. Para os anos de 2006, 2009 e 2012, tais autores estimam que o Índice de Gini alcançaria, respectivamente, os valores de 0,696, 0,698, e 0,690[27].

---

26 MEDEIROS, Marcelo.; SOUZA, Pedro.; CASTRO, Fabio Avila. *A estabilidade da desigualdade de renda no Brasil, 2006 a 2012. 2014a e Id. O topo da distribuição de renda no Brasil: primeiras estimativas com dados tributários e comparação com pesquisas domiciliares*, 2006-2012. 2014b

27 Importante ter em mente que tal índice foi obtido por meio de pesquisa com entrevistas, o que, de acordo com a literatura sobre o tema, usualmente subestima as rendas das classes mais altas da população. Para apurar tais valores dos extratos mais ricos, tal literatura defende a utilização de dados constantes da declaração do imposto de renda das pessoas físicas. Para maiores considerações a respeito do ponto, sugerimos a leitura de MORGAN, Marc. Desigualdade de renda e crescimento e tributação da elite no Brasil: novas evidências reunindo dados de pesquisas domiciliares e fiscais *in* AFONSO, José Roberto de, e outros. *Tributação e Desigualdade*. Belo Horizonte: Casa do Direito. 2017 e MEDEIROS, Marcelo.; SOUZA, Pedro.; CASTRO,

Marc Morgan, por sua vez, também analisando dados fiscais das declarações de imposto de renda das pessoas físicas do período de 2001 a 2015, chegou a conclusão similar de que a polarização existente na sociedade brasileira se deve em muito pela distância que separa o topo e a base da hierarquia de rendimentos[28]. De acordo com o autor, o crescimento econômico observado neste período foi capturado pelas classes sociais localizadas no topo da pirâmide brasileira, com os 10% mais ricos absorvendo 40% do crescimento médio total, enquanto os 50% mais pobres angariaram apenas 32,6%[29]. Morgan põe em dúvida o argumento de redução da desigualdade social a partir dos avanços econômicos observados, demonstrando o quão estável é o nível de riqueza das classes mais abastadas e o quanto tal diferença na participação da renda global tende a distorcer a distribuição dos resultados econômicos pelo mercado numa perspectiva pré-tributária.

Este retrato da realidade dá uma ideia do difícil desafio a ser enfrentado no Brasil para que concretizemos os objetivos preconizados em nossa Constituição e inerentes a um Estado Democrático de Direito. Isso porque, conforme defendido por Richard Wilkison e Kate Pickett, os níveis de desigualdade de uma comunidade estão relacionados com uma piora nas taxas de mortalidade, obesidade, gravidez precoce, educação, homicídios, hostilidade social, população encarcerada, consumo de drogas e baixa mobilidade social de uma sociedade[30]. Por outro lado, é possível constatar que tanto o Estado de direito, quanto a concepção existente de democracia são colocados em risco diante da ameaça cada vez mais significativa de serem cooptados pelas elites sociais em função de uma maior concentração de poder político e econômico[31]. E mais ainda, nos últimos anos tem crescido a preocupação

---

Fabio Avila. *A estabilidade da desigualdade de renda no Brasil*, 2006 a 2012. 2014a e Id. *O topo da distribuição de renda no Brasil: primeiras estimativas com dados tributários e comparação com pesquisas domiciliares*, 2006-2012. 2014

28 MORGAN, Marc. Desigualdade de renda e crescimento e tributação da elite no Brasil: novas evidências reunindo dados de pesquisas domiciliares e fiscais *in* AFONSO, José Roberto de, e outros. *Tributação e Desigualdade*. Belo Horizonte: Casa do Direito. 2017. p. 238;

29 MORGAN, Marc, Ibid. p. 245.

30 WILKISON, Richard G.; PICKETT, Kate E. *The problems of relative deprivation: Why some societies do better than others.* Elsevier, 2007

31 Para uma análise específica do tema, sugerimos a leitura de STIGLITZ, Joseph E. *The price of inequality: how today's divided society endangers our future.* New York: W.

internacional em torno de como a alta desigualdade social observada no mundo pode por em risco a própria manutenção do modelo capitalista de produção, prejudicando o crescimento econômico dos países[32]

E é sob tal contexto que a distribuição da carga tributária no Brasil tem que ser analisada, uma vez que os distintos padrões de consumo causados pela desigualdade social existente têm intrínseca relação com a distribuição do ônus tributário entre as classes sociais. Conforme vimos no tópico anterior, nossa carga tributária é majoritariamente composta por tributos indiretos e, por não observar a capacidade contributiva, esse modelo de tributação apresenta forte tendência regressiva, onerando proporcionalmente mais as classes mais pobres, que destinam a maior parte de seu orçamento para o consumo.

Tal efeito tende a ser agravado ainda mais se tal forma de tributação não observar uma seletividade mínima, ou seja, se a carga fiscal não variar conforme a essencialidade do bem. A título exemplificativo, estima-se que mesmo a cesta básica suporta um ônus em torno de 23%[33] de seu valor total, mesmo considerando que diversos produtos hoje são isentos de PIS/COFINS e IPI.

Por outro lado, a tributação direta - renda e patrimônio - tendem a exercer uma pressão diminuta em termos de redução dessa regressividade. Seja pelo reduzido peso que representam na arrecadação das três esferas, seja em função de diversos tratamentos favorecidos conferidos a renda do capital ou a certos tipos de propriedade, a progressividade observada por tal tributação apenas suaviza a alta regressividade causada pela tributação do consumo[34].

Como resultado, temos hoje as classes mais pobres pagando proporcionalmente mais do que as classes mais ricas, comprometendo parcela

---

W. Norton & Company Ltd. 2013.

32 OSTRY, Jonathan D., LOUNGANI Prakash, BERG Andrew. *Confronting Inequality: How Societies Can Choose Inclusive Growth*. New York; Chichester, West Sussex: Columbia University Press, 2019; INTERNATIONAL MONETARY FUND (IMF). 2017. Fiscal Monitor: Tackling Inequality. Washington, October.

33 Dados obtidos em: https://impostometro.com.br/Noticias/Interna?idNoticia=535. Acesso em: 5 de dezembro de 2019.

34 SILVEIRA, Fernando Gaiger e outros. Qual o impacto da tributação e dos gastos públicos sociais na distribuição de renda no Brasil? Observando os dois lados da moeda. *in Progressividade da tributação e desoneração da folha de pagamentos: elementos para reflexão* / organizadores: José Aparecido Carlos Ribeiro, Álvaro Luchiezi Jr., Sérgio Eduardo Arbulu Mendonça. Brasília: Ipea: SINDIFISCO: DIEESE, 2011.

maior do orçamento familiar com o pagamento de tributos que vem embutidos em seu consumo. E isso em total inobservância da capacidade contributiva manifestada, pelo simples fato de que o consumo para eles representa um peso maior em seu orçamento. Em completo desatendimento dos objetivos contidos no art. 3º, da Constituição Federal, de promoção de uma sociedade mais justa, com erradicação da pobreza e combate às desigualdades sociais.

Contudo, em que pese o cenário posto, os projetos de reforma tributária não conferem a devida importância para a regressividade existente, propondo reformulações da matriz orientadas por metas que não atingem o centro do problema da má distribuição do ônus tributário em nossa sociedade.

Como vimos acima, o enfoque das propostas tem focado em como o modelo de tributação sobre o consumo tende a prejudicar o ambiente de negócios no país, atrasando o crescimento econômico. E para solucionar a questão pretende-se adotar medidas como o fim da desoneração da cesta básica e a padronização das alíquotas incidentes sobre o consumo de bens e serviços, pouco importando a essencialidade destes. A medida, por si só, apresenta um alto risco de encarecimento dos bens de primeira necessidade, impondo um ônus ainda mais excessivo justamente para as parcelas que mais destinam seu orçamento para o consumo.

Para além do já citado aumento dos custos com alimentos, tem-se na PEC 45/2019 a possibilidade de se incluir no campo de materialidade do IBS a locação de bens, conforme disciplinado no art. 152-A, § 1º, I, alínea "c" do texto proposto. Ocorre que o dispositivo ali contido se limita a incluir locação de bens, sem especificar se o futuro tributo irá onerar também o aluguel de bens imóveis e desconsiderando o alto custo que tal gasto também representa nos orçamentos dos mais pobres[35].

Sem tal cuidado, a proposta possivelmente aumentará a regressividade sistêmica de nossa matriz tributária, tendo em vista o já mencionado padrão de consumo das classes mais baixas, que direcionam a maior parte de suas despesas para o consumo de bens e serviços, especificamente

---

35 Segundo a SIS/2018, 8,7% da população mais pobre vive em domicílios que suportam ônus excessivo com aluguel, ou seja, comprometem mais de 30% do orçamento com tal gasto. Se considerarmos apenas a população pobre que vive em um imóvel alugado, esse número sobe para 56,2%. Já a POF aponta que os gastos com habitação representam a maior parte das despesas familiares entre as famílias que recebem até R$ 1.908,00. Segundo tal pesquisa, as despesas necessárias para manutenção da habitação comprometeriam 39,8% das despesas totais dessa parcela da população, enquanto apenas o aluguel corresponderia a 20,6% dos gastos.

os voltados para alimentação e habitação. O aumento dos custos sociais para o consumo de tais itens tende a impactar negativamente nos orçamentos familiares dessas parcelas da população, comprometendo o já escasso rendimento e prejudicando a fruição de direitos básicos.

As propostas em mesa, porém, apontam como solução a criação de mecanismos de devolução do tributo sobre o consumo suportado pelas famílias classificadas como pobre, desde que limitada ao equivalente de uma cesta básica. Para tanto, usarão o cadastro de programas sociais como o Bolsa Família, que classifica como pobres as famílias que recebem até R$ 178,00 de renda *per capita*/mês.

Quanto ao ponto, concordamos que a medida seja positiva para se combater a regressividade tributária. A dúvida que permanece é quão efetiva ela será para reduzir o aumento da carga tributária sobre o consumo das famílias mais pobres do Brasil. O Bolsa-Família atende hoje 13,9 milhões de famílias, número abaixo da estimativa de pobres informada pela SIS/2018, segundo parâmetros do Banco Mundial para o Brasil. Tais pessoas, que se encontram no limiar da pobreza teriam dificuldade para suportar o eventual aumento da carga tributária sobre seu consumo, desacompanhado da respectiva restituição. A medida, assim, representaria um alto degrau para todos aqueles que estão saindo da pobreza, além de implicar em pesado ônus sobre os decis seguintes de renda.

De acordo com os já citados estudos de Medeiros e outros[36], embora possamos caracterizar o Brasil como um país de renda-média alta, a bem da verdade o crescimento da renda auferida por nossa população até os 10% mais ricos segue uma curva não tão acentuada. A concentração se observa a partir das chamadas elites, ou os 5% em diante da sociedade brasileira, que concentrariam a maior parte da riqueza produzida no país. Diferente dos outros 95%, para a parcela mais rica da população, a extinção do tratamento favorecido conferido à cesta básica não representará uma diferença no padrão de consumo observado.

A própria POF nos aponta esse cenário ao afirmar que as 2,7% famílias mais ricas destinam 7,6% de suas despesas para o consumo de alimentos. Ou seja, para aqueles tidos como maiores beneficiados pela desoneração dos produtos de primeira necessidade, a existência ou não das isenções não fará diferença, diferentemente do que observado entre as famílias mais pobres.

---

36 MEDEIROS, Marcelo.; SOUZA, Pedro.; CASTRO, Fabio Avila. *A estabilidade da desigualdade de renda no Brasil, 2006 a 2012. 2014a e Id. O topo da distribuição de renda no Brasil: primeiras estimativas com dados tributários e comparação com pesquisas domiciliares, 2006-2012. 2014b*

Tais análises nos levam à conclusão de que, se o objetivo é buscar capturar a riqueza das parcelas mais ricas, o ideal seria aprimorar a tributação sobre os típicos signos de riqueza dessa população - renda e patrimônio. E não acabar com uma política de desoneração que sim, beneficia os ricos em menor medida porque estes também consomem, mas é muito mais positiva para as famílias de baixa renda.

A desoneração dos produtos essenciais hoje é incompleta e imperfeita. A seletividade não é observada e ainda temos muitos produtos considerados supérfluos com carga reduzida, ao passo que produtos essenciais acabam sendo excessivamente tributados. Mas isso não é justificativa para se excluir da Constituição tal previsão fundamental, e sim, aperfeiçoá-la para que possamos realizar o ideal de progressividade da melhor maneira possível.

5. CONCLUSÃO

"O que foi tornará a ser, o que foi feito se fará novamente; não há nada de novo debaixo do sol". Com esta passagem iniciamos o presente artigo buscando demonstrar como o debate em torno do fenômeno tributário, que hoje toma a atenção da comunidade especializada, repagina velhos temas, mas não aborda o núcleo de um problema que persiste em nossa realidade: o papel exercido pela matriz tributária na distribuição dos ônus do financiamento dos direitos individuais e prestações estatais.

Conforme demonstrado, a estruturação da tributação de um país passa pelas escolhas que fazemos enquanto comunidade política de como vamos financiar a máquina pública e, consequentemente, redistribuir os resultados sociais da atividade econômica. Quais parcelas de riqueza retornarão para a sociedade por meio da garantia e promoção de direitos. O papel redistributivo que o Estado exerce, portanto, é fundamental para que possamos avançar em qualquer debate atinente à reforma tributária. Quer concentrando, quer distribuindo renda, as ações (e omissões) do Estado cumprem função essencial para definir o modelo de sociedade que desejamos pertencer.

Tal escolha, mais uma vez, foi feita quando em 1988 optamos pela formação de um Estado Social e Democrático de direito, compromissado em garantir uma série de direitos, entre eles a propriedade privada sim, mas todos inseridos em um contexto de busca pela maior homogeinização social, com o combate à pobreza e busca da redução das desigualdades sociais e regionais entre nossos objetivos. Temos, assim, um debate que não se restringe ao campo político, mas que alcança em tudo o âmbito jurídico, que orienta e delimita as opções à disposição do formulador da política macroeconômica para, com respaldo social, cumprir os objetivos constitucionalmente propostos.

E a tributação, enquanto uma das faces de atuação estatal, é parte inerente desse projeto, não podendo fugir à determinação constitucional. A estrutura fiscal de um país deve conciliar em seu âmago a busca pela eficiência, sim, mas, também, a concretização de uma sociedade equânime. Ignorar esse objetivo, como tem sido feito historicamente em nosso país é ir contra um ideal que nos define enquanto sociedade.

Reconhecemos que nos diversos debates que vem surgindo em torno da reforma tributária, o tópico de redução das regressividades vem ganhando força, e a presente coletânea é exemplo desse esforço. Ainda assim, não há uma clareza nos números apresentados de saber se a iniquidade existente na distribuição do ônus tributário está mesmo sendo contemplada nos projetos em análise. E principalmente não é um debate que atinja a sociedade enquanto contribuinte que é.

Ao que tudo indica, muito embora existam propostas que busquem mitigar tal regressividade, como a devolução de parte da tributação sobre o consumo, a verdade é que elas por si só não parecem suficientes para superar o alto quadro de desigualdade que existe hoje e que se pretende potencializar amanhã, com a reforma eventualmente aprovada. E mais, observa-se uma tendência a deixar de lado qualquer debate sério acerca de revisão da tributação sobre o consumo e patrimônio, que são sempre deixadas para um futuro que nunca se concretiza. Ainda que a racionalização da tributação sobre o consumo seja fundamental, debatê-la sem levar em consideração todos esses aspectos é deixar em risco uma janela de oportunidade importante, creditando a uma boa vontade futura por parte das forças motrizes que hoje aquecem o debate da reforma tributária em nosso país.

É com esse horizonte de sentido que analisamos as propostas ora colocadas em debate, sempre destacando que projetos de reestruturação do Estado que sejam focados apenas no crescimento econômico tendem a ignorar que, mantidas as coisas como estão, a maior parte dos ganhos será capturada pelo topo da pirâmide socioeconômica do país. A fórmula do crescimento pelo crescimento, comumente associado a argumentos de eficiência já se mostraram historicamente ultrapassadas e gerador, ao fim e ao cabo, de extensos projetos voltados à desigualdade social.

Diante deste problema existem iniciativas como por exemplo organismos internacionais apontando os riscos inerentes à alta disparidade sócio-econômica. Alertam que a retomada do desenvolvimento apenas virá com a redistribuição de renda efetiva. Cabe a nós, portanto, nos atentarmos para esse problema, que "não é novo debaixo do sol", mas que não pode mais persistir. E a matriz tributária, em que pese opiniões contrárias, tem papel fundamental na solução desse desafio e no cumprimento dos objetivos constitucionais preconizados já em 1988.

REFERÊNCIAS BIBLIOGRÁFICAS

BALTHAZAR, Ubaldo Cesar. *História do Tributo no Brasil*. Florianópolis: Fundação Boiteux, 2005.

BOBBIO, Norberto. *Dicionário de Política*. 13. ed. Brasília: Editora UNB, 2009.

BRASIL. Disponível em: https://www12.senado.leg.br/noticias/entenda-o-assunto/lei-kandir. Acesso em: 6 de dezembro de 2019.

BRASIL. Disponível em: https://www2.camara.leg.br/atividade-legislativa/estudos-e--notas-tecnicas/publicacoes-da-consultoria-legislativa/fiquePorDentro/temas/sistema-tributario-nacional-jun-2019/reforma-tributaria-comparativo-das-pecs-em-tramitacao-2019. Acesso em: 9 de dezembro de 2019.

BRASIL. IBGE. *Pesquisa de orçamentos familiares 2017-2018: primeiros resultados* / IBGE, Coordenação de Trabalho e Rendimento. - Rio de Janeiro: IBGE, 2019. 69 p.

BRASIL. IBGE. *Síntese de indicadores sociais: uma análise das condições de vida da população brasileira: 2018* / IBGE, Coordenação de População e Indicadores Sociais. - Rio de Janeiro: IBGE, 2018. 151 p. - (Estudos e pesquisas. Informação demográfica e socioeconômica, ISSN 1516-3296 ; n. 39)

BRASIL. Ministério da Fazenda. Receita Federal. *Carga tributária no Brasil – 2017*: análise por tributos e bases de incidência. p. 5. Disponível em: http://receita.economia.gov.br/dados/receitadata/estudos-e-tributarios-e-aduaneiros/estudos-e-estatisticas/carga-tributaria-no-brasil/carga-tributaria-2017.pdf/view . Acesso em: 22 de março de 2019.

BRASIL. Presidência da República, Observatório da Equidade. *Indicadores de Iniquidade do Sistema Tributário Nacional*. Brasília: Presidência da República, Conselho de Desenvolvimento Econômico e Social – CDES, 2. ed., 2011.

BRASIL. Receita Federal. Subsecretaria de Tributação e Contencioso. Coordenação-Geral de Estudos econômico-Tributários e de Previsão e Análise de Arrecadação. *Carga Tributária no Brasil 2017: Análise por tributos e bases de incidência*. Brasília-DF. 2018.

D'ARAÚJO, Pedro Júlio Sales. *A regressividade da matriz tributária brasileira: debatendo a tributação a partir de nossa realidade econômica, política e social*. Dissertação de Mestrado em Direito. Brasília, UnB, 2015.

FILHO, Sócrates Arantes Teixeira. *Lei Kandir e emenda constitucional nº 42/2003: efeitos da desoneração de ICMS sobre as exportações*. Consultoria Legislativa. Câmara dos Deputados, 2019.

GASSEN, Valcir (Org). *Equidade e eficiência da matriz tributária brasileira: diálogos sobre Estado, Constituição e Tributação*. 2. ed. Belo Horizonte, Arraes, 2016.

LÖWY, Michael. *As aventuras de Karl Max contra o Barão de Munchhausen: marximos e positivismo na sociologia do conhecimento*. 4 ed. Tradução Juarez Guimarães e Suzanne Felicie Léwy. São Paulo, Editora Busca Vida, 1987.

MEDEIROS, Marcelo.; SOUZA, Pedro.; CASTRO, Fabio Avila. *A estabilidade da desigualdade de renda no Brasil, 2006 a 2012.* 2014a

MEDEIROS, Marcelo.; SOUZA, Pedro.; CASTRO, Fabio Avila. *O topo da distribuição de renda no Brasil: primeiras estimativas com dados tributários e comparação com pesquisas domiciliares, 2006-2012.* 2014b

MORGAN, Marc; PIKETTY, Thomas. *A Reforma Tributária Necessária. Justiça fiscal é possível: subsídios para o debate democrático sobre o novo desenho da tributação brasileira.* Disponível em: http://ijf.org.br/wp-content/uploads/2018/11/A-Reforma-Tribut%C3%A1ria-Necess%C3%A1ria-Livro-2-Subs%C3%ADdios-para-o-debate.pdf. Acesso em: 9 de dezembro de 2019.

MORGAN, Marc. Desigualdade de renda e crescimento e tributação da elite no Brasil: novas evidências reunindo dados de pesquisas domiciliares e fiscais in AFONSO, José Roberto de, e outros. *Tributação e Desigualdade*. Belo Horizonte: Casa do Direito. 2017.

MUSGRAVE, Richard A.; MUSGRAVE, Peggy B. *Finanças públicas: teoria e prática.* Tradução de Carlos Alberto Primo Braga. São Paulo: Editora da Universidade de São Paulo, 1980.

MURPHY, Liam; NAGEL, Thomas. *O mito da propriedade.* São Paulo. Martins Fontes, 2005. p. 5.

OSTRY, Jonathan D., LOUNGANI Prakash, BERG Andrew. *Confronting Inequality: How Societies Can Choose Inclusive Growth.* New York; Chichester, West Sussex: Columbia University Press, 2019; INTERNATIONAL MONETARY FUND (IMF). 2017. Fiscal Monitor: Tackling Inequality. Washington, October.

PNUD, *Human Development Report: Beyond income, beyond averages, beyond today: Inequalities in human development in the 21st century,* 2019. http://hdr.undp.org/sites/default/files/hdr2019.pdf. Acesso em: 10 de dezembro de 2019

SCAFF, Fernando Facury. *Entra no campo a reforma financeira, e vai para o banco de reservas a reforma tributária.* Disponível em: https://www.conjur.com.br/2019-out-29/contas-vista-sai-cena-reforma-tributaria-entra-reforma-financeira#author. Acesso em: 9 de dezembro de 2019.

SILVEIRA, Fernando Gaiger e outros. Qual o impacto da tributação e dos gastos públicos sociais na distribuição de renda no Brasil? Observando os dois lados da moeda. *in Progressividade da tributação e desoneração da folha de pagamentos: elementos para reflexão* / organizadores: José Aparecido Carlos Ribeiro, Álvaro Luchiezi Jr., Sérgio Eduardo Arbulu Mendonça. Brasília: Ipea: SINDIFISCO: DIEESE , 2011.

STIGLITZ, Joseph E. *The price of inequality: how today's divided society endangers our future.* New York: W. W. Norton & Company Ltd. 2013.

VARSANO, Ricardo. *A evolução do sistema tributário brasileiro ao longo do século: anotações e reflexões para futuras reformas.* Instituto de Pesquisa Econômica Aplicada – IPEA. Rio de Janeiro, 1996. Disponível em: http://repositorio.ipea.gov.br/bitstream/11058/1839/1/td_0405.pdf. Acesso em: 5 de dezembro de 2019.

WARAT, Luis Alberto et ali. Senso Comum. In: ARNAUD, André-Jean (org). *Dicionário Enciclopédico de Teoria e Sociologia do Direito.* Rio de Janeiro, Renovar, 1999.

WILKISON, Richard G.; PICKETT, Kate E. *The problems of relative deprivation: Why some societies do better than others.* Elsevier, 2007.

REFORMA TRIBUTÁRIA NO BRASIL: BREVES CONSIDERAÇÕES

VALTER DE SOUZA LOBATO[1]

NAYARA ATAYDE GONÇALVES[2]

SUMÁRIO: 1. Introdução; 2. Cenário da tributação no Brasil atual. Complexidade e regressividade do sistema; 3. Tributação e justiça social no Brasil; 4. Princípios concretizadores da justiça tributária; 5. A reforma tributária em discussão: unificação de tributos e redução da complexidade do sistema tributário; 6. Conclusão; Referências Bibliográficas

1. INTRODUÇÃO

É com satisfação que participamos desta obra coletiva coordenada pelos professores Fernando Facury Scaff, Heleno Taveira Torres, Misabel de Abreu Machado Derzi e Onofre Alves Batista Júnior. A obra vem em momento extremamente propício, pois várias e várias reformas, no âmbito do Direito Financeiro, do Direito Tributário e do próprio pacto federativo têm sido propostas como formas de alterar a realidade, triste realidade, brasileira. O que se deve sempre – papel que cabe à dogmática – é se as reformas são necessárias e qual o espaço para que elas aconteçam, dentro dos limites traçados por um Estado Democrático de Direito.

Nos últimos 32 anos, ao nosso sentir, o Sistema Tributário – e de igual forma o Financeiro – não teve um juízo crítico exercido para verificar se os pressupostos do Texto Constitucional estavam sendo obedecidos. Agora seguimos no mesmo caminho, ou seja, não estamos a olhar os comandos constitucionais que não podem ser alterados pelos eleitos, tidos como cláusulas pétreas que precisam ser respeitadas.

---

1 Professor de Direito Financeiro e Tributário/UFMG. Presidente da Associação Brasileira de Direito Tributário (ABRADT). Mestre e Doutor em Direito pela UFMG.

2 Advogada. Mestre em Direito pela Milton Campos.

É dizer: seguimos o caminho de reformas, mas sem que a estrutura da casa que se pretende reformar esteja, de alguma forma, previamente analisada. Por isso o questionamento: **quais os ditames e quais os limites impostos pela Constituição Federal de 1988 para eventuais reformas no Sistema Tributário?**

A discussão se mostra relevante no contexto atual, diante das propostas de reforma tributária que estão sendo discutidas no Brasil e que sugerem, como principal estratégia de simplificação tributária, a unificação da tributação incidente sobre o consumo (impostos e contribuições), o que se verifica, sobretudo, no texto das Propostas de Emenda Constitucional nº 45, de autoria do deputado Baleia Rossi e a PEC nº 110, de autoria do senador Acir Gurgacz.

Por mais positivo que pareça ser a unificação de tributos e a redução da complexidade do sistema e dos custos de conformidade com a legislação do Brasil, não se pode restringir a análise da validade jurídica das alterações que estão sendo propostas no Congresso apenas sob a ótica da simplificação. A complexidade do sistema tributário no Brasil – tratado exaustivamente pela Constituição Cidadã – exige que se repense a questão sob os mais diversos vieses, sendo, nesse contexto, de maior quilate a proteção aos direitos e objetivos sociais encartados pela CRFB/88 e que aguardam ampla efetivação desde a promulgação constitucional.

2. CENÁRIO DA TRIBUTAÇÃO NO BRASIL ATUAL. COMPLEXIDADE E REGRESSIVIDADE DO SISTEMA

A estrutura tributária desenhada pelo legislador constituinte originário visou construir um sistema distributivo, com diversidade das fontes de financiamento estatal, estabelecimento de princípios elementares, imposição de destinações específicas e repartição das receitas entre os entes da federação, buscando o sustento do Estado em suas mais diversas esferas e funções, sem ferimento e buscando concretizar os direitos fundamentais e sociais estabelecidos pela Constituição.

O objetivo, assim, era acarretar a construção de um sistema tributário que não onerasse de forma gravosa apenas uma das fontes de manifestação de riqueza dos contribuintes, como o consumo, que possui repercussão econômica e jurídica na cadeia produtiva e recai sobre o consumidor final de forma equânime – portanto, não mede a capacidade contributiva –, mas se buscasse o equilíbrio da arrecadação por meio de um sistema progressivo, não confiscatório e que prezasse pela não-cumulatividade dos tributos incidentes sobre bens e serviços.

Dados extraídos do estudo produzido por Denerson Dias Rosa, "A Evolução da carga tributária no Brasil", destaca que, não obstante tenha ocorrido um aumento significativo da carga tributária no Brasil, até alcançar o patamar de aproximadamente 34% do PIB em 2001 (e que permaneceu constante ao longo das últimas duas décadas), não se verificou que o aumento gradativo da carga tributária no período pós-Constituição de 1988 ocasionasse alguma espécie de deslegitimação do papel arrecadatório do Estado.

A tabela abaixo demonstra a evolução da carga tributária, por tributo, desde 1995 até o ano de 2005, constatando-se que o incremento da arrecadação se concentrou nos tributos federais, destacando-se, entre esses, o imposto sobre a renda e a COFINS. Em âmbito estadual, a arrecadação do ICMS constitui a maior receita todos os tributos, alcançando a margem de cerca de 8% do PIB:

FIGURA 13 – Tabela Arrecadação individual por tributo em relação ao PIB

Tributos	1999	1998	2000	2003	2005
IPI – Imposto s/Produtos Industrializados	2,11%	1,78%	1,71%	1,26%	1,36%
Imposto sobre a Renda	4,48%	5,01%	5,12%	5,98%	6,43%
CPMF – Contrib. Prov. Mov. Financeira	0,02%	0,86%	1,32%	1,48%	1,51%
COFINS – Contrib. Financ. Segur. Social	2,36%	2,05%	3,62%	3,83%	4,53%
Imposto Sbre Importação	0,76%	0,72%	0,77%	0,52%	0,47%
PIS / PASEP	0,95%	0,83%	0,91%	1,11%	1,14%
CSLL – Contrib. Social Lucro Líquido	0,91%	0,85%	0,84%	1,08%	1,36%
CIDE – Combustíveis	0,00%*	0,00%*	0,00%*	0,48%	0,40%
Outros Tributos Federais	0,50%	1,58%	1,89%	2,20%	1,70%
INSS – Previdência Social	6,30%	5,11%	5,06%	5,57%	5,99%
FGTS	0,91%	1,07%	1,49%	1,60%	1,66%
Total dos Tributos Federais	**19,30%**	**19,89%**	**22,73%**	**25,11%**	**26,55%**
ICMS	7,96%	6,62%	7,47%	7,68%	7,99%
Outros Tributos Estaduais	0,26%	1,26%	1,19%	1,28%	1,71%
Total dos Tributos Estaduais	**8,22%**	**7,88%**	**8,66%**	**8,96%**	**9,70%**
ISSQN	1,34%	1,47%	1,35%	1,36%	1,42%
Outros Tributos Municipais	0,06%	0,09%	0,10%	0,11%	0,15%
Total dos Tributos Municipais	**1,40%**	**1,56%**	**1,45%**	**1,47%**	**1,57%**
TOTAL DA CARGA TRIBUTÁRIA	**28,92%**	**29,33%**	**32,84%**	**35,54%**	**37,82%**

* Começou a vigorar em 2001.

Fonte: FASSINA et al, 2006.

Dados mais recentes fornecidos pela Receita Federal do Brasil, no estudo "Carga Tributária no Brasil 2017: Análise por Tributos e Bases de Incidência", comprovam a afirmação de que o incremento substancial da carga tributária na última década se deu, sobretudo, em relação aos tributos incidentes sobre bens e serviços, os quais, segundo aponta Becker (2018, p. 375), devem ser classificados como gênero jurídico do imposto de consumo.

Portanto, o incremento da arrecadação tributária se deu, de fato, quanto aos tributos incidentes sobre o consumo. Em apenas quatro anos (2008-2012), a arrecadação de tributos sobre bens e serviços deu um salto de mais de 50%, demonstrando a relevância desta arrecadação para os cofres estatais. Em 2017, cerca de 50% da arrecadação total do Estado se deu sobre tributos incidentes sobre o consumo (PIS, COFINS, ICMS, IPI e ISS), conforme apontou o mencionado relatório.

Misabel Derzi (2014, p. 54) destaca que, no Brasil, como próprio dos países em desenvolvimento, importadores de capital, com fraca poupança interna e grande concentração de renda, os cofres públicos se alimentam, principalmente, de impostos sobre o consumo e sobre os salários (inclusive a renda proveniente dos salários), sendo mais tímida a participação de tributos incidentes sobre a renda proveniente do capital ou do patrimônio. Esta escolha político-econômica – de tributar, preferencialmente, as rendas provenientes do consumo dos cidadãos – acaba por confluir no fenômeno da regressividade da tributação no Brasil. Quer dizer: no Brasil, a população de baixa renda paga mais tributo do que aquela de renda alta.

A respeito da regressividade da tributação, o Comunicado nº 22 da Presidência do Instituto de Pesquisa Econômica Aplicada (IPEA), de 2009, expôs que:

> Não se deveria impor aos cidadãos de menor capacidade econômica [...] o mesmo esforço tributário exigido aos cidadãos de maior capacidade econômica. Nesse sentido, o sistema tributário deve buscar a progressividade – tributar mais os ricos do que os pobres [...]. Supondo, apenas para simplificar o raciocínio, que a regressividade no período não piorou nem recuou, mas apenas manteve-se a mesma, então se poderia considerar que o ônus sofrido em cada faixa de renda também teve que crescer no mesmo ritmo.
>
> Ou seja, é provável que, se em 2004, a Carga Tributário Bruta sobre os que ganhavam até 2 s.m. foi de 48,8% da renda, em 2008 pode ter chegado aos 54%. Enquanto que, mantidas as proporções, os que ganham acima de 30 s.m. podem ter enfrentado em 2008 uma carga de 29%. (IPEA, 2009, p. 3-4).

O referido estudo ainda demonstrou que, para as famílias com renda mensal de até 2 (dois) salários mínimos, os trabalhadores deveriam laborar cerca de 200 (duzentos) dias por ano para pagar as contas com a administração tributária. Esse percentual é reduzido à medida que a renda familiar é aumentada, sendo que, para os contribuintes com faixas maiores do que 30 (trinta) salários, reduz-se a quantidade de dias trabalhados para pagamento de tributos em 106 (cento e seis).

A preferência em tributar o consumo no Brasil decorre, ainda, do fato de esta tributação ser mais fácil de fiscalizar e exigir menor transparência fiscal por parte do Estado. Ou seja, por estar embutida nos preços, o aumento na arrecadação não sofre tão duras críticas quanto no caso dos impostos denominados diretos (que, numa classificação simplista, seriam aqueles incidentes sobre a renda auferida e o patrimônio).

Entretanto, cabe ressaltar que a regressividade do sistema não decorre apenas de uma pesada tributação incidente sobre o consumo, mas ainda da ausência de aplicação correta do princípio da não-cumulatividade, ensejando a residualidade da cumulatividade dos tributos sobre o consumo; da política de isenções e incentivos fiscais concedidos na guerra fiscal e da negligenciada progressividade da tributação sobre rendimentos e salários, dentre outros fatores.

Portanto, quer se analise a tributação sobre o consumo, quer as demais bases de incidência tributária, tem-se a confluência de fatores que tornam a tributação, no Brasil, um instrumento de agravamento das desigualdades sociais e de renda. Nesse ponto, Misabel Derzi conclui:

> O Brasil arrecada tributos como um país desenvolvido, cerca de 40% de seu PIB. Mas o seu sistema tributário é regressivo, porque onera mais o consumo/trabalho do que o capital. Com o aumento da competição tributária, as receitas do Estado para pagar os benefícios da previdência social, da saúde e da assistência social, também se reduzem. Em face da alta mobilidade do capital e necessitando desesperadamente de investimentos, as reações entre nós têm sido as mesmas presentes nos demais países: (a) procura-se não fazer incidir o imposto sobre a renda e os lucros provenientes do capital (ou, pelo menos, fazer incidir mais suavemente), de forma que a carga fiscal sobre o trabalho/consumo tende a se acentuar; (b) no afã de se aumentar a arrecadação, o Brasil introduziu a limitação dos prejuízos acumulados a 30% dos lucros dos exercícios subsequentes, medida que converte o imposto sobre a renda em imposto sobre o consumo, porque a tributação da renda fictícia, independentemente dos resultados reais de lucratividade, transforma o imposto sobre a renda em custo e desencadeia a transferência da carga para os preços das mercadorias e serviços; (c) com

> isso, o imposto sobre a renda, sendo mero custo da atividade econômica, converte-se também em imposto sobre o consumo, aumentando-se a regressividade do já regressivo sistema tributário brasileiro; (d) há certa tendência de redução dos benefícios previdenciários, o que se apresenta em movimentos repetitivos, embora a sociedade brasileira já tenha feito as suas opções, de forma irreversível, em sua Constituição, em favor de um Estado Democrático de Direito. (DERZI, 2014, p. 54).

Assim, o cenário de desarmonia entre arrecadação e gasto estatal, bem como a crise federativa decorrente das disputas regionais pela atração de investimentos, não apenas confluiu para um descrédito do sistema tributário adotado, como está a exigir urgentes correções das distorções causadas ao longo do tempo.

No contexto atual, não se pode afirmar que a única deficiência do sistema tributário brasileiro seja o combate à regressividade, mas certamente esse é um efeito da tributação no Brasil que deve ser afastado. Não se pode desprezar a importância do crescimento econômico do país e a necessidade de crescimento dos setores produtivos, tanto interna quanto externamente, gerando maior empregabilidade, competitividade internacional e estabilidade econômica do país.

Não se despreza, ainda, a necessidade de redução dos custos de conformidade, os quais reduzem a lucratividade das empresas e tornam o investimento no país um péssimo negócio. O mundo globalizado atual tem clamado cada vez mais por eficiência e modernização dos meios de cobrança e fiscalização estatal e requer a (re)construção de um sistema tributário adaptado às novas tecnologias, aos negócios *online* e ao mercado de bens intangíveis.

Todo esse contexto deve ser pensado em conjunto, de modo a não se formular respostas a apenas um dos problemas apontados – como a complexidade do sistema –, e que contribua para a perpetuação ou, pior, para o agravamento de outros já existentes, a exemplo da regressividade e injustiça da tributação.

Em poucos países do mundo, os contrastes sociais e econômicos são tão marcantes como no Brasil, propiciados por uma absurda e patológica concentração de renda e pela perpetuação de profundas diferenças entre regiões geográficas, produzindo um Estado com várias subnações, com peculiaridades e características específicas.

Neste contexto, devem ser resgatadas as pretensões reformistas e dirigentes preconizadas pela Constituição, no sentido de erradicar a pobreza e a marginalização e reduzir as desigualdades sociais e regionais (Constituição Federal, art. 3º, III), não obstante por vezes sufocadas pela agenda neoliberal, que apregoa a diminuição da presença do Estado, principalmente nos setores em que a sua presença é absolutamente indispensável (saúde, educação, segurança pública, etc).

Assim, independentemente das propostas que serão trazidas para a solução dos problemas que envolvem a estrutura do sistema tributário nacional, não se pode olvidar o primado da justiça social como baliza das políticas públicas à luz da Constituição de 1988. Por esse motivo, a discussão em torno do papel da tributação como instrumento de promoção de justiça social continua sendo imprescindível nesse contexto.

3. TRIBUTAÇÃO E JUSTIÇA SOCIAL NO BRASIL

O Brasil é um país marcado por desigualdades socioeconômicas e regionais evidentes. Não obstante a Constituição da República, promulgada em 1988, tenha encampado objetivos claros no sentido de redução dessas desigualdades e promoção do bem-comum, erradicando a pobreza e a marginalização social, os indicadores de concentração de riqueza e desigualdade no Brasil, após mais de trinta anos da Constituição Cidadã, permanecem alarmantes.

A pesquisa intitulada "Desigualdade Mundial 2018", coordenada, entre outros, pelo economista francês Thomas Piketty e disponibilizada em dezembro de 2017, buscou criar um banco de dados para comparação da evolução da desigualdade de renda no mundo nos últimos anos. O estudo demonstrou que o Brasil tem a maior concentração de renda do mundo entre o 1% mais rico. (WID.WORLD, 2018).

Os indicadores da pobreza e marginalização social no Brasil também despontam: 55 milhões de pessoas estavam vivendo abaixo da linha da pobreza no Brasil em 2017, conforme dados do relatório "Síntese de Indicadores Sociais (SIS) – 2018", divulgado pelo IBGE em dezembro de 2018. Comparativamente a 2016, houve um crescimento de aproximadamente 2 (dois) milhões de pessoas que passaram a viver abaixo dessa margem. Segundo o Banco Mundial, trata-se de pessoas que apresentaram renda domiciliar *per capta* inferior a R$ 406 por mês (IBGE, 2018).

Por sua vez, tendo por base os indicadores de concentração de riqueza e renda no Brasil nos últimos anos, o relatório publicado em 2018 pela Oxfam Brasil, "País estagnado: um retrato das desigualdades brasileiras" (GEORGES, 2018), apontou que o índice de desigualdade social no Brasil ficou estagnado pela primeira vez nos últimos 15 anos.

O nível apresentava queda desde 2002, mas esta redução ficou paralisada entre os anos de 2016 e 2017.

Para fazer essa medição, o levantamento baseou-se nos números da Pesquisa Nacional por Amostragem de Domicílio (PNAD) feita pelo Instituto Brasileiro de Geografia e Estatística (IBGE) e no índice de Gini de renda *per capita*. Segundo o relatório, a pobreza no país recrudesceu e teve fim a dinâmica de convergência entre a renda de mulheres e homens – o primeiro recuo em 23 anos. Também recuou a equiparação de renda entre negros e brancos até chegar à estagnação, que completa, atualmente, sete anos seguidos.

Dentre os fatores econômicos, políticos e sociais que corroboram com a manutenção de um cenário de exclusão social e econômica no Brasil, reconhece-se a existência de um sistema tributário injusto, que, ao invés de promover a redistribuição de renda e do produto social de forma solidária, tem atuado de forma regressiva, penalizando mais os contribuintes que possuem menor capacidade contributiva. Nesse contexto, o questionamento em torno do papel da tributação no Brasil e a necessidade de uma reforma tributária que busque aplacar os efeitos regressivos atualmente existentes no sistema torna-se premente.

Não obstante o tema esteja em voga nos dias atuais, a ideia do emprego da tributação com a finalidade social remonta a Grécia antiga. Nesse sentido:

> Na Grécia, inspiradora das civilizações ocidentais, ou mais propriamente em Atenas - Estado-cidade -, havia o imposto como meio de defesa do bem coletivo, entregue aos cuidados do Estado, não se fundando em relação de servidão. Embora inexistisse um sistema tributário e vigorasse a concepção da liberdade individual, impeditiva da sujeição dos cidadãos a impostos gerais de caráter pessoal, utilizavam-se os impostos sobre o consumo. Sólon ditou medidas fiscais tendentes à nivelação social, quando a desigualdade econômica se fez manifesta e as liturgias - prestações em espécie oferecidas livremente pelos ricos para custear as festas, os cultos e a construção de parques e edifícios públicos – não conseguiam superá-la. (GUIMARÃES, 1983, p. 24).

Na obra "Leviatã ou matéria, forma e poder de um estado eclesiástico e civil", Thomas Hobbes expôs que a igualdade perante a justiça deveria se refletir numa igualdade diante dos impostos, defendendo a não tributação da renda, na medida em que, ricos ou pobres, todos seriam igualmente devedores da segurança que o Estado propicia. Nas palavras do autor:

> [...] a igualdade dos impostos consiste mais na igualdade daquilo que é consumido do que nos bens das pessoas que o consumem. Pois que razão há para que aquele que trabalha muito e, poupando os frutos do seu trabalho, consome pouco seja mais sobrecarregado do que aquele que vivendo ociosamente ganha pouco e gasta tudo o que ganha, dado que um não recebe maior proteção do Estado do que o outro? Mas quando os impostos incidem sobre aquelas coisas que os homens consomem, todos os homens pagam igualmente por aquilo que usam e o Estado também não é defraudado pelo desperdício luxurioso dos particulares. (HOBBES, 1974, p. 115).

Em recente palestra proferida na escola de Direito da Universidade Federal de Minas Gerais, Michel Bouvier, professor da Universidade Paris 1 Panthéon-Sorbonne, dissertando sobre justiça fiscal e social na atualidade, expôs a existência de duas concepções de justiça aplicáveis ao contexto tributário. A primeira, justiça distributiva (proporcionalista), nos moldes aristotélicos, seria baseada na distribuição das riquezas de acordo com os méritos de cada pessoa (nesse contexto, o cidadão deveria ser mais ou menos tributado conforme o proveito da riqueza produzida). Não se fala, nessa concepção, em igualdade direta entre indivíduos, mas de relações entre o que é acordado e retirado de cada um como produto de todos.

Já a segunda concepção, atinente à justiça redistributiva, uniria a justiça fiscal à social, de modo que a tributação visasse garantir a igualdade máxima entre os cidadãos. Dentro dessa concepção, o imposto deveria ser progressivo, personalizado, e levar em conta a capacidade contributiva, promovendo a redistribuição de riquezas pelo imposto e pelas despesas públicas.

Para Bouvier, essas concepções conduzem ao questionamento sobre o papel da tributação, no seguinte sentido: a tributação justa deve garantir a neutralidade do sistema em termos de distribuição do produto social ou, para ser considerada justa, não prescindiria do intervencionismo do Estado (maior ou menor) através de uma justiça redistributiva? O autor entende que esta não seria uma discussão relativa apenas à justiça fiscal, mas à legitimidade dos tributos.

Nesse ponto, portanto, concluiu que o Estado pode se valer de inúmeros recursos políticos e financeiros para o combate à pobreza e condições de miserabilidade. Entretanto, a luta efetiva contra a desigualdade não prescindiria, ainda, do enfrentamento da questão das diferenças de renda no país e a forma como a tributação incide sobre os mais ricos e os mais pobres.

Para Thomas Piketty, as questões da desigualdade e da redistribuição estão no cerne dos conflitos políticos. Especialmente, quanto ao conflito capital x social, o autor expõe, em primeiro lugar, que as discordâncias quanto à forma concreta e à adequação de uma ação pública de redistribuição não se devem, necessariamente, a princípios antagônicos de justiça social, mas, sobretudo, a análises antagônicas dos mecanismos econômicos e sociais que produzem desigualdade. (PIKETTY, 2015, p. 10).

Para o autor, o verdadeiro conflito ocorre mais em relação à maneira eficaz de realmente melhorar as condições de vida dos mais pobres e à extensão dos direitos que podem ser concedidos a todos do que em relação aos princípios abstratos de justiça social. Portanto, só uma análise minuciosa dos mecanismos socioeconômicos que produzem a desigualdade seria capaz de definir a parcela de verdade dessas duas visões extremas da redistribuição e, talvez, contribuir para a instauração de uma redistribuição mais justa e eficiente (PIKETTY, 2015, p. 10-11).

Assim, Piketty destaca a necessidade de se reconhecer a existência da desigualdade decorrente do valor atribuído ao trabalho de cada indivíduo. Piketty explica que, normalmente, entende-se que o trabalho mais produtivo é mais remunerado que o menos produtivo. Assim, "o sistema da oferta e da demanda determina os salários associados aos diferentes níveis de capital humano e, assim, a desigualdade dos salários." (PIKETTY, 2015, p. 78).

Na medida em que a desigualdade do capital humano é criada por outros muitos fatores externos ao indivíduo, para resolver esse problema de "distribuição de oportunidades", Piketty (2015, p. 87) defende ser a redistribuição fiscal superior à direta. Esta segunda seria, por exemplo, o Estado exigir que as empresas aumentem os salários pagos; a primeira seria quando o Estado, através da tributação dos lucros ou da redução de impostos para o consumidor final, promovesse o financiamento de serviços e produtos aos trabalhadores, aos mais pobres ou a toda a população, indiscriminadamente (PIKETTY, 2015, p. 42).

Considerando que a evolução tecnológica custa o salário dos que têm pouca formação educacional (muitas vezes os mais pobres), o autor entende ser necessário dar enfoque à redistribuição fiscal que financie o investimento em educação pública de qualidade e que alcance o máximo possível de crianças.

A redistribuição fiscal, sendo superior a direta, ainda poderia ocorrer de duas formas: a pura e a eficiente. A redistribuição pura se daria pela transformação momentânea da desigualdade por meio da redução de impostos para os mais pobres. Já a redistribuição eficiente transformaria estruturalmente a sociedade ao diminuir as desigualdades da formação do capital humano. Assim, uma forma abarcaria as políticas de educação e formação e, a outra, as intervenções diretas no mercado de trabalho para diluir o preconceito na hora da contratação. (PIKETTY, 2015, p. 92).

Portanto, Piketty (2015) deixa claro que o crescimento da economia e a legitimidade do Estado exigem o trabalho efetivo em prol da redução das desigualdades, sendo o meio mais eficaz, para tanto, a redistribuição de riquezas promovida por meio da tributação.

No mesmo sentido, estudo produzido pelo IPEA em 2018, de autoria de Sérgio Wulff Gobetti, denominado "Tributação do Capital no Brasil e no Mundo", expôs que:

> A própria retomada do tema no Brasil continua muito focalizada nas distorções que nosso sistema de tributação induz, como a transfiguração da renda do trabalho em renda do capital (a chamada pejotização), que é um problema seríssimo, mas não é o único. A baixa tributação das altas rendas, sejam elas do trabalho ou do capital, contribui decisivamente para que o Brasil possua o mais elevado índice de concentração de renda no topo da pirâmide entre todos os países com dados disponíveis (Gobetti e Orair, 2017).
>
> A menos que não se entenda que esse seja um problema, é preciso pensar em quais instrumentos tributários poderiam ajudar a enfrentá-lo, pois as ações pelo lado do gasto são de pouca eficácia nesse caso e principalmente num contexto de crise fiscal, no qual o governo tem limitadas possibilidades de ampliar os programas de transferência de renda. Nesse sentido, o objetivo deste texto é contribuir para que possamos repensar nosso modelo de tributação da renda e dos lucros com um duplo olhar, tanto para seus impactos sobre a eficiência, quanto sobre a equidade e o bem-estar social. A pergunta que se coloca é: podemos introduzir mudanças no sistema tributário que melhorem sua neutralidade, tenham os menores efeitos inibidores possíveis (ou até mesmo estimulem) no crescimento econômico, reduzam a concentração de renda e sejam socialmente benéficas? (GOBETTI, 2018, p. 9-10).

Portanto, como reconhece o estudioso, é preciso repensar o problema da concentração de renda e das desigualdades sociais sob a ótica dos instrumentos tributários disponíveis, pois as ações, pelo lado do gasto, são de pouca eficácia nesse caso, principalmente num contexto de crise fiscal no qual o governo tem limitadas possibilidades de ampliar os programas de transferência de renda.

A doutrina do nosso professor homenageado não difere desse entendimento trazido pela doutrina acima anunciada quanto ao tema. O autor entende que a justiça tributária é, por excelência, uma justiça distributiva. Trazendo observação feita por Tipke, complementa que "a justiça distributiva se concretiza como justiça contributiva" (TORRES, 1998, p. 185).

Ainda que se possa valer de outros meios para essa redistribuição, como as transferências diretas de renda, e para a concretização dos direitos correlatos, pela destinação das receitas arrecadadas pelo Estado na área social, não se mostra compatível com a Carta Constitucional e o primado da justiça social nela almejada que o Brasil adote um sistema tributário regressivo, que onere os mais pobres e não redistribua as riquezas, contribuindo para o aumento das desigualdades e para a concentração de renda.

Também não se poderia conceber um sistema tributário no Brasil meramente neutro, ou seja, ainda que não regressivo, que não abraçasse a progressividade e a redistribuição de renda como um objetivo. Este é um objetivo constitucionalmente posto e, sendo o sistema tributário um dos meios mais eficientes para promover essa redistribuição, não se pode abdicar desse instrumento para tanto.

Nesse sentido, conclui com brilhantismo nosso professor homenageado que o sistema tributário não pode se esquivar do dever constitucional de evitar a concentração de riqueza nas mãos de grupos ou organizações (TORRES, 1995, p. 39).

4. PRINCÍPIOS CONCRETIZADORES DA JUSTIÇA TRIBUTÁRIA

Buscando os ensinamentos do saudoso professor Ricardo Lobo Torres (1998, p. 185), o resgate do ideal de justiça tributária, que havia sido repudiado pelo positivismo normativista e causalista, trouxe como consequência a projeção do estudo do tema para o campo do Direito Tributário e a Ética Fiscal, minimizando o papel da Ciência das Finanças.

Na percepção do autor, a justiça tributária seria, em parte, distributiva (com seus princípios específicos, tais como capacidade contributiva e distribuição de renda, e respectivos subprincípios) e, de outro lado, exibiria seu papel de justiça comutativa, com os seus princípios próprios (o que se aplicaria especialmente às taxas e contribuições de melhoria, decorrentes de um custo/benefício estatal).

E isto porque, em sendo um valor, a justiça tributária seria inteiramente abstrata, não se definindo nem ganhando dicção constitucional, adquirindo graus de concretude pelos princípios e subprincípios, sendo necessário surpreendê-la nos seus princípios maiores, quais sejam, a capacidade contributiva, a distribuição de rendas e a solidariedade de grupo (1998, p. 185).

A capacidade contributiva, nesse contexto, seria o mais importante dos princípios de justiça tributária em sua vertente distributiva, considerada do ponto de vista da ética. O princípio da capacidade contributiva, ao mandar que cada qual pague o imposto de acordo com a sua riqueza, "atribui conteúdo ao vetusto critério de que a justiça consiste em dar a cada um o que é seu" (TORRES, 1998, p. 186).

Misabel Derzi, em atualização de obra do jurista Aliomar Baleeiro (2006, p. 693), expõe que a correta aplicação desse princípio no sistema tributário brasileiro, do ponto de vista objetivo, obrigaria o legislador ordinário a autorizar todas as despesas operacionais e financeiras necessárias à produção da renda e à conservação do patrimônio afetado à exploração.

Igualmente, o mesmo princípio constrangeria a lei ao permitir o abatimento (dedução) dos gastos destinados ao exercício do trabalho, da ocupação profissional como fonte, de onde promanam os rendimentos. Já do ponto de vista subjetivo, a capacidade econômica somente se iniciaria após a dedução das despesas necessárias para a manutenção de uma existência digna para o contribuinte e sua família. Tais gastos pessoais obrigatórios (com alimentação, vestuário, moradia, saúde, dependentes, tendo em vista as relações familiares e pessoais do contribuinte, etc.) deveriam ser cobertos com rendimentos em sentido econômico que não estão disponíveis para o pagamento de impostos.

Assim, a discussão relativa ao princípio da capacidade contributiva atrela-se, ainda, ao princípio da vedação ao confisco, relacionando-se, também, ao conceito de mínimo existencial. Conforme destaca Roque Antônio Carrazza (2005, p. 98), apenas haveria capacidade contributiva após a dedução das despesas necessárias à aquisição do mínimo indispensável a assegurar uma existência digna para o contribuinte e sua família, pois, do contrário, a tributação desse mínimo terá efeitos de confisco da renda ou do patrimônio.

Dissertando ainda a respeito desse princípio, Ricardo Lobo Torres (2009, p. 144) aponta que a capacidade contributiva estaria relacionada à ideia de justiça, sendo estranha à problemática do mínimo existencial, interessando apenas em seu sentido negativo, havendo, contudo, intrínseca correlação entre a capacidade contributiva e o princípio da vedação ao confisco, ao dizer que "a imunidade do mínimo existencial se situa aquém da capacidade contributiva, da mesma forma que a proibição de confisco veda a incidência além da aptidão de pagar".

Contudo, apesar de o princípio da capacidade contributiva possibilitar a igualdade no tributar cada qual de acordo com a sua capacidade financeira, essa tributação produziria resultados desiguais por se desigualarem as capacidades contributivas individuais. Assim, expõe o autor haver um problema ético da capacidade contributiva: seu fundamento. Com a virada kantiana, passou-se a ancorar a capacidade contributiva nas ideias de solidariedade e fraternidade.

A solidariedade entre os cidadãos deve fazer com que a carga tributária recaia sobre os mais ricos, aliviando a incidência sobre os mais pobres e dela dispensando os que estão abaixo do nível mínimo de sobrevivência.

5. A REFORMA TRIBUTÁRIA EM DISCUSSÃO: UNIFICAÇÃO DE TRIBUTOS E REDUÇÃO DA COMPLEXIDADE DO SISTEMA TRIBUTÁRIO

Não seria possível, em poucas linhas, descrever a integralidade das propostas que hodiernamente tramitam no Congresso Nacional e que visam implementar uma reforma tributária no Brasil. Contudo, tem-se consolidado no discurso da reforma a necessidade de redução numérica dos tributos que incidem sobre o consumo, com a unificação das competências tributárias outorgadas aos entes federativos, de modo a garantir a simplificação do sistema de cobrança e arrecadação.

A fundamentação que consta da PEC nº 45/2019 deixa claro que não haverá perda de arrecadação dos tributos incidentes sobre o consumo, na medida em que se propõe a instituição de três alíquotas de referência do IBS – uma federal, uma estadual e uma municipal – que serão calibradas de forma a repor a perda de receita dos tributos que estão sendo gradualmente substituídos. O período de transição de uma sistemática para outra também tem, por finalidade, evitar a perda de arrecadação pelo Estado.

Destaque-se, contudo, que a base de incidência deste imposto será ampliada. Conforme consta da exposição de motivos da PEC nº 45/2019, "a incidência sobre uma base ampla de bens, serviços, intangíveis e direitos é importante, porque o objetivo do imposto é tributar o consumo em todas as suas formas" (BRASIL, Parecer, 2019). Com a nova economia, a fronteira entre bens, serviços e direitos torna-se cada vez mais difusa, sendo essencial que o imposto alcance todas as formas assumidas pela atividade econômica no processo de agregação de valor até o consumo final.

Por sua vez, a PEC n°110/2019 propõe a criação de um tributo estadual, instituído por intermédio do Congresso Nacional, com poder de iniciativa reservado, basicamente, a representantes dos Estados e Municípios (exceto por uma comissão mista de Senadores e Deputados Federais criada especificamente para esse fim ou por bancada estadual). Por essa Proposta, são substituídos nove tributos, o IPI, IOF, PIS, Pasep, Cofins, CIDE-Combustíveis, Salário-Educação, ICMS, ISS.

Uma diferença notável entre ambas as Propostas consiste na previsão da concessão de benefícios fiscais. Enquanto a PEC 45 não apresente previsão de concessão de benefícios fiscais, a PEC 110 autoriza a concessão de benefícios fiscais (por lei complementar) nas operações com alimentos, inclusive os destinados ao consumo animal, medicamentos, transporte público coletivo de passageiros urbano e de caráter urbano, bens do ativo imobilizado, saneamento básico e educação infantil, ensino fundamental, médio e superior e educação profissional.

Portanto, o discurso em torno da reforma tributária atual não englobou um dos principais problemas de justiça tributária que se enfrenta no sistema vigente: o combate à regressividade pela redução da alta carga tributária incidente sobre o consumo ou remodelação da tributação pela redistribuição das bases e materialidades sobre as quais esta incide.

O questionamento que exsurge, então, consiste no seguinte: quais os possíveis efeitos que essas propostas de criação de uma espécie de IVA no Brasil podem ter sobre a regressividade do sistema tributário?

Primeiramente, na medida em que as alíquotas serão mantidas em níveis elevados para evitar a perda de arrecadação, como apontado nas propostas, e haverá a ampliação da base de incidência (incluindo locações, intangíveis, etc.), sendo afastadas, ainda, quaisquer espécies de desonerações e o emprego de alíquotas seletivas, é certo que a arrecadação da tributação incidente sobre o consumo nos próximos anos será em muito ampliada pela instituição do IBS (DERZI, 2019).

Ademais, os textos das reformas não apresentam qualquer proposta no sentido de se incrementar, ainda, as receitas decorrentes dos demais tributos existentes no ordenamento jurídico, que incidem sobre materialidades diversas, à exceção da ampliação da base de incidência do IPVA (PEC 110). Quanto à renda e ao patrimônio, pode-se defender uma reforma no âmbito infraconstitucional, pela implementação dos princípios já postos no texto constitucional. Ainda assim, tais alterações não possuem qualquer garantia e podem não ocorrer a curto e longo prazos, confluindo para a consolidação de um sistema tributário essencialmente voltado para a tributação da renda consumida, portanto, amplamente regressivo.

Outra importante crítica trazida por Misabel Derzi consiste no aumento dos litígios que ocorrerão em razão da amplitude dos conceitos adotados no texto da proposta relativamente à ampliação da base de incidência do IBS: intangíveis; cessão e o licenciamento de direitos; locação de bens; importações de bens, tangíveis e intangíveis, serviços e direitos.

Pela desconfiança inerente às relações entre o Estado e o contribuinte nos dias atuais, teme-se que a ausência de especificação no texto constitucional de quais seriam esses bens, locações e cessões de direito acarrete a exacerbação do ímpeto arrecadatório do Estado, tributando-se, inclusive, a locação de bens imóveis (por exemplo, das propriedades de famílias de classe média e baixa renda usadas para complementação da renda) e de outros tipos de bens e serviços que poderiam aprofundar a regressividade.

A doutrinadora defende, assim, não ser possível delegar à lei complementar o papel de regulamentar esses conceitos, sob pena de deturpação destes, como ocorreu com as leis que regulamentaram o ICMS, o PIS e a COFINS. Nesse sentido caminham também as conclusões do professor Heleno Torres:

> Quem confiar na retórica do paraíso prometido de extinção do atual sistema dos tributos indiretos ao final dos próximos 10 anos, precisa lembrar apenas de três coisas: não haverá "garantia" de que esta extinção de fato ocorrerá em 2029, pois sempre haverá o risco de "prorrogação" por nova PEC; ter a certeza de que poderá haver uma avalanche de ações judiciais que culminarão em grandes conflitos tributários e embates federativos no âmbito do Supremo Tribunal Federal; mas, principalmente, de que o novo imposto (IBS somado ao IPI, ao ICMS, ao ISS e ao PIS/COFINS) trará uma explosão de alíquotas que serão aplicadas à indústria e aos serviços (a serem definidas pelos estados dentro de um limite superior a 20%), sem falar do fim de todos os incentivos fiscais que estimulam o desenvolvimento regional, a tributação na origem para estados produtores e que será quase que extinto o Simples, ao menos na forma que conhecemos hoje. (TORRES, 2019).

Outro ponto de crítica tecido por Misabel Derzi (2019) consistiu na simplificação reducionista e homogeneizante da reforma, que não atenderia às especificidades de cada setor produtivo no Brasil. Em uma economia globalizada e de alta competitividade internacional, as empresas brasileiras não possuiriam as mesmas logísticas de juros e benefícios fiscais que os "players" estrangeiros que competem no mercado nacional possuiriam em seus países de origem, tornando impossível a competição pelo mercado.

Ademais, destacou a possibilidade de se ter renúncia às receitas do Estado destinadas ao caixa da Seguridade Social, que garante os investimentos sociais em áreas estratégicas. A médio e longo prazos, as perdas tributárias das receitas referentes a esse caixa social ampliariam os efeitos regressivos da tributação.

Não se olvida da necessidade de simplificação do sistema para ampliação da eficiência e redução dos custos de conformidade no Brasil, sendo este o mérito principal dos projetos de reforma tributária estudados. A simplificação ainda produz transparência tributária, na medida em que o contribuinte passa a identificar a real carga tributária suportada sobre o consumo de bens e serviços.

Não obstante os pontos positivos encontrados, Heleno Torres afasta a constitucionalidade das alterações propostas pela reforma tributária em discussão, defendendo a necessidade de uma reforma que se dê sobre os tributos atualmente existentes:

> A verdadeira reforma tributária, tenho insistido em várias colunas aqui publicadas, há de ser aquela de reforma dos tributos existentes. E todas poderiam estar prontas, com mudanças da legislação infraconstitucional. Ninguém tem dúvidas sobre onde estão todos os problemas e quais são as soluções. No ICMS, por exemplo, urge a redução dos incentivos fiscais (não extinção), a limitação da substituição tributária a poucos setores e a aplicação do regime de créditos financeiros para tudo o que seja adquirido pela empresa. Igualmente no PIS/COFINS, a redução dos regimes especiais inúmeros e generosos, bem como o emprego de créditos financeiros.
> Essas mudanças podem servir à aproximação dos modelos dos impostos existentes, em tal harmonização que, com seu amadurecimento, possamos vislumbrar, tão natural quanto factível, a unificação de todos em projeto equivalente ou até no mesmo sugerido pela Câmara dos Deputados, em um futuro próximo. Para todos estes casos, tanto eu quanto Everardo Maciel, além de outros juristas, em diversos artigos, têm chamado a atenção para a proteção do federalismo e dos direitos dos contribuintes, com projetos que poderiam ser discutidos de imediato para confluir para melhoria substancial do ICMS, do PIS/COFINS, do IPI ou do ISS. (TORRES, 2019).

No texto da PEC 45, propõe-se, ainda, dar ao princípio da seletividade finalidade restrita e extrafiscal, qual seja, desestimular o consumo de determinados bens, serviços ou direitos. Cria-se, assim, um imposto seletivo, de competência da União Federal, que tributa os bens e serviços geradores de externalidades negativas, cujo consumo se deseja desestimular, como cigarros e bebidas alcoólicas.

Sérgio André Rocha expõe a inconstitucionalidade da alteração acima mencionada, proposta para a redação do art. 154, III da CRFB/88 (ROCHA, 2019). A crítica principal a este inciso, trazida pelo autor, consiste na falta de critério jurídico, na medida em que a criação de um imposto específico para discriminar fiscalmente certa atividade, para ser compatível com o princípio da isonomia, teria que se basear em um critério pré-definido na própria Constituição. Assim, conclui:

> Quer-se desestimular o consumo de determinados bens, serviços e direitos por que razão? É para a proteção da saúde? É para a proteção do meio ambiente? Qual valor constitucionalmente relevante está sendo concretizado com a criação desse imposto extrafiscal finalístico?
> Ora, em um país claramente conservador, onde o clamor dos *likes* e o poder dos *tweets* têm se mostrado mais poderosos do que cláusulas pétreas, é a nosso ver impensável a outorga de uma competência tributária aberta para a instituição de impostos para desestimular o consumo, isso sem que a própria Constituição estabeleça o critério de validade de tais impostos. Uma regra como a proposta no inciso III do artigo 154 da Constituição Federal teria o poder de transformar o sistema tributário no maior instrumento de censura e perseguição de minorias do ordenamento jurídico brasileiro.

Veja-se que a imprecisão dos conceitos jurídicos trazidos pela proposta de emenda constitucional, sem que a Constituição estabeleça, em contrapartida, os critérios de validade destes impostos, foi apontada pelo doutrinador como um grave risco à democracia e à possível efetivação dos direitos das minorias no ordenamento jurídico brasileiro.

Por sua vez, na medida em que cria os impostos seletivos em apartado, a PEC n° 45/2019 não inseriu a seletividade no âmbito do próprio IBS, o que levaria à isenção ou redução dos impostos sobre produtos da cesta básica, medicamentos etc, como atualmente ocorre no ICMS e no IPI.

Nesse ponto, Ricardo Lodi Ribeiro (2019) aponta que a criação de um imposto seletivo e a exclusão da seletividade no âmbito do IBS violaria o princípio da capacidade contributiva, a qual, nos tributos sobre o consumo, se materializaria no subprincípio da seletividade. Citando Ricardo Lobo Torres, o autor aponta haver uma verdadeira imunidade tributária implícita em relação aos bens necessários à sobrevivência biológica e social do cidadão em condições mínimas de dignidade humana por trás do princípio da seletividade.

Desse modo, a supressão da seletividade da tributação faz com que a capacidade contributiva deixe de ser aplicada em relação ao IBS da PEC 45, uma vez que a tributação proporcional nesse tipo de tributo gera um efeito regressivo, agravando a iniquidade do nosso sistema, já por demais injusto com os mais pobres, violando o princípio da capacidade contributiva:

> Não se presta a salvar a validade constitucional da proposta, a previsão para que a União institua impostos seletivos para desestimular o consumo de determinados bens, uma vez que tal autorização se relaciona à extrafiscalidade negativa associada aos bens nocivos ao consumidor. Em nenhuma medida é ideia relacionada à capacidade contributiva ou ao implemento de políticas públicas de estados e municípios. (RIBEIRO, 2019).

A questão mencionada acima pelo doutrinador – extinção da seletividade no IBS – seria solucionada pela implementação de um sistema de transferência de créditos diretos para as famílias de baixa renda. A regressividade deixaria de ser enfrentada no âmbito da incidência do imposto para ser compensada no âmbito das despesas, com a devolução do crédito.

De fato, a PEC nº 45/2019 – e, do mesmo modo, a PEC 110/2019 – propõe como sugestão a criação de mecanismos de transferências diretas de créditos tributários aos integrantes das famílias de baixa renda (§9º do art. 152-A da PEC), promovendo a devolução parcial do imposto recolhido por estes contribuintes sobre os produtos e serviços consumidos. A proposta deixa, contudo, ao alvedrio da legislação complementar definir quais seriam os parâmetros e critérios para conceituação desses contribuintes como sendo de baixa renda e do percentual do imposto que será devolvido.

Assim, as mesmas críticas trazidas pelo professor Sério André Rocha, no que tange à outorga de competência para instituir impostos seletivos, são ainda dirigidas especialmente aos pontos em que as Propostas trazem sugestões quanto à criação do sistema de devolução de créditos: não se pode deixar que o legislador infraconstitucional dite conceitos que a própria Constituição precisa definir e resguardar, sob pena de violação aos direitos individuais e sociais insertos na Carta de 1988.

Além disso, a depender da definição que será adotada para o conceito de baixa renda, tende-se a atingir fatalmente a capacidade econômica das faixas de renda imediatamente superiores à que seria considerada "faixa de renda isenta", as quais não poderão gozar do sistema de devolução do imposto pago e, em contrapartida, estarão sufocadas por altas alíquotas incidentes sobre todos os tipos de bens e serviços, incluídos aqueles essenciais (alimentação, transporte, saúde, etc.).

Ou seja, a regressividade poderá ser ampliada em termos de faixas de renda e atingir parcelas da sociedade que gozam de uma renda média e que terão seu poder de compra e sustento comprometidos em decorrência da alta carga da tributação sobre o consumo.

Ademais, entende-se ainda que o combate à regressividade do sistema não prescinde do uso de efetivos instrumentos de justiça tributária, pois as ações pelo lado do gasto são de pouca eficácia nesse caso, principalmente num contexto de crise fiscal, no qual o governo tem limitadas possibilidades de ampliar os programas de transferência de renda (GOBETTI, 2018, p. 10).

Portanto, não obstante a ideia de criação de um sistema de transferência e devolução de créditos à população de baixa renda seja louvável, não se pode conceber a aprovação de uma reforma desse calibre sem conhecer os reais efeitos que essa nova proposta terá sobre a regressividade do sistema.

Desse modo, assim como a proposta apresentada teve o cuidado de mensurar e calibrar a nova arrecadação no período de transição, evitando o risco de qualquer perda de arrecadação pela União Federal em relação ao sistema em vigor, também deveria ter se debruçado sobre a análise dos efeitos regressivos desse novo sistema, demonstrando efetivamente se a proposta de devolução dos créditos apresentada seria suficiente para, não apenas afastar uma piora da regressividade, mas efetivamente combatê-la e extirpá-la do ordenamento jurídico tributário.

Nesse sentido, ao contrário do que parece fazer crer o texto que embasa a PEC nº 45/2019, não se vislumbra uma real preocupação com a redução da regressividade no sistema tributário, pois não se apresentou o conteúdo dos conceitos elementares adotados nesse ponto (baixa renda, bens e serviços essenciais etc.) nem os parâmetros que deverão ser observados nesse estorno de créditos. A análise da efetividade desse sistema não prescindiria, ainda, de um aprofundado estudo relativo aos reflexos da criação do IBS sobre a renda e a qualidade de vida da população, levando-se em conta a observância do mínimo existencial.

Tendo como parâmetro o sistema atual, no qual o salário-mínimo alcança o patamar de R$ 998,00, não há dúvidas de que tal valor se encontra em muito defasado quando comparado com aquele que seria necessário como parâmetro para uma vida digna. O salário-mínimo existencial, que garantiria uma qualidade de vida familiar, seria de aproximadamente R$ 4.385,75, observando-se as condições necessárias para uma existência digna (mínimo existencial). Segundo aponta o Professor Ricardo Lobo Torres, para a concretização do princípio da capacidade contributiva, a tributação deve observar o mínimo existencial, sendo este o parâmetro mais correto no caso de se precisar os critérios de restituição do imposto pago.

Nesse sentido, se mantidas as condições atuais, tem-se que o Estado deveria possibilitar o estorno de créditos com o consumo para todos aqueles cidadãos que possuem renda mínima abaixo deste valor, como um parâmetro de vida digna.

Portanto, as propostas de reforma tributária atualmente em discussão, em especial as PEC's aqui analisadas, parecem não desconhecer a regressividade do sistema tributário, contudo, não apresentaram propostas concretas para o combate da tributação regressiva através de uma remodelação da tributação sobre o consumo ou das demais bases (materialidades) de incidência da tributação no Brasil.

Tendo por parâmetro os índices crescentes de desigualdade no Brasil, bem como os preceitos da justiça social adotados pela Constituição e já expostos nesse trabalho, não se pode convalidar uma reforma tributária que não enfrente o problema apontado ou que, pelo contrário, possa acabar por agravá-lo.

6. CONCLUSÃO

O Brasil é um país marcado por profundas desigualdades de ordem econômica, política e social e, paralelamente, constitui a nação com a maior concentração de renda do mundo entre o 1% mais rico. O combate às desigualdades tem sido conduzido nas últimas décadas (pós-Constituição de 1988), sobretudo, por meio de investimentos públicos em áreas estratégicas e pelo emprego de políticas de transferências diretas de renda, como o Bolsa Família, que propiciaram sensível redução dos índices que medem a concentração de riqueza e desigualdade social.

Contudo, nos últimos anos, verificou-se uma estagnação desses índices, apontando para o fato de que as medidas políticas e jurídicas adotadas para a efetivação dos direitos sociais têm sido mitigadas, não obstante os níveis de concentração de riqueza e desigualdade existentes sejam incompatíveis com a liberdade política e a igualdade de oportunidades necessárias em um Estado Democrático de Direito, inexistindo qualquer justificativa à manutenção dos alarmantes níveis atuais.

Os investimentos sociais tendem a ser estancados em razão do Plano de Austeridade Fiscal no Brasil, implementado por meio da Emenda Constitucional nº 95/2016, que congelou os investimentos sociais do governo pelos próximos vinte anos. As projeções econômicas feitas a partir do Teto de Gastos são alarmantes e supõem um retrocesso ao *status quo* anterior à Constituição Federal de 1988 em termos de desigualdade e concentração de renda no Brasil. Se, em 2017, o país já ocupava o último lugar no ranking do Índice de Retorno de Bem-Estar à Sociedade – que avaliou o efetivo retorno da tributação em investimentos sociais, tendo por base os indicadores da carga tributária sobre o PIB e o Índice de Desenvolvimento Humano de trinta países –, a tendência é que os indicadores dos próximos anos se mostrem ainda piores.

O contexto atual exige, portanto, a adoção urgente de medidas que possam tentar mitigar os efeitos nocivos da austeridade fiscal sobre a redução da desigualdade social no país. Na medida em que esse congelamento dos gastos sociais constitui um sério corte no âmbito das despesas sociais, colocando em risco a efetivação dos direitos sociais em termos de benefício, impera repensar a política atualmente adotada no âmbito das receitas do Estado, ou seja, a forma pela qual tem sido feita a arrecadação estatal, consistente, sobretudo, nas receitas tributárias. Os dados e indicadores trazidos no presente estudo apontam a existência de um sistema tributário centrado na tributação sobre o consumo, portanto, regressivo, que tributa de forma mais penosa aqueles que demonstram possuir menor capacidade econômica.

Não obstante, o Brasil assumiu um compromisso constitucional e internacional, por meio de tratados e pactos internacionais dos quais é signatário, no sentido de atuar para a redução das desigualdades e concretização dos direitos sociais encampados na Carta Constitucional, o que inclui a adoção de medidas que promovam a desconcentração de renda, a erradicação da pobreza e da marginalização.

Como exposto acima, entende-se que, em sociedades marcadas por desigualdades sociais e regionais extremas como o Brasil, a concretização da justiça social perpassa a necessária redistribuição de recursos através de uma discriminação positiva em favor dos mais desfavorecidos, social ou regionalmente. Ademais, a construção de uma sociedade comprometida com esses valores deve decorrer do desenvolvimento de uma consciência social voltada para a importância da virtude cívica, estreitando os laços de solidariedade que levaram ao consentimento na construção do Estado e de esforços que visem à redução do fosso existente entre ricos e pobres, sob pena de enfraquecimento e deslegitimação do próprio Estado.

O princípio da solidariedade que embasa a busca pela efetividade da justiça social no Estado brasileiro encontra-se presente, não apenas no contexto que ensejou a construção da carta constitucional, mas refletido ao longo dos artigos da Constituição e deve ser efetivado pelas leis e instrumentos políticos que visam a concretizar as disposições constitucionais.

O sistema tributário atual se mostra desconexo com os objetivos redistributivos almejados pelo Estado Republicano, tornando-se, nos últimos anos, um escravo do gasto público: sempre que se mostrou necessário o incremento da arrecadação, houve mudança na base tributária sem qualquer tipo de temor quanto aos efeitos que essas alterações poderiam ocasionar na unicidade e logicidade do sistema. As reformas tributárias ocorridas pós-Constituição de 1988 não tiveram o cuidado de pensar a tributação de forma sistemática, o que exigiria uma análise detida dos reflexos dessas mudanças sobre as despesas do Estado, o gasto público, a repercussão econômica do tributo, os índices de desemprego, dentre outras externalidades.

O aumento da arrecadação privilegiou, como visto, o incremento da tributação sobre o consumo, base de tributação inapta a medir a capacidade econômica do contribuinte, endossando a existência de um sistema regressivo e injusto. Assim, a questão que ora se coloca consiste em buscar instrumentos que possam reduzir os efeitos nocivos dessa regressividade sobre o sistema tributário atual. O alcance de uma tributação justa no Brasil somente será viável pela reconfiguração do sistema tributário, transformando-o em um sistema efetivamente redistributivo, progressivo, solidário e participativo conforme a capacidade contributiva.

Não se olvida a necessidade de se enfrentar a complexidade, ineficiência e desordem do sistema tributário atual, buscando uma tributação que se alinhe mais precisamente aos moldes internacionais, imbuída de transparência, eficiência e redução dos custos de conformidade. Contudo, o caminho para uma reforma tributária no Brasil deve ser sistemático. Não se pode buscar a solução de uma característica negativa do sistema sem efetivamente propor soluções que desafiem os demais problemas existentes.

Portanto, o enfrentamento da regressividade é medida que se impõe, devendo ser adotados todos os esforços no sentido de transmudar para um sistema progressivo e redistributivo o atual sistema, que se mostra completamente regressivo.

Nesse ponto, a ampliação da tributação sobre outras bases econômicas (renda e patrimônio) justifica-se por um dever de coerência, cujo cumprimento permite contrabalancear as bases de incidência por aquelas que sejam mais aptas a medir a capacidade econômica dos contribuintes. O equilíbrio das fontes de tributação, por meio de materialidades diversas (renda, patrimônio, consumo) e com o emprego de técnicas variadas (progressividade, seletividade, universalidade), possibilita maior justiça fiscal e, por consequência, a redução da famigerada regressividade.

Destaque-se que uma reestruturação das bases de incidência, com a ampliação da tributação progressiva, sequer necessita de uma reforma constitucional no presente momento, pois já consta da Constituição em vigor uma série de princípios e regras que visam a implementá-la, bastando que o legislador infraconstitucional concretize estes institutos.

As propostas de reforma tributária em trâmite no momento atual buscam a implementação de um imposto único sobre o consumo (venda de bens e serviços), visando a garantir maior simplificação e transparência ao sistema de arrecadação atual. Contudo, acredita-se que a instituição desse imposto único, de base cheia, sem quaisquer isenções ou benefícios fiscais e extinguindo a seletividade das alíquotas conforme a essencialidade, possibilitará o aumento da carga tributária regressiva no Brasil, na medida em que a composição desse tipo de tributação na base arrecadatória será ainda mais significativa.

Além de não apresentarem um compromisso efetivo com a redução da regressividade do sistema, as propostas vigentes ainda pecam por não trazer à baila a discussão sobre as novas materialidades tributáveis no mundo globalizado, em face das novas manifestações de riqueza e de capacidade contributiva que surgiram com o processo de globalização e que estão passando sem serem tributadas. Portanto, no contexto do século XXI, deve-se pensar em uma reforma tributária que abarque, ainda, a discussão sobre como alcançar essas novas materialidades e de forma progressiva e redistributiva, arrefecendo a tributação sobre o consumo.

Conclui-se, assim, que o discurso da simplificação e eficiência do sistema não pode sufocar os anseios das classes desfavorecidas no Brasil. Uma reforma tributária sobre o consumo, no momento atual, pode ser alarmante caso promova a ampliação da carga tributária indireta no total da arrecadação dos tributos e amplie a nefasta regressividade do sistema.

O caminho para a reforma tributária no Brasil encontra-se em aberto e não pode prescindir da busca por um sistema tributário eficiente, arrecadatório e simplificado. A finalidade precípua da tributação é prover recursos para o sustento do Estado, sendo que estes recursos devem ser ainda reinvestidos em prol do bem comum. Os parâmetros para a reforma incluem, portanto, o respeito ao federalismo (e não a quebra deste, como proposto pela PEC nº 45/2019), o incentivo à redução das desigualdades regionais que marcam a nação, a dispersão da concentração excessiva de riqueza e das desigualdades sociais, a implementação plena dos princípios já dispostos na Carta Constitucional que norteiam a instituição dos tributos no Brasil (progressividade, capacidade contributiva, seletividade, não-cumulatividade, solidariedade, dentre outros) e uma melhor distribuição das materialidades tributárias disponíveis, reduzindo-se a tributação sobre o consumo.

Pautando-se nesses parâmetros, a reforma tributária implementada não apenas possibilitará que o sistema tributário deixe de ser um fator de incremento de desigualdades sociais e de renda, como acarretará a maior legitimação do papel do Estado em face dos cidadãos, reafirmando o compromisso do Brasil com a repartição do custo estatal de maneira mais equânime e solidária.

É preciso resgatar a moralidade e a ética no Direito por meio dos laços de solidariedade que inspiraram a Carta Magna brasileira, repensando o sistema de tributação de forma ampla e conexa.

REFERÊNCIAS BIBLIOGRÁFICAS

BALEEIRO, Aliomar. *Limitações constitucionais ao poder de tributar*. 7. ed. Atualizada por Misabel Abreu Machado Derzi. Rio de Janeiro: Forense, 2006.

BECKER, Alfredo Augusto. *Teoria geral do direito tributário*. 7. ed. São Paulo: Noeses, 2018.

BOUVIER, Michel. *Desafios da justiça tributária no federalismo brasileiro*. (Palestra). *In*: SEMINÁRIO FRANÇA-BRASIL SOBRE TRIBUTAÇÃO. Justiça Fiscal e Justiça Social: quais problemas? — Desafios da Justiça Tributária no Federalismo Brasileiro. Belo Horizonte: UFMG e FONDAFIP, 11 e 12 de abril de 2019. Notas da palestra.

BRASIL. Câmara dos Deputados. *Parecer proposta de emenda constitucional 45*. 2019. Disponível em: https://www.camara.leg.br/proposicoesWeb/prop_mostrarintegra?-codteor=1728369&filename=Tramitacao-PEC+45/2019. Acesso em: 1 maio 2019.

BRASIL. Ministério da Fazenda. Receita Federal. *Carga Tributária no Brasil 2017*: aanálise por tributos e bases de incidência. Brasília: CETAD, 2018. 48 p. Disponível em: http://receita.economia.gov.br/dados/receitadata/estudos-e-tributarios-e-adua-neiros/estudos-e-estatisticas/carga-tributaria-no-brasil/carga-tributaria-2017.pdf. Acesso em: 22 maio 2019.

CARRAZZA, Roque Antônio. *Curso de direito constitucional tributário*. 21. ed. São Paulo: Malheiros, 2005.

DERZI, Misabel de Abreu Machado. Guerra fiscal, bolsa família e silêncio (relações, efeitos e regressividade). *Revista Jurídica da Presidência,* Brasília, v. 16, n. 108, p. 39-64, fev./ maio 2014.

DERZI, Misabel de Abreu Machado; LOBATO, Valter de Souza; MAULER, Igor Santiago. (Trad.). Conselho de Impostos - A concorrência tributária e a empresa. 22° Relatório para o Presidente da República – 2004. *Revista Internacional de Direito Tributário*, Belo Horizonte, v. 3, p. 263-478, jan./jun. 2005.

DERZI, Misabel de Abreu Machado. *Sistema tributário: os desafios a serem enfrentados* (Palestra). *In*: SEMINÁRIO REFORMA TRIBUTÁRIA E OS DESAFIOS DO SISTEMA ATUAL. Belo Horizonte: ABRADT e FIEMG, 27 maio 2019.

DIEESE – Departamento Intersindical de Estatística e Estudos Socioeconômicos. *Pesquisa nacional da Cesta Básica de Alimentos*: salário mínimo nominal e necessário. 2016. Disponível em: https://www.dieese.org.br/analisecestabasica/salarioMinimo.html. Acesso em: 15 mar. 2019.

GEORGES, Rafael.*País estagnado*: um retrato das desigualdades brasileiras 2018. São Paulo: OXFAM do Brasil, 2018. 69 p. Disponível em: https://www.oxfam.org.br/si-tes/default/files/arquivos/relatorio_desigualdade_2018_pais_estagnado_digital.pdf. Acesso em: 30 jan. 2019.

GOBETTI, Sérgio Wulff. *Tributação do capital no Brasil e no mundo*. Brasília: IPEA, 2018. (Texto para discussão, 2380). Disponível em: http://repositorio.ipea.gov.br/bitstream/11058/8354/1/TD_2380.pdf. Acesso em: 10 abr. 2019.

GUIMARÃES, Ylves José de Miranda. *O tributo. Análise ontológica à luz do direito natural e do direito positivo*. São Paulo: Max Limonad, 1983.

HABERMAS, J. *Direito e democracia: entre facticidade e validade*. Rio de Janeiro: Tempo Brasileiro, 1997.

HOBBES, Thomas. *Leviatã ou matéria, forma e poder de um estado eclesiástico e civil*. Tradução João Paulo Monteiro e Maria Beatriz Nizza da Silva. São Paulo: Abril Cultural, 1974.

IBGE – Instituto Brasileiro de Geografia e Estatística. Coordenação de População e Indicadores Sociais. *Síntese de indicadores sociais*: uma análise das condições de vida da população brasileira2018. Rio de Janeiro: IBGE, 2018. 151 p. (Estudos e pesquisas. Informação demográfica e socioeconômica, n. 39). Disponível em: https://biblioteca.ibge.gov.br/visualizacao/livros/liv101629.pdf. Acesso em: 8 mar. 2019.

IPEA - INSTITUTO DE PESQUISA ECONÔMICA APLICADA. *Receita pública*: quem paga e como se gasta no Brasil. Comunicado da Presidência n. 22, 29 jun. 2009. Disponível em: http://repositorio.ipea.gov.br/bitstream/11058/5297/1/Comunicado_n22_Receita.pdf. Acesso em: 30 mar. 2019.

OXFAM BRASIL. *A distância que nos une – um retrato das desigualdades brasileiras*. 25 de set. 2017. 21 p. Disponível em: https://www.oxfam.org.br/a-distancia-que-nos-une. Acesso em: 9 mar. 2019.

OXFAM BRASIL. *The commitment to reducing inequality index 2018*: a global rankingof governmentsbased on what theyare doing to tackle the gap between rich and poor. Development finance international and Oxfam report, october 2018. 76 p. Disponível em: https://oxfamilibrary.openrepository.com/bitstream/handle/10546/620553/rr-commitment-reducing-inequality-index-2018-091018-en.pdf. Acesso em: 1 mar. 2019.

PIKETTY, Thomas. *A economia da desigualdade*. Tradução de André Telles. Rio de Janeiro: Intrínseca, 2015.

RIBEIRO, Ricardo Lodi. *O princípio da capacidade contributiva nos impostos, nas taxas e nas contribuições parafiscais*. 2010. Disponível em: https://www.e-publicacoes.uerj.br/index.php/rfduerj/article/download/1371/1161. Acesso em: 10 abr. 2019.

RIBEIRO, Ricardo Lodi. Reforma tributária simplifica, mas tem efeitos regressivos e centralizadores. *Consultor Jurídico*, Notícias, 8 abr. 2019, 16h31. Disponível em: https://www.conjur.com.br/2019-abr-08/ricardo-lodi-reforma-tributaria-simplifica-efeitos-regressivos. Acesso em: 17 maio 2019.

ROCHA, Sérgio André. A reforma tributária na PEC 45: uma proposta, vários tributos. *Consultor Jurídico*, Notícias, 24 jul. 2019, 6h24. Disponível em: https://www.conjur.com.br/2019-jul-24/sergio-rocha-reforma-tributaria-proposta-pec-45-nao-boa.

ROSA, Denerson Dias. *A evolução da carga tributária no Brasil*. 2002. Disponível em: http://www.egov.ufsc.br/portal/sites/default/files/anexos/21050-21051-1-PB.pdf. Acesso em: 1 fev. 2019.

ROSSO, Paulo Sérgio. *O ideal de solidariedade como base da tributação*. Belo Horizonte: Arraes Editores, 2018.

TORRES, Heleno Taveira. Reforma tributária infraconstitucional precisa avançar. *Consultor Jurídico*, Notícias, 5 jun. 2019, 9h44. Disponível em: https://www.conjur.

com.br/2019-jun-05/consultor-tributario-reforma-tributaria-infraconstitucional-a-vancar. Acesso em: 6 jun. 2019.

TORRES, Ricardo Lobo. A cidadania multidimensional na era dos direitos. *In*: ———. (org.). *Teoria dos direitos fundamentais*. 2. ed. Rio de Janeiro: Renovar, 2001.

TORRES, Ricardo Lobo. *Curso de direito financeiro e tributário*. 15. ed. Rio de Janeiro: Renovar, 2008.

TORRES, Ricardo Lobo. *O direito ao mínimo existencial*. Rio de Janeiro: Renovar, 2009.

TORRES, Ricardo Lobo. Ética e justiça. In: SCHOUERI, Luís Eduardo; ZILVETI, Fernando Aurélio (org.). *Direito tributário*: estudos em homenagem a Brandão Machado. São Paulo: Dialética, 1998. p. 173-198.

TORRES, Ricardo Lobo. Justiça distributiva: social, política e fiscal. *Revista de Direito Tributário*, Rio de Janeiro, n. 70, p. 27-39, set. 1995.

TORRES, Ricardo Lobo. *Tratado de direito constitucional financeiro e tributário*: valores e princípios constitucionais tributários. Rio de Janeiro: Renovar, 2005. v. 2.

WID.WORLD. *World inequality report*: top 1% national income share. 2018. Disponível em: https://wid.world/world#sptinc_p99p100_z/US;FR;DE;CN;ZA;GB;WO/last/eu/k/p/yearly/s/false/5.487/30/curve/false/country. Acesso em: 28 fev. 2019.

O PAPEL DA SELETIVIDADE NO SISTEMA TRIBUTÁRIO: UMA PROPOSTA DE REVISÃO DE SUA FUNÇÃO A PARTIR DE UMA LEITURA INTERDISCIPLINAR

VANESSA RAHAL CANADO[1]

LARISSA LUZIA LONGO[2]

SUMÁRIO: 1. Panorama inicial sobre a reforma da tributação no consumo no Brasil e a adoção de um tributo sobre bens e serviços cobrado sobre o valor adicionado; 2. A seletividade nas normas jurídicas; 3. A seletividade após a norma jurídica; 4. Considerações finais

---

1 Mestra em direito tributário e doutora em direito pela PUC/SP, é pesquisadora do Insper na área de tributação e assessora especial do Ministro da Economia para assuntos relacionados à reforma tributária. Foi pesquisadora durante a criação da Escola de Direito de São Paulo da FGV (2003-2007), onde se tornou professora desde 2008. Até 2019, deu aulas na Clínica de Prática Jurídica Tributária (graduação) e no mestrado profissional da FGV DIREITO SP e da EAESP (Escola de Administração de Empresas de São Paulo). Foi diretora do Centro de Cidadania Fiscal (CCiF) de 2017 a 2019 e advogada nos Escritórios Mattos Filho, Barbosa Müssnich Aragão, CSMV e Derraik & Menezes Advogados entre 2007 e 2019.

2 Formada em direito pela PUC/SP, é advogada tributarista e pesquisadora do Centro de Cidadania Fiscal (CCiF) e do Insper.

1. PANORAMA INICIAL SOBRE A REFORMA DA TRIBUTAÇÃO NO CONSUMO NO BRASIL E A ADOÇÃO DE UM TRIBUTO SOBRE BENS E SERVIÇOS COBRADO SOBRE O VALOR ADICIONADO

Desde a promulgação da Constituição Federal de 1988 é sentida a necessidade de uma reestruturação do sistema tributário brasileiro. Tanto é assim que a maioria dos governos posteriores à Constituinte apresentou projetos de reforma tributária[3].

A análise aprofundada das tentativas passadas permite a conclusão de que as reformas tributárias brasileiras costumam ser obstruídas por conflitos de interesse, seja em razão de questões relacionadas à estrutura federativa do país e o receio de os entes federativos perderem autonomia e receita, seja pelo cenário econômico da época em que foram propostas[4].

Muito embora as propostas de reforma tributária anteriores não tenham prosperado, o presente traz esperança. Com a evolução técnica das discussões, as propostas atuais reconhecem mecanismos para mitigar os obstáculos enfrentados pelos projetos que as antecederam. Por exemplo, é consenso hoje que uma reforma tributária ampla necessita de um período de transição suficiente para permitir que os contribuintes, os investimentos e a administração tributária se adequem ao novo modelo, assim como é imprescindível a incorporação de instrumentos destinados a amenizar as eventuais perdas de receitas dos entes federativos.

O destaque entre as tentativas de reforma tributária sempre foi a tributação sobre o consumo de bens e serviços e, mesmo passados mais de trinta anos, o cenário ainda não mudou[5].

---

3 ARAUJO, José Evande Carvalho; SILVA, Jules Michelet Pereira Queiroz e. A Constituição tributária: passado, presente e futuro, p. 164-203. In: SILVA, Rafael Silveira e. **30 anos da Constituição**: evolução, desafios e perspectivas. Vol. I. Brasília: Senado Federal, 2018. Disponível em: <https://www12.senado.leg.br/publicacoes/estudos-legislativos/tipos-de-estudos/outras-publicacoes/30-a-nos-da-constituicao-evolucao-desafios-e-perspectivas-para-o-futuro-vol.-i/30-a-nos-da-constituicao-vol.-i>. Acesso em jan. 2020.

4 LUKIC, Melina de Souza Rocha. **Reforma tributária no Brasil**: ideias, interesses e instituições. Curitiba: Juruá, 2014. 476 p.

5 ARAUJO, José Evande Carvalho; SILVA, Jules Michelet Pereira Queiroz e. *Op. cit.*

Diferentemente de mais de 160 países, o Brasil não utiliza os padrões internacionais (IVA ou *sales tax*) no desenho da tributação de bens e serviços[6].

Por essa razão, e também porque a adoção de um imposto cobrado sobre o valor adicionado (IVA) moderno resolve os problemas atuais do ICMS, ISS, IPI, PIS e COFINS, as propostas de reforma tributária debatidas pelo Executivo e pelo Legislativo atualmente, assim como os projetos que as precederam, abrangem a adoção de um tributo sobre bens e serviços nesses moldes.

Nesse contexto, este texto tem como objetivo explorar uma das características modernas do IVA em países que o adotaram ou reformaram mais recentemente, que é a adoção de uma alíquota única, deixando de lado as escolhas alocativas no desenho do sistema tributário.

A experiência internacional revela que os IVAs com alíquota única são hierarquicamente superiores. Entre 1995 e 2001, 81% dos países que aderiram ao IVA o implementaram com apenas uma alíquota positiva[7].

Ao longo de muitos anos de experiência com o IVA e suas múltiplas alíquotas, percebeu-se que isso prejudicava a eficiência do imposto, aumentando sua complexidade para os contribuintes se e para a administração tributária[8], além de apresentar resultados controversos[9].

A existência de diversas alíquotas faz com que sejam maiores os custos de conformidade tributária, pois os contribuintes gastam mais tempo interpretando a legislação, apurando e pagando impostos[10]. A mesma dificuldade atinge a administração tributária, na gestão e fiscalização do imposto.

---

6 Segundo o Fundo Monetário Internacional, a partir de 2018, totalizam em mais de 160 os países que adotam IVA. Disponível em: <https://www.imf.org/external/np/fad/tpaf/pages/vat.htm>. Acesso em jan. 2020.

7 EBRILL, Liam; KEEN, Michael; BODIN, Jean-Paul; SUMMERS, Victoria. *The Modern VAT*. Washington, D.C.: International Monetary Fund, 2001.

8 *OECD. Information Note. **Developments in VAT Compliance Management in Selected Countries**. Forum on Tax Administration: Compliance Sub-Group*, 2009. Disponível em: <http://www.oecd.org/dataoecd/49/17/43728444.pdf>. Acesso em dez. 2019.

9 FERIA, Rita de la. *Blueprint for reform of VAT Rates in Europe*. **Intertax**, vol. 43, n. 2, 2015. Disponível em: http://eprints.whiterose.ac.uk/135598/1/RdelaFeria-VATRates-Intertax-Nov2014-Final.pdf. Acesso em dez. 2019.

10 EBRILL, Liam; KEEN, Michael; BODIN, Jean-Paul; SUMMERS, Victoria. *Op. cit.*

Um estudo da Suécia estimou que os custos de conformidade tributária no país poderiam ser reduzidos em cerca de 30% se as múltiplas alíquotas do IVA sueco fossem substituídas por uma alíquota única[11].

A multiplicidade de alíquotas é também capaz de gerar insegurança jurídica e contencioso, na medida em que o tratamento diferenciado de bens ou serviços dá margem para disputas entre fisco e contribuintes. Pode-se discutir infinitamente sobre o tratamento adequado de determinados itens, especialmente quando eles se situam na fronteira entre categorias distintas[12].

No Reino Unido, por exemplo, disputas dessa natureza conquistaram ampla repercussão nos casos *Jaffa Cake* e *Pringles*. No primeiro caso, a controvérsia foi gerada em torno do produto *Jaffa Cake*, fabricado pela empresa United Biscuits, e discutia se ele deveria ser considerado bolo ou biscoito coberto de chocolate, para fins de isenção de IVA. A empresa foi questionada pela autoridade tributária sobre o enquadramento fiscal do produto e teve que acionar o Judiciário britânico para que o *Jaffa Cake* fosse considerado como bolo e, assim, continuasse desonerado de IVA[13].

De modo semelhante, a Procter & Gamble UK recorreu ao Judiciário inglês para definir se o produto *Pringles*, do qual era proprietária na época, era ou não composto majoritariamente por batata, o que, caso confirmado, o faria não ser beneficiado pela alíquota reduzida de IVA[14].

Isso demonstra que esse não é um problema específico de países em desenvolvimento, ou mesmo uma eventual deficiência do desenho de nossos mecanismos de resolução de disputas.

Por aqui, o mesmo tem ocorrido. A Lei 10.925/2004 reduziu a zero as alíquotas do PIS/Cofins incidente sobre produtos que compõem a cesta básica, listando tais produtos por seus códigos da Nomenclatura Comum do Mercosul (NCM). Dentre os itens compreendidos na cesta básica, são

---

11 OECD. *Taxation of SMEs in OECD and G20 Countries*, OECD Tax Policy Studies, n. 23, *OECD Publishing*, Paris, 2015. Disponível em: <https://dx.doi.org/10.1787/9789264243507-en>. Acesso em dez. 2019.

12 CHARLET, Alain; OWENS, Jeffrey. *An International Perspective on VAT*. **Tax Notes International**, vol. 50, n. 12, 20 set. 2010, p. 943 – 954. Disponível em: <https://www.oecd.org/ctp/consumption/46073502.pdf>. Acesso em dez. 2019.

13 Mais informações disponíveis em: <https://www.gov.uk/hmrc-internal-manuals/vat-food/vfood6260>. Acesso em dez. 2019.

14 Mais informações disponíveis em: <https://www.gov.uk/hmrc-internal-manuals/vat-food/vfood8060>. Acesso em dez. 2019

listados o pão comum (NCM 1905.90.90 EX 01) e a farinha de trigo (NCM 1101.00.10). No entanto, ainda que produzida a partir da moagem do pão comum torrado, a farinha de rosca não se encontra listada na legislação e, portanto, não está compreendida pelo benefício fiscal. Porém, para que fosse obtido um posicionamento definitivo sobre a questão, o contribuinte precisou acionar o Judiciário e o processo tramitou por quase seis anos, entre primeira e segunda instâncias e tribunal superior[15].

A despeito das questões acima, diz-se que a adoção de múltiplas alíquotas se justifica por **questões distributivas**. Espera-se que a tributação reduzida de itens essenciais beneficie os mais pobres, os quais gastam a maior parte de sua renda com a aquisição de tais itens. Entretanto, os resultados desse tipo de experiência também não se mostram bem-sucedidos.

2. A SELETIVIDADE NAS NORMAS JURÍDICAS

No Brasil, a adoção de múltiplas alíquotas se justifica em razão da seletividade tributária, que se encontra prevista na Constituição Federal de 1988 expressamente relacionada ao Imposto sobre Produtos Industrializados (IPI) e ao Imposto sobre Circulação de Mercadorias e Serviços (ICMS) (artigos 153, §3º, inciso I, e 155, §2º, inciso III).

De acordo com o texto constitucional, a seletividade se dá em função da essencialidade dos produtos. Isso significa dizer que a tributação incidente sobre determinado bem deverá ser inversamente proporcional ao seu grau de essencialidade.

Para Aliomar Baleeiro, a essencialidade de um produto está relacionada com a sua adequação ao maior número de habitantes do país. Assim, "as mercadorias essenciais à existência civilizada devem ser tratadas mais suavemente, ao passo que as maiores alíquotas devem ser reservadas aos produtos de consumo restrito, isto é, o supérfluo das classes de maior poder aquisitivo"[16].

A seletividade seria então uma técnica de tributação que se justificaria por seus objetivos distributivos e sociais. Tanto que tributaris-

---

15 Processo nº 5012633-35.2012.4.04.7001, originário da Justiça Federal do Paraná (Tribunal Regional Federal da 4ª Região).

16 BALEEIRO, Aliomar; DERZI, Misabel Abreu Machado. **Direito tributário brasileiro**. 14ª ed., rev., atual. e ampl. Rio de Janeiro: Forense, 2018. *[versão eletrônica]*.

tas, como Ricardo Lôbo Torres[17] e José Maurício Conti[18], a consideram como um subprincípio da capacidade contributiva.

No bojo das discussões mais atuais, inclusive, renomados tributaristas[19] [20] têm defendido a seletividade na tributação sobre o consumo com veemência, por entenderem que ela promove a redução de desigualdades, a isonomia.

O raciocínio jurídico sobre o qual se fundamenta a seletividade está perfeito. Entretanto, a análise de dados mostra que os produtos essenciais, embora indispensáveis para os indivíduos de baixa renda, também são consumidos pelos indivíduos de renda mais elevada, fazendo com que grande parte da desoneração beneficie pessoas de alta renda. Além disso, a definição do que seriam ou não produtos essenciais ou supérfluos já não faz mais sentido nos padrões de consumo da sociedade atual.

3. A SELETIVIDADE APÓS A NORMA JURÍDICA

Apesar de serem válidos os objetivos da seletividade tributária em razão da essencialidade dos produtos, a literatura econômica e as análises empíricas mundiais demonstram que, na prática, eles não são alcançados.

No Brasil, estudos comprovam que as reduções de alíquotas de ICMS para itens da cesta básica não afetam o consumidor dos produtos na mesma proporção que os Tesouros Estaduais perdem arrecadação. Em algumas das situações analisadas, foram até mesmo verificados aumentos nos preços dos itens beneficiados com a diminuição da tributação[21].

---

17 TORRES, Ricardo Lôbo. **Curso de Direito Financeiro e Tributário**. 19ª ed. São Paulo: Renovar, 2013.

18 CONTI, José Maurício. **Sistema Constitucional Tributário Interpretado pelos Tribunais**. São Paulo/Belo Horizonte: Oliveira Mendes/Del Rey, 1997.

19 SOUZA, Hamilton Dias de; ÁVILA, Humberto; CARRAZZA, Roque Antônio. A reforma tributária que o Brasil precisa. Parte I. **Revista Consultor Jurídico**, 8 nov. 2019. Disponível em < https://www.conjur.com.br/2019-nov-08/opiniao-reforma-tributaria-brasil-parte>. Acesso em jan. 2020.

20 PISCITELLI, Tathiane; LARA, Daniela Silveira. Reforma não pode potencializar as desigualdades. **Valor Econômico**. 31 out. 2019. Disponível em <https://valor.globo.com/reforma-tributaria/artigo/reforma-nao-pode-potencializar-as-desigualdades.ghtml>. Acesso em jan. 2020.

21 POLITI, Ricardo Batista; MATTOS, Enlinson Henrique Carvalho de. Uma nota sobre estimativas de carga fiscal e incidência de ICMS usando dados em painel. **Revista Brasileira de Economia**, Rio de Janeiro, vol. 66, n. 3, p. 361-374, out.

De modo semelhante, dados recentes do Ministério da Economia apontam que a desoneração da cesta básica beneficia em maior escala os 20% mais ricos da sociedade do que os 20% mais pobres:

> Pode-se observar que a política de desoneração da cesta básica é regressiva, destacando-se a disparidade entre os benefícios destinados aos 20% mais pobres da população, que correspondem a 10,6% do gasto tributário total (aproximadamente R$ 1,6 bilhão em 2017), e os alocados aos 20% mais ricos, que se apropriam de 28,8% do total (R$ 4,5 bilhões)[22].

E o panorama internacional não é divergente[23]. São diversas as análises que concluem pela ineficiência distributiva da adoção de alíquotas reduzidas de IVA. A seguir comentaremos sobre algumas delas.

Em 1998, o Conselho Europeu autorizou os Estados-membros da União Europeia a introduzirem, a título experimental, alíquotas reduzidas de IVA para os serviços intensivos em mão-de-obra, como serviço de reparação de calçados e vestuários, lavagem de janelas e cabelereiros, com o objetivo de avaliar o impacto da medida na promoção de empregos em tais setores. Todavia, a Comissão Europeia, em 2003, publicou relatório informando que, de acordo com as informações fornecidas pelos Estados-membros não é possível determinar clara e concretamente que a redução de IVA tem impacto favorável na geração de emprego. Pelo contrário, as análises mostram que os efeitos da redução nos preços pagos pelos consumidores são sempre parciais, ou mesmo inexistentes[24].

2012. Disponível em: http://www.scielo.br/pdf/rbe/v66n3/a05v66n3.pdf. Acesso em dez. 2019.

MENEGHETTI NETO, Alfredo. Os efeitos da redução do ICMS da cesta básica. **Indicadores Econômicos FEE**, Porto Alegre, vol. 20, n. 4, p. 181 – 205, 1993. Disponível em: https://revistas.fee.tche.br/index.php/indicadores/article/view/753/1009. Acesso em dez. 2019.

22 SECRETARIA DE AVALIAÇÃO, PLANEJAMENTO, ENERGIA E LOTERIA (SECAP), DO MINISTÉRIO DA ECONOMIA. **Boletim Mensal sobre os subsídios da União: desoneração da cesta básica**. 11ª ed. Brasília, set. 2019, p. 12. Disponível em: http://www.economia.gov.br/central-de-conteudos/publicacoes/boletim-subsidios/arquivos/2019/subsidios-setembro-2019-capa-2-final.pdf/view. Acesso em dez. 2019.

23 COPENHAGEN ECONOMICS. *Study on reduced VAT applied to goods and services in the Member States of the European Union. Final Report*, 12 jun. 2007. Disponível em: <https://www.copenhageneconomics.com/dyn/resources/Publication/publicationPDF/7/7/0/6503study_reduced_VAT.pdf>. Acesso em dez. 2019.

24 *COMISSION OF THE EUROPEAN COMMUNITIES. Report from the Comission to the Council and the European Parliament: Experimental application of a reduced rate of*

A redução das alíquotas de IVA incidentes sobre as refeições em restaurantes na Finlândia e na Suécia também foram objeto de estudo. Em julho de 2010, a Finlândia reduziu a alíquota de IVA das refeições em restaurantes de 22% para 13% com fundamento na relevância do setor para a promoção de empregos. Em janeiro de 2012, a Suécia seguiu o mesmo caminho, reduzindo a alíquota de 25% para 12%. No entanto, não foram constatados efeitos da redução de IVA na quantidade de refeições vendidas, na contratação de empregados e tampouco nos salários pagos a eles. Em média, as reduções dos preços praticados pelos restaurantes corresponderam a apenas ¼ do valor da renúncia fiscal. A maioria dos restaurantes sequer reduziu seus preços[25].

Conclusões semelhantes foram obtidas em análise de Israel[26].

Há casos, excepcionais ou temporários, em que o repasse da desoneração tributária aos preços pode ser verificado em proporções consideráveis, mas, ainda assim, não integrais. Em 2018, a Letônia reduziu a alíquota de IVA incidente sobre frutas e legumes por três anos, período pelo qual se pretende monitorar os impactos da redução da tributação e avaliar se ela será ou não mantida. Embora a redução ainda seja recente, estudo já foi capaz de concluir que a redução de IVA não é transferida integralmente aos consumidores. Até então, foi verificado um repasse de cerca de 80% da desoneração tributária nos preços[27].

A discrepância entre os objetivos teóricos e os resultados empíricos se justifica porque a redução da tributação de determinado item nem

---

VAT to certain labour-intensive services. Bruxelas, 02 jun. 2003. Disponível em < https://ec.europa.eu/transparency/regdoc/rep/1/2003/EN/1-2003-309-EN-F1-1. Pdf>. Acesso em jan. 2020.

25 HARJU, Jarkko; KOSONEN, Tuomas. *The inefficiency of reduced VAT rates: evidence from restaurante industry. Government Institute for Economic Research*. 18 jul. 2014. Disponível em: https://www.iipf.org/papers/Harju-The_inefficiency_of_reduced_VAT_rates-105.pdf?db_name%3DIIPF69%26paper_id%3D270. Acesso em dez. 2019.

26 GOTLIBOVSKI, Chemi; YAACOBI, Nir. *Should Israel adopt differential VAT? Examining the expected implications in view of theory and international experience.* **Israel Economic Review**, vol. 16, n. 2, 2018, p. 97 – 139. Disponível em: https://www.boi. org.il/en/Research/Periodicals/Documents/chemi.pdf. Acesso em dez. 2019.

27 NIPERS, Aleksejs; UPITE, Ilze; PILVERE, Irina; STALGIENE, Aldona; VIIRA, Ants-Hannes. *Effect of VAT rate reduction for fruits and vegetables on prices in Latvia: ex-post analysis.* **Journal of Agricultural Science**, 1, XXX, 2019, p. 25 – 31. Disponível em: http://agrt.emu.ee/pdf/2019_1_nipers.pdf. Acesso em dez. 2019.

sempre beneficia quem o consome. Para beneficiar o consumidor, a desoneração tributária precisa ser repassada ao preço, o que nem sempre acontece. Os preços pagos pelo consumidor dependem de diversos fatores de oferta e demanda, como por exemplo, os custos de produção e as condições de distribuição nas cidades. A tributação é apenas um desses fatores e representa bem mais do que a alíquota, abrangendo o regime de apuração, a base de cálculo, entre outros quesitos[28].

Essa é a razão pela qual estudos mostram que o IVA não é um instrumento eficaz para se perseguir metas de combate à desigualdade. Recomenda-se que a tributação seja o mais abrangente possível, utilizando-se alternativas de gasto público para compensar os efeitos regressivos do imposto para as famílias de baixa renda[29].

Nessa linha, estudos concluem que, no Brasil, a elevação dos mecanismos de transferência direta de renda à população mais pobre, como o Programa Bolsa Família, é capaz de gerar maior benefício sobre o bem-estar da população de baixa renda do que a desoneração da cesta básica, reduzindo muito mais a pobreza e a desigualdade e custando menos[30]. Inclusive, essa é a recomendação da Organização para a Cooperação e Desenvolvimento Econômico (OCDE) para o Brasil[31]. Por que, então, não pensamos sobre isso?

---

28 DEPARTAMENTO INTERSINDICAL DE ESTATÍSTICA E ESTUDOS SOCIOECONÔMICOS (DIEESE). **A desoneração dos produtos da Cesta Básica**. Nota Técnica 120. São Paulo, mar. 2013. Disponível em: https://www.dieese.org.br/notatecnica/2013/notaTec120DesoneracaoCestaBasica.html. Acesso em dez. 2019.

29 FERIA, Rita de la. *Blueprint for reform of VAT Rates in Europe*. **Intertax**, vol. 43, n. 2, 2015. Disponível em: http://eprints.whiterose.ac.uk/135598/1/RdelaFeria-VATRates-Intertax-Nov2014-Final.pdf. Acesso em dez. 2019.

30 SECRETARIA DE ACOMPANHAMENTO FISCAL, ENERGIA E LOTERIA (SEFEL) DO MINISTÉRIO DA FAZENDA. **Boletim mensal sobre os subsídios da União**: desoneração da cesta básica, n. 2. Brasília, nov. 2018. Disponível em: http://www.fazenda.gov.br/centrais-de-conteudos/publicacoes/orcamento-de-subsidios-da-uniao/arquivos/boletim-mensal-sobre-os-subsidios-da-uniao-desoneracao-da-cesta-basica. Acesso em dez. 2019.

31 OECD. *OECD Economic Surveys: Brazil 2018*. *OCDE Publishing*, Paris, 2018. p. 37. Disponível em <https://dx.doi.org/10.1787/eco_surveys-bra-2018-en>. Acesso em jan. 2020.

4. CONSIDERAÇÕES FINAIS

A aplicação da seletividade na desoneração da cesta básica não se demostra uma boa política pública porque se baseia na premissa equivocada de que a redução de tributos será consideravelmente repassada nos preços dos produtos aplicados aos consumidores.

A análise dos resultados de diversas pesquisas empíricas nacionais e internacionais permite a conclusão de que a desoneração tributária de um produto, em geral, não alcança seu consumidor final de maneira integral, e às vezes sequer parcial, pois as empresas da cadeia produtiva acabam retendo esse benefício como forma de ampliar suas margens de lucro.

Se o tratamento tributário favorecido não pode reduzir os preços dos itens essenciais e ainda representa um alto custo de renúncia fiscal para o Estado, a conclusão lógica é que a seletividade tributária não é capaz de alcançar os objetivos distributivos e sociais a que propõe.

Em vista disso, com a reforma da tributação sobre o consumo iminente, parece oportuno o momento para se reavaliar as políticas públicas brasileiras. Por que não se pensar em adotar um IVA com alíquota única e algum mecanismo complementar de transferência de renda para compensar sua regressividade, na linha das melhores práticas internacionais?

ENTREVISTA COM FERNANDO FACURY SCAFF
JORNAL FOLHA DE S. PAULO, 18 DE JANEIRO DE 2020
PECS DE GUEDES CONCENTRAM PODER EM BRASÍLIA E REDUZEM GASTO SOCIAL

Para professor da Faculdade de Direito da USP,
proposta têm pontos inconstitucionais

Ivan Martinez-Vargas e Alexa Salomão, Folha de S. Paulo
18.jan.2020 às 20h00

SÃO PAULO - Para o advogado Fernando Scaff, professor de Direito Financeiro da USP, o pacote de PECs (Propostas de Emendas à Constituição) enviado pelo Governo Bolsonaro ao Legislativo com a intenção de reformar o Estado brasileiro contraria o discurso do próprio presidente da República, Jair Bolsonaro.

Para Scaff, apesar da retórica "mais Brasil, menos Brasília", suas propostas buscam centralizar poder no Executivo e traduzem uma ideia de refundar a República e construir um país novo a partir do zero.

Em entrevista à Folha, ele afirma que, se aprovadas tal como estão, as PECs significariam redução de gastos sociais, aumento da desigualdade e insegurança jurídica.

COMO O MEIO JURÍDICO ESTÁ VENDO AS PECS QUE FORAM APRESENTADAS COMO A REFORMA DO ESTADO PELO GOVERNO?

As três PECs têm uma ideia de reforma do Estado brasileiro. É, ao meu ver, a mais forte, intensa e audaciosa proposta já apresentada. Trabalha com a revisão do pacto federativo, de revisão de todos os processos orçamentários e com algumas medidas para a redução do gasto público e de políticas de endividamento.

Mas não sei a proposta é boa – esse é o ponto. Acho que a extinção de municípios é um boi de piranha, é um absurdo. Acho que muitos municípios foram criados indevidamente, estou convencido disso. Mas foram criados de acordo com as normas em vigor. Você extinguir os municípios sem consulta à população é um absurdo.

A Constituição atual prevê a possibilidade de extinção de municípios, mas desde que consultada a população. A PEC propõe que não haja a consulta.

NESSE CASO, SERIA UMA CONSULTA À POPULAÇÃO DO MUNICÍPIO QUE SERIA EXTINTO, À DO MUNICÍPIO QUE O INCORPORARIA OU À DE AMBAS?

O tema está para ser regulamentado por lei. De todo modo, o que não pode é não consultar. Eu acho que deveria ouvir só a população do município que está sendo dissolvido, mas falta norma específica sobre isso.

Aqui temos uma infringência à Constituição. Existe um artigo que determina essa escuta da população.

Outro erro que você pode identificar nessas PECs é a criação de um mecanismo de redução de benefícios fiscais. Eu acho que tem que ter controle, nisso estamos de acordo, mas o mecanismo proposto é de muito difícil apuração.

A PEC diz que, quando a somatória dos benefícios fiscais ultrapassar o percentual X globalmente considerado, o benefício desaparece. Em concreto, como isso vai se operar?

Eu sou o concedente, por exemplo, a União, e dou para ti, para ele e para ele um benefício. Em algum momento, o negócio de vocês vai melhorar, e a renúncia fiscal vai aumentar. Ai ultrapassa [o teto da renúncia fixado na PEC] e corta de todos. Mas corta como? Com que prazo, que velocidade? Qual a segurança jurídica disso?

Tem coisas importantes [nas PECs], mas as medidas tomadas em concreto são de muito difícil aplicação e vão concentrar poder na mão do Executivo.

MAS O DISCURSO DO GOVERNO É O CONTRÁRIO, MENOS BRASÍLIA, MAIS BRASIL, DE DESCENTRALIZAR.

O discurso de descentralização está presente na PEC pontualmente. Por exemplo: a União abre mão de uma parcela do salário educação. Não mensurei para saber qual o montante disso, mas não me parece um valor gigantesco.

Nos pontos centrais, ao meu ver, se concentra poder. Me dá a impressão de que a ideia é de criar do zero. Nada do que está aí está bom. Qual a consequência disso? Tem norma, tem direito, tem Constituição. E muitas vezes alguns desses objetivos poderiam ser alcançados sem mexer na Constituição.

O SENHOR FALA TAMBÉM DE UM PROBLEMA COM OS TRIBUNAIS DE CONTAS. QUAL SERIA?

Querem construir um sistema hierárquico de tributos de contas, como se o TCU pudesse estabelecer regras para os órgãos dos estados.

COMO SE FOSSE O SUPREMO TRIBUNAL FEDERAL?

Isso, ou até mesmo como se fosse o STJ [Superior Tribunal de Justiça], ou Poder Judiciário mesmo. A estrutura federativa não permite isso. Mais uma vez, vai contra o discurso de menos Brasília e mais Brasil. Você terá o Tribunal de Contas, lá em Brasília, sobre os demais. É uma medida que não encaixa juridicamente na operação, porque você não tem recursos hierárquicos nesse sentido. Nos Tribunais de Contas, se você discorda de uma decisão, vai ao Judiciário.

A PEC entende o Tribunal de Contas da União como superior – e mais, dá poder de avocar as deliberações.

A avocatória é um instrumento utilizado pré 1988 para concentrar poder no Supremo Tribunal Federal. Se o TJ SP decidisse alguma coisa que o Supremo não achasse que estava adequado, o Supremo teria o poder de pegar aquele processo e decidir. A lógica é de concentração de poderes.

É INCONSTITUCIONAL?

Sim, eu diria que há uma violação ao princípio federativo.

O SENHOR TAMBÉM DIZ QUE AS PROPOSTAS DE REFORMA TRIBUTÁRIA NA CÂMARA E NO SENADO SÃO INCONSTITUCIONAIS POR TIRAREM AUTONOMIA DE ESTADOS E MUNICÍPIOS. COMO RESOLVER ISSO?

Tem uma proposta interessante que vem da Receita Federal. Só circulou em entrevistas do Secretário da Receita, que disse que a proposta do governo vai criar dois tributos, um federal e outro estadual. Seria o IVA dual.

Mas mesmo aqui tem uma pegadinha. O secretário já disse que a União ficará com a menor parte [da alíquota de 25%], 12%, e abrirá mão do PIS e do Cofins. Os estados ficam com 13%. Mas a maior alíquota somada de PIS e Cofins é 9,25%. De onde ele tirou 12%? Avançou nos estados.

ESSA IDEIA DE REFUNDAR A REPÚBLICA É VIÁVEL? PASSARIA NO CONGRESSO?

Uma boa parte das questões envolvendo servidores públicos, da forma que foi proposta, não passa. Vai haver muita modificação no Congresso. Não enviaram ainda a PEC da reforma administrativa. Por que não? Porque a pressão já começou antes dela sair. A questão da renúncia fiscal também pressões muito grandes. Que alguma coisa vai sair eu não tenho dúvida, mas não sei se no prazo e na forma desejados.

O SENHOR CRITICA TAMBÉM A PREVISÃO DE QUE UNIÃO DEIXE DE DAR AVAL A OUTROS ENTES FEDERATIVOS. POR QUÊ?

A PEC diz que a União não quer se endividar por conta de estados e municípios. É uma bela coisa, mas em concreto é muito difícil. Imagina, por exemplo, o município de Tanabi. Bate o prefeito e diz que quer dinheiro para construir uma ponte. Não tem como fazer esse dinheiro com receita de ISS e IPTU. Se ele for buscar crédito externo, que pode ser mais barato, o sujeito do banco vai querer um aval. Ou a União dá ou não vai sair. Na PEC diz que, a partir de um certo ponto, a União não dará mais aval a estados e municípios. Como esses municípios vão conseguir alavancar o seu desenvolvimento?

O GOVERNO ESTÁ REVENDO TAMBÉM 181 FUNDOS. O QUE LHE PARECE ESSA PROPOSTA?

Acho interessante. O que me causa espécie é o método. A proposta diz que, em determinado prazo, os que não forem confirmados por lei complementar expressa estão extintos.

Temos fundos importantes, como o da Criança e do Adolescente. Fundo não é nada mais do que a agregação de determinado valor para ser utilizado numa finalidade específica.

O MINISTRO DA ECONOMIA, PAULO GUEDES, TEM FALADO MAL DAS RECEITAS CARIMBADAS...

Pois é, mas tem algumas que são importantes. Ele [Guedes] vai dizer: 'ah, mas o dinheiro não foi gasto'. Não foi gasto porque o governo contingenciou. Aí não dá para gastar, o fundo fica acumulado contabilmente.

O que o ministro quer fazer é extinguir os fundos de maneira ágil e usar esse dinheiro para pagar dívida, o qual já efetivamente é usado para pagar dívida. Na prática o que acontece é que se contigencia o fundo, e o dinheiro no fundo fica alto, registrado. Mas uma parte dele já é usado para quitar dívida pública.

OS CRÍTICOS DO CONJUNTO DAS MEDIDAS DO GOVERNO DIZEM QUE TEM MUITA COISA COM VISÃO FISCALISTA. ISSO É UM PROBLEMA?

Acho que sim, porque você perde a dimensão humana do processo. Para que serve um orçamento? Para as pessoas.

É necessário reduzir desigualdade no Brasil. Se você corta gastos sociais, seguramente terá menos dinheiro para redução da desigualdade. Se não tiver dinheiro para dar conta das pessoas que não têm plano de saúde, mais gente ficará ao desabrigo.

O SENHOR ATUA NA ÁREA DA MINERAÇÃO. BOLSONARO TAMBÉM FALA DE MUDANÇAS LEGAIS NESSA ÁREA. PARA O SETOR, O DISCURSO DO PRESIDENTE AJUDA?

O discurso não é bem pró-mineração, mas sim pró-garimpeiro, o que é outra coisa. Precisamos distinguir a atividade de garimpagem, que é muitas vezes desordenada, exploratória, irregular e que não cumpre as regras previstas, da mineração, feita por empresas que têm responsabilidade e compromissos com todos os órgãos regulatórios.

É só olhar as regras da Agência Nacional de Mineração que vemos que as empresas tem de se enquadrar nelas.

MAS A AGÊNCIA ESTÁ DESMONTADA.

O pessoal lá está tentando. Mas tem pouco dinheiro, tem pouco apoio. Então se o Bolsonaro quer dar um apoio, reforce a agência, porque ela é um instrumento de regulação dessa área e, pelo que vejo, as grandes empresas querem apoiar.

ESSA CONFUSÃO DE DISCURSO ENVOLVENDO UMA ÁREA TÃO SENSÍVEL COMO A AMAZÔNIA ACABA PASSANDO PARA O INVESTIDOR OU NÃO CHEGA A TANTO?

O discurso ambiental do Bolsonaro hoje tem afastado o investidor estrangeiro. A ideia de você flexibilizar as regras ambientais é algo que internacionalmente é preocupante. E as grandes empresas estrangeiras têm responsabilidade ambiental.

O PRESIDENTE SEMPRE FALA DE MINERAÇÃO EM TERRAS INDÍGENAS. COMO O SENHOR VÊ ISSO?

A Constituição atual permite a mineração em terras indígenas, mas na forma da lei e cumpridos os requisitos. O Congresso tem que se pronunciar sobre isso. Tem que ter uma discussão aberta, transparente, ampla e pública. Você não pode entrar na terra do índio sem ouvir quem está lá.

SE TODO ARCABOUÇO LEAL PASSASSE DO JEITO QUE ESTÁ, QUAL O CENÁRIO QUE A GENTE TERIA?

Se afastarmos qualquer alegação de inconstitucionalidade, e se o Congresso aprovasse os textos tais quais eles chegaram, a gente teria menos garantias de direitos sociais porque teria menos dinheiro para essas áreas. Teríamos menos dinheiro para alguns fundos relevantes, menos despesa pública, os funcionários públicos teriam arrocho, a federação seria menos autônoma. Teria mais poder na mão de Brasília, mais concentração de poder. Seria outro país, mas não acho que melhor.

ENTREVISTA COM HELENO TAVEIRA TORRES JORNAL O ESTADO DE SÃO PAULO, 21 DE FEVEREIRO DE 2020 'PROPOSTAS DE REFORMA TRIBUTÁRIA SÃO RUINS', DIZ HELENO TAVEIRA TORRES

As duas PECs são inviáveis, diz professor da USP, que defende alterações por leis ordinária e complementar

Márcia de Chiara, O Estado de S. Paulo
21 de fevereiro de 2020 às 14h00

Heleno Taveira Torres, Professor Titular de Direito Tributário da Universidade de São Paulo, considera as duas propostas de reforma tributária que tramitam no Congresso - uma na Câmara e outra no Senado - inviáveis e tecnicamente muito ruins. Ele defende uma reforma tributária fatiada, que reformule a estrutura de cada imposto existente, sem criar novos.

Essa mudança, na sua opinião, poderia ser feita por meio de leis ordinária e complementar, sem necessidade de alterar a Constituição. A seguir, os principais trechos da entrevista.

COMO O SR. AVALIA O SISTEMA TRIBUTÁRIO ATUAL?

É um sistema defasado. A legislação é muito ruim, com conceitos indeterminados e uma quantidade enorme de leis, que vão gerando dúvidas na interpretação e que acabam questionadas na Justiça. Isso cria muita litigiosidade. O passivo tributário chega a R$ 5 trilhões. É quase um PIB (Produto Interno Bruto) inteiro.

COMO O SR. VÊ O ENCAMINHAMENTO DA REFORMA TRIBUTÁRIA?

Temos a Proposta de Emenda Constitucional (PEC) 110 no Senado e a PEC 45 na Câmara. O meu entendimento é que, para fazer a reforma, não é preciso mudança excessiva na Constituição. Poderíamos fazer uma reforma ampla, dando segurança jurídica aos investimentos, reduzindo conflitos e gerando melhor ambiente de negócios com ações rápidas e efetivas na própria legislação de cada imposto existente.

POR QUE, ENTÃO, AS PECS?

Quando não havia proposta, Rodrigo Maia (Presidente da Câmara) abraçou o projeto do IBS. Na época, era a única proposta, que se consolidou na PEC 45. O objetivo foi manter ativa a discussão da reforma. Ainda bem que ele fez isso. Mas até agora não veio a proposta do governo. A Constituição diz que é competência do presidente e, obviamente dos ministros, de apresentar mudanças sobre tributação.

O QUE O SR. ACHA DAS PECS?

Do ponto de vista técnico, são muito ruins. A reforma que está sendo construída é só sobre a tributação do consumo. Mas o sistema envolve também a tributação da renda, da folha de salários, questões sobre multas, processo de arrecadação e cobrança. Precisamos de uma reforma tributária mais ampla. As duas PECs não resolvem os problemas dos tributos sobre consumo, criam duplicidade de sistemas, o que não é bom para a economia. As pessoas vão ficar com medo de investir até que conheçam as leis e como vai se comportar o novo imposto. O sistema velho, não reformado, estará funcionando ao lado do novo sistema de tributação de consumo. Isso é perigosíssimo.

O QUE O SR. ACHA DO MOVIMENTO DOS EMPRESÁRIOS CONTRA AS PECS, PEDINDO A DESONERAÇÃO A FOLHA E A CRIAÇÃO DA NOVA CPMF?

Um absurdo, vergonha alheia. Só compreendo e entendo essa manifestação como uma rejeição às PECs e por falta de medidas reais e concretas de reforma, que deveriam vir do Ministério da Economia.

QUAL SERIA A PROPOSTA FACTÍVEL?

A reforma não deveria ser constitucional, mas infraconstitucional. O correto hoje, para ser mais rápido e atender às demandas da sociedade, seria reformar a estrutura de cada imposto, por lei ordinária e complementar.

QUAL O MECANISMO PARA FAZER UMA REFORMA TRIBUTÁRIA SEM MEXER NA CONSTITUIÇÃO?

O mecanismo seria o ministro da Economia, Paulo Guedes, ter um olhar reformador sobre o sistema tributário. Ele precisa mandar para o Congresso projetos de lei complementar. O Guedes tem de sair da caixinha do IBS e criar a caixinha do fatiamento. Vamos fatiar essa reforma tributária, tributo a tributo, e mexer em cada um. Seria mais rápido e eficiente. A celeridade está nas mãos do ministro. Ele é quem decide: se quer fazer uma reforma rápida e simplificadora e indutora de segurança jurídica ou se quer continuar com um sistema absolutamente confuso, complexo e com um debate centrado em duas PECs, que não vão para lugar nenhum.

E POR QUE O MINISTRO NÃO FAZ ISSO?

Ele é um homem de mercado financeiro e não tem essa compreensão de Estado e da importância do que é ser um estadista reformador. O sistema tributário não é só o pagamento de imposto. É também o grande processo de alinhamentos federativos, de equalização de financiamentos de Estados e municípios, de redução de conflitos. É preciso usar o sistema tributário como indutor das políticas que o Estado quer ver realizadas. Quais são essas políticas? Nós não sabemos.

editoraletramento
editoraletramento
grupoletramento

editoraletramento.com.br
company/grupoeditorialletramento
contato@editoraletramento.com.br

casadodireito.com
casadodireitoed
casadodireito